担保書式便覧

不動産編

［編集代表］
弁護士
小林明彦 片岡総合法律事務所パートナー

司法書士
藤本忠久 麻布司法書士事務所主宰

一般社団法人 金融財政事情研究会

本書のねらい
―金融機関実務と抵当権登記の意義―

　金融機関において、不動産担保金融はその中核をなす融資形態である。そこでは、抵当権・根抵当権（以下「抵当権」と総称する）の設定契約を締結のうえ、その登記手続をするという実務が行われるのであるが、本書のねらいを示すに先立って、それらがどのような法律上の意味を持つのか確認しておきたい。

　まず、抵当権は約定担保物権であるから、契約がなければ成立しないことは言うまでもない。したがって、抵当権者と抵当権設定者との間で的確な内容の抵当権設定契約を締結することは不可欠である。

　では、その登記手続をするのはなぜか。

　それは、換価権（競売権）と優先弁済権という抵当権の効力を実現するために重要な意義を有するからである。

　もう少し詳しく解説すると、設定契約により生まれた抵当権という実体権に内在する換価権を発動して担保不動産競売の申立てをするためには、必ずしも抵当権設定登記が必要とされているわけではなく、抵当権存在確認判決や抵当権設定公正証書の提出でも可能とされている（民事執行法181条1項1号、2号）。しかし、その競売手続において他の債権者に優先して配当を受けるためには、抵当権が他の債権者に対抗できること、すなわち対抗要件としての抵当権設定登記がなければならない。これがなければ、競売申立てはできても、配当順位は他の一般債権者と平等ということになり（配当受領資格は民事執行法87条1項1号の「差押債権者」である）、不動産担保本来の意義を持たないこととなってしまう。

　そこで実務上は、競売申立てにあたり抵当権設定登記のある登記事項証明書を法定提出文書とし（同条1項3号）、抵当権の登記順位に従った優先配当を受けようとするわけである。

　では、抵当権設定登記後に権利関係の変動があった場合はどうか。

　この場合も、変動後の権利関係を前提として換価権と優先弁済権を実現しようとするなら、原則として変動の内容が登記されている必要がある。たとえば、根抵当権において被担保債権の範囲の変更があったのに、その変更登記手続が未了の状態では、競売手続で変更後の債権を回収することはできない、のごとくである。

　なお、競売実務では、住所変更や商号変更、会社合併など、変動の内容を公文書で証明すればその登記までは必要とされない場合もあるが、たとえば、抵当権付債権の移転を

公正証書等の公文書で証明しようとする場合では、競売申立資格（民事執行法181条3項）および申立抵当権者としての配当受領資格は認めるものの、非申立抵当権者としての配当受領資格は否定するなどの運用も有力であることから、この場合の抵当権移転登記は必須と考えておかなければならない。

　このように、抵当権設定登記後の権利関係の変動についても適切に登記手続を済ませておかなければ、金融機関の権利の実現は困難となるのである。

　本書は、金融機関の融資取引において上記のとおり重要な意義を有する抵当権関連契約およびその登記手続につき、現場担当者の利便性にも配慮しながら、各場面における書式例を提供すべく、世に送り出すものである。これまでの金融機関実務の蓄積を取り込みつつ、登記制度の改正や保証人徴求局面の減少など新たな流れをも踏まえたものとしており、期待に応えられる内容であると自負している。

　最後に、多忙ななか、検討を繰り返して細部まで練り上げてくれた執筆者各位に敬意を表するとともに、今回の出版にあたり企画から各界関係者へのヒアリングに至るまできわめて多大な尽力をしてくださった一般社団法人金融財政事情研究会出版部の田島正一郎部長に対し、執筆者の総意として深く感謝申し上げる次第である。

編集代表

　　　　弁護士　　**小林　明彦**（片岡総合法律事務所パートナー）
　　　　司法書士　**藤本　忠久**（麻布司法書士事務所主宰）

著者略歴

【編集代表】

小林　明彦（こばやし　あきひこ）
片岡総合法律事務所パートナー弁護士　中央大学法科大学院特任教授
1983年中央大学法学部卒業、同年司法試験合格、1986年4月弁護士登録、1993年司法研修所所付（民事弁護）　2002年経済産業省企業法制研究会委員　2003年法制審議会動産・債権担保法制部会幹事　2005年法務省競売制度研究会委員　2004年慶應義塾大学法科大学院兼任講師　同年中央大学法科大学院客員講師　2007年より中央大学法科大学院特任教授として「現代担保法」「民事執行保全法」などを担当
共著書として『新しい担保・執行制度』（2003年有斐閣）『判例学習のAtoZ』（2010年有斐閣）編著誌として『実務に効く担保・債権管理判例精選』（2015年有斐閣）　分担執筆誌として『新基本法コンメンタール民事執行法』（2014年日本評論社）『基本法コンメンタール物権』（2005年日本評論社）　執筆論文として「担保法制および民事執行制度の見直しについての試論」（2001年金融法務事情）「抵当証券が表章する権利と期限の利益喪失特約の記載」（1991年金融法務事情）など

〈片岡総合法律事務所〉
パートナー9名、アソシエイト15名（2016年1月時点）が所属する総合法律事務所。一般民事事件、企業法務、担保・執行法関連を含む伝統的な各種金融法務のほか、ストラクチャードファイナンス、電子マネー、資金決済取引等の先端的な金融法務、マイナンバーやビッグデータ等の情報関連法務の取扱いも多い。

藤本　忠久（ふじもと　ただひさ）
麻布司法書士事務所主宰司法書士
1982年早稲田大学第一文学部フランス文学科中退、1984年司法書士試験合格、1986年12月司法書士登録、1995年日本司法書士会連合会中央研修所所員　1997年東京司法書士会総合研修所所員　2000年司法書士試験委員　2005年東京司法書士会企業法務対策委員会委員長　同年関東ブロック司法書士会協議会　会社法等改正対策特別委員会委員長　2006年株式会社ラクーン（東証マザーズ3031）社外監査役
商法（会社法）分野では「著しく不公正な方法による新株発行の効力」（1996年東京司法書士会判例研究叢書）『商業登記の基礎知識』※（1997年自由国民社）「企業法務の相談事例」（2002年登記情報）『わかりやすい会社法手続マニュアル』※（2003年新日本法規）『新会社法による商業登記法改正のポイント』※（2006年新日本法規）など、不動産分野では「不動産登記法改正と実務のポイント」（2005年アットホーム）などの研究発表・執筆（※は分担執筆）等があり、2012年から「不動産登記簿に強くなる」（月刊不動産流通）連載中

〈麻布司法書士事務所〉
各別のビジネスチャンネルを有する独立自営の司法書士3名から成り、事案に応じてフレキシブルに互助・協業を行っている。基本契約によるコーポレートマターを主とする者、多様なリンケージによるリテイルマターを主とする者があるが、登記申請の代理は原則として3名で受任し、マンション分譲などでは全員が一丸となる。

【執筆者】

田中　貴一（たなか　よしかず）
　片岡総合法律事務所弁護士。2002年日本大学法学部卒業、2005年司法試験合格、2007年弁護士登録。2013年から東京弁護士会金融取引法部事務局長
　主要論文として「法定地上権と所有権の所在・登記」（2015年実務に効く担保・債権管理判例精選）「民法改正が金融取引に与える影響—貸出取引、債権担保取引および約款取引の観点から」（2015年金融法務事情）「仮想通貨規制の立法動向　FATAのガイダンスから法規制へ」（2015年消費者信用）など

高松　志直（たかまつ　ゆきなお）
　片岡総合法律事務所弁護士。2002年上智大学法学部卒業、2006年中央大学法科大学院修了、同年司法試験合格、2007年弁護士登録。2015年度から中央大学法科大学院兼任講師として「民事弁護実務の基礎理論」を担当
　主要論文として「将来債権譲渡担保の設定と対抗要件」（2015年実務に効く担保・債権管理判例精選）「民法（債権関係）の改正に関する要綱案から見る流動化・証券化への影響」（2015年SFJジャーナル）「金融機関における顧客のマイナンバーの取扱いに関する実務対応」（2015年金融法務事情）など

永井　利幸（ながい　としゆき）
　片岡総合法律事務所弁護士。2007年東京大学法学部卒業、2009年慶應義塾大学法科大学院修了、同年司法試験合格、2010年弁護士登録
　主要論文として「将来債権譲渡担保における効力阻害事由」（2015年実務に効く担保・債権管理判例精選）「売買および賃貸借に関する民法改正と不動産流動化取引—契約書実務への影響を踏まえて」（2015年金融法務事情）「改正個人情報保護法　ビッグデータの利活用等、業務に関係する三つの改正点」（2015年消費者信用）など

土肥　里香（どい　さとか）
　片岡総合法律事務所弁護士。2007年慶應義塾大学法学部法律学科卒業、2009年慶應義塾大学法科大学院修了、同年司法試験合格、2010年弁護士登録
　主要論文として「抵当権設定後の所有権変動と法定地上権」（2015年実務に効く担保・債権管理判例精選）「保証に関する民法改正と金融機関の実務対応」（2015年金融法務事情）「資金決済法の改正動向　決済業務等の高度化SGおよびWGの議論を踏まえて」（2015年消費者信用）

風間　史恵（かざま　ふみえ）
　麻布司法書士事務所司法書士
　1993年学習院大学法学部法学科卒業、1996年司法書士試験合格、2000年8月司法書士登録。司法書士事務所・監査法人系コンサルティング会社の勤務を経て、2003年から独立自営の司法書士として現事務所に参加

凡　例

1　本書の構成

①　本書は、抵当権（第1章）、根抵当権（第2章）、確定根抵当権（第3章）に大別し権利ごとに設定・移転・変更・処分の順に節を設けている。また、これらの権利に共通する順位変更等（第4章）、更正（第5章）、抹消（第6章）については別の章立てとしている。

②　契約および登記の実務について99の項目を設け、原則として、ⅠからⅥの見出しで構成されている。

各項目は、実際の事案にアレンジできるように契約から登記手続に至るまでの一話完結型になっている。

各項目の見出しの内容	
Ⅰ　ケース概要	実際の事案に最も近いケースを選択できるよう、具体的に示している。
Ⅱ　書式作成上の留意点	対応する契約・登記の意義を整理し、必要的事項と任意的（オプション）事項を区別したうえで、掲載した書式の目的・射程距離を示している。また、必要に応じて権利保全や担保執行の観点から留意事項を紹介している。
Ⅲ　必要書類・費用一覧	対応する契約書類・登記書類およびその関係当事者について整理している。登録免許税も示している。
Ⅳ　契約書式（抵当権設定契約書など）	Ⅱで示した目的・射程距離に即した一例を掲げている。実際の事案にアレンジできるよう、必要に応じて注記を付してある。なお、原則として、登記原因証明情報の適格性を有するようにしている。
Ⅴ　登記原因証明情報	Ⅳとは別に（ケースによっては必要的に）登記申請用の登記原因証明情報を作成し、登記所に提供する例を示している。
Ⅵ　登記用委任状	登記所に提供する登記原因証明情報の種別に従い、登記権利者・登記義務者ごとに、それぞれの例を示している。

2　法令名の略記方法

本書のうち、「Ⅱ　書式作成上の留意点」および各書式の注記では以下の法令について略称を用い、「Ⅳ　契約書式」では正式名称を用いている。

不登法	不動産登記法
不登令	不動産登記令
区分所有法	建物の区分所有に関する法律
動産・債権譲渡特例法	動産及び債権の譲渡の対抗要件に関する民法の特例等に関する法律
登免税法	登録免許税法

3　主な判例集の略記方法

民集　　大審院民事判例集・最高裁民事判例集

4　判決（決定）の表記

	言渡裁判所	言渡年月日	掲載誌・号・頁
（例）	最判	昭33.5.9	民集12巻7号989頁

5　通達の表記

（例）　法務省昭55.12.24民三第7175号民事局長回答

目　次

第1章　抵当権

第1節　設　定 …………………………………………………………………………2
1　被担保債権の種類 …………………………………………………………………2
- ❶ 単一債権を担保する場合 ………………………………………………………2
- ❷ 同一債務者に対する複数債権を担保する場合 ………………………………13
- ❸ 債務者を異にする複数債権を担保する場合 …………………………………24
- ❹ 連帯債務の債権を担保する場合 ………………………………………………35
- ❺ 保証人の求償権を担保する場合 ………………………………………………46
- ❻ 債権額の一部を担保する場合 …………………………………………………57
- ❼ 外貨表示の債権を担保する場合 ………………………………………………68
- ❽ 分割貸付による債権を担保する場合 …………………………………………79

2　目的物件（権利）の種類 …………………………………………………………90
- ❾ 共同抵当の場合 …………………………………………………………………90
- ❿ 物上保証人による設定の場合 …………………………………………………101
- ⓫ 共有持分を目的とする場合 ……………………………………………………112
- ⓬ 地上権を目的とする場合 ………………………………………………………123
- ⓭ 敷地権の表示を登記した区分所有建物を目的とする場合 …………………134

3　効力範囲の制限（別段の定め） …………………………………………………145
- ⓮ 民法第370条但書の定めがある場合 …………………………………………145

4　追加担保 ……………………………………………………………………………156
- ⓯ 追加担保設定の場合 ……………………………………………………………156

第2節　移　転 …………………………………………………………………………168
1　債権譲渡 ……………………………………………………………………………168
- ⓰ 抵当権付債権の全部譲渡（債務者の承諾を証書上で取得する場合） ……168
- ⓱ 抵当権付債権の全部譲渡（債務者の承諾を証書上で取得しない場合） …178
- ⓲ 抵当権付債権の一部譲渡 ………………………………………………………190

2　代位弁済 ……………………………………………………………………………203
- ⓳ 保証人による抵当権付債権の全部弁済 ………………………………………203
- ⓴ 保証人による抵当権付債権の一部弁済 ………………………………………208
- ㉑ 第三者による抵当権付債権の全部弁済 ………………………………………214

3　抵当権者の合併 ……………………………………………………………………221

㉒ 抵当権者の合併 ………………………………………………………… 221
4　抵当権者の会社分割 ……………………………………………………… 224
　　　㉓ 抵当権者の会社分割 ………………………………………………… 224

第3節　変　　更 …………………………………………………………………… 229
1　債　権　額 ……………………………………………………………………… 229
　　　㉔ 一部弁済による債権額の減少 ……………………………………… 229
　　　㉕ 利息の元本組入れによる債権額の増加 ………………………… 234
2　利　　　息 ……………………………………………………………………… 242
　　　㉖ 約定利率の変更 ……………………………………………………… 242
3　債務引受 ………………………………………………………………………… 252
　　　㉗ 免責的債務引受による債務者の変更 …………………………… 252
　　　㉘ 重畳的債務引受による債務者の追加 …………………………… 261
4　債務者の相続 …………………………………………………………………… 270
　　　㉙ 相続人の一人が債務を引き受けた場合 ………………………… 270
　　　㉚ 相続人全員を債務者とする場合 ………………………………… 282
　　　㉛ 相続人の一人が他の相続人の債務を引き受けた場合 ………… 290
5　債務者の合併 …………………………………………………………………… 301
　　　㉜ 債務者の合併 ………………………………………………………… 301
6　債務者の会社分割 ……………………………………………………………… 305
　　　㉝ 債務者の会社分割 …………………………………………………… 305
7　債務者の名称・住所等の変更 ………………………………………………… 310
　　　㉞ 債務者の名称または住所の変更 ………………………………… 310
8　取　扱　店 ……………………………………………………………………… 314
　　　㉟ 取扱店の変更 ………………………………………………………… 314

第4節　処　　分 …………………………………………………………………… 317
1　転　抵　当 ……………………………………………………………………… 317
　　　㊱ 転抵当権の設定 ……………………………………………………… 317
　　　㊲ 転抵当権の設定（第三債務者が契約当事者となる場合） …… 328
　　　㊳ 転抵当権の移転 ……………………………………………………… 338
2　転根抵当 ………………………………………………………………………… 348
　　　㊴ 転根抵当権の設定 …………………………………………………… 348
3　債権の質入れ …………………………………………………………………… 358
　　　㊵ 債権全部の質入れ …………………………………………………… 358
4　譲　　　渡 ……………………………………………………………………… 368
　　　㊶ 抵当権の譲渡 ………………………………………………………… 368

| 5 | 放　棄 | 378 |

　　❷ 抵当権の放棄　378

| 6 | 順位譲渡 | 388 |

　　❸ 異順位者間の順位譲渡　388

| 7 | 順位放棄 | 398 |

　　❹ 抵当権の順位放棄　398

第2章　根抵当権

第1節　設　定　410

1　単独担保　410

　❹ 単独根抵当権の設定　410

2　共同担保　421

　❻ 共同根抵当権の設定　421

3　共有担保　433

　❼ 共用根抵当権の設定（共同担保）　433

4　追加担保　445

　❽ 根抵当権の追加設定　445

　❾ 極度額の増額を伴う根抵当権の追加設定　457

5　目的物件（権利）の種類　470

　❺⓪ 共有持分を目的とする場合　470

　❺① 地上権を目的とする場合　481

　❺② 敷地権付区分所有建物を目的とする場合　492

第2節　移　転　504

1　全部譲渡　504

　❺③ 根抵当権の全部譲渡（変更事項のない場合）　504

　❺④ 根抵当権の全部譲渡（変更事項のある場合）　513

　❺⑤ 根抵当権の相互譲渡（変更なし）　529

2　分割譲渡　544

　❺⑥ 根抵当権の分割譲渡（変更事項のない場合）　544

　❺⑦ 根抵当権の分割譲渡（変更事項のある場合）　554

3　一部譲渡　571

　❺⑧ 根抵当権の一部譲渡（変更事項のない場合の優先の定め）　571

　❺⑨ 根抵当権の一部譲渡（変更事項のある場合の優先の定め）　587

4　根抵当権者の合併　613

60 根抵当権者の合併 613
　5　**根抵当権者の会社分割** 616
　　　61 根抵当権者の会社分割 616
第3節　変　　更 621
　1　**極　度　額** 621
　　　62 極度額の変更（増額の場合） 621
　　　63 極度額の変更（減額の場合） 630
　2　**債権の範囲** 639
　　　64 債権の範囲の変更（拡大する場合） 639
　3　**債　務　者** 649
　　　65 債務者の変更（追加する場合） 649
　　　66 債務者・債権の範囲の変更（債務者を追加し特定債権を債権の範囲に追加する場合） 658
　4　**指定債務者の合意** 668
　　　67 債務者の相続（指定債務者の合意） 668
　5　**債務者の合併** 679
　　　68 債務者の合併 679
　6　**債務者の会社分割** 683
　　　69 債務者の会社分割 683
　7　**債務者の名称または住所の変更** 691
　　　70 債務者の名称または住所の変更 691
　8　**取　扱　店** 695
　　　71 取扱店の変更 695
第4節　処　　分 698
　1　**転　抵　当** 698
　　　72 確定前根抵当権の転抵当（根抵当権をもって特定債権の担保とする場合） 698
　2　**転根抵当** 708
　　　73 確定前根抵当権の転根抵当（根抵当権をもって不特定債権の担保とする場合） 708
　3　**債権の買入れ** 718
　　　74 確定前根抵当権付債権の質入れ 718

第3章　確定根抵当権

第1節　確　　定 730
　1　**確定請求** 730
　　　75 根抵当権者からの確定請求 730

2　確定合意 734
　　❼⓺ 元本確定の合意 734

第2節　移　　転 742

　1　債権譲渡 742
　　❼⓻ 確定根抵当権付債権の全部譲渡 742
　2　代位弁済 755
　　❼⓼ 保証人による確定根抵当権付債権の全部弁済 755
　3　根抵当権者の合併 761
　　❼⓽ 確定根抵当権者の合併 761
　4　根抵当権者の会社分割 764
　　❽⓪ 確定根抵当権者の会社分割 764

第3節　処　　分 769

　1　転 抵 当 769
　　❽⓵ 確定根抵当権の転抵当 769
　2　転根抵当 780
　　❽⓶ 確定根抵当権の転根抵当 780
　3　債権質入れ 791
　　❽⓷ 債権全部の質入れ 791
　4　譲　　渡 801
　　❽⓸ 確定根抵当権のみの譲渡（全部譲渡の場合） 801
　5　放　　棄 812
　　❽⓹ 確定根抵当権のみの放棄 812
　6　順位譲渡 823
　　❽⓺ 確定根抵当権の順位譲渡 823
　7　順位放棄 833
　　❽⓻ 確定根抵当権の順位放棄 833

第4章　順位変更等

　1　順位変更の合意 844
　　❽⓼ 抵当権の順位変更 844
　　❽⓽ 抵当権の順位変更（同順位にする場合） 849
　2　賃借権優先の同意 854
　　❾⓪ 最先順位抵当権者が賃借権の優先について同意する場合 854

第5章 更　正

1　登記事項の更正 862
　91 登記事項の更正 862

第6章 抹　消

1　弁　済 868
　92 債務弁済による抵当権の抹消 868
　93 確定債権の全部弁済 872
2　合意解除 876
　94 抵当権の合意解除（全物件） 876
　95 抵当権の合意解除（一部物件） 880
　96 根抵当権の合意解除（全物件） 884
　97 根抵当権の合意解除（一部物件） 888
3　放　棄 892
　98 根抵当権の放棄による抹消（絶対的放棄） 892
　99 抵当権の放棄による抹消（絶対的放棄） 896

項目別書式一覧 900

第 1 章 抵当権

第1節 設　　定

1　被担保債権の種類

1　単一債権を担保する場合

Ⅰ　ケース概要

甲野銀行は、債務者乙野商事宛て融資にあたり、乙野商事所有の土地に、抵当権の設定を受けたい。

Ⅱ　書式作成上の留意点

① 　1個の不動産に単一債権の担保として抵当権の新規設定を受ける場合の書式である。

② 　抵当権者と抵当権設定者との間に抵当権設定契約が締結されることにより、抵当権設定の登記原因が生じる。ただし、被担保債権の存在が前提となる（附従性）。

③ 　本ケースは、債務者兼抵当権設定者の例で記載しているが、書式としては、第三者担保提供の場合にも使えるよう、抵当権設定者の欄を設けている。

　　会社がその取締役個人またはその取締役が代表取締役である別会社の債務につき担保提供するなど、取締役の債務を保証することとなる場合は会社法所定の承認が必要となり、登記申請に際して署名者全員の印鑑証明書付きで議事録等を提供することとなるので注意を要する（会社法第356条・第365条、不登令第7条第1項第5号ハ）。なお、第三者担保提供者に対しては、銀行取引約定書の写しを交付するのがよいであろう。

④ 　この抵当権設定契約とは別にⅤ登記原因証明情報を作成し、登記原因証明情報（不登法第61条）として登記所に提供することができる。

⑤ 　抵当権設定の登記は、抵当権者が登記権利者となり、抵当権設定者が登記義務者となって行い、登記原因のほか被担保債権の債権額・利息・損害金・債務者・抵当権者などをその登記事項とする。

⑥ 　抵当権設定者について、所有権の取得に係る登記識別情報（登記済証）および印鑑証明書が必要となる。なお、登記完了後は双方に登記完了証が交付され、抵当権者には登記識別情報が通知される。

⑦ 　本ケースでは物件1個を目的としているので問題とならないが、複数物件で管轄登記所が異なるケースでは、印鑑証明書およびⅤ登記原因証明情報（抵当権設定）は各登記所ごとに（複数）必要となる。当該申請のためにのみ作成したⅥ登記用委任状も同様であり、これらは原本還付を受けることができないとされている。

Ⅲ 必要書類・費用一覧

書　類	書類上の関係者
□ 抵当権設定契約証書	抵当権者、債務者、抵当権設定者
□ 登記原因証明情報	抵当権設定者
□ 委任状（登記義務者用）	抵当権設定者
□ 委任状（登記権利者用）	抵当権者
□ 登記識別情報（登記済証）	抵当権設定者
□ 印鑑証明書	抵当権設定者
□ 会社法人等番号（注）	抵当権者、抵当権設定者
□ 登録免許税	債権額の1,000分の4

（注）　不登令等の改正により、平成27年11月2日から、会社・法人の代表者等の資格を証する情報の提供（添付）に代え、登記申請情報に商業登記法第7条の会社法人等番号を記録または記載することとなった。ただし、法人登記手続中となるなどの場合を考慮し、例外的に、作成後1か月以内の資格証明情報（登記事項証明書）を提供（添付）することも認められている。

Ⅳ 抵当権設定契約証書

```
（印紙）
（注1）
```

抵当権設定契約証書

平成　　年　　月　　日（注2）

東京都○区○町一丁目2番3号
株式会社甲野銀行　御中
（取扱店　　　　　　　　　　　）

　　　　　　　　住　所　　　　東京都○区○町三丁目2番1号
　　　　　　　　債務者　　　　株式会社乙野商事
　　　　　　　　抵当権設定者　代表取締役　乙野次郎　　㊞（注3）

　　　　　　　　住　所
　　　　　　　　抵当権設定者

　　　　　　　　（注4）（注5）

　株式会社甲野銀行（以下「銀行」といいます。）、債務者および抵当権設定者は、次のとおり抵当権設定契約を締結しました。

第1節　設　定　3

[抵当権の要項] (注6)

1．被担保債権	平成○年○月○日付け金銭消費貸借契約に基づく債権
2．債権額	拾億　　　百万　　　千　　　円 （算用数字／頭部に¥マーク）
3．利息	年○％（年365日日割計算）
4．遅延損害金	年○％（年365日日割計算）
5．債務者	住所　東京都○区○町三丁目2番1号 氏名　株式会社乙野商事（注7）
6．順位	後記のとおり（注8）
7．物件	後記物件の表示記載のとおり

物件の表示	順位	所有者
所　　在　東京都○区○町一丁目 地　　番　1番1 地　　目　宅地 地　　積　○○○.○○㎡	1	株式会社乙野商事

第1条（抵当権の設定）

① 抵当権設定者は、下記条項を承認のうえ、その所有する前記記載の物件のうえに、銀行が有する前記被担保債権を担保するため、前記「抵当権の要項」記載の抵当権を設定しました。

② 抵当権設定者は、この契約について、下記条項のほか、債務者が銀行に差し入れた銀行取引約定書および被担保債権の成立・変更等に係る約定書ならびに債務者が銀行に今後差し入れるこれらの約定書記載の各条項の適用があることを承認します。

第2条（登記義務）

抵当権設定者は、前条第1項による抵当権設定の登記手続を遅滞なく行い、その登記事項証明書を銀行に提出します。今後、この抵当権について各種の変更等の合意がなされたときも同様とします。

第3条（抵当物件）

① 抵当権設定者は、あらかじめ銀行の承諾がなければ抵当物件（抵当建物の借地権を含む。以下同じ。）の現状を変更し、または第三者のために権利を設定しもしくは譲渡しません。

② 抵当物件が原因のいかんを問わず滅失・毀損しもしくはその価格が低落したとき、またはそのおそれがあるときは、抵当権設定者はただちにその旨を銀行に通知します。この場合において、銀行から請求があったときは、債務者および抵当権設定者は、ただち

に銀行の承認する担保もしくは増担保を差し入れ、または保証人をたてもしくはこれを追加し、あるいは被担保債務の全部または一部を期限のいかんにかかわらず弁済します。

③　抵当物件について譲渡、土地明渡し、収用その他の原因により譲渡代金・立退料・補償金・清算金などの債権が生じたときは、抵当権設定者は銀行のためにその債権に質権を設定するものとし、銀行がこれらの金銭を受領したときは債務の弁済期前でも法定の順序にかかわらず、銀行はその弁済に充当することができます。

第4条（損害保険）

①　抵当権設定者は、この抵当権が存続する間抵当物件に対し、銀行の同意する保険会社と銀行の指定する金額以上の損害保険契約を締結または継続し、その保険契約に基づく権利のうえに銀行のため質権を設定し、またはその保険契約に抵当権者特約条項を付けます。

②　抵当権設定者は、前項の保険契約以外に抵当物件に対し保険契約を締結したときは、ただちに銀行に通知し、前項と同様の手続をとります。

③　前2項の保険契約の継続・更改・変更および保険目的物件罹災後の保険金等の処理については、すべて銀行の指示に従います。

④　銀行が債権保全のため、必要な保険契約を締結しもしくは抵当権設定者に代って保険契約を締結または継続し、その保険料を支払ったときは、抵当権設定者は銀行の支払った保険料その他の費用に、その支払日から年○％（注9）の割合の損害金を付して支払います。

⑤　前4項による保険契約に基づく保険金を銀行が受領したときは、債務の弁済期前でも法定の順序にかかわらず債務の弁済に充当されても異議ありません。

第5条（借地権）（注10）

①　抵当権設定者は、抵当物件の敷地につきその借地期間が満了したときは、借地借家法第22条・第23条・第24条の定期借地権を除きただちに借地契約継続の手続をとります。また、土地の所有者に変更があったときはただちに銀行に通知し、借地権の種類・内容に変更が生じるときはあらかじめ銀行に通知します。

②　抵当権設定者は、解約、賃料不払、借地権の種類・内容の変更その他借地権の消滅または変更をきたすようなおそれのある行為をせず、またこのようなおそれのあるときは借地権保全に必要な手続をとることはもちろん、抵当物件のうち建物が滅失した場合も銀行の同意がなければ借地権の転貸その他任意の処分をしません。

③　抵当物件のうち建物が火災その他により滅失し、建物を建築する場合は、抵当権設定者は、ただちに借地借家法第10条第2項の所定の掲示を行ったうえ、速やかに地主の承諾を得て建物を建築します。

④　前項の場合、抵当権設定者は、この抵当権と同一内容・順位の抵当権を設定します。

⑤　抵当権設定者が第3項に従って建物の建築をしない場合において、保険金等によって弁済をしてもなお残債務があるときは、借地権の処分について銀行の指示に従うものとし、銀行はその処分代金をもって債務の弁済に充当することができます。

第6条（任意処分）

抵当物件は、かならずしも競売手続によらず一般に適当と認められる方法・時期・価格等により銀行において抵当物件を処分のうえ、その取得金から諸費用を差し引いた残額を法定の順序にかかわらず債務の弁済に充当されても異議ありません。また、残債務がある場合は債務者はただちに弁済します。

第7条（抵当物件の調査）

抵当物件の現況等について銀行から請求があったときは、ただちに報告し、また調査に必要な便益を提供します。

第8条（費用の負担）

この抵当権に関する設定・解除または変更の登記および抵当物件の調査または処分に関する費用は、債務者および抵当権設定者が連帯して負担し、銀行が支払った金額についてはただちに支払います。

第9条（担保保存義務）(注11)

①　抵当権設定者は、銀行の都合によって他の担保または保証を変更、解除されても異議ありません。

②　抵当権設定者が弁済等により銀行から代位によって取得した権利は、債務者と銀行との取引継続中は、銀行の同意がなければこれを行使しません。また、銀行が請求したときは、その権利または順位を銀行に無償で譲渡します。

以　上

(注1)　この文書は、平成元年4月1日以降、印紙税法上の課税文書には該当しないこととされている。ただし、第3条第3項を修正して収用等により生じた債権を（質権設定ではなく）根抵当権者に譲渡する旨の定めをした場合は、債権譲渡に関する契約書（第15号文書）に該当して課税文書となるおそれがあり、また第6条を修正して（処分清算条項ではなく）代物弁済を約する旨の定めをした場合は、不動産の譲渡に関する契約書（第1号の1文書）として課税文書となるおそれがあり、留意が必要である。
(注2)　この契約書を作成した日付を記載する。
(注3)　債務者と抵当権設定者が同じ場合は、この欄に署名（記名）捺印させる。
(注4)　債務者以外の第三者が抵当権設定者の場合は、この欄に署名（記名）捺印させる。
(注5)　債務者以外の抵当権設定者がいる場合で、その者に連帯保証を求める場合は、「連帯保証人」の記載を追加するのではなく、保証人徴求の際に法令等によって求められる手続を履践する必要がある。
(注6)　被担保債権を特定するに足りる事項として、発生原因とその日付、債権額、利息および遅延損害金の定め等を記載する。
(注7)　住所、氏名を記載する（法人の場合は本店所在地と商号を記載）。
(注8)　第1順位の抵当権を設定することを念頭に置いている。第1順位ではない場合には、当該順位を記載することとなる。
(注9)　所定の利率で記載する。
(注10)　本件では借地権は関係ないが、一般規定として、あえて削除しないのが通例である。

(注11) 本件では債務者以外の抵当権設定者がいないから本条が機能する場面はないが、あえて削除しないのが通例である。

V 登記原因証明情報（抵当権設定）(注1)

登記原因証明情報
（ 抵 当 権 設 定 ）

平成　　年　　月　　日

東京法務局　○出張所　御中

　　　　　　　　　　　住　　所　　　東京都○区○町三丁目2番1号
　　　　　　　　　　　登記義務者(注2)　株式会社乙野商事
　　　　　　　　　　　　　　　　　　　代表取締役　乙野次郎　　　㊞

　登記義務者（抵当権設定者）は、本件登記の原因となる事実または法律行為が下記1．記載のとおりであることおよびこれに基づき現に下記2．記載の内容を登記要項とする物権変動が生じたことを証明します。

1．登記の原因となる事実または法律行為

(1) 契約証書名および締結年月日	平成○年○月○日付け抵当権設定契約証書(注3)	
(2) 契約当事者	抵当権者	株式会社甲野銀行
	抵当権設定者	株式会社乙野商事

2．登記申請情報の要項

(1) 登記の目的	抵当権設定
(2) 原因	平成○年○月○日金銭消費貸借平成○年○月○日設定(注4)
(3) 債権額(注5)	拾億　　百万　　　千　　　円 （算用数字／頭部に¥マーク）
(4) 利息(注6)	年○％（年365日日割計算）
(5) 損害金	年○％（年365日日割計算）

第1節　設　定　　7

(6)	**債務者**	東京都○区○町三丁目2番1号 株式会社乙野商事
(7)	**登記権利者** （抵当権者）（注7）	東京都○区○町一丁目2番3号 株式会社甲野銀行（取扱店　○支店）
(8)	**登記義務者** （抵当権設定者）（注2）	東京都○区○町三丁目2番1号 株式会社乙野商事
(9)	**不動産の表示**	後記のとおり

不動産の表示
所　　在　東京都○区○町一丁目 地　　番　1番1 地　　目　宅地 地　　積　○○○.○○㎡

以　上

（注1）　Ⅳ抵当権設定契約証書とは別に、Ⅴ登記原因証明情報（抵当権設定）を作成する場合の書式である。この情報は、登記の原因となる事実または法律行為のほか、登記事項（および物件表示）を登記義務者が確認して署名（または記名捺印）したものでなくてはならない。契約証書とは異なり、登記用に作成された書面の原本還付を受けることはできないため、物件が複数で管轄登記所が複数となるケースでは、登記所ごとに（複数）作成する必要がある。その内容は同文面とし、すべての物件を記載する。
（注2）　登記義務者は、物件の所有者となる。
（注3）　Ⅳ契約証書の名称および締結年月日を記載する。
（注4）　抵当権設定の「登記原因およびその日付」は、まず契約名称および日付をもって被担保債権を記載し、次に設定契約の日付を記載する。
（注5）　抵当権の被担保債権の債権額を記載する。登記申請までに弁済により債権額が減少していても当初の金額をもって登記することができるが、登記申請時の残高をもって登記することもできる。
（注6）　変動計算式や変動する旨を登記することはできない。
（注7）　登記権利者は、抵当権者となる。

Ⅵ－1－1　登記用委任状（登記義務者用／Ⅳを登記原因証明情報として提供する場合）(注1)

委　任　状

平成　　年　　月　　日

　　　　　住　所　　東京都○区○町三丁目2番1号
　　　　　登記義務者　株式会社乙野商事
　　　　　　　　　　　代表取締役　乙野次郎　　　㊞
　　　　　⎛連絡先　担当部署　○○部／担当者名　○○　○○⎞
　　　　　⎝電話番号　○○－○○○○－○○○○　　　　　　⎠

私は、＿＿＿＿＿＿＿＿＿＿＿＿＿＿＿＿＿（注2）を代理人と定め、下記の事項に関する一切の権限を委任します。

記

1．次の要項による登記申請に関すること
　　(1) 登記原因証明情報：平成○年○月○日付け抵当権設定契約証書（注3）
　　(2) 登記の目的：抵当権設定
2．上記申請の登記識別情報の暗号化に関すること（注4）
3．上記申請の登記完了証の受領に関すること（注5）
4．上記申請に関する契約証書、資格証明情報その他の添付情報の原本還付手続に関すること（注5）
5．上記申請の登録免許税還付金の代理受領に関すること（注6）

以　上

(注1)　Ⅳ抵当権設定契約証書を登記原因証明情報（不登法第61条）として提供する場合に、登記義務者が作成する委任状の書式である。物件が複数で管轄登記所が複数となるケースにおいて、委任状の原本還付を受けるときは、他の申請についても委任したことが明らかな内容とする必要がある。
(注2)　代理人の住所ならびに氏名または名称を記載する。
(注3)　登記所に提供する契約証書の締結日およびその名称を記載する。
(注4)　登記識別情報の暗号化（電子申請においてオンラインで登記識別情報を提供すること）には特別の授権が必要であるため、このように記載する。
(注5)　これらの事項には特別の授権を必要としないが、委任事項を明確にするため、このように記載する。
(注6)　登記申請の取下げ・却下・過誤納付に伴う還付金の代理受領については特別の授権が必要であるため、このように記載する。

Ⅵ－1－2　登記用委任状（登記義務者用／Ⅴを登記原因証明情報として提供する場合）（注1）

委　任　状

平成　　年　　月　　日

住　所　　東京都○区○町三丁目2番1号
登記義務者　株式会社乙野商事
　　　　　　代表取締役　乙野次郎　　㊞
連絡先　担当部署　○○部／担当者名　○○　○○
電話番号　○○－○○○○－○○○○

私は、＿＿＿＿＿＿＿＿＿＿＿＿＿＿＿（注2）を代理人と定め、下記の事項に関する一切の権限を委任します。

記

1．次の要項による登記申請に関すること
　　(1) 登記原因証明情報：平成○年○月○日付け登記原因証明情報（抵当権設定）（注3）
　　(2) 登記の目的：抵当権設定
2．上記申請の登記識別情報の暗号化に関すること（注4）
3．上記申請の登記完了証の受領に関すること（注5）
4．上記申請に関する資格証明情報その他の添付情報の原本還付手続に関すること（注5）
5．上記申請の登録免許税還付金の代理受領に関すること（注6）

以　上

(注1)　Ⅳ抵当権設定契約証書とは別に、Ⅴ登記原因証明情報（抵当権設定）を作成し、これを登記原因証明情報（不登法第61条）として提供する場合に、登記義務者が作成する委任状の書式である。物件が複数で管轄登記所が複数となるケースにおいて、委任状の原本還付を受けるときは、他の申請についても委任したことが明らかな内容とする必要がある。
(注2)　代理人の住所ならびに氏名または名称を記載する。
(注3)　登記所に提供する登記原因証明情報の作成日およびその名称を記載する。
(注4)　登記識別情報の暗号化（電子申請においてオンラインで登記識別情報を提供すること）には特別の授権が必要であるため、このように記載する。
(注5)　これらの事項には特別の授権を必要としないが、委任事項を明確にするため、このように記載する。
(注6)　登記申請の取下げ・却下・過誤納付に伴う還付金の代理受領については特別の授権が必要であるため、このように記載する。

Ⅵ－2－1　登記用委任状（登記権利者用／Ⅳを登記原因証明情報として提供する場合）(注1)

委　任　状

平成　　年　　月　　日

　　　　　住　所　　　東京都○区○町一丁目2番3号
　　　　　登記権利者　株式会社甲野銀行
　　　　　　　　　　　代表取締役　甲野太郎　　㊞
　　　　　　　　　　　（取扱店　○支店）

私は、＿＿＿＿＿＿＿＿＿＿＿＿＿＿（注2）を代理人と定め、下記の事項に関する一切の権限を委任します。

記

1．次の要項による登記申請に関すること
　　(1) 登記原因証明情報：平成○年○月○日付け抵当権設定契約証書 (注3)
　　(2) 登記の目的：抵当権設定
2．上記申請の登記識別情報の受領に関すること (注4)
3．上記申請の登記完了証の受領に関すること (注5)
4．上記申請に関する契約証書、資格証明情報その他の添付情報の原本還付手続に関すること (注5)
5．上記申請の登録免許税還付金の代理受領に関すること (注6)

以　上

(注1)　Ⅳ抵当権設定契約証書を登記原因証明情報（不登法第61条）として提供する場合に、登記権利者が作成する委任状の書式である。物件が複数で管轄登記所が複数となるケースにおいて、委任状の原本還付を受けるときは、他の申請についても委任したことが明らかな内容とする必要がある。
(注2)　代理人の住所ならびに氏名または名称を記載する。
(注3)　登記所に提供する契約証書の締結日およびその名称を記載する。
(注4)　登記識別情報の受領には特別の授権が必要であるため、このように記載する。なお、電子申請においてオンラインで登記識別情報を受領することを「復号」といい、この方法による受領には特別の授権が必要であるため、これについても委任する場合は、「上記申請の登記識別情報の受領・復号に関すること」のように記載する。
(注5)　これらの事項には特別の授権を必要としないが、委任事項を明確にするため、このように記載する。
(注6)　登記申請の取下げ・却下・過誤納付に伴う還付金の代理受領については特別の授権が必要であるため、このように記載する。

Ⅵ－2－2　登記用委任状（登記権利者用／Ⅴを登記原因証明情報として提供する場合）(注1)

委 任 状

平成　年　月　日

　　　　住　所　　東京都○区○町一丁目2番3号
　　　　登記権利者　株式会社甲野銀行
　　　　　　　　　　代表取締役　甲野太郎　　　　㊞
　　　　　　　　　　（取扱店　○支店）

私は、_____(注2)を代理人と定め、下記の事項に関する一切の権限を委任します。

記

1．次の要項による登記申請に関すること
　　(1) 登記原因証明情報：平成○年○月○日付け登記原因証明情報（抵当権設定）(注3)
　　(2) 登記の目的：抵当権設定
2．上記申請の登記識別情報の受領に関すること（注4）
3．上記申請の登記完了証の受領に関すること（注5）
4．上記申請に関する資格証明情報その他の添付情報の原本還付手続に関すること（注5）
5．上記申請の登録免許税還付金の代理受領に関すること（注6）

以　上

（注1）　Ⅳ抵当権設定契約証書とは別に、Ⅴ登記原因証明情報（抵当権設定）を作成し、これを登記原因証明情報（不登法第61条）として提出する場合に、登記権利者が作成する委任状の書式である。物件が複数で管轄登記所が複数となるケースにおいて、委任状の原本還付を受けるときは、他の申請についても委任したことが明らかな内容とする必要がある。
（注2）　代理人の住所ならびに氏名または名称を記載する。
（注3）　登記所に提供する登記原因証明情報の作成日およびその名称を記載する。
（注4）　登記識別情報の受領には特別の授権が必要であるため、このように記載する。なお、電子申請においてオンラインで登記識別情報を受領することを「復号」といい、この方法による受領には特別の授権が必要であるため、これについても委任する場合は、「上記申請の登記識別情報の受領・復号に関すること」のように記載する。
（注5）　これらの事項には特別の授権を必要としないが、委任事項を明確にするため、このように記載する。
（注6）　登記申請の取下げ・却下・過誤納付に伴う還付金の代理受領については特別の授権が必要であるため、このように記載する。

2 同一債務者に対する複数債権を担保する場合

I ケース概要

甲野銀行は、債務者乙野商事宛てに2本の融資をするにあたり、乙野商事所有の土地に、この両債権を担保するための抵当権の設定を受けたい。

II 書式作成上の留意点

① 1個の不動産に抵当権の新規設定を受けるが、被担保債権として2種類の金銭消費貸借契約をあわせて担保する場合の書式である。両債権の債務者は同一である。

② 抵当権者と抵当権設定者との間に抵当権設定契約が締結されることにより、抵当権設定の登記原因が生じる。ただし、被担保債権の存在が前提となる（附従性）。

③ 本ケースは、債務者兼抵当権設定者の例で記載しているが、書式としては、第三者担保提供の場合にも使えるよう、抵当権設定者の欄を設けている。

　会社がその取締役個人またはその取締役が代表取締役である別会社の債務につき担保提供するなど、取締役の債務を保証することとなる場合は会社法所定の承認が必要となり、登記申請に際して署名者全員の印鑑証明書付きで議事録等を提供することとなるので注意を要する（会社法第356条・第365条、不登令第7条第1項第5号ハ）。なお、第三者担保提供者に対しては、銀行取引約定書の写しを交付するのがよいであろう。

④ この抵当権設定契約とは別にⅤ登記原因証明情報を作成し、登記原因証明情報（不登法第61条）として登記所に提供することができる。

⑤ 抵当権設定の登記は、抵当権者が登記権利者となり、抵当権設定者が登記義務者となって行い、登記原因のほか被担保債権の債権額・利息・損害金・債務者・抵当権者などをその登記事項とする。

⑥ 抵当権設定者について、所有権の取得に係る登記識別情報（登記済証）および印鑑証明書が必要となる。なお、登記完了後は双方に登記完了証が交付され、抵当権者には登記識別情報が通知される。

⑦ 本ケースでは物件1個を目的としているので問題とならないが、複数物件で管轄登記所が異なるケースでは、印鑑証明書およびⅤ登記原因証明情報（抵当権設定）は各登記所ごとに（複数）必要となる。当該申請のためにのみ作成したⅥ登記用委任状も同様であり、これらは原本還付を受けることができないとされている。

Ⅲ 必要書類・費用一覧

書　　　類	書類上の関係者
□ 抵当権設定契約証書	抵当権者、債務者、抵当権設定者
□ 登記原因証明情報	抵当権設定者
□ 委任状（登記義務者用）	抵当権設定者
□ 委任状（登記権利者用）	抵当権者
□ 登記識別情報（登記済証）	抵当権設定者
□ 印鑑証明書	抵当権設定者
□ 会社法人等番号（注）	抵当権者、抵当権設定者
□ 登録免許税	債権額の1,000分の4

（注）　不登令等の改正により、平成27年11月2日から、会社・法人の代表者等の資格を証する情報の提供（添付）に代え、登記申請情報に商業登記法第7条の会社法人等番号を記録または記載することとなった。ただし、法人登記手続中となるなどの場合を考慮し、例外的に、作成後1か月以内の資格証明情報（登記事項証明書）を提供（添付）することも認められている。

Ⅳ 抵当権設定契約証書

```
（印紙）
（注1）
```

　　　　　　　　　　　抵当権設定契約証書

　　　　　　　　　　　　　　　　　　　　　平成　　年　　月　　日（注2）

東京都○区○町一丁目2番3号
株式会社甲野銀行　御中
（取扱店　　　　　　　　　　　）

　　　　　　　　住　所　　　　東京都○区○町三丁目2番1号
　　　　　　　　債務者　　　　株式会社乙野商事
　　　　　　　　抵当権設定者　　代表取締役　乙野次郎　　㊞（注3）

　　　　　　　　住　所
　　　　　　　　抵当権設定者
　　　　　　　　（注4）（注5）

　株式会社甲野銀行（以下「銀行」といいます。）、債務者および抵当権設定者は、次のとおり抵当権設定契約を締結しました。

[抵当権の要項]（注6）

1. 被担保債権	① 平成〇年〇月〇日付け金銭消費貸借契約に基づく債権 ② 平成〇年〇月〇日付け金銭消費貸借契約に基づく債権
2. 債権額	 ｜拾億｜　｜　｜百万｜　｜　｜千｜　｜　｜円｜ （算用数字／頭部に¥マーク） 内訳 ① ｜拾億｜　｜　｜百万｜　｜　｜千｜　｜　｜円｜ ② ｜拾億｜　｜　｜百万｜　｜　｜千｜　｜　｜円｜
3. 利息	① 年〇％（年365日日割計算） ② 年〇％（年365日日割計算）
4. 損害金	年〇％（年365日日割計算）
5. 債務者	住所　東京都〇区〇町三丁目2番1号 氏名　株式会社乙野商事（注7）
6. 順位	後記のとおり（注8）
7. 物件	後記物件の表示記載のとおり

物件の表示	順位	所有者
所　　在　東京都〇区〇町一丁目 地　番　1番1 地　目　宅地 地　積　〇〇〇.00㎡	1	株式会社乙野商事

第1条（抵当権の設定）

① 抵当権設定者は、下記条項を承認のうえ、その所有する前記記載の物件のうえに、銀行が有する前記被担保債権を担保するため、前記「抵当権の要項」記載の抵当権を設定しました。

② 抵当権設定者は、この契約について、下記条項のほか、債務者が銀行に差し入れた銀行取引約定書および被担保債権の成立・変更等に係る約定書ならびに債務者が銀行に今後差し入れるこれらの約定書記載の各条項の適用があることを承認します。

第2条（登記義務）

抵当権設定者は、前条第1項による抵当権設定の登記手続を遅滞なく行い、その登記事項証明書を銀行に提出します。今後、この抵当権について各種の変更等の合意がなされたときも同様とします。

第3条（抵当物件）

① 抵当権設定者は、あらかじめ銀行の承諾がなければ抵当物件（抵当建物の借地権を含む。以下同じ。）の現状を変更し、または第三者のために権利を設定しもしくは譲渡しません。

② 抵当物件が原因のいかんを問わず滅失・毀損しもしくはその価格が低落したとき、またはそのおそれがあるときは、抵当権設定者はただちにその旨を銀行に通知します。この場合において、銀行から請求があったときは、債務者および抵当権設定者は、ただちに銀行の承認する担保もしくは増担保を差し入れ、または保証人をたてもしくはこれを追加し、あるいは被担保債務の全部または一部を期限のいかんにかかわらず弁済します。

③ 抵当物件について譲渡、土地明渡し、収用その他の原因により譲渡代金・立退料・補償金・清算金などの債権が生じたときは、抵当権設定者は銀行のためにその債権に質権を設定するものとし、銀行がこれらの金銭を受領したときは債務の弁済期前でも法定の順序にかかわらず、銀行はその弁済に充当することができます。

第4条（損害保険）

① 抵当権設定者は、この抵当権が存続する間抵当物件に対し、銀行の同意する保険会社と銀行の指定する金額以上の損害保険契約を締結または継続し、その保険契約に基づく権利のうえに銀行のため質権を設定し、またはその保険契約に抵当権者特約条項をつけます。

② 抵当権設定者は、前項の保険契約以外に抵当物件に対し保険契約を締結したときは、ただちに銀行に通知し、前項と同様の手続をとります。

③ 前2項の保険契約の継続・更改・変更および保険目的物件罹災後の保険金等の処理については、すべて銀行の指示に従います。

④ 銀行が債権保全のため、必要な保険契約を締結しもしくは抵当権設定者に代って保険契約を締結または継続し、その保険料を支払ったときは、抵当権設定者は銀行の支払った保険料その他の費用に、その支払日から年○％（注9）の割合の損害金を付して支払います。

⑤ 前4項による保険契約に基づく保険金を銀行が受領したときは、債務の弁済期前でも法定の順序にかかわらず債務の弁済に充当されても異議ありません。

第5条（借地権）（注10）

① 抵当権設定者は、抵当物件の敷地につきその借地期間が満了したときは、借地借家法第22条・第23条・第24条の定期借地権を除きただちに借地契約継続の手続をとります。また、土地の所有者に変更があったときはただちに銀行に通知し、借地権の種類・内容に変更が生じるときはあらかじめ銀行に通知します。

② 抵当権設定者は、解約、賃料不払、借地権の種類・内容の変更その他借地権の消滅ま

たは変更をきたすようなおそれのある行為をせず、またこのようなおそれのあるときは借地権保全に必要な手続をとることはもちろん、抵当物件のうち建物が滅失した場合も銀行の同意がなければ借地権の転貸その他任意の処分をしません。
③　抵当物件のうち建物が火災その他により滅失し、建物を建築する場合は、抵当権設定者は、ただちに借地借家法第10条第2項の所定の掲示を行ったうえ、速やかに地主の承諾を得て建物を建築します。
④　前項の場合、抵当権設定者は、この抵当権と同一内容・順位の抵当権を設定します。
⑤　抵当権設定者が第3項に従って建物の建築をしない場合において、保険金等によって弁済をしてもなお残債務があるときは、借地権の処分について銀行の指示に従うものとし、銀行はその処分代金をもって債務の弁済に充当することができます。

第6条（任意処分）

　抵当物件は、かならずしも競売手続によらず一般に適当と認められる方法・時期・価格等により銀行において抵当物件を処分のうえ、その取得金から諸費用を差し引いた残額を法定の順序にかかわらず債務の弁済に充当されても異議ありません。また、残債務がある場合は債務者はただちに弁済します。

第7条（抵当物件の調査）

　抵当物件の現況等について銀行から請求があったときは、ただちに報告し、また調査に必要な便益を提供します。

第8条（費用の負担）

　この抵当権に関する設定・解除または変更の登記および抵当物件の調査または処分に関する費用は、債務者および抵当権設定者が連帯して負担し、銀行が支払った金額についてはただちに支払います。

第9条（担保保存義務）（注11）

①　抵当権設定者は、銀行の都合によって他の担保または保証を変更、解除されても異議ありません。
②　抵当権設定者が弁済等により銀行から代位によって取得した権利は、債務者と銀行との取引継続中は、銀行の同意がなければこれを行使しません。また、銀行が請求したときは、その権利または順位を銀行に無償で譲渡します。

以　上

（注1）　この文書は、平成元年4月1日以降、印紙税法上の課税文書には該当しないこととされている。ただし、第3条第3項を修正して収用等により生じた債権を（質権設定ではなく）根抵当権者に譲渡する旨の定めをした場合は、債権譲渡に関する契約書（第15号文書）に該当して課税文書となり、また第6条を修正して（処分清算条項ではなく）代物弁済を約する旨の定めをした場合は、不動産の譲渡に関する契約書（第1号の1文書）として課税文書となるので、留意が必要である。
（注2）　この契約書を作成した日付を記載する。
（注3）　抵当権設定者と債務者が同じ場合は、この欄に署名（記名）捺印させる。

(注4) 債務者以外の第三者が抵当権設定者の場合は、この欄に署名（記名）捺印させる。
(注5) 債務者以外の抵当権設定者がいる場合で、その者に連帯保証を求める場合は、「連帯保証人」の記載を追加するのではなく、保証人徴求の際に法令等によって求められる手続を履践する必要がある。
(注6) 被担保債権を特定するに足りる事項として、発生原因とその日付、債権額、利息および遅延損害金の定め等を記載する。
(注7) 住所、氏名を記載する（法人の場合は本店所在地と商号を記載）。
(注8) 第1順位の抵当権を設定することを念頭に置いている。第1順位ではない場合には、当該順位を記載することとなる。
(注9) 所定の利率を記載する。
(注10) 本件では借地権は関係ないが、一般規定として、あえて削除しないのが通例である。
(注11) 本件では債務者以外の抵当権設定者がいないから本条が機能する場面はないが、あえて削除しないのが通例である。

V 登記原因証明情報（抵当権設定）(注1)

登記原因証明情報
（抵当権設定）

平成　年　月　日

東京法務局　〇出張所　御中

　　　　　　　　住　所　　　　東京都〇区〇町三丁目2番1号
　　　　　　　　登記義務者(注2)　株式会社乙野商事
　　　　　　　　　　　　　　　　代表取締役　乙野次郎　　　　㊞

　登記義務者（抵当権設定者）は、本件登記の原因となる事実または法律行為が下記1．記載のとおりであることおよびこれに基づき現に下記2．記載の内容を登記要項とする物権変動が生じたことを証明します。

1．登記の原因となる事実または法律行為

(1) 契約証書名および締結年月日	平成〇年〇月〇日付け抵当権設定契約証書(注3)
(2) 契約当事者	抵当権者　　　　株式会社甲野銀行
	抵当権設定者　　株式会社乙野商事

2．登記申請情報の要項

(1) 登記の目的	抵当権設定

(2) 原因	(あ) 平成○年○月○日金銭消費貸借 (い) 平成○年○月○日金銭消費貸借平成○年○月○日設定 （注4）
(3) 債権額 (注5)	┌拾億─┬─┬─┬─┬百万┬─┬─┬千┬─┬─┬円┐ └─┴─┴─┴─┴─┴─┴─┴─┴─┴─┴─┘ （算用数字／頭部に￥マーク） 内訳 (あ) ┌拾億─┬─┬─┬百万┬─┬─┬千┬─┬─┬円┐ (い) ┌拾億─┬─┬─┬百万┬─┬─┬千┬─┬─┬円┐
(4) 利息 (注6)	(あ) 年○％（年365日日割計算） (い) 年○％（年365日日割計算）
(5) 損害金	年○％（年365日日割計算）
(6) 債務者	東京都○区○町三丁目2番1号 株式会社乙野商事
(7) 登記権利者 (抵当権者) (注7)	東京都○区○町一丁目2番3号 株式会社甲野銀行（取扱店○支店）
(8) 登記義務者 (抵当権設定者) (注2)	東京都○区○町三丁目2番1号 株式会社乙野商事
(9) 不動産の表示	後記のとおり

不動産の表示
所　　在　東京都○区○町一丁目 地　　番　1番1 地　　目　宅地 地　　積　○○○.○○㎡

以　上

(注1) Ⅳ抵当権設定契約証書とは別に、Ⅴ登記原因証明情報（抵当権設定）を作成する場合の書式である。この情報は、登記の原因となる事実または法律行為のほか、登記事項（および物件表示）を登記義務者が確認して署名（または記名捺印）したものでなくてはならない。契約証書とは異なり、登記用に作成された書面の原本還付を受けることはできないため、物件が複数で管轄登記所が複数となるケースでは、登記所ごとに（複数）作成する必要がある。その内容は同文面とし、すべての物件を記載する。
(注2) 登記義務者は、物件の所有者となる。
(注3) Ⅳ契約証書の名称および締結年月日を記載する。
(注4) 抵当権設定の「登記原因およびその日付」は、まず契約名称および日付をもって被担保債権を記載し、次に設定契約の日付を記載する。なお、複数債権につき(あ)(い)の符号をもって各別に記載する（以下、共通するものを除いて同じ）。

(注5) 抵当権の被担保債権の債権額を記載する。登記申請までに弁済により債権額が減少していても当初の金額をもって登記することができるが、登記申請時の残高をもって登記することもできる。
(注6) 変動計算式や変動する旨を登記することはできない。
(注7) 登記権利者は、抵当権者となる。

Ⅵ－1－1　登記用委任状（登記義務者用／Ⅳを登記原因証明情報として提供する場合）(注1)

委　任　状

平成　　年　　月　　日

住　所　　　東京都○区○町三丁目2番1号
登記義務者　株式会社乙野商事
　　　　　　代表取締役　乙野次郎　　㊞

連絡先　担当部署　○○部／担当者名　○○　○○
電話番号　○○－○○○○－○○○○

私は、＿＿＿＿＿＿＿＿＿＿＿＿＿＿(注2)を代理人と定め、下記の事項に関する一切の権限を委任します。

記

1．次の要項による登記申請に関すること
　(1)登記原因証明情報：平成○年○月○日付け抵当権設定契約証書(注3)
　(2)登記の目的：抵当権設定
2．上記申請の登記識別情報の暗号化に関すること(注4)
3．上記申請の登記完了証の受領に関すること(注5)
4．上記申請に関する契約証書、資格証明情報その他の添付情報の原本還付手続に関すること(注5)
5．上記申請の登録免許税還付金の代理受領に関すること(注6)

以　上

(注1) Ⅳ抵当権設定契約証書を登記原因証明情報（不登法第61条）として提供する場合に、登記義務者が作成する委任状の書式である。物件が複数で管轄登記所が複数となるケースにおいて、委任状の原本還付を受けるときは、他の申請についても委任したことが明らかな内容とする必要がある。
(注2) 代理人の住所ならびに氏名または名称を記載する。
(注3) 登記所に提供する契約証書の締結日およびその名称を記載する。
(注4) 登記識別情報の暗号化（電子申請においてオンラインで登記識別情報を提供すること）には特別の授権が必要であるため、このように記載する。
(注5) これらの事項には特別の授権を必要としないが、委任事項を明確にするため、このように記載する。
(注6) 登記申請の取下げ・却下・過誤納付に伴う還付金の代理受領については特別の授権が必要であるため、このように記載する。

Ⅵ－1－2　登記用委任状（登記義務者用／Ⅴを登記原因証明情報として提供する場合）(注1)

委　任　状

平成　年　月　日

　　　　　　　　住　所　　　東京都○区○町三丁目2番1号
　　　　　　　　登記義務者　株式会社乙野商事
　　　　　　　　　　　　　　代表取締役　乙野次郎　　　　　㊞
　　　　　　　　⎛連絡先　担当部署　○○部／担当者名　○○　○○⎞
　　　　　　　　⎝電話番号　○○－○○○○－○○○○　　　　　　⎠

私は、＿＿＿＿＿＿＿＿＿＿＿＿＿＿＿（注2）を代理人と定め、下記の事項に関する一切の権限を委任します。

記

1．次の要項による登記申請に関すること
　　(1) 登記原因証明情報：平成○年○月○日付け登記原因証明情報（抵当権設定）(注3)
　　(2) 登記の目的：抵当権設定
2．上記申請の登記識別情報の暗号化に関すること (注4)
3．上記申請の登記完了証の受領に関すること (注5)
4．上記申請に関する資格証明情報その他の添付情報の原本還付手続に関すること (注5)
5．上記申請の登録免許税還付金の代理受領に関すること (注6)

以　上

(注1)　Ⅳ抵当権設定契約証書とは別に、Ⅴ登記原因証明情報（抵当権設定）を作成し、これを登記原因証明情報（不登法第61条）として提供する場合に、登記義務者が作成する委任状の書式である。物件が複数で管轄登記所が複数となるケースにおいて、委任状の原本還付を受けるときは、他の申請についても委任したことが明らかな内容とする必要がある。
(注2)　代理人の住所ならびに氏名または名称を記載する。
(注3)　登記所に提供する登記原因証明情報の作成日およびその名称を記載する。
(注4)　登記識別情報の暗号化（電子申請においてオンラインで登記識別情報を提供すること）には特別の授権が必要であるため、このように記載する。
(注5)　これらの事項には特別の授権を必要としないが、委任事項を明確にするため、このように記載する。
(注6)　登記申請の取下げ・却下・過誤納付に伴う還付金の代理受領については特別の授権が必要であるため、このように記載する。

Ⅵ－2－1　登記用委任状（登記権利者用／Ⅳを登記原因証明情報として提供する場合）（注1）

委　任　状

平成　　年　　月　　日

　　　　　住　所　　　東京都○区○町一丁目2番3号
　　　　　登記権利者　　株式会社甲野銀行
　　　　　　　　　　　　代表取締役　甲野太郎　　　　㊞
　　　　　　　　　　　　（取扱店　○支店）

私は、＿＿＿＿＿＿＿＿＿＿＿＿＿＿＿（注2）を代理人と定め、下記の事項に関する一切の権限を委任します。

記

1．次の要項による登記申請に関すること
　(1) 登記原因証明情報：平成○年○月○日付け抵当権設定契約証書（注3）
　(2) 登記の目的：抵当権設定
2．上記申請の登記識別情報の受領に関すること（注4）
3．上記申請の登記完了証の受領に関すること（注5）
4．上記申請に関する契約証書、資格証明情報その他の添付情報の原本還付手続に関すること（注5）
5．上記申請の登録免許税還付金の代理受領に関すること（注6）

以　上

(注1)　Ⅳ抵当権設定契約証書を登記原因証明情報（不登法第61条）として提供する場合に、登記権利者が作成する委任状の書式である。物件が複数で管轄登記所が複数となるケースにおいて、委任状の原本還付を受けるときは、他の申請についても委任したことが明らかな内容とする必要がある。
(注2)　代理人の住所ならびに氏名または名称を記載する。
(注3)　登記所に提供する契約証書の締結日およびその名称を記載する。
(注4)　登記識別情報の受領には特別の授権が必要であるため、このように記載する。なお、電子申請においてオンラインで登記識別情報を受領することを「復号」といい、この方法による受領には特別の授権が必要であるため、これについても委任する場合は、「上記申請の登記識別情報の受領・復号に関すること」のように記載する。
(注5)　これらの事項には特別の授権を必要としないが、委任事項を明確にするため、このように記載する。
(注6)　登記申請の取下げ・却下・過誤納付に伴う還付金の代理受領については特別の授権が必要であるため、このように記載する。

Ⅵ-2-2 登記用委任状（登記権利者用／Ⅴを登記原因証明情報として提供する場合）(注1)

委 任 状

平成　年　月　日

　　　　住　所　　東京都○区○町一丁目2番3号
　　　　登記権利者　株式会社甲野銀行
　　　　　　　　　　代表取締役　甲野太郎　　㊞
　　　　　　　　　　（取扱店　○支店）

私は、＿＿＿＿＿＿＿＿＿＿＿＿＿＿＿＿(注2)を代理人と定め、下記の事項に関する一切の権限を委任します。

記

1．次の要項による登記申請に関すること
　　(1) 登記原因証明情報：平成○年○月○日付け登記原因証明情報（抵当権設定）(注3)
　　(2) 登記の目的：抵当権設定
2．上記申請の登記識別情報の受領に関すること(注4)
3．上記申請の登記完了証の受領に関すること(注5)
4．上記申請に関する資格証明情報その他の添付情報の原本還付手続に関すること(注5)
5．上記申請の登録免許税還付金の代理受領に関すること(注6)

以　上

（注1）　Ⅳ抵当権設定契約証書とは別に、Ⅴ登記原因証明情報（抵当権設定）を作成し、これを登記原因証明情報（不登法第61条）として提出する場合に、登記権利者が作成する委任状の書式である。物件が複数で管轄登記所が複数となるケースにおいて、委任状の原本還付を受けるときは、他の申請についても委任したことが明らかな内容とする必要がある。
（注2）　代理人の住所ならびに氏名または名称を記載する。
（注3）　登記所に提供する登記原因証明情報の作成日およびその名称を記載する。
（注4）　登記識別情報の受領には特別の授権が必要であるため、このように記載する。なお、電子申請においてオンラインで登記識別情報を受領することを「復号」といい、この方法による受領には特別の授権が必要であるため、これについても委任する場合は、「上記申請の登記識別情報の受領・復号に関すること」のように記載する。
（注5）　これらの事項には特別の授権を必要としないが、委任事項を明確にするため、このように記載する。
（注6）　登記申請の取下げ・却下・過誤納付に伴う還付金の代理受領については特別の授権が必要であるため、このように記載する。

3 債務者を異にする複数債権を担保する場合

Ⅰ ケース概要

　甲野銀行は、債務者乙野商事宛ての融資と債務者乙野産業宛ての融資をするにあたり、乙野商事所有の土地に、この両債権を担保するための抵当権の設定を受けたい。

Ⅱ 書式作成上の留意点

① 　1個の不動産に抵当権の新規設定を受けるが、被担保債権として2種類の金銭消費貸借契約をあわせて担保する場合の書式である。それぞれの融資の債務者は異なっている。

② 　抵当権者と抵当権設定者との間に抵当権設定契約が締結されることにより、抵当権設定の登記原因が生じる。ただし、被担保債権の存在が前提となる（附従性）。

③ 　本ケースは、債務者のうち1名が債務者兼抵当権設定者となる例で記載しているが、書式としては、第三者担保提供の場合にも使えるよう、抵当権設定者の欄を設けている。

　会社がその取締役個人またはその取締役が代表取締役である別会社の債務につき担保提供するなど、取締役の債務を保証することとなる場合は会社法所定の承認が必要となり、登記申請に際して署名者全員の印鑑証明書付きで議事録等を提供することとなるので注意を要する（会社法第356条・第365条、不登令第7条第1項第5号ハ）。なお、第三者担保提供者に対しては、銀行取引約定書の写しを交付するのがよいであろう。

④ 　この抵当権設定契約とは別にⅤ登記原因証明情報を作成し、登記原因証明情報（不登法第61条）として登記所に提供することができる。

⑤ 　抵当権設定の登記は、抵当権者が登記権利者となり、抵当権設定者が登記義務者となって行い、登記原因のほか被担保債権の債権額・利息・損害金・債務者・抵当権者などをその登記事項とする。

⑥ 　抵当権設定者について、所有権の取得に係る登記識別情報（登記済証）および印鑑証明書が必要となる。なお、登記完了後は双方に登記完了証が交付され、抵当権者には登記識別情報が通知される。

⑦ 　本ケースでは物件1個を目的としているので問題とならないが、複数物件で管轄登記所が異なるケースでは、印鑑証明書およびⅤ登記原因証明情報（抵当権設定）は各登記所ごとに（複数）必要となる。当該申請のためにのみ作成したⅥ登記用委任状も同様であり、これらは原本還付を受けることができないとされている。

III 必要書類・費用一覧

書　類	書類上の関係者
□ 抵当権設定契約証書	抵当権者、債務者兼抵当権設定者、債務者
□ 登記原因証明情報	抵当権設定者
□ 委任状（登記義務者用）	抵当権設定者
□ 委任状（登記権利者用）	抵当権者
□ 登記識別情報（登記済証）	抵当権設定者
□ 印鑑証明書	抵当権設定者
□ 会社法人等番号（注）	抵当権者、抵当権設定者
□ 登録免許税	債権額の1,000分の4

（注）　不登令等の改正により、平成27年11月2日から、会社・法人の代表者等の資格を証する情報の提供（添付）に代え、登記申請情報に商業登記法第7条の会社法人等番号を記録または記載することとなった。ただし、法人登記手続中となるなどの場合を考慮し、例外的に、作成後1か月以内の資格証明情報（登記事項証明書）を提供（添付）することも認められている。

IV 抵当権設定契約証書

```
（印紙）
（注1）
```

　　　　　　　　　　　抵当権設定契約証書

　　　　　　　　　　　　　　　　　　　　平成　　年　　月　　日（注2）

東京都○区○町一丁目2番3号
株式会社甲野銀行　御中
（取扱店　　　　　　　　　　　　）

　　　　　　　　住　所　　　東京都○区○町三丁目2番1号
　　　　　　　　債務者　　　株式会社乙野商事
　　　　　　　　抵当権設定者　代表取締役　乙野次郎　　㊞（注3）

　　　　　　　　住　所　　　東京都○区○町四丁目5番6号
　　　　　　　　債務者　　　株式会社乙野産業
　　　　　　　　　　　　　　代表取締役　乙野三郎　　㊞

　　　　　　　　住　所
　　　　　　　　抵当権設定者
　　　　　　　　（注4）（注5）

第1節　設　定

株式会社甲野銀行（以下「銀行」といいます。）、債務者および抵当権設定者は、次のとおり抵当権設定契約を締結しました。

[抵当権の要項]（注6）

1．被担保債権	① 平成○年○月○日付け金銭消費貸借契約に基づく債権 ② 平成○年○月○日付け金銭消費貸借契約に基づく債権
2．債権額	［拾億　百万　千　円］ （算用数字／頭部に￥マーク） 内訳 ① ［拾億　百万　千　円］ ② ［拾億　百万　千　円］
3．利息	① 年○％（年365日日割計算） ② 年○％（年365日日割計算）
4．損害金	年○％（年365日日割計算）
5．債務者	① 住所　東京都○区○町三丁目2番1号 　　氏名　株式会社乙野商事（注7） ② 住所　東京都○区○町四丁目5番6号 　　氏名　株式会社乙野産業（注7）
6．順位	後記のとおり（注8）
7．物件	後記物件の表示記載のとおり

物件の表示	順位	所有者
所在　東京都○区○町一丁目 地番　1番1 地目　宅地 地積　○○○.00㎡	1	株式会社乙野商事

第1条（抵当権の設定）

① 抵当権設定者は、下記条項を承認のうえ、その所有する前記記載の物件のうえに、銀行が有する前記被担保債権を担保するため、前記「抵当権の要項」記載の抵当権を設定しました。

② 抵当権設定者は、この契約について、下記条項のほか、債務者が銀行に差し入れた銀行取引約定書および被担保債権の成立・変更等に係る約定書ならびに債務者が銀行に今後差し入れるこれらの約定書記載の各条項の適用があることを承認します。

第2条（登記義務）

　抵当権設定者は、前条第1項による抵当権設定の登記手続を遅滞なく行い、その登記事項証明書を銀行に提出します。今後、この抵当権について各種の変更等の合意がなされたときも同様とします。

第3条（抵当物件）

① 抵当権設定者は、あらかじめ銀行の承諾がなければ抵当物件（抵当建物の借地権を含む。以下同じ。）の現状を変更し、または第三者のために権利を設定しもしくは譲渡しません。

② 抵当物件が原因のいかんを問わず減失・毀損しもしくはその価格が低落したとき、またはそのおそれがあるときは、抵当権設定者はただちにその旨を銀行に通知します。この場合において、銀行から請求があったときは、債務者および抵当権設定者は、ただちに銀行の承認する担保もしくは増担保を差し入れ、または保証人をたてもしくはこれを追加し、あるいは被担保債務の全部または一部を期限のいかんにかかわらず弁済します。

③ 抵当物件について譲渡、土地明渡し、収用その他の原因により譲渡代金・立退料・補償金・清算金などの債権が生じたときは、抵当権設定者は銀行のためにその債権に質権を設定するものとし、銀行がこれらの金銭を受領したときは債務の弁済期前でも法定の順序にかかわらず、銀行はその弁済に充当することができます。

第4条（損害保険）

① 抵当権設定者は、この抵当権が存続する間抵当物件に対し、銀行の同意する保険会社と銀行の指定する金額以上の損害保険契約を締結または継続し、その保険契約に基づく権利のうえに銀行のため質権を設定し、またはその保険契約に抵当権者特約条項をつけます。

② 抵当権設定者は、前項の保険契約以外に抵当物件に対し保険契約を締結したときは、ただちに銀行に通知し、前項と同様の手続をとります。

③ 前2項の保険契約の継続・更改・変更および保険目的物件罹災後の保険金等の処理については、すべて銀行の指示に従います。

④ 銀行が債権保全のため、必要な保険契約を締結しもしくは抵当権設定者に代って保険契約を締結または継続し、その保険料を支払ったときは、抵当権設定者は銀行の支払った保険料その他の費用に、その支払日から年○％（注9）の割合の損害金を付して支払います。

⑤ 前4項による保険契約に基づく保険金を銀行が受領したときは、債務の弁済期前でも法定の順序にかかわらず債務の弁済に充当されても異議ありません。

第5条（借地権）（注10）

① 抵当権設定者は、抵当物件の敷地につきその借地期間が満了したときは、借地借家法

第22条・第23条・第24条の定期借地権を除きただちに借地契約継続の手続をとります。また、土地の所有者に変更があったときはただちに銀行に通知し、借地権の種類・内容に変更が生じるときはあらかじめ銀行に通知します。

② 抵当権設定者は、解約、賃料不払、借地権の種類・内容の変更その他借地権の消滅または変更をきたすようなおそれのある行為をせず、またこのようなおそれのあるときは借地権保全に必要な手続をとることはもちろん、抵当物件のうち建物が滅失した場合も銀行の同意がなければ借地権の転貸その他任意の処分をしません。

③ 抵当物件のうち建物が火災その他により滅失し、建物を建築する場合は、抵当権設定者は、ただちに借地借家法第10条第2項の所定の掲示を行ったうえ、速やかに地主の承諾を得て建物を建築します。

④ 前項の場合、抵当権設定者は、この抵当権と同一内容・順位の抵当権を設定します。

⑤ 抵当権設定者が第3項に従って建物の建築をしない場合において、保険金等によって弁済をしてもなお残債務があるときは、借地権の処分について銀行の指示に従うものとし、銀行はその処分代金をもって債務の弁済に充当することができます。

第6条（任意処分）

抵当物件は、かならずしも競売手続によらず一般に適当と認められる方法・時期・価格等により銀行において抵当物件を処分のうえ、その取得金から諸費用を差し引いた残額を法定の順序にかかわらず債務の弁済に充当されても異議ありません。また、残債務がある場合は債務者はただちに弁済します。

第7条（抵当物件の調査）

抵当物件の現況等について銀行から請求があったときは、ただちに報告し、また調査に必要な便益を提供します。

第8条（費用の負担）

この抵当権に関する設定・解除または変更の登記および抵当物件の調査または処分に関する費用は、債務者および抵当権設定者が連帯して負担し、銀行が支払った金額についてはただちに支払います。

第9条（担保保存義務）(注11)

① 抵当権設定者は、銀行の都合によって他の担保または保証を変更、解除されても異議ありません。

② 抵当権設定者が弁済等により銀行から代位によって取得した権利は、債務者と銀行との取引継続中は、銀行の同意がなければこれを行使しません。また、銀行が請求したときは、その権利または順位を銀行に無償で譲渡します。

以　上

（注1）　この文書は、平成元年4月1日以降、印紙税法上の課税文書には該当しないこととされている。ただし、第3条第3項を修正して収用等により生じた債権を（質権設定ではなく）根

抵当権者に譲渡する旨の定めをした場合は、債権譲渡に関する契約書（第15号文書）に該当して課税文書となり、また第6条を修正して（処分清算条項ではなく）代物弁済を約する旨の定めをした場合は、不動産の譲渡に関する契約書（第1号の1文書）として課税文書となるので、留意が必要である。

(注2) この契約書を作成した日付を記載する。
(注3) 抵当権設定者と債務者が同じ場合は、この欄に署名（記名）捺印させる。
(注4) 債務者以外の第三者が抵当権設定者の場合は、この欄に署名（記名）捺印させる。
(注5) 債務者以外の抵当権設定者がいる場合で、その者に連帯保証を求める場合は、「連帯保証人」の記載を追加するのではなく、保証人徴求の際に法令等によって求められる手続を履践する必要がある。
(注6) 被担保債権を特定するに足りる事項として、発生原因とその日付、債権額、利息および遅延損害金の定め等を記載する。
(注7) 住所、氏名を記載する（法人の場合は本店所在地と商号を記載）。
(注8) 第1順位の抵当権を設定することを念頭に置いている。第1順位ではない場合には、当該順位を記載することとなる。
(注9) 所定の利率を記載する。
(注10) 本件では借地権は関係ないが、一般規定として、あえて削除しないのが通例である。
(注11) 本件では自己債務のほか第三者の債務について担保提供しており、後者について本条が機能する。

V 登記原因証明情報（抵当権設定）(注1)

登記原因証明情報
（抵当権設定）

平成　年　月　日

東京法務局　○出張所 御中

　　　　　　　　　　住　所　　　東京都○区○町三丁目2番1号
　　　　　　　　　登記義務者(注2)　株式会社乙野商事
　　　　　　　　　　　　　　　　代表取締役　乙野次郎　㊞

　登記義務者（抵当権設定者）は、本件登記の原因となる事実または法律行為が下記1．記載のとおりであることおよびこれに基づき現に下記2．記載の内容を登記要項とする物権変動が生じたことを証明します。

1．登記の原因となる事実または法律行為

(1) 契約証書名および締結年月日	平成○年○月○日付け抵当権設定契約証書(注3)	
(2) 契約当事者	抵当権者	株式会社甲野銀行

	抵当権設定者	株式会社乙野商事

2．登記申請情報の要項

(1) 登記の目的	抵当権設定
(2) 原因	(あ)　平成○年○月○日金銭消費貸借 (い)　平成○年○月○日金銭消費貸借平成○年○月○日設定 　　　（注4）
(3) 債権額（注5）	［拾億　　百万　　千　　円］ （算用数字／頭部に￥マーク） 内訳 (あ)　［拾億　　百万　　千　　円］ (い)　［拾億　　百万　　千　　円］
(4) 利息（注6）	(あ)　年○％（年365日日割計算） (い)　年○％（年365日日割計算）
(5) 損害金	年○％（年365日日割計算）
(6) 債務者	(あ)　東京都○区○町三丁目2番1号 　　　株式会社乙野商事 (い)　東京都○区○町四丁目5番6号 　　　株式会社乙野産業
(7) 登記権利者 （抵当権者）（注7）	東京都○区○町一丁目2番3号 株式会社甲野銀行（取扱店○支店）
(8) 登記義務者 （抵当権設定者）（注2）	東京都○区○町三丁目2番1号 株式会社乙野商事
(9) 不動産の表示	後記のとおり

不動産の表示

所　　在　東京都○区○町一丁目
地　　番　1番1
地　　目　宅地
地　　積　○○○.○○㎡

以　上

（注1）　Ⅳ抵当権設定契約証書とは別に、Ⅴ登記原因証明情報（抵当権設定）を作成する場合の書式である。この情報は、登記の原因となる事実または法律行為のほか、登記事項（および物

件表示）を登記義務者が確認して署名（または記名捺印）したものでなくてはならない。契約証書とは異なり、登記用に作成された書面の原本還付を受けることはできないため、物件が複数で管轄登記所が複数となるケースでは、登記所ごとに（複数）作成する必要がある。その内容は同文面とし、すべての物件を記載する。
（注2） 登記義務者は、物件の所有者となる。
（注3） Ⅳ契約証書の名称および締結年月日を記載する。
（注4） 抵当権設定の「登記原因およびその日付」は、まず契約名称および日付をもって被担保債権を記載し、次に設定契約の日付を記載する。なお、複数債権につき㈠㈡の符号をもって各別に記載する（以下、共通するものを除いて同じ）。
（注5） 抵当権の被担保債権の債権額を記載する。登記申請までに弁済により債権額が減少していても当初の金額をもって登記することができるが、登記申請時の残高をもって登記することもできる。
（注6） 変動計算式や変動する旨を登記することはできない。
（注7） 登記権利者は、抵当権者となる。

Ⅵ－1－1　登記用委任状（登記義務者用／Ⅳを登記原因証明情報として提供する場合）（注1）

委　任　状

平成　年　月　日

住　所　　東京都○区○町三丁目2番1号
登記義務者　株式会社乙野商事
　　　　　　代表取締役　乙野次郎　　㊞
連絡先　担当部署　○○部／担当者名　○○　○○
電話番号　○○－○○○○－○○○○

私は、＿＿＿＿＿＿＿＿＿＿＿＿＿＿＿＿（注2）を代理人と定め、下記の事項に関する一切の権限を委任します。

記

1．次の要項による登記申請に関すること
　(1) 登記原因証明情報：平成○年○月○日付け抵当権設定契約証書（注3）
　(2) 登記の目的：抵当権設定
2．上記申請の登記識別情報の暗号化に関すること（注4）
3．上記申請の登記完了証の受領に関すること（注5）
4．上記申請に関する契約証書、資格証明情報その他の添付情報の原本還付手続に関すること（注5）
5．上記申請の登録免許税還付金の代理受領に関すること（注6）

以　上

（注1） Ⅳ抵当権設定契約証書を登記原因証明情報（不登法第61条）として提供する場合に、登記義務者が作成する委任状の書式である。物件が複数で管轄登記所が複数となるケースにおいて、委任状の原本還付を受けるときは、他の申請についても委任したことが明らかな内容とする必要がある。
（注2） 代理人の住所ならびに氏名または名称を記載する。

(注3) 登記所に提供する契約証書の締結日およびその名称を記載する。
(注4) 登記識別情報の暗号化（電子申請においてオンラインで登記識別情報を提供すること）には特別の授権が必要であるため、このように記載する。
(注5) これらの事項には特別の授権を必要としないが、委任事項を明確にするため、このように記載する。
(注6) 登記申請の取下げ・却下・過誤納付に伴う還付金の代理受領については特別の授権が必要であるため、このように記載する。

Ⅵ－1－2　登記用委任状（登記義務者用／Ⅴを登記原因証明情報として提供する場合）(注1)

委　任　状

平成　年　月　日

住　所　　　東京都○区○町三丁目2番1号
登記義務者　株式会社　乙野商事
　　　　　　代表取締役　乙野次郎　　　㊞
（連絡先　担当部署　○○部／担当者名　○○　○○）
（電話番号　○○－○○○○－○○○○）

私は、＿＿＿＿＿＿＿＿＿＿＿＿＿＿＿＿＿(注2)を代理人と定め、下記の事項に関する一切の権限を委任します。

記

1．次の要項による登記申請に関すること
　(1) 登記原因証明情報：平成○年○月○日付け登記原因証明情報（抵当権設定）(注3)
　(2) 登記の目的：抵当権設定
2．上記申請の登記識別情報の暗号化に関すること (注4)
3．上記申請の登記完了証の受領に関すること (注5)
4．上記申請に関する資格証明情報その他の添付情報の原本還付手続に関すること (注5)
5．上記申請の登録免許税還付金の代理受領に関すること (注6)

以　上

(注1) Ⅳ抵当権設定契約証書とは別に、Ⅴ登記原因証明情報（抵当権設定）を作成し、これを登記原因証明情報（不登法第61条）として提供する場合に、登記義務者が作成する委任状の書式である。物件が複数で管轄登記所が複数となるケースにおいて、委任状の原本還付を受けるときは、他の申請についても委任したことが明らかな内容とする必要がある。
(注2) 代理人の住所ならびに氏名または名称を記載する。
(注3) 登記所に提供する登記原因証明情報の作成日およびその名称を記載する。
(注4) 登記識別情報の暗号化（電子申請においてオンラインで登記識別情報を提供すること）には特別の授権が必要であるため、このように記載する。
(注5) これらの事項には特別の授権を必要としないが、委任事項を明確にするため、このように記載する。
(注6) 登記申請の取下げ・却下・過誤納付に伴う還付金の代理受領については特別の授権が必要であるため、このように記載する。

Ⅵ－2－1　登記用委任状（登記権利者用／Ⅳを登記原因証明情報として提供する場合）(注1)

委　任　状

平成　年　月　日

　　　　　住　所　　東京都〇区〇町一丁目2番3号
　　　　　登記権利者　株式会社甲野銀行
　　　　　　　　　　　代表取締役　甲野太郎　　㊞
　　　　　　　　　　　（取扱店　〇支店）

私は、＿＿＿＿＿＿＿＿＿＿＿＿＿＿＿＿（注2）を代理人と定め、下記の事項に関する一切の権限を委任します。

記

1．次の要項による登記申請に関すること
　　(1)登記原因証明情報：平成〇年〇月〇日付け抵当権設定契約証書（注3）
　　(2)登記の目的：抵当権設定
2．上記申請の登記識別情報の受領に関すること（注4）
3．上記申請の登記完了証の受領に関すること（注5）
4．上記申請に関する契約証書、資格証明情報その他の添付情報の原本還付手続に関すること（注5）
5．上記申請の登録免許税還付金の代理受領に関すること（注6）

以　上

（注1）　Ⅳ抵当権設定契約証書を登記原因証明情報（不登法第61条）として提供する場合に、登記権利者が作成する委任状の書式である。物件が複数で管轄登記所が複数となるケースにおいて、委任状の原本還付を受けるときは、他の申請についても委任したことが明らかな内容とする必要がある。
（注2）　代理人の住所ならびに氏名または名称を記載する。
（注3）　登記所に提供する契約証書の締結日およびその名称を記載する。
（注4）　登記識別情報の受領には特別の授権が必要であるため、このように記載する。なお、電子申請においてオンラインで登記識別情報を受領することを「復号」といい、この方法による受領には特別の授権が必要であるため、これについても委任する場合は、「上記申請の登記識別情報の受領・復号に関すること」のように記載する。
（注5）　これらの事項には特別の授権を必要としないが、委任事項を明確にするため、このように記載する。
（注6）　登記申請の取下げ・却下・過誤納付に伴う還付金の代理受領については特別の授権が必要であるため、このように記載する。

Ⅵ−2−2　登記用委任状（登記権利者用／Ⅴを登記原因証明情報として提供する場合）(注1)

委　任　状

平成　年　月　日

住　所　　　東京都○区○町一丁目2番3号
登記権利者　株式会社甲野銀行
　　　　　　代表取締役　甲野太郎　　　㊞
　　　　　　（取扱店　○支店）

私は、＿＿＿＿＿＿＿＿＿＿＿＿＿＿＿＿(注2)を代理人と定め、下記の事項に関する一切の権限を委任します。

記

1．次の要項による登記申請に関すること
　　(1) 登記原因証明情報：平成○年○月○日付け登記原因証明情報（抵当権設定）(注3)
　　(2) 登記の目的：抵当権設定
2．上記申請の登記識別情報の受領に関すること（注4）
3．上記申請の登記完了証の受領に関すること（注5）
4．上記申請に関する資格証明情報その他の添付情報の原本還付手続に関すること（注5）
5．上記申請の登録免許税還付金の代理受領に関すること（注6）

以　上

(注1)　Ⅳ抵当権設定契約証書とは別に、Ⅴ登記原因証明情報（抵当権設定）を作成し、これを登記原因証明情報（不登法第61条）として提出する場合に、登記権利者が作成する委任状の書式である。物件が複数で管轄登記所が複数となるケースにおいて、委任状の原本還付を受けるときは、他の申請についても委任したことが明らかな内容とする必要がある。
(注2)　代理人の住所ならびに氏名または名称を記載する。
(注3)　登記所に提供する登記原因証明情報の作成日およびその名称を記載する。
(注4)　登記識別情報の受領には特別の授権が必要であるため、このように記載する。なお、電子申請においてオンラインで登記識別情報を受領することを「復号」といい、この方法による受領には特別の授権が必要であるため、これについても委任する場合は、「上記申請の登記識別情報の受領・復号に関すること」のように記載する。
(注5)　これらの事項には特別の授権を必要としないが、委任事項を明確にするため、このように記載する。
(注6)　登記申請の取下げ・却下・過誤納付に伴う還付金の代理受領については特別の授権が必要であるため、このように記載する。

4 連帯債務の債権を担保する場合

Ⅰ ケース概要

　甲野銀行は、乙野商事と乙野産業を連帯債務者とする融資をするにあたり、乙野商事所有の土地に、この連帯債務の債権を担保するための抵当権の設定を受けたい。

Ⅱ 書式作成上の留意点

① 1個の不動産に抵当権の新規設定を受けるが、被担保債権として連帯債務者両名に対する債権を担保する場合の書式である。

② 抵当権者と抵当権設定者との間に抵当権設定契約が締結されることにより、抵当権設定の登記原因が生じる。ただし、被担保債権の存在が前提となる（附従性）。

③ 本ケースは、連帯債務者のうち1名が債務者兼抵当権設定者となる例で記載しているが、書式としては、第三者担保提供の場合にも使えるよう、抵当権設定者の欄を設けている。
　　会社がその取締役個人またはその取締役が代表取締役である別会社の債務につき担保提供するなど、取締役の債務を保証することとなる場合は会社法所定の承認が必要となり、登記申請に際して署名者全員の印鑑証明書付きで議事録等を提供することとなるので注意を要する（会社法第356条・第365条、不登令第7条第1項第5号ハ）。なお、第三者担保提供者に対しては、銀行取引約定書の写しを交付するのがよいであろう。

④ この抵当権設定契約とは別にⅤ登記原因証明情報を作成し、登記原因証明情報（不登法第61条）として登記所に提供することができる。

⑤ 抵当権設定の登記は、抵当権者が登記権利者となり、抵当権設定者が登記義務者となって行い、登記原因のほか被担保債権の債権額・利息・損害金・債務者・抵当権者などをその登記事項とする。

⑥ 抵当権設定者について、所有権の取得に係る登記識別情報（登記済証）および印鑑証明書が必要となる。なお、登記完了後は双方に登記完了証が交付され、抵当権者には登記識別情報が通知される。

⑦ 本ケースでは物件1個を目的としているので問題とならないが、複数物件で管轄登記所が異なるケースでは、印鑑証明書およびⅤ登記原因証明情報（抵当権設定）は各登記所ごとに（複数）必要となる。当該申請のためにのみ作成したⅥ登記用委任状も同様であり、これらは原本還付を受けることができないとされている。

Ⅲ 必要書類・費用一覧

書　　類	書類上の関係者
□ 抵当権設定契約証書	抵当権者、連帯債務者兼抵当権設定者、連帯債務者
□ 登記原因証明情報	抵当権設定者
□ 委任状（登記義務者用）	抵当権設定者
□ 委任状（登記権利者用）	抵当権者
□ 登記識別情報（登記済証）	抵当権設定者
□ 印鑑証明書	抵当権設定者
□ 会社法人等番号（注）	抵当権者、抵当権設定者
□ 登録免許税	債権額の1,000分の4

（注）　不登令等の改正により、平成27年11月2日から、会社・法人の代表者等の資格を証する情報の提供（添付）に代え、登記申請情報に商業登記法第7条の会社法人等番号を記録または記載することとなった。ただし、法人登記手続中となるなどの場合を考慮し、例外的に、作成後1か月以内の資格証明情報（登記事項証明書）を提供（添付）することも認められている。

Ⅳ 抵当権設定契約証書

（印紙）
（注1）

抵当権設定契約証書

平成　　年　　月　　日（注2）

東京都○区○町一丁目2番3号
株式会社甲野銀行　御中
（取扱店　　　　　　　　　　）

　　　　　住　所　　　東京都○区○町三丁目2番1号
　　　　　連帯債務者　株式会社乙野商事
　　　　　抵当権設定者　代表取締役　乙野次郎　　㊞（注3）

　　　　　住　所　　　東京都○区○町四丁目5番6号
　　　　　連帯債務者　株式会社乙野産業
　　　　　　　　　　　代表取締役　乙野三郎　　㊞

　　　　　住　所
　　　　　抵当権設定者
　　　　　（注4）（注5）

株式会社甲野銀行（以下「銀行」といいます。）および抵当権設定者ならびに連帯債務者は、次のとおり抵当権設定契約を締結しました。

[抵当権の要項]（注6）

1．被担保債権	平成〇年〇月〇日付け金銭消費貸借契約に基づく債権
2．債権額	<table><tr><td>拾億</td><td></td><td></td><td>百万</td><td></td><td></td><td>千</td><td></td><td></td><td>円</td></tr></table> （算用数字／頭部に￥マーク）
3．利息	年〇％（年365日日割計算）
4．損害金	年〇％（年365日日割計算）
5．連帯債務者	住所　東京都〇区〇町三丁目2番1号 氏名　株式会社乙野商事（注7） 住所　東京都〇区〇町四丁目5番6号 氏名　株式会社乙野産業（注7）
6．順位	後記のとおり（注8）
7．物件	後記物件の表示記載のとおり

物件の表示	順位	所有者
所　　在　東京都〇区〇町一丁目 地　　番　1番1 地　　目　宅地 地　　積　〇〇〇.〇〇㎡	1	株式会社乙野商事

第1条（抵当権の設定）
　① 抵当権設定者は、下記条項を承認のうえ、その所有する前記記載の物件のうえに、銀行が有する前記被担保債権を担保するため、前記「抵当権の要項」記載の抵当権を設定しました。
　② 抵当権設定者は、この契約について、下記条項のほか、債務者が銀行に差し入れた銀行取引約定書および被担保債権の成立・変更等に係る約定書ならびに債務者が銀行に今後差し入れるこれらの約定書記載の各条項の適用があることを承認します。

第2条（登記義務）
　　抵当権設定者は、前条第1項による抵当権設定の登記手続を遅滞なく行い、その登記事項証明書を銀行に提出します。今後、この抵当権について各種の変更等の合意がなされたときも同様とします。

第3条（抵当物件）
　① 抵当権設定者は、あらかじめ銀行の承諾がなければ抵当物件（抵当建物の借地権を含

む。以下同じ。）の現状を変更し、または第三者のために権利を設定しもしくは譲渡しません。

② 抵当物件が原因のいかんを問わず滅失・毀損しもしくはその価格が低落したとき、またはそのおそれがあるときは、抵当権設定者はただちにその旨を銀行に通知します。この場合において、銀行から請求があったときは、債務者および抵当権設定者は、ただちに銀行の承認する担保もしくは増担保を差し入れ、または保証人をたてもしくはこれを追加し、あるいは被担保債務の全部または一部を期限のいかんにかかわらず弁済します。

③ 抵当物件について譲渡、土地明渡し、収用その他の原因により譲渡代金・立退料・補償金・清算金などの債権が生じたときは、抵当権設定者は銀行のためにその債権に質権を設定するものとし、銀行がこれらの金銭を受領したときは債務の弁済期前でも法定の順序にかかわらず、銀行はその弁済に充当することができます。

第4条（損害保険）

① 抵当権設定者は、この抵当権が存続する間抵当物件に対し、銀行の同意する保険会社と銀行の指定する金額以上の損害保険契約を締結または継続し、その保険契約に基づく権利のうえに銀行のため質権を設定し、またはその保険契約に抵当権者特約条項をつけます。

② 抵当権設定者は、前項の保険契約以外に抵当物件に対し保険契約を締結したときは、ただちに銀行に通知し、前項と同様の手続をとります。

③ 前2項の保険契約の継続・更改・変更および保険目的物件罹災後の保険金等の処理については、すべて銀行の指示に従います。

④ 銀行が債権保全のため、必要な保険契約を締結しもしくは抵当権設定者に代って保険契約を締結または継続し、その保険料を支払ったときは、抵当権設定者は銀行の支払った保険料その他の費用に、その支払日から年〇％（注9）の割合の損害金を付して支払います。

⑤ 前4項による保険契約に基づく保険金を銀行が受領したときは、債務の弁済期前でも法定の順序にかかわらず債務の弁済に充当されても異議ありません。

第5条（借地権）（注10）

① 抵当権設定者は、抵当物件の敷地につきその借地期間が満了したときは、借地借家法第22条・第23条・第24条の定期借地権を除きただちに借地契約継続の手続をとります。また、土地の所有者に変更があったときはただちに銀行に通知し、借地権の種類・内容に変更が生じるときはあらかじめ銀行に通知します。

② 抵当権設定者は、解約、賃料不払、借地権の種類・内容の変更その他借地権の消滅または変更をきたすようなおそれのある行為をせず、またこのようなおそれのあるときは借地権保全に必要な手続をとることはもちろん、抵当物件のうち建物が滅失した場合も

銀行の同意がなければ借地権の転貸その他任意の処分をしません。
③　抵当物件のうち建物が火災その他により滅失し、建物を建築する場合は、抵当権設定者は、ただちに借地借家法第10条第2項の所定の掲示を行ったうえ、速やかに地主の承諾を得て建物を建築します。
④　前項の場合、抵当権設定者は、この抵当権と同一内容・順位の抵当権を設定します。
⑤　抵当権設定者が第3項に従って建物の建築をしない場合において、保険金等によって弁済をしてもなお残債務があるときは、借地権の処分について銀行の指示に従うものとし、銀行はその処分代金をもって債務の弁済に充当することができます。

第6条（任意処分）

　抵当物件は、かならずしも競売手続によらず一般に適当と認められる方法・時期・価格等により銀行において抵当物件を処分のうえ、その取得金から諸費用を差し引いた残額を法定の順序にかかわらず債務の弁済に充当されても異議ありません。また、残債務がある場合は債務者はただちに弁済します。

第7条（抵当物件の調査）

　抵当物件の現況等について銀行から請求があったときは、ただちに報告し、また調査に必要な便益を提供します。

第8条（費用の負担）

　この抵当権に関する設定・解除または変更の登記および抵当物件の調査または処分に関する費用は、債務者および抵当権設定者が連帯して負担し、銀行が支払った金額についてはただちに支払います。

第9条（担保保存義務）(注11)

①　抵当権設定者ならびに連帯債務者は、銀行の都合によって他の担保または保証を変更、解除されてもこれによる免責を主張しません。
②　連帯保証人または抵当権設定者が弁済等により銀行から代位によって取得した権利は、債務者と銀行との取引継続中は、銀行の同意がなければこれを行使しません。また、銀行が請求したときは、その権利または順位を銀行に無償で譲渡します。

　　　　　　　　　　　　　　　　　　　　　　　　　　　　　　　　　　以　上

(注1)　この文書は、平成元年4月1日以降、印紙税法上の課税文書には該当しないこととされている。ただし、第3条第3項を修正して収用等により生じた債権を（質権設定ではなく）根抵当権者に譲渡する旨の定めをした場合は、債権譲渡に関する契約書（第15号文書）に該当して課税文書となり、また第6条を修正して（処分清算条項ではなく）代物弁済を約する旨の定めをした場合は、不動産の譲渡に関する契約書（第1号の1文書）として課税文書となるので、留意が必要である。
(注2)　この契約書を作成した日付を記載する。
(注3)　抵当権設定者と債務者が同じ場合は、この欄に署名（記名）捺印させる。
(注4)　債務者以外の第三者が抵当権設定者の場合は、この欄に署名（記名）捺印させる。
(注5)　債務者以外の抵当権設定者がいる場合で、その者に連帯保証を求める場合は、「連帯保証人」の記載を追加するのではなく、保証人徴求の際に法令等によって求められる手続を履践

する必要がある。
- （注6） 被担保債権を特定するに足りる事項として、発生原因とその日付、債権額、利息および遅延損害金の定め等を記載する。
- （注7） 住所、氏名を記載する（法人の場合は本店所在地と商号を記載）。
- （注8） 第1順位の抵当権を設定することを念頭に置いている。第1順位ではない場合には、当該順位を記載することとなる。
- （注9） 所定の利率を記載する。
- （注10） 本件では借地権は関係ないが、一般規定として、あえて削除しないのが通例である。
- （注11） 本件では債務者以外の抵当権設定者がいないからその関係では本条は機能しないが、連帯債務者から担保保存義務免除特約を得る限度では機能する。

V 登記原因証明情報（抵当権設定）（注1）

登記原因証明情報
（抵当権設定）

平成　年　月　日

東京法務局　○出張所 御中

　　　　　　　住　所　　　　東京都○区○町三丁目2番1号
　　　登記義務者（注2）　　株式会社乙野商事
　　　　　　　　　　　　　　代表取締役　乙野次郎　　　　㊞

　登記義務者（抵当権設定者）は、本件登記の原因となる事実または法律行為が下記1．記載のとおりであることおよびこれに基づき現に下記2．記載の内容を登記要項とする物権変動が生じたことを証明します。

1．登記の原因となる事実または法律行為

(1) 契約証書名および締結年月日	平成○年○月○日付け抵当権設定契約証書（注3）
(2) 契約当事者	抵当権者　　　　株式会社甲野銀行
	抵当権設定者　　株式会社乙野商事

2．登記申請情報の要項

(1) 登記の目的	抵当権設定
(2) 原因	平成○年○月○日金銭消費貸借平成○年○月○日設定（注4）

(3) **債権額**(注5)	<table><tr><td>拾億</td><td></td><td></td><td>百万</td><td></td><td></td><td>千</td><td></td><td></td><td>円</td></tr></table>
	（算用数字／頭部に￥マーク）
(4) **利息**(注6)	年○％（年365日日割計算）
(5) **損害金**	年○％（年365日日割計算）
(6) **連帯債務者**	東京都○区○町三丁目2番1号 株式会社乙野商事 東京都○区○町四丁目5番6号 株式会社乙野産業
(7) **登記権利者** **（抵当権者）**(注7)	東京都○区○町一丁目2番3号 株式会社甲野銀行（取扱店○支店）
(8) **登記義務者** **（抵当権設定者）**(注2)	東京都○区○町三丁目2番1号 株式会社乙野商事
(9) **不動産の表示**	後記のとおり

不動産の表示
所　　在　　東京都○区○町一丁目 地　　番　　1番1 地　　目　　宅地 地　　積　　○○○.○○㎡

以　上

(注1)　Ⅳ抵当権設定契約証書とは別に、Ⅴ登記原因証明情報（抵当権設定）を作成する場合の書式である。この情報は、登記の原因となる事実または法律行為のほか、登記事項（および物件表示）を登記義務者が確認して署名（または記名捺印）したものでなくてはならない。契約証書とは異なり、登記用に作成された書面の原本還付を受けることはできないため、物件が複数で管轄登記所が複数となるケースでは、登記所ごとに（複数）作成する必要がある。その内容は同文面とし、すべての物件を記載する。
(注2)　登記義務者は、物件の所有者となる。
(注3)　Ⅳ契約証書の名称および締結年月日を記載する。
(注4)　抵当権設定の「登記原因およびその日付」は、まず契約名称および日付をもって被担保債権を記載し、次に設定契約の日付を記載する。
(注5)　抵当権の被担保債権の債権額を記載する。登記申請までに弁済により債権額が減少していても当初の金額をもって登記することができるが、登記申請時の残高をもって登記することもできる。
(注6)　変動計算式や変動する旨を登記することはできない。
(注7)　登記権利者は、抵当権者となる。

Ⅵ－1－1　登記用委任状（登記義務者用／Ⅳを登記原因証明情報として提供する場合）(注1)

委任状

平成　年　月　日

住　所　　東京都○区○町三丁目2番1号
登記義務者　株式会社乙野商事
　　　　　代表取締役　乙野次郎　　　㊞
［連絡先　担当部署　○○部／担当者名　○○　○○
　電話番号　○○－○○○○－○○○○　　　　　　　］

私は、＿＿＿＿＿＿＿＿＿＿＿＿＿＿＿（注2）を代理人と定め、下記の事項に関する一切の権限を委任します。

記

1．次の要項による登記申請に関すること
　　(1)登記原因証明情報：平成○年○月○日付け抵当権設定契約証書（注3）
　　(2)登記の目的：抵当権設定
2．上記申請の登記識別情報の暗号化に関すること（注4）
3．上記申請の登記完了証の受領に関すること（注5）
4．上記申請に関する契約証書、資格証明情報その他の添付情報の原本還付手続に関すること（注5）
5．上記申請の登録免許税還付金の代理受領に関すること（注6）

以　上

(注1)　Ⅳ抵当権設定契約証書を登記原因証明情報（不登法第61条）として提供する場合に、登記義務者が作成する委任状の書式である。物件が複数で管轄登記所が複数となるケースにおいて、委任状の原本還付を受けるときは、他の申請についても委任したことが明らかな内容とする必要がある。
(注2)　代理人の住所ならびに氏名または名称を記載する。
(注3)　登記所に提供する契約証書の締結日およびその名称を記載する。
(注4)　登記識別情報の暗号化（電子申請においてオンラインで登記識別情報を提供すること）には特別の授権が必要であるため、このように記載する。
(注5)　これらの事項には特別の授権を必要としないが、委任事項を明確にするため、このように記載する。
(注6)　登記申請の取下げ・却下・過誤納付に伴う還付金の代理受領については特別の授権が必要であるため、このように記載する。

Ⅵ－1－2　登記用委任状（登記義務者用／Ⅴを登記原因証明情報として提供する場合）(注1)

委　任　状

平成　　年　　月　　日

住　所　　　東京都○区○町三丁目2番1号
登記義務者　株式会社乙野商事
　　　　　　代表取締役　乙野次郎　　㊞
（連絡先　担当部署　○○部／担当者名　○○　○○
　電話番号　○○－○○○○－○○○○　　　　　　）

私は、＿＿＿＿＿＿＿＿＿＿＿＿＿＿＿＿(注2)を代理人と定め、下記の事項に関する一切の権限を委任します。

記

1．次の要項による登記申請に関すること
　(1) 登記原因証明情報：平成○年○月○日付け登記原因証明情報（抵当権設定）(注3)
　(2) 登記の目的：抵当権設定
2．上記申請の登記識別情報の暗号化に関すること (注4)
3．上記申請の登記完了証の受領に関すること (注5)
4．上記申請に関する資格証明情報その他の添付情報の原本還付手続に関すること (注5)
5．上記申請の登録免許税還付金の代理受領に関すること (注6)

以　上

(注1)　Ⅳ抵当権設定契約証書とは別に、Ⅴ登記原因証明情報（抵当権設定）を作成し、これを登記原因証明情報（不登法第61条）として提供する場合に、登記義務者が作成する委任状の書式である。物件が複数で管轄登記所が複数となるケースにおいて、委任状の原本還付を受けるときは、他の申請についても委任したことが明らかな内容とする必要がある。
(注2)　代理人の住所ならびに氏名または名称を記載する。
(注3)　登記所に提供する登記原因証明情報の作成日およびその名称を記載する。
(注4)　登記識別情報の暗号化（電子申請においてオンラインで登記識別情報を提供すること）には特別の授権が必要であるため、このように記載する。
(注5)　これらの事項には特別の授権を必要としないが、委任事項を明確にするため、このように記載する。
(注6)　登記申請の取下げ・却下・過誤納付に伴う還付金の代理受領については特別の授権が必要であるため、このように記載する。

Ⅵ－2－1　登記用委任状（登記権利者用／Ⅳを登記原因証明情報として提供する場合）(注1)

委　任　状

平成　　年　　月　　日

　　　　　　　　　　住　所　　東京都○区○町一丁目2番3号
　　　　　　　　　　登記権利者　株式会社甲野銀行
　　　　　　　　　　　　　　　　代表取締役　甲野太郎　　　　㊞
　　　　　　　　　　　　　　　　（取扱店　○支店）

私は、＿＿＿＿＿＿＿＿＿＿＿＿＿＿＿＿＿（注2）を代理人と定め、下記の事項に関する一切の権限を委任します。

記

1．次の要項による登記申請に関すること
　　(1) 登記原因証明情報：平成○年○月○日付け抵当権設定契約証書（注3）
　　(2) 登記の目的：抵当権設定
2．上記申請の登記識別情報の受領に関すること（注4）
3．上記申請の登記完了証の受領に関すること（注5）
4．上記申請に関する契約証書、資格証明情報その他の添付情報の原本還付手続に関すること（注5）
5．上記申請の登録免許税還付金の代理受領に関すること（注6）

以　上

(注1)　Ⅳ抵当権設定契約証書を登記原因証明情報（不登法第61条）として提供する場合に、登記権利者が作成する委任状の書式である。物件が複数で管轄登記所が複数となるケースにおいて、委任状の原本還付を受けるときは、他の申請についても委任したことが明らかな内容とする必要がある。
(注2)　代理人の住所ならびに氏名または名称を記載する。
(注3)　登記所に提供する契約証書の締結日およびその名称を記載する。
(注4)　登記識別情報の受領には特別の授権が必要であるため、このように記載する。なお、電子申請においてオンラインで登記識別情報を受領することを「復号」といい、この方法による受領には特別の授権が必要であるため、これについても委任する場合は、「上記申請の登記識別情報の受領・復号に関すること」のように記載する。
(注5)　これらの事項には特別の授権を必要としないが、委任事項を明確にするため、このように記載する。
(注6)　登記申請の取下げ・却下・過誤納付に伴う還付金の代理受領については特別の授権が必要であるため、このように記載する。

Ⅵ−2−2　登記用委任状（登記権利者用／Ⅴを登記原因証明情報として提供する場合）(注1)

委　任　状

平成　　年　　月　　日

　　　　　住　　所　　　東京都○区○町一丁目2番3号
　　　　　登記権利者　　株式会社甲野銀行
　　　　　　　　　　　　代表取締役　甲野太郎　　㊞
　　　　　（取扱店　○支店）

私は、＿＿＿＿＿＿＿＿＿＿＿＿＿＿＿＿(注2)を代理人と定め、下記の事項に関する一切の権限を委任します。

記

1．次の要項による登記申請に関すること
　　(1) 登記原因証明情報：平成○年○月○日付け登記原因証明情報（抵当権設定）(注3)
　　(2) 登記の目的：抵当権設定
2．上記申請の登記識別情報の受領に関すること(注4)
3．上記申請の登記完了証の受領に関すること(注5)
4．上記申請に関する資格証明情報その他の添付情報の原本還付手続に関すること(注5)
5．上記申請の登録免許税還付金の代理受領に関すること(注6)

以　上

(注1)　Ⅳ抵当権設定契約証書とは別に、Ⅴ登記原因証明情報（抵当権設定）を作成し、これを登記原因証明情報（不登法第61条）として提出する場合に、登記権利者が作成する委任状の書式である。物件が複数で管轄登記所が複数となるケースにおいて、委任状の原本還付を受けるときは、他の申請についても委任したことが明らかな内容とする必要がある。
(注2)　代理人の住所ならびに氏名または名称を記載する。
(注3)　登記所に提供する登記原因証明情報の作成日およびその名称を記載する。
(注4)　登記識別情報の受領には特別の授権が必要であるため、このように記載する。なお、電子申請においてオンラインで登記識別情報を受領することを「復号」といい、この方法による受領には特別の授権が必要であるため、これについても委任する場合は、「上記申請の登記識別情報の受領・復号に関すること」のように記載する。
(注5)　これらの事項には特別の授権を必要としないが、委任事項を明確にするため、このように記載する。
(注6)　登記申請の取下げ・却下・過誤納付に伴う還付金の代理受領については特別の授権が必要であるため、このように記載する。

5　保証人の求償権を担保する場合

I　ケース概要

　甲野銀行の債務者乙野商事宛て融資にあたり、甲野保証が乙野商事から委託を受けてこれを保証したうえ、その保証委託契約に基づく求償権を担保する目的で、乙野商事所有の土地に、抵当権の設定を受けたい。

II　書式作成上の留意点

① 1個の不動産に保証人の求償権を担保する抵当権の新規設定を受ける場合の書式である。

② 抵当権者と抵当権設定者との間に抵当権設定契約が締結されることにより、抵当権設定の登記原因が生じる。ただし、被担保債権の存在が前提となる（附従性）。

③ 本ケースは、債務者兼抵当権設定者の例で記載しているが、書式としては、第三者担保提供の場合にも使えるよう、抵当権設定者の欄を設けている。

　会社がその取締役個人またはその取締役が代表取締役である別会社の債務につき担保提供するなど、取締役の債務を保証することとなる場合は会社法所定の承認が必要となり、登記申請に際して署名者全員の印鑑証明書付きで議事録等を提供することとなるので注意を要する（会社法第356条・第365条、不登令第7条第1項第5号ハ）。なお、第三者担保提供者に対しては、取引約定書の写しを交付するのがよいであろう。

④ この抵当権設定契約とは別にV登記原因証明情報を作成し、登記原因証明情報（不登法第61条）として登記所に提供することができる。

⑤ 保証人の求償権を担保する抵当権設定の登記は、抵当権者が登記権利者となり、抵当権設定者が登記義務者となって行い、登記原因のほか被担保債権の債権額・損害金・債務者・抵当権者などをその登記事項とする。

⑥ 抵当権設定者について、所有権の取得に係る登記識別情報（登記済証）および印鑑証明書が必要となる。なお、登記完了後は双方に登記完了証が交付され、抵当権者には登記識別情報が通知される。

⑦ 本ケースでは物件1個を目的としているので問題とならないが、複数物件で管轄登記所が異なるケースでは、印鑑証明書およびV登記原因証明情報（登記用）は各登記所ごとに（複数）必要となる。当該申請のためにのみ作成したVI登記用委任状も同様であり、これらは原本還付を受けることができないとされている。

III 必要書類・費用一覧

書　類	書類上の関係者
□ 抵当権設定契約証書	抵当権者、債務者、抵当権設定者
□ 登記原因証明情報	抵当権設定者
□ 委任状（登記義務者用）	抵当権設定者
□ 委任状（登記権利者用）	抵当権者
□ 登記識別情報（登記済証）	抵当権設定者
□ 印鑑証明書	抵当権設定者
□ 会社法人等番号（注）	抵当権者、抵当権設定者
□ 登録免許税	債権額の1,000分の4

（注）　不登令等の改正により、平成27年11月2日から、会社・法人の代表者等の資格を証する情報の提供（添付）に代え、登記申請情報に商業登記法第7条の会社法人等番号を記録または記載することとなった。ただし、法人登記手続中となるなどの場合を考慮し、例外的に、作成後1か月以内の資格証明情報（登記事項証明書）を提供（添付）することも認められている。

IV 抵当権設定契約証書

(印紙)
（注1）

　　　　　　　　　抵当権設定契約証書

　　　　　　　　　　　　　　　　　　　　　平成　　年　　月　　日（注2）

東京都○区○町一丁目2番3号
甲野保証株式会社　御中

　　　　　　　　住　所　　　東京都○区○町三丁目2番1号
　　　　　　　　債務者　　　株式会社乙野商事
　　　　　　　　抵当権設定者　代表取締役　乙野次郎　　㊞（注3）

　　　　　　　　住　所
　　　　　　　　抵当権設定者
　　　　　　　　（注4）（注5）

　株式会社甲野保証（以下「甲野保証」といいます。）、債務者および抵当権設定者は、次のとおり抵当権設定契約を締結しました。

第1節　設　定　47

[抵当権の要項] （注6）

1. 被担保債権 （主債務）	平成○年○月○日付け保証委託契約による求償債権 （株式会社甲野銀行との平成○年○月○日付け金銭消費貸借契約に基づく債権）
2. 債権額	拾億　　　百万　　　千　　　円 （算用数字／頭部に¥マーク）
3. 損害金	年○％（年365日日割計算）
4. 債務者	住所　東京都○区○町三丁目2番1号 氏名　株式会社乙野商事 （注7）
5. 順位	後記のとおり （注8）
6. 物件	後記物件の表示記載のとおり

物件の表示	順位	所有者
所　在　東京都○区○町一丁目 地　番　1番1 地　目　宅地 地　積　○○○.○○㎡	1	株式会社乙野商事

第1条（抵当権の設定）

① 抵当権設定者は、下記条項を承認のうえ、その所有する前記記載の物件のうえに、甲野保証が有する前記被担保債権を担保するため、前記「抵当権の要項」記載の抵当権を設定しました。

② 抵当権設定者は、この契約について、下記条項のほか、債務者が甲野保証に差し入れた取引約定書および被担保債権の成立・変更等に係る約定書ならびに債務者が甲野保証に今後差し入れるこれらの約定書記載の各条項の適用があることを承認します。

第2条（登記義務）

抵当権設定者は、前条第1項による抵当権設定の登記手続を遅滞なく行い、その登記事項証明書を甲野保証に提出します。今後、この抵当権について各種の変更等の合意がなされたときも同様とします。

第3条（抵当物件）

① 抵当権設定者は、あらかじめ甲野保証の承諾がなければ抵当物件（抵当建物の借地権を含む。以下同じ。）の現状を変更し、または第三者のために権利を設定しもしくは譲渡しません。

② 抵当物件が原因のいかんを問わず滅失・毀損しもしくはその価格が低落したとき、またはそのおそれがあるときは、抵当権設定者はただちにその旨を甲野保証に通知しま

す。この場合において、甲野保証から請求があったときは、債務者および抵当権設定者は、ただちに甲野保証の承認する担保もしくは増担保を差し入れ、または保証人をたてもしくはこれを追加し、あるいは被担保債務の全部または一部を期限のいかんにかかわらず弁済します。

③　抵当物件について譲渡、土地明渡し、収用その他の原因により譲渡代金・立退料・補償金・清算金などの債権が生じたときは、抵当権設定者は甲野保証のためにその債権に質権を設定するものとし、甲野保証がこれらの金銭を受領したときは債務の弁済期前でも法定の順序にかかわらず、甲野保証はその弁済に充当することができます。

第4条（損害保険）

①　抵当権設定者は、この抵当権が存続する間抵当物件に対し、甲野保証の同意する保険会社と甲野保証の指定する金額以上の損害保険契約を締結または継続し、その保険契約に基づく権利のうえに甲野保証のため質権を設定し、またはその保険契約に抵当権者特約条項をつけます。

②　抵当権設定者は、前項の保険契約以外に抵当物件に対し保険契約を締結したときは、ただちに甲野保証に通知し、前項と同様の手続をとります。

③　前2項の保険契約の継続・更改・変更および保険目的物件罹災後の保険金等の処理については、すべて甲野保証の指示に従います。

④　甲野保証が債権保全のため、必要な保険契約を締結しもしくは抵当権設定者に代って保険契約を締結または継続し、その保険料を支払ったときは、抵当権設定者は甲野保証の支払った保険料その他の費用に、その支払日から年○％（注9）の割合の損害金を付して支払います。

⑤　前4項による保険契約に基づく保険金を甲野保証が受領したときは、債務の弁済期前でも法定の順序にかかわらず債務の弁済に充当されても異議ありません。

第5条（借地権）（注10）

①　抵当権設定者は、抵当物件の敷地につきその借地期間が満了したときは、借地借家法第22条・第23条・第24条の定期借地権を除きただちに借地契約継続の手続をとります。また、土地の所有者に変更があったときはただちに甲野保証に通知し、借地権の種類・内容に変更が生じるときはあらかじめ甲野保証に通知します。

②　抵当権設定者は、解約、賃料不払、借地権の種類・内容の変更その他借地権の消滅または変更をきたすようなおそれのある行為をせず、またこのようなおそれのあるときは借地権保全に必要な手続をとることはもちろん、抵当物件のうち建物が滅失した場合も甲野保証の同意がなければ借地権の転貸その他任意の処分をしません。

③　抵当物件のうち建物が火災その他により滅失し、建物を建築する場合は、抵当権設定者は、ただちに借地借家法第10条第2項の所定の掲示を行ったうえ、速やかに地主の承諾を得て建物を建築します。

④　前項の場合、抵当権設定者は、この抵当権と同一内容・順位の抵当権を設定します。

⑤　抵当権設定者が第３項に従って建物の建築をしない場合において、保険金等によって弁済をしてもなお残債務があるときは、借地権の処分について甲野保証の指示に従うものとし、甲野保証はその処分代金をもって債務の弁済に充当することができます。

第６条（任意処分）

抵当物件は、かならずしも競売手続によらず一般に適当と認められる方法・時期・価格等により甲野保証において抵当物件を処分のうえ、その取得金から諸費用を差し引いた残額を法定の順序にかかわらず債務の弁済に充当されても異議ありません。また、残債務がある場合は債務者はただちに弁済します。

第７条（抵当物件の調査）

抵当物件の現況等について甲野保証から請求があったときは、ただちに報告し、また調査に必要な便益を提供します。

第８条（費用の負担）

この抵当権に関する設定・解除または変更の登記および抵当物件の調査または処分に関する費用は、債務者および抵当権設定者が連帯して負担し、甲野保証が支払った金額についてはただちに支払います。

第９条（担保保存義務）(注11)

①　抵当権設定者は、甲野保証の都合によって他の担保または保証を変更、解除されても異議ありません。

②　抵当権設定者が弁済等により甲野保証から代位によって取得した権利は、債務者と甲野保証との取引継続中は、甲野保証の同意がなければこれを行使しません。また、甲野保証が請求したときは、その権利または順位を甲野保証に無償で譲渡します。

以　上

(注１)　この文書は、平成元年４月１日以降、印紙税法上の課税文書には該当しないこととされている。ただし、第３条第３項を修正して収用等により生じた債権を（質権設定ではなく）根抵当権者に譲渡する旨の定めをした場合は、債権譲渡に関する契約書（第15号文書）に該当して課税文書となり、また第６条を修正して（処分清算条項ではなく）代物弁済を約する旨の定めをした場合は、不動産の譲渡に関する契約書（第１号の１文書）として課税文書となるので、留意が必要である。

(注２)　この契約書を作成した日付を記載する。

(注３)　抵当権設定者と債務者が同じ場合は、この欄に署名（記名）捺印させる。

(注４)　債務者以外の第三者が抵当権設定者の場合は、この欄に署名（記名）捺印させる。

(注５)　債務者以外の抵当権設定者がいる場合で、その者に連帯保証を求める場合は、「連帯保証人」の記載を追加するのではなく、保証人徴求の際に法令等によって求められる手続を履践する必要がある。

(注６)　被担保債権を特定するに足りる事項として、発生原因とその日付、債権額および遅延損害金の定め等を記載する。

(注７)　住所、氏名を記載する（法人の場合は本店所在地と商号を記載）。

(注８)　第１順位の抵当権を設定することを念頭に置いている。第１順位ではない場合には、当該順位を記載することとなる。

(注9) 所定の利率を記載する。
(注10) 本件では借地権は関係ないが、一般規定として、あえて削除しないのが通例である。
(注11) 本件では債務者以外の抵当権設定者がいないから本条が機能する場面はないが、あえて削除しないのが通例である。

V 登記原因証明情報（抵当権設定）(注1)

登記原因証明情報
（抵当権設定）

平成　年　月　日

東京法務局　○出張所 御中

　　　　　　　　　住　所　　　　東京都○区○町三丁目2番1号
　　　　　　　　　登記義務者(注2)　　株式会社乙野商事
　　　　　　　　　　　　　　　　代表取締役　乙野次郎　　　㊞

　登記義務者（抵当権設定者）は、本件登記の原因となる事実または法律行為が下記1．記載のとおりであることおよびこれに基づき現に下記2．記載の内容を登記要項とする物権変動が生じたことを証明します。

1．登記の原因となる事実または法律行為

(1) 契約証書名および締結年月日	平成○年○月○日付け抵当権設定契約証書(注3)
(2) 契約当事者	抵当権者　　　　甲野保証株式会社
	抵当権設定者　　株式会社乙野商事

2．登記申請情報の要項

(1) 登記の目的	抵当権設定
(2) 原因	平成○年○月○日保証委託による求償債権平成○年○月○日設定(注4)
(3) 債権額(注5)	［拾億　百万　千　円］ （算用数字／頭部に￥マーク）
(4) 損害金	年○％（年365日日割計算）

第1節　設　定　51

(5)	債務者	東京都○区○町三丁２番１号 株式会社乙野商事
(6)	登記権利者 （抵当権者）（注６）	東京都○区○町一丁目２番３号 甲野保証株式会社
(7)	登記義務者 （抵当権設定者）（注２）	東京都○区○町三丁２番１号 株式会社乙野商事
(8)	不動産の表示	後記のとおり

```
                      不動産の表示
所    在   東京都○区○町一丁目
地    番   １番１
地    目   宅地
地    積   ○○○.○○㎡

                                          以  上
```

- (注１) Ⅳ抵当権設定契約証書とは別に、Ⅴ登記原因証明情報（抵当権設定）を作成する場合の書式である。この情報は、登記の原因となる事実または法律行為のほか、登記事項（および物件表示）を登記義務者が確認して署名（または記名捺印）したものでなくてはならない。契約証書とは異なり、登記用に作成された書面の原本還付を受けることはできないため、物件が複数で管轄登記所が複数となるケースでは、登記所ごとに（複数）作成する必要がある。その内容は同文面とし、すべての物件を記載する。
- (注２) 登記義務者は、物件の所有者となる。
- (注３) Ⅳ契約証書の名称および締結年月日を記載する。
- (注４) 抵当権設定の「登記原因およびその日付」は、まず契約名称および日付をもって被担保債権を記載し、次に設定契約の日付を記載する。
- (注５) 抵当権の被担保債権の債権額を記載する。登記申請までに弁済により債権額が減少していても当初の金額をもって登記することができるが、登記申請時の残高をもって登記することもできる。
- (注６) 登記権利者は、抵当権者となる。

Ⅵ－１－１　登記用委任状（登記義務者用／Ⅳを登記原因証明情報として提供する場合）（注１）

```
                    委　任　状

                                      平成　　年　　月　　日

              住　所    東京都○区○町三丁目２番１号
              登記義務者  株 式 会 社 乙 野 商 事
                         代表取締役  乙 野 次 郎      ㊞
             ⎛連絡先  担当部署 ○○部／担当者名 ○○ ○○⎞
             ⎝電話番号 ○○－○○○○－○○○○        ⎠
```

私は、_____(注2)を代理人と定め、下記の事項に関する一切の権限を委任します。

記

1．次の要項による登記申請に関すること
　　(1) 登記原因証明情報：平成○年○月○日付け抵当権設定契約証書(注3)
　　(2) 登記の目的：抵当権設定
2．上記申請の登記識別情報の暗号化に関すること（注4）
3．上記申請の登記完了証の受領に関すること（注5）
4．上記申請に関する契約証書、資格証明情報その他の添付情報の原本還付手続に関すること（注5）
5．上記申請の登録免許税還付金の代理受領に関すること（注6）

以　上

(注1)　Ⅳ抵当権設定契約証書を登記原因証明情報（不登法第61条）として提供する場合に、登記義務者が作成する委任状の書式である。物件が複数で管轄登記所が複数となるケースにおいて、委任状の原本還付を受けるときは、他の申請についても委任したことが明らかな内容とする必要がある。
(注2)　代理人の住所ならびに氏名または名称を記載する。
(注3)　登記所に提供する契約証書の締結日およびその名称を記載する。
(注4)　登記識別情報の暗号化（電子申請においてオンラインで登記識別情報を提供すること）には特別の授権が必要であるため、このように記載する。
(注5)　これらの事項には特別の授権を必要としないが、委任事項を明確にするため、このように記載する。
(注6)　登記申請の取下げ・却下・過誤納付に伴う還付金の代理受領については特別の授権が必要であるため、このように記載する。

Ⅵ-1-2　登記用委任状（登記義務者用／Ⅴを登記原因証明情報として提供する場合）(注1)

委　任　状

平成　　年　　月　　日

　　　　住　所　　　東京都○区○町三丁目2番1号
　　　　登記義務者　株式会社乙野商事
　　　　　　　　　　代表取締役　乙野次郎　　㊞
　　　　（連絡先　担当部署　○○部／担当者名　○○　○○
　　　　　電話番号　○○－○○○○－○○○○）

私は、_____(注2)を代理人と定め、下記の事項に関する一切の権限を委任します。

記

1．次の要項による登記申請に関すること
　　(1) 登記原因証明情報：平成○年○月○日付け登記原因証明情報（抵当権設定）(注3)

(2) 登記の目的：抵当権設定
2．上記申請の登記識別情報の暗号化に関すること（注4）
3．上記申請の登記完了証の受領に関すること（注5）
4．上記申請に関する資格証明情報その他の添付情報の原本還付手続に関すること（注5）
5．上記申請の登録免許税還付金の代理受領に関すること（注6）
　　　　　　　　　　　　　　　　　　　　　　　　　　　　　　　　　　以　上

(注1)　Ⅳ抵当権設定契約証書とは別に、Ⅴ登記原因証明情報（抵当権設定）を作成し、これを登記原因証明情報（不登法第61条）として提供する場合に、登記義務者が作成する委任状の書式である。物件が複数で管轄登記所が複数となるケースにおいて、委任状の原本還付を受けるときは、他の申請についても委任したことが明らかな内容とする必要がある。
(注2)　代理人の住所ならびに氏名または名称を記載する。
(注3)　登記所に提供する登記原因証明情報の作成日およびその名称を記載する。
(注4)　登記識別情報の暗号化（電子申請においてオンラインで登記識別情報を提供すること）には特別の授権が必要であるため、このように記載する。
(注5)　これらの事項には特別の授権を必要としないが、委任事項を明確にするため、このように記載する。
(注6)　登記申請の取下げ・却下・過誤納付に伴う還付金の代理受領については特別の授権が必要であるため、このように記載する。

Ⅵ－2－1　登記用委任状（登記権利者用／Ⅳを登記原因証明情報として提供する場合）(注1)

委　任　状

　　　　　　　　　　　　　　　　　　　　　　　　　　平成　　年　　月　　日

　　　　　　　　住　所　　　東京都○区○町一丁目2番3号
　　　　　　　　登記権利者　甲　野　保　証　株　式　会　社
　　　　　　　　　　　　　　代表取締役　甲　野　次　郎　　　　㊞

私は、＿＿＿＿＿＿＿＿＿＿＿＿＿＿＿＿(注2)を代理人と定め、下記の事項に関する一切の権限を委任します。

　　　　　　　　　　　　　　　　　記

1．次の要項による登記申請に関すること
　　　(1) 登記原因証明情報：平成○年○月○日付け抵当権設定契約証書(注3)
　　　(2) 登記の目的：抵当権設定
2．上記申請の登記識別情報の受領に関すること（注4）
3．上記申請の登記完了証の受領に関すること（注5）
4．上記申請に関する契約証書、資格証明情報その他の添付情報の原本還付手続に関すること（注5）
5．上記申請の登録免許税還付金の代理受領に関すること（注6）
　　　　　　　　　　　　　　　　　　　　　　　　　　　　　　　　　　以　上

(注1)　Ⅳ抵当権設定契約証書を登記原因証明情報（不登法第61条）として提供する場合に、登記

権利者が作成する委任状の書式である。物件が複数で管轄登記所が複数となるケースにおいて、委任状の原本還付を受けるときは、他の申請についても委任したことが明らかな内容とする必要がある。
(注2) 代理人の住所ならびに氏名または名称を記載する。
(注3) 登記所に提供する契約証書の締結日およびその名称を記載する。
(注4) 登記識別情報の受領には特別の授権が必要であるため、このように記載する。なお、電子申請においてオンラインで登記識別情報を受領することを「復号」といい、この方法による受領には特別の授権が必要であるため、これについても委任する場合は、「上記申請の登記識別情報の受領・復号に関すること」のように記載する。
(注5) これらの事項には特別の授権を必要としないが、委任事項を明確にするため、このように記載する。
(注6) 登記申請の取下げ・却下・過誤納付に伴う還付金の代理受領については特別の授権が必要であるため、このように記載する。

Ⅵ－2－2　登記用委任状（登記権利者用／Ⅴを登記原因証明情報として提供する場合）(注1)

委　任　状

平成　　年　　月　　日

住　所　　　東京都〇区〇町一丁目2番3号
登記権利者　甲野保証株式会社
　　　　　　代表取締役　甲野次郎　　　㊞

私は、＿＿＿＿＿＿＿＿＿＿＿＿＿＿＿(注2)を代理人と定め、下記の事項に関する一切の権限を委任します。

記

1．次の要項による登記申請に関すること
　　(1)登記原因証明情報：平成〇年〇月〇日付け登記原因証明情報（抵当権設定）(注3)
　　(2)登記の目的：抵当権設定
2．上記申請の登記識別情報の受領に関すること(注4)
3．上記申請の登記完了証の受領に関すること(注5)
4．上記申請に関する資格証明情報その他の添付情報の原本還付手続に関すること(注5)
5．上記申請の登録免許税還付金の代理受領に関すること(注6)

以　上

(注1) Ⅳ抵当権設定契約証書とは別に、Ⅴ登記原因証明情報（抵当権設定）を作成し、これを登記原因証明情報（不登法第61条）として提出する場合に、登記権利者が作成する委任状の書式である。物件が複数で管轄登記所が複数となるケースにおいて、委任状の原本還付を受けるときは、他の申請についても委任したことが明らかな内容とする必要がある。
(注2) 代理人の住所ならびに氏名または名称を記載する。
(注3) 登記所に提供する登記原因証明情報の作成日およびその名称を記載する。
(注4) 登記識別情報の受領には特別の授権が必要であるため、このように記載する。なお、電子申請においてオンラインで登記識別情報を受領することを「復号」といい、この方法による

　　　　受領には特別の授権が必要であるため、これについても委任する場合は、「上記申請の登記識別情報の受領・復号に関すること」のように記載する。
（注5）　これらの事項には特別の授権を必要としないが、委任事項を明確にするため、このように記載する。
（注6）　登記申請の取下げ・却下・過誤納付に伴う還付金の代理受領については特別の授権が必要であるため、このように記載する。

6 債権額の一部を担保する場合

Ⅰ　ケース概要

　甲野銀行は、債務者乙野商事宛て融資にあたり、その融資金債権の一部を被担保債権として、乙野商事所有の土地に、抵当権の設定を受けたい。

Ⅱ　書式作成上の留意点

① 　1個の不動産に抵当権の新規設定を受ける場合の書式であるが、本ケースは、1個の金銭消費貸借契約に基づく債権のうちの一部の金額を被担保債権とする例である。

② 　抵当権者と抵当権設定者との間に抵当権設定契約が締結されることにより、抵当権設定の登記原因が生じる。ただし、被担保債権の存在が前提となる（附従性）。

③ 　本ケースは、債務者兼抵当権設定者の例で記載しているが、書式としては、第三者担保提供の場合にも使えるよう、抵当権設定者の欄を設けている。

　　会社がその取締役個人またはその取締役が代表取締役である別会社の債務につき担保提供するなど、取締役の債務を保証することとなる場合は会社法所定の承認が必要となり、登記申請に際して署名者全員の印鑑証明書付きで議事録等を提供することとなるので注意を要する（会社法第356条・第365条、不登令第7条第1項第5号ハ）。なお、第三者担保提供者に対しては、銀行取引約定書の写しを交付するのがよいであろう。

④ 　この抵当権設定契約とは別にⅤ登記原因証明情報を作成し、登記原因証明情報（不登法第61条）として登記所に提供することができる。

⑤ 　抵当権設定の登記は、抵当権者が登記権利者となり、抵当権設定者が登記義務者となって行い、登記原因のほか債権額・利息・損害金・債務者・抵当権者などをその登記事項とする。

⑥ 　抵当権設定者について、所有権の取得に係る登記識別情報（登記済証）および印鑑証明書が必要となる。なお、登記完了後は双方に登記完了証が交付され、抵当権者には登記識別情報が通知される。

⑦ 　本ケースでは物件1個を目的としているので問題とならないが、複数物件で管轄登記所が異なるケースでは、印鑑証明書およびⅤ登記原因証明情報（抵当権設定）が各登記所ごとに（複数）必要となる。当該申請のためにのみ作成したⅥ登記用委任状も同様であり、これらは原本還付を受けることができないとされている。

III 必要書類・費用一覧

書　　類	書類上の関係者
□ 抵当権設定契約証書	抵当権者、債務者、抵当権設定者
□ 登記原因証明情報	抵当権設定者
□ 委任状（登記義務者用）	抵当権設定者
□ 委任状（登記権利者用）	抵当権者
□ 登記識別情報（登記済証）	抵当権設定者
□ 印鑑証明書	抵当権設定者
□ 会社法人等番号（注）	抵当権者、抵当権設定者
□ 登録免許税	債権額の1,000分の4

（注）　不登令等の改正により、平成27年11月2日から、会社・法人の代表者等の資格を証する情報の提供（添付）に代え、登記申請情報に商業登記法第7条の会社法人等番号を記録または記載することとなった。ただし、法人登記手続中となるなどの場合を考慮し、例外的に、作成後1か月以内の資格証明情報（登記事項証明書）を提供（添付）することも認められている。

IV 抵当権設定契約証書

```
┌─────────┐
│ （印紙）　　　│           抵当権設定契約証書
│ （注1）　　　 │
└─────────┘
                                         平成　　年　　月　　日（注2）

東京都○区○町一丁目2番3号
株　式　会　社　甲　野　銀　行　　御中
（取扱店　　　　　　　　　　　　）


                        住　所　　　　東京都○区○町三丁目2番1号
                        債務者　　　　株式会社乙野商事
                        抵当権設定者　代表取締役　乙野次郎　　　㊞（注3）


                        住　所
                        抵当権設定者

                        （注4）（注5）


　株式会社甲野銀行（以下「銀行」といいます。）、債務者および抵当権設定者は、次のとおり抵当権設定契約を締結しました。
```

[抵当権の要項]（注6）

1．被担保債権	平成〇年〇月〇日付け金銭消費貸借契約に基づく債権
2．債権額	（拾億　百万　千　円） のうち （拾億　百万　千　円） （算用数字／頭部に￥マーク）
3．利息	年〇％（年365日日割計算）
4．損害金	年〇％（年365日日割計算）
5．債務者	住所　東京都〇区〇町三丁目2番1号 氏名　株式会社乙野商事（注7）
6．順位	後記のとおり（注8）
7．物件	後記物件の表示記載のとおり

物件の表示	順位	所有者
所　在　東京都〇区〇町一丁目 地　番　1番1 地　目　宅地 地　積　〇〇〇.〇〇㎡	1	株式会社乙野商事

第1条（抵当権の設定）

① 抵当権設定者は、下記条項を承認のうえ、その所有する前記記載の物件のうえに、銀行が有する前記被担保債権を担保するため、前記「抵当権の要項」記載の抵当権を設定しました。

② 抵当権設定者は、この契約について、下記条項のほか、債務者が銀行に差し入れた銀行取引約定書および被担保債権の成立・変更等に係る約定書ならびに債務者が銀行に今後差し入れるこれらの約定書記載の各条項の適用があることを承認します。

第2条（登記義務）

抵当権設定者は、前条第1項による抵当権設定の登記手続を遅滞なく行い、その登記事項証明書を銀行に提出します。今後、この抵当権について各種の変更等の合意がなされたときも同様とします。

第3条（抵当物件）

① 抵当権設定者は、あらかじめ銀行の承諾がなければ抵当物件（抵当建物の借地権を含む。以下同じ。）の現状を変更し、または第三者のために権利を設定しもしくは譲渡しません。

② 抵当物件が原因のいかんを問わず滅失・毀損しもしくはその価格が低落したとき、またはそのおそれがあるときは、抵当権設定者はただちにその旨を銀行に通知します。この場合において、銀行から請求があったときは、債務者および抵当権設定者は、ただちに銀行の承認する担保もしくは増担保を差し入れ、または保証人をたてもしくはこれを追加し、あるいは被担保債務の全部または一部を期限のいかんにかかわらず弁済します。

③ 抵当物件について譲渡、土地明渡し、収用その他の原因により譲渡代金・立退料・補償金・清算金などの債権が生じたときは、抵当権設定者は銀行のためにその債権に質権を設定するものとし、銀行がこれらの金銭を受領したときは債務の弁済期前でも法定の順序にかかわらず、銀行はその弁済に充当することができます。

第4条（損害保険）

① 抵当権設定者は、この抵当権が存続する間抵当物件に対し、銀行の同意する保険会社と銀行の指定する金額以上の損害保険契約を締結または継続し、その保険契約に基づく権利のうえに銀行のため質権を設定し、またはその保険契約に抵当権者特約条項をつけます。

② 抵当権設定者は、前項の保険契約以外に抵当物件に対し保険契約を締結したときは、ただちに銀行に通知し、前項と同様の手続をとります。

③ 前2項の保険契約の継続・更改・変更および保険目的物件罹災後の保険金等の処理については、すべて銀行の指示に従います。

④ 銀行が債権保全のため、必要な保険契約を締結しもしくは抵当権設定者に代って保険契約を締結または継続し、その保険料を支払ったときは、抵当権設定者は銀行の支払った保険料その他の費用に、その支払日から年○％（注9）の割合の損害金を付して支払います。

⑤ 前4項による保険契約に基づく保険金を銀行が受領したときは、債務の弁済期前でも法定の順序にかかわらず債務の弁済に充当されても異議ありません。

第5条（借地権）（注10）

① 抵当権設定者は、抵当物件の敷地につきその借地期間が満了したときは、借地借家法第22条・第23条・第24条の定期借地権を除きただちに借地契約継続の手続をとります。また、土地の所有者に変更があったときはただちに銀行に通知し、借地権の種類・内容に変更が生じるときはあらかじめ銀行に通知します。

② 抵当権設定者は、解約、賃料不払、借地権の種類・内容の変更その他借地権の消滅または変更をきたすようなおそれのある行為をせず、またこのようなおそれのあるときは借地権保全に必要な手続をとることはもちろん、抵当物件のうち建物が滅失した場合も銀行の同意がなければ借地権の転貸その他任意の処分をしません。

③ 抵当物件のうち建物が火災その他により滅失し、建物を建築する場合は、抵当権設定

者は、ただちに借地借家法第10条第2項の所定の掲示を行ったうえ、速やかに地主の承諾を得て建物を建築します。

④　前項の場合、抵当権設定者は、この抵当権と同一内容・順位の抵当権を設定します。

⑤　抵当権設定者が第3項に従って建物の建築をしない場合において、保険金等によって弁済をしてもなお残債務があるときは、借地権の処分について銀行の指示に従うものとし、銀行はその処分代金をもって債務の弁済に充当することができます。

第6条（任意処分）

抵当物件は、かならずしも競売手続によらず一般に適当と認められる方法・時期・価格等により銀行において抵当物件を処分のうえ、その取得金から諸費用を差し引いた残額を法定の順序にかかわらず債務の弁済に充当されても異議ありません。また、残債務がある場合は債務者はただちに弁済します。

第7条（抵当物件の調査）

抵当物件の現況等について銀行から請求があったときは、ただちに報告し、また調査に必要な便益を提供します。

第8条（費用の負担）

この抵当権に関する設定・解除または変更の登記および抵当物件の調査または処分に関する費用は、債務者および抵当権設定者が連帯して負担し、銀行が支払った金額についてはただちに支払います。

第9条（担保保存義務）（注11）

①　抵当権設定者は、銀行の都合によって他の担保または保証を変更、解除されても異議ありません。

②　抵当権設定者が弁済等により銀行から代位によって取得した権利は、債務者と銀行との取引継続中は、銀行の同意がなければこれを行使しません。また、銀行が請求したときは、その権利または順位を銀行に無償で譲渡します。

以　上

(注1)　この文書は、平成元年4月1日以降、印紙税法上の課税文書には該当しないこととされている。ただし、第3条第3項を修正して収用等により生じた債権を（質権設定ではなく）根抵当権者に譲渡する旨の定めをした場合は、債権譲渡に関する契約書（第15号文書）に該当して課税文書となり、また第6条を修正して（処分清算条項ではなく）代物弁済を約する旨の定めをした場合は、不動産の譲渡に関する契約書（第1号の1文書）として課税文書となるので、留意が必要である。

(注2)　この契約書を作成した日付を記載する。

(注3)　抵当権設定者と債務者が同じ場合は、この欄に署名（記名）捺印させる。

(注4)　債務者以外の第三者が抵当権設定者の場合は、この欄に署名（記名）捺印させる。

(注5)　債務者以外の抵当権設定者がいる場合で、その者に連帯保証を求める場合は、「連帯保証人」の記載を追加するのではなく、保証人徴求の際に法令等によって求められる手続を履践する必要がある。

(注6)　被担保債権を特定するに足りる事項として、発生原因とその日付、債権額、利息および遅延損害金の定め等を記載する。本ケースでは、「金○○円のうち金○○円」というかたちで、

　　　　抵当権の被担保債権額を合意している。この合意は無担保債権と担保付債権に分割するものではなく、被担保債権の残額について常に抵当権が及ぶところとなる。
（注7）　住所、氏名を記載する（法人の場合は本店所在地と商号を記載）。
（注8）　第1順位の抵当権を設定することを念頭に置いている。第1順位ではない場合には、当該順位を記載することとなる。
（注9）　所定の利率を記載する。
（注10）　本件では借地権は関係ないが、一般規定として、あえて削除しないのが通例である。
（注11）　本件では債務者以外の抵当権設定者がいないから本条が機能する場面はないが、あえて削除しないのが通例である。

V　登記原因証明情報（抵当権設定）(注1)

登記原因証明情報
（ 抵 当 権 設 定 ）

　　　　　　　　　　　　　　　　　　　　　　　　　平成　　年　　月　　日

東京法務局　○出張所　御中

　　　　　　　　　　　住　所　　　東京都○区○町三丁目2番1号
　　　　　　　　　　　登記義務者(注2)　株式会社乙野商事
　　　　　　　　　　　　　　　　　　　代表取締役　乙野次郎　　　　㊞

　登記義務者（抵当権設定者）は、本件登記の原因となる事実または法律行為が下記1．記載のとおりであることおよびこれに基づき現に下記2．記載の内容を登記要項とする物権変動が生じたことを証明します。

1．登記の原因となる事実または法律行為

(1) 契約証書名および締結年月日	平成○年○月○日付け抵当権設定契約証書(注3)	
(2) 契約当事者	抵当権者	株式会社甲野銀行
	抵当権設定者	株式会社乙野商事

2．登記申請情報の要項

(1) 登記の目的	抵当権設定
(2) 原因	平成○年○月○日金銭消費貸借金○○円のうち金○○円平成○年○月○日設定(注4)

62　第1章　抵当権

(3)	債権額（注5）	拾億　　　百万　　　　千　　　　円 （算用数字／頭部に¥マーク）
(4)	利息（注6）	年〇％（年365日日割計算）
(5)	損害金	年〇％（年365日日割計算）
(6)	債務者	東京都〇区〇町三丁目2番1号 株式会社乙野商事
(7)	登記権利者 （抵当権者）（注7）	東京都〇区〇町一丁目2番3号 株式会社甲野銀行（取扱店〇支店）
(8)	登記義務者 （抵当権設定者）（注2）	東京都〇区〇町三丁目2番1号 株式会社乙野商事
(9)	不動産の表示	後記のとおり

不動産の表示

所　　在　東京都〇区〇町一丁目
地　　番　1番1
地　　目　宅地
地　　積　〇〇〇.〇〇㎡

以　上

(注1) Ⅳ抵当権設定契約証書とは別に、Ⅴ登記原因証明情報（抵当権設定）を作成する場合の書式である。この情報は、登記の原因となる事実または法律行為のほか、登記事項（および物件表示）を登記義務者が確認して署名（または記名捺印）したものでなくてはならない。契約証書とは異なり、登記用に作成された書面の原本還付を受けることはできないため、物件が複数で管轄登記所が複数となるケースでは、登記所ごとに（複数）作成する必要がある。その内容は同文面とし、すべての物件を記載する。
(注2) 登記義務者は、物件の所有者となる。
(注3) Ⅳ契約証書の名称および締結年月日を記載する。
(注4) 被担保債権およびその一部について抵当権を設定することについて、このように記載する。
(注5) 抵当権の担保する債権額を記載する。
(注6) 変動計算式や変動する旨を登記することはできない。
(注7) 登記権利者は、抵当権者となる。

Ⅵ－1－1　登記用委任状（登記義務者用／Ⅳを登記原因証明情報として提供する場合）(注1)

委　任　状

平成　　年　　月　　日

住　所　　　東京都○区○町三丁目2番1号
登記義務者　株式会社乙野商事
　　　　　　代表取締役　乙野次郎　　　㊞
連絡先　担当部署　○○部／担当者名　○○　○○
電話番号　○○－○○○○－○○○○

私は、＿＿＿＿＿＿＿＿＿＿＿＿＿＿＿＿（注2）を代理人と定め、下記の事項に関する一切の権限を委任します。

記

1．次の要項による登記申請に関すること
　　(1) 登記原因証明情報：平成○年○月○日付け抵当権設定契約証書 (注3)
　　(2) 登記の目的：抵当権設定
2．上記申請の登記識別情報の暗号化に関すること (注4)
3．上記申請の登記完了証の受領に関すること (注5)
4．上記申請に関する契約証書、資格証明情報その他の添付情報の原本還付手続に関すること (注5)
5．上記申請の登録免許税還付金の代理受領に関すること (注6)

以　上

(注1)　Ⅳ抵当権設定契約証書を登記原因証明情報（不登法第61条）として提供する場合に、登記義務者が作成する委任状の書式である。物件が複数で管轄登記所が複数となるケースにおいて、委任状の原本還付を受けるときは、他の申請についても委任したことが明らかな内容とする必要がある。
(注2)　代理人の住所ならびに氏名または名称を記載する。
(注3)　登記所に提供する契約証書の締結日およびその名称を記載する。
(注4)　登記識別情報の暗号化（電子申請においてオンラインで登記識別情報を提供すること）には特別の授権が必要であるため、このように記載する。
(注5)　これらの事項には特別の授権を必要としないが、委任事項を明確にするため、このように記載する。
(注6)　登記申請の取下げ・却下・過誤納付に伴う還付金の代理受領については特別の授権が必要であるため、このように記載する。

Ⅵ−1−2　登記用委任状（登記義務者用／Ⅴを登記原因証明情報として提供する場合）(注1)

委　任　状

平成　年　月　日

　　住　所　　　東京都○区○町三丁目2番1号
　　登記義務者　株式会社乙野商事
　　　　　　　　代表取締役　乙野次郎　　　㊞
　　⎛連絡先　担当部署　○○部／担当者名　○○　○○⎞
　　⎝電話番号　○○−○○○○−○○○○　　　　　　⎠

私は、＿＿＿＿＿＿＿＿＿＿＿＿＿＿＿＿（注2）を代理人と定め、下記の事項に関する一切の権限を委任します。

記

1．次の要項による登記申請に関すること
　　(1) 登記原因証明情報：平成○年○月○日付け登記原因証明情報（抵当権設定）(注3)
　　(2) 登記の目的：抵当権設定
2．上記申請の登記識別情報の暗号化に関すること (注4)
3．上記申請の登記完了証の受領に関すること (注5)
4．上記申請に関する資格証明情報その他の添付情報の原本還付手続に関すること (注5)
5．上記申請の登録免許税還付金の代理受領に関すること (注6)

以　上

(注1)　Ⅳ抵当権設定契約証書とは別に、Ⅴ登記原因証明情報（抵当権設定）を作成し、これを登記原因証明情報（不登法第61条）として提供する場合に、登記義務者が作成する委任状の書式である。物件が複数で管轄登記所が複数となるケースにおいて、委任状の原本還付を受けるときは、他の申請についても委任したことが明らかな内容とする必要がある。
(注2)　代理人の住所ならびに氏名または名称を記載する。
(注3)　登記所に提供する登記原因証明情報の作成日およびその名称を記載する。
(注4)　登記識別情報の暗号化（電子申請においてオンラインで登記識別情報を提供すること）には特別の授権が必要であるため、このように記載する。
(注5)　これらの事項には特別の授権を必要としないが、委任事項を明確にするため、このように記載する。
(注6)　登記申請の取下げ・却下・過誤納付に伴う還付金の代理受領については特別の授権が必要であるため、このように記載する。

Ⅵ−2−1　登記用委任状（登記権利者用／Ⅳを登記原因証明情報として提供する場合）（注1）

委　任　状

平成　年　月　日

　　　　住　所　　　東京都○区○町一丁目２番３号
　　　　登記権利者　　株式会社甲野銀行
　　　　　　　　　　　代表取締役　甲野太郎　　　　㊞
　　　　　　　　　　　（取扱店　○支店）

私は、＿＿＿＿＿＿＿＿＿＿＿＿＿＿＿（注2）を代理人と定め、下記の事項に関する一切の権限を委任します。

記

１．次の要項による登記申請に関すること
　　(1) 登記原因証明情報：平成○年○月○日付け抵当権設定契約証書（注3）
　　(2) 登記の目的：抵当権設定
２．上記申請の登記識別情報の受領に関すること（注4）
３．上記申請の登記完了証の受領に関すること（注5）
４．上記申請に関する契約証書、資格証明情報その他の添付情報の原本還付手続に関すること（注5）
５．上記申請の登録免許税還付金の代理受領に関すること（注6）

以　上

(注1)　Ⅳ抵当権設定契約証書を登記原因証明情報（不登法第61条）として提供する場合に、登記権利者が作成する委任状の書式である。物件が複数で管轄登記所が複数となるケースにおいて、委任状の原本還付を受けるときは、他の申請についても委任したことが明らかな内容とする必要がある。
(注2)　代理人の住所ならびに氏名または名称を記載する。
(注3)　登記所に提供する契約証書の締結日およびその名称を記載する。
(注4)　登記識別情報の受領には特別の授権が必要であるため、このように記載する。なお、電子申請においてオンラインで登記識別情報を受領することを「復号」といい、この方法による受領には特別の授権が必要であるため、これについても委任する場合は、「上記申請の登記識別情報の受領・復号に関すること」のように記載する。
(注5)　これらの事項には特別の授権を必要としないが、委任事項を明確にするため、このように記載する。
(注6)　登記申請の取下げ・却下・過誤納付に伴う還付金の代理受領については特別の授権が必要であるため、このように記載する。

Ⅵ－2－2　登記用委任状（登記権利者用／Ⅴを登記原因証明情報として提供する場合）(注1)

委　任　状

平成　　年　　月　　日

　　　　　住　所　　　東京都○区○町一丁目2番3号
　　　　　登記権利者　株式会社甲野銀行
　　　　　　　　　　　代表取締役　甲野太郎　　　㊞
　　　　　　　　　　　（取扱店　○支店）

私は、＿＿＿＿＿＿＿＿＿＿＿＿＿＿＿＿＿（注2）を代理人と定め、下記の事項に関する一切の権限を委任します。

記

1．次の要項による登記申請に関すること
　　(1) 登記原因証明情報：平成○年○月○日付け登記原因証明情報（抵当権設定）(注3)
　　(2) 登記の目的：抵当権設定
2．上記申請の登記識別情報の受領に関すること（注4）
3．上記申請の登記完了証の受領に関すること（注5）
4．上記申請に関する資格証明情報その他の添付情報の原本還付手続に関すること（注5）
5．上記申請の登録免許税還付金の代理受領に関すること（注6）

以　上

(注1)　Ⅳ抵当権設定契約証書とは別に、Ⅴ登記原因証明情報（抵当権設定）を作成し、これを登記原因証明情報（不登法第61条）として提出する場合に、登記権利者が作成する委任状の書式である。物件が複数で管轄登記所が複数となるケースにおいて、委任状の原本還付を受けるときは、他の申請についても委任したことが明らかな内容とする必要がある。
(注2)　代理人の住所ならびに氏名または名称を記載する。
(注3)　登記所に提供する登記原因証明情報の作成日およびその名称を記載する。
(注4)　登記識別情報の受領には特別の授権が必要であるため、このように記載する。なお、電子申請においてオンラインで登記識別情報を受領することを「復号」といい、この方法による受領には特別の授権が必要であるため、これについても委任する場合は、「上記申請の登記識別情報の受領・復号に関すること」のように記載する。
(注5)　これらの事項には特別の授権を必要としないが、委任事項を明確にするため、このように記載する。
(注6)　登記申請の取下げ・却下・過誤納付に伴う還付金の代理受領については特別の授権が必要であるため、このように記載する。

7　外貨表示の債権を担保する場合

Ⅰ　ケース概要

　甲野銀行は、債務者乙野商事宛てに対し外貨表示の金銭消費貸借契約に基づき融資をするにあたり、乙野商事所有の土地に、抵当権の設定を受けたい。

Ⅱ　書式作成上の留意点

① 　1個の不動産に抵当権の新規設定を受ける場合の書式であるが、本ケースは、外貨（たとえば米ドル）で表示した債権の担保のために抵当権を設定する例である。この場合、債権額として外国通貨をもって表示されるべき金額を掲げるとともに、その担保限度額として、邦貨表示による金額を明らかにする（不登法83条第1項5号）。担保限度額は、必ずしも登記申請時における為替相場による邦貨換算額である必要はなく、当事者の合意によって自由に定めることができる。

② 　抵当権者と抵当権設定者との間に抵当権設定契約が締結されることにより、抵当権設定の登記原因が生じる。ただし、被担保債権の存在が前提となる（附従性）。

③ 　本ケースは、債務者兼抵当権設定者の例で記載しているが、書式としては、第三者担保提供の場合にも使えるよう、抵当権設定者の欄を設けている。

　　会社がその取締役個人またはその取締役が代表取締役である別会社の債務につき担保提供するなど、取締役の債務を保証することとなる場合は会社法所定の承認が必要となり、登記申請に際して署名者全員の印鑑証明書付きで議事録等を提供することとなるので注意を要する（会社法第356条・第365条、不登令第7条第1項第5号ハ）。なお、第三者担保提供者に対しては、銀行取引約定書の写しを交付するのがよいであろう。

④ 　この抵当権設定契約とは別にⅤ登記原因証明情報を作成し、登記原因証明情報（不登法第61条）として登記所に提供することができる。

⑤ 　抵当権設定の登記は、抵当権者が登記権利者となり、抵当権設定者が登記義務者となって行い、登記原因のほか被担保債権の債権額・利息・損害金・債務者・抵当権者などをその登記事項とする。

⑥ 　抵当権設定者について、所有権の取得に係る登記識別情報（登記済証）および印鑑証明書が必要となる。なお、登記完了後は双方に登記完了証が交付され、抵当権者には登記識別情報が通知される。

⑦ 　本ケースでは物件1個を目的としているので問題とならないが、複数物件で管轄登記所が異なるケースでは、印鑑証明書およびⅤ登記原因証明情報（登記用）は各登記所ごとに（複数）必要となる。当該申請のためにのみ作成したⅥ登記用委任状も同様であり、これらは原本還付を受けることができないとされている。

III　必要書類・費用一覧

書　　類	書類上の関係者
☐ 抵当権設定契約証書	抵当権者、債務者、抵当権設定者
☐ 登記原因証明情報	抵当権設定者
☐ 委任状（登記義務者用）	抵当権設定者
☐ 委任状（登記権利者用）	抵当権者
☐ 登記識別情報（登記済証）	抵当権設定者
☐ 印鑑証明書	抵当権設定者
☐ 会社法人等番号（注）	抵当権者、抵当権設定者
☐ 登録免許税	債権額（担保限度額）の1,000分の4

（注）　不登令等の改正により、平成27年11月2日から、会社・法人の代表者等の資格を証する情報の提供（添付）に代え、登記申請情報に商業登記法第7条の会社法人等番号を記録または記載することとなった。ただし、法人登記手続中となるなどの場合を考慮し、例外的に、作成後1か月以内の資格証明情報（登記事項証明書）を提供（添付）することも認められている。

IV　抵当権設定契約証書

```
(印紙)            抵当権設定契約証書
(注1)
                                   平成　　年　　月　　日（注2）

東京都○区○町一丁目2番3号
株式会社甲野銀行　御中
（取扱店　　　　　　　　　　　）

              住　所    東京都○区○町三丁目2番1号
              債務者    株式会社乙野商事
              抵当権設定者  代表取締役　乙野次郎    ㊞（注3）

              住　所
              抵当権設定者
              （注4）（注5）
```

　株式会社甲野銀行（以下「銀行」といいます。）、債務者および抵当権設定者は、次のとおり抵当権設定契約を締結しました。

第1節　設　定　69

[抵当権の要項]（注6）

1．被担保債権	平成○年○月○日付け金銭消費貸借契約に基づく債権
2．債権額	 単位：□米ドル　□ユーロ　□その他（　　　）
3．担保限度額	拾億　　　百万　　　　千　　　　　円 （算用数字／頭部に¥マーク）
4．利息	年○％（年365日日割計算）
5．損害金	年○％（年365日日割計算）
6．債務者	住所　東京都○区○町三丁目2番1号 氏名　株式会社乙野商事（注7）
7．順位	後記のとおり（注8）
8．物件	後記物件の表示記載のとおり

物件の表示	順位	所有者
所　在　東京都○区○町一丁目 地　番　1番1 地　目　宅地 地　積　○○○.○○㎡	1	株式会社乙野商事

第1条（抵当権の設定）

① 抵当権設定者は、下記条項を承認のうえ、その所有する前記記載の物件のうえに、銀行が有する前記被担保債権を担保するため、前記「抵当権の要項」記載の抵当権を設定しました。

② 抵当権設定者は、この契約について、下記条項のほか、債務者が銀行に差し入れた銀行取引約定書および被担保債権の成立・変更等に係る約定書ならびに債務者が銀行に今後差し入れるこれらの約定書記載の各条項の適用があることを承認します。

第2条（登記義務）

抵当権設定者は、前条第1項による抵当権設定の登記手続を遅滞なく行い、その登記事項証明書を銀行に提出します。今後、この抵当権について各種の変更等の合意がなされたときも同様とします。

第3条（抵当物件）

① 抵当権設定者は、あらかじめ銀行の承諾がなければ抵当物件（抵当建物の借地権を含む。以下同じ。）の現状を変更し、または第三者のために権利を設定しもしくは譲渡しません。

② 抵当物件が原因のいかんを問わず滅失・毀損しもしくはその価格が低落したとき、またはそのおそれがあるときは、抵当権設定者はただちにその旨を銀行に通知します。この場合において、銀行から請求があったときは、債務者および抵当権設定者は、ただちに銀行の承認する担保もしくは増担保を差し入れ、または保証人をたてもしくはこれを追加し、あるいは被担保債務の全部または一部を期限のいかんにかかわらず弁済します。

③ 抵当物件について譲渡、土地明渡し、収用その他の原因により譲渡代金・立退料・補償金・清算金などの債権が生じたときは、抵当権設定者は銀行のためにその債権に質権を設定するものとし、銀行がこれらの金銭を受領したときは債務の弁済期前でも法定の順序にかかわらず、銀行はその弁済に充当することができます。

第4条（損害保険）

① 抵当権設定者は、この抵当権が存続する間抵当物件に対し、銀行の同意する保険会社と銀行の指定する金額以上の損害保険契約を締結または継続し、その保険契約に基づく権利のうえに銀行のため質権を設定し、またはその保険契約に抵当権者特約条項をつけます。

② 抵当権設定者は、前項の保険契約以外に抵当物件に対し保険契約を締結したときは、ただちに銀行に通知し、前項と同様の手続をとります。

③ 前2項の保険契約の継続・更改・変更および保険目的物件罹災後の保険金等の処理については、すべて銀行の指示に従います。

④ 銀行が債権保全のため、必要な保険契約を締結しもしくは抵当権設定者に代って保険契約を締結または継続し、その保険料を支払ったときは、抵当権設定者は銀行の支払った保険料その他の費用に、その支払日から年○％（注9）の割合の損害金を付して支払います。

⑤ 前4項による保険契約に基づく保険金を銀行が受領したときは、債務の弁済期前でも法定の順序にかかわらず債務の弁済に充当されても異議ありません。

第5条（借地権）（注10）

① 抵当権設定者は、抵当物件の敷地につきその借地期間が満了したときは、借地借家法第22条・第23条・第24条の定期借地権を除きただちに借地契約継続の手続をとります。また、土地の所有者に変更があったときはただちに銀行に通知し、借地権の種類・内容に変更が生じるときはあらかじめ銀行に通知します。

② 抵当権設定者は、解約、賃料不払、借地権の種類・内容の変更その他借地権の消滅または変更をきたすようなおそれのある行為をせず、またこのようなおそれのあるときは借地権保全に必要な手続をとることはもちろん、抵当物件のうち建物が滅失した場合も銀行の同意がなければ借地権の転貸その他任意の処分をしません。

③ 抵当物件のうち建物が火災その他により滅失し、建物を建築する場合は、抵当権設

者は、ただちに借地借家法第10条第2項の所定の掲示を行ったうえ、速やかに地主の承諾を得て建物を建築します。

④　前項の場合、抵当権設定者は、この抵当権と同一内容・順位の抵当権を設定します。

⑤　抵当権設定者が第3項に従って建物の建築をしない場合において、保険金等によって弁済をしてもなお残債務があるときは、借地権の処分について銀行の指示に従うものとし、銀行はその処分代金をもって債務の弁済に充当することができます。

第6条（任意処分）

抵当物件は、かならずしも競売手続によらず一般に適当と認められる方法・時期・価格等により銀行において抵当物件を処分のうえ、その取得金から諸費用を差し引いた残額を法定の順序にかかわらず債務の弁済に充当されても異議ありません。また、残債務がある場合は債務者はただちに弁済します。

第7条（抵当物件の調査）

抵当物件の現況等について銀行から請求があったときは、ただちに報告し、また調査に必要な便益を提供します。

第8条（費用の負担）

この抵当権に関する設定・解除または変更の登記および抵当物件の調査または処分に関する費用は、債務者および抵当権設定者が連帯して負担し、銀行が支払った金額についてはただちに支払います。

第9条（担保保存義務）(注11)

①　抵当権設定者は、銀行の都合によって他の担保または保証を変更、解除されても異議ありません。

②　抵当権設定者が弁済等により銀行から代位によって取得した権利は、債務者と銀行との取引継続中は、銀行の同意がなければこれを行使しません。また、銀行が請求したときは、その権利または順位を銀行に無償で譲渡します。

以　上

(注1)　この文書は、平成元年4月1日以降、印紙税法上の課税文書には該当しないこととされている。ただし、第3条第3項を修正して収用等により生じた債権を（質権設定ではなく）根抵当権者に譲渡する旨の定めをした場合は、債権譲渡に関する契約書（第15号文書）に該当して課税文書となり、また第6条を修正して（処分清算条項ではなく）代物弁済を約する旨の定めをした場合は、不動産の譲渡に関する契約書（第1号の1文書）として課税文書となるので、留意が必要である。

(注2)　この契約書を作成した日付を記載する。

(注3)　抵当権設定者と債務者が同じ場合は、この欄に署名（記名）捺印させる。

(注4)　債務者以外の第三者が抵当権設定者の場合は、この欄に署名（記名）捺印させる。

(注5)　債務者以外の抵当権設定者がいる場合で、その者に連帯保証を求める場合は、「連帯保証人」の記載を追加するのではなく、保証人徴求の際に法令等によって求められる手続を履践する必要がある。

(注6)　被担保債権を特定するに足りる事項として、発生原因とその日付、債権額、利息および遅延損害金の定め等を記載する。本ケースでは、外貨（たとえば米ドル）で表示した債権を被

担保債権とするので、この場合は、債権額として外国通貨をもって表示されるべき金額を掲げるとともに、「担保限度額」を邦貨表示で記載することが必要とされている（不登法第83条1項5号）。外国通貨が米ドルの場合は、「米貨」「○○ドル」と記載する。

　担保限度額は、必ずしも登記申請時における為替相場による邦貨換算額であることを要せず、当事者の合意によって自由に定めることができる。なお、この抵当権が実行されて配当手続が行われる場合には、当該配当期日（それに近接した配当表案作成のために可能な日）の為替相場をもって換算され、それが担保限度額の範囲内で邦貨により配当されることになる。

(注7)　住所、氏名を記載する（法人の場合は本店所在地と商号を記載）。
(注8)　第1順位の抵当権を設定することを念頭に置いている。第1順位ではない場合には、当該順位を記載することとなる。
(注9)　所定の利率を記載する。
(注10)　本件では借地権は関係ないが、一般規定として、あえて削除しないのが通例である。
(注11)　本件では債務者以外の抵当権設定者がいないから本条が機能する場面はないが、あえて削除しないのが通例である。

V　登記原因証明情報（抵当権設定）(注1)

登記原因証明情報
（抵当権設定）

　　　　　　　　　　　　　　　　　　　　　　　　　平成　年　月　日

東京法務局　○出張所　御中

　　　　　　　　住　所　　東京都○区○町三丁目2番1号
　　　　　　　　登記義務者(注2)　株式会社乙野商事
　　　　　　　　　　　　　　代表取締役　乙野次郎　　　㊞

　登記義務者（抵当権設定者）は、本件登記の原因となる事実または法律行為が下記1.記載のとおりであることおよびこれに基づき現に下記2.記載の内容を登記要項とする物権変動が生じたことを証明します。

1．登記の原因となる事実または法律行為

(1)	契約証書名および締結年月日	平成○年○月○日付け抵当権設定契約証書(注3)	
(2)	契約当事者	抵当権者	株式会社甲野銀行
		抵当権設定者	株式会社乙野商事

2．登記申請情報の要項

(1) 登記の目的	抵当権設定
(2) 原因	平成○年○月○日金銭消費貸借平成○年○月○日設定（注4）
(3) 債権額（注5）	☐☐☐☐☐☐☐☐ 単位：☐米ドル　☐ユーロ　☐その他（　　）
(4) 担保限度額（注6）	拾億　　百万　　千　　円 （算用数字／頭部に￥マーク）
(5) 利息（注7）	年○％（年365日日割計算）
(6) 損害金	年○％（年365日日割計算）
(7) 債務者	東京都○区○町三丁目2番1号 株式会社乙野商事
(8) 登記権利者 （抵当権者）（注8）	東京都○区○町一丁目2番3号 株式会社甲野銀行（取扱店○支店）
(9) 登記義務者 （抵当権設定者）（注2）	東京都○区○町三丁目2番1号 株式会社乙野商事
(10) 不動産の表示	後記のとおり

不動産の表示
所　　在　東京都○区○町一丁目 地　　番　1番1 地　　目　宅地 地　　積　○○○.○○㎡

以　上

(注1)　Ⅳ抵当権設定契約証書とは別に、Ⅴ登記原因証明情報（抵当権設定）を作成する場合の書式である。この情報は、登記の原因となる事実または法律行為のほか、登記事項（および物件表示）を登記義務者が確認して署名（または記名捺印）したものでなくてはならない。契約証書とは異なり、登記用に作成された書面の原本還付を受けることはできないため、物件が複数で管轄登記所が複数となるケースでは、登記所ごとに（複数）作成する必要がある。その内容は同文面とし、すべての物件を記載する。
(注2)　登記義務者は、物件の所有者となる。
(注3)　Ⅳ契約証書の名称および締結年月日を記載する。
(注4)　抵当権設定の「登記原因およびその日付」は、まず契約名称および日付をもって被担保債権を記載し、次に設定契約の日付を記載する。
(注5)　抵当権の被担保債権の債権額（外貨）を記載する。登記申請までに弁済により債権額が減少していても当初の金額をもって登記することができるが、登記申請時の残高をもって登記することもできる。
(注6)　担保限度額（邦貨）を記載する。
(注7)　変動計算式や変動する旨を登記することはできない。

(注8)　登記権利者は、抵当権者となる。

Ⅵ－1－1　登記用委任状（登記義務者用／Ⅳを登記原因証明情報として提供する場合）(注1)

委　任　状

平成　　年　　月　　日

　　　住　所　　　東京都○区○町三丁目2番1号
　　　登記義務者　株式会社　乙野商事
　　　　　　　　　代表取締役　乙野次郎　　㊞
　　　⎡連絡先　担当部署　○○部／担当者名　○○　○○⎤
　　　⎣電話番号　○○－○○○○－○○○○　　　　　　⎦

私は、＿＿＿＿＿＿＿＿＿＿＿＿＿＿＿＿＿(注2)を代理人と定め、下記の事項に関する一切の権限を委任します。

記

1．次の要項による登記申請に関すること
　　(1)登記原因証明情報：平成○年○月○日付け抵当権設定契約証書(注3)
　　(2)登記の目的：抵当権設定
2．上記申請の登記識別情報の暗号化に関すること(注4)
3．上記申請の登記完了証の受領に関すること(注5)
4．上記申請に関する契約証書、資格証明情報その他の添付情報の原本還付手続に関すること(注5)
5．上記申請の登録免許税還付金の代理受領に関すること(注6)

以　上

(注1)　Ⅳ抵当権設定契約証書を登記原因証明情報（不登法第61条）として提供する場合に、登記義務者が作成する委任状の書式である。物件が複数で管轄登記所が複数となるケースにおいて、委任状の原本還付を受けるときは、他の申請についても委任したことが明らかな内容とする必要がある。
(注2)　代理人の住所ならびに氏名または名称を記載する。
(注3)　登記所に提供する契約証書の締結日およびその名称を記載する。
(注4)　登記識別情報の暗号化（電子申請においてオンラインで登記識別情報を提供すること）には特別の授権が必要であるため、このように記載する。
(注5)　これらの事項には特別の授権を必要としないが、委任事項を明確にするため、このように記載する。
(注6)　登記申請の取下げ・却下・過誤納付に伴う還付金の代理受領については特別の授権が必要であるため、このように記載する。

Ⅵ－1－2　登記用委任状（登記義務者用／Ⅴを登記原因証明情報として提供する場合）(注1)

委　任　状

平成　年　月　日

　　　　　住　所　　　東京都〇区〇町三丁目2番1号
　　　　　登記義務者　株 式 会 社 乙 野 商 事
　　　　　　　　　　　　代表取締役　乙 野 次 郎　　㊞
　　　　　⎛連絡先　担当部署　〇〇部／担当者名　〇〇 〇〇⎞
　　　　　⎝電話番号　〇〇－〇〇〇〇－〇〇〇〇　　　　　　⎠

私は、＿＿＿＿＿＿＿＿＿＿＿＿＿＿＿（注2）を代理人と定め、下記の事項に関する一切の権限を委任します。

記

1．次の要項による登記申請に関すること
　　(1) 登記原因証明情報：平成〇年〇月〇日付け登記原因証明情報（抵当権設定）(注3)
　　(2) 登記の目的：抵当権設定
2．上記申請の登記識別情報の暗号化に関すること（注4）
3．上記申請の登記完了証の受領に関すること（注5）
4．上記申請に関する資格証明情報その他の添付情報の原本還付手続に関すること（注5）
5．上記申請の登録免許税還付金の代理受領に関すること（注6）

以　上

（注1）　Ⅳ抵当権設定契約証書とは別に、Ⅴ登記原因証明情報（抵当権設定）を作成し、これを登記原因証明情報（不登法第61条）として提供する場合に、登記義務者が作成する委任状の書式である。物件が複数で管轄登記所が複数となるケースにおいて、委任状の原本還付を受けるときは、他の申請についても委任したことが明らかな内容とする必要がある。
（注2）　代理人の住所ならびに氏名または名称を記載する。
（注3）　登記所に提供する登記原因証明情報の作成日およびその名称を記載する。
（注4）　登記識別情報の暗号化（電子申請においてオンラインで登記識別情報を提供すること）には特別の授権が必要であるため、このように記載する。
（注5）　これらの事項には特別の授権を必要としないが、委任事項を明確にするため、このように記載する。
（注6）　登記申請の取下げ・却下・過誤納付に伴う還付金の代理受領については特別の授権が必要であるため、このように記載する。

Ⅵ−2−1　登記用委任状（登記権利者用／Ⅳを登記原因証明情報として提供する場合）(注1)

委　任　状

平成　　年　　月　　日

住　所　　　東京都〇区〇町一丁目2番3号
登記権利者　株式会社甲野銀行
　　　　　　代表取締役　甲野太郎　　　　㊞
（取扱店　〇支店）

私は、＿＿＿＿＿＿＿＿＿＿＿＿＿＿（注2）を代理人と定め、下記の事項に関する一切の権限を委任します。

記

1．次の要項による登記申請に関すること
　　(1) 登記原因証明情報：平成〇年〇月〇日付け抵当権設定契約証書（注3）
　　(2) 登記の目的：抵当権設定
2．上記申請の登記識別情報の受領に関すること（注4）
3．上記申請の登記完了証の受領に関すること（注5）
4．上記申請に関する契約証書、資格証明情報その他の添付情報の原本還付手続に関すること（注5）
5．上記申請の登録免許税還付金の代理受領に関すること（注6）

以　上

(注1)　Ⅳ抵当権設定契約証書を登記原因証明情報（不登法第61条）として提供する場合に、登記権利者が作成する委任状の書式である。物件が複数で管轄登記所が複数となるケースにおいて、委任状の原本還付を受けるときは、他の申請についても委任したことが明らかな内容とする必要がある。
(注2)　代理人の住所ならびに氏名または名称を記載する。
(注3)　登記所に提供する契約証書の締結日およびその名称を記載する。
(注4)　登記識別情報の受領には特別の授権が必要であるため、このように記載する。なお、電子申請においてオンラインで登記識別情報を受領することを「復号」といい、この方法による受領には特別の授権が必要であるため、これについても委任する場合は、「上記申請の登記識別情報の受領・復号に関すること」のように記載する。
(注5)　これらの事項には特別の授権を必要としないが、委任事項を明確にするため、このように記載する。
(注6)　登記申請の取下げ・却下・過誤納付に伴う還付金の代理受領については特別の授権が必要であるため、このように記載する。

Ⅵ－2－2　登記用委任状（登記権利者用／Ⅴを登記原因証明情報として提供する場合）（注1）

委　任　状

平成　年　月　日

　　　　　住　所　　　東京都○区○町一丁目2番3号
　　　　　登記権利者　株式会社甲野銀行
　　　　　　　　　　　代表取締役　甲野太郎　　　　㊞
　　　　　　　　　　　（取扱店　○支店）

私は、＿＿＿＿＿＿＿＿＿＿＿＿＿＿＿＿＿（注2）を代理人と定め、下記の事項に関する一切の権限を委任します。

記

1．次の要項による登記申請に関すること
　　(1) 登記原因証明情報：平成○年○月○日付け登記原因証明情報（抵当権設定）（注3）
　　(2) 登記の目的：抵当権設定
2．上記申請の登記識別情報の受領に関すること（注4）
3．上記申請の登記完了証の受領に関すること（注5）
4．上記申請に関する資格証明情報その他の添付情報の原本還付手続に関すること（注5）
5．上記申請の登録免許税還付金の代理受領に関すること（注6）

以　上

（注1）　Ⅳ抵当権設定契約証書とは別に、Ⅴ登記原因証明情報（抵当権設定）を作成し、これを登記原因証明情報（不登法第61条）として提出する場合に、登記権利者が作成する委任状の書式である。物件が複数で管轄登記所が複数となるケースにおいて、委任状の原本還付を受けるときは、他の申請についても委任したことが明らかな内容とする必要がある。
（注2）　代理人の住所ならびに氏名または名称を記載する。
（注3）　登記所に提供する登記原因証明情報の作成日およびその名称を記載する。
（注4）　登記識別情報の受領には特別の授権が必要であるため、このように記載する。なお、電子申請においてオンラインで登記識別情報を受領することを「復号」といい、この方法による受領には特別の授権が必要であるため、これについても委任する場合は、「上記申請の登記識別情報の受領・復号に関すること」のように記載する。
（注5）　これらの事項には特別の授権を必要としないが、委任事項を明確にするため、このように記載する。
（注6）　登記申請の取下げ・却下・過誤納付に伴う還付金の代理受領については特別の授権が必要であるため、このように記載する。

8 分割貸付による債権を担保する場合

I ケース概要

　甲野銀行は、債務者乙野商事に対し、分割貸付契約の形態で融資をするにあたり、乙野商事所有の土地に、抵当権の設定を受けたい。

II 書式作成上の留意点

① 　1個の不動産に抵当権の新規設定を受ける場合の書式であるが、本ケースは、分割貸付契約に基づき将来発生する債権を被担保債権とする例である。分割貸付においては、貸付額の全部または一部が将来発生する債権であるが、その発生および額が契約時に確定しているので、普通抵当権の設定が可能とされている（最判昭33.5.9民集12巻7号989頁）。なお、金銭消費貸借予約に係る将来債権についてや限度貸付契約に係る将来債権についても抵当権設定が認められている。これらの場合は、本ケースの「〇年〇月〇日分割貸付契約」のところが「〇年〇月〇日金銭消費貸借予約」「〇年〇月〇日限度貸付」などとなる。

② 　抵当権者と抵当権設定者との間に抵当権設定契約が締結されることにより、抵当権設定の登記原因が生じる。ただし、被担保債権の存在が前提となる（附従性）。

③ 　本ケースは、債務者兼抵当権設定者の例で記載しているが、書式としては、第三者担保提供の場合にも使えるよう、抵当権設定者の欄を設けている。

　会社がその取締役個人またはその取締役が代表取締役である別会社の債務につき担保提供するなど、取締役の債務を保証することとなる場合は会社法所定の承認が必要となり、登記申請に際して署名者全員の印鑑証明書付きで議事録等を提供することとなるので注意を要する（会社法第356条・第365条、不登令第7条第1項第5号ハ）。なお、第三者担保提供者に対しては、銀行取引約定書の写しを交付するのがよいであろう。

④ 　この抵当権設定契約とは別にV登記原因証明情報を作成し、登記原因証明情報（不登法第61条）として登記所に提供することができる。

⑤ 　抵当権設定の登記は、抵当権者が登記権利者となり、抵当権設定者が登記義務者となって行い、登記原因のほか被担保債権の債権額・利息・損害金・債務者・抵当権者などをその登記事項とする。

⑥ 　抵当権設定者について、所有権の取得に係る登記識別情報（登記済証）および印鑑証明書が必要となる。なお、登記完了後は双方に登記完了証が交付され、抵当権者には登記識別情報が通知される。

⑦ 　本ケースでは物件1個を目的としているので問題とならないが、複数物件で管轄登記所が異なるケースでは、印鑑証明書およびV登記原因証明情報（抵当権設定）は各登記所ごとに（複数）必要となる。当該申請のためにのみ作成したVI登記用委任状も同様であり、これら

は原本還付を受けることができないとされている。

III　必要書類・費用一覧

書　　類	書類上の関係者
☐ 抵当権設定契約証書	抵当権者、債務者、抵当権設定者
☐ 登記原因証明情報	抵当権設定者
☐ 委任状（登記義務者用）	抵当権設定者
☐ 委任状（登記権利者用）	抵当権者
☐ 登記識別情報（登記済証）	抵当権設定者
☐ 印鑑証明書	抵当権設定者
☐ 会社法人等番号（注）	抵当権者、抵当権設定者
☐ 登録免許税	債権額の1,000分の4

（注）　不登令等の改正により、平成27年11月2日から、会社・法人の代表者等の資格を証する情報の提供（添付）に代え、登記申請情報に商業登記法第7条の会社法人等番号を記録または記載することとなった。ただし、法人登記手続中となるなどの場合を考慮し、例外的に、作成後1か月以内の資格証明情報（登記事項証明書）を提供（添付）することも認められている。

IV　抵当権設定契約証書

```
（印紙）
（注1）
```

抵当権設定契約証書

平成　　年　　月　　日（注2）

東京都○区○町一丁目2番3号
株式会社甲野銀行　御中
（取扱店　　　　　　　　　　）

住　所　　　東京都○区○町三丁目2番1号
債務者　　　株式会社乙野商事
抵当権設定者　代表取締役　乙野次郎　㊞（注3）

住　所
抵当権設定者
（注4）（注5）

株式会社甲野銀行（以下「銀行」といいます。）、債務者および抵当権設定者は、次のとおり抵当権設定契約を締結しました。

[抵当権の要項] (注6)

1．被担保債権	平成〇年〇月〇日付け分割貸付契約に基づく債権
2．債権額	拾億　　百万　　千　　円 （算用数字／頭部に¥マーク）
3．利息	年〇％（年365日日割計算）
4．損害金	年〇％（年365日日割計算）
5．債務者	住　所　東京都〇区〇町三丁目2番1号 氏　名　株式会社乙野商事 (注7)
6．順位	後記のとおり (注8)
7．物件	後記物件の表示記載のとおり

物件の表示	順位	所有者
所　　在　東京都〇区〇町一丁目 地　　番　1番1 地　　目　宅地 地　　積　〇〇〇.〇〇㎡	1	株式会社乙野商事

第1条（抵当権の設定）
① 抵当権設定者は、下記条項を承認のうえ、その所有する前記記載の物件のうえに、銀行が有する前記被担保債権を担保するため、前記「抵当権の要項」記載の抵当権を設定しました。
② 抵当権設定者は、この契約について、下記条項のほか、債務者が銀行に差し入れた銀行取引約定書および被担保債権の成立・変更等に係る約定書ならびに債務者が銀行に今後差し入れるこれらの約定書記載の各条項の適用があることを承認します。

第2条（登記義務）
抵当権設定者は、前条第1項による抵当権設定の登記手続を遅滞なく行い、その登記事項証明書を銀行に提出します。今後、この抵当権について各種の変更等の合意がなされたときも同様とします。

第3条（抵当物件）
① 抵当権設定者は、あらかじめ銀行の承諾がなければ抵当物件（抵当建物の借地権を含む。以下同じ。）の現状を変更し、または第三者のために権利を設定しもしくは譲渡し

ません。

② 抵当物件が原因のいかんを問わず滅失・毀損しもしくはその価格が低落したとき、またはそのおそれがあるときは、抵当権設定者はただちにその旨を銀行に通知します。この場合において、銀行から請求があったときは、債務者および抵当権設定者は、ただちに銀行の承認する担保もしくは増担保を差し入れ、または保証人をたてもしくはこれを追加し、あるいは被担保債務の全部または一部を期限のいかんにかかわらず弁済します。

③ 抵当物件について譲渡、土地明渡し、収用その他の原因により譲渡代金・立退料・補償金・清算金などの債権が生じたときは、抵当権設定者は銀行のためにその債権に質権を設定するものとし、銀行がこれらの金銭を受領したときは債務の弁済期前でも法定の順序にかかわらず、銀行はその弁済に充当することができます。

第4条（損害保険）

① 抵当権設定者は、この抵当権が存続する間抵当物件に対し、銀行の同意する保険会社と銀行の指定する金額以上の損害保険契約を締結または継続し、その保険契約に基づく権利のうえに銀行のため質権を設定し、またはその保険契約に抵当権者特約条項をつけます。

② 抵当権設定者は、前項の保険契約以外に抵当物件に対し保険契約を締結したときは、ただちに銀行に通知し、前項と同様の手続をとります。

③ 前2項の保険契約の継続・更改・変更および保険目的物件罹災後の保険金等の処理については、すべて銀行の指示に従います。

④ 銀行が債権保全のため、必要な保険契約を締結しもしくは抵当権設定者に代って保険契約を締結または継続し、その保険料を支払ったときは、抵当権設定者は銀行の支払った保険料その他の費用に、その支払日から年○％(注9)の割合の損害金をつけて支払います。

⑤ 前4項による保険契約に基づく保険金を銀行が受領したときは、債務の弁済期前でも法定の順序にかかわらず債務の弁済に充当されても異議ありません。

第5条（借地権）(注10)

① 抵当権設定者は、抵当物件の敷地につきその借地期間が満了したときは、借地借家法第22条・第23条・第24条の定期借地権を除きただちに借地契約継続の手続をとります。また、土地の所有者に変更があったときはただちに銀行に通知し、借地権の種類・内容に変更が生じるときはあらかじめ銀行に通知します。

② 抵当権設定者は、解約、賃料不払、借地権の種類・内容の変更その他借地権の消滅または変更をきたすようなおそれのある行為をせず、またこのようなおそれのあるときは借地権保全に必要な手続をとることはもちろん、抵当物件のうち建物が滅失した場合も銀行の同意がなければ借地権の転貸その他任意の処分をしません。

③　抵当物件のうち建物が火災その他により滅失し、建物を建築する場合は、抵当権設定者は、ただちに借地借家法第10条第２項の所定の掲示を行ったうえ、速やかに地主の承諾を得て建物を建築します。

④　前項の場合、抵当権設定者は、この抵当権と同一内容・順位の抵当権を設定します。

⑤　抵当権設定者が第３項に従って建物の建築をしない場合において、保険金等によって弁済をしてもなお残債務があるときは、借地権の処分について銀行の指示に従うものとし、銀行はその処分代金をもって債務の弁済に充当することができます。

第６条（任意処分）

　抵当物件は、かならずしも競売手続によらず一般に適当と認められる方法・時期・価格等により銀行において抵当物件を処分のうえ、その取得金から諸費用を差し引いた残額を法定の順序にかかわらず債務の弁済に充当されても異議ありません。また、残債務がある場合は債務者はただちに弁済します。

第７条（抵当物件の調査）

　抵当物件の現況等について銀行から請求があったときは、ただちに報告し、また調査に必要な便益を提供します。

第８条（費用の負担）

　この抵当権に関する設定・解除または変更の登記および抵当物件の調査または処分に関する費用は、債務者および抵当権設定者が連帯して負担し、銀行が支払った金額についてはただちに支払います。

第９条（担保保存義務）(注11)

①　抵当権設定者は、銀行の都合によって他の担保または保証を変更、解除されても異議ありません。

②　抵当権設定者が弁済等により銀行から代位によって取得した権利は、債務者と銀行との取引継続中は、銀行の同意がなければこれを行使しません。また、銀行が請求したときは、その権利または順位を銀行に無償で譲渡します。

以　上

(注１)　この文書は、平成元年４月１日以降、印紙税法上の課税文書には該当しないこととされている。ただし、第３条第３項を修正して収用等により生じた債権を（質権設定ではなく）根抵当権者に譲渡する旨の定めをした場合は、債権譲渡に関する契約書（第15号文書）に該当して課税文書となり、また第６条を修正して（処分清算条項ではなく）代物弁済を約する旨の定めをした場合は、不動産の譲渡に関する契約書（第１号の１文書）として課税文書となるので、留意が必要である。

(注２)　この契約書を作成した日付を記載する。

(注３)　抵当権設定者と債務者が同じ場合は、この欄に署名（記名）捺印させる。

(注４)　債務者以外の第三者が抵当権設定者の場合は、この欄に署名（記名）捺印させる。

(注５)　債務者以外の抵当権設定者がいる場合で、その者に連帯保証を求める場合は、「連帯保証人」の記載を追加するのではなく、保証人徴求の際に法令等によって求められる手続を履践する必要がある。

- (注6) 被担保債権を特定するに足りる事項として、発生原因とその日付、債権額、利息および遅延損害金の定め等を記載する。本ケースは分割貸付契約の例であるので、債権額としては、貸付を予定する合計額を記載することになる。
- (注7) 住所、氏名を記載する（法人の場合は本店所在地と商号を記載）。
- (注8) 第1順位の抵当権を設定することを念頭に置いている。第1順位ではない場合には、当該順位を記載することとなる。
- (注9) 所定の利率を記載する。
- (注10) 本件では借地権は関係ないが、一般規定として、あえて削除しないのが通例である。
- (注11) 本件では債務者以外の抵当権設定者がいないから本条が機能する場面はないが、あえて削除しないのが通例である。

V 登記原因証明情報（抵当権設定）(注1)

登記原因証明情報
（抵当権設定）

平成　年　月　日

東京法務局　○出張所 御中

　　　　　　　　　住　所　　　　東京都○区○町三丁目2番1号
　　　登記義務者(注2)　株式会社乙野商事
　　　　　　　　　　　　　　　　代表取締役　乙野次郎　　　　㊞

　登記義務者（抵当権設定者）は、本件登記の原因となる事実または法律行為が下記1．記載のとおりであることおよびこれに基づき現に下記2．記載の内容を登記要項とする物権変動が生じたことを証明します。

1．登記の原因となる事実または法律行為

(1) 契約証書名および締結年月日	平成○年○月○日付け抵当権設定契約証書(注3)
(2) 契約当事者	抵当権者　　　　株式会社甲野銀行
	抵当権設定者　　株式会社乙野商事

2．登記申請情報の要項

(1) 登記の目的	抵当権設定
(2) 原因	平成○年○月○日分割貸付平成○年○月○日設定(注4)

(3)	債権額（注5）	拾億　　　百万　　　　千　　　　円 （算用数字／頭部に¥マーク）
(4)	利息（注6）	年○％（年365日日割計算）
(5)	損害金	年○％（年365日日割計算）
(6)	債務者	東京都○区○町三丁目2番1号 株式会社乙野商事
(7)	登記権利者 （抵当権者）（注7）	東京都○区○町一丁目2番3号 株式会社甲野銀行（取扱店○支店）
(8)	登記義務者 （抵当権設定者）（注2）	東京都○区○町三丁目2番1号 株式会社乙野商事
(9)	不動産の表示	後記のとおり

不動産の表示

所　　在　東京都○区○町一丁目
地　　番　1番1
地　　目　宅地
地　　積　○○○.○○㎡

以　上

(注1)　Ⅳ抵当権設定契約証書とは別に、Ⅴ登記原因証明情報（抵当権設定）を作成する場合の書式である。この情報は、登記の原因となる事実または法律行為のほか、登記事項（および物件表示）を登記義務者が確認して署名（または記名捺印）したものでなくてはならない。契約証書とは異なり、登記用に作成された書面の原本還付を受けることはできないため、物件が複数で管轄登記所が複数となるケースでは、登記所ごとに（複数）作成する必要がある。その内容は同文面とし、すべての物件を記載する。
(注2)　登記義務者は、物件の所有者となる。
(注3)　Ⅳ契約証書の名称および締結年月日を記載する。
(注4)　抵当権設定の「登記原因およびその日付」は、まず契約名称および日付をもって被担保債権を記載し、次に設定契約の日付を記載する。
(注5)　抵当権の被担保債権の債権額を記載する。登記申請までに弁済により債権額が減少していても当初の金額をもって登記することができるが、登記申請時の残高をもって登記することもできる。
(注6)　変動計算式や変動する旨を登記することはできない。
(注7)　登記権利者は、抵当権者となる。

Ⅵ-1-1　登記用委任状（登記義務者用／Ⅳを登記原因証明情報として提供する場合）(注1)

委　任　状

平成　年　月　日

　　　住　所　　　東京都○区○町三丁目2番1号
　　　登記義務者　株式会社乙野商事
　　　　　　　　　代表取締役　乙野次郎　　　㊞
　　　⎛連絡先　担当部署　○○部／担当者名　○○　○○⎞
　　　⎝電話番号　○○－○○○○－○○○○　　　　　　⎠

私は、＿＿＿＿＿＿＿＿＿＿＿＿＿＿＿(注2)を代理人と定め、下記の事項に関する一切の権限を委任します。

記

1．次の要項による登記申請に関すること
　　(1) 登記原因証明情報：平成○年○月○日付け抵当権設定契約証書(注3)
　　(2) 登記の目的：抵当権設定
2．上記申請の登記識別情報の暗号化に関すること(注4)
3．上記申請の登記完了証の受領に関すること(注5)
4．上記申請に関する契約証書、資格証明情報その他の添付情報の原本還付手続に関すること(注5)
5．上記申請の登録免許税還付金の代理受領に関すること(注6)

以　上

(注1)　Ⅳ抵当権設定契約証書を登記原因証明情報（不登法第61条）として提供する場合に、登記義務者が作成する委任状の書式である。物件が複数で管轄登記所が複数となるケースにおいて、委任状の原本還付を受けるときは、他の申請についても委任したことが明らかな内容とする必要がある。
(注2)　代理人の住所ならびに氏名または名称を記載する。
(注3)　登記所に提供する契約証書の締結日およびその名称を記載する。
(注4)　登記識別情報の暗号化（電子申請においてオンラインで登記識別情報を提供すること）には特別の授権が必要であるため、このように記載する。
(注5)　これらの事項には特別の授権を必要としないが、委任事項を明確にするため、このように記載する。
(注6)　登記申請の取下げ・却下・過誤納付に伴う還付金の代理受領については特別の授権が必要であるため、このように記載する。

Ⅵ－1－2　登記用委任状（登記義務者用／Ⅴを登記原因証明情報として提供する場合）(注1)

委　任　状

　　　　　　　　　　　　　　　　　　　　　　　平成　　年　　月　　日

　　　　　　　住　所　　　東京都○区○町三丁目2番1号
　　　　　　　登記義務者　株　式　会　社　乙　野　商　事
　　　　　　　　　　　　　　代表取締役　乙野次郎　　　　㊞
　　　　　　　⎛連絡先　担当部署　○○部／担当者名　○○　○○⎞
　　　　　　　⎝電話番号　○○－○○○○－○○○○　　　　　　⎠

私は、＿＿＿＿＿＿＿＿＿＿＿＿＿＿＿＿＿(注2)を代理人と定め、下記の事項に関する一切の権限を委任します。

記

1．次の要項による登記申請に関すること
　　(1)　登記原因証明情報：平成○年○月○日付け登記原因証明情報（抵当権設定）(注3)
　　(2)　登記の目的：抵当権設定
2．上記申請の登記識別情報の暗号化に関すること(注4)
3．上記申請の登記完了証の受領に関すること(注5)
4．上記申請に関する資格証明情報その他の添付情報の原本還付手続に関すること(注5)
5．上記申請の登録免許税還付金の代理受領に関すること(注6)

以　上

(注1)　Ⅳ抵当権設定契約証書とは別に、Ⅴ登記原因証明情報（抵当権設定）を作成し、これを登記原因証明情報（不登法第61条）として提供する場合に、登記義務者が作成する委任状の書式である。物件が複数で管轄登記所が複数となるケースにおいて、委任状の原本還付を受けるときは、他の申請についても委任したことが明らかな内容とする必要がある。
(注2)　代理人の住所ならびに氏名または名称を記載する。
(注3)　登記所に提供する登記原因証明情報の作成日およびその名称を記載する。
(注4)　登記識別情報の暗号化（電子申請においてオンラインで登記識別情報を提供すること）には特別の授権が必要であるため、このように記載する。
(注5)　これらの事項には特別の授権を必要としないが、委任事項を明確にするため、このように記載する。
(注6)　登記申請の取下げ・却下・過誤納付に伴う還付金の代理受領については特別の授権が必要であるため、このように記載する。

Ⅵ−2−1　登記用委任状（登記権利者用／Ⅳを登記原因証明情報として提供する場合）(注1)

委　任　状

平成　　年　　月　　日

　　　　　住　所　　　東京都○区○町一丁目2番3号
　　　　　登記権利者　　株 式 会 社 甲 野 銀 行
　　　　　　　　　　　　代表取締役　甲野太郎　　　　㊞
　　　　　　　　　　　（取扱店　○支店）

私は、＿＿＿＿＿＿＿＿＿＿＿＿＿＿＿(注2)を代理人と定め、下記の事項に関する一切の権限を委任します。

記

1．次の要項による登記申請に関すること
　　(1) 登記原因証明情報：平成○年○月○日付け抵当権設定契約証書(注3)
　　(2) 登記の目的：抵当権設定
2．上記申請の登記識別情報の受領に関すること(注4)
3．上記申請の登記完了証の受領に関すること(注5)
4．上記申請に関する契約証書、資格証明情報その他の添付情報の原本還付手続に関すること(注5)
5．上記申請の登録免許税還付金の代理受領に関すること(注6)

以　上

(注1)　Ⅳ抵当権設定契約証書を登記原因証明情報（不登法第61条）として提供する場合に、登記権利者が作成する委任状の書式である。物件が複数で管轄登記所が複数となるケースにおいて、委任状の原本還付を受けるときは、他の申請についても委任したことが明らかな内容とする必要がある。
(注2)　代理人の住所ならびに氏名または名称を記載する。
(注3)　登記所に提供する契約証書の締結日およびその名称を記載する。
(注4)　登記識別情報の受領には特別の授権が必要であるため、このように記載する。なお、電子申請においてオンラインで登記識別情報を受領することを「復号」といい、この方法による受領には特別の授権が必要であるため、これについても委任する場合は、「上記申請の登記識別情報の受領・復号に関すること」のように記載する。
(注5)　これらの事項には特別の授権を必要としないが、委任事項を明確にするため、このように記載する。
(注6)　登記申請の取下げ・却下・過誤納付に伴う還付金の代理受領については特別の授権が必要であるため、このように記載する。

Ⅵ－2－2　登記用委任状（登記権利者用／Ⅴを登記原因証明情報として提供する場合）(注1)

委　任　状

平成　年　月　日

　　　　住　所　　東京都〇区〇町一丁目2番3号
　　　　登記権利者　株式会社甲野銀行
　　　　　　　　　　代表取締役　甲野太郎　　　㊞
　　　　　　　　　　（取扱店　〇支店）

私は、＿＿＿＿＿＿＿＿＿＿＿＿＿＿＿＿＿（注2）を代理人と定め、下記の事項に関する一切の権限を委任します。

記

1．次の要項による登記申請に関すること
　　(1) 登記原因証明情報：平成〇年〇月〇日付け登記原因証明情報（抵当権設定）(注3)
　　(2) 登記の目的：抵当権設定
2．上記申請の登記識別情報の受領に関すること（注4）
3．上記申請の登記完了証の受領に関すること（注5）
4．上記申請に関する資格証明情報その他の添付情報の原本還付手続に関すること（注5）
5．上記申請の登録免許税還付金の代理受領に関すること（注6）

以　上

（注1）　Ⅳ抵当権設定契約証書とは別に、Ⅴ登記原因証明情報（抵当権設定）を作成し、これを登記原因証明情報（不登法第61条）として提出する場合に、登記権利者が作成する委任状の書式である。物件が複数で管轄登記所が複数となるケースにおいて、委任状の原本還付を受けるときは、他の申請についても委任したことが明らかな内容とする必要がある。
（注2）　代理人の住所ならびに氏名または名称を記載する。
（注3）　登記所に提供する登記原因証明情報の作成日およびその名称を記載する。
（注4）　登記識別情報の受領には特別の授権が必要であるため、このように記載する。なお、電子申請においてオンラインで登記識別情報を受領することを「復号」といい、この方法による受領には特別の授権が必要であるため、これについても委任する場合は、「上記申請の登記識別情報の受領・復号に関すること」のように記載する。
（注5）　これらの事項には特別の授権を必要としないが、委任事項を明確にするため、このように記載する。
（注6）　登記申請の取下げ・却下・過誤納付に伴う還付金の代理受領については特別の授権が必要であるため、このように記載する。

2　目的物件（権利）の種類

9　共同抵当の場合

I　ケース概要

　甲野銀行は、債務者乙野商事宛て融資にあたり、乙野商事所有の土地および建物に、共同抵当として抵当権の設定を受けたい。

II　書式作成上の留意点

① 複数の不動産に抵当権の新規設定を受ける場合の書式である。

② 抵当権者と抵当権設定者との間に抵当権設定契約が締結されることにより、抵当権設定の登記原因が生じる。ただし、被担保債権の存在が前提となる（附従性）。

③ 本ケースは、債務者兼抵当権設定者の例で記載しているが、書式としては、第三者担保提供の場合にも使えるよう、抵当権設定者の欄を設けている。

　会社がその取締役個人またはその取締役が代表取締役である別会社の債務につき担保提供するなど、取締役の債務を保証することとなる場合は会社法所定の承認が必要となり、登記申請に際して署名者全員の印鑑証明書付きで議事録等を提供することとなるので注意を要する（会社法第356条・第365条、不登令第7条第1項第5号ハ）。なお、第三者担保提供者に対しては、銀行取引約定書の写しを交付するのがよいであろう。

④ この抵当権設定契約とは別にV登記原因証明情報を作成し、登記原因証明情報（不登法第61条）として登記所に提供することができる。

⑤ 抵当権設定の登記は、抵当権者が登記権利者となり、抵当権設定者が登記義務者となって行い、登記原因のほか被担保債権の債権額・利息・損害金・債務者・抵当権者などをその登記事項とする。

⑥ 抵当権設定者について、所有権の取得に係る登記識別情報（登記済証）および印鑑証明書が必要となる。なお、登記完了後は双方に登記完了証が交付され、抵当権者には登記識別情報が通知される。

⑦ 本ケースでは土地とその地上建物を目的としているので問題とならないが、複数物件で管轄登記所が異なるケースでは、印鑑証明書およびV登記原因証明情報（抵当権設定）は各登記所ごとに（複数）必要となる。当該申請のためにのみ作成したVI登記用委任状も同様であり、これらは原本還付を受けることができないとされている。

Ⅲ　必要書類・費用一覧

書　類	書類上の関係者
□　抵当権設定契約証書	抵当権者、債務者、抵当権設定者
□　登記原因証明情報	抵当権設定者
□　委任状（登記義務者用）	抵当権設定者
□　委任状（登記権利者用）	抵当権者
□　登記識別情報（登記済証）	抵当権設定者
□　印鑑証明書	抵当権設定者
□　会社法人等番号（注）	抵当権者、抵当権設定者
□　登録免許税	債権額の1,000分の4（前登記に係る所定の情報を提供することにより、2箇所目以降の登記所では1物件1,500円）

（注）　不登令等の改正により、平成27年11月2日から、会社・法人の代表者等の資格を証する情報の提供（添付）に代え、登記申請情報に商業登記法第7条の会社法人等番号を記録または記載することとなった。ただし、法人登記手続中となるなどの場合を考慮し、例外的に、作成後1か月以内の資格証明情報（登記事項証明書）を提供（添付）することも認められている。

Ⅳ　抵当権設定契約証書

（印紙）
（注1）

抵当権設定契約証書

平成　　年　　月　　日（注2）

東京都○区○町一丁目2番3号
株式会社　甲野銀行　御中
（取扱店　　　　　　　　　）

住　所　　　東京都○区○町三丁目2番1号
債務者　　　株式会社　乙野商事
抵当権設定者　代表取締役　乙野次郎　　㊞（注3）

住　所
抵当権設定者
（注4）（注5）

株式会社甲野銀行（以下「銀行」といいます。）、債務者および抵当権設定者は、次のとお

第1節　設　定　91

り抵当権設定契約を締結しました。

[抵当権の要項]（注6）

1．被担保債権	平成○年○月○日付け金銭消費貸借契約に基づく債権
2．債権額	拾億　　　百万　　　千　　　円 （算用数字／頭部に¥マーク）
3．利息	年○％（年365日日割計算）
4．損害金	年○％（年365日日割計算）
5．債務者	住所　東京都○区○町三丁目2番1号 氏名　株式会社乙野商事（注7）
6．順位	後記のとおり（注8）
7．物件	後記物件の表示記載のとおり

物件の表示	順位	所有者
所　　在　東京都○区○町一丁目 地　　番　1番1 地　　目　宅地 地　　積　○○○.○○㎡	1	株式会社乙野商事
所　　在　東京都○区○町一丁目1番地1 家屋番号　1番1 種　　類　居宅 構　　造　木造セメントかわらぶき平家建 床 面 積　○○.○○㎡	1	株式会社乙野商事

第1条（抵当権の設定）

① 抵当権設定者は、下記条項を承認のうえ、その所有する前記記載の物件のうえに、銀行が有する前記被担保債権を担保するため、前記「抵当権の要項」記載の抵当権を設定しました。（注9）

② 抵当権設定者は、この契約について、下記条項のほか、債務者が銀行に差し入れた銀行取引約定書および被担保債権の成立・変更等に係る約定書ならびに債務者が銀行に今後差し入れるこれらの約定書記載の各条項の適用があることを承認します。

第2条（登記義務）

　抵当権設定者は、前条第1項による抵当権設定の登記手続を遅滞なく行い、その登記事項証明書を銀行に提出します。今後、この抵当権について各種の変更等の合意がなされたときも同様とします。

第3条（抵当物件）
① 抵当権設定者は、あらかじめ銀行の承諾がなければ抵当物件（抵当建物の借地権を含む。以下同じ。）の現状を変更し、または第三者のために権利を設定しもしくは譲渡しません。
② 抵当物件が原因のいかんを問わず滅失・毀損しもしくはその価格が低落したとき、またはそのおそれがあるときは、抵当権設定者はただちにその旨を銀行に通知します。この場合において、銀行から請求があったときは、債務者および抵当権設定者は、ただちに銀行の承認する担保もしくは増担保を差し入れ、または保証人をたてもしくはこれを追加し、あるいは被担保債務の全部または一部を期限のいかんにかかわらず弁済します。
③ 抵当物件について譲渡、土地明渡し、収用その他の原因により譲渡代金・立退料・補償金・清算金などの債権が生じたときは、抵当権設定者は銀行のためにその債権に質権を設定するものとし、銀行がこれらの金銭を受領したときは債務の弁済期前でも法定の順序にかかわらず、銀行はその弁済に充当することができます。

第4条（損害保険）
① 抵当権設定者は、この抵当権が存続する間抵当物件に対し、銀行の同意する保険会社と銀行の指定する金額以上の損害保険契約を締結または継続し、その保険契約に基づく権利のうえに銀行のため質権を設定し、またはその保険契約に抵当権者特約条項をつけます。
② 抵当権設定者は、前項の保険契約以外に抵当物件に対し保険契約を締結したときは、ただちに銀行に通知し、前項と同様の手続をとります。
③ 前2項の保険契約の継続・更改・変更および保険目的物件罹災後の保険金等の処理については、すべて銀行の指示に従います。
④ 銀行が債権保全のため、必要な保険契約を締結しもしくは抵当権設定者に代って保険契約を締結または継続し、その保険料を支払ったときは、抵当権設定者は銀行の支払った保険料その他の費用に、その支払日から年○％(注10)の割合の損害金を付して支払います。
⑤ 前4項による保険契約に基づく保険金を銀行が受領したときは、債務の弁済期前でも法定の順序にかかわらず債務の弁済に充当されても異議ありません。

第5条（借地権）(注11)
① 抵当権設定者は、抵当物件の敷地につきその借地期間が満了したときは、借地借家法第22条・第23条・第24条の定期借地権を除きただちに借地契約継続の手続をとります。また、土地の所有者に変更があったときはただちに銀行に通知し、借地権の種類・内容に変更が生じるときはあらかじめ銀行に通知します。
② 抵当権設定者は、解約、賃料不払、借地権の種類・内容の変更その他借地権の消滅ま

たは変更をきたすようなおそれのある行為をせず、またこのようなおそれのあるときは借地権保全に必要な手続をとることはもちろん、抵当物件のうち建物が滅失した場合も銀行の同意がなければ借地権の転貸その他任意の処分をしません。

③　抵当物件のうち建物が火災その他により滅失し、建物を建築する場合は、抵当権設定者は、ただちに借地借家法第10条第2項の所定の掲示を行ったうえ、速やかに地主の承諾を得て建物を建築します。

④　前項の場合、抵当権設定者は、この抵当権と同一内容・順位の抵当権を設定します。

⑤　抵当権設定者が第3項に従って建物の建築をしない場合において、保険金等によって弁済をしてもなお残債務があるときは、借地権の処分について銀行の指示に従うものとし、銀行はその処分代金をもって債務の弁済に充当することができます。

第6条（任意処分）

抵当物件は、かならずしも競売手続によらず一般に適当と認められる方法・時期・価格等により銀行において抵当物件を処分のうえ、その取得金から諸費用を差し引いた残額を法定の順序にかかわらず債務の弁済に充当されても異議ありません。また、残債務がある場合は債務者はただちに弁済します。

第7条（抵当物件の調査）

抵当物件の現況等について銀行から請求があったときは、ただちに報告し、また調査に必要な便益を提供します。

第8条（費用の負担）

この抵当権に関する設定・解除または変更の登記および抵当物件の調査または処分に関する費用は、債務者および抵当権設定者が連帯して負担し、銀行が支払った金額についてはただちに支払います。

第9条（担保保存義務）(注12)

①　抵当権設定者は、銀行の都合によって他の担保または保証を変更、解除されても異議ありません。

②　抵当権設定者が弁済等により銀行から代位によって取得した権利は、債務者と銀行との取引継続中は、銀行の同意がなければこれを行使しません。また、銀行が請求したときは、その権利または順位を銀行に無償で譲渡します。

以　上

(注1)　この文書は、平成元年4月1日以降、印紙税法上の課税文書には該当しないこととされている。ただし、第3条第3項を修正して収用等により生じた債権を（質権設定ではなく）根抵当権者に譲渡する旨の定めをした場合は、債権譲渡に関する契約書（第15号文書）に該当して課税文書となり、また第6条を修正して（処分清算条項ではなく）代物弁済を約する旨の定めをした場合は、不動産の譲渡に関する契約書（第1号の1文書）として課税文書となるので、留意が必要である。

(注2)　この契約書を作成した日付を記載する。

(注3)　抵当権設定者と債務者が同じ場合は、この欄に署名（記名）捺印させる。

(注4) 債務者以外の第三者が抵当権設定者の場合は、この欄に署名（記名）捺印させる。
(注5) 債務者以外の抵当権設定者がいる場合で、その者に連帯保証を求める場合は、「連帯保証人」の記載を追加するのではなく、保証人徴求の際に法令等によって求められる手続を履践する必要がある。
(注6) 被担保債権を特定するに足りる事項として、発生原因とその日付、債権額、利息および遅延損害金の定め等を記載する。
(注7) 住所、氏名を記載する（法人の場合は本店所在地と商号を記載）。
(注8) 第1順位の抵当権を設定することを念頭に置いている。第1順位ではない場合には、当該順位を記載することとなる。
(注9) 本条に「共同抵当として」との文言を加える例もあるが、根抵当と異なり、普通抵当では複数物件が同一の債権を担保するものとして共同抵当関係になることが明らかであるから、あえて記載する必要はない。
(注10) 所定の利率を記載する。
(注11) 本件では借地権は関係ないが、一般規定として、あえて削除しないのが通例である。
(注12) 本件では債務者以外の抵当権設定者がいないから本条が機能する場面はないが、あえて削除しないのが通例である。

V 登記原因証明情報（抵当権設定）(注1)

登記原因証明情報
（抵当権設定）

平成　年　月　日

東京法務局　○出張所　御中

住　所　　東京都○区○町三丁目2番1号
登記義務者(注2)　株式会社乙野商事
　　　　　　　　代表取締役　乙野次郎　　㊞

　登記義務者（抵当権設定者）は、本件登記の原因となる事実または法律行為が下記1．記載のとおりであることおよびこれに基づき現に下記2．記載の内容を登記要項とする物権変動が生じたことを証明します。

1．登記の原因となる事実または法律行為

(1) 契約証書名および締結年月日	平成○年○月○日付け抵当権設定契約証書(注3)	
(2) 契約当事者	抵当権者	株式会社甲野銀行
	抵当権設定者	株式会社乙野商事

第1節　設　定　95

2．登記申請情報の要項

(1) 登記の目的	抵当権設定
(2) 原因	平成○年○月○日金銭消費貸借平成○年○月○日設定（注4）
(3) 債権額（注5）	拾億　百万　千　円 （算用数字／頭部に¥マーク）
(4) 利息（注6）	年○％（年365日日割計算）
(5) 損害金	年○％（年365日日割計算）
(6) 債務者	東京都○区○町三丁目2番1号 株式会社乙野商事
(7) 登記権利者 （抵当権者）（注7）	東京都○区○町一丁目2番3号 株式会社甲野銀行（取扱店○支店）
(8) 登記義務者 （抵当権設定者）（注2）	東京都○区○町三丁目2番1号 株式会社乙野商事
(9) 不動産の表示	後記のとおり

不動産の表示

所　　在　東京都○区○町一丁目
地　　番　1番1
地　　目　宅地
地　　積　○○○.○○㎡

所　　在　東京都○区○町一丁目1番地1
家屋番号　1番1
種　　類　居宅
構　　造　木造セメントかわらぶき平家建
床　面　積　○○.○○㎡

以　上

(注1) Ⅳ抵当権設定契約証書とは別に、Ⅴ登記原因証明情報（抵当権設定）を作成する場合の書式である。この情報は、登記の原因となる事実または法律行為のほか、登記事項（および物件表示）を登記義務者が確認して署名（または記名捺印）したものでなくてはならない。契約証書とは異なり、登記用に作成された書面の原本還付を受けることはできないため、物件が複数で管轄登記所が複数となるケースでは、登記所ごとに（複数）作成する必要がある。その内容は同文面とし、すべての物件を記載する。
(注2) 登記義務者は、物件の所有者となる。
(注3) Ⅳ契約証書の名称および締結年月日を記載する。
(注4) 抵当権設定の「登記原因およびその日付」は、まず契約名称および日付をもって被担保債権を記載し、次に設定契約の日付を記載する。
(注5) 抵当権の被担保債権の債権額を記載する。登記申請までに弁済により債権額が減少してい

ても当初の金額をもって登記することができるが、登記申請時の残高をもって登記することもできる。
(注6) 変動計算式や変動する旨を登記することはできない。
(注7) 登記権利者は、抵当権者となる。

Ⅵ－1－1　登記用委任状（登記義務者用／Ⅳを登記原因証明情報として提供する場合）(注1)

委　任　状

平成　　年　　月　　日

住　所　　東京都〇区〇町三丁目2番1号
登記義務者　株式会社乙野商事
　　　　　　代表取締役　乙野次郎　　㊞
〔連絡先　担当部署 〇〇部／担当者名 〇〇 〇〇
　電話番号 〇〇－〇〇〇〇－〇〇〇〇〕

私は、＿＿＿＿＿＿＿＿＿＿＿＿＿＿＿(注2)を代理人と定め、下記の事項に関する一切の権限を委任します。

記

1．次の要項による登記申請に関すること
　　(1) 登記原因証明情報：平成〇年〇月〇日付け抵当権設定契約証書 (注3)
　　(2) 登記の目的：抵当権設定
2．上記申請の登記識別情報の暗号化に関すること (注4)
3．上記申請の登記完了証の受領に関すること (注5)
4．上記申請に関する契約証書、資格証明情報その他の添付情報の原本還付手続に関すること (注5)
5．上記申請の登録免許税還付金の代理受領に関すること (注6)

以　上

(注1)　Ⅳ抵当権設定契約証書を登記原因証明情報（不登法第61条）として提供する場合に、登記義務者が作成する委任状の書式である。物件が複数で管轄登記所が複数となるケースにおいて、委任状の原本還付を受けるときは、他の申請についても委任したことが明らかな内容とする必要がある。
(注2)　代理人の住所ならびに氏名または名称を記載する。
(注3)　登記所に提供する契約証書の締結日およびその名称を記載する。
(注4)　登記識別情報の暗号化（電子申請においてオンラインで登記識別情報を提供すること）には特別の授権が必要であるため、このように記載する。
(注5)　これらの事項には特別の授権を必要としないが、委任事項を明確にするため、このように記載する。
(注6)　登記申請の取下げ・却下・過誤納付に伴う還付金の代理受領については特別の授権が必要であるため、このように記載する。

Ⅵ－１－２　登記用委任状（登記義務者用／Ⅴを登記原因証明情報として提供する場合）(注1)

委　任　状

平成　　年　　月　　日

　　　　住　所　　東京都○区○町三丁目２番１号
　　　　登記義務者　株式会社乙野商事
　　　　　　　　　　代表取締役　乙野次郎　　　　㊞
　　　　⎛連絡先　担当部署　○○部／担当者名　○○　○○⎞
　　　　⎝電話番号　○○－○○○○－○○○○　　　　　　　⎠

私は、＿＿＿＿＿＿＿＿＿＿＿＿＿＿＿＿（注2）を代理人と定め、下記の事項に関する一切の権限を委任します。

記

１．次の要項による登記申請に関すること
　　(1) 登記原因証明情報：平成○年○月○日付け登記原因証明情報（抵当権設定）(注3)
　　(2) 登記の目的：抵当権設定
２．上記申請の登記識別情報の暗号化に関すること（注4）
３．上記申請の登記完了証の受領に関すること（注5）
４．上記申請に関する資格証明情報その他の添付情報の原本還付手続に関すること（注5）
５．上記申請の登録免許税還付金の代理受領に関すること（注6）

以　上

（注1）　Ⅳ抵当権設定契約証書とは別に、Ⅴ登記原因証明情報（抵当権設定）を作成し、これを登記原因証明情報（不登法第61条）として提供する場合に、登記義務者が作成する委任状の書式である。物件が複数で管轄登記所が複数となるケースにおいて、委任状の原本還付を受けるときは、他の申請についても委任したことが明らかな内容とする必要がある。
（注2）　代理人の住所ならびに氏名または名称を記載する。
（注3）　登記所に提供する登記原因証明情報の作成日およびその名称を記載する。
（注4）　登記識別情報の暗号化（電子申請においてオンラインで登記識別情報を提供すること）には特別の授権が必要であるため、このように記載する。
（注5）　これらの事項には特別の授権を必要としないが、委任事項を明確にするため、このように記載する。
（注6）　登記申請の取下げ・却下・過誤納付に伴う還付金の代理受領については特別の授権が必要であるため、このように記載する。

Ⅵ－2－1　登記用委任状（登記権利者用／Ⅳを登記原因証明情報として提供する場合）(注1)

委　任　状

平成　　年　　月　　日

　　　住　所　　　東京都○区○町一丁目2番3号
　　　登記権利者　株式会社甲野銀行
　　　　　　　　　代表取締役　甲野太郎　　　　㊞
　　　　　　　　　（取扱店　○支店）

私は、＿＿＿＿＿＿＿＿＿＿＿＿＿＿＿(注2)を代理人と定め、下記の事項に関する一切の権限を委任します。

記

1．次の要項による登記申請に関すること
　　(1) 登記原因証明情報：平成○年○月○日付け抵当権設定契約証書(注3)
　　(2) 登記の目的：抵当権設定
2．上記申請の登記識別情報の受領に関すること(注4)
3．上記申請の登記完了証の受領に関すること(注5)
4．上記申請に関する契約証書、資格証明情報その他の添付情報の原本還付手続に関すること(注5)
5．上記申請の登録免許税還付金の代理受領に関すること(注6)

以　上

(注1)　Ⅳ抵当権設定契約証書を登記原因証明情報（不登法第61条）として提供する場合に、登記権利者が作成する委任状の書式である。物件が複数で管轄登記所が複数となるケースにおいて、委任状の原本還付を受けるときは、他の申請についても委任したことが明らかな内容とする必要がある。
(注2)　代理人の住所ならびに氏名または名称を記載する。
(注3)　登記所に提供する契約証書の締結日およびその名称を記載する。
(注4)　登記識別情報の受領には特別の授権が必要であるため、このように記載する。なお、電子申請においてオンラインで登記識別情報を受領することを「復号」といい、この方法による受領には特別の授権が必要であるため、これについても委任する場合は、「上記申請の登記識別情報の受領・復号に関すること」のように記載する。
(注5)　これらの事項には特別の授権を必要としないが、委任事項を明確にするため、このように記載する。
(注6)　登記申請の取下げ・却下・過誤納付に伴う還付金の代理受領については特別の授権が必要であるため、このように記載する。

Ⅵ－2－2　登記用委任状（登記権利者用／Ⅴを登記原因証明情報として提供する場合）(注1)

委 任 状

平成　年　月　日

　　住　所　　　東京都○区○町一丁目2番3号
　　登記権利者　株式会社甲野銀行
　　　　　　　　代表取締役　甲野太郎　　㊞
　　　　　　　　（取扱店　○支店）

私は、＿＿＿＿＿＿＿＿＿＿＿＿＿＿＿＿(注2)を代理人と定め、下記の事項に関する一切の権限を委任します。

記

1．次の要項による登記申請に関すること
　　(1) 登記原因証明情報：平成○年○月○日付け登記原因証明情報（抵当権設定）(注3)
　　(2) 登記の目的：抵当権設定
2．上記申請の登記識別情報の受領に関すること (注4)
3．上記申請の登記完了証の受領に関すること (注5)
4．上記申請に関する資格証明情報その他の添付情報の原本還付手続に関すること (注5)
5．上記申請の登録免許税還付金の代理受領に関すること (注6)

以　上

(注1)　Ⅳ抵当権設定契約証書とは別に、Ⅴ登記原因証明情報（抵当権設定）を作成し、これを登記原因証明情報（不登法第61条）として提出する場合に、登記権利者が作成する委任状の書式である。物件が複数で管轄登記所が複数となるケースにおいて、委任状の原本還付を受けるときは、他の申請についても委任したことが明らかな内容とする必要がある。
(注2)　代理人の住所ならびに氏名または名称を記載する。
(注3)　登記所に提供する登記原因証明情報の作成日およびその名称を記載する。
(注4)　登記識別情報の受領には特別の授権が必要であるため、このように記載する。なお、電子申請においてオンラインで登記識別情報を受領することを「復号」といい、この方法による受領には特別の授権が必要であるため、これについても委任する場合は、「上記申請の登記識別情報の受領・復号に関すること」のように記載する。
(注5)　これらの事項には特別の授権を必要としないが、委任事項を明確にするため、このように記載する。
(注6)　登記申請の取下げ・却下・過誤納付に伴う還付金の代理受領については特別の授権が必要であるため、このように記載する。

10　物上保証人による設定の場合

Ⅰ　ケース概要

　甲野銀行は、債務者乙野商事宛て融資にあたり、債務者とは異なる乙野産業所有の土地に、抵当権の設定を受けたい。

Ⅱ　書式作成上の留意点

① 　1個の不動産に抵当権の新規設定を受ける場合の書式であるが、本ケースは、債務者とは別の者が物上保証人として抵当権設定者になる例である。

② 　抵当権者と抵当権設定者との間に抵当権設定契約が締結されることにより、抵当権設定の登記原因が生じる。ただし、被担保債権の存在が前提となる（附従性）。

③ 　本ケースでは、抵当権設定者が同時に連帯保証人になることを想定した条項を設けていない。連帯保証人とする場合には、抵当権設定者の欄に「連帯保証人」の記載をするのではなく、保証人徴求の際に法令等によって求められる手続を履践する必要がある。

　会社がその取締役個人またはその取締役が代表取締役である別会社の債務につき担保提供するなど、取締役の債務を保証することとなる場合は会社法所定の承認が必要となり、登記申請に際して署名者全員の印鑑証明書付きで議事録等を提供することとなるので注意を要する（会社法第356条・第365条、不登令第7条第1項第5号ハ）。なお、第三者担保提供者に対しては、銀行取引約定書の写しを交付するのがよいであろう。

④ 　この抵当権設定契約とは別にⅤ登記原因証明情報を作成し、登記原因証明情報（不登法第61条）として登記所に提供することができる。

⑤ 　抵当権設定の登記は、抵当権者が登記権利者となり、抵当権設定者が登記義務者となって行い、登記原因のほか被担保債権の債権額・利息・損害金・債務者・抵当権者などをその登記事項とする。

⑥ 　抵当権設定者について、所有権の取得に係る登記識別情報（登記済証）および印鑑証明書が必要となる。なお、登記完了後は双方に登記完了証が交付され、抵当権者には登記識別情報が通知される。

⑦ 　本ケースでは物件1個を目的としているので問題とならないが、複数物件で管轄登記所が異なるケースでは、印鑑証明書およびⅤ登記原因証明情報（抵当権設定）は各登記所ごとに（複数）必要となる。当該申請のためにのみ作成したⅥ登記用委任状も同様であり、これらは原本還付を受けることができないとされている。

Ⅲ 必要書類・費用一覧

書類	書類上の関係者
□ 抵当権設定契約証書	抵当権者、債務者、抵当権設定者
□ 登記原因証明情報	抵当権設定者
□ 委任状（登記義務者用）	抵当権設定者
□ 委任状（登記権利者用）	抵当権者
□ 登記識別情報（登記済証）	抵当権設定者
□ 印鑑証明書	抵当権設定者
□ 会社法人等番号（注）	抵当権者、抵当権設定者
□ 登録免許税	債権額の1,000分の4

（注） 不登令等の改正により、平成27年11月2日から、会社・法人の代表者等の資格を証する情報の提供（添付）に代え、登記申請情報に商業登記法第7条の会社法人等番号を記録または記載することとなった。ただし、法人登記手続中となるなどの場合を考慮し、例外的に、作成後1か月以内の資格証明情報（登記事項証明書）を提供（添付）することも認められている。

Ⅳ 抵当権設定契約証書

（印紙）
（注1）

抵当権設定契約証書

平成　年　月　日（注2）

東京都○区○町一丁目2番3号
株式会社甲野銀行　御中
（取扱店　　　　　　　）

住　所　　　東京都○区○町三丁目2番1号
債務者　　　株式会社乙野商事
　　　　　　代表取締役　乙野次郎　㊞（注3）

住　所　　　東京都○区○町四丁目5番6号
抵当権設定者　株式会社乙野産業
（注4）（注5）　代表取締役　乙野三郎　㊞

　株式会社甲野銀行（以下「銀行」といいます。）、債務者および抵当権設定者は、次のとおり抵当権設定契約を締結しました。

[抵当権の要項]（注6）

1．被担保債権	平成○年○月○日付け金銭消費貸借契約に基づく債権
2．債権額	拾億　　百万　　千　　円 （算用数字／頭部に￥マーク）
3．利息	年○％（年365日日割計算）
4．損害金	年○％（年365日日割計算）
5．債務者	住所　東京都○区○町三丁目2番1号 氏名　株式会社乙野商事（注7）
6．順位	後記のとおり（注8）
7．物件	後記物件の表示記載のとおり

物件の表示	順位	所有者
所　　在　東京都○区○町一丁目 地　　番　1番1 地　　目　宅地 地　　積　○○○.○○㎡	1	株式会社乙野産業

第1条（抵当権の設定）
① 抵当権設定者は、下記条項を承認のうえ、その所有する前記記載の物件のうえに、銀行が有する前記被担保債権を担保するため、前記「抵当権の要項」記載の抵当権を設定しました。
② 抵当権設定者は、この契約について、下記条項のほか、債務者が銀行に差し入れた銀行取引約定書および被担保債権の成立・変更等に係る約定書ならびに債務者が銀行に今後差し入れるこれらの約定書記載の各条項の適用があることを承認します。

第2条（登記義務）
　抵当権設定者は、前条第1項による抵当権設定の登記手続を遅滞なく行い、その登記事項証明書を銀行に提出します。今後、この抵当権について各種の変更等の合意がなされたときも同様とします。

第3条（抵当物件）
① 抵当権設定者は、あらかじめ銀行の承諾がなければ抵当物件（抵当建物の借地権を含む。以下同じ。）の現状を変更し、または第三者のために権利を設定しもしくは譲渡しません。
② 抵当物件が原因のいかんを問わず滅失・毀損しもしくはその価格が低落したとき、またはそのおそれがあるときは、抵当権設定者はただちにその旨を銀行に通知します。この場合において、銀行から請求があったときは、債務者および抵当権設定者は、ただち

に銀行の承認する担保もしくは増担保を差し入れ、または保証人をたてもしくはこれを追加し、あるいは被担保債務の全部または一部を期限のいかんにかかわらず弁済します。

③　抵当物件について譲渡、土地明渡し、収用その他の原因により譲渡代金・立退料・補償金・清算金などの債権が生じたときは、抵当権設定者は銀行のためにその債権に質権を設定するものとし、銀行がこれらの金銭を受領したときは債務の弁済期前でも法定の順序にかかわらず、銀行はその弁済に充当することができます。

第4条（損害保険）

①　抵当権設定者は、この抵当権が存続する間抵当物件に対し、銀行の同意する保険会社と銀行の指定する金額以上の損害保険契約を締結または継続し、その保険契約に基づく権利のうえに銀行のため質権を設定し、またはその保険契約に抵当権者特約条項をつけます。

②　抵当権設定者は、前項の保険契約以外に抵当物件に対し保険契約を締結したときは、ただちに銀行に通知し、前項と同様の手続をとります。

③　前2項の保険契約の継続・更改・変更および保険目的物件罹災後の保険金等の処理については、すべて銀行の指示に従います。

④　銀行が債権保全のため、必要な保険契約を締結しもしくは抵当権設定者に代って保険契約を締結または継続し、その保険料を支払ったときは、抵当権設定者は銀行の支払った保険料その他の費用に、その支払日から年〇％(注9)の割合の損害金を付して支払います。

⑤　前4項による保険契約に基づく保険金を銀行が受領したときは、債務の弁済期前でも法定の順序にかかわらず債務の弁済に充当されても異議ありません。

第5条（借地権）(注10)

①　抵当権設定者は、抵当物件の敷地につきその借地期間が満了したときは、借地借家法第22条・第23条・第24条の定期借地権を除きただちに借地契約継続の手続をとります。また、土地の所有者に変更があったときはただちに銀行に通知し、借地権の種類・内容に変更が生じるときはあらかじめ銀行に通知します。

②　抵当権設定者は、解約、賃料不払、借地権の種類・内容の変更その他借地権の消滅または変更をきたすようなおそれのある行為をせず、またこのようなおそれのあるときは借地権保全に必要な手続をとることはもちろん、抵当物件のうち建物が滅失した場合も銀行の同意がなければ借地権の転貸その他任意の処分をしません。

③　抵当物件のうち建物が火災その他により滅失し、建物を建築する場合は、抵当権設定者は、ただちに借地借家法第10条第2項の所定の掲示を行ったうえ、速やかに地主の承諾を得て建物を建築します。

④　前項の場合、抵当権設定者は、この抵当権と同一内容・順位の抵当権を設定します。

⑤　抵当権設定者が第3項に従って建物の建築をしない場合において、保険金等によって弁済をしてもなお残債務があるときは、借地権の処分について銀行の指示に従うものとし、銀行はその処分代金をもって債務の弁済に充当することができます。

第6条（任意処分）

　　抵当物件は、かならずしも競売手続によらず一般に適当と認められる方法・時期・価格等により銀行において抵当物件を処分のうえ、その取得金から諸費用を差し引いた残額を法定の順序にかかわらず債務の弁済に充当されても異議ありません。また、残債務がある場合は債務者はただちに弁済します。

第7条（抵当物件の調査）

　　抵当物件の現況等について銀行から請求があったときは、ただちに報告し、また調査に必要な便益を提供します。

第8条（費用の負担）

　　この抵当権に関する設定・解除または変更の登記および抵当物件の調査または処分に関する費用は、債務者および抵当権設定者が連帯して負担し、銀行が支払った金額についてはただちに支払います。

第9条（担保保存義務）（注11）

①　抵当権設定者は、銀行の都合によって他の担保または保証を変更、解除されても異議ありません。

②　抵当権設定者が弁済等により銀行から代位によって取得した権利は、債務者と銀行との取引継続中は、銀行の同意がなければこれを行使しません。また、銀行が請求したときは、その権利または順位を銀行に無償で譲渡します。

以　　上

(注1)　この文書は、平成元年4月1日以降、印紙税法上の課税文書には該当しないこととされている。ただし、第3条第3項を修正して収用等により生じた債権を（質権設定ではなく）根抵当権者に譲渡する旨の定めをした場合は、債権譲渡に関する契約書（第15号文書）に該当して課税文書となり、また第6条を修正して（処分清算条項ではなく）代物弁済を約する旨の定めをした場合は、不動産の譲渡に関する契約書（第1号の1文書）として課税文書となるので、留意が必要である。
(注2)　この契約書を作成した日付を記載する。
(注3)　債務者には、この欄に署名（記名）捺印させる。
(注4)　抵当権設定者には、この欄に署名（記名）捺印させる。
(注5)　債務者以外の抵当権設定者がいる場合で、その者に連帯保証を求める場合は、「連帯保証人」の記載を追加するのではなく、保証人徴求の際に法令上求められる手続を履践する必要がある。
(注6)　被担保債権を特定するに足りる事項として、発生原因とその日付、債権額、利息および遅延損害金の定め等を記載する。
(注7)　住所、氏名を記載する（法人の場合は本店所在地と商号を記載）。
(注8)　第1順位の抵当権を設定することを念頭に置いている。第1順位ではない場合には、当該順位を記載することとなる。
(注9)　所定の利率を記載する。
(注10)　本件では借地権は関係ないが、一般規定として、あえて削除しないのが通例である。

(注11) 本件では連帯保証人はいないが、第三者が抵当権設定者となるケースなので、その限度で本条が機能する。

V 登記原因証明情報（抵当権設定）(注1)

登記原因証明情報
（抵当権設定）

平成　年　月　日

東京法務局　○出張所　御中

　　　　　　　　　　住　所　　　　東京都○区○町四丁目5番6号
　　　　　　　　　　登記義務者(注2)　株式会社乙野産業
　　　　　　　　　　　　　　　　　代表取締役　乙野三郎　　　㊞

　登記義務者（抵当権設定者）は、本件登記の原因となる事実または法律行為が下記1．記載のとおりであることおよびこれに基づき現に下記2．記載の内容を登記要項とする物権変動が生じたことを証明します。

1．登記の原因となる事実または法律行為

(1)	契約証書名および締結年月日	平成○年○月○日付け抵当権設定契約証書(注3)
(2)	契約当事者	抵当権者　　　株式会社甲野銀行
		抵当権設定者　株式会社乙野産業

2．登記申請情報の要項

(1)	登記の目的	抵当権設定
(2)	原因	平成○年○月○日金銭消費貸借平成○年○月○日設定(注4)
(3)	債権額(注5)	拾億｜百万｜千｜円 （算用数字／頭部に¥マーク）
(4)	利息(注6)	年○％（年365日日割計算）
(5)	損害金	年○％（年365日日割計算）

(6)	債務者	東京都○区○町三丁目2番1号 株式会社乙野商事
(7)	登記権利者 (抵当権者)（注7）	東京都○区○町一丁目2番3号 株式会社甲野銀行（取扱店○支店）
(8)	登記義務者 (抵当権設定者)（注2）	東京都○区○町四丁目5番6号 株式会社乙野産業
(9)	不動産の表示	後記のとおり

不動産の表示

所　　在　東京都○区○町一丁目
地　　番　1番1
地　　目　宅地
地　　積　○○○.00㎡

以　上

(注1) Ⅳ抵当権設定契約証書とは別に、Ⅴ登記原因証明情報（抵当権設定）を作成する場合の書式である。この情報は、登記の原因となる事実または法律行為のほか、登記事項（および物件表示）を登記義務者が確認して署名（または記名捺印）したものでなくてはならない。契約証書とは異なり、登記用に作成された書面の原本還付を受けることはできないため、物件が複数で管轄登記所が複数となるケースでは、登記所ごとに（複数）作成する必要がある。その内容は同文面とし、すべての物件を記載する。
(注2) 登記義務者は、物件の所有者となる。
(注3) Ⅳ契約証書の名称および締結年月日を記載する。
(注4) 抵当権設定の「登記原因およびその日付」は、まず契約名称および日付をもって被担保債権を記載し、次に設定契約の日付を記載する。
(注5) 抵当権の被担保債権の債権額を記載する。登記申請までに弁済により債権額が減少していても当初の金額をもって登記することができるが、登記申請時の残高をもって登記することもできる。
(注6) 変動計算式や変動する旨を登記することはできない。
(注7) 登記権利者は、抵当権者となる。

Ⅵ－1－1　登記用委任状（登記義務者用／Ⅳを登記原因証明情報として提供する場合）（注1）

委　任　状

平成　　年　　月　　日

住　所　　東京都○区○町四丁目5番6号
登記義務者　株式会社乙野産業
　　　　　　代表取締役　乙野三郎　　　　㊞
〔連絡先　担当部署　○○部／○○　○○
　電話番号　○○－○○○○－○○○○　　　〕

私は、＿＿＿＿＿＿＿＿＿＿＿＿＿＿＿＿（注2）を代理人と定め、下記の事項に関する一切の権限を委任します。

記

1．次の要項による登記申請に関すること
　　(1) 登記原因証明情報：平成○年○月○日付け抵当権設定契約証書（注3）
　　(2) 登記の目的：抵当権設定
2．上記申請の登記識別情報の暗号化に関すること（注4）
3．上記申請の登記完了証の受領に関すること（注5）
4．上記申請に関する契約証書、資格証明情報その他の添付情報の原本還付手続に関すること（注5）
5．上記申請の登録免許税還付金の代理受領に関すること（注6）

以　上

（注1）　Ⅳ抵当権設定契約証書を登記原因証明情報（不登法第61条）として提供する場合に、登記義務者が作成する委任状の書式である。物件が複数で管轄登記所が複数となるケースにおいて、委任状の原本還付を受けるときは、他の申請についても委任したことが明らかな内容とする必要がある。
（注2）　代理人の住所ならびに氏名または名称を記載する。
（注3）　登記所に提供する契約証書の締結日およびその名称を記載する。
（注4）　登記識別情報の暗号化（電子申請においてオンラインで登記識別情報を提供すること）には特別の授権が必要であるため、このように記載する。
（注5）　これらの事項には特別の授権を必要としないが、委任事項を明確にするため、このように記載する。
（注6）　登記申請の取下げ・却下・過誤納付に伴う還付金の代理受領については特別の授権が必要であるため、このように記載する。

Ⅵ－1－2　登記用委任状（登記義務者用／Ⅴを登記原因証明情報として提供する場合）(注1)

委　任　状

平成　　年　　月　　日

　　　　住　所　　　東京都○区○町四丁目5番6号
　　　　登記義務者　株 式 会 社 乙 野 産 業
　　　　　　　　　　代表取締役　乙 野 三 郎　　　㊞
　　　　⎛連絡先　担当部署　○○部／○○ ○○　　　　⎞
　　　　⎝電話番号　○○－○○○○－○○○○　　　　　⎠

私は、＿＿＿＿＿＿＿＿＿＿＿＿＿＿＿＿(注2)を代理人と定め、下記の事項に関する一切の権限を委任します。

記

1．次の要項による登記申請に関すること
　　(1) 登記原因証明情報：平成○年○月○日付け登記原因証明情報（抵当権設定）(注3)
　　(2) 登記の目的：抵当権設定
2．上記申請の登記識別情報の暗号化に関すること（注4）
3．上記申請の登記完了証の受領に関すること（注5）
4．上記申請に関する資格証明情報その他の添付情報の原本還付手続に関すること（注5）
5．上記申請の登録免許税還付金の代理受領に関すること（注6）

以　上

(注1)　Ⅳ抵当権設定契約証書とは別に、Ⅴ登記原因証明情報（抵当権設定）を作成し、これを登記原因証明情報（不登法第61条）として提供する場合に、登記義務者が作成する委任状の書式である。物件が複数で管轄登記所が複数となるケースにおいて、委任状の原本還付を受けるときは、他の申請についても委任したことが明らかな内容とする必要がある。
(注2)　代理人の住所ならびに氏名または名称を記載する。
(注3)　登記所に提供する登記原因証明情報の作成日およびその名称を記載する。
(注4)　登記識別情報の暗号化（電子申請においてオンラインで登記識別情報を提供すること）には特別の授権が必要であるため、このように記載する。
(注5)　これらの事項には特別の授権を必要としないが、委任事項を明確にするため、このように記載する。
(注6)　登記申請の取下げ・却下・過誤納付に伴う還付金の代理受領については特別の授権が必要であるため、このように記載する。

Ⅵ－2－1　登記用委任状（登記権利者用／Ⅳを登記原因証明情報として提供する場合）（注1）

委　任　状

平成　年　月　日

　　　　　住　所　　　東京都○区○町一丁目2番3号
　　　　　登記権利者　　株式会社甲野銀行
　　　　　　　　　　　　代表取締役　甲野太郎　　　㊞
　　　　　　　　　　　　（取扱店　○支店）

私は、＿＿＿＿＿＿＿＿＿＿＿＿＿＿＿（注2）を代理人と定め、下記の事項に関する一切の権限を委任します。

記

1．次の要項による登記申請に関すること
　　(1)登記原因証明情報：平成○年○月○日付け抵当権設定契約証書（注3）
　　(2)登記の目的：抵当権設定
2．上記申請の登記識別情報の受領に関すること（注4）
3．上記申請の登記完了証の受領に関すること（注5）
4．上記申請に関する契約証書、資格証明情報その他の添付情報の原本還付手続に関すること（注5）
5．上記申請の登録免許税還付金の代理受領に関すること（注6）

以　上

（注1）　Ⅳ抵当権設定契約証書を登記原因証明情報（不登法第61条）として提供する場合に、登記権利者が作成する委任状の書式である。物件が複数で管轄登記所が複数となるケースにおいて、委任状の原本還付を受けるときは、他の申請についても委任したことが明らかな内容とする必要がある。
（注2）　代理人の住所ならびに氏名または名称を記載する。
（注3）　登記所に提供する契約証書の締結日およびその名称を記載する。
（注4）　登記識別情報の受領には特別の授権が必要であるため、このように記載する。なお、電子申請においてオンラインで登記識別情報を受領することを「復号」といい、この方法による受領には特別の授権が必要であるため、これについても委任する場合は、「上記申請の登記識別情報の受領・復号に関すること」のように記載する。
（注5）　これらの事項には特別の授権を必要としないが、委任事項を明確にするため、このように記載する。
（注6）　登記申請の取下げ・却下・過誤納付に伴う還付金の代理受領については特別の授権が必要であるため、このように記載する。

Ⅵ－2－2　登記用委任状（登記権利者用／Ⅴを登記原因証明情報として提供する場合）(注1)

委　任　状

平成　　年　　月　　日

住　所　　　東京都〇区〇町一丁目2番3号
登記権利者　株式会社甲野銀行
　　　　　　代表取締役　甲野太郎　　　㊞
　　　　　　（取扱店　〇支店）

私は，＿＿＿＿＿＿＿＿＿＿＿＿＿＿＿＿（注2）を代理人と定め，下記の事項に関する一切の権限を委任します。

記

1．次の要項による登記申請に関すること
　　(1) 登記原因証明情報：平成〇年〇月〇日付け登記原因証明情報（抵当権設定）(注3)
　　(2) 登記の目的：抵当権設定
2．上記申請の登記識別情報の受領に関すること（注4）
3．上記申請の登記完了証の受領に関すること（注5）
4．上記申請に関する資格証明情報その他の添付情報の原本還付手続に関すること（注5）
5．上記申請の登録免許税還付金の代理受領に関すること（注6）

以　上

(注1)　Ⅳ抵当権設定契約証書とは別に，Ⅴ登記原因証明情報（抵当権設定）を作成し，これを登記原因証明情報（不登法第61条）として提出する場合に，登記権利者が作成する委任状の書式である。物件が複数で管轄登記所が複数となるケースにおいて，委任状の原本還付を受けるときは，他の申請についても委任したことが明らかな内容とする必要がある。
(注2)　代理人の住所ならびに氏名または名称を記載する。
(注3)　登記所に提供する登記原因証明情報の作成日およびその名称を記載する。
(注4)　登記識別情報の受領には特別の授権が必要であるため，このように記載する。なお，電子申請においてオンラインで登記識別情報を受領することを「復号」といい，この方法による受領には特別の授権が必要であるため，これについても委任する場合は，「上記申請の登記識別情報の受領・復号に関すること」のように記載する。
(注5)　これらの事項には特別の授権を必要としないが，委任事項を明確にするため，このように記載する。
(注6)　登記申請の取下げ・却下・過誤納付に伴う還付金の代理受領については特別の授権が必要であるため，このように記載する。

11 共有持分を目的とする場合

Ⅰ ケース概要

甲野銀行は、債務者乙野商事宛て融資にあたり、乙野商事が共有持分を有する土地に、当該持分を目的とした抵当権の設定を受けたい。

Ⅱ 書式作成上の留意点

① １個の不動産の共有持分に抵当権の新規設定を受ける場合の書式である。物件欄に共有持分の表示をするほかは、通常の抵当権設定の場合と特に異ならない。

② 抵当権者と抵当権設定者との間に抵当権設定契約が締結されることにより、抵当権設定の登記原因が生じる。ただし、被担保債権の存在が前提となる（附従性）。

③ 本ケースは、債務者兼抵当権設定者の例で記載しているが、書式としては、第三者担保提供の場合にも使えるよう、抵当権設定者の欄を設けている。

　会社がその取締役個人またはその取締役が代表取締役である別会社の債務につき担保提供するなど、取締役の債務を保証することとなる場合は会社法所定の承認が必要となり、登記申請に際して署名者全員の印鑑証明書付きで議事録等を提供することとなるので注意を要する（会社法第356条・第365条、不登令第7条第1項第5号ハ）。なお、第三者担保提供者に対しては、銀行取引約定書の写しを交付するのがよいであろう。

④ この抵当権設定契約とは別にⅤ登記原因証明情報を作成し、登記原因証明情報（不登法第61条）として登記所に提供することができる。

⑤ 抵当権設定の登記は、抵当権者が登記権利者となり、抵当権設定者が登記義務者となって行い、登記原因のほか被担保債権の債権額・利息・損害金・債務者・抵当権者などをその登記事項とする。

⑥ 抵当権設定者について、所有権の取得に係る登記識別情報（登記済証）および印鑑証明書が必要となる。なお、登記完了後は双方に登記完了証が交付され、抵当権者には登記識別情報が通知される。

⑦ 本ケースでは物件1個を目的としているので問題とならないが、複数物件で管轄登記所が異なるケースでは、印鑑証明書およびⅤ登記原因証明情報（抵当権設定）は各登記所ごとに（複数）必要となる。当該申請のためにのみ作成したⅥ登記用委任状も同様であり、これらは原本還付を受けることができないとされている。

Ⅲ 必要書類・費用一覧

書　　類	書類上の関係者
☐ 抵当権設定契約証書	抵当権者、債務者、抵当権設定者
☐ 登記原因証明情報	抵当権設定者
☐ 委任状（登記義務者用）	抵当権設定者
☐ 委任状（登記権利者用）	抵当権者
☐ 登記識別情報（登記済証）	抵当権設定者
☐ 印鑑証明書	抵当権設定者
☐ 会社法人等番号（注）	抵当権者、抵当権設定者
☐ 登録免許税	債権額の1,000分の4

（注）　不登令等の改正により、平成27年11月2日から、会社・法人の代表者等の資格を証する情報の提供（添付）に代え、登記申請情報に商業登記法第7条の会社法人等番号を記録または記載することとなった。ただし、法人登記手続中となるなどの場合を考慮し、例外的に、作成後1か月以内の資格証明情報（登記事項証明書）を提供（添付）することも認められている。

Ⅳ 抵当権設定契約証書

（印紙）
（注1）

抵当権設定契約証書

平成　　年　　月　　日（注2）

東京都〇区〇町一丁目2番3号
株 式 会 社 甲 野 銀 行　御中
（取扱店　　　　　　　　　　　）

住　所　　　　東京都〇区〇町三丁目2番1号
債務者　　　　株式会社乙野商事
抵当権設定者　代表取締役 乙 野 次 郎　㊞（注3）

住　所
抵当権設定者

（注4）（注5）

　株式会社甲野銀行（以下「銀行」といいます。）、債務者および抵当権設定者は、次のとおり抵当権設定契約を締結しました。

[抵当権の要項]（注6）

1．被担保債権	平成○年○月○日付け金銭消費貸借契約に基づく債権
2．債権額	拾億　　　百万　　　千　　　円 （算用数字／頭部に￥マーク）
3．利息	年○％（年365日日割計算）
4．損害金	年○％（年365日日割計算）
5．債務者	住所　東京都○区○町三丁目2番1号 氏名　株式会社乙野商事（注7）
6．順位	後記のとおり（注8）
7．物件	後記物件の表示記載のとおり

物件の表示	順位	所有者
所　　在　東京都○区○町一丁目 地　　番　1番1 地　　目　宅地 地　　積　○○○.○○㎡の共有持分○○分の○	1	株式会社乙野商事

第1条（抵当権の設定）

① 抵当権設定者は、下記条項を承認のうえ、その所有する前記記載の物件のうえに、銀行が有する前記被担保債権を担保するため、前記「抵当権の要項」記載の抵当権を設定しました。

② 抵当権設定者は、この契約について、下記条項のほか、債務者が銀行に差し入れた銀行取引約定書および被担保債権の成立・変更等に係る約定書ならびに債務者が銀行に今後差し入れるこれらの約定書記載の各条項の適用があることを承認します。

第2条（登記義務）

抵当権設定者は、前条第1項による抵当権設定の登記手続を遅滞なく行い、その登記事項証明書を銀行に提出します。今後、この抵当権について各種の変更等の合意がなされたときも同様とします。

第3条（抵当物件）

① 抵当権設定者は、あらかじめ銀行の承諾がなければ抵当物件（抵当建物の借地権を含む。以下同じ。）の現状を変更し、または第三者のために権利を設定しもしくは譲渡しません。

② 抵当物件が原因のいかんを問わず滅失・毀損しもしくはその価格が低落したとき、またはそのおそれがあるときは、抵当権設定者はただちにその旨を銀行に通知します。この場合において、銀行から請求があったときは、債務者および抵当権設定者は、ただち

に銀行の承認する担保もしくは増担保を差し入れ、または保証人をたてもしくはこれを追加し、あるいは被担保債務の全部または一部を期限のいかんにかかわらず弁済します。

③　抵当物件について譲渡、土地明渡し、収用その他の原因により譲渡代金・立退料・補償金・清算金などの債権が生じたときは、抵当権設定者は銀行のためにその債権に質権を設定するものとし、銀行がこれらの金銭を受領したときは債務の弁済期前でも法定の順序にかかわらず、銀行はその弁済に充当することができます。

第4条（損害保険）

①　抵当権設定者は、この抵当権が存続する間抵当物件に対し、銀行の同意する保険会社と銀行の指定する金額以上の損害保険契約を締結または継続し、その保険契約に基づく権利のうえに銀行のため質権を設定し、またはその保険契約に抵当権者特約条項をつけます。

②　抵当権設定者は、前項の保険契約以外に抵当物件に対し保険契約を締結したときは、ただちに銀行に通知し、前項と同様の手続をとります。

③　前2項の保険契約の継続・更改・変更および保険目的物件罹災後の保険金等の処理については、すべて銀行の指示に従います。

④　銀行が債権保全のため、必要な保険契約を締結しもしくは抵当権設定者に代って保険契約を締結または継続し、その保険料を支払ったときは、抵当権設定者は銀行の支払った保険料その他の費用に、その支払日から年○％（注9）の割合の損害金を付して支払います。

⑤　前4項による保険契約に基づく保険金を銀行が受領したときは、債務の弁済期前でも法定の順序にかかわらず債務の弁済に充当されても異議ありません。

第5条（借地権）（注10）

①　抵当権設定者は、抵当物件の敷地につきその借地期間が満了したときは、借地借家法第22条・第23条・第24条の定期借地権を除きただちに借地契約継続の手続をとります。また、土地の所有者に変更があったときはただちに銀行に通知し、借地権の種類・内容に変更が生じるときはあらかじめ銀行に通知します。

②　抵当権設定者は、解約、賃料不払、借地権の種類・内容の変更その他借地権の消滅または変更をきたすようなおそれのある行為をせず、またこのようなおそれのあるときは借地権保全に必要な手続をとることはもちろん、抵当物件のうち建物が滅失した場合も銀行の同意がなければ借地権の転貸その他任意の処分をしません。

③　抵当物件のうち建物が火災その他により滅失し、建物を建築する場合は、抵当権設定者は、ただちに借地借家法第10条第2項の所定の掲示を行ったうえ、速やかに地主の承諾を得て建物を建築します。

④　前項の場合、抵当権設定者は、この抵当権と同一内容・順位の抵当権を設定します。

⑤　抵当権設定者が第３項に従って建物の建築をしない場合において、保険金等によって弁済をしてもなお残債務があるときは、借地権の処分について銀行の指示に従うものとし、銀行はその処分代金をもって債務の弁済に充当することができます。

第６条（任意処分）

抵当物件は、かならずしも競売手続によらず一般に適当と認められる方法・時期・価格等により銀行において抵当物件を処分のうえ、その取得金から諸費用を差し引いた残額を法定の順序にかかわらず債務の弁済に充当されても異議ありません。また、残債務がある場合は債務者はただちに弁済します。

第７条（抵当物件の調査）

抵当物件の現況等について銀行から請求があったときは、ただちに報告し、また調査に必要な便益を提供します。

第８条（費用の負担）

この抵当権に関する設定・解除または変更の登記および抵当物件の調査または処分に関する費用は、債務者および抵当権設定者が連帯して負担し、銀行が支払った金額についてはただちに支払います。

第９条（担保保存義務）(注11)

①　抵当権設定者は、銀行の都合によって他の担保または保証を変更、解除されても異議ありません。

②　抵当権設定者が弁済等により銀行から代位によって取得した権利は、債務者と銀行との取引継続中は、銀行の同意がなければこれを行使しません。また、銀行が請求したときは、その権利または順位を銀行に無償で譲渡します。

以　上

(注１)　この文書は、平成元年４月１日以降、印紙税法上の課税文書には該当しないこととされている。ただし、第３条第３項を修正して収用等により生じた債権を（質権設定ではなく）根抵当権者に譲渡する旨の定めをした場合は、債権譲渡に関する契約書（第15号文書）に該当して課税文書となり、また第６条を修正して（処分清算条項ではなく）代物弁済を約する旨の定めをした場合は、不動産の譲渡に関する契約書（第１号の１文書）として課税文書となるので、留意が必要である。
(注２)　この契約書を作成した日付を記載する。
(注３)　抵当権設定者と債務者が同じ場合は、この欄に署名（記名）捺印させる。
(注４)　債務者以外の第三者が抵当権設定者の場合は、この欄に署名（記名）捺印させる。
(注５)　債務者以外の抵当権設定者がいる場合で、その者に連帯保証を求める場合は、「連帯保証人」の記載を追加するのではなく、保証人徴求の際に法令等によって求められる手続を履践する必要がある。
(注６)　被担保債権を特定するに足りる事項として、発生原因とその日付、債権額、利息および遅延損害金の定め等を記載する。また、目的物は共有持分であるので、物件の表示では持分まで記載する。
(注７)　住所、氏名を記載する（法人の場合は本店所在地と商号を記載）。
(注８)　第１順位の抵当権を設定することを念頭に置いている。第１順位ではない場合には、当該順位を記載することとなる。
(注９)　所定の利率を記載する。

(注10) 本件では借地権は関係ないが、一般規定として、あえて削除しないのが通例である。
(注11) 本件では債務者以外の抵当権設定者がいないから本条が機能する場面はないが、あえて削除しないのが通例である。

V 登記原因証明情報（抵当権設定）(注1)

登記原因証明情報
（ 抵 当 権 設 定 ）

平成　　年　　月　　日

東京法務局　○出張所　御中

　　　　　　　　　住　　所　　　東京都○区○町三丁目2番1号
　　　　　　　　　登記義務者(注2)　株式会社乙野商事
　　　　　　　　　　　　　　　　　代表取締役　乙野次郎　　　　㊞

　登記義務者（抵当権設定者）は、本件登記の原因となる事実または法律行為が下記1．記載のとおりであることおよびこれに基づき現に下記2．記載の内容を登記要項とする物権変動が生じたことを証明します。

1．登記の原因となる事実または法律行為

(1)	契約証書名および締結年月日	平成○年○月○日付け抵当権設定契約証書(注3)
(2)	契約当事者	抵当権者	株式会社甲野銀行
		抵当権設定者	株式会社乙野商事

2．登記申請情報の要項

(1)	登記の目的	株式会社乙野商事持分抵当権設定(注4)
(2)	原因	平成○年○月○日金銭消費貸借平成○年○月○日設定(注5)
(3)	債権額(注6)	拾億｜百万｜千｜円 （算用数字／頭部に￥マーク）
(4)	利息(注7)	年○％（年365日日割計算）
(5)	損害金	年○％（年365日日割計算）

第1節　設　定　117

(6)	債務者	東京都○区○町三丁目2番1号 株式会社乙野商事
(7)	登記権利者 （抵当権者）（注8）	東京都○区○町一丁目2番3号 株式会社甲野銀行（取扱店○支店）
(8)	登記義務者 （抵当権設定者）（注2）	東京都○区○町三丁目2番1号 株式会社乙野商事
(9)	不動産の表示	後記のとおり

不動産の表示

所　　在　東京都○区○町一丁目
地　　番　1番1
地　　目　宅地
地　　積　○○○.○○㎡の共有持分○○分の○

以　上

(注1)　Ⅳ抵当権設定契約証書とは別に、Ⅴ登記原因証明情報（抵当権設定）を作成する場合の書式である。この情報は、登記の原因となる事実または法律行為のほか、登記事項（および物件表示）を登記義務者が確認して署名（または記名捺印）したものでなくてはならない。契約証書とは異なり、登記用に作成された書面の原本還付を受けることはできないため、物件が複数で管轄登記所が複数となるケースでは、登記所ごとに（複数）作成する必要がある。その内容は同文面とし、すべての物件を記載する。
(注2)　登記義務者は、物件の所有者となる。
(注3)　Ⅳ契約証書の名称および締結年月日を記載する。
(注4)　共有持分を目的とする物件については、このような登記が行われる。
(注5)　抵当権設定の「登記原因およびその日付」は、まず契約名称および日付をもって被担保債権を記載し、次に設定契約の日付を記載する。
(注6)　抵当権の被担保債権の債権額を記載する。登記申請までに弁済により債権額が減少していても当初の金額をもって登記することができるが、登記申請時の残高をもって登記することもできる。
(注7)　変動計算式や変動する旨を登記することはできない。
(注8)　登記権利者は、抵当権者となる。

Ⅵ－1－1　登記用委任状（登記義務者用／Ⅳを登記原因証明情報として提供する場合）(注1)

委　任　状

平成　年　月　日

　　　　住　所　　　東京都〇区〇町三丁目2番1号
　　　　登記義務者　株式会社乙野商事
　　　　　　　　　　代表取締役　乙野次郎　　　　㊞
　　　（連絡先　担当部署　〇〇部／担当者名　〇〇　〇〇
　　　　電話番号　〇〇－〇〇〇〇－〇〇〇〇　　　　　）

私は、＿＿＿＿＿＿＿＿＿＿＿＿＿＿＿(注2)を代理人と定め、下記の事項に関する一切の権限を委任します。

記

1．次の要項による登記申請に関すること
　　(1) 登記原因証明情報：平成〇年〇月〇日付け抵当権設定契約証書(注3)
　　(2) 登記の目的：抵当権設定
2．上記申請の登記識別情報の暗号化に関すること(注4)
3．上記申請の登記完了証の受領に関すること(注5)
4．上記申請に関する契約証書、資格証明情報その他の添付情報の原本還付手続に関すること(注5)
5．上記申請の登録免許税還付金の代理受領に関すること(注6)

以　上

(注1)　Ⅳ抵当権設定契約証書を登記原因証明情報（不登法第61条）として提供する場合に、登記義務者が作成する委任状の書式である。物件が複数で管轄登記所が複数となるケースにおいて、委任状の原本還付を受けるときは、他の申請についても委任したことが明らかな内容とする必要がある。
(注2)　代理人の住所ならびに氏名または名称を記載する。
(注3)　登記所に提供する契約証書の締結日およびその名称を記載する。
(注4)　登記識別情報の暗号化（電子申請においてオンラインで登記識別情報を提供すること）には特別の授権が必要であるため、このように記載する。
(注5)　これらの事項には特別の授権を必要としないが、委任事項を明確にするため、このように記載する。
(注6)　登記申請の取下げ・却下・過誤納付に伴う還付金の代理受領については特別の授権が必要であるため、このように記載する。

Ⅵ－1－2　登記用委任状（登記義務者用／Ⅴを登記原因証明情報として提供する場合）（注1）

委　任　状

平成　　年　　月　　日

　　　　住　所　　　東京都〇区〇町三丁目2番1号
　　　　登記義務者　株式会社乙野商事
　　　　　　　　　　代表取締役　乙野次郎　　　　㊞
　　　　（連絡先　担当部署　〇〇部／担当者名　〇〇　〇〇
　　　　　電話番号　〇〇－〇〇〇〇－〇〇〇〇　　　　　　）

私は、＿＿＿＿＿＿＿＿＿＿＿＿＿＿＿（注2）を代理人と定め、下記の事項に関する一切の権限を委任します。

記

1．次の要項による登記申請に関すること
　　（1）登記原因証明情報：平成〇年〇月〇日付け登記原因証明情報（抵当権設定）（注3）
　　（2）登記の目的：抵当権設定
2．上記申請の登記識別情報の暗号化に関すること（注4）
3．上記申請の登記完了証の受領に関すること（注5）
4．上記申請に関する資格証明情報その他の添付情報の原本還付手続に関すること（注5）
5．上記申請の登録免許税還付金の代理受領に関すること（注6）

以　上

（注1）　Ⅳ抵当権設定契約証書とは別に、Ⅴ登記原因証明情報（抵当権設定）を作成し、これを登記原因証明情報（不登法第61条）として提供する場合に、登記義務者が作成する委任状の書式である。物件が複数で管轄登記所が複数となるケースにおいて、委任状の原本還付を受けるときは、他の申請についても委任したことが明らかな内容とする必要がある。
（注2）　代理人の住所ならびに氏名または名称を記載する。
（注3）　登記所に提供する登記原因証明情報の作成日およびその名称を記載する。
（注4）　登記識別情報の暗号化（電子申請においてオンラインで登記識別情報を提供すること）には特別の授権が必要であるため、このように記載する。
（注5）　これらの事項には特別の授権を必要としないが、委任事項を明確にするため、このように記載する。
（注6）　登記申請の取下げ・却下・過誤納付に伴う還付金の代理受領については特別の授権が必要であるため、このように記載する。

Ⅵ－2－1　登記用委任状（登記権利者用／Ⅳを登記原因証明情報として提供する場合）(注1)

委　任　状

平成　　年　　月　　日

住　所　　　東京都○区○町一丁目2番3号
登記権利者　株式会社甲野銀行
　　　　　　代表取締役　甲野太郎　　　　㊞
　　　　　　（取扱店　○支店）

私は、＿＿＿＿＿＿＿＿＿＿＿＿＿＿＿＿（注2）を代理人と定め、下記の事項に関する一切の権限を委任します。

記

1．次の要項による登記申請に関すること
　　(1) 登記原因証明情報：平成○年○月○日付け抵当権設定契約証書（注3）
　　(2) 登記の目的：抵当権設定
2．上記申請の登記識別情報の受領に関すること（注4）
3．上記申請の登記完了証の受領に関すること（注5）
4．上記申請に関する契約証書、資格証明情報その他の添付情報の原本還付手続に関すること（注5）
5．上記申請の登録免許税還付金の代理受領に関すること（注6）

以　上

(注1)　Ⅳ抵当権設定契約証書を登記原因証明情報（不登法第61条）として提供する場合に、登記権利者が作成する委任状の書式である。物件が複数で管轄登記所が複数となるケースにおいて、委任状の原本還付を受けるときは、他の申請についても委任したことが明らかな内容とする必要がある。
(注2)　代理人の住所ならびに氏名または名称を記載する。
(注3)　登記所に提供する契約証書の締結日およびその名称を記載する。
(注4)　登記識別情報の受領には特別の授権が必要であるため、このように記載する。なお、電子申請においてオンラインで登記識別情報を受領することを「復号」といい、この方法による受領には特別の授権が必要であるため、これについても委任する場合は、「上記申請の登記識別情報の受領・復号に関すること」のように記載する。
(注5)　これらの事項には特別の授権を必要としないが、委任事項を明確にするため、このように記載する。
(注6)　登記申請の取下げ・却下・過誤納付に伴う還付金の代理受領については特別の授権が必要であるため、このように記載する。

Ⅵ−2−2　登記用委任状（登記権利者用／Ⅴを登記原因証明情報として提供する場合）(注1)

委　任　状

平成　　年　　月　　日

住　所　　　東京都○区○町一丁目2番3号
登記権利者　株式会社甲野銀行
　　　　　　代表取締役　甲野太郎　　　㊞
　　　　　　（取扱店　○支店）

私は、＿＿＿＿＿＿＿＿＿＿＿＿＿＿＿（注2）を代理人と定め、下記の事項に関する一切の権限を委任します。

記

1．次の要項による登記申請に関すること
　　(1) 登記原因証明情報：平成○年○月○日付け登記原因証明情報（抵当権設定）(注3)
　　(2) 登記の目的：抵当権設定
2．上記申請の登記識別情報の受領に関すること（注4）
3．上記申請の登記完了証の受領に関すること（注5）
4．上記申請に関する資格証明情報その他の添付情報の原本還付手続に関すること（注5）
5．上記申請の登録免許税還付金の代理受領に関すること（注6）

以　上

(注1)　Ⅳ抵当権設定契約証書とは別に、Ⅴ登記原因証明情報（抵当権設定）を作成し、これを登記原因証明情報（不登法第61条）として提出する場合に、登記権利者が作成する委任状の書式である。物件が複数で管轄登記所が複数となるケースにおいて、委任状の原本還付を受けるときは、他の申請についても委任したことが明らかな内容とする必要がある。
(注2)　代理人の住所ならびに氏名または名称を記載する。
(注3)　登記所に提供する登記原因証明情報の作成日およびその名称を記載する。
(注4)　登記識別情報の受領には特別の授権が必要であるため、このように記載する。なお、電子申請においてオンラインで登記識別情報を受領することを「復号」といい、この方法による受領には特別の授権が必要であるため、これについても委任する場合は、「上記申請の登記識別情報の受領・復号に関すること」のように記載する。
(注5)　これらの事項には特別の授権を必要としないが、委任事項を明確にするため、このように記載する。
(注6)　登記申請の取下げ・却下・過誤納付に伴う還付金の代理受領については特別の授権が必要であるため、このように記載する。

12　地上権を目的とする場合

I　ケース概要

甲野銀行は、債務者乙野商事宛て融資にあたり、乙野商事が有する地上権に、抵当権の設定を受けたい。

II　書式作成上の留意点

① 　1個の不動産の地上権に抵当権の新規設定を受ける場合の書式である。抵当権は、不動産のほか地上権および永小作権もその目的とすることができる（民法第369条第2項）。目的となる地上権を地上権登記で特定する。

② 　抵当権者と抵当権設定者との間に抵当権設定契約が締結されることにより、抵当権設定の登記原因が生じる。ただし、被担保債権の存在が前提となる（附従性）。

③ 　本ケースは、債務者兼抵当権設定者の例で記載しているが、書式としては、第三者担保提供の場合にも使えるよう、抵当権設定者の欄を設けている。

　　会社がその取締役個人またはその取締役が代表取締役である別会社の債務につき担保提供するなど、取締役の債務を保証することとなる場合は会社法所定の承認が必要となり、登記申請に際して署名者全員の印鑑証明書付きで議事録等を提供することとなるので注意を要する（会社法第356条・第365条、不登令第7条第1項第5号ハ）。なお、第三者担保提供者に対しては、銀行取引約定書の写しを交付するのがよいであろう。

④ 　この抵当権設定契約とは別にV登記原因証明情報を作成し、登記原因証明情報（不登法第61条）として登記所に提供することができる。

⑤ 　抵当権設定の登記は、抵当権者が登記権利者となり、抵当権設定者が登記義務者となって行い、登記原因のほか被担保債権の債権額・利息・損害金・債務者・抵当権者などをその登記事項とする。

⑥ 　抵当権設定者について、地上権の取得に係る登記識別情報（登記済証）が必要となる。なお、登記完了後は双方に登記完了証が交付され、抵当権者には登記識別情報が通知される。

⑦ 　本ケースでは物件1個を目的としているので問題とならないが、複数物件で管轄登記所が異なるケースでは、V登記原因証明情報（抵当権設定）は各登記所ごとに（複数）必要となる。当該申請のためにのみ作成したVI登記用委任状も同様であり、これらは原本還付を受けることができないとされている。

Ⅲ 必要書類・費用一覧

書　　　類	書類上の関係者
☐ 抵当権設定契約証書	抵当権者、債務者、抵当権設定者
☐ 登記原因証明情報	抵当権設定者
☐ 委任状（登記義務者用）	抵当権設定者
☐ 委任状（登記権利者用）	抵当権者
☐ 登記識別情報（登記済証）	抵当権設定者
☐ 会社法人等番号（注）	抵当権者、抵当権設定者
☐ 登録免許税	債権額の1,000分の4

（注）　不登令等の改正により、平成27年11月2日から、会社・法人の代表者等の資格を証する情報の提供（添付）に代え、登記申請情報に商業登記法第7条の会社法人等番号を記録または記載することとなった。ただし、法人登記手続中となるなどの場合を考慮し、例外的に、作成後1か月以内の資格証明情報（登記事項証明書）を提供（添付）することも認められている。

Ⅳ 抵当権設定契約証書

```
┌─────────────────────────────────────────────┐
│ ┌──────┐                                     │
│ │（印紙）│         抵当権設定契約証書           │
│ │（注1）│                                     │
│ └──────┘                                     │
│                              平成　年　月　日（注2）│
│ 東京都〇区〇町一丁目2番3号                      │
│ 株 式 会 社 甲 野 銀 行　御中                   │
│ （取扱店　　　　　　　　　　　　）              │
│                                               │
│            住　　所    東京都〇区〇町三丁目2番1号│
│            債務者      株 式 会 社 乙 野 商 事  │
│            抵当権設定者 代表取締役　乙 野 次 郎 ㊞（注3）│
│                                               │
│            住　　所                             │
│            抵当権設定者                         │
│            （注4）（注5）                       │
│                                               │
│ 　株式会社甲野銀行（以下「銀行」といいます。）、債務者および抵当権設定者は、次のとおり抵当権設定契約を締結しました。│
│                                               │
└─────────────────────────────────────────────┘
```

[抵当権の要項]（注6）

1．被担保債権	平成○年○月○日付け金銭消費貸借契約に基づく債権
2．債権額	拾億　　　百万　　　　千　　　　　円 （算用数字／頭部に￥マーク）
3．利息	年○％（年365日日割計算）
4．損害金	年○％（年365日日割計算）
5．債務者	住所　東京都○区○町三丁目２番１号 氏名　株式会社乙野商事（注7）
6．順位	後記のとおり（注8）
7．目的物	後記地上権の表示記載の地上権

[地上権の表示]

1．登記	平成○年○月○日東京法務局○出張所受付第○号
2．物件	後記物件の表示記載のとおり

物件の表示	順位	所有者
所　　在　東京都○区○町一丁目 地　　番　１番１ 地　　目　宅地 地　　積　○○○.00㎡	1	株式会社乙野商事

第１条（抵当権の設定）
　①　抵当権設定者は、下記条項を承認のうえ、前記記載の目的物のうえに、銀行が有する前記被担保債権を担保するため、前記「抵当権の要項」記載の抵当権を設定しました。
　②　抵当権設定者は、この契約について、下記条項のほか、債務者が銀行に差し入れた銀行取引約定書および被担保債権の成立・変更等に係る約定書ならびに債務者が銀行に今後差し入れるこれらの約定書記載の各条項の適用があることを承認します。

第２条（登記義務）
　抵当権設定者は、前条第１項による抵当権設定の登記手続を遅滞なく行い、その登記事項証明書を銀行に提出します。今後、この抵当権について各種の変更等の合意がなされたときも同様とします。

第３条（抵当物件）
　①　抵当権設定者は、あらかじめ銀行の承諾がなければ抵当物件（抵当建物の借地権を含む。以下同じ。）の現状を変更し、または第三者のために権利を設定しもしくは譲渡し

ません。

② 抵当物件が原因のいかんを問わず減失・毀損しもしくはその価格が低落したとき、またはそのおそれがあるときは、抵当権設定者はただちにその旨を銀行に通知します。この場合において、銀行から請求があったときは、債務者および抵当権設定者は、ただちに銀行の承認する担保もしくは増担保を差し入れ、または保証人をたてもしくはこれを追加し、あるいは被担保債務の全部または一部を期限のいかんにかかわらず弁済します。

③ 抵当物件について譲渡、土地明渡し、収用その他の原因により譲渡代金・立退料・補償金・清算金などの債権が生じたときは、抵当権設定者は銀行のためにその債権に質権を設定するものとし、銀行がこれらの金銭を受領したときは債務の弁済期前でも法定の順序にかかわらず、銀行はその弁済に充当することができます。

第4条（損害保険）

① 抵当権設定者は、この抵当権が存続する間抵当物件に対し、銀行の同意する保険会社と銀行の指定する金額以上の損害保険契約を締結または継続し、その保険契約に基づく権利のうえに銀行のため質権を設定し、またはその保険契約に抵当権者特約条項をつけます。

② 抵当権設定者は、前項の保険契約以外に抵当物件に対し保険契約を締結したときは、ただちに銀行に通知し、前項と同様の手続をとります。

③ 前2項の保険契約の継続・更改・変更および保険目的物件罹災後の保険金等の処理については、すべて銀行の指示に従います。

④ 銀行が債権保全のため、必要な保険契約を締結しもしくは抵当権設定者に代って保険契約を締結または継続し、その保険料を支払ったときは、抵当権設定者は銀行の支払った保険料その他の費用に、その支払日から年○％（注9）の割合の損害金を付して支払います。

⑤ 前4項による保険契約に基づく保険金を銀行が受領したときは、債務の弁済期前でも法定の順序にかかわらず債務の弁済に充当されても異議ありません。

第5条（借地権）

① 抵当権設定者は、抵当物件の敷地につきその借地期間が満了したときは、借地借家法第22条・第23条・第24条の定期借地権を除きただちに借地契約継続の手続をとります。また、土地の所有者に変更があったときはただちに銀行に通知し、借地権の種類・内容に変更が生じるときはあらかじめ銀行に通知します。

② 抵当権設定者は、解約、賃料不払、借地権の種類・内容の変更その他借地権の消滅または変更をきたすようなおそれのある行為をせず、またこのようなおそれのあるときは借地権保全に必要な手続をとることはもちろん、抵当物件のうち建物が滅失した場合も銀行の同意がなければ借地権の転貸その他任意の処分をしません。

③　抵当物件のうち建物が火災その他により滅失し、建物を建築する場合は、抵当権設定者は、ただちに借地借家法第10条第2項の所定の掲示を行ったうえ、速やかに地主の承諾を得て建物を建築します。

④　前項の場合、抵当権設定者は、この抵当権と同一内容・順位の抵当権を設定します。

⑤　抵当権設定者が第3項に従って建物の建築をしない場合において、保険金等によって弁済をしてもなお残債務があるときは、借地権の処分について銀行の指示に従うものとし、銀行はその処分代金をもって債務の弁済に充当することができます。

第6条（任意処分）

抵当物件は、かならずしも競売手続によらず一般に適当と認められる方法・時期・価格等により銀行において抵当物件を処分のうえ、その取得金から諸費用を差し引いた残額を法定の順序にかかわらず債務の弁済に充当されても異議ありません。また、残債務がある場合は債務者はただちに弁済します。

第7条（抵当物件の調査）

抵当物件の現況等について銀行から請求があったときは、ただちに報告し、また調査に必要な便益を提供します。

第8条（費用の負担）

この抵当権に関する設定・解除または変更の登記および抵当物件の調査または処分に関する費用は、債務者および抵当権設定者が連帯して負担し、銀行が支払った金額についてはただちに支払います。

第9条（担保保存義務）(注10)

①　抵当権設定者は、銀行の都合によって他の担保または保証を変更、解除されても異議ありません。

②　抵当権設定者が弁済等により銀行から代位によって取得した権利は、債務者と銀行との取引継続中は、銀行の同意がなければこれを行使しません。また、銀行が請求したときは、その権利または順位を銀行に無償で譲渡します。

以　上

(注1)　この文書は、平成元年4月1日以降、印紙税法上の課税文書には該当しないこととされている。ただし、第3条第3項を修正して収用等により生じた債権を（質権設定ではなく）根抵当権者に譲渡する旨の定めをした場合は、債権譲渡に関する契約書（第15号文書）に該当して課税文書となり、また第6条を修正して（処分清算条項ではなく）代物弁済を約する旨の定めをした場合は、不動産の譲渡に関する契約書（第1号の1文書）として課税文書となるので、留意が必要である。

(注2)　この契約書を作成した日付を記載する。

(注3)　抵当権設定者と債務者が同じ場合は、この欄に署名（記名）捺印させる。

(注4)　債務者以外の第三者が抵当権設定者の場合は、この欄に署名（記名）捺印させる。

(注5)　債務者以外の抵当権設定者がいる場合で、その者に連帯保証を求める場合は、「連帯保証人」の記載を追加するのではなく、保証人徴求の際に法令等によって求められる手続を履践する必要がある。

(注6)　被担保債権を特定するに足りる事項として、発生原因とその日付、債権額、利息および遅

延損害金の定め等を記載する。また、目的物である地上権を特定するために、地上権の登記と物件を記載する。
(注7) 住所、氏名を記載する（法人の場合は本店所在地と商号を記載）。
(注8) 第1順位の抵当権を設定することを念頭に置いている。第1順位ではない場合には、当該順位を記載することとなる。
(注9) 所定の利率を記載する。
(注10) 本件では債務者以外の抵当権設定者がいないから本条が機能する場面はないが、あえて削除しないのが通例である。

V 登記原因証明情報（抵当権設定）(注1)

登記原因証明情報
（抵当権設定）

平成　　年　　月　　日

東京法務局　〇出張所 御中

　　　　　　　　　住　所　　　東京都〇区〇町三丁目2番1号
　　　　　　　　　登記義務者(注2)　株式会社乙野商事
　　　　　　　　　　　　　　　　代表取締役　乙野次郎　　㊞

　登記義務者（抵当権設定者）は、本件登記の原因となる事実または法律行為が下記1．記載のとおりであることおよびこれに基づき現に下記2．記載の内容を登記要項とする物権変動が生じたことを証明します。

1．登記の原因となる事実または法律行為

(1) 契約証書名および締結年月日	平成〇年〇月〇日付け抵当権設定契約証書(注3)	
(2) 契約当事者	抵当権者	株式会社甲野銀行
	抵当権設定者	株式会社乙野商事

2．登記申請情報の要項

(1) 登記の目的	地上権抵当権設定
(2) 目的となる地上権(注4)	平成〇年〇月〇日受付第〇号
(3) 原因	平成〇年〇月〇日金銭消費貸借平成〇年〇月〇日設定(注5)

128　第1章 抵当権

(4)	**債権額**(注6)	拾億　　　百万　　　千　　　円 （算用数字／頭部に¥マーク）	
(5)	**利息**(注7)	年○％（年365日日割計算）	
(6)	**損害金**	年○％（年365日日割計算）	
(7)	**債務者**	東京都○区○町三丁目2番1号 株式会社乙野商事	
(8)	**登記権利者** **(抵当権者)**(注8)	東京都○区○町一丁目2番3号 株式会社甲野銀行（取扱店○支店）	
(9)	**登記義務者** **(抵当権設定者)**(注2)	東京都○区○町三丁目2番1号 株式会社乙野商事	
(10)	**不動産の表示**	後記のとおり	

不動産の表示
所　　在　東京都○区○町一丁目 地　　番　1番1 地　　目　宅地 地　　積　○○○.○○㎡

以　上

(注1)　Ⅳ抵当権設定契約証書とは別に、Ⅴ登記原因証明情報（抵当権設定）を作成する場合の書式である。この情報は、登記の原因となる事実または法律行為のほか、登記事項（および物件表示）を登記義務者が確認して署名（または記名捺印）したものでなくてはならない。契約証書とは異なり、登記用に作成された書面の原本還付を受けることはできないため、物件が複数で管轄登記所が複数となるケースでは、登記所ごとに（複数）作成する必要がある。その内容は同文面とし、すべての物件を記載する。
(注2)　登記義務者は、目的物の名義人となる。
(注3)　Ⅳ契約証書の名称および締結年月日を記載する。
(注4)　目的となる地上権の設定登記を記載する。なお登記上の順位番号をもって、登記の目的を「○番地上権抵当権設定」とすることでもよい。
(注5)　抵当権設定の「登記原因およびその日付」は、まず契約名称および日付をもって被担保債権を記載し、次に設定契約の日付を記載する。
(注6)　抵当権の被担保債権の債権額を記載する。登記申請までに弁済により債権額が減少していても当初の金額をもって登記することができるが、登記申請時の残高をもって登記することもできる。
(注7)　変動計算式や変動する旨を登記することはできない。
(注8)　登記権利者は、抵当権者となる。

Ⅵ－1－1　登記用委任状（登記義務者用／Ⅳを登記原因証明情報として提供する場合）（注1）

委　任　状

平成　　年　　月　　日

　　　　　住　所　　東京都○区○町三丁目2番1号
　　　　　登記義務者　株式会社乙野商事
　　　　　　　　　　　代表取締役　乙野次郎　　　㊞
　　　　　⎛連絡先　担当部署　○○部／担当者名　○○　○○⎞
　　　　　⎝電話番号　○○－○○○○－○○○○　　　　　　⎠

私は、＿＿＿＿＿＿＿＿＿＿＿＿＿＿＿＿＿（注2）を代理人と定め、下記の事項に関する一切の権限を委任します。

記

1．次の要項による登記申請に関すること
　　(1) 登記原因証明情報：平成○年○月○日付け抵当権設定契約証書（注3）
　　(2) 登記の目的：抵当権設定
2．上記申請の登記識別情報の暗号化に関すること（注4）
3．上記申請の登記完了証の受領に関すること（注5）
4．上記申請に関する契約証書、資格証明情報その他の添付情報の原本還付手続に関すること（注5）
5．上記申請の登録免許税還付金の代理受領に関すること（注6）

以　上

（注1）　Ⅳ抵当権設定契約証書を登記原因証明情報（不登法第61条）として提供する場合に、登記義務者が作成する委任状の書式である。物件が複数で管轄登記所が複数となるケースにおいて、委任状の原本還付を受けるときは、他の申請についても委任したことが明らかな内容とする必要がある。
（注2）　代理人の住所ならびに氏名または名称を記載する。
（注3）　登記所に提供する契約証書の締結日およびその名称を記載する。
（注4）　登記識別情報の暗号化（電子申請においてオンラインで登記識別情報を提供すること）には特別の授権が必要であるため、このように記載する。
（注5）　これらの事項には特別の授権を必要としないが、委任事項を明確にするため、このように記載する。
（注6）　登記申請の取下げ・却下・過誤納付に伴う還付金の代理受領については特別の授権が必要であるため、このように記載する。

Ⅵ－1－2　登記用委任状（登記義務者用／Ⅴを登記原因証明情報として提供する場合）(注1)

委　任　状

　　　　　　　　　　　　　　　　　　　　　　　　　平成　　年　　月　　日

　　　　　　　　住　　所　　東京都○区○町三丁目２番１号
　　　　　　　　登記義務者　株式会社乙野商事
　　　　　　　　　　　　　　代表取締役　乙野次郎　　　　　㊞
　　　　　　　⎛連絡先　担当部署　○○部／担当者名　○○　○○⎞
　　　　　　　⎝電話番号　○○－○○○○－○○○○　　　　　　⎠

私は、＿＿＿＿＿＿＿＿＿＿＿＿＿＿＿（注2）を代理人と定め、下記の事項に関する一切の権限を委任します。

記

１．次の要項による登記申請に関すること
　　(1) 登記原因証明情報：平成○年○月○日付け登記原因証明情報（抵当権設定）(注3)
　　(2) 登記の目的：抵当権設定
２．上記申請の登記識別情報の暗号化に関すること (注4)
３．上記申請の登記完了証の受領に関すること (注5)
４．上記申請に関する資格証明情報その他の添付情報の原本還付手続に関すること (注5)
５．上記申請の登録免許税還付金の代理受領に関すること (注6)

以　上

(注1)　Ⅳ抵当権設定契約証書とは別に、Ⅴ登記原因証明情報（抵当権設定）を作成し、これを登記原因証明情報（不登法第61条）として提供する場合に、登記義務者が作成する委任状の書式である。物件が複数で管轄登記所が複数となるケースにおいて、委任状の原本還付を受けるときは、他の申請についても委任したことが明らかな内容とする必要がある。
(注2)　代理人の住所ならびに氏名または名称を記載する。
(注3)　登記所に提供する登記原因証明情報の作成日およびその名称を記載する。
(注4)　登記識別情報の暗号化（電子申請においてオンラインで登記識別情報を提供すること）には特別の授権が必要であるため、このように記載する。
(注5)　これらの事項には特別の授権を必要としないが、委任事項を明確にするため、このように記載する。
(注6)　登記申請の取下げ・却下・過誤納付に伴う還付金の代理受領については特別の授権が必要であるため、このように記載する。

Ⅵ−2−1　登記用委任状（登記権利者用／Ⅳを登記原因証明情報として提供する場合）(注1)

委　任　状

平成　年　月　日

　　　　住　所　　　東京都○区○町一丁目2番3号
　　　　登記権利者　株式会社甲野銀行
　　　　　　　　　　代表取締役　甲野太郎　　　㊞
　　　　　　　　　　（取扱店　○支店）

私は、＿＿＿＿＿＿＿＿＿＿＿＿＿＿＿（注2）を代理人と定め、下記の事項に関する一切の権限を委任します。

記

1．次の要項による登記申請に関すること
　　(1) 登記原因証明情報：平成○年○月○日付け抵当権設定契約証書(注3)
　　(2) 登記の目的：抵当権設定
2．上記申請の登記識別情報の受領に関すること（注4）
3．上記申請の登記完了証の受領に関すること（注5）
4．上記申請に関する契約証書、資格証明情報その他の添付情報の原本還付手続に関すること（注5）
5．上記申請の登録免許税還付金の代理受領に関すること（注6）

以　上

(注1)　Ⅳ抵当権設定契約証書を登記原因証明情報（不登法第61条）として提供する場合に、登記権利者が作成する委任状の書式である。物件が複数で管轄登記所が複数となるケースにおいて、委任状の原本還付を受けるときは、他の申請についても委任したことが明らかな内容とする必要がある。
(注2)　代理人の住所ならびに氏名または名称を記載する。
(注3)　登記所に提供する契約証書の締結日およびその名称を記載する。
(注4)　登記識別情報の受領には特別の授権が必要であるため、このように記載する。なお、電子申請においてオンラインで登記識別情報を受領することを「復号」といい、この方法による受領には特別の授権が必要であるため、これについても委任する場合は、「上記申請の登記識別情報の受領・復号に関すること」のように記載する。
(注5)　これらの事項には特別の授権を必要としないが、委任事項を明確にするため、このように記載する。
(注6)　登記申請の取下げ・却下・過誤納付に伴う還付金の代理受領については特別の授権が必要であるため、このように記載する。

Ⅵ－2－2　登記用委任状（登記権利者用／Ⅴを登記原因証明情報として提供する場合）(注1)

委　任　状

平成　　年　　月　　日

住　所　　　東京都〇区〇町一丁目2番3号
登記権利者　株式会社甲野銀行
　　　　　　代表取締役　甲野太郎　　㊞
　　　　　　（取扱店　〇支店）

私は、＿＿＿＿＿＿＿＿＿＿＿＿＿＿＿(注2)を代理人と定め、下記の事項に関する一切の権限を委任します。

記

1．次の要項による登記申請に関すること
　　(1) 登記原因証明情報：平成〇年〇月〇日付け登記原因証明情報（抵当権設定）(注3)
　　(2) 登記の目的：抵当権設定
2．上記申請の登記識別情報の受領に関すること (注4)
3．上記申請の登記完了証の受領に関すること (注5)
4．上記申請に関する資格証明情報その他の添付情報の原本還付手続に関すること (注5)
5．上記申請の登録免許税還付金の代理受領に関すること (注6)

以　上

（注1）　Ⅳ抵当権設定契約証書とは別に、Ⅴ登記原因証明情報（抵当権設定）を作成し、これを登記原因証明情報（不登法第61条）として提出する場合に、登記権利者が作成する委任状の書式である。物件が複数で管轄登記所が複数となるケースにおいて、委任状の原本還付を受けるときは、他の申請についても委任したことが明らかな内容とする必要がある。
（注2）　代理人の住所ならびに氏名または名称を記載する。
（注3）　登記所に提供する登記原因証明情報の作成日およびその名称を記載する。
（注4）　登記識別情報の受領には特別の授権が必要であるため、このように記載する。なお、電子申請においてオンラインで登記識別情報を受領することを「復号」といい、この方法による受領には特別の授権が必要であるため、これについても委任する場合は、「上記申請の登記識別情報の受領・復号に関すること」のように記載する。
（注5）　これらの事項には特別の授権を必要としないが、委任事項を明確にするため、このように記載する。
（注6）　登記申請の取下げ・却下・過誤納付に伴う還付金の代理受領については特別の授権が必要であるため、このように記載する。

13 敷地権の表示を登記した区分所有建物を目的とする場合

I ケース概要

　甲野銀行は、債務者乙野商事宛て融資にあたり、乙野商事所有の区分所有建物（敷地権の表示が登記されている）に、抵当権の設定を受けたい。

II 書式作成上の留意点

① 区分所有建物に敷地権の表示がある場合に、その区分所有建物および敷地権に抵当権の新規設定を受ける場合の書式である。建物区分所有権とその敷地利用権とは、建物の区分所有等に関する法律第22条により、規約に別段の定めがある場合を除き分離処分が禁止されている。これに違反して分離処分がされた場合、善意の相手方にはその無効を主張できないとされているが、不登法第46条により敷地権の表示が登記された場合には、常に無効を主張できる（区分所有法第23条）。区分所有マンションなどでは、この敷地権の表示が登記されるのが一般的な例である。

② 抵当権者と抵当権設定者との間に抵当権設定契約が締結されることにより、抵当権設定の登記原因が生じる。ただし、被担保債権の存在が前提となる（附従性）。

③ 本ケースは、債務者兼抵当権設定者の例で記載しているが、書式としては、第三者担保提供の場合にも使えるよう、抵当権設定者の欄を設けている。

　会社がその取締役個人またはその取締役が代表取締役である別会社の債務につき担保提供するなど、取締役の債務を保証することとなる場合は会社法所定の承認が必要となり、登記申請に際して署名者全員の印鑑証明書付きで議事録等を提供することとなるので注意を要する（会社法第356条・第365条、不登令第7条第1項第5号ハ）。なお、第三者担保提供者に対しては、銀行取引約定書の写しを交付するのがよいであろう。

④ この抵当権設定契約とは別にⅤ登記原因証明情報を作成し、登記原因証明情報（不登法第61条）として登記所に提供することができる。

⑤ 抵当権設定の登記は、抵当権者が登記権利者となり、抵当権設定者が登記義務者となって行い、登記原因のほか被担保債権の債権額・利息・損害金・債務者・抵当権者などをその登記事項とする。

⑥ 抵当権設定者について、所有権の取得に係る登記識別情報（登記済証）および印鑑証明書が必要となる。なお、登記完了後は双方に登記完了証が交付され、抵当権者には登記識別情報が通知される。

⑦ 本ケースでは建物とその敷地利用権とを目的としているので問題とならないが、複数物件で管轄登記所が異なるケースでは、印鑑証明書およびⅤ登記原因証明情報（抵当権設定）は各登記所ごとに（複数）必要となる。当該申請のためにのみ作成したⅥ登記用委任状も同様

であり、これらは原本還付を受けることができないとされている。

Ⅲ 必要書類・費用一覧

書　　類	書類上の関係者
□ 抵当権設定契約証書	抵当権者、債務者、抵当権設定者
□ 登記原因証明情報	抵当権設定者
□ 委任状（登記義務者用）	抵当権設定者
□ 委任状（登記権利者用）	抵当権者
□ 登記識別情報（登記済証）	抵当権設定者
□ 印鑑証明書	抵当権設定者
□ 会社法人等番号（注）	抵当権者、抵当権設定者
□ 登録免許税	債権額の1,000の4

（注）　不登令等の改正により、平成27年11月2日から、会社・法人の代表者等の資格を証する情報の提供（添付）に代え、登記申請情報に商業登記法第7条の会社法人等番号を記録または記載することとなった。ただし、法人登記手続中となるなどの場合を考慮し、例外的に、作成後1か月以内の資格証明情報（登記事項証明書）を提供（添付）することも認められている。

Ⅳ 抵当権設定契約証書

　(印紙)
　(注1)

抵当権設定契約証書

　　　　　　　　　　　　　　　　平成　　年　　月　　日（注2）

東京都○区○町一丁目2番3号
株式会社甲野銀行　御中
（取扱店　　　　　　　　　　）

　　　　　　　住　所　　　東京都○区○町三丁目2番1号
　　　　　　　債務者　　　株式会社乙野商事
　　　　　　　抵当権設定者　代表取締役　乙野次郎　　㊞（注3）

　　　　　　　住　所
　　　　　　　抵当権設定者
　　　　　　　（注4）（注5）

第1節　設　定　　135

株式会社甲野銀行（以下「銀行」といいます。）、債務者および抵当権設定者は、次のとおり抵当権設定契約を締結しました。

[抵当権の要項] (注6)

1．被担保債権	平成○年○月○日付け金銭消費貸借契約に基づく債権
2．債権額	 拾億　　　　百万　　　　千　　　　円 （算用数字／頭部に￥マーク）
3．利息	年○％（年365日日割計算）
4．損害金	年○％（年365日日割計算）
5．債務者	住所　東京都○区○町三丁目2番1号 氏名　株式会社乙野商事 (注7)
6．順位	後記のとおり (注8)
7．物件	後記物件の表示記載のとおり

物件の表示	順位	所有者
一棟の建物の表示 　所　　在　　　東京都○区○町一丁目2番地3 　建物の名称　　○○マンション 専有部分の建物の表示 　家屋番号　　　○町一丁目2番3の401 　建物の名称　　401 　種　　類　　　居宅 　構　　造　　　鉄筋コンクリート造1階建 　床　面　積　　4階部分　○○.○○㎡ 敷地権の表示 　土地の符号　　1 　所在および地番　東京都○区○町一丁目2番3 　地　　目　　　宅地 　地　　積　　　○○○.○○㎡ 　敷地権の種類　所有権 　敷地権の割合　○○分の○	1	株式会社乙野商事

第1条（抵当権の設定）

① 抵当権設定者は、下記条項を承認のうえ、その所有する前記記載の物件のうえに、銀行が有する前記被担保債権を担保するため、前記「抵当権の要項」記載の抵当権を設定しました。

② 抵当権設定者は、この契約について、下記条項のほか、債務者が銀行に差し入れた銀

行取引約定書および被担保債権の成立・変更等に係る約定書ならびに債務者が銀行に今後差し入れるこれらの約定書記載の各条項の適用があることを承認します。

第2条（登記義務）

抵当権設定者は、前条第1項による抵当権設定の登記手続を遅滞なく行い、その登記事項証明書を銀行に提出します。今後、この抵当権について各種の変更等の合意がなされたときも同様とします。

第3条（抵当物件）

① 抵当権設定者は、あらかじめ銀行の承諾がなければ抵当物件（抵当建物の借地権を含む。以下同じ。）の現状を変更し、または第三者のために権利を設定しもしくは譲渡しません。

② 抵当物件が原因のいかんを問わず滅失・毀損しもしくはその価格が低落したとき、またはそのおそれがあるときは、抵当権設定者はただちにその旨を銀行に通知します。この場合において、銀行から請求があったときは、債務者および抵当権設定者は、ただちに銀行の承認する担保もしくは増担保を差し入れ、または保証人をたてもしくはこれを追加し、あるいは被担保債務の全部または一部を期限のいかんにかかわらず弁済します。

③ 抵当物件について譲渡、土地明渡し、収用その他の原因により譲渡代金・立退料・補償金・清算金などの債権が生じたときは、抵当権設定者は銀行のためにその債権に質権を設定するものとし、銀行がこれらの金銭を受領したときは債務の弁済期前でも法定の順序にかかわらず、銀行はその弁済に充当することができます。

第4条（損害保険）

① 抵当権設定者は、この抵当権が存続する間抵当物件に対し、銀行の同意する保険会社と銀行の指定する金額以上の損害保険契約を締結または継続し、その保険契約に基づく権利のうえに銀行のため質権を設定し、またはその保険契約に抵当権者特約条項をつけます。

② 抵当権設定者は、前項の保険契約以外に抵当物件に対し保険契約を締結したときは、ただちに銀行に通知し、前項と同様の手続をとります。

③ 前2項の保険契約の継続・更改・変更および保険目的物件罹災後の保険金等の処理については、すべて銀行の指示に従います。

④ 銀行が債権保全のため、必要な保険契約を締結しもしくは抵当権設定者に代って保険契約を締結または継続し、その保険料を支払ったときは、抵当権設定者は銀行の支払った保険料その他の費用に、その支払日から年○％（注9）の割合の損害金を付して支払います。

⑤ 前4項による保険契約に基づく保険金を銀行が受領したときは、債務の弁済期前でも法定の順序にかかわらず債務の弁済に充当されても異議ありません。

第5条（借地権）(注10)

① 抵当権設定者は、抵当物件の敷地につきその借地期間が満了したときは、借地借家法第22条・第23条・第24条の定期借地権を除きただちに借地契約継続の手続をとります。また、土地の所有者に変更があったときはただちに銀行に通知し、借地権の種類・内容に変更が生じるときはあらかじめ銀行に通知します。

② 抵当権設定者は、解約、賃料不払、借地権の種類・内容の変更その他借地権の消滅または変更をきたすようなおそれのある行為をせず、またこのようなおそれのあるときは借地権保全に必要な手続をとることはもちろん、抵当物件のうち建物が滅失した場合も銀行の同意がなければ借地権の転貸その他任意の処分をしません。

③ 抵当物件のうち建物が火災その他により滅失し、建物を建築する場合は、抵当権設定者は、ただちに借地借家法第10条第2項の所定の掲示を行ったうえ、速やかに地主の承諾を得て建物を建築します。

④ 前項の場合、抵当権設定者は、この抵当権と同一内容・順位の抵当権を設定します。

⑤ 抵当権設定者が第3項に従って建物の建築をしない場合において、保険金等によって弁済をしてもなお残債務があるときは、借地権の処分について銀行の指示に従うものとし、銀行はその処分代金をもって債務の弁済に充当することができます。

第6条（任意処分）

抵当物件は、かならずしも競売手続によらず一般に適当と認められる方法・時期・価格等により銀行において抵当物件を処分のうえ、その取得金から諸費用を差し引いた残額を法定の順序にかかわらず債務の弁済に充当されても異議ありません。また、残債務がある場合は債務者はただちに弁済します。

第7条（抵当物件の調査）

抵当物件の現況等について銀行から請求があったときは、ただちに報告し、また調査に必要な便益を提供します。

第8条（費用の負担）

この抵当権に関する設定・解除または変更の登記および抵当物件の調査または処分に関する費用は、債務者および抵当権設定者が連帯して負担し、銀行が支払った金額についてはただちに支払います。

第9条（担保保存義務）(注11)

① 抵当権設定者は、銀行の都合によって他の担保または保証を変更、解除されても異議ありません。

② 抵当権設定者が弁済等により銀行から代位によって取得した権利は、債務者と銀行との取引継続中は、銀行の同意がなければこれを行使しません。また、銀行が請求したときは、その権利または順位を銀行に無償で譲渡します。

| 以 上 |

- (注1) この文書は、平成元年4月1日以降、印紙税法上の課税文書には該当しないこととされている。ただし、第3条第3項を修正して収用等により生じた債権を（質権設定ではなく）根抵当権者に譲渡する旨の定めをした場合は、債権譲渡に関する契約書（第15号文書）に該当して課税文書となり、また第6条を修正して（処分清算条項ではなく）代物弁済を約する旨の定めをした場合は、不動産の譲渡に関する契約書（第1号の1文書）として課税文書となるので、留意が必要である。
- (注2) この契約書を作成した日付を記載する。
- (注3) 抵当権設定者と債務者が同じ場合は、この欄に署名（記名）捺印させる。
- (注4) 債務者以外の第三者が抵当権設定者の場合は、この欄に署名（記名）捺印させる。
- (注5) 債務者以外の抵当権設定者がいる場合で、その者に連帯保証を求める場合は、「連帯保証人」の記載を追加するのではなく、保証人徴求の際に法令等によって求められる手続を履践する必要がある。
- (注6) 被担保債権を特定するに足りる事項として、発生原因とその日付、債権額、利息および遅延損害金の定め等を記載する。
- (注7) 住所、氏名を記載する（法人の場合は本店所在地と商号を記載）。
- (注8) 第1順位の抵当権を設定することを念頭に置いている。第1順位ではない場合には、当該順位を記載することとなる。
- (注9) 所定の利率を記載する。
- (注10) 本件では借地権は関係ないが、一般規定として、あえて削除しないのが通例である。
- (注11) 本件では債務者以外の抵当権設定者がいないから本条が機能する場面はないが、あえて削除しないのが通例である。

V 登記原因証明情報（抵当権設定）(注1)

登記原因証明情報

（抵当権設定）

平成　年　月　日

東京法務局　○出張所　御中

　　　　　　　　住　所　　　　東京都○区○町三丁目2番1号
　　　　　　　　登記義務者(注2)　　株式会社乙野商事
　　　　　　　　　　　　　　　　代表取締役　乙野次郎　　㊞

　登記義務者（抵当権設定者）は、本件登記の原因となる事実または法律行為が下記1．記載のとおりであることおよびこれに基づき現に下記2．記載の内容を登記要項とする物権変動が生じたことを証明します。

1．登記の原因となる事実または法律行為

(1) 契約証書名および締結年月日	平成○年○月○日付け抵当権設定契約証書（注3）
(2) 契約当事者	抵当権者　　　　　株式会社甲野銀行
	抵当権設定者　　　株式会社乙野商事

2．登記申請情報の要項

(1) 登記の目的	抵当権設定
(2) 原因	平成○年○月○日金銭消費貸借平成○年○月○日設定（注4）
(3) 債権額（注5）	［拾億　　百万　　千　　円］ （算用数字／頭部に￥マーク）
(4) 利息（注6）	年○％（年365日日割計算）
(5) 損害金	年○％（年365日日割計算）
(6) 債務者	東京都○区○町三丁目2番1号 株式会社乙野商事
(7) 登記権利者 （抵当権者）（注7）	東京都○区○町一丁目2番3号 株式会社甲野銀行（取扱店○支店）
(8) 登記義務者 （抵当権設定者）（注2）	東京都○区○町三丁目2番1号 株式会社乙野商事
(9) 不動産の表示	後記のとおり

不動産の表示

一棟の建物の表示
　所　　在　　　東京都○区○町一丁目2番地3
　建物の名称　　○○マンション
専有部分の建物の表示
　家屋番号　　　○町一丁目2番3の401
　建物の名称　　401
　種　　類　　　居宅
　構　　造　　　鉄筋コンクリート造1階建
　床 面 積　　　4階部分　○○.○○㎡
敷地権の表示
　土地の符号　　1
　所在および地番　東京都○区○町一丁目2番3
　地　　目　　　宅地
　地　　積　　　○○○.○○㎡

```
敷地権の種類    所有権
敷地権の割合    ○○分の○

                                以 上
```

(注1) Ⅳ抵当権設定契約証書とは別に、Ⅴ登記原因証明情報(抵当権設定)を作成する場合の書式である。この情報は、登記の原因となる事実または法律行為のほか、登記事項(および物件表示)を登記義務者が確認して署名(または記名捺印)したものでなくてはならない。契約証書とは異なり、登記用に作成された書面の原本還付を受けることはできないため、物件が複数で管轄登記所が複数となるケースでは、登記所ごとに(複数)作成する必要がある。その内容は同文面とし、すべての物件を記載する。
(注2) 登記義務者は、物件の所有者となる。
(注3) Ⅳ契約証書の名称および締結年月日を記載する。
(注4) 抵当権設定の「登記原因およびその日付」は、まず契約名称および日付をもって被担保債権を記載し、次に設定契約の日付を記載する。
(注5) 抵当権の被担保債権の債権額を記載する。登記申請までに弁済により債権額が減少していても当初の金額をもって登記することができるが、登記申請時の残高をもって登記することもできる。
(注6) 変動計算式や変動する旨を登記することはできない。
(注7) 登記権利者は、抵当権者となる。

Ⅵ-1-1　登記用委任状(登記義務者用／Ⅳを登記原因証明情報として提供する場合)(注1)

```
                    委 任 状

                            平成　年　月　日

        住　所     東京都○区○町三丁目2番1号
        登記義務者  株式会社乙野商事
                   代表取締役 乙野次郎         ㊞
        ⎛連絡先 担当部署 ○○部／担当者名 ○○ ○○⎞
        ⎝電話番号 ○○ - ○○○○ - ○○○○        ⎠

私は、＿＿＿＿＿＿＿＿＿＿＿＿＿＿＿(注2)を代理人と定め、下記の事項に関する一切の権限を
委任します。
                        記

1．次の要項による登記申請に関すること
   (1) 登記原因証明情報：平成○年○月○日付け抵当権設定契約証書(注3)
   (2) 登記の目的：抵当権設定
2．上記申請の登記識別情報の暗号化に関すること(注4)
3．上記申請の登記完了証の受領に関すること(注5)
4．上記申請に関する契約証書、資格証明情報その他の添付情報の原本還付手続に関すること(注5)
5．上記申請の登録免許税還付金の代理受領に関すること(注6)
```

以　上

(注1)　Ⅳ抵当権設定契約証書を登記原因証明情報（不登法第61条）として提供する場合に、登記義務者が作成する委任状の書式である。物件が複数で管轄登記所が複数となるケースにおいて、委任状の原本還付を受けるときは、他の申請についても委任したことが明らかな内容とする必要がある。
(注2)　代理人の住所ならびに氏名または名称を記載する。
(注3)　登記所に提供する契約証書の締結日およびその名称を記載する。
(注4)　登記識別情報の暗号化（電子申請においてオンラインで登記識別情報を提供すること）には特別の授権が必要であるため、このように記載する。
(注5)　これらの事項には特別の授権を必要としないが、委任事項を明確にするため、このように記載する。
(注6)　登記申請の取下げ・却下・過誤納付に伴う還付金の代理受領については特別の授権が必要であるため、このように記載する。

Ⅵ−1−2　登記用委任状（登記義務者用／Ⅴを登記原因証明情報として提供する場合）(注1)

委　任　状

平成　　年　　月　　日

住　所　　　東京都○区○町三丁目2番1号
登記義務者　株式会社乙野商事
　　　　　　代表取締役　乙野次郎　　㊞

連絡先　担当部署　○○部／担当者名　○○　○○
電話番号　○○−○○○○−○○○○

私は、＿＿＿＿＿＿＿＿＿＿＿＿＿＿＿＿(注2)を代理人と定め、下記の事項に関する一切の権限を委任します。

記

1．次の要項による登記申請に関すること
　(1) 登記原因証明情報：平成○年○月○日付け登記原因証明情報（抵当権設定）(注3)
　(2) 登記の目的：抵当権設定
2．上記申請の登記識別情報の暗号化に関すること(注4)
3．上記申請の登記完了証の受領に関すること(注5)
4．上記申請に関する資格証明情報その他の添付情報の原本還付手続に関すること(注5)
5．上記申請の登録免許税還付金の代理受領に関すること(注6)

以　上

(注1)　Ⅳ抵当権設定契約証書とは別に、Ⅴ登記原因証明情報（抵当権設定）を作成し、これを登記原因証明情報（不登法第61条）として提供する場合に、登記義務者が作成する委任状の書式である。物件が複数で管轄登記所が複数となるケースにおいて、委任状の原本還付を受けるときは、他の申請についても委任したことが明らかな内容とする必要がある。

(注2) 代理人の住所ならびに氏名または名称を記載する。
(注3) 登記所に提供する登記原因証明情報の作成日およびその名称を記載する。
(注4) 登記識別情報の暗号化（電子申請においてオンラインで登記識別情報を提供すること）には特別の授権が必要であるため、このように記載する。
(注5) これらの事項には特別の授権を必要としないが、委任事項を明確にするため、このように記載する。
(注6) 登記申請の取下げ・却下・過誤納付に伴う還付金の代理受領については特別の授権が必要であるため、このように記載する。

Ⅵ－2－1　登記用委任状（登記権利者用／Ⅳを登記原因証明情報として提供する場合）(注1)

委　任　状

平成　　年　　月　　日

住　所　　　東京都〇区〇町一丁目2番3号
登記権利者　株式会社甲野銀行
　　　　　　代表取締役　甲野太郎　　　　㊞
　　　　　　（取扱店　〇支店）

私は、＿＿＿＿＿＿＿＿＿＿＿＿＿＿＿(注2)を代理人と定め、下記の事項に関する一切の権限を委任します。

記

1. 次の要項による登記申請に関すること
   (1) 登記原因証明情報：平成〇年〇月〇日付け抵当権設定契約証書 (注3)
   (2) 登記の目的：抵当権設定
2. 上記申請の登記識別情報の受領に関すること (注4)
3. 上記申請の登記完了証の受領に関すること (注5)
4. 上記申請に関する契約証書、資格証明情報その他の添付情報の原本還付手続に関すること (注5)
5. 上記申請の登録免許税還付金の代理受領に関すること (注6)

以　上

(注1) Ⅳ抵当権設定契約証書を登記原因証明情報（不登法第61条）として提供する場合に、登記権利者が作成する委任状の書式である。物件が複数で管轄登記所が複数となるケースにおいて、委任状の原本還付を受けるときは、他の申請についても委任したことが明らかな内容とする必要がある。
(注2) 代理人の住所ならびに氏名または名称を記載する。
(注3) 登記所に提供する契約証書の締結日およびその名称を記載する。
(注4) 登記識別情報の受領には特別の授権が必要であるため、このように記載する。なお、電子申請においてオンラインで登記識別情報を受領することを「復号」といい、この方法による受領には特別の授権が必要であるため、これについても委任する場合は、「上記申請の登記識別情報の受領・復号に関すること」のように記載する。
(注5) これらの事項には特別の授権を必要としないが、委任事項を明確にするため、このように記載する。

(注6) 登記申請の取下げ・却下・過誤納付に伴う還付金の代理受領については特別の授権が必要であるため、このように記載する。

Ⅵ−2−2　登記用委任状（登記権利者用／Ⅴを登記原因証明情報として提供する場合）（注1）

委　任　状

平成　年　月　日

住　所　　　東京都〇区〇町一丁目2番3号
登記権利者　株式会社甲野銀行
　　　　　　代表取締役　甲野太郎　　　㊞
　　　　　　（取扱店　〇支店）

私は、＿＿＿＿＿＿＿＿＿＿＿＿＿＿＿（注2）を代理人と定め、下記の事項に関する一切の権限を委任します。

記

1．次の要項による登記申請に関すること
　(1) 登記原因証明情報：平成〇年〇月〇日付け登記原因証明情報（抵当権設定）（注3）
　(2) 登記の目的：抵当権設定
2．上記申請の登記識別情報の受領に関すること（注4）
3．上記申請の登記完了証の受領に関すること（注5）
4．上記申請に関する資格証明情報その他の添付情報の原本還付手続に関すること（注5）
5．上記申請の登録免許税還付金の代理受領に関すること（注6）

以　上

（注1）　Ⅳ抵当権設定契約証書とは別に、Ⅴ登記原因証明情報（抵当権設定）を作成し、これを登記原因証明情報（不登法第61条）として提出する場合に、登記権利者が作成する委任状の書式である。物件が複数で管轄登記所が複数となるケースにおいて、委任状の原本還付を受けるときは、他の申請についても委任したことが明らかな内容とする必要がある。
（注2）　代理人の住所ならびに氏名または名称を記載する。
（注3）　登記所に提供する登記原因証明情報の作成日およびその名称を記載する。
（注4）　登記識別情報の受領には特別の授権が必要であるため、このように記載する。なお、電子申請においてオンラインで登記識別情報を受領することを「復号」といい、この方法による受領には特別の授権が必要であるため、これについても委任する場合は、「上記申請の登記識別情報の受領・復号に関すること」のように記載する。
（注5）　これらの事項には特別の授権を必要としないが、委任事項を明確にするため、このように記載する。
（注6）　登記申請の取下げ・却下・過誤納付に伴う還付金の代理受領については特別の授権が必要であるため、このように記載する。

3　効力範囲の制限（別段の定め）

14　民法第370条但書の定めがある場合

I　ケース概要

　甲野銀行は、債務者乙野商事宛て融資にあたり、乙野商事所有の山林に抵当権の設定を受けたいが、山林上の立木には抵当権の効力が及ばない旨の特約をしてその登記をしたい。

II　書式作成上の留意点

① 　1個の不動産（山林）に抵当権の新規設定を受ける場合の書式であるが、民法第370条但書に基づき、地上の立木には抵当権の効力が及ばない旨の別段の定めをして、その登記（不登法第88条1項4号）をする例である。抵当権の要項中に特約を明示する。

② 　抵当権者と抵当権設定者との間に抵当権設定契約が締結されることにより、抵当権設定の登記原因が生じる。ただし、被担保債権の存在が前提となる（附従性）。

③ 　本ケースは、債務者兼抵当権設定者の例で記載しているが、書式としては、第三者担保提供の場合にも使えるよう、抵当権設定者の欄を設けている。

　会社がその取締役個人またはその取締役が代表取締役である別会社の債務につき担保提供するなど、取締役の債務を保証することとなる場合は会社法所定の承認が必要となり、登記申請に際して署名者全員の印鑑証明書付きで議事録等を提供することとなるので注意を要する（会社法第356条・第365条、不登令第7条第1項第5号ハ）。なお、第三者担保提供者に対しては、銀行取引約定書の写しを交付するのがよいであろう。

④ 　この抵当権設定契約とは別にV登記原因証明情報を作成し、登記原因証明情報（不登法第61条）として登記所に提供することができる。

⑤ 　抵当権設定の登記は、抵当権者が登記権利者となり、抵当権設定者が登記義務者となって行い、登記原因のほか被担保債権の債権額・利息・損害金・債務者・抵当権者などをその登記事項とする。

⑥ 　抵当権設定者について、所有権の取得に係る登記識別情報（登記済証）および印鑑証明書が必要となる。なお、登記完了後は双方に登記完了証が交付され、抵当権者には登記識別情報が通知される。

⑦ 　本ケースでは物件1個を目的としているので問題とならないが、複数物件で管轄登記所が異なるケースでは、印鑑証明書およびV登記原因証明情報（抵当権設定）は各登記所ごとに（複数）必要となる。当該申請のためにのみ作成したVI登記用委任状も同様であり、これらは原本還付を受けることができないとされている。

III　必要書類・費用一覧

書　類	書類上の関係者
☐　抵当権設定契約証書	抵当権者、債務者、抵当権設定者
☐　登記原因証明情報	抵当権設定者
☐　委任状（登記義務者用）	抵当権設定者
☐　委任状（登記権利者用）	抵当権者
☐　登記識別情報（登記済証）	抵当権設定者
☐　印鑑証明書	抵当権設定者
☐　会社法人等番号（注）	抵当権者、抵当権設定者
☐　登録免許税	債権額の1,000分の4

（注）　不登令等の改正により、平成27年11月2日から、会社・法人の代表者等の資格を証する情報の提供（添付）に代え、登記申請情報に商業登記法第7条の会社法人等番号を記録または記載することとなった。ただし、法人登記手続中となるなどの場合を考慮し、例外的に、作成後1か月以内の資格証明情報（登記事項証明書）を提供（添付）することも認められている。

IV　抵当権設定契約証書

```
┌─────────┐
│ （印紙） │              抵当権設定契約証書
│ （注1） │
└─────────┘
                                        平成　　年　　月　　日（注2）

東京都○区○町一丁目2番3号
株　式　会　社　甲　野　銀　行　御中
（取扱店　　　　　　　　　　　）

                    住　所　　　　東京都○区○町三丁目2番1号
                    債務者
                    抵当権設定者　　株　式　会　社　乙　野　商　事
                                    代表取締役　乙　野　次　郎　　㊞（注3）

                    住　所
                    抵当権設定者
                    （注4）（注5）
```

　株式会社甲野銀行（以下「銀行」といいます。）、債務者および抵当権設定者は、次のとおり抵当権設定契約を締結しました。

[抵当権の要項]（注6）

1．被担保債権	平成○年○月○日付け金銭消費貸借契約に基づく債権
2．債権額	拾億　　　　　百万　　　　　千　　　　　円 （算用数字／頭部に¥マーク）
3．利息	年○％（年365日日割計算）
4．損害金	年○％（年365日日割計算）
5．特約	立木には抵当権の効力は及ばない
6．債務者	住所　東京都○区○町三丁目2番1号 氏名　株式会社乙野商事（注7）
7．順位	後記のとおり（注8）
8．物件	後記物件の表示記載のとおり

物件の表示	順位	所有者
所　在　東京都○郡○町○○ 地　番　○番○ 地　目　山林 地　積　○○○㎡	1	株式会社乙野商事

第1条（抵当権の設定）

①　抵当権設定者は、下記条項を承認のうえ、その所有する前記記載の物件のうえに、銀行が有する前記被担保債権を担保するため、前記「抵当権の要項」記載の抵当権を設定しました。

②　抵当権設定者は、この契約について、下記条項のほか、債務者が銀行に差し入れた銀行取引約定書および被担保債権の成立・変更等に係る約定書ならびに債務者が銀行に今後差し入れるこれらの約定書記載の各条項の適用があることを承認します。

第2条（登記義務）

　　抵当権設定者は、前条第1項による抵当権設定の登記手続を遅滞なく行い、その登記事項証明書を銀行に提出します。今後、この抵当権について各種の変更等の合意がなされたときも同様とします。

第3条（抵当物件）

①　抵当権設定者は、あらかじめ銀行の承諾がなければ抵当物件（抵当建物の借地権を含む。以下同じ。）の現状を変更し、または第三者のために権利を設定しもしくは譲渡しません。

②　抵当物件が原因のいかんを問わず滅失・毀損しもしくはその価格が低落したとき、ま

たはそのおそれがあるときは、抵当権設定者はただちにその旨を銀行に通知します。この場合において、銀行から請求があったときは、債務者および抵当権設定者は、ただちに銀行の承認する担保もしくは増担保を差し入れ、または保証人をたてもしくはこれを追加し、あるいは被担保債務の全部または一部を期限のいかんにかかわらず弁済します。

③　抵当物件について譲渡、土地明渡し、収用その他の原因により譲渡代金・立退料・補償金・清算金などの債権が生じたときは、抵当権設定者は銀行のためにその債権に質権を設定するものとし、銀行がこれらの金銭を受領したときは債務の弁済期前でも法定の順序にかかわらず、銀行はその弁済に充当することができます。

第4条（損害保険）

①　抵当権設定者は、この抵当権が存続する間抵当物件に対し、銀行の同意する保険会社と銀行の指定する金額以上の損害保険契約を締結または継続し、その保険契約に基づく権利のうえに銀行のため質権を設定し、またはその保険契約に抵当権者特約条項をつけます。

②　抵当権設定者は、前項の保険契約以外に抵当物件に対し保険契約を締結したときは、ただちに銀行に通知し、前項と同様の手続をとります。

③　前2項の保険契約の継続・更改・変更および保険目的物件罹災後の保険金等の処理については、すべて銀行の指示に従います。

④　銀行が債権保全のため、必要な保険契約を締結しもしくは抵当権設定者に代って保険契約を締結または継続し、その保険料を支払ったときは、抵当権設定者は銀行の支払った保険料その他の費用に、その支払日から年○％（注9）の割合の損害金を付して支払います。

⑤　前4項による保険契約に基づく保険金を銀行が受領したときは、債務の弁済期前でも法定の順序にかかわらず債務の弁済に充当されても異議ありません。

第5条（借地権）（注10）

①　抵当権設定者は、抵当物件の敷地につきその借地期間が満了したときは、借地借家法第22条・第23条・第24条の定期借地権を除きただちに借地契約継続の手続をとります。また、土地の所有者に変更があったときはただちに銀行に通知し、借地権の種類・内容に変更が生じるときはあらかじめ銀行に通知します。

②　抵当権設定者は、解約、賃料不払、借地権の種類・内容の変更その他借地権の消滅または変更をきたすようなおそれのある行為をせず、またこのようなおそれのあるときは借地権保全に必要な手続をとることはもちろん、抵当物件のうち建物が滅失した場合も銀行の同意がなければ借地権の転貸その他任意の処分をしません。

③　抵当物件のうち建物が火災その他により滅失し、建物を建築する場合は、抵当権設定者は、ただちに借地借家法第10条第2項の所定の掲示を行ったうえ、速やかに地主の承

諾を得て建物を建築します。

④　前項の場合、抵当権設定者は、この抵当権と同一内容・順位の抵当権を設定します。

⑤　抵当権設定者が第3項に従って建物の建築をしない場合において、保険金等によって弁済をしてもなお残債務があるときは、借地権の処分について銀行の指示に従うものとし、銀行はその処分代金をもって債務の弁済に充当することができます。

第6条（任意処分）

抵当物件は、かならずしも競売手続によらず一般に適当と認められる方法・時期・価格等により銀行において抵当物件を処分のうえ、その取得金から諸費用を差し引いた残額を法定の順序にかかわらず債務の弁済に充当されても異議ありません。また、残債務がある場合は債務者はただちに弁済します。

第7条（抵当物件の調査）

抵当物件の現況等について銀行から請求があったときは、ただちに報告し、また調査に必要な便益を提供します。

第8条（費用の負担）

この抵当権に関する設定・解除または変更の登記および抵当物件の調査または処分に関する費用は、債務者および抵当権設定者が連帯して負担し、銀行が支払った金額についてはただちに支払います。

第9条（担保保存義務）(注11)

①　抵当権設定者は、銀行の都合によって他の担保または保証を変更、解除されても異議ありません。

②　抵当権設定者が弁済等により銀行から代位によって取得した権利は、債務者と銀行との取引継続中は、銀行の同意がなければこれを行使しません。また、銀行が請求したときは、その権利または順位を銀行に無償で譲渡します。

以　上

(注1)　この文書は、平成元年4月1日以降、印紙税法上の課税文書には該当しないこととされている。ただし、第3条第3項を修正して収用等により生じた債権を（質権設定ではなく）根抵当権者に譲渡する旨の定めをした場合は、債権譲渡に関する契約書（第15号文書）に該当して課税文書となり、また第6条を修正して（処分清算条項ではなく）代物弁済を約する旨の定めをした場合は、不動産の譲渡に関する契約書（第1号の1文書）として課税文書となるので、留意が必要である。
(注2)　この契約書を作成した日付を記載する。
(注3)　抵当権設定者と債務者が同じ場合は、この欄に署名（記名）捺印させる。
(注4)　債務者以外の第三者が抵当権設定者の場合は、この欄に署名（記名）捺印させる。
(注5)　債務者以外の抵当権設定者がいる場合で、その者に連帯保証を求める場合は、「連帯保証人」の記載を追加するのではなく、保証人徴求の際に法令等によって求められる手続を履践する必要がある。
(注6)　被担保債権を特定するに足りる事項として、発生原因とその日付、債権額、利息および遅延損害金の定め等を記載する。民法第370条但書により立木には抵当権の効力は及ばない旨の定めをした場合には、これも登記事項となるので（不登法第88条1項4号）、これも抵当権の

要項に記載する。
(注7) 住所、氏名を記載する（法人の場合は本店所在地と商号を記載）。
(注8) 第1順位の抵当権を設定することを念頭に置いている。第1順位ではない場合には、当該順位を記載することとなる。
(注9) 所定の利率を記載する。
(注10) 本件では借地権は関係ないが、一般規定として、あえて削除しないのが通例である。
(注11) 本件では債務者以外の抵当権設定者がいないから本条が機能する場面はないが、あえて削除しないのが通例である。

Ⅴ 登記原因証明情報（抵当権設定）(注1)

登記原因証明情報
（抵当権設定）

平成　年　月　日

東京法務局　○出張所　御中

　　　　　住　所　　　東京都○区○町三丁目2番1号
　　　　　登記義務者(注2)　株式会社乙野商事
　　　　　　　　　　　　代表取締役　乙野次郎　　㊞

　登記義務者（抵当権設定者）は、本件登記の原因となる事実または法律行為が下記1．記載のとおりであることおよびこれに基づき現に下記2．記載の内容を登記要項とする物権変動が生じたことを証明します。

1．登記の原因となる事実または法律行為

(1) 契約証書名および締結年月日	平成○年○月○日付け抵当権設定契約証書(注3)	
(2) 契約当事者	抵当権者	株式会社甲野銀行
	抵当権設定者	株式会社乙野商事

2．登記申請情報の要項

(1) 登記の目的	抵当権設定
(2) 原因	平成○年○月○日金銭消費貸借平成○年○月○日設定(注4)
(3) 債権額(注5)	拾億　　百万　　千　　円 （算用数字／頭部に¥マーク）

150　第1章　抵当権

(4)	利息（注6）	年○％（年365日日割計算）
(5)	損害金	年○％（年365日日割計算）
(6)	特約（注7）	立木には抵当権の効力は及ばない
(7)	債務者	東京都○区○町三丁目2番1号 株式会社乙野商事
(8)	登記権利者 （抵当権者）（注8）	東京都○区○町一丁目2番3号 株式会社甲野銀行（取扱店○支店）
(9)	登記義務者 （抵当権設定者）（注2）	東京都○区○町三丁目2番1号 株式会社乙野商事
(10)	不動産の表示	後記のとおり

不動産の表示

所　　在　東京都○郡○町○○
地　　番　○番○
地　　目　山林
地　　積　○○○㎡

以　上

(注1) Ⅳ抵当権設定契約証書とは別に、Ⅴ登記原因証明情報（抵当権設定）を作成する場合の書式である。この情報は、登記の原因となる事実または法律行為のほか、登記事項（および物件表示）を登記義務者が確認して署名（または記名捺印）したものでなくてはならない。契約証書とは異なり、登記用に作成された書面の原本還付を受けることはできないため、物件が複数で管轄登記所が複数となるケースでは、登記所ごとに（複数）作成する必要がある。その内容は同文面とし、すべての物件を記載する。
(注2) 登記義務者は、物件の所有者となる。
(注3) Ⅳ契約証書の名称および締結年月日を記載する。
(注4) 抵当権設定の「登記原因およびその日付」は、まず契約名称および日付をもって被担保債権を記載し、次に設定契約の日付を記載する。
(注5) 抵当権の被担保債権の債権額を記載する。登記申請までに弁済により債権額が減少していても当初の金額をもって登記することができるが、登記申請時の残高をもって登記することもできる。
(注6) 変動計算式や変動する旨を登記することはできない。
(注7) 民法第370条但書の定めの内容をこのように記載する。
(注8) 登記権利者は、抵当権者となる。

Ⅵ－1－1　登記用委任状（登記義務者用／Ⅳを登記原因証明情報として提供する場合）(注1)

委　任　状

平成　　年　　月　　日

　　　　　住　所　　　東京都○区○町三丁目2番1号
　　　　　登記義務者　株式会社乙野商事
　　　　　　　　　　　代表取締役　乙野次郎　　　　　㊞
　　　　　⎛連絡先　担当部署　○○部／担当者名　○○　○○⎞
　　　　　⎝電話番号　○○－○○○○－○○○○　　　　　　⎠

私は、＿＿＿＿＿＿＿＿＿＿＿＿＿＿（注2）を代理人と定め、下記の事項に関する一切の権限を委任します。

記

1．次の要項による登記申請に関すること
　　(1) 登記原因証明情報：平成○年○月○日付け抵当権設定契約証書（注3）
　　(2) 登記の目的：抵当権設定
2．上記申請の登記識別情報の暗号化に関すること（注4）
3．上記申請の登記完了証の受領に関すること（注5）
4．上記申請に関する契約証書、資格証明情報その他の添付情報の原本還付手続に関すること（注5）
5．上記申請の登録免許税還付金の代理受領に関すること（注6）

以　上

(注1)　Ⅳ抵当権設定契約証書を登記原因証明情報（不登法第61条）として提供する場合に、登記義務者が作成する委任状の書式である。物件が複数で管轄登記所が複数となるケースにおいて、委任状の原本還付を受けるときは、他の申請についても委任したことが明らかな内容とする必要がある。
(注2)　代理人の住所ならびに氏名または名称を記載する。
(注3)　登記所に提供する契約証書の締結日およびその名称を記載する。
(注4)　登記識別情報の暗号化（電子申請においてオンラインで登記識別情報を提供すること）には特別の授権が必要であるため、このように記載する。
(注5)　これらの事項には特別の授権を必要としないが、委任事項を明確にするため、このように記載する。
(注6)　登記申請の取下げ・却下・過誤納付に伴う還付金の代理受領については特別の授権が必要であるため、このように記載する。

Ⅵ－1－2　登記用委任状（登記義務者用／Ⅴを登記原因証明情報として提供する場合）（注1）

委　任　状

平成　　年　　月　　日

住　所　　　東京都○区○町三丁目2番1号
登記義務者　株式会社 乙野商事
　　　　　　　　代表取締役　乙野次郎　　　㊞
連絡先　担当部署　○○部／担当者名　○○　○○
電話番号　○○－○○○○－○○○○

私は、＿＿＿＿＿＿＿＿＿＿＿＿＿＿＿＿＿（注2）を代理人と定め、下記の事項に関する一切の権限を委任します。

記

1．次の要項による登記申請に関すること
　　（1）登記原因証明情報：平成○年○月○日付け登記原因証明情報（抵当権設定）（注3）
　　（2）登記の目的：抵当権設定
2．上記申請の登記識別情報の暗号化に関すること（注4）
3．上記申請の登記完了証の受領に関すること（注5）
4．上記申請に関する資格証明情報その他の添付情報の原本還付手続に関すること（注5）
5．上記申請の登録免許税還付金の代理受領に関すること（注6）

以　上

（注1）　Ⅳ抵当権設定契約証書とは別に、Ⅴ登記原因証明情報（抵当権設定）を作成し、これを登記原因証明情報（不登法第61条）として提供する場合に、登記義務者が作成する委任状の書式である。物件が複数で管轄登記所が複数となるケースにおいて、委任状の原本還付を受けるときは、他の申請についても委任したことが明らかな内容とする必要がある。
（注2）　代理人の住所ならびに氏名または名称を記載する。
（注3）　登記所に提供する登記原因証明情報の作成日およびその名称を記載する。
（注4）　登記識別情報の暗号化（電子申請においてオンラインで登記識別情報を提供すること）には特別の授権が必要であるため、このように記載する。
（注5）　これらの事項には特別の授権を必要としないが、委任事項を明確にするため、このように記載する。
（注6）　登記申請の取下げ・却下・過誤納付に伴う還付金の代理受領については特別の授権が必要であるため、このように記載する。

Ⅵ－2－1　登記用委任状（登記権利者用／Ⅳを登記原因証明情報として提供する場合）（注1）

委　任　状

平成　年　月　日

　　　　住　所　　　東京都○区○町一丁目２番３号
　　　　登記権利者　　株 式 会 社 甲 野 銀 行
　　　　　　　　　　　代表取締役　甲 野 太 郎　　　㊞
　　　　　　　　　　　（取扱店　○支店）

私は、＿＿＿＿＿＿＿＿＿＿＿＿＿＿＿（注2）を代理人と定め、下記の事項に関する一切の権限を委任します。

記

1．次の要項による登記申請に関すること
　　(1) 登記原因証明情報：平成○年○月○日付け抵当権設定契約証書（注3）
　　(2) 登記の目的：抵当権設定
2．上記申請の登記識別情報の受領に関すること（注4）
3．上記申請の登記完了証の受領に関すること（注5）
4．上記申請に関する契約証書、資格証明情報その他の添付情報の原本還付手続に関すること（注5）
5．上記申請の登録免許税還付金の代理受領に関すること（注6）

以　上

(注1)　Ⅳ抵当権設定契約証書を登記原因証明情報（不登法第61条）として提供する場合に、登記権利者が作成する委任状の書式である。物件が複数で管轄登記所が複数となるケースにおいて、委任状の原本還付を受けるときは、他の申請についても委任したことが明らかな内容とする必要がある。
(注2)　代理人の住所ならびに氏名または名称を記載する。
(注3)　登記所に提供する契約証書の締結日およびその名称を記載する。
(注4)　登記識別情報の受領には特別の授権が必要であるため、このように記載する。なお、電子申請においてオンラインで登記識別情報を受領することを「復号」といい、この方法による受領には特別の授権が必要であるため、これについても委任する場合は、「上記申請の登記識別情報の受領・復号に関すること」のように記載する。
(注5)　これらの事項には特別の授権を必要としないが、委任事項を明確にするため、このように記載する。
(注6)　登記申請の取下げ・却下・過誤納付に伴う還付金の代理受領については特別の授権が必要であるため、このように記載する。

Ⅵ－2－2　登記用委任状（登記権利者用／Ⅴを登記原因証明情報として提供する場合）（注1）

委　任　状

平成　年　月　日

　　　　　住　所　　東京都○区○町一丁目2番3号
　　　　　登記権利者　株式会社甲野銀行
　　　　　　　　　　　代表取締役　甲野太郎　　　　㊞
　　　　　　　　　　　（取扱店　○支店）

私は、＿＿＿＿＿＿＿＿＿＿＿＿＿＿＿＿（注2）を代理人と定め、下記の事項に関する一切の権限を委任します。

記

1．次の要項による登記申請に関すること
　　(1) 登記原因証明情報：平成○年○月○日付け登記原因証明情報（抵当権設定）（注3）
　　(2) 登記の目的：抵当権設定
2．上記申請の登記識別情報の受領に関すること（注4）
3．上記申請の登記完了証の受領に関すること（注5）
4．上記申請に関する資格証明情報その他の添付情報の原本還付手続に関すること（注5）
5．上記申請の登録免許税還付金の代理受領に関すること（注6）

以　上

(注1)　Ⅳ抵当権設定契約証書とは別に、Ⅴ登記原因証明情報（抵当権設定）を作成し、これを登記原因証明情報（不登法第61条）として提出する場合に、登記権利者が作成する委任状の書式である。物件が複数で管轄登記所が複数となるケースにおいて、委任状の原本還付を受けるときは、他の申請についても委任したことが明らかな内容とする必要がある。
(注2)　代理人の住所ならびに氏名または名称を記載する。
(注3)　登記所に提供する登記原因証明情報の作成日およびその名称を記載する。
(注4)　登記識別情報の受領には特別の授権が必要であるため、このように記載する。なお、電子申請においてオンラインで登記識別情報を受領することを「復号」といい、この方法による受領には特別の授権が必要であるため、これについても委任する場合は、「上記申請の登記識別情報の受領・復号に関すること」のように記載する。
(注5)　これらの事項には特別の授権を必要としないが、委任事項を明確にするため、このように記載する。
(注6)　登記申請の取下げ・却下・過誤納付に伴う還付金の代理受領については特別の授権が必要であるため、このように記載する。

4 追加担保

15 追加担保設定の場合

Ⅰ ケース概要

　甲野銀行は、債務者乙野商事宛て融資に基づく債権を担保する目的で、乙野商事所有の土地に抵当権の設定を受けていたが、同土地上に乙野商事所有の建物が新築されたため、共同担保として、この建物についても抵当権の追加設定を受けることとなった。

Ⅱ 書式作成上の留意点

① 既設定の抵当権がある場合に、これとの共同担保として後から抵当権の追加設定を受ける場合の書式である。既設定抵当権およびその登記を特定し、それとの共同担保になることを明らかにすることがポイントである。本ケースでは、土地につき既に抵当権の設定を受けている前提で（No.1）、同土地上に建てられた建物を追加担保にとる場合とした。この契約により共同抵当権追加設定の登記原因が生じる。

② 抵当権者と抵当権設定者との間に抵当権設定契約が締結されることにより、抵当権設定の登記原因が生じる。ただし、被担保債権の存在が前提となる（附従性）。

③ 本ケースは、債務者兼抵当権設定者の例で記載しているが、書式としては、第三者担保提供の場合にも使えるよう、抵当権設定者の欄を設けている。
　会社がその取締役個人またはその取締役が代表取締役である別会社の債務につき担保提供するなど、取締役の債務を保証することとなる場合は会社法所定の承認が必要となり、登記申請に際して署名者全員の印鑑証明書付きで議事録等を提供することとなるので注意を要する（会社法第356条・第365条、不登令第7条第1項第5号ハ）。なお、第三者担保提供者に対しては、銀行取引約定書の写しを交付するのがよいであろう。

④ この抵当権設定契約とは別にⅤ登記原因証明情報を作成し、登記原因証明情報（不登法第61条）として登記所に交付することができる。

⑤ 抵当権設定の登記は、抵当権者が登記権利者となり、抵当権設定者が登記義務者となって行い、登記原因のほか被担保債権の債権額・利息・損害金・債務者・抵当権者などをその登記事項とする。

⑥ 抵当権設定者について、所有権の取得に係る登記識別情報（登記済証）および印鑑証明書が必要となる。なお、登記完了後は双方に登記完了証が交付され、抵当権者には登記識別情報が通知される。

⑦ この例では物件1個を目的としているので問題とならないが、複数物件で管轄登記所が異なるケースでは、印鑑証明書およびⅤ登記原因証明情報（抵当権追加設定）は各登記所ごと

に（複数）必要となる。当該申請のためにのみ作成したⅥ登記用委任状も同様であり、これらは原本還付を受けることができないとされている。

Ⅲ 必要書類・費用一覧

書　類	書類上の関係者
□ 抵当権設定契約証書	抵当権者、債務者、抵当権設定者
□ 登記原因証明情報	抵当権設定者
□ 委任状（登記義務者用）	抵当権設定者
□ 委任状（登記権利者用）	抵当権者
□ 登記識別情報（登記済証）	抵当権設定者
□ 印鑑証明書	抵当権設定者
□ 会社法人等番号（注）	抵当権者、抵当権設定者
□ 登録免許税	不動産1個につき1,500円（前登記物件が他の管轄登記所に属する場合は、前登記に係る所定の資料の提供が前提）

（注）　不登令等の改正により、平成27年11月2日から、会社・法人の代表者等の資格を証する情報の提供（添付）に代え、登記申請情報に商業登記法第7条の会社法人等番号を記録または記載することとなった。ただし、法人登記手続中となるなどの場合を考慮し、例外的に、作成後1か月以内の資格証明情報（登記事項証明書）を提供（添付）することも認められている。

Ⅳ 抵当権追加設定契約証書

```
（印紙）
（注1）
```

抵当権追加設定契約証書

　　　　　　　　　　　　　　　　　　　　平成　　年　　月　　日（注2）

東京都○区○町一丁目2番3号
株式会社甲野銀行　御中
（取扱店　　　　　　　　　　　）

　　　　　　　　　住　所　　東京都○区○町三丁目2番1号
　　　　　　　　　債務者
　　　　　　　　　抵当権設定者　　株式会社乙野商事
　　　　　　　　　　　　　　　　　代表取締役　乙野次郎　　㊞（注3）

　　　　　　　　　住　所
　　　　　　　　　抵当権設定者
　　　　　　　　　（注4）（注5）

株式会社甲野銀行（以下「銀行」といいます。）、債務者および抵当権設定者は、次のとおり抵当権設定契約を締結しました。

[既設定抵当権の表示]（注6）

1．登記	平成〇年〇月〇日東京法務局〇出張所受付第〇号
2．物件	後記既設定物件の表示記載のとおり

[抵当権の要項]（注7）

1．被担保債権	平成〇年〇月〇日付け金銭消費貸借契約に基づく債権
2．債権額	拾億　　百万　　千　　円 （算用数字／頭部に¥マーク）
3．利息	年〇％（年365日日割計算）
4．損害金	年〇％（年365日日割計算）
5．債務者	住所　東京都〇区〇町三丁目2番1号 氏名　株式会社乙野商事（注8）
6．順位	後記のとおり（注9）
7．物件	後記追加物件の表示記載のとおり

（注10）

追加物件の表示	順位	所有者
所　　在　東京都〇区〇町一丁目1番地1 家屋番号　1番1 種　　類　居宅 構　　造　木造セメントかわらぶき平家建 床 面 積　〇〇.〇〇㎡	1	株式会社乙野商事
既設定物件の表示	順位	所有者
所　　在　東京都〇区〇町一丁目 地　　番　1番1 地　　目　宅地 地　　積　〇〇〇.〇〇㎡	1	株式会社乙野商事

第1条（抵当権の設定）

① 抵当権設定者は、前記「既設定抵当権の表示」記載の抵当権の追加担保として、下記条項を承認のうえ、その所有する前記「追加物件の表示」記載の物件のうえに、銀行が有する前記被担保債権を担保するため、前記「抵当権の要項」記載の抵当権を設定しま

した。

② 抵当権設定者は、この契約について、下記条項のほか、債務者が銀行に差し入れた銀行取引約定書および被担保債権の成立・変更等に係る約定書ならびに債務者が銀行に今後差し入れるこれらの約定書記載の各条項の適用があることを承認します。

第2条（登記義務）

抵当権設定者は、前条第1項による抵当権設定の登記手続を遅滞なく行い、その登記事項証明書を銀行に提出します。今後、この抵当権について各種の変更等の合意がなされたときも同様とします。

第3条（抵当物件）

① 抵当権設定者は、あらかじめ銀行の承諾がなければ抵当物件（抵当建物の借地権を含む。以下同じ。）の現状を変更し、または第三者のために権利を設定しもしくは譲渡しません。

② 抵当物件が原因のいかんを問わず滅失・毀損しもしくはその価格が低落したとき、またはそのおそれがあるときは、抵当権設定者はただちにその旨を銀行に通知します。この場合において、銀行から請求があったときは、債務者および抵当権設定者は、ただちに銀行の承認する担保もしくは増担保を差し入れ、または保証人をたてもしくはこれを追加し、あるいは被担保債務の全部または一部を期限のいかんにかかわらず弁済します。

③ 抵当物件について譲渡、土地明渡し、収用その他の原因により譲渡代金・立退料・補償金・清算金などの債権が生じたときは、抵当権設定者は銀行のためにその債権に質権を設定するものとし、銀行がこれらの金銭を受領したときは債務の弁済期前でも法定の順序にかかわらず、銀行はその弁済に充当することができます。

第4条（損害保険）

① 抵当権設定者は、この抵当権が存続する間抵当物件に対し、銀行の同意する保険会社と銀行の指定する金額以上の損害保険契約を締結または継続し、その保険契約に基づく権利のうえに銀行のため質権を設定し、またはその保険契約に抵当権者特約条項をつけます。

② 抵当権設定者は、前項の保険契約以外に抵当物件に対し保険契約を締結したときは、ただちに銀行に通知し、前項と同様の手続をとります。

③ 前2項の保険契約の継続・更改・変更および保険目的物件罹災後の保険金等の処理については、すべて銀行の指示に従います。

④ 銀行が債権保全のため、必要な保険契約を締結しもしくは抵当権設定者に代って保険契約を締結または継続し、その保険料を支払ったときは、抵当権設定者は銀行の支払った保険料その他の費用に、その支払日から年〇％（注11）の割合の損害金を付して支払います。

⑤　前4項による保険契約に基づく保険金を銀行が受領したときは、債務の弁済期前でも法定の順序にかかわらず債務の弁済に充当されても異議ありません。

第5条（借地権）(注12)

①　抵当権設定者は、抵当物件の敷地につきその借地期間が満了したときは、借地借家法第22条・第23条・第24条の定期借地権を除きただちに借地契約継続の手続をとります。また、土地の所有者に変更があったときはただちに銀行に通知し、借地権の種類・内容に変更が生じるときはあらかじめ銀行に通知します。

②　抵当権設定者は、解約、賃料不払、借地権の種類・内容の変更その他借地権の消滅または変更をきたすようなおそれのある行為をせず、またこのようなおそれのあるときは借地権保全に必要な手続をとることはもちろん、抵当物件のうち建物が滅失した場合も銀行の同意がなければ借地権の転貸その他任意の処分をしません。

③　抵当物件のうち建物が火災その他により滅失し、建物を建築する場合は、抵当権設定者は、ただちに借地借家法第10条第2項の所定の掲示を行ったうえ、速やかに地主の承諾を得て建物を建築します。

④　前項の場合、抵当権設定者は、この抵当権と同一内容・順位の抵当権を設定します。

⑤　抵当権設定者が第3項に従って建物の建築をしない場合において、保険金等によって弁済をしてもなお残債務があるときは、借地権の処分について銀行の指示に従うものとし、銀行はその処分代金をもって債務の弁済に充当することができます。

第6条（任意処分）

　　抵当物件は、かならずしも競売手続によらず一般に適当と認められる方法・時期・価格等により銀行において抵当物件を処分のうえ、その取得金から諸費用を差し引いた残額を法定の順序にかかわらず債務の弁済に充当されても異議ありません。また、残債務がある場合は債務者はただちに弁済します。

第7条（抵当物件の調査）

　　抵当物件の現況等について銀行から請求があったときは、ただちに報告し、また調査に必要な便益を提供します。

第8条（費用の負担）

　　この抵当権に関する設定・解除または変更の登記および抵当物件の調査または処分に関する費用は、債務者および抵当権設定者が連帯して負担し、銀行が支払った金額についてはただちに支払います。

第9条（担保保存義務）(注13)

①　抵当権設定者は、銀行の都合によって他の担保または保証を変更、解除されても異議ありません。

②　抵当権設定者が弁済等により銀行から代位によって取得した権利は、債務者と銀行と

の取引継続中は、銀行の同意がなければこれを行使しません。また、銀行が請求したときは、その権利または順位を銀行に無償で譲渡します。

以　上

（注１）　この文書は、平成元年４月１日以降、印紙税法上の課税文書には該当しないこととされている。ただし、第３条第３項を修正して収用等により生じた債権を（質権設定ではなく）根抵当権者に譲渡する旨の定めをした場合は、債権譲渡に関する契約書（第15号文書）に該当して課税文書となり、また第６条を修正して（処分清算条項ではなく）代物弁済を約する旨の定めをした場合は、不動産の譲渡に関する契約書（第１号の１文書）として課税文書となるので、留意が必要である。
（注２）　この契約書を作成した日付を記載する。
（注３）　抵当権設定者と債務者が同じ場合は、この欄に署名（記名）捺印させる。
（注４）　債務者以外の第三者が抵当権設定者の場合は、この欄に署名（記名）捺印させる。
（注５）　債務者以外の抵当権設定者がいる場合で、その者に連帯保証を求める場合は、「連帯保証人」の記載を追加するのではなく、保証人徴求の際に法令等によって求められる手続を履践する必要がある。
（注６）　追加設定であるので、既設定抵当権の内容をわかりやすい位置に記載する。既設定抵当権の登記を法務局と受付日、受付番号で特定する。
（注７）　抵当権の被担保債権を特定するに足りる事項として、発生原因とその日付、債権額、利息および遅延損害金の定め等を記載する。
（注８）　住所、氏名を記載する（法人の場合は本店所在地と商号を記載）。
（注９）　第１順位の抵当権を設定することを念頭に置いている。第１順位ではない場合には、当該順位を記載することとなる。
（注10）　既設定抵当権の対象物件と追加担保の対象物件とを記載する。
（注11）　所定の利率を記載する。
（注12）　本件では借地権は関係ないが、一般規定として、あえて削除しないのが通例である。
（注13）　本件では債務者以外の抵当権設定者がいないから本条が機能する場面はないが、あえて削除しないのが通例である。

V　登記原因証明情報（抵当権追加設定）（注１）

登記原因証明情報
（抵当権追加設定）

平成　　年　　月　　日

東京法務局　○出張所　御中

　　　　　住　所　　　　　　東京都○区○町三丁目２番１号
　　　　　登記義務者（注２）　株式会社乙野商事
　　　　　　　　　　　　　　代表取締役　乙野次郎　　　　㊞

　登記義務者（抵当権設定者）は、本件登記の原因となる事実または法律行為が下記１．記載のとおりであることおよびこれに基づき現に下記２．記載の内容を登記要項とする物権変動が生じたことを証明します。

第１節　設　定　　161

1．登記の原因となる事実または法律行為

(1)	契約証書名および締結年月日	平成○年○月○日付け抵当権追加設定契約証書（注3）
(2)	契約当事者	抵当権者　　　　株式会社甲野銀行
		抵当権設定者　　株式会社乙野商事

2．登記申請情報の要項（注4）

(1)	登記の目的	抵当権設定
(2)	原因	平成○年○月○日金銭消費貸借平成○年○月○日設定（注5）
(3)	債権額（注6）	拾億　　百万　　千　　円 （算用数字／頭部に¥マーク）
(4)	利息（注7）	年○％（年365日日割計算）
(5)	損害金	年○％（年365日日割計算）
(6)	債務者	東京都○区○町三丁目2番1号 株式会社乙野商事
(7)	登記権利者 （抵当権者）（注8）	東京都○区○町一丁目2番3号 株式会社甲野銀行（取扱店○支店）
(8)	登記義務者 （抵当権設定者）（注2）	東京都○区○町三丁目2番1号 株式会社乙野商事
(9)	追加設定不動産の表示	後記のとおり
(10)	既設定抵当権の表示	後記のとおり

追加設定不動産の表示

所　　在　東京都○区○町一丁目1番地1
家屋番号　1番1
種　　類　居宅
構　　造　木造セメントかわらぶき平家建
床 面 積　○○.○○㎡

[既設定抵当権の表示]（注9）

1．登記	平成○年○月○日東京法務局○出張所受付第○号
2．物件	後記既設定不動産の表示記載のとおり

既設定不動産の表示
所　　在　東京都〇区〇町一丁目 地　　番　1番1 地　　目　宅地 地　　積　〇〇〇.〇〇㎡

以　上

(注1) Ⅳ抵当権追加設定契約証書とは別に、Ⅴ登記原因証明情報（抵当権追加設定）を作成する場合の書式である。この情報は、登記の原因となる事実または法律行為のほか、登記事項（および物件表示）を登記義務者が確認して署名（または記名捺印）したものでなくてはならない。契約証書とは異なり、登記用に作成された書面の原本還付を受けることはできないため、物件が複数で管轄登記所が複数となるケースでは、登記所ごとに（複数）作成する必要がある。その内容は同文面とし、すべての物件を記載する。
(注2) 登記義務者は、物件の所有者となる。
(注3) Ⅳ契約証書の名称および締結年月日を記載する。
(注4) 債権額、利息、損害金の内容が当初設定と異なっていても、これらの変更登記をしないで追加設定を受けることができる（債権額の増額更正を除く）。また債務者の住所・名称の異動についても同様である。
(注5) 抵当権設定の「登記原因およびその日付」は、まず契約名称および日付をもって被担保債権を記載し、次に設定契約の日付を記載する。
(注6) 抵当権の被担保債権の債権額を記載する。登記申請までに弁済により債権額が減少していても当初の金額をもって登記することができるが、登記申請時の残高をもって登記することもできる。
(注7) 変動計算式や変動する旨を登記することはできない。
(注8) 登記権利者は、抵当権者となる。
(注9) 既設定抵当権の登記を法務局と受付日、受付番号で特定し、その対象物件を記載する。

Ⅵ－1－1　登記用委任状（登記義務者用／Ⅳを登記原因証明情報として提供する場合）(注1)

委　任　状

平成　年　月　日

　　　　　　　住　所　　東京都〇区〇町三丁目2番1号
　　　　　　　登記義務者　株式会社乙野商事
　　　　　　　　　　　　　代表取締役　乙野次郎　　　㊞
　　　　　　（連絡先　担当部署　〇〇部／担当者名　〇〇　〇〇）
　　　　　　（電話番号　〇〇－〇〇〇〇－〇〇〇〇）

私は、＿＿＿＿＿＿＿＿＿＿＿＿＿＿＿＿(注2)を代理人と定め、下記の事項に関する一切の権限を委任します。

記

第1節　設　定　163

1．次の要項による登記申請に関すること
　　⑴　登記原因証明情報：平成〇年〇月〇日付け抵当権追加設定契約証書（注3）
　　⑵　登記の目的：抵当権設定
2．上記申請の登記識別情報の暗号化に関すること（注4）
3．上記申請の登記完了証の受領に関すること（注5）
4．上記申請に関する契約証書、資格証明情報その他の添付情報の原本還付手続に関すること（注5）
5．上記申請の登録免許税還付金の代理受領に関すること（注6）

以　上

(注1)　Ⅳ抵当権追加設定契約証書を登記原因証明情報（不登法第61条）として提供する場合に、登記義務者が作成する委任状の書式である。物件が複数で管轄登記所が複数となるケースにおいて、委任状の原本還付を受けるときは、他の申請についても委任したことが明らかな内容とする必要がある。
(注2)　代理人の住所ならびに氏名または名称を記載する。
(注3)　登記所に提供する契約証書の締結日およびその名称を記載する。
(注4)　登記識別情報の暗号化（電子申請においてオンラインで登記識別情報を提供すること）には特別の授権が必要であるため、このように記載する。
(注5)　これらの事項には特別の授権を必要としないが、委任事項を明確にするため、このように記載する。
(注6)　登記申請の取下げ・却下・過誤納付に伴う還付金の代理受領については特別の授権が必要であるため、このように記載する。

Ⅵ－1－2　登記用委任状（登記義務者用／Ⅴを登記原因証明情報として提供する場合）(注1)

委　任　状

平成　　年　　月　　日

住　所　　　東京都〇区〇町三丁目2番1号
登記義務者　株式会社乙野商事
　　　　　　代表取締役　乙野次郎　　㊞
連絡先　担当部署　〇〇部／担当者名　〇〇　〇〇
電話番号　〇〇－〇〇〇〇－〇〇〇〇

私は、＿＿＿＿＿＿＿＿＿＿＿＿＿＿(注2)を代理人と定め、下記の事項に関する一切の権限を委任します。

記

1．次の要項による登記申請に関すること
　　⑴　登記原因証明情報：平成〇年〇月〇日付け登記原因証明情報（抵当権追加設定）（注3）
　　⑵　登記の目的：抵当権設定
2．上記申請の登記識別情報の暗号化に関すること（注4）
3．上記申請の登記完了証の受領に関すること（注5）
4．上記申請に関する資格証明情報その他の添付情報の原本還付手続に関すること（注5）

5．上記申請の登録免許税還付金の代理受領に関すること（注6）

以　上

(注1) Ⅳ抵当権追加設定契約証書とは別に、Ⅴ登記原因証明情報（抵当権追加設定）を作成し、これを登記原因証明情報（不登法第61条）として提供する場合に、登記義務者が作成する委任状の書式である。物件が複数で管轄登記所が複数となるケースにおいて、委任状の原本還付を受けるときは、他の申請についても委任したことが明らかな内容とする必要がある。
(注2) 代理人の住所ならびに氏名または名称を記載する。
(注3) 登記所に提供する登記原因証明情報の作成日およびその名称を記載する。
(注4) 登記識別情報の暗号化（電子申請においてオンラインで登記識別情報を提供すること）には特別の授権が必要であるため、このように記載する。
(注5) これらの事項には特別の授権を必要としないが、委任事項を明確にするため、このように記載する。
(注6) 登記申請の取下げ・却下・過誤納付に伴う還付金の代理受領については特別の授権が必要であるため、このように記載する。

Ⅵ－2－1　登記用委任状（登記権利者用／Ⅳを登記原因証明情報として提供する場合）(注1)

委　任　状

平成　年　月　日

住　所　　東京都〇区〇町一丁目2番3号
登記権利者　株式会社甲野銀行
　　　　　　代表取締役　甲野太郎　　㊞
　　　　　　（取扱店　〇支店）

私は、＿＿＿＿＿＿＿＿＿＿＿＿＿＿＿(注2)を代理人と定め、下記の事項に関する一切の権限を委任します。

記

1．次の要項による登記申請に関すること
　(1) 登記原因証明情報：平成〇年〇月〇日付け抵当権追加設定契約証書(注3)
　(2) 登記の目的：抵当権設定
2．上記申請の登記識別情報の受領に関すること(注4)
3．上記申請の登記完了証の受領に関すること(注5)
4．上記申請に関する契約証書、資格証明情報その他の添付情報の原本還付手続に関すること(注5)
5．上記申請の登録免許税還付金の代理受領に関すること(注6)

以　上

(注1) Ⅳ抵当権追加設定契約証書を登記原因証明情報（不登法第61条）として提供する場合に、登記権利者が作成する委任状の書式である。物件が複数で管轄登記所が複数となるケースにおいて、委任状の原本還付を受けるときは、他の申請についても委任したことが明らかな内容とする必要がある。

(注2) 代理人の住所ならびに氏名または名称を記載する。
(注3) 登記所に提供する契約証書の締結日およびその名称を記載する。
(注4) 登記識別情報の受領には特別の授権が必要であるため、このように記載する。なお、電子申請においてオンラインで登記識別情報を受領することを「復号」といい、この方法による受領には特別の授権が必要であるため、これについても委任する場合は、「上記申請の登記識別情報の受領・復号に関すること」のように記載する。
(注5) これらの事項には特別の授権を必要としないが、委任事項を明確にするため、このように記載する。
(注6) 登記申請の取下げ・却下・過誤納付に伴う還付金の代理受領については特別の授権が必要であるため、このように記載する。

Ⅵ－2－2　登記用委任状（登記権利者用／Ⅴを登記原因証明情報として提供する場合）(注1)

委　任　状

平成　　年　　月　　日

住　所　　　東京都○区○町一丁目2番3号
登記権利者　株式会社甲野銀行
　　　　　　代表取締役　甲野太郎　　　㊞
　　　　　　（取扱店　○支店）

私は、＿＿＿＿＿＿＿＿＿＿＿＿＿＿＿＿(注2)を代理人と定め、下記の事項に関する一切の権限を委任します。

記

1．次の要項による登記申請に関すること
　　(1) 登記原因証明情報：平成○年○月○日付け登記原因証明情報（抵当権追加設定）(注3)
　　(2) 登記の目的：抵当権設定
2．上記申請の登記識別情報の受領に関すること（注4）
3．上記申請の登記完了証の受領に関すること（注5）
4．上記申請に関する資格証明情報その他の添付情報の原本還付手続に関すること（注5）
5．上記申請の登録免許税還付金の代理受領に関すること（注6）

以　上

(注1)　Ⅳ抵当権追加設定契約証書とは別に、Ⅴ登記原因証明情報（抵当権追加設定）を作成し、これを登記原因証明情報（不登法第61条）として提出する場合に、登記権利者が作成する委任状の書式である。物件が複数で管轄登記所が複数となるケースにおいて、委任状の原本還付を受けるときは、他の申請についても委任したことが明らかな内容とする必要がある。
(注2)　代理人の住所ならびに氏名または名称を記載する。
(注3)　登記所に提供する登記原因証明情報の作成日およびその名称を記載する。
(注4)　登記識別情報の受領には特別の授権が必要であるため、このように記載する。なお、電子申請においてオンラインで登記識別情報を受領することを「復号」といい、この方法による受領には特別の授権が必要であるため、これについても委任する場合は、「上記申請の登記識別情報の受領・復号に関すること」のように記載する。

(注5) これらの事項には特別の授権を必要としないが、委任事項を明確にするため、このように記載する。
(注6) 登記申請の取下げ・却下・過誤納付に伴う還付金の代理受領については特別の授権が必要であるため、このように記載する。

第2節　移　　転

1　債権譲渡

16　抵当権付債権の全部譲渡（債務者の承諾を証書上で取得する場合）

Ⅰ　ケース概要

　甲野銀行は、乙野商事に対し融資を行い、その担保として乙野商事所有の土地建物につき抵当権の設定を受けていたが、今般、融資金の回収が滞るようになったことから、この抵当権付債権を丙川サービサーに譲渡することになった。なお、債務者は、この譲渡を異議なく承諾する意向を有している。

Ⅱ　書式作成上の留意点

　① 　抵当権の設定を受けていた融資金債権の全部を譲渡し、この譲渡について債務者の承諾を得る場合の書式である。譲渡される債権が抵当権付である場合は、抵当権の随伴性により抵当権が債権譲受人に移転するから、抵当権移転の登記原因が生じる。

　② 　債権譲渡の第三者対抗要件は、確定日付の付された譲渡人による通知または債務者による承諾のいずれによっても具備することが可能である（民法第467条第2項）から、債権譲渡にあたり債務者を当事者とする証書を作成することが必須となるものではない。もっとも、債務者から異議をとどめない承諾が得られれば、承諾までに生じていた抗弁権が遮断される（民法第468条第1項前段）から、債務者が債権譲渡契約証書の当事者となることに協力的である事案においては、本書式のように債務者からの異議なき承諾を取り付けることが望ましい。なお、債権譲渡人および債権譲受人の二者のみで債権譲渡契約証書を作成し、債務者を証書の当事者としない場合は、No.17の書式を使用する。

　③ 　抵当権（不動産の表示を含む）の記載がある債権譲渡契約証書は、抵当権移転の登記原因証明情報（不登法第61条）として登記所に提供することができる。なお、債権譲渡の効力が代金支払時に発生するものとされている場合には、代金の支払により債権譲渡の効力が発生したことを証明するため、譲渡代金の領収書もあわせて登記所に提供する必要がある。

　④ 　上記の債権譲渡契約証書を締結した場合であっても、これとは別にⅤ登記原因証明情報を作成し、登記原因証明情報（不登法第61条）として登記所に提供することができる。この方法によった場合には、作成した登記原因証明情報のみによって債権譲渡の効力が発生したことが証明できるから、③の場合とは異なり、譲渡代金の領収書を提供する必要はない。

　⑤ 　抵当権移転登記は、債権譲受人（新抵当権者）が登記権利者となり、債権譲渡人（現抵当権者）が登記義務者となって行う。

⑥ 登記義務者は、抵当権の取得に係る登記識別情報（登記済証）を提供する。なお、登記完了後は、双方に登記完了証が交付され、登記権利者には登記識別情報が通知される。
⑦ 管轄登記所が複数となるケースでは、Ⅴ登記原因証明情報（抵当権移転）は、登記所ごとに（複数）必要となる。当該申請のためにのみ作成したⅥ登記用委任状も同様であり、これらは原本還付を受けることができないとされている。

Ⅲ 必要書類・費用一覧

書　　類	書類上の関係者
□ 抵当権付債権譲渡契約証書	債権譲渡人（現抵当権者）、債権譲受人（新抵当権者）、債務者（抵当権設定者）
□ 登記原因証明情報	債権譲渡人（現抵当権者）
□ 委任状（登記義務者用）	債権譲渡人（現抵当権者）
□ 委任状（登記権利者用）	債権譲受人（新抵当権者）
□ 登記識別情報（登記済証）	債権譲渡人（現抵当権者）
□ 会社法人等番号（注）	債権譲渡人（現抵当権者）、債権譲受人（新抵当権者）
□ 登録免許税	抵当権の債権額の1,000分の2

（注）　不登令等の改正により、平成27年11月2日から、会社・法人の代表者等の資格を証する情報の提供（添付）に代え、登記申請情報に商業登記法第7条の会社法人等番号を記録または記載することとなった。ただし、法人登記手続中となるなどの場合を考慮し、例外的に、作成後1か月以内の資格証明情報（登記事項証明書）を提供（添付）することも認められている。

Ⅳ 抵当権付債権譲渡契約証書

（印紙）（注1）

抵当権付債権譲渡契約証書

平成　　年　　月　　日（注2）

住　所　　　東京都〇区〇町一丁目2番3号
債権譲渡人　　株式会社甲野銀行
（現抵当権者）　代表取締役　甲野太郎　　㊞（注3）

確定日付欄（注6）

住　所　　　東京都〇区〇町三丁目2番1号
債権譲受人　　株式会社丙川サービサー
（新抵当権者）　代表取締役　丙野三郎　　㊞（注4）

住　所	東京都○区○町四丁目5番6号
債務者	株式会社乙野商事
（抵当権設定者）	代表取締役　乙野次郎　　㊞（注5）

　債権譲渡人および債権譲受人ならびに債務者は、次のとおり抵当権付債権譲渡契約を締結しました。

[譲渡債権の表示]

1．債権者	上記債権譲渡人に同じ
2．債務者	上記債務者に同じ
3．原契約	契約名および契約年月日：平成　年　月　日金銭消費貸借契約 当初元本金額（注7）：拾億　百万　千　円（算用数字／頭部に¥マーク）
4．残元本金額（注8）	拾億　百万　千　円（算用数字／頭部に¥マーク）

[債権譲渡の要項]

1．譲渡代金額	拾億　百万　千　円（算用数字／頭部に¥マーク）
2．譲渡代金の支払方法	平成○年○月○日に一括支払（注9）

[抵当権の表示]

1．登記	平成○年○月○日東京法務局○出張所受付第○号
2．物件	後記物件の表示記載のとおり

物件の表示	所有者
所　在　東京都○区○町一丁目 地　番　1番1 地　目　宅地 地　積　○○○.○○㎡	株式会社乙野商事
所　在　東京都○区○町一丁目1番地1	株式会社乙野商事

家屋番号　1番1
種　　類　居宅
構　　造　木造セメントかわらぶき平家建
床 面 積　〇〇.〇〇㎡

第1条（債権譲渡）

① 債権譲渡人は、債権譲受人に対し、前記原契約（その後の変更を含む。以下同じ。）に基づき債権譲渡人が債務者に対して有する一切の債権（前記の残元本金額、経過利息および発生済み遅延損害金等の付帯債権を含み、以下「譲渡対象債権」といいます。）(注10) を前記「債権譲渡の要項」記載の内容により譲渡しました。(注11)

② 債権譲渡人は、前記譲渡代金額を前記「譲渡代金の支払方法」記載のとおり支払います。(注12)

第2条（対抗要件）

債務者は、前条第1項に定める債権譲渡について異議なく承諾しました。(注13)(注14)

第3条（原契約証書の交付）

債権譲渡人は、譲渡代金全額の支払と引換に、前記原契約の証書その他債権譲受人の権利行使および保全に必要な一切の書類を、債権譲受人の指示に従って債権譲受人に交付します。

第4条（登記義務）

債権譲渡人は、譲渡対象債権を担保するために設定された前記「抵当権の表示」記載の抵当権について、第1条に基づく債権譲渡を原因とする抵当権移転登記手続を遅滞なく行い、その登記事項証明書を債権譲受人に提出します。

第5条（費用の負担）

本契約締結に係る費用および本契約に基づく登記費用その他関連する費用は、債権譲渡人が負担し、債権譲受人が支払った金額についてはただちに支払います。(注15)(注16)

以　上

(注1) この文書は印紙税法上の債権譲渡に関する契約書（第15号文書）に該当する。印紙税額は200円である。なお、債権譲渡証書記載の契約金額が10,000円未満の場合は、非課税となる。
(注2) この契約書を作成した日付を記載する。
(注3) 債権譲渡人にはこの欄に署名（記名）捺印させる。なお、住所および商号、氏名は、会社法人等番号または住民票により確認する。
(注4) 債権譲受人にはこの欄に署名（記名）捺印させる。なお、住所および商号、氏名は、会社法人等番号または住民票により確認する。
(注5) 債務者にはこの欄に署名（記名）捺印させる。債務者以外の者が抵当権設定者である場合であっても、債務者の署名（記名）捺印があれば足り、抵当権設定者を契約当事者として署名（記名）捺印させる必要はない。
(注6) 債権譲渡の第三者対抗要件は、確定日付のある証書による債務者への通知または承諾であることから、本書式において債務者の承諾により第三者対抗要件を具備するには、確定日付を付す必要がある。確定日付を付す方法としては、本書式に債務者の署名（記名）捺印を取得した後、公証役場において確定日付印の付与を受けるのが一般的である。
(注7) 原契約に記載される貸付元本金額を記載する。

(注8) 残元本金額のほか、既発生の経過利息および遅延損害金の金額を具体的に表示することも考えられるが、これらを含めて譲渡対象債権とする旨の文言を第1条第1項に設けておけば具体的な金額の特定がなくても特定に欠ける点はなく、また簡易な事務でない可能性を考慮し、本書式では残元本のみを表示する書式を示すこととした。

(注9) 分割払となる場合には、「平成○年○月○日までに○円、平成○年○月○日までに残額全額を支払」などと記載する。

(注10) 既発生の利息（経過利息）および遅延損害金は、基本権となる元本債権とは別の債権（支分権）であり、元本債権の移転により当然に移転するものではないから、このような文言を設けることによって移転の対象であることを示す必要がある。

(注11) 本書式では、期限を定めて代金を支払うこととしているか否かにかかわらず、債権譲渡契約時に債権譲渡による抵当権移転の効果が生じることを前提としている。代金支払完了時に債権譲渡による抵当権移転の効果が生じる構成にすることも考えられるが、次条による債務者の承諾が債権譲渡の効力発生前に行われることとなり対抗要件としての効力に疑義を生じさせるおそれがあることや、抵当権移転登記手続の登記原因証明情報としてこの契約証書のほかに譲渡代金の領収書など追加資料の提供が必要となることから、上記の構成は採用しなかった。

(注12) 契約締結と同時に代金が支払われる場合、本項の文末を「支払い、債権譲受人はこれを受領しました。」と改めることも考えられる。もっとも、このような文言による場合、この契約書が印紙税法上の売上代金の受取書（第17号文書）となり、代金額に応じた印紙税が課税されることとなるので、注意を要する。

(注13) 被担保債権に譲渡禁止特約が付されている場合には債務者が譲渡を承諾しない限り債権譲渡の効力が生じない（民法第466条第2項）ため、融資契約に譲渡禁止特約が付されている場合には、債権譲渡の対抗要件としての承諾および譲渡禁止特約の解除についての承諾の両方を行ったことを明確にする文言に改めることが望ましい。

(注14) 債務者から異議をとどめない承諾が得られれば、承諾までに生じていた抗弁権が遮断される（民法第468条第1項前段）。なお、異議をとどめない承諾によっても、当該承諾により第三者の利益が害される場合には抗弁権が遮断されないことがありうるため、注意が必要である。たとえば、後順位抵当権者がいるときに債務者が弁済を行った場合、その後に債務者が異議なき承諾を行ったとしても、後順位抵当権者の順位上昇の利益保護の観点から、債権譲受人が弁済により消滅した債権を復活させて取得することはできないとする考え方が有力である。

(注15) 本契約における各種費用について債権譲渡人が負担する例を記載している。

(注16) 本書式は、債権譲渡および抵当権移転に最低限必要な条項を内容とするものである。内容をさらに充実させるには、譲渡対象債権を債権譲受人以外の第三者に譲渡していない旨の表明保証条項を追加することなどが考えられる。

V　登記原因証明情報（抵当権移転）(注1)

登記原因証明情報
（抵　当　権　移　転）

　　　　　　　　　　　　　　　　　　　　　平成　　年　　月　　日

東京法務局　○出張所　御中

　　　　　住　所　　　　東京都○区○町一丁目2番3号
　　　　　登記義務者(注2)　株式会社甲野銀行
　　　　　　　　　　　　　代表取締役　甲野太郎　　　　㊞

登記義務者（現抵当権者）は、本件登記の原因となる事実または法律行為が下記1．記載のとおりであること、およびこれに基づき現に下記2．記載の内容を登記要項とする物権変動が生じたことを証明します。

1．登記の原因となる事実または法律行為

(1)	契約証書名および締結年月日	平成○年○月○日付け抵当権付債権譲渡契約証書（注3）	
(2)	契約当事者	債権譲渡人（現抵当権者）	株式会社甲野銀行
		債権譲受人（新抵当権者）	株式会社丙川サービサー

2．登記申請情報の要項

(1)	登記の目的	抵当権移転（注4）
(2)	移転する抵当権	平成○年○月○日受付第○号
(3)	原因	平成○年○月○日債権譲渡（注5）
(4)	登記権利者（新抵当権者）（注6）	東京都○区○町三丁目2番1号 株式会社丙川サービサー
(5)	登記義務者（現抵当権者）（注2）	東京都○区○町一丁目2番3号 株式会社甲野銀行
(6)	不動産の表示	後記不動産の表示記載のとおり

不動産の表示

所　　　在　東京都○区○町一丁目
地　　　番　1番1
地　　　目　宅地
地　　　積　○○○.○○㎡

所　　　在　東京都○区○町一丁目1番地1
家屋番号　1番1
種　　　類　居宅
構　　　造　木造セメントかわらぶき平家建
床 面 積　○○.○○㎡

以　上

（注1）　Ⅳ抵当権付債権譲渡契約証書とは別に、Ⅴ登記原因証明情報（抵当権移転）を作成する場合の書式である。この情報は、登記の原因となる事実または法律行為のほか、登記事項（および物件表示）を登記義務者が確認して署名（または記名捺印）したものでなくてはならない。証書とは異なり、登記用に作成された書面の原本還付を受けることはできないため、管

轄登記所が複数となるケースでは、登記所ごとに（複数）作成する必要がある。その内容は同文面とし、すべての物件を記載する。
（注2） 登記義務者は、現抵当権者（債権譲渡人）となる。
（注3） Ⅳ抵当権付債権譲渡契約証書の名称および締結年月日を記載する。
（注4） 抵当権の被担保債権についての債権譲渡による抵当権の移転の登記は、常に付記登記によるから、付記登記による申請の旨を明らかにする必要はない。
（注5） 債権譲渡の効力が発生した日を記載する。
（注6） 登記権利者は、新抵当権者（債権譲受人）となる。

Ⅵ－1－1　登記用委任状（登記義務者用／Ⅳを登記原因証明情報として提供する場合）（注1）

委　任　状

平成　年　月　日

住　所　　　　東京都○区○町一丁目2番3号
登記義務者　　株式会社甲野銀行
　　　　　　　代表取締役　甲野太郎　　㊞

私は、＿＿＿＿＿＿＿＿＿＿＿＿＿＿＿＿（注2）を代理人と定め、下記の事項に関する一切の権限を委任します。

記

1．次の要項による登記申請に関すること
　（1）登記原因証明情報：平成○年○月○日付け抵当権付債権譲渡契約証書（注3）
　（2）登記の目的：抵当権移転
2．上記申請の登記識別情報の暗号化に関すること（注4）
3．上記申請の登記完了証の受領に関すること（注5）
4．上記申請に関する契約証書、資格証明情報その他の添付情報の原本還付手続に関すること（注5）
5．上記申請の登録免許税還付金の代理受領に関すること（注6）

以　上

（注1） Ⅳ抵当権付債権譲渡契約証書を登記原因証明情報（不登法第61条）として提供する場合に、登記義務者が作成する委任状の書式である。管轄登記所が複数となるケースにおいて、委任状の原本還付を受けるときは、他の申請についても委任したことが明らかな内容とする必要がある。
（注2） 代理人の住所ならびに氏名または名称を記載する。
（注3） 登記所に提供する契約証書の締結日およびその名称を記載する。
（注4） 登記識別情報の暗号化（電子申請においてオンラインで登記識別情報を提供すること）には特別の授権が必要であるため、このように記載する。
（注5） これらの事項には特別の授権を必要としないが、委任事項を明確にするため、このように記載する。
（注6） 登記申請の取下げ・却下・過誤納付に伴う還付金の代理受領については特別の授権が必要であるため、このように記載する。

Ⅵ－1－2　登記用委任状（登記義務者用／Ⅴを登記原因証明情報として提供する場合）(注1)

委　任　状

平成　年　月　日

　　　　住　所　　　東京都○区○町一丁目2番3号
　　　　登記義務者　株式会社甲野銀行
　　　　　　　　　　代表取締役　甲野太郎　　　　㊞

私は、＿＿＿＿＿＿＿＿＿＿＿＿＿＿＿＿(注2)を代理人と定め、下記の事項に関する一切の権限を委任します。

記

1．次の要項による登記申請に関すること
　　(1)登記原因証明情報：平成○年○月○日付け登記原因証明情報（抵当権移転）(注3)
　　(2)登記の目的：抵当権移転
2．上記申請の登記識別情報の暗号化に関すること(注4)
3．上記申請の登記完了証の受領に関すること(注5)
4．上記申請に関する資格証明情報その他の添付情報の原本還付手続に関すること(注5)
5．上記申請の登録免許税還付金の代理受領に関すること(注6)

以　上

(注1)　Ⅳ抵当権付債権譲渡契約証書とは別に、Ⅴ登記原因証明情報（抵当権移転）を作成し、これを登記原因証明情報（不登法第61条）として提供する場合に、登記義務者が作成する委任状の書式である。管轄登記所が複数となるケースにおいて、委任状の原本還付を受けるときは、他の申請についても委任したことが明らかな内容とする必要がある。
(注2)　代理人の住所ならびに氏名または名称を記載する。
(注3)　登記所に提供する登記原因証明情報の作成日およびその名称を記載する。
(注4)　登記識別情報の暗号化（電子申請においてオンラインで登記識別情報を提供すること）には特別の授権が必要であるため、このように記載する。
(注5)　これらの事項には特別の授権を必要としないが、委任事項を明確にするため、このように記載する。
(注6)　登記申請の取下げ・却下・過誤納付に伴う還付金の代理受領については特別の授権が必要であるため、このように記載する。

Ⅵ-2-1　登記用委任状（登記権利者用／Ⅳを登記原因証明情報として提供する場合）（注1）

委　任　状

平成　年　月　日

　　　　　住　所　　　東京都○区○町三丁目2番1号
　　　　　登記権利者　株式会社丙川サービサー
　　　　　　　　　　　代表取締役　丙川三郎　　　㊞
　　　　　（連絡先　担当部署　○○部／担当者名　○○　○○
　　　　　　電話番号　○○－○○○○－○○○○　　　　　）

私は、＿＿＿＿＿＿＿＿＿＿＿＿＿＿＿＿（注2）を代理人と定め、下記の事項に関する一切の権限を委任します。

記

1．次の要項による登記申請に関すること
　　(1) 登記原因証明情報：平成○年○月○日付け抵当権付債権譲渡契約証書（注3）
　　(2) 登記の目的：抵当権移転
2．上記申請の登記識別情報の受領に関すること（注4）
3．上記申請の登記完了証の受領に関すること（注5）
4．上記申請に関する契約証書、資格証明情報その他の添付情報の原本還付手続に関すること（注5）
5．上記申請の登録免許税還付金の代理受領に関すること（注6）

以　上

（注1）　Ⅳ抵当権付債権譲渡契約証書を登記原因証明情報（不登法第61条）として提供する場合に、登記権利者が作成する委任状の書式である。管轄登記所が複数となるケースにおいて、委任状の原本還付を受けるときは、他の申請についても委任したことが明らかな内容とする必要がある。
（注2）　代理人の住所ならびに氏名または名称を記載する。
（注3）　登記所に提供する契約証書の締結日およびその名称を記載する。
（注4）　登記識別情報の受領には特別の授権が必要であるため、このように記載する。なお、電子申請においてオンラインで登記識別情報を受領することを「復号」といい、この方法による受領には特別の授権が必要であるため、これについても委任する場合は、「上記申請の登記識別情報の受領・復号に関すること」のように記載する。
（注5）　これらの事項には特別の授権を必要としないが、委任事項を明確にするため、このように記載する。
（注6）　登記申請の取下げ・却下・過誤納付に伴う還付金の代理受領については特別の授権が必要であるため、このように記載する。

Ⅵ－2－2　登記用委任状（登記権利者用／Ⅴを登記原因証明情報として提供する場合）(注1)

委　任　状

平成　　年　　月　　日

住所　　　　東京都〇区〇町三丁目2番1号
登記権利者　株式会社丙川サービサー
　　　　　　代表取締役　丙川三郎　　　㊞
連絡先　担当部署　〇〇部／担当者名　〇〇　〇〇
電話番号　〇〇－〇〇〇〇－〇〇〇〇

私は、＿＿＿＿＿＿＿＿＿＿＿＿＿＿（注2）を代理人と定め、下記の事項に関する一切の権限を委任します。

記

1. 次の要項による登記申請に関すること
　(1) 登記原因証明情報：平成〇年〇月〇日付け登記原因証明情報（抵当権移転）(注3)
　(2) 登記の目的：抵当権移転
2. 上記申請の登記識別情報の受領に関すること（注4）
3. 上記申請の登記完了証の受領に関すること（注5）
4. 上記申請に関する資格証明情報その他の添付情報の原本還付手続に関すること（注5）
5. 上記申請の登録免許税還付金の代理受領に関すること（注6）

以　上

(注1)　Ⅳ抵当権付債権譲渡契約証書とは別に、Ⅴ登記原因証明情報（抵当権移転）を作成し、これを登記原因証明情報（不登法第61条）として提出する場合に、登記権利者が作成する委任状の書式である。管轄登記所が複数となるケースにおいて、委任状の原本還付を受けるときは、他の申請についても委任したことが明らかな内容とする必要がある。
(注2)　代理人の住所ならびに氏名または名称を記載する。
(注3)　登記所に提供する登記原因証明情報の作成日およびその名称を記載する。
(注4)　登記識別情報の受領には特別の授権が必要であるため、このように記載する。なお、電子申請においてオンラインで登記識別情報を受領することを「復号」といい、この方法による受領には特別の授権が必要であるため、これについても委任する場合は、「上記申請の登記識別情報の受領・復号に関すること」のように記載する。
(注5)　これらの事項には特別の授権を必要としないが、委任事項を明確にするため、このように記載する。
(注6)　登記申請の取下げ・却下・過誤納付に伴う還付金の代理受領については特別の授権が必要であるため、このように記載する。

17 抵当権付債権の全部譲渡（債務者の承諾を証書上で取得しない場合）

I　ケース概要

　甲野銀行は、乙野商事に対し融資を行い、その担保として乙野商事所有の土地建物につき抵当権の設定を受けていたが、今般、融資金の回収が滞るようになったことから、この抵当権付債権を丙川サービサーに譲渡することになった。なお、債務者との関係では、この譲渡について、証書上で承諾を取得しないこととする。

II　書式作成上の留意点

① 抵当権の設定を受けていた融資金債権の全部を譲渡するが、証書上において債務者の承諾を取得しない場合の書式である。譲渡される債権が抵当権付である場合は、抵当権の随伴性により抵当権が債権譲受人に移転するから、抵当権移転の登記原因が生じる。

② 債権譲渡の第三者対抗要件は、確定日付の付された譲渡人による通知または債務者による承諾のいずれによっても具備することが可能である（民法第467条第2項）から、債権譲渡にあたり債務者を当事者とする証書を作成することが必須となるものではなく、債務者の捺印欄のない本書式により債権譲渡を有効に行い、その対抗要件となる確定日付ある証書による通知または承諾は、Ⅳ－2またはⅣ－3の書式により別に備える方法とすることができる。なお、譲渡人、譲受人および債務者の三者により証書を作成する場合は、No.16の書式を使用する。

③ 抵当権（不動産の表示を含む）の記載がある債権譲渡契約証書は、抵当権移転の登記原因証明情報（不登法第61条）として登記所に提供することができる。なお、債権譲渡の効力が代金支払時に発生するものとされている場合には、代金の支払により債権譲渡の効力が発生したことを証明するため、譲渡代金の領収書もあわせて登記所に提供する必要がある。

④ 上記の債権譲渡契約証書を締結した場合であっても、これとは別にⅤ登記原因証明情報を作成し、登記原因証明情報（不登法第61条）として登記所に提供することができる。この方法によった場合には、作成した登記原因証明情報のみによって債権譲渡の効力が発生したことが証明できるから、③の場合とは異なり、譲渡代金の領収書を提供する必要はない。

⑤ 抵当権移転登記は、債権譲受人（新抵当権者）が登記権利者となり、債権譲渡人（現抵当権者）が登記義務者となって行う。

⑥ 登記義務者は、抵当権の取得に係る登記識別情報（登記済証）を提供する。なお、登記完了後は、双方に登記完了証が交付され、登記権利者には登記識別情報が通知される。

⑦ 管轄登記所が複数となるケースでは、Ⅴ登記原因証明情報（抵当権移転）は、登記所ごとに（複数）必要となる。当該申請のためにのみ作成したⅥ登記用委任状も同様であり、これらは原本還付を受けることができないとされている。

Ⅲ 必要書類・費用一覧

書　　類	書類上の関係者
□ 抵当権付債権譲渡契約証書	債権譲渡人（現抵当権者）、債権譲受人（新抵当権者）
□ 債権譲渡通知書または債権譲渡承諾書	債権譲渡通知書：債権譲渡人（現抵当権者） 債権譲渡承諾書：債務者（抵当権設定者）
□ 登記原因証明情報	債権譲渡人（現抵当権者）
□ 委任状（登記義務者用）	債権譲渡人（現抵当権者）
□ 委任状（登記権利者用）	債権譲受人（新抵当権者）
□ 登記識別情報（登記済証）	債権譲渡人（現抵当権者）
□ 会社法人等番号（注）	債権譲渡人（現抵当権者）、債権譲受人（新抵当権者）
□ 登録免許税	抵当権の債権額の1,000分の2

（注）　不登令等の改正により、平成27年11月2日から、会社・法人の代表者等の資格を証する情報の提供（添付）に代え、登記申請情報に商業登記法第7条の会社法人等番号を記録または記載することとなった。ただし、法人登記手続中となるなどの場合を考慮し、例外的に、作成後1か月以内の資格証明情報（登記事項証明書）を提供（添付）することも認められている。

Ⅳ－1　抵当権付債権譲渡契約証書

（印紙）
（注1）

抵当権付債権譲渡契約証書

平成　　年　　月　　日（注2）

住　所　　　　　東京都○区○町一丁目2番3号
債権譲渡人　　　株式会社甲野銀行
（現抵当権者）　代表取締役　甲野太郎　　㊞（注3）

住　所　　　　　東京都○区○町三丁目2番1号
債権譲受人　　　株式会社丙川サービサー
（新抵当権者）　代表取締役　丙野三郎　　㊞（注4）

債権譲渡人および債権譲受人は、次のとおり抵当権付債権譲渡契約を締結しました。

[譲渡債権の表示]

1．債権者	上記債権譲渡人に同じ
2．債務者	住所　東京都○区○町四丁目5番6号 氏名　株式会社乙野商事
3．原契約	契約名および契約年月日　　平成　　年　　月　　日金銭消費貸借契約 当初元本金額（注5）　　拾億　　　　百万　　　　千　　　　円 （算用数字／頭部に¥マーク）
4．残元本金額（注6）	拾億　　　　百万　　　　千　　　　円 （算用数字／頭部に¥マーク）

[債権譲渡の要項]

1．譲渡代金額	拾億　　　　百万　　　　千　　　　円 （算用数字／頭部に¥マーク）
2．譲渡代金の支払方法	平成○年○月○日に一括支払（注7）

[抵当権の表示]

1．登記	平成○年○月○日東京法務局○出張所受付第○号
2．物件	後記物件の表示記載のとおり

物件の表示	所有者
所　　在　　東京都○区○町一丁目 地　　番　　1番1 地　　目　　宅地 地　　積　　○○○.○○㎡	株式会社乙野商事
所　　在　　東京都○区○町一丁目1番地1 家屋番号　　1番1 種　　類　　居宅 構　　造　　木造セメントかわらぶき平家建 床 面 積　　○○.○○㎡	株式会社乙野商事

第1条（債権譲渡）

　①　債権譲渡人は、債権譲受人に対し、前記原契約（その後の変更を含む。以下同じ。）
　　に基づき債権譲渡人が債務者に対して有する一切の債権（前記の残元本金額、経過利息

および発生済み遅延損害金等の付帯債権を含み、以下「譲渡対象債権」といいます。）（注8）を前記「債権譲渡の要項」記載の内容により譲渡しました。（注9）

② 債権譲渡人は、前記譲渡代金額を前記「譲渡代金の支払方法」記載のとおり支払います。（注10）

第2条（対抗要件）

債権譲渡人は、前条第1項に定める債権譲渡について、民法第467条第2項に従って、ただちに、確定日付ある証書により債務者に対する通知を行い、または確定日付ある証書により債務者の承諾を取得します。（注11）

第3条（原契約証書の交付）

債権譲渡人は、譲渡代金全額の支払と引換に、前記原契約の証書その他債権譲受人の権利行使および保全に必要な一切の書類を、債権譲受人の指示に従って債権譲受人に交付します。

第4条（登記義務）

債権譲渡人は、譲渡対象債権を担保するために設定された前記「抵当権の表示」記載の抵当権について、第1条に基づく債権譲渡を原因とする抵当権移転登記手続を遅滞なく行い、その登記事項証明書を債権譲受人に提出します。

第5条（費用の負担）

本契約締結に係る費用および本契約に基づく登記費用その他関連する費用は、債権譲渡人が負担し、債権譲受人が支払った金額についてはただちに支払います。（注12）（注13）

以　上

（注1）　この文書は印紙税法上の債権譲渡に関する契約書（第15号文書）に該当する。印紙税額は200円である。なお、債権譲渡証書記載の契約金額が10,000円未満の場合は、非課税となる。
（注2）　この契約書を作成した日付を記載する。
（注3）　債権譲渡人にはこの欄に署名（記名）捺印させる。なお、住所および商号、氏名は、会社法人等番号または住民票により確認する。
（注4）　債権譲受人にはこの欄に署名（記名）捺印させる。なお、住所および商号、氏名は、会社法人等番号または住民票により確認する。
（注5）　原契約に記載される貸付元本金額を記載する。
（注6）　残元本金額のほか、既発生の経過利息および遅延損害金の金額を具体的に表示することも考えられるが、これらを含めて譲渡対象債権とする旨の文言を第1条第1項に設けておけば具体的な金額の特定がなくても特定に欠ける点はなく、また簡易な事務でない可能性を考慮し、本書式では残元本のみを表示する書式を示すこととした。
（注7）　分割払となる場合には、「平成○年○月○日までに○円、平成○年○月○日までに残額全額を支払」などと記載する。
（注8）　既発生の利息（経過利息）および遅延損害金は、基本権となる元本債権とは別の債権（支分権）であり、元本債権の移転により当然に移転するものではないから、このような文言を設けることによって移転の対象であることを示す必要がある。
（注9）　本書式では、期限を定めて代金を支払うこととしているか否かにかかわらず、債権譲渡契約時に債権譲渡による抵当権移転の効果が生じることを前提としている。代金支払完了時に債権譲渡による抵当権移転の効果が生じる構成にすることも考えられるが、次条による債務者の承諾または債務者に対する通知が債権譲渡の効力発生前に行われることとなり対抗要件としての効力に疑義を生じさせるおそれがあることや、抵当権移転登記手続の登記原因証明

情報としてこの契約書式のほかに譲渡代金の領収書など追加資料の提供が必要となることから、上記の構成は採用しなかった。
(注10) 契約締結と同時に代金が支払われる場合、本項の文末を「支払い、債権譲受人はこれを受領しました。」と改めることも考えられる。もっとも、このような文言による場合、この契約書が印紙税法上の売上代金の受取書（第17号文書）となり、代金額に応じた印紙税が課税されることとなるので、注意を要する。
(注11) 債務者対抗要件および第三者対抗要件の具備は、確定日付の付された通知または承諾（民法第467条第2項）によるものとした。一般的には、債権譲渡を行った旨を記した通知書を内容証明郵便により発信するか、債務者の署名（記名）捺印のある承諾書を作成した後、公証役場において確定日付印の付与を受けることになる。対抗要件を備える方法としては、動産・債権譲渡特例法第4条第1項の登記手続により第三者対抗要件を具備し、同条第2項の通知により債務者対抗要件を具備する方法もあるが、主として債務者対抗要件の具備前に債務者に知られることなく第三者対抗要件を具備したいというニーズがある場合に用いられる手法であることから、本証書においては、同法による対抗要件具備を採用しないことを前提にした。
(注12) 本契約における各種費用について債権譲渡人が負担する例を記載している。
(注13) 本書式は、債権譲渡および抵当権移転に最低限必要な条項を内容とするものである。内容をさらに充実させるには、譲渡対象債権を債権譲受人以外の第三者に譲渡していない旨の表明保証条項を追加することなどが考えられる。

Ⅳ－2　債権譲渡通知書（注1）

債権譲渡通知書

平成　年　月　日

東京都○区○町四丁目5番6号
株式会社乙野商事　御中

東京都○区○町一丁目2番3号
株式会社甲野銀行
代表取締役　甲野太郎

　当行は、下記原契約（その後の変更を含む。以下同じ。）に基づき当行が貴社に対して有する一切の債権（下記残元本金額、経過利息および発生済み遅延損害金等の付帯債権を含み、以下「譲渡対象債権」といいます。）について、平成○年○月○日付けで下記譲受人に譲渡しましたので、民法第467条によりその旨ご通知申し上げます。譲渡対象債権の弁済方法につきましては、下記譲受人の指示に従ってください。

記

【譲受人】　東京都○区○町三丁目2番1号
　　　　　　株式会社丙川サービサー

```
            担当：○部○○
            電話番号：○○－○○○○－○○○○
【原契約】   平成○年○月○日付け金銭消費貸借契約
【当初元本金額】  ○円
【残元本金額】  ○円
                                            以  上
```

(注1) 債権譲渡の第三者対抗要件具備を証する書面となる通知書は、確定日付ある証書で行う必要がある（民法第467条第2項）ことから、確定日付ある証書の一つとされる内容証明郵便にて送付すべきであろう（民法施行法第5条第1項第5号）。内容証明郵便物の謄本は、1行20字（記号は、1個で1字、以下同じ）以内、1枚26行以内で作成するものとされている。ただし、横書きの場合は、1行13字以内、1枚40行以内とするか、または1行26字以内、1枚20行以内で作成することができる。

Ⅳ－3　債権譲渡承諾書

債権譲渡承諾書

平成　　年　　月　　日（注1）

（債権譲渡人）
東京都○区○町一丁目2番3号
株式会社甲野銀行　　御中
（債権譲受人）
東京都○区○町三丁目2番1号
株式会社丙川サービサー　　御中（注1）

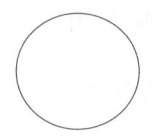

確定日付欄（注3）　　　　　　　（債務者）
　　　　　　　　　　　　　　　東京都○区○町四丁目5番6号
　　○　　　　　　　　　　　　株式会社乙野商事
　　　　　　　　　　　　　　　代表取締役　乙野次郎　　㊞（注2）

　当社は、下記原契約（その後の変更を含む。以下同じ。）に基づき債権譲渡人が当社に対して有する一切の債権（下記残元本金額、経過利息および発生済み遅延損害金等の付帯債権を含みます。）を債権譲渡人が債権譲受人に対して譲渡したことについて、異議なく承諾しました。

第2節　移　転

[債権譲渡の表示]

1．債権者	上記債権譲渡人に同じ
2．債務者	上記債務者に同じ
3．原契約	契約名および契約年月日：平成　年　月　日金銭消費貸借契約 当初元本金額：（拾億／百万／千／円）（算用数字／頭部に¥マーク）
4．残元本金額	（拾億／百万／千／円）（算用数字／頭部に¥マーク）

以　上

(注1) 債権譲渡の承諾は、債権譲渡人または債権譲受人のいずれに対するものであっても有効であると解されている。本書式は、譲渡に関わる当事者の名称の一覧性の観点から、債権譲渡人および債権譲受人の両名宛てとした。
(注2) 債務者にはこの欄に署名（記名）捺印させる。債務者以外の者が抵当権設定者である場合であっても、債務者の署名（記名）捺印があれば足り、抵当権設定者を契約当事者として署名（記名）捺印させる必要はない。
(注3) 債務者の承諾により第三者対抗要件を具備するには、確定日付を付す必要がある。確定日付を付す方法としては、本書式に債務者の署名（記名）捺印を取得した後、公証役場において確定日付印の付与を受けるのが一般的である。

V　登記原因証明情報（抵当権移転）(注1)

登記原因証明情報
（抵当権移転）

平成　年　月　日

東京法務局　○出張所 御中

　　　　　住　　所　　　東京都○区○町一丁目2番3号
　　　　　登記義務者(注2)　株式会社甲野銀行
　　　　　　　　　　　　　代表取締役　甲野太郎　　㊞

　登記義務者（現抵当権者）は、本件登記の原因となる事実または法律行為が下記1．記載のとおりであること、およびこれに基づき現に下記2．記載の内容を登記要項とする物権変動が生じたことを証明します。

1．登記の原因となる事実または法律行為

(1)	契約証書名および締結年月日	平成○年○月○日付け抵当権付債権譲渡契約証書（注3）	
(2)	契約当事者	債権譲渡人（現抵当権者）	株式会社甲野銀行
		債権譲受人（新抵当権者）	株式会社丙川サービサー

2．登記申請情報の要項

(1)	登記の目的	抵当権移転（注4）
(2)	移転する抵当権	平成○年○月○日受付第○号
(3)	原因	平成○年○月○日債権譲渡（注5）
(4)	登記権利者 （新抵当権者）（注6）	東京都○区○町三丁目2番1号 株式会社丙川サービサー
(5)	登記義務者 （現抵当権者）（注2）	東京都○区○町一丁目2番3号 株式会社甲野銀行
(6)	不動産の表示	後記不動産の表示記載のとおり

不動産の表示

所　　在　東京都○区○町一丁目
地　　番　1番1
地　　目　宅地
地　　積　○○○.○○㎡

所　　在　東京都○区○町一丁目1番地1
家屋番号　1番1
種　　類　居宅
構　　造　木造セメントかわらぶき平家建
床 面 積　○○.○○㎡

以　上

(注1) Ⅳ-1抵当権付債権譲渡契約証書とは別に、Ⅴ登記原因証明情報（抵当権移転）を作成する場合の書式である。この情報は、登記の原因となる事実または法律行為のほか、登記事項（および物件表示）を登記義務者が確認して署名（または記名捺印）したものでなくてはならない。証書とは異なり、登記用に作成された書面の原本還付を受けることはできないため、管轄登記所が複数となるケースでは、登記所ごとに（複数）作成する必要がある。その内容は同文面とし、すべての物件を記載する。
(注2) 登記義務者は、現抵当権者（債権譲渡人）となる。
(注3) Ⅳ契約証書の名称および締結年月日を記載する。
(注4) 抵当権の被担保債権についての債権譲渡による抵当権の移転の登記は、常に付記登記によるから、付記登記による申請の旨を明らかにする必要はない。

(注5) 債権譲渡の効力が発生した日を記載する。
(注6) 登記権利者は、新抵当権者（債権譲受人）となる。

Ⅵ－1－1　登記用委任状（登記義務者用／Ⅳ－1を登記原因証明情報として提供する場合）(注1)

委　任　状

平成　　年　　月　　日

住　所　　　東京都〇区〇町一丁目2番3号
登記義務者　株式会社甲野銀行
　　　　　　代表取締役　甲野太郎　　　㊞

私は、＿＿＿＿＿＿＿＿＿＿＿＿＿＿＿＿(注2)を代理人と定め、下記の事項に関する一切の権限を委任します。

記

1．次の要項による登記申請に関すること
　(1) 登記原因証明情報：平成〇年〇月〇日付け抵当権付債権譲渡契約証書（注3）
　(2) 登記の目的：抵当権移転
2．上記申請の登記識別情報の暗号化に関すること（注4）
3．上記申請の登記完了証の受領に関すること（注5）
4．上記申請に関する契約証書、資格証明情報その他の添付情報の原本還付手続に関すること（注5）
5．上記申請の登録免許税還付金の代理受領に関すること（注6）

以　上

(注1)　Ⅳ－1抵当権付債権譲渡契約証書を登記原因証明情報（不登法第61条）として提供する場合に、登記義務者が作成する委任状の書式である。管轄登記所が複数となるケースにおいて、委任状の原本還付を受けるときは、他の申請についても委任したことが明らかな内容とする必要がある。
(注2)　代理人の住所ならびに氏名または名称を記載する。
(注3)　登記所に提供する契約証書の締結日およびその名称を記載する。
(注4)　登記識別情報の暗号化（電子申請においてオンラインで登記識別情報を提供すること）には特別の授権が必要であるため、このように記載する。
(注5)　これらの事項には特別の授権を必要としないが、委任事項を明確にするため、このように記載する。
(注6)　登記申請の取下げ・却下・過誤納付に伴う還付金の代理受領については特別の授権が必要であるため、このように記載する。

Ⅵ－1－2　登記用委任状（登記義務者用／Ⅴを登記原因証明情報として提供する場合）(注1)

委　任　状

平成　　年　　月　　日

住　所　　東京都〇区〇町一丁目2番3号
登記義務者　株式会社甲野銀行
　　　　　　代表取締役　甲野太郎　　㊞

私は、＿＿＿＿＿＿＿＿＿＿＿＿＿＿＿＿(注2)を代理人と定め、下記の事項に関する一切の権限を委任します。

記

1．次の要項による登記申請に関すること
　(1) 登記原因証明情報：平成〇年〇月〇日付け登記原因証明情報（抵当権移転）(注3)
　(2) 登記の目的：抵当権移転
2．上記申請の登記識別情報の暗号化に関すること(注4)
3．上記申請の登記完了証の受領に関すること(注5)
4．上記申請に関する資格証明情報その他の添付情報の原本還付手続に関すること(注5)
5．上記申請の登録免許税還付金の代理受領に関すること(注6)

以　上

(注1)　Ⅳ－1抵当権付債権譲渡契約証書とは別に、Ⅴ登記原因証明情報（抵当権移転）を作成し、これを登記原因証明情報（不登法第61条）として提供する場合に、登記義務者が作成する委任状の書式である。管轄登記所が複数となるケースにおいて、委任状の原本還付を受けるときは、他の申請についても委任したことが明らかな内容とする必要がある。
(注2)　代理人の住所ならびに氏名または名称を記載する。
(注3)　登記所に提供する登記原因証明情報の作成日およびその名称を記載する。
(注4)　登記識別情報の暗号化（電子申請においてオンラインで登記識別情報を提供すること）には特別の授権が必要であるため、このように記載する。
(注5)　これらの事項には特別の授権を必要としないが、委任事項を明確にするため、このように記載する。
(注6)　登記申請の取下げ・却下・過誤納付に伴う還付金の代理受領については特別の授権が必要であるため、このように記載する。

Ⅵ－2－1　登記用委任状（登記権利者用／Ⅳ－1を登記原因証明情報として提供する場合）(注1)

委 任 状

平成　　年　　月　　日

住　所　　　東京都○区○町三丁目2番1号
登記権利者　株式会社丙川サービサー
　　　　　　代表取締役　丙川三郎　　㊞
連絡先　担当部署　○○部／担当者名　○○　○○
電話番号　○○－○○○○－○○○○

私は、＿＿＿＿＿＿＿＿＿＿＿＿＿＿＿＿＿（注2）を代理人と定め、下記の事項に関する一切の権限を委任します。

記

1．次の要項による登記申請に関すること
　　(1) 登記原因証明情報：平成○年○月○日付け抵当権付債権譲渡契約証書（注3）
　　(2) 登記の目的：抵当権移転
2．上記申請の登記識別情報の受領に関すること（注4）
3．上記申請の登記完了証の受領に関すること（注5）
4．上記申請に関する契約証書、資格証明情報その他の添付情報の原本還付手続に関すること（注5）
5．上記申請の登録免許税還付金の代理受領に関すること（注6）

以　上

(注1)　Ⅳ抵当権付債権譲渡契約証書を登記原因証明情報（不登法第61条）として提供する場合に、登記権利者が作成する委任状の書式である。管轄登記所が複数となるケースにおいて、委任状の原本還付を受けるときは、他の申請についても委任したことが明らかな内容とする必要がある。
(注2)　代理人の住所ならびに氏名または名称を記載する。
(注3)　登記所に提供する契約証書の締結日およびその名称を記載する。
(注4)　登記識別情報の受領には特別の授権が必要であるため、このように記載する。なお、電子申請においてオンラインで登記識別情報を受領することを「復号」といい、この方法による受領には特別の授権が必要であるため、これについても委任する場合は、「上記申請の登記識別情報の受領・復号に関すること」のように記載する。
(注5)　これらの事項には特別の授権を必要としないが、委任事項を明確にするため、このように記載する。
(注6)　登記申請の取下げ・却下・過誤納付に伴う還付金の代理受領については特別の授権が必要であるため、このように記載する。

Ⅵ-2-2　登記用委任状（登記権利者用／Ⅴを登記原因証明情報として提供する場合）（注1）

委　任　状

平成　　年　　月　　日

　　　　　　　　住　所　　　東京都〇区〇町三丁目2番1号
　　　　　　　　登記権利者　株式会社丙川サービサー
　　　　　　　　　　　　　　代表取締役　丙川三郎　　　　㊞
　　　　　　　（連絡先　担当部署　〇〇部／担当者名　〇〇　〇〇
　　　　　　　　電話番号　〇〇－〇〇〇〇－〇〇〇〇　　　　　）

私は、＿＿＿＿＿＿＿＿＿＿＿＿＿＿＿（注2）を代理人と定め、下記の事項に関する一切の権限を委任します。

記

1．次の要項による登記申請に関すること
　　(1) 登記原因証明情報：平成〇年〇月〇日付け登記原因証明情報（抵当権移転）（注3）
　　(2) 登記の目的：抵当権移転
2．上記申請の登記識別情報の受領に関すること（注4）
3．上記申請の登記完了証の受領に関すること（注5）
4．上記申請に関する資格証明情報その他の添付情報の原本還付手続に関すること（注5）
5．上記申請の登録免許税還付金の代理受領に関すること（注6）

以　上

（注1）　Ⅳ-1抵当権付債権譲渡契約証書とは別に、Ⅴ登記原因証明情報（抵当権移転）を作成し、これを登記原因証明情報（不登法第61条）として提出する場合に、登記権利者が作成する委任状の書式である。管轄登記所が複数となるケースにおいて、委任状の原本還付を受けるときは、他の申請についても委任したことが明らかな内容とする必要がある。
（注2）　代理人の住所ならびに氏名または名称を記載する。
（注3）　登記所に提供する登記原因証明情報の作成日およびその名称を記載する。
（注4）　登記識別情報の受領には特別の授権が必要であるため、このように記載する。なお、電子申請においてオンラインで登記識別情報を受領することを「復号」といい、この方法による受領には特別の授権が必要であるため、これについても委任する場合は、「上記申請の登記識別情報の受領・復号に関すること」のように記載する。
（注5）　これらの事項には特別の授権を必要としないが、委任事項を明確にするため、このように記載する。
（注6）　登記申請の取下げ・却下・過誤納付に伴う還付金の代理受領については特別の授権が必要であるため、このように記載する。

18 抵当権付債権の一部譲渡

I ケース概要

　甲野銀行は、乙野商事に対し融資を行い、その担保として乙野商事所有の土地建物につき抵当権の設定を受けていたが、今般、融資金の回収が滞るようになったことから、この抵当権付債権の一部を丙川サービサーに譲渡することになった。なお、債務者との関係では、この譲渡について証書上において承諾を取得する手続を行わないこととする。

II 書式作成上の留意点

① 抵当権の設定を受けていた融資金債権の一部を譲渡する場合の書式である。譲渡される債権が抵当権付である場合は、抵当権の随伴性により譲渡元本金額に相応する抵当権（の準共有持分）が債権譲受人に移転するから、抵当権一部移転の登記原因が生じる。

② 債権譲渡の第三者対抗要件について、確定日付の付された譲渡人による通知または債務者による承諾のいずれによっても具備することが可能である（民法第467条第2項）ことは、No.16およびNo.17において述べたとおりである。本項においては、債務者の捺印欄のない書式を示すが、譲渡人、譲受人および債務者の三者により証書を作成することも可能である。

③ 抵当権（不動産の表示を含む）の記載がある債権譲渡契約証書は、抵当権一部移転の登記原因証明情報（不登法第61条）として登記所に提供することができる。なお、債権譲渡の効力が代金支払時に発生するものとされている場合には、代金の支払により債権譲渡の効力が発生したことを証明するため、譲渡代金の領収書もあわせて登記所に提供する必要がある。

④ 上記の債権譲渡契約証書を締結した場合であっても、これとは別にV登記原因証明情報を作成し、登記原因証明情報（不登法第61条）として登記所に提供することができる。この方法によった場合には、作成した登記原因証明情報のみによって債権譲渡の効力が発生したことが証明できるから、③の場合とは異なり、譲渡代金の領収書を提供する必要はない。

⑤ 抵当権一部移転登記は、債権譲受人（新抵当権者）が登記権利者となり、債権譲渡人（現抵当権者）が登記義務者となって行い、譲渡額（元本部分）も登記事項となる。

⑥ 登記義務者は、抵当権の取得に係る登記識別情報（登記済証）を提供する。なお、登記完了後は、双方に登記完了証が交付され、登記権利者には登記識別情報が通知される。

⑦ 管轄登記所が複数となるケースでは、V登記原因証明情報（抵当権一部移転）は、登記所ごとに（複数）必要となる。当該申請のためにのみ作成したVI登記用委任状も同様であり、これらは原本還付を受けることができないとされている。

Ⅲ　必要書類・費用一覧

書　類	書類上の関係者
☐ 抵当権付債権一部譲渡契約証書	債権譲渡人（現抵当権者）、債権譲受人（新抵当権者）
☐ 債権譲渡通知書または債権譲渡承諾書	債権譲渡通知書：債権譲渡人（現抵当権者） 債権譲渡承諾書：債務者（抵当権設定者）
☐ 登記原因証明情報	債権譲渡人（現抵当権者）
☐ 委任状（登記義務者用）	債権譲渡人（現抵当権者）
☐ 委任状（登記権利者用）	債権譲受人（新抵当権者）
☐ 登記識別情報（登記済証）	債権譲渡人（現抵当権者）
☐ 会社法人等番号（注）	債権譲渡人（現抵当権者）、債権譲受人（新抵当権者）
☐ 登録免許税	抵当権の債権譲渡額の1,000分の2

（注）　不登令等の改正により、平成27年11月2日から、会社・法人の代表者等の資格を証する情報の提供（添付）に代え、登記申請情報に商業登記法第7条の会社法人等番号を記録または記載することとなった。ただし、法人登記手続中となるなどの場合を考慮し、例外的に、作成後1か月以内の資格証明情報（登記事項証明書）を提供（添付）することも認められている。

Ⅳ－1　抵当権付債権一部譲渡契約証書

　　　　　　　　　　　　　抵当権付債権一部譲渡契約証書

(印紙)
(注1)

　　　　　　　　　　　　　　　　　　　　平成　　年　　月　　日（注2）

　　　　　　住　所　　　　東京都〇区〇町一丁目2番3号
　　　　　　債権譲渡人　　株式会社甲野銀行
　　　　　　（現抵当権者）　代表取締役　甲野太郎　　　　　㊞（注3）

　　　　　　住　所　　　　東京都〇区〇町三丁目2番1号
　　　　　　債権譲受人　　株式会社丙川サービサー
　　　　　　（新抵当権者）　代表取締役　丙野三郎　　　　　㊞（注4）

債権譲渡人および債権譲受人は、次のとおり抵当権付債権一部譲渡契約を締結しました。

［譲渡債権の表示］

1．債権者	上記債権譲渡人に同じ
2．債務者	住所　東京都○区○町四丁目4番6号 氏名　株式会社乙野商事

3．原契約	契約名および 契約年月日	平成　　年　　月　　日金銭消費貸借契約
	当初元本金額 （注5）	拾億／百万／千／円 （算用数字／頭部に￥マーク）
	残元本金額 （注6）	拾億／百万／千／円 （算用数字／頭部に￥マーク）

4．譲渡元本金額（注7）	拾億／百万／千／円 （算用数字／頭部に￥マーク）
5．譲渡後の残元本金額（注8）	拾億／百万／千／円 （算用数字／頭部に￥マーク）

［債権譲渡の要項］

1．譲渡代金額	拾億／百万／千／円 （算用数字／頭部に￥マーク）
2．譲渡代金の支払方法	平成○年○月○日に一括支払（注9）

［抵当権の表示］

1．登記	平成○年○月○日東京法務局○出張所受付第○号
2．物件	後記物件の表示記載のとおり

物件の表示	所有者
所　　在　東京都○区○町一丁目 地　　番　1番1 地　　目　宅地 地　　積　○○○.00㎡	株式会社乙野商事
所　　在　東京都○区○町一丁目1番地1 家屋番号　1番1	株式会社乙野商事

```
種   類  居宅
構   造  木造セメントかわらぶき平家建
床 面 積  ○○.○○㎡
```

第1条（債権譲渡）

① 債権譲渡人は、債権譲受人に対し、前記原契約（その後の変更を含む。以下同じ。）に基づき債権譲渡人が債務者に対して有する債権のうち前記譲渡元本金額に相当する元本債権ならびにこれに付帯する一切の債権（譲渡日までに生じたものを含む。以下、総称して「譲渡対象債権」といいます。）（注10）を前記「債権譲渡の要項」記載の内容により譲渡しました。（注11）

② 債権譲渡人は、前記譲渡代金額を前記「譲渡代金の支払方法」記載のとおり支払います。（注12）

第2条（対抗要件）

債権譲渡人は、前条第1項に定める債権譲渡について、民法第467条第2項に従って、ただちに、確定日付ある証書により債務者に対する通知を行い、または確定日付ある証書により債務者の承諾を取得します。（注13）

第3条（原契約証書の交付）

債権譲渡人は、譲渡代金全額の支払と引換に、前記原契約の証書の写し（注14）その他債権譲受人の権利行使および保全に必要な一切の書類を、債権譲受人の指示に従って債権譲受人に交付します。

第4条（登記義務）

債権譲渡人は、譲渡対象債権を担保するために設定された前記「抵当権の表示」記載の抵当権について、第1条に基づく債権譲渡を原因とする抵当権一部移転登記手続を遅滞なく行い、その登記事項証明書を債権譲受人に提出します。

第5条（費用の負担）

本契約締結に係る費用および本契約に基づく登記費用その他関連する費用は、債権譲渡人が負担し、債権譲受人が支払った金額についてはただちに支払います。（注15）（注16）

以　　上

(注1) この文書は印紙税法上の債権譲渡に関する契約書（第15号文書）に該当する。印紙税額は200円である。なお、債権譲渡証書記載の契約金額が10,000円未満の場合は、非課税となる。
(注2) この契約書を作成した日付を記載する。
(注3) 債権譲渡人にはこの欄に署名（記名）捺印させる。なお、住所および商号、氏名は、会社法人等番号または住民票により確認する。
(注4) 債権譲受人にはこの欄に署名（記名）捺印させる。なお、住所および商号、氏名は、会社法人等番号または住民票により確認する。
(注5) 原契約に記載される貸付元本金額を記載する。
(注6) 本証書作成日における譲渡前の貸付元本残高を記載する。なお、譲渡元本に相応する既発生の経過利息および遅延損害金の金額を具体的に表示することも考えられるが、これらを含めて譲渡対象債権とする旨の文言を第1条第1項に設けておけば具体的な金額の特定がなく

ても特定に欠ける点はなく、また簡易な事務でない可能性を考慮し、本書式では残元本のみを表示する書式を示すこととした。
(注7) 譲渡対象となる債権の元本金額を記載する。
(注8) 譲渡後の債権の元本金額（残元本金額と譲渡元本金額の差額）を記載する。
(注9) 分割払となる場合には、「平成○年○月○日までに○円、平成○年○月○日までに残額全額を支払」などと記載する。
(注10) 既発生の利息（経過利息）および遅延損害金は、基本権となる元本債権とは別の債権（支分権）であり、元本債権の移転により当然に移転するものではないから、このような文言を設けることによって移転の対象であることを示す必要がある。
(注11) 本書式では、期限を定めて代金を支払うこととしているか否かにかかわらず、債権譲渡契約時に債権譲渡による抵当権移転の効果が生じることを前提としている。代金支払完了時に債権譲渡による抵当権移転の効果が生じる構成にすることも考えられるが、次項による債務者の承諾が債権譲渡の効力発生前に行われることとなり対抗要件としての効力に疑義を生じさせるおそれがあることや、抵当権移転登記手続の登記原因証明情報としてこの契約証書のほかに譲渡代金の領収書など追加資料の提供が必要となることから、上記の構成は採用しなかった。
(注12) 契約締結と同時に代金が支払われる場合、本項の文末を「支払い、債権譲受人はこれを受領しました。」と改めることも考えられる。もっとも、このような文言による場合、この契約書が印紙税法上の売上代金の受取書（第17号文書）となり、代金額に応じた印紙税が課税されることとなるので、注意を要する。
(注13) 債務者対抗要件および第三者対抗要件の具備は、確定日付の付された通知または承諾（民法第467条）によるものとした。一般的には、債権譲渡を行った旨を記した通知書を内容証明郵便により発信するか、債務者の署名（記名）捺印のある承諾書を作成した後、公証役場において確定日付印の付与を受けることになる。対抗要件を備える方法としては、動産・債権譲渡特例法第4条第1項の登記手続により第三者対抗要件を具備し、同条第2項の通知により債務者対抗要件を具備する方法もあるが、主として債務者対抗要件の具備前に債務者に知られることなく第三者対抗要件を具備したいというニーズがある場合に用いられる手法であることから、本書式においては、同法による対抗要件具備を採用しないことを前提にした。
(注14) 原契約証書原本を債権譲渡人または債権譲受人のいずれが保管するかは、保有債権額の割合等を踏まえて両者間の交渉により決定される事項である。本書式においては、債権譲渡人が原本を引き続き保管し、債権譲受人には原契約証書の写しが交付されることを前提とした。
(注15) 本契約における各種費用について債権譲渡人が負担する例を記載している。
(注16) 本書式は、債権譲渡および抵当権移転に最低限必要な条項を内容とするものである。内容をさらに充実させるには、譲渡対象債権を債権譲受人以外の第三者に譲渡していない旨の表明保証条項を追加することなどが考えられる。

Ⅳ－2　債権譲渡通知書(注1)

債権譲渡通知書

平成　年　月　日

東京都○区○町四丁目5番6号
　株式会社乙野商事　御中

　　　　　　　　　東京都○区○町一丁目2番3号
　　　　　　　　　　株式会社甲野銀行
　　　　　　　　　　代表取締役　甲野太郎

当行は、下記原契約（その後の変更を含む。以下同じ。）に基づき当行が貴社に対して有する債権のうち下記譲渡元本金額に相当する元本債権ならびにこれに付帯する一切の債権（譲渡日までに生じたものを含む。以下、総称して「譲渡対象債権」といいます。）について、平成○年○月○日付けで下記譲受人に譲渡しましたので、民法第467条によりその旨ご通知申し上げます。譲渡対象債権の弁済方法につきましては、下記譲受人の指示に従ってください。

記

【譲受人】　東京都○区○町一丁目２番１号
　　　　　　株式会社丙川サービサー
　　　　　　担当：○部○○
　　　　　　電話番号：○○－○○○○－○○○○
【原契約】　平成○年○月○日付け金銭消費貸借契約
【当初元本金額】　○円
【残元本金額】　○円
【譲渡元本金額】　○円
【譲渡後の残元本金額】　○円

以　上

（注１）　債権譲渡の第三者対抗要件具備を証する書面となる通知書は、確定日付ある証書（民法第467条第２項）で行う必要があることから、確定日付ある証書の一つとされ内容証明郵便にて送付すべきであろう（民法施行法第５条第１項第５号）。内容証明郵便物の謄本は、１行20字（記号は１個で１字、以下同じ）以内、１枚26行以内で作成するものとされている。ただし、横書きの場合は、１行13字以内、１枚40行以内とするか、または１行26字以内、１枚20行以内で作成することができる。

Ⅳ-3　債権譲渡承諾書

債権譲渡承諾書

平成　　年　　月　　日（注1）

（債権譲渡人）
東京都○区○町一丁目2番3号
株式会社甲野銀行　御中
（債権譲受人）
東京都○区○町一丁目2番1号
株式会社丙川サービサー　御中（注1）

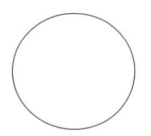

　確定日付欄（注3）　　　　　　　　　　（債務者）
　　　　　　　　　　　　　　　　　　　東京都○区○町四丁目5番6号
　　　　　○　　　　　　　　　　　　　株式会社乙野商事
　　　　　　　　　　　　　　　　　　　代表取締役　乙野次郎　　㊞（注2）

　当社は、下記原契約（その後の変更を含む。以下同じ。）に基づき債権譲渡人が当社に対して有する債権のうち下記譲渡元本金額に相当する元本債権ならびにこれに付帯する一切の債権（譲渡日までに生じたものを含む。）を債権譲渡人が債権譲受人に対して譲渡したことについて、異議なく承諾しました。

［債権譲渡の表示］

1．債権者	上記債権譲渡人に同じ		
2．債務者	上記債務者に同じ		
3．原契約	契約名および契約年月日	平成　　年　　月　　日金銭消費貸借契約	
	当初元本金額	拾億　　　百万　　　千　　　円	
		（算用数字／頭部に¥マーク）	
	残元本金額	拾億　　　百万　　　千　　　円	
		（算用数字／頭部に¥マーク）	

4．譲渡元本金額	拾億　　　　百万　　　　千　　　　円
	（算用数字／頭部に¥マーク）
5．譲渡後の残元本金額	拾億　　　　百万　　　　千　　　　円
	（算用数字／頭部に¥マーク）

以　上

(注1) 債権譲渡の承諾は、債権譲渡人または債権譲受人のいずれに対するものであっても有効であると解されている。本書式は、譲渡に関わる当事者の名称の一覧性の観点から、債権譲渡人および債権譲受人の両名宛てとした。
(注2) 債務者にはこの欄に署名（記名）捺印させる。債務者以外の者が抵当権設定者である場合であっても、債務者の署名（記名）捺印があれば足り、抵当権設定者を契約当事者として署名（記名）捺印させる必要はない。
(注3) 債務者の承諾により第三者対抗要件を具備するには、確定日付を付す必要がある。確定日付を付す方法としては、本書式に債務者の署名（記名）捺印を取得した後、公証役場において確定日付印の付与を受けるのが一般的である。

V　登記原因証明情報（抵当権一部移転）(注1)

登記原因証明情報
（抵当権一部移転）

平成　年　月　日

東京法務局　〇出張所 御中

　　　　　　　　　　住　所　　　　東京都〇区〇町一丁目2番3号
　　　　　　　　　　登記義務者(注2)　株式会社甲野銀行
　　　　　　　　　　　　　　　　　代表取締役　甲野太郎　　　㊞

　登記義務者（現抵当権者）は、本件登記の原因となる事実または法律行為が下記1．記載のとおりであること、およびこれに基づき現に下記2．記載の内容を登記要項とする物権変動が生じたことを証明します。

1．登記の原因となる事実または法律行為

(1) 契約証書名および締結年月日	平成〇年〇月〇日付け抵当権付債権一部譲渡契約証書(注3)	
(2) 契約当事者	債権譲渡人（現抵当権者）	株式会社甲野銀行

	債権譲受人（新抵当権者）	株式会社丙川サービサー

2．登記申請情報の要項

(1)	登記の目的	抵当権一部移転（注4）
(2)	移転する抵当権	平成○年○月○日受付第○号
(3)	原因	平成○年○月○日債権一部譲渡（注5）
(4)	譲渡額	金○円（注6）
(5)	登記権利者 （新抵当権者）（注7）	東京都○区○町三丁目2番1号 株式会社丙川サービサー
(6)	登記義務者 （現抵当権者）（注2）	東京都○区○町一丁目2番3号 株式会社甲野銀行
(7)	不動産の表示	後記不動産の表示記載のとおり

不動産の表示

所　　在　東京都○区○町一丁目
地　　番　1番1
地　　目　宅地
地　　積　○○○.○○㎡

所　　在　東京都○区○町一丁目1番地1
家屋番号　1番1
種　　類　居宅
構　　造　木造セメントかわらぶき平家建
床 面 積　○○.○○㎡

以　上

(注1)　Ⅳ-1抵当権付債権一部譲渡契約証書とは別に、Ⅴ登記原因証明情報（抵当権一部移転）を作成する場合の書式である。この情報は、登記の原因となる事実または法律行為のほか、登記事項（および物件表示）を登記義務者が確認して署名（または記名捺印）したものでなくてはならない。証書とは異なり、登記用に作成された書面の原本還付を受けることはできないため、管轄登記所が複数となるケースでは、登記所ごとに（複数）作成する必要がある。その内容は同文面とし、すべての物件を記載する。
(注2)　登記義務者は、現抵当権者（債権譲渡人）となる。
(注3)　Ⅳ-1契約証書の名称および締結年月日を記載する。
(注4)　抵当権の被担保債権についての債権一部譲渡による抵当権の一部移転の登記は、常に付記登記によるから、付記登記による申請の旨を明らかにする必要はない。
(注5)　債権一部譲渡の効力が発生した日を記載する。
(注6)　債権の一部譲渡による抵当権の一部移転の登記申請にあたっては、譲渡対象となる債権額（元本部分）が登記事項となる（不登法第84条）。
(注7)　登記権利者は、新抵当権者（債権譲受人）となる。

Ⅵ－1－1　登記用委任状（登記義務者用／Ⅳ－1を登記原因証明情報として提供する場合）(注1)

委　任　状

平成　年　月　日

　　　　　住　所　　東京都○区○町一丁目2番3号
　　　　　登記義務者　株式会社甲野銀行
　　　　　　　　　　　代表取締役　甲野太郎　　㊞

私は、＿＿＿＿＿＿＿＿＿＿＿＿＿＿＿＿＿（注2）を代理人と定め、下記の事項に関する一切の権限を委任します。

記

1．次の要項による登記申請に関すること
　　(1) 登記原因証明情報：平成○年○月○日付け抵当権付債権一部譲渡契約証書（注3）
　　(2) 登記の目的：抵当権一部移転
2．上記申請の登記識別情報の暗号化に関すること（注4）
3．上記申請の登記完了証の受領に関すること（注5）
4．上記申請に関する契約証書、資格証明情報その他の添付情報の原本還付手続に関すること（注5）
5．上記申請の登録免許税還付金の代理受領に関すること（注6）

以　上

（注1）　Ⅳ－1抵当権付債権一部譲渡契約証書を登記原因証明情報（不登法第61条）として提供する場合に、登記義務者が作成する委任状の書式である。管轄登記所が複数となるケースにおいて、委任状の原本還付を受けるときは、他の申請についても委任したことが明らかな内容とする必要がある。
（注2）　代理人の住所ならびに氏名または名称を記載する。
（注3）　登記所に提供する契約証書の締結日およびその名称を記載する。
（注4）　登記識別情報の暗号化（電子申請においてオンラインで登記識別情報を提供すること）には特別の授権が必要であるため、このように記載する。
（注5）　これらの事項には特別の授権を必要としないが、委任事項を明確にするため、このように記載する。
（注6）　登記申請の取下げ・却下・過誤納付に伴う還付金の代理受領については特別の授権が必要であるため、このように記載する。

Ⅵ－1－2　登記用委任状（登記義務者用／Ⅴを登記原因証明情報として提供する場合）（注1）

委　任　状

平成　　年　　月　　日

住　所　　　東京都○区○町一丁目2番3号
登記義務者　株式会社甲野銀行
　　　　　　代表取締役　甲野太郎　　　㊞

私は、＿＿＿＿＿＿＿＿＿＿＿＿＿＿＿（注2）を代理人と定め、下記の事項に関する一切の権限を委任します。

記

1．次の要項による登記申請に関すること
　　(1) 登記原因証明情報：平成○年○月○日付け登記原因証明情報（抵当権一部移転）（注3）
　　(2) 登記の目的：抵当権一部移転
2．上記申請の登記識別情報の暗号化に関すること（注4）
3．上記申請の登記完了証の受領に関すること（注5）
4．上記申請に関する資格証明情報その他の添付情報の原本還付手続に関すること（注5）
5．上記申請の登録免許税還付金の代理受領に関すること（注6）

以　上

(注1)　Ⅳ－1抵当権付債権一部譲渡契約証書とは別に、Ⅴ登記原因証明情報（抵当権一部移転）を作成し、これを登記原因証明情報（不登法第61条）として提供する場合に、登記義務者が作成する委任状の書式である。管轄登記所が複数となるケースにおいて、委任状の原本還付を受けるときは、他の申請についても委任したことが明らかな内容とする必要がある。
(注2)　代理人の住所ならびに氏名または名称を記載する。
(注3)　登記所に提供する登記原因証明情報の作成日およびその名称を記載する。
(注4)　登記識別情報の暗号化（電子申請においてオンラインで登記識別情報を提供すること）には特別の授権が必要であるため、このように記載する。
(注5)　これらの事項には特別の授権を必要としないが、委任事項を明確にするため、このように記載する。
(注6)　登記申請の取下げ・却下・過誤納付に伴う還付金の代理受領については特別の授権が必要であるため、このように記載する。

Ⅵ－2－1 登記用委任状（登記権利者用／Ⅳ－1を登記原因証明情報として提供する場合）(注1)

委　任　状

平成　年　月　日

住　所　　　東京都○区○町三丁目2番1号
登記権利者　株式会社丙川サービサー
　　　　　　代表取締役　丙川三郎　　　㊞
｛連絡先　担当部署　○○部／担当者名　○○　○○
　電話番号　○○－○○○○－○○○○　　　　　　｝

私は、＿＿＿＿＿＿＿＿＿＿＿＿＿＿＿＿(注2)を代理人と定め、下記の事項に関する一切の権限を委任します。

記

1. 次の要項による登記申請に関すること
   (1) 登記原因証明情報：平成○年○月○日付け抵当権付債権一部譲渡契約証書 (注3)
   (2) 登記の目的：抵当権一部移転
2. 上記申請の登記識別情報の受領に関すること (注4)
3. 上記申請の登記完了証の受領に関すること (注5)
4. 上記申請に関する契約証書、資格証明情報その他の添付情報の原本還付手続に関すること (注5)
5. 上記申請の登録免許税還付金の代理受領に関すること (注6)

以　上

(注1)　Ⅳ－1抵当権付債権一部譲渡契約証書を登記原因証明情報（不登法第61条）として提供する場合に、登記権利者が作成する委任状の書式である。管轄登記所が複数となるケースにおいて、委任状の原本還付を受けるときは、他の申請についても委任したことが明らかな内容とする必要がある。
(注2)　代理人の住所ならびに氏名または名称を記載する。
(注3)　登記所に提供する契約証書の締結日およびその名称を記載する。
(注4)　登記識別情報の受領には特別の授権が必要であるため、このように記載する。なお、電子申請においてオンラインで登記識別情報を受領することを「復号」といい、この方法による受領には特別の授権が必要であるため、これについても委任する場合は、「上記申請の登記識別情報の受領・復号に関すること」のように記載する。
(注5)　これらの事項には特別の授権を必要としないが、委任事項を明確にするため、このように記載する。
(注6)　登記申請の取下げ・却下・過誤納付に伴う還付金の代理受領については特別の授権が必要であるため、このように記載する。

Ⅵ-2-2　登記用委任状（登記権利者用／Ⅴを登記原因証明情報として提供する場合）(注1)

委　任　状

平成　　年　　月　　日

　　住　所　　　東京都〇区〇町三丁目2番1号
　　登記権利者　株式会社丙川サービサー
　　　　　　　　代表取締役　丙川三郎　　　　㊞
　　（連絡先　担当部署　〇〇部／担当者名　〇〇　〇〇
　　　電話番号　〇〇－〇〇〇〇－〇〇〇〇）

私は、＿＿＿＿＿＿＿＿＿＿＿＿＿＿＿＿（注2）を代理人と定め、下記の事項に関する一切の権限を委任します。

記

1．次の要項による登記申請に関すること
　　(1) 登記原因証明情報：平成〇年〇月〇日付け登記原因証明情報（抵当権一部移転）(注3)
　　(2) 登記の目的：抵当権一部移転
2．上記申請の登記識別情報の受領に関すること（注4）
3．上記申請の登記完了証の受領に関すること（注5）
4．上記申請に関する資格証明情報その他の添付情報の原本還付手続に関すること（注5）
5．上記申請の登録免許税還付金の代理受領に関すること（注6）

以　上

（注1）　Ⅳ-1抵当権付債権一部譲渡契約証書とは別に、Ⅴ登記原因証明情報（抵当権一部移転）を作成し、これを登記原因証明情報（不登法第61条）として提出する場合に、登記権利者が作成する委任状の書式である。管轄登記所が複数となるケースにおいて、委任状の原本還付を受けるときは、他の申請についても委任したことが明らかな内容とする必要がある。
（注2）　代理人の住所ならびに氏名または名称を記載する。
（注3）　登記所に提供する登記原因証明情報の作成日およびその名称を記載する。
（注4）　登記識別情報の受領には特別の授権が必要であるため、このように記載する。なお、電子申請においてオンラインで登記識別情報を受領することを「復号」といい、この方法による受領には特別の授権が必要であるため、これについても委任する場合は、「上記申請の登記識別情報の受領・復号に関すること」のように記載する。
（注5）　これらの事項には特別の授権を必要としないが、委任事項を明確にするため、このように記載する。
（注6）　登記申請の撤回としての取下げ、および取下げ・却下・過誤納付に伴う還付金の代理受領については特別の授権が必要であるため、このように記載する。

2　代位弁済

19　保証人による抵当権付債権の全部弁済

I　ケース概要

　甲野銀行は、乙野商事に対し融資を行い、その担保として乙野商事所有の土地建物につき抵当権の設定を受けていたが、今般、この貸付債権の保証人である丙川信用保証協会が融資金債権の全部について代位弁済を行うこととなった。

II　書式作成上の留意点

① 　抵当権の設定を受けていた融資金債権について、債権者が保証人から債権全部の代位弁済を受ける場合の書式である。保証人の代位弁済により当然代位（民法第500条）が発生し、融資金債権の担保である抵当権を保証人が行使することが可能となることから、抵当権移転の登記原因が生じる。なお、抵当権移転の付記登記は、抵当不動産の第三取得者に対して抵当権の代位行使を行うための要件となる（民法第501条第1号）。

② 　信用保証協会以外にも、（連帯）保証人、連帯債務者、担保目的物の第三取得者、後順位抵当権者等「弁済をするについて正当な利益を有する者」（法定代位権者）による第三者弁済がなされる場合には、同様に民法第500条に基づいて法定代位が発生することから、「保証人」欄を法定代位権者の地位に応じた文言に修正した同様の書式により対応することとなる。なお、法定代位権者が代位権を放棄した場合には、法定代位は発生せず、本項の書式も使用されないこととなる。

③ 　当然代位であることから、No.21の任意代位の場合と異なり、対抗要件として債務者に対する通知または承諾を行う必要はない。しかし、債務者との返済交渉の便宜上、債権者または保証人から何らかの通知が行われることが多いと思われる。

④ 　この代位弁済証書とは別に登記原因証明情報（不登法第61条）を作成することも考えられるが、簡明な書式であるので、代位弁済証書をそのまま登記原因証明情報とするのが一般的であろう。ただし、この場合の代位弁済証書には抵当権（不動産の表示を含む）の記載が必要である。

⑤ 　抵当権移転登記は、代位弁済をした保証人（新抵当権者）が登記権利者となり、債権者（現抵当権者）が登記義務者となって行う。

⑥ 　登記義務者は、抵当権の取得に係る登記識別情報（登記済証）を提供する。なお、登記完了後は、双方に登記完了証が交付され登記権利者には登記識別情報が通知される。

III　必要書類・費用一覧

書類	書類上の関係者
□　代位弁済証書	債権者（現抵当権者）
□　法定代位通知書	債権者（現抵当権者）または保証人（新抵当権者）
□　委任状（登記義務者用）	債権者（現抵当権者）
□　委任状（登記権利者用）	保証人（新抵当権者）
□　登記識別情報（登記済証）	債権者（現抵当権者）
□　会社法人等番号（注）	債権者（現抵当権者）、保証人（新抵当権者）
□　登録免許税	抵当権の債権額の1,000分の2

（注）　不登令等の改正により、平成27年11月2日から、会社・法人の代表者等の資格を証する情報の提供（添付）に代え、登記申請情報に商業登記法第7条の会社法人等番号を記録または記載することとなった。ただし、法人登記手続中となるなどの場合を考慮し、例外的に、作成後1か月以内の資格証明情報（登記事項証明書）を提供（添付）することも認められている。

IV　代位弁済証書

```
（印紙）
（注1）
                        代位弁済証書

                                        平成　　年　　月　　日（注2）

東京都○区○町三丁目2番1号
丙 川 信 用 保 証 協 会　御中

            住　所        東京都○区○町一丁目2番3号
            債権者         株式会社甲野銀行
            （現抵当権者）  代表取締役　甲野太郎　　㊞（注3）


　貴信用保証協会は、後記抵当権が付された後記原契約に基づいて発生している債権の全部である後記代位弁済額（残元本金額、経過利息および発生済み遅延損害金を含みます。）について、当行に対する代位弁済を行い、当行は、これを受領しました。（注4）

［代位弁済額の表示］

1．代位弁済額    | 拾億 |   | 百万 |   | 千 |   | 円 |
                （算用数字／頭部に￥マーク）
```

2．代位弁済額の内訳 （注5）	元本充当額	拾億　　　　　百万　　　　　千　　　　　円 （算用数字／頭部に¥マーク）
	利息充当額	拾億　　　　　百万　　　　　千　　　　　円 （算用数字／頭部に¥マーク）
	損害金充当額	拾億　　　　　百万　　　　　千　　　　　円 （算用数字／頭部に¥マーク）

［代位弁済を受けた債権の表示］

1．債権者	上記債権者に同じ
2．債務者	住所　東京都○区○町四丁目5番6号 氏名　株式会社乙野商事
3．原契約	契約名および契約年月日	平成　　年　　月　　日金銭消費貸借契約
	当初元本金額 （注6）	拾億　　　　　百万　　　　　千　　　　　円 （算用数字／頭部に¥マーク）

［抵当権の表示］

1．登記	平成○年○月○日東京法務局○出張所受付第○号
2．物件	後記物件の表示記載のとおり

物件の表示	所有者
所　在　東京都○区○町一丁目 地　番　1番1 地　目　宅地 地　積　○○○.○○㎡	株式会社乙野商事
所　在　東京都○区○町一丁目1番地1 家屋番号　1番1 種　類　居宅 構　造　木造セメントかわらぶき平家建 床面積　○○.○○㎡	株式会社乙野商事

以　上

（注1）　この文書は印紙税法上の受取証（第17号の1文書）に該当する。印紙税額は、売上代金

額、すなわち利息充当額に応じて算定される。代位弁済額が50,000円未満の場合は、非課税となる。なお、非課税文書かどうかの判定は売上代金以外の金銭の受取額との合計によって行われるため、利息充当額が50,000円未満であっても、代位弁済額の合計が50,000円以上である場合には課税文書となるので、注意が必要である。
(注2) この契約書を作成した日付を記載する。
(注3) 代位弁済を受けた債権者がこの欄に署名(記名)捺印する。
(注4) 信用保証協会から代位弁済を受ける場合には、登記義務および費用負担は信用保証協会との約定に従うことが通例であり、登記義務および費用負担を独立の条項として設けることが少ないことから、他の章における契約書式と異なり、本書式には登記義務および費用負担を独立の条項を設けていない。なお、確認の趣旨で、登記義務および費用負担を独立の条項として設けることは可能である。
(注5) 全部弁済を受ける場合、弁済充当の内訳については登記事項ではなく、これを示すことが本書式を登記原因証明情報とするにあたり必須となるものでもない。しかし、利息充当額に応じて印紙税額が課される(前掲注1参照)ところ、利息充当額の内訳が明らかでない書式を用いると、利息を含む項目の金額全額を売上代金額として印紙税額が算定されることとなり、印紙税の負担が増えるから、元本、利息および損害金への各充当額の内訳を記す欄を設けた。
(注6) 原契約に記載される貸付元本金額を記載する。

V−1　登記用委任状(登記義務者用)(注1)

委　任　状

平成　年　月　日

住　所　　　東京都○区○町一丁目2番3号
登記義務者　株式会社甲野銀行
　　　　　　代表取締役　甲野太郎　　　㊞

私は、＿＿＿＿＿＿＿＿＿＿＿＿＿＿＿(注2)を代理人と定め、下記の事項に関する一切の権限を委任します。

記

1．次の要項による登記申請に関すること
　(1) 登記原因証明情報：平成○年○月○日付け代位弁済証書(注3)
　(2) 登記の目的：抵当権移転
2．上記申請の登記識別情報の暗号化に関すること(注4)
3．上記申請の登記完了証の受領に関すること(注5)
4．上記申請に関する契約証書、資格証明情報その他の添付情報の原本還付手続に関すること(注5)
5．上記申請の登録免許税還付金の代理受領に関すること(注6)

以　上

(注1) Ⅳ代位弁済証書を登記原因証明情報(不登法第61条)として提供する場合に、登記義務者が作成する委任状の書式である。管轄登記所が複数となるケースにおいて、委任状の原本還付を受けるときは、他の申請についても委任したことが明らかな内容とする必要がある。
(注2) 代理人の住所ならびに氏名または名称を記載する。
(注3) 登記所に提供する弁済証書の作成日およびその名称を記載する。

（注4） 登記識別情報の暗号化（電子申請においてオンラインで登記識別情報を提供すること）には特別の授権が必要であるため、このように記載する。
（注5） これらの事項には特別の授権を必要としないが、委任事項を明確にするため、このように記載する。
（注6） 登記申請の取下げ・却下・過誤納付に伴う還付金の代理受領については特別の授権が必要であるため、このように記載する。

Ⅴ－2　登記用委任状（登記権利者用）(注1)

委　任　状

平成　　年　　月　　日

住　所　　東京都○区○町三丁目2番1号
登記権利者　丙川信用保証協会
　　　　　　理事長　丙川三郎　　　　㊞
（連絡先　担当部署　○○部／担当者名　○○　○○
　電話番号　○○－○○○○－○○○○）

私は、＿＿＿＿＿＿＿＿＿＿＿＿＿＿＿（注2）を代理人と定め、下記の事項に関する一切の権限を委任します。

記

1．次の要項による登記申請に関すること
　　(1) 登記原因証明情報：平成○年○月○日付け代位弁済証書 (注3)
　　(2) 登記の目的：抵当権移転
2．上記申請の登記識別情報の受領に関すること (注4)
3．上記申請の登記完了証の受領に関すること (注5)
4．上記申請に関する契約証書、資格証明情報その他の添付情報の原本還付手続に関すること (注5)
5．上記申請の登録免許税還付金の代理受領に関すること (注6)

以　上

（注1） Ⅳ代位弁済証書を登記原因証明情報（不登法第61条）として提供する場合に、登記権利者が作成する委任状の書式である。管轄登記所が複数となるケースにおいて、委任状の原本還付を受けるときは、他の申請についても委任したことが明らかな内容とする必要がある。
（注2） 代理人の住所ならびに氏名または名称を記載する。
（注3） 登記所に提供する弁済証書の作成日およびその名称を記載する。
（注4） 登記識別情報の受領には特別の授権が必要であるため、このように記載する。なお、電子申請においてオンラインで登記識別情報を受領することを「復号」といい、この方法による受領には特別の授権が必要であるため、これについても委任する場合は、「上記申請の登記識別情報の受領・復号に関すること」のように記載する。
（注5） これらの事項には特別の授権を必要としないが、委任事項を明確にするため、このように記載する。
（注6） 登記申請の取下げ・却下・過誤納付に伴う還付金の代理受領については特別の授権が必要であるため、このように記載する。

20　保証人による抵当権付債権の一部弁済

I　ケース概要

　甲野銀行は、乙野商事に対し融資を行い、その担保として乙野商事所有の土地建物につき抵当権の設定を受けていたが、今般、この貸付債権の保証人である丙川信用保証協会が被担保債権の一部について代位弁済を行うこととなり、甲野銀行も一部代位による代位権の行使に同意することとしたため、丙川信用保証協会のために一部代位の付記登記を行いたい。

II　書式作成上の留意点

① 　抵当権の設定を受けていた融資金債権について、債権者が保証人から債権の一部の代位弁済を受ける場合の書式である。保証人の代位弁済により弁済の対象となった債権について当然代位（民法第500条）が発生し、融資金債権の担保である抵当権の準共有持分を保証人が行使することが可能となることから、抵当権一部移転の登記原因が生じる。なお、抵当権移転の付記登記は抵当不動産の第三取得者に対して抵当権の代位行使を行うための要件となる（民法第501条第1号）。

② 　信用保証協会が保証人である場合には、信用保証協会所定の約定書において保証債務の範囲が限定されることが多いことから、信用保証協会による代位弁済が遅延損害金との関係で一部弁済となることが想定される。

③ 　信用保証協会以外の保証人が一部の弁済を行った場合には、金融機関である債権者所定の保証約定書において代位権の不行使および債権者の請求による代位権の無償譲渡を保証人に義務付けることが通例であることから、債権者が一部代位の付記登記に応じることは通常ないと思われる。特別の事情により法定代位権者による一部代位を認める場合に本書式を用いることとなるが、債権者が抵当権実行を希望しない時期に法定代位権者が単独で抵当権を実行するなど、一部代位者による単独の代位権行使が銀行による回収の障害となることがないように、本書式とは別に覚書等を作成し、代位権を行使できる場面を限定することも検討すべきである。

④ 　当然代位であることから、No.21の任意代位の場合と異なり、対抗要件として債務者に対する通知または承諾を行う必要はない。しかし、債務者との返済交渉の便宜上、債権者または保証人から何らかの通知が行われることが多いと思われる。

⑤ 　この代位弁済証書とは別に登記原因証明情報（不登法第61条）を作成することも考えられるが、簡明な書式であるので、代位弁済証書をそのまま登記原因証明情報とするのが一般的であろう。ただし、この場合、代位弁済証書には抵当権（不動産の表示を含む）の記載が必要である。

⑥ 　本項においては、当然代位の場合の書式を示すが、任意代位の場合の書式についても、

No.21の書式に同様の修正を加えることにより作成可能である。
⑦　抵当権一部移転登記は、代位弁済した保証人（新抵当権者）が登記権利者となり、債権者（現抵当権者）が登記義務者となって行い、代位弁済額（元本部分）もその登記事項となる。
⑧　登記義務者は、抵当権の取得に係る登記識別情報（登記済証）を提供する。なお、登記完了後は、双方に登記完了証が交付され、登記権利者には登記識別情報が通知される。

Ⅲ　必要書類・費用一覧

書　類	書類上の関係者
□　代位弁済証書	債権者（現抵当権者）
□　法定代位通知書	債権者（現抵当権者）または保証人（新抵当権者）
□　委任状（登記義務者用）	債権者（現抵当権者）
□　委任状（登記権利者用）	保証人（新抵当権者）
□　登記識別情報（登記済証）	債権者（現抵当権者）
□　会社法人等番号（注）	債権者（現抵当権者）、保証人（新抵当権者）
□　登録免許税	被担保債権の代位弁済額の1,000分の2

（注）　不登令等の改正により、平成27年11月2日から、会社・法人の代表者等の資格を証する情報の提供（添付）に代え、登記申請情報に商業登記法第7条の会社法人等番号を記録または記載することとなった。ただし、法人登記手続中となるなどの場合を考慮し、例外的に、作成後1か月以内の資格証明情報（登記事項証明書）を提供（添付）することも認められている。

Ⅳ　代位弁済証書

```
（印紙）
（注1）
                    代位弁済証書

                                    平成　　年　　月　　日（注2）

東京都〇区〇町三丁目2番1号
丙川信用保証協会　御中

            住　所      東京都〇区〇町一丁目2番3号
            債権者      株式会社甲野銀行
          （現抵当権者）  代表取締役　甲野太郎　　㊞（注3）
```

　貴信用保証協会は、後記抵当権が付された後記原契約に基づいて発生している債権のうち後記「弁済を受けた元本の金額」に相当する部分ならびにこれに付帯する経過利息および発

生済み遅延損害金債権について、当行に対して後記代位弁済額により弁済を行い、当行は、これを受領し、後記「代位弁済額の内訳」記載の内容により充当しました。(注4)

[代位弁済額の表示]

1．代位弁済額（注5）		拾億　　百万　　千　　円 （算用数字／頭部に￥マーク）
2．代位弁済額の内訳（注6）	元本充当額	拾億　　百万　　千　　円 （算用数字／頭部に￥マーク）
	利息充当額	拾億　　百万　　千　　円 （算用数字／頭部に￥マーク）
	損害金充当額	拾億　　百万　　千　　円 （算用数字／頭部に￥マーク）

[代位弁済を受けた債権の表示]

1．債権者	上記債権者に同じ	
2．債務者	住所　東京都〇区〇町四丁目5番6号 氏名　株式会社乙野商事	
3．原契約	契約名および契約年月日	平成　　年　　月　　日金銭消費貸借契約
	当初元本金額（注7）	拾億　　百万　　千　　円 （算用数字／頭部に￥マーク）
	残元本金額（注8）	拾億　　百万　　千　　円 （算用数字／頭部に￥マーク）
4．弁済を受けた元本の金額（注9）	拾億　　百万　　千　　円 （算用数字／頭部に￥マーク）	
5．弁済後の残元本金額（注10）	拾億　　百万　　千　　円 （算用数字／頭部に￥マーク）	

［抵当権の表示］

1．登記	平成○年○月○日東京法務局○出張所受付第○号
2．物件	後記物件の表示記載のとおり

物件の表示	所有者
所　　在　東京都○区○町一丁目 地　　番　１番１ 地　　目　宅地 地　　積　○○○.○○㎡	株式会社乙野商事
所　　在　東京都○区○町一丁目１番地１ 家屋番号　１番１ 種　　類　居宅 構　　造　木造セメントかわらぶき平家建 床 面 積　○○.○○㎡	株式会社乙野商事

以　上

(注1)　この文書は印紙税法上の受取証（第17号の1文書）に該当する。印紙税額は、売上代金額、すなわち利息充当額に応じて算定される。代位弁済額が50,000円未満の場合は、非課税となる。なお、非課税文書かどうかの判定は売上代金以外の金銭の受取額との合計によって行われるため、利息充当額が50,000円未満であっても、代位弁済額の合計が50,000円以上である場合には課税文書となるので、注意が必要である。
(注2)　この契約書を作成した日付を記載する。
(注3)　代位弁済を受けた債権者がこの欄に署名（記名）捺印する。
(注4)　信用保証協会から代位弁済を受ける場合には、登記義務および費用負担は信用保証協会との約定に従うことが通例であり、登記義務および費用負担を独立の条項として設けることが少ないことから、他の章における契約書式と異なり、本書式には登記義務および費用負担を独立の条項を設けていない。なお、確認の趣旨で、登記義務および費用負担を独立の条項として設けることは可能である。
(注5)　保証人が支払った金額の合計額を記載する。
(注6)　一部弁済を受ける場合、弁済した元本金額が登記事項となる（不登法第84条）から、本書式を登記原因証明情報とするにあたり、元本充当額を証書上に明記する必要がある。他方、利息および遅延損害金への充当の内訳を示すことは、本書式を登記原因証明情報とするにあたり必須となるものでもない。しかし、利息充当額に応じて印紙税額が課される（前掲注1参照）ところ、利息充当額の内訳が明らかでない書式を用いると、利息を含む項目の金額全額を売上代金額として印紙税額が算定されることとなり、印紙税の負担が増えるから、利息および損害金への各充当額の内訳を記す欄も設けた。
(注7)　原契約に記載される貸付元本金額を記載する。
(注8)　本証書作成日における弁済前の貸付元本残高を記載する。
(注9)　弁済対象となる債権の元本金額（元本充当額と同額）を記載する。
(注10)　弁済後の債権の元本金額（残元本金額と弁済を受けた元本の金額の差額）を記載する。

Ⅴ－1　登記用委任状（登記義務者用）(注1)

委　任　状

平成　年　月　日

　　　住　所　　東京都○区○町一丁目2番3号
　　　登記義務者　株式会社甲野銀行
　　　　　　　代表取締役　甲野太郎　　㊞

私は、＿＿＿＿＿＿＿＿＿＿＿＿＿＿＿＿＿（注2）を代理人と定め、下記の事項に関する一切の権限を委任します。

記

1．次の要項による登記申請に関すること
　　(1) 登記原因証明情報：平成○年○月○日付け代位弁済証書（注3）
　　(2) 登記の目的：抵当権一部移転
2．上記申請の登記識別情報の暗号化に関すること（注4）
3．上記申請の登記完了証の受領に関すること（注5）
4．上記申請に関する契約証書、資格証明情報その他の添付情報の原本還付手続に関すること（注5）
5．上記申請の登録免許税還付金の代理受領に関すること（注6）

以　上

(注1)　Ⅳ代位弁済証書を登記原因証明情報（不登法第61条）として提供する場合に、登記義務者が作成する委任状の書式である。管轄登記所が複数となるケースにおいて、委任状の原本還付を受けるときは、他の申請についても委任したことが明らかな内容とする必要がある。
(注2)　代理人の住所ならびに氏名または名称を記載する。
(注3)　登記所に提供する弁済証書の作成日およびその名称を記載する。
(注4)　登記識別情報の暗号化（電子申請においてオンラインで登記識別情報を提供すること）には特別の授権が必要であるため、このように記載する。
(注5)　これらの事項には特別の授権を必要としないが、委任事項を明確にするため、このように記載する。
(注6)　登記申請の取下げ・却下・過誤納付に伴う還付金の代理受領については特別の授権が必要であるため、このように記載する。

V－2　登記用委任状（登記権利者用）(注1)

委　任　状

平成　年　月　日

　　　　住　所　　東京都○区○町三丁目2番1号
　　　　登記権利者　丙 川 信 用 保 証 協 会
　　　　　　　　　　理事長　丙 川 三 郎　　　　　㊞
　　　　⎛連絡先　担当部署 ○○部／担当者名 ○○ ○○⎞
　　　　⎝電話番号 ○○－○○○○－○○○○　　　　　　　⎠

私は、＿＿＿＿＿＿＿＿＿＿＿＿＿＿＿(注2)を代理人と定め、下記の事項に関する一切の権限を委任します。

記

1．次の要項による登記申請に関すること
　　(1) 登記原因証明情報：平成○年○月○日付け代位弁済証書 (注3)
　　(2) 登記の目的：抵当権一部移転
2．上記申請の登記識別情報の受領に関すること (注4)
3．上記申請の登記完了証の受領に関すること (注5)
4．上記申請に関する契約証書、資格証明情報その他の添付情報の原本還付手続に関すること (注5)
5．上記申請の登録免許税還付金の代理受領に関すること (注6)

以　上

(注1)　Ⅳ代位弁済証書を登記原因証明情報（不登法第61条）として提供する場合に、登記権利者が作成する委任状の書式である。管轄登記所が複数となるケースにおいて、委任状の原本還付を受けるときは、他の申請についても委任したことが明らかな内容とする必要がある。
(注2)　代理人の住所ならびに氏名または名称を記載する。
(注3)　登記所に提供する弁済証書の作成日およびその名称を記載する。
(注4)　登記識別情報の受領には特別の授権が必要であるため、このように記載する。なお、電子申請においてオンラインで登記識別情報を受領することを「復号」といい、この方法による受領には特別の授権が必要であるため、これについても委任する場合は、「上記申請の登記識別情報の受領・復号に関すること」のように記載する
(注5)　これらの事項には特別の授権を必要としないが、委任事項を明確にするため、このように記載する。
(注6)　登記申請の取下げ・却下・過誤納付に伴う還付金の代理受領については特別の授権が必要であるため、このように記載する。

21 第三者による抵当権付債権の全部弁済

Ⅰ ケース概要

　甲野銀行は、乙野商事に対し融資を行い、その担保として乙野商事所有の土地建物につき抵当権の設定を受けていたが、今般、乙野商事のグループ会社である丁野商事が被担保債権の全部について代位弁済を行うこととなり、甲野銀行も同社による第三者弁済を承諾することとなった。

Ⅱ 書式作成上の留意点

① 抵当権の設定を受けていた融資金債権について、法定代位権者でない第三者から債権者が債権全部の代位弁済を受ける場合の書式である。当該第三者の代位弁済と同時に債権者がこれを承諾すると、任意代位（民法第499条第1項）が発生し、融資金債権の担保である抵当権を第三者が行使することが可能となる（民法第501条前段）ことから、抵当権移転の登記原因が生じる。なお、抵当権移転の付記登記は抵当不動産の第三取得者に対して抵当権の代位行使を行うための要件となる（民法第501条第1号）。

② 債権者が法定代位権者以外の第三者による代位弁済を受ける場合、この弁済が債務者の意思に反するものである場合には弁済の効果が生じない（民法第474条第2項）ことから、債務者の意思を書類の提出等により確認する必要がある。そこで、本項目では、代位弁済証書の書式をⅣ-1、債務者の意思確認に用いる書式をⅣ-2として示すこととする。

③ 任意代位による債権移転の効力を債務者以外の第三者に対抗するためには、債務者に対して確定日付のある通知または承諾を行う必要がある（民法第499条第2項、第467条）が、Ⅳ-2の承諾書を債務者に作成させる場合には、同書に確定日付を付すことにより第三者対抗要件としての承諾をあわせて取得することが可能である。

④ この代位弁済証書とは別に登記原因証明情報（不登法第61条）を作成することも考えられるが、簡明な書式であるので、代位弁済証書をそのまま登記原因証明情報とするのが一般的であろう。ただし、この場合の代位弁済証書には抵当権（不動産の表示を含む）の記載が必要である。

⑤ 抵当権移転登記は、代位弁済者（新抵当権者）が登記権利者となり、債権者（現抵当権者）が登記義務者となって行う。

⑥ 登記義務者は、抵当権の取得に係る登記識別情報（登記済証）を提供する。なお、登記完了後は、双方に登記完了証が交付され、登記権利者には登記識別情報が通知される。

Ⅲ 必要書類・費用一覧

書　　類	書類上の関係者
☐ 代位弁済証書	債権者（現抵当権者）
☐ 承諾書	債務者（抵当権設定者）
☐ 任意代位通知書（確定日付を付した承諾書を取得しない場合）	債権者（現抵当権者）
☐ 委任状（登記義務者用）	債権者（現抵当権者）
☐ 委任状（登記権利者用）	代位弁済者（新抵当権者）
☐ 登記識別情報（登記済証）	債権者（現抵当権者）
☐ 会社法人等番号（注）	債権者（現抵当権者）、代位弁済者（新抵当権者）
☐ 登録免許税	抵当権の債権額の1,000分の2

（注）　不登令等の改正により、平成27年11月2日から、会社・法人の代表者等の資格を証する情報の提供（添付）に代え、登記申請情報に商業登記法第7条の会社法人等番号を記録または記載することとなった。ただし、法人登記手続中となるなどの場合を考慮し、例外的に、作成後1か月以内の資格証明情報（登記事項証明書）を提供（添付）することも認められている。

Ⅳ-1　代位弁済証書

　　　　　　　　　　　　　　代位弁済証書

（印紙）
（注1）

　　　　　　　　　　　　　　　　　　　　　平成　　年　　月　　日（注2）

東京都○区○町六丁目5番4号
丁 野 商 事 株 式 会 社　御中

　　　　　　　　　住　　所　　　東京都○区○町一丁目2番3号
　　　　　　　　　債権者　　　　株式会社甲野銀行
　　　　　　　　　（現抵当権者）　代表取締役　甲 野 太 郎　　㊞（注3）

　貴社は、後記抵当権が付された後記原契約に基づいて発生している債権の全部（残元本金額、経過利息および発生済み遅延損害金を含みます。）について、当行に対して後記代位弁済額により弁済を行い、当行は、これを受領し、貴社が後記債権について当行に代位することを承諾しました。
　後記原契約の証書その他貴社の権利行使および保全に必要な一切の書類を交付しますので、本代位弁済に係る費用および本代位弁済に基づく登記費用その他関連する費用は、貴社

が負担してください。(注4)

[代位弁済額の表示]

1．代位弁済額	拾億　　　百万　　　千　　　円 （算用数字／頭部に¥マーク）
2．代位弁済額の内訳 （注5）	元本充当額	拾億　　　百万　　　千　　　円 （算用数字／頭部に¥マーク）
	利息充当額	拾億　　　百万　　　千　　　円 （算用数字／頭部に¥マーク）
	損害金充当額	拾億　　　百万　　　千　　　円 （算用数字／頭部に¥マーク）

[代位弁済を受けた債権の表示]

1．債権者	上記債権者に同じ
2．債務者	住所　東京都○区○町四丁目5番6号 氏名　株式会社乙野商事
3．原契約	契約名および契約年月日	平成　年　月　日金銭消費貸借契約
	当初元本金額 （注6）	拾億　　　百万　　　千　　　円 （算用数字／頭部に¥マーク）

[抵当権の表示]

1．登記	平成○年○月○日東京法務局○出張所受付第○号
2．物件	後記物件の表示記載のとおり

物件の表示	所有者
所　　在　東京都○区○町一丁目 地　　番　1番1 地　　目　宅地 地　　積　○○○.○○㎡	株式会社乙野商事
所　　在　東京都○区○町一丁目1番地1	株式会社乙野商事

```
家屋番号　1番1
種　　類　居宅
構　　造　木造セメントかわらぶき平家建
床 面 積　〇〇.〇〇㎡
```

以　上

(注1)　この文書は印紙税法上の受取証（第17号の1文書）に該当する。印紙税額は、売上代金額、すなわち利息充当額に応じて算定される。代位弁済額が50,000円未満の場合は、非課税となる。なお、非課税文書かどうかの判定は売上代金以外の金銭の受取額との合計によって行われるため、利息充当額が50,000円未満であっても、代位弁済額の合計が50,000円以上である場合には課税文書となるので、注意が必要である。
(注2)　この契約書を作成した日付を記載する。
(注3)　代位弁済を受けた債権者がこの欄に署名（記名）捺印する。
(注4)　本代位弁済における各種費用について代位弁済者が負担する例を記載している。
(注5)　全部弁済を受ける場合、弁済充当の内訳については登記事項ではなく、これを示すことが本書式を登記原因証明情報とするにあたり必須となるものでもない。しかし、利息充当額に応じて印紙税額が課される（前掲注1参照）ところ、利息充当額の内訳が明らかでない書式を用いると、利息を含む項目の金額全額を売上代金額として印紙税額が算定されることとなり、印紙税の負担が増えるから、元本、利息および損害金への各充当額の内訳を記す欄を設けた。
(注6)　原契約に記載される貸付元本金額を記載する。

Ⅳ－2　承諾書

承　諾　書

平成　　年　　月　　日（注1）

東京都〇区〇町一丁目2番3号
株 式 会 社 甲 野 銀 行　御中

確定日付欄（注3）

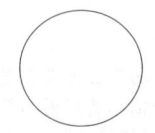

　　　　　　　　　住　　所　　東京都〇区〇町四丁目5番6号
　　　　　　　　債務者　兼　　株 式 会 社 乙 野 商 事
　　　　　　　抵当権設定者　　代表取締役　乙野次郎　　　㊞（注2）

　当社は、当社が債務者である後記債権について、後記代位弁済者が当社のために後記代位弁済額を貴行に弁済し、貴行に代位して当社に対する権利を行使することについて、承諾いたします。（注4）

第2節　移　　転　　217

[代位弁済者および代位弁済額の表示]

1．代位弁済者	住所　東京都○区○町六丁目5番4号 氏名　株式会社丁野商事
2．代位弁済額	拾億　　　百万　　　千　　　円 （算用数字／頭部に¥マーク）
3．代位弁済額の内訳	元本充当額　　拾億　　百万　　千　　円 （算用数字／頭部に¥マーク） 利息充当額　　拾億　　百万　　千　　円 （算用数字／頭部に¥マーク） 損害金充当額　拾億　　百万　　千　　円 （算用数字／頭部に¥マーク）

[代位弁済を受ける債権の表示]

1．債権者	上記債権者に同じ
2．債務者	上記債権者に同じ
3．原契約	契約名および契約年月日　平成　年　月　日金銭消費貸借契約 当初元本金額　拾億　　百万　　千　　円 （算用数字／頭部に¥マーク）

以　上

(注1)　この承諾書を作成した日付を記載する。
(注2)　債務者がこの欄に署名（記名）捺印する。
(注3)　本承諾書により、第三者弁済が債務者の意思に反しないものであり有効であることを確認する（民法第474条第2項参照）とともに、任意代位による債権移転の効力を債務者以外の第三者に対抗するために必要となる債務者の確定日付を付した承諾を得る（民法第499条第2項、第467条）ことを意図している。確定日付を付す方法としては、本書式に債務者の署名（記名）捺印を取得した後、公証役場において確定日付印の付与を受けるのが一般的である。

V－1　登記用委任状（登記義務者用）(注1)

委　任　状

平成　年　月　日

　　　住　所　　東京都○区○町一丁目2番3号
　　　登記義務者　株式会社甲野銀行
　　　　　　　　　代表取締役　甲野太郎　　　　㊞

私は、＿＿＿＿＿＿＿＿＿＿＿＿＿＿＿（注2）を代理人と定め、下記の事項に関する一切の権限を委任します。

記

1．次の要項による登記申請に関すること
　　(1) 登記原因証明情報：平成○年○月○日付け代位弁済証書（注3）
　　(2) 登記の目的：抵当権移転
2．上記申請の登記識別情報の暗号化に関すること（注4）
3．上記申請の登記完了証の受領に関すること（注5）
4．上記申請に関する契約証書、資格証明情報その他の添付情報の原本還付手続に関すること（注5）
5．上記申請の登録免許税還付金の代理受領に関すること（注6）

以　上

（注1）　Ⅳ代位弁済証書を登記原因証明情報（不登法第61条）として提供する場合に、登記義務者が作成する委任状の書式である。管轄登記所が複数となるケースにおいて、委任状の原本還付を受けるときは、他の申請についても委任したことが明らかな内容とする必要がある。
（注2）　代理人の住所ならびに氏名または名称を記載する。
（注3）　登記所に提供する弁済証書の作成日およびその名称を記載する。
（注4）　登記識別情報の暗号化（電子申請においてオンラインで登記識別情報を提供すること）には特別の授権が必要であるため、このように記載する。
（注5）　これらの事項には特別の授権を必要としないが、委任事項を明確にするため、このように記載する。
（注6）　登記申請の取下げ・却下・過誤納付に伴う還付金の代理受領については特別の授権が必要であるため、このように記載する。

Ⅴ-2　登記用委任状（登記権利者用）(注1)

委　任　状

平成　　年　　月　　日

住　所　　　東京都○区○町六丁目5番4号
登記権利者　株式会社丁野商事
　　　　　　代表取締役　丁野四郎　　　㊞
連絡先　担当部署　○○部／担当者名　○○　○○
電話番号　○○－○○○○－○○○○

私は、＿＿＿＿＿＿＿＿＿＿＿＿＿＿＿（注2）を代理人と定め、下記の事項に関する一切の権限を委任します。

記

1．次の要項による登記申請に関すること
　⑴　登記原因証明情報：平成○年○月○日付け代位弁済証書（注3）
　⑵　登記の目的：抵当権移転
2．上記申請の登記識別情報の受領に関すること（注4）
3．上記申請の登記完了証の受領に関すること（注5）
4．上記申請に関する契約証書、資格証明情報その他の添付情報の原本還付手続に関すること（注5）
5．上記申請の取下げ、ならびに登録免許税還付金の代理受領に関すること（注6）

以　上

（注1）　Ⅳ代位弁済証書を登記原因証明情報（不登法第61条）として提供する場合に、登記権利者が作成する委任状の書式である。管轄登記所が複数となるケースにおいて、委任状の原本還付を受けるときは、他の申請についても委任したことが明らかな内容とする必要がある。
（注2）　代理人の住所ならびに氏名または名称を記載する。
（注3）　登記所に提供する弁済証書の作成日およびその名称を記載する。
（注4）　登記識別情報の受領には特別の授権が必要であるため、このように記載する。なお、電子申請においてオンラインで登記識別情報を受領することを「復号」といい、この方法による受領には特別の授権が必要であるため、これについても委任する場合は、「上記申請の登記識別情報の受領・復号に関すること」のように記載する。
（注5）　これらの事項には特別の授権を必要としないが、委任事項を明確にするため、このように記載する。
（注6）　登記申請の取下げ・却下・過誤納付に伴う還付金の代理受領については特別の授権が必要であるため、このように記載する。

3　抵当権者の合併

22　抵当権者の合併

I　ケース概要

　甲野銀行は、乙野商事に対する融資取引の担保として乙野商事所有の土地につき抵当権の設定を受けていたが、その後、丙川銀行を存続会社とする吸収合併が行われ、当該融資に係る債権は、土地の抵当権と共に丙川銀行に承継された。
　今般、丙川銀行が承継した当該抵当権について、他の事由により登記を行うこととなったため、当該登記の前提として、上記合併についても登記手続を行う。

II　書式作成上の留意点

① 抵当権者について合併があった場合に、抵当権が存続会社（新設合併の場合は設立会社。以下同じ）に承継されたことを公示するときの書式である。合併の効力発生により抵当権移転の登記原因が生じる。

② 存続会社は、合併の効力発生日（新設合併の場合は成立日）に消滅会社の権利義務を包括的に承継する（会社法第750条第1項、第754条第1項）。合併による権利承継（一般承継）は、登記を要する物件変動ではないから、対抗要件具備目的で抵当権移転の登記を行う必要はない。

③ 不動産担保権の実行手続との関係においても、民事執行法第181条第3項の承継を証する文書として、合併の記載がある存続会社または設立会社の登記事項証明書を執行裁判所に提出することにより、合併による抵当権移転の付記登記を行わないで担保不動産競売の申立てを行うことが可能であるし、開始決定後に合併の効力が発生した場合も、民事執行法上の明文規定はないものの、同様に承継を証する文書が提出されれば競売手続はそのまま進行することとされているから、抵当権の移転登記を行う必要はない。

④ 合併による抵当権移転の登記は、抵当権の抹消、変更、追加設定等の必要が生じた際に、同時に行うことが多い。合併により消滅会社は解散し、これらの登記の際には、その前提として、合併による抵当権移転の登記が必要となるからである。

⑤ 登記原因証明情報（不登法第61条）として登記所に提供するのは、合併の記載がある存続会社または設立会社の登記事項証明書である。登記手続にあたり、合併契約書を提供する必要はなく、また別に登記原因証明情報を作成する必要はない。

⑥ 合併による抵当権移転登記は、存続会社が登記申請人となって行う。登記完了後は登記完了証が交付され、登記識別情報が通知される。

Ⅲ　必要書類・費用一覧

書　類	書類上の関係者
☐ 登記事項証明書（注1）	存続会社（新設合併では新設会社）
☐ 委任状（登記申請人用）	存続会社（新設合併では新設会社）
☐ 会社法人等番号（注2）	存続会社（新設合併では新設会社）
☐ 登録免許税	抵当権の債権額の1,000分の1

（注1）　不登令等の改正に伴い、現在の会社法人等番号によって登記所が合併事項を確認できる場合、この番号を提供すれば証明書の添付は省略できる。

（注2）　不登令等の改正により、平成27年11月2日から、会社・法人の代表者等の資格を証する情報の提供（添付）に代え、登記申請情報に商業登記法第7条の会社法人等番号を記録または記載することとなった。ただし、法人登記手続中となるなどの場合を考慮し、例外的に、作成後1か月以内の資格証明情報（登記事項証明書）を提供（添付）することも認められている。

Ⅳ　登記用委任状（登記申請人用）（注1）

委　任　状

平成　　年　　月　　日

住　所　　東京都○区○町三丁目2番1号
登記申請人　株式会社丙川銀行
　　　　　　代表取締役　丙野三郎　　㊞
　　　　　　（取扱店　○支店）

連絡先　担当部署　○○部／担当者名　○○　○○
電話番号　○○－○○○○－○○○○

私は、＿＿＿＿＿＿＿＿＿＿＿＿＿＿＿（注2）を代理人と定め、下記の事項に関する一切の権限を委任します。

記

1．次の登記申請に関すること（注3）
　　(1) 登記の目的：抵当権移転（合併による抵当権の移転）
　　(2) 移転する登記：平成○年○月○日東京法務局○出張所受付第○号
　　(3) 物件：後記物件の表示記載のとおり
2．上記申請の登記識別情報の受領に関すること（注4）
3．上記申請の登記完了証の受領に関すること（注5）
4．上記申請に関する登記原因証明情報、資格証明情報その他の添付情報の原本還付手続に関すること（注5）
5．上記申請の登録免許税還付金の代理受領に関すること（注6）

物件の表示（注7）
所　　在　東京都○区○町一丁目 地　　番　1番1 地　　目　宅地 地　　積　○○○.○○㎡

以　上

(注1)　登記申請人が作成する委任状の書式である。管轄登記所が複数となるケースにおいて、委任状の原本還付を受けるときは、他の申請についても委任したことが明らかな内容とする必要がある。
(注2)　代理人の住所ならびに氏名または名称を記載する。
(注3)　戸籍・住民票・登記事項証明書などの官公署発行の証明書を登記原因証明情報（不登法第61条）として提供する場合、当該証明書には抵当権や不動産の表示がないことから、委任する登記手続を明確にするため、このように記載する。
(注4)　登記識別情報の受領には特別の授権が必要であるため、このように記載する。なお電子申請においてオンラインで登記識別情報を受領することを「復号」といい、この方法による受領には特別の授権が必要であるため、これについても委任する場合は、「上記申請の登記識別情報の受領・復号に関すること」のように記載する。
(注5)　これらの事項には特別の授権を必要としないが、委任事項を明確にするため、このように記載する。
(注6)　登記申請の取下げ・却下・過誤納付に伴う還付金の代理受領については特別の授権が必要であるため、このように記載する。
(注7)　土地については所在・地番を記載することでも足りる。

4　抵当権者の会社分割

23　抵当権者の会社分割

I　ケース概要

　甲野銀行は、乙野商事に対する融資取引の担保として乙野商事所有の土地につき抵当権の設定を受けていたが、その後、丙川銀行を承継会社とする吸収分割が行われ、当該融資に係る債権は、土地の抵当権と共に丙川銀行に承継された。
　今般、当該抵当権について、他の事由により登記を行うこととなったため、当該登記の前提として、上記会社分割についても登記手続を行う。

II　書式作成上の留意点

① 抵当権者について会社分割があった場合に、抵当権が承継会社（新設分割の場合は設立会社。以下同じ）に承継されたことを公示するときの書式である。会社分割の効力発生により抵当権移転の登記原因が生じる。

② 承継会社は、会社分割の効力発生日（新設分割の場合は成立の日）に吸収分割契約（新設分割の場合は新設分割計画）の定めに従い分割会社の権利義務を包括的に承継する（会社法第759条第1項、第764条第1項）。対抗要件具備目的で抵当権移転の登記を行う意義が乏しいことから、会社分割後ただちに抵当権の移転登記を行うものとはせず、不動産担保権の実行や抵当権の変更、追加設定等の必要が生じた際に抵当権移転の登記を行うことが多い。なお、吸収分割会社名義の抵当権を吸収分割後の原因により抹消するときであっても、吸収分割による抵当権移転登記は必要的でないとされている。

③ 不動産担保権の実行手続との関係では、民事執行法第181条第3項の承継を証する文書として、会社分割契約書および承継会社の登記事項証明書を執行裁判所に提出することにより、会社分割による抵当権移転の付記登記を行わないで担保不動産競売の申立てを行うことも考えられる。しかし、会社分割契約書からは融資に係る債権および抵当権が会社分割により承継されているか判然とせず、別途承継を証する文書を分割会社および承継会社の名義で作成する手間が生じることが多い。

④ 登記原因証明情報（不登法第61条）として登記所に提供するのは、IV登記原因証明情報とするのが適当であろう。会社分割契約書（新設分割の場合は会社分割計画書）および登記事項証明書を登記原因証明情報とすることも考えられるが、融資に係る債権および抵当権が承継対象であることが明らかとならず登記原因証明情報としての適格を欠くことが多い。

⑤ 会社分割による抵当権移転登記は、承継会社が登記権利者となり、分割会社が登記義務者となって行う。登記完了後は、双方に登記完了証が交付され、承継会社には登記識別情報が

通知される。

Ⅲ 必要書類・費用一覧

書　　類	書類上の関係者
☐ 登記事項証明書（注1）	吸収分割承継会社
☐ 登記原因証明情報	吸収分割会社
☐ 委任状（登記義務者用）	吸収分割会社
☐ 委任状（登記権利者用）	吸収分割承継会社
☐ 登記識別情報（登記済証）	吸収分割会社
☐ 会社法人等番号（注2）	吸収分割会社、吸収分割承継会社
☐ 登録免許税	抵当権の債権額の1,000分の2

（注1）　不登令等の改正に伴い、現在の会社法人等番号によって登記所が会社分割事項を確認できる場合、この番号を提供すれば証明書の添付は省略できることとなった。

（注2）　不登令等の改正により、平成27年11月2日から、会社・法人の代表者等の資格を証する情報の提供（添付）に代え、登記申請情報に商業登記法第7条の会社法人等番号を記録または記載することとなった。ただし、法人登記手続中となるなどの場合を考慮し、例外的に、作成後1か月以内の資格証明情報（登記事項証明書）を提供（添付）することも認められている。

Ⅳ 登記原因証明情報（抵当権移転）（注1）

登記原因証明情報
（抵当権移転）

　　　　　　　　　　　　　　　　　　　　　　　平成　　年　　月　　日

東京法務局　〇出張所 御中

　　　　　　　　　住　所　　　　東京都〇区〇町一丁目2番3号
　　　　　　登記義務者（注2）　株式会社甲野銀行
　　　　　　　　　　　　　　　　代表取締役　甲野太郎　　　　　㊞

　登記義務者（吸収分割会社）は、本件登記の原因となる事実または法律行為が下記1．記載のとおりであることおよびこれに基づき現に下記2．記載の内容を登記要項とする物権変動が生じたことを証明します。

1．登記の原因となる事実または法律行為

(1) 契約名および締結年月日	平成〇年〇月〇日付け吸収分割契約（注3）
(2) 契約当事者	吸収分割会社　　　　　株式会社甲野銀行
	吸収分割承継会社　　　株式会社丙川銀行

2．登記申請情報の要項

(1) 登記の目的	抵当権移転（注4）
(2) 移転する抵当権	平成〇年〇月〇日受付第〇号
(3) 原因	平成〇年〇月〇日会社分割（注5）
(4) 登記権利者（吸収分割承継会社）（注6）	東京都〇区〇町三丁目2番1号 株式会社丙川銀行（取扱店〇支店）
(5) 登記義務者（吸収分割会社）	東京都〇区〇町一丁目2番3号 株式会社甲野銀行
(6) 不動産の表示	後記のとおり

不動産の表示

```
所　　在　東京都〇区〇町一丁目
地　　番　1番1
地　　目　宅地
地　　積　〇〇〇.〇〇㎡
```

以　上

(注1) 吸収分割契約書等とは別に、V登記原因証明情報（登記用）を作成する場合の書式である。この情報は、登記の原因となる事実または法律行為のほか、登記事項（および物件表示）を登記義務者が確認して署名（または記名捺印）したものでなくてはならない。証書とは異なり、登記用に作成された書面の原本還付を受けることはできないため、管轄登記所が複数となるケースでは、登記所ごとに（複数）作成する必要がある。その内容は同文面とし、すべての物件を記載する。

(注2) 登記義務者は、吸収分割会社となる。

(注3) 吸収分割契約の締結年月日を記載する。

(注4) 会社分割による抵当権の移転の登記は、常に付記登記によるから、付記登記による申請の旨を明らかにする必要はない。

(注5) 会社分割の効力発生日を記載する。

(注6) 登記権利者は、吸収分割承継会社となる。取扱店支店を登記すべきときは、例のように表示する。

Ⅴ－1　登記用委任状（登記義務者用／Ⅳを登記原因証明情報として提供する場合）
　　　（注1）

委　任　状

　　　　　　　　　　　　　　　　　　　　　　　平成　　年　　月　　日

　　　　　住　所　　　東京都○区○町一丁目2番3号
　　　　　登記義務者　株式会社甲野銀行
　　　　　　　　　　　代表取締役　甲野太郎　　　　㊞

私は、＿＿＿＿＿＿＿＿＿＿＿＿＿＿＿＿（注2）を代理人と定め、下記の事項に関する一切の権限を委任します。

記

1．次の要項による登記申請に関すること
　　(1) 登記原因証明情報：平成○年○月○日付け登記原因証明情報（抵当権移転）（注3）
　　(2) 登記の目的：抵当権移転
2．上記申請の登記識別情報の暗号化に関すること（注4）
3．上記申請の登記完了証の受領に関すること（注5）
4．上記申請に関する資格証明情報その他の添付情報の原本還付手続に関すること（注5）
5．上記申請の登録免許税還付金の代理受領に関すること（注6）

　　　　　　　　　　　　　　　　　　　　　　　　　　　　　以　上

（注1）　Ⅳ登記原因証明情報（抵当権移転）を登記原因証明情報（不登法第61条）として提供する場合に、登記義務者が作成する委任状の書式である。管轄登記所が複数となるケースにおいて、委任状の原本還付を受けるときは、他の申請についても委任したことが明らかな内容とする必要がある。
（注2）　代理人の住所ならびに氏名または名称を記載する。
（注3）　登記所に提供する登記原因証明情報の作成日およびその名称を記載する。
（注4）　登記識別情報の暗号化（電子申請においてオンラインで登記識別情報を提供すること）には特別の授権が必要であるため、このように記載する。
（注5）　これらの事項には特別の授権を必要としないが、委任事項を明確にするため、このように記載する。
（注6）　登記申請の取下げ・却下・過誤納付に伴う還付金の代理受領については特別の授権が必要であるため、このように記載する。

Ⅴ-2　登記用委任状（登記権利者用／Ⅳを登記原因証明情報として提供する場合）
（注1）

委　任　状

平成　年　月　日

　　　　住　所　　東京都○区○町三丁目2番1号
　　　　登記権利者　株式会社丙川銀行
　　　　　　　　　　代表取締役　丙川三郎　　　　㊞
　　　　　　　　　　（取扱店　○支店）

私は、＿＿＿＿＿＿＿＿＿＿＿＿＿＿＿＿＿（注2）を代理人と定め、下記の事項に関する一切の権限を委任します。

記

1．次の要項による登記申請に関すること
　　(1) 登記原因証明情報：平成○年○月○日付け登記原因証明情報（抵当権移転）（注3）
　　(2) 登記の目的：抵当権移転
2．上記申請の登記識別情報の受領に関すること（注4）
3．上記申請の登記完了証の受領に関すること（注5）
4．上記申請に関する資格証明情報その他の添付情報の原本還付手続に関すること（注5）
5．上記申請の登録免許税還付金の代理受領に関すること（注6）

以　上

（注1）　Ⅳ登記原因証明情報（抵当権移転）を登記原因証明情報（不登法第61条）として提出する場合に、登記権利者が作成する委任状の書式である。管轄登記所が複数となるケースにおいて、委任状の原本還付を受けるときは、他の申請についても委任したことが明らかな内容とする必要がある。
（注2）　代理人の住所ならびに氏名または名称を記載する。
（注3）　登記所に提供する登記原因証明情報の作成日およびその名称を記載する。
（注4）　登記識別情報の受領には特別の授権が必要であるため、このように記載する。なお、電子申請においてオンラインで登記識別情報を受領することを「復号」といい、この方法による受領には特別の授権が必要であるため、これについても委任する場合は、「上記申請の登記識別情報の受領・復号に関すること」のように記載する。
（注5）　これらの事項には特別の授権を必要としないが、委任事項を明確にするため、このように記載する。
（注6）　登記申請の取下げ・却下・過誤納付に伴う還付金の代理受領については特別の授権が必要であるため、このように記載する。

第3節 変　更

1　債　権　額

24　一部弁済による債権額の減少

Ⅰ　ケース概要

　甲野銀行は、債務者乙野商事宛て融資の担保として乙野商事所有の土地および建物につき抵当権の設定を受けていたが、乙野商事がこの債務を一部弁済し、抵当権の変更登記を行いたい旨の申し出があった。

Ⅱ　書式作成上の留意点

① 抵当権の設定を受けていた融資について、一部弁済に伴う抵当権変更登記（債権額の減少）をする場合の書式である。
② 一部弁済は、充当に関する特別な合意などを伴わない限り事実にすぎないので、Ⅳの登記原因証明情報を作成し、登記原因証明情報（不登法第61条）として登記所に提供するのが便宜であろう。
③ 債権額が減少する抵当権変更登記は、抵当権者が登記義務者となって行う。
④ 登記上の利害関係人が存在しないか、または存在してもその者からⅥの承諾書を取得し、登記所に提供することができる場合は、付記登記で変更手続を行うことができる（不登法第66条、不登令第7条第1項第6号、別表25ロ）。
⑤ 登記上の利害関係人の承諾を提供することができない場合は、主登記による変更となり、減少部分について利害関係人に対抗できない。
⑥ 登記義務者は、その権利取得に係る登記識別情報（登記済証）を提出する。なお、登記完了後は、双方に登記完了証が交付される（この登記には、登記識別情報は通知されない）。
⑦ 管轄登記所が複数となるケースでは、印鑑証明書およびⅣ登記原因証明情報（抵当権変更）は、登記所ごとに（複数）必要となる。当該申請のためにのみ作成したⅤ登記用委任状も同様であり、これらは原本還付を受けることができないとされている。

Ⅲ　必要書類・費用一覧

書　類	書類上の関係者
☐ 登記原因証明情報	抵当権者
☐ 委任状（登記義務者用）	抵当権者

☐ 委任状（登記権利者用）	抵当権設定者
☐ 登記識別情報（登記済証）	抵当権者
☐ 会社法人等番号（注）	抵当権者、抵当権設定者
☐ 登録免許税	不動産1個につき1,000円

（注）　不登令等の改正により、平成27年11月2日から、会社・法人の代表者等の資格を証する情報の提供（添付）に代え、登記申請情報に商業登記法第7条の会社法人等番号を記録または記載することとなった。ただし、法人登記手続中となるなどの場合を考慮し、例外的に、作成後1か月以内の資格証明情報（登記事項証明書）を提供（添付）することも認められている。

Ⅳ　登記原因証明情報（抵当権変更）（注1）

登記原因証明情報
（抵当権変更）

平成　　年　　月　　日

東京法務局　○出張所　御中

　　　　　　　　　住　所　　　東京都○区○町一丁目2番3号
　　　　　　　　　登記義務者（注2）　株式会社甲野銀行
　　　　　　　　　　　　　　　代表取締役　甲野太郎　　㊞

　登記義務者（抵当権者）は、本件登記の原因となる事実または法律行為が下記1．記載のとおりであること、およびこれに基づき現に下記2．記載の内容を登記要項とする登記内容の変更が生じたことを証明します。

1．登記の原因となる事実または法律行為

(1) 弁済対象債務	平成○年○月○日付け金銭消費貸借契約に基づく債務（注3）
(2) 一部弁済日	平成○年○月○日（注4）
(3) 弁済金額	金○円
(4) 残存元本金額	金○円

2．登記申請情報の要項

(1) 登記の目的	抵当権変更（付記）（注5）

(2)	変更する抵当権	平成○年○月○日受付第○号
(3)	原因	平成○年○月○日一部弁済（注4）
(4)	変更後の事項	債権額　金○円（注6）
(5)	登記権利者 （抵当権設定者）（注7）	東京都○区○町四丁目5番6号 株式会社乙野商事
(6)	登記義務者 （抵当権者）（注1）	東京都○区○町一丁目2番3号 株式会社甲野銀行
(7)	不動産の表示	後記のとおり

不動産の表示

所　　在　東京都○区○町一丁目
地　　番　1番1
地　　目　宅地
地　　積　○○○.○○㎡

所　　在　東京都○区○町一丁目1番地1
家屋番号　1番1
種　　類　居宅
構　　造　木造セメントかわらぶき平家建
床 面 積　○○.○○㎡

以　上

(注1)　この情報は、登記の原因となる事実または法律行為のほか、登記事項（および物件表示）を登記義務者が確認して署名（または記名捺印）したものでなくてはならない。
(注2)　登記義務者は、抵当権者となる。
(注3)　金銭消費貸借契約の成立年月日および契約名を記載する。
(注4)　一部弁済が行われた年月日を記載する。
(注5)　一部弁済による抵当権の変更の登記は、利害関係人がない場合、または利害関係人の承諾がある場合は付記登記により、利害関係人があってその承諾がない場合は主登記による。付記登記によるときは、（付記）と注記する実務である。
(注6)　変更後の事項として、債権額（金額は残存元本金額）を記載する。
(注7)　登記権利者は、抵当権設定者となる。

V－1　登記用委任状（登記義務者用）(注1)

委　任　状

平成　年　月　日

　　　　　住　所　　　東京都○区○町一丁目2番3号
　　　　　登記義務者　株式会社甲野銀行
　　　　　　　　　　　代表取締役　甲野太郎　　　㊞

私は、＿＿＿＿＿＿＿＿＿＿＿＿＿＿＿（注2）を代理人と定め、下記の事項に関する一切の権限を委任します。

記

1．次の要項による登記申請に関すること
　　(1) 登記原因証明情報：平成○年○月○日付け登記原因証明情報（抵当権変更）(注3)
　　(2) 登記の目的：抵当権変更
2．上記申請の登記識別情報の暗号化に関すること（注4）
3．上記申請の登記完了証の受領に関すること（注5）
4．上記申請に関する資格証明情報その他の添付情報の原本還付手続に関すること（注5）
5．上記申請の登録免許税還付金の代理受領に関すること（注6）

以　上

(注1)　Ⅳ登記原因証明情報（抵当権変更）を登記原因証明情報（不登法第61条）として提供する場合に、登記義務者が作成する委任状の書式である。管轄登記所が複数となるケースにおいて、委任状の原本還付を受けるときは、他の申請についても委任したことが明らかな内容とする必要がある。
(注2)　代理人の住所ならびに氏名または名称を記載する。
(注3)　登記所に提供する登記原因証明情報の名称および作成日を記載する。
(注4)　登記識別情報の暗号化（電子申請においてオンラインで登記識別情報を提供すること）には特別の授権が必要であるため、このように記載する。
(注5)　これらの事項には特別の授権を必要としないが、委任事項を明確にするため、このように記載する。
(注6)　登記申請の取下げ・却下・過誤納付に伴う還付金の代理受領については特別の授権が必要であるため、このように記載する。

V−2　登記用委任状（登記権利者用）(注1)

委　任　状

平成　年　月　日

　　　　　住　所　　東京都○区○町四丁目5番6号
　　　　　登記権利者　株式会社乙野商事
　　　　　　　　　　　代表取締役　乙野次郎　　　　㊞
　　　　　⎛連絡先　担当部署　○○部／担当者名　○○　○○⎞
　　　　　⎝電話番号　○○－○○○○－○○○○　　　　　　⎠

私は、＿＿＿＿＿＿＿＿＿＿＿＿＿＿＿＿（注2）を代理人と定め、下記の事項に関する一切の権限を委任します。

記

1．次の要項による登記申請に関すること
　　(1) 登記原因証明情報：平成○年○月○日付け登記原因証明情報（抵当権変更）(注3)
　　(2) 登記の目的：抵当権変更
2．上記申請の登記完了証の受領に関すること (注4)
3．上記申請に関する資格証明情報その他の添付情報の原本還付手続に関すること (注4)
4．上記申請の登録免許税還付金の代理受領に関すること (注5)

以　上

(注1)　Ⅳ登記原因証明情報（抵当権変更）を登記原因証明情報（不登法第61条）として提供する場合に、登記権利者が作成する委任状の書式である。管轄登記所が複数となるケースにおいて、委任状の原本還付を受けるときは、他の申請についても委任したことが明らかな内容とする必要がある。
(注2)　代理人の住所ならびに氏名または名称を記載する。
(注3)　登記所に提供する登記原因証明情報の名称および作成日を記載する。
(注4)　これらの事項には特別の授権を必要としないが、委任事項を明確にするため、このように記載する。
(注5)　登記申請の取下げ・却下・過誤納付に伴う還付金の代理受領については特別の授権が必要であるため、このように記載する。

25 利息の元本組入れによる債権額の増加

I ケース概要

　甲野銀行は、債務者乙野商事宛て融資の担保として乙野商事所有の土地および建物につき抵当権の設定を受けていたところ、乙野商事が被担保債権の利息の支払を1年以上延滞した。甲野商事は、乙野商事に対して支払を催促したが、乙野商事がなおも支払を行わないことから、甲野商事は、通知により、その遅延利息を元本に組み入れることとした。

II 書式作成上の留意点

① 抵当権の設定を受けていた融資に係る利息（遅延損害金を含む）の支払が1年分以上延滞し、債権者が催促しても、債務者がその利息を支払わない場合に、民法第405条に基づき、通知により、当該利息を元本に組み入れる場合の書式である。この通知により元本に組み入れられ、増加した元本部分も当然に当該抵当権の被担保債権となると解されるから、抵当権の債権額を増加させる抵当権変更の登記原因が生じる。

② 被担保債権に係る契約において債権者の通知により延滞利息を元本に組み入れることができる旨の法定重利の特約が存在する場合において、当該特約に基づき、利息の元本組入れを行う場合にも、本書式を利用することができる。

③ 登記上の利害関係人が存在しないか、または存在してもその者からⅥの承諾書を取得し、登記所に提供することができる場合は、付記登記で変更手続を行うことができる（不登法第66条、不登令第7条第1項第6号、別表25ロ）。

④ 登記上の利害関係人の承諾を提供することができない場合は、主登記による変更となり、増加部分について利害関係人に対抗できない。

⑤ Ⅳのように抵当権（不動産の表示を含む）の記載がある利息の元本組入れ通知書であっても、登記義務者（抵当権設定者）が作成したものではないから、抵当権変更の登記原因証明情報（不登法第61条）として登記所に提供することはできない。よって、上記の利息の元本組入れを通知した場合、これとは別に登記義務者（抵当権設定者）がⅤ-1登記原因証明情報（抵当権変更）を作成し、登記原因証明情報（不登法第61条）として登記所に提供することとなる。

⑥ 債権額が増加する抵当権変更登記は、抵当権者が登記権利者となり、抵当権設定者が登記義務者となって行う。

⑦ 抵当権設定者につき、所有権に係る登記識別情報（登記済証）および印鑑証明書が必要となる。

⑧ 管轄登記所が複数となるケースでは、印鑑証明書およびⅤ-1登記原因証明情報（抵当権変更）は、登記所ごとに（複数）必要となる。当該申請のためにのみ作成したⅥ登記用委任

状も同様であり、これらは原本還付を受けることができないとされている。

III 必要書類・費用一覧

書類	書類上の関係者
□ 利息の元本組入れ通知書	債権者（抵当権者）
□ 登記原因証明情報	抵当権設定者
□ 委任状（登記義務者用）	抵当権設定者
□ 委任状（登記権利者用）	抵当権者
□ 登記識別情報（登記済証）	抵当権設定者
□ 印鑑証明書	抵当権設定者
□ 会社法人等番号（注）	抵当権者、抵当権設定者
□ 登録免許税	債権額の増加額の1,000分の4

（注）不登令等の改正により、平成27年11月2日から、会社・法人の代表者等の資格を証する情報の提供（添付）に代え、登記申請情報に商業登記法第7条の会社法人等番号を記録または記載することとなった。ただし、法人登記手続中となるなどの場合を考慮し、例外的に、作成後1か月以内の資格証明情報（登記事項証明書）を提供（添付）することも認められている。

IV 利息の元本組入れ通知書（注1）

利息の元本組入れ通知書

平成　年　月　日

株式会社乙野商事　御中

東京都○区○町四丁目5番6号
株式会社甲野銀行
代表取締役　甲野太郎

　貴社は、当行が貴社に対して有する下記貸付債権について、利息の支払を下記のとおり遅延し、当行が催告をしてもお支払いただけませんでしたので、当行は、民法第405条に基づき、当該利息を元本に組み入れることを通知いたします。（注2）

記

【貸付債権】　平成○年○月○日付け金銭消費貸借契約に基づく債権

第3節　変更　235

【元　本】　○円

【利　息】　年○％

【損害金】　年○％

【遅延利息合計額】　○円（平成○年○月○日から平成○年○月○日までの分）

【催告日】　平成○年○月○日

【組入れ後元本金額】　○円

【上記貸付債権を被担保債権として設定された抵当権に係る物件の表示】

所　　在　　東京都○区○町一丁目

地　　番　　1番1

地　　目　　宅地

地　　積　　○○○.○○㎡

所　　在　　東京都○区○町一丁目1番地1

家屋番号　　1番1

種　　類　　居宅

構　　造　　木造セメントかわらぶき平家建

床面積　　○○.○○㎡

【上記抵当権に係る登記の表示】　平成○年○月○日

　東京法務局○出張所受付第○号

以　上

（注1）　利息を元本に組み入れる旨の債権者の意思表示の到達を証する書面となる通知書は、内容証明郵便にて送付すべきであろう。内容証明郵便物の謄本は、1行20字（記号は1個で1字、以下同じ）以内、1枚26行以内で作成するものとされている。ただし、横書きの場合は、1行13字以内、1枚40行以内とするか、または1行26字以内、1枚20行以内で作成することができる。

（注2）　利息の元本組入れに関する合意に基づく場合は、当該合意の内容に沿って記載する。

V－1　登記原因証明情報（抵当権変更）(注1)

登記原因証明情報
（抵当権変更）

平成　年　月　日

東京法務局　○出張所　御中

　　　　　　　　住　所　　　東京都○区○町四丁目5番6号
　　　　　　　　登記義務者(注2)　株式会社乙野商事
　　　　　　　　　　　　　　代表取締役　乙野次郎　　㊞

　登記義務者（抵当権設定者）は、本件登記の原因となる事実または法律行為が下記1．記載のとおりであること、およびこれに基づき現に下記2．記載の内容を登記要項とする変更が生じたことを証明します。

1．登記の原因となる事実または法律行為

(1) 通知名および到達年月日	平成○年○月○日利息の元本組入れ通知書の到達(注3)
(2) 通知当事者	通知者（抵当権者）　株式会社甲野銀行
	被通知者（債務者）　株式会社乙野商事

2．登記申請情報の要項

(1) 登記の目的	抵当権変更（付記）(注4)
(2) 変更する抵当権	平成○年○月○日受付第○号
(3) 原因	平成○年○月○日平成○年○月○日から平成○年○月○日までの利息の元本組入れ(注5)
(4) 変更後の事項	債権額　金○円
(5) 登記権利者（抵当権者）(注6)	東京都○区○町一丁目2番3号 株式会社甲野銀行
(6) 登記義務者（抵当権設定者）(注2)	東京都○区○町四丁目5番6号 株式会社乙野商事
(7) 不動産の表示	後記のとおり

```
┌─────────────────────────────────────────────────────┐
│                    不動産の表示                        │
│  所   在   東京都○区○町一丁目                         │
│  地   番   1番1                                      │
│  地   目   宅地                                       │
│  地   積   ○○○.○○㎡                                │
│                                                     │
│  所   在   東京都○区○町一丁目1番地1                   │
│  家屋番号   1番1                                      │
│  種   類   居宅                                       │
│  構   造   木造セメントかわらぶき平家建                 │
│  床 面 積   ○○.○○㎡                                │
│                                                     │
│                                              以 上   │
└─────────────────────────────────────────────────────┘

（注1） 登記原因証明情報（抵当権変更）を作成する場合の書式である。この情報は、登記の原因となる事実または法律行為のほか、登記事項（および物件表示）を登記義務者が確認して署名（または記名捺印）したものでなくてはならない。登記用に作成された書面の原本還付を受けることはできないため、管轄登記所が複数となるケースでは、登記所ごとに（複数）作成する必要がある。その内容は同文面とし、すべての物件を記載する。
（注2） 登記義務者は、所有権登記名義人（債務者または物上保証人）となる。
（注3） 利息の元本組入れ通知書の到達年月日を記載する。
（注4） 付記登記によるときは、（付記）と注記する実務である。
（注5） 利息の元本組入れ年月日と利息の発生期間を記載する。
（注6） 登記権利者は、抵当権者となる。

## Ⅴ－2　同 意 書（注1）

┌─────────────────────────────────────────────────────┐
│                                                     │
│                     同　意　書                        │
│                                                     │
│                                      平成　年　月　日 │
│                                                     │
│  東京都○区○町一丁目2番3号                            │
│  株 式 会 社 甲 野 銀 行　御中                         │
│                                                     │
│              住　所      東京都○区○町三丁目2番1号    │
│              利害関係人    株 式 会 社 丁 野 商 事     │
│              （注2）      代表取締役　丁 野 四 郎　㊞  │
│                                                     │
│   利害関係人は、下記の利害関係を有しておりますが、貴社が下記の原因により、下記のとおり抵当権変更登記をすることについて、異議なく同意します。 │
│                                                     │
│                        記                           │
│                                                     │
└─────────────────────────────────────────────────────┘
```

［利害関係の内容の表示］

利害関係の内容	後記変更する抵当権に係る後順位抵当権者（注3）

［抵当権変更登記の要項］

1．登記の目的	抵当権変更（付記）
2．変更する抵当権	平成○年○月○日受付第○号
3．原因	平成○年○月○日平成○年○月○日から平成○年○月○日の利息の元本組入れ
4．変更後の事項	債権額　金○円
5．登記権利者（抵当権者）	東京都○区○町一丁目2番3号 株式会社甲野銀行
6．登記義務者（抵当権設定者）	東京都○区○町四丁目5番6号 株式会社乙野商事
7．不動産の表示	後記のとおり

不動産の表示

所　　在　東京都○区○町一丁目
地　　番　1番1
地　　目　宅地
地　　積　○○○.○○㎡

所　　在　東京都○区○町一丁目1番地1
家屋番号　1番1
種　　類　居宅
構　　造　木造セメントかわらぶき平家建
床 面 積　○○.○○㎡

以　上

（注1）　登記上の利害関係人が存在し、その者の承諾が得られる場合に使用する。
（注2）　利害関係人の氏名または名称を記載する。
（注3）　利害関係の内容を記載する。

Ⅵ－1　登記用委任状（登記義務者用）(注1)

委　任　状

平成　　年　　月　　日

住　所　　　東京都〇区〇町四丁目5番6号
登記義務者　株式会社乙野商事
　　　　　　代表取締役　乙野次郎　　　　㊞
〔連絡先　担当部署　〇〇部／担当者名　〇〇　〇〇〕
〔電話番号　〇〇－〇〇〇〇－〇〇〇〇〕

私は、_____（注2）を代理人と定め、下記の事項に関する一切の権限を委任します。

記

1．次の要項による登記申請に関すること
　(1) 登記原因証明情報：平成〇年〇月〇日付け登記原因証明情報（抵当権変更）(注3)
　(2) 登記の目的：抵当権変更
2．上記申請の登記識別情報の暗号化に関すること（注4）
3．上記申請の登記完了証の受領に関すること（注5）
4．上記申請に関する資格証明情報その他の添付情報の原本還付手続に関すること（注5）
5．上記申請の登録免許税還付金の代理受領に関すること（注6）

以　上

(注1)　Ⅴ－1登記原因証明情報（抵当権変更）を作成し、これを登記原因証明情報（不登法第61条）として提供する場合に、登記義務者が作成する委任状の書式である。管轄登記所が複数となるケースにおいて、委任状の原本還付を受けるときは、他の申請についても委任したことが明らかな内容とする必要がある。
(注2)　代理人の住所ならびに氏名または名称を記載する。
(注3)　登記所に提供する登記原因証明情報の作成日およびその名称を記載する。
(注4)　登記識別情報の暗号化（電子申請においてオンラインで登記識別情報を提供すること）には特別の授権が必要であるため、このように記載する。
(注5)　これらの事項には特別の授権を必要としないが、委任事項を明確にするため、このように記載する。
(注6)　登記申請の取下げ・却下・過誤納付に伴う還付金の代理受領については特別の授権が必要であるため、このように記載する。

Ⅵ-2　登記用委任状（登記権利者用）(注1)

委　任　状

平成　年　月　日

住　所　　東京都〇区〇町一丁目2番3号
登記権利者　株式会社甲野銀行
　　　　　代表取締役　甲野太郎　　㊞

私は、＿＿＿＿＿＿＿＿＿＿＿＿＿＿＿＿（注2）を代理人と定め、下記の事項に関する一切の権限を委任します。

記

1．次の要項による登記申請に関すること
　(1) 登記原因証明情報：平成〇年〇月〇日付け登記原因証明情報（抵当権変更）(注3)
　(2) 登記の目的：抵当権変更
2．上記申請の登記完了証の受領に関すること (注4)
3．上記申請に関する資格証明情報その他の添付情報の原本還付手続に関すること (注4)
4．上記申請の登録免許税還付金の代理受領に関すること (注5)

以　上

(注1)　Ⅴ-1登記原因証明情報（抵当権変更）を作成し、これを登記原因証明情報（不登法第61条）として提出する場合に、登記権利者が作成する委任状の書式である。管轄登記所が複数となるケースにおいて、委任状の原本還付を受けるときは、他の申請についても委任したことが明らかな内容とする必要がある。
(注2)　代理人の住所ならびに氏名または名称を記載する。
(注3)　登記所に提供する登記原因証明情報の作成日およびその名称を記載する。
(注4)　これらの事項には特別の授権を必要としないが、委任事項を明確にするため、このように記載する。
(注5)　登記申請の取下げ・却下・過誤納付に伴う還付金の代理受領については特別の授権が必要であるため、このように記載する。

2　利　　息

26　約定利率の変更

I　ケース概要

　甲野銀行は、債務者乙野商事宛て融資の担保として乙野商事所有の土地および建物につき抵当権の設定を受けているが、甲野銀行および乙野商事間において、約定利息についての利率を増加させる変更の合意をした。

II　書式作成上の留意点

① 　被担保債権について、債権者および債務者が、合意により約定利率を増加（または減少）させた場合の書式である。これにより、抵当権の被担保債権の範囲が変更するから、抵当権の利率を増加（または減少）させる抵当権変更の登記原因が生じる。

② 　登記上の利害関係人が存在しないか、または存在してもその者からⅥ承諾書を取得し、登記所に提供することができる場合は、付記登記で変更手続を行うことができる（不登法第66条、不登令第7条第1項第6号、別表25ロ）。

③ 　登記上の利害関係人の承諾を提供することができない場合は、主登記による変更となり、増加（減少）部分について利害関係人に対抗できない。

④ 　Ⅳのように抵当権（不動産の表示を含む）の記載がある利率変更に関する合意書は、抵当権変更の登記原因証明情報（不登法第61条）として登記所に提供することができる。ただし、債務者以外の者が抵当権設定者である場合は、当該抵当権設定者も契約当事者とする必要がある。

⑤ 　上記の利率変更に関する合意書とは別にⅤ登記原因証明情報（抵当権変更）を作成し、登記原因証明情報（不登法第61条）として登記所に提供することができる。

⑥ 　抵当権の利率を増加させる抵当権変更登記は、抵当権者が登記権利者、抵当権設定者が登記義務者となって行い、減少させる場合は、抵当権設定者が登記権利者、抵当権者が登記義務者となる。

⑦ 　抵当権の利率を増加させる抵当権変更登記の登記義務者につき、所有権の取得に係る登記識別情報（登記済証）および印鑑証明書が必要となる。なお、登記完了後は、双方に登記完了証が交付される（これら変更登記について登記識別情報は通知されない）。

⑧ 　管轄登記所が複数となるケースでは、印鑑証明書およびⅤ登記原因証明情報（抵当権変更）は、登記所ごとに（複数）必要となる。当該申請のためにのみ作成したⅥ登記用委任状も同様であり、これらは原本還付を受けることができないとされている。

III 必要書類・費用一覧

書類	書類上の関係者
☐ 利率変更に関する合意書	債権者（抵当権者）および債務者（抵当権設定者）
☐ 登記原因証明情報	抵当権設定者（利率減少の場合は抵当権者）
☐ 委任状（登記義務者用）	抵当権設定者（利率減少の場合は抵当権者）
☐ 委任状（登記権利者用）	抵当権者（利率減少の場合は抵当権設定者）
☐ 登記識別情報（登記済証）	抵当権設定者（利率減少の場合は抵当権者）
☐ 印鑑証明書	抵当権設定者（抵当権者の場合は不要）
☐ 会社法人等番号（注）	抵当権者、抵当権設定者
☐ 登録免許税	不動産1個につき1,000円

（注）　不登令等の改正により、平成27年11月2日から、会社・法人の代表者等の資格を証する情報の提供（添付）に代え、登記申請情報に商業登記法第7条の会社法人等番号を記録または記載することとなった。ただし、法人登記手続中となるなどの場合を考慮し、例外的に、作成後1か月以内の資格証明情報（登記事項証明書）を提供（添付）することも認められている。

IV 利率変更に関する合意書

利率変更に関する合意書

　　　　　　　　　　　　　　　　　　　　　　　　平成　　年　　月　　日

　　住　所　　　　東京都○区○町一丁目2番3号
　　債権者（抵当権者）　株式会社甲野銀行
　　　　　　　　　　　　代表取締役　甲野太郎　　　㊞

　　住　所　　　　東京都○区○町四丁目5番6号
　　債務者（抵当権　株式会社乙野商事
　　設定者）（注1）　代表取締役　乙野次郎　　　㊞

　株式会社甲野銀行（以下「銀行」といいます。）および債務者は、次のとおり、利率変更に関して合意しました。

1．金銭消費貸借契約	平成○年○月○日金銭消費貸借契約
2．変更前の利率	年○％（年365日日割計算）

| 3．変更後の利率 | 年○％（年365日日割計算） |

［抵当権の表示］

1．登記	平成○年○月○日東京法務局○出張所受付第○号
2．物件	後記物件の表示記載のとおり

物件の表示	所有者
所　　在　東京都○区○町一丁目 地　　番　1番1 地　　目　宅地 地　　積　○○○.○○㎡	株式会社乙野商事
所　　在　東京都○区○町一丁目1番地1 家屋番号　1番1 種　　類　居宅 構　　造　木造セメントかわらぶき平家建 床 面 積　○○.○○㎡	株式会社乙野商事

第1条（利率の変更）

　銀行および債務者は、上記のとおり、両者で締結した金銭消費貸借契約により定めた変更前の利率から、変更後の利率に変更します。

第2条（登記義務）（注2）

　銀行および債務者は（注3）、前条に定める金銭消費貸借契約に基づき発生する貸付債権を被担保債権として設定している上記抵当権の利息の定めについて、前条に定める利率の変更に伴い変更するものとし、その変更登記手続を遅滞なく行うものとします。（注4）なお、抵当権の変更登記に関する費用は、債務者の負担とします。

以　上

（注1）　抵当権が債務者以外の者（物上保証人）所有の物件に設定されている場合は、物上保証人を契約当事者に加える。
（注2）　本条の規定は、No.1－Ⅳの書式のように、抵当権設定に係る契約において、抵当権について各種の変更等の合意がなされた場合の登記義務および費用負担の規定がある場合が通例であるが念のため規定することとしている。
（注3）　物上保証人による抵当権設定の場合は、「銀行、債務者および物上保証人は」とする。
（注4）　登記義務者は、利率を増加させる場合は所有権登記名義人（債務者または物上保証人）、減少させる場合は抵当権者となる。

V－1　登記原因証明情報（抵当権変更）(注1)

登記原因証明情報
（抵当権変更）

平成　　年　　月　　日

東京法務局　　○出張所　御中

　　　　　　　住　所　　　東京都○区○町四丁目5番6号
　　　　　　　登記義務者(注2)　　株式会社乙野商事
　　　　　　　　　　　　　　代表取締役　乙野次郎　　　　㊞

　登記義務者（抵当権設定者）は、本件登記の原因となる事実または法律行為が下記1．記載のとおりであること、およびこれに基づき現に下記2．記載の内容を登記要項とする変更が生じたことを証明します。

1．登記の原因となる事実または法律行為

(1) 契約証書名および締結年月日	平成○年○月○日利率変更に関する合意書(注3)
(2) 契約当事者	債権者（抵当権者）　株式会社甲野銀行
	債務者　株式会社乙野商事

2．登記申請情報の要項

(1) 登記の目的	抵当権変更（付記）(注4)
(2) 変更する抵当権	平成○年○月○日受付第○号
(3) 原因	平成○年○月○日変更(注5)
(4) 変更後の事項	利息年○％（年365日日割計算）
(5) 登記権利者（抵当権者）(注6)	東京都○区○町一丁目2番3号 株式会社甲野銀行
(6) 登記義務者（抵当権設定者）(注2)	東京都○区○町四丁目5番6号 株式会社乙野商事
(7) 不動産の表示	後記のとおり

```
┌─────────────────────────────────────────────────┐
│              不動産の表示                          │
│  所   在  東京都○区○町一丁目                      │
│  地   番  1番1                                   │
│  地   目  宅地                                   │
│  地   積  ○○○.○○㎡                            │
│                                                 │
│  所   在  東京都○区○町一丁目1番地1              │
│  家屋番号  1番1                                  │
│  種   類  居宅                                   │
│  構   造  木造セメントかわらぶき平家建            │
│  床 面 積  ○○.○○㎡                            │
│                                                 │
│                                         以 上   │
└─────────────────────────────────────────────────┘
```

(注1)　Ⅳ利率変更に関する合意書とは別に、Ⅴ登記原因証明情報（抵当権変更）を作成する場合の書式である。この情報は、登記の原因となる事実または法律行為のほか、登記事項（および物件表示）を登記義務者が確認して署名（または記名捺印）したものでなくてはならない。契約証書とは異なり、登記用に作成された書面の原本還付を受けることはできないため、管轄登記所が複数となるケースでは、登記所ごとに（複数）作成する必要がある。その内容は同文面とし、すべての物件を記載する。
(注2)　登記義務者は、所有権登記名義人（債務者または物上保証人）となる。
(注3)　Ⅳ契約証書の名称および締結年月日を記載する。
(注4)　登記上の利害関係人が存在しないか、または存在してもその者からⅥの承諾書を取得し、登記所に提供することができる場合は、付記登記で変更手続を行うことができるから（不登法第66条、不登令第7条第1項第6号、別表25ロ）、付記登記とする場合にはこのように記載する。
(注5)　利率変更の効力発生年月日を記載する。
(注6)　登記権利者は、抵当権者となる。

Ⅴ－2　同　意　書（注1）

```
┌─────────────────────────────────────────────────┐
│                                                 │
│                 同   意   書                    │
│                                                 │
│                              平成  年  月  日   │
│                                                 │
│  東京都○区○町一丁目2番3号                       │
│  株 式 会 社 甲 野 銀 行　御中                   │
│                                                 │
│              住　所      東京都○区○町三丁目2番1号│
│              利害関係人   株 式 会 社 丁 野 商 事  │
│              (注2)        代表取締役　丁 野 四 郎　㊞│
│                                                 │
│   利害関係人は、下記の利害関係を有しておりますが、貴社が下記の原因により、下記のと│
└─────────────────────────────────────────────────┘
```

246　第1章　抵当権

おり抵当権変更登記をすることについて、異議なく同意します。

記

[利害関係の内容の表示]

利害関係の内容	後記抵当権に係る後順位抵当権者（注3）

[抵当権変更登記の要項]

1．登記の目的	抵当権変更（付記）
2．変更する抵当権	平成〇年〇月〇日受付第〇号
3．原因	平成〇年〇月〇日変更
4．変更後の事項	利息年〇％（年365日日割計算）
5．登記権利者 （抵当権者）	東京都〇区〇町一丁目2番3号 株式会社甲野銀行
6．登記義務者 （抵当権設定者）	東京都〇区〇町四丁目5番6号 株式会社乙野商事
7．不動産の表示	後記のとおり

```
                    不動産の表示

所   在   東京都〇区〇町一丁目
地   番   1番1
地   目   宅地
地   積   〇〇〇.〇〇㎡

所   在   東京都〇区〇町一丁目1番地1
家屋番号   1番1
種   類   居宅
構   造   木造セメントかわらぶき平家建
床 面 積   〇〇.〇〇㎡

                                      以 上
```

（注1） 登記上の利害関係人が存在し、その者の承諾が得られる場合に使用する。
（注2） 利害関係人の氏名または名称を記載する。
（注3） 利害関係の内容を記載する。

Ⅵ−1−1　登記用委任状（登記義務者用／Ⅳを登記原因証明情報として提供する場合）(注1)

委　任　状

平成　年　月　日

　　　　　住　所　　　東京都○区○町四丁目5番6号
　　　　　登記義務者　株式会社乙野商事
　　　　　　　　　　　代表取締役　乙野次郎　　　　㊞
　　　　　（連絡先　担当部署　○○部／担当者名○○　○○
　　　　　　電話番号　○○－○○○○－○○○○　　）

私は、＿＿＿＿＿＿＿＿＿＿＿＿＿＿＿＿(注2)を代理人と定め、下記の事項に関する一切の権限を委任します。

記

1．次の要項による登記申請に関すること
　(1) 登記原因証明情報：平成○年○月○日付け利率変更に関する合意書(注3)
　(2) 登記の目的：抵当権変更
2．上記申請の登記識別情報の暗号化に関すること(注4)
3．上記申請の登記完了証の受領に関すること(注5)
4．上記申請に関する契約証書、資格証明情報その他の添付情報の原本還付手続に関すること(注5)
5．上記申請の登録免許税還付金の代理受領に関すること(注6)

以　上

(注1)　Ⅳ利率変更に関する合意書を登記原因証明情報（不登法第61条）として提供する場合に、登記義務者が作成する委任状の書式である。管轄登記所が複数となるケースにおいて、委任状の原本還付を受けるときは、他の申請についても委任したことが明らかな内容とする必要がある。
(注2)　代理人の住所ならびに氏名または名称を記載する。
(注3)　登記所に提供する契約証書の締結日およびその名称を記載する。
(注4)　登記識別情報の暗号化（電子申請においてオンラインで登記識別情報を提供すること）には特別の授権が必要であるため、このように記載する。
(注5)　これらの事項には特別の授権を必要としないが、委任事項を明確にするため、このように記載する。
(注6)　登記申請の取下げ・却下・過誤納付に伴う還付金の代理受領については特別の授権が必要であるため、このように記載する。

Ⅵ－1－2　登記用委任状（登記義務者用／Ⅴ－1を登記原因証明情報として提供する場合）(注1)

委　任　状

平成　年　月　日

　　　　住　所　　　東京都○区○町四丁目5番6号
　　　　登記義務者　株式会社乙野商事
　　　　　　　　　　　代表取締役　乙野次郎　　　㊞
　　　　連絡先　担当部署　○○部／担当者名　○○　○○
　　　　電話番号　○○－○○○○－○○○○

私は、＿＿＿＿＿＿＿＿＿＿＿＿＿＿＿＿＿（注2）を代理人と定め、下記の事項に関する一切の権限を委任します。

記

1．次の要項による登記申請に関すること
　　(1) 登記原因証明情報：平成○年○月○日付け登記原因証明情報（抵当権変更）(注3)
　　(2) 登記の目的：抵当権変更
2．上記申請の登記識別情報の暗号化に関すること（注4）
3．上記申請の登記完了証の受領に関すること（注5）
4．上記申請に関する資格証明情報その他の添付情報の原本還付手続に関すること（注5）
5．上記申請の登録免許税還付金の代理受領に関すること（注6）

以　上

(注1)　Ⅳ利率変更に関する合意書とは別に、Ⅴ登記原因証明情報（抵当権の変更）を作成し、これを登記原因証明情報（不登法第61条）として提供する場合に、登記義務者が作成する委任状の書式である。管轄登記所が複数となるケースにおいて、委任状の原本還付を受けるときは、他の申請についても委任したことが明らかな内容とする必要がある。
(注2)　代理人の住所ならびに氏名または名称を記載する。
(注3)　登記所に提供する登記原因証明情報の作成日およびその名称を記載する。
(注4)　登記識別情報の暗号化（電子申請においてオンラインで登記識別情報を提供すること）には特別の授権が必要であるため、このように記載する。
(注5)　これらの事項には特別の授権を必要としないが、委任事項を明確にするため、このように記載する。
(注6)　登記申請の取下げ・却下・過誤納付に伴う還付金の代理受領については特別の授権が必要であるため、このように記載する。

Ⅵ－2－1　登記用委任状（登記権利者用／Ⅳを登記原因証明情報として提供する場合）(注1)

委　任　状

平成　　年　　月　　日

　　　　住　所　　　東京都〇区〇町一丁目2番3号
　　　　登記権利者　株式会社甲野銀行
　　　　　　　　　　代表取締役　甲野太郎　　　　㊞

私は、＿＿＿＿＿＿＿＿＿＿＿＿＿＿＿（注2）を代理人と定め、下記の事項に関する一切の権限を委任します。

記

1．次の要項による登記申請に関すること
　　(1)登記原因証明情報：平成〇年〇月〇日付け利率変更に関する合意書（注3）
　　(2)登記の目的：抵当権変更
2．上記申請の登記完了証の受領に関すること（注4）
3．上記申請に関する契約証書、資格証明情報その他の添付情報の原本還付手続に関すること（注4）
4．上記申請の登録免許税還付金の代理受領に関すること（注5）

以　上

(注1)　Ⅳ利率変更に関する合意書を登記原因証明情報（不登法第61条）として提供する場合に、登記権利者が作成する委任状の書式である。管轄登記所が複数となるケースにおいて、委任状の原本還付を受けるときは、他の申請についても委任したことが明らかな内容とする必要がある。
(注2)　代理人の住所ならびに氏名または名称を記載する。
(注3)　登記所に提供する契約証書の締結日およびその名称を記載する。
(注4)　これらの事項には特別の授権を必要としないが、委任事項を明確にするため、このように記載する。
(注5)　登記申請の取下げ・却下・過誤納付に伴う還付金の代理受領については特別の授権が必要であるため、このように記載する。

Ⅵ－2－2　登記用委任状（登記権利者用／Ⅴ－1を登記原因証明情報として提供する場合）(注1)

委　任　状

平成　年　月　日

　　　　住　所　　　東京都○区○町一丁目2番3号
　　　　登記権利者　株式会社甲野銀行
　　　　　　　　　　代表取締役　甲野太郎　　　㊞

私は、＿＿＿＿＿＿＿＿＿＿＿＿＿＿（注2）を代理人と定め、下記の事項に関する一切の権限を委任します。

記

1．次の要項による登記申請に関すること
　(1) 登記原因証明情報：平成○年○月○日付け登記原因証明情報（抵当権変更）(注3)
　(2) 登記の目的：抵当権変更
2．上記申請の登記完了証の受領に関すること（注4）
3．上記申請に関する資格証明情報その他の添付情報の原本還付手続に関すること（注4）
4．上記申請の取登録免許税還付金の代理受領に関すること（注5）

以　上

(注1)　Ⅳ利率変更に関する合意書とは別に、Ⅴ登記原因証明情報（抵当権の変更）を作成し、これを登記原因証明情報（不登法第61条）として提出する場合に、登記権利者が作成する委任状の書式である。管轄登記所が複数となるケースにおいて、委任状の原本還付を受けるときは、他の申請についても委任したことが明らかな内容とする必要がある。
(注2)　代理人の住所ならびに氏名または名称を記載する。
(注3)　登記所に提供する登記原因証明情報の作成日およびその名称を記載する。
(注4)　これらの事項には特別の授権を必要としないが、委任事項を明確にするため、このように記載する。
(注5)　登記申請の取下げ・却下・過誤納付に伴う還付金の代理受領については特別の授権が必要であるため、このように記載する。

3　債務引受

27　免責的債務引受による債務者の変更

I　ケース概要

　甲野銀行は、乙野商事に対し融資を行い、その担保として乙野商事所有の土地および建物につき抵当権の設定を受けていたが、乙野商事の甲野銀行に対する債務を丁野商事が免責的に引き受けることとなった。

II　書式作成上の留意点

① 抵当権の設定を受けていた融資について、従来の債務者を免責させ、引受人だけを債務者とする契約（免責的債務引受契約）を行う場合の書式である。この契約により、抵当権の債務者を従来の債務者から引受人に交替的に変更する抵当権変更の登記原因が生じる。

② Ⅳのように抵当権（不動産の表示を含む）の記載がある免責的債務引受契約証書は、抵当権変更の登記原因証明情報（不登法第61条）として登記所に提供することができる。ただし、債務者または引受人以外の者が抵当権設定者である場合は、当該抵当権設定者をも契約当事者とする必要がある。

③ 免責的債務引受契約は、債権者の承諾が要件となることから、当該債権者の承諾が書面上明らかとなるよう、本書式では、差入方式ではなく債権者も署名捺印する連署方式とした。

④ 上記の免責的債務引受証書とは別にⅤ登記原因証明情報（抵当権変更）を作成し、登記原因証明情報（不登法第61条）として登記所に提供することができる。

⑤ 免責的債務引受に伴う抵当権の債務者の変更登記は、抵当権者が登記権利者となり、抵当権設定者が登記義務者となって行う。

⑥ 抵当権設定者につき、所有権の取得に係る登記識別情報（登記済証）が必要となる。なお、登記完了後は、双方に登記完了証が交付される（この変更登記について登記識別情報は通知されない）。

⑦ 管轄登記所が複数となるケースでは、Ⅴ登記原因証明情報（抵当権変更）は、登記所ごとに（複数）必要となる。当該申請のためにのみ作成したⅥ登記用委任状も同様であり、これらは原本還付を受けることができないとされている。

III　必要書類・費用一覧

書　類	書類上の関係者
□ 免責的債務引受契約証書	債権者（抵当権者）、債務者（抵当権設定者）、引受人

☐ 登記原因証明情報	抵当権設定者
☐ 委任状（登記義務者用）	抵当権設定者
☐ 委任状（登記権利者用）	抵当権者
☐ 登記識別情報（登記済証）	抵当権設定者
☐ 会社法人等番号（注）	抵当権者、抵当権設定者
☐ 登録免許税	不動産１個につき1,000円

(注)　不登令等の改正により、平成27年11月２日から、会社・法人の代表者等の資格を証する情報の提供（添付）に代え、登記申請情報に商業登記法第７条の会社法人等番号を記録または記載することとなった。ただし、法人登記手続中となるなどの場合を考慮し、例外的に、作成後１か月以内の資格証明情報（登記事項証明書）を提供（添付）することも認められている。

Ⅳ　免責的債務引受契約証書

（印紙）
（注１）

免責的債務引受契約証書

平成　　年　　月　　日（注２）

住　所　　　東京都〇区〇町一丁目２番３号
債権者　　　株式会社甲野銀行
抵当権者　　代表取締役　甲野太郎　　㊞（注３）

住　所　　　東京都〇区〇町四丁目５番６号
債務者　　　株式会社乙野商事
抵当権設定者　代表取締役　乙野次郎　㊞（注４）

住　所　　　東京都〇区〇町六丁目５番４号
引受人　　　株式会社丁野商事
　　　　　　代表取締役　丁野四郎　　㊞（注５）

（注６）

　株式会社甲野銀行（以下「銀行」といいます。）、債務者および引受人は、次のとおり、免責的債務引受契約を締結しました。

［引受対象債務の表示］

1．原契約	契約名および契約年月日	平成　　年　　月　　日金銭消費貸借契約	
	契約当事者	債権者	株式会社甲野銀行
		債務者	株式会社乙野商事
	当初元本金額（注7）	拾億　　　　百万　　　　　千　　　　　円 （算用数字／頭部に¥マーク）	
2．残元本金額（注8）	拾億　　　　百万　　　　　千　　　　　円 （算用数字／頭部に¥マーク）		

［抵当権の表示］

1．登記	平成○年○月○日東京法務局○出張所受付第○号
2．物件	後記物件の表示記載のとおり

物件の表示	所有者
所　　在　東京都○区○町一丁目 地　　番　1番1 地　　目　宅地 地　　積　○○○.○○㎡	株式会社乙野商事
所　　在　東京都○区○町一丁目1番地1 家屋番号　1番1 種　　類　居宅 構　　造　木造セメントかわらぶき平家建 床 面 積　○○.○○㎡	株式会社乙野商事

第1条（免責的債務引受）

① 引受人は、前記原契約（その後の変更を含む。以下同じ。）に基づき、債務者が銀行に対して負担する債務（前記の残元本金額、経過利息および発生済み遅延損害金を含み、以下「引受対象債務」といいます。）(注9)を免責的に引き受け、債務者に代わって銀行に履行する義務を負うものとします。

② 債務者が引受人に対して支払う前項の債務引受の対価は、別途債務者および引受人間で合意したところに従います。(注10)

③ 第1項により、銀行は、債務者が引受対象債務を履行する義務を免れ、引受人のみがこの義務を負うことを承認します。

第2条（登記義務）

　　抵当権設定者および銀行は、引受対象債務を担保するために設定された、前記「抵当権の表示」記載の抵当権の債務者の定めについて、前条第1項に基づく引受対象債務の債務者の変更に伴い変更するものとし、抵当権設定者はその変更を原因とする抵当権変更登記手続を遅滞なく行い、その登記事項証明書を銀行に提出します。

第3条（費用の負担）

　　前条に定める抵当権変更登記に関する費用は、抵当権設定者が負担し、銀行が支払った金額についてはただちに支払います。

以　上

(注1)　この文書は印紙税法上の債務引受に関する契約書（第15号文書）に該当する。印紙税額は200円である。なお、引受対象債務が10,000円未満の場合は、非課税となる。
(注2)　この契約書を作成した日付を記載する。
(注3)　債権者はこの欄に署名（記名）捺印する。
(注4)　債務者にはこの欄に署名（記名）捺印させる。なお、住所および商号、氏名は、会社法人等番号または住民票により確認する。
(注5)　引受人にはこの欄に署名（記名）捺印させる。なお、住所および商号、氏名は、会社法人等番号または住民票により確認する。
(注6)　債務者および引受人以外の第三者が抵当権設定者である場合において、免責的債務引受契約証書を登記原因証明情報（不登法第61条）として使用するのであれば、抵当権設定者も契約当事者として署名（記名）捺印する必要がある。
(注7)　原契約に記載される貸付元本金額を記載する。
(注8)　経過利息および遅延損害金の金額を明記することも考えられるが、簡易な事務でない可能性を考慮し、本書では明記しないこととした。
(注9)　残元本だけでなく、発生済みの利息（経過利息）および遅延損害金も引受けの対象とする場合は、その旨を明記する必要がある。
(注10)　免責的債務引受した債務を履行した場合に引受人の債務者に対する求償権が発生するか否かについては、従来から疑義があるものと考えられていたところ、現在審議中の民法（債権関係）の改正案では、債務者に対する求償権は当然には発生しないとする考え方が採られていることから、引受人が債務者から免責的債務引受の対価を取得する想定である場合には、債務者との間でその旨の合意をしておくべきであろう。本書式では、この免責的債務引受契約証書とは別に、債務者および引受人間で引受けの対価の合意があることを前提として、当該合意の存在を確認する規定に留めている。

Ⅴ 登記原因証明情報(抵当権変更)(注1)

登記原因証明情報
(抵当権変更)

平成　年　月　日

東京法務局　○出張所　御中

住　所	東京都○区○町四丁目5番6号	
登記義務者(注2)	株式会社乙野商事	
	代表取締役　乙野次郎	㊞

　登記義務者(抵当権設定者)は、本件登記の原因となる事実または法律行為が下記1.記載のとおりであること、およびこれに基づき現に下記2.記載の内容を登記要項とする変更が生じたことを証明します。

1．登記の原因となる事実または法律行為

(1)	契約証書名および締結年月日	平成○年○月○日付け免責的債務引受契約証書(注3)	
(2)	契約当事者	債権者(抵当権者)	株式会社甲野銀行
		債務者	株式会社乙野商事
		引受人	株式会社丁野商事

2．登記申請情報の要項

(1)	登記の目的	抵当権変更(注4)
(2)	変更する抵当権	平成○年○月○日受付第○号
(3)	原因	平成○年○月○日免責的債務引受(注5)
(4)	変更後の事項	債務者　東京都○区○町六丁目5番4号 　　　　株式会社丁野商事
(5)	登記権利者 (抵当権者)(注6)	東京都○区○町一丁目2番3号 株式会社甲野銀行
(6)	登記義務者 (抵当権設定者)(注2)	東京都○区○町四丁目5番6号 株式会社乙野商事

(7) 不動産の表示	後記のとおり

不動産の表示
所　　在　東京都〇区〇町一丁目 地　　番　1番1 地　　目　宅地 地　　積　〇〇〇.〇〇㎡ 所　　在　東京都〇区〇町一丁目1番地1 家屋番号　1番1 種　　類　居宅 構　　造　木造セメントかわらぶき平家建 床 面 積　〇〇.〇〇㎡
以　上

(注1)　Ⅳ免責的債務引受証書とは別に、Ⅴ登記原因証明情報（抵当権変更）を作成する場合の書式である。この情報は、登記の原因となる事実または法律行為のほか、登記事項（および物件表示）を登記義務者が確認して署名（または記名捺印）したものでなくてはならない。契約証書とは異なり、登記用に作成された書面の原本還付を受けることはできないため、管轄登記所が複数となるケースでは、登記所ごとに（複数）作成する必要がある。その内容は同文面とし、すべての物件を記載する。
(注2)　登記義務者は、所有権登記名義人（債務者または物上保証人）となる。
(注3)　Ⅳ契約証書の名称および締結年月日を記載する。
(注4)　抵当権の被担保債権についての免責的債務引受による抵当権の変更の登記は、常に付記登記によるから、付記登記による申請の旨を明らかにする必要はない。
(注5)　免責的債務引受の効力発生年月日を記載する。
(注6)　登記権利者は、抵当権者となる。

Ⅵ－1－1　登記用委任状（登記義務者用／Ⅳを登記原因証明情報として提供する場合）(注1)

委　任　状

平成　　年　　月　　日

住　　所　　東京都〇区〇町四丁目5番6号
登記義務者　　株 式 会 社 乙 野 商 事
　　　　　　　　代表取締役　乙 野 次 郎　　　　㊞
（連絡先　担当部署　〇〇部／担当者名〇〇 〇〇
　電話番号　〇〇－〇〇〇〇－〇〇〇〇　　　　　）

私は、＿＿＿＿＿＿＿＿＿＿＿＿＿＿＿＿(注2)を代理人と定め、下記の事項に関する一切の権限を委任します。

第3節　変　更　　257

記

1．次の要項による登記申請に関すること
　　(1) 登記原因証明情報：平成○年○月○日付け免責的債務引受契約証書（注3）
　　(2) 登記の目的：抵当権変更
2．上記申請の登記識別情報の暗号化に関すること（注4）
3．上記申請の登記完了証の受領に関すること（注5）
4．上記申請に関する契約証書、資格証明情報その他の添付情報の原本還付手続に関すること（注5）
5．上記申請の登録免許税還付金の代理受領に関すること（注6）

以　上

（注1）　Ⅳ免責的債務引受契約証書を登記原因証明情報（不登法第61条）として提供する場合に、登記義務者が作成する委任状の書式である。管轄登記所が複数となるケースにおいて、委任状の原本還付を受けるときは、他の申請についても委任したことが明らかな内容とする必要がある。
（注2）　代理人の住所ならびに氏名または名称を記載する。
（注3）　登記所に提供する契約証書の締結日およびその名称を記載する。
（注4）　登記識別情報の暗号化（電子申請においてオンラインで登記識別情報を提供すること）には特別の授権が必要であるため、このように記載する。
（注5）　これらの事項には特別の授権を必要としないが、委任事項を明確にするため、このように記載する。
（注6）　登記申請の取下げ・却下・過誤納付に伴う還付金の代理受領については特別の授権が必要であるため、このように記載する。

Ⅵ－1－2　登記用委任状（登記義務者用／Ⅴを登記原因証明情報として提供する場合）（注1）

委　任　状

平成　年　月　日

住　所　　東京都○区○町四丁目5番6号
登記義務者　株式会社乙野商事
　　　　　　代表取締役　乙野次郎　　㊞
（連絡先　担当部署　○○部／担当者名　○○　○○
　電話番号　○○－○○○○－○○○○）

私は、＿＿＿＿＿＿＿＿＿＿＿＿＿＿＿（注2）を代理人と定め、下記の事項に関する一切の権限を委任します。

記

1．次の要項による登記申請に関すること
　　(1) 登記原因証明情報：平成○年○月○日付け登記原因証明情報（抵当権変更）（注3）
　　(2) 登記の目的：抵当権変更
2．上記申請の登記識別情報の暗号化に関すること（注4）

3．上記申請の登記完了証の受領に関すること（注5）
4．上記申請に関する資格証明情報その他の添付情報の原本還付手続に関すること（注5）
5．上記申請の登録免許税還付金の代理受領に関すること（注6）

以　上

(注1)　Ⅳ免責的債務引受契約証書とは別に、Ⅴ登記原因証明情報（抵当権変更）を作成し、これを登記原因証明情報（不登法第61条）として提供する場合に、登記義務者が作成する委任状の書式である。管轄登記所が複数となるケースにおいて、委任状の原本還付を受けるときは、他の申請についても委任したことが明らかな内容とする必要がある。
(注2)　代理人の住所ならびに氏名または名称を記載する。
(注3)　登記所に提供する登記原因証明情報の作成日およびその名称を記載する。
(注4)　登記識別情報の暗号化（電子申請においてオンラインで登記識別情報を提供すること）には特別の授権が必要であるため、このように記載する。
(注5)　これらの事項には特別の授権を必要としないが、委任事項を明確にするため、このように記載する。
(注6)　登記申請の取下げ・却下・過誤納付に伴う還付金の代理受領については特別の授権が必要であるため、このように記載する。

Ⅵ－2－1　登記用委任状（登記権利者用／Ⅳを登記原因証明情報として提供する場合）(注1)

委　任　状

平成　　年　　月　　日

住　所　　東京都○区○町一丁目2番3号
登記権利者　株式会社甲野銀行
　　　　　　代表取締役　甲野太郎　　㊞

私は、＿＿＿＿＿＿＿＿＿＿＿＿＿＿＿（注2）を代理人と定め、下記の事項に関する一切の権限を委任します。

記

1．次の要項による登記申請に関すること
　(1) 登記原因証明情報：平成○年○月○日付け免責的債務引受契約証書（注3）
　(2) 登記の目的：抵当権変更
2．上記申請の登記完了証の受領に関すること（注4）
3．上記申請に関する契約証書、資格証明情報その他の添付情報の原本還付手続に関すること（注4）
4．上記申請の登録免許税還付金の代理受領に関すること（注5）

以　上

(注1)　Ⅳ免責的債務引受契約証書を登記原因証明情報（不登法第61条）として提供する場合に、登記権利者が作成する委任状の書式である。管轄登記所が複数となるケースにおいて、委任状の原本還付を受けるときは、他の申請についても委任したことが明らかな内容とする必要がある。
(注2)　代理人の住所ならびに氏名または名称を記載する。

(注3) 登記所に提供する契約証書の締結日およびその名称を記載する。
(注4) これらの事項には特別の授権を必要としないが、委任事項を明確にするため、このように記載する。
(注5) 登記申請の取下げ・却下・過誤納付に伴う還付金の代理受領については特別の授権が必要であるため、このように記載する。

Ⅵ－2－2　登記用委任状（登記権利者用／Ⅴを登記原因証明情報として提供する場合）(注1)

委　任　状

平成　年　月　日

住　所　　東京都○区○町一丁目2番3号
登記権利者　株式会社甲野銀行
　　　　　　代表取締役　甲野太郎　　㊞

私は、＿＿＿＿＿＿＿＿＿＿＿＿＿＿＿(注2)を代理人と定め、下記の事項に関する一切の権限を委任します。

記

1．次の要項による登記申請に関すること
　(1)登記原因証明情報：平成○年○月○日付け登記原因証明情報（抵当権変更）(注3)
　(2)登記の目的：抵当権変更
2．上記申請の登記完了証の受領に関すること (注4)
3．上記申請に関する資格証明情報その他の添付情報の原本還付手続に関すること (注4)
4．上記申請の登録免許税還付金の代理受領に関すること (注5)

以　上

(注1) Ⅳ免責的債務引受契約証書とは別に、Ⅴ登記原因証明情報（抵当権変更）を作成し、これを登記原因証明情報（不登法第61条）として提出する場合に、登記権利者が作成する委任状の書式である。管轄登記所が複数となるケースにおいて、委任状の原本還付を受けるときは、他の申請についても委任したことが明らかな内容とする必要がある。
(注2) 代理人の住所ならびに氏名または名称を記載する。
(注3) 登記所に提供する登記原因証明情報の作成日およびその名称を記載する。
(注4) これらの事項には特別の授権を必要としないが、委任事項を明確にするため、このように記載する。
(注5) 登記申請の取下げ・却下・過誤納付に伴う還付金の代理受領については特別の授権が必要であるため、このように記載する。

28 重畳的債務引受による債務者の追加

I ケース概要

甲野銀行は、乙野商事宛て融資の担保として乙野商事所有の土地および建物につき抵当権の設定を受けていたが、乙野商事の甲野銀行に対する債務を丁野商事が重畳的に引き受けることとなった。

II 書式作成上の留意点

① 抵当権の設定を受けていた融資について、従来の債務者に加えて、引受人も債務者（連帯債務者）とする契約（重畳的債務引受契約）を締結する場合の書式である。この契約により、抵当権の債務者に引受人を追加的に変更する抵当権変更の登記原因が生じる。

② IVのように抵当権（不動産の表示を含む）の記載がある重畳的債務引受契約証書は、抵当権変更の登記原因証明情報（不登法第61条）として登記所に提供することができる。ただし、債務者または引受人以外の者が抵当権設定者である場合は、当該抵当権設定者をも契約当事者とする必要がある。

③ 重畳的債務引受契約は、債務者が増えるだけであって、債権者に有利であるから、債権者、債務者、引受人の三者間契約によるほか、債務者と引受人の二者間契約によっても可能である。本書式では三者間契約（連署方式）としたが、債務者および引受人のみが署名（記名）捺印を行う差入方式でも足りる。

④ 上記の重畳的債務引受契約証書とは別にV登記原因証明情報（抵当権変更）を作成し、登記原因証明情報（不登法第61条）として登記所に提供することができる。

⑤ 重畳的債務引受に伴う抵当権の変更登記は、抵当権者が登記権利者となり、抵当権設定者が登記義務者となって行う。

⑥ 抵当権設定者につき、所有権の取得に係る登記識別情報（登記済証）が必要である。なお、登記完了後は、双方に登記完了証が交付される（この変更登記につき登記識別情報は通知されない）。

⑦ 管轄登記所が複数となるケースでは、V登記原因証明情報（抵当権変更）は、登記所ごとに（複数）必要となる。当該申請のためにのみ作成したVI登記用委任状も同様であり、これらは原本還付を受けることができないとされている。

III 必要書類・費用一覧

書　類	書類上の関係者
□ 重畳的債務引受契約証書	債権者（抵当権者）、債務者（抵当権設定者）、引受人

☐ 登記原因証明情報	抵当権設定者
☐ 委任状（登記義務者用）	抵当権設定者
☐ 委任状（登記権利者用）	抵当権者
☐ 登記識別情報（登記済証）	抵当権設定者
☐ 会社法人等番号（注）	抵当権者、抵当権設定者
☐ 登録免許税	不動産１個につき1,000円

(注) 不登令等の改正により、平成27年11月２日から、会社・法人の代表者等の資格を証する情報の提供（添付）に代え、登記申請情報に商業登記法第７条の会社法人等番号を記録または記載することとなった。ただし、法人登記手続中となるなどの場合を考慮し、例外的に、作成後１か月以内の資格証明情報（登記事項証明書）を提供（添付）することも認められている。

Ⅳ 重畳的債務引受契約証書

（印紙）
（注１）

重畳的債務引受契約証書

平成　年　月　日（注２）

住　所　　　東京都○区○町一丁目２番３号
債権者　　　株式会社甲野銀行
抵当権者　　代表取締役　甲野太郎　　㊞（注３）

住　所　　　東京都○区○町四丁目５番６号
債務者　　　株式会社乙野商事
抵当権設定者　代表取締役　乙野次郎　㊞（注４）

住　所　　　東京都○区○町六丁目５番４号
引受人　　　株式会社丁野商事
　　　　　　代表取締役　丁野四郎　　㊞（注５）

（注６）

　株式会社甲野銀行（以下「銀行」といいます。）、債務者および引受人は、次のとおり、重畳的債務引受契約を締結しました。

[引受対象債務の表示]

<table>
<tr><td rowspan="4">1．原契約</td><td>契約名および契約年月日</td><td colspan="2">平成　　年　　月　　日金銭消費貸借契約</td></tr>
<tr><td rowspan="2">契約当事者</td><td>債権者</td><td>株式会社甲野銀行</td></tr>
<tr><td>債務者</td><td>株式会社乙野商事</td></tr>
<tr><td>当初元本金額（注7）</td><td colspan="2">| 拾億 |　| 百万 |　| 千 |　| 円 |
（算用数字／頭部に¥マーク）</td></tr>
</table>

<table>
<tr><td>2．残元本金額（注8）</td><td>| 拾億 |　| 百万 |　| 千 |　| 円 |
（算用数字／頭部に¥マーク）</td></tr>
</table>

[抵当権の表示]

1．登記	平成○年○月○日東京法務局○出張所受付第○号
2．物件	後記物件の表示記載のとおり

物件の表示	所有者
所　在　東京都○区○町一丁目 地　番　1番1 地　目　宅地 地　積　○○○.○○㎡	株式会社乙野商事
所　在　東京都○区○町一丁目1番地1 家屋番号　1番1 種　類　居宅 構　造　木造セメントかわらぶき平家建 床面積　○○.○○㎡	株式会社乙野商事

第1条（重畳的債務引受）

① 引受人は、前記原契約（その後の変更を含む。以下同じ。）に基づき、債務者が銀行に対して負担する債務（前記の残元本金額、経過利息および発生済み遅延損害金を含み、以下「引受対象債務」といいます。）（注9）を重畳的に引き受け、連帯債務者として、銀行に履行する義務を負うものとします。

② 債務者は、引き続き引受対象債務を履行する義務を免れないことを確認します。

第2条（登記義務）

抵当権設定者および銀行は、引受対象債務を担保するために設定された、前記「抵当権の表示」記載の抵当権の債務者の定めについて、前条第1項に基づく引受対象債務の債務

者の変更に伴い変更するものとし、抵当権設定者はその変更を原因とする抵当権変更登記手続を遅滞なく行い、その登記事項証明書を銀行に提出します。

第3条（担保保存義務）

① 引受人は、銀行の都合によって他の担保または保証を変更、解除されても異議ありません。

② 引受人が弁済等により銀行から代位によって取得した権利は、債務者と銀行との間の取引継続中は、銀行の同意がなければこれを行使しません。また、銀行が請求したときは、その権利または順位を銀行に無償で譲渡します。

第4条（費用の負担）

第2条に定める抵当権変更登記に関する費用は、抵当権設定者が負担し、銀行が支払った金額についてはただちに支払います。

以　上

（注1）　この文書は印紙税法上の債務引受に関する契約書（第15号文書）に該当する。印紙税額は200円である。なお、引受対象債務が10,000円未満の場合は、非課税となる。
（注2）　この契約書を作成した日付を記載する。
（注3）　債権者はこの欄に署名（記名）捺印する。
（注4）　債務者にはこの欄に署名（記名）捺印させる。なお、住所および商号、氏名は、会社法人等番号または住民票により確認する。
（注5）　引受人にはこの欄に署名（記名）捺印させる。なお、住所および商号、氏名は、会社法人等番号または住民票により確認する。
（注6）　債務者および引受人以外の第三者が抵当権設定者である場合において、重畳的債務引受契約証書を登記原因証明情報（不登法第61条）として使用するのであれば、抵当権設定者も契約当事者として署名（記名）捺印する必要がある。
（注7）　原契約に記載される貸付元本金額を記載する。
（注8）　経過利息および遅延損害金の金額を明記することも考えられるが、簡易な事務でない可能性を考慮し、本書では明記しないこととした。
（注9）　残元本だけでなく、発生済みの利息（経過利息）および遅延損害金も引受けの対象とする場合は、その旨を明記する必要がある。

V　登記原因証明情報（抵当権変更）（注1）

登記原因証明情報
（抵　当　権　変　更）

平成　　年　　月　　日

東京法務局　○出張所　御中

住　所　　　　東京都○区○町四丁目5番6号
登記義務者（注2）　株式会社乙野商事
　　　　　　　　　代表取締役　乙野次郎　　　　㊞

登記義務者（抵当権設定者）は、本件登記の原因となる事実または法律行為が下記１．記載のとおりであること、およびこれに基づき現に下記２．記載の内容を登記要項とする変更が生じたことを証明します。

１．登記の原因となる事実または法律行為

(1)	契約証書名および締結年月日	平成○年○月○日重畳的債務引受契約証書 (注3)	
(2)	契約当事者	債権者（抵当権者）	株式会社甲野銀行
		債務者	株式会社乙野商事
		引受人	株式会社丁野商事

２．登記申請情報の要項

(1)	登記の目的	抵当権変更 (注4)
(2)	変更する抵当権	平成○年○月○日受付第○号
(3)	原因	平成○年○月○日重畳的債務引受 (注5)
(4)	変更後の事項	連帯債務者　東京都○区○町六丁目５番４号 　　　　　　株式会社丁野商事
(5)	登記権利者 （抵当権者）(注6)	東京都○区○町一丁目２番３号 株式会社甲野銀行
(6)	登記義務者 （抵当権設定者）(注2)	東京都○区○町四丁目５番６号 株式会社乙野商事
(7)	不動産の表示	後記のとおり

```
　　　　　　　　　　　　　　不動産の表示
所　　在　東京都○区○町一丁目
地　　番　１番１
地　　目　宅地
地　　積　○○○.○○㎡

所　　在　東京都○区○町一丁目１番地１
家屋番号　１番１
種　　類　居宅
構　　造　木造セメントかわらぶき平家建
床 面 積　○○.○○㎡

　　　　　　　　　　　　　　　　　　　　　　　　　　　以　上
```

(注1) Ⅳ重畳的債務引受契約証書とは別に、Ⅴ登記原因証明情報（抵当権変更）を作成する場合の書式である。この情報は、登記の原因となる事実または法律行為のほか、登記事項（および物件表示）を登記義務者が確認して署名（または記名捺印）したものでなくてはならない。契約証書とは異なり、登記用に作成された書面の原本還付を受けることはできないため、管轄登記所が複数となるケースでは、登記所ごとに（複数）作成する必要がある。その内容は同文面とし、すべての物件を記載する。
(注2) 登記義務者は、所有権登記名義人（債務者または物上保証人）となる。
(注3) Ⅳ契約証書の名称および締結年月日を記載する。
(注4) 抵当権の被担保債権についての重畳的債務引受による抵当権の変更の登記は、常に付記登記によるから、付記登記による申請の旨を明らかにする必要はない。
(注5) 重畳的債務引受の効力発生年月日を記載する。
(注6) 登記権利者は、抵当権者となる。

Ⅵ−1−1　登記用委任状（登記義務者用／Ⅳを登記原因証明情報として提供する場合）(注1)

委　任　状

　　　　　　　　　　　　　　　　　　　　　　　平成　　年　　月　　日

　　　　住　所　　　東京都○区○町四丁目５番６号
　　　　登記義務者　株式会社乙野商事
　　　　　　　　　　代表取締役　乙野次郎　　　㊞
　　　（連絡先　担当部署　○○部／担当者名○○　○○）
　　　　電話番号　○○−○○○○−○○○○

私は、＿＿＿＿＿＿＿＿＿＿＿＿＿＿＿＿＿＿（注2）を代理人と定め、下記の事項に関する一切の権限を委任します。

　　　　　　　　　　　　　　記

１．次の要項による登記申請に関すること
　　(1) 登記原因証明情報：平成○年○月○日付け重畳的債務引受契約証書 (注3)
　　(2) 登記の目的：抵当権変更
２．上記申請の登記識別情報の暗号化に関すること (注4)
３．上記申請の登記完了証の受領に関すること (注5)
４．上記申請に関する契約証書、資格証明情報その他の添付情報の原本還付手続に関すること (注5)
５．上記申請の登録免許税還付金の代理受領に関すること (注6)

　　　　　　　　　　　　　　　　　　　　　　　　　　　以　上

(注1) Ⅳ重畳的債務引受契約証書を登記原因証明情報（不登法第61条）として提供する場合に、登記義務者が作成する委任状の書式である。管轄登記所が複数となるケースにおいて、委任状の原本還付を受けるときは、他の申請についても委任したことが明らかな内容とする必要がある。
(注2) 代理人の住所ならびに氏名または名称を記載する。
(注3) 登記所に提供する契約証書の締結日およびその名称を記載する。
(注4) 登記識別情報の暗号化（電子申請においてオンラインで登記識別情報を提供すること）に

は特別の授権が必要であるため、このように記載する。
（注5） これらの事項には特別の授権を必要としないが、委任事項を明確にするため、このように記載する。
（注6） 登記申請の取下げ・却下・過誤納付に伴う還付金の代理受領については特別の授権が必要であるため、このように記載する。

Ⅵ－1－2　登記用委任状（登記義務者用／Ⅴを登記原因証明情報として提供する場合）（注1）

委　任　状

平成　　年　　月　　日

住　所　　　東京都○区○町四丁目5番6号
登記義務者　株式会社乙野商事
　　　　　　代表取締役　乙野次郎　　　　㊞

（連絡先　担当部署　○○部／担当者名　○○　○○
　電話番号　○○－○○○○－○○○○　　　　　　）

私は、＿＿＿＿＿＿＿＿＿＿＿＿＿＿＿＿＿（注2）を代理人と定め、下記の事項に関する一切の権限を委任します。

記

1．次の要項による登記申請に関すること
　　(1) 登記原因証明情報：平成○年○月○日付け登記原因証明情報（抵当権変更）（注3）
　　(2) 登記の目的：抵当権変更
2．上記申請の登記識別情報の暗号化に関すること（注4）
3．上記申請の登記完了証の受領に関すること（注5）
4．上記申請に関する資格証明情報その他の添付情報の原本還付手続に関すること（注5）
5．上記申請の登録免許税還付金の代理受領に関すること（注6）

以　上

（注1） Ⅳ重畳的債務引受契約証書とは別に、Ⅴ登記原因証明情報（抵当権変更）を作成し、これを登記原因証明情報（不登法第61条）として提供する場合に、登記義務者が作成する委任状の書式である。管轄登記所が複数となるケースにおいて、委任状の原本還付を受けるときは、他の申請についても委任したことが明らかな内容とする必要がある。
（注2） 代理人の住所ならびに氏名または名称を記載する。
（注3） 登記所に提供する登記原因証明情報の作成日およびその名称を記載する。
（注4） 登記識別情報の暗号化（電子申請においてオンラインで登記識別情報を提供すること）には特別の授権が必要であるため、このように記載する。
（注5） これらの事項には特別の授権を必要としないが、委任事項を明確にするため、このように記載する。
（注6） 登記申請の取下げ・却下・過誤納付に伴う還付金の代理受領については特別の授権が必要であるため、このように記載する。

Ⅵ－2－1　登記用委任状（登記権利者用／Ⅳを登記原因証明情報として提供する場合）(注1)

委　任　状

平成　　年　　月　　日

住　所　　　東京都〇区〇町一丁目2番3号
登記権利者　株式会社甲野銀行
　　　　　　代表取締役　甲野太郎　　　　㊞

私は、＿＿＿＿＿＿＿＿＿＿＿＿＿＿(注2) を代理人と定め、下記の事項に関する一切の権限を委任します。

記

1．次の要項による登記申請に関すること
　　(1) 登記原因証明情報：平成〇年〇月〇日付け重畳的債務引受契約証書 (注3)
　　(2) 登記の目的：抵当権変更
2．上記申請の登記完了証の受領に関すること (注4)
3．上記申請に関する契約証書、資格証明情報その他の添付情報の原本還付手続に関すること (注4)
4．上記申請の登録免許税還付金の代理受領に関すること (注5)

以　上

(注1)　Ⅳ重畳的債務引受契約証書を登記原因証明情報（不登法第61条）として提供する場合に、登記権利者が作成する委任状の書式である。管轄登記所が複数となるケースにおいて、委任状の原本還付を受けるときは、他の申請についても委任したことが明らかな内容とする必要がある。
(注2)　代理人の住所ならびに氏名または名称を記載する。
(注3)　登記所に提供する契約証書の締結日およびその名称を記載する。
(注4)　これらの事項には特別の授権を必要としないが、委任事項を明確にするため、このように記載する。
(注5)　登記申請の取下げ・却下・過誤納付に伴う還付金の代理受領については特別の授権が必要であるため、このように記載する。

Ⅵ-2-2　登記用委任状（登記権利者用／Ⅴを登記原因証明情報として提供する場合）（注1）

委 任 状

平成　年　月　日

　　　　住　所　　　東京都〇区〇町一丁目2番3号
　　　　登記権利者　株式会社甲野銀行
　　　　　　　　　　代表取締役　甲野太郎　　　㊞

私は、＿＿＿＿＿＿＿＿＿＿＿＿＿＿＿＿（注2）を代理人と定め、下記の事項に関する一切の権限を委任します。

記

1．次の要項による登記申請に関すること
　（1）登記原因証明情報：平成〇年〇月〇日付け登記原因証明情報（抵当権変更）（注3）
　（2）登記の目的：抵当権変更
2．上記申請の登記完了証の受領に関すること（注4）
3．上記申請に関する資格証明情報その他の添付情報の原本還付手続に関すること（注4）
4．上記申請の登録免許税還付金の代理受領に関すること（注5）

以　上

（注1）　Ⅳ重畳的債務引受契約証書とは別に、Ⅴ登記原因証明情報（抵当権変更）を作成し、これを登記原因証明情報（不登法第61条）として提出する場合に、登記権利者が作成する委任状の書式である。管轄登記所が複数となるケースにおいて、委任状の原本還付を受けるときは、他の申請についても委任したことが明らかな内容とする必要がある。
（注2）　代理人の住所ならびに氏名または名称を記載する。
（注3）　登記所に提供する登記原因証明情報の作成日およびその名称を記載する。
（注4）　これらの事項には特別の授権を必要としないが、委任事項を明確にするため、このように記載する。
（注5）　登記申請の取下げ・却下・過誤納付に伴う還付金の代理受領については特別の授権が必要であるため、このように記載する。

4　債務者の相続

29　相続人の一人が債務を引き受けた場合

Ⅰ　ケース概要

　甲野銀行は、乙野次郎に対し融資を行い、乙野次郎所有の土地および建物につき抵当権の設定を受けていたが、乙野次郎が死亡し、その相続人乙野松子および乙野梅子が相続により当該融資に係る債務を法定相続分に従って分割承継した。その後、甲野銀行は、当該債務の全てを乙野松子一人に引き受けさせることとした。

Ⅱ　書式作成上の留意点

① 　債務者が死亡した場合、債務は、相続の開始と同時に法定相続人が法定相続分に従って当然に分割承継されるが、その後、相続人の一人に全ての債務を免責的に引き受けさせる場合（免責的債務引受または重畳的債務引受）の書式である。これにより、抵当権の債務者を相続人の一人に変更する抵当権変更の登記原因が生じる。

② 　本書式は、法定相続人全員を債務者とする変更登記を経ずに、抵当権の債務者を被相続人の債務を引き受けた法定相続人に直接的に変更する登記を行うものである。なお、法定相続人全員を債務者とする変更登記を行う場合は、No.30を法定相続人全員を債務者とする変更登記を経たうえで、抵当権の債務者を他の相続人の債務を引き受けた法定相続人にさらに変更する登記を行う場合は、No.31を参考にされたい。

③ 　引受けの方法は、従来の債務者を免責させ、引受人だけを債務者とする免責的債務引受契約による方法と、従来の債務者に加えて引受人も債務者（連帯債務者）とする重畳的債務引受契約による場合が考えられる。

④ 　Ⅳ－1およびⅣ－2のように抵当権（不動産の表示を含む）の記載がある免責的債務引受契約証書および重畳的債務引受契約証書は、抵当権変更の登記原因証明情報（不登法第61条）として登記所に提供することができる。ただし、債務者以外の者が抵当権設定者である場合、抵当権設定者を契約当事者とする必要がある。

⑤ 　免責的債務引受契約は、債権者の承諾が要件となることから、当該債権者の承諾が書面上明らかとなるよう、本書式では差入方式ではなく、債権者も署名捺印する連署方式とした。

⑥ 　重畳的債務引受契約は、債務者が増えるだけであって、債権者に有利であるから、債権者、債務者および引受人の三者間契約によるほか、債務者と引受人の二者間契約によっても可能である。本書式では三者間契約（連署方式）としたが、債務者および引受人のみが署名（記名）捺印を行う差入方式でも足りる。

⑦ 　上記の免責的債務引受契約証書または重畳的債務引受契約証書とは別にⅤ登記原因証明情

報（抵当権変更）を作成し、登記原因証明情報（不登法第61条）として登記所に提供することができる。

⑧　債務引受による抵当権の債務者の変更登記は、抵当権者が登記権利者となり、抵当権設定者が登記義務者となって行う。なお、免責的債務引受は債務者の交代的変更の登記であるのに対し、重畳的債務引受は債務者の追加の登記であるため、後者においては被相続人が債務者として登記されたままとなる。

⑨　抵当権設定者につき、所有権に係る登記識別情報（登記済証）が必要である。なお、登記完了後は、双方に登記完了証が交付される（この変更登記につき登記識別情報は通知されない）。

⑩　管轄登記所が複数となるケースでは、Ⅴ登記原因証明情報（抵当権変更）は、登記所ごとに（複数）必要となる。当該申請のためにのみ作成したⅥ登記用委任状も同様であり、これらは原本還付を受けることができないとされている。

Ⅲ　必要書類・費用一覧

書　類	書類上の関係者
□ 免責的債務引受契約証書または重畳的債務引受契約証書	債権者（抵当権者）、引受人たる相続人（抵当権設定者）、他の相続人
□ 登記原因証明情報	抵当権設定者
□ 委任状（登記義務者用）	抵当権設定者
□ 委任状（登記権利者用）	抵当権者
□ 登記識別情報（登記済証）	抵当権設定者
□ 会社法人等番号（注）	抵当権者
□ 登録免許税	不動産1個につき1,000円

（注）　不登令等の改正により、平成27年11月2日から、会社・法人の代表者等の資格を証する情報の提供（添付）に代え、登記申請情報に商業登記法第7条の会社法人等番号を記録または記載することとなった。ただし、法人登記手続中となるなどの場合を考慮し、例外的に、作成後1か月以内の資格証明情報（登記事項証明書）を提供（添付）することも認められている。

Ⅳ-1 免責的債務引受契約証書

免責的債務引受契約証書

（印紙）
（注1）

平成　年　月　日（注2）

　　　　住　所　　　　東京都○区○町一丁目2番3号
　　　　債権者
　　　　抵当権者　　　株式会社甲野銀行
　　　　　　　　　　　代表取締役　甲野太郎　㊞（注3）

　　　　住　所　　　　東京都○区○町一丁目○番○号
　　　　引受人　　　　乙野松子　　　　　　　㊞（注4）
　　　　抵当権設定者

　　　　住　所　　　　東京都○区○町二丁目○番○号
　　　　債務者（相続人）　乙野梅子　　　　　㊞（注5）
　　　（注6）

　株式会社甲野銀行（以下「銀行」といいます。）、引受人および債務者は、次のとおり、免責的債務引受契約を締結しました。

［引受対象債務の表示］

1．原契約	契約名および契約年月日	平成　年　月　日金銭消費貸借契約	
	契約当事者	債権者	甲野銀行
		債務者（被相続人）	乙野次郎
	当初元本金額（注7）	拾億　　百万　　千　　円 （算用数字／頭部に¥マーク）	
2．残元本金額（注8）	拾億　　百万　　千　　円 （算用数字／頭部に¥マーク）		

［抵当権の表示］

1．登記	平成○年○月○日東京法務局○出張所受付第○号

2．物件	後記物件の表示記載のとおり

物件の表示	所有者
所　　在　東京都○区○町一丁目 地　　番　1番1 地　　目　宅地 地　　積　○○○.○○㎡	乙野松子
所　　在　東京都○区○町一丁目1番地1 家屋番号　1番1 種　　類　居宅 構　　造　木造セメントかわらぶき平家建 床 面 積　○○.○○㎡	乙野松子

第1条（免責的債務引受）

① 引受人は、前記原契約（その後の変更を含む。以下同じ。）に基づき、各債務者が銀行に対して負担する債務（前記の残元本金額、経過利息および発生済み遅延損害金に係る相続分を含み、以下「引受対象債務」といいます。）(注9)の全てを免責的に引き受け、債務者に代わって銀行に履行する義務を負うものとします。

② 債務者が引受人に対して支払う前項の債務引受の対価は、別途債務者および引受人間で合意したところに従います。(注10)

③ 前項により、銀行は、債務者が引受対象債務を履行する義務を免れ、引受人のみがこの義務を負うことを承認します。

第2条（登記義務）

抵当権設定者および銀行は、引受対象債務を担保するために設定された、前記「抵当権の表示」記載の抵当権の債務者の定めについて、前条第1項に基づく引受対象債務の債務者の変更に伴い変更するものとし、抵当権設定者は、その変更を原因とする抵当権変更登記手続を遅滞なく行い、その登記事項証明書を銀行に提出します。

第3条（費用の負担）

前条に定める抵当権変更登記に関する費用は、抵当権設定者が負担し、銀行が支払った金額についてはただちに支払います。

以　上

（注1）　この文書は印紙税法上の債務引受に関する契約書（第15号文書）に該当する。印紙税額は200円である。なお、引受対象債務が10,000円未満の場合は、非課税となる。
（注2）　この契約書を作成した日付を記載する。
（注3）　債権者はこの欄に署名（記名）捺印する。
（注4）　引受人となる相続人にはこの欄に署名（記名）捺印させる。なお、住所および氏名は、住民票により確認する。
（注5）　引受人以外の相続人にはこの欄に署名（記名）捺印させる。なお、住所および氏名は、住

民票により確認する。
(注6) 全ての法定相続人に署名（記名）捺印させる。なお、住所および氏名は、住民票により確認する。
(注7) 原契約に記載される貸付元本金額を記載する。
(注8) 経過利息および遅延損害金の金額を明記することも考えられるが、簡易な事務でない可能性を考慮し、本書では明記しないこととした。
(注9) 残元本だけでなく、発生済みの利息（経過利息）および遅延損害金も引受けの対象とする場合は、その旨を明記する必要がある。
(注10) 免責的債務引受した債務を履行した場合に引受人の債務者に対する求償権が発生するか否かについては、従来から疑義があるものと考えられていたところ、現在審議中の民法（債権関係）の改正案では、債務者に対する求償権は当然には発生しないとする考え方が採られていることから、引受人が債務者から免責的債務引受の対価を取得する想定である場合には、債務者との間でその旨の合意をしておくべきであろう。本書式では、この免責的債務引受契約証書とは別に、債務者および引受人間で引受けの対価の合意があることを前提として、当該合意の存在を確認する規定に留めている。

Ⅳ-2　重畳的債務引受契約証書

（印紙）
（注1）

重畳的債務引受契約証書

平成　年　月　日（注2）

住　所　　　東京都〇区〇町一丁目2番3号
債権者　　　株式会社甲野銀行
抵当権者　　代表取締役　甲野太郎　　㊞（注3）

住　所　　　東京都〇区〇町一丁目〇番〇号
引受人　　　乙野松子　　　　　　　　㊞（注4）
抵当権設定者

住　所　　　東京都〇区〇町二丁目〇番〇号
債務者（相続人）　乙野梅子　　　　　㊞（注5）
（注6）

　株式会社甲野銀行（以下「銀行」といいます。）、引受人および債務者は、次のとおり、重畳的債務引受契約を締結しました。

[引受対象債務の表示]

1. 原契約	契約名および契約年月日	平成　年　月　日金銭消費貸借契約

契約当事者	債権者	甲野銀行
	債務者（被相続人）	乙野次郎

当初元本金額 (注7)	拾億 ┃ ┃ ┃ 百万 ┃ ┃ ┃ 千 ┃ ┃ ┃ 円
	（算用数字／頭部に¥マーク）

2．残元本金額 (注8)	拾億 ┃ ┃ ┃ 百万 ┃ ┃ ┃ 千 ┃ ┃ ┃ 円
	（算用数字／頭部に¥マーク）

[抵当権の表示]

1．登記	平成○年○月○日東京法務局○出張所受付第○号
2．物件	後記物件の表示記載のとおり

物件の表示	所有者
所　在　東京都○区○町一丁目 地　番　1番1 地　目　宅地 地　積　○○○.○○㎡	乙野松子
所　在　東京都○区○町一丁目1番地1 家屋番号　1番1 種　類　居宅 構　造　木造セメントかわらぶき平家建 床面積　○○.○○㎡	乙野松子

第1条（重畳的債務引受）

① 引受人は、前記原契約（その後の変更を含む。以下同じ。）に基づき、各債務者が銀行に対して負担する債務（前記の残元本金額、経過利息および発生済み遅延損害金に係る相続分を含み、以下「引受対象債務」といいます。）(注9)の全てを重畳的に引き受け、連帯債務者として、銀行に履行する義務を負うものとします。

② 債務者は、前項の規定にかかわらず、引き続き引受対象債務を履行する義務を免れないことを確認します。

第2条（登記義務）

抵当権設定者および銀行は、引受対象債務を担保するために設定された、前記「抵当権の表示」記載の抵当権の債務者の定めについて、前条第1項に基づく引受対象債務の債務者の変更に伴い変更するもとし、抵当権設定者はその変更を原因とする抵当権変更登記手続を遅滞なく行い、その登記事項証明書を銀行に提出します。

第3条（担保保存義務）
① 引受人は、銀行の都合によって他の担保または保証を変更、解除されても異議ありません。
② 引受人が弁済等により銀行から代位によって取得した権利は、債務者と銀行との間の取引継続中は、銀行の同意がなければこれを行使しません。また、銀行が請求したときは、その権利または順位を銀行に無償で譲渡します。

第4条（費用の負担）
第2条に定める抵当権変更登記に関する費用は、抵当権設定者が負担し、銀行が支払った金額についてはただちに支払います。

以　上

(注1) この文書は印紙税法上の債務引受に関する契約書（第15号文書）に該当する。印紙税額は200円である。なお、引受対象債務が10,000円未満の場合は、非課税となる。
(注2) この契約書を作成した日付を記載する。
(注3) 債権者はこの欄に署名（記名）捺印する。
(注4) 引受人となる相続人にはこの欄に署名（記名）捺印させる。なお、住所および氏名は、住民票により確認する。
(注5) 引受人以外の相続人にはこの欄に署名（記名）捺印させる。なお、住所および氏名は、住民票により確認する。
(注6) 全ての法定相続人に署名（記名）捺印させる。なお、住所および氏名は、住民票により確認する。
(注7) 原契約に記載される貸付元本金額を記載する。
(注8) 経過利息および遅延損害金の金額を明記することも考えられるが、簡易な事務でない可能性を考慮し、本書では明記しないこととした。
(注9) 残元本だけでなく、発生済みの利息（経過利息）および遅延損害金も引受けの対象とする場合は、その旨を明記する必要がある。

V　登記原因証明情報（抵当権変更）(注1)

登記原因証明情報
（抵当権変更）

平成　年　月　日

東京法務局　○出張所 御中

　　　　　　　　住　所　　　　　東京都○区○町一丁目1番1号
　　　　　　　　登記義務者(注2)　乙野松子　　　　　　　　㊞
　　　　　　　　（電話番号　○○-○○○○-○○○○）

登記義務者（抵当権設定者）は、本件登記の原因となる事実または法律行為が下記1．記

載のとおりであること、およびこれに基づき現に下記2．記載の内容を登記要項とする変更が生じたことを証明します。

1．登記の原因となる事実または法律行為

(1)	契約証書名および締結年月日	平成○年○月○日免責的債務引受契約証書（注3）	
(2)	契約当事者	債権者（抵当権者）	株式会社甲野銀行
		債務者　乙野次郎相続人	乙野梅子
		債務者　乙野次郎相続人 引受人	乙野松子

2．登記申請情報の要項

(1)	登記の目的	抵当権変更（注4）
(2)	変更する抵当権	平成○年○月○日受付第○号
(3)	原因	平成○年○月○日免責的債務引受（注5）
(4)	変更後の事項	債務者　東京都○区○町一丁目1番1号 　　　　乙野松子（注5）
(5)	登記権利者 （抵当権者）（注6）	東京都○区○町一丁目2番3号 株式会社甲野銀行
(6)	登記義務者 （抵当権設定者）（注2）	東京都○区○町一丁目1番1号 乙野松子
(7)	不動産の表示	後記のとおり

不動産の表示

所　　在　東京都○区○町一丁目
地　　番　○番○
地　　目　宅地
地　　積　○○○.○○㎡

所　　在　東京都○区○町一丁目1番地1
家屋番号　1番1
種　　類　居宅
構　　造　木造セメントかわらぶき平家建
床 面 積　○○.○○㎡

以　上

(注1) Ⅳ免責的債務引受契約証書または重畳的債務引受契約証書とは別に、Ⅴ登記原因証明情報（抵当権変更）を作成する場合の書式である。この情報は、登記の原因となる事実または法律行為のほか、登記事項（および物件表示）を登記義務者が確認して署名（または記名捺印）したものでなくてはならない。契約証書とは異なり、登記用に作成された書面の原本還付を受けることはできないため、管轄登記所が複数となるケースでは、登記所ごとに（複数）作成する必要がある。その内容は同文面とし、すべての物件を記載する。
(注2) 登記義務者は、所有権登記名義人（債務者または物上保証人）となる。
(注3) 免責的債務引受契約の成立年月日を記載する。重畳的債務引受の場合は、重畳的債務引受契約の成立年月日を記載する。
(注4) 抵当権の被担保債権についての免責的債務引受による抵当権の変更の登記は、常に付記登記によるから、付記登記による申請の旨を明らかにする必要はない。
(注5) 重畳的債務引受の場合は、重畳的債務引受契約の成立年月日と「重畳的債務引受」と記載する。この場合、変更後の事項は、「連帯債務者」となり、従来の債務者（被相続人）の表示を抹消する記号（下線）は記録されない。
(注6) 登記権利者は、抵当権者となる。

Ⅵ－1－1　登記用委任状（登記義務者用／Ⅳを登記原因証明情報として提供する場合）(注1)

委　任　状

平成　　年　　月　　日

住　所　　東京都○区○町一丁目1番1号
登記義務者　乙　野　松　子　　　　　　　　　㊞
（電話番号 ○○ － ○○○○ － ○○○○）

私は、＿＿＿＿＿＿＿＿＿＿＿＿＿＿＿＿（注2）を代理人と定め、下記の事項に関する一切の権限を委任します。

記

1．次の要項による登記申請に関すること
　　(1) 登記原因証明情報：平成○年○月○日付け免責的債務引受契約証書 (注3)
　　(2) 登記の目的：抵当権変更
2．上記申請の登記識別情報の暗号化に関すること (注4)
3．上記申請の登記完了証の受領に関すること (注5)
4．上記申請に関する契約証書、資格証明情報その他の添付情報の原本還付手続に関すること (注5)
5．上記申請の登録免許税還付金の代理受領に関すること (注6)

以　上

(注1) Ⅳ免責的債務引受契約証書または重畳的債務引受証書を登記原因証明情報（不登法第61条）として提供する場合に、登記義務者が作成する委任状の書式である。管轄登記所が複数となるケースにおいて、委任状の原本還付を受けるときは、他の申請についても委任したことが明らかな内容とする必要がある。
(注2) 代理人の住所ならびに氏名または名称を記載する。
(注3) 登記所に提供する登記原因証明情報の作成日およびその名称を記載する。なお、重畳的債

務引受の場合は、重畳的債務引受契約の成立年月日と契約名称を記載する。
（注４）　登記識別情報の暗号化（電子申請においてオンラインで登記識別情報を提供すること）には特別の授権が必要であるため、このように記載する。
（注５）　これらの事項には特別の授権を必要としないが、委任事項を明確にするため、このように記載する。
（注６）　登記申請の取下げ・却下・過誤納付に伴う還付金の代理受領については特別の授権が必要であるため、このように記載する。

Ⅵ－１－２　登記用委任状（登記義務者用／Ｖを登記原因証明情報として提供する場合）（注１）

委　任　状

平成　　年　　月　　日

住　所　　　東京都〇区〇町一丁目１番１号
登記義務者　乙野松子　　　　　　　　　　㊞
（電話番号　〇〇－〇〇〇〇－〇〇〇〇）

私は、＿＿＿＿＿＿＿＿＿＿＿＿＿＿＿＿（注２）を代理人と定め、下記の事項に関する一切の権限を委任します。

記

１．次の要項による登記申請に関すること
　　(1) 登記原因証明情報：平成〇年〇月〇日付け登記原因証明情報（抵当権変更）（注３）
　　(2) 登記の目的：抵当権変更
２．上記申請の登記識別情報の暗号化に関すること（注４）
３．上記申請の登記完了証の受領に関すること（注５）
４．上記申請に関する資格証明情報その他の添付情報の原本還付手続に関すること（注５）
５．上記申請の登録免許税還付金の代理受領に関すること（注６）

以　上

（注１）　Ⅳ免責的債務引受契約証書または重畳的債務引受契約証書とは別に、Ⅴ登記原因証明情報（抵当権変更）を作成し、これを登記原因証明情報（不登法第61条）として提供する場合に、登記義務者が作成する委任状の書式である。管轄登記所が複数となるケースにおいて、委任状の原本還付を受けるときは、他の申請についても委任したことが明らかな内容とする必要がある。
（注２）　代理人の住所ならびに氏名または名称を記載する。
（注３）　登記所に提供する登記原因証明情報の作成日およびその名称を記載する。
（注４）　登記識別情報の暗号化（電子申請においてオンラインで登記識別情報を提供すること）には特別の授権が必要であるため、このように記載する。
（注５）　これらの事項には特別の授権を必要としないが、委任事項を明確にするため、このように記載する。
（注６）　登記申請の取下げ・却下・過誤納付に伴う還付金の代理受領については特別の授権が必要であるため、このように記載する。

Ⅵ－2－1　登記用委任状（登記権利者用／Ⅳを登記原因証明情報として提供する場合）（注1）

委　任　状

平成　年　月　日

　　　住　所　　　東京都○区○町一丁目2番3号
　　　登記権利者　株式会社甲野銀行
　　　　　　　　　代表取締役　甲野太郎　　　　㊞

私は、＿＿＿＿＿＿＿＿＿＿＿＿＿＿＿＿＿（注2）を代理人と定め、下記の事項に関する一切の権限を委任します。

記

1．次の要項による登記申請に関すること
　　(1) 登記原因証明情報：平成○年○月○日付け免責的債務引受契約証書（注3）
　　(2) 登記の目的：抵当権変更
2．上記申請の登記完了証の受領に関すること（注4）
3．上記申請に関する契約証書、資格証明情報その他の添付情報の原本還付手続に関すること（注4）
4．上記申請の登録免許税還付金の代理受領に関すること（注5）

以　上

(注1)　Ⅳ免責的債務引受契約証書または重畳的債務引受契約証書を登記原因証明情報（不登法第61条）として提供する場合に、登記権利者が作成する委任状の書式である。管轄登記所が複数となるケースにおいて、委任状の原本還付を受けるときは、他の申請についても委任したことが明らかな内容とする必要がある。
(注2)　代理人の住所ならびに氏名または名称を記載する。
(注3)　登記所に提供する契約証書の締結日およびその名称を記載する。なお、重畳的債務引受の場合は、重畳的債務引受契約の成立年月日と契約名称を記載する。
(注4)　これらの事項には特別の授権を必要としないが、委任事項を明確にするため、このように記載する。
(注5)　登記申請の取下げ・却下・過誤納付に伴う還付金の代理受領については特別の授権が必要であるため、このように記載する。

Ⅵ－2－2　登記用委任状（登記権利者用／Ⅴを登記原因証明情報として提供する場合）(注1)

委 任 状

平成　年　月　日

住　所　　　東京都○区○町一丁目2番3号
登記権利者　株式会社甲野銀行
　　　　　　代表取締役　甲野太郎　㊞

私は、＿＿＿＿＿＿＿＿＿＿＿＿＿＿＿＿（注2）を代理人と定め、下記の事項に関する一切の権限を委任します。

記

1．次の要項による登記申請に関すること
　(1) 登記原因証明情報：平成○年○月○日付け登記原因証明情報（抵当権変更）(注3)
　(2) 登記の目的：抵当権変更
2．上記申請の登記完了証の受領に関すること（注4）
3．上記申請に関する資格証明情報その他の添付情報の原本還付手続に関すること（注4）
4．上記申請の登録免許税還付金の代理受領に関すること（注5）

以　上

(注1) Ⅳ免責的債務引受契約証書または重畳的債務引受契約証書とは別に、Ⅴ登記原因証明情報（抵当権変更）を作成し、これを登記原因証明情報（不登法第61条）として提出する場合に、登記権利者が作成する委任状の書式である。管轄登記所が複数となるケースにおいて、委任状の原本還付を受けるときは、他の申請についても委任したことが明らかな内容とする必要がある。
(注2) 代理人の住所ならびに氏名または名称を記載する。
(注3) 登記所に提供する登記原因証明情報の作成日およびその名称を記載する。
(注4) これらの事項には特別の授権を必要としないが、委任事項を明確にするため、このように記載する。
(注5) 登記申請の取下げ・却下・過誤納付に伴う還付金の代理受領については特別の授権が必要であるため、このように記載する。

30 相続人全員を債務者とする場合

I ケース概要

甲野銀行は、乙野次郎に対し融資を行い、乙野次郎所有の土地および建物につき抵当権の設定を受けていたが、乙野次郎が死亡し、その相続人乙野松子および乙野梅子がその債務を相続により法定相続分に従って分割承継した。なお、上記土地および建物は乙野松子が相続しており、これを原因とする所有権移転の登記は既に行われている。

II 書式作成上の留意点

① 債務者が死亡した場合、債務は、相続の開始と同時に法定相続人が法定相続分に従って当然に分割承継される。抵当権の被担保債権が相続されても、抵当権は、相続人らの債務を担保するものとし存続するが、債務者が変更されることになるので、抵当権の債務者を法定相続人全員に変更する抵当権変更の登記原因が生じる。

② 債務者変更の登記は、抵当権の変更または追加を行う場合に必須となることがあるが、不動産担保権の実行手続においては必須ではない。ただ、債務者変更登記を行わない場合は、戸籍謄本等の債務者の変更を証する書面を提出する必要があるところ、相続人に係る全ての戸籍を揃えることが事務手続上の負担となる場合もあるから、かかる負担を省くため、あらかじめ債務者変更の登記をしておくことは有用である。

③ 法定相続人の一人に全ての債務を引き受けさせる場合（免責的債務引受または重畳的債務引受）は、抵当権の債務者を法定相続人全員に変更する登記と、さらに債務を引き受けた相続人に変更する登記を同時に行うことができる。この場合は、No.31を参考にされたい。

④ 法定相続人全員を債務者とする変更登記を経ずに、被相続人の債務を引き受けた相続人に直接的に変更登記を行うことも可能である。この場合は、No.29を参考にされたい。

⑤ 相続を証する戸籍謄本等を登記原因証明情報（不登法第61条）として登記所に提供することができるが、抵当権設定者の協力が得られる場合は、抵当権設定者が相続による債務者変更について確認して署名した登記用の登記原因証明情報を作成して登記所に提供することが簡便であろう。

⑥ 相続による抵当権の債務者の変更登記は、抵当権者が登記権利者となり、抵当権設定者が登記義務者となって行う。

⑦ 抵当権設定者につき、所有権に係る登記識別情報（登記済証）が必要となる。なお、登記完了後は、双方に登記完了証が交付される（この変更登記につき登記識別情報は通知されない）。

⑧ 管轄登記所が複数となるケースでは、Ⅳ登記原因証明情報（抵当権変更）は、登記所ごとに（複数）必要となる。当該申請のためにのみ作成したⅥ登記用委任状も同様であり、これ

らは原本還付を受けることができないとされている。

III 必要書類・費用一覧

書　　類	書類上の関係者
☐ 戸籍謄本等	法定相続人全員（法定相続人全員の現在戸籍のほか、被相続人（債務者）の相続人を確定させるための戸籍、除籍、原戸籍および被相続人の死亡時住所を証する資料が必要となる）
☐ 登記原因証明情報	抵当権設定者
☐ 委任状（登記義務者用）	抵当権設定者
☐ 委任状（登記権利者用）	抵当権者
☐ 登記識別情報（登記済証）	抵当権設定者
☐ 会社法人等番号（注）	抵当権者
☐ 登録免許税	不動産1個につき1,000円

（注）　不登令等の改正により、平成27年11月2日から、会社・法人の代表者等の資格を証する情報の提供（添付）に代え、登記申請情報に商業登記法第7条の会社法人等番号を記録または記載することとなった。ただし、法人登記手続中となるなどの場合を考慮し、例外的に、作成後1か月以内の資格証明情報（登記事項証明書）を提供（添付）することも認められている。

IV 登記原因証明情報（抵当権変更）(注1)

登記原因証明情報
（抵当権変更）

平成　年　月　日

東京法務局　〇出張所 御中

　　　　　住　所　　　　東京都〇区〇町一丁目1番1号
　　　　　登記義務者(注2)　乙野松子　　　　　　　　　㊞

　登記義務者（抵当権設定者）は、本件登記の原因となる事実または法律行為が下記1．記載のとおりであること、およびこれに基づき現に下記2．記載の内容を登記要項とする変更が生じたことを証明します。

第3節　変　　更　　283

1．登記の原因となる事実または法律行為

(1) 相続が開始した債務者	東京都○区○町一丁目1番1号 乙野次郎
(2) 相続年月日（注3）	平成○年○月○日
(3) 相続人	東京都○区○町一丁目1番1号 乙野松子 東京都○区○町二丁目2番2号 乙野梅子

2．登記申請情報の要項

(1) 登記の目的	抵当権変更（注4）
(2) 変更する抵当権	平成○年○月○日受付第○号
(3) 原因	平成○年○月○日相続（注5）
(4) 変更後の事項	債務者　東京都○区○町一丁目1番1号 　　　　乙野松子 　　　　東京都○区○町一丁目1番1号 　　　　乙野梅子
(5) 登記権利者 （抵当権者）（注6）	東京都○区○町一丁目2番3号 株式会社甲野銀行
(6) 登記義務者 （抵当権設定者）（注2）	東京都○区○町一丁目1番1号 乙野松子
(7) 不動産の表示	後記のとおり

不動産の表示

所　　在　東京都○区○町一丁目
地　　番　1番1
地　　目　宅地
地　　積　○○○.○○㎡

所　　在　東京都○区○町一丁目1番地1
家屋番号　1番1
種　　類　居宅
構　　造　木造セメントかわらぶき平家建
床 面 積　○○.○○㎡

以　　上

（注1）　登記原因証明情報（抵当権変更）を作成して登記原因証明情報（不登法第61条）とする場

合の書式である。この情報は、登記の原因となる事実または法律行為のほか、登記事項（および物件表示）を登記義務者が確認して署名（または記名捺印）したものでなくてはならない。登記用に作成された書面は原本還付を受けることができないため、管轄登記所が複数となるケースでは、登記所ごとに（複数）作成する必要がある。その内容は同文面とし、すべての物件を記載する。

- （注２） 登記義務者は、所有権登記名義人（債務者または物上保証人）となる。
- （注３） 相続が開始した年月日（被相続人の死亡年月日）を記載する。
- （注４） 相続による抵当権の変更の登記は、常に付記登記によるから、付記登記による申請の旨を明らかにする必要はない。
- （注５） 相続の効力発生日（被相続人の死亡年月日）を記載する。
- （注６） 登記権利者は、抵当権者となる。

Ⅴ－１－１　登記用委任状（登記義務者用／戸籍謄本等を登記原因証明情報として提供する場合）（注１）

委　任　状

平成　年　月　日

住　所　　東京都○区○町一丁目１番１号
登記義務者　乙　野　松　子　　　　㊞
（電話番号○○－○○○○－○○○○）

私は、＿＿＿＿＿＿＿＿＿＿＿＿＿＿＿＿＿（注２）を代理人と定め、下記の事項に関する一切の権限を委任します。

記

1. 次の登記申請に関すること（注３）
    (1) 登記の目的：抵当権変更（相続による債務者の変更）
    (2) 変更する登記：平成○年○月○日東京法務局○出張所受付第○号
    (3) 物件：後記物件の表示記載のとおり
2. 上記申請の登記識別情報の暗号化に関すること（注４）
3. 上記申請の登記完了証の受領に関すること（注５）
4. 上記申請に関する登記原因証明情報、資格証明情報その他の添付情報の原本還付手続に関すること（注５）
5. 上記申請の登録免許税還付金の代理受領に関すること（注６）

物件の表示（注７）

所　在　東京都○区○町一丁目
地　番　１番１
地　目　宅地
地　積　○○○.○○㎡

所　在　東京都○区○町一丁目１番地１

```
家屋番号　１番１
種　　類　居宅
構　　造　木造セメントかわらぶき平家建
床 面 積　○○.○○㎡
```

以　上

(注１)　戸籍謄本等を登記原因証明情報として提供する場合に、登記義務者（所有権登記名義人）が作成する委任状の書式である。管轄登記所が複数となるケースにおいて、委任状の原本還付を受けるときは、他の申請についても委任したことが明らかな内容とする必要がある。
(注２)　代理人の住所ならびに氏名または名称を記載する。
(注３)　戸籍・住民票・登記事項証明書などの公文書を登記原因証明情報（不登法第61条）として提供する場合、委任する登記手続を明確にするため、このように記載する。
(注４)　登記識別情報の暗号化（電子申請においてオンラインで登記識別情報を提供すること）には特別の授権が必要であるため、このように記載する。
(注５)　これらの事項には特別の授権を必要としないが、委任事項を明確にするため、このように記載する。
(注６)　登記申請の取下げ・却下・過誤納付に伴う還付金の代理受領については特別の授権が必要であるため、このように記載する。
(注７)　土地については所在・地番、建物については所在・家屋番号を記載することでも足りる。

Ⅴ－１－２　登記用委任状（登記義務者用／Ⅳを登記原因証明情報として提供する場合）(注１)

委　任　状

平成　　年　　月　　日

住　所　　東京都○区○町一丁目１番１号
登記義務者　乙　野　松　子　　　　　　㊞
（電話番号 ○○－○○○○－○○○○）

私は、＿＿＿＿＿＿＿＿＿＿＿＿＿＿＿(注２)を代理人と定め、下記の事項に関する一切の権限を委任します。

記

１．次の要項による登記申請に関すること
　　(1) 登記原因証明情報：平成○年○月○日付け登記原因証明情報（抵当権変更）(注３)
　　(2) 登記の目的：抵当権変更
２．上記申請の登記識別情報の暗号化に関すること (注４)
３．上記申請の登記完了証の受領に関すること (注５)
４．上記申請に関する資格証明情報その他の添付情報の原本還付手続に関すること (注５)
５．上記申請の登録免許税還付金の代理受領に関すること (注６)

以　上

（注1） Ⅳ登記原因証明情報（抵当権変更）を提供する場合に、登記義務者が作成する委任状の書式である。管轄登記所が複数となるケースにおいて、委任状の原本還付を受けるときは、他の申請についても委任したことが明らかな内容とする必要がある。
（注2） 代理人の住所ならびに氏名または名称を記載する。
（注3） 登記所に提供する登記原因証明情報の作成日およびその名称を記載する。
（注4） 登記識別情報の暗号化（電子申請においてオンラインで登記識別情報を提供すること）には特別の授権が必要であるため、このように記載する。
（注5） これらの事項には特別の授権を必要としないが、委任事項を明確にするため、このように記載する。
（注6） 登記申請の取下げ・却下・過誤納付に伴う還付金の代理受領については特別の授権が必要であるため、このように記載する。

V－2－1　登記用委任状（登記権利者用／戸籍謄本等を登記原因証明情報として提供する場合）（注1）

委　任　状

平成　　年　　月　　日

住　所　　東京都○区○町一丁目2番3号
登記権利者　株式会社甲野銀行
　　　　　　代表取締役　甲野太郎　　㊞

私は、＿＿＿＿＿＿＿＿＿＿＿＿＿＿＿（注2）を代理人と定め、下記の事項に関する一切の権限を委任します。

記

1．次の登記申請に関すること（注3）
　　(1) 登記の目的：抵当権変更（相続による債務者の変更）
　　(2) 変更する登記：平成○年○月○日東京法務局○出張所受付第○号
　　(3) 物件：後記物件の表示記載のとおり
2．上記申請の登記完了証の受領に関すること（注4）
3．上記申請に関する資格証明情報その他の添付情報の原本還付手続に関すること（注4）
4．上記申請の登録免許税還付金の代理受領に関すること（注5）

物件の表示（注6）

所　　在	東京都○区○町一丁目
地　　番	1番1
地　　目	宅地
地　　積	○○○.○○㎡

所　　在	東京都○区○町一丁目1番地1
家屋番号	1番1
種　　類	居宅

第3節　変　更　287

```
┌─────────────────────────────────────────────────────────┐
│  構　　造　木造セメントかわらぶき平家建                  │
│  床 面 積　○○.○○㎡                                    │
│                                                         │
└─────────────────────────────────────────────────────────┘
                                                   以　上
```

(注1)　戸籍謄本等を登記原因証明情報として提供する場合に、登記権利者（抵当権者）が作成する委任状の書式である。管轄登記所が複数となるケースにおいて、委任状の原本還付を受けるときは、他の申請についても委任したことが明らかな内容とする必要がある。
(注2)　代理人の住所ならびに氏名または名称を記載する。
(注3)　戸籍・住民票・登記事項証明書などの公文書を登記原因証明情報（不登法第61条）として提供する場合、委任する登記手続を明確にするため、このように記載する。
(注4)　これらの事項には特別の授権を必要としないが、委任事項を明確にするため、このように記載する。
(注5)　登記申請の取下げ・却下・過誤納付に伴う還付金の代理受領については特別の授権が必要であるため、このように記載する。
(注6)　土地については所在・地番、建物については所在・家屋番号を記載することでも足りる。

Ⅴ－2－2　登記用委任状（登記権利者用／Ⅳを登記原因証明情報として提供する場合）(注1)

```
                        委　任　状

                                       平成　　年　　月　　日

            住　所　　　東京都○区○町一丁目2番3号
            登記権利者　株式会社甲野銀行
                       代表取締役　甲野太郎　　　　㊞

私は、＿＿＿＿＿＿＿＿＿＿＿＿＿＿＿(注2)を代理人と定め、下記の事項に関する一切の権限を
委任します。

                              記

1．次の要項による登記申請に関すること
    (1)　登記原因証明情報：平成○年○月○日付け登記原因証明情報（抵当権変更）(注3)
    (2)　登記の目的：抵当権変更
2．上記申請の登記完了証の受領に関すること (注4)
3．上記申請に関する資格証明情報その他の添付情報の原本還付手続に関すること (注4)
4．上記申請の登録免許税還付金の代理受領に関すること (注5)
                                                   以　上
```

(注1)　Ⅳ登記原因証明情報（抵当権変更）を提供する場合に、登記権利者が作成する委任状の書式である。管轄登記所が複数となるケースにおいて、委任状の原本還付を受けるときは、他の申請についても委任したことが明らかな内容とする必要がある。
(注2)　代理人の住所ならびに氏名または名称を記載する。
(注3)　登記所に提供する登記原因証明情報の作成日およびその名称を記載する。
(注4)　これらの事項には特別の授権を必要としないが、委任事項を明確にするため、このように

記載する。
（注５）　登記申請の取下げ・却下・過誤納付に伴う還付金の代理受領については特別の授権が必要であるため、このように記載する。

31 相続人の一人が他の相続人の債務を引き受けた場合

I ケース概要

　甲野銀行は、乙野次郎に対し融資を行い、乙野次郎所有の土地および建物につき抵当権の設定を受けていたが、乙野次郎の死亡により相続が開始し、複数の相続人が債務を承継していた。相続人の一人乙野松子から他の相続人乙野梅子が承継した債務を引き受けたい旨の申し出があり、検討の結果、これに応じることとした。なお、抵当物件の所有権は引受人乙野松子が相続取得し、その旨の登記がなされている。

II 書式作成上の留意点

① 債務者が死亡した場合、債務は、相続の開始と同時に法定相続人が法定相続分に従って当然に分割承継されるが、その後、相続人の一人に他の相続人の債務を免責的に引き受けさせる場合の書式である。抵当権の担保債権が相続されても、抵当権は、相続人らの債務を担保するものとして存続するが、債務者が変更されることになるので、抵当権の債務者を法定相続人全員に変更する抵当権変更の登記原因が生じる。また、さらに一人の相続人が他の相続人の債務を引き受けることから、抵当権の債務者を法定相続人全員から当該相続人一人に変更する抵当権変更の登記原因が生じる。

② 本書式は、抵当権の債務者を法定相続人全員に変更する登記を行ったうえで、法定相続人全員から相続人の一人に変更する変更登記を行う場合のものである。なお、法定相続人全員を抵当権の債務者とする変更登記を経ずに、抵当権の債務者を被相続人の債務を引き受けた法定相続人に直接的に変更する登記を行うことも可能である。この場合は、No.29を参考にされたい。

③ IV免責的債務引受契約証書は、相続人の一人が他の相続人の債務を引き受けたこと（免責的債務引受）の合意に加えて、債務者に相続が開始したことおよび相続債務を負担する者（相続人全員）も確認しているから、法定相続人全員を抵当権の債務者とする変更登記および相続人の一人のみを債務者とする変更登記の両方の登記原因証明情報（不登法第61条）とすることができる。

④ IVのように抵当権（不動産の表示を含む）の記載がある免責的債務引受契約証書は、抵当権変更の登記原因証明情報（不登法第61条）として登記所に提供することができる。ただし、債務者以外の者が抵当権設定者である場合、抵当権設定者を契約当事者とする必要がある。

⑤ 免責的債務引受契約は、債権者の承諾が要件となることから、当該債権者の承諾が書面上明らかとなるよう、本書式では差入方式ではなく、債権者も署名捺印する連署方式とした。

⑥ 上記の免責的債務引受契約証書とは別にV登記原因証明情報（抵当権変更）を作成し、登

記原因証明情報（不登法第61条）として登記所に提供することができる。

⑦ 相続および債務引受による抵当権の債務者の変更登記は、抵当権者が登記権利者となり、抵当権設定者が登記義務者となって行う。本書式では、債務者に相続が開始したこと、および相続債務を負担する者（相続人全員）についても、同時に登記手続を行うこととしている。

⑧ 抵当権設定者につき、所有権に係る登記識別情報（登記済証）が必要である。なお、登記完了後は、双方に登記完了証が交付される（この変更登記につき登記識別情報は通知されない）。

⑨ 管轄登記所が複数となるケースでは、Ⅴ登記原因証明情報（抵当権変更）は、登記所ごとに（複数）必要となる。当該申請のためにのみ作成したⅥ登記用委任状も同様であり、これらは原本還付を受けることができないとされている。

Ⅲ 必要書類・費用一覧

書　　　類	書類上の関係者
□ 免責的債務引受契約証書	債権者（抵当権者）、引受人たる相続人（抵当権設定者）、他の相続人
□ 登記原因証明情報	抵当権設定者
□ 委任状（登記義務者用）	抵当権設定者
□ 委任状（登記権利者用）	抵当権者
□ 登記識別情報（登記済証）	抵当権設定者
□ 会社法人等番号（注）	抵当権者
□ 登録免許税	不動産1個につき1,000円

（注）不登令等の改正により、平成27年11月2日から、会社・法人の代表者等の資格を証する情報の提供（添付）に代え、登記申請情報に商業登記法第7条の会社法人等番号を記録または記載することとなった。ただし、法人登記手続中となるなどの場合を考慮し、例外的に、作成後1か月以内の資格証明情報（登記事項証明書）を提供（添付）することも認められている。

IV　免責的債務引受契約証書

（印紙）(注1)　　　　　　　　免責的債務引受契約証書

　　　　　　　　　　　　　　　　　　　平成　　年　　月　　日（注2）

　　　　　住　所　　　東京都○区○町一丁目2番3号
　　　　　債権者　　　株式会社甲野銀行
　　　　　抵当権者　　代表取締役　甲野太郎　　㊞（注3）

　　　　　住　所　　　東京都○区○町一丁目1番1号
　　　　　抵当権設定者　乙野松子　　　　　　　㊞（注4）
　　　　　債務者（相続人）
　　　　　兼 引受人

　　　　　住　所　　　東京都○区○町二丁目2番2号
　　　　　債務者（相続人）　乙野梅子　　　　　㊞（注5）
　　　　（注6）

　株式会社甲野銀行（以下「銀行」といいます。）、抵当権設定者ならびに債務者および引受人は、次のとおり、免責的債務引受契約を締結しました。

[債務者の相続の要項]（注7）

1. 相続が開始した債務者	東京都○区○町一丁目1番1号 乙野次郎	
2. 相続年月日	平成○年○月○日	
3. 相続人	東京都○区○町一丁目1番1号 乙野松子 東京都○区○町二丁目2番2号 乙野梅子	

[引受対象債務の表示]

1. 原契約	契約名および契約年月日	平成○年○月○日金銭消費貸借契約

契約当事者	債権者	甲野銀行
	債務者（被相続人）	乙野次郎

当初元本金額 (注8)	拾億　　　百万　　　千　　　円 （算用数字／頭部に¥マーク）

2.	残元本金額 (注9)	拾億　　　百万　　　千　　　円 （算用数字／頭部に¥マーク）

[抵当権の表示]

1．登記	平成〇年〇月〇日東京法務局〇出張所受付第〇号
2．物件	後記物件の表示記載のとおり

物件の表示	所有者
所　　在　東京都〇区〇町一丁目 地　　番　1番1 地　　目　宅地 地　　積　〇〇〇.〇〇㎡	乙野松子
所　　在　東京都〇区〇町一丁目1番地1 家屋番号　1番1 種　　類　居宅 構　　造　木造セメントかわらぶき平家建 床 面 積　〇〇.〇〇㎡	乙野松子

第1条（債務者の相続）

　　抵当権設定者および債務者は、前記「抵当権の表示」記載の抵当権の債務者の相続について、前記「債務者の相続の要項」記載のとおり確認しました。

第2条（免責的債務引受）

①　引受人たる相続人は、前記原契約（その後の変更を含む。以下同じ。）に基づき、他の相続人が銀行に対して負担する債務（前記の残元本金額、経過利息および発生済み遅延損害金に係る相続分を含み、以下「引受対象債務」といいます。）(注10)を免責的に引き受け、他の相続人に代わって銀行に履行する義務を負うものとします。

②　債務者が引受人に対して支払う前項の債務引受の対価は、別途債務者および引受人間で合意したところに従います。(注11)

③　第1項により、銀行は、他の相続人が引受対象債務を履行する義務を免れ、引受人たる相続人のみがこの義務を負うことを承認します。

第3条（登記義務）

　抵当権設定者および銀行は、引受対象債務を担保するために設定された、前記「抵当権の表示」記載の抵当権の債務者の定めについて、第1条および第2条に定める債務者の変更に伴い変更するものとし、抵当権設定者は、当該変更による抵当権変更登記手続を遅滞なく行い、その登記事項証明書を銀行に提出します。

第4条（費用の負担）

　前条に定める抵当権変更登記に関する費用は、抵当権設定者が負担し、銀行が支払った金額についてはただちに支払います。

以　上

- （注1）　この文書は印紙税法上の債務引受に関する契約書（第15号文書）に該当する。印紙税額は200円である。なお、引受対象債務が10,000円未満の場合は、非課税となる。
- （注2）　この契約書を作成した日付を記載する。
- （注3）　債権者はこの欄に署名（記名）捺印する。
- （注4）　引受人となる相続人にはこの欄に署名（記名）捺印させる。抵当権設定者が別にある場合は、別に署名欄を設ける。
- （注5）　引受人以外の相続人にはこの欄に署名（記名）捺印させる。
- （注6）　すべての法定相続人に署名（記名）捺印させる。
- （注7）　抵当債務者の相続開始について、相続開始の年月日および相続人（全員）の住所・氏名を記載する。
- （注8）　原契約に記載される貸付元本金額を記載する。
- （注9）　経過利息および遅延損害金の金額を明記することも考えられるが、簡易な事務でない可能性を考慮し、本書では明記しないこととした。
- （注10）　残元本だけでなく、発生済みの利息（経過利息）および遅延損害金も引受けの対象とする場合は、その旨を明記する必要がある。
- （注11）　免責的債務引受した債務を履行した場合に引受人の債務者に対する求償権が発生するか否かについては、従来から疑義があるものと考えられていたところ、現在審議中の民法（債権関係）の改正案では、債務者に対する求償権は当然には発生しないとする考え方が採られていることから、引受人が債務者から免責的債務引受の対価を取得する想定である場合には、債務者との間でその旨の合意をしておくべきであろう。本書式では、この免責的債務引受契約証書とは別に、債務者および引受人間で引受けの対価の合意があることを前提として、当該合意の存在を確認する規定に留めている。

V　登記原因証明情報（抵当権変更）(注1)

登記原因証明情報
（ 抵 当 権 変 更 ）

平成　　年　　月　　日

東京法務局　○出張所 御中

　　　　　　　　　　住　　所　　　東京都○区○町一丁目1番1号
　　　　　　　　　　登記義務者(注2)　乙 野 松 子　　　　　　　　　　㊞

登記義務者（抵当権設定者）は、本件登記の原因となる事実または法律行為が下記１．記載のとおりであること、およびこれに基づき現に下記２．記載の内容を登記要項とする変更が生じたことを証明します。

Ⅰ　［ 抵当債務者の相続 ］（注３）

１．登記の原因となる事実または法律行為

(1) 相続が開始した債務者	東京都○区○町一丁目１番１号 乙野次郎
(2) 相続年月日	平成○年○月○日
(3) 相続人	東京都○区○町一丁目１番１号 乙野松子 東京都○区○町二丁目２番２号 乙野梅子

２．登記申請情報の要項（注４）

(1) 登記の目的	抵当権変更
(2) 変更する抵当権	平成○年○月○日受付第○号
(3) 原因	平成○年○月○日相続
(4) 変更後の事項	債務者 　東京都○区○町一丁目１番１号 　乙野松子 　東京都○区○町二丁目２番２号 　乙野梅子
(5) 登記権利者 （抵当権者）	東京都○区○町一丁目２番３号 株式会社甲野銀行
(6) 登記義務者 （抵当権設定者）	東京都○区○町一丁目１番１号 乙野松子
(7) 不動産の表示	後記のとおり

Ⅱ　［ 相続債務の債務引受 ］（注５）

１．登記の原因となる事実または法律行為

(1) 契約証書名および締結年月日	平成○年○月○日付け免責的債務引受契約証書	
(2) 契約当事者	債権者（抵当権者）	株式会社甲野銀行

	債務者（引受人）	乙野松子
	債務者	乙野梅子

2．登記申請情報の要項（注6）

(1)	登記の目的	抵当権変更
(2)	変更する根抵当権	平成○年○月○日受付第○号
(3)	原因	平成○年○月○日乙野梅子の債務引受
(4)	変更後の事項	債務者 　東京都○区○町一丁目1番1号 　　乙野松子
(5)	登記権利者 （抵当権者）	東京都○区○町一丁目2番3号 株式会社甲野銀行
(6)	登記義務者 （抵当権設定者）	東京都○区○町一丁目1番1号 乙野松子
(7)	不動産の表示	後記のとおり

不動産の表示

所　　在　東京都○区○町一丁目
地　　番　1番1
地　　目　宅地
地　　積　○○○.○○㎡

所　　在　東京都○区○町一丁目1番地1
家屋番号　1番1
種　　類　居宅
構　　造　木造セメントかわらぶき平家建
床 面 積　○○.○○㎡

以　上

（注1）　Ⅳ免責的債務引受契約証書とは別に、Ⅴ登記原因証明情報（抵当権変更）を作成する場合の書式である。この情報は、登記の原因となる事実または法律行為のほか、登記事項（および物件表示）を登記義務者が確認して署名（または記名捺印）したものでなくてはならない。契約証書とは異なり、登記用に作成された書面の原本還付を受けることはできないため、管轄登記所が複数となるケースでは、登記所ごとに（複数）作成する必要がある。その内容は同文面とし、すべての物件を記載する。
（注2）　登記義務者は、抵当権設定者（債務者または物上保証人）となる。
（注3）　相続を原因とする権利移転の登記を単独申請する場合は、相続を証する書面は戸籍等の公文書でなくてはならないが、権利変更の登記を抵当権者と共同申請する場合であるから、権利変更の登記原因である事実（相続）を登記義務者が確認のうえ署名した証明情報で足り

る。なお、Ⅳ免責的債務引受契約証書においても抵当債務者の相続開始の事実を確認しているが、これをもって登記原因が生じた契約証書と考えることはできない。
(注4) 登記原因は相続であり、変更後の事項は、債務者（相続人全員の住所・氏名）となる。
(注5) 登記原因が生じた契約証書としては、Ⅳ免責的債務引受契約証書が該当する。
(注6) 登記原因は○○○○の債務引受であり、変更後の事項は、債務者（免責的債務引受をした相続人の住所・氏名）となる。

Ⅵ－1－1 登記用委任状（登記義務者用／Ⅳを登記原因証明情報として提供する場合）(注1)

委 任 状

平成　年　月　日

住　所　　東京都○区○町一丁目1番1号
登記義務者　乙野松子　　　　　　　㊞
（電話番号 ○○ － ○○○○ － ○○○○）

私は、＿＿＿＿＿＿＿＿＿＿＿＿＿＿＿(注2)を代理人と定め、下記の事項に関する一切の権限を委任します。

記

1. 次の要項による登記申請に関すること
　(1) 登記原因証明情報：平成○年○月○日付け免責的債務引受契約証書 (注3)
　(2) 登記の目的：抵当権変更（抵当債務者の相続、相続債務の引受け）
2. 上記申請の登記識別情報の暗号化に関すること (注4)
3. 上記申請の登記完了証の受領に関すること (注5)
4. 上記申請に関する契約証書、資格証明情報その他の添付情報の原本還付手続に関すること (注5)
5. 上記申請の登録免許税還付金の代理受領に関すること (注6)

以　上

(注1) Ⅳ免責的債務引受契約証書を登記原因証明情報（不登法第61条）として提供する場合に、登記義務者が作成する委任状の書式である。管轄登記所が複数となるケースにおいて、委任状の原本還付を受けるときは、他の申請についても委任したことが明らかな内容とする必要がある。
(注2) 代理人の住所ならびに氏名または名称を記載する。
(注3) 登記所に提供する契約証書の締結日およびその名称を記載する。
(注4) 登記識別情報の暗号化（電子申請においてオンラインで登記識別情報を提供すること）には特別の授権が必要であるため、このように記載する。
(注5) これらの事項には特別の授権を必要としないが、委任事項を明確にするため、このように記載する。
(注6) 登記申請の取下げ・却下・過誤納付に伴う還付金の代理受領については特別の授権が必要であるため、このように記載する。

Ⅵ−1−2　登記用委任状（登記義務者用／Ⅴを登記原因証明情報として提供する場合）(注1)

委　任　状

平成　年　月　日

住　所　　　東京都○区○町一丁目1番1号
登記義務者　乙 野 松 子　　　　　　　　㊞
（電話番号 ○○ − ○○○○ − ○○○○）

私は、＿＿＿＿＿＿＿＿＿＿＿＿＿＿＿＿（注2）を代理人と定め、下記の事項に関する一切の権限を委任します。

記

1．次の要項による登記申請に関すること
　(1) 登記原因証明情報：平成○年○月○日付け登記原因証明情報（抵当権変更）(注3)
　(2) 登記の目的：抵当権変更（抵当債務者の相続、相続債務の引受け）
2．上記申請の登記識別情報の暗号化に関すること（注4）
3．上記申請の登記完了証の受領に関すること（注5）
4．上記申請に関する資格証明情報その他の添付情報の原本還付手続に関すること（注5）
5．上記申請の登録免許税還付金の代理受領に関すること（注6）

以　上

(注1)　Ⅳ免責的債務引受契約証書とは別に、Ⅴ登記原因証明情報（抵当権変更）を作成し、これを登記原因証明情報（不登法第61条）として提供する場合に、登記義務者が作成する委任状の書式である。管轄登記所が複数となるケースにおいて、委任状の原本還付を受けるときは、他の申請についても委任したことが明らかな内容とする必要がある。
(注2)　代理人の住所ならびに氏名または名称を記載する。
(注3)　登記所に提供する登記原因証明情報の作成日およびその名称を記載する。
(注4)　登記識別情報の暗号化（電子申請においてオンラインで登記識別情報を提供すること）には特別の授権が必要であるため、このように記載する。
(注5)　これらの事項には特別の授権を必要としないが、委任事項を明確にするため、このように記載する。
(注6)　登記申請の取下げ・却下・過誤納付に伴う還付金の代理受領については特別の授権が必要であるため、このように記載する。

Ⅵ－2－1　登記用委任状（登記権利者用／Ⅳを登記原因証明情報として提供する場合）(注1)

委　任　状

平成　　年　　月　　日

　　　　　住　所　　　東京都〇区〇町一丁目2番3号
　　　　　登記権利者　　株式会社甲野銀行
　　　　　　　　　　　　代表取締役　甲野太郎　　㊞

私は、＿＿＿＿＿＿＿＿＿＿＿＿＿＿＿＿＿(注2)を代理人と定め、下記の事項に関する一切の権限を委任します。

記

1. 次の要項による登記申請に関すること
　(1) 登記原因証明情報：平成〇年〇月〇日付け免責的債務引受契約証書 (注3)
　(2) 登記の目的：抵当権変更（抵当債務者の相続、相続債務の引受け）
2. 上記申請の登記完了証の受領に関すること (注4)
3. 上記申請に関する契約証書、資格証明情報その他の添付情報の原本還付手続に関すること (注4)
4. 上記申請の登録免許税還付金の代理受領に関すること (注5)

以　上

(注1)　Ⅳ免責的債務引受契約証書を登記原因証明情報（不登法第61条）として提供する場合に、登記権利者が作成する委任状の書式である。管轄登記所が複数となるケースにおいて、委任状の原本還付を受けるときは、他の申請についても委任したことが明らかな内容とする必要がある。
(注2)　代理人の住所ならびに氏名または名称を記載する。
(注3)　登記所に提供する契約証書の締結日およびその名称を記載する。
(注4)　これらの事項には特別の授権を必要としないが、委任事項を明確にするため、このように記載する。
(注5)　登記申請の取下げ・却下・過誤納付に伴う還付金の代理受領については特別の授権が必要であるため、このように記載する。

Ⅵ－2－2 登記用委任状（登記権利者用／Ⅴを登記原因証明情報として提供する場合）(注1)

委 任 状

平成　年　月　日

　　　住　所　　　東京都○区○町一丁目2番3号
　　　登記権利者　株式会社甲野銀行
　　　　　　　　　代表取締役　甲野太郎　　㊞

私は、＿＿＿＿＿＿＿＿＿＿＿＿＿＿＿＿＿（注2）を代理人と定め、下記の事項に関する一切の権限を委任します。

記

1．次の要項による登記申請に関すること
　(1) 登記原因証明情報：平成○年○月○日付け登記原因証明情報（抵当権変更）(注3)
　(2) 登記の目的：抵当権変更（抵当債務者の相続、相続債務の引受け）
2．上記申請の登記完了証の受領に関すること（注4）
3．上記申請に関する資格証明情報その他の添付情報の原本還付手続に関すること（注4）
4．上記申請の登録免許税還付金の代理受領に関すること（注5）

以　上

(注1)　Ⅳ免責的債務引受契約証書とは別に、Ⅴ登記原因証明情報（抵当権変更）を作成し、これを登記原因証明情報（不登法第61条）として提出する場合に、登記権利者が作成する委任状の書式である。管轄登記所が複数となるケースにおいて、委任状の原本還付を受けるときは、他の申請についても委任したことが明らかな内容とする必要がある。
(注2)　代理人の住所ならびに氏名または名称を記載する。
(注3)　登記所に提供する登記原因証明情報の作成日およびその名称を記載する。
(注4)　これらの事項には特別の授権を必要としないが、委任事項を明確にするため、このように記載する。
(注5)　登記申請の取下げ・却下・過誤納付に伴う還付金の代理受領については特別の授権が必要であるため、このように記載する。

5　債務者の合併

32　債務者の合併

I　ケース概要

　甲野銀行は、乙野商事に対し融資を行い、乙野商事所有の土地および建物に抵当権の設定を受けていたが、その後、乙野商事を吸収合併消滅会社、丁野商事を吸収合併存続会社とする合併が行われ、当該融資に係る債務は、土地および建物の所有権と共に包括的に丁野商事に承継された。

II　書式作成上の留意点

① 　債務者が吸収合併消滅会社となって合併し、融資にかかる債務が包括的に吸収合併存続会社に承継された場合の書式である。合併の効力発生により、抵当権の債務者を吸収合併存続会社（新設合併の場合は新設合併設立会社）に変更する抵当権の債務者変更の登記原因が生じる。

② 　合併では、消滅会社の債務は当然に存続会社に引き継がれる。また、消滅会社の土地および建物の所有権も当然に存続会社に引き継がれる（会社法第750条第1項、第754条第1項）。

③ 　債務者の合併による債務者変更の登記は、不動産担保権の実行手続においては必須ではなく、合併を証する文書（登記事項証明書等）により、債務者の承継の事実を立証する方法でもよい。追加設定をする場合は、既存登記物件について債務者の変更登記を同時に行うことが一般的であろう。本ケースでは、抵当物件について権利承継が生じており、この移転登記の機会を捉えて行うことが便宜であろう。

④ 　合併事項が記載された登記事項証明書を登記原因証明情報（不登法第61条）として提出する。なお、本書式では示していないが、抵当権設定者が合併による債務者変更について確認して署名した登記用の登記原因証明情報を作成して登記所に提供することもできる。

⑤ 　合併による抵当権の債務者の変更登記は、抵当権者が登記権利者となり、抵当権設定者が登記義務者となって行う。

⑥ 　抵当権設定者は、抵当物件の所有権の取得に係る登記識別情報（登記済証）を提供する。なお、登記完了後は、抵当権設定者および抵当権者双方に登記完了証が交付される（この変更登記につき、登記識別情報は通知されない）。

Ⅲ 必要書類・費用一覧

書　　　類	書類上の関係者
□ 登記事項証明書（注1）	債務者
□ 登記原因証明情報	抵当権設定者
□ 委任状（登記義務者用）	抵当権設定者
□ 委任状（登記権利者用）	抵当権者
□ 登記識別情報（登記済証）	抵当権設定者
□ 会社法人等番号（注2）	抵当権者、抵当権設定者
□ 登録免許税	不動産1個につき1,000円

（注1）　不登令等の改正に伴い、現在の会社法人等番号によって登記所が合併事項を確認できる場合、この番号を提供すれば証明書の添付は省略できることとなった。

（注2）　不登令等の改正により、平成27年11月2日から、会社・法人の代表者等の資格を証する情報の提供（添付）に代え、登記申請情報に商業登記法第7条の会社法人等番号を記録または記載することとなった。ただし、法人登記手続中となるなどの場合を考慮し、例外的に、作成後1か月以内の資格証明情報（登記事項証明書）を提供（添付）することも認められている。

Ⅳ－1　登記用委任状（登記義務者用）（注1）

委　任　状

平成　　年　　月　　日

住　所　　東京都〇区〇町四丁目5番6号
登記義務者　株式会社丁野商事
　　　　　　代表取締役　丁野四郎　　　㊞
連絡先　担当部署　〇〇部／担当者名　〇〇　〇〇
電話番号　〇〇－〇〇〇〇－〇〇〇〇

私は、＿＿＿＿＿＿＿＿＿＿＿＿＿＿＿＿（注2）を代理人と定め、下記の事項に関する一切の権限を委任します。

記

1．次の要項による登記申請に関すること（注3）
　　(1)登記の目的：抵当権変更（合併による債務者の変更）
　　(2)変更する登記：平成〇年〇月〇日東京法務局〇出張所受付第〇号
　　(3)物件：後記物件の表示記載のとおり
2．上記申請の登記識別情報の暗号化に関すること（注4）
3．上記申請の登記完了証の受領に関すること（注5）

4．上記申請に関する資格証明情報その他の添付情報の原本還付手続に関すること（注5）
5．上記申請の登録免許税還付金の代理受領に関すること（注6）

物件の表示（注7）
所　　在　　東京都〇区〇町一丁目 地　　番　　1番1 地　　目　　宅地 地　　積　　〇〇〇.〇〇㎡ 所　　在　　東京都〇区〇町一丁目1番地1 家屋番号　　1番1 種　　類　　居宅 構　　造　　木造セメントかわらぶき平家建 床　面　積　　〇〇.〇〇㎡ <div align="right">以　上</div>

（注1）　登記事項証明書を登記原因証明情報として提供する場合に登記義務者が作成する委任状の書式である。管轄登記所が複数となるケースにおいて、委任状の原本還付を受けるときは、他の申請についても委任したことが明らかな内容とする必要がある。
（注2）　代理人の住所ならびに氏名または名称を記載する。
（注3）　登記事項証明書を登記原因証明書情報として提供する場合、委任する登記手続を明確にするため、このように記載する。
（注4）　登記識別情報の暗号化（電子申請においてオンラインで登記識別情報を提供すること）には特別の授権が必要であるため、このように記載する。
（注5）　これらの事項には特別の授権を必要としないが、委任事項を明確にするため、このように記載する。
（注6）　登記申請の取下げ・却下・過誤納付に伴う還付金の代理受領については特別の授権が必要であるため、このように記載する。
（注7）　土地については所在・地番、建物については所在・家屋番号を記載することでも足りる。

Ⅳ－2　登記用委任状（登記権利者用）（注1）

委　任　状

平成　　年　　月　　日

住　所　　東京都〇区〇町一丁目2番3号
登記権利者　株式会社甲野銀行
　　　　　　代表取締役　甲野太郎　　㊞

私は、＿＿＿＿＿＿＿＿＿＿＿＿＿＿＿＿（注2）を代理人と定め、下記の事項に関する一切の権限を委任します。

記

1．次の要項による登記申請に関すること（注3）
　　(1) 登記の目的：抵当権変更（合併による債務者の変更）
　　(2) 変更する登記：平成○年○月○日東京法務局○出張所受付第○号
　　(3) 物件：後記物件の表示記載のとおり
2．上記申請の登記完了証の受領に関すること（注4）
3．上記申請に関する資格証明情報その他の添付情報の原本還付手続に関すること（注4）
4．上記申請の登録免許税還付金の代理受領に関すること（注5）

物件の表示（注6）
所　　　在　東京都○区○町一丁目   地　　　番　1番1   地　　　目　宅地   地　　　積　○○○.○○㎡   所　　　在　東京都○区○町一丁目1番地1   家 屋 番 号　1番1   種　　　類　居宅   構　　　造　木造セメントかわらぶき平家建   床 面 積　○○.○○㎡

以　上

(注1)　登記事項証明書を登記原因証明情報として提供する場合に登記権利者が作成する委任状の書式である。管轄登記所が複数となるケースにおいて、委任状の原本還付を受けるときは、他の申請についても委任したことが明らかな内容とする必要がある。
(注2)　代理人の住所ならびに氏名または名称を記載する。
(注3)　登記事項証明書を登記原因証明情報として提供する場合、委任する登記手続を明確にするため、このように記載する。
(注4)　これらの事項には特別の授権を必要としないが、委任事項を明確にするため、このように記載する。
(注5)　登記申請の取下げ・却下・過誤納付に伴う還付金の代理受領については特別の授権が必要であるため、このように記載する。
(注6)　土地については所在・地番、建物については所在・家屋番号を記載することでも足りる。

6　債務者の会社分割

33　債務者の会社分割

Ⅰ　ケース概要

　甲野銀行は、乙野商事に対し融資を行い、乙野商事所有の土地および建物に抵当権の設定を受けていたが、乙野商事を吸収分割会社、丁野商事を吸収分割承継会社とする会社分割が行われ、当該融資に係る債務は免責的債務引受の方法によって丁野商事に承継された。なお、土地および建物の所有権は丁野商事に承継されなかった。

Ⅱ　書式作成上の留意点

① 　債務者が分割会社となって会社分割し、融資に係る債務が免責的債務引受の方法によって承継会社に承継された場合に、抵当権の債務者の変更登記を行うための書式である。

② 　会社分割による債務承継は、一定の期間内に異議を述べさせるという消極同意の方法によって債権者との利害関係調整が行われ、個別に債権者の積極同意を得る必要はない。また、分割会社が連帯保証したり重畳的債務引受の方法によって承継させるなど、債権者が履行請求する相手に変更がないときは、債権者は会社分割に対して異議を述べることができない。

③ 　不動産担保権の実行手続においては、債務者の会社分割による債務者変更の登記は必須ではないが、承継を証する文書（分割契約書または分割計画書）により債務者の承継の事実や債務引受の有無等を立証することになる。分割契約書等の書証を入手することは必ずしも容易でないことから、債務者が協力的なうちに債務者変更の登記を（抵当物件を承継している場合は移転の登記も）しておくべきである。

④ 　分割契約書等においては、特定の事業に関する権利義務を承継させるものとし、個別の債務や提供した担保明細は明らかでないことが多いことから、別途債務承認の念書を徴求し、かつⅣ登記原因証明情報（抵当権変更）を作成するのが適当であろう。

⑤ 　会社分割による抵当権の債務者の変更登記は、抵当権者が登記権利者となり、抵当権設定者が登記義務者となって行う。

⑥ 　抵当権設定者は、所有権の取得に係る登記識別情報（登記済証）を提供する。なお、登記完了後は、双方に登記完了証が交付される（この変更登記につき、登記識別情報は通知されない）。

⑦ 　管轄登記所が複数となるケースでは、Ⅳ登記原因証明情報（抵当権変更）は、登記所ごとに（複数）必要となる。当該申請のためにのみ作成したⅥ登記用委任状も同様であり、これらは原本還付を受けることができないとされている。

Ⅲ 必要書類・費用一覧

書類	書類上の関係者
☐ 登記原因証明情報	抵当権設定者
☐ 委任状（登記義務者用）	抵当権設定者
☐ 委任状（登記権利者用）	抵当権者
☐ 登記識別情報（登記済証）	抵当権設定者
☐ 会社法人等番号（注）	抵当権者、抵当権設定者
☐ 登録免許税	不動産1個につき1,000円

（注）　不登令等の改正により、平成27年11月2日から、会社・法人の代表者等の資格を証する情報の提供（添付）に代え、登記申請情報に商業登記法第7条の会社法人等番号を記録または記載することとなった。ただし、法人登記手続中となるなどの場合を考慮し、例外的に、作成後1か月以内の資格証明情報（登記事項証明書）を提供（添付）することも認められている。

Ⅳ 登記原因証明情報（抵当権変更）(注1)

登記原因証明情報
（ 抵 当 権 変 更 ）

平成　年　月　日

東京法務局　○出張所　御中

　　　　　　　　　住　所　　　東京都○区○町四丁目5番6号
　　　　　　　　　登記義務者(注2)　株式会社乙野商事
　　　　　　　　　　　　　　　　代表取締役　乙野次郎　　㊞

　登記義務者（抵当権設定者）は、本件登記の原因となる事実または法律行為が下記1．記載のとおりであること、およびこれに基づき現に下記2．記載の内容を登記要項とする変更が生じたことを証明します。

1．登記の原因となる事実または法律行為

(1) 契約名および締結年月日	平成○年○月○日吸収分割契約(注3)	
(2) 契約当事者	吸収分割会社(注4) （債務者）	株式会社乙野商事

	吸収分割承継会社（注5） （免責的債務承継者）	株式会社丁野商事

2．登記申請情報の要項

(1)	登記の目的	抵当権変更（注6）
(2)	変更する抵当権	平成○年○月○日受付第○号
(3)	原因	平成○年○月○日会社分割（注7）
(4)	変更後の事項	債務者　東京都○区○町四丁目5番6号 　　　　株式会社丁野商事
(5)	登記権利者 （抵当権者）（注8）	東京都○区○町一丁目2番3号 株式会社甲野銀行
(6)	登記義務者 （抵当権設定者）（注2）	東京都○区○町四丁目5番6号 株式会社乙野商事
(7)	不動産の表示	後記のとおり

不動産の表示

```
所　　在　東京都○区○町一丁目
地　　番　1番1
地　　目　宅地
地　　積　○○○.00㎡

所　　在　東京都○区○町一丁目1番地1
家屋番号　1番1
種　　類　居宅
構　　造　木造セメントかわらぶき平家建
床面積　　○○.00㎡
```

以　上

（注1）　分割契約書等とは別に、Ⅳ登記原因証明情報（抵当権変更）を作成する場合の書式である。この情報は、登記の原因となる事実または法律行為のほか、登記事項（および物件表示）を登記義務者が確認して署名（または記名捺印）したものでなくてはならない。登記用に作成された書面の原本還付を受けることはできないため、管轄登記所が複数となるケースでは、登記所ごとに（複数）作成する必要がある。その内容は同文面とし、すべての物件を記載する。
（注2）　登記義務者は、所有権登記名義人（債務者または物上保証人）となる。
（注3）　吸収分割契約の締結年月日を記載する。新設分割の場合は、新設分割計画の作成年月日と「新設分割計画」と記載する。
（注4）　新設分割の場合は、「新設分割会社」と記載する。
（注5）　新設分割の場合は、「新設分割設立会社」と記載する。
（注6）　会社分割による抵当権の変更の登記は、常に付記登記によるから、付記登記による申請の旨を明らかにする必要はない。

(注7)　会社分割の効力発生日を記載する。
(注8)　登記権利者は、抵当権者となる。

Ⅴ−1　登記用委任状（登記義務者用）(注1)

委　任　状

平成　　年　　月　　日

住　所　　　東京都○区○町四丁目5番6号
登記義務者　株式会社乙野商事
　　　　　　代表取締役　乙野次郎　　　㊞

連絡先　担当部署　○○部／担当者名　○○　○○
電話番号　○○−○○○○−○○○○

私は、＿＿＿＿＿＿＿＿＿＿＿＿＿＿(注2)を代理人と定め、下記の事項に関する一切の権限を委任します。

記

1．次の要項による登記申請に関すること
　(1)登記原因証明情報：平成○年○月○日付け登記原因証明情報（抵当権変更）(注3)
　(2)登記の目的：抵当権変更
2．上記申請の登記識別情報の暗号化に関すること (注4)
3．上記申請の登記完了証の受領に関すること (注5)
4．上記申請に関する資格証明情報その他の添付情報の原本還付手続に関すること (注5)
5．上記申請の登録免許税還付金の代理受領に関すること (注6)

以　上

(注1)　Ⅳを登記原因証明情報として提供する場合に登記義務者が作成する委任状の書式である。管轄登記所が複数となるケースにおいて、委任状の原本還付を受けるときは、他の申請についても委任したことが明らかな内容とする必要がある。
(注2)　代理人の住所ならびに氏名または名称を記載する。
(注3)　登記所に提供する登記原因証明情報の作成日およびその名称を記載する。
(注4)　登記識別情報の暗号化（電子申請においてオンラインで登記識別情報を提供すること）には特別の授権が必要であるため、このように記載する。
(注5)　これらの事項には特別の授権を必要としないが、委任事項を明確にするため、このように記載する。
(注6)　登記申請の取下げ・却下・過誤納付に伴う還付金の代理受領については特別の授権が必要であるため、このように記載する。

Ⅴ－2　登記用委任状（登記権利者用）(注1)

委　任　状

平成　　年　　月　　日

　　　　住　所　　　東京都○区○町一丁目2番3号
　　　　登記権利者　　株式会社甲野銀行
　　　　　　　　　　　代表取締役　甲野太郎　　　　㊞

私は、＿＿＿＿＿＿＿＿＿＿＿＿＿＿＿（注2）を代理人と定め、下記の事項に関する一切の権限を委任します。

記

1．次の要項による登記申請に関すること
　(1)　登記原因証明情報：平成○年○月○日付け登記原因証明情報（抵当権変更）(注3)
　(2)　登記の目的：抵当権変更
2．上記申請の登記完了証の受領に関すること（注4）
3．上記申請に関する資格証明情報その他の添付情報の原本還付手続に関すること（注4）
4．上記申請の登録免許税還付金の代理受領に関すること（注5）

以　上

(注1)　Ⅳを登記原因証明情報として提供する場合に登記権利者が作成する委任状の書式である。管轄登記所が複数となるケースにおいて、委任状の原本還付を受けるときは、他の申請についても委任したことが明らかな内容とする必要がある。
(注2)　代理人の住所ならびに氏名または名称を記載する。
(注3)　登記所に提供する登記原因証明情報の作成日およびその名称を記載する。
(注4)　これらの事項には特別の授権を必要としないが、委任事項を明確にするため、このように記載する。
(注5)　登記申請の取下げ・却下・過誤納付に伴う還付金の代理受領については特別の授権が必要であるため、このように記載する。

7　債務者の名称・住所等の変更

34　債務者の名称または住所の変更

I　ケース概要

　甲野銀行は、乙野商事に対する融資につき乙野商事所有の土地および建物に抵当権の設定を受けていたが、乙野商事から、商号を「丁川商事」に変更し、住所も変更した旨の届出があった。

II　書式作成上の留意点

① 抵当権の債務者の名称（商号）や住所を変更する場合の書式である。

② 債務者の名称（商号）や住所の変更登記は不動産担保権の実行手続においては必須ではないが、追加設定をする場合、既登記物件について同時に行うことが一般的であろう。

　本ケースでは抵当物件の所有権登記名義人の表示に変更が生じており、この変更登記の機会を捉えて行うことが便宜であろう。

③ 名称（商号）や住所の変更を証する会社法人等の登記事項証明書を登記原因証明情報（不登法第61条）として登記所に提供することができる。なお、本書式では示していないが、抵当権設定者が債務者の名称（商号）および住所の変更について確認して署名した登記用の登記原因証明情報を作成して登記所に提供することもできる。

④ 債務者の名称や住所の変更登記は、抵当権者が登記権利者となり、抵当権設定者が登記義務者となって行う。

⑤ 抵当権設定者につき、所有権に係る登記識別情報（登記済証）が必要となる。なお、登記完了後は、双方に登記完了証が交付される（この変更登記につき登記識別情報は通知されない）。

⑥ 管轄登記所が複数となるケースでは、登記原因証明情報（登記用）は、登記所ごとに（複数）必要となる。当該申請のためにのみ作成したⅥ登記用委任状も同様であり、これらは原本還付を受けることができないとされている。

III　必要書類・費用一覧

書　類	書類上の関係者
☐ 登記事項証明書（注1）	債務者
☐ 登記原因証明情報	抵当権設定者
☐ 委任状（登記義務者用）	抵当権設定者

☐ 委任状（登記権利者用）	抵当権者
☐ 登記識別情報（登記済証）	抵当権設定者
☐ 会社法人等番号（注2）	抵当権者、抵当権設定者
☐ 登録免許税	不動産1個につき1,000円

(注1) 不登令等の改正に伴い、現在の会社法人等番号によって登記所が住所・名称の変更事項を確認できる場合、この番号を提供すれば証明書の添付は省略できることとなった。

(注2) 不登令等の改正により、平成27年11月2日から、会社・法人の代表者等の資格を証する情報の提供（添付）に代え、登記申請情報に商業登記法第7条の会社法人等番号を記録または記載することとなった。ただし、法人登記手続中となるなどの場合を考慮し、例外的に、作成後1か月以内の資格証明情報（登記事項証明書）を提供（添付）することも認められている。

Ⅳ－1　登記用委任状（登記義務者用）(注1)

委　任　状

平成　　年　　月　　日

住　所　　東京都○区○町七丁目8番9号
登記義務者　株式会社丁川商事
　　　　　代表取締役　丁川次郎　　㊞
連絡先　担当部署　○○部／担当者名　○○　○○
電話番号　○○－○○○○－○○○○

私は、＿＿＿＿＿＿＿＿＿＿＿＿＿＿＿＿＿＿＿(注2)を代理人と定め、下記の事項に関する一切の権限を委任します。

記

1．次の登記申請に関すること（注3）
　(1) 登記の目的：抵当権変更（債務者の名称および住所変更）
　(2) 変更する登記：平成○年○月○日東京法務局○出張所受付第○号
　(3) 物件：後記物件の表示記載のとおり
2．上記申請の登記識別情報の暗号化に関すること（注4）
3．上記申請の登記完了証の受領に関すること（注5）
4．上記申請に関する登記原因証明情報、資格証明情報その他の添付情報の原本還付手続に関すること（注5）
5．上記申請の登録免許税還付金の代理受領に関すること（注6）

物件の表示（注7）
所　在　東京都○区○町一丁目 地　番　1番1

```
地　　目　宅地
地　　積　○○○.○○㎡

所　　在　東京都○区○町一丁目１番地１
家屋番号　１番１
種　　類　居宅
構　　造　木造セメントかわらぶき平家建
床 面 積　○○.○○㎡
```

以　上

(注１)　登記事項証明書を登記原因証明情報として提供する場合に、登記義務者（所有権登記名義人）が作成する委任状の書式である。管轄登記所が複数となるケースにおいて、委任状の原本還付を受けるときは、他の申請についても委任したことが明らかな内容とする必要がある。
(注２)　代理人の住所ならびに氏名または名称を記載する。
(注３)　戸籍・住民票・登記事項証明書などの公文書を登記原因証明情報（不登法第61条）として提供する場合、委任する登記手続を明確にするため、このように記載する。
(注４)　登記識別情報の暗号化（電子申請においてオンラインで登記識別情報を提供すること）には特別の授権が必要であるため、このように記載する。
(注５)　これらの事項には特別の授権を必要としないが、委任事項を明確にするため、このように記載する。
(注６)　登記申請の取下げ・却下・過誤納付に伴う還付金の代理受領については特別の授権が必要であるため、このように記載する。
(注７)　土地については所在・地番、建物については所在・家屋番号を記載することでも足りる。

Ⅳ－２　登記用委任状（登記権利者用）(注１)

委　任　状

平成　　年　　月　　日

住　　所　　　東京都○区○町一丁目２番３号
登記権利者　　株式会社甲野銀行
　　　　　　　代表取締役　甲野太郎　　㊞

私は、＿＿＿＿＿＿＿＿＿＿＿＿＿＿＿（注２）を代理人と定め、下記の事項に関する一切の権限を委任します。

記

１．次の登記申請に関すること（注３）
　　(1) 登記の目的：抵当権変更（債務者の名称および住所の変更）
　　(2) 変更する登記：平成○年○月○日東京法務局○出張所受付第○号
　　(3) 物件：後記物件の表示記載のとおり
２．上記申請の登記完了証の受領に関すること（注４）
３．上記申請に関する資格証明情報その他の添付情報の原本還付手続に関すること（注４）
４．上記申請の登録免許税還付金の代理受領に関すること（注５）

物件の表示 (注6)

所　　在　東京都○区○町一丁目
地　　番　1番1
地　　目　宅地
地　　積　○○○.○○㎡

所　　在　東京都○区○町一丁目1番地1
家屋番号　1番1
種　　類　居宅
構　　造　木造セメントかわらぶき平家建
床 面 積　○○.○○㎡

以　　上

(注1) 登記事項証明書を登記原因証明情報として提供する場合に、登記権利者（抵当権者）が作成する委任状の書式である。管轄登記所が複数となるケースにおいて、委任状の原本還付を受けるときは、他の申請についても委任したことが明らかな内容とする必要がある。
(注2) 代理人の住所ならびに氏名または名称を記載する。
(注3) 戸籍・住民票・登記事項証明書などの公文書を登記原因証明情報（不登法第61条）として提供する場合、委任する登記手続を明確にするため、このように記載する。
(注4) これらの事項には特別の授権を必要としないが、委任事項を明確にするため、このように記載する。
(注5) 登記申請の取下げ・却下・過誤納付に伴う還付金の代理受領については特別の授権が必要であるため、このように記載する。
(注6) 土地については所在・地番、建物については所在・家屋番号を記載することでも足りる。

8 取扱店

35 取扱店の変更

I ケース概要

　甲野銀行は、乙野商事に対する融資につき乙野商事所有の土地および建物に抵当権の設定を受け、取扱店をA支店として登記していたが、その融資の取扱店をB支店に変更した。

II 書式作成上の留意点

① 抵当権者の表示の一部として登記を受けた取扱店の表示を変更する場合の書式である。

② 全国各地に支店を有する銀行等の金融機関に限り、本店宛ての通知を受領したときの事務処理を考慮して認められている登記事項であり、登記した取扱店の変更のほか、設定後に表示することや、抵当権移転の際に表示することもできる。

③ 取扱店の変更は、登記名義人の表示変更の一種として、抵当権登記名義人の単独申請により行うことが可能である。

④ この変更登記には、いわゆる登記原因がないが、その申請人は、取扱店変更の事実を記載した登記原因証明情報（不登法第61条）を作成すべきものとされる。

⑤ 登記完了後は、申請人に登記完了証が交付される（この変更登記につき登記識別情報は通知されない）。

⑥ 管轄登記所が複数となるケースでは、IV登記原因証明情報（抵当権変更）は、登記所ごとに（複数）必要となる。当該申請のためにのみ作成したVI登記用委任状も同様であり、これらは原本還付を受けることができないとされている。

III 必要書類・費用一覧

書　　類	書類上の関係者
□ 登記原因証明情報	抵当権者
□ 委任状	抵当権者
□ 会社法人等番号（注）	抵当権者
□ 登録免許税	不動産1個につき1,000円

（注）　不登令等の改正により、平成27年11月2日から、会社・法人の代表者等の資格を証する情報の提供（添付）に代え、登記申請情報に商業登記法第7条の会社法人等番号を記録または記載することとなった。ただし、法人登記手続き中となるなどの場合を考慮し、例外的に、作成後1か月以内の資格証明情報（登記事項証明書）を提供（添付）することも認められている。

Ⅳ 登記原因証明情報（抵当権変更）(注1)

登記原因証明情報
（抵当権変更）

平成　年　月　日

東京法務局　○出張所　御中

　　　　　　　　住　所　　　東京都○区○町四丁目５番６号
　　　　　　　　申請人(注2)　株式会社甲野銀行
　　　　　　　　　　　　　　代表取締役　甲野太郎　　　　㊞

　申請人は、本件登記の原因となる事実または法律行為が下記１．記載のとおりであること、およびこれに基づき現に下記２．記載の内容を登記要項とする変更が生じたことを証明します。

１．登記の原因となる事実または法律行為

(1) 取扱店の変更	変更前	A支店
	変更後	B支店

２．登記申請情報の要項

(1) 登記の目的	抵当権変更
(2) 変更する抵当権	平成○年○月○日受付第○号
(3) 変更後の事項	取扱店　B支店
(4) 不動産の表示	後記のとおり

不動産の表示

所　　在　東京都○区○町一丁目
地　　番　１番１
地　　目　宅地
地　　積　○○○.○○㎡

所　　在　東京都○区○町一丁目１番地１
家屋番号　１番１
種　　類　居宅

```
構　　造　木造セメントかわらぶき平家建
床 面 積　〇〇.〇〇㎡
```

以　上

(注1)　取扱店を変更した場合に、申請人が作成する登記原因証明情報の例である。
(注2)　申請人は、抵当権者となる。

V　登記用委任状

委　任　状

平成　　年　　月　　日

住　　所　　東京都〇区〇町一丁目2番3号
登記申請人　株式会社甲野銀行
　　　　　　代表取締役　甲野太郎　　㊞

私は、＿＿＿＿＿＿＿＿＿＿＿＿＿＿＿（注1）を代理人と定め、下記の事項に関する一切の権限を委任します。

記

1．次の要項による登記申請に関すること
　　(1) 登記原因証明情報：平成〇年〇月〇日付け登記原因証明情報（抵当権変更）(注2)
　　(2) 登記の目的：抵当権変更
2．上記申請の登記完了証の受領に関すること（注3）
3．上記申請に関する資格証明情報その他の添付情報の原本還付手続に関すること（注3）
4．上記申請の登録免許税還付金の代理受領に関すること（注4）

以　上

(注1)　代理人の住所ならびに氏名または名称を記載する。管轄登記所が複数となるケースにおいて、委任状の原本還付を受けるときは、他の申請についても委任したことが明らかな内容とする必要がある。
(注2)　登記所に提供する登記原因証明情報の作成日およびその名称を記載する。
(注3)　これらの事項には特別の授権を必要としないが、委任事項を明確にするため、このように記載する。
(注4)　登記申請の取下げ・却下・過誤納付に伴う還付金の代理受領については特別の授権が必要であるため、このように記載する。

第4節 処　分

1　転抵当

36　転抵当権の設定

I　ケース概要

丙川ファイナンスは、乙野商事所有の土地および建物に、抵当権の設定を受けていた。甲野銀行は、債務者丙川ファイナンス宛て融資取引の全額を担保するため、その抵当権について第1順位の転抵当権の設定を受けたい。

II　書式作成上の留意点

① 本書式は、抵当権をもって他の債権の全額の担保とする場合の書式である。なお、本書式は原抵当権の債務者（以下「第三債務者」）に対して特別な約定を求めないケースを想定しているので、第三債務者の署名捺印を要しないものとしているが、実務上、この署名押印を求める書式もみられるところでもある（No.37参照）。

② たとえば、債権者が第三債務者に対して1,000万円の抵当権付債権を有する場合に、債権者が銀行から800万円を借りるに際して、この抵当権をもってその担保とする場合の書式である。

③ 転抵当権者と転抵当権設定者との間において転抵当権設定契約が締結されることにより、転抵当権設定の登記原因が発生する。

④ 原抵当権設定者の承諾は、転抵当権設定契約の成立要件としては不要である。

⑤ 第三債務者の承諾も、転抵当権設定契約の成立要件としては不要である。しかし、転抵当権設定者による転抵当権の設定に関する通知、または第三債務者の承諾がない限り、第三債務者の転抵当権設定者に対する弁済を対抗されてしまう（民法第377条）。そこで、第三債務者に対する対抗要件を取得するために、転抵当権設定契約において転抵当権設定者が第三債務者宛ての通知を行うこととしている。なお、第三債務者に署名捺印をさせる場合には、民法第377条の承諾の意義も持たせることができる。また、第三債務者以外の第三者との優劣関係については、登記によって決せられることから、転抵当権に関する通知または承諾は確定日付のある証書（民法第467条第2項参照）による必要はない。

⑥ 債権の一部を担保する場合は、転抵当により担保する被担保債権の債権額の記載を「うち○円」などと修正する。

⑦ 転抵当権設定契約とは別にV登記原因証明情報を作成し、登記原因証明情報（不登法第61条）として登記所に提供することができる。

⑧ 抵当権転抵当の登記は、転抵当権者が登記権利者となり、転抵当権設定者が登記義務者となって行い、登記原因のほか、被担保債権の債権額・利息・損害金・債務者・転抵当権者などをその登記事項とする。

⑨ 転抵当権設定者につき、抵当権の取得に係る登記識別情報（登記済証）が必要となる。なお、登記完了後は、双方に登記完了証が交付され、登記権利者には登記識別情報が通知される。

⑩ 管轄登記所が複数となるケースでは、Ⅴ登記原因証明情報（抵当権転抵当）は、登記所ごとに（複数）必要となる。当該申請のためにのみ作成したⅥ登記用委任状も同様であり、これらは原本還付を受けることができないとされている。

Ⅲ 必要書類・費用一覧

書　　類	書類上の関係者
☐ 転抵当権設定契約証書	転抵当権者、債務者、転抵当権設定者
☐ 登記原因証明情報	転抵当権設定者
☐ 委任状（登記義務者用）	転抵当権設定者
☐ 委任状（登記権利者用）	転抵当権者
☐ 登記識別情報（登記済証）	転抵当権設定者
☐ 会社法人等番号（注）	転抵当権者、転抵当権設定者
☐ 登録免許税	不動産1個につき1,000円

（注）　不登令等の改正により、平成27年11月2日から、会社・法人の代表者等の資格を証する情報の提供（添付）に代え、登記申請情報に商業登記法第7条の会社法人等番号を記録または記載することとなった。ただし、法人登記手続中となるなどの場合を考慮し、例外的に、作成後1か月以内の資格証明情報（登記事項証明書）を提供（添付）することも認められている。

Ⅳ 転抵当権設定契約証書

```
┌──────┐
│（印紙）│           転抵当権設定契約証書
│（注1）│
└──────┘
                                        平成　　年　　月　　日（注2）

東京都○区○町一丁目2番3号
株 式 会 社 甲 野 銀 行　御中
（取扱店　　　　　　　　　　　）


                住　所　　　東京都○区○町三丁目2番6号
                債務者　　　株式会社丙川ファイナンス
                転抵当権設定者　代表取締役　丙川三郎　㊞（注3）

                住　所
                転抵当権設定者
                （注4）（注5）
```

　株式会社甲野銀行（以下「銀行」といいます。）、債務者および転抵当権設定者は、次のとおり転抵当権設定契約を締結しました。

[転抵当権の要項]（注6）

1．被担保債権	平成○年○月○日付け金銭消費貸借契約に基づく債権
2．債権額	拾億　　　百万　　　　千　　　　円 （算用数字／頭部に¥マーク）
3．利息	年○％（年365日日割計算）
4．損害金	年○％（年365日日割計算）
5．債務者	住所　東京都○区○町三丁目2番6号 氏名　株式会社丙川ファイナンス（注7）
6．順位	1（注8）
7．転抵当権の目的となる原抵当権	後記原抵当権の表示記載のとおり

第4節　処　分　319

[原抵当権の表示]

1．登記	平成○年○月○日東京法務局○出張所受付第○号
2．物件	後記物件の表示記載のとおり

物件の表示	順位	所有者
所　　在　東京都○区○町一丁目 地　　番　１番１ 地　　目　宅地 地　　積　○○○.○○㎡	1	株式会社乙野商事
所　　在　東京都○区○町一丁目１番地１ 家屋番号　１番１ 種　　類　居宅 構　　造　木造セメントかわらぶき平家建 床 面 積　○○.○○㎡	1	株式会社乙野商事

第１条（転抵当権の設定）

① 転抵当権設定者は、下記条項を承認のうえ、前記「原抵当権の表示」記載の抵当権のうえに、銀行が有する前記被担保債権を担保するため、前記「転抵当権の要項」記載の転抵当権を設定しました。

② 転抵当権設定者は、この契約について、下記条項のほか、債務者が銀行に差し入れた銀行取引約定書および被担保債権の成立・変更等に係る約定書ならびに債務者が銀行に今後差し入れるこれらの約定書記載の各条項の適用があることを承認します。

第２条（転抵当権設定者・債務者の義務）

① 次に掲げるいずれかの行為をする場合、転抵当権設定者は、あらかじめ銀行の承諾を得るものとします。

　(1) 原抵当権の被担保債権に係る契約および原抵当権に係る設定契約（以下「原抵当権設定契約」といいます。）の変更、原抵当権の処分もしくは順位変更

　(2) 原抵当権の被担保債権の免除・相殺、または原抵当権の放棄

　(3) 原抵当権に基づく担保権実行の申立て

② 次に掲げるいずれかの事由が生じた場合、転抵当権設定者は、ただちに銀行に通知します。

　(1) 抵当物件が滅失・毀損しもしくはその価格が低落したとき

　(2) 抵当物件について譲渡、明渡し、引渡し、収用その他の原因により譲渡代金・立退料・補償金・清算金などの債権が生じたとき

　(3) 原抵当権の設定者が、原抵当権設定契約の定めに違反したとき

③ 転抵当権設定者は、前項の場合において、銀行の請求があったときは、原抵当権の被

担保債権に係る契約および原抵当権設定契約に基づく権利の全部または一部を、銀行に無償で譲渡する手続をとります。この場合、銀行の指示に従い、登記・通知を行うものとします。

④ 債務者は、第2項の場合において、銀行の請求があったときは、ただちに銀行の承認する担保を差し入れ、または保証人をたてもしくはこれを追加し、あるいは転抵当権の被担保債務の全部または一部を期限のいかんにかかわらず弁済します。

第3条（対抗要件の具備）

① 転抵当権設定者は、転抵当権設定者名義の抵当権の登記について、第1条に係る転抵当の登記手続を遅滞なく行い、その登記事項証明書を銀行に提出します。今後、この転抵当権について各種の変更等の合意がなされたときも同様とします。

② 転抵当権設定者は、原抵当権の債務者に対し、第1条に係る転抵当の通知を遅滞なく行い、その証憑を銀行に提出します。今後、この転抵当権について各種の変更等の合意がなされたときも同様とします。（注9）

第4条（費用の負担）

この転抵当権に関する登記・通知に要する費用は、債務者および転抵当権設定者が連帯して負担し、銀行が支払った金額についてはただちに支払います。

以　上

(注1)　抵当権設定契約書は、平成元年4月1日以降、印紙税法上の課税文書には該当しないこととされていることから、この文書も課税文書には該当しない。ただし、第2条第3項を修正して（権利の譲渡手続ではなく）権利を譲渡する旨の定めをした場合は、債権譲渡に関する契約書（第15号文書）として課税文書となるので、留意が必要である。
(注2)　この契約書を作成した日付を記載する。
(注3)　転抵当権設定者と債務者が同じ場合は、この欄に署名（記名）捺印させる。
(注4)　債務者以外の第三者が転抵当権設定者の場合は、この欄に署名（記名）捺印させる。連帯保証も求める場合には、この欄に「連帯保証人」の記載を追加するのではなく、保証人徴求の際に法令等によって求められる手続を履践する必要がある。
(注5)　第三債務者（原抵当権の債務者）が当事者となる書式ではないことから、第三債務者（原抵当権の債務者）については署名欄を設けない。
(注6)　被担保債権を特定するに足りる事項として、発生原因とその日付、債権額、利息および遅延損害金の定め等を記載する。
(注7)　住所、氏名を記載する（法人の場合は本店所在地と商号を記載）。
(注8)　第1順位の転抵当権を設定することを念頭に置いている。第1順位ではない場合には、当該順位を記載することとなる。
(注9)　第三債務者（原抵当権の債務者）に対する対抗要件を具備するために（民法第377条）、転抵当権設定者から第三債務者（原抵当権の債務者）に対する通知を義務付けている。場合によっては、第三債務者（原抵当権の債務者）への通知または抵当権転抵当の登記を留保するケースもあるが、原則として、これらの準備はしておくべきであろう。

V 登記原因証明情報（抵当権転抵当）(注1)

登記原因証明情報
（抵当権転抵当）

平成　年　月　日

東京法務局　○出張所　御中

　　　　　住　所　　　　東京都○区○町三丁目2番6号
　　　　　登記義務者(注2)　株式会社丙川ファイナンス
　　　　　　　　　　　　　代表取締役　丙川三郎　㊞

　登記義務者（転抵当権設定者）は、本件登記の原因となる事実または法律行為が下記1．記載のとおりであることおよびこれに基づき現に下記2．記載の内容を登記要項とする物権変動が生じたことを証明します。

1．登記の原因となる事実または法律行為

(1) 契約証書名および締結年月日	平成○年○月○日付け転抵当権設定契約証書(注3)
(2) 契約当事者	転抵当権者　　　　株式会社甲野銀行
	転抵当権設定者　　株式会社丙川ファイナンス

2．登記申請情報の要項

(1) 登記の目的	抵当権転抵当(注4)
(2) 転抵当権の目的となる原抵当権	平成○年○月○日受付第○号
(3) 原因	平成○年○月○日金銭消費貸借平成○年○月○日設定 (注5)
(4) 債権額(注6)	［拾億　百万　千　円］ （算用数字／頭部に¥マーク）
(5) 利息(注7)	年○％（年365日日割計算）
(6) 損害金	年○％（年365日日割計算）

(7)	債務者	東京都○区○町三丁目2番6号 株式会社丙川ファイナンス
(8)	登記権利者 （転抵当権者）(注8)	東京都○区○町一丁目2番3号 株式会社甲野銀行（取扱店○支店）
(9)	登記義務者 （転抵当権設定者）(注2)	東京都○区○町三丁目2番6号 株式会社丙川ファイナンス
(10)	不動産の表示	後記後記のとおり

不動産の表示

所　　在　東京都○区○町一丁目
地　　番　1番1
地　　目　宅地
地　　積　○○○.○○㎡

所　　在　東京都○区○町一丁目1番地1
家屋番号　1番1
種　　類　居宅
構　　造　木造セメントかわらぶき平家建
床 面 積　○○.○○㎡

以　上

(注1)　Ⅳ転抵当権設定契約証書とは別に、Ⅴ登記原因証明情報（抵当権転抵当）を作成する場合の書式である。この情報は、登記の原因となる事実または法律行為のほか、登記事項（および物件表示）を登記義務者が確認して署名（または記名捺印）したものでなくてはならない。契約証書とは異なり、登記用に作成された書面の原本還付を受けることはできないため、管轄登記所が複数となるケースでは、登記所ごとに（複数）作成する必要がある。その内容は同文面とし、すべての物件を記載する。
(注2)　登記義務者は、既に設定を受けている抵当権の抵当権者となる。
(注3)　Ⅳ契約証書の名称および締結年月日を記載する。
(注4)　転抵当権設定の登記は、常に付記登記によるから、付記登記による申請の旨を明らかにする必要はない。
(注5)　転抵当権設定の「登記原因およびその日付」は、まず契約名称および日付をもって被担保債権を記載し、次に設定契約の日付を記載する。
(注6)　転抵当権を設定する債権額を記載する。登記申請までに弁済により債権額が減少していても当初の金額をもって登記することができるが、登記申請時の残高をもって登記することもできる。
(注7)　変動計算式や変動する旨を登記することはできない。
(注8)　登記権利者は、転抵当権者となる。

Ⅵ－1－1　登記用委任状（登記義務者用／Ⅳを登記原因証明情報として提供する場合）(注1)

委　任　状

平成　年　月　日

　　　　住　所　　東京都○区○町三丁目2番6号
　　　　登記義務者　株式会社丙川ファイナンス
　　　　　　　　　　代表取締役　丙川三郎　　　　㊞
　　　　（連絡先　担当部署　○○部／担当者名　○○ ○○
　　　　　電話番号　○○－○○○○－○○○○　　　　）

私は、＿＿＿＿＿＿＿＿＿＿＿＿＿＿＿（注2）を代理人と定め、下記の事項に関する一切の権限を委任します。

記

1．次の要項による登記申請に関すること
　　(1) 登記原因証明情報：平成○年○月○日付け転抵当権設定契約証書 (注3)
　　(2) 登記の目的：抵当権転抵当
2．上記申請の登記識別情報の暗号化に関すること (注4)
3．上記申請の登記完了証の受領に関すること (注5)
4．上記申請に関する契約証書、資格証明情報その他の添付情報の原本還付手続に関すること (注5)
5．上記申請の登録免許税還付金の代理受領に関すること (注6)

以　上

(注1)　Ⅳ転抵当権設定契約証書を登記原因証明情報（不登法第61条）として提供する場合に、登記義務者が作成する委任状の書式である。管轄登記所が複数となるケースにおいて、委任状の原本還付を受けるときは、他の申請についても委任したことが明らかな内容とする必要がある。
(注2)　代理人の住所ならびに氏名または名称を記載する。
(注3)　登記所に提供する契約証書の締結日およびその名称を記載する。
(注4)　登記識別情報の暗号化（電子申請においてオンラインで登記識別情報を提供すること）には特別の授権が必要であるため、このように記載する。
(注5)　これらの事項には特別の授権を必要としないが、委任事項を明確にするため、このように記載する。
(注6)　登記申請の取下げ・却下・過誤納付に伴う還付金の代理受領については特別の授権が必要であるため、このように記載する。

Ⅵ−1−2　登記用委任状（登記義務者用／Ⅴを登記原因証明情報として提供する場合）(注1)

委 任 状

平成　年　月　日

住　所　　東京都○区○町三丁目2番6号
登記義務者　株式会社丙川ファイナンス
　　　　　　代表取締役　丙川三郎　　㊞
（連絡先　担当部署　○○部／担当者名　○○　○○
　電話番号　○○－○○○○－○○○○）

私は、＿＿＿＿＿＿＿＿＿＿＿＿＿＿＿（注2）を代理人と定め、下記の事項に関する一切の権限を委任します。

記

1．次の要項による登記申請に関すること
　　(1) 登記原因証明情報：平成○年○月○日付け登記原因証明情報（抵当権転抵当）(注3)
　　(2) 登記の目的：抵当権転抵当
2．上記申請の登記識別情報の暗号化に関すること（注4）
3．上記申請の登記完了証の受領に関すること（注5）
4．上記申請に関する資格証明情報その他の添付情報の原本還付手続に関すること（注5）
5．上記申請の登録免許税還付金の代理受領に関すること（注6）

以　上

(注1)　Ⅳ転抵当権設定契約証書とは別に、Ⅴ登記原因証明情報（抵当権転抵当）を作成し、これを登記原因証明情報（不登法第61条）として提供する場合に、登記義務者が作成する委任状の書式である。管轄登記所が複数となるケースにおいて、委任状の原本還付を受けるときは、他の申請についても委任したことが明らかな内容とする必要がある。
(注2)　代理人の住所ならびに氏名または名称を記載する。
(注3)　登記所に提供する登記原因証明情報の作成日およびその名称を記載する。
(注4)　登記識別情報の暗号化（電子申請においてオンラインで登記識別情報を提供すること）には特別の授権が必要であるため、このように記載する。
(注5)　これらの事項には特別の授権を必要としないが、委任事項を明確にするため、このように記載する。
(注6)　登記申請の取下げ・却下・過誤納付に伴う還付金の代理受領については特別の授権が必要であるため、このように記載する。

Ⅵ－2－1　登記用委任状（登記権利者用／Ⅳを登記原因証明情報として提供する場合）（注1）

委　任　状

平成　年　月　日

　　　　　　　　住　所　　東京都○区○町一丁目2番3号
　　　　　　　　登記権利者　株式会社甲野銀行
　　　　　　　　　　　　　代表取締役　甲野太郎　　　　㊞
　　　　　　　　　　　　　（取扱店　○支店）

私は、＿＿＿＿＿＿＿＿＿＿＿＿＿＿＿（注2）を代理人と定め、下記の事項に関する一切の権限を委任します。

記

1．次の要項による登記申請に関すること
　　(1) 登記原因証明情報：平成○年○月○日付け転抵当権設定契約証書（注3）
　　(2) 登記の目的：抵当権転抵当
2．上記申請の登記識別情報の受領に関すること（注4）
3．上記申請の登記完了証の受領に関すること（注5）
4．上記申請に関する契約証書、資格証明情報その他の添付情報の原本還付手続に関すること（注5）
5．上記申請の登録免許税還付金の代理受領に関すること（注6）

以　上

（注1）　Ⅳ転抵当権設定契約証書を登記原因証明情報（不登法第61条）として提供する場合に、登記権利者が作成する委任状の書式である。管轄登記所が複数となるケースにおいて、委任状の原本還付を受けるときは、他の申請についても委任したことが明らかな内容とする必要がある。
（注2）　代理人の住所ならびに氏名または名称を記載する。
（注3）　登記所に提供する契約証書の締結日およびその名称を記載する。
（注4）　登記識別情報の受領には特別の授権が必要であるため、このように記載する。なお、電子申請においてオンラインで登記識別情報を受領することを「復号」といい、この方法による受領には特別の授権が必要であるため、これについても委任する場合は、「上記申請の登記識別情報の受領・復号に関すること」のように記載する。
（注5）　これらの事項には特別の授権を必要としないが、委任事項を明確にするため、このように記載する。
（注6）　登記申請の取下げ・却下・過誤納付に伴う還付金の代理受領については特別の授権が必要であるため、このように記載する。

Ⅵ－2－2　登記用委任状（登記権利者用／Ⅴを登記原因証明情報として提供する場合）（注1）

委　任　状

平成　　年　　月　　日

　　　　　住　所　　東京都○区○町一丁目2番3号
　　　　　登記権利者　株式会社甲野銀行
　　　　　　　　　　　代表取締役　甲野太郎　　㊞
　　　　　　　　　　　（取扱店　○支店）

私は、＿＿＿＿＿＿＿＿＿＿＿＿＿＿＿＿＿＿（注2）を代理人と定め、下記の事項に関する一切の権限を委任します。

記

1．次の要項による登記申請に関すること
　　(1) 登記原因証明情報：平成○年○月○日付け登記原因証明情報（抵当権転抵当）（注3）
　　(2) 登記の目的：抵当権転抵当
2．上記申請の登記識別情報の受領に関すること（注4）
3．上記申請の登記完了証の受領に関すること（注5）
4．上記申請に関する資格証明情報その他の添付情報の原本還付手続に関すること（注5）
5．上記申請の登録免許税還付金の代理受領に関すること（注6）

以　上

(注1)　Ⅳ転抵当権設定契約証書とは別に、Ⅴ登記原因証明情報（抵当権転抵当）を作成し、これを登記原因証明情報（不登法第61条）として提供する場合に、登記権利者が作成する委任状の書式である。管轄登記所が複数となるケースにおいて、委任状の原本還付を受けるときは、他の申請についても委任したことが明らかな内容とする必要がある。
(注2)　代理人の住所ならびに氏名または名称を記載する。
(注3)　登記所に提供する登記原因証明情報の作成日およびその名称を記載する。
(注4)　登記識別情報の受領には特別の授権が必要であるため、このように記載する。なお、電子申請においてオンラインで登記識別情報を受領することを「復号」といい、この方法による受領には特別の授権が必要であるため、これについても委任する場合は、「上記申請の登記識別情報の受領・復号に関すること」のように記載する。
(注5)　これらの事項には特別の授権を必要としないが、委任事項を明確にするため、このように記載する。
(注6)　登記申請の取下げ・却下・過誤納付に伴う還付金の代理受領については特別の授権が必要であるため、このように記載する。

37　転抵当権の設定（第三債務者が契約当事者となる場合）

I　ケース概要

　丙川ファイナンスは、乙野商事宛ての融資取引をするに当たって、甲野銀行から転貸融資の資金調達をしようと考えた。そこで、一方で、丙川ファイナンスは、乙野商事所有の土地および建物に、抵当権の設定を受けつつ、他方で、甲野銀行は、債務者丙川ファイナンス宛て融資取引の全額を担保するため、その抵当権について第1順位の転抵当権の設定を受けたい。

II　書式作成上の留意点

① 本書式は、抵当権をもって他の債権の全額の担保とする場合の書式である。なお、本書式は、原抵当権の債務者（以下「第三債務者」）宛ての融資に係る資金を調達するなど、第三債務者に対して特別な約定を求めることが合理的なケースを想定している。

② たとえば、債権者が第三債務者に対して抵当権設定を条件とする1,000万円の担保融資を行う場合に、債権者が銀行から800万円を借りるに際して、この抵当権をもってその担保とする場合の書式である。

③ 転抵当権者と転抵当権設定者との間において転抵当権設定契約が締結されることにより、転抵当権設定の登記原因が発生する。

④ 原抵当権設定者の承諾は、転抵当権設定契約の成立要件としては不要である。

⑤ 第三債務者の承諾も、転抵当権設定契約の成立要件としては不要である。しかし、転抵当権設定者による転抵当権の設定に関する通知、または第三債務者の承諾がない限り、第三債務者の転抵当権設定者に対する弁済を対抗されてしまう（民法第377条）。そこで、第三債務者に対する対抗要件を取得するために、転抵当権設定契約において第三債務者の承諾を得ることとしている。なお、第三債務者以外の第三者との優劣関係については、登記によって決せられることから、転抵当権に関する通知または承諾は確定日付のある証書（民法第467条第2項参照）による必要はない。

⑥ 転抵当権設定契約とは別にV登記原因証明情報（抵当権転抵当）を作成し、登記原因証明情報（不登法第61条）として登記所に提供することができる。

⑦ 抵当権転抵当の登記は、転抵当権者が登記権利者となり、転抵当権設定者が登記義務者となって行い、登記原因のほか、被担保債権の債権額・利息・損害金・債務者・転抵当権者などをその登記事項とする。

⑧ 転抵当権設定者につき、抵当権の取得に係る登記識別情報（登記済証）が必要となる。なお、登記完了後は、双方に登記完了証が交付され、登記権利者には登記識別情報が通知される。

⑨ 管轄登記所が複数となるケースでは、V登記原因証明情報（抵当権転抵当）は、登記所ご

とに（複数）必要となる。当該申請のためにのみ作成したⅥ登記用委任状も同様であり、これらは原本還付を受けることができないとされている。

Ⅲ 必要書類・費用一覧

書　類	書類上の関係者
☐ 転抵当権設定契約証書	転抵当権者、債務者、転抵当権設定者、第三債務者
☐ 登記原因証明情報	転抵当権設定者
☐ 委任状（登記義務者用）	転抵当権設定者
☐ 委任状（登記権利者用）	転抵当権者
☐ 登記識別情報（登記済証）	転抵当権設定者
☐ 会社法人等番号（注）	転抵当権者、転抵当権設定者
☐ 登録免許税	不動産1個につき1,000円

（注）　不登令等の改正により、平成27年11月2日から、会社・法人の代表者等の資格を証する情報の提供（添付）に代え、登記申請情報に商業登記法第7条の会社法人等番号を記録または記載することとなった。ただし、法人登記手続中となるなどの場合を考慮し、例外的に、作成後1か月以内の資格証明情報（登記事項証明書）を提供（添付）することも認められている。

Ⅳ 転抵当権設定契約証書

（印紙）
（注1）

転抵当権設定契約証書

平成　　年　　月　　日（注2）

東京都〇区〇町一丁目2番3号
株式会社甲野銀行　御中
（取扱店　　　　　　　　　）

　　　　　　　　　住　所　　　東京都〇区〇町三丁目2番6号
　　　　　　　　　債務者
　　　　　　　　　転抵当権設定者　代表取締役　丙川三郎　　㊞（注3）

　　　　　　　　　住　所
　　　　　　　　　転抵当権設定者
　　　　　　　　　（注4）

　　　　　　　　　住　所　　　東京都〇区〇町三丁目2番1号

　　　　　　　第三債務者　　　株 式 会 社 乙 野 商 事　(注5)
　　　　　　　　　　　　　　　代表取締役　乙 野 次 郎　　　㊞

　株式会社甲野銀行（以下「銀行」といいます。）、債務者、転抵当権設定者および第三債務者は、次のとおり転抵当権設定契約を締結しました。

[転抵当権の要項]　(注6)

1．被担保債権	平成○年○月○日付け金銭消費貸借契約に基づく債権
2．債権額	拾億　　　　百万　　　　千　　　　円 （算用数字／頭部に￥マーク）
3．利息	年○％（年365日日割計算）
4．損害金	年○％（年365日日割計算）
5．債務者	住所　東京都○区○町三丁目2番6号 氏名　株式会社丙川ファイナンス　(注7)
6．順位	1　(注8)
7．転抵当権の目的となる原抵当権	後記原抵当権の表示記載のとおり

[原抵当権の表示]

1．登記	平成○年○月○日東京法務局○出張所受付第○号
2．物件	後記物件の表示記載のとおり

物件の表示	順位	所有者
所　　在　東京都○区○町一丁目 地　　番　1番1 地　　目　宅地 地　　積　○○○.00㎡	1	株式会社乙野商事
所　　在　東京都○区○町一丁目1番地1 家屋番号　1番1 種　　類　居宅 構　　造　木造セメントかわらぶき平家建 床 面 積　○○.00㎡	1	株式会社乙野商事

第1条（転抵当権の設定）
　①　転抵当権設定者は、下記条項を承認のうえ、前記「原抵当権の表示」記載の抵当権の

うえに、銀行が有する前記被担保債権を担保するため、前記「転抵当権の要項」記載の転抵当権を設定しました。

② 転抵当権設定者は、この契約について、下記条項のほか、債務者が銀行に差し入れた銀行取引約定書および被担保債権の成立・変更等に係る約定書ならびに債務者が銀行に今後差し入れるこれらの約定書記載の各条項の適用があることを承認します。

第2条（第三債務者の承認）(注9)

第三債務者は、この転抵当権設定契約を異議なく承諾しました。

第3条（転抵当権設定者・債務者・第三債務者の義務）

① 次に掲げるいずれかの行為をする場合、転抵当権設定者および第三債務者は、あらかじめ銀行の承諾を得るものとします。
　(1) 原抵当権の被担保債権に係る契約および原抵当権に係る設定契約（以下「原抵当権設定契約」といいます。）の変更、原抵当権の処分もしくは順位変更
　(2) 原抵当権の被担保債権の免除・相殺、または原抵当権の放棄
　(3) 原抵当権に基づく担保権実行の申立て

② 次に掲げるいずれかの事由が生じた場合、転抵当権設定者および第三債務者は、ただちに銀行に通知します。
　(1) 抵当物件が滅失・毀損しもしくはその価格が低落したとき
　(2) 抵当物件について譲渡、明渡し、引渡し、収用その他の原因により譲渡代金・立退料・補償金・清算金などの債権が生じたとき
　(3) 原抵当権の設定者が、原抵当権設定契約の定めに違反したとき

③ 第三債務者は、前項の場合において、銀行の請求があったときは、銀行の指示に従って原抵当権の被担保債権に係る契約および原抵当権設定契約に基づく義務（原抵当権者に対して弁済する義務は除く。）の全部または一部を履行するものとします。

④ 債務者は、第2項の場合において、銀行の請求があったときは、ただちに銀行の承認する担保を差し入れ、または保証人をたてもしくはこれを追加し、あるいは転抵当権の被担保債務の全部または一部を期限のいかんにかかわらず弁済します。

第4条（第三債務者による弁済）(注10)

① 第三債務者は、転抵当権者および転抵当権設定者との間で別に締結する約定書に従い、原抵当権の被担保債権を弁済するものとします。

② あらかじめ転抵当権者の承諾を得た場合を除き、前項に反して原抵当権者にした弁済は、転抵当権者に対して効力を有しないものとします。

第5条（対抗要件の具備）

転抵当権設定者は、転抵当権設定者名義の抵当権の登記について、第1条に係る転抵当の登記手続を遅滞なく行い、その登記事項証明書を銀行に提出します。今後、この転抵当権について各種の変更等の合意がなされたときも同様とします。

第6条（費用の負担）
　　この転抵当権に関する登記に要する費用は、債務者および転抵当権設定者が連帯して負担し、銀行が支払った金額についてはただちに支払います。

以　上

- （注1）　抵当権設定契約書は、平成元年4月1日以降、印紙税法上の課税文書には該当しないこととされていることから、この文書も課税文書には該当しない。
- （注2）　この契約書を作成した日付を記載する。
- （注3）　転抵当権設定者と債務者が同じ場合は、この欄に署名（記名）捺印させる。
- （注4）　債務者以外の第三者が転抵当権設定者の場合は、この欄に署名（記名）捺印させる。連帯保証も求める場合には、この欄に「連帯保証人」の記載を追加するのではなく、保証人徴求の際に法令等によって求められる手続を履践する必要がある。
- （注5）　第三債務者（原抵当権の債務者）が当事者となる書式であるため、第三債務者（原抵当権の債務者）について署名欄を設ける。
- （注6）　被担保債権を特定するに足りる事項として、発生原因とその日付、債権額、利息および遅延損害金の定め等を記載する。
- （注7）　住所、氏名を記載する（法人の場合は本店所在地と商号を記載）。
- （注8）　第1順位の転抵当権を設定することを念頭に置いている。第1順位ではない場合には、当該順位を記載することとなる。
- （注9）　原抵当権の設定者の承諾は転抵当権設定契約の成立要件としては不要である。また、第三債務者（原抵当権の債務者）の承諾も契約の成立要件としては不要であるが、第三債務者（原抵当権の債務者）に対する対抗要件としての承諾（民法第377条）を具備するために承諾条項を置いている。
- （注10）　第三債務者（原抵当権の債務者）と転抵当権者および転抵当権設定者との間で別に弁済と清算に関する約定書を締結し、たとえば転抵当権者は第三債務者から直接支払いを受けることを想定している。

V　登記原因証明情報（抵当権転抵当）（注1）

登記原因証明情報
（抵当権転抵当）

平成　　年　　月　　日

東京法務局　　〇出張所　御中

　　　　　　　住　所　　　　　　東東京都〇区〇町三丁目2番6号
　　　　　　　登記義務者（注2）　　株式会社丙川ファイナンス
　　　　　　　　　　　　　　　　　代表取締役　丙川三郎　　　㊞

　登記義務者（転抵当権設定者）は、本件登記の原因となる事実または法律行為が下記1．記載のとおりであることおよびこれに基づき現に下記2．記載の内容を登記要項とする物権変動が生じたことを証明します。

1．登記の原因となる事実または法律行為

(1)	契約証書名および締結年月日	平成○年○月○日付け転抵当権設定契約証書（注3）
(2)	契約当事者	転抵当権者　株式会社甲野銀行
		転抵当権設定者　株式会社丙川ファイナンス

2．登記申請情報の要項

(1)	登記の目的	抵当権転抵当（注4）
(2)	転抵当権の目的となる原抵当権	平成○年○月○日受付第○号
(3)	原因	平成○年○月○日金銭消費貸借平成○年○月○日設定（注5）
(4)	債権額（注6）	拾億・百万・千・円（算用数字／頭部に¥マーク）
(5)	利息（注7）	年○％（年365日日割計算）
(6)	損害金	年○％（年365日日割計算）
(7)	債務者	東京都○区○町三丁目2番6号 株式会社丙川ファイナンス
(8)	登記権利者 （転抵当権者）（注8）	東京都○区○町一丁目2番3号 株式会社甲野銀行（取扱店○支店）
(9)	登記義務者 （転抵当権設定者）（注2）	東京都○区○町三丁目2番6号 株式会社丙川ファイナンス
(10)	不動産の表示	後記のとおり

不動産の表示

所　　在　東京都○区○町一丁目
地　　番　1番1
地　　目　宅地
地　　積　○○○.○○㎡

所　　在　東京都○区○町一丁目1番地1
家屋番号　1番1
種　　類　居宅
構　　造　木造セメントかわらぶき平家建
床 面 積　○○.○○㎡

(注1) Ⅳ転抵当権設定契約証書とは別に、Ⅴ登記原因証明情報（抵当権転抵当）を作成する場合の書式である。この情報は、登記の原因となる事実または法律行為のほか、登記事項（および物件表示）を登記義務者が確認して署名（または記名捺印）したものでなくてはならない。契約証書とは異なり、登記用に作成された書面の原本還付を受けることはできないため、管轄登記所が複数となるケースでは、登記所ごとに（複数）作成する必要がある。その内容は同文面とし、すべての物件を記載する。
(注2) 登記義務者は、既に設定を受けている抵当権の抵当権者となる。
(注3) Ⅳ契約証書の名称および締結年月日を記載する。
(注4) 転抵当権設定の登記は、常に付記登記によるから、付記登記による申請の旨を明らかにする必要はない。
(注5) 転抵当権設定の「登記原因およびその日付」は、まず契約名称および日付をもって被担保債権を記載し、次に設定契約の日付を記載する。
(注6) 転抵当権の被担保債権の債権額を記載する。登記申請までに弁済により債権額が減少していても当初の金額をもって登記することができるが、登記申請時の残高をもって登記することもできる。
(注7) 変動計算式や変動する旨を登記することはできない。
(注8) 登記権利者は、転抵当権者となる。

Ⅵ－1－1　登記用委任状（登記義務者用／Ⅳを登記原因証明情報として提供する場合）(注1)

委　任　状

平成　年　月　日

住　所　　　東京都〇区〇町三丁目2番6号
登記義務者　株式会社丙川ファイナンス
　　　　　　代表取締役　丙川三郎　　　㊞
連絡先　担当部署　〇〇部／担当者名　〇〇〇〇
電話番号　〇〇－〇〇〇〇－〇〇〇〇

私は、＿＿＿＿＿＿＿＿＿＿＿＿＿＿＿(注2)を代理人と定め、下記の事項に関する一切の権限を委任します。

記

1．次の要項による登記申請に関すること
　(1) 登記原因証明情報：平成〇年〇月〇日付け転抵当権設定契約証書(注3)
　(2) 登記の目的：抵当権転抵当
2．上記申請の登記識別情報の暗号化に関すること(注4)
3．上記申請の登記完了証の受領に関すること(注5)
4．上記申請に関する契約証書、資格証明情報その他の添付情報の原本還付手続に関すること(注5)
5．上記申請の登録免許税還付金の代理受領に関すること(注6)

以　上

(注1) Ⅳ転抵当権設定契約証書を登記原因証明情報（不登法第61条）として提供する場合に、登記義務者が作成する委任状の書式である。管轄登記所が複数となるケースにおいて、委任状の原本還付を受けるときは、他の申請についても委任したことが明らかな内容とする必要がある。
(注2) 代理人の住所ならびに氏名または名称を記載する。
(注3) 登記所に提供する契約証書の締結日およびその名称を記載する。
(注4) 登記識別情報の暗号化（電子申請においてオンラインで登記識別情報を提供すること）には特別の授権が必要であるため、このように記載する。
(注5) これらの事項には特別の授権を必要としないが、委任事項を明確にするため、このように記載する。
(注6) 登記申請の取下げ・却下・過誤納付に伴う還付金の代理受領については特別の授権が必要であるため、このように記載する。

Ⅵ－1－2　登記用委任状（登記義務者用／Ⅴを登記原因証明情報として提供する場合）(注1)

委　任　状

平成　　年　　月　　日

住　所　　　東京都○区○町三丁目2番6号
登記義務者　株式会社丙川ファイナンス
　　　　　　代表取締役　丙川三郎　　　㊞
連絡先　担当部署　○○部／担当者名　○○　○○
電話番号　○○－○○○○－○○○○

私は、＿＿＿＿＿＿＿＿＿＿＿＿＿＿＿＿＿（注2）を代理人と定め、下記の事項に関する一切の権限を委任します。

記

1．次の要項による登記申請に関すること
　　(1) 登記原因証明情報：平成○年○月○日付け登記原因証明情報（抵当権転抵当）(注3)
　　(2) 登記の目的：抵当権転抵当
2．上記申請の登記識別情報の暗号化に関すること (注4)
3．上記申請の登記完了証の受領に関すること (注5)
4．上記申請に関する資格証明情報その他の添付情報の原本還付手続に関すること (注5)
5．上記申請の登録免許税還付金の代理受領に関すること (注6)

以　上

(注1) Ⅳ転抵当権設定契約証書とは別に、Ⅴ登記原因証明情報（抵当権転抵当）を作成し、これを登記原因証明情報（不登法第61条）として提供する場合に、登記義務者が作成する委任状の書式である。管轄登記所が複数となるケースにおいて、委任状の原本還付を受けるときは、他の申請についても委任したことが明らかな内容とする必要がある。
(注2) 代理人の住所ならびに氏名または名称を記載する。
(注3) 登記所に提供する登記原因証明情報の作成日およびその名称を記載する。
(注4) 登記識別情報の暗号化（電子申請においてオンラインで登記識別情報を提供すること）に

は特別の授権が必要であるため、このように記載する。
(注5) これらの事項には特別の授権を必要としないが、委任事項を明確にするため、このように記載する。
(注6) 登記申請の取下げ・却下・過誤納付に伴う還付金の代理受領については特別の授権が必要であるため、このように記載する。

Ⅵ－2－1　登記用委任状（登記権利者用／Ⅳを登記原因証明情報として提供する場合）(注1)

委　任　状

平成　年　月　日

住　所　　東京都○区○町一丁目2番3号
登記権利者　株式会社甲野銀行
代表取締役　甲野太郎　　㊞
（取扱店　○支店）

私は、＿＿＿＿＿＿＿＿＿＿＿＿＿＿＿＿＿(注2)を代理人と定め、下記の事項に関する一切の権限を委任します。

記

1．次の要項による登記申請に関すること
　(1) 登記原因証明情報：平成○年○月○日付け転抵当権設定契約証書(注3)
　(2) 登記の目的：抵当権転抵当
2．上記申請の登記識別情報の受領に関すること(注4)
3．上記申請の登記完了証の受領に関すること(注5)
4．上記申請に関する契約証書、資格証明情報その他の添付情報の原本還付手続に関すること(注5)
5．上記申請の登録免許税還付金の代理受領に関すること(注6)

以　上

(注1) Ⅳ転抵当権設定契約証書を登記原因証明情報（不登法第61条）として提供する場合に、登記権利者が作成する委任状の書式である。管轄登記所が複数となるケースにおいて、委任状の原本還付を受けるときは、他の申請についても委任したことが明らかな内容とする必要がある。
(注2) 代理人の住所ならびに氏名または名称を記載する。
(注3) 登記所に提供する契約証書の締結日およびその名称を記載する。
(注4) 登記識別情報の受領には特別の授権が必要であるため、このように記載する。なお、電子申請においてオンラインで登記識別情報を受領することを「復号」といい、この方法による受領には特別の授権が必要であるため、これについても委任する場合は、「上記申請の登記識別情報の受領・復号に関すること」のように記載する。
(注5) これらの事項には特別の授権を必要としないが、委任事項を明確にするため、このように記載する。
(注6) 登記申請の取下げ・却下・過誤納付に伴う還付金の代理受領については特別の授権が必要であるため、このように記載する。

Ⅵ－2－2　登記用委任状（登記権利者用／Ⅴを登記原因証明情報として提供する場合）(注1)

委 任 状

平成　年　月　日

住　所　　東京都○区○町一丁目2番3号
登記権利者　株式会社甲野銀行
　　　　　　代表取締役　甲野太郎　㊞
　　　　　　（取扱店　○支店）

私は、＿＿＿＿＿＿＿＿＿＿＿＿＿＿＿＿（注2）を代理人と定め、下記の事項に関する一切の権限を委任します。

記

1．次の要項による登記申請に関すること
　　(1) 登記原因証明情報：平成○年○月○日付け登記原因証明情報（抵当権転抵当）(注3)
　　(2) 登記の目的：抵当権転抵当
2．上記申請の登記識別情報の受領に関すること（注4）
3．上記申請の登記完了証の受領に関すること（注5）
4．上記申請に関する資格証明情報その他の添付情報の原本還付手続に関すること（注5）
5．上記申請の登録免許税還付金の代理受領に関すること（注6）

以　上

(注1)　Ⅳ転抵当権設定契約証書とは別に、Ⅴ登記原因証明情報（抵当権転抵当）を作成し、これを登記原因証明情報（不登法第61条）として提供する場合に、登記権利者が作成する委任状の書式である。管轄登記所が複数となるケースにおいて、委任状の原本還付を受けるときは、他の申請についても委任したことが明らかな内容とする必要がある。
(注2)　代理人の住所ならびに氏名または名称を記載する。
(注3)　登記所に提供する登記原因証明情報の作成日およびその名称を記載する。
(注4)　登記識別情報の受領には特別の授権が必要であるため、このように記載する。なお、電子申請においてオンラインで登記識別情報を受領することを「復号」といい、この方法による受領には特別の授権が必要であるため、これについても委任する場合は、「上記申請の登記識別情報の受領・復号に関すること」のように記載する。
(注5)　これらの事項には特別の授権を必要としないが、委任事項を明確にするため、このように記載する。
(注6)　登記申請の取下げ・却下・過誤納付に伴う還付金の代理受領については特別の授権が必要であるため、このように記載する。

38 転抵当権の移転

I ケース概要

甲野銀行は、債務者丁山産業宛て融資取引を担保するため丁山産業が有する抵当権（乙野商事所有の土地建物に対するもの）について第1順位の転抵当の設定を受けていた。

甲野銀行は、今般、丁山産業からの回収が滞るようになったことから、この転抵当権付債権を丙川サービサーに譲渡することになった。なお、債務者丁山産業は、この譲渡を異議なく承諾する意向を有している。

II 書式作成上の留意点

① 転抵当権の設定を受けていた融資金債権の全部を譲渡する場合の書式である。譲渡される債権が転抵当権付きである場合は、担保権の随伴性により転抵当権が債権譲受人に移転するから、転抵当権移転の登記原因が生じる。

② 債権譲渡の第三者対抗要件は、確定日付の付された譲渡人による通知または債務者による承諾のいずれによっても具備することが可能である（民法第467条第2項）から、債権譲渡にあたり債務者を当事者とする証書を作成することが必須となるものではない。もっとも、債務者から異議をとどめない承諾が得られれば、承諾までに生じていた抗弁権が遮断される（民法第468条第1項前段）から、債務者が債権譲渡契約証書の当事者となることに協力的である事案においては、本書式のように債務者からの異議なき承諾を取り付けることが望ましい。なお、債権譲渡人および債権譲受人の二者のみで債権譲渡契約証書を作成し、債務者を証書の当事者としない場合は、No.17の書式をもとに同様の修正を加える。

抵当権の債務者の承諾も契約の成立要件としては不要であるが、現転抵当権者は債務者に対抗できているとしても、新転抵当権者は抵当債務者から現転抵当権者に対する弁済を対抗されてしまう。そこで、抵当債務者に対する対抗要件としての承諾（民法第377条）を取得するために、契約において抵当債務者の承諾を得ることとしている。

③ 転抵当権（不動産の表示を含む）の記載がある債権譲渡契約証書は、転抵当権移転の登記原因証明情報（不登法第61条）として登記所に提供することができる。なお、債権譲渡の効力が代金支払時に発生するものとされている場合には、代金の支払により債権譲渡の効力が発生したことを証明するため、譲渡代金の領収書もあわせて登記所に提供する必要がある。

④ 上記の債権譲渡契約証書を締結した場合であっても、これとは別にV登記原因証明情報を作成し、登記原因証明情報（不登法第61条）として登記所に提供することができる。この方法によった場合には、作成した登記原因証明情報のみによって債権譲渡の効力が発生したことが証明できるから、③の場合とは異なり、譲渡代金の領収書を提供する必要はない。

⑤ 転抵当権移転登記は、債権譲受人（新転抵当権者）が登記権利者となり、債権譲渡人（現

転抵当権者）が登記義務者となって行われ、「付記1号の付記1号」などと転抵当権の設定登記にさらに付記登記を行う方法によりなされる。

⑥ 登記義務者は、転抵当権の取得に係る登記識別情報（登記済証）を提供する。なお、登記完了後は、双方に登記完了証が交付され、登記権利者には登記識別情報が通知される。

⑦ 管轄登記所が複数となるケースでは、Ⅴ登記原因証明情報（転抵当権移転）は、登記所ごとに（複数）必要となる。当該申請のためにのみ作成したⅥ登記用委任状も同様であり、これらは原本還付を受けることができないとされている。

Ⅲ 必要書類・費用一覧

書　　類	書類上の関係者
□ 転抵当権付債権譲渡契約証書	債権譲渡人（現転抵当権者）、債権譲受人（新転抵当権者）、債務者（転抵当権設定者）
□ 登記原因証明情報	債権譲渡人（現転抵当権者）
□ 委任状（登記義務者用）	債権譲渡人（現転抵当権者）
□ 委任状（登記権利者用）	債権譲受人（新転抵当権者）
□ 登記識別情報（登記済証）	債権譲渡人（現転抵当権者）
□ 会社法人等番号（注）	債権譲渡人（現転抵当権者）、債権譲受人（新転抵当権者）
□ 登録免許税	不動産1個につき1,000円

（注）　不登令等の改正により、平成27年11月2日から、会社・法人の代表者等の資格を証する情報の提供（添付）に代え、登記申請情報に商業登記法第7条の会社法人等番号を記録または記載することとなった。ただし、法人登記手続中となるなどの場合を考慮し、例外的に、作成後1か月以内の資格証明情報（登記事項証明書）を提供（添付）することも認められている。

Ⅳ 転抵当権付債権譲渡契約証書

```
（印紙）
（注1）
```

転抵当権付債権譲渡契約証書

平成　　年　　月　　日（注2）

住　　所　　　　東京都○区○町一丁目2番3号
債権譲渡人　　　株式会社甲野銀行
（現転抵当権者）　代表取締役　甲野太郎　　㊞（注3）

住　　所　　　　東京都○区○町三丁目2番1号
債権譲受人　　　株式会社丙川サービサー

	（新転抵当権者）	代表取締役　丙野三郎	㊞（注4）
確定日付欄（注7）	住　所	東京都○区○町四丁目5番6号	
	債務者　兼	株式会社丁山産業	
○	転抵当権設定者	代表取締役　丁山四郎	㊞（注5）
	住　所	東京都○区○町三丁目2番1号	
	抵当債務者　兼	株式会社乙野商事	
	抵当権設定者	代表取締役　乙野次郎	㊞（注6）

　債権譲渡人および債権譲受人ならびに債務者兼転抵当権設定者および抵当債務者兼抵当権設定者は、次のとおり転抵当権付債権譲渡契約を締結しました。

[譲渡債権の表示]

1．債権者	上記債権譲渡人に同じ
2．債務者	上記債権者兼転抵当権設定者に同じ
3．原契約	契約名および契約年月日　　平成　　年　　月　　日金銭消費貸借契約 当初元本金額（注8） 拾億　　　　百万　　　　千　　　　円 （算用数字／頭部に¥マーク）
4．残元本金額（注9）	拾億　　　　百万　　　　千　　　　円 （算用数字／頭部に¥マーク）

[債権譲渡の要項]

1．譲渡代金額	拾億　　　　百万　　　　千　　　　円 （算用数字／頭部に¥マーク）
2．譲渡代金の支払方法	平成○年○月○日に一括支払（注10）

[転抵当権の表示]

1．抵当権の登記	平成○年○月○日東京法務局○出張所受付第○号
2．転抵当権の登記	平成○年○月○日東京法務局○出張所受付第○号
3．物件	後記物件の表示記載のとおり

物件の表示	所有者
所　　在　東京都○区○町一丁目 地　　番　1番1 地　　目　宅地 地　　積　○○○.○○㎡	株式会社乙野商事
所　　在　東京都○区○町一丁目1番地1 家屋番号　1番1 種　　類　居宅 構　　造　木造セメントかわらぶき平家建 床 面 積　○○.○○㎡	株式会社乙野商事

第1条（債権譲渡）

① 債権譲渡人は、債権譲受人に対し、前記原契約（その後の変更を含む。以下同じ。）に基づき債権譲渡人が債務者に対して有する一切の債権（前記の残元本金額、経過利息および発生済み遅延損害金等の付帯債権を含み、以下「譲渡対象債権」といいます。）(注11)を前記「債権譲渡の要項」記載の内容により譲渡しました。(注12)

② 債権譲渡人は、前記譲渡代金額を前記「譲渡代金の支払方法」記載のとおり支払います。(注13)

第2条（対抗要件）

債務者は、前条第1項に定める債権譲渡について異議なく承諾しました。(注14)(注15)

第3条（原契約証書の交付）

債権譲渡人は、譲渡代金全額の支払と引換に、前記原契約の証書その他債権譲受人の権利行使および保全に必要な一切の書類を、債権譲受人の指示に従って債権譲受人に交付します。

第4条（登記義務）

債権譲渡人は、譲渡対象債権を担保するために設定された前記「転抵当権の表示」記載の転抵当権について、第1条に基づく債権譲渡を原因とする転抵当権移転登記手続を遅滞なく行い、その登記事項証明書を債権譲受人に提出します。

第5条（抵当債務者の承諾）(注16)

抵当債務者は、第1条に基づく債権譲渡に伴う転抵当権の移転を異議なく承諾しました。

第6条（費用の負担）

本契約締結に係る費用および本契約に基づく登記費用その他関連する費用は、債権譲渡人が負担し、債権譲受人が支払った金額についてはただちに支払います。(注17)(注18)

以　上

(注1)　この文書は印紙税法上の債権譲渡に関する契約書（第15号文書）に該当する。印紙税額は200円である。なお、債権譲渡証書記載の契約金額が10,000円未満の場合は、非課税となる。
(注2)　この契約書を作成した日付を記載する。
(注3)　債権譲渡人にはこの欄に署名（記名）捺印させる。なお、住所および商号、氏名は、会社法人等番号または住民票により確認する。
(注4)　債権譲受人にはこの欄に署名（記名）捺印させる。なお、住所および商号、氏名は、会社法人等番号または住民票により確認する。
(注5)　債務者にはこの欄に署名（記名）捺印させる。債務者以外の者が転抵当権設定者である場合であっても、債務者の署名（記名）捺印があれば足り、転抵当権設定者を契約当事者として署名（記名）捺印させる必要はない。
(注6)　抵当債務者にはこの欄に署名（記名）捺印させる。なお、住所および商号、氏名は、会社法人等番号または住民票により確認する。
(注7)　債権譲渡の第三者対抗要件は、確定日付のある証書による債務者の承諾であることから、本書式には確定日付を付す必要がある。確定日付を付す方法としては、本書式に債務者の署名（記名）捺印を取得した後、公証役場において確定日付印の付与を受けるのが一般的である。
(注8)　原契約に記載される貸付元本金額を記載する。
(注9)　残元本金額のほか、既発生の経過利息および遅延損害金の金額を具体的に表示することも考えられるが、簡易な実務でない可能性を考慮し、本書式ではこれらを含めて譲渡対象債権とする旨の文言を第1条第1項に設けることとした。
(注10)　分割払となる場合には、「平成〇年〇月〇日までに〇円、平成〇年〇月〇日までに残額全額を支払」などと記載する。
(注11)　既発生の利息（経過利息）および遅延損害金は、基本権となる元本債権とは別の債権（支分権）であり、元本債権の移転により当然に移転するものではないから、このような文言を設けることによって移転の対象であることを示す必要がある。
(注12)　本書式では、期限を定めて代金を支払うこととしているか否かにかかわらず、債権譲渡契約時に債権譲渡による抵当権移転の効果が生じることを前提としている。代金支払完了時に債権譲渡による抵当権移転の効果が生じる構成にすることも考えられるが、次条による債務者の承諾が債権譲渡の効力発生前に行われることとなり対抗要件としての効力に疑義を生じさせるおそれがあることや、抵当権移転登記手続の登記原因証明情報としてこの契約証書のほかに譲渡代金の領収書など追加資料の提供が必要となることから、上記の構成は採用しなかった。
(注13)　契約締結と同時に代金が支払われる場合、本項の文末を「支払い、債権譲受人はこれを受領しました。」と改めることも考えられる。もっとも、このような文言による場合、この契約書が印紙税法上の売上代金の受取書（第17号文書）となり、代金額に応じた印紙税が課税されることとなるので、注意を要する。
(注14)　被担保債権に譲渡禁止特約が付されている場合には、債務者が譲渡を承諾しない限り債権譲渡の効力が生じない（民法第466条第2項）ため、被担保債権の発生原因である融資契約の特約として譲渡禁止特約が付されている場合には、債権譲渡の対抗要件としての承諾とともに譲渡禁止特約の解除についても承諾したことを明確にする文言に改めることが望ましい。
(注15)　債務者から異議をとどめない承諾が得られれば、承諾までに生じていた抗弁権が遮断される（民法第468条第1項前段）。なお、異議をとどめない承諾によっても、当該承諾により第三者の利益が害される場合には抗弁権が遮断されないことがありうるため、注意が必要である。たとえば、後順位抵当権者がいるときに債務者が弁済を行った場合、その後に債務者が異議なき承諾を行ったとしても、後順位抵当権者の順位上昇の利益保護の観点から、債権譲受人が債権を取得することはできないとする考え方が有力である。
(注16)　抵当債務者の承諾は転抵当権の被担保債権の譲渡に伴う転抵当権移転の成立要件としては不要であるが、抵当債務者に対する対抗要件（民法第377条）を取得するため本条項を置いている。
(注17)　本契約における各種費用について債権譲渡人が負担する例を記載している。
(注18)　本書式は、債権譲渡および抵当権移転に最低限必要な条項を内容とするものである。内容をさらに充実させるには、譲渡対象債権を債権譲受人以外の第三者に譲渡していない旨の表明保証条項を追加することなどが考えられる。

V 登記原因証明情報（転抵当権移転）(注1)

登記原因証明情報
（転抵当権移転）

平成　年　月　日

東京法務局　○出張所 御中

　　　　　住　所　　　東京都○区○町一丁目2番3号
　　　　　登記義務者(注2)　株式会社甲野銀行
　　　　　　　　　　　　代表取締役　甲野太郎　　㊞

　登記義務者（現転抵当権者）は、本件登記の原因となる事実または法律行為が下記1．記載のとおりであること、およびこれに基づき現に下記2．記載の内容を登記要項とする物権変動が生じたことを証明します。

1．登記の原因となる事実または法律行為

(1)	契約証書名および締結年月日	平成○年○月○日付け転抵当権付債権譲渡契約証書(注3)	
(2)	契約当事者	債権譲渡人（現転抵当権者）	株式会社甲野銀行
		債権譲受人（新転抵当権者）	株式会社丙川サービサー

2．登記申請情報の要項

(1)	登記の目的	転抵当権移転(注4)
(2)	移転する転抵当権	平成○年○月○日受付第○号
(3)	原因	平成○年○月○日債権譲渡(注5)
(4)	登記権利者（新転抵当権者）(注6)	東京都○区○町三丁目2番1号 株式会社丙川サービサー
(5)	登記義務者（現転抵当権者）(注2)	東京都○区○町一丁目2番3号 株式会社甲野銀行
(6)	不動産の表示	後記不動産の表示記載のとおり

不動産の表示
所　在　東京都○区○町一丁目

```
地　　番　　1番1
地　　目　　宅地
地　　積　　○○○.○○㎡

所　　在　　東京都○区○町一丁目1番地1
家屋番号　　1番1
種　　類　　居宅
構　　造　　木造セメントかわらぶき平家建
床　面　積　　○○.○○㎡
```

以　上

(注1)　Ⅳ転抵当権付債権譲渡契約証書とは別に、Ⅴ登記原因証明情報（転抵当権移転）を作成する場合の書式である。この情報は、登記の原因となる事実または法律行為のほか、登記事項（および物件表示）を登記義務者が確認して署名（または記名捺印）したものでなくてはならない。契約証書とは異なり、登記用に作成された書面の原本還付を受けることはできないため、管轄登記所が複数となるケースでは、登記所ごとに（複数）作成する必要がある。その内容は同文面とし、すべての物件を記載する。
(注2)　登記義務者は、現転抵当権者（債権譲渡人）となる。
(注3)　Ⅳ契約証書の名称および締結年月日を記載する。
(注4)　転抵当権の被担保債権についての債権譲渡による転抵当権の移転の登記は、常に付記登記によるから、付記登記による申請の旨を明らかにする必要はない。
(注5)　債権譲渡の効力が発生した日を記載する。
(注6)　登記権利者は、新転抵当権者（債権譲受人）となる。

Ⅵ－1－1　登記用委任状（登記義務者用／Ⅳを登記原因証明情報として提供する場合）(注1)

委　任　状

平成　　年　　月　　日

住　所　　東京都○区○町一丁目2番3号
登記義務者　　株式会社甲野銀行
　　　　　　　代表取締役　甲野太郎　㊞

私は、＿＿＿＿＿＿＿＿＿＿＿＿＿＿(注2)を代理人と定め、下記の事項に関する一切の権限を委任します。

記

1．次の要項による登記申請に関すること
　　(1) 登記原因証明情報：平成○年○月○日付け転抵当権付債権譲渡契約証書 (注3)
　　(2) 登記の目的：転抵当権移転
2．上記申請の登記識別情報の暗号化に関すること (注4)
3．上記申請の登記完了証の受領に関すること (注5)

4．上記申請に関する契約証書、資格証明情報その他の添付情報の原本還付手続に関すること（注5）
5．上記申請の登録免許税還付金の代理受領に関すること（注6）

以　上

（注1）　Ⅳ転抵当権付債権譲渡契約証書を登記原因証明情報（不登法第61条）として提供する場合に、登記義務者が作成する委任状の書式である。管轄登記所が複数となるケースにおいて、委任状の原本還付を受けるときは、他の申請についても委任したことが明らかな内容とする必要がある。
（注2）　代理人の住所ならびに氏名または名称を記載する。
（注3）　登記所に提供する契約証書の締結日およびその名称を記載する。
（注4）　登記識別情報の暗号化（電子申請においてオンラインで登記識別情報を提供すること）には特別の授権が必要であるため、このように記載する。
（注5）　これらの事項には特別の授権を必要としないが、委任事項を明確にするため、このように記載する。
（注6）　登記申請の取下げ・却下・過誤納付に伴う還付金の代理受領については特別の授権が必要であるため、このように記載する。

Ⅵ－1－2　登記用委任状（登記義務者用／Ⅴを登記原因証明情報として提供する場合）（注1）

委　任　状

平成　年　月　日

住　所　　東京都〇区〇町一丁目2番3号
登記義務者　株式会社甲野銀行
　　　　　　代表取締役　甲野太郎　　　　㊞

私は、＿＿＿＿＿＿＿＿＿＿＿＿＿＿＿＿（注2）を代理人と定め、下記の事項に関する一切の権限を委任します。

記

1．次の要項による登記申請に関すること
　　(1) 登記原因証明情報：平成〇年〇月〇日付け登記原因証明情報（転抵当権移転）（注3）
　　(2) 登記の目的：転抵当権移転
2．上記申請の登記識別情報の暗号化に関すること（注4）
3．上記申請の登記完了証の受領に関すること（注5）
4．上記申請に関する資格証明情報その他の添付情報の原本還付手続に関すること（注5）
5．上記申請の登録免許税還付金の代理受領に関すること（注6）

以　上

（注1）　Ⅳ転抵当権付債権譲渡契約証書とは別に、Ⅴ登記原因証明情報（転抵当権移転）を作成し、これを登記原因証明情報（不登法第61条）として提供する場合に、登記義務者が作成する委任状の書式である。管轄登記所が複数となるケースにおいて、委任状の原本還付を受けるときは、他の申請についても委任したことが明らかな内容とする必要がある。
（注2）　代理人の住所ならびに氏名または名称を記載する。

(注3) 登記所に提供する登記原因証明情報の作成日およびその名称を記載する。
(注4) 登記識別情報の暗号化（電子申請においてオンラインで登記識別情報を提供すること）には特別の授権が必要であるため、このように記載する。
(注5) これらの事項には特別の授権を必要としないが、委任事項を明確にするため、このように記載する。
(注6) 登記申請の取下げ・却下・過誤納付に伴う還付金の代理受領については特別の授権が必要であるため、このように記載する。

Ⅵ－2－1　登記用委任状（登記権利者用／Ⅳを登記原因証明情報として提供する場合）(注1)

委　任　状

平成　年　月　日

住　所　　　東京都〇区〇町三丁目2番1号
登記権利者　株式会社 丙川サービサー
　　　　　　代表取締役　丙川三郎　　　　㊞
（連絡先　担当部署 〇〇部／担当者名 〇〇 〇〇
　電話番号 〇〇 － 〇〇〇〇 － 〇〇〇〇）

私は、＿＿＿＿＿＿＿＿＿＿＿＿＿＿＿（注2）を代理人と定め、下記の事項に関する一切の権限を委任します。

記

1．次の要項による登記申請に関すること
　(1) 登記原因証明情報：平成〇年〇月〇日付け転抵当権付債権譲渡契約証書 (注3)
　(2) 登記の目的：転抵当権移転
2．上記申請の登記識別情報の受領に関すること (注4)
3．上記申請の登記完了証の受領に関すること (注5)
4．上記申請に関する契約証書、資格証明情報その他の添付情報の原本還付手続に関すること (注5)
5．上記申請の登録免許税還付金の代理受領に関すること (注6)

以　上

(注1) Ⅳ転抵当権付債権譲渡契約証書を登記原因証明情報（不登法第61条）として提供する場合に、登記権利者が作成する委任状の書式である。管轄登記所が複数となるケースにおいて、委任状の原本還付を受けるときは、他の申請についても委任したことが明らかな内容とする必要がある。
(注2) 代理人の住所ならびに氏名または名称を記載する。
(注3) 登記所に提供する契約証書の締結日およびその名称を記載する。
(注4) 登記識別情報の受領には特別の授権が必要であるため、このように記載する。なお、電子申請においてオンラインで登記識別情報を受領することを「復号」といい、この方法による受領には特別の授権が必要であるため、これについても委任する場合は、「上記申請の登記識別情報の受領・復号に関すること」のように記載する。
(注5) これらの事項には特別の授権を必要としないが、委任事項を明確にするため、このように記載する。

(注6) 登記申請の取下げ・却下・過誤納付に伴う還付金の代理受領については特別の授権が必要であるため、このように記載する。

Ⅵ－2－2 登記用委任状（登記権利者用／Ⅴを登記原因証明情報として提供する場合）(注1)

委　任　状

平成　　年　　月　　日

　　　　住　所　　　東京都○区○町三丁目2番1号
　　　　登記権利者　株式会社丙川サービサー
　　　　　　　　　　代表取締役　丙　川　三　郎　　㊞
　　　　⎛連絡先　担当部署　○○部／担当者名　○○　○○⎞
　　　　⎝電話番号　○○ － ○○○○ － ○○○○　　　　　⎠

私は、＿＿＿＿＿＿＿＿＿＿＿＿＿＿(注2)を代理人と定め、下記の事項に関する一切の権限を委任します。

記

1．次の要項による登記申請に関すること
　　(1) 登記原因証明情報：平成○年○月○日付け登記原因証明情報（転抵当権移転）(注3)
　　(2) 登記の目的：転抵当権移転
2．上記申請の登記識別情報の受領に関すること (注4)
3．上記申請の登記完了証の受領に関すること (注5)
4．上記申請に関する資格証明情報その他の添付情報の原本還付手続に関すること (注5)
5．上記申請の登録免許税還付金の代理受領に関すること (注6)

以　上

(注1) Ⅳ転抵当権付債権譲渡契約証書とは別に、Ⅴ登記原因証明情報（転抵当権移転）を作成し、これを登記原因証明情報（不登法第61条）として提出する場合に、登記権利者が作成する委任状の書式である。管轄登記所が複数となるケースにおいて、委任状の原本還付を受けるときは、他の申請についても委任したことが明らかな内容とする必要がある。
(注2) 代理人の住所ならびに氏名または名称を記載する。
(注3) 登記所に提供する登記原因証明情報の作成日およびその名称を記載する。
(注4) 登記識別情報の受領には特別の授権が必要であるため、このように記載する。なお、電子申請においてオンラインで登記識別情報を受領することを「復号」といい、この方法による受領には特別の授権が必要であるため、これについても委任する場合は、「上記申請の登記識別情報の受領・復号に関すること」のように記載する。
(注5) これらの事項には特別の授権を必要としないが、委任事項を明確にするため、このように記載する。
(注6) 登記申請の取下げ・却下・過誤納付に伴う還付金の代理受領については特別の授権が必要であるため、このように記載する。

2　転根抵当

39　転根抵当権の設定

Ⅰ　ケース概要

　丙川ファイナンスは、乙野商事所有の土地および建物に、抵当権の設定を受けていた。甲野銀行は、債務者丙川ファイナンス宛て融資取引等が継続的に行われることが見込まれたため、その抵当権について第1順位の転根抵当権の設定を受けたい。

Ⅱ　書式作成上の留意点

① 本書式は、抵当権をもって他の継続的に発生する融資金債権等の担保とする場合の書式である。なお、本書式は、原抵当権の債務者（以下「第三債務者」）に対して特別な約定を求めないケースを想定しているので、第三債務者の署名捺印を要しないものとしているが、実務上、この署名押印を求める書式もみられるところである（No.37参照）。

② たとえば、債権者が債務者に対して抵当権付債権を有する場合に、債権者が銀行との間で継続的に銀行取引を行うに際して、この抵当権をもってその担保とする場合の書式である。

③ 転根抵当権者と転根抵当権設定者との間において転根抵当権設定契約が締結されることにより、転根抵当権設定の登記原因が発生する。

④ 原抵当権設定者の承諾は、転根抵当権設定契約の成立要件としては不要である。

⑤ 第三債務者の承諾も、転根抵当権設定契約の成立要件としては不要である。しかし、転根抵当権設定者による転根抵当権の設定に関する通知、または第三債務者の承諾がない限り、第三債務者の転根抵当権設定者に対する弁済を対抗されてしまう（民法第377条）。そこで、第三債務者に対する対抗要件を取得するために、転根抵当権設定契約において、転根抵当権設定者が第三債務者宛ての通知を行うこととしている。なお、第三債務者に署名捺印をさせる場合には、民法第377条の承諾の意義も持たせることができる。また、第三債務者以外の第三者との優劣関係については、登記によって決せられることから、転根抵当権に関する通知または承諾は確定日付のある証書（民法第467条第2項参照）による必要はない。

⑥ 転根抵当権設定契約とは別にⅤ登記原因証明情報を作成し、登記原因証明情報（不登法第61条）として登記所に提供することができる。

⑦ 抵当権転根抵当の登記は、転根抵当権者が登記権利者となり、転根抵当権設定者が登記義務者となって行い、登記原因のほか、極度額・被担保債権の範囲・債務者・転根抵当権者などをその登記事項とする。

⑧ 転根抵当権設定者につき、抵当権の取得に係る登記識別情報（登記済証）が必要となる。なお、登記完了後は、双方に登記完了証が交付され、登記権利者には登記識別情報が通知さ

れる。
⑨ 管轄登記所が複数となるケースでは、Ⅴ登記原因証明情報（抵当権転根抵当）は、登記所ごとに（複数）必要となる。当該申請のためにのみ作成したⅥ登記用委任状も同様であり、これらは原本還付を受けることができないとされている。

Ⅲ 必要書類・費用一覧

書　　類	書類上の関係者
☐ 転根抵当権設定契約証書	転根抵当権者、債務者、転根抵当権設定者
☐ 登記原因証明情報	転根抵当権設定者
☐ 委任状（登記義務者用）	転根抵当権設定者
☐ 委任状（登記権利者用）	転根抵当権者
☐ 登記識別情報（登記済証）	転根抵当権設定者
☐ 会社法人等番号（注）	転根抵当権者、転根抵当権設定者
☐ 登録免許税	不動産1個につき1,000円

（注）　不登令等の改正により、平成27年11月2日から、会社・法人の代表者等の資格を証する情報の提供（添付）に代え、登記申請情報に商業登記法第7条の会社法人等番号を記録または記載することとなった。ただし、法人登記手続中となるなどの場合を考慮し、例外的に、作成後1か月以内の資格証明情報（登記事項証明書）を提供（添付）することも認められている。

Ⅳ 転根抵当権設定契約証書

（印紙）
（注1）

転根抵当権設定契約証書

平成　　年　　月　　日（注2）

東京都○区○町一丁目2番3号
株式会社甲野銀行　御中
（取扱店　　　　　　　　　）

　　　　　　　　　住　所　　東京都○区○町三丁目2番6号
　　　　　　　　　転根抵当権設定者　株式会社丙川ファイナンス
　　　　　　　　　債務者　　代表取締役　丙川三郎　㊞（注3）

　　　　　　　　　住　所
　　　　　　　　　転根抵当権設定者
　　　　　　　　　（注4）（注5）

株式会社甲野銀行（以下「銀行」といいます。）、債務者および転根抵当権設定者は、次のとおり転根抵当権設定契約を締結しました。

[転根抵当権の要項]

1．極度額（注6）	拾億　百万　千　円 （算用数字／頭部に¥マーク）
2．被担保債権の範囲	①　債務者との銀行取引により生じる一切の債権（注7） ②　銀行が第三者から取得する手形上・小切手上の債権 ③　電子記録債権（注8）
3．債務者	住所　東京都○区○町三丁目2番6号 氏名　株式会社丙川ファイナンス（注9）
4．確定期日	定めない（注10）
5．順位	後記のとおり
6．転根抵当権の目的となる原抵当権	後記原抵当権の表示記載のとおり

[原抵当権の表示]

1．登記	平成○年○月○日東京法務局○出張所受付第○号
2．物件	後記物件の表示記載のとおり

物件の表示	順位	所有者
所　　在　東京都○区○町一丁目 地　　番　1番1 地　　目　宅地 地　　積　○○○.○○㎡	1	株式会社乙野商事
所　　在　東京都○区○町一丁目1番地1 家屋番号　1番1 種　　類　居宅 構　　造　木造セメントかわらぶき平家建 床面積　○○.○○㎡	1	株式会社乙野商事

第1条（転根抵当権の設定）

　①　転根抵当権設定者は、下記条項を承認のうえ、前記「原抵当権の表示」記載の抵当権のうえに、銀行が有する前記担保債権を担保するため、前記「転根抵当権の要項」記載の転根抵当権を設定しました。（注11）

② 転根抵当権設定者は、この契約について、下記条項のほか、債務者が銀行に差し入れた銀行取引約定書および被担保債権の成立・変更等に係る約定書ならびに債務者が銀行に今後差し入れるこれらの約定書記載の各条項の適用があることを承認します。

第2条（転根抵当権設定者・債務者の義務）

① 次に掲げるいずれかの行為をする場合、転根抵当権設定者は、あらかじめ銀行の承諾を得るものとします。

(1) 原抵当権の被担保債権に係る契約および原抵当権に係る設定契約（以下「原抵当権設定契約」といいます。）の変更、原抵当権の処分もしくは順位変更

(2) 原抵当権の被担保債権の免除・相殺、または原抵当権の放棄

(3) 原抵当権に基づく担保権実行の申立て

② 次に掲げるいずれかの事由が生じた場合、転根抵当権設定者は、ただちに銀行に通知します。

(1) 抵当物件が滅失・毀損しもしくはその価格が低落したとき

(2) 抵当物件について譲渡、明渡し、引渡し、収用その他の原因により譲渡代金・立退料・補償金・清算金などの債権が生じたとき

(3) 原抵当権の設定者が、原抵当権設定契約の定めに違反したとき

③ 転根抵当権設定者は、前項の場合において、銀行の請求があったときは、原抵当権の被担保債権に係る契約および原抵当権設定契約に基づく権利の全部または一部を、銀行に無償で譲渡する手続をとります。この場合、銀行の指示に従い、登記・通知を行うものとします。

④ 債務者は、第2項の場合において、銀行の請求があったときは、ただちに銀行の承認する担保を差し入れ、または保証人をたてもしくはこれを追加し、あるいは転根抵当権の被担保債務の全部または一部を期限のいかんにかかわらず弁済します。

第3条（対抗要件の具備）

① 転根抵当権設定者は、転根抵当権設定者名義の抵当権の登記について、第1条に係る転根抵当の登記手続を遅滞なく行い、その登記事項証明書を銀行に提出します。今後、この転根抵当権について各種の変更等の合意がなされたときも同様とします。

② 転根抵当権設定者は、原抵当権の債務者に対し、第1条に係る転根抵当の通知を遅滞なく行い、その証憑を銀行に提出します。今後、この転根抵当権について各種の変更等の合意がなされたときも同様とします。(注12)

第4条（費用の負担）

この転根抵当権に関する登記・通知に要する費用は、債務者および転根抵当権設定者が連帯して負担し、銀行が支払った金額についてはただちに支払います。

以　上

(注１)　根抵当権設定契約書は、平成元年４月１日以降、印紙税法上の課税文書には該当しないこととされていることから、この文書も課税文書には該当しない。ただし、第２条第３項を修正して（権利の譲渡手続ではなく）権利を譲渡する旨の定めをした場合は、債権譲渡に関する契約書（第15号文書）として課税文書となるので、留意が必要である。
(注２)　この契約書を作成した日付を記載する。
(注３)　転根抵当権設定者と債務者が同じ場合は、この欄に署名（記名）捺印させる。
(注４)　債務者以外の第三者が転根抵当権設定者の場合は、この欄に署名（記名）捺印させる。連帯保証を求める場合には、この欄に「連帯保証人」の記載を追加するのではなく、保証人徴求の際に法令等によって求められる手続を履践する必要がある。
(注５)　第三債務者（原抵当権の債務者）が当事者となる書式ではないことから、第三債務者（原抵当権の債務者）については署名欄を設けない。
(注６)　極度額を記載する。
(注７)　根抵当権の被担保債権の範囲は、「特定の継続的取引契約」または「一定の種類の取引」をもって定めるほか、「特定の原因に基づき継続して発生する債権」「手形上・小切手上の請求権」についても被担保債権とすることができる（民法第398条の２第２項・第３項）。
　　　　この契約では、「一定の種類の取引」として「銀行取引」を定め、また「手形上・小切手上の請求権」および「電子記録債権」についても被担保債権としている。
　　　　以上のほか、特定債権を被担保債権の範囲に追加することができ、例を示すと次のとおりである。
　　　　イ　平成○年○月○日債権譲渡契約により銀行が○○○○から譲り受けた債権（原契約：平成○年○月○日金銭消費貸借契約、当初元本：金○円、現在残高：金○円）
　　　　ロ　平成○年○月○日債務引受契約により債務者が○○○○から引き受けた債権（原契約：平成○年○月○日金銭消費貸借契約、当初元本：金○円、現在残高：金○円）
(注８)　手形や小切手上の請求権のほか、電子記録債権についても被担保債権とすることが認められている。
(注９)　住所、氏名を記載する（法人の場合は本店所在地と商号を記載）。
(注10)　確定期日を定める場合は、「定めない」を削除し、「平成○年○月○日」と所定の日付を記載する。確定期日を定めると、元本の確定請求をすることはできない（民法第398条の19第３項）。
(注11)　第１順位の転根抵当権を設定することを念頭に置いている。第１順位ではない場合には、当該順位を記載することとなる。
(注12)　第三債務者（原抵当権の債務者）に対する対抗要件を具備するために（民法第377条）、転根抵当権設定者から第三債務者（原抵当権の債務者）に対する通知を義務付けている。場合によっては、第三債務者（原抵当権の債務者）への通知または抵当権転根抵当の登記を留保するケースもあるが、原則として、これらの準備はしておくべきであろう。

Ⅴ　登記原因証明情報（抵当権転根抵当）(注１)

登記原因証明情報
（抵当権転根抵当）

　　　　　　　　　　　　　　　　　　　　　　　　　　平成　　年　　月　　日
東京法務局　○出張所　御中

　　　　　　　　　住　所　　　　　東京都○区○町三丁目２番６号
　　　　　　　　　登記義務者(注２)　株式会社丙川ファイナンス
　　　　　　　　　　　　　　　　　代表取締役　丙川三郎　　　　㊞

登記義務者(転根抵当権設定者)は、本件登記の原因となる事実または法律行為が下記１．記載のとおりであることおよびこれに基づき現に下記２．記載の内容を登記要項とする物権変動が生じたことを証明します。

１．登記の原因となる事実または法律行為

(1)	契約証書名および締結年月日	平成○年○月○日付け転根抵当権設定契約証書（注３）	
(2)	契約当事者	転根抵当権者	株式会社甲野銀行
		転根抵当権設定者	株式会社丙川ファイナンス

２．登記申請情報の要項

(1)	登記の目的	抵当権転根抵当（注４）
(2)	転根抵当権の目的となる原抵当権	平成○年○月○日受付第○号
(3)	原因	平成○年○月○日設定（注５）
(4)	極度額	拾億　　百万　　千　　円 （算用数字／頭部に¥マーク）
(5)	債権の範囲	①　銀行取引 ②　手形債権、小切手債権、電子記録債権
(6)	債務者	東京都○区○町三丁目２番６号 株式会社丙川ファイナンス
(7)	登記権利者 （転根抵当権者）（注６）	東京都○区○町一丁目２番３号 株式会社甲野銀行（取扱店○支店）
(8)	登記義務者 （転根抵当権設定者） （注２）	東京都○区○町三丁目２番６号 株式会社丙川ファイナンス
(9)	不動産の表示	後記のとおり

不動産の表示
所　　在　東京都○区○町一丁目 地　　番　１番１ 地　　目　宅地 地　　積　○○○.００㎡ 所　　在　東京都○区○町一丁目１番地１

```
家屋番号　1番1
種　　類　居宅
構　　造　木造セメントかわらぶき平家建
床 面 積　〇〇.〇〇㎡
```

以　上

(注1)　Ⅳ転根抵当権設定契約証書とは別に、Ⅴ登記原因証明情報（抵当権転根抵当）を作成する場合の書式である。この情報は、登記の原因となる事実または法律行為のほか、登記事項（および物件表示）を登記義務者が確認して署名（または記名捺印）したものでなくてはならない。契約証書とは異なり、登記用に作成された書面の原本還付を受けることはできないため、管轄登記所が複数となるケースでは、登記所ごとに（複数）作成する必要がある。その内容は同文面とし、すべての物件を記載する。
(注2)　登記義務者は、既に設定を受けている抵当権の抵当権者となる。
(注3)　Ⅳ契約証書の名称および締結年月日を記載する。
(注4)　転根抵当権設定の登記は、常に付記登記によるから、付記登記による申請の旨を明らかにする必要はない。
(注5)　転根抵当権設定の効力発生年月日を記載する。
(注6)　登記権利者は、転根抵当権者となる。

Ⅵ－1－1　登記用委任状（登記義務者用／Ⅳを登記原因証明情報として提供する場合）(注1)

委　任　状

平成　　年　　月　　日

住　所　　東京都〇区〇町三丁目2番6号
登記義務者　株式会社丙川ファイナンス
　　　　　代表取締役　丙川三郎　　㊞
連絡先　担当部署　〇〇部／担当者名　〇〇　〇〇
電話番号　〇〇－〇〇〇〇－〇〇〇〇

私は、_____(注2)を代理人と定め、下記の事項に関する一切の権限を委任します。

記

1．次の要項による登記申請に関すること
　(1) 登記原因証明情報：平成〇年〇月〇日付け転根抵当権設定契約証書(注3)
　(2) 登記の目的：抵当権転根抵当
2．上記申請の登記識別情報の暗号化に関すること(注4)
3．上記申請の登記完了証の受領に関すること(注5)
4．上記申請に関する契約証書、資格証明情報その他の添付情報の原本還付手続に関すること(注5)
5．上記申請の登録免許税還付金の代理受領に関すること(注6)

以　上

(注1)　Ⅳ転根抵当権設定契約証書を登記原因証明情報（不登法第61条）として提供する場合に、登記義務者が作成する委任状の書式である。管轄登記所が複数となるケースにおいて、委任状の原本還付を受けるときは、他の申請についても委任したことが明らかな内容とする必要がある。
(注2)　代理人の住所ならびに氏名または名称を記載する。
(注3)　登記所に提供する契約証書の締結日およびその名称を記載する。
(注4)　登記識別情報の暗号化（電子申請においてオンラインで登記識別情報を提供すること）には特別の授権が必要であるため、このように記載する。
(注5)　これらの事項には特別の授権を必要としないが、委任事項を明確にするため、このように記載する。
(注6)　登記申請の取下げ・却下・過誤納付に伴う還付金の代理受領については特別の授権が必要であるため、このように記載する。

Ⅵ－1－2　登記用委任状（登記義務者用／Ⅴを登記原因証明情報として提供する場合）(注1)

委　任　状

平成　年　月　日

住　所　　東京都〇区〇町三丁目2番6号
登記義務者　株式会社丙川ファイナンス
　　　　　　代表取締役　丙川三郎　㊞
〔連絡先　担当部署　〇〇部／担当者名　〇〇　〇〇〕
〔電話番号　〇〇－〇〇〇〇－〇〇〇〇〕

私は、＿＿＿＿＿＿＿＿＿＿＿＿＿＿(注2)を代理人と定め、下記の事項に関する一切の権限を委任します。

記

1. 次の要項による登記申請に関すること
　(1) 登記原因証明情報：平成〇年〇月〇日付け登記原因証明情報（抵当権転根抵当）(注3)
　(2) 登記の目的：抵当権転根抵当
2. 上記申請の登記識別情報の暗号化に関すること(注4)
3. 上記申請の登記完了証の受領に関すること(注5)
4. 上記申請に関する資格証明情報その他の添付情報の原本還付手続に関すること(注5)
5. 上記申請の登録免許税還付金の代理受領に関すること(注6)

以　上

(注1)　Ⅳ転根抵当権設定契約証書とは別に、Ⅴ登記原因証明情報（抵当権転根抵当）を作成し、これを登記原因証明情報（不登法第61条）として提供する場合に、登記義務者が作成する委任状の書式である。管轄登記所が複数となるケースにおいて、委任状の原本還付を受けるときは、他の申請についても委任したことが明らかな内容とする必要がある。
(注2)　代理人の住所ならびに氏名または名称を記載する。

(注3) 登記所に提供する登記原因証明情報の作成日およびその名称を記載する。
(注4) 登記識別情報の暗号化（電子申請においてオンラインで登記識別情報を提供すること）には特別の授権が必要であるため、このように記載する。
(注5) これらの事項には特別の授権を必要としないが、委任事項を明確にするため、このように記載する。
(注6) 登記申請の取下げ・却下・過誤納付に伴う還付金の代理受領については特別の授権が必要であるため、このように記載する。

Ⅵ-2-1　登記用委任状（登記権利者用／Ⅳを登記原因証明情報として提供する場合）(注1)

委　任　状

平成　　年　　月　　日

住　所　　　東京都〇区〇町一丁目2番3号
登記権利者　株式会社甲野銀行
　　　　　　代表取締役　甲野太郎　　㊞
　　　　　　（取扱店　〇支店）

私は、＿＿＿＿＿＿＿＿＿＿＿＿＿＿＿（注2）を代理人と定め、下記の事項に関する一切の権限を委任します。

記

1．次の要項による登記申請に関すること
　　(1) 登記原因証明情報：平成〇年〇月〇日付け転根抵当権設定契約証書(注3)
　　(2) 登記の目的：抵当権転根抵当
2．上記申請の登記識別情報の受領に関すること(注4)
3．上記申請の登記完了証の受領に関すること(注5)
4．上記申請に関する契約証書、資格証明情報その他の添付情報の原本還付手続に関すること(注5)
5．上記申請の登録免許税還付金の代理受領に関すること(注6)

以　上

(注1) Ⅳ転根抵当権設定契約証書を登記原因証明情報（不登法第61条）として提供する場合に、登記権利者が作成する委任状の書式である。管轄登記所が複数となるケースにおいて、委任状の原本還付を受けるときは、他の申請についても委任したことが明らかな内容とする必要がある。
(注2) 代理人の住所ならびに氏名または名称を記載する。
(注3) 登記所に提供する契約証書の締結日およびその名称を記載する。
(注4) 登記識別情報の受領には特別の授権が必要であるため、このように記載する。なお、電子申請においてオンラインで登記識別情報を受領することを「復号」といい、この方法による受領には特別の授権が必要であるため、これについても委任する場合は、「上記申請の登記識別情報の受領・復号に関すること」のように記載する。
(注5) これらの事項には特別の授権を必要としないが、委任事項を明確にするため、このように記載する。
(注6) 登記申請の取下げ・却下・過誤納付に伴う還付金の代理受領については特別の授権が必要

であるため、このように記載する。

Ⅵ－2－2　登記用委任状（登記権利者用／Ⅴを登記原因証明情報として提供する場合）(注1)

委　任　状

平成　年　月　日

住　所　　　東京都○区○町一丁目2番3号
登記権利者　株式会社甲野銀行
　　　　　　代表取締役　甲野太郎　　　㊞
　　　　　　（取扱店　○支店）

私は、＿＿＿＿＿＿＿＿＿＿＿＿＿＿＿＿(注2)を代理人と定め、下記の事項に関する一切の権限を委任します。

記

1．次の要項による登記申請に関すること
　　(1) 登記原因証明情報：平成○年○月○日付け登記原因証明情報（抵当権転根抵当）(注3)
　　(2) 登記の目的：抵当権転根抵当
2．上記申請の登記識別情報の受領に関すること(注4)
3．上記申請の登記完了証の受領に関すること(注5)
4．上記申請に関する資格証明情報その他の添付情報の原本還付手続に関すること(注5)
5．上記申請の登録免許税還付金の代理受領に関すること(注6)

以　上

（注1）　Ⅳ転根抵当権設定契約証書とは別に、Ⅴ登記原因証明情報（抵当権転根抵当）を作成し、これを登記原因証明情報（不登法第61条）として提供する場合に、登記権利者が作成する委任状の書式である。管轄登記所が複数となるケースにおいて、委任状の原本還付を受けるときは、他の申請についても委任したことが明らかな内容とする必要がある。
（注2）　代理人の住所ならびに氏名または名称を記載する。
（注3）　登記所に提供する登記原因証明情報の作成日およびその名称を記載する。
（注4）　登記識別情報の受領には特別の授権が必要であるため、このように記載する。なお、電子申請においてオンラインで登記識別情報を受領することを「復号」といい、この方法による受領には特別の授権が必要であるため、これについても委任する場合は、「上記申請の登記識別情報の受領・復号に関すること」のように記載する。
（注5）　これらの事項には特別の授権を必要としないが、委任事項を明確にするため、このように記載する。
（注6）　登記申請の取下げ・却下・過誤納付に伴う還付金の代理受領については特別の授権が必要であるため、このように記載する。

3　債権の質入れ

40　債権全部の質入れ

I　ケース概要

　丙川商事は、乙野商事所有の土地建物に抵当権の設定を受けているが、今般、甲野銀行は、丙川商事宛て融資の担保として、丙川商事が有する抵当権付債権について質権の設定を受けることとなった。

II　書式作成上の留意点

① 　抵当権付債権の全部について、債務者の承諾を得たうえで質権を設定する場合の書式である。質権設定契約の締結により、抵当権の債権質入登記の原因が発生する。
② 　債権質の第三者対抗要件は、確定日付の付された質入債権の債権者による通知または質入債権の債務者（以下「第三債務者」）による承諾のいずれによっても具備することが可能である（民法第364条）から、質権設定にあたり第三債務者を当事者とする証書を作成することが必須となるものではない。もっとも、第三債務者の承諾が得られれば確定日付を付すことにより質権設定の第三者対抗要件を具備することができるため、第三債務者の承諾を得ることができる事案においては、第三債務者の捺印を得て作成する本書式によることが望ましい。
③ 　この書式をもって登記原因証明情報（不登法第61条）として提供することができるが、これとは別にV登記原因証明情報を作成し、登記原因証明情報（不登法第61条）として登記所に提供することができる。
④ 　抵当権の債権質入れの登記は、質権者が登記権利者となり、質権設定者が登記義務者となって行い、質権の被担保債権もその登記事項となる。
⑤ 　登記義務者は、抵当権の取得に係る登記識別情報（登記済証）を提供する。なお、登記完了後は、双方に登記完了証が交付され、登記権利者には登記識別情報が通知される。
⑥ 　管轄登記所が複数となるケースでは、V登記原因証明情報（抵当権の債権質入れ）は、登記所ごとに（複数）必要となる。当該申請のためにのみ作成したVI登記用委任状も同様であり、これらは原本還付を受けることができないとされている。

III　必要書類・費用一覧

書　類	書類上の関係者
□ 質権設定契約証書	債務者、質権設定者、質権者、第三債務者
□ 登記原因証明情報	質権設定者

☐ 委任状（登記義務者用）	質権設定者
☐ 委任状（登記権利者用）	質権者
☐ 登記識別情報（登記済証）	質権設定者
☐ 会社法人等番号（注）	質権設定者、質権者
☐ 登録免許税	不動産1個につき1,000円

（注）　不登令等の改正により、平成27年11月2日から、会社・法人の代表者等の資格を証する情報の提供（添付）に代え、登記申請情報に商業登記法第7条の会社法人等番号を記録または記載することとなった。ただし、法人登記手続中となるなどの場合を考慮し、例外的に、作成後1か月以内の資格証明情報（登記事項証明書）を提供（添付）することも認められている。

Ⅳ　質権設定契約証書

（印紙）（注1）

質権設定契約証書

平成　　年　　月　　日（注2）

住　所　　東京都○区○町一丁目2番3号
債権者
　　　　　株式会社甲野銀行　御中
質権者

　　　　　（取扱店　　　　　　　　　）

　　　　　　　　　住　所　　　　東京都○区○町三丁目2番1号
　　　　　　　　　債務者　　　　株式会社丙川商事
確定日付欄（注5）　質権設定者　　代表取締役　丙川三郎　㊞（注3）

　　　　　　　　　住　所　　　　東京都○区○町四丁目5番6号
　　　　　　　　　第三債務者　　株式会社乙野商事
　　　　　　　　　（抵当権設定者）代表取締役　乙野次郎　㊞（注4）

　株式会社甲野銀行（以下「銀行」といいます。）および債務者、質権設定者ならびに第三債務者は、次のとおり質権設定契約を締結しました。

［質権の要項］（注6）

1．被担保債権	平成○年○月○日付け金銭消費貸借契約に基づく債権

2．債権額	拾億　　　百万　　　　千　　　　円 （算用数字／頭部に￥マーク）
3．利息	年○％（年365日日割計算）
4．損害金	年○％（年365日日割計算）
5．債務者	住所　東京都○区○町三丁目2番1号 氏名　株式会社丙川商事(注7)
6．順位	第1順位

[質入債権の表示]

1．債権者	上記質権設定者に同じ
2．債務者	上記第三債務者に同じ
3．原契約	契約名および契約年月日	平成　年　月　日金銭消費貸借契約
	当初元本金額(注8)	拾億　　　百万　　　　千　　　　円 （算用数字／頭部に￥マーク）
4．残元本金額(注9)	拾億　　　百万　　　　千　　　　円 （算用数字／頭部に￥マーク）

[抵当権の表示]

1．登記	平成○年○月○日東京法務局○出張所受付第○号
2．物件	後記物件の表示記載のとおり

物件の表示	所有者
所　　在　東京都○区○町一丁目 地　　番　1番1 地　　目　宅地 地　　積　○○○.○○㎡	株式会社乙野商事
所　　在　東京都○区○町一丁目1番地1 家屋番号　1番1 種　　類　居宅 構　　造　木造セメントかわらぶき平家建 床 面 積　○○.○○㎡	株式会社乙野商事

第1条（質権の設定）
　①　質権設定者は、下記条項を承認のうえ、前記「質入債権の表示」記載の債権（前記の残元本金額、経過利息および発生済み遅延損害金等の付帯債権を含み、以下「質入債権」といいます。）(注10)のうえに、銀行が債務者に対して有する前記被担保債権を担保するために、前記「質権の要項」記載の質権を設定しました。
　②　質権者は、前項に定める質権の効力が前記抵当権にも及ぶことを確認します。
　③　質権設定者は、この契約について、下記条項のほか、債務者が銀行に差し入れた銀行取引約定書および被担保債権の成立・変更等に係る約定書ならびに債務者が銀行に今後差し入れるこれらの約定書記載の各条項の適用があることを承認します。

第2条（登記義務）
　質権設定者は、質権設定者名義の抵当権の登記について、前条に係る債権質入れの登記手続を遅滞なく行い、その登記事項証明書を銀行に提出します。今後、この質権について各種の変更等の合意がなされたときも同様とします。

第3条（第三債務者の承諾）(注11)
　第三債務者は、この質権設定契約を異議無く承諾しました。

第4条（原契約証書の交付）
　質権設定者は、質入債権の原契約証書その他質権者の権利行使および保全に必要な一切の書類を、銀行の指示に従って銀行に交付します。(注12)

第5条（費用の負担）
　この質権に関する設定・解除または変更の登記および債権質入物件の調査または処分に関する費用は、質権設定者が負担し、銀行が支払った金額についてはただちに支払います。

　　　　　　　　　　　　　　　　　　　　　　　　　　　　　以　上

(注1)　質権設定および第三債務者による承諾に関する契約書は、印紙税法上の課税文書には該当しないこととされている。
(注2)　この契約書を作成した日付を記載する。
(注3)　質権設定者と債務者が同じ場合は、この欄に署名（記名）捺印させる。債務者以外の第三者が質権設定者の場合は、質権設定者がこの欄に署名（記名）捺印し、債務者の文字を抹消する。なお、住所および商号、氏名は、会社法人等番号または住民票により確認する。
(注4)　抵当権の被担保債権の債務者（第三債務者）は、この欄に署名（記名）捺印させる。
(注5)　債権の質入れの第三者対抗要件は、確定日付のある証書による債務者への通知または承諾である（民法第364条）ことから、本書式において債務者の承諾により第三者対抗要件を具備するには、確定日付を付す必要がある。確定日付を付す方法としては、本書式に債務者の署名（記名）捺印を取得した後、公証役場において確定日付印の付与を受けるのが一般的である。
(注6)　被担保債権を特定するに足りる事項として、発生原因とその日付、債権額、利息および遅延損害金の定め等を記載する。
(注7)　住所、氏名を記載する（法人の場合は本店所在地と商号を記載する）。
(注8)　原契約に記載される貸付元本金額を記載する。
(注9)　残元本金額のほか、既発生の経過利息および遅延損害金の金額を具体的に表示することも

考えられるが、これらを含めて質入対象債権とする旨の文言を第1条第1項に設けておけば具体的な金額の特定がなくても特定に欠ける点はなく、また簡易な事務でない可能性を考慮し、本書では残元本のみを表示する書式を示すこととした。
- (注10) 残元本だけでなく、発生済みの利息（経過利息）および遅延損害金等の付帯債権も質入れの対象とする場合は、その旨を明記する必要がある。
- (注11) 第三債務者の承諾も契約の成立要件としては不要であるが、当該債務者に対する対抗要件としての承諾（民法第364条）を兼ねる意味で承諾条項を置いている。なお、被担保債権に譲渡禁止特約が付されている場合には、債務者が譲渡を承諾しない限り質権設定の効力が生じない（民法第466条）ため、被担保債権の発生原因の特約として譲渡禁止特約が付されている場合には、債権譲渡の対抗要件としての承諾および譲渡禁止特約の解除についての承諾の両方を行ったことを明確にする文言に改めることが望ましい。
- (注12) 平成15年の民法改正により債権証書の交付が質権の効力発生要件ではなくなったが、債権証書は質権者が直接取立権を行使する場合等に重要な証拠書類となることから、銀行が質入れを受けた際に債権証書の交付を受ける例が多いと思われる。

V 登記原因証明情報（抵当権の債権質入れ）(注1)

登記原因証明情報
（抵当権の債権質入れ）

平成　年　月　日

東京法務局　○出張所　御中

　　　　　住　所　　　　東京都○区○町三丁目2番1号
　　　　　登記義務者(注2)　株式会社丙川商事
　　　　　　　　　　　　　代表取締役　丙川三郎　　　㊞

　登記義務者（質権設定者）は、本件登記の原因となる事実または法律行為が下記1.記載のとおりであることおよびこれに基づき現に下記2.記載の内容を登記要項とする物権変動が生じたことを証明します。

1．登記の原因となる事実または法律行為

(1) 契約証書名および締結年月日	平成○年○月○日付け質権設定契約証書(注3)
(2) 契約当事者	債権者（質権者）　株式会社甲野銀行
	債務者（質権設定者）　株式会社丙川商事

2．登記申請情報の要項

(1) 登記の目的	抵当権の債権質入れ(注4)

(2)	質入れの目的となる債権に付された抵当権	平成○年○月○日受付第○号
(3)	原因	平成○年○月○日金銭消費貸借平成○年○月○日設定（注5）
(4)	債権額（注6）	 拾億　　　　百万　　　　　千　　　　　円 　　　　　　　　　　　　　　　　　　　 （算用数字／頭部に￥マーク）
(5)	利息（注7）	年○％（年365日日割計算）
(6)	損害金	年○％（年365日日割計算）
(7)	債務者	東京都○区○町三丁目2番1号 株式会社丙川商事
(8)	登記権利者 （質権者）（注8）	東京都○区○町一丁目2番3号 株式会社甲野銀行（取扱店○支店）
(9)	登記義務者 （質権設定者）（注2）	東京都○区○町三丁目2番1号 株式会社丙川商事
(10)	不動産の表示	後記のとおり

不動産の表示

所　　在　東京都○区○町一丁目
地　　番　1番1
地　　目　宅地
地　　積　○○○.00㎡

所　　在　東京都○区○町一丁目1番地1
家屋番号　1番1
種　　類　居宅
構　　造　木造セメントかわらぶき平家建
床 面 積　○○.00㎡

以　上

(注1) Ⅳ質権設定契約証書とは別に、Ⅴ登記原因証明情報（抵当権の債権質入れ）を作成する場合の書式である。この情報は、登記の原因となる事実または法律行為のほか、登記事項（および物件表示）を登記義務者が確認して署名（または記名捺印）したものでなくてはならない。契約証書とは異なり、登記用に作成された書面の原本還付を受けることはできないため、管轄登記所が複数となるケースでは、登記所ごとに（複数）作成する必要がある。その内容は同文面とし、すべての物件を記載する。
(注2) 登記義務者は、質権設定者となる。
(注3) Ⅳ契約証書の名称および締結年月日を記載する。
(注4) 債権質入れの登記は、常に付記登記によるから、付記登記による申請の旨を明らかにする必要はない。
(注5) 抵当権設定の「登記原因およびその日付」は、まず契約名称および日付をもって被担保債

権を記載し、次に設定契約の日付を記載する。
- （注6） 質権の被担保債権の債権額を記載する。登記申請までに弁済により債権額が減少していても当初の金額をもって登記することができるが、登記申請時の残高をもって登記することもできる。
- （注7） 変動計算式や変動する旨を登記することはできない。
- （注8） 登記権利者は、質権者となる。取扱店支店を登記すべきときは、例のように表示する。

Ⅵ－1－1　登記用委任状（登記義務者用／Ⅳを登記原因証明情報として提供する場合）（注1）

委 任 状

平成　年　月　日

住　所　　　東京都○区○町三丁目2番6号
登記義務者　株式会社丙川商事
　　　　　　代表取締役　丙川三郎　　　㊞
（連絡先　担当部署　○○部／担当者名　○○　○○
　電話番号　○○－○○○○－○○○○）

私は、＿＿＿＿＿＿＿＿＿＿＿＿＿＿（注2）を代理人と定め、下記の事項に関する一切の権限を委任します。

記

1．次の要項による登記申請に関すること
　(1) 登記原因証明情報：平成○年○月○日付け質権設定契約証書（注3）
　(2) 登記の目的：抵当権の債権質入れ
2．上記申請の登記識別情報の暗号化に関すること（注4）
3．上記申請の登記完了証の受領に関すること（注5）
4．上記申請に関する契約証書、資格証明情報その他の添付情報の原本還付手続に関すること（注5）
5．上記申請の登録免許税還付金の代理受領に関すること（注6）

以　上

- （注1） Ⅳ質権設定契約証書を登記原因証明情報（不登法第61条）として提供する場合に、登記義務者が作成する委任状の書式である。管轄登記所が複数となるケースにおいて、委任状の原本還付を受けるときは、他の申請についても委任したことが明らかな内容とする必要がある。
- （注2） 代理人の住所ならびに氏名または名称を記載する。
- （注3） 登記所に提供する契約証書の締結日およびその名称を記載する。
- （注4） 登記識別情報の暗号化（電子申請においてオンラインで登記識別情報を提供すること）には特別の授権が必要であるため、このように記載する。
- （注5） これらの事項には特別の授権を必要としないが、委任事項を明確にするため、このように記載する。
- （注6） 登記申請の取下げ・却下・過誤納付に伴う還付金の代理受領については特別の授権が必要であるため、このように記載する。

Ⅵ－1－2　登記用委任状（登記義務者用／Ⅴを登記原因証明情報として提供する場合）(注1)

委　任　状

平成　年　月　日

住　所　　　東京都○区○町三丁目2番6号
登記義務者　株式会社丙川商事
　　　　　　代表取締役　丙川三郎　　㊞
連絡先　担当部署　○○部／担当者名　○○ ○○
電話番号　○○－○○○○－○○○○

私は、＿＿＿＿＿＿＿＿＿＿＿＿＿＿＿＿（注2）を代理人と定め、下記の事項に関する一切の権限を委任します。

記

1．次の要項による登記申請に関すること
　　(1) 登記原因証明情報：平成○年○月○日付け登記原因証明情報（抵当権の債権質入れ）(注3)
　　(2) 登記の目的：抵当権の債権質入れ
2．上記申請の登記識別情報の暗号化に関すること（注4）
3．上記申請の登記完了証の受領に関すること（注5）
4．上記申請に関する資格証明情報その他の添付情報の原本還付手続に関すること（注5）
5．上記申請の登録免許税還付金の代理受領に関すること（注6）

以　上

(注1)　Ⅳ質権設定契約証書とは別に、Ⅴ登記原因証明情報（抵当権の債権質入れ）を作成し、これを登記原因証明情報（不登法第61条）として提供する場合に、登記義務者が作成する委任状の書式である。管轄登記所が複数となるケースにおいて、委任状の原本還付を受けるときは、他の申請についても委任したことが明らかな内容とする必要がある。
(注2)　代理人の住所ならびに氏名または名称を記載する。
(注3)　登記所に提供する登記原因証明情報の作成日およびその名称を記載する。
(注4)　登記識別情報の暗号化（電子申請においてオンラインで登記識別情報を提供すること）には特別の授権が必要であるため、このように記載する。
(注5)　これらの事項には特別の授権を必要としないが、委任事項を明確にするため、このように記載する。
(注6)　登記申請の取下げ・却下・過誤納付に伴う還付金の代理受領については特別の授権が必要であるため、このように記載する。

Ⅵ－2－1　登記用委任状（登記権利者用／Ⅳを登記原因証明情報として提供する場合）（注1）

委 任 状

平成　年　月　日

住　所　　　　東京都○区○町一丁目2番3号
登記権利者　　株式会社甲野銀行
　　　　　　　代表取締役　甲野太郎　　　㊞
　　　　　　　（取扱店　○支店）

私は、＿＿＿＿＿＿＿＿＿＿＿＿＿＿＿（注2）を代理人と定め、下記の事項に関する一切の権限を委任します。

記

1．次の要項による登記申請に関すること
　(1) 登記原因証明情報：平成○年○月○日付け質権設定契約証書（注3）
　(2) 登記の目的：抵当権の債権質入れ
2．上記申請の登記識別情報の受領に関すること（注4）
3．上記申請の登記完了証の受領に関すること（注5）
4．上記申請に関する契約証書、資格証明情報その他の添付情報の原本還付手続に関すること（注5）
5．上記申請の登録免許税還付金の代理受領に関すること（注6）

以　上

(注1)　Ⅳ質権設定契約証書を登記原因証明情報（不登法第61条）として提供する場合に、登記権利者が作成する委任状の書式である。管轄登記所が複数となるケースにおいて、委任状の原本還付を受けるときは、他の申請についても委任したことが明らかな内容とする必要がある。
(注2)　代理人の住所ならびに氏名または名称を記載する。
(注3)　登記所に提供する契約証書の締結日およびその名称を記載する。
(注4)　登記識別情報の受領には特別の授権が必要であるため、このように記載する。なお、電子申請においてオンラインで登記識別情報を受領することを「復号」といい、この方法による受領には特別の授権が必要であるため、これについても委任する場合は、「上記申請の登記識別情報の受領・復号に関すること」のように記載する。
(注5)　これらの事項には特別の授権を必要としないが、委任事項を明確にするため、このように記載する。
(注6)　登記申請の取下げ・却下・過誤納付に伴う還付金の代理受領については特別の授権が必要であるため、このように記載する。

Ⅵ－2－2　登記用委任状（登記権利者用／Ⅴを登記原因証明情報として提供する場合）(注1)

委　任　状

平成　年　月　日

住　所　　　東京都○区○町一丁目2番3号
登記権利者　株式会社甲野銀行
　　　　　　代表取締役　甲野太郎　　㊞
　　　　　　（取扱店　○支店）

私は、＿＿＿＿＿＿＿＿＿＿＿＿＿＿＿（注2）を代理人と定め、下記の事項に関する一切の権限を委任します。

記

1．次の要項による登記申請に関すること
　(1) 登記原因証明情報：平成○年○月○日付け登記原因証明情報（債権質入れ）(注3)
　(2) 登記の目的：抵当権の債権質入れ
2．上記申請の登記識別情報の受領に関すること（注4）
3．上記申請の登記完了証の受領に関すること（注5）
4．上記申請に関する資格証明情報その他の添付情報の原本還付手続に関すること（注5）
5．上記申請の登録免許税還付金の代理受領に関すること（注6）

以　上

(注1)　Ⅳ質権設定契約証書とは別に、Ⅴ登記原因証明情報（抵当権の債権質入れ）を作成し、これを登記原因証明情報（不登法第61条）として提供する場合に、登記権利者が作成する委任状の書式である。管轄登記所が複数となるケースにおいて、委任状の原本還付を受けるときは、他の申請についても委任したことが明らかな内容とする必要がある。
(注2)　代理人の住所ならびに氏名または名称を記載する。
(注3)　登記所に提供する登記原因証明情報の作成日およびその名称を記載する。
(注4)　登記識別情報の受領には特別の授権が必要であるため、このように記載する。なお、電子申請においてオンラインで登記識別情報を受領することを「復号」といい、この方法による受領には特別の授権が必要であるため、これについても委任する場合は、「上記申請の登記識別情報の受領・復号に関すること」のように記載する。
(注5)　これらの事項には特別の授権を必要としないが、委任事項を明確にするため、このように記載する。
(注6)　登記申請の取下げ・却下・過誤納付に伴う還付金の代理受領については特別の授権が必要であるため、このように記載する。

4　譲　　渡

41　抵当権の譲渡

Ⅰ　ケース概要

　甲野銀行は乙野商事から融資の申し込みを受けたが、乙野商事所有の土地および建物には商取引上の債権を担保するための丙川興業の第1順位の抵当権のほかに、丁川ファイナンスが有する融資債権を担保するための第2順位の抵当権が設定されていた。甲野銀行は、抵当権設定を受けて第1順位の抵当権と順位変更することを画策したが丁川ファイナンスが応じなかった。甲野銀行としては、丙川興業が甲野銀行の融資による乙野商事の資金繰り等の改善に理解を示していることに鑑み、第1順位の抵当権を譲り受けたい。

Ⅱ　書式作成上の留意点

① 　本書式は、同一債務者に対する債権者間において、抵当権を有する者から有しない者に対して、抵当権のみその全部を譲渡する場合の書式である（金額を定めてその一部を譲渡することもできる）。抵当権譲渡人と受益者（抵当権譲受人）の間で抵当権譲渡の合意をすることにより、抵当権譲渡の登記原因が生じる。これは、抵当権者から一般債権者に対する相対的な処分であり、被担保債権の譲渡に随伴して抵当権が移転すること（No.16～18）とは異なる。

② 　抵当権者は、同一の債務者に対する他の債権者の利益のために、その抵当権またはその順位を譲渡し、または放棄することができる（民法第376条第1項）。抵当権の譲渡が行われると、抵当権譲渡人が受けるべき優先配当額（一部譲渡の場合は譲渡額）の範囲で受益者が抵当権譲渡人に優先して配当を受けることができるが、抵当権譲渡人の優先配当権が消滅すれば受益者もその配当を受けることができなくなる。なお、抵当権譲渡にあたり後順位抵当権者の承諾は不要である。また、確定前の根抵当権については、このような処分をすることができない（民法第398条の11第1項）。

③ 　上記に対し、順位変更（民法第374条）の場合は、債務者が異なっていても、また根抵当権者であっても合意することができ、さらに変更後（根）抵当権の一部が消滅しても順位変更の効力には影響がない。したがって、順位変更制度が創設された昭和47年以降は、中間の（根）抵当権者が順位変更に応じないときや、新規に（根）抵当権設定を受けるコストが問題となるときなどにその利用が検討される。

④ 　抵当権譲渡については、債務者に対して通知するか、その承諾を得ておかないと、抵当権譲渡人に対する弁済をもって対抗されることになる（民法第377条）。本ケースは、債務者宛て融資の際に取り組まれるものであるため、債務者に対して特別な約定を求めることが可能であることを前提にして、抵当権譲渡契約において債務者が承諾することにより民法第377

条の対抗要件を具備することとしている。他方、受益者に対して優先的に弁済させる必要があれば、抵当権譲渡契約において弁済ルールを約定することが考えられるが、不測の内入れ等をけん制する趣旨であれば、承諾を得ない弁済は受益者に対抗できない旨を明記して、抵当権譲渡人から債務者に対して通知することでも足りるであろう。なお、債務者以外の第三者との優劣関係については、登記によって決せられることから、抵当権譲渡に関する通知または承諾は確定日付のある証書（民法第467条第2項参照）による必要はない。

⑤ 抵当権譲渡契約とは別にⅤ登記原因証明情報（抵当権譲渡）を作成し、登記原因証明情報（不登法第61条）として登記所に提供することができる。

⑥ 抵当権譲渡の登記は、受益者が登記権利者となり、抵当権譲渡人が登記義務者となって行い、登記原因のほか、受益債権の債権額・利息・損害金・債務者などをその登記事項とする。

⑦ 抵当権譲渡人につき、抵当権の取得に係る登記識別情報（登記済証）が必要となる。なお、登記完了後は、双方に登記完了証が交付され、登記権利者には登記識別情報が通知される。

⑩ 管轄登記所が複数となるケースでは、Ⅴ登記原因証明情報（抵当権譲渡）は、登記所ごとに（複数）必要となる。当該申請のためにのみ作成したⅥ登記用委任状も同様であり、これらは原本還付を受けることができないとされている。

Ⅲ 必要書類・費用一覧

書　　類	書類上の関係者
☐ 抵当権譲渡契約証書	受益者、抵当権譲渡人、債務者
☐ 登記原因証明情報	抵当権譲渡人
☐ 委任状（登記義務者用）	抵当権譲渡人
☐ 委任状（登記権利者用）	受益者
☐ 登記識別情報（登記済証）	抵当権譲渡人
☐ 会社法人等番号（注）	受益者、抵当権譲渡人
☐ 登録免許税	不動産1個につき1,000円

（注）　不登令等の改正により、平成27年11月2日から、会社・法人の代表者等の資格を証する情報の提供（添付）に代え、登記申請情報に商業登記法第7条の会社法人等番号を記録または記載することとなった。ただし、法人登記手続中となるなどの場合を考慮し、例外的に、作成後1か月以内の資格証明情報（登記事項証明書）を提供（添付）することも認められている。

Ⅳ　抵当権譲渡契約証書

（印紙）
（注1）

抵当権譲渡契約証書

　　　　　　　　　　　　　　　　　　　　　　平成　　年　　月　　日（注2）

　　　　　住　所　　　　東京都○区○町一丁目2番3号
　　　　　受益者　　　　株式会社甲野銀行
　　　　　　　　　　　　代表取締役　甲野太郎　　　　㊞
　　　　　　　　　　　　（取扱店　　　　　　　　　　）

　　　　　住　所　　　　東京都○区○町三丁目2番6号
　　　　　抵当権譲渡人　株式会社丙川興業
　　　　　　　　　　　　代表取締役　丙川三郎　　　　㊞（注3）

　　　　　住　所　　　　東京都○区○町三丁目2番1号
　　　　　債務者　　　　株式会社乙野商事（注4）
　　　　　　　　　　　　代表取締役　乙野次郎　　　　㊞

受益者、抵当権譲渡人および債務者は、次のとおり抵当権譲渡契約を締結しました。

[**受益者が有する債権の表示**]（注5）

1．債権発生原因	平成○年○月○日付け金銭消費貸借契約
2．債権額	拾億　　　百万　　　千　　　円 （算用数字／頭部に¥マーク）
3．利息	年○％（年365日日割計算）
4．損害金	年○％（年365日日割計算）
5．債務者	住所　東京都○区○町三丁目2番1号 氏名　株式会社乙野商事

[**抵当権の表示**]

1．登記	平成○年○月○日東京法務局○出張所受付第○号
2．物件	後記物件の表示記載のとおり

物件の表示	所有者
所　　在　東京都○区○町一丁目 地　　番　1番1 地　　目　宅地 地　　積　○○○.○○㎡	株式会社乙野商事
所　　在　東京都○区○町一丁目1番地1 家屋番号　1番1 種　　類　居宅 構　　造　木造セメントかわらぶき平家建 床 面 積　○○.○○㎡	株式会社乙野商事

第1条（抵当権の譲渡）

① 抵当権譲渡人は、下記条項を承認のうえ、受益者が有する前記「受益者が有する債権の表示」記載の債権（以下「受益債権」といいます。）のために、受益者に対し、前記「抵当権の表示」記載の抵当権（以下「原抵当権」といいます。）を譲渡しました。

② 債務者は、この契約を異議なく承諾し、下記条項のほか、債務者が受益者に差し入れた銀行取引約定書および被担保債権の成立・変更等に係る約定書ならびに債務者が受益者に今後差し入れるこれらの約定書記載の各条項の適用があることを承認します。（注6）

第2条（抵当権譲渡人・債務者の義務）

① 次に掲げるいずれかの行為をする場合、抵当権譲渡人および債務者は、あらかじめ受益者の承諾を得るものとします。

　(1) 原抵当権の被担保債権に係る契約および原抵当権に係る設定契約（以下「原抵当権設定契約」といいます。）の変更、原抵当権の処分もしくは順位変更

　(2) 原抵当権の被担保債権の免除・相殺、または原抵当権の放棄

　(3) 原抵当権に基づく担保権実行の申立て

② 次に掲げるいずれかの事由が生じた場合、抵当権譲渡人および債務者は、ただちに受益者に通知し、その指示に従うものとします。

　(1) 抵当物件が滅失・毀損しもしくはその価格が低落したとき

　(2) 抵当物件について譲渡、明渡し、引渡し、収用その他の原因により譲渡代金・立退料・補償金・清算金などの債権が生じたとき

　(3) 原抵当権の設定者が、原抵当権設定契約の定めに違反したとき

③ 債務者は、前項の場合において、受益者の請求があったときは、ただちに受益者の承認する担保を差し入れ、または保証人をたてもしくはこれを追加し、あるいは受益債権の全部または一部を期限のいかんにかかわらず弁済します。

第3条（債務者による弁済）(注7)
　① 債務者は、抵当権譲渡人および受益者との間で別に締結する約定書に従い、原抵当権の被担保債権を弁済するものとします。
　② あらかじめ受益者の承諾を得た場合を除き、前項に反して抵当権譲渡人にした弁済は、受益者に対して効力を有しないものとします。

第4条（対抗要件の具備）(注8)
　抵当権譲渡人は、原抵当権について、第1条に係る抵当権譲渡の登記手続を遅滞なく行い、その登記事項証明書を受益者に提出します。今後、この抵当権譲渡について各種の変更等の合意がなされたときも同様とします。

第5条（費用の負担）
　この抵当権譲渡契約に関する登記に要する費用は、債務者が負担し、受益者が支払った金額についてはただちに支払います。

以　上

(注1)　この文書は、印紙税法上の課税文書には該当しないこととされている。
(注2)　この契約書を作成した日付を記載する。
(注3)　抵当権者（抵当権譲渡人）は、この欄に署名（記名）捺印させる。なお、住所および商号、氏名は、会社法人等番号または住民票により確認する。
(注4)　抵当権の債務者は、この欄に署名（記名）捺印させる。
(注5)　いかなる無担保債権のための抵当権譲渡であるかを明らかにするため、利益を受けるべき無担保債権の内容（発生原因およびその日付、債権額、利息および遅延損害金の定め等）を記載する。
(注6)　抵当権設定者の承諾は抵当権譲渡契約の成立要件としては不要である。また、債務者の承諾も契約の成立要件としては不要であるが、当該債務者に対する対抗要件を具備するために（民法第377条）、承諾条項を置いている（確定日付は不要）。
(注7)　債務者と抵当権譲渡人および受益者との間で別に弁済に関する約定書を締結し、不測の内入れ等によって受益者の権利が侵害されないようにしている。
(注8)　この契約書に基づく抵当権譲渡の登記をすることにより、第三者対抗要件は具備される。

V　登記原因証明情報（抵当権譲渡）(注1)

登記原因証明情報
（抵当権譲渡）

平成　　年　　月　　日

東京法務局　〇出張所　御中

　　　　　　　住　所　　　東京都〇区〇町三丁目2番6号
　　　　　　　登記義務者(注2)　株式会社　丙川興業
　　　　　　　　　　　　　　　代表取締役　丙川三郎　　㊞

登記義務者（抵当権譲渡人）は、本件登記の原因となる事実または法律行為が下記１．記載のとおりであることおよびこれに基づき現に下記２．記載の内容を登記要項とする物権変動が生じたことを証明します。

１．登記の原因となる事実または法律行為

(1)	契約証書名および締結年月日	平成○年○月○日付け抵当権譲渡契約証書（注３）
(2)	契約当事者	受益者　　　　　　　　株式会社甲野銀行
		抵当権譲渡人　　　　　株式会社丙川興業

２．登記申請情報の要項

(1)	登記の目的	抵当権譲渡（注４）
(2)	譲渡対象となる抵当権	平成○年○月○日受付第○号
(3)	原因（注５）	平成○年○月○日金銭消費貸借平成○年○月○日譲渡
(4)	債権額（注６）	［拾億　　百万　　千　　円］ （算用数字／頭部に￥マーク）
(5)	利息（注７）	年○％（年365日日割計算）
(6)	損害金	年○％（年365日日割計算）
(7)	債務者	東京都○区○町三丁目２番１号 株式会社乙野商事
(8)	登記権利者 （受益者）（注８）	東京都○区○町一丁目２番３号 株式会社甲野銀行（取扱店○支店）
(9)	登記義務者 （抵当権譲渡人）（注２）	東京都○区○町三丁目２番６号 株式会社丙川興業
(10)	不動産の表示	後記のとおり

不動産の表示

所　　在　東京都○区○町一丁目
地　　番　１番１
地　　目　宅地
地　　積　○○○.○○㎡

所　　在　東京都○区○町一丁目１番地１
家屋番号　１番１

```
種　　類　居宅
構　　造　木造セメントかわらぶき平家建
床 面 積　○○.○○㎡
```
　　　　　　　　　　　　　　　　　　　　　　　　　　　　　　　　　以　上

(注1)　Ⅳ抵当権譲渡契約証書とは別に、Ⅴ登記原因証明情報（抵当権譲渡）を作成する場合の書式である。この情報は、登記の原因となる事実または法律行為のほか、登記事項（および物件表示）を登記義務者が確認して署名（または記名捺印）したものでなくてはならない。契約証書とは異なり、登記用に作成された書面の原本還付を受けることはできないため、管轄登記所が複数となるケースでは、登記所ごとに（複数）作成する必要がある。その内容は同文面とし、すべての物件を記載する。
(注2)　登記義務者は、既に設定を受けている抵当権の抵当権者となる。
(注3)　Ⅳ契約証書の名称および締結年月日を記載する。
(注4)　抵当権譲渡の登記は、常に付記登記によるから、付記登記による申請の旨を明らかにする必要はない。
(注5)　抵当権譲渡の「登記原因およびその日付」は、まず契約名称および日付をもって受益者の有する債権を記載し、次に譲渡契約の日付を記載する。
(注6)　登記申請までに弁済により債権額が減少していても当初の金額をもって登記することができるが、登記申請時の残高をもって登記することもできる。
(注7)　変動計算式や変動する旨を登記することはできない。
(注8)　登記権利者は、受益者（抵当権譲受人）となる。

Ⅵ－1－1　登記用委任状（登記義務者用／Ⅳを登記原因証明情報として提供する場合）(注1)

委　任　状

　　　　　　　　　　　　　　　　　　　　　　　　　　平成　　年　　月　　日

　　　　　　　住　所　　　東京都○区○町三　丁目2番6号
　　　　　　　登記義務者　株 式 会 社 丙 川 興 業
　　　　　　　　　　　　　代表取締役　丙 川 三 郎　　　　　㊞
　　　　　　（連絡先　担当部署 ○○部／担当者名 ○○ ○○）
　　　　　　　電話番号 ○○ － ○○○○ － ○○○○

私は、＿＿＿＿＿＿＿＿＿＿＿＿＿＿＿(注2)を代理人と定め、下記の事項に関する一切の権限を委任します。

記

1．次の要項による登記申請に関すること
　　(1)登記原因証明情報：平成○年○月○日付け抵当権譲渡契約証書(注3)
　　(2)登記の目的：抵当権譲渡
2．上記申請の登記識別情報の暗号化に関すること(注4)
3．上記申請の登記完了証の受領に関すること(注5)
4．上記申請に関する契約証書、資格証明情報その他の添付情報の原本還付手続に関すること(注5)

5．上記申請の登録免許税還付金の代理受領に関すること（注6）

以　上

(注1)　Ⅳ抵当権譲渡契約証書を登記原因証明情報（不登法第61条）として提供する場合に、登記義務者が作成する委任状の書式である。管轄登記所が複数となるケースにおいて、委任状の原本還付を受けるときは、他の申請についても委任したことが明らかな内容とする必要がある。
(注2)　代理人の住所ならびに氏名または名称を記載する。
(注3)　登記所に提供する契約証書の締結日およびその名称を記載する。
(注4)　登記識別情報の暗号化（電子申請においてオンラインで登記識別情報を提供すること）には特別の授権が必要であるため、このように記載する。
(注5)　これらの事項には特別の授権を必要としないが、委任事項を明確にするため、このように記載する。
(注6)　登記申請の取下げ・却下・過誤納付に伴う還付金の代理受領については特別の授権が必要であるため、このように記載する。

Ⅵ－1－2　登記用委任状（登記義務者用／Ⅴを登記原因証明情報として提供する場合）（注1）

委　任　状

平成　　年　　月　　日

住　所　　　東京都○区○町三丁目2番6号
登記義務者　株式会社丙川興業
　　　　　　代表取締役　丙川三郎　　　　㊞
連絡先　担当部署　○○部／担当者名　○○　○○
電話番号　○○－○○○○－○○○○

私は、＿＿＿＿＿＿＿＿＿＿＿＿＿＿＿＿＿（注2）を代理人と定め、下記の事項に関する一切の権限を委任します。

記

1．次の要項による登記申請に関すること
　　(1) 登記原因証明情報：平成○年○月○日付け登記原因証明情報（抵当権譲渡）（注3）
　　(2) 登記の目的：抵当権譲渡
2．上記申請の登記識別情報の暗号化に関すること（注4）
3．上記申請の登記完了証の受領に関すること（注5）
4．上記申請に関する資格証明情報その他の添付情報の原本還付手続に関すること（注5）
5．上記申請の登録免許税還付金の代理受領に関すること（注6）

以　上

(注1)　Ⅳ抵当権譲渡契約証書とは別に、Ⅴ登記原因証明情報（抵当権譲渡）を作成し、これを登記原因証明情報（不登法第61条）として提供する場合に、登記義務者が作成する委任状の書式である。管轄登記所が複数となるケースにおいて、委任状の原本還付を受けるときは、他

の申請についても委任したことが明らかな内容とする必要がある。
- (注2) 代理人の住所ならびに氏名または名称を記載する。
- (注3) 登記所に提供する登記原因証明情報の作成日およびその名称を記載する。
- (注4) 登記識別情報の暗号化（電子申請においてオンラインで登記識別情報を提供すること）には特別の授権が必要であるため、このように記載する。
- (注5) これらの事項には特別の授権を必要としないが、委任事項を明確にするため、このように記載する。
- (注6) 登記申請の取下げ・却下・過誤納付に伴う還付金の代理受領については特別の授権が必要であるため、このように記載する。

Ⅵ−2−1　登記用委任状（登記権利者用／Ⅳを登記原因証明情報として提供する場合）(注1)

委 任 状

平成　年　月　日

住　所　　　　東京都○区○町一丁目2番3号
登記権利者　　株式会社甲野銀行
　　　　　　　代表取締役　甲野太郎　　　㊞
　　　　　　　（取扱店　○支店）

私は、＿＿＿＿＿＿＿＿＿＿＿＿＿＿＿(注2)を代理人と定め、下記の事項に関する一切の権限を委任します。

記

1．次の要項による登記申請に関すること
　　(1) 登記原因証明情報：平成○年○月○日付け抵当権譲渡契約証書(注3)
　　(2) 登記の目的：抵当権譲渡
2．上記申請の登記識別情報の受領に関すること(注4)
3．上記申請の登記完了証の受領に関すること(注5)
4．上記申請に関する契約証書、資格証明情報その他の添付情報の原本還付手続に関すること(注5)
5．上記申請の登録免許税還付金の代理受領に関すること(注6)

以　上

- (注1) Ⅳ抵当権譲渡契約証書を登記原因証明情報（不登法第61条）として提供する場合に、登記権利者が作成する委任状の書式である。管轄登記所が複数となるケースにおいて、委任状の原本還付を受けるときは、他の申請についても委任したことが明らかな内容とする必要がある。
- (注2) 代理人の住所ならびに氏名または名称を記載する。
- (注3) 登記所に提供する契約証書の締結日およびその名称を記載する。
- (注4) 登記識別情報の受領には特別の授権が必要であるため、このように記載する。なお、電子申請においてオンラインで登記識別情報を受領することを「復号」といい、この方法による受領には特別の授権が必要であるため、これについても委任する場合は、「上記申請の登記識別情報の受領・復号に関すること」のように記載する。
- (注5) これらの事項には特別の授権を必要としないが、委任事項を明確にするため、このように

(注6) 登記申請の取下げ・却下・過誤納付に伴う還付金の代理受領については特別の授権が必要であるため、このように記載する。

Ⅵ－2－2　登記用委任状（登記権利者用／Ⅴを登記原因証明情報として提供する場合）（注1）

委　任　状

平成　年　月　日

　　　　　住　所　　東京都○区○町一丁目2番3号
　　　　　登記権利者　株式会社甲野銀行
　　　　　　　　　　　代表取締役　甲野太郎　　㊞
　　　　　　　　　　　（取扱店　○支店）

私は、＿＿＿＿＿＿＿＿＿＿＿＿＿＿＿＿＿＿（注2）を代理人と定め、下記の事項に関する一切の権限を委任します。

記

1．次の要項による登記申請に関すること
　(1) 登記原因証明情報：平成○年○月○日付け登記原因証明情報（抵当権譲渡）（注3）
　(2) 登記の目的：抵当権譲渡
2．上記申請の登記識別情報の受領に関すること（注4）
3．上記申請の登記完了証の受領に関すること（注5）
4．上記申請に関する資格証明情報その他の添付情報の原本還付手続に関すること（注5）
5．上記申請の登録免許税還付金の代理受領に関すること（注6）

以　上

(注1) Ⅳ抵当権譲渡契約証書とは別に、Ⅴ登記原因証明情報（抵当権譲渡）を作成し、これを登記原因証明情報（不登法第61条）として提供する場合に、登記権利者が作成する委任状の書式である。管轄登記所が複数となるケースにおいて、委任状の原本還付を受けるときは、他の申請についても委任したことが明らかな内容とする必要がある。
(注2) 代理人の住所ならびに氏名または名称を記載する。
(注3) 登記所に提供する登記原因証明情報の作成日およびその名称を記載する。
(注4) 登記識別情報の受領には特別の授権が必要であるため、このように記載する。なお、電子申請においてオンラインで登記識別情報を受領することを「復号」といい、この方法による受領には特別の授権が必要であるため、これについても委任する場合は、「上記申請の登記識別情報の受領・復号に関すること」のように記載する。
(注5) これらの事項には特別の授権を必要としないが、委任事項を明確にするため、このように記載する。
(注6) 登記申請の取下げ・却下・過誤納付に伴う還付金の代理受領については特別の授権が必要であるため、このように記載する。

5 放　　棄

42　抵当権の放棄

I　ケース概要

　甲野銀行は乙野商事から融資の申し込みを受けたが、乙野商事所有の土地および建物には商取引上の債権を担保するための丙川興業の第1順位の抵当権のほかに、丁川ファイナンスが有する融資債権を担保するための第2順位の抵当権が設定されていた。甲野銀行は、抵当権設定を受けて第1順位の抵当権と順位変更することを画策したが丁川ファイナンスが応じなかった。甲野銀行としては、丙川興業が甲野銀行の融資による乙野商事の資金繰り等の改善に理解を示していることに鑑み、第1順位の抵当権の放棄を受けたい。

II　書式作成上の留意点

① 　本書式は、同一債務者に対する債権者間において、抵当権を有するものから有しない者に対して、抵当権の全部を放棄する場合の書式である（金額を定めてその一部を放棄することもできる）。抵当権放棄者が受益者に対して抵当権放棄の意思表示をすることにより、抵当権放棄の登記原因が生じる。これは、抵当権者から一般債権者に対する相対的な処分であり、抵当権設定者との関係において抵当権者たる地位を失う抵当権の絶対的放棄（No.99）とは異なる。

② 　抵当権者は、同一の債務者に対する他の債権者の利益のために、その抵当権またはその順位を譲渡し、または放棄することができる（民法第376条第1項）。抵当権の放棄が行われると、抵当権放棄者が受けるべき優先配当額（一部放棄の場合は放棄額）の範囲で抵当権放棄者と受益者が平等に扱われ、債権額と比例した額で配当を受けることができるが、抵当権放棄者の優先配当権が消滅すれば受益者もその配当を受けることができなくなる。なお、抵当権放棄にあたり後順位抵当権者の承諾は不要である。また、確定前の根抵当権については、このような処分をすることができない（民法第398条の11第1項）。

③ 　上記に対し、順位変更（民法第374条）の場合は、債務者が異なっていても、また根抵当権者であっても合意することができ、さらに変更後（根）抵当権の一部が消滅しても順位変更の効力には影響がない。したがって、順位変更制度が創設された昭和47年以降は、中間の（根）抵当権者が順位変更に応じないときや、新規に（根）抵当権設定を受けるコストが問題となるときなどにその利用が検討される。

④ 　抵当権放棄については、債務者に対して通知するか、その承諾を得ておかないと、抵当権放棄者に対する弁済をもって対抗されることになる（民法第377条）。本ケースは、債務者宛て融資の際に取り組まれるものであるため、債務者に対して特別な約定を求めることが可能

であることを前提にして、抵当権放棄証書において債務者が承諾することにより民法第377条の対抗要件を具備することとしている。他方、受益者に対して優先的に弁済させる必要があれば、抵当権放棄証書において弁済ルールを約定することが考えられるが、不測の内入れ等をけん制する趣旨であれば、承諾を得ない弁済は受益者に対抗できない旨を明記して、抵当権放棄者から債務者に対して通知することでも足りるであろう。なお、債務者以外の第三者との優劣関係については、登記によって決せられることから、抵当権放棄に関する通知または承諾は確定日付のある証書（民法第467条第2項参照）による必要はない。

⑤ 抵当権放棄証書とは別にⅤ登記原因証明情報（抵当権放棄）を作成し、登記原因証明情報（不登法第61条）として登記所に提供することができる。

⑥ 抵当権放棄の登記は、受益者が登記権利者となり、抵当権放棄者が登記義務者となって行い、登記原因のほか、受益債権の債権額・利息・損害金・債務者などをその登記事項とする。

⑦ 抵当権放棄者につき、抵当権の取得に係る登記識別情報（登記済証）が必要となる。なお、登記完了後は、双方に登記完了証が交付され、受益者には登記識別情報が通知される。

⑧ 管轄登記所が複数となるケースでは、Ⅴ登記原因証明情報（抵当権放棄）は、登記所ごとに（複数）必要となる。当該申請のためにのみ作成したⅥ登記用委任状も同様であり、これらは原本還付を受けることができないとされている。

Ⅲ 必要書類・費用一覧

書　　類	書類上の関係者
□ 抵当権放棄証書	受益者、抵当権放棄者、債務者
□ 登記原因証明情報	抵当権放棄者
□ 委任状（登記義務者用）	抵当権放棄者
□ 委任状（登記権利者用）	受益者
□ 登記識別情報（登記済証）	抵当権放棄者
□ 会社法人等番号（注）	受益者、抵当権放棄者
□ 登録免許税	不動産1個につき1,000円

（注）　不登令等の改正により、平成27年11月2日から、会社・法人の代表者等の資格を証する情報の提供（添付）に代え、登記申請情報に商業登記法第7条の会社法人等番号を記録または記載することとなった。ただし、法人登記手続中となるなどの場合を考慮し、例外的に、作成後1か月以内の資格証明情報（登記事項証明書）を提供（添付）することも認められている。

Ⅳ 抵当権放棄証書

(印紙) (注1)	

抵当権放棄証書

平成　　年　　月　　日 (注2)

　　　住　所　　　東京都○区○町一丁目2番3号
　　　受益者　　　株式会社甲野銀行
　　　　　　　　　代表取締役　甲野太郎　　　　㊞
　　　　　　　　　(取扱店　　　　　　　　　　　)

　　　住　所　　　東京都○区○町三丁目2番6号
　　　抵当権放棄者　株式会社丙川興業
　　　　　　　　　代表取締役　丙川三郎　　　　㊞ (注3)

　　　住　所　　　東京都○区○町三丁目2番1号
　　　債務者　　　株式会社乙野商事 (注4)
　　　　　　　　　代表取締役　乙野次郎　　　　㊞

受益者、抵当権放棄者および債務者は、次のとおり合意しました。

[**受益者が有する債権の表示**] (注5)

1．債権発生原因	平成○年○月○日付け金銭消費貸借契約
2．債権額	拾億　　　百万　　　千　　　円 (算用数字／頭部に￥マーク)
3．利息	年○％（年365日日割計算）
4．損害金	年○％（年365日日割計算）
5．債務者	住所　東京都○区○町三丁目2番1号 氏名　株式会社乙野商事

[**抵当権の表示**]

1．登記	平成○年○月○日東京法務局○出張所受付第○号
2．物件	後記物件の表示記載のとおり

物件の表示	所有者
所　　在　東京都○区○町一丁目 地　　番　１番１ 地　　目　宅地 地　　積　○○○.○○㎡	株式会社乙野商事
所　　在　東京都○区○町一丁目１番地１ 家屋番号　１番１ 種　　類　居宅 構　　造　木造セメントかわらぶき平家建 床面積　○○.○○㎡	株式会社乙野商事

第１条（抵当権の放棄）

① 抵当権放棄者は、下記条項を承認のうえ、受益者が有する前記「受益者が有する債権の表示」記載の債権（以下「受益債権」といいます。）のために、受益者に対し、前記「抵当権の表示」記載の抵当権（以下「原抵当権」といいます。）を放棄しました。

② 債務者は、この契約を異議なく承諾し、下記条項のほか、債務者が受益者に差し入れた銀行取引約定書および被担保債権の成立・変更等に係る約定書ならびに債務者が受益者に今後差し入れるこれらの約定書記載の各条項の適用があることを承認します。(注6)

第２条（抵当権放棄者・債務者の義務）

① 次に掲げるいずれかの行為をする場合、抵当権放棄者および債務者は、あらかじめ受益者の承諾を得るものとします。
　(1) 原抵当権の被担保債権に係る契約および原抵当権に係る設定契約（以下「原抵当権設定契約」といいます。）の変更、原抵当権の処分もしくは順位変更
　(2) 原抵当権の被担保債権の免除・相殺、または原抵当権の放棄
　(3) 原抵当権に基づく担保権実行の申立て

② 次に掲げるいずれかの事由が生じた場合、抵当権放棄者および債務者は、ただちに受益者に通知し、その指示に従うものとします。
　(1) 抵当物件が滅失・毀損しもしくはその価格が低落したとき
　(2) 抵当物件について譲渡、明渡し、引渡し、収用その他の原因により譲渡代金・立退料・補償金・清算金などの債権が生じたとき
　(3) 原抵当権の設定者が、原抵当権設定契約の定めに違反したとき

③ 債務者は、前項の場合において、受益者の請求があったときは、ただちに受益者の承認する担保を差し入れ、または保証人をたてもしくはこれを追加し、あるいは受益債権の全部または一部を期限のいかんにかかわらず弁済します。

第3条（債務者による弁済）(注7)

① 債務者は、抵当権放棄者および受益者との間で別に締結する約定書に従い、原抵当権の被担保債権を弁済するものとします。

② あらかじめ受益者の承諾を得た場合を除き、前項に反して抵当権放棄者にした弁済は、受益者に対して効力を有しないものとします。

第4条（対抗要件の具備）(注8)

抵当権放棄者は、原抵当権について、第1条に係る抵当権放棄の登記手続を遅滞なく行い、その登記事項証明書を受益者に提出します。今後、この抵当権放棄について各種の変更等の合意がなされたときも同様とします。

第5条（費用の負担）

この抵当権放棄に関する登記に要する費用は、債務者が負担し、受益者が支払った金額についてはただちに支払います。

以　上

(注1)　この文書は、印紙税法上の課税文書には該当しないこととされている。
(注2)　この文書を作成した日付を記載する。
(注3)　抵当権者（抵当権放棄者）は、この欄に署名（記名）捺印させる。なお、住所および商号、氏名は、会社法人等番号または住民票により確認する。
(注4)　抵当権の債務者は、この欄に署名（記名）捺印させる。
(注5)　いかなる無担保債権のための抵当権放棄であるかを明らかにするため、利益を受けるべき無担保債権の内容（発生原因およびその日付、債権額、利息および遅延損害金の定め等）を記載する。
(注6)　抵当権設定者の承諾は抵当権放棄の効力要件としては不要である。また、債務者の承諾も抵当権放棄の効力要件としては不要であるが、当該債務者に対する対抗要件を具備するため（民法第377条）に承諾条項を置いている（確定日付は不要）。
(注7)　債務者と抵当権放棄者および受益者との間で別に弁済に関する約定書を締結し、不測の内入れ等によって受益者の権利が侵害されないようにしている。
(注8)　この文書に基づく抵当権放棄の登記をすることにより、第三者対抗要件は具備される。

V　登記原因証明情報（抵当権放棄）(注1)

登記原因証明情報
（抵　当　権　放　棄）

平成　　年　　月　　日

東京法務局　○出張所 御中

住　所　　　東京都○区○町三丁目2番6号
登記義務者(注2)　株式会社 丙川興業
　　　　　　　　　代表取締役　丙川三郎　　　㊞

登記義務者（抵当権放棄者）は、本件登記の原因となる事実または法律行為が下記1．記載のとおりであることおよびこれに基づき現に下記2．記載の内容を登記要項とする物権変動が生じたことを証明します。

1．登記の原因となる事実または法律行為

(1) 証書名および作成年月日	平成○年○月○日付け抵当権放棄証書（注3）	
(2) 作成当事者	受益者	株式会社甲野銀行
	抵当権放棄者	株式会社丙川興業

2．登記申請情報の要項

(1) 登記の目的	抵当権放棄（注4）
(2) 放棄対象となる抵当権	平成○年○月○日受付第○号
(3) 原因（注5）	平成○年○月○日金銭消費貸借平成○年○月○日放棄
(4) 債権額（注6）	拾億　　百万　　　千　　　円 （算用数字／頭部に￥マーク）
(5) 利息（注7）	年○％（年365日日割計算）
(6) 損害金	年○％（年365日日割計算）
(7) 債務者	東京都○区○町三丁目2番1号 株式会社乙野商事
(8) 登記権利者 （受益者）（注8）	東京都○区○町一丁目2番3号 株式会社甲野銀行（取扱店○支店）
(9) 登記義務者 （抵当権放棄者）（注2）	東京都○区○町三丁目2番6号 株式会社丙川興業
(10) 不動産の表示	後記のとおり

不動産の表示

所　　在　　東京都○区○町一丁目
地　　番　　1番1
地　　目　　宅地
地　　積　　○○○.○○㎡

所　　在　　東京都○区○町一丁目1番地1
家屋番号　　1番1
種　　類　　居宅

| 構　　造　木造セメントかわらぶき平家建 |
| 床　面　積　〇〇.〇〇㎡ |

以　上

(注1)　Ⅳ抵当権放棄証書とは別に、Ⅴ登記原因証明情報（抵当権放棄）を作成する場合の書式である。この情報は、登記の原因となる事実または法律行為のほか、登記事項（および物件表示）を登記義務者が確認して署名（または記名捺印）したものでなくてはならない。契約証書とは異なり、登記用に作成された書面の原本還付を受けることはできないため、管轄登記所が複数となるケースでは、登記所ごとに（複数）作成する必要がある。その内容は同文面とし、すべての物件を記載する。
(注2)　登記義務者は、既に設定を受けている抵当権の抵当権者となる。
(注3)　Ⅳ契約証書の名称および作成年月日を記載する。
(注4)　抵当権放棄の登記は、常に付記登記によるから、付記登記による申請の旨を明らかにする必要はない。
(注5)　抵当権放棄の「登記原因およびその日付」は、まず契約名称および日付をもって受益者の有する債権を記載し、次に放棄の日付を記載する。
(注6)　登記申請までに弁済により債権額が減少していても当初の金額をもって登記することができるが、登記申請時の残高をもって登記することもできる。
(注7)　変動計算式や変動する旨を登記することはできない。
(注8)　登記権利者は、受益者となる。

Ⅵ－1－1　登記用委任状（登記義務者用／Ⅳを登記原因証明情報として提供する場合）(注1)

委　任　状

平成　　年　　月　　日

　　　　住　所　　　東京都〇区〇町三丁目2番6号
　　　　登記義務者　株式会社丙川興業
　　　　　　　　　　代表取締役　丙川三郎　　　　㊞
　　　　⎛連絡先　担当部署 〇〇部／担当者名 〇〇 〇〇⎞
　　　　⎝電話番号 〇〇－〇〇〇〇－〇〇〇〇　　　　　⎠

私は、＿＿＿＿＿＿＿＿＿＿＿＿＿＿＿(注2)を代理人と定め、下記の事項に関する一切の権限を委任します。

記

1．次の要項による登記申請に関すること
　　(1)登記原因証明情報：平成〇年〇月〇日付け抵当権放棄証書 (注3)
　　(2)登記の目的：抵当権放棄
2．上記申請の登記識別情報の暗号化に関すること (注4)
3．上記申請の登記完了証の受領に関すること (注5)
4．上記申請に関する契約証書、資格証明情報その他の添付情報の原本還付手続に関すること (注5)
5．上記申請の登録免許税還付金の代理受領に関すること (注6)

(注1) Ⅳ抵当権放棄証書を登記原因証明情報（不登法第61条）として提供する場合に、登記義務者が作成する委任状の書式である。管轄登記所が複数となるケースにおいて、委任状の原本還付を受けるときは、他の申請についても委任したことが明らかな内容とする必要がある。
(注2) 代理人の住所ならびに氏名または名称を記載する。
(注3) 登記所に提供する契約証書の作成日およびその名称を記載する。
(注4) 登記識別情報の暗号化（電子申請においてオンラインで登記識別情報を提供すること）には特別の授権が必要であるため、このように記載する。
(注5) これらの事項には特別の授権を必要としないが、委任事項を明確にするため、このように記載する。
(注6) 登記申請の取下げ・却下・過誤納付に伴う還付金の代理受領については特別の授権が必要であるため、このように記載する。

Ⅵ－1－2　登記用委任状（登記義務者用／Ⅴを登記原因証明情報として提供する場合）(注1)

委　任　状

平成　　年　　月　　日

住　所　　東京都〇区〇町三丁目2番6号
登記義務者　株式会社　丙川興業
　　　　　　代表取締役　丙川　三郎　　㊞
連絡先　担当部署　〇〇部／担当者名　〇〇　〇〇
電話番号　〇〇－〇〇〇〇－〇〇〇〇

私は、＿＿＿＿＿＿＿＿＿＿＿＿＿＿＿＿＿(注2)を代理人と定め、下記の事項に関する一切の権限を委任します。

記

1. 次の要項による登記申請に関すること
   (1) 登記原因証明情報：平成〇年〇月〇日付け登記原因証明情報（抵当権放棄）(注3)
   (2) 登記の目的：抵当権放棄
2. 上記申請の登記識別情報の暗号化に関すること (注4)
3. 上記申請の登記完了証の受領に関すること (注5)
4. 上記申請に関する資格証明情報その他の添付情報の原本還付手続に関すること (注5)
5. 上記申請の登録免許税還付金の代理受領に関すること (注6)

以　上

(注1) Ⅳ抵当権放棄証書とは別に、Ⅴ登記原因証明情報（抵当権放棄）を作成し、これを登記原因証明情報（不登法第61条）として提供する場合に、登記義務者が作成する委任状の書式である。管轄登記所が複数となるケースにおいて、委任状の原本還付を受けるときは、他の申請についても委任したことが明らかな内容とする必要がある。
(注2) 代理人の住所ならびに氏名または名称を記載する。
(注3) 登記所に提供する登記原因証明情報の作成日およびその名称を記載する。

(注4) 登記識別情報の暗号化（電子申請においてオンラインで登記識別情報を提供すること）には特別の授権が必要であるため、このように記載する。
(注5) これらの事項には特別の授権を必要としないが、委任事項を明確にするため、このように記載する。
(注6) 登記申請の取下げ・却下・過誤納付に伴う還付金の代理受領については特別の授権が必要であるため、このように記載する。

Ⅵ－2－1　登記用委任状（登記権利者用／Ⅳを登記原因証明情報として提供する場合）(注1)

委　任　状

平成　年　月　日

　　　　　住　所　　　東京都○区○町一丁目2番3号
　　　　　登記権利者　株式会社甲野銀行
　　　　　　　　　　　代表取締役　甲野太郎　　㊞
　　　　　　　　　　　（取扱店　○支店）

私は、＿＿＿＿＿＿＿＿＿＿＿＿＿＿(注2)を代理人と定め、下記の事項に関する一切の権限を委任します。

記

1．次の要項による登記申請に関すること
　　(1) 登記原因証明情報：平成○年○月○日付け抵当権放棄証書(注3)
　　(2) 登記の目的：抵当権放棄
2．上記申請の登記識別情報の受領に関すること(注4)
3．上記申請の登記完了証の受領に関すること(注5)
4．上記申請に関する契約証書、資格証明情報その他の添付情報の原本還付手続に関すること(注5)
5．上記申請の登録免許税還付金の代理受領に関すること(注6)

以　上

(注1) Ⅳ抵当権放棄証書を登記原因証明情報（不登法第61条）として提供する場合に、登記権利者が作成する委任状の書式である。管轄登記所が複数となるケースにおいて、委任状の原本還付を受けるときは、他の申請についても委任したことが明らかな内容とする必要がある。
(注2) 代理人の住所ならびに氏名または名称を記載する。
(注3) 登記所に提供する契約証書の作成日およびその名称を記載する。
(注4) 登記識別情報の受領には特別の授権が必要であるため、このように記載する。なお、電子申請においてオンラインで登記識別情報を受領することを「復号」といい、この方法による受領には特別の授権が必要であるため、これについても委任する場合は、「上記申請の登記識別情報の受領・復号に関すること」のように記載する。
(注5) これらの事項には特別の授権を必要としないが、委任事項を明確にするため、このように記載する。
(注6) 登記申請の取下げ・却下・過誤納付に伴う還付金の代理受領については特別の授権が必要であるため、このように記載する。

Ⅵ-2-2　登記用委任状（登記権利者用／Ⅴを登記原因証明情報として提供する場合）(注1)

委　任　状

平成　年　月　日

　　　　　住　所　　　東京都○区○町一丁目2番3号
　　　　　登記権利者　株式会社甲野銀行
　　　　　　　　　　　代表取締役　甲野太郎　　　㊞
　　　　　　　　　　　（取扱店　○支店）

私は、＿＿＿＿＿＿＿＿＿＿＿＿＿＿＿＿＿（注2）を代理人と定め、下記の事項に関する一切の権限を委任します。

記

1．次の要項による登記申請に関すること
　　(1) 登記原因証明情報：平成○年○月○日付け登記原因証明情報（抵当権放棄）(注3)
　　(2) 登記の目的：抵当権放棄
2．上記申請の登記識別情報の受領に関すること（注4）
3．上記申請の登記完了証の受領に関すること（注5）
4．上記申請に関する資格証明情報その他の添付情報の原本還付手続に関すること（注5）
5．上記申請の登録免許税還付金の代理受領に関すること（注6）

以　上

(注1)　Ⅳ抵当権放棄証書とは別に、Ⅴ登記原因証明情報（抵当権放棄）を作成し、これを登記原因証明情報（不登法第61条）として提供する場合に、登記権利者が作成する委任状の書式である。管轄登記所が複数となるケースにおいて、委任状の原本還付を受けるときは、他の申請についても委任したことが明らかな内容とする必要がある。
(注2)　代理人の住所ならびに氏名または名称を記載する。
(注3)　登記所に提供する登記原因証明情報の作成日およびその名称を記載する。
(注4)　登記識別情報の受領には特別の授権が必要であるため、このように記載する。なお、電子申請においてオンラインで登記識別情報を受領することを「復号」といい、この方法による受領には特別の授権が必要であるため、これについても委任する場合は、「上記申請の登記識別情報の受領・復号に関すること」のように記載する。
(注5)　これらの事項には特別の授権を必要としないが、委任事項を明確にするため、このように記載する。
(注6)　登記申請の取下げ・却下・過誤納付に伴う還付金の代理受領については特別の授権が必要であるため、このように記載する。

6　順位譲渡

43　異順位者間の順位譲渡

I　ケース概要

　甲野銀行は乙野商事から融資の申し込みを受けたが、乙野商事所有の土地および建物には商取引上の債権を担保するための丙川興業の第1順位の抵当権のほかに、丁川ファイナンスが有する融資債権を担保するための第2順位の抵当権が設定されていた。甲野銀行は、抵当権設定を受けて第1順位の抵当権と順位変更することを画策したが丁川ファイナンスが応じなかった。甲野銀行としては、丙川興業が甲野銀行の融資による乙野商事の資金繰り等の改善に理解を示していることに鑑み、自らも抵当権者となるべく第3順位の抵当権設定を受けたうえで第1順位の抵当権の順位を譲り受けたい。

II　書式作成上の留意点

① 　本書式は、同一債務者に対する抵当権者間において、先順位の抵当権者から後順位の抵当権者に対して抵当権の順位を譲渡する場合の書式である（金額を定めてその一部について順位を譲渡することもできる）。抵当権順位譲渡人と受益者（抵当権順位譲受人）の間で抵当権順位譲渡の合意をすることにより、抵当権順位譲渡の登記原因が生じる。これは、抵当権者から一般債権者に対する抵当権の譲渡（No.41）とは異なり、既存の抵当権者間における処分である。また、抵当権の順位譲渡は相対的な処分であるため、対世的な効力を有する抵当権の順位変更（No.88、89）とも異なる。

② 　抵当権者は、同一の債務者に対する他の債権者の利益のために、その抵当権またはその順位を譲渡し、または放棄することができる（民法第376条第1項）。抵当権の順位譲渡が行われると、抵当権順位譲渡人が受けるべき優先配当額および受益者が受けるべき配当額の合計の範囲で受益者が抵当権順位譲渡人に優先してその配当を受けることができるが、抵当権順位譲渡人の優先配当権が消滅すれば受益者も配当を受けることができなくなる。なお、抵当権順位譲渡にあたり後順位抵当権者や中間順位の抵当権者の承諾は不要である。また、確定前の根抵当権については、このような処分をすることができない（民法第398条の11第1項）。

③ 　上記に対し、順位変更（民法第374条）の場合は、債権者が異なっていても、また根抵当権者であっても合意することができ、さらに変更後（根）抵当権の一部が消滅しても順位変更の効力には影響がない。したがって、順位変更制度が創設された昭和47年以降は、中間の（根）抵当権者が順位変更に応じないときや、新規に（根）抵当権移転等を受けるコストが問題となるときなどにその利用が検討される。

④ 　抵当権順位譲渡については、債務者に対して通知するか、その承諾を得ておかないと、抵

当権順位譲渡人に対する弁済をもって対抗されることになる（民法第377条）。本ケースは、債務者宛て融資の際に取り組まれるものであるため、債務者に対して特別な約定を求めることが可能であることを前提にして、抵当権順位譲渡契約において債務者が承諾することにより民法第377条の対抗要件を具備することとしている。他方、受益者に対して優先的に弁済させる必要があれば、抵当順位譲渡契約において弁済ルールを約定することが考えられるが、不測の内入れ等をけん制する趣旨であれば、承諾を得ない弁済は受益者に対抗できない旨を明記して、抵当権順位譲渡人から債務者に対して通知することでも足りるであろう。なお、債務者以外の第三者との優劣関係については、登記によって決せられることから、抵当権順位譲渡に関する通知または承諾は確定日付のある証書（民法第467条第2項参照）による必要はない。

⑤ 抵当権順位譲渡契約とは別にⅤ登記原因証明情報（抵当権順位譲渡）を作成し、登記原因証明情報（不登法第61条）として登記所に提供することができる。

⑥ 抵当権の順位譲渡の登記は、受益者が登記権利者となり、抵当権順位譲渡人が登記義務者となって行う。

⑦ 抵当権順位譲渡人につき、抵当権の取得に係る登記識別情報（登記済証）が必要となる。なお、登記完了後は、双方に登記完了証が交付される（この登記により、受益者に登記識別情報は通知されない）。

⑧ 管轄登記所が複数となるケースでは、Ⅴ登記原因証明情報（抵当権順位譲渡）は、登記所ごとに（複数）必要となる。当該申請のためにのみ作成したⅥ登記用委任状も同様であり、これらは原本還付を受けることができないとされている。

Ⅲ 必要書類・費用一覧

書　　類	書類上の関係者
□ 抵当権順位譲渡契約証書	受益者、抵当権順位譲渡人、債務者
□ 登記原因証明情報	抵当権順位譲渡人
□ 委任状（登記義務者用）	抵当権順位譲渡人
□ 委任状（登記権利者用）	受益者
□ 登記識別情報（登記済証）	抵当権順位譲渡人
□ 会社法人等番号（注）	受益者、抵当権順位譲渡人
□ 登録免許税	不動産1個につき1,000円

（注）不登令等の改正により、平成27年11月2日から、会社・法人の代表者等の資格を証する情報の提供（添付）に代え、登記申請情報に商業登記法第7条の会社法人等番号を記録または記載することとなった。ただし、法人登記手続中となるなどの場合を考慮し、例外的に、作成後1か月以内の資格証明情報（登記事項証明書）を提供（添付）することも認められている。

Ⅳ 抵当権順位譲渡契約証書

抵当権順位譲渡契約証書

(印紙)(注1)

平成　年　月　日(注2)

住　所　　東京都○区○町一丁目2番3号
受益者　　株式会社甲野銀行
　　　　　代表取締役　甲野太郎　　㊞
　　　　　（取扱店　　　　　　　　）

住　所　　東京都○区○町三丁目2番6号
抵当権順位譲渡人　株式会社丙川興業
　　　　　代表取締役　丙川三郎　　㊞(注3)

住　所　　東京都○区○町三丁目2番1号
債務者　　株式会社乙野商事(注4)
　　　　　代表取締役　乙野次郎　　㊞

　受益者、抵当権順位譲渡人および債務者は、次のとおり抵当権順位譲渡契約を締結しました。

[抵当権順位譲渡人の抵当権の表示](注5)

1．登記	平成○年○月○日東京法務局○出張所受付第○号
2．物件	後記物件の表示記載のとおり

[受益者の抵当権の表示](注5)

1．登記	平成○年○月○日東京法務局○出張所受付第○号
2．物件	後記物件の表示記載のとおり

物件の表示	所有者
所　在　東京都○区○町一丁目 地　番　1番1 地　目　宅地 地　積　○○○.○○㎡	株式会社乙野商事

所　　在　東京都○区○町一丁目1番地1 家屋番号　1番1 種　　類　居宅 構　　造　木造セメントかわらぶき平家建 床面積　○○.○○㎡	株式会社乙野商事

第1条（抵当権の順位譲渡）

① 抵当権順位譲渡人は、下記条項を承認のうえ、受益者のために、受益者が有する前記「受益者の抵当権の表示」記載の抵当権（以下「受益抵当権」といいます。）に対し、前記「抵当権の表示」記載の抵当権（以下「原抵当権」といいます。）の順位を譲渡しました。

② 債務者は、この契約を異議なく承諾し、下記条項のほか、債務者が受益者に差し入れた銀行取引約定書および被担保債権の成立・変更等に係る約定書ならびに債務者が受益者に今後差し入れるこれらの約定書記載の各条項の適用があることを承認します。（注6）

第2条（抵当権順位譲渡人・債務者の義務）

① 次に掲げるいずれかの行為をする場合、抵当権順位譲渡人および債務者は、あらかじめ受益者の承諾を得るものとします。
　(1) 原抵当権の被担保債権に係る契約および原抵当権に係る設定契約（以下「原抵当権設定契約」といいます。）の変更、原抵当権の処分もしくは順位変更
　(2) 原抵当権の被担保債権の免除・相殺、または原抵当権の放棄
　(3) 原抵当権に基づく担保権実行の申立て

② 次に掲げるいずれかの事由が生じた場合、抵当権順位譲渡人および債務者は、ただちに受益者に通知し、その指示に従うものとします。
　(1) 抵当物件が滅失・毀損しもしくはその価格が低落したとき
　(2) 抵当物件について譲渡、明渡し、引渡し、収用その他の原因により譲渡代金・立退料・補償金・清算金などの債権が生じたとき
　(3) 原抵当権の設定者が、原抵当権設定契約の定めに違反したとき

③ 債務者は、前項の場合において、受益者の請求があったときは、ただちに受益者の承認する担保を差し入れ、または保証人をたてもしくはこれを追加し、あるいは受益抵当権の被担保債権の全部または一部を期限のいかんにかかわらず弁済します。

第3条（債務者による弁済）（注7）

① 債務者は、抵当権譲渡人および受益者との間で別に締結する約定書に従い、原抵当権の被担保債権を弁済するものとします。

② あらかじめ受益者の承諾を得た場合を除き、前項に反して抵当権譲渡人にした弁済は、受益者に対して効力を有しないものとします。

第4条（対抗要件の具備）(注8)

　　抵当権順位譲渡人は、原抵当権について、第1条に係る抵当権順位譲渡の登記手続を遅滞なく行い、その登記事項証明書を受益者に提出します。今後、この抵当権順位譲渡について各種の変更等の合意がなされたときも同様とします。

第5条（費用の負担）

　　この抵当権順位譲渡に関する登記に要する費用は、債務者が負担し、受益者が支払った金額についてはただちに支払います。

　　　　　　　　　　　　　　　　　　　　　　　　　　　　　　　　　　　以　上

(注1)　この文書は、印紙税法上の課税文書には該当しないこととされている。
(注2)　この契約書を作成した日付を記載する。
(注3)　抵当権者（抵当権順位譲渡人）は、この欄に署名（記名）捺印させる。なお、住所および商号、氏名は、会社法人等番号または住民票により確認する。
(注4)　抵当権の債務者は、この欄に署名（記名）捺印させる。
(注5)　抵当権を特定するに足りる事項として、受付年月日および番号を記載する。
(注6)　抵当権設定者の承諾は抵当権順位譲渡契約の成立要件としては不要である。また、債務者の承諾も契約の成立要件としては不要であるが、当該債務者に対する対抗要件を具備するために（民法第377条）承諾条項を置いている（確定日付は不要）。
(注7)　債務者と抵当権順位譲渡人および受益者との間で別に弁済に関する約定書を締結し、不測の内入れ等によって受益者の権利が侵害されないようにしている。
(注8)　この文書に基づく抵当権順位譲渡の登記をすることにより、第三者対抗要件は具備される。

V　登記原因証明情報（抵当権順位譲渡）(注1)

登記原因証明情報
（抵当権順位譲渡）

　　　　　　　　　　　　　　　　　　　　　　　　平成　　年　　月　　日

東京法務局　〇出張所　御中

　　　　　　　　住　所　　　　東京都〇区〇町三丁目2番6号
　　　　　　　　登記義務者(注2)　株式会社　丙川興業
　　　　　　　　　　　　　　　代表取締役　丙川三郎　　　　　　㊞

　登記義務者（抵当権順位譲渡人）は、本件登記の原因となる事実または法律行為が下記1．記載のとおりであることおよびこれに基づき現に下記2．記載の内容を登記要項とする変動が生じたことを証明します。

1．登記の原因となる事実または法律行為

(1)	契約証書名および締結年月日	平成○年○月○日付け抵当権順位譲渡契約証書（注3）
(2)	契約当事者	受益者	株式会社甲野銀行
		抵当権順位譲渡人	株式会社丙川興業

2．登記申請情報の要項

(1)	登記の目的	後記のとおり（注4）
(2)	原因	平成○年○月○日順位譲渡
(3)	登記権利者 （受益者）（注5）	東京都○区○町一丁目2番3号 株式会社甲野銀行
(4)	登記義務者 （抵当権順位譲渡人） （注2）	東京都○区○町三丁目2番6号 株式会社丙川興業
(5)	不動産の表示	後記のとおり

不動産の表示

所　　在　東京都○区○町一丁目
地　　番　1番1（登記の目的：○番抵当権の○番抵当権への順位譲渡）（注4）
地　　目　宅地
地　　積　○○○.○○㎡

所　　在　東京都○区○町一丁目1番地1
家屋番号　1番1（登記の目的：○番抵当権の○番抵当権への順位譲渡）（注4）
種　　類　居宅
構　　造　木造セメントかわらぶき平家建
床　面　積　○○.○○㎡

以　上

(注1) Ⅳ抵当権順位譲渡契約証書とは別に、Ⅴ登記原因証明情報（抵当権順位譲渡）を作成する場合の書式である。この情報は、登記の原因となる事実または法律行為のほか、登記事項（および物件表示）を登記義務者が確認して署名（または記名捺印）したものでなくてはならない。契約証書とは異なり、登記用に作成された書面の原本還付を受けることはできないため、管轄登記所が複数となるケースでは、登記所ごとに（複数）作成する必要がある。その内容は同文面とし、すべての物件を記載する。
(注2) 登記義務者は、抵当権の順位を譲渡した先順位の抵当権者となる。
(注3) Ⅳ契約証書の名称および締結年月日を記載する。
(注4) 登記簿上の順位番号をもって順位譲渡する抵当権と受益する抵当権をこのように記載する。
(注5) 登記権利者は、受益者（抵当権順位譲受人）となる。

Ⅵ－1－1　登記用委任状（登記義務者用／Ⅳを登記原因証明情報として提供する場合）(注1)

委　任　状

平成　年　月　日

住　所　　　東京都○区○町三丁目2番6号
登記義務者　株式会社丙川興業
　　　　　　代表取締役　丙川三郎　　㊞
連絡先　担当部署　○○部／担当者名　○○　○○
電話番号　○○－○○○○－○○○○

私は、＿＿＿＿＿＿＿＿＿＿＿＿＿＿＿（注2）を代理人と定め、下記の事項に関する一切の権限を委任します。

記

1．次の要項による登記申請に関すること
　(1) 登記原因証明情報：平成○年○月○日付け抵当権順位譲渡契約証書 (注3)
　(2) 登記の目的：抵当権の順位譲渡
2．上記申請の登記識別情報の暗号化に関すること (注4)
3．上記申請の登記完了証の受領に関すること (注5)
4．上記申請に関する契約証書、資格証明情報その他の添付情報の原本還付手続に関すること (注5)
5．上記申請の登録免許税還付金の代理受領に関すること (注6)

以　上

(注1)　Ⅳ抵当権順位譲渡契約証書を登記原因証明情報（不登法第61条）として提供する場合に、登記義務者が作成する委任状の書式である。管轄登記所が複数となるケースにおいて、委任状の原本還付を受けるときは、他の申請についても委任したことが明らかな内容とする必要がある。
(注2)　代理人の住所ならびに氏名または名称を記載する。
(注3)　登記所に提供する契約証書の締結日およびその名称を記載する。
(注4)　登記識別情報の暗号化（電子申請においてオンラインで登記識別情報を提供すること）には特別の授権が必要であるため、このように記載する。
(注5)　これらの事項には特別の授権を必要としないが、委任事項を明確にするため、このように記載する。
(注6)　登記申請の取下げ・却下・過誤納付に伴う還付金の代理受領については特別の授権が必要であるため、このように記載する。

Ⅵ－1－2　登記用委任状（登記義務者用／Ⅴを登記原因証明情報として提供する場合）(注1)

委　任　状

平成　　年　　月　　日

住　所　　　東京都○区○町三丁目2番6号
登記義務者　株式会社丙川興業
　　　　　　代表取締役　丙川三郎　　　　㊞
連絡先　担当部署　○○部／担当者名　○○　○○
電話番号　○○－○○○○－○○○○

私は、＿＿＿＿＿＿＿＿＿＿＿＿＿＿＿＿（注2）を代理人と定め、下記の事項に関する一切の権限を委任します。

記

1．次の要項による登記申請に関すること
　　(1) 登記原因証明情報：平成○年○月○日付け登記原因証明情報（抵当権順位譲渡）(注3)
　　(2) 登記の目的：抵当権の順位譲渡
2．上記申請の登記識別情報の暗号化に関すること（注4）
3．上記申請の登記完了証の受領に関すること（注5）
4．上記申請に関する資格証明情報その他の添付情報の原本還付手続に関すること（注5）
5．上記申請の登録免許税還付金の代理受領に関すること（注6）

以　上

(注1)　Ⅳ抵当権順位譲渡契約証書とは別に、Ⅴ登記原因証明情報（抵当権順位譲渡）を作成し、これを登記原因証明情報（不登法第61条）として提供する場合に、登記義務者が作成する委任状の書式である。管轄登記所が複数となるケースにおいて、委任状の原本還付を受けるときは、他の申請についても委任したことが明らかな内容とする必要がある。
(注2)　代理人の住所ならびに氏名または名称を記載する。
(注3)　登記所に提供する登記原因証明情報の作成日およびその名称を記載する。
(注4)　登記識別情報の暗号化（電子申請においてオンラインで登記識別情報を提供すること）には特別の授権が必要であるため、このように記載する。
(注5)　これらの事項には特別の授権を必要としないが、委任事項を明確にするため、このように記載する。
(注6)　登記申請の取下げ・却下・過誤納付に伴う還付金の代理受領については特別の授権が必要であるため、このように記載する。

Ⅵ-2-1　登記用委任状（登記権利者用／Ⅳを登記原因証明情報として提供する場合）(注1)

委　任　状

平成　年　月　日

　　　　　住　所　　　東京都○区○町一丁目2番3号
　　　　　登記権利者　株式会社甲野銀行
　　　　　　　　　　　代表取締役　甲野太郎　　　㊞

私は、＿＿＿＿＿＿＿＿＿＿＿＿＿＿＿＿＿(注2)を代理人と定め、下記の事項に関する一切の権限を委任します。

記

1．次の要項による登記申請に関すること
　　(1) 登記原因証明情報：平成○年○月○日付け抵当権順位譲渡契約証書（注3）
　　(2) 登記の目的：抵当権の順位譲渡
2．上記申請の登記完了証の受領に関すること（注4）
3．上記申請に関する契約証書、資格証明情報その他の添付情報の原本還付手続に関すること（注4）
4．上記申請の登録免許税還付金の代理受領に関すること（注5）

以　上

(注1)　Ⅳ抵当権順位譲渡契約証書を登記原因証明情報（不登法第61条）として提供する場合に、登記権利者が作成する委任状の書式である。管轄登記所が複数となるケースにおいて、委任状の原本還付を受けるときは、他の申請についても委任したことが明らかな内容とする必要がある。
(注2)　代理人の住所ならびに氏名または名称を記載する。
(注3)　登記所に提供する契約証書の締結日およびその名称を記載する。
(注4)　これらの事項には特別の授権を必要としないが、委任事項を明確にするため、このように記載する。
(注5)　登記申請の取下げ・却下・過誤納付に伴う還付金の代理受領については特別の授権が必要であるため、このように記載する。

Ⅵ−2−2　登記用委任状（登記権利者用／Ⅴを登記原因証明情報として提供する場合）(注1)

委　任　状

平成　年　月　日

住　所　　　東京都〇区〇町一丁目2番3号
登記権利者　株式会社甲野銀行
　　　　　　代表取締役　甲野太郎　　　㊞

私は、＿＿＿＿＿＿＿＿＿＿＿＿＿＿＿＿(注2)を代理人と定め、下記の事項に関する一切の権限を委任します。

記

1．次の要項による登記申請に関すること
　　(1) 登記原因証明情報：平成〇年〇月〇日付け登記原因証明情報（抵当権順位譲渡）(注3)
　　(2) 登記の目的：抵当権の順位譲渡
2．上記申請の登記完了証の受領に関すること (注4)
3．上記申請に関する資格証明情報その他の添付情報の原本還付手続に関すること (注4)
4．上記申請の登録免許税還付金の代理受領に関すること (注5)

以　上

(注1)　Ⅳ抵当権順位譲渡契約証書とは別に、Ⅴ登記原因証明情報（抵当権順位譲渡）を作成し、これを登記原因証明情報（不登法第61条）として提供する場合に、登記権利者が作成する委任状の書式である。管轄登記所が複数となるケースにおいて、委任状の原本還付を受けるときは、他の申請についても委任したことが明らかな内容とする必要がある。
(注2)　代理人の住所ならびに氏名または名称を記載する。
(注3)　登記所に提供する登記原因証明情報の作成日およびその名称を記載する。
(注4)　これらの事項には特別の授権を必要としないが、委任事項を明確にするため、このように記載する。
(注5)　登記申請の取下げ・却下・過誤納付に伴う還付金の代理受領については特別の授権が必要であるため、このように記載する。

7　順位放棄

44　抵当権の順位放棄

Ⅰ　ケース概要

　甲野銀行は乙野商事から融資の申し込みを受けたが、乙野商事所有の土地および建物には商取引上の債権を担保するための丙川興業の第1順位の抵当権のほかに融資債権を担保する第2順位の抵当権が設定されていたところ、担保余力は多少残されていた。甲野銀行は、抵当権設定を受けて第1順位の抵当権と順位変更することを画策したが第2順位抵当権者が応じないため、自らも抵当権者となるべく第3順位の抵当権設定を受けたうえで第1順位の抵当権について順位の放棄を受けたい。

Ⅱ　書式作成上の留意点

① 　本書式は、同一債務者に対する抵当権者間において、先順位の抵当権者から後順位の抵当権者に対して抵当権の順位を放棄する場合の書式である（金額を定めてその一部について順位放棄することもできる）。抵当権順位放棄者が受益者に対して抵当権順位放棄の意思表示をすることにより、抵当権順位放棄の登記原因が生じる。これは、抵当権者から一般債権者に対する抵当権の放棄（No.42）とは異なり、既存の抵当権者間における処分である。また、抵当権の順位を同順位とすること（No.88、89）と経済的機能として近接するものの、順位変更は対世的な効力を有するのに対して、抵当権の順位放棄は相対的な処分である点で異なる。

② 　抵当権者は、同一の債務者に対する他の債権者の利益のために、その抵当権またはその順位を譲渡し、または放棄することができる（民法第376条第1項）。抵当権の順位放棄が行われると、抵当権順位放棄者が受けるべき優先配当額（一部放棄の場合は放棄額）および受益者が受けるべき配当額の合計の範囲で抵当権順位放棄者と受益者が平等に扱われ、債権額と比例した額で配当を受けることができるが、抵当権順位放棄者の優先配当権が消滅すれば受益者もその配当を受けることができなくなる。なお、抵当権順位放棄にあたり後順位抵当権者や中間順位の抵当権者の承諾は不要である。また、確定前の根抵当権については、このような処分をすることができない（民法第398条の11第1項）。

③ 　上記に対し、順位変更（民法第374条）の場合は、債権者が異なっていても、また根抵当権者であっても合意することができ、さらに変更後（根）抵当権の一部が消滅しても順位変更の効力には影響がない。したがって、順位変更制度が創設された昭和47年以降は、中間の（根）抵当権者が順位変更に応じないときや、新規に（根）抵当権移転等を受けるコストが問題となるときなどにその利用が検討される。

④ 　抵当権順位放棄については、債務者に対して通知するか、その承諾を得ておかないと、抵

当権順位放棄者に対する弁済をもって対抗されることになる（民法第377条）。本ケースは、債務者宛て融資の際に取り組まれるものであるため、債務者に対して特別な約定を求めることが可能であることを前提にして、抵当権順位放棄証書において債務者が承諾することにより民法第377条の対抗要件を具備することとしている。他方、受益者に対して優先的に弁済させる必要があれば、抵当順位放棄証書において弁済ルールを約定することが考えられるが、不測の内入れ等をけん制する趣旨であれば、承諾を得ない弁済は受益者に対抗できない旨を明記して、抵当権順位放棄者から債務者に対して通知することでも足りるであろう。なお、債務者以外の第三者との優劣関係については、登記によって決せられることから、抵当権順位放棄に関する通知または承諾は確定日付のある証書（民法第467条第2項参照）による必要はない。

⑤ 抵当権順位放棄証書とは別にⅤ登記原因証明情報（抵当権順位放棄）を作成し、登記原因証明情報（不登法第61条）として登記所に提供することができる。

⑥ 抵当権順位放棄の登記は、受益者が登記権利者となり、抵当権順位放棄者が登記義務者となって行う。

⑦ 抵当権順位放棄者につき、抵当権の取得に係る登記識別情報（登記済証）が必要となる。なお、登記完了後は、双方に登記完了証が交付される（この登記により受益者に登記識別情報は通知されない）。

⑧ 管轄登記所が複数となるケースでは、Ⅴ登記原因証明情報（抵当権順位放棄）は、登記所ごとに（複数）必要となる。当該申請のためにのみ作成したⅥ登記用委任状も同様であり、これらは原本還付を受けることができないとされている。

Ⅲ 必要書類・費用一覧

書類	書類上の関係者
☐ 抵当権順位放棄証書	受益者、抵当権順位放棄者、債務者
☐ 登記原因証明情報	抵当権順位放棄者
☐ 委任状（登記義務者用）	抵当権順位放棄者
☐ 委任状（登記権利者用）	受益者
☐ 登記識別情報（登記済証）	抵当権順位放棄者
☐ 会社法人等番号（注）	受益者、抵当権順位放棄者
☐ 登録免許税	不動産1個につき1,000円

（注） 不登令等の改正により、平成27年11月2日から、会社・法人の代表者等の資格を証する情報の提供（添付）に代え、登記申請情報に商業登記法第7条の会社法人等番号を記録または記載することとなった。ただし、法人登記手続中となるなどの場合を考慮し、例外的に、作成後1か月以内の資格証明情報（登記事項証明書）を提供（添付）することも認められている。

Ⅳ 抵当権順位放棄証書

(印紙)(注1)

抵当権順位放棄証書

平成　年　月　日 (注2)

　　　住　　所　　　東京都〇区〇町一丁目2番3号
　　　受益者　　　　株式会社甲野銀行
　　　　　　　　　　代表取締役　甲野太郎　　　㊞
　　　　　　　　　　(取扱店　　　　　　　　　　　)

　　　住　　所　　　東京都〇区〇町三丁目2番6号
　　　抵当権順位放棄者　株式会社丙川興業
　　　　　　　　　　代表取締役　丙川三郎　　　㊞ (注3)

　　　住　　所　　　東京都〇区〇町三丁目2番1号
　　　債務者　　　　株式会社乙野商事 (注4)
　　　　　　　　　　代表取締役　乙野次郎　　　㊞

受益者、抵当権順位放棄者および債務者は、次のとおり合意しました。

[抵当権順位放棄者の抵当権の表示] (注5)

1．登記	平成〇年〇月〇日東京法務局〇出張所受付第〇号
2．物件	後記物件の表示記載のとおり

[受益者の抵当権の表示] (注5)

1．登記	平成〇年〇月〇日東京法務局〇出張所受付第〇号
2．物件	後記物件の表示記載のとおり

物件の表示	所有者
所　在　東京都〇区〇町一丁目 地　番　1番1 地　目　宅地 地　積　〇〇〇.〇〇㎡	株式会社乙野商事
所　在　東京都〇区〇町一丁目1番地1	株式会社乙野商事

```
家屋番号  1番1
種　　類  居宅
構　　造  木造セメントかわらぶき平家建
床 面 積  ○○.○○㎡
```

第1条（抵当権の順位放棄）

① 抵当権順位放棄者は、下記条項を承認のうえ、受益者のために、受益者が有する前記「受益者の抵当権の表示」記載の抵当権（以下「受益抵当権」といいます。）に対し、前記「抵当権の表示」記載の抵当権（以下「原抵当権」といいます。）の順位を放棄しました。

② 債務者は、この証書の内容を異議なく承諾し、下記条項のほか、債務者が受益者に差し入れた銀行取引約定書および被担保債権の成立・変更等に係る約定書ならびに債務者が受益者に今後差し入れるこれらの約定書記載の各条項の適用があることを承認します。(注6)

第2条（抵当権順位放棄者・債務者の義務）

① 次に掲げるいずれかの行為をする場合、抵当権順位放棄者および債務者は、あらかじめ受益者の承諾を得るものとします。

(1) 原抵当権の被担保債権に係る契約および原抵当権に係る設定契約（以下「原抵当権設定契約」といいます。）の変更、原抵当権の処分もしくは順位変更

(2) 原抵当権の被担保債権の免除・相殺、または原抵当権の放棄

(3) 原抵当権に基づく担保権実行の申立て

② 次に掲げるいずれかの事由が生じた場合、抵当権順位放棄者および債務者は、ただちに受益者に通知し、その指示に従うものとします。

(1) 抵当物件が滅失・毀損しもしくはその価格が低落したとき

(2) 抵当物件について譲渡、明渡し、引渡し、収用その他の原因により譲渡代金・立退料・補償金・清算金などの債権が生じたとき

(3) 原抵当権の設定者が、原抵当権設定契約の定めに違反したとき

③ 債務者は、前項の場合において、受益者の請求があったときは、ただちに受益者の承認する担保を差し入れ、または保証人をたてもしくはこれを追加し、あるいは受益抵当権の被担保債権の全部または一部を期限のいかんにかかわらず弁済します。

第3条（債務者による弁済）(注7)

① 債務者は、抵当権順位放棄者および受益者との間で別に締結する約定書に従う場合に限り、原抵当権の被担保債権を弁済するものとします。

② あらかじめ受益者の承諾を得た場合を除き、前項に反して抵当権順位放棄者にした弁済は、受益者に対して効力を有しないものとします。

第4条（対抗要件の具備）（注8）

　　抵当権順位放棄者は、原抵当権について、第1条に係る抵当権順位放棄の登記手続を遅滞なく行い、その登記事項証明書を受益者に提出します。今後、この抵当権順位放棄について各種の変更等の合意がなされたときも同様とします。

第5条（費用の負担）

　　この抵当権順位放棄に関する登記に要する費用は、債務者が負担し、受益者が支払った金額についてはただちに支払います。

以　上

（注1）　この文書は、印紙税法上の課税文書には該当しないこととされている。
（注2）　この文書を作成した日付を記載する。
（注3）　抵当権者（抵当権順位放棄者）は、この欄に署名（記名）捺印させる。なお、住所および商号、氏名は、会社法人等番号または住民票により確認する。
（注4）　抵当権の債務者は、この欄に署名（記名）捺印させる。
（注5）　抵当権を特定するに足りる事項として、受付年月日および番号を記載する。
（注6）　抵当権設定者の承諾は抵当権順位放棄の効力要件としては不要である。また、債務者の承諾も抵当権順位放棄の効力要件としては不要であるが、当該債務者に対する対抗要件を具備するために（民法第377条）承諾条項を置いている（確定日付は不要）。
（注7）　債務者と抵当権順位放棄者および受益者との間で別に弁済に関する約定書を締結し、不測の内入れ等によって受益者の権利が侵害されないようにしている。
（注8）　この文書に基づく抵当権順位放棄の登記をすることにより、第三者対抗要件は具備される。

Ⅴ　登記原因証明情報（抵当権順位放棄）（注1）

登記原因証明情報
（抵当権順位放棄）

　　　　　　　　　　　　　　　　　　　　　　　　　　平成　　年　　月　　日

東京法務局　○出張所　御中

　　　　　　　　　　　住　　所　　　　東京都○区○町三丁目2番6号
　　　　　　　　　　　登記義務者（注2）　株式会社丙川興業
　　　　　　　　　　　　　　　　　　　　代表取締役　丙川三郎　　　　㊞

　登記義務者（抵当権順位放棄者）は、本件登記の原因となる事実または法律行為が下記1．記載のとおりであることおよびこれに基づき現に下記2．記載の内容を登記要項とする変動が生じたことを証明します。

1．登記の原因となる事実または法律行為

(1) 証書名および作成年月日	平成○年○月○日付け抵当権順位放棄証書（注3）
(2) 作成当事者	受益者　　　　　　　　株式会社甲野銀行
	抵当権順位放棄者　　　株式会社丙川興業

2．登記申請情報の要項

(1) 登記の目的	後記のとおり（注4）
(2) 原因	平成○年○月○日順位放棄
(3) 登記権利者 （受益者）（注5）	東京都○区○町一丁目2番3号 株式会社甲野銀行
(4) 登記義務者 （抵当権順位放棄者） （注2）	東京都○区○町三丁目2番6号 株式会社丙川興業
(5) 不動産の表示	後記のとおり

```
                    不動産の表示
所　　在　東京都○区○町一丁目
地　　番　1番1（登記の目的：○番抵当権の○番抵当権への順位放棄）（注4）
地　　目　宅地
地　　積　○○○.○○㎡

所　　在　東京都○区○町一丁目1番地1
家屋番号　1番1（登記の目的：○番抵当権の○番抵当権への順位放棄）（注4）
種　　類　居宅
構　　造　木造セメントかわらぶき平家建
床 面 積　○○.○○㎡

                                                    以　上
```

(注1) Ⅳ抵当権順位放棄証書とは別に、Ⅴ登記原因証明情報（抵当権順位放棄）を作成する場合の書式である。この情報は、登記の原因となる事実または法律行為のほか、登記事項（および物件表示）を登記義務者が確認して署名（または記名捺印）したものでなくてはならない。証書とは異なり、登記用に作成された書面の原本還付を受けることはできないため、管轄登記所が複数となるケースでは、登記所ごとに（複数）作成する必要がある。その内容は同文面とし、すべての物件を記載する。
(注2) 登記義務者は、抵当権の順位を放棄した先順位の抵当権者となる。
(注3) Ⅳ契約証書の名称および作成年月日を記載する。
(注4) 登記簿上の順位番号をもって順位放棄する抵当権と受益する抵当権をこのように記載する。
(注5) 登記権利者は、受益者となる。

Ⅵ－1－1　登記用委任状（登記義務者用／Ⅳを登記原因証明情報として提供する場合）(注1)

委　任　状

平成　　年　　月　　日

　　　　住　所　　　東京都○区○町三丁目2番6号
　　　　登記義務者　株式会社　丙川興業
　　　　　　　　　　代表取締役　丙川三郎　　　　㊞
　　　　⎛連絡先　担当部署　○○部／担当者名　○○　○○⎞
　　　　⎝電話番号　○○－○○○○－○○○○　　　　　　⎠

私は、＿＿＿＿＿＿＿＿＿＿＿＿＿＿＿＿＿（注2）を代理人と定め、下記の事項に関する一切の権限を委任します。

記

1．次の要項による登記申請に関すること
　　(1)登記原因証明情報：平成○年○月○日付け抵当権順位放棄証書（注3）
　　(2)登記の目的：抵当権の順位放棄
2．上記申請の登記識別情報の暗号化に関すること（注4）
3．上記申請の登記完了証の受領に関すること（注5）
4．上記申請に関する契約証書、資格証明情報その他の添付情報の原本還付手続に関すること（注5）
5．上記申請の登録免許税還付金の代理受領に関すること（注6）

以　上

（注1）　Ⅳ抵当権順位放棄証書を登記原因証明情報（不登法第61条）として提供する場合に、登記義務者が作成する委任状の書式である。管轄登記所が複数となるケースにおいて、委任状の原本還付を受けるときは、他の申請についても委任したことが明らかな内容とする必要がある。
（注2）　代理人の住所ならびに氏名または名称を記載する。
（注3）　登記所に提供する証書の作成日およびその名称を記載する。
（注4）　登記識別情報の暗号化（電子申請においてオンラインで登記識別情報を提供すること）には特別の授権が必要であるため、このように記載する。
（注5）　これらの事項には特別の授権を必要としないが、委任事項を明確にするため、このように記載する。
（注6）　登記申請の取下げ・却下・過誤納付に伴う還付金の代理受領については特別の授権が必要であるため、このように記載する。

Ⅵ－1－2　登記用委任状（登記義務者用／Ⅴを登記原因証明情報として提供する場合）(注1)

委　任　状

　　　　　　　　　　　　　　　　　　　　　　　平成　　年　　月　　日

　　　　　　住　所　　　東京都○区○町三丁目2番6号
　　　　　　登記義務者　株式会社　丙　川　興　業
　　　　　　　　　　　　代表取締役　丙　川　三　郎　　　㊞
　　　　　　（連絡先　担当部署　○○部／担当者名　○○　○○
　　　　　　　電話番号　○○－○○○○－○○○○　　　　　）

私は、＿＿＿＿＿＿＿＿＿＿＿＿＿＿＿＿＿(注2)を代理人と定め、下記の事項に関する一切の権限を委任します。

記

1．次の要項による登記申請に関すること
　　(1) 登記原因証明情報：平成○年○月○日付け登記原因証明情報（抵当権順位放棄）(注3)
　　(2) 登記の目的：抵当権の順位放棄
2．上記申請の登記識別情報の暗号化に関すること (注4)
3．上記申請の登記完了証の受領に関すること (注5)
4．上記申請に関する資格証明情報その他の添付情報の原本還付手続に関すること (注5)
5．上記申請の登録免許税還付金の代理受領に関すること (注6)

　　　　　　　　　　　　　　　　　　　　　　　　　　　　　　以　上

(注1)　Ⅳ抵当権順位放棄証書とは別に、Ⅴ登記原因証明情報（抵当権順位放棄）を作成し、これを登記原因証明情報（不登法第61条）として提供する場合に、登記義務者が作成する委任状の書式である。管轄登記所が複数となるケースにおいて、委任状の原本還付を受けるときは、他の申請についても委任したことが明らかな内容とする必要がある。
(注2)　代理人の住所ならびに氏名または名称を記載する。
(注3)　登記所に提供する登記原因証明情報の作成日およびその名称を記載する。
(注4)　登記識別情報の暗号化（電子申請においてオンラインで登記識別情報を提供すること）には特別の授権が必要であるため、このように記載する。
(注5)　これらの事項には特別の授権を必要としないが、委任事項を明確にするため、このように記載する。
(注6)　登記申請の取下げ・却下・過誤納付に伴う還付金の代理受領については特別の授権が必要であるため、このように記載する。

Ⅵ－2－1　登記用委任状（登記権利者用／Ⅳを登記原因証明情報として提供する場合）（注1）

```
                      委　任　状

                                    平成　　年　　月　　日

                 住　所　　　東京都〇区〇町一丁目2番3号
                 登記権利者　株式会社甲野銀行
                           代表取締役　甲野太郎　　㊞

私は、＿＿＿＿＿＿＿＿＿＿＿＿＿＿＿＿（注2）を代理人と定め、下記の事項に関する一切の権限を
委任します。

                          記

1．次の要項による登記申請に関すること
    (1) 登記原因証明情報：平成〇年〇月〇日付け抵当権順位放棄証書（注3）
    (2) 登記の目的：抵当権の順位放棄
2．上記申請の登記完了証の受領に関すること（注4）
3．上記申請に関する契約証書、資格証明情報その他の添付情報の原本還付手続に関すること（注4）
4．上記申請の登録免許税還付金の代理受領に関すること（注5）
                                               以　上
```

（注1）　Ⅳ抵当権順位放棄証書を登記原因証明情報（不登法第61条）として提供する場合に、登記権利者が作成する委任状の書式である。管轄登記所が複数となるケースにおいて、委任状の原本還付を受けるときは、他の申請についても委任したことが明らかな内容とする必要がある。
（注2）　代理人の住所ならびに氏名または名称を記載する。
（注3）　登記所に提供する証書の作成日およびその名称を記載する。
（注4）　これらの事項には特別の授権を必要としないが、委任事項を明確にするため、このように記載する。
（注5）　登記申請の取下げ・却下・過誤納付に伴う還付金の代理受領については特別の授権が必要であるため、このように記載する。

Ⅵ－2－2　登記用委任状（登記権利者用／Ⅴを登記原因証明情報として提供する場合）（注1）

委　任　状

平成　年　月　日

　　　　住　所　　　東京都○区○町一丁目2番3号
　　　　登記権利者　　株式会社甲野銀行
　　　　　　　　　　　代表取締役　甲野太郎　　㊞

私は、＿＿＿＿＿＿＿＿＿＿＿＿＿＿＿（注2）を代理人と定め、下記の事項に関する一切の権限を委任します。

記

1．次の要項による登記申請に関すること
　　(1) 登記原因証明情報：平成○年○月○日付け登記原因証明情報（抵当権順位放棄）（注3）
　　(2) 登記の目的：抵当権の順位放棄
2．上記申請の登記完了証の受領に関すること（注4）
3．上記申請に関する資格証明情報その他の添付情報の原本還付手続に関すること（注4）
4．上記申請の登録免許税還付金の代理受領に関すること（注5）

以　上

(注1)　Ⅳ抵当権順位放棄証書とは別に、Ⅴ登記原因証明情報（抵当権順位放棄）を作成し、これを登記原因証明情報（不登法第61条）として提供する場合に、登記権利者が作成する委任状の書式である。管轄登記所が複数となるケースにおいて、委任状の原本還付を受けるときは、他の申請についても委任したことが明らかな内容とする必要がある。
(注2)　代理人の住所ならびに氏名または名称を記載する。
(注3)　登記所に提供する登記原因証明情報の作成日およびその名称を記載する。
(注4)　これらの事項には特別の授権を必要としないが、委任事項を明確にするため、このように記載する。
(注5)　登記申請の取下げ・却下・過誤納付に伴う還付金の代理受領については特別の授権が必要であるため、このように記載する。

第 2 章
根抵当権

第1節 設　　定

1　単独担保

45　単独根抵当権の設定

Ⅰ　ケース概要

　甲野銀行は、債務者乙野商事宛て融資取引にあたり、乙野商事所有の土地に、単独担保として根抵当権の設定を受けたい。

Ⅱ　書式作成上の留意点

① 　1個の不動産に根抵当権の新規設定を受ける場合の書式である。この契約により根抵当権設定の登記原因が生じる。

② 　共同根抵当の場合は、第1条に「共同担保として」の文言を入れることにより、累積根抵当ではなく共同根抵当であることを示すが、目的不動産が1個であれば、この記載をしない。なお、根抵当権は元本確定により附従性・随伴性を有することとなるが、極度額という考え方は最後まで維持され、元本確定後には追加設定契約ができないなど、普通抵当権とまったく同じものになるわけではない。

③ 　本ケースは、債務者兼根抵当権設定者の例で記載しているが、書式としては、第三者担保提供の場合にも使えるよう、根抵当権設定者の欄を設けている。

　　会社がその取締役個人またはその取締役が代表取締役である別会社の債務につき担保提供するなど、取締役の債務を保証することとなる場合は会社法所定の承認が必要となり、登記申請に際して署名者全員の印鑑証明書付きで議事録等を提供することとなるので注意を要する（会社法第356条・第365条、不登令第7条第1項第5号ハ）。なお、第三者担保提供者に対しては、銀行取引約定書の写しを交付するのがよいであろう。

④ 　この根抵当権設定契約証書とは別にⅤ登記原因証明情報（根抵当権設定）を作成し、登記原因証明情報（不登法第61条）として登記所に提供することができる。

⑤ 　根抵当権設定の登記は、根抵当権者が登記権利者となり、根抵当権設定者が登記義務者となって行い、登記原因のほか極度額・債権の範囲・債務者・根抵当権者などをその登記事項とする。

⑥ 　根抵当権設定者につき、所有権の取得に係る登記識別情報（登記済証）および印鑑証明書が必要となる。なお、登記完了後は、双方に登記完了証が交付され、根抵当権者には登記識別情報が通知される。

III 必要書類・費用一覧

書類	書類上の関係者
□ 根抵当権設定契約証書	根抵当権者、債務者、根抵当権設定者
□ 登記原因証明情報	根抵当権設定者
□ 委任状（登記義務者用）	根抵当権設定者
□ 委任状（登記権利者用）	根抵当権者
□ 登記識別情報（登記済証）	根抵当権設定者
□ 印鑑証明書	根抵当権設定者
□ 会社法人等番号（注）	根抵当権者、根抵当権設定者
□ 登録免許税	極度額の1,000分の4

(注) 不登令等の改正により、平成27年11月2日から、会社・法人の代表者等の資格を証する情報の提供（添付）に代え、登記申請情報に商業登記法第7条の会社法人等番号を記録または記載することとなった。ただし、法人登記手続中となるなどの場合を考慮し、例外的に、作成後1か月以内の資格証明情報（登記事項証明書）を提供（添付）することも認められている。

IV 根抵当権設定契約証書

```
（印紙）
（注1）
```

根抵当権設定契約証書
（ 単 独 担 保 ）

平成　年　月　日（注2）

東京都○区○町一丁目2番3号
株式会社甲野銀行　御中
（取扱店　　　　　　　　　）

住　所　　東京都○区○町三丁目2番1号
債務者　　株式会社乙野商事
根抵当権設定者　代表取締役　乙野次郎　　㊞（注3）

住　所
根抵当権設定者
（注4）（注5）

第1節　設　定　411

株式会社甲野銀行（以下「銀行」といいます。）、債務者および根抵当権設定者は、次のとおり根抵当権設定契約を締結しました。

[根抵当権の要項]

1．極度額	（注6） ［拾億　　百万　　　千　　　円］ （算用数字／頭部に¥マーク）
2．被担保債権の範囲	①　債務者との銀行取引により生じる一切の債権（注7） ②　銀行が第三者から取得する手形上・小切手上の債権 ③　電子記録債権（注8）
3．債務者	東京都○区○町三丁目2番1号 株式会社乙野商事（注9）
4．確定期日	定めない（注10）
5．順位	後記のとおり（注11）

物件の表示	順位	所有者
所　　在　東京都○区○町一丁目 地　　番　1番1 地　　目　宅地 地　　積　○○○.○○㎡	1	株式会社乙野商事

第1条（根抵当権の設定）
　①　根抵当権設定者は、下記条項を承認のうえ、その所有する前記記載の物件のうえに、銀行のため、前記「根抵当権の要項」記載の根抵当権を設定しました。
　②　根抵当権設定者は、この契約について、下記条項のほか、債務者が銀行に差し入れた銀行取引約定書および被担保債権の成立・変更等に係る約定書ならびに債務者が銀行に今後差し入れるこれらの約定書記載の各条項の適用があることを承認します。

第2条（登記義務）
　根抵当権設定者は、前条第1項による根抵当権設定の登記手続を遅滞なく行い、その登記事項証明書を銀行に提出します。今後、この根抵当権について各種の変更等の合意がなされたときも同様とします。

第3条（被担保債権の範囲の変更等）
　この契約による根抵当権について、銀行から被担保債権の範囲の変更、極度額の増額、根抵当権の譲渡・一部譲渡、確定期日の延期等の申し出のあった場合は、ただちにこれに同意します。

第4条（根抵当物件）

① 根抵当権設定者は、あらかじめ銀行の承諾がなければ根抵当物件（根抵当建物の借地権を含む。以下同じ。）の現状を変更し、または第三者のために権利を設定しもしくは譲渡しません。

② 根抵当物件が原因のいかんを問わず滅失・毀損しもしくはその価格が低落したとき、またはそのおそれがあるときは、根抵当権設定者はただちにその旨を銀行に通知します。この場合において、銀行から請求があったときは、債務者および根抵当権設定者はただちに銀行の承認する担保もしくは増担保を差し入れ、または保証人をたてもしくはこれを追加し、あるいは被担保債務の全部または一部を期限のいかんにかかわらず弁済します。

③ 根抵当物件について譲渡、土地明渡し、収用その他の原因により譲渡代金・立退料・補償金・清算金などの債権が生じたときは、根抵当権設定者は銀行のためにその債権に質権を設定するものとし、銀行がこれらの金銭を受領したときは債務の弁済期前でも法定の順序にかかわらず、銀行はその弁済に充当することができます。

第5条（損害保険）（注12）

① 根抵当権設定者は、この根抵当権が存続する間根抵当物件に対し、銀行の同意する保険会社と銀行の指定する金額以上の損害保険契約を締結または継続し、その保険契約に基づく権利のうえに銀行のため質権を設定し、またはその保険契約に抵当権者特約条項をつけます。

② 根抵当権設定者は、前項の保険契約以外に根抵当物件に対し保険契約を締結したときは、ただちに銀行に通知し、前項と同様の手続をとります。

③ 前2項の保険契約の継続・更改・変更および保険目的物件罹災後の保険金等の処理については、すべて銀行の指示に従います。

④ 銀行が債権保全のため、必要な保険契約を締結しもしくは根抵当権設定者に代って保険契約を締結または継続し、その保険料を支払ったときは、根抵当権設定者は銀行の支払った保険料その他の費用に、その支払日から年〇％（注13）の割合の損害金を付して支払います。

⑤ 前4項による保険契約に基づく保険金を銀行が受領したときは、債務の弁済期前でも法定の順序にかかわらず債務の弁済に充当されても異議ありません。

第6条（借地権）（注12）

① 根抵当権設定者は、根抵当建物の敷地につきその借地期間が満了したときは、借地借家法第22条・第23条・第24条の定期借地権を除きただちに借地契約継続の手続をとります。また、土地の所有者に変更があったときはただちに銀行に通知し、借地権の種類・内容に変更が生じるときはあらかじめ銀行に通知します。

② 根抵当権設定者は、解約、賃料不払、借地権の種類・内容の変更その他借地権の消滅

または変更をきたすようなおそれのある行為をせず、またこのようなおそれのあるときは借地権保全に必要な手続をとることはもちろん、根抵当物件のうち建物が滅失した場合も銀行の同意がなければ借地権の転貸その他任意の処分をしません。

③　根抵当物件のうち建物が火災その他により滅失し、建物を建築する場合は、根抵当権設定者は、ただちに借地借家法第10条第2項の所定の掲示を行ったうえ、速やかに地主の承諾を得て建物を建築してこの根抵当権と同一内容・順位の根抵当権を設定します。また、ただちに建物の建築をしない場合において、保険金等によって弁済をしてもなお残債務があるときは、借地権の処分について銀行の指示に従うものとし、銀行はその処分代金をもって債務の弁済に充当することができます。

第7条（任意処分）

　　根抵当物件は、必ずしも競売手続によらず一般に適当と認められる方法・時期・価格等により銀行において処分のうえ、その取得金から諸費用を差し引いた残額を法定の順序にかかわらず債務の弁済に充当されても異議ありません。また、残債務がある場合は債務者はただちに弁済します。

第8条（根抵当物件の調査）

　　根抵当物件の現況等について銀行から請求があったときは、ただちに報告し、また調査に必要な便益を提供します。

第9条（費用の負担）

　　この根抵当権に関する設定・解除または変更の登記ならびに根抵当物件の調査または処分に関する費用は、債務者および根抵当権設定者が連帯して負担し、銀行が支払った金額についてはただちに支払います。

第10条（担保保存義務）(注14)

①　根抵当権設定者は、銀行の都合によって他の担保または保証を変更、解除されても異議ありません。

②　根抵当権設定者が弁済等により銀行から代位によって取得した権利は、債務者と銀行との間の取引継続中は、銀行の同意がなければこれを行使しません。また、銀行が請求したときは、その権利または順位を銀行に無償で譲渡します。

以　上

（注1）　この文書は、平成元年4月1日以降、印紙税法上の課税文書には該当しないこととされている。ただし、第4条第3項を修正して収用等により生じた債権を（質権設定でなく）根抵当権者に譲渡する旨の定めをした場合は、債権譲渡に関する契約書（第15号文書）に該当して課税文書となり、また第7条を修正して（処分清算条項でなく）代物弁済を約する旨の定めをした場合は、不動産の譲渡に関する契約書（第1号の1文書）として課税文書となるので、留意が必要である。
（注2）　この契約書を作成した日付を記載する。
（注3）　根抵当権設定者と債務者が同じ場合は、この欄に署名（記名）捺印させる。債務者が根抵当権設定者でない場合は、「根抵当権設定者」の文字を抹消する。なお、住所および商号、氏

　　　　　名は、会社法人等番号または住民票により確認する。
（注4）　債務者以外の第三者が根抵当権設定者の場合は、この欄に署名（記名）捺印させる。
（注5）　債務者以外の根抵当権設定者がいる場合で、その者に連帯保証を求める場合は、「連帯保証人」の記載を追加するのではなく、保証人徴求の際にも法令等によって求められる手続を履践する必要がある。
（注6）　極度額を記載する。
（注7）　根抵当権の被担保債権の範囲は、「特定の継続的取引契約」または「一定の種類の取引」をもって定めるほか、「特定の原因に基づき継続して発生する債権」「手形上・小切手上の請求権」についても被担保債権とすることができる（民法第398条の2第2項・第3項）。
　　　　　この契約では、「一定の種類の取引」として「銀行取引」を定め、また「手形上・小切手上の請求権」および「電子記録債権」についても被担保債権としている。
　　　　　以上のほか、特定債権を被担保債権の範囲に追加することができ、例を示すと次のとおりである。
　　　　イ　平成〇年〇月〇日債権譲渡契約により銀行が〇〇〇〇から譲り受けた債権（原契約：平成〇年〇月〇日金銭消費貸借契約、当初元本：金〇円、現在残高：金〇円）
　　　　ロ　平成〇年〇月〇日債務引受契約により債務者が〇〇〇〇から引き受けた債務（原契約：平成〇年〇月〇日金銭消費貸借契約、当初元本：金〇円、現在残高：金〇円）
（注8）　手形や小切手上の請求権のほか、電子記録債権についても被担保債権とすることが認められている。
（注9）　住所、氏名を記載する（法人の場合は本店所在地と商号を記載）。
（注10）　確定期日を定める場合は、「定めない」を抹消し、「平成〇年〇月〇日」と所定の日付を記載する。確定期日を定めると、元本の確定請求をすることはできない（民法第398条の19第3項）。
（注11）　順位は実質上の順位を記載する。
（注12）　本件での損害保険は想定しにくく、また借地権は関係ないが、一般規定として、あえて削除しないのが通例である。
（注13）　所定の利率を記載する。
（注14）　本件では債務者以外の根抵当権設定者がいないから本条が機能する場面はないが、あえて削除しないのが通例である。

Ⅴ　登記原因証明情報（根抵当権設定）(注1)

登記原因証明情報
（根抵当権設定）

　　　　　　　　　　　　　　　　　　　　　　　　　　平成　　年　月　日

東京法務局　〇出張所　御中

　　　　　　　　住　所　　　　東京都〇区〇町三丁目2番1号
　　　　　　　　登記義務者(注2)　株式会社乙野商事
　　　　　　　　　　　　　　　代表取締役　乙野次郎　　　　　㊞

　登記義務者（根抵当権設定者）は、本件登記の原因となる事実または法律行為が下記1．記載のとおりであることおよびこれに基づき現に下記2．記載の内容を登記要項とする物権変動が生じたことを証明します。

記

1．登記の原因となる事実または法律行為

(1)	契約証書名および締結年月日	平成〇年〇月〇日付け根抵当権設定契約証書（単独担保）(注3)
(2)	契約当事者	根抵当権者　　　　株式会社甲野銀行
		根抵当権設定者　　株式会社乙野商事

2．登記申請情報の要項

(1)	登記の目的	根抵当権設定
(2)	原因	平成〇年〇月〇日設定（注4）
(3)	極度額	［拾億　百万　千　円］ （算用数字／頭部に￥マーク）
(4)	債権の範囲	①　銀行取引 ②　手形債権、小切手債権、電子記録債権
(5)	債務者	東京都〇区〇町三丁目2番1号 株式会社乙野商事
(6)	登記権利者 （根抵当権者）(注5)	東京都〇区〇町一丁目2番3号 株式会社甲野銀行（取扱店〇支店）
(7)	登記義務者 （根抵当権設定者）(注2)	東京都〇区〇町三丁目2番1号 株式会社乙野商事
(8)	不動産の表示	後記のとおり

不動産の表示
所　　在　東京都〇区〇町一丁目 地　　番　1番1 地　　目　宅地 地　　積　〇〇〇.〇〇㎡

以　上

(注1)　Ⅳ根抵当権設定契約証書とは別に、登記原因証明情報（根抵当権設定）を作成する場合の書式である。この情報は、登記の原因となる事実または法律行為のほか、登記事項（および物件表示）を登記義務者が確認して署名（または記名捺印）したものでなくてはならない。契約証書とは異なり、登記用に作成された書面の原本還付を受けることはできない。
(注2)　登記義務者は、根抵当権の目的物の所有者となる。
(注3)　Ⅳ契約証書の名称およびの締結年月日を記載する。
(注4)　根抵当権設定の効力発生年月日を記載する。

(注5)　登記権利者は、根抵当権者となる。

Ⅵ－1－1　登記用委任状（登記義務者用／Ⅳを登記原因証明情報として提供する場合）(注1)

委　任　状

平成　　年　　月　　日

　　　　住　所　　　東京都○区○町三丁目2番1号
　　　　登記義務者　株 式 会 社 乙 野 商 事
　　　　　　　　　　代 表 取 締 役　乙 野 次 郎　　　㊞
　　　　⎡連絡先　担当部署　○○部／担当者名○○　○○　　　⎤
　　　　⎣電話番号　○○－○○○○－○○○○　　　　　　　　⎦

私は、＿＿＿＿＿＿＿＿＿＿＿＿＿＿＿＿(注2)を代理人と定め、下記の事項に関する一切の権限を委任します。

記

1．次の要項による登記申請に関すること
　　(1) 登記原因証明情報：平成○年○月○日付け根抵当権設定契約証書（単独担保）(注3)
　　(2) 登記の目的：根抵当権設定
2．上記申請の登記識別情報の暗号化に関すること (注4)
3．上記申請の登記完了証の受領に関すること (注5)
4．上記申請に関する契約証書、資格証明情報その他の添付情報の原本還付手続に関すること (注5)
5．上記申請の登録免許税還付金の代理受領に関すること (注6)

以　上

（注1）　Ⅳ根抵当権設定契約証書を登記原因証明情報（不登法第61条）として提供する場合に、登記義務者が作成する委任状の書式である。
（注2）　代理人の住所ならびに氏名または名称を記載する。
（注3）　登記所に提供する契約証書の締結日およびその名称を記載する。
（注4）　登記識別情報の暗号化（電子申請においてオンラインで登記識別情報を提供すること）には特別の授権が必要であるため、このように記載する。
（注5）　これらの事項には特別の授権を必要としないが、委任事項を明確にするため、このように記載する。
（注6）　登記申請の取下げ・却下・過誤納付に伴う還付金の代理受領については特別の授権が必要であるため、このように記載する。

Ⅵ－1－2　登記用委任状（登記義務者用／Ⅴを登記原因証明情報として提供する場合）(注1)

委　任　状

平成　　年　　月　　日

　　　　　住　　所　　　東京都〇区〇町三丁目2番1号
　　　　　登記義務者　　株式会社乙野商事
　　　　　　　　　　　　代表取締役　乙野次郎　　　　㊞
　　　　　｢連絡先　担当部署　〇〇部／担当者名〇〇　〇〇
　　　　　｣電話番号　〇〇－〇〇〇〇－〇〇〇〇

私は、＿＿＿＿＿＿＿＿＿＿＿＿＿＿＿（注2）を代理人と定め、下記の事項に関する一切の権限を委任します。

記

1．次の要項による登記申請に関すること
　　(1) 登記原因証明情報：平成〇年〇月〇日付け登記原因証明情報（根抵当権設定）(注3)
　　(2) 登記の目的：根抵当権設定
2．上記申請の登記識別情報の暗号化に関すること（注4）
3．上記申請の登記完了証の受領に関すること（注5）
4．上記申請に関する資格証明情報その他の添付情報の原本還付手続に関すること（注5）
5．上記申請の登録免許税還付金の代理受領に関すること（注6）

以　上

(注1)　Ⅳ根抵当権設定契約証書とは別に、Ⅴ登記原因証明情報（根抵当権設定）を作成し、これを登記原因証明情報（不登法第61条）として提供する場合に、登記義務者が作成する委任状の書式である。
(注2)　代理人の住所ならびに　氏名または名称を記載する。
(注3)　登記所に提供する登記原因証明情報の作成日およびその名称を記載する。
(注4)　登記識別情報の暗号化（電子申請においてオンラインで登記識別情報を提供すること）には特別の授権が必要であるため、このように記載する。
(注5)　これらの事項には特別の授権を必要としないが、委任事項を明確にするため、このように記載する。
(注6)　登記申請の取下げ・却下・過誤納付に伴う還付金の代理受領については特別の授権が必要であるため、このように記載する。

Ⅵ－2－1　登記用委任状（登記権利者用／Ⅳを登記原因証明情報として提供する場合）（注1）

委　任　状

平成　年　月　日

　　　　　　　住　所　　　東京都○区○町一丁目2番3号
　　　　　　　登記権利者　株式会社甲野銀行
　　　　　　　　　　　　　代表取締役　甲野太郎　　　　㊞
　　　　　　　　　　　　　（取扱店　○支店）

私は、＿＿＿＿＿＿＿＿＿＿＿＿＿＿＿＿（注2）を代理人と定め、下記の事項に関する一切の権限を委任します。

記

1．次の要項による登記申請に関すること
　　(1)登記原因証明情報：平成○年○月○日付け根抵当権設定契約証書（単独担保）（注3）
　　(2)登記の目的：根抵当権設定
2．上記申請の登記識別情報の受領に関すること（注4）
3．上記申請の登記完了証の受領に関すること（注5）
4．上記申請に関する契約証書、資格証明情報その他の添付情報の原本還付手続に関すること（注5）
5．上記申請の登録免許税還付金の代理受領に関すること（注6）

以　上

(注1)　Ⅳ根抵当権設定契約証書を登記原因証明情報（不登法第61条）として提供する場合に、登記権利者が作成する委任状の書式である。
(注2)　代理人の住所ならびに氏名または名称を記載する。
(注3)　登記所に提供する契約証書の締結日およびその名称を記載する。
(注4)　登記識別情報の受領には特別の授権が必要であるため、このように記載する。なお、電子申請においてオンラインで登記識別情報を受領することを「復号」といい、この方法による受領には特別の授権が必要であるため、これについても委任する場合は、「上記申請の登記識別情報の受領・復号に関すること」のように記載する。
(注5)　これらの事項には特別の授権を必要としないが、委任事項を明確にするため、このように記載する。
(注6)　登記申請の取下げ・却下・過誤納付に伴う還付金の代理受領については特別の授権が必要であるため、このように記載する。

Ⅵ－2－2　登記用委任状（登記権利者用／Ⅴを登記原因証明情報として提供する場合）(注1)

委　任　状

平成　年　月　日

　　　　　　　　住　所　　　東京都○区○町一丁目2番3号
　　　　　　　　登記権利者　株式会社甲野銀行
　　　　　　　　　　　　　　代表取締役　甲野太郎　　　　㊞
　　　　　　　　　　　　　　（取扱店　○支店）

私は、＿＿＿＿＿＿＿＿＿＿＿＿＿＿＿＿(注2)を代理人と定め、下記の事項に関する一切の権限を委任します。

記

1．次の要項による登記申請に関すること
　　(1) 登記原因証明情報：平成○年○月○日付け登記原因証明情報（根抵当権設定）(注3)
　　(2) 登記の目的：根抵当権設定
2．上記申請の登記識別情報の受領に関すること（注4）
3．上記申請の登記完了証の受領に関すること（注5）
4．上記申請に関する資格証明情報その他の添付情報の原本還付手続に関すること（注5）
5．上記申請の登録免許税還付金の代理受領に関すること（注6）

以　上

(注1)　Ⅳ根抵当権設定契約証書とは別に、Ⅴ登記原因証明情報（根抵当権設定）を作成し、これを登記原因証明情報（不登法第61条）として提供する場合に、登記権利者が作成する委任状の書式である。
(注2)　代理人の住所ならびに氏名または名称を記載する。
(注3)　登記所に提供する登記原因証明情報の作成日およびその名称を記載する。
(注4)　登記識別情報の受領には特別の授権が必要であるため、このように記載する。なお、電子申請においてオンラインで登記識別情報を受領することを「復号」といい、この方法による受領には特別の授権が必要であるため、これについても委任する場合は、「上記申請の登記識別情報の受領・復号に関すること」のように記載する。
(注5)　これらの事項には特別の授権を必要としないが、委任事項を明確にするため、このように記載する。
(注6)　登記申請の取下げ・却下・過誤納付に伴う還付金の代理受領については特別の授権が必要であるため、このように記載する。

2　共同担保

46　共同根抵当権の設定

I　ケース概要

甲野銀行は、債務者乙野商事宛て融資取引にあたり、乙野商事所有の土地および建物に、共同担保として根抵当権の設定を受けたい。

II　書式作成上の留意点

① 複数の不動産に共同根抵当権の新規設定を受ける場合の書式である。この契約により共同根抵当権設定の登記原因が生じる。

② 第1条に「共同担保として」の文言を入れることにより、累積根抵当ではないことを示す。同一債権のために複数の不動産を目的とする普通抵当権は当然に共同担保となるのに対し、元本確定まで被担保債権が特定されない根抵当権においては、複数の不動産を共同担保とする場合はその旨を契約で明らかにし、かつ共同担保の旨の登記をしないと共同担保として扱われない。累積根抵当は不動産ごとに極度額を定めるもので、物件ごとに極度額に相応する登録免許税を納付するのに対し、共同根抵当として一括で登記申請する場合は登記の個数が1個とみなされ（登免税法第13条）、登記申請1件につき極度額に相応する登録免許税を納付する。

なお、根抵当権は元本確定により附従性・随伴性を有することとなるが、極度額という考え方は最後まで維持され、元本確定後には追加設定契約ができないなど、普通抵当権とまったく同じものになるわけではない。

③ 本ケースは、債務者兼根抵当権設定者の例で記載しているが、書式としては、第三者担保提供の場合にも使えるよう、根抵当権設定者の欄を設けている。

会社がその取締役個人またはその取締役が代表取締役である別会社の債務につき担保提供するなど、取締役の債務を保証することとなる場合は会社法所定の承認が必要となり、登記申請に際して署名者全員の印鑑証明書付きで議事録等を提供することとなるので注意を要する（会社法第356条・第365条、不登令第7条第1項第5号ハ）。なお、第三者担保提供者に対しては、銀行取引約定書の写しを交付するのがよいであろう。

④ この根抵当権設定契約証書とは別にV登記原因証明情報（共同根抵当権設定）を作成し、登記原因証明情報（不登法第61条）として登記所に提供することができる。

⑤ 共同根抵当権設定の登記は、根抵当権者が登記権利者となり、根抵当権設定者が登記義務者となって行い、登記原因のほか極度額・債権の範囲・債務者・根抵当権者などをその登記事項とする。

⑥ 根抵当権設定者につき、所有権の取得に係る登記識別情報（登記済証）および印鑑証明書が必要となる。なお、登記完了後は双方に登記完了証が交付され、根抵当権者には登記識別情報が通知される。

⑦ 管轄登記所が複数となるケースでは、印鑑証明書およびⅤ登記原因証明情報（共同根抵当権設定）は、登記所ごとに（複数）必要となる。当該申請のためにのみ作成したⅥ登記用委任状も同様であり、これらは原本還付を受けることができないとされている。

Ⅲ 必要書類・費用一覧

書　　類	書類上の関係者
□ 根抵当権設定契約証書	根抵当権者、債務者、根抵当権設定者
□ 登記原因証明情報	根抵当権設定者
□ 委任状（登記義務者用）	根抵当権設定者
□ 委任状（登記権利者用）	根抵当権者
□ 登記識別情報（登記済証）	根抵当権設定者
□ 印鑑証明書	根抵当権設定者
□ 会社法人等番号（注）	根抵当権者、根抵当権設定者
□ 登録免許税	極度額の1,000分の4 （2箇所目以降の登記所には「前登記証明」の提供を要し、この場合の登録免許税は、不動産1個につき1,500円）

（注）　不登令等の改正により、平成27年11月2日から、会社・法人の代表者等の資格を証する情報の提供（添付）に代え、登記申請情報に商業登記法第7条の会社法人等番号を記録または記載することとなった。ただし、法人登記手続中となるなどの場合を考慮し、例外的に、作成後1か月以内の資格証明情報（登記事項証明書）を提供（添付）することも認められている。

Ⅳ　根抵当権設定契約証書

（印紙）
（注1）　　　　　　　根抵当権設定契約証書
　　　　　　　　　　（　共　同　担　保　）

　　　　　　　　　　　　　　　　　　　平成　　年　　月　　日（注2）

東京都〇区〇町一丁目2番3号
株 式 会 社 甲 野 銀 行　御中
（取扱店　　　　　　　　　　　）

　　　　　　　　住　所　　　　東京都〇区〇町三丁目2番1号
　　　　　　　　債務者　　　　株式会社乙野商事
　　　　　　　　根抵当権設定者　代表取締役　乙野次郎　　㊞（注3）

　　　　　　　　住　所
　　　　　　　　根抵当権設定者

　　　　　　　　（注4）（注5）

　株式会社甲野銀行（以下「銀行」といいます。）、債務者および根抵当権設定者は、次のとおり根抵当権設定契約を締結しました。

[根抵当権の要項]

1．極度額	（注6） 拾億　　　　百万　　　　千　　　　円 （算用数字／頭部に￥マーク）
2．被担保債権の範囲	① 債務者との銀行取引により生じる一切の債権（注7） ② 銀行が第三者から取得する手形上・小切手上の債権 ③ 電子記録債権（注8）
3．債務者	東京都〇区〇町三丁目2番1号 株式会社乙野商事（注9）
4．確定期日	定めない（注10）
5．順位	後記のとおり（注11）

第1節　設　定　　423

物件の表示	順位	所有者
所　　在　東京都○区○町一丁目 地　　番　1番1 地　　目　宅地 地　　積　○○○.○○㎡	1	株式会社乙野商事
所　　在　東京都○区○町一丁目1番地1 家屋番号　1番1 種　　類　居宅 構　　造　木造セメントかわらぶき平家建 床 面 積　○○.○○㎡	1	株式会社乙野商事

第1条（根抵当権の設定）

① 根抵当権設定者は、下記条項を承認のうえ、その所有する前記記載の物件のうえに、銀行のため、共同担保として（注12）、前記「根抵当権の要項」記載の根抵当権を設定しました。

② 根抵当権設定者は、この契約について、下記条項のほか、債務者が銀行に差し入れた銀行取引約定書および被担保債権の成立・変更等に係る約定書ならびに債務者が銀行に今後差し入れるこれらの約定書記載の各条項の適用があることを承認します。

第2条（登記義務）

根抵当権設定者は、前条第1項による根抵当権設定の登記手続を遅滞なく行い、その登記事項証明書を銀行に提出します。今後、この根抵当権について各種の変更等の合意がなされたときも同様とします。

第3条（被担保債権の範囲の変更等）

この契約による根抵当権について、銀行から被担保債権の範囲の変更、極度額の増額、根抵当権の譲渡・一部譲渡、確定期日の延期等の申し出のあった場合は、ただちにこれに同意します。

第4条（共同根抵当についての変更）

この契約による根抵当権について、その被担保債権の範囲、債務者もしくは極度額の変更、または根抵当権の譲渡もしくは一部譲渡をするときは、共同根抵当物件のすべてについて同一の契約をし、登記手続をすることに協力します。

第5条（根抵当物件）

① 根抵当権設定者は、あらかじめ銀行の承諾がなければ根抵当物件（根抵当建物の借地権を含む。以下同じ。）の現状を変更し、または第三者のために権利を設定しもしくは譲渡しません。

② 根抵当物件が原因のいかんを問わず滅失・毀損しもしくはその価格が低落したとき、

またはそのおそれがあるときは、根抵当権設定者はただちにその旨を銀行に通知します。この場合において、銀行から請求があったときは、債務者および根抵当権設定者はただちに銀行の承認する担保もしくは増担保を差し入れ、または保証人をたてもしくはこれを追加し、あるいは被担保債務の全部または一部を期限のいかんにかかわらず弁済します。

③　根抵当物件について譲渡、土地明渡し、収用その他の原因により譲渡代金・立退料・補償金・清算金などの債権が生じたときは、根抵当権設定者は銀行のためにその債権に質権を設定するものとし、銀行がこれらの金銭を受領したときは債務の弁済期前でも法定の順序にかかわらず、銀行はその弁済に充当することができます。

第6条（損害保険）

①　根抵当権設定者は、この根抵当権が存続する間根抵当物件に対し、銀行の同意する保険会社と銀行の指定する金額以上の損害保険契約を締結または継続し、その保険契約にもとづく権利のうえに銀行のため質権を設定し、またはその保険契約に抵当権者特約条項をつけます。

②　根抵当権設定者は、前項の保険契約以外に根抵当物件に対し保険契約を締結したときは、ただちに銀行に通知し、前項と同様の手続をとります。

③　前2項の保険契約の継続・更改・変更および保険目的物件罹災後の保険金等の処理については、すべて銀行の指示に従います。

④　銀行が債権保全のため、必要な保険契約を締結しもしくは根抵当権設定者に代って保険契約を締結または継続し、その保険料を支払ったときは、根抵当権設定者は銀行の支払った保険料その他の費用に、その支払日から年○％（注13）の割合の損害金を付して支払います。

⑤　前4項による保険契約にもとづく保険金を銀行が受領したときは、債務の弁済期前でも法定の順序にかかわらず債務の弁済に充当されても異議ありません。

第7条（借地権）(注14)

①　根抵当権設定者は、根抵当建物の敷地につきその借地期間が満了したときは、借地借家法第22条・第23条・第24条の定期借地権を除きただちに借地契約継続の手続をとります。また、土地の所有者に変更があったときはただちに銀行に通知し、借地権の種類・内容に変更が生じるときはあらかじめ銀行に通知します。

②　根抵当権設定者は、解約、賃料不払、借地権の種類・内容の変更その他借地権の消滅または変更をきたすようなおそれのある行為をせず、またこのようなおそれのあるときは借地権保全に必要な手続をとることはもちろん、根抵当物件のうち建物が滅失した場合も銀行の同意がなければ借地権の転貸その他任意の処分をしません。

③　根抵当物件のうち建物が火災その他により滅失し、建物を建築する場合は、根抵当権設定者は、ただちに借地借家法第10条第2項の所定の掲示を行ったうえ、速やかに地主

の承諾を得て建物を建築してこの根抵当権と同一内容・順位の根抵当権を設定します。また、ただちに建物の建築をしない場合において、保険金等によって弁済をしてもなお残債務があるときは、借地権の処分について銀行の指示に従うものとし、銀行はその処分代金をもって債務の弁済に充当することができます。

第8条（任意処分）

根抵当物件は、必ずしも競売手続によらず一般に適当と認められる方法・時期・価格等により銀行において処分のうえ、その取得金から諸費用を差し引いた残額を法定の順序にかかわらず債務の弁済に充当されても異議ありません。また、残債務がある場合は債務者はただちに弁済します。

第9条（根抵当物件の調査）

根抵当物件の現況等について銀行から請求があったときは、ただちに報告し、また調査に必要な便益を提供します。

第10条（費用の負担）

この根抵当権に関する設定・解除または変更の登記ならびに根抵当物件の調査または処分に関する費用は、債務者および根抵当権設定者が連帯して負担し、銀行が支払った金額についてはただちに支払います。

第11条（担保保存義務）(注15)

① 根抵当権設定者は、銀行の都合によって他の担保または保証を変更、解除されても異議ありません。

② 根抵当権設定者が弁済等により銀行から代位によって取得した権利は、債務者と銀行との間の取引継続中は、銀行の同意がなければこれを行使しません。また、銀行が請求したときは、その権利または順位を銀行に無償で譲渡します。

以 上

（注1） この文書は、平成元年4月1日以降、印紙税法上の課税文書には該当しないこととされている。ただし、第5条第3項を修正して収用等により生じた債務を（質権設定でなく）根抵当権者に譲渡する旨の定めをした場合は、債権譲渡に関する契約書（第15号文書）に該当して課税文書となり、また第8条を修正して（処分清算条項でなく）代物弁済を約する旨の定めをした場合は、不動産の譲渡に関する契約書（第1号の1文書）として課税文書となるので、留意が必要である。

（注2） この契約書を作成した日付を記載する。

（注3） 根抵当権設定者と債務者が同じ場合は、この欄に署名（記名）捺印させる。債務者が根抵当権設定者でない場合は、「根抵当権設定者」の文字を抹消する。なお、住所および商号、氏名は、会社法人等番号または住民票により確認する。

（注4） 債務者以外の第三者が根抵当権設定者の場合は、この欄に署名（記名）捺印させる。

（注5） 債務者以外の根抵当権設定者がいる場合で、その者に連帯保証を求める場合には、「連帯保証人」の記載を追加するのではなく、保証人徴求の際に法令等によって求められる手続を履践する必要がある。

（注6） 極度額を記載する。

（注7） 根抵当権の被担保債権の範囲は、「特定の継続的取引契約」または「一定の種類の取引」をもって定めるほか、「特定の原因に基づき継続して発生する債権」「手形上・小切手上の請求

権」についても被担保債権とすることができる（民法第398条の2第2項・第3項）。
　この契約では、「一定の種類の取引」として「銀行取引」を定め、また「手形上・小切手上の請求権」および「電子記録債権」についても被担保債権としている。
　以上のほか、特定債権を被担保債権の範囲に追加することができ、例を示すと次のとおりである。
　　イ　平成○年○月○日債権譲渡契約により銀行が○○○○から譲り受けた債権（原契約：平成○年○月○日金銭消費貸借契約、当初元本：金○円、現在残高：金○円）
　　ロ　平成○年○月○日債務引受契約により債務者が○○○○から引き受けた債務（原契約：平成○年○月○日金銭消費貸借契約、当初元本：金○円、現在残高：金○円）
（注8）　手形や小切手上の請求権のほか、電子記録債権についても被担保債権とすることが認められている。
（注9）　住所、氏名を記載する（法人の場合は本店所在地と商号を記載）。
（注10）　確定期日を定める場合は、「定めない」を抹消し、「平成○年○月○日」と所定の日付を記載する。確定期日を定めると、元本の確定請求をすることはできない（民法第398条の19第3項）。
（注11）　順位は実質上の順位を記載する。
（注12）　共同根抵当であるので、ここの「共同担保として」の記載が重要である。単独根抵当と共同根抵当で書式を併用するとして、ここにスペースを設け、共同根抵当の場合のみ「共同担保として」の記載を挿入する例もあるが、記載漏れにつながりやすく、あまり勧められない。仮に複数不動産であるにもかかわらず「共同担保として」の字句が漏れた場合には、累積根抵当と扱われてしまう危険がある。
（注13）　所定の利率を記載する。
（注14）　本件では借地権は関係ないが、一般規定として、あえて削除しないのが通例である。
（注15）　本件では債務者以外の根抵当権設定者がいないから本条が機能する場面はないが、あえて削除しないのが通例である。

V　登記原因証明情報（共同根抵当権設定）(注1)

登記原因証明情報
（共同根抵当権設定）

平成　　年　　月　　日

東京法務局　○出張所　御中

　　　　　住　所　　　　　東京都○区○町三丁目2番1号
　　　　　登記義務者(注2)　株式会社乙野商事
　　　　　　　　　　　　　代表取締役　乙野次郎　　㊞

　登記義務者（根抵当権設定者）は、本件登記の原因となる事実または法律行為が下記1．記載のとおりであることおよびこれに基づき現に下記2．記載の内容を登記要項とする物権変動が生じたことを証明します。

記

1．登記の原因となる事実または法律行為

(1)	契約証書名および締結年月日	平成○年○月○日付け根抵当権設定契約証書（共同担保）(注3)
(2)	契約当事者	根抵当権者　　　株式会社甲野銀行
		根抵当権設定者　株式会社乙野商事

2．登記申請情報の要項

(1)	登記の目的	共同根抵当権設定（注4）
(2)	原因	平成○年○月○日設定（注5）
(3)	極度額	拾億　百万　千　円 （算用数字／頭部に¥マーク）
(4)	債権の範囲	①　銀行取引 ②　手形債権、小切手債権、電子記録債権
(5)	債務者	東京都○区○町三丁目2番1号 株式会社乙野商事
(6)	登記権利者 （根抵当権者）(注6)	東京都○区○町一丁目2番3号 株式会社甲野銀行（取扱店○支店）
(7)	登記義務者 （根抵当権設定者）(注2)	東京都○区○町三丁目2番1号 株式会社乙野商事
(8)	不動産の表示	後記のとおり

不動産の表示

所　　在　東京都○区○町一丁目
地　　番　1番1
地　　目　宅地
地　　積　○○○.○○㎡

所　　在　東京都○区○町一丁目1番地1
家屋番号　1番1
種　　類　居宅
構　　造　木造セメントかわらぶき平家建
床 面 積　○○.○○㎡

以　　上

(注1)　Ⅳ根抵当権設定契約証書とは別に、登記原因証明情報（共同根抵当権設定）を作成する場合の書式である。この情報は、登記の原因となる事実または法律行為のほか、登記事項（お

よび物件表示）を登記義務者が確認して署名（または記名捺印）したものでなくてはならない。契約証書とは異なり、登記用に作成された書面の原本還付を受けることはできないため、管轄登記所が複数となるケースでは、登記所ごとに（複数）作成する必要がある。その内容は同文面とし、すべての物件を記載する。
（注2）　登記義務者は、根抵当権の目的物の所有者となる。
（注3）　Ⅳ契約証書の名称および締結年月日を記載する。
（注4）　登記の目的において、共同担保の旨を明記する実務である。
（注5）　根抵当権設定の効力発生年月日を記載する。
（注6）　登記権利者は、根抵当権者となる。

Ⅵ－1－1　登記用委任状（登記義務者用／Ⅳを登記原因証明情報として提供する場合）（注1）

委　任　状

平成　　年　　月　　日

住　所　　東京都○区○町三丁目2番1号
登記義務者　株式会社乙野商事
　　　　　　代表取締役　乙野次郎　　㊞
連絡先　担当部署　○○部／担当者名○○　○○
電話番号　○○－○○○○－○○○○

私は、＿＿＿＿＿＿＿＿＿＿＿＿＿＿＿（注2）を代理人と定め、下記の事項に関する一切の権限を委任します。

記

1．次の要項による登記申請に関すること
　(1) 登記原因証明情報：平成○年○月○日付け根抵当権設定契約証書（共同担保）（注3）
　(2) 登記の目的：共同根抵当権設定
2．上記申請の登記識別情報の暗号化に関すること（注4）
3．上記申請の登記完了証の受領に関すること（注5）
4．上記申請に関する契約証書、資格証明情報その他の添付情報の原本還付手続に関すること（注5）
5．上記申請の登録免許税還付金の代理受領に関すること（注6）

以　上

（注1）　Ⅳ根抵当権設定契約証書を登記原因証明情報（不登法第61条）として提供する場合に、登記義務者が作成する委任状の書式である。管轄登記所が複数となるケースにおいて、委任状の原本還付を受けるときは、他の申請についても委任したことが明らかな内容とする必要がある。
（注2）　代理人の住所ならびに氏名または名称を記載する。
（注3）　登記所に提供する契約証書の締結日およびその名称を記載する。
（注4）　登記識別情報の暗号化（電子申請においてオンラインで登記識別情報を提供すること）には特別の授権が必要であるため、このように記載する。
（注5）　これらの事項には特別の授権を必要としないが、委任事項を明確にするため、このように記載する。

（注6）　登記申請の取下げ・却下・過誤納付に伴う還付金の代理受領については特別の授権が必要であるため、このように記載する。

Ⅵ－1－2　登記用委任状（登記義務者用／Ⅴを登記原因証明情報として提供する場合）（注1）

委　任　状

平成　　年　　月　　日

住　所　　　東京都○区○町三丁目2番1号
登記義務者　株式会社乙野商事
　　　　　　　代表取締役　乙野次郎　　　㊞
連絡先　担当部署　○○部／担当者名○○　○○
電話番号　○○－○○○○－○○○○

私は、＿＿＿＿＿＿＿＿＿＿＿＿＿＿＿＿＿（注2）を代理人と定め、下記の事項に関する一切の権限を委任します。

記

1．次の要項による登記申請に関すること
　　(1)登記原因証明情報：平成○年○月○日付け登記原因証明情報（共同根抵当権設定）（注3）
　　(2)登記の目的：共同根抵当権設定
2．上記申請の登記識別情報の暗号化に関すること（注4）
3．上記申請の登記完了証の受領に関すること（注5）
4．上記申請に関する資格証明情報その他の添付情報の原本還付手続に関すること（注5）
5．上記申請の登録免許税還付金の代理受領に関すること（注6）

以　上

（注1）　Ⅳ根抵当権設定契約証書とは別に、Ⅴ登記原因証明情報（共同根抵当権設定）を作成し、これを登記原因証明情報（不登法第61条）として提供する場合に、登記義務者が作成する委任状の書式である。管轄登記所が複数となるケースにおいて、委任状の原本還付を受けるときは、他の申請についても委任したことが明らかな内容とする必要がある。
（注2）　代理人の住所ならびに氏名または名称を記載する。
（注3）　登記所に提供する登記原因証明情報の作成日およびその名称を記載する。
（注4）　登記識別情報の暗号化（電子申請においてオンラインで登記識別情報を提供すること）には特別の授権が必要であるため、このように記載する。
（注5）　これらの事項には特別の授権を必要としないが、委任事項を明確にするため、このように記載する。
（注6）　登記申請の取下げ・却下・過誤納付に伴う還付金の代理受領については特別の授権が必要であるため、このように記載する。

Ⅵ－2－1　登記用委任状（登記権利者用／Ⅳを登記原因証明情報として提供する場合）(注1)

委　任　状

平成　　年　　月　　日

住　所　　東京都○区○町一丁目2番3号
登記権利者　株式会社甲野銀行
　　　　　　代表取締役　甲野太郎　　㊞
　　　　　　（取扱店　○支店）

私は、＿＿＿＿＿＿＿＿＿＿＿＿＿＿＿＿（注2）を代理人と定め、下記の事項に関する一切の権限を委任します。

記

1．次の要項による登記申請に関すること
　(1) 登記原因証明情報：平成○年○月○日付け根抵当権設定契約証書（共同担保）(注3)
　(2) 登記の目的：共同根抵当権設定
2．上記申請の登記識別情報の受領に関すること (注4)
3．上記申請の登記完了証の受領に関すること (注5)
4．上記申請に関する契約証書、資格証明情報その他の添付情報の原本還付手続に関すること (注5)
5．上記申請の登録免許税還付金の代理受領に関すること (注6)

以　上

(注1)　Ⅳ根抵当権設定契約証書を登記原因証明情報（不登法第61条）として提供する場合に、登記権利者が作成する委任状の書式である。管轄登記所が複数となるケースにおいて、委任状の原本還付を受けるときは、他の申請についても委任したことが明らかな内容とする必要がある。
(注2)　代理人の住所ならびに氏名または名称を記載する。
(注3)　登記所に提供する契約証書の締結日およびその名称を記載する。
(注4)　登記識別情報の受領には特別の授権が必要であるため、このように記載する。なお、電子申請においてオンラインで登記識別情報を受領することを「復号」といい、この方法による受領には特別の授権が必要であるため、これについても委任する場合は、「上記申請の登記識別情報の受領・復号に関すること」のように記載する。
(注5)　これらの事項には特別の授権を必要としないが、委任事項を明確にするため、このように記載する。
(注6)　登記申請の取下げ・却下・過誤納付に伴う還付金の代理受領については特別の授権が必要であるため、このように記載する。

Ⅵ-2-2　登記用委任状（登記権利者用／Ⅴを登記原因証明情報として提供する場合）(注1)

委　任　状

平成　　年　　月　　日

住　所　　東京都○区○町一丁目2番3号
登記権利者　株式会社甲野銀行
　　　　　　代表取締役　甲野太郎　　㊞
　　　　　　（取扱店　○支店）

私は、＿＿＿＿＿＿＿＿＿＿＿＿＿＿＿＿＿(注2)を代理人と定め、下記の事項に関する一切の権限を委任します。

記

1. 次の要項による登記申請に関すること
　(1) 登記原因証明情報：平成○年○月○日付け登記原因証明情報（共同根抵当権設定）(注3)
　(2) 登記の目的：共同根抵当権設定
2. 上記申請の登記識別情報の受領に関すること（注4）
3. 上記申請の登記完了証の受領に関すること（注5）
4. 上記申請に関する資格証明情報その他の添付情報の原本還付手続に関すること（注5）
5. 上記申請の登録免許税還付金の代理受領に関すること（注6）

以　上

(注1)　Ⅳ根抵当権設定契約証書とは別に、Ⅴ登記原因証明情報（共同根抵当権設定）を作成し、これを登記原因証明情報（不登法第61条）として提供する場合に、登記権利者が作成する委任状の書式である。管轄登記所が複数となるケースにおいて、委任状の原本還付を受けるときは、他の申請についても委任したことが明らかな内容とする必要がある。
(注2)　代理人の住所ならびに氏名または名称を記載する。
(注3)　登記所に提供する登記原因証明情報の作成日およびその名称を記載する。
(注4)　登記識別情報の受領には特別の授権が必要であるため、このように記載する。なお、電子申請においてオンラインで登記識別情報を受領することを「復号」といい、この方法による受領には特別の授権が必要であるため、これについても委任する場合は、「上記申請の登記識別情報の受領・復号に関すること」のように記載する。
(注5)　これらの事項には特別の授権を必要としないが、委任事項を明確にするため、このように記載する。
(注6)　登記申請の取下げ・却下・過誤納付に伴う還付金の代理受領については特別の授権が必要であるため、このように記載する。

3 共有担保

47 共用根抵当権の設定（共同担保）

I ケース概要

甲野銀行は、債務者乙野商事宛て融資取引と、乙野商事の関連会社である丁野不動産宛て融資取引の双方を担保する目的で、乙野商事所有の土地および建物に、共同担保として根抵当権の設定を受けたい。

II 書式作成上の留意点

① 複数の債務者に対する債権を被担保債権とする根抵当権を「共用根抵当」という。本ケースのように、関連する複数の債務者の債務を担保する際などに用いられることが多い。本書式は、複数の不動産に共同根抵当権の新規設定を受ける場合（No.46）であるが、1個の不動産であれば、単独根抵当権の書式（No.45）を修正して作成する。この契約により共同根抵当権設定の登記原因が生じる。

② 第1条に「共同担保として」の文言を入れることにより、累積根抵当ではないことを示す。共同根抵当として一括で登記申請する場合は登記の個数が1個とみなされ（登免税法第13条）、登記申請1件につき極度額に相応する登録免許税を納付する。

③ 本ケースは、債務者兼根抵当権設定者の例で記載しているが、書式としては、第三者担保提供の場合にも使えるよう、根抵当権設定者の欄を設けている。

　会社がその取締役個人またはその取締役が代表取締役である別会社の債務につき担保提供するなど、取締役の債務を保証することとなる場合は会社法所定の承認が必要となり、登記申請に際して署名者全員の印鑑証明書付きで議事録等を提供することとなるので注意を要する（会社法第356条・第365条、不登令第7条第1項第5号ハ）。なお、第三者担保提供者に対しては、銀行取引約定書の写しを交付するのがよいであろう。

④ この根抵当権設定契約証書とは別にV登記原因証明情報（共同根抵当権設定）を作成し、登記原因証明情報（不登法第61条）として登記所に提供することができる。

⑤ 共同根抵当権設定の登記は、根抵当権者が登記権利者となり、根抵当権設定者が登記義務者となって行い、登記原因のほか極度額・債権の範囲・債務者・根抵当権者などをその登記事項とする。

⑥ 根抵当権設定者につき、所有権の取得に係る登記識別情報（登記済証）および印鑑証明書が必要となる。なお、登記完了後は双方に登記完了証が交付され、根抵当権者には登記識別情報が通知される。

⑦ 管轄登記所が複数となるケースでは、印鑑証明書およびV登記原因証明情報（共同根抵当

権設定）は、登記所ごとに（複数）必要となる。当該申請のためにのみ作成したⅥ登記用委任状も同様であり、これらは原本還付を受けることができないとされている。

Ⅲ 必要書類・費用一覧

書　　類	書類上の関係者
□ 根抵当権設定契約証書	根抵当権者、債務者、根抵当権設定者
□ 登記原因証明情報	根抵当権設定者
□ 委任状（登記義務者用）	根抵当権設定者
□ 委任状（登記権利者用）	根抵当権者
□ 登記識別情報（登記済証）	根抵当権設定者
□ 印鑑証明書	根抵当権設定者
□ 会社法人等番号（注）	根抵当権者、根抵当権設定者
□ 登録免許税	極度額の1,000分の4 （2箇所目以降の登記所には「前登記証明」の提供を要し、この場合の登録免許税は、不動産1個につき1,500円）

（注）　不登令等の改正により、平成27年11月2日から、会社・法人の代表者等の資格を証する情報の提供（添付）に代え、登記申請情報に商業登記法第7条の会社法人等番号を記録または記載することとなった。ただし、法人登記手続中となるなどの場合を考慮し、例外的に、作成後1か月以内の資格証明情報（登記事項証明書）を提供（添付）することも認められている。

Ⅳ 根抵当権設定契約証書

```
 ┌──────┐              根抵当権設定契約証書
 │（印紙）│                    （共同担保）
 │（注1）│
 └──────┘
                                              平成　　年　　月　　日（注2）

東京都○区○町一丁目2番3号
株 式 会 社 甲 野 銀 行　御中
（取扱店　　　　　　　　　　　）

                    住　所　　　東京都○区○町三丁目2番1号
                    債務者　　　株 式 会 社 乙 野 商 事
                    根抵当権設定者　代表取締役　乙 野 次 郎　　　　　㊞

                    住　所　　　東京都○区○町六丁目5番4号
```

　　　　　　　債務者　　　　　株式会社丁野不動産
　　　　　　　　　　　　　　　代表取締役　丁野四郎　　　　㊞

　　　　住　所
　　　　根抵当権設定者

　　　　（注3）（注4）

　株式会社甲野銀行（以下「銀行」といいます。）、債務者および根抵当権設定者は、次のとおり根抵当権設定契約を締結しました。

[根抵当権の要項]

1．極度額	（注5） 拾億　　百万　　千　　円 （算用数字／頭部に¥マーク）
2．被担保債権の範囲	①　債務者との銀行取引により生じる一切の債権（注7） ②　銀行が第三者から取得する手形上・小切手上の債権 ③　電子記録債権
3．債務者	東京都○区○町三丁目2番1号 株式会社乙野商事（注8） 東京都○区○町六丁目5番4号 株式会社丁野不動産（注8）
4．確定期日	定めない（注9）
5．順位	後記のとおり（注10）

物件の表示	順位	所有者
所　在　東京都○区○町一丁目 地　番　1番1 地　目　宅地 地　積　○○○.00㎡	1	株式会社乙野商事
所　在　東京都○区○町一丁目1番地1 家屋番号　1番1 種　類　居宅 構　造　木造セメントかわらぶき平家建 床面積　○○.00㎡	1	株式会社乙野商事

第1条（根抵当権の設定）
　①　根抵当権設定者は、下記条項を承認のうえ、その所有する前記記載の物件のうえに、

銀行のため、共同担保として（注11）、前記「根抵当権の要項」記載の根抵当権を設定しました。

② 根抵当権設定者は、この契約について、下記条項のほか、債務者が銀行に差し入れた銀行取引約定書および被担保債権の成立・変更等に係る約定書ならびに債務者が銀行に今後差し入れるこれらの約定書記載の各条項の適用があることを承認します。

第2条（登記義務）

根抵当権設定者は、前条第1項による根抵当権設定の登記手続を遅滞なく行い、その登記事項証明書を銀行に提出します。今後、この根抵当権について各種の変更等の合意がなされたときも同様とします。

第3条（被担保債権の範囲の変更等）

この契約による根抵当権について、銀行から被担保債権の範囲の変更、極度額の増額、根抵当権の譲渡・一部譲渡、確定期日の延期等の申し出のあった場合は、ただちにこれに同意します。

第4条（共同根抵当についての変更）

この契約による根抵当権について、その被担保債権の範囲、債務者もしくは極度額の変更、または根抵当権の譲渡もしくは一部譲渡をするときは、共同根抵当物件のすべてについて同一の契約をし、登記手続をすることに協力します。

第5条（根抵当物件）

① 根抵当権設定者は、あらかじめ銀行の承諾がなければ根抵当物件（根抵当建物の借地権を含む。以下同じ。）の現状を変更し、または第三者のために権利を設定しもしくは譲渡しません。

② 根抵当物件が原因のいかんを問わず滅失・毀損しもしくはその価格が低落したとき、またはそのおそれがあるときは、根抵当権設定者はただちにその旨を銀行に通知します。この場合において、銀行から請求があったときは、債務者および根抵当権設定者はただちに銀行の承認する担保もしくは増担保を差し入れ、または保証人をたてもしくはこれを追加し、あるいは被担保債務の全部または一部を期限のいかんにかかわらず弁済します。

③ 根抵当物件について譲渡、土地明渡し、収用その他の原因により譲渡代金・立退料・補償金・清算金などの債権が生じたときは、根抵当権設定者は銀行のためにその債権に質権を設定するものとし、銀行がこれらの金銭を受領したときは債務の弁済期前でも法定の順序にかかわらず、銀行はその弁済に充当することができます。

第6条（損害保険）

① 根抵当権設定者は、この根抵当権が存続する間根抵当物件に対し、銀行の同意する保険会社と銀行の指定する金額以上の損害保険契約を締結または継続し、その保険契約にもとづく権利のうえに銀行のため質権を設定し、またはその保険契約に抵当権者特約条

項をつけます。

② 　根抵当権設定者は、前項の保険契約以外に根抵当物件に対し保険契約を締結したときは、ただちに銀行に通知し、前項と同様の手続をとります。

③ 　前2項の保険契約の継続・更改・変更および保険目的物件罹災後の保険金等の処理については、すべて銀行の指示に従います。

④ 　銀行が債権保全のため、必要な保険契約を締結しもしくは根抵当権設定者に代って保険契約を締結または継続し、その保険料を支払ったときは、債務者および根抵当権設定者は銀行の支払った保険料その他の費用に、その支払日から年〇％（注12）の割合の損害金を付して支払います。

⑤ 　前4項による保険契約にもとづく保険金を銀行が受領したときは、債務の弁済期前でも法定の順序にかかわらず債務の弁済に充当されても異議ありません。

第7条（借地権）（注13）

① 　根抵当権設定者は、根抵当建物の敷地につきその借地期間が満了したときは、借地借家法第22条・第23条・第24条の定期借地権を除きただちに借地契約継続の手続をとります。また、土地の所有者に変更があったときはただちに銀行に通知し、借地権の種類・内容に変更が生じるときはあらかじめ銀行に通知します。

② 　根抵当権設定者は、解約、賃料不払、借地権の種類・内容の変更その他借地権の消滅または変更をきたすようなおそれのある行為をせず、またこのようなおそれのあるときは借地権保全に必要な手続をとることはもちろん、根抵当物件のうち建物が滅失した場合も銀行の同意がなければ借地権の転貸その他任意の処分をしません。

③ 　根抵当物件のうち建物が火災その他により滅失し、建物を建築する場合は、根抵当権設定者は、ただちに借地借家法第10条第2項の所定の掲示を行ったうえ、速やかに地主の承諾を得て建物を建築してこの根抵当権と同一内容・順位の根抵当権を設定します。また、ただちに建物の建築をしない場合において、保険金等によって弁済をしてもなお残債務があるときは、借地権の処分について銀行の指示に従うものとし、銀行はその処分代金をもって債務の弁済に充当することができます。

第8条（任意処分）

　　根抵当物件は、必ずしも競売手続によらず一般に適当と認められる方法・時期・価格等により銀行において処分のうえ、その取得金から諸費用を差し引いた残額を法定の順序にかかわらず債務の弁済に充当されても異議ありません。また、残債務がある場合は債務者はただちに弁済します。

第9条（根抵当物件の調査）

　　根抵当物件の現況等について銀行から請求があったときは、ただちに報告し、また調査に必要な便益を提供します。

第10条（費用の負担）

この根抵当権に関する設定・解除または変更の登記ならびに根抵当物件の調査または処分に関する費用は、債務者および根抵当権設定者が連帯して負担し、銀行が支払った金額についてはただちに支払います。

第11条（担保保存義務）(注14)

① 根抵当権設定者は、銀行の都合によって他の担保または保証を変更、解除されても異議ありません。

② 根抵当権設定者が弁済等により銀行から代位によって取得した権利は、債務者と銀行との間の取引継続中は、銀行の同意がなければこれを行使しません。また、銀行が請求したときは、その権利または順位を銀行に無償で譲渡します。

以　上

(注1) この文書は、平成元年4月1日以降、印紙税法上の課税文書には該当しないこととされている。ただし、第5条第3項を修正して収用等により生じた債権を（質権設定でなく）根抵当権者に譲渡する旨の定めをした場合は、債権譲渡に関する契約書（第15号文書）に該当して課税文書となり、また第8条を修正して（処分清算条項でなく）代物弁済を約する旨の定めをした場合は、不動産の譲渡に関する契約書（第1号の1文書）として課税文書となるので、留意が必要である。

(注2) この契約書を作成した日付を記載する。

(注3) 債務者以外の第三者が根抵当権設定者の場合は、この欄に署名（記名）捺印させる。

(注4) 債務者以外の根抵当権設定者がいる場合で、その者に連帯保証を求める場合は、「連帯保証人」の記載を追加するのではなく、保証人徴求の際にも法令等によって求められる手続を履践する必要がある。

(注5) 極度額を記載する。

(注6) 各債務者で被担保債権の範囲が異なる場合は、次のような記載となる。
「債務者株式会社乙野商事につき①債務者との銀行取引により生じる一切の債権②銀行が第三者から取得する手形上の債権・小切手上の債権、③電子記録債権／債務者株式会社丁野不動産につき平成〇年〇月〇日根保証契約による一切の債権」

(注7) 手形や小切手上の請求権のほか、電子記録債権についても被担保債権とすることが認められている。

(注8) 住所、氏名を記載する（法人の場合は本店所在地と商号を記載）。

(注9) 確定期日を定める場合は、「定めない」を抹消し、「平成〇年〇月〇日」と所定の日付を記載する。確定期日を定めると、元本の確定請求をすることはできない（民法第398条の19第3項）。

(注10) 順位は実質上の順位を記載する。

(注11) 共同根抵当であるので、ここの「共同担保として」の記載が重要である。単独根抵当と共同根抵当で書式を併用するとして、ここにスペースを設け、共同根抵当の場合のみ「共同担保として」の記載を挿入する例もあるが、記載漏れにつながりやすく、あまり勧められない。仮に複数不動産であるにもかかわらず「共同担保として」の字句が漏れた場合には、累積根抵当と扱われてしまう危険がある。

(注12) 所定の利率を記載する。

(注13) 本件では借地権は関係ないが、一般規定として、あえて削除しないのが通例である。

(注14) 本件では債務者以外の根抵当権設定者がいないから本条が機能する場面はないが、あえて削除しないのが通例である。

Ⅴ 登記原因証明情報（共同根抵当権設定）（注1）

登記原因証明情報
（共同根抵当権設定）

平成　年　月　日

東京法務局　○出張所 御中

　　　　　　　　住　所　　　　東京都○区○町三丁目2番1号
　　　　　　　　登記義務者（注2）　株式会社乙野商事
　　　　　　　　　　　　　　　　代表取締役　乙野次郎　　㊞

　登記義務者（根抵当権設定者）は、本件登記の原因となる事実または法律行為が下記1．記載のとおりであることおよびこれに基づき現に下記2．記載の内容を登記要項とする物権変動が生じたことを証明します。

記

1．登記の原因となる事実または法律行為

(1) 契約証書名および締結年月日	平成○年○月○日付け根抵当権設定契約証書（共同担保）（注3）
(2) 契約当事者	根抵当権者　　　株式会社甲野銀行
	根抵当権設定者　株式会社乙野商事

2．登記申請情報の要項

(1) 登記の目的	共同根抵当権設定（注4）
(2) 原因	平成○年○月○日設定（注5）
(3) 極度額	拾億　　　百万　　　千　　　円 （算用数字／頭部に¥マーク）
(4) 債権の範囲	①　銀行取引 ②　手形債権、小切手債権、電子記録債権
(5) 債務者	東京都○区○町三丁目2番1号 株式会社乙野商事 東京都○区○町六丁目5番4号 株式会社丁野不動産

(6)	登記権利者 （根抵当権者）（注6）	東京都○区○町一丁目2番3号 株式会社甲野銀行（取扱店○支店）
(7)	登記義務者 （根抵当権設定者）（注2）	東京都○区○町三丁目2番1号 株式会社乙野商事
(8)	不動産の表示	後記のとおり

不動産の表示

所　　在　東京都○区○町一丁目
地　　番　1番1
地　　目　宅地
地　　積　○○○.○○㎡

所　　在　東京都○区○町一丁目1番地1
家屋番号　1番1
種　　類　居宅
構　　造　木造セメントかわらぶき平家建
床 面 積　○○.○○㎡

以　上

(注1)　Ⅳ根抵当権設定契約証書とは別に、登記原因証明情報（共同根抵当権設定）を作成する場合の書式である。この情報は、登記の原因となる事実または法律行為のほか、登記事項（および物件表示）を登記義務者が確認して署名（または記名捺印）したものでなくてはならない。契約証書とは異なり、登記用に作成された書面の原本還付を受けることはできないため、管轄登記所が複数となるケースでは、登記所ごとに（複数）作成する必要がある。その内容は同文面とし、すべての物件を記載する。
(注2)　登記義務者は、根抵当権の目的物の所有者となる。
(注3)　Ⅳ契約証書の名称および締結年月日を記載する。
(注4)　登記の目的において、共同担保の旨を明記する実務である。
(注5)　根抵当権設定の効力発生年月日を記載する。
(注6)　登記権利者は、根抵当権者となる。

Ⅵ－1－1　登記用委任状（登記義務者用／Ⅳを登記原因証明情報として提供する場合）(注1)

委　任　状

平成　　年　　月　　日

　　　　住　所　　　東京都○区○町三丁目2番1号
　　　　登記義務者　株式会社乙野商事
　　　　　　　　　　代表取締役　乙野次郎　　　　㊞
　　　　⎛連絡先　担当部署　○○部／担当者名○○　○○⎞
　　　　⎝電話番号　○○－○○○○－○○○○　　　　　⎠

私は、＿＿＿＿＿＿＿＿＿＿＿＿＿＿＿(注2)を代理人と定め、下記の事項に関する一切の権限を委任します。

記

1．次の要項による登記申請に関すること
　　(1)登記原因証明情報：平成○年○月○日付け根抵当権設定契約証書（共同担保）(注3)
　　(2)登記の目的：共同根抵当権設定
2．上記申請の登記識別情報の暗号化に関すること(注4)
3．上記申請の登記完了証の受領に関すること(注5)
4．上記申請に関する契約証書、資格証明情報その他の添付情報の原本還付手続に関すること(注5)
5．上記申請の登録免許税還付金の代理受領に関すること(注6)

以　上

(注1)　Ⅳ根抵当権設定契約証書を登記原因証明情報（不登法第61条）として提供する場合に、登記義務者が作成する委任状の書式である。管轄登記所が複数となるケースにおいて、委任状の原本還付を受けるときは、他の申請についても委任したことが明らかな内容とする必要がある。
(注2)　代理人の住所ならびに氏名または名称を記載する。
(注3)　登記所に提供する契約証書の締結日およびその名称を記載する。
(注4)　登記識別情報の暗号化（電子申請においてオンラインで登記識別情報を提供すること）には特別の授権が必要であるため、このように記載する。
(注5)　これらの事項には特別の授権を必要としないが、委任事項を明確にするため、このように記載する。
(注6)　登記申請の取下げ・却下・過誤納付に伴う還付金の代理受領については特別の授権が必要であるため、このように記載する。

VI－1－2　登記用委任状（登記義務者用／Vを登記原因証明情報として提供する場合）(注1)

委　任　状

平成　　年　　月　　日

　　　　　　　住　所　　　東京都〇区〇町三丁目2番1号
　　　　　　　登記義務者　株式会社乙野商事
　　　　　　　　　　　　　代表取締役　乙野次郎　　　　㊞
　　　　　　⎛連絡先　担当部署　〇〇部／担当者名〇〇　〇〇⎞
　　　　　　⎝電話番号　〇〇－〇〇〇〇－〇〇〇〇　　　　　　⎠

私は、_____(注2)を代理人と定め、下記の事項に関する一切の権限を委任します。

記

1．次の要項による登記申請に関すること
　　(1) 登記原因証明情報：平成〇年〇月〇日付け登記原因証明情報（共同根抵当権設定）(注3)
　　(2) 登記の目的：共同根抵当権設定
2．上記申請の登記識別情報の暗号化に関すること (注4)
3．上記申請の登記完了証の受領に関すること (注5)
4．上記申請に関する資格証明情報その他の添付情報の原本還付手続に関すること (注5)
5．上記申請の取下げ、ならびに登録免許税還付金の代理受領に関すること (注6)

　　　　　　　　　　　　　　　　　　　　　　　　　　　　　　以　上

(注1)　IV根抵当権設定契約証書とは別に、V登記原因証明情報（共同根抵当権設定）を作成し、これを登記原因証明情報（不登法第61条）として提供する場合に、登記義務者が作成する委任状の書式である。管轄登記所が複数となるケースにおいて、委任状の原本還付を受けるときは、他の申請についても委任したことが明らかな内容とする必要がある。
(注2)　代理人の住所ならびに氏名または名称を記載する。
(注3)　登記所に提供する登記原因証明情報の作成日およびその名称を記載する。
(注4)　登記識別情報の暗号化（電子申請においてオンラインで登記識別情報を提供すること）には特別の授権が必要であるため、このように記載する。
(注5)　これらの事項には特別の授権を必要としないが、委任事項を明確にするため、このように記載する。
(注6)　登記申請の取下げ・却下・過誤納付に伴う還付金の代理受領については特別の授権が必要であるため、このように記載する。

Ⅵ－2－1　登記用委任状（登記権利者用／Ⅳを登記原因証明情報として提供する場合）(注1)

委　任　状

平成　　年　　月　　日

　　　　　　　　住　所　　　東京都○区○町一丁目2番3号
　　　　　　　　登記権利者　株式会社甲野銀行
　　　　　　　　　　　　　　代表取締役　甲野太郎　　　　㊞
　　　　　　　　　　　　　　（取扱店　○支店）

私は、＿＿＿＿＿＿＿＿＿＿＿＿＿＿＿＿＿（注2）を代理人と定め、下記の事項に関する一切の権限を委任します。

記

1．次の要項による登記申請に関すること
　　(1)登記原因証明情報：平成○年○月○日付け根抵当権設定契約証書（共同担保）(注3)
　　(2)登記の目的：共同根抵当権設定
2．上記申請の登記識別情報の受領に関すること (注4)
3．上記申請の登記完了証の受領に関すること (注5)
4．上記申請に関する契約証書、資格証明情報その他の添付情報の原本還付手続に関すること (注5)
5．上記申請の登録免許税還付金の代理受領に関すること (注6)

以　上

(注1)　Ⅳ根抵当権設定契約証書を登記原因証明情報（不登法第61条）として提供する場合に、登記権利者が作成する委任状の書式である。管轄登記所が複数となるケースにおいて、委任状の原本還付を受けるときは、他の申請についても委任したことが明らかな内容とする必要がある。
(注2)　代理人の住所ならびに氏名または名称を記載する。
(注3)　登記所に提供する契約証書の締結日およびその名称を記載する。
(注4)　登記識別情報の受領には特別の授権が必要であるため、このように記載する。なお、電子申請においてオンラインで登記識別情報を受領することを「復号」といい、この方法による受領には特別の授権が必要であるため、これについても委任する場合は、「上記申請の登記識別情報の受領・復号に関すること」のように記載する。
(注5)　これらの事項には特別の授権を必要としないが、委任事項を明確にするため、このように記載する。
(注6)　登記申請の取下げ・却下・過誤納付に伴う還付金の代理受領については特別の授権が必要であるため、このように記載する。

Ⅵ－2－2　登記用委任状（登記権利者用／Ⅴを登記原因証明情報として提供する場合）(注1)

委　任　状

平成　年　月　日

住　所　　東京都○区○町一丁目２番３号
登記権利者　株式会社甲野銀行
　　　　　　代表取締役　甲野太郎　　㊞
　　　　　　（取扱店　○支店）

私は、＿＿＿＿＿＿＿＿＿＿＿＿＿＿＿＿(注2)を代理人と定め、下記の事項に関する一切の権限を委任します。

記

1．次の要項による登記申請に関すること
　　(1) 登記原因証明情報：平成○年○月○日付け登記原因証明情報（共同根抵当権設定）(注3)
　　(2) 登記の目的：共同根抵当権設定
2．上記申請の登記識別情報の受領に関すること (注4)
3．上記申請の登記完了証の受領に関すること (注5)
4．上記申請に関する資格証明情報その他の添付情報の原本還付手続に関すること (注5)
5．上記申請の登録免許税還付金の代理受領に関すること (注6)

以　上

(注1)　Ⅳ根抵当権設定契約証書とは別に、Ⅴ登記原因証明情報（共同根抵当権設定）を作成し、これを登記原因証明情報（不登法第61条）として提供する場合に、登記権利者が作成する委任状の書式である。管轄登記所が複数となるケースにおいて、委任状の原本還付を受けるときは、他の申請についても委任したことが明らかな内容とする必要がある。
(注2)　代理人の住所ならびに氏名または名称を記載する。
(注3)　登記所に提供する登記原因証明情報の作成日およびその名称を記載する。
(注4)　登記識別情報の受領には特別の授権が必要であるため、このように記載する。なお、電子申請においてオンラインで登記識別情報を受領することを「復号」といい、この方法による受領には特別の授権が必要であるため、これについても委任する場合は、「上記申請の登記識別情報の受領・復号に関すること」のように記載する。
(注5)　これらの事項には特別の授権を必要としないが、委任事項を明確にするため、このように記載する。
(注6)　登記申請の取下げ・却下・過誤納付に伴う還付金の代理受領については特別の授権が必要であるため、このように記載する。

4　追加担保

48　根抵当権の追加設定

Ⅰ　ケース概要

　甲野銀行は、債務者乙野商事宛て融資取引を担保する目的で、乙野商事所有の土地に根抵当権の設定を受けていたが、同土地上に乙野商事所有の建物が新築されたため、共同担保としてこの建物についても根抵当権の追加設定を受けることとなった。

Ⅱ　書式作成上の留意点

① 　既設定の根抵当権がある場合に、これとの共同担保として後から根抵当権の追加設定を受ける場合の書式である。既設定根抵当権およびその登記を特定し、それとの共同担保になることを明らかにすることがポイントである。本例では、土地につき既に単独根抵当権の設定を受けている前提で（No.45）、同土地上に建てられた建物を追加担保にとるケースとした。この契約により共同根抵当権追加設定の登記原因が生じる。なお、元本の確定後に根抵当権の追加設定契約をすることはできない。

② 　第1条にある「共同担保として」は、累積根抵当ではないことを示す。根抵当権設定登記の登録免許税は極度額の1,000分の4であるが、共同根抵当として追加で登記申請する場合は、極度額に関係なく追加物件1個につき登録免許税1,500円となる。

③ 　本ケースは、債務者兼根抵当権設定者の例で記載しているが、書式としては、第三者担保提供の場合にも使えるよう、根抵当権設定者の欄を設けている。

　　会社がその取締役個人またはその取締役が代表取締役である別会社の債務につき担保提供するなど、取締役の債務を保証することとなる場合は会社法所定の承認が必要となり、登記申請に際して署名者全員の印鑑証明書付きで議事録等を提供することとなるので注意を要する（会社法第356条・第365条、不登令第7条第1項第5号ハ）。なお、第三者担保提供者に対しては、銀行取引約定書の写しを交付するのがよいであろう。

④ 　この根抵当権設定契約証書とは別にⅤ登記原因証明情報（共同根抵当権追加設定）を作成し、登記原因証明情報（不登法第61条）として登記所に提供することができる。

⑤ 　共同根抵当権設定の登記は、根抵当権者が登記権利者となり、根抵当権設定者が登記義務者となって行い、登記原因のほか極度額・債権の範囲・債務者・根抵当権者などをその登記事項とする。

⑥ 　根抵当権設定者につき、所有権の取得に係る登記識別情報（登記済証）および印鑑証明書が必要となる。なお、登記完了後は双方に登記完了証が交付され、根抵当権者には登記識別情報が通知される。

⑦ 管轄登記所が複数となるケースでは、印鑑証明書およびⅤ登記原因証明情報（共同根抵当権追加設定）は、登記所ごとに（複数）必要となる。当該申請のためにのみ作成したⅥ登記用委任状も同様であり、これらは原本還付を受けることができないとされている。

Ⅲ 必要書類・費用一覧

書　　類	書類上の関係者
☐ 根抵当権設定契約証書	根抵当権者、債務者、根抵当権設定者
☐ 登記原因証明情報	根抵当権設定者
☐ 委任状（登記義務者用）	根抵当権設定者
☐ 委任状（登記権利者用）	根抵当権者
☐ 登記識別情報（登記済証）	根抵当権設定者
☐ 印鑑証明書	根抵当権設定者
☐ 会社法人等番号（注）	根抵当権者、根抵当権設定者
☐ 前登記証明	前登記に係るすべての物件の登記事項証明書（共同担保目録付き）。ただし、管轄登記所が同じ場合は不要
☐ 登録免許税	不動産1個につき1,500円

（注）　不登令等の改正により、平成27年11月2日から、会社・法人の代表者等の資格を証する情報の提供（添付）に代え、登記申請情報に商業登記法第7条の会社法人等番号を記録または記載することとなった。ただし、法人登記手続中となるなどの場合を考慮し、例外的に、作成後1か月以内の資格証明情報（登記事項証明書）を提供（添付）することも認められている。

Ⅳ 追加的共同担保

```
┌─────────────────────────────────────────────────┐
│ ┌─────┐                                         │
│ │(印紙)│         根抵当権設定契約証書             │
│ │(注1)│          （ 追 加 的 共 同 担 保 ）        │
│ └─────┘                                         │
│                                                 │
│                             平成　年　月　日（注2）│
│ 東京都○区○町一丁目2番3号                        │
│ 株 式 会 社 甲 野 銀 行　御中                     │
│ （取扱店　　　　　　　　　）                     │
│                                                 │
│              住　所　　東京都○区○町三丁目2番1号 │
│              債務者　　株 式 会 社 乙 野 商 事    │
│              根抵当権設定者　代表取締役　乙野次郎　㊞（注3）│
```

446　第2章　根抵当権

　　　　　住　所
　　　　根抵当権設定者
　　　　　（注4）（注5）

　株式会社甲野銀行（以下「銀行」といいます。）、債務者および根抵当権設定者は、次のとおり根抵当権設定契約を締結しました。

[既設定根抵当権の表示]（注6）

1．登記	平成○年○月○日東京法務局○出張所受付第○号
2．物件	後記既設定物件の表示記載のとおり

[根抵当権の要項]

1．極度額	（注7） 拾億　　　　百万　　　　　千　　　　　円 （算用数字／頭部に¥マーク）
2．被担保債権の範囲	①　債務者との銀行取引により生じる一切の債権（注8） ②　銀行が第三者から取得する手形上・小切手上の債権 ③　電子記録債権（注9）
3．債務者	住所　東京都○区○町三丁目2番1号 氏名　株式会社乙野商事（注10）
4．確定期日	定めない（注11）
5．順位	後記のとおり（注12）

追加物件の表示	順位	所有者
所　　在　東京都○区○町一丁目1番地1 家屋番号　1番1 種　　類　居宅 構　　造　木造セメントかわらぶき平家建 床 面 積　○○.○○㎡	1	株式会社乙野商事

既設定物件の表示（注13）	順位	所有者
所　　在　東京都○区○町一丁目 地　　番　1番1 地　　目　宅地 地　　積　○○○.○○㎡	1	株式会社乙野商事

第1節　設　定　　447

第1条（根抵当権の設定）
① 根抵当権設定者は、前記「既設定根抵当権の表示」記載の根抵当権の追加担保として（注14）、下記条項を承認のうえ、その所有する前記「追加物件の表示」記載の物件のうえに、銀行のため、共同担保として（注14）、前記「根抵当権の要項」記載の根抵当権を設定しました。
② 根抵当権設定者は、この契約について、下記条項のほか、債務者が銀行に差し入れた銀行取引約定書および被担保債権の成立・変更等に係る約定書ならびに債務者が銀行に今後差し入れるこれらの約定書記載の各条項の適用があることを承認します。

第2条（登記義務）
根抵当権設定者は、前条第1項による根抵当権設定の登記手続を遅滞なく行い、その登記事項証明書を銀行に提出します。今後、この根抵当権について各種の変更等の合意がなされたときも同様とします。

第3条（被担保債権の範囲の変更等）
この契約による根抵当権について、銀行から被担保債権の範囲の変更、極度額の増額、根抵当権の譲渡・一部譲渡、確定期日の延期等の申し出のあった場合は、ただちにこれに同意します。

第4条（共同根抵当についての変更）
この契約による根抵当権について、その被担保債権の範囲、債務者もしくは極度額の変更、または根抵当権の譲渡もしくは一部譲渡をするときは、共同根抵当物件のすべてについて同一の契約をし、登記手続をすることに協力します。

第5条（根抵当物件）
① 根抵当権設定者は、あらかじめ銀行の承諾がなければ根抵当物件（根抵当建物の借地権を含む。以下同じ。）の現状を変更し、または第三者のために権利を設定しもしくは譲渡しません。
② 根抵当物件が原因のいかんを問わず滅失・毀損しもしくはその価格が低落したとき、またはそのおそれがあるときは、根抵当権設定者はただちにその旨を銀行に通知します。この場合において、銀行から請求があったときは、債務者および根抵当権設定者はただちに銀行の承認する担保もしくは増担保を差し入れ、または保証人をたてもしくはこれを追加し、あるいは被担保債務の全部または一部を期限のいかんにかかわらず弁済します。
③ 根抵当物件について譲渡、土地明渡し、収用その他の原因により譲渡代金・立退料・補償金・清算金などの債権が生じたときは、根抵当権設定者は銀行のためにその債権に質権を設定するものとし、銀行がこれらの金銭を受領したときは債務の弁済期前でも法定の順序にかかわらず、銀行はその弁済に充当することができます。

第6条（損害保険）

① 根抵当権設定者は、この根抵当権が存続する間根抵当物件に対し、銀行の同意する保険会社と銀行の指定する金額以上の損害保険契約を締結または継続し、その保険契約にもとづく権利のうえに銀行のため質権を設定し、またはその保険契約に抵当権者特約条項をつけます。

② 根抵当権設定者は、前項の保険契約以外に根抵当物件に対し保険契約を締結したときは、ただちに銀行に通知し、前項と同様の手続をとります。

③ 前2項の保険契約の継続・更改・変更および保険目的物件罹災後の保険金等の処理については、すべて銀行の指示に従います。

④ 銀行が債権保全のため、必要な保険契約を締結しもしくは根抵当権設定者に代って保険契約を締結または継続し、その保険料を支払ったときは、債務者および根抵当権設定者は銀行の支払った保険料その他の費用に、その支払日から年○％（注15）の割合の損害金を付して支払います。

⑤ 前4項による保険契約にもとづく保険金を銀行が受領したときは、債務の弁済期前でも法定の順序にかかわらず債務の弁済に充当されても異議ありません。

第7条（借地権）（注16）

① 根抵当権設定者は、根抵当建物の敷地につきその借地期間が満了したときは、借地借家法第22条・第23条・第24条の定期借地権を除きただちに借地契約継続の手続をとります。また、土地の所有者に変更があったときはただちに銀行に通知し、借地権の種類・内容に変更が生じるときはあらかじめ銀行に通知します。

② 根抵当権設定者は、解約、賃料不払、借地権の種類・内容の変更その他借地権の消滅または変更をきたすようなおそれのある行為をせず、またこのようなおそれのあるときは借地権保全に必要な手続をとることはもちろん、根抵当物件のうち建物が滅失した場合も銀行の同意がなければ借地権の転貸その他任意の処分をしません。

③ 根抵当建物が火災その他により滅失し、建物を建築する場合は、根抵当権設定者は、ただちに借地借家法第10条第2項の所定の掲示を行ったうえ、速やかに地主の承諾を得て建物を建築してこの根抵当権と同一内容・順位の根抵当権を設定します。また、ただちに建物の建築をしない場合において、保険金等によって弁済をしてもなお残債務があるときは、借地権の処分について銀行の指示に従うものとし、銀行はその処分代金をもって債務の弁済に充当することができます。

第8条（任意処分）

根抵当物件は、必ずしも競売手続によらず一般に適当と認められる方法・時期・価格等により銀行において処分のうえ、その取得金から諸費用を差し引いた残額を法定の順序にかかわらず債務の弁済に充当されても異議ありません。また、残債務がある場合は債務者はただちに弁済します。

第9条（根抵当物件の調査）

　　根抵当物件の現況等について銀行から請求があったときは、ただちに報告し、また調査に必要な便益を提供します。

第10条（費用の負担）

　　この根抵当権に関する設定・解除または変更の登記ならびに根抵当物件の調査または処分に関する費用は、債務者および根抵当権設定者が連帯して負担し、銀行が支払った金額についてはただちに支払います。

第11条（担保保存義務）（注17）

① 根抵当権設定者は、銀行の都合によって他の担保または保証を変更、解除されても異議ありません。

② 根抵当権設定者が弁済等により銀行から代位によって取得した権利は、債務者と銀行との間の取引継続中は、銀行の同意がなければこれを行使しません。また、銀行が請求したときは、その権利または順位を銀行に無償で譲渡します。

以　上

(注1)　この文書は、平成元年4月1日以降、印紙税法上の課税文書には該当しないこととされている。ただし、第5条第3項を修正して収用等により生じた債権を（質権設定でなく）根抵当権者に譲渡する旨の定めをした場合は、債権譲渡に関する契約書（第15号文書）に該当して課税文書となり、また第8条を修正して（処分清算条項でなく）代物弁済を約する旨の定めをした場合は、不動産の譲渡に関する契約書（第1号の1文書）として課税文書となるので、留意が必要である。
(注2)　この契約書を作成した日付を記載する。
(注3)　根抵当権設定者と債務者が同じ場合は、この欄に署名（記名）捺印させる。債務者が根抵当権設定者でない場合は、「根抵当権設定者」の文字を抹消する。なお、住所および商号、氏名は、会社法人等番号または住民票により確認する。
(注4)　債務者以外の第三者が根抵当権設定者の場合は、この欄に署名（記名）捺印させる。
(注5)　債務者以外の根抵当権設定者がいる場合で、その者に連帯保証を求める場合は、「連帯保証人」の記載を追加するのではなく、保証人徴求の際にも法令等によって求められる手続を履践する必要がある。
(注6)　追加的共同担保であるので、既設定根抵当権の内容をわかりやすい位置に記載する。この書式では、既設定物件に対する設定登記のみをもって特定することとしている。
(注7)　極度額を記載する。
(注8)　この契約書の被担保債権の範囲と異なる定めをする場合は、この欄を変更して記載する。
(注9)　手形や小切手上の請求権のほか、電子記録債権についても被担保債権とすることが認められている。
(注10)　住所、氏名を記載する（法人の場合は本店所在地と商号を記載）。
(注11)　確定期日を定める場合は、「定めない」を抹消し、「平成○年○月○日」と所定の日付を記載する。確定期日を定めると、元本の確定請求をすることはできない（民法第398条の19第3項）。
(注12)　順位は実質上の順位を記載する。
(注13)　既設定根抵当権の対象物件を記載する。
(注14)　追加的共同根抵当であることを示す。なお、原契約（当初設定契約）を適用する旨の条項を置いて第3条以下を具体的に定めない実務も見受けるが、常に最新版の条項をもって約定することが望ましいであろう。
(注15)　所定の利率を記載する。
(注16)　本件では借地権は関係ないが、一般規定として、あえて削除しないのが通例である。

(注17) 本件では債務者以外の根抵当権設定者がいないから本条が機能する場面はないが、あえて削除しないのが通例である。

V 登記原因証明情報（共同根抵当権追加設定）(注1)

登記原因証明情報
（共同根抵当権追加設定）

平成　年　月　日

東京法務局　○出張所 御中

　　　　　住　所　　　　東京都○区○町三丁目2番1号
　　　　　登記義務者(注2)　株式会社乙野商事
　　　　　　　　　　　　代表取締役　乙野次郎　　　　㊞

　登記義務者（根抵当権設定者）は、本件登記の原因となる事実または法律行為が下記1．記載のとおりであることおよびこれに基づき現に下記2．記載の内容を登記要項とする物権変動が生じたことを証明します。

記

1．登記の原因となる事実または法律行為

(1) 契約証書名および締結年月日	平成○年○月○日付け根抵当権設定契約証書（追加的共同担保）(注3)
(2) 契約当事者	根抵当権者　　　　　株式会社甲野銀行
	根抵当権設定者　　　株式会社乙野商事

2．登記申請情報の要項

(1) 登記の目的	共同根抵当権設定（追加）(注4)
(2) 原因	平成○年○月○日設定(注5)
(3) 極度額	拾億　　　百万　　　千　　　円 （算用数字／頭部に¥マーク）
(4) 債権の範囲	①　銀行取引 ②　手形債権、小切手債権、電子記録債権

第1節　設　定　　451

(5)	債務者	東京都○区○町三丁目2番1号 株式会社乙野商事
(6)	登記権利者 （根抵当権者）(注6)	東京都○区○町一丁目2番3号 株式会社甲野銀行（取扱店○支店）
(7)	登記義務者 （根抵当権設定者）(注2)	東京都○区○町三丁目2番1号 株式会社乙野商事
(8)	追加設定不動産の表示 (注7)	後記のとおり
(9)	既設定根抵当権の表示 (注8)	後記のとおり

追加設定不動産の表示

所　　在　東京都○区○町一丁目1番地1
家屋番号　1番1
種　　類　居宅
構　　造　木造セメントかわらぶき平家建
床 面 積　○○.○○㎡

[既設定根抵当権の表示]

1．登記	平成○年○月○日東京法務局○出張所受付第○号
2．物件	後記既設定不動産の表示記載のとおり

既設定不動産の表示

所　　在　東京都○区○町一丁目
地　　番　1番1
地　　目　宅地
地　　積　○○○.○○㎡

以　上

(注1)　Ⅳ根抵当権設定契約証書とは別に、Ⅴ登記原因証明情報（共同根抵当権追加設定）を作成する場合の書式である。この情報は、登記の原因となる事実または法律行為のほか、登記事項（および物件表示）を登記義務者が確認して署名（または記名捺印）したものでなくてはならない。契約証書とは異なり、登記用に作成された書面の原本還付を受けることはできないため、管轄登記所が複数となるケースでは、登記所ごとに（複数）作成する必要がある。その内容は同文面とし、すべての物件を記載する。
(注2)　登記義務者は、根抵当権の目的物の所有者となる。
(注3)　Ⅳ契約証書の名称および締結年月日を記載する。
(注4)　登記の目的において、共同担保の旨を明記し、追加設定である旨を注記する実務である。
(注5)　根抵当権設定の効力発生年月日を記載する。
(注6)　登記権利者は、根抵当権者となる。

(注7) 共同根抵当権として追加する対象物件を記載する。
(注8) 既設定物件、およびこれに対する設定登記をもって特定する。

Ⅵ－1－1　登記用委任状（登記義務者用／Ⅳを登記原因証明情報として提供する場合）(注1)

委　任　状

平成　　年　　月　　日

住　所　　東京都〇区〇町三丁目2番1号
登記義務者　株式会社乙野商事
　　　　　　代表取締役　乙野次郎　　　　㊞
連絡先　担当部署　〇〇部／担当者名〇〇　〇〇
電話番号　〇〇－〇〇〇〇－〇〇〇〇

私は、＿＿＿＿＿＿＿＿＿＿＿＿＿＿＿＿(注2)を代理人と定め、下記の事項に関する一切の権限を委任します。

記

1．次の要項による登記申請に関すること
　　(1) 登記原因証明情報：平成〇年〇月〇日付け根抵当権設定契約証書（追加的共同担保）(注3)
　　(2) 登記の目的：共同根抵当権設定（追加）
2．上記申請の登記識別情報の暗号化に関すること (注4)
3．上記申請の登記完了証の受領に関すること (注5)
4．上記申請に関する契約証書、資格証明情報その他の添付情報の原本還付手続に関すること (注5)
5．上記申請の登録免許税還付金の代理受領に関すること (注6)

以　上

(注1) Ⅳ根抵当権設定契約証書を登記原因証明情報（不登法第61条）として提供する場合に、登記義務者が作成する委任状の書式である。管轄登記所が複数となるケースにおいて、委任状の原本還付を受けるときは、他の申請についても委任したことが明らかな内容とする必要がある。
(注2) 代理人の住所ならびに氏名または名称を記載する。
(注3) 登記所に提供する契約証書の締結日およびその名称を記載する。
(注4) 登記識別情報の暗号化（電子申請においてオンラインで登記識別情報を提供すること）には特別の授権が必要であるため、このように記載する。
(注5) これらの事項には特別の授権を必要としないが、委任事項を明確にするため、このように記載する。
(注6) 登記申請の取下げ・却下・過誤納付に伴う還付金の代理受領については特別の授権が必要であるため、このように記載する。

Ⅵ－1－2　登記用委任状（登記義務者用／Ⅴを登記原因証明情報として提供する場合）（注1）

委　任　状

　　　　　　　　　　　　　　　　　　　　　　　　　平成　　年　　月　　日

　　　　　　　　　　住　所　　東京都〇区〇町三丁目2番1号
　　　　　　　　　　登記義務者　株式会社乙野商事
　　　　　　　　　　　　　　　　代表取締役　乙野次郎　　　　　㊞
　　　　　　　（連絡先　担当部署　〇〇部／担当者名〇〇　〇〇）
　　　　　　　　電話番号　〇〇－〇〇〇〇－〇〇〇〇

私は、＿＿＿＿＿＿＿＿＿＿＿＿＿＿＿（注2）を代理人と定め、下記の事項に関する一切の権限を委任します。

記

1．次の要項による登記申請に関すること
　　(1) 登記原因証明情報：平成〇年〇月〇日付け登記原因証明情報（共同根抵当権追加設定）（注3）
　　(2) 登記の目的：共同根抵当権設定（追加）
2．上記申請の登記識別情報の暗号化に関すること（注4）
3．上記申請の登記完了証の受領に関すること（注5）
4．上記申請に関する資格証明情報その他の添付情報の原本還付手続に関すること（注5）
5．上記申請の登録免許税還付金の代理受領に関すること（注6）

　　　　　　　　　　　　　　　　　　　　　　　　　　　　　　　以　上

(注1)　Ⅳ根抵当権設定契約証書とは別に、Ⅴ登記原因証明情報（共同根抵当権追加設定）を作成し、これを登記原因証明情報（不登法第61条）として提供する場合に、登記義務者が作成する委任状の書式である。管轄登記所が複数となるケースにおいて、委任状の原本還付を受けるときは、他の申請についても委任したことが明らかな内容とする必要がある。
(注2)　代理人の住所ならびに氏名または名称を記載する。
(注3)　登記所に提供する登記原因証明情報の作成日およびその名称を記載する。
(注4)　登記識別情報の暗号化（電子申請においてオンラインで登記識別情報を提供すること）には特別の授権が必要であるため、このように記載する。
(注5)　これらの事項には特別の授権を必要としないが、委任事項を明確にするため、このように記載する。
(注6)　登記申請の取下げ・却下・過誤納付に伴う還付金の代理受領については特別の授権が必要であるため、このように記載する。

Ⅵ－2－1　登記用委任状（登記権利者用／Ⅳを登記原因証明情報として提供する場合）(注1)

委　任　状

平成　　年　　月　　日

住　所　　　東京都○区○町一丁目2番3号
登記権利者　株式会社甲野銀行
　　　　　　代表取締役　甲野太郎　　㊞
（取扱店　○支店）

私は、＿＿＿＿＿＿＿＿＿＿＿＿＿＿＿＿（注2）を代理人と定め、下記の事項に関する一切の権限を委任します。

記

1．次の要項による登記申請に関すること
　　(1) 登記原因証明情報：平成○年○月○日付け根抵当権設定契約証書（追加的共同担保）(注3)
　　(2) 登記の目的：共同根抵当権設定（追加）
2．上記申請の登記識別情報の受領に関すること（注4）
3．上記申請の登記完了証の受領に関すること（注5）
4．上記申請に関する契約証書、資格証明情報その他の添付情報の原本還付手続に関すること（注5）
5．上記申請の登録免許税還付金の代理受領に関すること（注6）

以　上

(注1)　Ⅳ根抵当権設定契約証書を登記原因証明情報（不登法第61条）として提供する場合に、登記権利者が作成する委任状の書式である。管轄登記所が複数となるケースにおいて、委任状の原本還付を受けるときは、他の申請についても委任したことが明らかな内容とする必要がある。
(注2)　代理人の住所ならびに氏名または名称を記載する。
(注3)　登記所に提供する契約証書の締結日およびその名称を記載する。
(注4)　登記識別情報の受領には特別の授権が必要であるため、このように記載する。なお、電子申請においてオンラインで登記識別情報を受領することを「復号」といい、この方法による受領には特別の授権が必要であるため、これについても委任する場合は、「上記申請の登記識別情報の受領・復号に関すること」のように記載する。
(注5)　これらの事項には特別の授権を必要としないが、委任事項を明確にするため、このように記載する。
(注6)　登記申請の取下げ・却下・過誤納付に伴う還付金の代理受領については特別の授権が必要であるため、このように記載する。

Ⅵ-2-2　登記用委任状（登記権利者用／Ⅴを登記原因証明情報として提供する場合）(注1)

委　任　状

平成　　年　　月　　日

住　所　　　　東京都○区○町一丁目2番3号
登記権利者　　株式会社甲野銀行
　　　　　　　代表取締役　甲野太郎　　　㊞
　　　　　　　（取扱店　○支店）

私は、＿＿＿＿＿＿＿＿＿＿＿＿＿＿＿＿(注2)を代理人と定め、下記の事項に関する一切の権限を委任します。

記

1．次の要項による登記申請に関すること
　　(1)登記原因証明情報：平成○年○月○日付け登記原因証明情報（共同根抵当権追加設定）(注3)
　　(2)登記の目的：共同根抵当権設定（追加）
2．上記申請の登記識別情報の受領に関すること(注4)
3．上記申請の登記完了証の受領に関すること(注5)
4．上記申請に関する資格証明情報その他の添付情報の原本還付手続に関すること(注5)
5．上記申請の登録免許税還付金の代理受領に関すること(注6)

以　上

(注1)　Ⅳ根抵当権設定契約証書とは別に、Ⅴ登記原因証明情報（共同根抵当権追加設定）を作成し、これを登記原因証明情報（不登法第61条）として提供する場合に、登記権利者が作成する委任状の書式である。管轄登記所が複数となるケースにおいて、委任状の原本還付を受けるときは、他の申請についても委任したことが明らかな内容とする必要がある。
(注2)　代理人の住所ならびに氏名または名称を記載する。
(注3)　登記所に提供する登記原因証明情報の作成日およびその名称を記載する。
(注4)　登記識別情報の受領には特別の授権が必要であるため、このように記載する。なお、電子申請においてオンラインで登記識別情報を受領することを「復号」といい、この方法による受領には特別の授権が必要であるため、これについても委任する場合は、「上記申請の登記識別情報の受領・復号に関すること」のように記載する。
(注5)　これらの事項には特別の授権を必要としないが、委任事項を明確にするため、このように記載する。
(注6)　登記申請の取下げ・却下・過誤納付に伴う還付金の代理受領については特別の授権が必要であるため、このように記載する。

49 極度額の増額を伴う根抵当権の追加設定

I ケース概要

　甲野銀行は、債務者乙野商事宛て融資取引を担保する目的で、乙野商事所有の土地に根抵当権の設定を受けていたが、同土地上に乙野商事所有の建物が新築されたため、共同担保としてこの建物についても根抵当権の追加設定を受けることとなった。また、この追加設定に際し、従来の極度額を増額することとされた。

II 書式作成上の留意点

① 　No.48のケースの延長として、根抵当権の追加設定に際し極度額の増額をあわせて行う場合の書式である。既設定根抵当権の極度額をまず増額し、それとの共同担保として追加設定することになる。この契約により極度額を増額する根抵当権の変更および共同根抵当権追加設定の登記原因が生じる。なお、元本の確定後に根抵当権の追加設定契約をすることはできない。

② 　第2条にある「共同担保として」は、累積根抵当ではないことを示す。根抵当権設定登記の登録免許税は極度額の1,000分の4であるが、共同根抵当として追加で登記申請する場合は、極度額に関係なく追加物件1個につき登録免許税1,500円となる。ただし、本ケースの場合は、極度額増額について登録免許税（増額分の1,000分の4）を要する。

③ 　本ケースは、債務者兼根抵当権設定者の例で記載しているが、書式としては、第三者担保提供の場合にも使えるよう、根抵当権設定者の欄を設けている。

　会社がその取締役個人またはその取締役が代表取締役である別会社の債務につき担保提供するなど、取締役の債務を保証することとなる場合は会社法所定の承認が必要となり、登記申請に際して署名者全員の印鑑証明書付きで議事録等を提供することとなるので注意を要する（会社法第356条・第365条、不登令第7条第1項第5号ハ）。なお、第三者担保提供者に対しては、銀行取引約定書の写しを交付するのがよいであろう。

④ 　極度額の変更は利害関係人の承諾がないとすることができず（民法第398条の5）、後順位の抵当権者など、極度額の増額について利害関係人がある場合は、その承諾書（印鑑証明書付き）が必要となる。承諾が変更契約より後であるときは、承諾の日に変更の効力が生じる。

⑤ 　極度額を変更する根抵当権が共同担保である場合、根抵当権が設定されているすべての不動産について変更登記をしないと変更の効力が生じない（民法第398条の17第1項）。

⑥ 　この根抵当権設定契約証書とは別にV登記原因証明情報（極度額変更ならびに共同根抵当権追加設定）を作成し、登記原因証明情報（不登法第61条）として登記所に提供することができる。

⑦　極度額増額および共同根抵当権追加設定の登記は、根抵当権者が登記権利者となり、根抵当権設定者が登記義務者となって行う。

⑧　根抵当権設定者につき、所有権の取得に係る登記識別情報（登記済証）および印鑑証明書が必要となる。なお、登記完了後は双方に登記完了証が交付され、共同根抵当権追加設定につき、根抵当権者には登記識別情報が通知される（極度額増額の登記には通知されない）。

⑨　管轄登記所が複数となるケースでは、印鑑証明書およびⅤ登記原因証明情報（極度額変更ならびに共同根抵当権追加設定）は、登記所ごとに（複数）必要となる。当該申請のためにのみ作成したⅥ登記用委任状も同様であり、これらは原本還付を受けることができないとされている。

Ⅲ　必要書類・費用一覧

書　　類	書類上の関係者
□ 根抵当権極度額増額ならびに追加設定契約証書	根抵当権設定者、債務者、根抵当権設定者
□ 登記原因証明情報	根抵当権設定者
□ 委任状（登記義務者用）	根抵当権設定者
□ 委任状（登記権利者用）	根抵当権者
□ 登記識別情報（登記済証）	根抵当権設定者
□ 印鑑証明書	根抵当権設定者
□ 会社法人等番号（注）	根抵当権者、根抵当権設定者
□ 前登記証明	追加設定につき、極度額増額後の前登記に係るすべての物件の登記事項証明書（共同担保目録付き）。ただし、管轄登記所が同じ場合は不要
□ 登録免許税	極度額増額：増加額の1,000分の4 追加設定：不動産1個につき1,500円

（注）　不登令等の改正により、平成27年11月2日から、会社・法人の代表者等の資格を証する情報の提供（添付）に代え、登記申請情報に商業登記法第7条の会社法人等番号を記録または記載することとなった。ただし、法人登記手続中となるなどの場合を考慮し、例外的に、作成後1か月以内の資格証明情報（登記事項証明書）を提供（添付）することも認められている。

Ⅳ　根抵当権極度額増額ならびに追加設定契約証書

[印紙]（注1）　　　根抵当権極度額増額ならびに追加設定契約証書

　　　　　　　　　　　　　　　　　　　　平成　　年　　月　　日（注2）

東京都○区○町一丁目2番3号
株式会社甲野銀行　御中
（取扱店　　　　　　　　　　　）

　　　　　　　　住　所　　　　東京都○区○町三丁目2番1号
　　　　　　　　債務者　　　　株式会社乙野商事
　　　　　　　　根抵当権設定者　代表取締役　乙野次郎　㊞（注3）

　　　　　　　　住　所
　　　　　　　　根抵当権設定者

　　　　　　　　（注4）（注5）

　株式会社甲野銀行（以下「銀行」といいます。）、債務者および根抵当権設定者は、次のとおり根抵当権極度額増額ならびに追加設定契約を締結しました。

[既設定根抵当権の表示]（注6）

1．登記	平成○年○月○日東京法務局○出張所受付第○号
2．物件	後記既設定物件の表示記載のとおり

[極度額増額の要項]（注7）

変更前の極度額	拾億　　　　百万　　　　千　　　　円
	（算用数字／頭部に¥マーク）
変更後の極度額	拾億　　　　百万　　　　千　　　　円
	（算用数字／頭部に¥マーク）

[根抵当権の要項（極度額は上記「変更後の極度額」記載のとおり）]

1．被担保債権の範囲	①　債務者との銀行取引により生じる一切の債権（注8）
	②　銀行が第三者から取得する手形上・小切手上の債権
	③　電子記録債権（注9）

第1節　設　定　　459

2．債務者	東京都〇区〇町三丁目2番1号 株式会社乙野商事（注10）
3．確定期日	定めない（注11）
4．順位	後記のとおり（注12）

追加物件の表示	順位	所有者
所　　在　東京都〇区〇町一丁目1番地1 家屋番号　1番1 種　　類　居宅 構　　造　木造セメントかわらぶき平家建 床 面 積　〇〇.〇〇㎡	1	株式会社乙野商事

既設定物件の表示（注13）	順位	所有者
所　　在　東京都〇区〇町一丁目 地　　番　1番1 地　　目　宅地 地　　積　〇〇〇.〇〇㎡	1	株式会社乙野商事

第1条（根抵当権の変更）

　　根抵当権設定者は、下記条項を承認のうえ、前記「既設定根抵当権の表示」記載の確定前の根抵当権の極度額を前記「極度額増額の要項」記載のとおり変更しました。

第2条（根抵当権の設定）

①　根抵当権設定者は、前条による極度額増額後の根抵当権の追加担保として（注14）、下記条項を承認のうえ、その所有する前記「追加物件の表示」記載の物件のうえに、銀行のため、共同担保として（注14）、前記「根抵当権の要項」記載の根抵当権を設定しました。

②　根抵当権設定者は、この契約について、下記条項のほか、債務者が銀行に差し入れた銀行取引約定書および被担保債権の成立・変更等に係る約定書ならびに債務者が銀行に今後差し入れるこれらの約定書記載の各条項の適用があることを承認します。

第3条（登記義務）

　　根抵当権設定者は、第1条による根抵当権変更および前条第1項による根抵当権設定の登記手続を遅滞なく行い、その登記事項証明書を銀行に提出します。今後、この根抵当権について各種の変更等の合意がなされたときも同様とします。

第4条（被担保債権の範囲の変更等）

　　この契約による根抵当権について、銀行から被担保債権の範囲の変更、極度額の増額、根抵当権の譲渡・一部譲渡、確定期日の延期等の申し出のあった場合は、ただちにこれに同意します。

第5条（共同根抵当についての変更）

　　この契約による根抵当権について、その被担保債権の範囲、債務者もしくは極度額の変更、または根抵当権の譲渡もしくは一部譲渡をするときは、共同根抵当物件のすべてについて同一の契約をし、登記手続をすることに協力します。

第6条（根抵当物件）

① 　根抵当権設定者は、あらかじめ銀行の承諾がなければ根抵当物件（根抵当建物の借地権を含む。以下同じ。）の現状を変更し、または第三者のために権利を設定しもしくは譲渡しません。

② 　根抵当物件が原因のいかんを問わず滅失・毀損しもしくはその価格が低落したとき、またはそのおそれがあるときは、根抵当権設定者はただちにその旨を銀行に通知します。この場合において、銀行から請求があったときは、債務者および根抵当権設定者はただちに銀行の承認する担保もしくは増担保を差し入れ、または保証人をたてもしくはこれを追加し、あるいは被担保債務の全部または一部を期限のいかんにかかわらず弁済します。

③ 　根抵当物件について譲渡、土地明渡し、収用その他の原因により譲渡代金・立退料・補償金・清算金などの債権が生じたときは、根抵当権設定者は銀行のためにその債権に質権を設定するものとし、銀行がこれらの金銭を受領したときは債務の弁済期前でも法定の順序にかかわらず、銀行はその弁済に充当することができます。

第7条（損害保険）

① 　根抵当権設定者は、この根抵当権が存続する間根抵当物件に対し、銀行の同意する保険会社と銀行の指定する金額以上の損害保険契約を締結または継続し、その保険契約にもとづく権利のうえに銀行のため質権を設定し、またはその保険契約に抵当権者特約条項をつけます。

② 　根抵当権設定者は、前項の保険契約以外に根抵当物件に対し保険契約を締結したときは、ただちに銀行に通知し、前項と同様の手続をとります。

③ 　前2項の保険契約の継続・更改・変更および保険目的物件罹災後の保険金等の処理については、すべて銀行の指示に従います。

④ 　銀行が債権保全のため、必要な保険契約を締結しもしくは根抵当権設定者に代って保険契約を締結または継続し、その保険料を支払ったときは、債務者および根抵当権設定者は銀行の支払った保険料その他の費用に、その支払日から年〇％（注15）の割合の損害金を付して支払います。

⑤ 　前4項による保険契約にもとづく保険金を銀行が受領したときは、債務の弁済期前でも法定の順序にかかわらず債務の弁済に充当されても異議ありません。

第8条（借地権）(注16)

① 　根抵当権設定者は、根抵当建物の敷地につきその借地期間が満了したときは、借地借

家法第22条・第23条・第24条の定期借地権を除きただちに借地契約継続の手続をとります。また、土地の所有者に変更があったときはただちに銀行に通知し、借地権の種類・内容に変更が生じるときはあらかじめ銀行に通知します。

② 根抵当権設定者は、解約、賃料不払、借地権の種類・内容の変更その他借地権の消滅または変更をきたすようなおそれのある行為をせず、またこのようなおそれのあるときは借地権保全に必要な手続をとることはもちろん、根抵当物件のうち建物が滅失した場合も銀行の同意がなければ借地権の転貸その他任意の処分をしません。

③ 根抵当建物が火災その他により滅失し、建物を建築する場合は、根抵当権設定者は、ただちに借地借家法第10条第2項の所定の掲示を行ったうえ、速やかに地主の承諾を得て建物を建築してこの根抵当権と同一内容・順位の根抵当権を設定します。また、ただちに建物の建築をしない場合において、保険金等によって弁済をしてもなお残債務があるときは、借地権の処分について銀行の指示に従うものとし、銀行はその処分代金をもって債務の弁済に充当することができます。

第9条（任意処分）

根抵当物件は、必ずしも競売手続によらず一般に適当と認められる方法・時期・価格等により銀行において処分のうえ、その取得金から諸費用を差し引いた残額を法定の順序にかかわらず債務の弁済に充当されても異議ありません。また、残債務がある場合は債務者はただちに弁済します。

第10条（根抵当物件の調査）

根抵当物件の現況等について銀行から請求があったときは、ただちに報告し、また調査に必要な便益を提供します。

第11条（費用の負担）

この根抵当権に関する設定・解除または変更の登記ならびに根抵当物件の調査または処分に関する費用は、債務者および根抵当権設定者が連帯して負担し、銀行が支払った金額についてはただちに支払います。

第12条（担保保存義務）(注17)

① 根抵当権設定者は、銀行の都合によって他の担保または保証を変更、解除されても異議ありません。

② 根抵当権設定者が弁済等により銀行から代位によって取得した権利は、債務者と銀行との間の取引継続中は、銀行の同意がなければこれを行使しません。また、銀行が請求したときは、その権利または順位を銀行に無償で譲渡します。

以　上

（注1）　この文書は、平成元年4月1日以降、印紙税法上の課税文書には該当しないこととされている。ただし、第6条第3項を修正して収用等により生じた債権を（質権設定でなく）根抵当権者に譲渡する旨の定めをした場合は、債権譲渡に関する契約書（第15号文書）に該当し

て課税文書となり、また第9条を修正して（処分清算条項でなく）代物弁済を約する旨の定めをした場合は、不動産の譲渡に関する契約書（第1号の1文書）として課税文書となるので、留意が必要である。
(注2)　この契約書を作成した日付を記載する。
(注3)　根抵当権設定者と債務者が同じ場合は、この欄に署名（記名）捺印させる。債務者が根抵当権設定者でない場合は、「根抵当権設定者」の文字を抹消する。なお、住所および商号、氏名は、会社法人等番号または住民票により確認する。
(注4)　債務者以外の第三者が根抵当権設定者の場合は、この欄に署名（記名）捺印させる。
(注5)　債務者以外の根抵当権設定者がいる場合で、その者に連帯保証を求める場合は、「連帯保証人」の記載を追加するのではなく、保証人徴求の際にも法令等によって求められる手続を履践する必要がある。
(注6)　既設定根抵当権の極度額変更を先行させ、そのうえの追加的共同担保であるので、既設定根抵当権の内容をわかりやすい位置に記載する。この書式では、既設定物件に対する設定登記のみをもって特定することとしている。
(注7)　極度額変更の内容を記載する。
(注8)　この契約書の被担保債権の範囲と異なる定めをする場合は、この欄を変更して記載する。
(注9)　手形や小切手上の請求権のほか、電子記録債権についても被担保債権とすることが認められている。
(注10)　住所、氏名を記載する（法人の場合は本店所在地と商号を記載）。
(注11)　確定期日を定める場合は、「定めない」を抹消し、「平成○年○月○日」と所定の日付を記載する。確定期日を定めると、元本の確定請求をすることはできない（民法第398条の19第3項）。
(注12)　順位は実質上の順位を記載する。
(注13)　既設定根抵当権の対象物件を記載する。
(注14)　第1条で極度額変更の効力を生じた後に追加的共同根抵当権の設定をすることを示す。なお、原契約（当初設定契約）を適用する旨の条項を置いて第4条以下を具体的に定めない実務も見受けるが、常に最新版の条項をもって約定することが望ましいであろう。
(注15)　所定の利率を記載する。
(注16)　本件では借地権は関係ないが、一般規定として、あえて削除しないのが通例である。
(注17)　本件では債務者以外の根抵当権設定者がいないから本条が機能する場面はないが、あえて削除しないのが通例である。

V　登記原因証明情報（極度額変更ならびに共同根抵当権追加設定）(注1)

登記原因証明情報
（極度額変更ならびに共同根抵当権追加設定）

平成　　年　　月　　日

東京法務局　○出張所　御中

　　　　　　　　住　所　　　東京都○区○町三丁目2番1号
　　　　　　　　登記義務者(注2)　株式会社乙野商事
　　　　　　　　　　　　　　代表取締役　乙野次郎　　　㊞

　登記義務者（根抵当権設定者）は、本件登記の原因となる事実または法律行為が下記1．

記載のとおりであることおよびこれに基づき現に下記2．記載の内容を登記要項とする変更および物権変動が生じたことを証明します。

記

1．登記の原因となる事実または法律行為

(1)	契約証書名および締結年月日	平成〇年〇月〇日付け根抵当権極度額増額ならびに追加設定契約証書（注3）	
(2)	契約当事者	根抵当権者	株式会社甲野銀行
		根抵当権設定者	株式会社乙野商事

2．登記申請情報の要項①

(1)	登記の目的	根抵当権変更（注4）
(2)	変更する根抵当権	平成〇年〇月〇日受付第〇号
(3)	原因	平成〇年〇月〇日変更（注5）
(4)	変更後の事項	極度額　[拾億　百万　千　円]（算用数字／頭部に¥マーク）
(5)	登記権利者（根抵当権者）（注6）	東京都〇区〇町一丁目2番3号 株式会社甲野銀行
(6)	登記義務者（根抵当権設定者）（注2）	東京都〇区〇町三丁目2番1号 株式会社乙野商事
(7)	不動産の表示（注7）	後記「既設定不動産の表示」のとおり

3．登記申請情報の要項②

(1)	登記の目的	共同根抵当権設定（追加）（注8）
(2)	原因	平成〇年〇月〇日設定（注5）
(3)	極度額	[拾億　百万　千　円]（算用数字／頭部に¥マーク）
(4)	債権の範囲	①　銀行取引 ②　手形債権、小切手債権、電子記録債権
(5)	債務者	東京都〇区〇町三丁目2番1号 株式会社乙野商事

(6)	登記権利者 （根抵当権者）（注6）	東京都○区○町一丁目2番3号 株式会社甲野銀行（取扱店○支店）
(7)	登記義務者 （根抵当権設定者）（注2）	東京都○区○町三丁目2番1号 株式会社乙野商事
(8)	追加設定不動産の表示（注9）	後記のとおり
(9)	既設定根抵当権の表示（注10）	登　記：前記2．①(2)「変更する根抵当権」に同じ 物　件：後記「既設定不動産の表示」に記載のとおり

既設定不動産の表示
所　在　東京都○区○町一丁目 地　番　1番1 地　目　宅地 地　積　○○○.○○㎡

追加設定不動産の表示
所　在　東京都○区○町一丁目1番地1 家屋番号　1番1 種　類　居宅 構　造　木造セメントかわらぶき平家建 床面積　○○.○○㎡

以　上

(注1)　Ⅳ根抵当権極度額増額ならびに追加設定契約証書とは別に、Ⅴ登記原因証明情報（極度額変更ならびに共同根抵当権追加設定）を作成する場合の書式である。この情報は、登記の原因となる事実または法律行為のほか、登記事項（および物件表示）を登記義務者が確認して署名（または記名捺印）したものでなくてはならない。契約証書とは異なり、登記用に作成された書面の原本還付を受けることはできないため、管轄登記所が複数となるケースでは、登記所ごとに（複数）作成する必要がある。その内容は同文面とし、すべての物件を記載する。
(注2)　登記義務者は、根抵当権の目的物の所有者となる。
(注3)　契約書式Ⅳの契約証書の名称および締結年月日を記載する。
(注4)　根抵当権の極度額変更の登記は、常に付記登記によるから、付記登記による申請の旨を明らかにする必要はない。
(注5)　根抵当権変更および追加設定の効力発生年月日を記載する。
(注6)　登記権利者は、根抵当権者となる。
(注7)　既設定根抵当権の対象物件を記載する。
(注8)　登記の目的において、共同担保の旨を明記し、追加設定である旨を注記する実務である。
(注9)　共同根抵当権として追加する対象物件を記載する。
(注10)　既設定物件、およびこれに対する設定登記をもって特定する。

Ⅵ－1－1　登記用委任状（登記義務者用／Ⅳを登記原因証明情報として提供する場合）(注1)

委　任　状

平成　年　月　日

　　　　住　所　　　東京都○区○町三丁目2番1号
　　　　登記義務者　株式会社乙野商事
　　　　　　　　　　代表取締役　乙野次郎　　　　　㊞
　　　　（連絡先　担当部署　○○部／担当者名○○　○○
　　　　　電話番号　○○－○○○○－○○○○　　　　）

私は、＿＿＿＿＿＿＿＿＿＿＿＿＿＿＿＿＿（注2）を代理人と定め、下記の事項に関する一切の権限を委任します。

記

1．次の要項による登記申請に関すること
　　(1) 登記原因証明情報：平成○年○月○日付け根抵当権極度額増額ならびに追加設定契約証書（注3）
　　(2) 登記の目的：根抵当権変更および共同根抵当権設定（追加）
2．上記申請の登記識別情報の暗号化に関すること（注4）
3．上記申請の登記完了証の受領に関すること（注5）
4．上記申請に関する契約証書、資格証明情報その他の添付情報の原本還付手続に関すること（注5）
5．上記申請の登録免許税還付金の代理受領に関すること（注6）

以　上

（注1）　Ⅳ根抵当権極度額増額ならびに追加設定契約証書を登記原因証明情報（不登法第61条）として提供する場合に、登記義務者が作成する委任状の書式である。管轄登記所が複数となるケースにおいて、委任状の原本還付を受けるときは、他の申請についても委任したことが明らかな内容とする必要がある。
（注2）　代理人の住所ならびに氏名または名称を記載する。
（注3）　登記所に提供する契約証書の締結日およびその名称を記載する。
（注4）　登記識別情報の暗号化（電子申請においてオンラインで登記識別情報を提供すること）には特別の授権が必要であるため、このように記載する。
（注5）　これらの事項には特別の授権を必要としないが、委任事項を明確にするため、このように記載する。
（注6）　登記申請の取下げ・却下・過誤納付に伴う還付金の代理受領については特別の授権が必要であるため、このように記載する。

Ⅵ－1－2　登記用委任状（登記義務者用／Ⅴを登記原因証明情報として提供する場合）(注1)

委　任　状

平成　年　月　日

　　　　　住　所　　東京都○区○町三丁目2番1号
　　　　　登記義務者　株式会社乙野商事
　　　　　　　　　　　代表取締役　乙野次郎　　　㊞
　　　　（連絡先　担当部署　○○部／担当者名○○　○○
　　　　　電話番号　○○－○○○○－○○○○　　　　）

私は、＿＿＿＿＿＿＿＿＿＿＿＿＿＿(注2) を代理人と定め、下記の事項に関する一切の権限を委任します。

記

1．次の要項による登記申請に関すること
　(1) 登記原因証明情報：平成○年○月○日付け登記原因証明情報（極度額変更ならびに共同根抵当権追加設定）(注3)
　(2) 登記の目的：根抵当権変更および共同根抵当権設定（追加）
2．上記申請の登記識別情報の暗号化に関すること（注4）
3．上記申請の登記完了証の受領に関すること（注5）
4．上記申請に関する資格証明情報その他の添付情報の原本還付手続に関すること（注5）
5．上記申請の登録免許税還付金の代理受領に関すること（注6）

以　上

(注1)　Ⅳ根抵当権極度額増額ならびに追加設定契約証書とは別に、Ⅴ登記原因証明情報（極度額変更ならびに共同根抵当権追加設定）を作成し、これを登記原因証明情報（不登法第61条）として提供する場合に、登記義務者が作成する委任状の書式である。管轄登記所が複数となるケースにおいて、委任状の原本還付を受けるときは、他の申請についても委任したことが明らかな内容とする必要がある。
(注2)　代理人の住所ならびに氏名または名称を記載する。
(注3)　登記所に提供する登記原因証明情報の作成日およびその名称を記載する。
(注4)　登記識別情報の暗号化（電子申請においてオンラインで登記識別情報を提供すること）には特別の授権が必要であるため、このように記載する。
(注5)　これらの事項には特別の授権を必要としないが、委任事項を明確にするため、このように記載する。
(注6)　登記申請の取下げ・却下・過誤納付に伴う還付金の代理受領については特別の授権が必要であるため、このように記載する。

Ⅵ-2-1 登記用委任状（登記権利者用／Ⅳを登記原因証明情報として提供する場合）(注1)

委 任 状

平成　年　月　日

住　所　　東京都〇区〇町一丁目2番3号
登記権利者　株式会社甲野銀行
　　　　　　代表取締役　甲野太郎　　㊞
　　　　　　（取扱店　〇支店）

私は、＿＿＿＿＿＿＿＿＿＿＿＿＿(注2)を代理人と定め、下記の事項に関する一切の権限を委任します。

記

1．次の要項による登記申請に関すること
　(1) 登記原因証明情報：平成〇年〇月〇日付け根抵当権極度額増額ならびに追加設定契約証書
　　　(注3)
　(2) 登記の目的：根抵当権変更および共同根抵当権設定（追加）
2．上記申請の登記識別情報の受領に関すること (注4)
3．上記申請の登記完了証の受領に関すること (注5)
4．上記申請に関する契約証書、資格証明情報その他の添付情報の原本還付手続に関すること(注5)
5．上記申請の登録免許税還付金の代理受領に関すること (注6)

以　上

(注1)　Ⅳ根抵当権極度額増額ならびに追加設定契約証書を登記原因証明情報（不登法第61条）として提供する場合に、登記権利者が作成する委任状の書式である。管轄登記所が複数となるケースにおいて、委任状の原本還付を受けるときは、他の申請についても委任したことが明らかな内容とする必要がある。
(注2)　代理人の住所ならびに氏名または名称を記載する。
(注3)　登記所に提供する契約証書の締結日およびその名称を記載する。
(注4)　登記識別情報の受領には特別の授権が必要であるため、このように記載する。なお、電子申請においてオンラインで登記識別情報を受領することを「復号」といい、この方法による受領には特別の授権が必要であるため、これについても委任する場合は、「上記申請の登記識別情報の受領・復号に関すること」のように記載する。
(注5)　これらの事項には特別の授権を必要としないが、委任事項を明確にするため、このように記載する。
(注6)　登記申請の取下げ・却下・過誤納付に伴う還付金の代理受領については特別の授権が必要であるため、このように記載する。

Ⅵ-2-2　登記用委任状（登記権利者用／Ⅴを登記原因証明情報として提供する場合）(注1)

委　任　状

平成　年　月　日

　　　住　所　　東京都○区○町一丁目2番3号
　　　登記権利者　株式会社甲野銀行
　　　　　　　　　代表取締役　甲野太郎　　　㊞
　　　　　　　　　（取扱店　○支店）

私は、＿＿＿＿＿＿＿＿＿＿＿＿＿＿＿＿（注2）を代理人と定め、下記の事項に関する一切の権限を委任します。

記

1．次の要項による登記申請に関すること
　(1) 登記原因証明情報：平成○年○月○日付け登記原因証明情報（極度額変更ならびに共同根抵当権追加設定）(注3)
　(2) 登記の目的：根抵当権変更および共同根抵当権設定（追加）
2．上記申請の登記識別情報の受領に関すること（注4）
3．上記申請の登記完了証の受領に関すること（注5）
4．上記申請に関する資格証明情報その他の添付情報の原本還付手続に関すること（注5）
5．上記申請の登録免許税還付金の代理受領に関すること（注6）

以　上

（注1）　Ⅳ根抵当権極度額増額ならびに追加設定契約証書とは別に、Ⅴ登記原因証明情報（極度額変更ならびに共同根抵当権追加設定）を作成し、これを登記原因証明情報（不登法第61条）として提供する場合に、登記権利者が作成する委任状の書式である。管轄登記所が複数となるケースにおいて、委任状の原本還付を受けるときは、他の申請についても委任したことが明らかな内容とする必要がある。
（注2）　代理人の住所ならびに氏名または名称を記載する。
（注3）　登記所に提供する登記原因証明情報の作成日およびその名称を記載する。
（注4）　登記識別情報の受領には特別の授権が必要であるため、このように記載する。なお、電子申請においてオンラインで登記識別情報を受領することを「復号」といい、この方法による受領には特別の授権が必要であるため、これについても委任する場合は、「上記申請の登記識別情報の受領・復号に関すること」のように記載する。
（注5）　これらの事項には特別の授権を必要としないが、委任事項を明確にするため、このように記載する。
（注6）　登記申請の取下げ・却下・過誤納付に伴う還付金の代理受領については特別の授権が必要であるため、このように記載する。

5　目的物件（権利）の種類

50　共有持分を目的とする場合

I　ケース概要

　甲野銀行は、債務者乙野商事宛て融資取引にあたり、乙野商事が共有持分を有する土地に、当該持分を目的とした根抵当権の設定を受けたい。

II　書式作成上の留意点

① 　1個の不動産の共有持分に根抵当権の新規設定を受ける場合の書式である。物件欄に共有持分の表示をするほかは、通常の根抵当権設定の場合と特に異ならない。この契約により根抵当権設定の登記原因が生じる。

② 　共同根抵当の場合は、第1条に「共同担保として」の文言を入れることにより、累積根抵当ではなく共同根抵当であることを示すが、目的不動産が1個であれば、この記載をしない。

③ 　本ケースは、債務者兼根抵当権設定者の例で記載しているが、書式としては、第三者担保提供の場合にも使えるよう、根抵当権設定者の欄を設けている。
　　会社がその取締役個人またはその取締役が代表取締役である別会社の債務につき担保提供するなど、取締役の債務を保証することとなる場合は会社法所定の承認が必要となり、登記申請に際して署名者全員の印鑑証明書付きで議事録等を提供することとなるので注意を要する（会社法第356条・第365条、不登令第7条第1項第5号ハ）。なお、第三者担保提供者に対しては、銀行取引約定書の写しを交付するのがよいであろう。

④ 　この根抵当権設定契約証書とは別にV登記原因証明情報（根抵当権設定）を作成し、登記原因証明情報（不登法第61条）として登記所に提供することができる。

⑤ 　根抵当権設定の登記は、根抵当権者が登記権利者となり、根抵当権設定者が登記義務者となって行い、登記原因のほか極度額・債権の範囲・債務者・根抵当権者などをその登記事項とする。

⑥ 　根抵当権設定者につき、所有権の取得に係る登記識別情報（登記済証）および印鑑証明書が必要となる。なお、登記完了後は、双方に登記完了証が交付され、根抵当権者には登記識別情報が通知される。

III　必要書類・費用一覧

書　　類	書類上の関係者
☐ 根抵当権設定契約証書	根抵当権者、債務者、根抵当権設定者
☐ 登記原因証明情報	根抵当権設定者
☐ 委任状（登記義務者用）	根抵当権設定者
☐ 委任状（登記権利者用）	根抵当権者
☐ 登記識別情報（登記済証）	根抵当権設定者
☐ 印鑑証明書	根抵当権設定者
☐ 会社法人等番号（注）	根抵当権者、根抵当権設定者
☐ 登録免許税	極度額の1,000分の4

（注）　不登令等の改正により、平成27年11月2日から、会社・法人の代表者等の資格を証する情報の提供（添付）に代え、登記申請情報に商業登記法第7条の会社法人等番号を記録または記載することとなった。ただし、法人登記手続中となるなどの場合を考慮し、例外的に、作成後1か月以内の資格証明情報（登記事項証明書）を提供（添付）することも認められている。

IV　根抵当権設定契約証書

```
（印紙）
（注1）
```

　　　　　　　　　　根抵当権設定契約証書
　　　　　　　　　　　（単独担保）

　　　　　　　　　　　　　　　　　　　　　平成　　年　　月　　日（注2）

東京都○区○町一丁目2番3号
株 式 会 社 甲 野 銀 行　御中
（取扱店　　　　　　　　　　　）

　　　　　　　　　住　所　　　東京都○区○町三丁目2番1号
　　　　　　　　　債務者　　　株 式 会 社 乙 野 商 事
　　　　　　　　　根抵当権設定者　代表取締役　乙 野 次 郎　　㊞（注3）

　　　　　　　　　住　所
　　　　　　　　　根抵当権設定者
　　　　　　　　　（注4）（注5）

　株式会社甲野銀行（以下「銀行」といいます。）、債務者および根抵当権設定者は、次のと

第1節　設　定　　471

おり根抵当権設定契約を締結しました。

[根抵当権の要項]

1．極度額	(注6)　拾億　　　百万　　　　　千　　　　　円　 （算用数字／頭部に￥マーク）
2．被担保債権の範囲	①　債務者との銀行取引により生じる一切の債権（注7） ②　銀行が第三者から取得する手形上・小切手上の債権 ③　電子記録債権（注8）
3．債務者	東京都○区○町三丁目2番1号 株式会社乙野商事（注9）
4．確定期日	定めない（注10）
5．順位	後記のとおり（注11）

物件の表示	順位	所有者
所　在　東京都○区○町一丁目 地　番　　1番1 地　目　　宅地 地　積　　○○○.○○㎡の共通持分○○分の○	1	株式会社乙野商事

第1条（根抵当権の設定）

①　根抵当権設定者は、下記条項を承認のうえ、その所有する前記記載の物件のうえに、銀行のため、前記「根抵当権の要項」記載の根抵当権を設定しました。

②　根抵当権設定者は、この契約について、下記条項のほか、債務者が銀行に差し入れた銀行取引約定書および被担保債権の成立・変更等に係る約定書ならびに債務者が銀行に今後差し入れるこれらの約定書記載の各条項の適用があることを承認します。

第2条（登記義務）

根抵当権設定者は、前条第1項による根抵当権設定の登記手続を遅滞なく行い、その登記事項証明書を銀行に提出します。今後、この根抵当権について各種の変更等の合意がなされたときも同様とします。

第3条（被担保債権の範囲の変更等）

この契約による根抵当権について、銀行から被担保債権の範囲の変更、極度額の増額、根抵当権の譲渡・一部譲渡、確定期日の延期等の申し出のあった場合は、ただちにこれに同意します。

第4条（根抵当物件）

①　根抵当権設定者は、あらかじめ銀行の承諾がなければ根抵当物件（根抵当建物の借地

権を含む。以下同じ。）の現状を変更し、または第三者のために権利を設定しもしくは譲渡しません。

② 根抵当物件が原因のいかんを問わず滅失・毀損しもしくはその価格が低落したとき、またはそのおそれがあるときは、根抵当権設定者はただちにその旨を銀行に通知します。この場合において、銀行から請求があったときは、債務者および根抵当権設定者はただちに銀行の承認する担保もしくは増担保を差し入れ、または保証人をたてもしくはこれを追加し、あるいは被担保債務の全部または一部を期限のいかんにかかわらず弁済します。

③ 根抵当物件について譲渡、土地明渡し、収用その他の原因により譲渡代金・立退料・補償金・清算金などの債権が生じたときは、根抵当権設定者は銀行のためにその債権に質権を設定するものとし、銀行がこれらの金銭を受領したときは債務の弁済期前でも法定の順序にかかわらず、銀行はその弁済に充当することができます。

第5条（損害保険）(注12)

① 根抵当権設定者は、この根抵当権が存続する間根抵当物件に対し、銀行の同意する保険会社と銀行の指定する金額以上の損害保険契約を締結または継続し、その保険契約に基づく権利のうえに銀行のため質権を設定し、またはその保険契約に抵当権者特約条項をつけます。

② 根抵当権設定者は、前項の保険契約以外に根抵当物件に対し保険契約を締結したときは、ただちに銀行に通知し、前項と同様の手続をとります。

③ 前2項の保険契約の継続・更改・変更および保険目的物件罹災後の保険金等の処理については、すべて銀行の指示に従います。

④ 銀行が債権保全のため、必要な保険契約を締結しもしくは根抵当権設定者に代って保険契約を締結または継続し、その保険料を支払ったときは、根抵当権設定者は銀行の支払った保険料その他の費用に、その支払日から年〇％(注13)の割合の損害金を付して支払います。

⑤ 前4項による保険契約に基づく保険金を銀行が受領したときは、債務の弁済期前でも法定の順序にかかわらず債務の弁済に充当されても異議ありません。

第6条（借地権）(注12)

① 根抵当権設定者は、根抵当建物の敷地につきその借地期間が満了したときは、借地借家法第22条・第23条・第24条の定期借地権を除きただちに借地契約継続の手続をとります。また、土地の所有者に変更があったときはただちに銀行に通知し、借地権の種類・内容に変更が生じるときはあらかじめ銀行に通知します。

② 根抵当権設定者は、解約、賃料不払、借地権の種類・内容の変更その他借地権の消滅または変更をきたすようなおそれのある行為をせず、またこのようなおそれのあるときは借地権保全に必要な手続をとることはもちろん、根抵当物件のうち建物が滅失した場

合も銀行の同意がなければ借地権の転貸その他任意の処分をしません。

③　根抵当物件のうち建物が火災その他により滅失し、建物を建築する場合は、ただちに借地借家法第10条第２項の所定の掲示を行ったうえ、速やかに地主の承諾を得て建物を建築してこの根抵当権と同一内容・順位の根抵当権を設定します。また、ただちに建物の建築をしない場合において、保険金等によって弁済をしてもなお残債務があるときは、借地権の処分について銀行の指示に従うものとし、銀行はその処分代金をもって債務の弁済に充当することができます。

第７条（任意処分）

　　根抵当物件は、必ずしも競売手続によらず一般に適当と認められる方法・時期・価格等により銀行において処分のうえ、その取得金から諸費用を差し引いた残額を法定の順序にかかわらず債務の弁済に充当されても異議ありません。また、残債務がある場合は債務者はただちに弁済します。

第８条（根抵当物件の調査）

　　根抵当物件の現況等について銀行から請求があったときは、ただちに報告し、また調査に必要な便益を提供します。

第９条（費用の負担）

　　この根抵当権に関する設定・解除または変更の登記ならびに根抵当物件の調査または処分に関する費用は、債務者および根抵当権設定者が連帯して負担し、銀行が支払った金額についてはただちに支払います。

第10条（担保保存義務）（注14）

① 根抵当権設定者は、銀行の都合によって他の担保または保証を変更、解除されても異議ありません。

② 根抵当権設定者が弁済等により銀行から代位によって取得した権利は、債務者と銀行との間の取引継続中は、銀行の同意がなければこれを行使しません。また、銀行が請求したときは、その権利または順位を銀行に無償で譲渡します。

以　上

（注１）　この文書は、平成元年４月１日以降、印紙税法上の課税文書には該当しないこととされている。ただし、第４条第３項を修正して収用等により生じた債権を（質権設定でなく）根抵当権者に譲渡する旨の定めをした場合は、債権譲渡に関する契約書（第15号文書）に該当して課税文書となり、また第７条を修正して（処分清算条項でなく）代物弁済を約する旨の定めをした場合は、不動産の譲渡に関する契約書（第１号の１文書）として課税文書となるので、留意が必要である。

（注２）　この契約書を作成した日付を記載する。

（注３）　根抵当権設定者と債務者が同じ場合は、この欄に署名（記名）捺印させる。債務者が根抵当権設定者でない場合は、「根抵当権設定者」の文字を抹消する。なお、住所および商号、氏名は、会社法人等番号または住民票により確認する。

（注４）　債務者以外の第三者が根抵当権設定者は、この欄に署名（記名）捺印させる。

（注５）　債務者以外の根抵当権設定者がいる場合で、その者に連帯保証を求める場合は、「連帯保証

　　　　　人」の記載を追加するのではなく、保証人徴求の際にも法令等によって求められる手続を履践する必要がある。
(注6)　極度額を記載する。
(注7)　根抵当権の被担保債権の範囲は、「特定の継続的取引契約」または「一定の種類の取引」をもって定めるほか、「特定の原因に基づき継続して発生する債権」「手形上・小切手上の請求権」についても被担保債権とすることができる（民法第398条の2第2項・第3項）。
　　　　　この契約では、「一定の種類の取引」として「銀行取引」を定め、また「手形上・小切手上の請求権」および「電子記録債権」についても被担保債権としている。
　　　　　以上のほか、特定債権を被担保債権の範囲に追加することができ、例を示すと次のとおりである。
　　　イ　平成〇年〇月〇日債権譲渡契約により銀行が〇〇〇〇から譲り受けた債権（原契約：平成〇年〇月〇日金銭消費貸借契約、当初元本：金〇円、現在残高：金〇円）
　　　ロ　平成〇年〇月〇日債務引受契約により債務者が〇〇〇〇から引き受けた債務（原契約：平成〇年〇月〇日金銭消費貸借契約、当初元本：金〇円、現在残高：金〇円）
(注8)　手形や小切手上の請求権のほか、電子記録債権についても被担保債権とすることが認められている。
(注9)　住所、氏名を記載する（法人の場合は本店所在地と商号を記載）。
(注10)　確定期日を定める場合は、「定めない」を抹消し、「平成〇年〇月〇日」と所定の日付を記載する。確定期日を定めると、元本の確定請求をすることはできない（民法第398条の19第3項）。
(注11)　順位は実質上の順位を記載する。
(注12)　本件での損害保険は想定しにくく、また借地権は関係ないが、一般規定として、あえて削除しないのが通例である。
(注13)　所定の利率を記載する。
(注14)　本件では債務者以外の根抵当権設定者がいないから本条が機能する場面はないが、あえて削除しないのが通例である。

V　登記原因証明情報（根抵当権設定）(注1)

登記原因証明情報
（根抵当権設定）

　　　　　　　　　　　　　　　　　　　　　　　　　平成　　年　　月　　日

東京法務局　〇出張所　御中

　　　　　　　住　所　　　　東京都〇区〇町三丁目2番1号
　　　　　　登記義務者(注2)　株式会社乙野商事
　　　　　　　　　　　　　　　代表取締役　乙野次郎　　　㊞

　登記義務者（根抵当権設定者）は、本件登記の原因となる事実または法律行為が下記1．記載のとおりであることおよびこれに基づき現に下記2．記載の内容を登記要項とする物権変動が生じたことを証明します。

　　　　　　　　　　　　　　　　　記

第1節　設　定　　475

1．登記の原因となる事実または法律行為

(1)	契約証書名および締結年月日	平成○年○月○日付け根抵当権設定契約証書（単独担保）(注3)
(2)	契約当事者	根抵当権者　　　株式会社甲野銀行
		根抵当権設定者　株式会社乙野商事

2．登記申請情報の要項

(1)	登記の目的	株式会社乙野商事持分根抵当権設定（注4）
(2)	原因	平成○年○月○日設定（注5）
(3)	極度額	拾億　　百万　　千　　円 （算用数字／頭部に¥マーク）
(4)	債権の範囲	①　銀行取引 ②　手形債権、小切手債権、電子記録債権
(5)	債務者	東京都○区○町三丁目2番1号 株式会社乙野商事
(6)	登記権利者 （根抵当権者）（注6）	東京都○区○町一丁目2番3号 株式会社甲野銀行（取扱店○支店）
(7)	登記義務者 （根抵当権設定者）（注2）	東京都○区○町三丁目2番1号 株式会社乙野商事
(8)	不動産の表示	後記のとおり

不動産の表示
所　　在　東京都○区○町一丁目 地　　番　1番1 地　　目　宅地 地　　積　○○○.○○㎡の共有持分○○分の○

以　上

(注1) Ⅳ根抵当権設定契約証書とは別に、Ⅴ登記原因証明情報（根抵当権設定）を作成する場合の書式である。この情報は、登記の原因となる事実または法律行為のほか、登記事項（および物件表示）を登記義務者が確認して署名（または記名捺印）したものでなくてはならない。契約証書とは異なり、登記用に作成された書面の原本還付を受けることはできない。
(注2) 登記義務者は、根抵当権の目的物の所有者となる。
(注3) Ⅳ契約証書の名称および締結年月日を記載する。
(注4) 共有持分を目的とする物件については、このような登記が行われる。
(注5) 根抵当権設定の効力発生年月日を記載する。
(注6) 登記権利者は、根抵当権者となる。

Ⅵ－1－1　登記用委任状（登記義務者用／Ⅳを登記原因証明情報として提供する場合）（注1）

委　任　状

平成　年　月　日

　　　　　住　所　　東京都○区○町三丁目2番1号
　　　　　登記義務者　株式会社乙野商事
　　　　　　　　　　　代表取締役　乙野次郎　　　　㊞
　　　　　（連絡先　担当部署　○○部／担当者名○○　○○
　　　　　　電話番号　○○－○○○○－○○○○　　　）

私は、＿＿＿＿＿＿＿＿＿＿＿＿＿＿＿＿＿（注2）を代理人と定め、下記の事項に関する一切の権限を委任します。

記

1．次の要項による登記申請に関すること
　(1) 登記原因証明情報：平成○年○月○日付け根抵当権設定契約証書（単独担保）（注3）
　(2) 登記の目的：根抵当権設定
2．上記申請の登記識別情報の暗号化に関すること（注4）
3．上記申請の登記完了証の受領に関すること（注5）
4．上記申請に関する契約証書、資格証明情報その他の添付情報の原本還付手続に関すること（注5）
5．上記申請の登録免許税還付金の代理受領に関すること（注6）

以　上

（注1）　Ⅳ根抵当権設定契約証書を登記原因証明情報（不登法第61条）として提供する場合に、登記義務者が作成する委任状の書式である。
（注2）　代理人の住所ならびに氏名または名称を記載する。
（注3）　登記所に提供する契約証書の締結日およびその名称を記載する。
（注4）　登記識別情報の暗号化（電子申請においてオンラインで登記識別情報を提供すること）には特別の授権が必要であるため、このように記載する。
（注5）　これらの事項には特別の授権を必要としないが、委任事項を明確にするため、このように記載する。
（注6）　登記申請の取下げ・却下・過誤納付に伴う還付金の代理受領については特別の授権が必要であるため、このように記載する。

Ⅵ－1－2　登記用委任状（登記義務者用／Ⅴを登記原因証明情報として提供する場合）(注1)

委　任　状

平成　　年　　月　　日

　　　　　　　　住　所　　　東京都○区○町三丁目2番1号
　　　　　　　　登記義務者　株式会社乙野商事
　　　　　　　　　　　　　　代表取締役　乙野次郎　　　㊞
　　　　　　　　⎛連絡先　担当部署　○○部／担当者名○○　○○⎞
　　　　　　　　⎝電話番号　○○－○○○○－○○○○　　　　　⎠

私は、＿＿＿＿＿＿＿＿＿＿＿＿＿＿＿＿(注2)を代理人と定め、下記の事項に関する一切の権限を委任します。

記

1．次の要項による登記申請に関すること
　　(1) 登記原因証明情報：平成○年○月○日付け登記原因証明情報（根抵当権設定）(注3)
　　(2) 登記の目的：根抵当権設定
2．上記申請の登記識別情報の暗号化に関すること (注4)
3．上記申請の登記完了証の受領に関すること (注5)
4．上記申請に関する資格証明情報その他の添付情報の原本還付手続に関すること (注5)
5．上記申請の登録免許税還付金の代理受領に関すること (注6)

以　上

（注1）　Ⅳ根抵当権設定契約証書とは別に、Ⅴ登記原因証明情報（根抵当権設定）を作成し、これを登記原因証明情報（不登法第61条）として提供する場合に、登記義務者が作成する委任状の書式である。
（注2）　代理人の住所ならびに氏名または名称を記載する。
（注3）　登記所に提供する登記原因証明情報の作成日およびその名称を記載する。
（注4）　登記識別情報の暗号化（電子申請においてオンラインで登記識別情報を提供すること）には特別の授権が必要であるため、このように記載する。
（注5）　これらの事項には特別の授権を必要としないが、委任事項を明確にするため、このように記載する。
（注6）　登記申請の取下げ・却下・過誤納付に伴う還付金の代理受領については特別の授権が必要であるため、このように記載する。

Ⅵ－2－1　登記用委任状（登記権利者用／Ⅳを登記原因証明情報として提供する場合）(注1)

委　任　状

平成　　年　　月　　日

住　所　　東京都○区○町一丁目2番3号
登記権利者　株式会社甲野銀行
　　　　　　代表取締役　甲野太郎　　㊞
　　　　　　（取扱店　○支店）

私は、＿＿＿＿＿＿＿＿＿＿＿＿＿＿＿＿(注2)を代理人と定め、下記の事項に関する一切の権限を委任します。

記

1．次の要項による登記申請に関すること
　　(1) 登記原因証明情報：平成○年○月○日付け根抵当権設定契約証書（単独担保）(注3)
　　(2) 登記の目的：根抵当権設定
2．上記申請の登記識別情報の受領に関すること (注4)
3．上記申請の登記完了証の受領に関すること (注5)
4．上記申請に関する契約証書、資格証明情報その他の添付情報の原本還付手続に関すること (注5)
5．上記申請の登録免許税還付金の代理受領に関すること (注6)

以　上

(注1)　Ⅳ根抵当権設定契約証書を登記原因証明情報（不登法第61条）として提供する場合に、登記権利者が作成する委任状の書式である。
(注2)　代理人の住所ならびに氏名または名称を記載する。
(注3)　登記所に提供する契約証書の締結日およびその名称を記載する。
(注4)　登記識別情報の受領には特別の授権が必要であるため、このように記載する。なお、電子申請においてオンラインで登記識別情報を受領することを「復号」といい、この方法による受領には特別の授権が必要であるため、これについても委任する場合は、「上記申請の登記識別情報の受領・復号に関すること」のように記載する。
(注5)　これらの事項には特別の授権を必要としないが、委任事項を明確にするため、このように記載する。
(注6)　登記申請の取下げ・却下・過誤納付に伴う還付金の代理受領については特別の授権が必要であるため、このように記載する。

Ⅵ－2－2　登記用委任状（登記権利者用／Ⅴを登記原因証明情報として提供する場合）(注1)

委　任　状

平成　年　月　日

　　　住　所　　　東京都○区○町一丁目2番3号
　　　登記権利者　　株式会社甲野銀行
　　　　　　　　　　代表取締役　甲野太郎　　　　㊞
　　　　　　　　　（取扱店　○支店）

私は、＿＿＿＿＿＿＿＿＿＿＿＿＿＿＿＿（注2）を代理人と定め、下記の事項に関する一切の権限を委任します。

記

1．次の要項による登記申請に関すること
　　(1) 登記原因証明情報：平成○年○月○日付け登記原因証明情報（根抵当権設定）(注3)
　　(2) 登記の目的：根抵当権設定
2．上記申請の登記識別情報の受領に関すること（注4）
3．上記申請の登記完了証の受領に関すること（注5）
4．上記申請に関する資格証明情報その他の添付情報の原本還付手続に関すること（注5）
5．上記申請の登録免許税還付金の代理受領に関すること（注6）

以　上

（注1）　Ⅳ根抵当権設定契約証書とは別に、Ⅴ登記原因証明情報（根抵当権設定）を作成し、これを登記原因証明情報（不登法第61条）として提供する場合に、登記権利者が作成する委任状の書式である。
（注2）　代理人の住所ならびに氏名または名称を記載する。
（注3）　登記所に提供する登記原因証明情報の作成日およびその名称を記載する。
（注4）　登記識別情報の受領には特別の授権が必要であるため、このように記載する。なお、電子申請においてオンラインで登記識別情報を受領することを「復号」といい、この方法による受領には特別の授権が必要であるため、これについても委任する場合は、「上記申請の登記識別情報の受領・復号に関すること」のように記載する。
（注5）　これらの事項には特別の授権を必要としないが、委任事項を明確にするため、このように記載する。
（注6）　登記申請の取下げ・却下・過誤納付に伴う還付金の代理受領については特別の授権が必要であるため、このように記載する。

51 地上権を目的とする場合

I ケース概要

甲野銀行は、債務者乙野商事宛て融資取引にあたり、乙野商事が有する地上権に、単独担保として根抵当権の設定を受けたい。

II 書式作成上の留意点

① 1個の不動産の地上権に根抵当権の新規設定を受ける場合の書式である。根抵当権も抵当権の一つであり、地上権や永小作権をその目的とすることができる（民法第369条第2項）。目的となる地上権を地上権登記で特定する。この契約により根抵当権設定の登記原因が生じる。

② 共同根抵当の場合は、第1条に「共同担保として」の文言を入れることにより、累積根抵当ではなく共同根抵当であることを示すが、目的不動産が1個であれば、この記載をしない。

③ 本ケースは、債務者兼根抵当権設定者の例で記載しているが、書式としては、第三者担保提供の場合にも使えるよう、根抵当権設定者の欄を設けている。

　会社がその取締役個人またはその取締役が代表取締役である別会社の債務につき担保提供するなど、取締役の債務を保証することとなる場合は会社法所定の承認が必要となり、登記申請に際して署名者全員の印鑑証明書付きで議事録等を提供することとなるので注意を要する（会社法第356条・第365条、不登令第7条第1項第5号ハ）。なお、第三者担保提供者に対しては、銀行取引約定書の写しを交付するのがよいであろう。

④ この根抵当権設定契約証書とは別にⅤ登記原因証明情報（根抵当権設定）を作成し、登記原因証明情報（不登法第61条）として登記所に提供することができる。

⑤ 根抵当権設定の登記は、根抵当権者が登記権利者となり、根抵当権設定者が登記義務者となって行い、登記原因のほか極度額・債権の範囲・債務者・根抵当権者などをその登記事項とする。

⑥ 根抵当権設定者につき、地上権の取得に係る登記識別情報（登記済証）が必要となる。なお、登記完了後は、双方に登記完了証が交付され、根抵当権者には登記識別情報が通知される。

Ⅲ 必要書類・費用一覧

書　　類	書類上の関係者
□ 根抵当権設定契約証書	根抵当権者、債務者、根抵当権設定者
□ 登記原因証明情報	根抵当権設定者
□ 委任状（登記義務者用）	根抵当権設定者
□ 委任状（登記権利者用）	根抵当権者
□ 登記識別情報（登記済証）	根抵当権設定者
□ 会社法人等番号（注）	根抵当権者、根抵当権設定者
□ 登録免許税	極度額の1,000分の4

（注）　不登令等の改正により、平成27年11月2日から、会社・法人の代表者等の資格を証する情報の提供（添付）に代え、登記申請情報に商業登記法第7条の会社法人等番号を記録または記載することとなった。ただし、法人登記手続中となるなどの場合を考慮し、例外的に、作成後1か月以内の資格証明情報（登記事項証明書）を提供（添付）することも認められている。

Ⅳ 根抵当権設定契約証書

（印紙）
（注1）

根抵当権設定契約証書
（単独担保）

平成　　年　　月　　日（注2）

東京都○区○町一丁目2番3号
株 式 会 社 甲 野 銀 行　御中
（取扱店　　　　　　　　　　　）

　　　　　　　　住　所　　　東京都○区○町三丁目2番1号
　　　　　　　　債務者　　　株 式 会 社 乙 野 商 事
　　　　　　　　根抵当権設定者　代表取締役　乙野次郎　㊞（注3）

　　　　　　　　住　所
　　　　　　　　根抵当権設定者
　　　　　　　　（注4）（注5）

　株式会社甲野銀行（以下「銀行」といいます。）、債務者および根抵当権設定者は、次のとおり根抵当権設定契約を締結しました。

[根抵当権の要項]

1．極度額	（注6） 拾億　　　百万　　　千　　　円 （算用数字／頭部に¥マーク）
2．被担保債権の範囲	①　債務者との銀行取引により生じる一切の債権（注7） ②　銀行が第三者から取得する手形上・小切手上の債権 ③　電子記録債権（注8）
3．債務者	東京都○区○町三丁目2番1号 株式会社乙野商事（注9）
4．確定期日	定めない（注10）
5．順位	後記のとおり（注11）
6．目的物	後記の地上権

[地上権の表示]

1．登記	平成○年○月○日東京法務局○出張所受付第○号
2．物件	後記物件の表示記載のとおり

物件の表示	順位	所有者
所　在　東京都○区○町一丁目 地　番　1番1 地　目　宅地 地　積　○○○.○○㎡	1	株式会社乙野商事

第1条（根抵当権の設定）

①　根抵当権設定者は、下記条項を承認のうえ、前記記載の目的物のうえに、銀行のため、前記「根抵当権の要項」記載の根抵当権を設定しました。

②　根抵当権設定者は、この契約について、下記条項のほか、債務者が銀行に差し入れた銀行取引約定書および被担保債権の成立・変更等に係る約定書ならびに債務者が銀行に今後差し入れるこれらの約定書記載の各条項の適用があることを承認します。

第2条（登記義務）

　根抵当権設定者は、前条第1項による根抵当権設定の登記手続を遅滞なく行い、その登記事項証明書を銀行に提出します。今後、この根抵当権について各種の変更等の合意がなされたときも同様とします。

第3条（被担保債権の範囲の変更等）

　この契約による根抵当権について、銀行から被担保債権の範囲の変更、極度額の増額、

根抵当権の譲渡・一部譲渡、確定期日の延期等の申し出のあった場合は、ただちにこれに同意します。

第4条（根抵当物件）

① 根抵当権設定者は、あらかじめ銀行の承諾がなければ根抵当物件（根抵当建物の借地権を含む。以下同じ。）の現状を変更し、または第三者のために権利を設定しもしくは譲渡しません。

② 根抵当物件が原因のいかんを問わず滅失・毀損しもしくはその価格が低落したとき、またはそのおそれがあるときは、根抵当権設定者はただちにその旨を銀行に通知します。この場合において、銀行から請求があったときは、債務者および根抵当権設定者はただちに銀行の承認する担保もしくは増担保を差し入れ、または保証人をたてもしくはこれを追加し、あるいは被担保債務の全部または一部を期限のいかんにかかわらず弁済します。

③ 根抵当物件について譲渡、土地明渡し、収用その他の原因により譲渡代金・立退料・補償金・清算金などの債権が生じたときは、根抵当権設定者は銀行のためにその債権に質権を設定するものとし、銀行がこれらの金銭を受領したときは債務の弁済期前でも法定の順序にかかわらず、銀行はその弁済に充当することができます。

第5条（損害保険）(注12)

① 根抵当権設定者は、この根抵当権が存続する間根抵当物件に対し、銀行の同意する保険会社と銀行の指定する金額以上の損害保険契約を締結または継続し、その保険契約に基づく権利のうえに銀行のため質権を設定し、またはその保険契約に抵当権者特約条項をつけます。

② 根抵当権設定者は、前項の保険契約以外に根抵当物件に対し保険契約を締結したときは、ただちに銀行に通知し、前項と同様の手続をとります。

③ 前2項の保険契約の継続・更改・変更および保険目的物件罹災後の保険金等の処理については、すべて銀行の指示に従います。

④ 銀行が債権保全のため、必要な保険契約を締結しもしくは根抵当権設定者に代って保険契約を締結または継続し、その保険料を支払ったときは、根抵当権設定者は銀行の支払った保険料その他の費用に、その支払日から年○％(注13)の割合の損害金を付して支払います。

⑤ 前4項による保険契約に基づく保険金を銀行が受領したときは、債務の弁済期前でも法定の順序にかかわらず債務の弁済に充当されても異議ありません。

第6条（借地権）

① 根抵当権設定者は、根抵当建物の敷地につきその借地期間が満了したときは、借地借家法第22条・第23条・第24条の定期借地権を除きただちに借地契約継続の手続をとります。また、土地の所有者に変更があったときはただちに銀行に通知し、借地権の種類・

内容に変更が生じるときはあらかじめ銀行に通知します。

② 根抵当権設定者は、解約、賃料不払、借地権の種類・内容の変更その他借地権の消滅または変更をきたすようなおそれのある行為をせず、またこのようなおそれのあるときは借地権保全に必要な手続をとることはもちろん、根抵当物件のうち建物が滅失した場合も銀行の同意がなければ借地権の転貸その他任意の処分をしません。

③ 根抵当物件のうち建物が火災その他により滅失し、建物を建築する場合は、根抵当権設定者は、ただちに借地借家法第10条第2項の所定の掲示を行ったうえ、速やかに地主の承諾を得て建物を建築してこの根抵当権と同一内容・順位の根抵当権を設定します。また、ただちに建物の建築をしない場合において、保険金等によって弁済をしてもなお残債務があるときは、借地権の処分について銀行の指示に従うものとし、銀行はその処分代金をもって債務の弁済に充当することができます。

第7条（任意処分）

根抵当物件は、必ずしも競売手続によらず一般に適当と認められる方法・時期・価格等により銀行において処分のうえ、その取得金から諸費用を差し引いた残額を法定の順序にかかわらず債務の弁済に充当されても異議ありません。また、残債務がある場合は債務者はただちに弁済します。

第8条（根抵当物件の調査）

根抵当物件の現況等について銀行から請求があったときは、ただちに報告し、また調査に必要な便益を提供します。

第9条（費用の負担）

この根抵当権に関する設定・解除または変更の登記ならびに根抵当物件の調査または処分に関する費用は、債務者および根抵当権設定者が連帯して負担し、銀行が支払った金額についてはただちに支払います。

第10条（担保保存義務）(注14)

① 根抵当権設定者は、銀行の都合によって他の担保または保証を変更、解除されても異議ありません。

② 根抵当権設定者が弁済等により銀行から代位によって取得した権利は、債務者と銀行との間の取引継続中は、銀行の同意がなければこれを行使しません。また、銀行が請求したときは、その権利または順位を銀行に無償で譲渡します。

以　上

(注1) この文書は、平成元年4月1日以降、印紙税法上の課税文書には該当しないこととされている。ただし、第4条第3項を修正して収用等により生じた債権を（質権設定でなく）根抵当権者に譲渡する旨の定めをした場合は、債権譲渡に関する契約書（第15号文書）に該当して課税文書となり、また第7条を修正して（処分清算条項でなく）代物弁済を約する旨の定めをした場合は、不動産の譲渡に関する契約書（第1号の1文書）として課税文書となるので、留意が必要である。

(注2)　この契約書を作成した日付を記載する。
(注3)　根抵当権設定者と債務者が同じ場合は、この欄に署名（記名）捺印させる。債務者が根抵当権設定者でない場合は、「根抵当権設定者」の文字を抹消する。なお、住所および商号、氏名は、会社法人等番号または住民票により確認する。
(注4)　債務者以外の第三者が根抵当権設定者の場合は、この欄に署名（記名）捺印させる。
(注5)　債務者以外の根抵当権設定者がいる場合で、その者に連帯保証を求める場合は、「連帯保証人」の記載を追加するのではなく、保証人徴求の際にも法令等によって求められる手続を履践する必要がある。
(注6)　極度額を記載する。
(注7)　根抵当権の被担保債権の範囲は、「特定の継続的取引契約」または「一定の種類の取引」をもって定めるほか、「特定の原因に基づき継続して発生する債権」「手形上・小切手上の請求権」についても被担保債権とすることができる（民法第398条の2第2項・第3項）。
　　　　この契約では、「一定の種類の取引」として「銀行取引」を定め、また「手形上・小切手上の請求権」および「電子記録債権」についても被担保債権としている。
　　　　以上のほか、特定債権を被担保債権の範囲に追加することができ、例を示すと次のとおりである。
　　　　イ　平成○年○月○日債権譲渡契約により銀行が○○○○から譲り受けた債権（原契約：平成○年○月○日金銭消費貸借契約、当初元本：金○円、現在残高：金○円）
　　　　ロ　平成○年○月○日債務引受契約により債務者が○○○○から引き受けた債務（原契約：平成○年○月○日金銭消費貸借契約、当初元本：金○円、現在残高：金○円）
(注8)　手形や小切手上の請求権のほか、電子記録債権についても被担保債権とすることが認められている。
(注9)　住所、氏名を記載する（法人の場合は本店所在地と商号を記載）。
(注10)　確定期日を定める場合は、「定めない」を抹消し、「平成○年○月○日」と所定の日付を記載する。確定期日を定めると、元本の確定請求をすることはできない（民法第398条の19第3項）。
(注11)　順位は実質上の順位を記載する。
(注12)　本件での損害保険は想定しにくく、一般規定として、あえて削除しないのが通例である。
(注13)　所定の利率を記載する。
(注14)　本件では債務者以外の根抵当権設定者がいないから本条が機能する場面はないが、あえて削除しないのが通例である。

V　登記原因証明情報（根抵当権設定）(注1)

登記原因証明情報
（根抵当権設定）

　　　　　　　　　　　　　　　　　　　　　　　　　平成　　年　　月　　日

東京法務局　○出張所　御中

　　　　　　　　　住　所　　　　　東京都○区○町三丁目2番1号
　　　　　　　　　登記義務者(注2)　株式会社乙野商事
　　　　　　　　　　　　　　　　　代表取締役　乙野次郎　　　　㊞

　登記義務者（根抵当権設定者）は、本件登記の原因となる事実または法律行為が下記1．

記載のとおりであることおよびこれに基づき現に下記2．記載の内容を登記要項とする物権変動が生じたことを証明します。

記

1．登記の原因となる事実または法律行為

(1)	契約証書名および締結年月日	平成〇年〇月〇日付け根抵当権設定契約証書（単独担保）(注3)	
(2)	契約当事者	根抵当権者	株式会社甲野銀行
		根抵当権設定者	株式会社乙野商事

2．登記申請情報の要項

(1)	登記の目的	地上権根抵当権設定
(2)	目的となる地上権 (注4)	平成〇年〇月〇日受付第〇号
(3)	原因	平成〇年〇月〇日設定 (注5)
(4)	極度額	［拾億　百万　千　円］ （算用数字／頭部に¥マーク）
(5)	債権の範囲	①　銀行取引 ②　手形債権、小切手債権、電子記録債権
(6)	債務者	東京都〇区〇町三丁目2番1号 株式会社乙野商事
(7)	登記権利者 （根抵当権者）(注6)	東京都〇区〇町一丁目2番3号 株式会社甲野銀行（取扱店〇支店）
(8)	登記義務者 （根抵当権設定者）(注2)	東京都〇区〇町三丁目2番1号 株式会社乙野商事
(9)	不動産の表示	後記のとおり

不動産の表示
所　在　東京都〇区〇町一丁目 地　番　1番1 地　目　宅地 地　積　〇〇〇.〇〇㎡

以　上

（注1）　Ⅳ根抵当権設定契約証書とは別に、Ⅴ登記原因証明情報（根抵当権設定）を作成する場合の書式である。この情報は、登記の原因となる事実または法律行為のほか、登記事項（およ

び物件表示）を登記義務者が確認して署名（または記名捺印）したものでなくてはならない。契約証書とは異なり、登記用に作成された書面の原本還付を受けることはできない。
(注2)　登記義務者は、根抵当権の目的物の名義人となる。
(注3)　Ⅳ契約証書の名称および締結年月日を記載する。
(注4)　目的となる地上権の設定登記を記載する。なお登記上の順位番号をもって登記の目的を「〇番地上権抵当権設定」とすることでもよい。
(注5)　根抵当権設定の効力発生年月日を記載する。
(注6)　登記権利者は、根抵当権者となる。

Ⅵ－1－1　登記用委任状（登記義務者用／Ⅳを登記原因証明情報として提供する場合）(注1)

委　任　状

平成　　年　　月　　日

住　所　　　東京都〇区〇町三丁目2番1号
登記義務者　株式会社乙野商事
　　　　　　代表取締役　乙野次郎　　㊞
連絡先　担当部署　〇〇部／担当者名〇〇 〇〇
電話番号　〇〇 － 〇〇〇〇 － 〇〇〇〇

私は、_____(注2)を代理人と定め、下記の事項に関する一切の権限を委任します。

記

1．次の要項による登記申請に関すること
　(1) 登記原因証明情報：平成〇年〇月〇日付け根抵当権設定契約証書（単独担保）(注3)
　(2) 登記の目的：根抵当権設定
2．上記申請の登記識別情報の暗号化に関すること（注4）
3．上記申請の登記完了証の受領に関すること（注5）
4．上記申請に関する契約証書、資格証明情報その他の添付情報の原本還付手続に関すること（注5）
5．上記申請の登録免許税還付金の代理受領に関すること（注6）

以　上

(注1)　Ⅳ根抵当権設定契約証書を登記原因証明情報（不登法第61条）として提供する場合に、登記義務者が作成する委任状の書式である。
(注2)　代理人の住所ならびに氏名または名称を記載する。
(注3)　登記所に提供する契約証書の締結日およびその名称を記載する。
(注4)　登記識別情報の暗号化（電子申請においてオンラインで登記識別情報を提供すること）には特別の授権が必要であるため、このように記載する。
(注5)　これらの事項には特別の授権を必要としないが、委任事項を明確にするため、このように記載する。
(注6)　登記申請の取下げ・却下・過誤納付に伴う還付金の代理受領については特別の授権が必要であるため、このように記載する。

Ⅵ－１－２　登記用委任状（登記義務者用／Ⅴを登記原因証明情報として提供する場合）（注１）

委　任　状

平成　　年　　月　　日

住　所　　　東京都○区○町三丁目２番１号
登記義務者　株式会社乙野商事
　　　　　　代表取締役　乙野次郎　　　　㊞
（連絡先　担当部署　○○部／担当者名○○　○○
　電話番号　○○－○○○○－○○○○）

私は、＿＿＿＿＿＿＿＿＿＿＿＿＿＿＿＿＿（注２）を代理人と定め、下記の事項に関する一切の権限を委任します。

記

１．次の要項による登記申請に関すること
　　(1) 登記原因証明情報：平成○年○月○日付け登記原因証明情報（根抵当権設定）（注３）
　　(2) 登記の目的：根抵当権設定
２．上記申請の登記識別情報の暗号化に関すること（注４）
３．上記申請の登記完了証の受領に関すること（注５）
４．上記申請に関する資格証明情報その他の添付情報の原本還付手続に関すること（注５）
５．上記申請の登録免許税還付金の代理受領に関すること（注６）

以　上

（注１）　Ⅳ根抵当権設定契約証書とは別に、Ⅴ登記原因証明情報（根抵当権設定）を作成し、これを登記原因証明情報（不登法第61条）として提供する場合に、登記義務者が作成する委任状の書式である。
（注２）　代理人の住所ならびに氏名または名称を記載する。
（注３）　登記所に提供する登記原因証明情報の作成日およびその名称を記載する。
（注４）　登記識別情報の暗号化（電子申請においてオンラインで登記識別情報を提供すること）には特別の授権が必要であるため、このように記載する。
（注５）　これらの事項には特別の授権を必要としないが、委任事項を明確にするため、このように記載する。
（注６）　登記申請の取下げ・却下・過誤納付に伴う還付金の代理受領については特別の授権が必要であるため、このように記載する。

Ⅵ－2－1　登記用委任状（登記権利者用／Ⅳを登記原因証明情報として提供する場合）（注1）

委　任　状

平成　年　月　日

　　　　　住　所　　　東京都○区○町一丁目2番3号
　　　　　登記権利者　株式会社甲野銀行
　　　　　　　　　　　代表取締役　甲野太郎　　㊞
　　　　　　　　　　　（取扱店　○支店）

私は、＿＿＿＿＿＿＿＿＿＿＿＿＿＿＿＿（注2）を代理人と定め、下記の事項に関する一切の権限を委任します。

記

1．次の要項による登記申請に関すること
　　(1) 登記原因証明情報：平成○年○月○日付け根抵当権設定契約証書（単独担保）（注3）
　　(2) 登記の目的：根抵当権設定
2．上記申請の登記識別情報の受領に関すること（注4）
3．上記申請の登記完了証の受領に関すること（注5）
4．上記申請に関する契約証書、資格証明情報その他の添付情報の原本還付手続に関すること（注5）
5．上記申請の登録免許税還付金の代理受領に関すること（注6）

以　上

(注1)　Ⅳ根抵当権設定契約証書を登記原因証明情報（不登法第61条）として提供する場合に、登記権利者が作成する委任状の書式である。
(注2)　代理人の住所ならびに氏名または名称を記載する。
(注3)　登記所に提供する契約証書の締結日およびその名称を記載する。
(注4)　登記識別情報の受領には特別の授権が必要であるため、このように記載する。なお、電子申請においてオンラインで登記識別情報を受領することを「復号」といい、この方法による受領には特別の授権が必要であるため、これについても委任する場合は、「上記申請の登記識別情報の受領・復号に関すること」のように記載する。
(注5)　これらの事項には特別の授権を必要としないが、委任事項を明確にするため、このように記載する。
(注6)　登記申請の取下げ・却下・過誤納付に伴う還付金の代理受領については特別の授権が必要であるため、このように記載する。

Ⅵ－2－2　登記用委任状（登記権利者用／Ⅴを登記原因証明情報として提供する場合）(注1)

委　任　状

平成　　年　　月　　日

　　　　　住　所　　東京都○区○町一丁目2番3号
　　　　　登記権利者　株式会社甲野銀行
　　　　　　　　　　　代表取締役　甲野太郎　　㊞
　　　　　　　　　　　（取扱店　○支店）

私は、＿＿＿＿＿＿＿＿＿＿＿＿＿＿＿＿（注2）を代理人と定め、下記の事項に関する一切の権限を委任します。

記

1．次の要項による登記申請に関すること
　　(1) 登記原因証明情報：平成○年○月○日付け登記原因証明情報（根抵当権設定）(注3)
　　(2) 登記の目的：根抵当権設定
2．上記申請の登記識別情報の受領に関すること（注4）
3．上記申請の登記完了証の受領に関すること（注5）
4．上記申請に関する資格証明情報その他の添付情報の原本還付手続に関すること（注5）
5．上記申請の登録免許税還付金の代理受領に関すること（注6）

以　上

(注1)　Ⅳ根抵当権設定契約証書とは別に、Ⅴ登記原因証明情報（根抵当権設定）を作成し、これを登記原因証明情報（不登法第61条）として提供する場合に、登記権利者が作成する委任状の書式である。
(注2)　代理人の住所ならびに氏名または名称を記載する。
(注3)　登記所に提供する登記原因証明情報の作成日およびその名称を記載する。
(注4)　登記識別情報の受領には特別の授権が必要であるため、このように記載する。なお、電子申請においてオンラインで登記識別情報を受領することを「復号」といい、この方法による受領には特別の授権が必要であるため、これについても委任する場合は、「上記申請の登記識別情報の受領・復号に関すること」のように記載する。
(注5)　これらの事項には特別の授権を必要としないが、委任事項を明確にするため、このように記載する。
(注6)　登記申請の取下げ・却下・過誤納付に伴う還付金の代理受領については特別の授権が必要であるため、このように記載する。

52　敷地権付区分所有建物を目的とする場合

I　ケース概要

　甲野銀行は、債務者乙野商事宛て融資取引にあたり、乙野商事所有の区分所有建物（敷地権の表示が登記されている）に、単独担保として根抵当権の設定を受けたい。

II　書式作成上の留意点

① 区分所有建物に敷地権の表示がある場合に、その区分所有建物および敷地権に根抵当権の新規設定を受ける場合の書式である。建物区分所有権とその敷地利用権とは、区分所有法第22条により、規約に別段の定めがある場合を除き分離処分が禁止されている。これに違反して分離処分がされた場合、善意の相手方にはその無効を主張できないとされているが、不登法第46条により敷地権の表示が登記された場合には、常に無効を主張できる（区分所有法第23条）。区分所有マンションなどでは、この敷地権の表示が登記されるのが一般的な例である。

② 敷地権付区分所有建物は、1個の不動産に根抵当権の新規設定を受ける場合の書式となる。この契約により根抵当権設定の登記原因が生じる。

③ 共同根抵当の場合は、第1条に「共同担保として」の文言を入れることにより、累積根抵当ではなく共同根抵当であることを示すが、目的不動産が1個であれば、この記載をしない。

④ 本ケースは、債務者兼根抵当権設定者の例で記載しているが、書式としては、第三者担保提供の場合にも使えるよう、根抵当権設定者の欄を設けている。

　会社がその取締役個人またはその取締役が代表取締役である別会社の債務につき担保提供するなど、取締役の債務を保証することとなる場合は会社法所定の承認が必要となり、登記申請に際して署名者全員の印鑑証明書付きで議事録等を提供することとなるので注意を要する（会社法第356条・第365条、不登令第7条第1項第5号ハ）。なお、第三者担保提供者に対しては、銀行取引約定書の写しを交付するのがよいであろう。

⑤ 根抵当権設定契約証書とは別にV登記原因証明情報（根抵当権設定）を作成し、登記原因証明情報（不登法第61条）として登記所に提供することができる。

⑥ 根抵当権設定の登記は、根抵当権者が登記権利者となり、根抵当権設定者が登記義務者となって行い、登記原因のほか極度額・債権の範囲・債務者・根抵当権者などをその登記事項とする。

⑦ 根抵当権設定者につき、所有権の取得に係る登記識別情報（登記済証）および印鑑証明書が必要となる。なお、登記完了後は、双方に登記完了証が交付され、根抵当権者には登記識別情報が通知される。

III 必要書類・費用一覧

書　　類	書類上の関係者
☐ 根抵当権設定契約証書	根抵当権者、債務者、根抵当権設定者
☐ 登記原因証明情報	根抵当権設定者
☐ 委任状（登記義務者用）	根抵当権設定者
☐ 委任状（登記権利者用）	根抵当権者
☐ 登記識別情報（登記済証）	根抵当権設定者
☐ 印鑑証明書	根抵当権設定者
☐ 会社法人等番号（注）	根抵当権者、根抵当権設定者
☐ 登録免許税	極度額の1,000分の4

（注）　不登令等の改正により、平成27年11月2日から、会社・法人の代表者等の資格を証する情報の提供（添付）に代え、登記申請情報に商業登記法第7条の会社法人等番号を記録または記載することとなった。ただし、法人登記手続中となるなどの場合を考慮し、例外的に、作成後1か月以内の資格証明情報（登記事項証明書）を提供（添付）することも認められている。

IV 根抵当権設定契約証書

（印紙）
（注1）

根抵当権設定契約証書
（　単　独　担　保　）

平成　　年　　月　　日（注2）

東京都〇区〇町一丁目2番3号
株 式 会 社 甲 野 銀 行　御中
（取扱店　　　　　　　　　　）

住　　所　　　東京都〇区〇町三丁目2番1号
債務者　　　　株 式 会 社 乙 野 商 事
根抵当権設定者　代表取締役 乙 野 次 郎　　㊞（注3）

住　　所
根抵当権設定者

（注4）（注5）

　株式会社甲野銀行（以下「銀行」といいます。）、債務者および根抵当権設定者は、次のと

第1節　設　定　493

おり根抵当権設定契約を締結しました。

[根抵当権の要項]

1．極度額	（注6） 　拾億　　　百万　　　千　　　円　 （算用数字／頭部に￥マーク）
2．被担保債権の範囲	①　債務者との銀行取引により生じる一切の債権（注7） ②　銀行が第三者から取得する手形上・小切手上の債権 ③　電子記録債権（注8）
3．債務者	東京都○区○町三丁目2番1号 株式会社乙野商事（注9）
4．確定期日	定めない（注10）
5．順位	後記のとおり（注11）
6．物件	後記物件の表示記載のとおり

物件の表示	順位	所有者
一棟の建物の表示 　所　　　在　　東京都○区○町一丁目2番地3 　建物の名称　　○○マンション 専有部分の建物の表示 　家屋番号　　　○町一丁目2番3の401 　建物の名称　　401 　種　　　類　　居宅 　構　　　造　　鉄筋コンクリート造1階建 　床　面　積　　4階部分　○○.○○㎡ 敷地権の表示 　土地の符号　　1 　所在および地番　東京都○区○町一丁目2番3 　地　　　目　　宅地 　地　　　積　　○○○.○○㎡ 　宅地権の種類　所有権 　敷地権の割合　○○分の○	1	株式会社乙野商事

第1条（根抵当権の設定）

　①　根抵当権設定者は、下記条項を承認のうえ、その所有する前記記載の物件のうえに、銀行のため、前記「根抵当権の要項」記載の根抵当権を設定しました。

　②　根抵当権設定者は、この契約について、下記条項のほか、債務者が銀行に差し入れた銀行取引約定書および被担保債権の成立・変更等に係る約定書ならびに債務者が銀行に

今後差し入れるこれらの約定書記載の各条項の適用があることを承認します。

第2条（登記義務）

　根抵当権設定者は、前条第1項による根抵当権設定の登記手続を遅滞なく行い、その登記事項証明書を銀行に提出します。今後、この根抵当権について各種の変更等の合意がなされたときも同様とします。

第3条（被担保債権の範囲の変更等）

　この契約による根抵当権について、銀行から被担保債権の範囲の変更、極度額の増額、根抵当権の譲渡・一部譲渡、確定期日の延期等の申し出のあった場合は、ただちにこれに同意します。

第4条（根抵当物件）

① 　根抵当権設定者は、あらかじめ銀行の承諾がなければ根抵当物件（根抵当建物の借地権を含む。以下同じ。）の現状を変更し、または第三者のために権利を設定しもしくは譲渡しません。

② 　根抵当物件が原因のいかんを問わず滅失・毀損しもしくはその価格が低落したとき、またはそのおそれがあるときは、根抵当権設定者はただちにその旨を銀行に通知します。この場合において、銀行から請求があったときは、債務者および根抵当権設定者はただちに銀行の承認する担保もしくは増担保を差し入れ、または保証人をたてもしくはこれを追加し、あるいは被担保債務の全部または一部を期限のいかんにかかわらず弁済します。

③ 　根抵当物件について譲渡、土地明渡し、収用その他の原因により譲渡代金・立退料・補償金・清算金などの債権が生じたときは、根抵当権設定者は銀行のためにその債権に質権を設定するものとし、銀行がこれらの金銭を受領したときは債務の弁済期前でも法定の順序にかかわらず、銀行はその弁済に充当することができます。

第5条（損害保険）(注12)

① 　根抵当権設定者は、この根抵当権が存続する間根抵当物件に対し、銀行の同意する保険会社と銀行の指定する金額以上の損害保険契約を締結または継続し、その保険契約に基づく権利のうえに銀行のため質権を設定し、またはその保険契約に抵当権者特約条項をつけます。

② 　根抵当権設定者は、前項の保険契約以外に根抵当物件に対し保険契約を締結したときは、ただちに銀行に通知し、前項と同様の手続をとります。

③ 　前2項の保険契約の継続・更改・変更および保険目的物件罹災後の保険金等の処理については、すべて銀行の指示に従います。

④ 　銀行が債権保全のため、必要な保険契約を締結しもしくは根抵当権設定者に代って保険契約を締結または継続し、その保険料を支払ったときは、根抵当権設定者は銀行の支払った保険料その他の費用に、その支払日から年○％(注13)の割合の損害金を付して

支払います。

⑤ 前4項による保険契約に基づく保険金を銀行が受領したときは、債務の弁済期前でも法定の順序にかかわらず債務の弁済に充当されても異議ありません。

第6条（借地権）(注12)

① 根抵当権設定者は、根抵当建物の敷地につきその借地期間が満了したときは、借地借家法第22条・第23条・第24条の定期借地権を除きただちに借地契約継続の手続をとります。また、土地の所有者に変更があったときはただちに銀行に通知し、借地権の種類・内容に変更が生じるときはあらかじめ銀行に通知します。

② 根抵当権設定者は、解約、賃料不払、借地権の種類・内容の変更その他借地権の消滅または変更をきたすようなおそれのある行為をせず、またこのようなおそれのあるときは借地権保全に必要な手続をとることはもちろん、根抵当物件のうち建物が滅失した場合も銀行の同意がなければ借地権の転貸その他任意の処分をしません。

③ 根抵当物件のうち建物が火災その他により滅失し、建物を建築する場合は、根抵当権設定者は、ただちに借地借家法第10条第2項の所定の掲示を行ったうえ、速やかに地主の承諾を得て建物を建築してこの根抵当権と同一内容・順位の根抵当権を設定します。また、ただちに建物の建築をしない場合において、保険金等によって弁済をしてもなお残債務があるときは、借地権の処分について銀行の指示に従うものとし、銀行はその処分代金をもって債務の弁済に充当することができます。

第7条（任意処分）

根抵当物件は、必ずしも競売手続によらず一般に適当と認められる方法・時期・価格等により銀行において処分のうえ、その取得金から諸費用を差し引いた残額を法定の順序にかかわらず債務の弁済に充当されても異議ありません。また、残債務がある場合は債務者はただちに弁済します。

第8条（根抵当物件の調査）

根抵当物件の現況等について銀行から請求があったときは、ただちに報告し、また調査に必要な便益を提供します。

第9条（費用の負担）

この根抵当権に関する設定・解除または変更の登記ならびに根抵当物件の調査または処分に関する費用は、債務者および根抵当権設定者が連帯して負担し、銀行が支払った金額についてはただちに支払います。

第10条（担保保存義務）(注14)

① 根抵当権設定者は、銀行の都合によって他の担保または保証を変更、解除されても異議ありません。

② 根抵当権設定者が弁済等により銀行から代位によって取得した権利は、債務者と銀行との間の取引継続中は、銀行の同意がなければこれを行使しません。また、銀行が請求

　　　　したときは、その権利または順位を銀行に無償で譲渡します。

　　　　　　　　　　　　　　　　　　　　　　　　　　　　　　　　　　以　上

（注１）　この文書は、平成元年４月１日以降、印紙税法上の課税文書には該当しないこととされている。ただし、第４条第３項を修正して収用等により生じた債権を（質権設定でなく）根抵当権者に譲渡する旨の定めをした場合は、債権譲渡に関する契約書（第15号文書）に該当して課税文書となり、また第７条を修正して（処分清算条項でなく）代物弁済を約する旨の定めをした場合は、不動産の譲渡に関する契約書（第1号の１文書）として課税文書となるので、留意が必要である。
（注２）　この契約書を作成した日付を記載する。
（注３）　根抵当権設定者と債務者が同じ場合は、この欄に署名（記名）捺印させる。債務者が根抵当権設定者でない場合は、「根抵当権設定者」の文字を抹消する。なお、住所および商号、氏名は、会社法人等番号または住民票により確認する。
（注４）　債務者以外の第三者が根抵当権設定者の場合は、この欄に署名（記名）捺印させる。
（注５）　債務者以外の根抵当権設定者がいる場合で、その者に連帯保証を求める場合は、「連帯保証人」の記載を追加するのではなく、保証人徴求の際にも法令等によって求められる手続を履践する必要がある。
（注６）　極度額を記載する。
（注７）　根抵当権の被担保債権の範囲は、「特定の継続的取引契約」または「一定の種類の取引」をもって定めるほか、「特定の原因に基づき継続して発生する債権」「手形上・小切手上の請求権」についても被担保債権とすることができる（民法第398条の２第２項・第３項）。
　　　　　この契約では、「一定の種類の取引」として「銀行取引」を定め、また「手形上・小切手上の請求権」および「電子記録債権」についても被担保債権としている。
　　　　　以上のほか、特定債権を被担保債権の範囲に追加することができ、例を示すと次のとおりである。
　　　　　イ　平成○年○月○日債権譲渡契約により銀行が○○○○から譲り受けた債権（原契約：平成○年○月○日金銭消費貸借契約、当初元本：金○円、現在残高：金○円）
　　　　　ロ　平成○年○月○日債務引受契約により債務者が○○○○から引き受けた債務（原契約：平成○年○月○日金銭消費貸借契約、当初元本：金○円、現在残高：金○円）
（注８）　手形や小切手上の請求権のほか、電子記録債権についても被担保債権とすることが認められている。
（注９）　住所、氏名を記載する（法人の場合は本店所在地と商号を記載）。
（注10）　確定期日を定める場合は、「定めない」を抹消し、「平成○年○月○日」と所定の日付を記載する。確定期日を定めると、元本の確定請求をすることはできない（民法第398条の19第３項）。
（注11）　順位は実質上の順位を記載する。
（注12）　本件での損害保険は想定しにくく、また借地権は関係ないが、一般規定として、あえて削除しないのが通例である。
（注13）　所定の利率を記載する。
（注14）　本件では債務者以外の根抵当権設定者がいないから本条が機能する場面はないが、あえて削除しないのが通例である。

Ⅴ　登記原因証明情報（根抵当権設定）(注1)

登記原因証明情報
（根抵当権設定）

　　　　　　　　　　　　　　　　　　　　　　　　平成　　年　　月　　日

東京法務局　　○出張所 御中

　　　　　　　　　　住　所　　　　東京都○区○町三丁目2番1号
　　　　　　　　　　登記義務者(注2)　株式会社乙野商事
　　　　　　　　　　　　　　　　　代表取締役　乙野次郎　　　　㊞

　登記義務者（根抵当権設定者）は、本件登記の原因となる事実または法律行為が下記1.記載のとおりであることおよびこれに基づき現に下記2.記載の内容を登記要項とする物権変動が生じたことを証明します。

記

1．登記の原因となる事実または法律行為

(1) 契約証書名および締結年月日	平成○年○月○日付け根抵当権設定契約証書（単独担保）(注3)
(2) 契約当事者	根抵当権者　　　　株式会社甲野銀行
	根抵当権設定者　　株式会社乙野商事

2．登記申請情報の要項

(1) 登記の目的	根抵当権設定
(2) 原因	平成○年○月○日設定(注4)
(3) 極度額	<table><tr><td>拾億</td><td></td><td>百万</td><td></td><td>千</td><td></td><td>円</td></tr><tr><td></td><td></td><td></td><td></td><td></td><td></td><td></td></tr></table>（算用数字／頭部に¥マーク）
(4) 債権の範囲	①　銀行取引 ②　手形債権、小切手債権、電子記録債権
(5) 債務者	東京都○区○町三丁目2番1号 株式会社乙野商事

(6)	登記権利者 （根抵当権者）(注5)	東京都○区○町一丁目2番3号 株式会社甲野銀行（取扱店○支店）
(7)	登記義務者 （根抵当権設定者）(注2)	東京都○区○町三丁目2番1号 株式会社乙野商事
(8)	不動産の表示	後記のとおり

物件の表示

一棟の建物の表示
　　所　　在　　東京都○区○町一丁目2番地3
　　建物の名称　○○マンション
専有部分の建物の表示
　　家屋番号　　○町一丁目2番3の401
　　建物の名称　401
　　種　　類　　居宅
　　構　　造　　鉄筋コンクリート造1階建
　　床 面 積　　4階部分　○○.○○㎡
敷地権の表示
　　土地の符号　1
　　所在および地番　東京都○区○町一丁目2番3
　　地　　目　　宅地
　　地　　積　　○○○.○○㎡
　　宅地権の種類　所有権
　　敷地権の割合　○○分の○

以　上

（注1）　Ⅳ根抵当権設定契約証書とは別に、Ⅴ登記原因証明情報（根抵当権設定）を作成する場合の書式である。この情報は、登記の原因となる事実または法律行為のほか、登記事項（および物件表示）を登記義務者が確認して署名（または記名捺印）したものでなくてはならない。契約証書とは異なり、登記用に作成された書面の原本還付を受けることはできない。
（注2）　登記義務者は、根抵当権の目的物の所有者となる。
（注3）　Ⅳ契約証書の名称および締結年月日を記載する。
（注4）　根抵当権設定の効力発生年月日を記載する。
（注5）　登記権利者は、根抵当権者となる。

Ⅵ－1－1　登記用委任状（登記義務者用／Ⅳを登記原因証明情報として提供する場合）(注1)

委　任　状

平成　　年　　月　　日

住　所　　東京都○区○町三丁目2番1号
登記義務者　株式会社乙野商事
　　　　　　代表取締役　乙野次郎　　　㊞
連絡先　担当部署　○○部／担当者名○○　○○
電話番号　○○－○○○○－○○○○

私は、＿＿＿＿＿＿＿＿＿＿＿＿＿＿＿（注2）を代理人と定め、下記の事項に関する一切の権限を委任します。

記

1．次の要項による登記申請に関すること
　(1)登記原因証明情報：平成○年○月○日付け根抵当権設定契約証書（単独担保）(注3)
　(2)登記の目的：根抵当権設定
2．上記申請の登記識別情報の暗号化に関すること（注4）
3．上記申請の登記完了証の受領に関すること（注5）
4．上記申請に関する契約証書、資格証明情報その他の添付情報の原本還付手続に関すること（注5）
5．上記申請の登録免許税還付金の代理受領に関すること（注6）

以　上

(注1)　Ⅳ根抵当権設定契約証書を登記原因証明情報（不登法第61条）として提供する場合に、登記義務者が作成する委任状の書式である。
(注2)　代理人の住所ならびに氏名または名称を記載する。
(注3)　登記所に提供する契約証書の締結日およびその名称を記載する。
(注4)　登記識別情報の暗号化（電子申請においてオンラインで登記識別情報を提供すること）には特別の授権が必要であるため、このように記載する。
(注5)　これらの事項には特別の授権を必要としないが、委任事項を明確にするため、このように記載する。
(注6)　登記申請の取下げ・却下・過誤納付に伴う還付金の代理受領については特別の授権が必要であるため、このように記載する。

Ⅵ－1－2　登記用委任状（登記義務者用／Ⅴを登記原因証明情報として提供する場合）(注1)

委　任　状

平成　年　月　日

　　　　　住　所　　　東京都○区○町三丁目2番1号
　　　　　登記義務者　株式会社乙野商事
　　　　　　　　　　　　代表取締役　乙野次郎　　　　㊞
　　　　⎛連絡先　担当部署　○○部／担当者名○○　○○⎞
　　　　⎝電話番号　○○－○○○○－○○○○　　　　　⎠

私は、＿＿＿＿＿＿＿＿＿＿＿＿＿＿＿＿＿（注2）を代理人と定め、下記の事項に関する一切の権限を委任します。

記

1．次の要項による登記申請に関すること
　　(1) 登記原因証明情報：平成○年○月○日付け登記原因証明情報（根抵当権設定）(注3)
　　(2) 登記の目的：根抵当権設定
2．上記申請の登記識別情報の暗号化に関すること (注4)
3．上記申請の登記完了証の受領に関すること (注5)
4．上記申請に関する資格証明情報その他の添付情報の原本還付手続に関すること (注5)
5．上記申請の登録免許税還付金の代理受領に関すること (注6)

以　上

(注1)　Ⅳ根抵当権設定契約証書とは別に、Ⅴ登記原因証明情報（根抵当権設定）を作成し、これを登記原因証明情報（不登法第61条）として提供する場合に、登記義務者が作成する委任状の書式である。
(注2)　代理人の住所ならびに氏名または名称を記載する。
(注3)　登記所に提供する登記原因証明情報の作成日およびその名称を記載する。
(注4)　登記識別情報の暗号化（電子申請においてオンラインで登記識別情報を提供すること）には特別の授権が必要であるため、このように記載する。
(注5)　これらの事項には特別の授権を必要としないが、委任事項を明確にするため、このように記載する。
(注6)　登記申請の取下げ・却下・過誤納付に伴う還付金の代理受領については特別の授権が必要であるため、このように記載する。

Ⅵ−2−1　登記用委任状（登記権利者用／Ⅳを登記原因証明情報として提供する場合）（注1）

委 任 状

平成　　年　　月　　日

住　所　　　東京都○区○町一丁目2番3号
登記権利者　株式会社甲野銀行
　　　　　　代表取締役　甲野太郎　　㊞
　　　　　　（取扱店　○支店）

私は、＿＿＿＿＿＿＿＿＿＿＿＿＿＿＿（注2）を代理人と定め、下記の事項に関する一切の権限を委任します。

記

1．次の要項による登記申請に関すること
　　(1) 登記原因証明情報：平成○年○月○日付け根抵当権設定契約証書（単独担保）（注3）
　　(2) 登記の目的：根抵当権設定
2．上記申請の登記識別情報の受領に関すること（注4）
3．上記申請の登記完了証の受領に関すること（注5）
4．上記申請に関する契約証書、資格証明情報その他の添付情報の原本還付手続に関すること（注5）
5．上記申請の登録免許税還付金の代理受領に関すること（注6）

以　上

(注1)　Ⅳ根抵当権設定契約証書を登記原因証明情報（不登法第61条）として提供する場合に、登記権利者が作成する委任状の書式である。
(注2)　代理人の住所ならびに氏名または名称を記載する。
(注3)　登記所に提供する契約証書の締結日およびその名称を記載する。
(注4)　登記識別情報の受領には特別の授権が必要であるため、このように記載する。なお、電子申請においてオンラインで登記識別情報を受領することを「復号」といい、この方法による受領には特別の授権が必要であるため、これについても委任する場合は、「上記申請の登記識別情報の受領・復号に関すること」のように記載する。
(注5)　これらの事項には特別の授権を必要としないが、委任事項を明確にするため、このように記載する。
(注6)　登記申請の取下げ・却下・過誤納付に伴う還付金の代理受領については特別の授権が必要であるため、このように記載する。

Ⅵ－2－2　登記用委任状（登記権利者用／Ⅴを登記原因証明情報として提供する場合）（注1）

委　任　状

平成　　年　　月　　日

　　　　　住　所　　　東京都○区○町一丁目2番3号
　　　　　登記権利者　株式会社甲野銀行
　　　　　　　　　　　代表取締役　甲野太郎　　　㊞
　　　　　　　　　　　（取扱店　○支店）

私は、＿＿＿＿＿＿＿＿＿＿＿＿＿＿＿（注2）を代理人と定め、下記の事項に関する一切の権限を委任します。

記

1．次の要項による登記申請に関すること
　　(1) 登記原因証明情報：平成○年○月○日付け登記原因証明情報（根抵当権設定）（注3）
　　(2) 登記の目的：根抵当権設定
2．上記申請の登記識別情報の受領に関すること（注4）
3．上記申請の登記完了証の受領に関すること（注5）
4．上記申請に関する資格証明情報その他の添付情報の原本還付手続に関すること（注5）
5．上記申請の登録免許税還付金の代理受領に関すること（注6）

以　上

（注1）　Ⅳ根抵当権設定契約証書とは別に、Ⅴ登記原因証明情報（根抵当権設定）を作成し、これを登記原因証明情報（不登法第61条）として提供する場合に、登記権利者が作成する委任状の書式である。
（注2）　代理人の住所ならびに氏名または名称を記載する。
（注3）　登記所に提供する登記原因証明情報の作成日およびその名称を記載する。
（注4）　登記識別情報の受領には特別の授権が必要であるため、このように記載する。なお、電子申請においてオンラインで登記識別情報を受領することを「復号」といい、この方法による受領には特別の授権が必要であるため、これについても委任する場合は、「上記申請の登記識別情報の受領・復号に関すること」のように記載する。
（注5）　これらの事項には特別の授権を必要としないが、委任事項を明確にするため、このように記載する。
（注6）　登記申請の取下げ・却下・過誤納付に伴う還付金の代理受領については特別の授権が必要であるため、このように記載する。

第2節 移　　転

1　全部譲渡

53　根抵当権の全部譲渡（変更事項のない場合）

Ⅰ　ケース概要

　丙川銀行は、債務者乙野商事宛て融資の担保として乙野商事所有の土地および建物につき共同根抵当権の設定を受けていたが、甲野銀行および丙川銀行の協議の結果、丙川銀行から甲野銀行に対して当該確定前の根抵当権を譲渡することとなった。

Ⅱ　書式作成上の留意点

① 　確定前の根抵当権の全部を譲渡する場合の書式である。譲受人は現在設定されている順位により、また設定登記の半額の登録免許税で根抵当権を取得することができる。
　　譲渡人と譲受人が合意し、根抵当権設定者の承諾を得ることにより、根抵当権全部譲渡の登記原因が生じる。

② 　元本の確定前においては、根抵当権者は根抵当権設定者の承諾を得て、その根抵当権を譲渡することができる（民法第398条の12第1項）。

③ 　共同担保の場合、全ての物件について全部譲渡（根抵当権移転）の登記をしないと、譲渡の効力が生じない（民法第398条の17第1項）。

④ 　担保保存義務が免責されていない法定代位権者がいる場合、その者の承諾を得ることを検討する。

⑤ 　根抵当権の全部譲渡とともに譲渡人から根抵当権の被担保債権を譲り受けた場合において、当該債権を担保させるときは、被担保債権の範囲を変更（譲り受けた債権を特定債権として被担保債権の範囲に追加）してその登記を行う必要がある。

⑥ 　根抵当権設定者の承諾が全部譲渡の合意より後の日である場合、登記原因は承諾の日となる。

⑦ 　根抵当権譲渡契約とは別にⅤ登記原因証明情報（根抵当権移転）を作成し、登記原因証明情報（不登法第61条）として登記所に提供することができる。

⑧ 　根抵当権の譲渡による根抵当権移転登記は、根抵当権譲受人が登記権利者となり、根抵当権譲渡人が登記義務者となって行う。

⑨ 　根抵当権譲渡人につき、根抵当権に係る登記識別情報（登記済証）が、根抵当権設定者（承諾者）につき印鑑証明書が必要となる。なお、登記完了後は、双方に登記完了証が交付され、登記権利者には登記識別情報が通知される。

⑩ 管轄登記所が複数となるケースでは、印鑑証明書およびⅤ登記原因証明情報（根抵当権移転）は、登記所ごとに（複数）必要となる。当該申請のためにのみ作成したⅥ登記用委任状も同様であり、これらは原本還付を受けることができないとされている。

Ⅲ 必要書類・費用一覧

書　類	書類上の関係者
☐ 根抵当権譲渡契約証書	根抵当権譲渡人、根抵当権譲受人、債務者、根抵当権設定者
☐ 登記原因証明情報兼承諾書	根抵当権譲渡人、根抵当権設定者
☐ 委任状（登記義務者用）	根抵当権譲渡人
☐ 委任状（登記権利者用）	根抵当権譲受人
☐ 登記識別情報（登記済証）	根抵当権譲渡人
☐ 会社法人等番号（注）	根抵当権譲渡人、根抵当権譲受人、根抵当権設定者
☐ 印鑑証明書	根抵当権設定者
☐ 登録免許税	極度額の1,000分の2

（注）　不登令等の改正により、平成27年11月2日から、会社・法人の代表者等の資格を証する情報の提供（添付）に代え、登記申請情報に商業登記法第7条の会社法人等番号を記録または記載することとなった。ただし、法人登記手続中となるなどの場合を考慮し、例外的に、作成後1か月以内の資格証明情報（登記事項証明書）を提供（添付）することも認められている。

Ⅳ 根抵当権譲渡契約証書

（印紙）
（注1）

根抵当権譲渡契約証書
（全 部 譲 渡）

平成　年　月　日

住　所　　東京都○区○町三丁目2番1号
根抵当権譲渡人　株式会社丙川銀行
　　　　　　　　代表取締役　丙川三郎　　㊞

住　所　　東京都○区○町一丁目2番3号
根抵当権譲受人　株式会社甲野銀行
　　　　　　　　代表取締役　甲野太郎　　㊞
　　　　　　　　（取扱店　○支店）

住　所	東京都○区○町四丁目5番6号
債務者	株式会社乙野商事
根抵当権設定者	代表取締役　乙野次郎　　　㊞

住　所

根抵当権設定者

(注2)

　根抵当権譲渡人、根抵当権譲受人、債務者および根抵当権設定者は、次のとおり根抵当権の全部譲渡契約を締結しました。

[根抵当権の表示]

1．登記	平成○年○月○日東京法務局○出張所受付第○号　(注3)
2．物件	後記物件の表示記載のとおり

物件の表示	所有者
所　在　東京都○区○町一丁目 地　番　1番1 地　目　宅地 地　積　○○○.○○㎡	株式会社乙野商事
所　在　東京都○区○町一丁目1番地1 家屋番号　1番1 種　類　居宅 構　造　木造セメントかわらぶき平家建 床面積　○○.○○㎡	株式会社乙野商事

第1条（全部譲渡） (注4)

　根抵当権譲渡人は、根抵当権譲受人に対し、前記「根抵当権の表示」記載の確定前の根抵当権を全部譲渡しました。

第2条（根抵当権設定者等の承諾） (注5)

　根抵当権設定者および債務者は、第1条による根抵当権の全部譲渡について、異議なく承諾しました。

第3条（登記義務)

　根抵当権譲渡人および根抵当権譲受人は、第1条による根抵当権移転登記手続を遅滞なく行います。

第4条（費用負担）(注6)

　本契約締結に係る費用および本契約に基づく登記費用その他関連する費用は、債務者および根抵当権設定者が連帯して負担し、根抵当権譲受人が支払った金額についてはただちに支払います。

第5条（適用条項）(注7)

① 根抵当権設定者および債務者は、この契約について、根抵当権譲渡人との間に締結した根抵当権設定契約において根抵当権者に対する義務に係る各条項、および債務者が根抵当権譲受人に差し入れた取引約定書および被担保債権の成立、変更等に係る約定書ならびに今後差し入れるこれらの約定書記載の各条項の適用があることを承認します。

② 根抵当権設定者および債務者は、根抵当権譲受人より申出のあった場合は、ただちにこの契約による根抵当権の適用条項を明確化するための約定書を提出します。

以　上

(注1)　この文書は、印紙税法上の課税文書には該当しない。
(注2)　債務者以外の第三者が根抵当権設定者の場合は、この欄に署名（記名）捺印させる。
(注3)　対象となる登記について、登記所および受付日ならびに受付番号で特定する。
(注4)　根抵当権譲渡人と根抵当権譲受人の全部譲渡の合意を記載している。
(注5)　民法第398条の12第1項に関する根抵当権設定者の承諾である。根抵当権設定者が譲渡の承諾をした旨の記載および根抵当権設定者の署名押印（実印）がある譲渡契約書を登記所に提供するときは、別途設定者の承諾書を作成しなくてよい。
(注6)　本契約における各種費用について債務者および根抵当権設定者が負担する例を記載している。
(注7)　担保保存義務のほか、根抵当権者に対する義務については原根抵当権設定契約の条項が適用されるとし、譲受人が求めた場合は、譲受人が使用している設定契約の条項を用いるなどして、適用条項を整備することがあるとしている。

V　登記原因証明情報（根抵当権移転）(注1)

登記原因証明情報
兼　根抵当権設定者の承諾書
（根　抵　当　権　移　転）

平成　　年　　月　　日

東京法務局　〇出張所　御中

　　　　　　　住　所　　　　東京都〇区〇町三丁目2番1号
　　　　　　　登記義務者(注2)　株式会社　丙川銀行
　　　　　　　　　　　　　　　代表取締役　丙川三郎　　　㊞

	住　所	東京都○区○町四丁目5番6号
承諾者（注3）		株式会社乙野商事
		代表取締役　乙野次郎　　㊞

　登記義務者（根抵当権譲渡人）および承諾者（根抵当権設定者）は、本件登記の原因となる事実または法律行為が下記1.記載のとおりであること、およびこれに基づき現に下記2.記載の内容を登記要項とする物権変動が生じたことを証明します。
　なお、承諾者（根抵当権設定者）は、下記1.記載の契約において本件全部譲渡について承諾しました。

1．登記の原因となる事実または法律行為

(1)	契約証書名および締結年月日	平成○年○月○日付け根抵当権譲渡契約証書（全部譲渡）（注4）		
(2)	契約当事者	根抵当権譲渡人		株式会社丙川銀行
		根抵当権譲受人		株式会社甲野銀行
		根抵当権設定者		株式会社乙野商事

2．登記申請情報の要項

(1)	登記の目的	根抵当権移転
(2)	移転する根抵当権	平成○年○月○日受付第○号
(3)	原因	平成○年○月○日譲渡（注5）
(4)	登記権利者（根抵当権譲受人）（注6）	東京都○区○町一丁目2番3号 株式会社甲野銀行（取扱店○支店）
(5)	登記義務者（根抵当権譲渡人）（注2）	東京都○区○町三丁目2番1号 株式会社丙川銀行
(6)	不動産の表示	後記のとおり

物件の表示

所　　在　東京都○区○町一丁目
地　　番　1番1
地　　目　宅地
地　　積　○○○.00㎡

所　　在　東京都○区○町一丁目1番地1
家屋番号　1番1

```
種　　　類　居宅
構　　　造　木造セメントかわらぶき平家建
床　面　積　〇〇.〇〇㎡
```
　　　　　　　　　　　　　　　　　　　　　　　　　　　　　　　　　　　　　　以　上

（注１）　Ⅳ根抵当権譲渡契約証書とは別に、Ⅴ登記原因証明情報（根抵当権移転）を作成する場合の書式である。この情報は、登記の原因となる事実または法律行為のほか、登記事項（および物件表示）を登記義務者が確認して署名（または記名捺印）したものでなくてはならない。契約証書とは異なり、登記用に作成された書面の原本還付を受けることはできないため、管轄登記所が複数となるケースでは、登記所ごとに（複数）作成する必要がある。その内容は同文面とし、すべての物件を記載する。
（注２）　登記義務者は、根抵当権譲渡人となる。
（注３）　承諾者は、根抵当権設定者となる。
（注４）　Ⅳ契約証書の名称および締結年月日を記載する。
（注５）　全部譲渡の効力発生年月日を記載する。
（注６）　登記権利者は、根抵当権譲受人となる。

Ⅵ－１－１　登記用委任状（登記義務者用／Ⅳを登記原因証明情報として提供する場合）（注１）

委　任　状

　　　　　　　　　　　　　　　　　　　　　　　　　　　平成　　年　　月　　日

　　　　　住　所　　　東京都〇区〇町三丁目２番１号
　　　　　登記義務者　株式会社丙川銀行
　　　　　　　　　　　代表取締役　丙川三郎　　　　㊞

私は、＿＿＿＿＿＿＿＿＿＿＿＿＿＿＿（注２）を代理人と定め、下記の事項に関する一切の権限を委任します。

記

１．次の要項による登記申請に関すること
　　(1) 登記原因証明情報：平成〇年〇月〇日付け根抵当権譲渡契約証書（全部譲渡）（注３）
　　(2) 登記の目的：根抵当権移転
２．上記申請の登記識別情報の暗号化に関すること（注４）
３．上記申請の登記完了証の受領に関すること（注５）
４．上記申請に関する契約証書、資格証明情報その他の添付情報の原本還付手続に関すること（注５）
５．上記申請の登録免許税還付金の代理受領に関すること（注６）
　　　　　　　　　　　　　　　　　　　　　　　　　　　　　　　　　　　　　　以　上

（注１）　Ⅳ根抵当権譲渡契約証書（全部譲渡）を登記原因証明情報（不登法第61条）として提供する場合に、登記義務者が作成する委任状の書式である。管轄登記所が複数となるケースにおいて、委任状の原本還付を受けるときは、他の申請についても委任したことが明らかな内容

とする必要がある。
- (注2) 代理人の住所ならびに氏名または名称を記載する。
- (注3) 登記所に提供する契約証書の締結日およびその名称を記載する。
- (注4) 登記識別情報の暗号化（電子申請においてオンラインで登記識別情報を提供すること）には特別の授権が必要であるため、このように記載する。
- (注5) これらの事項には特別の授権を必要としないが、委任事項を明確にするため、このように記載する。
- (注6) 登記申請の取下げ・却下・過誤納付に伴う還付金の代理受領については特別の授権が必要であるため、このように記載する。

Ⅵ－1－2　登記用委任状（登記義務者用／Ⅴを登記原因証明情報として提供する場合）(注1)

委　任　状

平成　　年　　月　　日

住　所　　東京都〇区〇町三丁目2番1号
登記義務者　株式会社丙川銀行
　　　　　　代表取締役　丙川三郎　　㊞

私は、＿＿＿＿＿＿＿＿＿＿＿＿＿(注2)を代理人と定め、下記の事項に関する一切の権限を委任します。

記

1．次の要項による登記申請に関すること
　(1) 登記原因証明情報：平成〇年〇月〇日付け登記原因証明情報（根抵当権移転）(注3)
　(2) 登記の目的：根抵当権移転
2．上記申請の登記識別情報の暗号化に関すること (注4)
3．上記申請の登記完了証の受領に関すること (注5)
4．上記申請に関する資格証明情報その他の添付情報の原本還付手続に関すること (注5)
5．上記申請の登録免許税還付金の代理受領に関すること (注6)

以　上

- (注1) Ⅳ根抵当権譲渡契約証書（全部譲渡）とは別に、Ⅴ登記原因証明情報（根抵当権全部譲渡）を作成し、これを登記原因証明情報（不登法第61条）として提供する場合に、登記義務者が作成する委任状の書式である。管轄登記所が複数となるケースにおいて、委任状の原本還付を受けるときは、他の申請についても委任したことが明らかな内容とする必要がある。
- (注2) 代理人の住所ならびに氏名または名称を記載する。
- (注3) 登記所に提供する登記原因証明情報の作成日およびその名称を記載する。
- (注4) 登記識別情報の暗号化（電子申請においてオンラインで登記識別情報を提供すること）には特別の授権が必要であるため、このように記載する。
- (注5) これらの事項には特別の授権を必要としないが、委任事項を明確にするため、このように記載する。
- (注6) 登記申請の取下げ・却下・過誤納付に伴う還付金の代理受領については特別の授権が必要であるため、このように記載する。

Ⅵ－2－1　登記用委任状（登記権利者用／Ⅳを登記原因証明情報として提供する場合）（注1）

委　任　状

平成　年　月　日

　　　　　住　所　　　東京都○区○町一丁目2番3号
　　　　　登記権利者　株式会社甲野銀行
　　　　　　　　　　　代表取締役　甲野太郎　　㊞
　　　　　　　　　　　（取扱店　○支店）

私は、＿＿＿＿＿＿＿＿＿＿＿＿＿＿＿＿＿（注2）を代理人と定め、下記の事項に関する一切の権限を委任します。

記

1．次の要項による登記申請に関すること
　　(1) 登記原因証明情報：平成○年○月○日付け根抵当権譲渡契約証書（全部譲渡）（注3）
　　(2) 登記の目的：根抵当権移転
2．上記申請の登記識別情報の受領に関すること（注4）
3．上記申請の登記完了証の受領に関すること（注5）
4．上記申請に関する契約証書、資格証明情報その他の添付情報の原本還付手続に関すること（注5）
5．上記申請の登録免許税還付金の代理受領に関すること（注6）

以　上

(注1)　Ⅳ根抵当権譲渡契約証書（全部譲渡）を登記原因証明情報（不登法第61条）として提供する場合に、登記権利者が作成する委任状の書式である。管轄登記所が複数となるケースにおいて、委任状の原本還付を受けるときは、他の申請についても委任したことが明らかな内容とする必要がある。
(注2)　代理人の住所ならびに氏名または名称を記載する。
(注3)　登記所に提供する契約証書の締結日およびその名称を記載する。
(注4)　登記識別情報の受領には特別の授権が必要であるため、このように記載する。なお、電子申請においてオンラインで登記識別情報を受領することを「復号」といい、この方法による受領には特別の授権が必要であるため、これについても委任する場合は、「上記申請の登記識別情報の受領・復号に関すること」のように記載する。
(注5)　これらの事項には特別の授権を必要としないが、委任事項を明確にするため、このように記載する。
(注6)　登記申請の取下げ・却下・過誤納付に伴う還付金の代理受領については特別の授権が必要であるため、このように記載する。

Ⅵ－2－2　登記用委任状（登記権利者用／Ⅴを登記原因証明情報として提供する場合）（注1）

委　任　状

平成　　年　　月　　日

　　住　所　　　東京都○区○町一丁目2番3号
　　登記権利者　株式会社甲野銀行
　　　　　　　　代表取締役　甲野太郎　　　㊞
　　　　　　　　（取扱店　○支店）

私は、＿＿＿＿＿＿＿＿＿＿＿＿＿＿＿＿（注2）を代理人と定め、下記の事項に関する一切の権限を委任します。

記

1．次の要項による登記申請に関すること
　　(1) 登記原因証明情報：平成○年○月○日付け登記原因証明情報（根抵当権移転）（注3）
　　(2) 登記の目的：根抵当権移転
2．上記申請の登記識別情報の受領に関すること（注4）
3．上記申請の登記完了証の受領に関すること（注5）
4．上記申請に関する資格証明情報その他の添付情報の原本還付手続に関すること（注5）
5．上記申請の登録免許税還付金の代理受領に関すること（注6）

以　上

(注1)　Ⅳ根抵当権譲渡契約証書（全部譲渡）とは別に、Ⅴ登記原因証明情報（根抵当権全部譲渡）を作成し、これを登記原因証明情報（不登法第61条）として提供する場合に、登記権利者が作成する委任状の書式である。管轄登記所が複数となるケースにおいて、委任状の原本還付を受けるときは、他の申請についても委任したことが明らかな内容とする必要がある。
(注2)　代理人の住所ならびに氏名または名称を記載する。
(注3)　登記所に提供する登記原因証明情報の作成日およびその名称を記載する。
(注4)　登記識別情報の受領には特別の授権が必要であるため、このように記載する。なお、電子申請においてオンラインで登記識別情報を受領することを「復号」といい、この方法による受領には特別の授権が必要であるため、これについても委任する場合は、「上記申請の登記識別情報の受領・復号に関すること」のように記載する。
(注5)　これらの事項には特別の授権を必要としないが、委任事項を明確にするため、このように記載する。
(注6)　登記申請の取下げ・却下・過誤納付に伴う還付金の代理受領については特別の授権が必要であるため、このように記載する。

54 根抵当権の全部譲渡（変更事項のある場合）

I ケース概要

丙川ファイナンスは、債務者乙野商事宛て融資の担保として乙野商事所有の土地および建物につき共同根抵当権の設定を受けていたが、甲野銀行および丙川ファイナンスの協議の結果、丙川ファイナンスから甲野銀行に対して当該確定前の根抵当権を譲渡するとともに、譲り受けた後の根抵当権につき甲野銀行と乙野商事の取引に即した変更を行うこととなった。

II 書式作成上の留意点

① 確定前の根抵当権の全部を譲渡するとともに、全部譲渡に係る根抵当権について変更する場合の書式である。譲受人は現在設定されている順位により、また設定登記の半額の登録免許税で根抵当権を取得することができる。

　譲渡人と譲受人が合意し、根抵当権設定者の承諾を得ることにより、根抵当権全部譲渡の登記原因が生じる。また全部譲渡に係る根抵当権につき譲受人と根抵当権設定者が合意することにより、根抵当権変更の登記原因が生じる。

② 元本の確定前においては、根抵当権者は根抵当権設置者の承諾を得て、その根抵当権を譲渡することができる（民法第398条の12第1項）。

③ 共同担保の場合、全ての物件について全部譲渡（根抵当権移転）・根抵当権変更の登記をしないと、全部譲渡・変更の効力が生じない（民法第398条の17第1項）。

④ 担保保存義務が免責されていない法定代位権者がいる場合、その者の承諾を得ることを検討する。

⑤ 根抵当権の全部譲渡とともに譲渡人から根抵当権の被担保債権を譲り受けた場合において、当該債権を担保させるときは、被担保債権の範囲を変更（譲り受けた債権を特定債権として被担保債権の範囲に追加）してその登記を行う必要がある。

⑥ 根抵当権設定者の承諾が全部譲渡の合意より後の日である場合、登記原因は承諾の日となる。

⑦ 根抵当権譲渡および変更契約証書とは別にV登記原因証明情報を作成し、登記原因証明情報（不登法第61条）として登記所に提供することができる。

⑧ 根抵当権の譲渡による根抵当権移転登記は、根抵当権譲受人が登記権利者となり、根抵当権譲渡人が登記義務者となって行う。根抵当権の変更登記は根抵当権者に不利なものを除き、根抵当権譲受人が登記権利者となり、根抵当権設定者が登記義務者となって行う。

⑨ 根抵当権譲渡人につき根抵当権に係る登記識別情報（登記済証）が、根抵当権設定者につき所有権取得に係る登記識別情報（登記済証）および印鑑証明書が必要となる。なお、登記完了後は、それぞれに登記完了証が交付され、根抵当権移転の登記権利者には登記識別情報

が通知される。
⑩　管轄登記所が複数となるケースでは、印鑑証明書およびⅤ登記原因証明情報は、登記所ごとに（複数）必要となる。当該申請のためにのみ作成したⅥ登記用委任状も同様であり、これらは原本還付を受けることができないとされている。

Ⅲ－1　必要書類・費用一覧（全部譲渡）

書　　類	書類上の関係者
□ 根抵当権譲渡および変更契約証書	根抵当権譲渡人、根抵当権譲受人、債務者、根抵当権設定者
□ 登記原因証明情報兼承諾書	根抵当権譲渡人、根抵当権設定者
□ 委任状（登記義務者用）	根抵当権譲渡人
□ 委任状（登記権利者用）	根抵当権譲受人
□ 登記識別情報（登記済証）	根抵当権譲渡人
□ 会社法人等番号（注）	根抵当権譲渡人、根抵当権譲受人、根抵当権設定者
□ 印鑑証明書	根抵当権設定者
□ 登録免許税	極度額の1,000分の2

（注）　不登令等の改正により、平成27年11月2日から、会社・法人の代表者等の資格を証する情報の提供（添付）に代え、登記申請情報に商業登記法第7条の会社法人等番号を記録または記載することとなった。ただし、法人登記手続中となるなどの場合を考慮し、例外的に、作成後1か月以内の資格証明情報（登記事項証明書）を提供（添付）することも認められている。

Ⅲ－2　必要書類・費用一覧（被担保債権の範囲の変更）

書　　類	書類上の関係者
□ 根抵当権譲渡および変更契約証書	根抵当権譲渡人、根抵当権譲受人、債務者、根抵当権設定者
□ 登記原因証明情報	根抵当権設定者
□ 委任状（登記義務者用）	根抵当権設定者
□ 委任状（登記権利者用）	根抵当権譲受人
□ 登記識別情報（登記済証）	根抵当権設定者
□ 会社法人等番号（注）	根抵当権譲受人、根抵当権設定者
□ 印鑑証明書	根抵当権設定者
□ 登録免許税	不動産1個につき1,000円

（注）不登令等の改正により、平成27年11月2日から、会社・法人の代表者等の資格を証する情報の提供（添付）に代え、登記申請情報に商業登記法第7条の会社法人等番号を記録または記載することとなった。ただし、法人登記手続中となるなどの場合を考慮し、例外的に、作成後1か月以内の資格証明情報（登記事項証明書）を提供（添付）することも認められている。

Ⅳ 根抵当権譲渡および変更契約証書

（印紙）
（注1）

根抵当権譲渡および変更契約証書
（全部譲渡）

平成　年　月　日

住　所　　東京都○区○町三丁目2番1号
根抵当権譲渡人　株式会社丙川ファイナンス
　　　　　代表取締役　丙川三郎　　㊞

住　所　　東京都○区○町一丁目2番3号
根抵当権譲受人　株式会社甲野銀行
　　　　　代表取締役　甲野太郎　　㊞
　　　　　（取扱店　○支店）

住　所　　東京都○区○町四丁目5番6号
債務者　　株式会社乙野商事
根抵当権設定者　代表取締役　乙野次郎　㊞

住　所
根抵当権設定者
（注2）

　根抵当権譲渡人、根抵当権譲受人、債務者および根抵当権設定者は、次のとおり根抵当権の全部譲渡および変更契約を締結しました。

［根抵当権の表示］

1．登記	平成○年○月○日東京法務局○出張所受付第○号（注3）
2．物件	後記物件の表示記載のとおり

第2節　移　転　515

[根抵当権変更の要項]

1．変更する項目	被担保債権の範囲
2．変更前の定め	① 債務者との金銭消費貸借取引により生じる一切の債権 ② 当社が第三者から取得する手形上・小切手上の債権 ③ 電子記録債権
3．変更後の定め	① 債務者との銀行取引により生じる一切の債権 ② 銀行が第三者から取得する手形上・小切手上の債権 ③ 電子記録債権

物件の表示	所有者
所　　在　東京都○区○町一丁目 地　　番　1番1 地　　目　宅地 地　　積　○○○.○○㎡	株式会社乙野商事
所　　在　東京都○区○町一丁目1番地1 家屋番号　1番1 種　　類　居宅 構　　造　木造セメントかわらぶき平家建 床 面 積　○○.○○㎡	株式会社乙野商事

第1条（全部譲渡）（注4）

　　根抵当権譲渡人は、根抵当権譲受人に対し、前記「根抵当権の表示」記載の確定前の根抵当権を全部譲渡しました。

第2条（根抵当権の変更）（注5）

　　根抵当権譲受人および根抵当権設定者は、第1条により根抵当権譲受人に全部譲渡された根抵当権を前記「根抵当権変更の要項」記載のとおり変更しました。

第3条（根抵当権設定者等の承諾）（注6）

　　根抵当権設定者および債務者は、第1条による根抵当権の全部譲渡および前条による根抵当権の変更について、異議なく承諾しました。

第4条（登記義務）

　① 根抵当権譲渡人および根抵当権譲受人は、第1条による根抵当権移転登記手続を遅滞なく行います。

　② 根抵当権譲受人および根抵当権設定者は、第2条による根抵当権変更登記手続を遅滞なく行います。

第5条（費用負担）（注7）

　　本契約締結に係る費用および本契約に基づく登記費用その他関連する費用は、債務者お

および根抵当権設定者が連帯して負担し、根抵当権譲受人が支払った金額についてはただちに支払います。

第6条（適用条項）(注8)

① 根抵当権設定者および債務者は、この契約について、根抵当権譲渡人との間に締結した根抵当権設定契約において根抵当権者に対する義務に係る各条項、および債務者が根抵当権譲受人に差し入れた取引約定書および被担保債権の成立、変更等に係る約定書ならびに根抵当権譲受人に今後差し入れるこれらの約定書記載の各条項の適用があることを承認します。

② 根抵当権設定者および債務者は、根抵当権譲受人より申出のあった場合は、ただちにこの契約による根抵当権の適用条項を明確化するための約定書を提出します。

以　上

(注1) この文書は、印紙税法上の課税文書には該当しない。
(注2) 債務者以外の第三者が根抵当権設定者の場合は、この欄に署名（記名）捺印させる。
(注3) 対象となる登記について、登記所および受付日ならびに受付番号で特定する。
(注4) 根抵当権譲渡人と根抵当権譲受人の全部譲渡の合意を記載している。
(注5) 根抵当権譲受人と根抵当権設定者との根抵当権変更（本例では被担保債権の範囲の変更）に関する合意を記載している。
(注6) 民法第398条の12第1項に関する根抵当権設定者の承諾である。根抵当権設定者が譲渡の承諾をした旨の記載および根抵当権設定者の署名押印（実印）がある譲渡契約書を登記所に提供するときは、別途設定者の承諾書を作成しなくてよい。
(注7) 本契約における各種費用について債務者および根抵当権設定者が負担する例を記載している。
(注8) 担保保存義務のほか、根抵当権者に対する義務については原根抵当権設定契約の条項が適用されるとし、譲受人が求めた場合は、譲受人が使用している設定契約の条項を用いるなどして、適用条項を整備することがあるとしている。

V－1　登記原因証明情報－根抵当権移転（根抵当権移転）(注1)

登記原因証明情報
兼　根抵当権設定者の承諾書
（根　抵　当　権　移　転）

平成　　年　　月　　日

東京法務局　　○出張所　御中

　　　　　　　　　　住　所　　　　東京都○区○町三丁目2番1号
　　　　　　　　　　登記義務者 (注2)　株式会社丙川ファイナンス
　　　　　　　　　　　　　　　　代表取締役　丙川三郎　　㊞

住　所	東京都○区○町四丁目5番6号
承諾者（注3）	株式会社乙野商事
	代表取締役　乙野次郎　　㊞

　登記義務者（根抵当権譲渡人）および承諾者（根抵当権設定者）は、本件登記の原因となる事実または法律行為が下記1．記載のとおりであること、およびこれに基づき現に下記2．記載の内容を登記要項とする物権変動が生じたことを証明します。
　なお、承諾者（根抵当権設定者）は、下記1．記載の契約において本件全部譲渡について承諾しました。

1．登記の原因となる事実または法律行為

(1)	契約名証書および締結年月日	平成○年○月○日付け根抵当権譲渡および変更契約証書（全部譲渡）（注4）	
(2)	契約当事者	根抵当権譲渡人	株式会社丙川ファイナンス
		根抵当権譲受人	株式会社甲野銀行
		根抵当権設定者	株式会社乙野商事

2．登記申請情報の要項

(1)	登記の目的	根抵当権移転
(2)	移転する根抵当権	平成○年○月○日受付第○号
(3)	原因	平成○年○月○日譲渡（注5）
(4)	登記権利者 （根抵当権譲受人）（注6）	東京都○区○町一丁目2番3号 株式会社甲野銀行（取扱店○支店）
(5)	登記義務者 （根抵当権譲渡人）（注2）	東京都○区○町三丁目2番1号 株式会社丙川ファイナンス
(6)	不動産の表示	後記のとおり

物件の表示

所　　在　東京都○区○町一丁目
地　　番　1番1
地　　目　宅地
地　　積　○○○.○○㎡

所　　在　東京都○区○町一丁目1番地1
家屋番号　1番1

種　　類	居宅
構　　造	木造セメントかわらぶき平家建
床 面 積	○○.○○㎡

以　上

(注1)　Ⅳ根抵当権譲渡および変更契約証書とは別に、Ⅴ登記原因証明情報（根抵当権移転）を作成する場合の書式である。この情報は、登記の原因となる事実または法律行為のほか、登記事項（および物件表示）を登記義務者が確認して署名（または記名捺印）したものでなくてはならない。契約証書とは異なり、登記用に作成された書面の原本還付を受けることはできないため、管轄登記所が複数となるケースでは、登記所ごとに（複数）作成する必要がある。その内容は同文面とし、すべての物件を記載する。
(注2)　登記義務者は、根抵当権譲渡人となる。
(注3)　承諾者は、根抵当権設定者となる。
(注4)　Ⅳ契約証書の名称および締結年月日を記載する。
(注5)　全部譲渡の効力発生年月日を記載する。
(注6)　登記権利者は、根抵当権譲受人となる。

Ⅴ-2　登記原因証明情報－根抵当権変更（根抵当権変更）(注1)

登記原因証明情報
（根 抵 当 権 変 更）

平成　年　月　日

東京法務局　○出張所 御中

　　　　　　　住　　所　　　東京都○区○町四丁目5番6号
　　　　　　　登記義務者 (注2)　株式会社乙野商事
　　　　　　　　　　　　　　　代表取締役　乙野次郎　　　　㊞

　登記義務者（根抵当権設定者）は、本件登記の原因となる事実または法律行為が下記1．記載のとおりであること、およびこれに基づき現に下記2．記載の内容を登記要項とする登記内容の変更が生じたことを確認したので、本情報を作成し、登記原因証明情報として提出します。

1．登記の原因となる事実または法律行為

(1)	契約証書名および締結年月日	平成○年○月○日付け根抵当権譲渡および変更契約証書（全部譲渡）(注3)

(2) 契約当事者	根抵当権譲渡人	株式会社丙川ファイナンス
	根抵当権譲受人	株式会社甲野銀行
	根抵当権設定者	株式会社乙野商事

２．登記申請情報の要項

(1) 登記の目的	根抵当権変更
(2) 変更する根抵当権	平成○年○月○日受付第○号
(3) 原因	平成○年○月○日変更（注４）
(4) 変更後の事項	債権の範囲　銀行取引・手形債権・小切手債権・電子記録債権（注５）
(5) 登記権利者 （根抵当権者）（注６）	東京都○区○町一丁目２番３号 株式会社甲野銀行
(6) 登記義務者 （根抵当権設定者）（注２）	東京都○区○町四丁目５番６号 株式会社乙野商事
(7) 不動産の表示	後記のとおり

物件の表示

所　　在　東京都○区○町一丁目
地　　番　１番１
地　　目　宅地
地　　積　○○○.○○㎡

所　　在　東京都○区○町一丁目１番地１
家屋番号　１番１
種　　類　居宅
構　　造　木造セメントかわらぶき平家建
床 面 積　○○.○○㎡

以　上

（注１）　Ⅳ根抵当権譲渡および変更契約証書とは別に、登記原因証明情報（根抵当権変更）を作成する場合の書式である。この情報は、登記の原因となる事実または法律行為のほか、登記事項（および物件表示）を登記義務者が確認して署名（または記名捺印）したものでなくてはならない。契約証書とは異なり、登記用に作成された書面の原本還付を受けることはできないため、管轄登記所が複数となるケースでは、登記所ごとに（複数）作成する必要がある。その内容は同文面とし、すべての物件を記載する。
（注２）　登記義務者は、根抵当権設定者となる。
（注３）　Ⅳ契約証書の名称および締結年月日を記載する。
（注４）　根抵当権変更の効力発生年月日を記載する。
（注５）　変更後の債権の範囲（全部）をこのように記載する。

（注6）　登記権利者は、根抵当権者となる。

Ⅵ－1－1　登記用委任状（全部譲渡）（登記義務者用／Ⅳを登記原因証明情報として提供する場合）（注1）

委　任　状

平成　　年　　月　　日

　　　　　　住　所　　　東京都○区○町三丁目2番1号
　　　　　　登記義務者　株式会社丙川ファイナンス
　　　　　　　　　　　　代表取締役　丙川三郎　　　㊞
　　　　　　⎛連絡先　担当部署　○○部／担当者名　○○　○○⎞
　　　　　　⎝電話番号　○○－○○○○－○○○○　　　　　　⎠

私は、＿＿＿＿＿＿＿＿＿＿＿＿＿＿＿＿（注2）を代理人と定め、下記の事項に関する一切の権限を委任します。

記

1．次の要項による登記申請に関すること
　(1)登記原因証明情報：平成○年○月○日付け根抵当権譲渡および変更契約証書（全部譲渡）
　　　（注3）
　(2)登記の目的：根抵当権移転
2．上記申請の登記識別情報の暗号化に関すること（注4）
3．上記申請の登記完了証の受領に関すること（注5）
4．上記申請に関する契約証書、資格証明情報その他の添付情報の原本還付手続に関すること（注5）
5．上記申請の登録免許税還付金の代理受領に関すること（注6）

以　上

（注1）　Ⅳ根抵当権譲渡および変更契約証書（全部譲渡）を根抵当権全部譲渡の登記原因証明情報（不登法第61条）として提供する場合に、登記義務者が作成する委任状の書式である。管轄登記所が複数となるケースにおいて、委任状の原本還付を受けるときは、他の申請についても委任したことが明らかな内容とする必要がある。
（注2）　代理人の住所ならびに氏名または名称を記載する。
（注3）　登記所に提供する契約証書の締結日およびその名称を記載する。
（注4）　登記識別情報の暗号化（電子申請においてオンラインで登記識別情報を提供すること）には特別の授権が必要であるため、このように記載する。
（注5）　これらの事項には特別の授権を必要としないが、委任事項を明確にするため、このように記載する。
（注6）　登記申請の取下げ・却下・過誤納付に伴う還付金の代理受領については特別の授権が必要であるため、このように記載する。

Ⅵ－1－2　登記用委任状（根抵当権変更）（登記義務者用／Ⅳを登記原因証明情報として提供する場合）(注1)

委　任　状

平成　年　月　日

　　　　住　所　　　東京都○区○町四丁目5番6号
　　　　登記義務者　株式会社乙野商事
　　　　　　　　　　代表取締役　乙野次郎　　　㊞
　　　　（連絡先　担当部署　○○部／担当者名　○○　○○
　　　　　電話番号　○○－○○○○－○○○○　　　　　　）

私は、＿＿＿＿＿＿＿＿＿＿＿＿＿＿＿＿(注2)を代理人と定め、下記の事項に関する一切の権限を委任します。

記

1．次の要項による登記申請に関すること
　　(1) 登記原因証明情報：平成○年○月○日付け根抵当権譲渡および変更契約証書（全部譲渡）(注3)
　　(2) 登記の目的：根抵当権変更
2．上記申請の登記識別情報の暗号化に関すること (注4)
3．上記申請の登記完了証の受領に関すること (注5)
4．上記申請に関する契約証書、資格証明情報その他の添付情報の原本還付手続に関すること (注5)
5．上記申請の登録免許税還付金の代理受領に関すること (注6)

以　上

(注1)　Ⅳ根抵当権譲渡および変更契約証書（全部譲渡）を根抵当権変更の登記原因証明情報（不登法第61条）として提供する場合に、登記義務者が作成する委任状の書式である。管轄登記所が複数となるケースにおいて、委任状の原本還付を受けるときは、他の申請についても委任したことが明らかな内容とする必要がある。
(注2)　代理人の住所ならびに氏名または名称を記載する。
(注3)　登記所に提供する契約証書の締結日およびその名称を記載する。
(注4)　登記識別情報の暗号化（電子申請においてオンラインで登記識別情報を提供すること）には特別の授権が必要であるため、このように記載する。
(注5)　これらの事項には特別の授権を必要としないが、委任事項を明確にするため、このように記載する。
(注6)　登記申請の取下げ・却下・過誤納付に伴う還付金の代理受領については特別の授権が必要であるため、このように記載する。

Ⅵ－1－3　登記用委任状（全部譲渡）（登記義務者用／Ⅴ－1を登記原因証明情報として提供する場合）(注1)

委　任　状

平成　　年　　月　　日

住　所　　　東京都○区○町三丁目2番1号
登記義務者　株式会社丙川ファイナンス
　　　　　　代表取締役　丙川三郎　　㊞
（連絡先　担当部署　○○部／担当者名　○○○○
　電話番号　○○－○○○○－○○○○）

私は、＿＿＿＿＿＿＿＿＿＿＿＿＿＿＿＿(注2)を代理人と定め、下記の事項に関する一切の権限を委任します。

記

1. 次の要項による登記申請に関すること
　(1) 登記原因証明情報：平成○年○月○日付け登記原因証明情報（根抵当権移転）(注3)
　(2) 登記の目的：根抵当権移転
2. 上記申請の登記識別情報の暗号化に関すること(注4)
3. 上記申請の登記完了証の受領に関すること(注5)
4. 上記申請に関する資格証明情報その他の添付情報の原本還付手続に関すること(注5)
5. 上記申請の登録免許税還付金の代理受領に関すること(注6)

以　上

(注1)　Ⅳ根抵当権譲渡および変更契約証書（全部譲渡）とは別に、Ⅴ－1登記原因証明情報（根抵当権移転）を作成し、これを登記原因証明情報（不登法第61条）として提供する場合に、登記義務者が作成する委任状の書式である。管轄登記所が複数となるケースにおいて、委任状の原本還付を受けるときは、他の申請についても委任したことが明らかな内容とする必要がある。
(注2)　代理人の住所ならびに氏名または名称を記載する。
(注3)　登記所に提供する登記原因証明情報の作成日およびその名称を記載する。
(注4)　登記識別情報の暗号化（電子申請においてオンラインで登記識別情報を提供すること）には特別の授権が必要であるため、このように記載する。
(注5)　これらの事項には特別の授権を必要としないが、委任事項を明確にするため、このように記載する。
(注6)　登記申請の取下げ・却下・過誤納付に伴う還付金の代理受領については特別の授権が必要であるため、このように記載する。

Ⅵ－1－4　登記用委任状（根抵当権変更）（登記義務者用／Ⅴ－2を登記原因証明情報として提供する場合）(注1)

委　任　状

平成　年　月　日

　　　　　住　所　　　東京都○区○町四丁目5番6号
　　　　　登記義務者　株式会社乙野商事
　　　　　　　　　　　　代表取締役　乙野次郎　　　㊞
　　　　　⎛連絡先　担当部署 ○○部／担当者名 ○○ ○○⎞
　　　　　⎝電話番号 ○○－○○○○－○○○○　　　　　　⎠

私は、＿＿＿＿＿＿＿＿＿＿＿＿＿＿＿＿（注2）を代理人と定め、下記の事項に関する一切の権限を委任します。

記

1．次の要項による登記申請に関すること
　　(1) 登記原因証明情報：平成○年○月○日付け登記原因証明情報（根抵当権変更）(注3)
　　(2) 登記の目的：根抵当権変更
2．上記申請の登記識別情報の暗号化に関すること（注4）
3．上記申請の登記完了証の受領に関すること（注5）
4．上記申請に関する資格証明情報その他の添付情報の原本還付手続に関すること（注5）
5．上記申請の登録免許税還付金の代理受領に関すること（注6）

以　上

（注1）　Ⅳ根抵当権譲渡および変更契約証書（全部譲渡）とは別に、Ⅴ－2登記原因証明情報（根抵当権変更）を作成し、これを登記原因証明情報（不登法第61条）として提供する場合に、登記義務者が作成する委任状の書式である。管轄登記所が複数となるケースにおいて、委任状の原本還付を受けるときは、他の申請についても委任したことが明らかな内容とする必要がある。
（注2）　代理人の住所ならびに氏名または名称を記載する。
（注3）　登記所に提供する登記原因証明情報の作成日およびその名称を記載する。
（注4）　登記識別情報の暗号化（電子申請においてオンラインで登記識別情報を提供すること）には特別の授権が必要であるため、このように記載する。
（注5）　これらの事項には特別の授権を必要としないが、委任事項を明確にするため、このように記載する。
（注6）　登記申請の取下げ・却下・過誤納付に伴う還付金の代理受領については特別の授権が必要であるため、このように記載する。

Ⅵ－2－1　登記用委任状（全部譲渡）（登記権利者用／Ⅳを登記原因証明情報として提供する場合）(注1)

委　任　状

平成　　年　　月　　日

住　所　　東京都○区○町一丁目2番3号
登記権利者　株式会社甲野銀行
　　　　　　代表取締役　甲野太郎　㊞
　　　　　　（取扱店　○支店）

私は、＿＿＿＿＿＿＿＿＿＿＿＿＿＿＿＿(注2)を代理人と定め、下記の事項に関する一切の権限を委任します。

記

1．次の要項による登記申請に関すること
　　(1) 登記原因証明情報：平成○年○月○日付け根抵当権譲渡および変更契約証書（全部譲渡）
　　　　(注3)
　　(2) 登記の目的：根抵当権移転
2．上記申請の登記識別情報の受領に関すること（注4）
3．上記申請の登記完了証の受領に関すること（注5）
4．上記申請に関する契約証書、資格証明情報その他の添付情報の原本還付手続に関すること（注5）
5．上記申請の登録免許税還付金の代理受領に関すること（注6）

以　上

(注1)　Ⅳ根抵当権譲渡および変更契約証書（全部譲渡）を根抵当権全部譲渡の登記原因証明情報（不登法第61条）として提供する場合に、登記権利者が作成する委任状の書式である。管轄登記所が複数となるケースにおいて、委任状の原本還付を受けるときは、他の申請についても委任したことが明らかな内容とする必要がある。
(注2)　代理人の住所ならびに氏名または名称を記載する。
(注3)　登記所に提供する契約証書の締結日およびその名称を記載する。
(注4)　登記識別情報の受領には特別の授権が必要であるため、このように記載する。なお、電子申請においてオンラインで登記識別情報を受領することを「復号」といい、この方法による受領には特別の授権が必要であるため、これについても委任する場合は、「上記申請の登記識別情報の受領・復号に関すること」のように記載する。
(注5)　これらの事項には特別の授権を必要としないが、委任事項を明確にするため、このように記載する。
(注6)　登記申請の取下げ・却下・過誤納付に伴う還付金の代理受領については特別の授権が必要であるため、このように記載する。

Ⅵ-2-2　登記用委任状（根抵当権変更）（登記権利者用／Ⅳを登記原因証明情報として提供する場合）（注1）

委 任 状

平成　年　月　日

住　所　　　東京都○区○町一丁目2番3号
登記権利者　株式会社甲野銀行
　　　　　　代表取締役　甲野太郎　　㊞

私は、＿＿＿＿＿＿＿＿＿＿＿＿＿＿＿＿（注2）を代理人と定め、下記の事項に関する一切の権限を委任します。

記

1．次の要項による登記申請に関すること
　(1) 登記原因証明情報：平成○年○月○日付け根抵当権譲渡および変更契約証書（全部譲渡）
　　　（注3）
　(2) 登記の目的：根抵当権変更
2．上記申請の登記完了証の受領に関すること（注4）
3．上記申請に関する契約証書、資格証明情報その他の添付情報の原本還付手続に関すること（注4）
4．上記申請の登録免許税還付金の代理受領に関すること（注5）

以　上

（注1）　Ⅳ根抵当権譲渡および変更契約証書（全部譲渡）を根抵当権変更の登記原因証明情報（不登法第61条）として提供する場合に、登記権利者が作成する委任状の書式である。管轄登記所が複数となるケースにおいて、委任状の原本還付を受けるときは、他の申請についても委任したことが明らかな内容とする必要がある。
（注2）　代理人の住所ならびに氏名または名称を記載する。
（注3）　登記所に提供する契約証書の締結日およびその名称を記載する。
（注4）　これらの事項には特別の授権を必要としないが、委任事項を明確にするため、このように記載する。
（注5）　登記申請の取下げ・却下・過誤納付に伴う還付金の代理受領については特別の授権が必要であるため、このように記載する。

Ⅵ-2-3　登記用委任状（全部譲渡）（登記権利者用／Ⅴ-1を登記原因証明情報として提供する場合）(注1)

委　任　状

平成　　年　　月　　日

　　　　　　住　所　　　東京都○区○町一丁目2番3号
　　　　　　登記権利者　株式会社甲野銀行
　　　　　　　　　　　　代表取締役　甲野太郎　　　　㊞
　　　　　　　　　　　　（取扱店　○支店）

私は、＿＿＿＿＿＿＿＿＿＿＿＿＿＿＿（注2）を代理人と定め、下記の事項に関する一切の権限を委任します。

記

1．次の要項による登記申請に関すること
　　(1)登記原因証明情報：平成○年○月○日付け登記原因証明情報（根抵当権移転）(注3)
　　(2)登記の目的：根抵当権移転
2．上記申請の登記識別情報の受領に関すること（注4）
3．上記申請の登記完了証の受領に関すること（注5）
4．上記申請に関する資格証明情報その他の添付情報の原本還付手続に関すること（注5）
5．上記申請の登録免許税還付金の代理受領に関すること（注6）

以　上

(注1)　Ⅳ根抵当権譲渡および変更契約証書（全部譲渡）とは別に、Ⅴ-1登記原因証明情報（根抵当権移転）を作成し、これを登記原因証明情報（不登法第61条）として提供する場合に、登記権利者が作成する委任状の書式である。管轄登記所が複数となるケースにおいて、委任状の原本還付を受けるときは、他の申請についても委任したことが明らかな内容とする必要がある。
(注2)　代理人の住所ならびに氏名または名称を記載する。
(注3)　登記所に提供する登記原因証明情報の作成日およびその名称を記載する。
(注4)　登記識別情報の受領には特別の授権が必要であるため、このように記載する。なお、電子申請においてオンラインで登記識別情報を受領することを「復号」といい、この方法による受領には特別の授権が必要であるため、これについても委任する場合は、「上記申請の登記識別情報の受領・復号に関すること」のように記載する。
(注5)　これらの事項には特別の授権を必要としないが、委任事項を明確にするため、このように記載する。
(注6)　登記申請の取下げ・却下・過誤納付に伴う還付金の代理受領については特別の授権が必要であるため、このように記載する。

Ⅵ－2－4　登記用委任状（根抵当権変更）（登記権利者用／Ⅴ－2を登記原因証明情報として提供する場合）(注1)

委　任　状

　　　　　　　　　　　　　　　　　　　　　　　　　平成　　年　　月　　日

　　　　　　　　　住　所　　　東京都○区○町一丁目2番3号
　　　　　　　　　登記権利者　株式会社甲野銀行
　　　　　　　　　　　　　　　代表取締役　甲野太郎　　　　㊞

私は、＿＿＿＿＿＿＿＿＿＿＿＿＿＿＿＿(注2)を代理人と定め、下記の事項に関する一切の権限を委任します。

　　　　　　　　　　　　　　　　記

1．次の要項による登記申請に関すること
　　(1) 登記原因証明情報：平成○年○月○日付け登記原因証明情報（根抵当権変更）(注3)
　　(2) 登記の目的：根抵当権変更
2．上記申請の登記完了証の受領に関すること (注4)
3．上記申請に関する資格証明情報その他の添付情報の原本還付手続に関すること (注4)
4．上記申請の登録免許税還付金の代理受領に関すること (注5)

　　　　　　　　　　　　　　　　　　　　　　　　　　　　　　以　上

(注1)　Ⅳ根抵当権譲渡および変更契約証書（全部譲渡）とは別に、Ⅴ－2登記原因証明情報（根抵当権変更）を作成し、これを登記原因証明情報（不登法第61条）として提供する場合に、登記権利者が作成する委任状の書式である。管轄登記所が複数となるケースにおいて、委任状の原本還付を受けるときは、他の申請についても委任したことが明らかな内容とする必要がある。
(注2)　代理人の住所ならびに氏名または名称を記載する。
(注3)　登記所に提供する登記原因証明情報の作成日およびその名称を記載する。
(注4)　これらの事項には特別の授権を必要としないが、委任事項を明確にするため、このように記載する。
(注5)　登記申請の取下げ・却下・過誤納付に伴う還付金の代理受領については特別の授権が必要であるため、このように記載する。

55　根抵当権の相互譲渡（変更なし）

I　ケース概要

　丙川銀行は、債務者乙野商事宛て融資の担保として乙野商事所有の土地および建物につき第1順位の共同根抵当権の設定を、甲野銀行は同様に第3順位の共同根抵当権の設定を受けていたが、甲野銀行および丙川銀行の協議の結果、第1順位の根抵当権は甲野銀行に、第3順位の根抵当権は丙川銀行にそれぞれ譲渡することとなった。

II　書式作成上の留意点

① 　根抵当権者間において確定前の根抵当権を相互に譲渡する場合の書式である。譲渡人と譲受人が合意し根抵当権設定者の承諾を得ることにより、根抵当権者間においてそれぞれの根抵当権が相手方に移転する登記原因が生じる。

② 　上記のようなケースでは第2順位抵当権者の同意も含めた全順位者の同意を取得したうえで順位変更を行うことが実務上は多いものの、何らかの事情により中間順位の抵当権者の同意を取得せずに対応する必要がある場合、相互譲渡によれば、譲渡当事者間のみの合意で根抵当権の順位を絶対的に入れ替えることが可能である。

③ 　このケースでは第2順位抵当権をはさんで、第1順位根抵当権と第3順位根抵当権を入れ替えることとなるが、相互に分割譲渡を行えば対等の内容とすることも可能である。

④ 　根抵当権の譲渡に関する一般的な留意点については、No.53およびNo.54を、分割譲渡については、No.56およびNo.57を参照されたい。

⑤ 　管轄登記所が複数となるケースでは、印鑑証明書およびV登記原因証明情報（根抵当権移転）は、登記所ごとに（複数）必要となる。当該申請のためにのみ作成したVI登記用委任状も同様であり、これらは原本還付を受けることができないとされている。

III　必要書類・費用一覧

　根抵当権の譲渡に関する必要書類・費用一覧については、個別の該当する各項目を参照されたい。

Ⅳ 根抵当権相互譲渡契約証書

<table><tr><td>（印紙）
（注1）</td></tr></table>

根抵当権相互譲渡契約証書
（相互譲渡）

平成　年　月　日

住　所	東京都〇区〇町一丁目2番3号	
（甲）	株式会社甲野銀行	
	代表取締役　甲野太郎	㊞
	（取扱店　〇支店）	
住　所	東京都〇区〇町三丁目2番1号	
（乙）	株式会社丙川銀行	
	代表取締役　丙川三郎	㊞
	（取扱店　〇支店）	
住　所	東京都〇区〇町四丁目5番6号	
（丙）	株式会社乙野商事	
	代表取締役　乙野次郎	㊞

　甲、乙および丙は、甲および乙の有する以下の根抵当権を相互に全部譲渡する契約を締結しました。

[甲保有の根抵当権の表示]

1．登記	平成〇年〇月〇日東京法務局〇出張所受付第〇号（注2）
2．物件	後記物件の表示記載のとおり

[乙保有の根抵当権の表示]

1．登記	平成〇年〇月〇日東京法務局〇出張所受付第〇号（注2）
2．物件	後記物件の表示記載のとおり

物件の表示	所有者
所　在　東京都〇区〇町一丁目 地　番　1番1	株式会社乙野商事

地　　目　宅地 地　　積　○○○.○○㎡ 所　　在　東京都○区○町一丁目1番地1 家屋番号　1番1 種　　類　居宅 構　　造　木造セメントかわらぶき平家建 床 面 積　○○.○○㎡	株式会社乙野商事

第1条（甲から乙に対する全部譲渡）(注3)(注4)(注5)

　　甲は、乙に対し、前記「甲保有の根抵当権の表示」記載の確定前の根抵当権を全部譲渡しました。

第2条（乙から甲に対する全部譲渡）

　　乙は、甲に対し、前記「乙保有の根抵当権の表示」記載の確定前の根抵当権を全部譲渡しました。

第3条（根抵当権設定者の承諾）

　　丙は、第1条および第2条による根抵当権の全部譲渡について、異議なく承諾しました。

第4条（登記義務）

　　甲および乙は、第1条および第2条による根抵当権全部譲渡登記手続を遅滞なく行います。

第5条（適用条項）

　　丙は、この契約について、既に締結した根抵当権設定契約のほか、丙が甲および乙に差し入れた取引約定書および被担保債権の成立・変更等に係る約定書ならびに丙が甲および乙に今後差し入れるこれらの約定書記載の各条項の適用があることを承認します。また、丙は、甲または乙より申出のあった場合は、ただちにこの契約による根抵当権の適用条項を明確化するための約定書を提出します。

以　上

(注1)　この文書は、印紙税法上の課税文書には該当しない。
(注2)　対象となる登記について、登記所および受付日ならびに受付番号で特定する。
(注3)　分割譲渡または一部譲渡によって相互譲渡することも可能である。
(注4)　相互譲渡の対象となる根抵当権の極度額が異なる場合であっても、分割譲渡を利用することで同額の極度額の相互譲渡を行うことができる。
(注5)　相互譲渡における費用負担は、個別事情を踏まえて別途規定する。

V−1　登記原因証明情報－甲から乙に対する全部譲渡（根抵当権移転）(注1)

登記原因証明情報
兼 根抵当権設定者の承諾書
（ 根 抵 当 権 移 転 ）

平成　年　月　日

東京法務局　○出張所　御中

	住　所	東京都○区○町一丁目2番3号
	登記義務者(注2)	株式会社甲野銀行
		代表取締役　甲野太郎　　㊞
	住　所	東京都○区○町四丁目5番6号
	承諾者(注3)	株式会社乙野商事
		代表取締役　乙野次郎　　㊞

　登記義務者（根抵当権譲渡人）および承諾者（根抵当権設定者）は、本件登記の原因となる事実または法律行為が下記1.記載のとおりであること、およびこれに基づき現に下記2.記載の内容を登記要項とする物権変動が生じたことを証明します。

　なお、承諾者（根抵当権設定者）は、下記1.記載の契約において本件全部譲渡について承諾しました。

1．登記の原因となる事実または法律行為

(1)	契約証書名および締結年月日	平成○年○月○日付け根抵当権相互譲渡契約証書（相互譲渡）(注4)		
(2)	契約当事者	根抵当権譲渡人	株式会社甲野銀行	
		根抵当権譲受人	株式会社丙川銀行	
		根抵当権設定者	株式会社乙野商事	

2．登記申請情報の要項

(1) 登記の目的	根抵当権移転
(2) 移転する根抵当権	平成○年○月○日受付第○号
(3) 原因	平成○年○月○日譲渡(注5)

(4)	登記権利者 （根抵当権譲受人）(注6)	東京都〇区〇町三丁目2番1号 株式会社丙川銀行（取扱店〇支店）
(5)	登記義務者 （根抵当権者譲渡人） (注2)	東京都〇区〇町一丁目2番3号 株式会社甲野銀行
(6)	不動産の表示	後記のとおり

不動産の表示

所　　在　東京都〇区〇町一丁目
地　　番　1番1
地　　目　宅地
地　　積　〇〇〇.〇〇㎡

所　　在　東京都〇区〇町一丁目1番地1
家屋番号　1番1
種　　類　居宅
構　　造　木造セメントかわらぶき平家建
床 面 積　〇〇.〇〇㎡

以　上

(注1) Ⅳ根抵当権相互譲渡契約証書とは別に、Ⅴ登記原因証明情報（根抵当権移転）を作成する場合の書式である。契約証書とは異なり、登記用に作成された書面の原本還付を受けることはできないため、管轄登記所が複数となるケースでは、登記所ごとに（複数）作成する必要がある。その内容は同文面とし、すべての物件を記載する。
(注2) 登記義務者は、根抵当譲渡人となる。
(注3) 承諾者は、根抵当権設定者となる。
(注4) Ⅳ契約証書の名称および締結年月日を記載する。
(注5) 全部譲渡の効力発生年月日を記載する。
(注6) 登記権利者は、根抵当権譲受人となる。

V－2　登記原因証明情報－乙から甲に対する全部譲渡（根抵当権移転）(注1)

登記原因証明情報
兼 根抵当権設定者の承諾書
（根 抵 当 権 移 転）

平成　　年　　月　　日

東京法務局　○出張所 御中

住　所	東京都○区○町三丁目2番1号
登記義務者(注2)	株式会社丙川銀行
	代表取締役　丙川三郎　　　　㊞
住　所	東京都○区○町四丁目5番6号
承諾者(注3)	株式会社乙野商事
	代表取締役　乙野次郎　　　　㊞

　登記義務者（根抵当権譲渡人）および承諾者（根抵当権設定者）は、本件登記の原因となる事実または法律行為が下記1.記載のとおりであること、およびこれに基づき現に下記2.記載の内容を登記要項とする物権変動が生じたことを証明します。
　なお、承諾者（根抵当権設定者）は、下記1.記載の契約において本件全部譲渡について承諾しました。

1．登記の原因となる事実または法律行為

(1)	契約証書名および締結年月日	平成○年○月○日付け根抵当権相互譲渡契約証書（相互譲渡）(注4)
(2)	契約当事者	根抵当権譲渡人	株式会社丙川銀行
		根抵当権譲受人	株式会社甲野銀行
		根抵当権設定者	株式会社乙野商事

2．登記申請情報の要項

(1)	登記の目的	根抵当権移転
(2)	移転する根抵当権	平成○年○月○日受付第○号
(3)	原因	平成○年○月○日譲渡(注5)

(4)	登記権利者 （根抵当権譲受人）（注6）	東京都〇区〇町一丁目2番3号 株式会社甲野銀行（取扱店〇支店）
(5)	登記義務者 （根抵当権者譲渡人） （注2）	東京都〇区〇町三丁目2番1号 株式会社丙川銀行
(6)	不動産の表示	後記のとおり

不動産の表示

所　　在　東京都〇区〇町一丁目
地　　番　1番1
地　　目　宅地
地　　積　〇〇〇.00㎡

所　　在　東京都〇区〇町一丁目1番地1
家屋番号　1番1
種　　類　居宅
構　　造　木造セメントかわらぶき平家建
床 面 積　〇〇.00㎡

以　上

(注1)　Ⅳ根抵当権相互譲渡契約証書とは別に、Ⅴ登記原因証明情報（根抵当権移転）を作成する場合の書式である。契約証書とは異なり、登記用に作成された書面の原本還付を受けることはできないため、管轄登記所が複数となるケースでは、登記所ごとに（複数）作成する必要がある。その内容は同文面とし、すべての物件を記載する。
(注2)　登記義務者は、根抵当権譲渡人となる。
(注3)　承諾者は、根抵当権設定者となる。
(注4)　Ⅳ契約証書の名称および締結年月日を記載する。
(注5)　全部譲渡の効力発生年月日を記載する。
(注6)　登記権利者は、根抵当権譲受人となる。

Ⅵ−1−1　登記用委任状（全部譲渡）（登記義務者用／Ⅳを登記原因証明情報として提供する場合）(注1)

委　任　状

平成　年　月　日

　　　　住　所　　東京都〇区〇町三丁目2番1号
　　　　登記義務者　株式会社丙川銀行
　　　　　　　　　　代表取締役　丙川三郎　　　㊞

私は、＿＿＿＿＿＿＿＿＿＿＿＿＿＿＿＿（注2）を代理人と定め、下記の事項に関する一切の権限を委任します。

記

1．次の要項による登記申請に関すること
　　(1) 登記原因証明情報：平成〇年〇月〇日付け根抵当権相互譲渡契約証書（相互譲渡）（注3）
　　(2) 登記の目的：根抵当権移転
2．上記申請の登記識別情報の暗号化に関すること（注4）
3．上記申請の登記完了証の受領に関すること（注5）
4．上記申請に関する契約証書、資格証明情報その他の添付情報の原本還付手続に関すること（注5）
5．上記申請の登録免許税還付金の代理受領に関すること（注6）

以　上

(注1)　Ⅳ根抵当権相互譲渡契約証書（相互譲渡）を根抵当権全部譲渡の登記原因証明情報（不登法第61条）として提供する場合に、登記義務者が作成する委任状の書式である。管轄登記所が複数となるケースにおいて、委任状の原本還付を受けるときは、他の申請についても委任したことが明らかな内容とする必要がある。
(注2)　代理人の住所ならびに氏名または名称を記載する。
(注3)　登記所に提供する契約証書の締結日およびその名称を記載する。
(注4)　登記識別情報の暗号化（電子申請においてオンラインで登記識別情報を提供すること）には特別の授権が必要であるため、このように記載する。
(注5)　これらの事項には特別の授権を必要としないが、委任事項を明確にするため、このように記載する。
(注6)　登記申請の取下げ・却下・過誤納付に伴う還付金の代理受領については特別の授権が必要であるため、このように記載する。

Ⅵ-1-2　登記用委任状（全部譲渡）（登記義務者用／Ⅳを登記原因証明情報として提供する場合）(注1)

委　任　状

平成　　年　　月　　日

　　　住　所　　　東京都〇区〇町一丁目2番3号
　　　登記義務者　株式会社甲野銀行
　　　　　　　　　代表取締役　甲野太郎　　㊞

私は、＿＿＿＿＿＿＿＿＿＿＿＿＿＿＿＿(注2)を代理人と定め、下記の事項に関する一切の権限を委任します。

記

1．次の要項による登記申請に関すること
　　(1) 登記原因証明情報：平成〇年〇月〇日付け根抵当権相互譲渡契約証書（相互譲渡）(注3)
　　(2) 登記の目的：根抵当権移転
2．上記申請の登記識別情報の暗号化に関すること(注4)
3．上記申請の登記完了証の受領に関すること(注5)
4．上記申請に関する契約証書、資格証明情報その他の添付情報の原本還付手続に関すること(注5)
5．上記申請の登録免許税還付金の代理受領に関すること(注6)

以　上

(注1)　Ⅳ根抵当権相互譲渡契約証書（相互譲渡）を根抵当権全部譲渡の登記原因証明情報（不登法第61条）として提供する場合に、登記義務者が作成する委任状の書式である。管轄登記所が複数となるケースにおいて、委任状の原本還付を受けるときは、他の申請についても委任したことが明らかな内容とする必要がある。
(注2)　代理人の住所ならびに氏名または名称を記載する。
(注3)　登記所に提供する契約証書の締結日およびその名称を記載する。
(注4)　登記識別情報の暗号化（電子申請においてオンラインで登記識別情報を提供すること）には特別の授権が必要であるため、このように記載する。
(注5)　これらの事項には特別の授権を必要としないが、委任事項を明確にするため、このように記載する。
(注6)　登記申請の取下げ・却下・過誤納付に伴う還付金の代理受領については特別の授権が必要であるため、このように記載する。

Ⅵ－2－1　登記用委任状（全部譲渡）（登記義務者用／Ⅴ－2を登記原因証明情報として提供する場合）（注1）

委 任 状

平成　　年　　月　　日

住　所　　　東京都○区○町三丁目2番1号
登記義務者　株式会社丙川銀行
　　　　　　代表取締役　丙川三郎　　　㊞

私は、_____（注2）を代理人と定め、下記の事項に関する一切の権限を委任します。

記

1．次の要項による登記申請に関すること
　　(1) 登記原因証明情報：平成○年○月○日付け登記原因証明情報（根抵当権移転）（注3）
　　(2) 登記の目的：根抵当権移転
2．上記申請の登記識別情報の暗号化に関すること（注4）
3．上記申請の登記完了証の受領に関すること（注5）
4．上記申請に関する資格証明情報その他の添付情報の原本還付手続に関すること（注5）
5．上記申請の登録免許税還付金の代理受領に関すること（注6）

以　上

（注1）　Ⅳ根抵当権相互譲渡契約証書（相互譲渡）とは別に、Ⅴ－2登記原因証明情報（根抵当権移転）を作成し、これを登記原因証明情報（不登法第61条）として提供する場合に、登記義務者が作成する委任状の書式である。管轄登記所が複数となるケースにおいて、委任状の原本還付を受けるときは、他の申請についても委任したことが明らかな内容とする必要がある。
（注2）　代理人の住所ならびに氏名または名称を記載する。
（注3）　登記所に提供する登記原因証明情報の作成日およびその名称を記載する。
（注4）　登記識別情報の暗号化（電子申請においてオンラインで登記識別情報を提供すること）には特別の授権が必要であるため、このように記載する。
（注5）　これらの事項には特別の授権を必要としないが、委任事項を明確にするため、このように記載する。
（注6）　登記申請の取下げ・却下・過誤納付に伴う還付金の代理受領については特別の授権が必要であるため、このように記載する。

Ⅵ－2－2　登記用委任状（全部譲渡）（登記義務者用／Ⅴ－1登記原因証明情報として提供する場合）(注1)

委　任　状

平成　　年　　月　　日

　　　　住　所　　東京都○区○町一丁目2番3号
　　　　登記義務者　株式会社甲野銀行
　　　　　　　　　　代表取締役　甲野太郎　　㊞

私は、＿＿＿＿＿＿＿＿＿＿＿＿＿＿(注2)を代理人と定め、下記の事項に関する一切の権限を委任します。

記

1．次の要項による登記申請に関すること
　(1) 登記原因証明情報：平成○年○月○日付け登記原因証明情報（根抵当権移転）(注3)
　(2) 登記の目的：根抵当権移転
2．上記申請の登記識別情報の暗号化に関すること (注4)
3．上記申請の登記完了証の受領に関すること (注5)
4．上記申請に関する資格証明情報その他の添付情報の原本還付手続に関すること (注5)
5．上記申請の登録免許税還付金の代理受領に関すること (注6)

以　上

(注1)　Ⅳ根抵当権相互譲渡契約証書（相互譲渡）とは別に、Ⅴ－1登記原因証明情報（根抵当権移転）を作成し、これを登記原因証明情報（不登法第61条）として提供する場合に、登記義務者が作成する委任状の書式である。管轄登記所が複数となるケースにおいて、委任状の原本還付を受けるときは、他の申請についても委任したことが明らかな内容とする必要がある。
(注2)　代理人の住所ならびに氏名または名称を記載する。
(注3)　登記所に提供する登記原因証明情報の作成日およびその名称を記載する。
(注4)　登記識別情報の暗号化（電子申請においてオンラインで登記識別情報を提供すること）には特別の授権が必要であるため、このように記載する。
(注5)　これらの事項には特別の授権を必要としないが、委任事項を明確にするため、このように記載する。
(注6)　登記申請の取下げ・却下・過誤納付に伴う還付金の代理受領については特別の授権が必要であるため、このように記載する。

Ⅵ－3－1　登記用委任状（全部譲渡）（登記権利者用／Ⅳを登記原因証明情報として提供する場合）(注1)

委　任　状

平成　　年　　月　　日

　　　　　　　　住　所　　　東京都○区○町三丁目2番1号
　　　　　　　　登記権利者　株 式 会 社 丙 川 銀 行
　　　　　　　　　　　　　　代表取締役　丙 川 三 郎　　　　㊞
　　　　　　　　　　　　　　（取扱店　○支店）

私は、＿＿＿＿＿＿＿＿＿＿＿＿＿＿＿＿(注2)を代理人と定め、下記の事項に関する一切の権限を委任します。

記

1．次の要項による登記申請に関すること
　　(1) 登記原因証明情報：平成○年○月○日付け根抵当権相互譲渡契約証書（相互譲渡）(注3)
　　(2) 登記の目的：根抵当権移転
2．上記申請の登記識別情報の受領に関すること(注4)
3．上記申請の登記完了証の受領に関すること(注5)
4．上記申請に関する契約証書、資格証明情報その他の添付情報の原本還付手続に関すること(注5)
5．上記申請の登録免許税還付金の代理受領に関すること(注6)

以　上

(注1)　Ⅳ根抵当権相互譲渡契約証書（相互譲渡）を根抵当権全部譲渡の登記原因証明情報（不登法第61条）として提供する場合に、登記権利者が作成する委任状の書式である。管轄登記所が複数となるケースにおいて、委任状の原本還付を受けるときは、他の申請についても委任したことが明らかな内容とする必要がある。
(注2)　代理人の住所ならびに氏名または名称を記載する。
(注3)　登記所に提供する契約証書の締結日およびその名称を記載する。
(注4)　登記識別情報の受領には特別の授権が必要であるため、このように記載する。なお、電子申請においてオンラインで登記識別情報を受領することを「復号」といい、この方法による受領には特別の授権が必要であるため、これについても委任する場合は、「上記申請の登記識別情報の受領・復号に関すること」のように記載する。
(注5)　これらの事項には特別の授権を必要としないが、委任事項を明確にするため、このように記載する。
(注6)　登記申請の取下げ・却下・過誤納付に伴う還付金の代理受領については特別の授権が必要であるため、このように記載する。

Ⅵ－3－2　登記用委任状（全部譲渡）（登記権利者用／Ⅳを登記原因証明情報として提供する場合）(注1)

委　任　状

平成　　年　　月　　日

　　　　住　所　　　東京都○区○町一丁目2番3号
　　　　登記権利者　株式会社甲野銀行
　　　　　　　　　　代表取締役　甲野太郎　　　㊞
　　　　　　　　　　（取扱店　○支店）

私は、＿＿＿＿＿＿＿＿＿＿＿＿＿＿＿(注2)を代理人と定め、下記の事項に関する一切の権限を委任します。

記

1．次の要項による登記申請に関すること
　　(1) 登記原因証明情報：平成○年○月○日付け根抵当権相互譲渡契約証書（相互譲渡）(注3)
　　(2) 登記の目的：根抵当権移転
2．上記申請の登記識別情報の受領に関すること(注4)
3．上記申請の登記完了証の受領に関すること(注5)
4．上記申請に関する契約証書、資格証明情報その他の添付情報の原本還付手続に関すること(注5)
5．上記申請の登録免許税還付金の代理受領に関すること(注6)

以　上

(注1)　Ⅳ根抵当権相互譲渡契約証書（相互譲渡）を根抵当権全部譲渡の登記原因証明情報（不登法第61条）として提供する場合に、登記権利者が作成する委任状の書式である。管轄登記所が複数となるケースにおいて、委任状の原本還付を受けるときは、他の申請についても委任したことが明らかな内容とする必要がある。
(注2)　代理人の住所ならびに氏名または名称を記載する。
(注3)　登記所に提供する契約証書の締結日およびその名称を記載する。
(注4)　登記識別情報の受領には特別の授権が必要であるため、このように記載する。なお、電子申請においてオンラインで登記識別情報を受領することを「復号」といい、この方法による受領には特別の授権が必要であるため、これについても委任する場合は、「上記申請の登記識別情報の受領・復号に関すること」のように記載する。
(注5)　これらの事項には特別の授権を必要としないが、委任事項を明確にするため、このように記載する。
(注6)　登記申請の取下げ・却下・過誤納付に伴う還付金の代理受領については特別の授権が必要であるため、このように記載する。

Ⅵ−4−1　登記用委任状（全部譲渡）（登記権利者用／Ⅴ−2登記原因証明情報として提供する場合）(注1)

委　任　状

平成　　年　　月　　日

住　所　　　東京都○区○町三丁目2番1号
登記権利者　株式会社丙川銀行
　　　　　　代表取締役　丙川三郎　　　㊞
　　　　　　（取扱店　○支店）

私は、_____(注2)を代理人と定め、下記の事項に関する一切の権限を委任します。

記

1．次の要項による登記申請に関すること
　　(1) 登記原因証明情報：平成○年○月○日付け登記原因証明情報（根抵当権移転）(注3)
　　(2) 登記の目的：根抵当権移転
2．上記申請の登記識別情報の受領に関すること（注4）
3．上記申請の登記完了証の受領に関すること（注5）
4．上記申請に関する資格証明情報その他の添付情報の原本還付手続に関すること（注5）
5．上記申請の登録免許税還付金の代理受領に関すること（注6）

以　上

(注1)　Ⅳ根抵当権相互譲渡契約証書（相互譲渡）とは別に、Ⅴ−2登記原因証明情報（根抵当権移転）を作成し、これを登記原因証明情報（不登法第61条）として提供する場合に、登記権利者が作成する委任状の書式である。管轄登記所が複数となるケースにおいて、委任状の原本還付を受けるときは、他の申請についても委任したことが明らかな内容とする必要がある。
(注2)　代理人の住所ならびに氏名または名称を記載する。
(注3)　登記所に提供する登記原因証明情報の作成日およびその名称を記載する。
(注4)　登記識別情報の受領には特別の授権が必要であるため、このように記載する。なお、電子申請においてオンラインで登記識別情報を受領することを「復号」といい、この方法による受領には特別の授権が必要であるため、これについても委任する場合は、「上記申請の登記識別情報の受領・復号に関すること」のように記載する。
(注5)　これらの事項には特別の授権を必要としないが、委任事項を明確にするため、このように記載する。
(注6)　登記申請の取下げ・却下・過誤納付に伴う還付金の代理受領については特別の授権が必要であるため、このように記載する。

Ⅵ-4-2　登記用委任状（全部譲渡）（登記権利者用／Ⅴ-1登記原因証明情報として提供する場合）(注1)

委　任　状

平成　　年　　月　　日

　　　　住　所　　　東京都〇区〇町一丁目2番3号
　　　　登記権利者　株式会社甲野銀行
　　　　　　　　　　代表取締役　甲野太郎　　　㊞
　　　　　　　　　　（取扱店　〇支店）

私は、＿＿＿＿＿＿＿＿＿＿＿＿＿＿＿（注2）を代理人と定め、下記の事項に関する一切の権限を委任します。

記

1．次の要項による登記申請に関すること
　　(1) 登記原因証明情報：平成〇年〇月〇日付け登記原因証明情報（根抵当権移転）(注3)
　　(2) 登記の目的：根抵当権移転
2．上記申請の登記識別情報の受領に関すること（注4）
3．上記申請の登記完了証の受領に関すること（注5）
4．上記申請に関する資格証明情報その他の添付情報の原本還付手続に関すること（注5）
5．上記申請の登録免許税還付金の代理受領に関すること（注6）

以　上

(注1)　Ⅳ根抵当権相互譲渡契約証書（相互譲渡）とは別に、Ⅴ-1登記原因証明情報（根抵当権移転）を作成し、これを登記原因証明情報（不登法第61条）として提供する場合に、登記権利者が作成する委任状の書式である。管轄登記所が複数となるケースにおいて、委任状の原本還付を受けるときは、他の申請についても委任したことが明らかな内容とする必要がある。
(注2)　代理人の住所ならびに氏名または名称を記載する。
(注3)　登記所に提供する登記原因証明情報の作成日およびその名称を記載する。
(注4)　登記識別情報の受領には特別の授権が必要であるため、このように記載する。なお、電子申請においてオンラインで登記識別情報を受領することを「復号」といい、この方法による受領には特別の授権が必要であるため、これについても委任する場合は、「上記申請の登記識別情報の受領・復号に関すること」のように記載する。
(注5)　これらの事項には特別の授権を必要としないが、委任事項を明確にするため、このように記載する。
(注6)　登記申請の取下げ・却下・過誤納付に伴う還付金の代理受領については特別の授権が必要であるため、このように記載する。

2　分割譲渡

56　根抵当権の分割譲渡（変更事項のない場合）

I　ケース概要

　丙川銀行は、債務者乙野商事宛て融資の担保として乙野商事所有の土地および建物につき共同根抵当権の設定を受けていたが、甲野銀行および丙川銀行の協議の結果、丙川銀行から甲野銀行に対して当該確定前の根抵当権を2個に分割してその一方を譲渡することとなった。

II　書式作成上の留意点

① 確定前の根抵当権を2個に分割し、その一方を譲渡する場合の書式である。譲受人は現在設定されている根抵当権とは別個かつ同順位により、また設定登記の半額の登録免許税で根抵当権を取得することができる。
　譲渡人と譲受人が合意し、根抵当権設定者および利害関係人があるときはその承諾を得ることにより、根抵当権分割譲渡の登記原因が生じる。

② 元本の確定前においては、根抵当権者は根抵当権設定者の承諾を得て、その根抵当権を2個に分割し、その一方を譲渡することができる（民法第398条の12第1項・第2項）。同時に3個以上に分割することはできず、3個以上に分割する場合は、順次行う必要がある。

③ 分割譲渡する根抵当権については転抵当権、被担保債権の差押等が消滅することから、これらの利害関係人があるときはその承諾が必要となる（民法第398条の12第3項）。

④ 共同担保の場合、全ての物件について分割譲渡の登記をしないと、分割譲渡の効力が生じない（民法第398条の17第1項）。

⑤ 担保保存義務が免責されていない法定代位権者がいる場合、その者の承諾を得ることを検討する。

⑥ 根抵当権の分割譲渡とともに譲渡人から根抵当権の被担保債権を譲り受けた場合において、当該債権を担保させるときは、被担保債権の範囲を変更（譲り受けた債権を特定債権として被担保債権の範囲に追加）してその登記を行う必要がある。

⑦ 根抵当権設定者または利害関係人の承諾が分割譲渡の合意より後の日である場合、登記原因は（最も遅い）承諾の日となる。

⑧ 根抵当権譲渡契約とは別にV登記原因証明情報（根抵当権分割譲渡）を作成し、登記原因証明情報（不登法第61条）として登記所に提供することができる。

⑨ 根抵当権の分割譲渡による根抵当権移転登記は、根抵当権譲受人が登記権利者となり、根抵当権譲渡人が登記義務者となって行う。

⑩ 根抵当権譲渡人につき、根抵当権に係る登記識別情報（登記済証）が、根抵当権設定者

（承諾者）につき印鑑証明書が必要となる。なお、登記完了後は、双方に登記完了証が交付され、登記権利者には登記識別情報が通知される。

⑪ 管轄登記所が複数となるケースでは、印鑑証明書およびⅤ登記原因証明情報（根抵当権分割譲渡）は、登記所ごとに（複数）必要となる。当該申請のためにのみ作成したⅥ登記用委任状も同様であり、これらは原本還付を受けることができないとされている。

Ⅲ 必要書類・費用一覧

書　　　類	書類上の関係者
□ 根抵当権譲渡契約証書	根抵当権譲渡人、根抵当権譲受人、債務者、根抵当権設定者
□ 登記原因証明情報兼承諾書	根抵当権譲渡人、根抵当権設定者
□ 委任状（登記義務者用）	根抵当権譲渡人
□ 委任状（登記権利者用）	根抵当権譲受人
□ 登記識別情報（登記済証）	根抵当権譲渡人
□ 会社法人等番号（注）	根抵当権譲渡人、根抵当権譲受人、根抵当権設定者
□ 印鑑証明書	根抵当権設定者
□ 登録免許税	分割譲渡に係る極度額の1,000分の2

（注）　不登令等の改正により、平成27年11月2日から、会社・法人の代表者等の資格を証する情報の提供（添付）に代え、登記申請情報に商業登記法第7条の会社法人等番号を記録または記載することとなった。ただし、法人登記手続中となるなどの場合を考慮し、例外的に、作成後1か月以内の資格証明情報（登記事項証明書）を提供（添付）することも認められている。

Ⅳ 根抵当権譲渡契約証書

```
（印紙）
（注1）
```

　　　　　　　　　　根抵当権譲渡契約証書
　　　　　　　　　　　　（分　割　譲　渡）

　　　　　　　　　　　　　　　　　　　　　　　平成　　年　　月　　日

　　　　　　　住　　所　　　東京都〇区〇町三丁目2番1号
　　　　　　　根抵当権譲渡人　株式会社丙川銀行
　　　　　　　　　　　　　　　代表取締役　丙川三郎　　　　㊞

　　　　　　　住　　所　　　東京都〇区〇町一丁目2番3号
　　　　　　　根抵当権譲受人　株式会社甲野銀行

	代表取締役　甲　野　太　郎	印
	（取扱店　○支店）	
住　所	東京都○区○町四丁目5番6号	
債務者	株式会社乙野商事	
根抵当権設定者	代表取締役　乙　野　次　郎	印
住　所		
根抵当権設定者		

（注2）

　根抵当権譲渡人、根抵当権譲受人、債務者および根抵当権設定者は、次のとおり根抵当権の分割譲渡契約を締結しました。

[分割譲渡の要項]（注3）

1．分割前の極度額	○円
2．分割譲渡する極度額	○円

[根抵当権の表示]

1．登記	平成○年○月○日東京法務局○出張所受付第○号（注4）
2．物件	後記物件の表示記載のとおり

物件の表示	所有者
所　　在　東京都○区○町一丁目 地　　番　1番1 地　　目　宅地 地　　積　○○○.00㎡	株式会社乙野商事
所　　在　東京都○区○町一丁目1番地1 家屋番号　1番1 種　　類　居宅 構　　造　木造セメントかわらぶき平家建 床 面 積　○○.00㎡	株式会社乙野商事

第1条（分割譲渡）（注5）

　根抵当権譲渡人は、根抵当権譲受人に対し、前記「根抵当権の表示」記載の確定前の根抵当権を前記「分割譲渡の要項」記載のとおり、分割譲渡しました。

第2条（根抵当権設定者等の承諾）(注6)

　　根抵当権設定者および債務者は、第1条による根抵当権の分割譲渡について、異議なく承諾しました。

第3条（登記義務）

　　根抵当権譲渡人および根抵当権譲受人は、第1条による根抵当権分割譲渡登記手続を遅滞なく行います。

第4条（費用負担）(注7)

　　本契約締結に係る費用および本契約に基づく登記費用その他関連する費用は、債務者および根抵当権設定者が連帯して負担し、根抵当権譲受人が支払った金額についてはただちに支払います。

第5条（適用条項）(注8)

① 根抵当権設定者および債務者は、この契約について、根抵当権譲渡人との間に締結した根抵当権設定契約において根抵当権者に対する義務に係る各条項、および債務者が根抵当権譲受人に差し入れた取引約定書および被担保債権の成立、変更等に係る約定書ならびに今後差し入れるこれらの約定書記載の各条項の適用があることを承認します。

② 根抵当権設定者および債務者は、根抵当権譲受人より申出のあった場合は、ただちにこの契約による根抵当権の適用条項を明確化するための約定書を提出します。

以　上

(注1)　この文書は、印紙税法上の課税文書には該当しない。
(注2)　債務者以外の第三者が根抵当権設定者の場合は、この欄に署名（記名）捺印させる。
(注3)　分割前の極度額と分割して譲渡する極度額を記載する。
(注4)　対象となる登記について、登記所および受付日ならびに受付番号で特定する。
(注5)　根抵当権譲渡人と根抵当権譲受人の分割譲渡の合意を記載している。
(注6)　民法第398条の12第2項に関する根抵当権設定者の承諾である。根抵当権設定者が譲渡の承諾をした旨の記載および根抵当権設定者の署名押印（実印）がある譲渡契約書を登記所に提供するときは、別途設定者の承諾書を作成しなくてよい。
(注7)　本契約における各種費用について債務者および根抵当権設定者が負担する例を記載している。
(注8)　担保保存義務のほか、根抵当権者に対する義務については原根抵当権設定契約の条項が適用されるとし、譲受人が求めた場合は、譲受人が使用している設定契約の条項を用いるなどして、適用条項を整備することがあるとしている。

V　登記原因証明情報（根抵当権分割譲渡）(注1)

登記原因証明情報
兼 根抵当権設定者の承諾書
（根抵当権分割譲渡）

平成　　年　　月　　日

東京法務局　　○出張所 御中

　　　　　　　　住　　所　　　　東京都○区○町三丁目2番1号
　　　　　　　　登記義務者(注2)　株式会社丙川銀行
　　　　　　　　　　　　　　　　代表取締役　丙川三郎　　㊞

　　　　　　　　住　　所　　　　東京都○区○町四丁目5番6号
　　　　　　　　承諾者(注3)　　　株式会社乙野商事
　　　　　　　　　　　　　　　　代表取締役　乙野次郎　　㊞

　登記義務者（根抵当権譲渡人）および承諾者（根抵当権設定者）は、本件登記の原因となる事実または法律行為が下記1.記載のとおりであること、およびこれに基づき現に下記2.記載の内容を登記要項とする物権変動が生じたことを証明します。
　なお、承諾者（根抵当権設定者）は、下記1.記載の契約において本件分割譲渡について承諾しました。

1．登記の原因となる事実または法律行為

(1)	契約証書名および締結年月日	平成○年○月○日付け根抵当権譲渡契約証書（分割譲渡）(注4)	
(2)	契約当事者	根抵当権譲渡人	株式会社丙川銀行
		根抵当権譲受人	株式会社甲野銀行
		根抵当権設定者	株式会社乙野商事

2．登記申請情報の要項

(1)	登記の目的	根抵当権分割譲渡
(2)	原因	平成○年○月○日分割譲渡(注5)

(3)	**根抵当権の表示**(注6)	平成○年○月○日受付第○号 原因　平成○年○月○日設定 極度額　金○円 （分割後の原根抵当権の極度額金○円） 債権の範囲　銀行取引・手形債権・小切手債権・電子記録債権 債務者　東京都○区○町四丁目5番6号 　　　　株式会社乙野商事
(4)	登記権利者 （根抵当権譲受人）(注7)	東京都○区○町一丁目2番3号 株式会社甲野銀行（取扱店○支店）
(5)	登記義務者 （根抵当権譲渡人）(注2)	東京都○区○町三丁目2番1号 株式会社丙川銀行
(6)	不動産の表示	後記のとおり

物件の表示
所　　在　東京都○区○町一丁目 地　　番　1番1 地　　目　宅地 地　　積　○○○.○○㎡ 所　　在　東京都○区○町一丁目1番地1 家屋番号　1番1 種　　類　居宅 構　　造　木造セメントかわらぶき平家建 床 面 積　○○.○○㎡

以　上

- （注1）　Ⅳ根抵当権譲渡契約証書とは別に、Ⅴ登記原因証明情報（根抵当権分割譲渡）を作成する場合の書式である。この情報は、登記の原因となる事実または法律行為のほか、登記事項（および物件表示）を登記義務者が確認して署名（または記名捺印）したものでなくてはならない。証書とは異なり、登記用に作成された書面の原本還付を受けることはできないため、管轄登記所が複数となるケースでは、登記所ごとに（複数）作成する必要がある。その内容は同文面とし、すべての物件を記載する。
- （注2）　登記義務者は、根抵当権譲渡人となる。
- （注3）　承諾者は、根抵当権設定者となる。
- （注4）　Ⅳ契約証書の名称および締結年月日を記載する。
- （注5）　分割譲渡の効力発生年月日を記載する。
- （注6）　原根抵当権の登録事項を複写する登記となる。ただし極度額は分割譲渡に係るものである。この登記により、原根抵当権の極度額を減額する職権登記が行われるが、この要項を注記する実務である。
- （注7）　登記権利者は、根抵当権譲受人となる。

Ⅵ−1−1　登記用委任状（登記義務者用／Ⅳを登記原因証明情報として提供する場合）(注1)

委　任　状

平成　　年　　月　　日

　　　　　　　住　所　　　東京都〇区〇町三丁目2番1号
　　　　　　　登記義務者　株式会社丙川銀行
　　　　　　　　　　　　　代表取締役　丙川三郎　　　㊞

私は、＿＿＿＿＿＿＿＿＿＿＿＿＿＿＿（注2）を代理人と定め、下記の事項に関する一切の権限を委任します。

記

1．次の要項による登記申請に関すること
　　(1) 登記原因証明情報：平成〇年〇月〇日付け根抵当権譲渡契約証書（分割譲渡）(注3)
　　(2) 登記の目的：根抵当権分割譲渡
2．上記申請の登記識別情報の暗号化に関すること（注4）
3．上記申請の登記完了証の受領に関すること（注5）
4．上記申請に関する契約証書、資格証明情報その他の添付情報の原本還付手続に関すること（注5）
5．上記申請の登録免許税還付金の代理受領に関すること（注6）

以　上

(注1)　Ⅳ根抵当権譲渡契約証書（分割譲渡）を登記原因証明情報（不登法第61条）として提供する場合に、登記義務者が作成する委任状の書式である。管轄登記所が複数となるケースにおいて、委任状の原本還付を受けるときは、他の申請についても委任したことが明らかな内容とする必要がある。
(注2)　代理人の住所ならびに氏名または名称を記載する。
(注3)　登記所に提供する契約証書の締結日およびその名称を記載する。
(注4)　登記識別情報の暗号化（電子申請においてオンラインで登記識別情報を提供すること）には特別の授権が必要であるため、このように記載する。
(注5)　これらの事項には特別の授権を必要としないが、委任事項を明確にするため、このように記載する。
(注6)　登記申請の取下げ・却下・過誤納付に伴う還付金の代理受領については特別の授権が必要であるため、このように記載する。

Ⅵ－1－2　登記用委任状（登記義務者用／Ⅴを登記原因証明情報として提供する場合）(注1)

委　任　状

平成　　年　　月　　日

　　　住　所　　東京都○区○町三丁目2番1号
　　　登記義務者　株式会社　丙川銀行
　　　　　　　　　代表取締役　丙川三郎　　　　㊞

私は、＿＿＿＿＿＿＿＿＿＿＿＿＿＿＿＿（注2）を代理人と定め、下記の事項に関する一切の権限を委任します。

記

1．次の要項による登記申請に関すること
　(1) 登記原因証明情報：平成○年○月○日付け登記原因証明情報（根抵当権分割譲渡）(注3)
　(2) 登記の目的：根抵当権分割譲渡
2．上記申請の登記識別情報の暗号化に関すること（注4）
3．上記申請の登記完了証の受領に関すること（注5）
4．上記申請に関する資格証明情報その他の添付情報の原本還付手続に関すること（注5）
5．上記申請の登録免許税還付金の代理受領に関すること（注6）

以　上

(注1)　Ⅳ根抵当権譲渡契約証書（分割譲渡）とは別に、Ⅴ登記原因証明情報（根抵当権分割譲渡）を作成し、これを登記原因証明情報（不登法第61条）として提供する場合に、登記義務者が作成する委任状の書式である。管轄登記所が複数となるケースにおいて、委任状の原本還付を受けるときは、他の申請についても委任したことが明らかな内容とする必要がある。
(注2)　代理人の住所ならびに氏名または名称を記載する。
(注3)　登記所に提供する登記原因証明情報の作成日およびその名称を記載する。
(注4)　登記識別情報の暗号化（電子申請においてオンラインで登記識別情報を提供すること）には特別の授権が必要であるため、このように記載する。
(注5)　これらの事項には特別の授権を必要としないが、委任事項を明確にするため、このように記載する。
(注6)　登記申請の取下げ・却下・過誤納付に伴う還付金の代理受領については特別の授権が必要であるため、このように記載する。

Ⅵ−2−1　登記用委任状（登記権利者用／Ⅳを登記原因証明情報として提供する場合）(注1)

委　任　状

平成　年　月　日

　　　　　住　所　　　東京都○区○町一丁目2番3号
　　　　　登記権利者　株式会社甲野銀行
　　　　　　　　　　　代表取締役　甲野太郎　　㊞
　　　　　　　　　　　（取扱店　○支店）

私は、＿＿＿＿＿＿＿＿＿＿＿＿＿＿＿＿＿＿（注2）を代理人と定め、下記の事項に関する一切の権限を委任します。

記

1．次の要項による登記申請に関すること
　　(1) 登記原因証明情報：平成○年○月○日付け根抵当権譲渡契約証書（分割譲渡）(注3)
　　(2) 登記の目的：根抵当権分割譲渡
2．上記申請の登記識別情報の受領に関すること（注4）
3．上記申請の登記完了証の受領に関すること（注5）
4．上記申請に関する契約証書、資格証明情報その他の添付情報の原本還付手続に関すること（注5）
5．上記申請の登録免許税還付金の代理受領に関すること（注6）

以　上

(注1)　Ⅳ根抵当権譲渡契約証書（分割譲渡）を登記原因証明情報（不登法第61条）として提供する場合に、登記権利者が作成する委任状の書式である。管轄登記所が複数となるケースにおいて、委任状の原本還付を受けるときは、他の申請についても委任したことが明らかな内容とする必要がある。
(注2)　代理人の住所ならびに氏名または名称を記載する。
(注3)　登記所に提供する契約証書の締結日およびその名称を記載する。
(注4)　登記識別情報の受領には特別の授権が必要であるため、このように記載する。なお、電子申請においてオンラインで登記識別情報を受領することを「復号」といい、この方法による受領には特別の授権が必要であるため、これについても委任する場合は、「上記申請の登記識別情報の受領・復号に関すること」のように記載する。
(注5)　これらの事項には特別の授権を必要としないが、委任事項を明確にするため、このように記載する。
(注6)　登記申請の取下げ・却下・過誤納付に伴う還付金の代理受領については特別の授権が必要であるため、このように記載する。

Ⅵ－2－2　登記用委任状（登記権利者用／Ⅴを登記原因証明情報として提供する場合）(注1)

委　任　状

平成　　年　　月　　日

　　　　住　所　　　東京都○区○町一丁目2番3号
　　　　登記権利者　株式会社甲野銀行
　　　　　　　　　　代表取締役　甲野太郎　　　㊞
　　　　　　　　　　（取扱店　○支店）

私は、＿＿＿＿＿＿＿＿＿＿＿＿＿＿＿＿（注2）を代理人と定め、下記の事項に関する一切の権限を委任します。

記

1．次の要項による登記申請に関すること
　　(1) 登記原因証明情報：平成○年○月○日付け登記原因証明情報（根抵当権分割譲渡）(注3)
　　(2) 登記の目的：根抵当権分割譲渡
2．上記申請の登記識別情報の受領に関すること（注4）
3．上記申請の登記完了証の受領に関すること（注5）
4．上記申請に関する資格証明情報その他の添付情報の原本還付手続に関すること（注5）
5．上記申請の登録免許税還付金の代理受領に関すること（注6）

以　上

(注1)　Ⅳ根抵当権譲渡契約証書（分割譲渡）とは別に、Ⅴ登記原因証明情報（根抵当権分割譲渡）を作成し、これを登記原因証明情報（不登法第61条）として提供する場合に、登記権利者が作成する委任状の書式である。管轄登記所が複数となるケースにおいて、委任状の原本還付を受けるときは、他の申請についても委任したことが明らかな内容とする必要がある。
(注2)　代理人の住所ならびに氏名または名称を記載する。
(注3)　登記所に提供する登記原因証明情報の作成日およびその名称を記載する。
(注4)　登記識別情報の受領には特別の授権が必要であるため、このように記載する。なお、電子申請においてオンラインで登記識別情報を受領することを「復号」といい、この方法による受領には特別の授権が必要であるため、これについても委任する場合は、「上記申請の登記識別情報の受領・復号に関すること」のように記載する。
(注5)　これらの事項には特別の授権を必要としないが、委任事項を明確にするため、このように記載する。
(注6)　登記申請の取下げ・却下・過誤納付に伴う還付金の代理受領については特別の授権が必要であるため、このように記載する。

57 根抵当権の分割譲渡（変更事項のある場合）

I ケース概要

丙川ファイナンスは、債務者乙野商事宛て融資の担保として乙野商事所有の土地および建物につき共同根抵当権の設定を受けていたが、甲野銀行および丙川ファイナンスの協議の結果、丙川ファイナンスから甲野銀行に対して当該確定前の根抵当権を2個に分割してその一方を譲渡し、分割譲渡に係る根抵当権につき甲野銀行と乙野商事の取引に即した変更を行うこととなった。

II 書式作成上の留意点

① 確定前の根抵当権を2個に分割し、その一方を譲渡するとともに、分割譲渡に係る根抵当権について変更する場合の書式である。譲受人は現在設定されている根抵当権とは別個かつ同順位により、また設定登記の半額の登録免許税で根抵当権を取得することができる。
　譲渡人と譲受人が合意し、根抵当権設定者および利害関係人があるときはその承諾を得ることにより、根抵当権分割譲渡の登記原因が生じる。また分割譲渡に係る根抵当権につき譲受人と根抵当権設定者が合意することにより、根抵当権変更の登記原因が生じる。

② 元本の確定前においては、根抵当権者は根抵当権設定者の承諾を得て、その根抵当権を2個に分割し、その一方を譲渡することができる（民法第398条の12第1項・第2項）。同時に3個以降に分割することはできず、3個以上に分割する場合は、順次行う必要がある。

③ 分割譲渡する根抵当権については転抵当権、被担保債権の差押等が消滅することから、これらの利害関係人があるときはその承諾が必要となる（民法第398条の12第3項）。

④ 共同担保の場合、全ての物件について分割譲渡・根抵当権変更の登記をしないと、分割譲渡・変更の効力が生じない（民法第398条の17第1項）。

⑤ 担保保存義務が免責されていない法定代位権者がいる場合、その者の承諾を得ることを検討する。

⑥ 根抵当権の分割譲渡とともに譲渡人から根抵当権の被担保債権を譲り受けた場合において、当該債権を担保させるときは、被担保債権の範囲を変更（譲り受けた債権を特定債権として被担保債権の範囲に追加）してその登記を行う必要がある。

⑦ 根抵当権設定者または利害関係人の承諾が分割譲渡の合意より後の日である場合、登記原因は（最も遅い）承諾の日となる。

⑧ 根抵当権譲渡および変更契約証書とは別にV登記原因証明情報を作成し、登記原因証明情報（不登法第61条）として登記所に提供することができる。

⑨ 根抵当権の分割譲渡の登記は、根抵当権譲受人が登記権利者となり、根抵当権譲渡人が登記義務者となって行う。根抵当権の変更登記は根抵当権者に不利なものを除き、根抵当権譲受人が登記権利者となり、根抵当権設定者が登記義務者となって行う。

⑩ 根抵当権分割譲渡人につき根抵当権に係る登記識別情報（登記済証）が、根抵当権設定者につき所有権取得に係る登記識別情報（登記済証）および印鑑証明書が必要となる。なお、登記完了後は、それぞれに登記完了証が交付され、根抵当権分割譲渡の登記権利者には登記識別情報が通知される。

⑪ 管轄登記所が複数となるケースでは、印鑑証明書およびⅤ登記原因証明情報は、登記所ごとに（複数）必要となる。当該申請のためにのみ作成したⅥ登記用委任状も同様であり、これらは原本還付を受けることができないとされている。

Ⅲ－1　必要書類・費用一覧（分割譲渡）

書　類	書類上の関係者
□　根抵当権譲渡および変更契約証書	根抵当権譲渡人、根抵当権譲受人、債務者、根抵当権設定者
□　登記原因証明情報兼承諾書	根抵当権譲渡人、根抵当権設定者
□　委任状（登記義務者用）	根抵当権譲渡人
□　委任状（登記権利者用）	根抵当権譲受人
□　登記識別情報（登記済証）	根抵当権譲渡人
□　会社法人等番号（注）	根抵当権譲渡人、根抵当権譲受人、根抵当権設定者
□　印鑑証明書	根抵当権設定者
□　登録免許税	分離譲渡に係る極度額の1,000分の2

（注）不登令等の改正により、平成27年11月2日から、会社・法人の代表者等の資格を証する情報の提供（添付）に代え、登記申請情報に商業登記法第7条の会社法人等番号を記録または記載することとなった。ただし、法人登記手続中となるなどの場合を考慮し、例外的に、作成後1か月以内の資格証明情報（登記事項証明書）を提供（添付）することも認められている。

Ⅲ－2　必要書類・費用一覧（被担保債権の範囲の変更）

書　類	書類上の関係者
□　根抵当権譲渡および変更契約証書	根抵当権譲渡人、根抵当権譲受人、債務者、根抵当権設定者
□　登記原因証明情報	根抵当権設定者
□　委任状（登記義務者用）	根抵当権設定者
□　委任状（登記権利者用）	根抵当権譲受人
□　登記識別情報（登記済証）	根抵当権設定者
□　会社法人等番号（注）	根抵当権譲受人、根抵当権設定者

☐ 印鑑証明書	根抵当権設定者
☐ 登録免許税	不動産1個につき1,000円

(注) 不登令等の改正により、平成27年11月2日から、会社・法人の代表者等の資格を証する情報の提供（添付）に代え、登記申請情報に商業登記法第7条の会社法人等番号を記録または記載することとなった。ただし、法人登記手続中となるなどの場合を考慮し、例外的に、作成後1か月以内の資格証明情報（登記事項証明書）を提供（添付）することも認められている。

Ⅳ－1　根抵当権譲渡および変更契約証書

（印紙）
（注1）

根抵当権譲渡および変更契約証書
（分割譲渡）

平成　　年　　月　　日

住　所　　　　東京都○区○町三丁目2番1号
根抵当権譲渡人　株式会社丙川ファイナンス
　　　　　　　　代表取締役　丙川三郎　　㊞

住　所　　　　東京都○区○町一丁目2番3号
根抵当権譲受人　株式会社甲野銀行
　　　　　　　　代表取締役　甲野太郎　　㊞
　　　　　　　（取扱店　○支店）

住　所　　　　東京都○区○町四丁目5番6号
債務者　　　　株式会社乙野商事
根抵当権設定者　代表取締役　乙野次郎　　㊞

住　所
根抵当権設定者
(注2)

　根抵当権譲渡人、根抵当権譲受人、債務者および根抵当権設定者は、次のとおり根抵当権の分割譲渡および変更契約を締結しました。

[分割譲渡の要項]　(注3)

1．分割前の極度額	○円

2．分割譲渡する極度額	○円

[根抵当権の表示]

1．登記	平成○年○月○日東京法務局○出張所受付第○号 (注4)
2．物件	後記物件の表示記載のとおり

[根抵当権の変更の要項]

1．変更する項目	被担保債権の範囲
2．変更前の定め	① 債務者との金銭消費貸借取引により生じる一切の債権 ② 当社が第三者から取得する手形上・小切手上の債権 ③ 電子記録債権
3．変更後の定め	① 債務者との銀行取引により生じる一切の債権 ② 銀行が第三者から取得する手形上・小切手上の債権 ③ 電子記録債権

物件の表示	所有者
所　　在　東京都○区○町一丁目 地　　番　1番1 地　　目　宅地 地　　積　○○○.00㎡	株式会社乙野商事
所　　在　東京都○区○町一丁目1番地1 家屋番号　1番1 種　　類　居宅 構　　造　木造セメントかわらぶき平家建 床 面 積　○○.00㎡	株式会社乙野商事

第1条（分割譲渡）(注5)

　　根抵当権譲渡人は、根抵当権譲受人に対し、前記「根抵当権の表示」記載の確定前の根抵当権を前記「分割譲渡の要項」記載のとおり、分割譲渡しました。

第2条（根抵当権の変更）(注6)

　　根抵当権譲受人および根抵当権設定者は、第1条により根抵当権譲受人に分割譲渡された根抵当権を前記「根抵当権の変更の要項」記載のとおり変更しました。

第3条（根抵当権設定者等の承諾）(注7)

　　根抵当権設定者および債務者は、第1条による根抵当権の分割譲渡および前条による根抵当権の変更について、異議なく承諾しました。

第4条（登記義務）

① 根抵当権譲渡人および根抵当権譲受人は、第1条による根抵当権分割譲渡登記手続を遅滞なく行います。

② 根抵当権譲受人および根抵当権設定者は、第2条による根抵当権変更登記手続を遅滞なく行います。

第5条（費用負担）(注8)

本契約締結に係る費用および本契約に基づく登記費用その他関連する費用は、債務者および根抵当権設定者が連帯して負担し、根抵当権譲受人が支払った金額についてはただちに支払います。

第6条（適用条項）(注9)

① 根抵当権設定者および債務者は、この契約について、根抵当権譲渡人との間に締結した根抵当権設定契約において根抵当権者に対する義務に係る各条項、および債務者が根抵当権譲受人に差し入れた取引約定書および被担保債権の成立、変更等に係る約定書ならびに根抵当権譲受人に今後差し入れるこれらの約定書記載の各条項の適用があることを承認します。

② 根抵当権設定者および債務者は、根抵当権譲受人より申出のあった場合は、ただちにこの契約による根抵当権の適用条項を明確化するための約定書を提出します。

以　上

(注1)　この文書は、印紙税法上の課税文書には該当しない。
(注2)　債務者以外の第三者が根抵当権設定者の場合は、この欄に署名（記名）捺印させる。
(注3)　分割譲渡前の極度額と分割の対象となる極度額を記載する。
(注4)　対象となる登記について、登記所および受付日ならびに受付番号で特定する。
(注5)　根抵当権譲渡人と根抵当権譲受人の分割譲渡の合意を記載している。
(注6)　根抵当権譲受人と根抵当権設定者との根抵当権変更（本例では被担保債権の範囲の変更）に関する合意を記載している。
(注7)　民法第398条の12第2項に関する根抵当権設定者の承諾である。根抵当権設定者が譲渡の承諾をした旨の記載および根抵当権設定者の署名押印（実印）がある譲渡契約書を登記所に提供するときは、別途設定者の承諾書と作成しなくてよい。
(注8)　本契約における各種費用について債務者および根抵当権設定者が負担する例を記載している。
(注9)　担保保存義務のほか、根抵当権者に対する義務については原根抵当権設定契約の条項が適用されるとし、譲受人が求めた場合は、譲受人に使用している設定契約の条項を用いるなどして、適用条項を整備することがあるとしている。

Ⅳ-2 承諾書

承　諾　書

平成　年　月　日（注1）

根抵当権者（注2）

株式会社丙川ファイナンス　御中

（利害関係人）
東京都○区○町六丁目5番4号
株式会社丁野商事
代表取締役　丁野四郎　　㊞

　私は、以下の根抵当権について転抵当権の設定を受けていますが、以下の根抵当権について、貴社が、極度額○円の根抵当権を分割し、これを株式会社甲野銀行に譲渡することについて承諾します。

［根抵当権の表示］

1．登記	平成○年○月○日東京法務局○出張所受付第○号（注3）
2．物件	後記物件の表示記載のとおり

物件の表示	所有者
所　在　東京都○区○町一丁目 地　番　1番1 地　目　宅地 地　積　○○○.00㎡	株式会社乙野商事
所　在　東京都○区○町一丁目1番地1 家屋番号　1番1 種　類　居宅 構　造　木造セメントかわらぶき平家建 床面積　○○.00㎡	株式会社乙野商事

以　上

（注1）　利害関係人が承諾をした日を記載する。
（注2）　根抵当権者を記載する。
（注3）　対象となる登記について、登記所および受付日ならびに受付番号で特定する。

Ⅴ－1　登記原因証明情報－分割譲渡（根抵当権分割譲渡）(注1)

登記原因証明情報
兼 根抵当権設定者の承諾書
（根 抵 当 権 分 割 譲 渡）

平成　　年　　月　　日

東京法務局　○出張所 御中

　　　　　　　住　所　　　東京都○区○町三丁目2番1号
　　　　　　　登記義務者(注2)　株式会社丙川ファイナンス
　　　　　　　　　　　　　代表取締役　丙川三郎　　　　㊞

　　　　　　　住　所　　　東京都○区○町四丁目5番6号
　　　　　　　承諾者(注3)　　株式会社乙野商事
　　　　　　　　　　　　　代表取締役　乙野次郎　　　　㊞

　登記義務者（根抵当権譲渡人）および承諾者（根抵当権設定者）は、本件登記の原因となる事実または法律行為が下記1．記載のとおりであること、およびこれに基づき現に下記2．記載の内容を登記要項とする物権変動が生じたことを証明します。
　なお、承諾者（根抵当権設定者）は、下記1．記載の契約において本件分割譲渡について承諾しました。

1．登記の原因となる事実または法律行為

(1)	契約証書名および締結年月日	平成○年○月○日付け根抵当権譲渡および変更契約証書（分割譲渡）(注4)	
(2)	契約当事者	根抵当権譲渡人	株式会社丙川ファイナンス
		根抵当権譲受人	株式会社甲野銀行
		根抵当権設定者	株式会社乙野商事

2．登記申請情報の要項

(1)	登記の目的	根抵当権分割譲渡
(2)	原因	平成○年○月○日分割譲渡(注5)

(3)	**根抵当権の表示**（注6）	平成○年○月○日受付第○号 原因　平成○年○月○日設定 極度額　金○円 （分割後の原根抵当権の極度額金○円） 債権の範囲　金銭消費貸借取引・手形債権・小切手債権・電子記録債権 債務者　東京都○区○町四丁目5番6号 　　　　株式会社乙野商事
(4)	登記権利者 （根抵当権譲受人）（注7）	東京都○区○町一丁目2番3号 株式会社甲野銀行（取扱店○支店）
(5)	登記義務者 （根抵当権譲渡人）（注2）	東京都○区○町三丁目2番1号 株式会社丙川ファイナンス
(6)	不動産の表示	後記のとおり

物件の表示
所　　在　東京都○区○町一丁目 地　　番　1番1 地　　目　宅地 地　　積　○○○.○○㎡ 所　　在　東京都○区○町一丁目1番地1 家屋番号　1番1 種　　類　居宅 構　　造　木造セメントかわらぶき平家建 床面積　○○.○○㎡

以　上

- （注1）　Ⅳ－1根抵当権譲渡および変更契約証書とは別に、Ⅴ－1登記原因証明情報（根抵当権分割譲渡）を作成する場合の書式である。この情報は、登記の原因となる事実または法律行為のほか、登記事項（および契約物件表示）を登記義務者が確認して署名（または記名捺印）したものでなくてはならない。契約証書とは異なり、登記用に作成された書面の原本還付を受けることはできないため、管轄登記所が複数となるケースでは、登記所ごとに（複数）作成する必要がある。その内容は同文面とし、すべての物件を記載する。
- （注2）　登記義務者は、根抵当権譲渡人となる。
- （注3）　承諾者は、根抵当権設定者となる。
- （注4）　Ⅳ契約証書の名称および締結年月日を記載する。
- （注5）　分割譲渡の効力発生年月日を記載する。
- （注6）　原根抵当権の登記事項を複写する登記となる。ただし、極度額は分割譲渡に係るものである。この登記により、原根抵当権の極度額を減額する職権登記が行われるが、この要項を注記する実務である。
- （注7）　登記権利者は、根抵当権譲受人となる。

Ⅴ－2　登記原因証明情報（根抵当権変更）(注1)

登記原因証明情報
（根抵当権変更）

平成　年　月　日

東京法務局　○出張所　御中

住　所	東京都○区○町四丁目5番6号	
登記義務者(注2)	株式会社乙野商事	
	代表取締役　乙野次郎	㊞

　登記義務者（根抵当権設定者）は、本件登記の原因となる事実または法律行為が下記1．記載のとおりであること、およびこれに基づき現に下記2．記載の内容を登記要項とする登記内容の変更が生じたことを証明します。

1．登記の原因となる事実または法律行為

(1)	契約証書名および締結年月日	平成○年○月○日付け根抵当権譲渡および変更契約証書（分割譲渡）(注3)	
(2)	契約当事者	根抵当権譲渡人	株式会社丙川ファイナンス
		根抵当権譲受人	株式会社甲野銀行
		根抵当権設定者	株式会社乙野商事

2．登記申請情報の要項

(1)	登記の目的	根抵当権変更
(2)	変更する根抵当権	平成○年○月○日受付第○号（い）(注4)
(3)	原因	平成○年○月○日変更(注5)
(4)	変更後の事項	債権の範囲　銀行取引・手形債権・小切手債権・電子記録債権(注6)
(5)	登記権利者 （根抵当権者）(注7)	東京都○区○町一丁目2番3号 株式会社甲野銀行
(6)	登記義務者 （根抵当権設定者）(注2)	東京都○区○町四丁目5番6号 株式会社乙野商事

(7) 不動産の表示	後記のとおり

物件の表示
所　　在　東京都〇区〇町一丁目 地　　番　1番1 地　　目　宅地 地　　積　〇〇〇.〇〇㎡ 所　　在　東京都〇区〇町一丁目1番地1 家屋番号　1番1 種　　類　居宅 構　　造　木造セメントかわらぶき平家建 床　面　積　〇〇.〇〇㎡
以　上

（注1）　Ⅳ－1根抵当権譲渡および変更契約証書とは別に、V－2登記原因証明情報（根抵当権変更）を作成する場合の書式である。この情報は、登記の原因となる事実または法律行為のほか、登記事項（および物件表示）を登記義務者が確認して署名（または記名捺印）したものでなくてはならない。証書とは異なり、登記用に作成された書面の原本還付を受けることはできないため、管轄登記所が複数となるケースでは、登記所ごとに（複数）作成する必要がある。その内容は同文面とし、すべての物件を記載する。
（注2）　登記義務者は、根抵当権設定者となる。
（注3）　Ⅳ契約証書の名称および締結年月日を記載する。
（注4）　分割譲渡の登記は、分割元の根抵当権と同じ順位番号（同順位）となるので、分割元には（あ）、分割先には（い）という符号が付されている。
（注5）　根抵当権変更の効力発生年月日を記載する。
（注6）　変更後の債権の範囲（全部）をこのように記載する。
（注7）　登記権利者は、根抵当権者となる。

Ⅵ－1－1　登記用委任状（分割譲渡）（登記義務者用／Ⅳ－1を登記原因証明情報として提供する場合）（注1）

委　任　状

平成　　年　　月　　日

住　所　　東京都〇区〇町三丁目2番1号
登記義務者　株式会社丙川ファイナンス
　　　　　　代表取締役　丙川三郎　　㊞
連絡先　担当部署　〇〇部／担当者名　〇〇　〇〇
電話番号　〇〇－〇〇〇〇－〇〇〇〇

私は、＿＿＿＿＿＿＿＿＿＿＿（注2）を代理人と定め、下記の事項に関する一切の権限を

委任します。

記

1．次の要項による登記申請に関すること
　　(1) 登記原因証明情報：平成○年○月○日付け根抵当権譲渡および変更契約証書（分割譲渡）
　　　　(注3)
　　(2) 登記の目的：根抵当権分割譲渡
2．上記申請の登記識別情報の暗号化に関すること（注4）
3．上記申請の登記完了証の受領に関すること（注5）
4．上記申請に関する契約証書、資格証明情報その他の添付情報の原本還付手続に関すること（注5）
5．上記申請の登録免許税還付金の代理受領に関すること（注6）

以　上

(注1)　Ⅳ－1根抵当権譲渡および変更契約証書（分割譲渡）を根抵当権分割譲渡の登記原因証明情報（不登法第61条）として提供する場合に、登記義務者が作成する委任状の書式である。管轄登記所が複数となるケースにおいて、委任状の原本還付を受けるときは、他の申請についても委任したことが明らかな内容とする必要がある。
(注2)　代理人の住所ならびに氏名または名称を記載する。
(注3)　登記所に提供する契約証書の締結日およびその名称を記載する。
(注4)　登記識別情報の暗号化（電子申請においてオンラインで登記識別情報を提供すること）には特別の授権が必要であるため、このように記載する。
(注5)　これらの事項には特別の授権を必要としないが、委任事項を明確にするため、このように記載する。
(注6)　登記申請の取下げ・却下・過誤納付に伴う還付金の代理受領については特別の授権が必要であるため、このように記載する。

Ⅵ－1－2　登記用委任状（根抵当権変更）（登記義務者用／Ⅳ－1を登記原因証明情報として提供する場合）(注1)

委　任　状

平成　　年　　月　　日

住　所　　東京都○区○町四丁目5番6号
登記義務者　株式会社乙野商事
　　　　　　代表取締役　乙野次郎　　　㊞

連絡先　担当部署 ○○部／担当者名 ○○ ○○
電話番号 ○○－○○○○－○○○○

私は、＿＿＿＿＿＿＿＿＿＿＿＿＿＿＿＿(注2)を代理人と定め、下記の事項に関する一切の権限を委任します。

記

1．次の要項による登記申請に関すること

　　　　(1) 登記原因証明情報：平成○年○月○日付け根抵当権譲渡および変更契約証書（分割譲渡）
　　　　　　(注3)
　　　　(2) 登記の目的：根抵当権変更
　２．上記申請の登記識別情報の暗号化に関すること（注4）
　３．上記申請の登記完了証の受領に関すること（注5）
　４．上記申請に関する契約証書、資格証明情報その他の添付情報の原本還付手続に関すること（注5）
　５．上記申請の登録免許税還付金の代理受領に関すること（注6）

以　上

（注1）　Ⅳ-1根抵当権譲渡および変更契約証書（分割譲渡）を根抵当権変更の登記原因証明情報（不登法第61条）として提供する場合に、登記義務者が作成する委任状の書式である。管轄登記所が複数となるケースにおいて、委任状の原本還付を受けるときは、他の申請についても委任したことが明らかな内容とする必要がある。
（注2）　代理人の住所ならびに氏名または名称を記載する。
（注3）　登記所に提供する契約証書の締結日およびその名称を記載する。
（注4）　登記識別情報の暗号化（電子申請においてオンラインで登記識別情報を提供すること）には特別の授権が必要であるため、このように記載する。
（注5）　これらの事項には特別の授権を必要としないが、委任事項を明確にするため、このように記載する。
（注6）　登記申請の取下げ・却下・過誤納付に伴う還付金の代理受領については特別の授権が必要であるため、このように記載する。

Ⅵ-1-3　登記用委任状（分割譲渡）（登記義務者用／Ⅴ-1を登記原因証明情報として提供する場合）（注1）

委　任　状

平成　　年　　月　　日

住　所　　　　東京都○区○町三丁目2番1号
登記義務者　　株式会社丙川ファイナンス
　　　　　　　代表取締役　丙川三郎　　㊞
連絡先　担当部署　○○部／担当者名　○○　○○
電話番号　○○-○○○○-○○○○

私は、＿＿＿＿＿＿＿＿＿＿＿＿＿＿（注2）を代理人と定め、下記の事項に関する一切の権限を委任します。

記

　１．次の要項による登記申請に関すること
　　　　(1) 登記原因証明情報：平成○年○月○日付け登記原因証明情報（根抵当権分割譲渡）（注3）
　　　　(2) 登記の目的：根抵当権分割譲渡
　２．上記申請の登記識別情報の暗号化に関すること（注4）
　３．上記申請の登記完了証の受領に関すること（注5）

4．上記申請に関する資格証明情報その他の添付情報の原本還付手続に関すること（注5）
　　5．上記申請の登録免許税還付金の代理受領に関すること（注6）

以　上

(注1)　Ⅳ－1根抵当権譲渡および変更契約証書（分割譲渡）とは別に、Ⅴ－1登記原因証明情報（根抵当権分割譲渡）を作成し、これを登記原因証明情報（不登法第61条）として提供する場合に、登記義務者が作成する委任状の書式である。管轄登記所が複数となるケースにおいて、委任状の原本還付を受けるときは、他の申請についても委任したことが明らかな内容とする必要がある。
(注2)　代理人の住所ならびに氏名または名称を記載する。
(注3)　登記所に提供する登記原因証明情報の作成日およびその名称を記載する。
(注4)　登記識別情報の暗号化（電子申請においてオンラインで登記識別情報を提供すること）には特別の授権が必要であるため、このように記載する。
(注5)　これらの事項には特別の授権を必要としないが、委任事項を明確にするため、このように記載する。
(注6)　登記申請の取下げ・却下・過誤納付に伴う還付金の代理受領については特別の授権が必要であるため、このように記載する。

Ⅵ－1－4　登記用委任状（根抵当権変更）（登記義務者用／Ⅴ－2を登記原因証明情報として提供する場合）(注1)

委　任　状

平成　　年　　月　　日

　　住　所　　東京都○区○町四丁目5番6号
　　登記義務者　株式会社乙野商事
　　　　　　　　代表取締役　乙野次郎　　　　㊞
　　連絡先　担当部署　○○部／担当者名　○○　○○
　　電話番号　○○－○○○○－○○○○

私は、＿＿＿＿＿＿＿＿＿＿＿＿＿＿＿＿(注2)を代理人と定め、下記の事項に関する一切の権限を委任します。

記

1．次の要項による登記申請に関すること
　　(1)登記原因証明情報：平成○年○月○日付け登記原因証明情報（根抵当権変更）(注3)
　　(2)登記の目的：根抵当権変更
2．上記申請の登記識別情報の暗号化に関すること（注4）
3．上記申請の登記完了証の受領に関すること（注5）
4．上記申請に関する資格証明情報その他の添付情報の原本還付手続に関すること（注5）
5．上記申請の取下げ、ならびに登録免許税還付金の代理受領に関すること（注6）

以　上

(注1)　Ⅳ－1根抵当権譲渡および変更契約証書（分割譲渡）とは別に、Ⅴ－2登記原因証明情報

（根抵当権変更）を作成し、これを登記原因証明情報（不登法第61条）として提供する場合に、登記義務者が作成する委任状の書式である。管轄登記所が複数となるケースにおいて、委任状の原本還付を受けるときは、他の申請についても委任したことが明らかな内容とする必要がある。
（注2）　代理人の住所ならびに氏名または名称を記載する。
（注3）　登記所に提供する登記原因証明情報の作成日およびその名称を記載する。
（注4）　登記識別情報の暗号化（電子申請においてオンラインで登記識別情報を提供すること）には特別の授権が必要であるため、このように記載する。
（注5）　これらの事項には特別の授権を必要としないが、委任事項を明確にするため、このように記載する。
（注6）　登記申請の取下げ・却下・過誤納付に伴う還付金の代理受領については特別の授権が必要であるため、このように記載する。

Ⅵ－2－1　登記用委任状（分割譲渡）（登記権利者用／Ⅳ－1を登記原因証明情報として提供する場合）（注1）

委　任　状

平成　　年　　月　　日

　　　住　所　　　東京都○区○町一丁目2番3号
　　　登記権利者　株 式 会 社 甲 野 銀 行
　　　　　　　　　代表取締役　甲 野 太 郎　　㊞
　　　　　　　　　（取扱店　○支店）

私は、＿＿＿＿＿＿＿＿＿＿＿＿＿＿＿（注2）を代理人と定め、下記の事項に関する一切の権限を委任します。

記

1．次の要項による登記申請に関すること
　　(1) 登記原因証明情報：平成○年○月○日付け根抵当権譲渡および変更契約証書（分割譲渡）
　　　　（注3）
　　(2) 登記の目的：根抵当権分割譲渡
2．上記申請の登記識別情報の受領に関すること（注4）
3．上記申請の登記完了証の受領に関すること（注5）
4．上記申請に関する契約証書、資格証明情報その他の添付情報の原本還付手続に関すること（注5）
5．上記申請の取下げ、ならびに登録免許税還付金の代理受領に関すること（注6）

以　上

（注1）　Ⅳ－1根抵当権譲渡および変更契約証書（分割譲渡）を根抵当権分割譲渡の登記原因証明情報（不登法第61条）として提供する場合に、登記権利者が作成する委任状の書式である。管轄登記所が複数となるケースにおいて、委任状の原本還付を受けるときは、他の申請についても委任したことが明らかな内容とする必要がある。
（注2）　代理人の住所ならびに氏名または名称を記載する。
（注3）　登記所に提供する契約証書の締結日およびその名称を記載する。
（注4）　登記識別情報の受領には特別の授権が必要であるため、このように記載する。なお、電子

申請においてオンラインで登記識別情報を受領することを「復号」といい、この方法による受領には特別の授権が必要であるため、これについても委任する場合は、「上記申請の登記識別情報の受領・復号に関すること」のように記載する。
（注5） これらの事項には特別の授権を必要としないが、委任事項を明確にするため、このように記載する。
（注6） 登記申請の取下げ・却下・過誤納付に伴う還付金の代理受領については特別の授権が必要であるため、このように記載する。

Ⅵ－2－2　登記用委任状（根抵当権変更）（登記権利者用／Ⅳ－1を登記原因証明情報として提供する場合）（注1）

委　任　状

平成　　年　　月　　日

住　所　　　東京都○区○町一丁目2番3号
登記権利者　株式会社甲野銀行
　　　　　　代表取締役　甲野太郎　　　㊞

私は、＿＿＿＿＿＿＿＿＿＿＿＿＿＿＿＿（注2）を代理人と定め、下記の事項に関する一切の権限を委任します。

記

1．次の要項による登記申請に関すること
　　(1) 登記原因証明情報：平成○年○月○日付け根抵当権譲渡および変更契約証書（分割譲渡）
　　　　（注3）
　　(2) 登記の目的：根抵当権変更
2．上記申請の登記完了証の受領に関すること（注4）
3．上記申請に関する契約証書、資格証明情報その他の添付情報の原本還付手続に関すること（注4）
4．上記申請の登録免許税還付金の代理受領に関すること（注5）

以　上

（注1） Ⅳ－1根抵当権譲渡および変更契約証書（分割譲渡）を根抵当権変更の登記原因証明情報（不登法第61条）として提供する場合に、登記権利者が作成する委任状の書式である。管轄登記所が複数となるケースにおいて、委任状の原本還付を受けるときは、他の申請についても委任したことが明らかな内容とする必要がある。
（注2） 代理人の住所ならびに氏名または名称を記載する。
（注3） 登記所に提供する契約証書の締結日およびその名称を記載する。
（注4） これらの事項には特別の授権を必要としないが、委任事項を明確にするため、このように記載する。
（注5） 登記申請の取下げ・却下・過誤納付に伴う還付金の代理受領については特別の授権が必要であるため、このように記載する。

Ⅵ－2－3　登記用委任状（分割譲渡）（登記権利者用／Ⅴ－1を登記原因証明情報として提供する場合）（注1）

委　任　状

平成　年　月　日

　　　住　所　　　東京都○区○町一丁目2番3号
　　　登記権利者　株式会社甲野銀行
　　　　　　　　　代表取締役　甲野太郎　　㊞
　　　　　　　　　（取扱店　○支店）

私は、＿＿＿＿＿＿＿＿＿＿＿＿＿＿＿＿＿＿（注2）を代理人と定め、下記の事項に関する一切の権限を委任します。

記

1．次の要項による登記申請に関すること
　(1)登記原因証明情報：平成○年○月○日付け登記原因証明情報（根抵当権分割譲渡）（注3）
　(2)登記の目的：根抵当権分割譲渡
2．上記申請の登記識別情報の受領に関すること（注4）
3．上記申請の登記完了証の受領に関すること（注5）
4．上記申請に関する資格証明情報その他の添付情報の原本還付手続に関すること（注5）
5．上記申請の登録免許税還付金の代理受領に関すること（注6）

以　上

(注1)　Ⅳ根抵当権譲渡および変更契約証書（分割譲渡）とは別に、Ⅴ－1登記原因証明情報（根抵当権分割譲渡）を作成し、これを登記原因証明情報（不登法第61条）として提出する場合に、登記権利者が作成する委任状の書式である。管轄登記所が複数となるケースにおいて、委任状の原本還付を受けるときは、他の申請についても委任したことが明らかな内容とする必要がある。
(注2)　代理人の住所ならびに氏名または名称を記載する。
(注3)　登記所に提供する登記原因証明情報の作成日およびその名称を記載する。
(注4)　登記識別情報の受領には特別の授権が必要であるため、このように記載する。なお、電子申請においてオンラインで登記識別情報を受領することを「復号」といい、この方法による受領には特別の授権が必要であるため、これについても委任する場合は、「上記申請の登記識別情報の受領・復号に関すること」のように記載する。
(注5)　これらの事項には特別の授権を必要としないが、委任事項を明確にするため、このように記載する。
(注6)　登記申請の取下げ・却下・過誤納付に伴う還付金の代理受領については特別の授権が必要であるため、このように記載する。

Ⅵ－2－4　登記用委任状（根抵当権変更）（登記権利者用／Ⅴ－2を登記原因証明情報として提供する場合）(注1)

委　任　状

平成　　年　　月　　日

住　所　　　東京都○区○町一丁目2番3号
登記権利者　株式会社甲野銀行
　　　　　　代表取締役　甲野太郎　　㊞

私は、＿＿＿＿＿＿＿＿＿＿＿＿＿＿＿＿(注2)を代理人と定め、下記の事項に関する一切の権限を委任します。

記

1．次の要項による登記申請に関すること
　(1) 登記原因証明情報：平成○年○月○日付け登記原因証明情報（根抵当権変更）(注3)
　(2) 登記の目的：根抵当権変更
2．上記申請の登記完了証の受領に関すること(注4)
3．上記申請に関する資格証明情報その他の添付情報の原本還付手続に関すること(注4)
4．上記申請の登録免許税還付金の代理受領に関すること(注5)

以　上

(注1)　Ⅳ根抵当権譲渡および変更契約証書（分割譲渡）とは別に、Ⅴ－1登記原因証明情報（根抵当権変更）を作成し、これを登記原因証明情報（不登法第61条）として提出する場合に、登記権利者が作成する委任状の書式である。管轄登記所が複数となるケースにおいて、委任状の原本還付を受けるときは、他の申請についても委任したことが明らかな内容とする必要がある。
(注2)　代理人の住所ならびに氏名または名称を記載する。
(注3)　登記所に提供する登記原因証明情報の作成日およびその名称を記載する。
(注4)　これらの事項には特別の授権を必要としないが、委任事項を明確にするため、このように記載する。
(注5)　登記申請の取下げ・却下・過誤納付に伴う還付金の代理受領については特別の授権が必要であるため、このように記載する。

3 一部譲渡

58 根抵当権の一部譲渡（変更事項のない場合の優先の定め）

I ケース概要

丙川銀行は、債務者乙野商事宛て融資の担保として乙野商事所有の土地および建物につき共同根抵当権の設定を受けていたが、甲野銀行および丙川銀行の協議の結果、丙川銀行から甲野銀行に対して当該確定前の根抵当権を一部譲渡するとともに、甲野銀行が丙川銀行に優先することとなった。

II 書式作成上の留意点

① 確定前の根抵当権の一部を譲渡するとともに、一部譲渡に係る根抵当権について、譲受人が譲渡人に優先して配当を受ける旨の合意をする場合の書式である。譲受人は現在設定されている順位により、また設定登記の半額の登録免許税で根抵当権を取得することができ、さらに譲渡人より先に配当を受けることができる。

譲渡人と譲受人が合意し、根抵当権設定者の承諾を得ることにより、根抵当権一部譲渡の登記原因が生じる。また一部譲渡に係る根抵当権につき譲渡人と譲受人が合意することにより、根抵当権優先の定めの登記原因が生じる。

② 元本の確定前においては、根抵当権者は根抵当権設定者の承諾を得て、その根抵当権を一部譲渡することができる（民法第398条の13）。根抵当権の共有者は、元本確定時の債権額の割合に応じて配当を受けるが、これと異なる割合を定め、または一方が他方に優先する旨を定めることができる（民法第398条の14第1項）。

③ 根抵当権の共有者がその権利を譲渡するには、他の共有者の同意（および根抵当権設定者の承諾）を要する（民法第398条の14第2項）。また、共有者のうち一人の根抵当権の要項（例えば後記⑥）を変更するには、共有者全員で合意する必要がある。一方、不動産担保権の実行手続においては、共有者のうち一人の申立てを認める取扱いもあることから（東京地裁民事執行センターほか）、共有に係る根抵当権の管理・処分等についてはあらかじめ書面によって明確にしておくことが検討される。

④ 共同担保の場合、全ての物件について一部譲渡（根抵当権一部移転）の登記をしないと、一部譲渡の効力が生じない（民法第398条の17第1項）。

⑤ 担保保存義務が免責されていない法定代位権者がいる場合、その者の承諾を得ることを検討する。

⑥ 根抵当権の一部譲渡とともに譲渡人から根抵当権の被担保債権を譲り受けた場合において、当該債権を担保させるときは、譲受人について被担保債権の範囲を変更（譲り受けた債

権を特定債権として被担保債権の範囲に追加）してその登記を行う必要がある。
⑦　根抵当権設定者の承諾が一部譲渡の合意より後の日である場合、登記原因は承諾の日となる。
⑧　根抵当権譲渡契約証書とは別にⅤ登記原因証明情報を作成し、登記原因証明情報（不登法第61条）として登記所に提供することができる。
⑨　根抵当権の一部譲渡による根抵当権一部移転登記は、根抵当権譲受人が登記権利者となり、根抵当権譲渡人が登記義務者となって行う。根抵当権優先の定めの登記は、根抵当権譲渡人および根抵当権譲受人が共同申請人となって行う。
⑩　根抵当権譲渡人につき、根抵当権に係る登記識別情報（登記済証）が、根抵当権設定者（承諾者）につき印鑑証明書が必要となる。なお、登記完了後は、双方に登記完了証が交付され、根抵当権一部移転の登記権利者には登記識別情報が通知される。
⑪　管轄登記所が複数となるケースでは、印鑑証明書およびⅤ登記原因証明情報は、登記所ごとに（複数）必要となる。当該申請のためにのみ作成したⅥ登記用委任状も同様であり、これらは原本還付を受けることができないとされている。

Ⅲ－1　必要書類・費用一覧（一部譲渡）

書　類	書類上の関係者
□ 根抵当権譲渡契約証書	根抵当権譲渡人、根抵当権譲受人、債務者、根抵当権設定者
□ 登記原因証明情報兼承諾書	根抵当権譲渡人、根抵当権設定者
□ 委任状（登記義務者用）	根抵当権譲渡人
□ 委任状（登記権利者用）	根抵当権譲受人
□ 登記識別情報（登記済証）	根抵当権譲渡人
□ 会社法人等番号（注）	根抵当権譲渡人、根抵当権譲受人、根抵当権設定者
□ 印鑑証明書	根抵当権設定者
□ 登録免許税	$\dfrac{極度額}{一部譲渡後の共有者数}$ の1,000分の2

（注）　不登令等の改正により、平成27年11月2日から、会社・法人の代表者等の資格を証する情報の提供（添付）に代え、登記申請情報に商業登記法第7条の会社法人等番号を記録または記載することとなった。ただし、法人登記手続中となるなどの場合を考慮し、例外的に、作成後1か月以内の資格証明情報（登記事項証明書）を提供（添付）することも認められている。

Ⅲ－2　必要書類・費用一覧（優先の定め）

書　　類	書類上の関係者
□ 根抵当権譲渡契約証書	根抵当権譲渡人、根抵当権譲受人、債務者、根抵当権設定者
□ 登記原因証明情報	根抵当権譲渡人、根抵当権譲受人
□ 委任状	根抵当権譲渡人、根抵当権譲受人
□ 登記識別情報（登記済証）	根抵当権譲渡人、根抵当権譲受人
□ 会社法人等番号（注）	根抵当権譲渡人、根抵当権譲受人
□ 登録免許税	不動産１個につき1,000円

（注）　不登令等の改正により、平成27年11月２日から、会社・法人の代表者等の資格を証する情報の提供（添付）に代え、登記申請情報に商業登記法第７条の会社法人等番号を記録または記載することとなった。ただし、法人登記手続中となるなどの場合を考慮し、例外的に、作成後１か月以内の資格証明情報（登記事項証明書）を提供（添付）することも認められている。

Ⅳ　根抵当権譲渡契約証書

（印紙）
（注１）

根抵当権譲渡契約証書
（ 一 部 譲 渡 ）

平成　　年　　月　　日

住　所　　　　東京都〇区〇町三丁目２番１号
根抵当権譲渡人　株式会社丙川銀行
　　　　　　　代表取締役　丙川三郎　㊞

住　所　　　　東京都〇区〇町一丁目２番３号
根抵当権譲受人　株式会社甲野銀行
　　　　　　　代表取締役　甲野太郎　㊞
　　　　　　　（取扱店　〇支店）

住　所　　　　東京都〇区〇町四丁目５番６号
債務者　　　　株式会社乙野商事
根抵当権設定者　代表取締役　乙野次郎　㊞

住　所

根抵当権設定者

(注2)

　根抵当権譲渡人、根抵当権譲受人、債務者および根抵当権設定者は、次のとおり根抵当権の一部譲渡および優先の定めに関する契約を締結しました。

[根抵当権の表示]

１．登記	平成○年○月○日東京法務局○出張所受付第○号 (注3)
２．物件	後記物件の表示記載のとおり

物件の表示	所有者
所　　在　東京都○区○町一丁目 地　　番　１番１ 地　　目　宅地 地　　積　○○○.○○㎡	株式会社乙野商事
所　　在　東京都○区○町一丁目１番地１ 家屋番号　１番１ 種　　類　居宅 構　　造　木造セメントかわらぶき平家建 床 面 積　○○.○○㎡	株式会社乙野商事

第１条（一部譲渡）(注4)

　根抵当権譲渡人は、根抵当権譲受人に対し、前記「根抵当権の表示」記載の確定前の根抵当権を一部譲渡しました。

第２条（優先関係の定め）(注5)

　根抵当権譲渡人と根抵当権譲受人は、前条の根抵当権については、根抵当権譲受人が根抵当権譲渡人に優先して弁済を受けることを合意しました。

第３条（根抵当権設定者等の承諾）(注6)

　根抵当権設定者および債務者は、第１条による根抵当権の一部譲渡について、異議なく承諾しました。

第４条（登記義務）

　根抵当権譲渡人および根抵当権譲受人は、第１条による根抵当権一部移転登記手続および第２条による根抵当権優先の定めの登記手続を遅滞なく行います。

第５条（費用負担）(注7)

　本契約締結に係る費用および本契約に基づく登記費用その他関連する費用は、債務者および根抵当権設定者が連帯して負担し、根抵当権譲受人が支払った金額についてはただち

に支払います。

第6条（適用条項）(注8)

① 根抵当権設定者および債務者は、この契約について、根抵当権譲渡人との間に締結した根抵当権設定契約において根抵当権者に対する義務に係る各条項、および債務者が根抵当権譲受人に差し入れた取引約定書および被担保債権の成立、変更等に係る約定書並び根抵当権譲受人に今後差し入れるこれらの約定書記載の各条項の適用があることを承認します。

② 根抵当権設定者および債務者は、根抵当権譲受人より申出のあった場合は、ただちにこの契約による根抵当権の適用条項を明確化するための約定書を提出します。

以　上

(注1)　この文書は、印紙税法上の課税文書には該当しない。
(注2)　債務者以外の第三者が根抵当権設定者の場合は、この欄に署名（記名）捺印させる。
(注3)　対象となる登記について、登記所および受付日ならびに受付番号で特定する。
(注4)　根抵当権譲渡人と根抵当権譲受人の一部譲渡の合意を記載している。
(注5)　優先の定めを行う合意を記載している。弁済割合の定めを定める場合には、「前条の根抵当権については、弁済を受けるべき金額について根抵当権譲渡人4、根抵当権譲受人6の割合に応じて弁済を受けるものとします。ただし、いずれか一方の債権額が上記の割合により受けるべき弁済額に達しないときは、他方がその差額の弁済を受けるものとします。」等の記載を行う。
(注6)　民法第398条の13に関する根抵当権設定者の承諾である。根抵当権設定者が譲渡の承諾をした旨の記載および根抵当権設定者の署名押印（実印）がある譲渡契約書を登記所に提供するときは、別途設定者の承諾書を作成しなくてよい。
(注7)　本契約における各種費用について債務者および根抵当権設定者が負担する例を記載している。
(注8)　担保保存義務のほか、根抵当権者に対する義務については原根抵当権設定契約の条項が適用されるとし、譲受人が求めた場合は、譲受人が使用している設定契約の条項を用いるなどして、適用条項を整備することがあるとしている。

Ⅴ-1　登記原因証明情報—一部譲渡（根抵当権一部移転）(注1)

登記原因証明情報
兼　根抵当権設定者の承諾書
（根抵当権一部移転）

平成　　年　　月　　日

東京法務局　〇出張所　御中

住　所　　　　東京都〇区〇町三丁目2番1号
登記義務者(注2)　株式会社丙川銀行
　　　　　　　　代表取締役　丙川三郎　　㊞

住　所	東京都○区○町四丁目5番6号
承諾者（注3）	株式会社乙野商事 代表取締役　乙野次郎　　㊞

　登記義務者（根抵当権譲渡人）および承諾者（根抵当権設定者）は、本件登記の原因となる事実または法律行為が下記1．記載のとおりであること、およびこれに基づき現に下記2．記載の内容を登記要項とする物権変動が生じたことを証明します。
　なお、承諾者（根抵当権設定者）は、下記1．記載の契約において本件一部譲渡について承諾しました。

1．登記の原因となる事実または法律行為

(1)	契約証書名および締結年月日	平成○年○月○日付け根抵当権譲渡契約証書（一部譲渡） （注4）	
(2)	契約当事者	根抵当権譲渡人	株式会社丙川銀行
		根抵当権譲受人	株式会社甲野銀行
		根抵当権設定者	株式会社乙野商事

2．登記申請情報の要項

(1)	登記の目的	根抵当権一部移転
(2)	譲渡する根抵当権	平成○年○月○日受付第○号
(3)	原因	平成○年○月○日一部譲渡（注5）
(4)	登記権利者 （根抵当権譲受人）（注6）	東京都○区○町一丁目2番3号 株式会社甲野銀行（取扱店○支店）
(5)	登記義務者 （根抵当権譲渡人）（注2）	東京都○区○町三丁目2番1号 株式会社丙川銀行
(6)	不動産の表示	後記のとおり

物件の表示

所　　在　東京都○区○町一丁目
地　　番　1番1
地　　目　宅地
地　　積　○○○.○○㎡

所　　在　東京都○区○町一丁目1番地1
家屋番号　1番1

```
種　　類　居宅
構　　造　木造セメントかわらぶき平家建
床 面 積　○○.○○㎡
```

以　上

(注1)　Ⅳ根抵当権譲渡契約証書とは別に、根抵当権一部移転のⅤ登記原因証明情報（根抵当権一部移転）を作成する場合の書式である。この情報は、登記の原因となる事実または法律行為のほか、登記事項（および物件表示）を登記義務者が確認して署名（または記名捺印）したものでなくてはならない。契約証書とは異なり、登記用に作成された書面の原本還付を受けることはできないため、管轄登記所が複数となるケースでは、登記所ごとに（複数）作成する必要がある。その内容は同文面とし、すべての物件を記載する。
(注2)　登記義務者は、根抵当権譲渡人となる。
(注3)　承諾者は、根抵当権設定者となる。
(注4)　Ⅳ契約証書の名称および締結年月日を記載する。
(注5)　一部譲渡の効力発生年月日を記載する。
(注6)　登記権利者は、根抵当権譲受人となる。

Ⅴ－2　登記原因証明情報－優先の定め（根抵当権優先の定め）(注1)

登記原因証明情報
（根抵当権優先の定め）

平成　　年　　月　　日

東京法務局　○出張所　御中

　　　　　住　　所　　　　東京都○区○町一丁目2番3号
　　　　　登記申請人(注2)　株式会社甲野銀行
　　　　　　　　　　　　　代表取締役　甲野太郎　　　㊞

　　　　　住　　所　　　　東京都○区○町三丁目2番1号
　　　　　登記申請人(注2)　株式会社丙川銀行
　　　　　　　　　　　　　代表取締役　丙川三郎　　　㊞

　登記申請人（各根抵当権者）は、本件登記の原因となる事実または法律行為が下記1．記載のとおりであること、およびこれに基づき現に下記2．記載の内容を登記要項とする登記内容の変更が生じたことを証明します。

1．登記の原因となる事実または法律行為

(1) 契約証書名および締結年月日	平成〇年〇月〇日付け根抵当権譲渡契約証書（一部譲渡）（注3）
(2) 契約当事者	根抵当権譲渡人　　株式会社丙川銀行
	根抵当権譲受人　　株式会社甲野銀行

2．登記申請情報の要項

(1) 登記の目的	根抵当権優先の定め
(2) 対象根抵当権	平成〇年〇月〇日受付第〇号
(3) 原因	平成〇年〇月〇日合意（注4）
(4) 優先の定め	株式会社甲野銀行が株式会社丙川銀行に優先する（注5）
(5) 登記申請人（注2）	東京都〇区〇町一丁目2番3号 株式会社甲野銀行 東京都〇区〇町三丁目2番1号 株式会社丙川銀行
(6) 不動産の表示	後記のとおり

物件の表示

```
所　　在　東京都〇区〇町一丁目
地　　番　1番1
地　　目　宅地
地　　積　〇〇〇.〇〇㎡

所　　在　東京都〇区〇町一丁目1番地1
家屋番号　1番1
種　　類　居宅
構　　造　木造セメントかわらぶき平家建
床 面 積　〇〇.〇〇㎡
```

以　上

(注1)　Ⅳ根抵当権譲渡契約証書とは別に、根抵当権優先のⅤ登記原因証明情報を作成する場合の書式である。この情報は、登記の原因となる事実または法律行為のほか、登記事項（および物件表示）を登記義務者が確認して署名（または記名捺印）したものでなくてはならない。証書とは異なり、登記用に作成された書面の原本還付を受けることはできないため、管轄登記所が複数となるケースでは、登記所ごとに（複数）作成する必要がある。その内容は同文面とし、すべての物件を記載する。
(注2)　登記申請人は、根抵当権の共有者全員となる。
(注3)　Ⅳ契約証書の名称および締結年月日を記載する。
(注4)　優先の定めの合意年月日を記載する。

(注5) 優先の定めの内容を記載する。本ケースでは、一方が他方に優先することとしている。割合を定める場合は、「甲野銀行8・丙川銀行2の割合」などとなる。

Ⅵ－1－1　登記用委任状（一部譲渡）（登記義務者用／Ⅳを登記原因証明情報として提供する場合）（注1）

委　任　状

平成　　年　　月　　日

　　住　所　　　東京都○区○町三丁目2番1号
　　登記義務者　株式会社丙川銀行
　　　　　　　　代表取締役　丙川三郎　　　　㊞

私は、＿＿＿＿＿＿＿＿＿＿＿＿＿＿＿＿（注2）を代理人と定め、下記の事項に関する一切の権限を委任します。

記

1．次の要項による登記申請に関すること
　　(1) 登記原因証明情報：平成○年○月○日付け根抵当権譲渡契約証書（一部譲渡）（注3）
　　(2) 登記の目的：根抵当権一部移転
2．上記申請の登記識別情報の暗号化に関すること（注4）
3．上記申請の登記完了証の受領に関すること（注5）
4．上記申請に関する契約証書、資格証明情報その他の添付情報の原本還付手続に関すること（注5）
5．上記申請の登録免許税還付金の代理受領に関すること（注6）

以　上

(注1)　Ⅳ根抵当権譲渡契約証書（一部譲渡）を根抵当権一部譲渡の登記原因証明情報（不登法第61条）として提供する場合に、登記義務者が作成する委任状の書式である。管轄登記所が複数となるケースにおいて、委任状の原本還付を受けるときは、他の申請についても委任したことが明らかな内容とする必要がある。
(注2)　代理人の住所ならびに氏名または名称を記載する。
(注3)　登記所に提供する契約証書の締結日およびその名称を記載する。
(注4)　登記識別情報の暗号化（電子申請においてオンラインで登記識別情報を提供すること）には特別の授権が必要であるため、このように記載する。
(注5)　これらの事項には特別の授権を必要としないが、委任事項を明確にするため、このように記載する。
(注6)　登記申請の取下げ・却下・過誤納付に伴う還付金の代理受領については特別の授権が必要であるため、このように記載する。

Ⅵ－1－2　登記用委任状（根抵当権優先の定め）（登記申請人用／Ⅳを登記原因証明情報として提供する場合）(注1)

委 任 状

平成　年　月　日

　　住　所　　　　東京都○区○町三丁目2番1号
　　登記申請人　　株式会社　丙川銀行
　　　　　　　　　代表取締役　丙川三郎　　　　㊞

私は、＿＿＿＿＿＿＿＿＿＿＿＿＿＿＿＿(注2)を代理人と定め、下記の事項に関する一切の権限を委任します。

記

1．次の要項による登記申請に関すること
　(1) 登記原因証明情報：平成○年○月○日付け根抵当権譲渡契約証書（一部譲渡）(注3)
　(2) 登記の目的：根抵当権優先の定め
2．上記申請の登記識別情報の暗号化に関すること(注4)
3．上記申請の登記完了証の受領に関すること(注5)
4．上記申請に関する契約証書、資格証明情報その他の添付情報の原本還付手続に関すること(注5)
5．上記申請の登録免許税還付金の代理受領に関すること(注6)

以　上

(注1)　Ⅳ根抵当権譲渡契約証書（一部譲渡）を根抵当権優先の定め登記原因証明情報（不登法第61条）として提供する場合に、登記申請人が作成する委任状の書式である。管轄登記所が複数となるケースにおいて、委任状の原本還付を受けるときは、他の申請についても委任したことが明らかな内容とする必要がある。
(注2)　代理人の住所ならびに氏名または名称を記載する。
(注3)　登記所に提供する契約証書の締結日およびその名称を記載する。
(注4)　登記識別情報の暗号化（電子申請においてオンラインで登記識別情報を提供すること）には特別の授権が必要であるため、このように記載する。
(注5)　これらの事項には特別の授権を必要としないが、委任事項を明確にするため、このように記載する。
(注6)　登記申請の取下げ・却下・過誤納付に伴う還付金の代理受領については特別の授権が必要であるため、このように記載する。

Ⅵ−2−1　登記用委任状（一部譲渡）（登記義務者用／Ⅴ−1を登記原因証明情報として提供する場合）（注1）

委　任　状

平成　年　月　日

住　所　　　東京都○区○町三丁目2番1号
登記義務者　株式会社丙川銀行
　　　　　　代表取締役　丙川三郎　　　㊞

私は、＿＿＿＿＿＿＿＿＿＿＿＿＿＿（注2）を代理人と定め、下記の事項に関する一切の権限を委任します。

記

1．次の要項による登記申請に関すること
　　(1) 登記原因証明情報：平成○年○月○日付け登記原因証明情報（根抵当権一部移転）（注3）
　　(2) 登記の目的：根抵当権一部移転
2．上記申請の登記識別情報の暗号化に関すること（注4）
3．上記申請の登記完了証の受領に関すること（注5）
4．上記申請に関する資格証明情報その他の添付情報の原本還付手続に関すること（注5）
5．上記申請の登録免許税還付金の代理受領に関すること（注6）

以　上

（注1）　Ⅳ根抵当権譲渡契約証書（一部譲渡）とは別に、Ⅴ−1登記原因証明情報（根抵当権一部移転）を作成し、これを登記原因証明情報（不登法第61条）として提供する場合に、登記義務者が作成する委任状の書式である。管轄登記所が複数となるケースにおいて、委任状の原本還付を受けるときは、他の申請についても委任したことが明らかな内容とする必要がある。
（注2）　代理人の住所ならびに氏名または名称を記載する。
（注3）　登記所に提供する登記原因証明情報の作成日およびその名称を記載する。
（注4）　登記識別情報の暗号化（電子申請においてオンラインで登記識別情報を提供すること）には特別の授権が必要であるため、このように記載する。
（注5）　これらの事項には特別の授権を必要としないが、委任事項を明確にするため、このように記載する。
（注6）　登記申請の取下げ・却下・過誤納付に伴う還付金の代理受領については特別の授権が必要であるため、このように記載する。

Ⅵ-2-2　登記用委任状（根抵当権優先の定め）（登記申請人用／Ｖ-2を登記原因証明情報として提供する場合）（注1）

委　任　状

平成　年　月　日

　　　　　住　所　　　東京都○区○町三丁目2番1号
　　　　　登記申請人　 株式会社　丙川銀行
　　　　　　　　　　　代表取締役　丙川三郎　　　　㊞

私は、＿＿＿＿＿＿＿＿＿＿＿＿＿＿＿＿（注2）を代理人と定め、下記の事項に関する一切の権限を委任します。

記

1．次の要項による登記申請に関すること
　　(1)登記原因証明情報：平成○年○月○日付け登記原因証明情報（根抵当権優先の定め）（注3）
　　(2)登記の目的：根抵当権優先の定め
2．上記申請の登記識別情報の暗号化に関すること（注4）
3．上記申請の登記完了証の受領に関すること（注5）
4．上記申請に関する資格証明情報その他の添付情報の原本還付手続に関すること（注5）
5．上記申請の登録免許税還付金の代理受領に関すること（注6）

以　上

（注1）　Ⅳ根抵当権譲渡契約証書（一部譲渡）とは別に、Ｖ-2登記原因証明情報（根抵当権優先の定め）を作成し、これを登記原因証明情報（不登法第61条）として提供する場合に、登記申請人が作成する委任状の書式である。管轄登記所が複数となるケースにおいて、委任状の原本還付を受けるときは、他の申請についても委任したことが明らかな内容とする必要がある。
（注2）　代理人の住所ならびに氏名または名称を記載する。
（注3）　登記所に提供する登記原因証明情報の作成日およびその名称を記載する。
（注4）　登記識別情報の暗号化（電子申請においてオンラインで登記識別情報を提供すること）には特別の授権が必要であるため、このように記載する。
（注5）　これらの事項には特別の授権を必要としないが、委任事項を明確にするため、このように記載する。
（注6）　登記申請の取下げ・却下・過誤納付に伴う還付金の代理受領については特別の授権が必要であるため、このように記載する。

Ⅵ－3－1　登記用委任状（一部譲渡）（登記権利者用／Ⅳを登記原因証明情報として提供する場合）（注1）

委　任　状

平成　　年　　月　　日

　　　　住　所　　　東京都○区○町一丁目2番3号
　　　　登記権利者　株式会社甲野銀行
　　　　　　　　　　代表取締役　甲野太郎　　㊞
　　　　　　　　　　（取扱店　○支店）

私は、＿＿＿＿＿＿＿＿＿＿＿＿＿＿＿（注2）を代理人と定め、下記の事項に関する一切の権限を委任します。

記

1．次の要項による登記申請に関すること
　　(1) 登記原因証明情報：平成○年○月○日付け根抵当権譲渡契約証書（一部譲渡）（注3）
　　(2) 登記の目的：根抵当権一部移転
2．上記申請の登記識別情報の受領に関すること（注4）
3．上記申請の登記完了証の受領に関すること（注5）
4．上記申請に関する契約証書、資格証明情報その他の添付情報の原本還付手続に関すること（注5）
5．上記申請の登録免許税還付金の代理受領に関すること（注6）

以　上

（注1）　Ⅳ根抵当権譲渡契約証書（一部譲渡）を根抵当権一部移転の登記原因証明情報（不登法第61条）として提供する場合に、登記権利者が作成する委任状の書式である。管轄登記所が複数となるケースにおいて、委任状の原本還付を受けるときは、他の申請についても委任したことが明らかな内容とする必要がある。
（注2）　代理人の住所ならびに氏名または名称を記載する。
（注3）　登記所に提供する契約証書の締結日およびその名称を記載する。
（注4）　登記識別情報の受領には特別の授権が必要であるため、このように記載する。なお、電子申請においてオンラインで登記識別情報を受領することを「復号」といい、この方法による受領には特別の授権が必要であるため、これについても委任する場合は、「上記申請の登記識別情報の受領・復号に関すること」のように記載する。
（注5）　これらの事項には特別の授権を必要としないが、委任事項を明確にするため、このように記載する。
（注6）　登記申請の取下げ・却下・過誤納付に伴う還付金の代理受領については特別の授権が必要であるため、このように記載する。

Ⅵ-3-2　登記用委任状（根抵当権優先の定め）（登記申請人用／Ⅳを登記原因証明情報として提供する場合）(注1)

委　任　状

平成　　年　　月　　日

　　　　　　　住　所　　　東京都○区○町一丁目2番3号
　　　　　　　登記申請人　株式会社甲野銀行
　　　　　　　　　　　　　代表取締役　甲野太郎　　　　㊞

私は、＿＿＿＿＿＿＿＿＿＿＿＿＿＿＿＿（注2）を代理人と定め、下記の事項に関する一切の権限を委任します。

記

1．次の要項による登記申請に関すること
　　(1) 登記原因証明情報：平成○年○月○日付け根抵当権譲渡契約証書（一部譲渡）(注3)
　　(2) 登記の目的：根抵当権優先の定め
2．上記申請の登記識別情報の暗号化に関すること (注4)
3．上記申請の登記完了証の受領に関すること (注5)
4．上記申請に関する契約証書、資格証明情報その他の添付情報の原本還付手続に関すること (注5)
5．上記申請の登録免許税還付金の代理受領に関すること (注6)

以　上

(注1)　Ⅳ根抵当権譲渡契約証書（一部譲渡）を根抵当権優先の定めの登記原因証明情報（不登法第61条）として提供する場合に、登記申請人が作成する委任状の書式である。管轄登記所が複数となるケースにおいて、委任状の原本還付を受けるときは、他の申請についても委任したことが明らかな内容とする必要がある。
(注2)　代理人の住所ならびに氏名または名称を記載する。
(注3)　登記所に提供する契約証書の締結日およびその名称を記載する。
(注4)　登記識別情報の暗号化（電子申請においてオンラインで登記識別情報を提供すること）には特別の授権が必要であるため、このように記載する。
(注5)　これらの事項には特別の授権を必要としないが、委任事項を明確にするため、このように記載する。
(注6)　登記申請の取下げ・却下・過誤納付に伴う還付金の代理受領については特別の授権が必要であるため、このように記載する。

Ⅵ－4－1　登記用委任状（一部譲渡）（登記権利者用／Ｖ－1を登記原因証明情報として提供する場合）（注1）

委　任　状

平成　　年　　月　　日

　　　　　　住　所　　　東京都○区○町一丁目２番３号
　　　　　　登記権利者　株式会社甲野銀行
　　　　　　　　　　　　代表取締役　甲野太郎　　　㊞
　　　　　　　　　　　　（取扱店　○支店）

私は、＿＿＿＿＿＿＿＿＿＿＿＿＿＿＿（注2）を代理人と定め、下記の事項に関する一切の権限を委任します。

記

1．次の要項による登記申請に関すること
　　(1) 登記原因証明情報：平成○年○月○日付け登記原因証明情報（根抵当権一部譲渡）（注3）
　　(2) 登記の目的：根抵当権一部移転
2．上記申請の登記識別情報の受領に関すること（注4）
3．上記申請の登記完了証の受領に関すること（注5）
4．上記申請に関する資格証明情報その他の添付情報の原本還付手続に関すること（注5）
5．上記申請の登録免許税還付金の代理受領に関すること（注6）

以　上

（注1）　Ⅳ根抵当権譲渡契約証書（一部譲渡）とは別に、Ｖ－1登記原因証明情報（根抵当権一部譲渡）を作成し、これを登記原因証明情報（不登法第61条）として提出する場合に、登記権利者が作成する委任状の書式である。管轄登記所が複数となるケースにおいて、委任状の原本還付を受けるときは、他の申請についても委任したことが明らかな内容とする必要がある。
（注2）　代理人の住所ならびに氏名または名称を記載する。
（注3）　登記所に提供する登記原因証明情報の作成日およびその名称を記載する。
（注4）　登記識別情報の受領には特別の授権が必要であるため、このように記載する。なお、電子申請においてオンラインで登記識別情報を受領することを「復号」といい、この方法による受領には特別の授権が必要であるため、これについても委任する場合は、「上記申請の登記識別情報の受領・復号に関すること」のように記載する。
（注5）　これらの事項には特別の授権を必要としないが、委任事項を明確にするため、このように記載する。
（注6）　登記申請の取下げ・却下・過誤納付に伴う還付金の代理受領については特別の授権が必要であるため、このように記載する。

Ⅵ−4−2　登記用委任状（根抵当権優先の定め）（登記申請人用／Ⅴ−2を登記原因証明情報として提供する場合）（注1）

委　任　状

　　　　　　　　　　　　　　　　　　　　　　　　平成　　年　　月　　日

　　　　　　　住　所　　　東京都○区○町一丁目2番3号
　　　　　　　登記申請人　株式会社甲野銀行
　　　　　　　　　　　　　代表取締役　甲野太郎　　　　㊞

私は、＿＿＿＿＿＿＿＿＿＿＿＿＿＿（注2）を代理人と定め、下記の事項に関する一切の権限を委任します。

記

1．次の要項による登記申請に関すること
　　(1) 登記原因証明情報：平成○年○月○日付け登記原因証明情報（根抵当権優先の定め）（注3）
　　(2) 登記の目的：根抵当権優先の定め
2．上記申請の登記識別情報の暗号化に関すること（注4）
3．上記申請の登記完了証の受領に関すること（注5）
4．上記申請に関する資格証明情報その他の添付情報の原本還付手続に関すること（注5）
5．上記申請の登録免許税還付金の代理受領に関すること（注6）

　　　　　　　　　　　　　　　　　　　　　　　　　　　　　　　以　上

（注1）　Ⅳ根抵当権譲渡契約証書（一部譲渡）とは別に、Ⅴ−2登記原因証明情報（根抵当権優先の定め）を作成し、これを登記原因証明情報（不登法第61条）として提出する場合に、登記申請人が作成する委任状の書式である。管轄登記所が複数となるケースにおいて、委任状の原本還付を受けるときは、他の申請についても委任したことが明らかな内容とする必要がある。
（注2）　代理人の住所ならびに氏名または名称を記載する。
（注3）　登記所に提供する登記原因証明情報の作成日およびその名称を記載する。
（注4）　登記識別情報の暗号化（電子申請においてオンラインで登記識別情報を提供すること）には特別の授権が必要であるため、このように記載する。
（注5）　これらの事項には特別の授権を必要としないが、委任事項を明確にするため、このように記載する。
（注6）　登記申請の取下げ・却下・過誤納付に伴う還付金の代理受領については特別の授権が必要であるため、このように記載する。

59　根抵当権の一部譲渡（変更事項のある場合の優先の定め）

I　ケース概要

丙川ファイナンスは、債務者乙野商事宛て融資の担保として乙野商事所有の土地および建物につき共同根抵当権の設定を受けていたが、甲野銀行および丙川ファイナンスの協議の結果、丙川ファイナンスから甲野銀行に対して当該確定前の根抵当権を一部譲渡するとともに、甲野銀行が丙川ファイナンスに優先することとなった。また、この一部譲渡にあわせて、甲野銀行の権利内容の変更も行う。

II　書式作成上の留意点

① 確定前の根抵当権の一部を譲渡するとともに、一部譲渡に係る根抵当権について、譲受人が譲渡人に優先して配当を受ける旨の合意し、さらに譲受人の権利内容について譲受人と債務者間の取引に適合させる変更を行う場合の書式である。譲受人は現在設定されている順位により、また設定登記の半額の登録免許税で根抵当権を取得することができ、さらに譲渡人より先に配当を受けることができる。

譲渡人と譲受人が合意し、根抵当権設定者の承諾を得ることにより、根抵当権一部譲渡の登記原因が生じる。また、一部譲渡に係る根抵当権につき譲渡人と譲受人が合意することにより、根抵当権優先の定めの登記原因が生じる。さらに譲渡人、譲受人および根抵当権設定者が合意することにより、根抵当権変更の登記原因が生じる。

② 元本の確定前においては、根抵当権者は根抵当権設定者の承諾を得て、その根抵当権を一部譲渡することができる（民法第398条の13）。根抵当権の共有者は、元本確定時の債権額の割合に応じて配当を受けるが、これと異なる割合を定め、または一方が他方に優先する旨を定めることができる（民法第398条の14第1項）。

③ 根抵当権の共有者がその権利を譲渡するには、他の共有者の同意（および根抵当権設定者の承諾）を要する（民法第398条の14第2項）。また、本ケースのように共有者のうち一人の根抵当権の要項を変更するには、共有者全員で合意する必要がある。一方、不動産担保権の実行手続においては、共有者のうち一人の申立てを認める取扱いもあることから（東京地裁民事執行センターほか）、共有に係る根抵当権の管理・処分等についてはあらかじめ書面によって明確にしておくことが検討される。

④ 共同担保の場合、全ての物件について一部譲渡（根抵当権一部移転）・変更の登記をしないと、一部譲渡・変更の効力が生じない（民法第398条の17第1項）。

⑤ 担保保存義務が免責されていない法定代位権者がいる場合、その者の承諾を得ることを検討する。

⑥ 根抵当権の一部譲渡とともに譲渡人から根抵当権の被担保債権を譲り受けた場合におい

て、当該債権を担保させるときは、譲受人について被担保債権の範囲を変更（譲り受けた債権を特定債権として被担保債権の範囲に追加）してその登記を行う必要がある。

⑦ 根抵当権設定者の承諾が一部譲渡の合意より後の日である場合、登記原因は承諾の日となる。

⑧ 根抵当権譲渡および変更契約証書とは別にⅤ登記原因証明情報を作成し、登記原因証明情報（不登法第61条）として登記所に提供することができる。

⑨ 根抵当権の一部譲渡による根抵当権一部移転登記は、根抵当権譲受人が登記権利者となり、根抵当権譲渡人が登記義務者となって行う。根抵当権の変更登記は、根抵当権者に不利なものを除き根抵当権譲渡人および根抵当権譲受人が登記権利者となり、根抵当権設定者が登記義務者となって行う。根抵当権優先の定めの登記は、根抵当権譲渡人および根抵当権譲受人が共同申請人となって行う。

⑩ 根抵当権譲渡人につき根抵当権に係る登記識別情報（登記済証）が、根抵当権設定者につき所有権取得に係る登記識別情報（登記済証）および印鑑証明書が必要となる。なお、登記完了後は、それぞれに登記完了証が交付され、根抵当権一部移転の登記権利者には登記識別情報が通知される。

⑪ 管轄登記所が複数となるケースでは、印鑑証明書およびⅤ登記原因証明情報は、登記所ごとに（複数）必要となる。当該申請のためにのみ作成したⅥ登記用委任状も同様であり、これらは原本還付を受けることができないとされている。

Ⅲ－1　必要書類・費用一覧（一部譲渡）

書　　類	書類上の関係者
□ 根抵当権譲渡および変更契約証書	根抵当権譲渡人、根抵当権譲受人、債務者、根抵当権設定者
□ 登記原因証明情報兼承諾書	根抵当権譲渡人、根抵当権設定者
□ 委任状（登記義務者用）	根抵当権譲渡人
□ 委任状（登記権利者用）	根抵当権譲受人
□ 登記識別情報（登記済証）	根抵当権譲渡人
□ 会社法人等番号（注）	根抵当権譲渡人、根抵当権譲受人、根抵当権設定者
□ 印鑑証明書	根抵当権設定者
□ 登録免許税	$\dfrac{\text{極度額}}{\text{一部譲渡後の共有者数}}$ の1,000分の2

（注）　不登令等の改正により、平成27年11月2日から、会社・法人の代表者等の資格を証する情報の提供（添付）に代え、登記申請情報に商業登記法第7条の会社法人等番号を記録または記載することとなった。ただし、法人登記手続中となるなどの場合を考慮し、例外的に、作成後1

か月以内の資格証明情報（登記事項証明書）を提供（添付）することも認められている。

Ⅲ－2　必要書類・費用一覧（優先の定め）

書　　類	書類上の関係者
☐ 根抵当権譲渡および変更契約証書	根抵当権譲渡人、根抵当権譲受人、債務者、根抵当権設定者
☐ 登記原因証明情報	根抵当権譲渡人、根抵当権譲受人
☐ 委任状	根抵当権譲渡人、根抵当権譲受人
☐ 登記識別情報（登記済証）	根抵当権譲渡人、根抵当権譲受人
☐ 会社法人等番号(注)	根抵当権譲渡人、根抵当権譲受人
☐ 登録免許税	不動産1個につき1,000円

（注）　不登令等の改正により、平成27年11月2日から、会社・法人の代表者等の資格を証する情報の提供（添付）に代え、登記申請情報に商業登記法第7条の会社法人等番号を記録または記載することとなった。ただし、法人登記手続中となるなどの場合を考慮し、例外的に、作成後1か月以内の資格証明情報（登記事項証明書）を提供（添付）することも認められている。

Ⅲ－3　必要書類・費用一覧（被担保債権の範囲の変更）

書　　類	書類上の関係者
☐ 根抵当権譲渡および変更契約証書	根抵当権譲渡人、根抵当権譲受人、債務者、根抵当権設定者
☐ 登記原因証明情報	根抵当権設定者
☐ 委任状（登記義務者用）	根抵当権設定者
☐ 委任状（登記権利者用）	根抵当権譲渡人、根抵当権譲受人
☐ 登記識別情報（登記済証）	根抵当権設定者
☐ 会社法人等番号(注)	根抵当権譲渡人、根抵当権譲受人、根抵当権設定者
☐ 印鑑証明書	根抵当権設定者
☐ 登録免許税	不動産1個につき1,000円

（注）　不登令等の改正により、平成27年11月2日から、会社・法人の代表者等の資格を証する情報の提供（添付）に代え、登記申請情報に商業登記法第7条の会社法人等番号を記録または記載することとなった。ただし、法人登記手続中となるなどの場合を考慮し、例外的に、作成後1か月以内の資格証明情報（登記事項証明書）を提供（添付）することも認められている。

Ⅳ　根抵当権譲渡および変更契約証書

<table>
<tr><td>（印紙）
（注1）</td><td colspan="2">根抵当権譲渡および変更契約証書
（一 部 譲 渡）</td></tr>
</table>

　　　　　　　　　　　　　　　　　　　　　　　平成　　年　　月　　日

　　　　　　住　所　　　　　　東京都○区○町三丁目2番1号
　　　　　　根抵当権譲渡人　　株式会社丙川ファイナンス
　　　　　　　　　　　　　　　代表取締役　丙川三郎　　　　㊞

　　　　　　住　所　　　　　　東京都○区○町一丁目2番3号
　　　　　　根抵当権譲受人　　株式会社甲野銀行
　　　　　　　　　　　　　　　代表取締役　甲野太郎　　　　㊞
　　　　　　　　　　　　　　　（取扱店　○支店）

　　　　　　住　所　　　　　　東京都○区○町四丁目5番6号
　　　　　　債務者　　　　　　株式会社乙野商事
　　　　　　根抵当権設定者　　代表取締役　乙野次郎　　　　㊞

　　　　　　住　所
　　　　　　根抵当権設定者

　　　　（注2）

　根抵当権譲渡人、根抵当権譲受人、債務者および根抵当権設定者は、次のとおり根抵当権の一部譲渡、優先の定めおよび根抵当権の変更に関する契約を締結しました。

[根抵当権の表示]

1．登記	平成○年○月○日東京法務局○出張所受付第○号（注3）
2．物件	後記物件の表示記載のとおり

[根抵当権の変更の要項]

1．変更する項目	被担保債権の範囲
2．変更前の定め	①　債務者との金銭消費貸借取引により生じる一切の債権 ②　当社が第三者から取得する手形上・小切手上の債権 ③　電子記録債権

| 3．変更後の定め | ① 債務者との銀行取引により生じる一切の債権
② 銀行が第三者から取得する手形上・小切手上の債権
③ 電子記録債権 |

物件の表示	所有者
所　　　在　東京都○区○町一丁目 地　　　番　1番1 地　　　目　宅地 地　　　積　○○○.○○㎡	株式会社乙野商事
所　　　在　東京都○区○町一丁目1番地1 家屋番号　1番1 種　　　類　居宅 構　　　造　木造セメントかわらぶき平家建 床 面 積　○○.○○㎡	株式会社乙野商事

第1条（一部譲渡）(注4)

根抵当権譲渡人は、根抵当権譲受人に対し、前記「根抵当権の表示」記載の確定前の根抵当権を一部譲渡しました。

第2条（優先関係の定め）(注5)

根抵当権譲渡人と根抵当権譲受人は、前条の根抵当権については、根抵当権譲受人が根抵当権譲渡人に優先して弁済を受けることを合意しました。

第3条（根抵当権の変更）(注6)

根抵当権譲渡人、根抵当権譲受人および根抵当権設定者は、第1条により根抵当権譲受人に一部譲渡された根抵当権の根抵当権譲受人の権利内容について前記「根抵当権変更の要項」記載のとおり変更しました。

第4条（根抵当権設定者等の承諾）(注7)

根抵当権設定者および債務者は、第1条による根抵当権の一部譲渡および前条による被担保債権の変更について、異議なく承諾しました。

第5条（登記義務）

① 根抵当権譲渡人および根抵当権譲受人は、第1条による根抵当権一部移転登記手続および第2条による根抵当権優先の定めの登記手続を遅滞なく行います。

② 根抵当権譲渡人、根抵当権譲受人および根抵当権設定者は、第3条による根抵当権変更登記手続を遅滞なく行います。

第6条（費用負担）(注8)

本契約締結に係る費用および本契約に基づく登記費用その他関連する費用は、債務者および根抵当権設定者が連帯して負担し、根抵当権譲受人が支払った金額についてはただち

に支払います。

第7条（適用条項）(注9)

① 根抵当権設定者および債務者は、この契約について、根抵当権譲渡人との間に締結した根抵当権設定契約において根抵当権者に対する義務に係る各条項、および債務者が根抵当権譲受人に差し入れた取引約定書および被担保債権の成立、変更等に係る約定書並び根抵当権譲受人に今後差し入れるこれらの約定書記載の各条項の適用があることを承認します。

② 根抵当権設定者および債務者は、根抵当権譲受人より申出のあった場合は、ただちにこの契約による根抵当権の適用条項を明確化するための約定書を提出します。

以　上

(注1)　この文書は、印紙税法上の課税文書には該当しない。
(注2)　債務者以外の第三者が根抵当権設定者の場合は、この欄に署名（記名）捺印させる。
(注3)　対象となる登記について、登記所および受付日ならびに受付番号で特定する。
(注4)　根抵当権譲渡人と根抵当権譲受人の一部譲渡の合意を記載している。
(注5)　優先の定めを行う合意を記載している。弁済割合の定めを定める場合には、「前条の根抵当権については、弁済を受けるべき金額について根抵当権譲渡人4、根抵当権譲受人6の割合に応じて弁済を受けるものとします。ただし、いずれか一方の債権額が上記の割合により受けるべき弁済額に達しないときは、他方がその差額の弁済を受けるものとします。」等の記載を行う。
(注6)　根抵当権譲渡人、根抵当権譲受人および根抵当権設定者との根抵当権変更（本例では根抵当権譲受人に係る被担保債権の範囲の変更）に関する合意を記載している。
(注7)　民法第398条の13に関する根抵当権設定者の承諾である。根抵当権設定者が譲渡の承諾をした旨の記載および根抵当権設定者の署名押印（実印）がある譲渡契約書を登記所に提供するときは、別途設定者の承諾書を作成しなくてよい。
(注8)　本契約における各種費用について債務者および根抵当権設定者が負担する例を記載している。
(注9)　担保保存義務のほか、根抵当権者に対する義務については原根抵当権設定契約の条項が適用されるとし、譲受人が求めた場合は、譲受人が使用している設定契約の条項を用いるなどして、適用条項を整備することがあるとしている。

V－1　登記原因証明情報――一部譲渡（根抵当権一部移転）(注1)

登記原因証明情報
兼 根抵当権設定者の承諾書
（根 抵 当 権 一 部 移 転）

平成　年　月　日

東京法務局　○出張所 御中

　　　　　住　所　　　　東京都○区○町三丁目2番1号
　　　　　登記義務者(注2)　株式会社丙川ファイナンス
　　　　　　　　　　　　代表取締役　丙川三郎　　㊞

　　　　　住　所　　　　東京都○区○町四丁目5番6号
　　　　　承諾者(注3)　　株式会社乙野商事
　　　　　　　　　　　　代表取締役　乙野次郎　　㊞

　登記義務者（根抵当権譲渡人）および承諾者（根抵当権設定者）は、本件登記の原因となる事実または法律行為が下記1．記載のとおりであること、およびこれに基づき現に下記2．記載の内容を登記要項とする物権変動が生じたことを証明します。
　なお、承諾者（根抵当権設定者）は、下記1．記載の契約において本件一部譲渡について承諾しました。

1．登記の原因となる事実または法律行為

(1)	契約証書名および締結年月日	平成○年○月○日付け根抵当権譲渡および変更契約証書（一部譲渡）(注4)
(2)	契約当事者	根抵当権譲渡人	株式会社丙川ファイナンス
		根抵当権譲受人	株式会社甲野銀行
		根抵当権設定者	株式会社乙野商事

2．登記申請情報の要項

(1) 登記の目的	根抵当権一部移転
(2) 移転する根抵当権	平成○年○月○日受付第○号
(3) 原因	平成○年○月○日一部譲渡(注5)

第2節　移　転　593

(4)	登記権利者 （根抵当権譲受人）（注6）	東京都○区○町一丁目2番3号 株式会社甲野銀行（取扱店○支店）
(5)	登記義務者 （根抵当権譲渡人）（注2）	東京都○区○町三丁目2番1号 株式会社丙川ファイナンス
(6)	不動産の表示	後記のとおり

物件の表示
所　　在　東京都○区○町一丁目 地　　番　1番1 地　　目　宅地 地　　積　○○○.00㎡ 所　　在　東京都○区○町一丁目1番地1 家屋番号　1番1 種　　類　居宅 構　　造　木造セメントかわらぶき平家建 床 面 積　○○.00㎡

以　上

(注1) Ⅳ根抵当権譲渡および変更契約証書とは別に、根抵当権一部移転のⅤ登記原因証明情報（根抵当権一部移転）を作成する場合の書式である。この情報は、登記の原因となる事実または法律行為のほか、登記事項（および物件表示）を登記義務者が確認して署名（または記名捺印）したものでなくてはならない。証書とは異なり、登記用に作成された書面の原本還付を受けることはできないため、管轄登記所が複数となるケースでは、登記所ごとに（複数）作成する必要がある。その内容は同文面とし、すべての物件を記載する。
(注2) 登記義務者は、根抵当権者となる。
(注3) 承諾者は、根抵当権設定者となる。
(注4) Ⅳ契約証書の名称および締結年月日を記載する。
(注5) 一部譲渡の効力発生年月日を記載する。
(注6) 登記権利者は、根抵当権譲受人となる。

Ⅴ-2　登記原因証明情報（根抵当権優先の定め）(注1)

登記原因証明情報
（根抵当権優先の定め）

平成　年　月　日

東京法務局　〇出張所　御中

　　　　　　　　　住　所　　　　東京都〇区〇町一丁目２番３号
　　　　　　　　　登記申請人(注2)　株式会社甲野銀行
　　　　　　　　　　　　　　　　代表取締役　甲野太郎　　㊞

　　　　　　　　　住　所　　　　東京都〇区〇町三丁目２番１号
　　　　　　　　　登記申請人(注2)　株式会社丙川ファイナンス
　　　　　　　　　　　　　　　　代表取締役　丙川三郎　　㊞

　登記申請人（各根抵当権者）は、本件登記の原因となる事実または法律行為が下記１．記載のとおりであること、およびこれに基づき現に下記２．記載の内容を登記要項とする登記内容の変更が生じたことを証明します。

１．登記の原因となる事実または法律行為

(1) 契約証書名および締結年月日	平成〇年〇月〇日付け根抵当権譲渡および変更契約証書（一部譲渡）(注3)
(2) 契約当事者	根抵当権譲渡人　株式会社丙川ファイナンス
	根抵当権譲受人　株式会社甲野銀行

２．登記申請情報の要項

(1) 登記の目的	根抵当権優先の定め
(2) 対象根抵当権	平成〇年〇月〇日受付第〇号
(3) 原因	平成〇年〇月〇日合意(注4)
(4) 優先の定め	株式会社甲野銀行が株式会社丙川ファイナンスに優先する(注5)
(5) 登記申請人(注2)	東京都〇区〇町一丁目２番３号 株式会社甲野銀行 東京都〇区〇町三丁目２番１号

	株式会社丙川ファイナンス
(6) 不動産の表示	後記のとおり

物件の表示
所　　在　東京都○区○町一丁目 地　　番　1番1 地　　目　宅地 地　　積　○○○.○○㎡ 所　　在　東京都○区○町一丁目1番地1 家屋番号　1番1 種　　類　居宅 構　　造　木造セメントかわらぶき平家建 床 面 積　○○.○○㎡

以　上

(注1)　Ⅳ根抵当権譲渡および変更契約証書とは別に、根抵当権優先の定めのⅤ登記原因証明情報（根抵当権優先の定め）を作成する場合の書式である。この情報は、登記の原因となる事実または法律行為のほか、登記事項（および物件表示）を登記義務者が確認して署名（または記名捺印）したものでなくてはならない。証書とは異なり、登記用に作成された書面の原本還付を受けることはできないため、管轄登記所が複数となるケースでは、登記所ごとに（複数）作成する必要がある。その内容は同文面とし、すべての物件を記載する。
(注2)　登記申請人は、根抵当権の共有者全員となる。
(注3)　Ⅳ契約証書の名称および締結年月日を記載する。
(注4)　優先の定めの合意年月日を記載する。
(注5)　優先の定めの内容を記載する。本ケースでは、一方が他方に優先することとしている。割合を定める場合は、「甲野銀行8・丙川ファイナンス2の割合」などとなる。

V－3　登記原因証明情報（根抵当権変更）(注1)

登記原因証明情報
（根抵当権変更）

平成　年　月　日

東京法務局　○出張所　御中

　　　　　　　　住　所　　　東京都○区○町四丁目5番6号
　　　　　　　　登記義務者(注2)　株式会社乙野商事
　　　　　　　　　　　　　　代表取締役　乙野次郎　　㊞

　登記義務者（根抵当権設定者）は、本件登記の原因となる事実または法律行為が下記1．記載のとおりであること、およびこれに基づき現に下記2．記載の内容を登記要項とする登記内容の変更が生じたことを証明します。

1．登記の原因となる事実または法律行為

(1)	契約証書名および締結年月日	平成○年○月○日付け根抵当権譲渡および変更契約証書（一部譲渡）(注3)	
(2)	契約当事者	根抵当権譲渡人	株式会社丙川ファイナンス
		根抵当権譲受人	株式会社甲野銀行
		根抵当権設定者	株式会社乙野商事

2．登記申請情報の要項

(1)	登記の目的	根抵当権変更
(2)	変更する根抵当権	平成○年○月○日受付第○号
(3)	原因	平成○年○月○日変更(注4)
(4)	変更後の事項(注5)	債権の範囲　根抵当権者株式会社甲野銀行につき　銀行取引・手形債権・小切手債権・電子記録債権 根抵当権者株式会社丙川ファイナンスにつき　金銭消費貸借取引・手形債権・小切手債権・電子記録債権
(5)	登記権利者 （根抵当権者）(注6)	東京都○区○町一丁目2番3号 株式会社甲野銀行 東京都○区○町三丁目2番1号

		株式会社丙川ファイナンス
(6)	登記義務者 （根抵当権設定者）（注2）	東京都○区○町四丁目5番6号 株式会社乙野商事
(7)	不動産の表示	後記のとおり

<table><tr><td colspan="2" align="center">物件の表示</td></tr>
<tr><td colspan="2">
所　　在　東京都○区○町一丁目
地　　番　1番1
地　　目　宅地
地　　積　○○○.○○㎡
所　　在　東京都○区○町一丁目1番地1
家屋番号　1番1
種　　類　居宅
構　　造　木造セメントかわらぶき平家建
床 面 積　○○.○○㎡
</td></tr></table>

以　上

(注1)　Ⅳ根抵当権譲渡および変更契約証書とは別に、根抵当権変更のⅤ登記原因証明情報（根抵当権変更）を作成する場合の書式である。この情報は、登記の原因となる事実または法律行為のほか、登記事項（および物件表示）を登記義務者が確認して署名（または記名捺印）したものでなくてはならない。証書とは異なり、登記用に作成された書面の原本還付を受けることはできないため、管轄登記所が複数となるケースでは、登記所ごとに（複数）作成する必要がある。その内容は同文面とし、すべての物件を記載する。
(注2)　登記義務者は、根抵当権設定者となる。
(注3)　Ⅳ契約証書の名称および締結年月日を記載する。
(注4)　根抵当権変更の効力発生日を記載する。
(注5)　変更後の債権の範囲をこのように記載する。
(注6)　登記権利者は、根抵当権の共有者全員となる。

Ⅵ－1－1　登記用委任状（一部譲渡）（登記義務者用／Ⅳを登記原因証明情報として提供する場合）（注1）

委　任　状

平成　　年　　月　　日

　　　　　住　所　　　東京都○区○町三丁目2番1号
　　　　　登記義務者　株式会社丙川ファイナンス
　　　　　　　　　　　代表取締役　丙川三郎　　　㊞
　　　　⎛連絡先　担当部署 ○○部／担当者名○○ ○○⎞
　　　　⎝電話番号 ○○－○○○○－○○○○　　　　　⎠

私は、＿＿＿＿＿＿＿＿＿＿＿＿＿＿＿＿（注2）を代理人と定め、下記の事項に関する一切の権限を委任します。

記

1．次の要項による登記申請に関すること
　　(1) 登記原因証明情報：平成○年○月○日付け根抵当権譲渡および変更契約証書（一部譲渡）
　　　　（注3）
　　(2) 登記の目的：根抵当権一部移転
2．上記申請の登記識別情報の暗号化に関すること（注4）
3．上記申請の登記完了証の受領に関すること（注5）
4．上記申請に関する契約証書、資格証明情報その他の添付情報の原本還付手続に関すること（注5）
5．上記申請の登録免許税還付金の代理受領に関すること（注6）

以　上

(注1)　Ⅳ根抵当権譲渡および変更契約証書（一部譲渡）を根抵当権一部譲渡の登記原因証明情報（不登法第61条）として提供する場合に、登記義務者が作成する委任状の書式である。管轄登記所が複数となるケースにおいて、委任状の原本還付を受けるときは、他の申請についても委任したことが明らかな内容とする必要がある。
(注2)　代理人の住所ならびに氏名または名称を記載する。
(注3)　登記所に提供する契約証書の締結日およびその名称を記載する。
(注4)　登記識別情報の暗号化（電子申請においてオンラインで登記識別情報を提供すること）には特別の授権が必要であるため、このように記載する。
(注5)　これらの事項には特別の授権を必要としないが、委任事項を明確にするため、このように記載する。
(注6)　登記申請の取下げ・却下・過誤納付に伴う還付金の代理受領については特別の授権が必要であるため、このように記載する。

Ⅵ－1－2　登記用委任状（根抵当権優先の定め）（登記申請人用／Ⅳを登記原因証明情報として提供する場合）（注1）

委 任 状

平成　年　月　日

住　所　　東京都○区○町三丁目2番1号
登記申請人　株式会社丙川ファイナンス
　　　　　　代表取締役　丙川三郎　　㊞
（連絡先　担当部署　○○部／担当者名○○ ○○
　電話番号 ○○－○○○○－○○○○）

私は、＿＿＿＿＿＿＿＿＿＿＿＿＿＿（注2）を代理人と定め、下記の事項に関する一切の権限を委任します。

記

1．次の要項による登記申請に関すること
　（1）登記原因証明情報：平成○年○月○日付け根抵当権譲渡および変更契約証書（一部譲渡）（注3）
　（2）登記の目的：根抵当権優先の定め
2．上記申請の登記識別情報の暗号化に関すること（注4）
3．上記申請の登記完了証の受領に関すること（注5）
4．上記申請に関する契約証書、資格証明情報その他の添付情報の原本還付手続に関すること（注5）
5．上記申請の登録免許税還付金の代理受領に関すること（注6）

以　上

（注1）　Ⅳ根抵当権譲渡および変更契約証書（一部譲渡）を根抵当権優先の定めの登記原因証明情報（不登法第61条）として提供する場合に、登記申請人が作成する委任状の書式である。管轄登記所が複数となるケースにおいて、委任状の原本還付を受けるときは、他の申請についても委任したことが明らかな内容とする必要がある。
（注2）　代理人の住所ならびに氏名または名称を記載する。
（注3）　登記所に提供する契約証書の締結日およびその名称を記載する。
（注4）　登記識別情報の暗号化（電子申請においてオンラインで登記識別情報を提供すること）には特別の授権が必要であるため、このように記載する。
（注5）　これらの事項には特別の授権を必要としないが、委任事項を明確にするため、このように記載する。
（注6）　登記申請の取下げ・却下・過誤納付に伴う還付金の代理受領については特別の授権が必要であるため、このように記載する。

Ⅵ−1−3　登記用委任状（根抵当権変更）（登記義務者用／Ⅳを登記原因証明情報として提供する場合）(注1)

委　任　状

平成　　年　　月　　日

住　所　　　東京都○区○町四丁目5番6号
登記義務者　株式会社乙野商事
　　　　　　代表取締役　乙野次郎　　　㊞
［連絡先　担当部署　○○部／担当者名　○○　○○］
［電話番号　○○−○○○○−○○○○］

私は、＿＿＿＿＿＿＿＿＿＿＿＿＿＿＿（注2）を代理人と定め、下記の事項に関する一切の権限を委任します。

記

1．次の要項による登記申請に関すること
　(1) 登記原因証明情報：平成○年○月○日付け根抵当権譲渡および変更契約証書（一部譲渡）
　　（注3）
　(2) 登記の目的：根抵当権変更
2．上記申請の登記識別情報の暗号化に関すること（注4）
3．上記申請の登記完了証の受領に関すること（注5）
4．上記申請に関する契約証書、資格証明情報その他の添付情報の原本還付手続に関すること（注5）
5．上記申請の登録免許税還付金の代理受領に関すること（注6）

以　上

(注1)　Ⅳ根抵当権譲渡および変更契約証書（一部譲渡）を根抵当権変更の登記原因証明情報（不登法第61条）として提供する場合に、登記義務者が作成する委任状の書式である。管轄登記所が複数となるケースにおいて、委任状の原本還付を受けるときは、他の申請についても委任したことが明らかな内容とする必要がある。
(注2)　代理人の住所ならびに氏名または名称を記載する。
(注3)　登記所に提供する契約証書の締結日およびその名称を記載する。
(注4)　登記識別情報の暗号化（電子申請においてオンラインで登記識別情報を提供すること）には特別の授権が必要であるため、このように記載する。
(注5)　これらの事項には特別の授権を必要としないが、委任事項を明確にするため、このように記載する。
(注6)　登記申請の取下げ・却下・過誤納付に伴う還付金の代理受領については特別の授権が必要であるため、このように記載する。

Ⅵ－2－1　登記用委任状（一部譲渡）（登記義務者用／Ⅴ－1を登記原因証明情報として提供する場合）（注1）

委　任　状

平成　年　月　日

住　所　　　東京都○区○町三丁目2番1号
登記義務者　株式会社丙川ファイナンス
　　　　　　代表取締役　丙　川　三　郎　　㊞
（連絡先　担当部署　○○部／担当者名○○　○○
　電話番号　○○ － ○○○○ － ○○○○）

私は、＿＿＿＿＿＿＿＿＿＿＿＿＿＿＿＿＿＿（注2）を代理人と定め、下記の事項に関する一切の権限を委任します。

記

1．次の要項による登記申請に関すること
　　(1) 登記原因証明情報：平成○年○月○日付け登記原因証明情報（根抵当権一部移転）（注3）
　　(2) 登記の目的：根抵当権一部移転
2．上記申請の登記識別情報の暗号化に関すること（注4）
3．上記申請の登記完了証の受領に関すること（注5）
4．上記申請に関する資格証明情報その他の添付情報の原本還付手続に関すること（注5）
5．上記申請の登録免許税還付金の代理受領に関すること（注6）

以　上

(注1)　Ⅳ根抵当権譲渡および変更契約証書（一部譲渡）とは別に、Ⅴ－1登記原因証明情報（根抵当権一部移転）を作成し、これを登記原因証明情報（不登法第61条）として提供する場合に、登記義務者が作成する委任状の書式である。管轄登記所が複数となるケースにおいて、委任状の原本還付を受けるときは、他の申請についても委任したことが明らかな内容とする必要がある。
(注2)　代理人の住所ならびに氏名または名称を記載する。
(注3)　登記所に提供する登記原因証明情報の作成日およびその名称を記載する。
(注4)　登記識別情報の暗号化（電子申請においてオンラインで登記識別情報を提供すること）には特別の授権が必要であるため、このように記載する。
(注5)　これらの事項には特別の授権を必要としないが、委任事項を明確にするため、このように記載する。
(注6)　登記申請の取下げ・却下・過誤納付に伴う還付金の代理受領については特別の授権が必要であるため、このように記載する。

Ⅵ−2−2　登記用委任状（根抵当権優先の定め）（登記申請人用／Ⅴ−2を登記原因証明情報として提供する場合）(注1)

委　任　状

平成　年　月　日

　　　　　住　所　　東京都〇区〇町三丁目2番1号
　　　　　登記申請人　株式会社丙川ファイナンス
　　　　　　　　　　　代表取締役　丙川三郎　　㊞
　　　　　（連絡先　担当部署　〇〇部／担当者名〇〇　〇〇
　　　　　　電話番号　〇〇−〇〇〇〇−〇〇〇〇　　　　）

私は、＿＿＿＿＿＿＿＿＿＿＿＿＿＿＿＿（注2）を代理人と定め、下記の事項に関する一切の権限を委任します。

記

1．次の要項による登記申請に関すること
　　(1) 登記原因証明情報：平成〇年〇月〇日付け登記原因証明情報（根抵当権優先の定め）(注3)
　　(2) 登記の目的：根抵当権優先の定め
2．上記申請の登記識別情報の暗号化に関すること(注4)
3．上記申請の登記完了証の受領に関すること(注5)
4．上記申請に関する資格証明情報その他の添付情報の原本還付手続に関すること(注5)
5．上記申請の登録免許税還付金の代理受領に関すること(注6)

以　上

(注1)　Ⅳ根抵当権譲渡および変更契約証書（一部譲渡）とは別に、Ⅴ−2登記原因証明情報（根抵当権優先の定め）を作成し、これを登記原因証明情報（不登法第61条）として提供する場合に、登記申請人が作成する委任状の書式である。管轄登記所が複数となるケースにおいて、委任状の原本還付を受けるときは、他の申請についても委任したことが明らかな内容とする必要がある。
(注2)　代理人の住所ならびに氏名または名称を記載する。
(注3)　登記所に提供する登記原因証明情報の作成日およびその名称を記載する。
(注4)　登記識別情報の暗号化（電子申請においてオンラインで登記識別情報を提供すること）には特別の授権が必要であるため、このように記載する。
(注5)　これらの事項には特別の授権を必要としないが、委任事項を明確にするため、このように記載する。
(注6)　登記申請の取下げ・却下・過誤納付に伴う還付金の代理受領については特別の授権が必要であるため、このように記載する。

Ⅵ-2-3　登記用委任状（根抵当権変更）（登記義務者用／Ⅴ-3を登記原因証明情報として提供する場合）(注1)

委　任　状

平成　　年　　月　　日

住　所　　　東京都〇区〇町四丁目5番6号
登記義務者　株式会社乙野商事
　　　　　　　代表取締役　乙野次郎　　　㊞
連絡先　担当部署　〇〇部／担当者名　〇〇　〇〇
電話番号　〇〇－〇〇〇〇－〇〇〇〇

私は、＿＿＿＿＿＿＿＿＿＿＿＿＿＿＿＿(注2)を代理人と定め、下記の事項に関する一切の権限を委任します。

記

1. 次の要項による登記申請に関すること
    (1) 登記原因証明情報：平成〇年〇月〇日付け登記原因証明情報（根抵当権変更）(注3)
    (2) 登記の目的：根抵当権変更
2. 上記申請の登記識別情報の暗号化に関すること(注4)
3. 上記申請の登記完了証の受領に関すること(注5)
4. 上記申請に関する資格証明情報その他の添付情報の原本還付手続に関すること(注5)
5. 上記申請の登録免許税還付金の代理受領に関すること(注6)

以　上

(注1)　Ⅳ根抵当権譲渡および変更契約証書（一部譲渡）とは別に、Ⅴ-3登記原因証明情報（根抵当権変更）を作成し、これを登記原因証明情報（不登法第61条）として提供する場合に、登記義務者が作成する委任状の書式である。管轄登記所が複数となるケースにおいて、委任状の原本還付を受けるときは、他の申請についても委任したことが明らかな内容とする必要がある。
(注2)　代理人の住所ならびに氏名または名称を記載する。
(注3)　登記所に提供する登記原因証明情報の作成日およびその名称を記載する。
(注4)　登記識別情報の暗号化（電子申請においてオンラインで登記識別情報を提供すること）には特別の授権が必要であるため、このように記載する。
(注5)　これらの事項には特別の授権を必要としないが、委任事項を明確にするため、このように記載する。
(注6)　登記申請の取下げ・却下・過誤納付に伴う還付金の代理受領については特別の授権が必要であるため、このように記載する。

Ⅵ-3-1　登記用委任状（一部譲渡）（登記権利者用／Ⅳを登記原因証明情報として提供する場合）(注1)

委　任　状

平成　　年　　月　　日

住　　所　　東京都○区○町一丁目2番3号
登記権利者　株式会社甲野銀行
　　　　　　代表取締役　甲野太郎　　㊞
　　　　　　（取扱店　○支店）

私は、＿＿＿＿＿＿＿＿＿＿＿＿＿＿＿(注2)を代理人と定め、下記の事項に関する一切の権限を委任します。

記

1．次の要項による登記申請に関すること
　　(1) 登記原因証明情報：平成○年○月○日付け根抵当権譲渡および変更契約証書（一部譲渡）
　　　　(注3)
　　(2) 登記の目的：根抵当権一部移転
2．上記申請の登記識別情報の受領に関すること (注4)
3．上記申請の登記完了証の受領に関すること (注5)
4．上記申請に関する契約証書、資格証明情報その他の添付情報の原本還付手続に関すること (注5)
5．上記申請の登録免許税還付金の代理受領に関すること (注6)

以　上

(注1)　Ⅳ根抵当権譲渡および変更契約証書（一部譲渡）を根抵当権一部譲渡の登記原因証明情報（不登法第61条）として提供する場合に、登記権利者が作成する委任状の書式である。管轄登記所が複数となるケースにおいて、委任状の原本還付を受けるときは、他の申請についても委任したことが明らかな内容とする必要がある。
(注2)　代理人の住所ならびに氏名または名称を記載する。
(注3)　登記所に提供する契約証書の締結日およびその名称を記載する。
(注4)　登記識別情報の受領には特別の授権が必要であるため、このように記載する。なお、電子申請においてオンラインで登記識別情報を受領することを「復号」といい、この方法による受領には特別の授権が必要であるため、これについても委任する場合は、「上記申請の登記識別情報の受領・復号に関すること」のように記載する。
(注5)　これらの事項には特別の授権を必要としないが、委任事項を明確にするため、このように記載する。
(注6)　登記申請の取下げ・却下・過誤納付に伴う還付金の代理受領については特別の授権が必要であるため、このように記載する。

Ⅵ−3−2　登記用委任状（根抵当権優先の定め）（登記申請人用／Ⅳを登記原因証明情報として提供する場合）（注1）

委　任　状

平成　　年　　月　　日

　　　　　　　住　所　　　東京都○区○町三丁目2番3号
　　　　　　　登記申請人　株式会社甲野銀行
　　　　　　　　　　　　　代表取締役　甲野太郎　　　　㊞

私は、＿＿＿＿＿＿＿＿＿＿＿＿＿＿＿＿（注2）を代理人と定め、下記の事項に関する一切の権限を委任します。

記

1．次の要項による登記申請に関すること
　　(1) 登記原因証明情報：平成○年○月○日付け根抵当権譲渡および変更契約証書（一部譲渡）
　　　　（注3）
　　(2) 登記の目的：根抵当権優先の定め
2．上記申請の登記識別情報の暗号化に関すること（注4）
3．上記申請の登記完了証の受領に関すること（注5）
4．上記申請に関する契約証書、資格証明情報その他の添付情報の原本還付手続に関すること（注5）
5．上記申請の登録免許税還付金の代理受領に関すること（注6）

以　上

（注1）　Ⅳ根抵当権譲渡契約証書（一部譲渡）を根抵当権優先の定めの登記原因証明情報（不登法第61条）として提供する場合に、登記申請人が作成する委任状の書式である。管轄登記所が複数となるケースにおいて、委任状の原本還付を受けるときは、他の申請についても委任したことが明らかな内容とする必要がある。
（注2）　代理人の住所ならびに氏名または名称を記載する。
（注3）　登記所に提供する契約証書の締結日およびその名称を記載する。
（注4）　登記識別情報の暗号化（電子申請においてオンラインで登記識別情報を提供すること）には特別の授権が必要であるため、このように記載する。
（注5）　これらの事項には特別の授権を必要としないが、委任事項を明確にするため、このように記載する。
（注6）　登記申請の取下げ・却下・過誤納付に伴う還付金の代理受領については特別の授権が必要であるため、このように記載する。

Ⅵ－3－3　登記用委任状（根抵当権変更）（登記権利者用／Ⅳを登記原因証明情報として提供する場合）(注1)

委　任　状

平成　年　月　日

　　　　住　　所　　東京都○区○町一丁目2番3号
　　　　登記権利者　株式会社甲野銀行
　　　　　　　　　　代表取締役　甲野太郎　　　㊞

私は、＿＿＿＿＿＿＿＿＿＿＿＿＿＿＿＿＿(注2)を代理人と定め、下記の事項に関する一切の権限を委任します。

記

1．次の要項による登記申請に関すること
　　(1) 登記原因証明情報：平成○年○月○日付け根抵当権譲渡および変更契約証書（一部譲渡）
　　　　(注3)
　　(2) 登記の目的：根抵当権変更
2．上記申請の登記完了証の受領に関すること(注4)
3．上記申請に関する契約証書、資格証明情報その他の添付情報の原本還付手続に関すること(注4)
4．上記申請の登録免許税還付金の代理受領に関すること(注5)

以　上

(注1)　Ⅳ根抵当権譲渡および変更契約証書（一部譲渡）を根抵当権変更の登記原因証明情報（不登法第61条）として提供する場合に、登記権利者が作成する委任状の書式である。管轄登記所が複数となるケースにおいて、委任状の原本還付を受けるときは、他の申請についても委任したことが明らかな内容とする必要がある。
(注2)　代理人の住所ならびに氏名または名称を記載する。
(注3)　登記所に提供する契約証書の締結日およびその名称を記載する。
(注4)　これらの事項には特別の授権を必要としないが、委任事項を明確にするため、このように記載する。
(注5)　登記申請の取下げ・却下・過誤納付に伴う還付金の代理受領については特別の授権が必要であるため、このように記載する。

Ⅵ-3-4 登記用委任状（根抵当権変更）（登記権利者用／Ⅳを登記原因証明情報として提供する場合）(注1)

委 任 状

平成　年　月　日

　　　　　　住　所　　東京都○区○町三丁目2番1号
　　　　　　登記権利者　株式会社丙川ファイナンス
　　　　　　　　　　　　代表取締役　丙川三郎　　㊞
　　　　　　⎛連絡先　担当部署　○○部／担当者名○○　○○⎞
　　　　　　⎝電話番号　○○－○○○○－○○○○　　　　　⎠

私は、＿＿＿＿＿＿＿＿＿＿＿＿＿＿(注2)を代理人と定め、下記の事項に関する一切の権限を委任します。

記

1．次の要項による登記申請に関すること
　　(1) 登記原因証明情報：平成○年○月○日付け根抵当権譲渡および変更契約証書（一部譲渡）(注3)
　　(2) 登記の目的：根抵当権変更
2．上記申請の登記完了証の受領に関すること（注4）
3．上記申請に関する契約証書、資格証明情報その他の添付情報の原本還付手続に関すること（注4）
4．上記申請の登録免許税還付金の代理受領に関すること（注5）

以　上

(注1)　Ⅳ根抵当権譲渡および変更契約証書（一部譲渡）を根抵当権変更の登記原因証明情報（不登法第61条）として提供する場合に、登記権利者が作成する委任状の書式である。管轄登記所が複数となるケースにおいて、委任状の原本還付を受けるときは、他の申請についても委任したことが明らかな内容とする必要がある。
(注2)　代理人の住所ならびに氏名または名称を記載する。
(注3)　登記所に提供する契約証書の締結日およびその名称を記載する。
(注4)　これらの事項には特別の授権を必要としないが、委任事項を明確にするため、このように記載する。
(注5)　登記申請の取下げ・却下・過誤納付に伴う還付金の代理受領については特別の授権が必要であるため、このように記載する。

VI－4－1　登記用委任状（一部譲渡）（登記権利者用／V－1を登記原因証明情報として提供する場合）（注1）

委　任　状

平成　　年　　月　　日

　　　　住　　所　　東京都〇区〇町一丁目2番3号
　　　　登記権利者　株式会社甲野銀行
　　　　　　　　　　代表取締役　甲野太郎　　㊞
　　　　　　　　　　（取扱店　〇支店）

私は、＿＿＿＿＿＿＿＿＿＿＿＿＿＿＿（注2）を代理人と定め、下記の事項に関する一切の権限を委任します。

記

1．次の要項による登記申請に関すること
　　(1) 登記原因証明情報：平成〇年〇月〇日付け登記原因証明情報（根抵当権一部移転）（注3）
　　(2) 登記の目的：根抵当権一部移転
2．上記申請の登記識別情報の受領に関すること（注4）
3．上記申請の登記完了証の受領に関すること（注5）
4．上記申請に関する資格証明情報その他の添付情報の原本還付手続に関すること（注5）
5．上記申請の登録免許税還付金の代理受領に関すること（注6）

以　上

(注1)　IV根抵当権譲渡および変更契約証書（一部譲渡）とは別に、V－1登記原因証明情報（根抵当権一部移転）を作成し、これを登記原因証明情報（不登法第61条）として提供する場合に、登記権利者が作成する委任状の書式である。管轄登記所が複数となるケースにおいて、委任状の原本還付を受けるときは、他の申請についても委任したことが明らかな内容とする必要がある。
(注2)　代理人の住所ならびに氏名または名称を記載する。
(注3)　登記所に提供する登記原因証明情報の作成日およびその名称を記載する。
(注4)　登記識別情報の受領には特別の授権が必要であるため、このように記載する。なお、電子申請においてオンラインで登記識別情報を受領することを「復号」といい、この方法による受領には特別の授権が必要であるため、これについても委任する場合は、「上記申請の登記識別情報の受領・復号に関すること」のように記載する。
(注5)　これらの事項には特別の授権を必要としないが、委任事項を明確にするため、このように記載する。
(注6)　登記申請の取下げ・却下・過誤納付に伴う還付金の代理受領については特別の授権が必要であるため、このように記載する。

Ⅵ-4-2　登記用委任状（根抵当権優先の定め）（登記申請人用／Ⅴ-2を登記原因証明情報として提供する場合）(注1)

委　任　状

平成　　年　　月　　日

　　　住　所　　　東京都○区○町一丁目2番3号
　　　登記申請人　株式会社甲野銀行
　　　　　　　　　代表取締役　甲野太郎　　　　㊞

私は、＿＿＿＿＿＿＿＿＿＿＿＿＿＿＿＿＿（注2）を代理人と定め、下記の事項に関する一切の権限を委任します。

記

1．次の要項による登記申請に関すること
　　(1) 登記原因証明情報：平成○年○月○日付け登記原因証明情報（根抵当権優先の定め）(注3)
　　(2) 登記の目的：根抵当権優先の定め
2．上記申請の登記識別情報の暗号化に関すること（注4）
3．上記申請の登記完了証の受領に関すること（注5）
4．上記申請に関する資格証明情報その他の添付情報の原本還付手続に関すること（注5）
5．上記申請の登録免許税還付金の代理受領に関すること（注6）

以　上

（注1）　Ⅳ根抵当権譲渡および変更契約証書（一部譲渡）とは別に、Ⅴ-2登記原因証明情報（根抵当権優先の定め）を作成し、これを登記原因証明情報（不登法第61条）として提供する場合に、登記申請人が作成する委任状の書式である。管轄登記所が複数となるケースにおいて、委任状の原本還付を受けるときは、他の申請についても委任したことが明らかな内容とする必要がある。
（注2）　代理人の住所ならびに氏名または名称を記載する。
（注3）　登記所に提供する登記原因証明情報の作成日およびその名称を記載する。
（注4）　登記識別情報の暗号化（電子申請においてオンラインで登記識別情報を提供すること）には特別の授権が必要であるため、このように記載する。
（注5）　これらの事項には特別の授権を必要としないが、委任事項を明確にするため、このように記載する。
（注6）　登記申請の取下げ、および取下げ・却下・過誤納付に伴う還付金の代理受領については特別の授権が必要であるため、このように記載する。

Ⅵ−4−3　登記用委任状（根抵当権変更）（登記権利者用／Ⅴ−3を登記原因証明情報として提供する場合）（注1）

委　任　状

　　　　　　　　　　　　　　　　　　　　　　　　　平成　　年　　月　　日

　　　　　　　住　　所　　東京都○区○町一丁目2番3号
　　　　　　　登記権利者　株式会社甲野銀行
　　　　　　　　　　　　　代表取締役　甲野太郎　　　㊞

私は、＿＿＿＿＿＿＿＿＿＿＿＿＿＿＿＿（注2）を代理人と定め、下記の事項に関する一切の権限を委任します。

記

1．次の要項による登記申請に関すること
　　(1) 登記原因証明情報：平成○年○月○日付け登記原因証明情報（根抵当権変更）（注3）
　　(2) 登記の目的：根抵当権変更
2．上記申請の登記完了証の受領に関すること（注4）
3．上記申請に関する資格証明情報その他の添付情報の原本還付手続に関すること（注4）
4．上記申請の登録免許税還付金の代理受領に関すること（注5）

　　　　　　　　　　　　　　　　　　　　　　　　　　　　　　以　上

（注1）　Ⅳ根抵当権譲渡および変更契約証書（一部譲渡）とは別に、Ⅴ−3登記原因証明情報（根抵当権変更）を作成し、これを登記原因証明情報（不登法第61条）として提供する場合に、登記権利者が作成する委任状の書式である。管轄登記所が複数となるケースにおいて、委任状の原本還付を受けるときは、他の申請についても委任したことが明らかな内容とする必要がある。
（注2）　代理人の住所ならびに氏名または名称を記載する。
（注3）　登記所に提供する登記原因証明情報の作成日およびその名称を記載する。
（注4）　これらの事項には特別の授権を必要としないが、委任事項を明確にするため、このように記載する。
（注5）　登記申請の取下げ・却下・過誤納付に伴う還付金の代理受領については特別の授権が必要であるため、このように記載する。

Ⅵ－4－4　登記用委任状（根抵当権変更）（登記権利者用／Ⅴ－3を登記原因証明情報として提供する場合）(注1)

委　任　状

平成　　年　　月　　日

住　所　　　東京都○区○町三丁目2番1号
登記権利者　株式会社丙川ファイナンス
　　　　　　代表取締役　丙川三郎　　　㊞
連絡先　担当部署　○○部／担当者名○○　○○
電話番号　○○－○○○○－○○○○

私は、＿＿＿＿＿＿＿＿＿＿＿＿＿＿＿＿＿（注2）を代理人と定め、下記の事項に関する一切の権限を委任します。

記

1．次の要項による登記申請に関すること
　　(1) 登記原因証明情報：平成○年○月○日付け登記原因証明情報（根抵当権変更）(注3)
　　(2) 登記の目的：根抵当権変更
2．上記申請の登記完了証の受領に関すること（注4）
3．上記申請に関する資格証明情報その他の添付情報の原本還付手続に関すること（注4）
4．上記申請の登録免許税還付金の代理受領に関すること（注5）

以　上

(注1)　Ⅳ根抵当権譲渡および変更契約証書（一部譲渡）とは別に、Ⅴ－3登記原因証明情報（根抵当権変更）を作成し、これを登記原因証明情報（不登法第61条）として提供する場合に、登記権利者が作成する委任状の書式である。管轄登記所が複数となるケースにおいて、委任状の原本還付を受けるときは、他の申請についても委任したことが明らかな内容とする必要がある。
(注2)　代理人の住所ならびに氏名または名称を記載する。
(注3)　登記所に提供する登記原因証明情報の作成日およびその名称を記載する。
(注4)　これらの事項には特別の授権を必要としないが、委任事項を明確にするため、このように記載する。
(注5)　登記申請の取下げ・却下・過誤納付に伴う還付金の代理受領については特別の授権が必要であるため、このように記載する。

4　根抵当権者の合併

60　根抵当権者の合併

Ⅰ　ケース概要

　甲野銀行は、乙野商事に対する融資取引の担保として乙野商事所有の土地につき根抵当権の設定を受けていたが、その後、丙川銀行を存続会社とする吸収合併が行われた。
　今般、丙川銀行が承継した当該確定前の根抵当権について、他の事由により登記を行うこととなったため、当該登記の前提として、上記合併についても登記手続を行う。

Ⅱ　留意点

① 　元本の確定前に根抵当権者について合併があった場合に、根抵当権が存続会社（新設合併の場合は設立会社。以下同じ）に承継されたことを公示するときの書式である。合併の効力発生により根抵当権移転の登記原因が生じる。

② 　存続会社は、合併の効力発生日（新設合併の場合は成立の日）に消滅会社の権利義務の一切を包括的に承継するが（会社法第750条第1項、第754条第1項）、元本の確定前に根抵当権者について合併があったときは、当該根抵当権は合併の時に存する債権のほか、存続会社が合併後に取得する債権を担保する（民法第398条の9第1項）。

③ 　この場合、債務者以外の根抵当権設定者は、合併のあったことを知った日から2週間以内（かつ合併の日から1箇月以内）に担保すべき元本の確定を請求することができ、この請求があると合併の時に確定したものとみなされる（民法第398の9第3項から第5項）。

④ 　合併による権利承継（一般承継）は、登記を要する物権変動ではないから、対抗要件具備目的で根抵当権移転の登記を行う必要はない。

⑤ 　不動産担保権の実行手続との関係においても、民事執行法第181条第3項の承継を証する文書として、合併の記載がある存続会社または設立会社の登記事項証明書を執行裁判所に提出することにより、合併による根抵当権移転の付記登記を行わないで担保不動産競売の申立てを行うことが可能であるし、開始決定後に合併の効力が発生した場合も、民事執行法上の明文規定はないものの、同様に承継を証する文書が提出されれば競売手続はそのまま進行することとされているから、根抵当権の移転登記を行う必要はない。

⑥ 　合併による根抵当権移転の登記は、根抵当権の抹消、変更、追加設定等の必要が生じた際に、同時に行うことが多い。合併により消滅会社は解散し、これらの登記の際には、その前提として、合併による根抵当権移転の登記が必要となるからである。

⑦ 　登記原因証明情報（不登法第61条）として登記所に提出するのは、合併の記載がある存続会社または設立会社の登記事項証明書である。登記手続にあたり、合併契約書を提出する必

要はなく、また別に登記原因証明情報を作成する必要はない。
⑧　合併による根抵当権移転登記は、存続会社が登記申請人となって行う。登記完了後は、登記完了証が交付され登記識別情報が通知される。

Ⅲ　必要書類・費用一覧

書　　類	書類上の関係者
□　登記事項証明書（注1）	存続会社（または設立会社）
□　委任状（登記申請人用）	存続会社（または設立会社）
□　会社法人等番号（注2）	存続会社（または設立会社）
□　登録免許税	極度額の1,000分の1

（注1）　不登令等の改正に伴い、現在の会社法人等番号によって登記所が合併事項を確認できる場合、この番号を提供すれば証明書の添付は省略できることとなった。
（注2）　不登令等の改正により、平成27年11月2日から、会社・法人の代表者等の資格を証する情報の提供（添付）に代え、登記申請情報に商業登記法第7条の会社法人等番号を記録または記載することとなった。ただし、法人登記手続中となるなどの場合を考慮し、例外的に、作成後1か月以内の資格証明情報（登記事項証明書）を提供（添付）することも認められている。

Ⅳ　登記用委任状（登記申請人用）（注1）

委　任　状

平成　　年　　月　　日

住　所　　東京都〇区〇町三丁目2番1号
登記申請人　株式会社丙川銀行
　　　　　　代表取締役　丙川三郎　　　㊞

私は、＿＿＿＿＿＿＿＿＿＿＿＿＿＿（注2）を代理人と定め、下記の事項に関する一切の権限を委任します。

記

1．次の要項による登記申請に関すること（注3）
　　(1) 登記の目的：根抵当権移転（合併による根抵当権の移転）
　　(2) 移転する登記：平成〇年〇月〇日東京法務局〇出張所受付第〇号
　　(3) 物件：後記物件の表示記載のとおり
2．上記申請の登記識別情報の受領に関すること（注4）
3．上記申請の登記完了証の受領に関すること（注5）
4．上記申請に関する登記原因証明情報、資格証明情報その他の添付情報の原本還付手続に関する

こと（注5）
5．上記申請の登録免許税還付金の代理受領に関すること（注7）

物件の表示（注7）
所　　在　東京都○区○町一丁目 地　　番　1番1 地　　目　宅地 地　　積　○○○.○○㎡

以　　上

(注1)　登記申請人が作成する委任状の書式である。管轄登記所が複数となるケースにおいて、委任状の原本還付を受けるときは、他の申請についても委任したことが明らかな内容とする必要がある。
(注2)　代理人の住所ならびに氏名または名称を記載する。
(注3)　戸籍・住民票・登記事項証明書などの官公署発行の証明書を登記原因証明情報（不登法第61条）として提供する場合、当該証明書には根抵当権や不動産の表示がないことから、委任する登記手続を明確にするため、このように記載する。
(注4)　登記識別情報の受領には特別の授権が必要であるため、このように記載する。なお、電子申請においてオンラインで登記識別情報を受領することを「復号」といい、この方法による受領には特別の授権が必要であるため、これについても委任する場合は、「上記申請の登記識別情報の受領・復号に関すること」のように記載する。
(注5)　これらの事項には特別の授権を必要としないが、委任事項を明確にするため、このように記載する。
(注6)　登記申請の取下げ・却下・過誤納付に伴う還付金の代理受領については特別の授権が必要であるため、このように記載する。
(注7)　土地については所在・地番を記載することでも足りる。

5　根抵当権者の会社分割

61　根抵当権者の会社分割

I　ケース概要

　甲野銀行は、乙野商事に対する融資取引の担保として乙野商事所有の土地につき根抵当権の設定を受けていたが、その後、丙川銀行を承継会社とする吸収分割が行われた。
　今般、当該確定前の根抵当権について、他の事由により登記を行うこととなったため、当該登記の前提として、上記会社分割についても登記手続を行う。

II　留意点

① 元本の確定前に根抵当権者について会社分割があった場合に、根抵当権の一部が承継会社（新設分割の場合は設立会社。以下同じ）に承継されたこと（根抵当権が両者の準共有となっていること）を公示するときの書式である。会社分割の効力発生により根抵当権一部移転の登記原因が生じる。

② 承継会社は、会社分割の効力発生日（新設分割の場合は成立の日）に吸収分割契約（新設分割計画）の定めに従い分割会社の権利義務を包括的に承継するが（会社法第759条第1項、第764条第1項）、元本の確定前に根抵当権者について会社分割があったときは、当該根抵当権は会社分割の時に存する債権のほか、分割会社および承継会社が会社分割後に取得する債権を担保する（民法第398条の10第1項）。

③ この場合、債務者以外の根抵当権設定者は、会社分割のあったことを知った日から2週間以内（かつ会社分割の日から1箇月以内）に担保すべき元本の確定を請求することができ、この請求があると会社分割の時に確定したものとみなされる（民法第398の10第3項、第398条の9第3項から第5項）。

④ 上述のとおり、会社分割の効力発生後の根抵当権の被担保債権の範囲は、民法第398条の10によって定まっており、対抗要件具備目的で根抵当権移転の登記を行う意義も乏しいことから、会社分割後ただちに根抵当権の移転登記を行うものとはせず、不動産担保権の実行や根抵当権の変更、追加設定等の必要が生じた際に根抵当権移転の登記を行うことが多い。

⑤ 不動産担保権の実行手続との関係では、執行裁判所によって取扱いが異なる可能性があるものの、登記事項証明書が提出されれば民法第398条の10第1項によって被担保債権の範囲が定まることが明らかとなるため、根抵当権一部移転の登記を行わないで分割会社または承継会社のいずれかが単独で申立てを行うことも可能とされている。

⑥ 根抵当権の抹消、変更、追加設定等の必要が生じた際に、当該登記の前提として会社分割による根抵当権一部移転の登記を行うことは多い。ただし、被担保債権の範囲に属する取引

を承継会社が承継しないことなどを理由に、承継会社が会社分割後に取得する債権を担保するという民法第398条の10第1項の権利を放棄しているときは、会社分割による根抵当権一部移転の付記登記を前提として行うことなく、根抵当権の抹消、変更、追加設定等を行うことができると考えられている。一方、被担保債権の範囲に属する取引を承継会社のみが承継し、分割会社が当該取引を行わないときは、会社分割による根抵当権一部移転の登記に加えて権利放棄による根抵当権一部移転の登記を行って承継会社単独の根抵当権としたうえで、根抵当権の抹消、変更、追加設定等を行うことも可能である。

⑦ 登記原因証明情報（不登法第61条）として登記所に提出するのは、会社分割の記載がある承継会社または設立会社の登記事項証明書である。

⑧ 会社分割による根抵当権一部移転登記は、承継会社が登記権利者となり、分割会社が登記義務者となって行う。分割会社について、根抵当権の取得に係る登記識別情報（登記済証）が必要となる。登記完了後は、双方に登記完了証が交付され、承継会社には登記識別情報が通知される。

Ⅲ 必要書類・費用一覧

書　　類	書類上の関係者
□ 登記事項証明書（注1）	承継会社（または設立会社）
□ 委任状（登記義務者用）	分割会社
□ 委任状（登記権利者用）	承継会社（または設立会社）
□ 登記識別情報（登記済証）	分割会社
□ 会社法人等番号（注2）	分割会社、承継会社（または設立会社）
□ 登録免許税	一部移転後の共有者の数で極度額を除して計算した額の1,000分の2

（注1） 不登令等の改正に伴い、現在の会社法人等番号によって登記所が会社分割事項を確認できる場合、この番号を提供すれば証明書の添付は省略できることとなった。

（注2） 不登令等の改正により、平成27年11月2日から、会社・法人の代表者等の資格を証する情報の提供（添付）に代え、登記申請情報に商業登記法第7条の会社法人等番号を記録または記載することとなった。ただし、法人登記手続中となるなどの場合を考慮し、例外的に、作成後1か月以内の資格証明情報（登記事項証明書）を提供（添付）することも認められている。

Ⅳ－1　登記用委任状（登記義務者用）(注1)

委 任 状

平成　年　月　日

　　　　住　　所　　東京都○区○町一丁目2番3号
　　　　登記義務者　株式会社甲野銀行
　　　　　　　　　　代表取締役　甲野太郎　　　　㊞

私は、＿＿＿＿＿＿＿＿＿＿＿＿＿＿＿＿＿（注2）を代理人と定め、下記の事項に関する一切の権限を委任します。

記

1．次の要項による登記申請に関すること（注3）
　　(1) 登記の目的：根抵当権一部移転（会社分割による根抵当権の一部移転）
　　(2) 一部移転する登記：平成○年○月○日東京法務局○出張所受付第○号
　　(3) 物件：後記物件の表示記載のとおり
2．上記申請の登記識別情報の暗号化に関すること（注4）
3．上記申請の登記完了証の受領に関すること（注5）
4．上記申請に関する登記原因証明情報、資格証明情報その他の添付情報の原本還付手続に関すること（注5）
5．上記申請の登録免許税還付金の代理受領に関すること（注6）

物件の表示（注7）
所　　在　　東京都○区○町一丁目 地　　番　　1番1 地　　目　　宅地 地　　積　　○○○.00㎡

以　上

(注1)　登記義務者が作成する委任状の書式である。管轄登記所が複数となるケースにおいて、委任状の原本還付を受けるときは、他の申請についても委任したことが明らかな内容とする必要がある。
(注2)　代理人の住所ならびに氏名または名称を記載する。
(注3)　戸籍・住民票・登記事項証明書などの官公署発行の証明書を登記原因証明情報（不登法第61条）として提供する場合、当該証明書には根抵当権や不動産の表示がないことから、委任する登記手続を明確にするため、このように記載する。
(注4)　登記識別情報の暗号化（電子申請においてオンラインで登記識別情報を提供すること）には特別の授権が必要であるため、このように記載する。
(注5)　これらの事項には特別の授権を必要としないが、委任事項を明確にするため、このように記載する。
(注6)　登記申請の取下げ・却下・過誤納付に伴う還付金の代理受領については特別の授権が必要であるため、このように記載する。
(注7)　土地については所在・地番を記載することでも足りる。

Ⅳ-2　登記用委任状（登記権利者用）（注1）

委　任　状

平成　年　月　日

　　住　　所　　東京都○区○町三丁目2番1号
　　登記権利者　　株式会社丙川銀行
　　　　　　　　　代表取締役　丙　川　三　郎　　㊞
　　　　　　　　　（取扱店　○支店）

私は、＿＿＿＿＿＿＿＿＿＿＿＿＿＿＿＿＿＿（注2）を代理人と定め、下記の事項に関する一切の権限を委任します。

記

1．次の要項による登記申請に関すること（注3）
　　(1) 登記の目的：根抵当権一部移転（会社分割による根抵当権の一部移転）
　　(2) 一部移転する登記：平成○年○月○日東京法務局○出張所受付第○号
　　(3) 物件：後記物件の表示記載のとおり
2．上記申請の登記識別情報の受領に関すること（注4）
3．上記申請の登記完了証の受領に関すること（注5）
4．上記申請に関する登記原因証明情報、資格証明情報その他の添付情報の原本還付手続に関すること（注5）
5．上記申請の登録免許税還付金の代理受領に関すること（注6）

物件の表示（注7）
所　在　　東京都○区○町一丁目 地　番　　1番1 地　目　　宅地 地　積　　○○○.00㎡

以　上

(注1)　登記権利者が作成する委任状の書式である。
(注2)　代理人の住所ならびに氏名または名称を記載する。
(注3)　戸籍・住民票・登記事項証明書などの官公署発行の証明書を登記原因証明情報（不登法第61条）として提供する場合、当該証明書には根抵当権や不動産の表示がないことから、委任する登記手続を明確にするため、このように記載する。
(注4)　登記識別情報の受領には特別の授権が必要であるため、このように記載する。なお、電子申請においてオンラインで登記識別情報を受領することを「復号」といい、この方法による受領には特別の授権が必要であるため、これについても委任する場合は、「上記申請の登記識別情報の受領・復号に関すること」のように記載する。
(注5)　これらの事項には特別の授権を必要としないが、委任事項を明確にするため、このように記載する。
(注6)　登記申請の取下げ・却下・過誤納付に伴う還付金の代理受領については特別の授権が必要

であるため、このように記載する。
（注7）　土地については所在・地番を記載することでも足りる。

第3節 変　　更

1　極　度　額

62　極度額の変更（増額の場合）

Ⅰ　ケース概要

　甲野銀行は、乙野商事との取引の担保として、乙野商事所有の土地および建物に共同根抵当権の設定を受けているが、今般、その極度額を増額することとなった。

Ⅱ　書式作成上の留意点

① 　根抵当権の極度額を増額する場合の書式である。この書式は、「極度額・被担保債権の範囲・債務者・確定期日」の変更のうち、根抵当権者に有利な内容の変更（差入型でよい）について対応している。根抵当権者および根抵当権設定者がこの変更を合意し、かつ利害関係人がある場合にはその承諾を得ることにより、極度額を増額する根抵当権変更の登記原因が生じる。根抵当権の極度額の変更は、元本の確定の前後を問わずすることができる（民法第398条の4参照）。

② 　本ケースは、債務者兼根抵当権設定者の例で記載しているが、書式としては、第三者担保提供の場合にも使えるよう、根抵当権設定者の欄を設けている。
　　会社がその取締役個人またはその取締役が代表取締役である別会社の債務につき担保提供するなど、取締役の債務を保証することとなる場合は会社法所定の承認が必要となり、登記申請に際して署名者全員の印鑑証明書付きで議事録等を提供することとなるので注意を要する（会社法第356条・第365条、不登令第7条第1項第5号ハ）。

③ 　極度額の変更は利害関係人の承諾がないとすることができず（民法第398条の5）、後順位の抵当権者など、極度額の増額について利害関係人がある場合は、その承諾書（印鑑証明書付き）が必要となる。承諾が変更契約より後であるときは、承諾の日に変更の効力が生じる。

④ 　極度額を変更する根抵当権が共同担保である場合、根抵当権が設定されているすべての不動産について変更登記をしないと変更の効力が生じない（民法第398条の17第1項）。

⑤ 　この根抵当権変更契約証書とは別にⅤ登記原因証明情報（根抵当権変更）を作成し、登記原因証明情報（不登法第61条）として登記所に提供することができる。

⑥ 　極度額を増額する根抵当権変更登記は、根抵当権者が登記権利者となり、根抵当権設定者が登記義務者となって行い、登記原因および変更後の極度額をその登記事項とする。

⑦ 　根抵当権設定者につき、所有権の取得に係る登記識別情報（登記済証）および印鑑証明書

が必要となる。なお、登記完了後は、双方に登記完了証が交付される（この変更登記につき、登記識別情報は通知されない）。
⑧　管轄登記所が複数となるケースでは、印鑑証明書およびⅤ登記原因証明情報（根抵当権変更）は、登記所ごとに（複数）必要となる。当該申請のためにのみ作成したⅥ登記用委任状も同様であり、これらは原本還付を受けることができないとされている。

Ⅲ　必要書類・費用一覧

書　　　類	書類上の関係者
□　根抵当権変更契約証書	根抵当権者、債務者、根抵当権設定者
□　登記原因証明情報	根抵当権設定者
□　委任状（登記義務者用）	根抵当権設定者
□　委任状（登記権利者用）	根抵当権者
□　登記識別情報（登記済証）	根抵当権設定者
□　印鑑証明書	根抵当権設定者
□　会社法人等番号（注）	根抵当権者、根抵当権設定者
□　登録免許税	増加額の1,000分の4（2箇所目以降の登記所では「前登記証明」を提供することにより、不動産1個につき1,500円となる）

（注）　不登令等の改正により、平成27年11月2日から、会社・法人の代表者等の資格を証する情報の提供（添付）に代え、登記申請情報に商業登記法第7条の会社法人等番号を記録または記載することとなった。ただし、法人登記手続中となるなどの場合を考慮し、例外的に、作成後1か月以内の資格証明情報（登記事項証明書）を提供（添付）することも認められている。

Ⅳ　根抵当権変更契約証書

```
┌─────────────────────────────────────────────────┐
│ （印紙）          根抵当権変更契約証書            │
│ （注1）                                          │
│         ■ 極度額（増額）    □ 被担保債権の範囲（拡大） │
│         □ 債務者（交替・追加） □ 確定期日（新設・延長・廃止） │
│                                          （注2） │
│                              平成　年　月　日（注3） │
│ 東京都○区○町一丁目2番3号                        │
│ 　株　式　会　社　甲　野　銀　行　御　中          │
│                                                  │
└─────────────────────────────────────────────────┘
```

住　所	東京都〇区〇町三丁目2番1号
債務者 根抵当権設定者	株式会社乙野商事 代表取締役　乙野次郎　　㊞ （注4）

住　所
根抵当権設定者

（注5）

　株式会社甲野銀行（以下「銀行」といいます。）、債務者および根抵当権設定者は、次のとおり根抵当権変更契約を締結しました。

[根抵当権の表示]（注6）

1．登記	平成〇年〇月〇日東京法務局〇出張所受付第〇号
2．物件	後記物件の表示記載のとおり

[根抵当権変更の要項]（注7）

1．	変更する項目 （□にチェックしたもの）	■極度額　　□被担保債権の範囲　　□債務者　　□確定期日
2．	変更前の定め	金〇円
3．	変更後の定め	金□円

物件の表示	順位	所有者
所　　在　東京都〇区〇町一丁目 地　　番　1番1 地　　目　宅地 地　　積　〇〇〇.〇〇㎡	1	株式会社乙野商事
所　　在　東京都〇区〇町一丁目1番地1 家屋番号　1番1 種　　類　居宅 構　　造　木造セメントかわらぶき平家建 床 面 積　〇〇.〇〇㎡	1	株式会社乙野商事

第1条（根抵当権の変更）
　根抵当権設定者は、下記条項を承認のうえ、前記「根抵当権の表示」記載の確定前の根抵当権について、銀行のため、前記「根抵当権変更の要項」記載のとおり変更しました。

第2条（登記義務）

　　根抵当権設定者は、前条による根抵当権変更の登記手続を遅滞なく行い、その登記事項証明書を銀行に提出します。

第3条（適用条項）

　　根抵当権設定者は、この契約により変更された事項以外の事項について、前記「根抵当権の表示」記載の根抵当権の成立・変更等に係る約定書記載の各条項の適用があることを承認します。

第4条（債務者の承諾）

　　債務者は、この契約により変更された事項について、異議なく承諾しました。

以　上

(注1)　この文書は、印紙税法上の課税文書ではない。
(注2)　この書式は、「極度額・被担保債権の範囲・債務者・確定期日」の変更のうち、根抵当権者に有利な内容の変更（差入型でよい）について対応するものである。本例では、極度額にチェックし、変更する項目を明らかにする。

　　なお、根抵当権の極度額の変更は、利害関係を有する者の承諾を得なければすることができないが、被担保債権の範囲・債務者の変更、確定期日の定め・変更については、後順位の抵当権者その他の第三者の承諾を得ることを要しない（民法第398条の5・第398条の4・第398条の6）。これらは、第三者関係についての規律であり、当事者関係内の有利・不利（いずれが登記権利者となるか）については、登記実務に従うこととなるので注意を要する。ただし、形式的に判断できないものは、原則どおりに扱われる（根抵当権者が登記権利者となる）。

変更する項目	根抵当権者が登記権利者となるもの	設定者が登記権利者となるもの	第三者の承諾を要するもの
極度額	増額	減額	増額・減額
債権の範囲 ※1	拡大	縮小	―
債務者 ※2	交替・追加	一部削除	―
確定期日 ※3	新設・延長・廃止	短縮	―

　※1　項目数ではなく、「金銭消費貸借取引＜銀行取引」のように形式的包含関係で考察する。
　※2　人数が減少しても、「ABからCへの変更」は交替に相当する。
　※3　元本確定の登記（共同申請）は設定者が登記権利者となること、根抵当権者はいつでも確定請求できること、形式的に判断できないものは原則どおり扱うこと、などを総合すると、定めた期日を繰り上げる（短縮する）ことは設定者に有利な変更と考えられる。

(注3)　この契約書を作成した日付を記載する。
(注4)　根抵当権設定者と債務者が同じ場合は、この欄に署名（記名）捺印させる。
(注5)　債務者以外の第三者が根抵当権設定者の場合は、この欄に署名（記名）捺印させる。
(注6)　変更する根抵当権を、登記の受付年月日および番号で特定する。
(注7)　変更する項目にチェックし、変更前の定めおよび変更後の定めを記載する。

V　登記原因証明情報（根抵当権変更）(注1)

登記原因証明情報
（根抵当権変更）

平成　年　月　日

東京法務局　○出張所　御中

住　所	東京都○区○町三丁目2番1号	
登記義務者(注2)	株式会社乙野商事	
	代表取締役　乙野次郎　　㊞	

　登記義務者（根抵当権設定者）は、本件登記の原因となる事実または法律行為が下記1．記載のとおりであることおよびこれに基づき現に下記2．記載の内容を登記要項とする変更が生じたことを証明します。

1．登記の原因となる事実または法律行為

(1)	契約証書名および締結年月日	平成○年○月○日付け根抵当権変更契約証書(注3)
(2)	契約当事者	根抵当権者　　　　株式会社甲野銀行
		根抵当権設定者　　株式会社乙野商事

2．登記申請情報の要項

(1)	登記の目的	根抵当権変更(注4)
(2)	変更する根抵当権	平成○年○月○日受付第○号
(3)	原因	平成○年○月○日変更(注5)
(4)	変更後の事項	極度額　金□円(注6)
(5)	登記権利者 （根抵当権者）(注7)	東京都○区○町一丁目2番3号 株式会社甲野銀行
(6)	登記義務者 （根抵当権設定者）(注2)	東京都○区○町三丁目2番1号 株式会社乙野商事
(7)	不動産の表示	後記のとおり

	不動産の表示	
所　　在	東京都○区○町一丁目	
地　　番	1番1	
地　　目	宅地	
地　　積	○○○.○○㎡	
所　　在	東京都○区○町一丁目1番地1	
家屋番号	1番1	
種　　類	居宅	
構　　造	木造セメントかわらぶき平家建	
床 面 積	○○.○○㎡	

以　上

(注1)　Ⅳ根抵当権変更契約証書とは別に、Ⅴ登記原因証明情報（根抵当権変更）を作成する場合の書式である。この情報は、登記の原因となる事実または法律行為のほか、登記事項（および物件表示）を登記義務者が確認して署名（または記名捺印）したものでなくてはならない。契約証書とは異なり、登記用に作成された書面の原本還付を受けることはできないため、管轄登記所が複数となるケースでは、登記所ごとに（複数）作成する必要がある。その内容は同文面とし、すべての物件を記載する。
(注2)　登記義務者は、根抵当権設定者となる。
(注3)　Ⅳ契約証書の名称および締結年月日を記載する。
(注4)　根抵当権の極度額変更の登記は、常に付記登記によるから、付記登記による申請の旨を明らかにする必要はない。
(注5)　根抵当権の極度額変更の効力発生年月日を記載する。承諾が変更契約より後であるときは、承諾の日に変更の効力が生じる。
(注6)　変更後の事項として、変更後の極度額を記載する。
(注7)　登記権利者は、根抵当権者となる。

Ⅵ－1－1　登記用委任状（登記義務者用／Ⅳを登記原因証明情報として提供する場合）(注1)

委　任　状

平成　　年　　月　　日

住　所　　　東京都○区○町三丁目2番1号
登記義務者　株式会社乙野商事
　　　　　　代表取締役　乙野次郎　　　㊞
（連絡先　担当部署　○○部／担当者名　○○　○○
　電話番号　○○－○○○○－○○○○　　　　　　）

私は、＿＿＿＿＿＿＿＿＿＿＿＿＿＿＿＿(注2)を代理人と定め、下記の事項に関する一切の権限を委任します。

　　　　　　　　　　　　記
1．次の要項による登記申請に関すること
　　(1) 登記原因証明情報：平成〇年〇月〇日付け根抵当権変更契約証書（注3）
　　(2) 登記の目的：根抵当権変更
2．上記申請の登記識別情報の暗号化に関すること（注4）
3．上記申請の登記完了証の受領に関すること（注5）
4．上記申請に関する契約証書、資格証明情報その他の添付情報の原本還付手続に関すること（注5）
5．上記申請の登録免許税還付金の代理受領に関すること（注6）
　　　　　　　　　　　　　　　　　　　　　　　　　　　　　以　上

(注1)　Ⅳ根抵当権変更契約証書を登記原因証明情報（不登法第61条）として提供する場合に、登記義務者が作成する委任状の書式である。管轄登記所が複数となるケースにおいて、委任状の原本還付を受けるときは、他の申請についても委任したことが明らかな内容とする必要がある。
(注2)　代理人の住所ならびに氏名または名称を記載する。
(注3)　登記所に提供する契約証書の締結日およびその名称を記載する。
(注4)　登記識別情報の暗号化（電子申請においてオンラインで登記識別情報を提供すること）には特別の授権が必要であるため、このように記載する。
(注5)　これらの事項には特別の授権を必要としないが、委任事項を明確にするため、このように記載する。
(注6)　登記申請の取下げ・却下・過誤納付に伴う還付金の代理受領については特別の授権が必要であるため、このように記載する。

Ⅵ－1－2　登記用委任状（登記義務者用／Ⅴを登記原因証明情報として提供する場合）（注1）

　　　　　　　　　　　　委　任　状

　　　　　　　　　　　　　　　　　　　　　　平成　　年　　月　　日

　　　　　　　住　所　　　東京都〇区〇町三丁目2番1号
　　　　　　　登記義務者　株式会社乙野商事
　　　　　　　　　　　　　代表取締役　乙野次郎　　㊞
　　　　　　　（連絡先　担当部署　〇〇部／担当者名　〇〇　〇〇
　　　　　　　　電話番号　〇〇－〇〇〇〇－〇〇〇〇）

私は、＿＿＿＿＿＿＿＿＿＿＿＿＿＿＿＿（注2）を代理人と定め、下記の事項に関する一切の権限を委任します。

　　　　　　　　　　　　記

1．次の要項による登記申請に関すること
　　(1) 登記原因証明情報：平成〇年〇月〇日付け登記原因証明情報（根抵当権変更）（注3）
　　(2) 登記の目的：根抵当権変更
2．上記申請の登記識別情報の暗号化に関すること（注4）

3．上記申請の登記完了証の受領に関すること（注5）
4．上記申請に関する資格証明情報その他の添付情報の原本還付手続に関すること（注5）
5．上記申請の登録免許税還付金の代理受領に関すること（注6）

以　上

(注1)　Ⅳ根抵当権変更契約証書とは別に、Ⅴ登記原因証明情報（根抵当権変更）を作成し、これを登記原因証明情報（不登法第61条）として提供する場合に、登記義務者が作成する委任状の書式である。管轄登記所が複数となるケースにおいて、委任状の原本還付を受けるときは、他の申請についても委任したことが明らかな内容とする必要がある。
(注2)　代理人の住所ならびに氏名または名称を記載する。
(注3)　登記所に提供する登記原因証明情報の作成日およびその名称を記載する。
(注4)　登記識別情報の暗号化（電子申請においてオンラインで登記識別情報を提供すること）には特別の授権が必要であるため、このように記載する。
(注5)　これらの事項には特別の授権を必要としないが、委任事項を明確にするため、このように記載する。
(注6)　登記申請の取下げ・却下・過誤納付に伴う還付金の代理受領については特別の授権が必要であるため、このように記載する。

Ⅵ－2－1　登記用委任状（登記権利者用／Ⅳを登記原因証明情報として提供する場合）(注1)

委　任　状

平成　　年　　月　　日

住　所　　　東京都〇区〇町一丁目2番3号
登記権利者　株式会社甲野銀行
　　　　　　代表取締役　甲野太郎　　㊞

私は、＿＿＿＿＿＿＿＿＿＿＿＿＿＿＿＿（注2）を代理人と定め、下記の事項に関する一切の権限を委任します。

記

1．次の要項による登記申請に関すること
　(1) 登記原因証明情報：平成〇年〇月〇日付け根抵当権変更契約証書（注3）
　(2) 登記の目的：根抵当権変更
2．上記申請の登記完了証の受領に関すること（注4）
3．上記申請に関する契約証書、資格証明情報その他の添付情報の原本還付手続に関すること（注4）
4．上記申請の登録免許税還付金の代理受領に関すること（注5）

以　上

(注1)　Ⅳ根抵当権変更契約証書を登記原因証明情報（不登法第61条）として提供する場合に、登記権利者が作成する委任状の書式である。管轄登記所が複数となるケースにおいて、委任状の原本還付を受けるときは、他の申請についても委任したことが明らかな内容とする必要がある。

- (注2) 代理人の住所ならびに氏名または名称を記載する。
- (注3) 登記所に提供する契約証書の締結日およびその名称を記載する。
- (注4) これらの事項には特別の授権を必要としないが、委任事項を明確にするため、このように記載する。
- (注5) 登記申請の取下げ・却下・過誤納付に伴う還付金の代理受領については特別の授権が必要であるため、このように記載する。

Ⅵ－2－2　登記用委任状（登記権利者用／Ⅴを登記原因証明情報として提供する場合）(注1)

委　任　状

平成　年　月　日

住　所　　東京都〇区〇町一丁目2番3号
登記権利者　株式会社甲野銀行
代表取締役　甲野太郎　　㊞

私は、＿＿＿＿＿＿＿＿＿＿＿＿＿＿＿（注2）を代理人と定め、下記の事項に関する一切の権限を委任します。

記

1. 次の要項による登記申請に関すること
    (1) 登記原因証明情報：平成〇年〇月〇日付け登記原因証明情報（根抵当権変更）(注3)
    (2) 登記の目的：根抵当権変更
2. 上記申請の登記完了証の受領に関すること (注4)
3. 上記申請に関する資格証明情報その他の添付情報の原本還付手続に関すること (注4)
4. 上記申請の登録免許税還付金の代理受領に関すること (注5)

以　上

- (注1) Ⅳ根抵当権変更契約証書とは別に、Ⅴ登記原因証明情報（根抵当権変更）を作成し、これを登記原因証明情報（不登法第61条）として提出する場合に、登記権利者が作成する委任状の書式である。管轄登記所が複数となるケースにおいて、委任状の原本還付を受けるときは、他の申請についても委任したことが明らかな内容とする必要がある。
- (注2) 代理人の住所ならびに氏名または名称を記載する。
- (注3) 登記所に提供する登記原因証明情報の作成日およびその名称を記載する。
- (注4) これらの事項には特別の授権を必要としないが、委任事項を明確にするため、このように記載する。
- (注5) 登記申請の取下げ・却下・過誤納付に伴う還付金の代理受領については特別の授権が必要であるため、このように記載する。

63 極度額の変更（減額の場合）

Ⅰ ケース概要

　甲野銀行は、乙野商事との取引の担保として、乙野商事所有の土地および建物に共同根抵当権の設定を受けているが、今般、その極度額を減額することとなった。

Ⅱ 書式作成上の留意点

① 　根抵当権の極度額を減額する場合の書式である。この書式は、「極度額・被担保債権の範囲・債務者・確定期日」の変更のうち、根抵当権者に不利な内容の変更（連名契約とする）について対応している。根抵当権者および根抵当権設定者がこの変更を合意し、かつ利害関係人がある場合にはその承諾を得ることにより、極度額を減額する根抵当権変更の登記原因が生じる。根抵当権の極度額の変更は、元本の確定の前後を問わずすることができる（民法第398条の4参照）。

② 　本ケースは、債務者兼根抵当権設定者の例で記載しているが、書式としては、第三者担保提供の場合にも使えるよう、根抵当権設定者の欄を設けている。

③ 　極度額の変更は利害関係人の承諾がないとすることができず（民法第398条の5）、転抵当権者など、極度額の減額について利害関係人がある場合は、その承諾書（印鑑証明書付き）が必要となる。承諾が変更契約より後であるときは、承諾の日に変更の効力が生じる。

④ 　極度額を変更する根抵当権が共同担保である場合、根抵当権が設定されているすべての不動産について変更登記をしないと変更の効力が生じない（民法第398条の17第1項）。

⑤ 　この根抵当権変更契約証書とは別にⅤ登記原因証明情報（根抵当権変更）を作成し、登記原因証明情報（不登法第61条）として登記所に提供することができる。

⑥ 　極度額を減額する根抵当権変更登記は、根抵当権設定者が登記権利者となり、根抵当権者が登記義務者となって行い、登記原因および変更後の極度額をその登記事項とする。

⑦ 　根抵当権者につき、根抵当権の取得に係る登記識別情報（登記済証）が必要となる。なお、登記完了後は、双方に登記完了証が交付される（この変更登記につき、登記識別情報は通知されない）。

⑧ 　管轄登記所が複数となるケースでは、Ⅴ登記原因証明情報（根抵当権変更）は、登記所ごとに（複数）必要となる。当該申請のためにのみ作成したⅥ登記用委任状も同様であり、これらは原本還付を受けることができないとされている。

Ⅲ 必要書類・費用一覧

書　　類	書類上の関係者
□ 根抵当権変更契約証書	根抵当権者、債務者、根抵当権設定者
□ 登記原因証明情報	根抵当権者
□ 委任状（登記義務者用）	根抵当権者
□ 委任状（登記権利者用）	根抵当権設定者
□ 登記識別情報（登記済証）	根抵当権者
□ 会社法人等番号（注）	根抵当権者、根抵当権設定者
□ 登録免許税	不動産1個につき1,000円

（注）　不登令等の改正により、平成27年11月2日から、会社・法人の代表者等の資格を証する情報の提供（添付）に代え、登記申請情報に商業登記法第7条の会社法人等番号を記録または記載することとなった。ただし、法人登記手続中となるなどの場合を考慮し、例外的に、作成後1か月以内の資格証明情報（登記事項証明書）を提供（添付）することも認められている。

Ⅳ 根抵当権変更契約証書

（印紙）
（注1）

根抵当権変更契約証書

■ 極度額（減額）　　□ 被担保債権の範囲（縮小）
□ 債務者（一部削除）　□ 確定期日（短縮）　　（注2）

平成　　年　　月　　日（注3）

住　所　　　東京都○区○町一丁目2番3号
根抵当権者　株式会社甲野銀行
　　　　　　代表取締役　甲野太郎　　㊞

住　所　　　東京都○区○町三丁目2番1号
債務者　　　株式会社乙野商事
根抵当権設定者　代表取締役　乙野次郎　　㊞（注4）

住　所
根抵当権設定者
（注5）

第3節　変　更

株式会社甲野銀行（以下「銀行」といいます。）、債務者および根抵当権設定者は、次のとおり根抵当権変更契約を締結しました。

［根抵当権の表示］（注6）

1．登記	平成〇年〇月〇日東京法務局〇出張所受付第〇号
2．物件	後記物件の表示記載のとおり

［根抵当権変更の要項］（注7）

1．	変更する項目 （□にチェックしたもの）	■極度額　□被担保債権の範囲　□債務者　□確定期日
2．変更前の定め		金〇円
3．変更後の定め		金△円

物件の表示	順位	所有者
所　　在　東京都〇区〇町一丁目 地　　番　1番1 地　　目　宅地 地　　積　〇〇〇.〇〇㎡	1	株式会社乙野商事
所　　在　東京都〇区〇町一丁目1番地1 家屋番号　1番1 種　　類　居宅 構　　造　木造セメントかわらぶき平家建 床 面 積　〇〇.〇〇㎡	1	株式会社乙野商事

第1条（根抵当権の変更）

　　根抵当権者および根抵当権設定者は、下記条項を承認のうえ、前記「根抵当権の表示」記載の確定前の根抵当権について、前記「根抵当権変更の要項」記載のとおり変更しました。

第2条（登記義務）

　　根抵当権設定者は、前条による根抵当権変更の登記手続を遅滞なく行い、その登記事項証明書を銀行に提出します。

第3条（適用条項）

　　根抵当権設定者は、この契約により変更された事項以外の事項について、前記「根抵当権の表示」記載の根抵当権の成立・変更等に係る約定書記載の各条項の適用があることを承認します。

第4条（債務者の承諾）
債務者は、この契約により変更された事項について、異議なく承諾しました。

以　上

(注1)　この文書は、印紙税法上の課税文書ではない。
(注2)　この書式は、「極度額・被担保債権の範囲・債務者・確定期日」の変更のうち、根抵当権者に不利な内容の変更（連名契約とする）について対応するものである。本例では、極度額にチェックし、変更する項目を明らかにする。
　　　なお、根抵当権の極度額の変更は、利害関係を有する者の承諾を得なければすることができないが、被担保債権の範囲・債務者の変更、確定期日の定め・変更については、後順位の抵当権者その他の第三者の承諾を得ることを要しない（民法第398条の5・第398条の4・第398条の6）。これらは、第三者関係についての規律であり、当事者関係内の有利・不利（いずれが登記権利者となるか）については、登記実務に従うこととなるので注意を要する。ただし、形式的に判断できないものは、原則どおりに扱われる（根抵当権者が登記権利者となる）。

変更する項目	根抵当権者が登記権利者となるもの	設定者が登記権利者となるもの	第三者の承諾を要するもの
極度額	増額	減額	増額・減額
債権の範囲 ※1	拡大	縮小	—
債務者 ※2	交替・追加	一部削除	—
確定期日 ※3	新設・延長・廃止	短縮	—

※1　項目数ではなく、「金銭消費貸借取引＜銀行取引」のように形式的包含関係で考察する。
※2　人数が減少しても、「ＡＢからＣへの変更」は交替に相当する。
※3　元本確定の登記（共同申請）は設定者が登記権利者となること、根抵当権者はいつでも確定請求できること、形式的に判断できないものは原則どおり扱うこと、などを総合すると、定めた期日を繰り上げる（短縮する）ことは設定者に有利な変更と考えられる。

(注3)　この契約書を作成した日付を記載する。
(注4)　根抵当権設定者と債務者が同じ場合は、この欄に署名（記名）捺印させる。
(注5)　債務者以外の第三者が根抵当権設定者の場合は、この欄に署名（記名）捺印させる。
(注6)　変更する根抵当権を、登記の受付年月日および番号で特定する。
(注7)　変更する項目にチェックし、変更前の定めおよび変更後の定めを記載する。

V　登記原因証明情報（根抵当権変更）(注1)

登記原因証明情報
（根抵当権変更）

平成　　年　　月　　日

東京法務局　〇出張所　御中

　　　　　　　住　所　　東京都〇区〇町一丁目2番3号
　　　　　　　登記義務者(注2)　株式会社甲野銀行
　　　　　　　　　　　　　代表取締役　甲野太郎　　㊞

登記義務者（根抵当権者）は、本件登記の原因となる事実または法律行為が下記1．記載のとおりであることおよびこれに基づき現に下記2．記載の内容を登記要項とする変更が生じたことを証明します。

1．登記の原因となる事実または法律行為

(1)	契約証書名および締結年月日	平成〇年〇月〇日付け根抵当権変更契約証書（注3）
(2)	契約当事者	根抵当権者　　　　株式会社甲野銀行
		根抵当権設定者　　株式会社乙野商事

2．登記申請情報の要項

(1)	登記の目的	根抵当権変更（注4）
(2)	変更する根抵当権	平成〇年〇月〇日受付第〇号
(3)	原因	平成〇年〇月〇日変更（注5）
(4)	変更後の事項	極度額　金△円（注6）
(5)	登記権利者 （根抵当権設定者）（注7）	東京都〇区〇町三丁目2番1号 株式会社乙野商事
(6)	登記義務者 （根抵当権者）（注2）	東京都〇区〇町一丁目2番3号 株式会社甲野銀行
(7)	不動産の表示	後記のとおり

不動産の表示

所　　在　東京都〇区〇町一丁目
地　　番　1番1
地　　目　宅地
地　　積　〇〇〇.〇〇㎡

所　　在　東京都〇区〇町一丁目1番地1
家屋番号　1番1
種　　類　居宅
構　　造　木造セメントかわらぶき平家建
床 面 積　〇〇.〇〇㎡

以　上

（注1）　Ⅳ根抵当権変更契約証書とは別に、Ⅴ登記原因証明情報（根抵当権変更）を作成する場合の書式である。この情報は、登記の原因となる事実または法律行為のほか、登記事項（およ

び物件表示）を登記義務者が確認して署名（または記名捺印）したものでなくてはならない。契約証書とは異なり、登記用に作成された書面の原本還付を受けることはできないため、管轄登記所が複数となるケースでは、登記所ごとに（複数）作成する必要がある。その内容は同文面とし、すべての物件を記載する。
（注2）　登記義務者は、根抵当権者となる。
（注3）　Ⅳ契約証書の名称および締結年月日を記載する。
（注4）　根抵当権の極度額変更の登記は、常に付記登記によるから、付記登記による申請の旨を明らかにする必要はない。
（注5）　根抵当権の極度額変更の効力発生年月日を記載する。承諾が変更契約より後であるときは承諾の日に変更の効力が生じる。
（注6）　変更後の事項として、変更後の極度額を記載する。
（注7）　登記権利者は、根抵当権設定者となる。

Ⅵ－1－1　登記用委任状（登記義務者用／Ⅳを登記原因証明情報として提供する場合）（注1）

委　任　状

平成　年　月　日

住　所　　東京都〇区〇町一丁目2番3号
登記義務者　株式会社甲野銀行
　　　　　　代表取締役　甲野太郎　　㊞

私は、＿＿＿＿＿＿＿＿＿＿＿＿＿＿＿＿（注2）を代理人と定め、下記の事項に関する一切の権限を委任します。

記

1．次の要項による登記申請に関すること
　　(1) 登記原因証明情報：平成〇年〇月〇日付け根抵当権変更契約証書（注3）
　　(2) 登記の目的：根抵当権変更
2．上記申請の登記識別情報の暗号化に関すること（注4）
3．上記申請の登記完了証の受領に関すること（注5）
4．上記申請に関する契約証書、資格証明情報その他の添付情報の原本還付手続に関すること（注5）
5．上記申請の登録免許税還付金の代理受領に関すること（注6）

以　上

（注1）　Ⅳ根抵当権変更契約証書を登記原因証明情報（不登法第61条）として提供する場合に、登記義務者が作成する委任状の書式である。管轄登記所が複数となるケースにおいて、委任状の原本還付を受けるときは、他の申請についても委任したことが明らかな内容とする必要がある。
（注2）　代理人の住所ならびに氏名または名称を記載する。
（注3）　登記所に提供する契約証書の締結日およびその名称を記載する。
（注4）　登記識別情報の暗号化（電子申請においてオンラインで登記識別情報を提供すること）には特別の授権が必要であるため、このように記載する。
（注5）　これらの事項には特別の授権を必要としないが、委任事項を明確にするため、このように

記載する。
(注6) 登記申請の取下げ・却下・過誤納付に伴う還付金の代理受領については特別の授権が必要であるため、このように記載する。

Ⅵ-1-2 登記用委任状（登記義務者用／Ⅴを登記原因証明情報として提供する場合）(注1)

委 任 状

平成　年　月　日

住　所　　　東京都〇区〇町一丁目2番3号
登記義務者　株式会社甲野銀行
代表取締役　甲野太郎　㊞

私は、＿＿＿＿＿＿＿＿＿＿＿＿＿＿＿＿（注2）を代理人と定め、下記の事項に関する一切の権限を委任します。

記

1．次の要項による登記申請に関すること
　(1) 登記原因証明情報：平成〇年〇月〇日付け登記原因証明情報（根抵当権変更）(注3)
　(2) 登記の目的：根抵当権変更
2．上記申請の登記識別情報の暗号化に関すること (注4)
3．上記申請の登記完了証の受領に関すること (注5)
4．上記申請に関する資格証明情報その他の添付情報の原本還付手続に関すること (注5)
5．上記申請の登録免許税還付金の代理受領に関すること (注6)

以　上

(注1) Ⅳ根抵当権変更契約証書とは別に、Ⅴ登記原因証明情報（根抵当権変更）を作成し、これを登記原因証明情報（不登法第61条）として提供する場合に、登記義務者が作成する委任状の書式である。管轄登記所が複数となるケースにおいて、委任状の原本還付を受けるときは、他の申請についても委任したことが明らかな内容とする必要がある。
(注2) 代理人の住所ならびに氏名または名称を記載する。
(注3) 登記所に提供する登記原因証明情報の作成日およびその名称を記載する。
(注4) 登記識別情報の暗号化（電子申請においてオンラインで登記識別情報を提供すること）には特別の授権が必要であるため、このように記載する。
(注5) これらの事項には特別の授権を必要としないが、委任事項を明確にするため、このように記載する。
(注6) 登記申請の取下げ・却下・過誤納付に伴う還付金の代理受領については特別の授権が必要であるため、このように記載する。

Ⅵ－2－1　登記用委任状（登記権利者用／Ⅳを登記原因証明情報として提供する場合）(注1)

委　任　状

平成　　年　　月　　日

　　　　　住　　所　　　東京都○区○町三丁目2番1号
　　　　　登記権利者　　株式会社乙野商事
　　　　　　　　　　　　代表取締役　乙野次郎　　　㊞
　　　　（連絡先　担当部署　○○部／担当者名　○○　○○
　　　　　電話番号　○○－○○○○－○○○○　　　　　）

私は、＿＿＿＿＿＿＿＿＿＿＿＿＿＿(注2)を代理人と定め、下記の事項に関する一切の権限を委任します。

記

1．次の要項による登記申請に関すること
　　(1) 登記原因証明情報：平成○年○月○日付け根抵当権変更契約証書 (注3)
　　(2) 登記の目的：根抵当権変更
2．上記申請の登記完了証の受領に関すること (注4)
3．上記申請に関する契約証書、資格証明情報その他の添付情報の原本還付手続に関すること (注4)
4．上記申請の登録免許税還付金の代理受領に関すること (注5)

以　上

(注1)　Ⅳ根抵当権変更契約証書を登記原因証明情報（不登法第61条）として提供する場合に、登記権利者が作成する委任状の書式である。管轄登記所が複数となるケースにおいて、委任状の原本還付を受けるときは、他の申請についても委任したことが明らかな内容とする必要がある。
(注2)　代理人の住所ならびに氏名または名称を記載する。
(注3)　登記所に提供する契約証書の締結日およびその名称を記載する。
(注4)　これらの事項には特別の授権を必要としないが、委任事項を明確にするため、このように記載する。
(注5)　登記申請の取下げ・却下・過誤納付に伴う還付金の代理受領については特別の授権が必要であるため、このように記載する。

Ⅵ－2－2　登記用委任状（登記権利者用／Ⅴを登記原因証明情報として提供する場合）(注1)

委　任　状

平成　　年　　月　　日

住　所　　　東京都○区○町三丁目2番1号
登記権利者　株式会社乙野商事
　　　　　　代表取締役　乙野次郎　　㊞
（連絡先　担当部署　○○部／担当者名　○○　○○
　電話番号　○○－○○○○－○○○○　　　　　　）

私は、＿＿＿＿＿＿＿＿＿＿＿＿＿＿＿＿(注2)を代理人と定め、下記の事項に関する一切の権限を委任します。

記

1. 次の要項による登記申請に関すること
   (1) 登記原因証明情報：平成○年○月○日付け登記原因証明情報（根抵当権変更）(注3)
   (2) 登記の目的：根抵当権変更
2. 上記申請の登記完了証の受領に関すること (注4)
3. 上記申請に関する資格証明情報その他の添付情報の原本還付手続に関すること (注4)
4. 上記申請の登録免許税還付金の代理受領に関すること (注5)

以　上

(注1) Ⅳ根抵当権変更契約証書とは別に、Ⅴ登記原因証明情報（根抵当権変更）を作成し、これを登記原因証明情報（不登法第61条）として提出する場合に、登記権利者が作成する委任状の書式である。管轄登記所が複数となるケースにおいて、委任状の原本還付を受けるときは、他の申請についても委任したことが明らかな内容とする必要がある。
(注2) 代理人の住所ならびに氏名または名称を記載する。
(注3) 登記所に提供する登記原因証明情報の作成日およびその名称を記載する。
(注4) これらの事項には特別の授権を必要としないが、委任事項を明確にするため、このように記載する。
(注5) 登記申請の取下げ・却下・過誤納付に伴う還付金の代理受領については特別の授権が必要であるため、このように記載する。

2　債権の範囲

64　債権の範囲の変更（拡大する場合）

Ⅰ　ケース概要

　甲野銀行は、乙野商事との取引の担保として、乙野商事所有の土地および建物に共同根抵当権の設定を受けているが、今般、その被担保債権の範囲に特定債権を追加する変更を行うこととなった。

Ⅱ　書式作成上の留意点

① 　根抵当権の被担保債権の範囲に銀行取引によらないで生じた特定債権を追加する場合の書式である。この書式は、「極度額・被担保債権の範囲・債務者・確定期日」の変更のうち、根抵当権者に有利な内容の変更（差入型でよい）について対応している。根抵当権者および根抵当権設定者がこの変更を合意することにより、被担保債権の範囲に特定債権を追加する根抵当権変更の登記原因が生じる。根抵当権の債権の範囲の変更は、元本の確定前に限りすることができる（民法第398条の4）。

② 　本ケースは、債務者兼根抵当権設定者の例で記載しているが、書式としては、第三者担保提供の場合にも使えるよう、根抵当権設定者の欄を設けている。
　　会社がその取締役個人またはその取締役が代表取締役である別会社の債務につき担保提供するなど、取締役の債務を保証することとなる場合は会社法所定の承認が必要となり、登記申請に際して署名者全員の印鑑証明書付きで議事録等を提供することとなるので注意を要する（会社法第356条・第365条、不登令第7条第1項第5号ハ）。

③ 　被担保債権の範囲の変更については、後順位の抵当権者その他の第三者の承諾を得ることを要しない（民法第398条の4第2項）。

④ 　被担保債権の範囲の変更については、元本の確定前に登記をしなかったときは、その変更をしなかったものとみなされる（民法第398条の4第3項）。また、被担保債権の範囲を変更する根抵当権が共同担保である場合、根抵当権が設定されているすべての不動産について変更登記をしないと変更の効力が生じない（民法第398条の17第1項）。

⑤ 　この根抵当権変更契約証書とは別にⅤ登記原因証明情報（根抵当権変更）を作成し、登記原因証明情報（不登法第61条）として登記所に提供することができる。

⑥ 　被担保債権の範囲に特定債権を追加する根抵当権変更登記は、根抵当権者が登記権利者となり、根抵当権設定者が登記義務者となって行い、登記原因および変更後の債権の範囲（全部）をその登記事項とする。

⑦ 　根抵当権設定者につき、所有権の取得に係る登記識別情報（登記済証）および印鑑証明書

が必要となる。なお、登記完了後は、双方に登記完了証が交付される（この変更登記につき、登記識別情報は通知されない）。
⑧　管轄登記所が複数となるケースでは、印鑑証明書およびⅤ登記原因証明情報（根抵当権変更）は、登記所ごとに（複数）必要となる。当該申請のためにのみ作成したⅥ登記用委任状も同様であり、これらは原本還付を受けることができないとされている。

Ⅲ　必要書類・費用一覧

書　　類	書類上の関係者
□　根抵当権変更契約証書	根抵当権者、債務者、根抵当権設定者
□　登記原因証明情報	根抵当権設定者
□　委任状（登記義務者用）	根抵当権設定者
□　委任状（登記権利者用）	根抵当権者
□　登記識別情報（登記済証）	根抵当権設定者
□　印鑑証明書	根抵当権設定者
□　会社法人等番号（注）	根抵当権者、根抵当権設定者
□　登録免許税	不動産1個につき1,000円

（注）　不登令等の改正により、平成27年11月2日から、会社・法人の代表者等の資格を証する情報の提供（添付）に代え、登記申請情報に商業登記法第7条の会社法人等番号を記録または記載することとなった。ただし、法人登記手続中となるなどの場合を考慮し、例外的に、作成後1か月以内の資格証明情報（登記事項証明書）を提供（添付）することも認められている。

Ⅳ　根抵当権変更契約証書

```
（印紙）
（注1）
```

根抵当権変更契約証書

□　極度額（増額）　　■　被担保債権の範囲（拡大）
□　債務者（交替・追加）　□　確定期日（新設・延長・廃止）
　　　　　　　　　　　　　　　　　　　　　　　　（注2）

平成　　年　　月　　日（注3）

東京都○区○町一丁目2番3号
株式会社甲野銀行　御中

　　　　　　住　所　　　東京都○区○町三丁目2番1号
　　　　　　債務者　　　株式会社乙野商事

　　　　　　　根抵当権設定者　　代表取締役　乙野次郎　　　　㊞（注4）

　　　　　　住　　所
　　　　　　根抵当権設定者

　　　　　　（注5）

　株式会社甲野銀行（以下「銀行」といいます。）、債務者および根抵当権設定者は、次のとおり根抵当権変更契約を締結しました。

[根抵当権の表示]（注6）

1．登記	平成〇年〇月〇日東京法務局〇出張所受付第〇号
2．物件	後記物件の表示記載のとおり

[根抵当権変更の要項]（注7）

1．変更する項目 （□にチェックしたもの）	□極度額　■被担保債権の範囲　□債務者　□確定期日
2．変更前の定め	①　債務者との銀行取引により生じる一切の債権 ②　銀行が第三者から取得する手形上・小切手上の債権 ③　電子記録債権
3．変更後の定め	①　債務者との銀行取引により生じる一切の債権 ②　平成〇年〇月〇日債権譲渡契約により銀行が〇〇〇〇から譲り受けた債権（原契約：平成〇年〇月〇日金銭消費貸借契約、当初元本：金〇円、現在残高：金〇円） ③　銀行が第三者から取得する手形上・小切手上の債権 ④　電子記録債権

物件の表示	順位	所有者
所　在　東京都〇区〇町一丁目 地　番　1番1 地　目　宅地 地　積　〇〇〇.00㎡	1	株式会社乙野商事
所　在　東京都〇区〇町一丁目1番地1 家屋番号　1番1 種　類　居宅 構　造　木造セメントかわらぶき平家建 床面積　〇〇.00㎡	1	株式会社乙野商事

第1条（根抵当権の変更）

　　根抵当権設定者は、下記条項を承認のうえ、前記「根抵当権の表示」記載の確定前の根抵当権について、銀行のため、前記「根抵当権変更の要項」記載のとおり変更しました。

第2条（登記義務）

　　根抵当権設定者は、前条による根抵当権変更の登記手続を遅滞なく行い、その登記事項証明書を銀行に提出します。

第3条（適用条項）

　　根抵当権設定者は、この契約により変更された事項以外の事項について、前記「根抵当権の表示」記載の根抵当権の成立・変更等に係る約定書記載の各条項の適用があることを承認します。

第4条（債務者の承諾）

　　債務者は、この契約により変更された事項について、異議なく承諾しました。

以　上

(注1)　この文書は、印紙税法上の課税文書ではない。
(注2)　この書式は、「極度額・被担保債権の範囲・債務者・確定期日」の変更のうち、根抵当権者に有利な内容の変更（差入型でよい）について対応するものである。本例では、被担保債権の範囲にチェックし、変更する項目を明らかにする。
　　　特定債権を被担保債権の範囲に追加することができ、本例では、債務者との銀行取引によらないで生じた債権として、他行からの譲受債権を追加することとしている。銀行取引のある他の債務者の債務を根抵当債務者が引き受けても、債務者との銀行取引によって生じた債権ではないので、そのような債権を被担保債権の範囲に追加する場合は、次のように記載する。
　　　「平成○年○月○日債務引受契約により債務者が○○○○から引き受けた債務（原契約：平成○年○月○日金銭消費貸借契約、当初元本：金○円、現在残高：金○円）」
　　　なお、根抵当権の極度額の変更は、利害関係を有する者の承諾を得なければすることができないが、被担保債権の範囲・債務者の変更、確定期日の定め・変更については、後順位の抵当権者その他の第三者の承諾を得ることを要しない（民法第398条の5・第398条の4・第398条の6）。これらは、第三者関係についての規律であり、当事者関係内の有利・不利（いずれが登記権利者となるか）については、登記実務に従うこととなるので注意を要する。ただし、形式的に判断できないものは、原則どおりに扱われる（根抵当権者が登記権利者となる）。

変更する項目	根抵当権者が登記権利者となるもの	設定者が登記権利者となるもの	第三者の承諾を要するもの
極度額	増額	減額	増額・減額
債権の範囲 ※1	拡大	縮小	—
債務者 ※2	交替・追加	一部削除	—
確定期日 ※3	新設・延長・廃止	短縮	—

　　　※1　項目数ではなく、「金銭消費貸借取引＜銀行取引」のように形式的包含関係で考察する。
　　　※2　人数が減少しても、「ＡＢからＣへの変更」は交替に相当する。
　　　※3　元本確定の登記（共同申請）は設定者が登記権利者となること、根抵当権者はいつでも確定請求できること、形式的に判断できないものは原則どおり扱うこと、などを総合すると、定めた期日を繰り上げる（短縮する）ことは設定者に有利な変更と考えられる。

(注3)　この契約書を作成した日付を記載する。
(注4)　根抵当権設定者と債務者が同じ場合は、この欄に署名（記名）捺印させる。

(注5) 債務者以外の第三者が根抵当権設定者の場合は、この欄に署名（記名）捺印させる。
(注6) 変更する根抵当権を、登記の受付年月日および番号で特定する。
(注7) 変更する項目にチェックし、変更前の定めおよび変更後の定めを記載する。

V 登記原因証明情報（根抵当権変更）(注1)

登記原因証明情報
（ 根 抵 当 権 変 更 ）

平成　年　月　日

東京法務局　〇出張所 御中

　　　　　　　　　住　所　　　東京都〇区〇町三丁目2番1号
　　　　　　　　　登記義務者(注2)　株式会社乙野商事
　　　　　　　　　　　　　　　代表取締役　乙野次郎　　㊞

　登記義務者（根抵当権設定者）は、本件登記の原因となる事実または法律行為が下記1.記載のとおりであることおよびこれに基づき現に下記2.記載の内容を登記要項とする変更が生じたことを証明します。

1．登記の原因となる事実または法律行為

(1) 契約証書名および締結年月日	平成〇年〇月〇日付け根抵当権変更契約証書 (注3)
(2) 契約当事者	根抵当権者　　　株式会社甲野銀行
	根抵当権設定者　株式会社乙野商事

2．登記申請情報の要項

(1) 登記の目的	根抵当権変更 (注4)
(2) 変更する根抵当権	平成〇年〇月〇日受付第〇号
(3) 原因	平成〇年〇月〇日変更 (注5)
(4) 変更後の事項	債権の範囲 　銀行取引 　平成〇年〇月〇日債権譲渡（譲渡人〇〇〇〇原契約平成〇年〇月〇日金銭消費貸借契約）に係る債権 　手形債権・小切手債権、電子記録債権 (注6)

第3節　変　更　643

(5)	登記権利者 （根抵当権者）(注7)	東京都○区○町一丁目2番3号 株式会社甲野銀行
(6)	登記義務者 （根抵当権設定者）(注2)	東京都○区○町三丁目2番1号 株式会社乙野商事
(7)	不動産の表示	後記のとおり

不動産の表示
所　　在　東京都○区○町一丁目 地　　番　1番1 地　　目　宅地 地　　積　○○○.○○㎡ 所　　在　東京都○区○町一丁目1番地1 家屋番号　1番1 種　　類　居宅 構　　造　木造セメントかわらぶき平家建 床 面 積　○○.○○㎡

以　上

(注1) Ⅳ根抵当権変更契約証書とは別に、Ⅴ登記原因証明情報（根抵当権変更）を作成する場合の書式である。この情報は、登記の原因となる事実または法律行為のほか、登記事項（および物件表示）を登記義務者が確認して署名（または記名捺印）したものでなくてはならない。契約証書とは異なり、登記用に作成された書面の原本還付を受けることはできないため、管轄登記所が複数となるケースでは、登記所ごとに（複数）作成する必要がある。その内容は同文面とし、すべての物件を記載する。
(注2) 登記義務者は、根抵当権設定者となる。
(注3) Ⅳ契約証書の名称および締結年月日を記載する。
(注4) 根抵当権の債権の範囲変更の登記は、常に付記登記によるから、付記登記による申請の旨を明らかにする必要はない。
(注5) 根抵当権の債権の範囲変更の効力発生年月日を記載する。
(注6) 変更後の事項として、変更後の債権の範囲（全部）を記載する。
(注7) 登記権利者は、根抵当権者となる。

Ⅵ-1-1　登記用委任状（登記義務者用／Ⅳを登記原因証明情報として提供する場合）（注1）

委　任　状

平成　　年　　月　　日

　　住　所　　　東京都○区○町三丁目2番1号
　　登記義務者　株式会社乙野商事
　　　　　　　　代表取締役　乙野次郎　　　㊞
　　（連絡先　担当部署　○○部／担当者名　○○　○○）
　　（電話番号　○○－○○○○－○○○○）

私は、＿＿＿＿＿＿＿＿＿＿＿＿＿＿＿（注2）を代理人と定め、下記の事項に関する一切の権限を委任します。

記

1．次の要項による登記申請に関すること
　(1) 登記原因証明情報：平成○年○月○日付け根抵当権変更契約証書（注3）
　(2) 登記の目的：根抵当権変更
2．上記申請の登記識別情報の暗号化に関すること（注4）
3．上記申請の登記完了証の受領に関すること（注5）
4．上記申請に関する契約証書、資格証明情報その他の添付情報の原本還付手続に関すること（注5）
5．上記申請の登録免許税還付金の代理受領に関すること（注6）

以　上

（注1）　Ⅳ根抵当権変更契約証書を登記原因証明情報（不登法第61条）として提供する場合に、登記義務者が作成する委任状の書式である。管轄登記所が複数となるケースにおいて、委任状の原本還付を受けるときは、他の申請についても委任したことが明らかな内容とする必要がある。
（注2）　代理人の住所ならびに氏名または名称を記載する。
（注3）　登記所に提供する契約証書の締結日およびその名称を記載する。
（注4）　登記識別情報の暗号化（電子申請においてオンラインで登記識別情報を提供すること）には特別の授権が必要であるため、このように記載する。
（注5）　これらの事項には特別の授権を必要としないが、委任事項を明確にするため、このように記載する。
（注6）　登記申請の取下げ・却下・過誤納付に伴う還付金の代理受領については特別の授権が必要であるため、このように記載する。

Ⅵ－１－２　登記用委任状（登記義務者用／Ⅴを登記原因証明情報として提供する場合）（注１）

委　任　状

平成　　年　　月　　日

住　所　　　東京都○区○町三丁目２番１号
登記義務者　株式会社乙野商事
　　　　　　代表取締役　乙野次郎　　　㊞
連絡先　担当部署　○○部／担当者名　○○　○○
電話番号　○○－○○○○－○○○○

私は、＿＿＿＿＿＿＿＿＿＿＿＿＿＿＿（注２）を代理人と定め、下記の事項に関する一切の権限を委任します。

記

1. 次の要項による登記申請に関すること
　(1) 登記原因証明情報：平成○年○月○日付け登記原因証明情報（根抵当権変更）（注３）
　(2) 登記の目的：根抵当権変更
2. 上記申請の登記識別情報の暗号化に関すること（注４）
3. 上記申請の登記完了証の受領に関すること（注５）
4. 上記申請に関する資格証明情報その他の添付情報の原本還付手続に関すること（注５）
5. 上記申請の登録免許税還付金の代理受領に関すること（注６）

以　上

(注１)　Ⅳ根抵当権変更契約証書とは別に、Ⅴ登記原因証明情報（根抵当権変更）を作成し、これを登記原因証明情報（不登法第61条）として提供する場合に、登記義務者が作成する委任状の書式である。管轄登記所が複数となるケースにおいて、委任状の原本還付を受けるときは、他の申請についても委任したことが明らかな内容とする必要がある。
(注２)　代理人の住所ならびに氏名または名称を記載する。
(注３)　登記所に提供する登記原因証明情報の作成日およびその名称を記載する。
(注４)　登記識別情報の暗号化（電子申請においてオンラインで登記識別情報を提供すること）には特別の授権が必要であるため、このように記載する。
(注５)　これらの事項には特別の授権を必要としないが、委任事項を明確にするため、このように記載する。
(注６)　登記申請の取下げ・却下・過誤納付に伴う還付金の代理受領については特別の授権が必要であるため、このように記載する。

Ⅵ－2－1　登記用委任状（登記権利者用／Ⅳを登記原因証明情報として提供する場合）(注1)

委　任　状

平成　　年　　月　　日

　　　　住　所　　　東京都○区○町一丁目2番3号
　　　　登記権利者　　株式会社甲野銀行
　　　　　　　　　　　代表取締役　甲野太郎　　㊞

私は、＿＿＿＿＿＿＿＿＿＿＿＿＿＿＿(注2)を代理人と定め、下記の事項に関する一切の権限を委任します。

記

1．次の要項による登記申請に関すること
　(1) 登記原因証明情報：平成○年○月○日付け根抵当権変更契約証書 (注3)
　(2) 登記の目的：根抵当権変更
2．上記申請の登記完了証の受領に関すること (注4)
3．上記申請に関する契約証書、資格証明情報その他の添付情報の原本還付手続に関すること (注4)
4．上記申請の登録免許税還付金の代理受領に関すること (注5)

以　上

(注1)　Ⅳ根抵当権変更契約証書を登記原因証明情報（不登法第61条）として提供する場合に、登記権利者が作成する委任状の書式である。管轄登記所が複数となるケースにおいて、委任状の原本還付を受けるときは、他の申請についても委任したことが明らかな内容とする必要がある。
(注2)　代理人の住所ならびに氏名または名称を記載する。
(注3)　登記所に提供する契約証書の締結日およびその名称を記載する。
(注4)　これらの事項には特別の授権を必要としないが、委任事項を明確にするため、このように記載する。
(注5)　登記申請の取下げ・却下・過誤納付に伴う還付金の代理受領については特別の授権が必要であるため、このように記載する。

Ⅵ-2-2　登記用委任状（登記権利者用／Ⅴを登記原因証明情報として提供する場合）（注1）

委　任　状

平成　　年　　月　　日

住　所　　　東京都〇区〇町一丁目2番3号
登記権利者　株式会社甲野銀行
　　　　　　代表取締役　甲野太郎　　　㊞

私は、＿＿＿＿＿＿＿＿＿＿＿＿＿＿（注2）を代理人と定め、下記の事項に関する一切の権限を委任します。

記

1．次の要項による登記申請に関すること
　(1) 登記原因証明情報：平成〇年〇月〇日付け登記原因証明情報（根抵当権変更）（注3）
　(2) 登記の目的：根抵当権変更
2．上記申請の登記完了証の受領に関すること（注4）
3．上記申請に関する資格証明情報その他の添付情報の原本還付手続に関すること（注4）
4．上記申請の登録免許税還付金の代理受領に関すること（注5）

以　上

（注1）　Ⅳ根抵当権変更契約証書とは別に、Ⅴ登記原因証明情報（根抵当権変更）を作成し、これを登記原因証明情報（不登法第61条）として提出する場合に、登記権利者が作成する委任状の書式である。管轄登記所が複数となるケースにおいて、委任状の原本還付を受けるときは、他の申請についても委任したことが明らかな内容とする必要がある。
（注2）　代理人の住所ならびに氏名または名称を記載する。
（注3）　登記所に提供する登記原因証明情報の作成日およびその名称を記載する。
（注4）　これらの事項には特別の授権を必要としないが、委任事項を明確にするため、このように記載する。
（注5）　登記申請の取下げ・却下・過誤納付に伴う還付金の代理受領については特別の授権が必要であるため、このように記載する。

3　債務者

65　債務者の変更（追加する場合）

Ⅰ　ケース概要

　甲野銀行は、乙野商事との取引の担保として、乙野商事所有の土地および建物に共同根抵当権の設定を受けているが、今般、関連会社である丙野商事との取引も担保するため、根抵当権の債務者に丙野商事を追加する変更を行うこととなった。

Ⅱ　書式作成上の留意点

① 　根抵当権の債務者を追加する場合の書式である。この書式は、「極度額・被担保債権の範囲・債務者・確定期日」の変更のうち、根抵当権者に有利な内容の変更（差入型でよい）について対応している。根抵当権者および根抵当権設定者がこの変更を合意することにより、債務者を追加する根抵当権変更の登記原因が生じる。根抵当権の債務者の変更は、元本の確定前に限りすることができる（民法第398条の4）。

② 　本ケースは、債務者兼根抵当権設定者の例で記載しているが、書式としては、第三者担保提供の場合にも使えるよう、根抵当権設定者の欄を設けている。
　　会社がその取締役個人またはその取締役が代表取締役である別会社の債務につき担保提供するなど、取締役の債務を保証することとなる場合は会社法所定の承認が必要となり、登記申請に際して署名者全員の印鑑証明書付きで議事録等を提供することとなるので注意を要する（会社法第356条・第365条、不登令第7条第1項第5号ハ）。

③ 　債務者の変更については、後順位の抵当権者その他の第三者の承諾を得ることを要しない（民法第398条の4第2項）。

④ 　債務者の変更については、元本の確定前に登記をしなかったときは、その変更をしなかったものとみなされる（民法第398条の4第3項）。また、債務者を変更する根抵当権が共同担保である場合、根抵当権が設定されているすべての不動産について変更登記をしないと変更の効力が生じない（民法第398条の17第1項）。

⑤ 　この根抵当権変更契約証書とは別にⅤ登記原因証明情報（根抵当権変更）を作成し、登記原因証明情報（不登法第61条）として登記所に提供することができる。

⑥ 　債務者を追加する根抵当権変更登記は、根抵当権者が登記権利者となり、根抵当権設定者が登記義務者となって行い、登記原因および変更後の債務者（全員）をその登記事項とする。

⑦ 　根抵当権設定者につき、所有権の取得に係る登記識別情報（登記済証）および印鑑証明書が必要となる。なお、登記完了後は、双方に登記完了証が交付される（この変更登記につ

き、登記識別情報は通知されない)。
⑧ 管轄登記所が複数となるケースでは、印鑑証明書およびⅤ登記原因証明情報(根抵当権変更)は、登記所ごとに(複数)必要となる。当該申請のためにのみ作成したⅥ登記用委任状も同様であり、これらは原本還付を受けることができないとされている。

Ⅲ 必要書類・費用一覧

書　　類	書類上の関係者
☐ 根抵当権変更契約証書	根抵当権者、債務者、根抵当権設定者
☐ 登記原因証明情報	根抵当権設定者
☐ 委任状(登記義務者用)	根抵当権設定者
☐ 委任状(登記権利者用)	根抵当権者
☐ 登記識別情報(登記済証)	根抵当権設定者
☐ 印鑑証明書	根抵当権設定者
☐ 会社法人等番号(注)	根抵当権者、根抵当権設定者
☐ 登録免許税	不動産1個につき1,000円

(注) 不登令等の改正により、平成27年11月2日から、会社・法人の代表者等の資格を証する情報の提供(添付)に代え、登記申請情報に商業登記法第7条の会社法人等番号を記録または記載することとなった。ただし、法人登記手続中となるなどの場合を考慮し、例外的に、作成後1か月以内の資格証明情報(登記事項証明書)を提供(添付)することも認められている。

Ⅳ 根抵当権変更契約証書

```
┌─────────────────────────────────────────────────────┐
│ ┌─────┐                                             │
│ │(印紙)│          根抵当権変更契約証書              │
│ │(注1)│                                             │
│ └─────┘  ☐ 極度額(増額)    ☐ 被担保債権の範囲(拡大)│
│           ■ 債務者(交替・追加) ☐ 確定期日(新設・延長・廃止) │
│                                                  (注2)│
│                              平成　　年　　月　　日(注3)│
│                                                       │
│ 東京都○区○町一丁目2番3号                             │
│ 　株式会社甲野銀行 御中                               │
│                                                       │
│            住　所    東京都○区○町三丁目2番1号       │
│            債務者                                     │
│            根抵当権設定者  株式会社乙野商事           │
│                       代表取締役 乙野次郎  ㊞(注4)    │
└─────────────────────────────────────────────────────┘
```

住　所	東京都○区○町三丁目2番1号
債務者	株 式 会 社 丙 野 商 事
	代表取締役　丙 野 次 郎　　㊞（注4）

住　所
根抵当権設定者

（注5）

　株式会社甲野銀行（以下「銀行」といいます。）、債務者および根抵当権設定者は、次のとおり根抵当権変更契約を締結しました。

[根抵当権の表示]（注6）

1．登記	平成○年○月○日東京法務局○出張所受付第○号
2．物件	後記物件の表示記載のとおり

[根抵当権変更の要項]（注7）

1．	変更する項目 （□にチェックしたもの）	□極度額　　□被担保債権の範囲　　■債務者　　□確定期日
2．	変更前の定め	東京都○区○町三丁目2番1号 株式会社乙野商事
3．	変更後の定め	東京都○区○町三丁目2番1号 株式会社乙野商事 東京都○区○町三丁目2番1号 株式会社丙野商事

物件の表示	順位	所有者
所　在　東京都○区○町一丁目 地　番　1番1 地　目　宅地 地　積　○○○.○○㎡	1	株式会社乙野商事
所　在　東京都○区○町一丁目1番地1 家屋番号　1番1 種　類　居宅 構　造　木造セメントかわらぶき平家建 床面積　○○.○○㎡	1	株式会社乙野商事

第1条（根抵当権の変更）

　　根抵当権設定者は、下記条項を承認のうえ、前記「根抵当権の表示」記載の確定前の根抵当権について、銀行のため、前記「根抵当権変更の要項」記載のとおり変更しました。

第2条（登記義務）

　　根抵当権設定者は、前条による根抵当権変更の登記手続を遅滞なく行い、その登記事項証明書を銀行に提出します。

第3条（適用条項）

　　根抵当権設定者は、この契約により変更された事項以外の事項について、前記「根抵当権の表示」記載の根抵当権の成立・変更等に係る約定書記載の各条項の適用があることを承認します。

第4条（債務者の承諾）

　　債務者は、この契約により変更された事項について、異議なく承諾しました。

以　上

(注1)　この文書は、印紙税法上の課税文書ではない。
(注2)　この書式は、「極度額・被担保債権の範囲・債務者・確定期日」の変更のうち、根抵当権者に有利な内容の変更（差入型でよい）について対応するものである。本例では、債務者にチェックし、変更する項目を明らかにする。

　　なお、根抵当権の極度額の変更は、利害関係を有する者の承諾を得なければすることができないが、被担保債権の範囲・債務者の変更、確定期日の定め・変更については、後順位の抵当権者その他の第三者の承諾を得ることを要しない（民法第398条の5・第398条の4・第398条の6）。これらは、第三者関係についての規律であり、当事者関係内の有利・不利（いずれが登記権利者となるか）については、登記実務に従うこととなるので注意を要する。ただし、形式的に判断できないものは、原則どおりに扱われる（根抵当権者が登記権利者となる）。

変更する項目	根抵当権者が登記権利者となるもの	設定者が登記権利者となるもの	第三者の承諾を要するもの
極度額	増額	減額	増額・減額
債権の範囲 ※1	拡大	縮小	―
債務者 ※2	交替・追加	一部削除	―
確定期日 ※3	新設・延長・廃止	短縮	―

　　※1　項目数ではなく、「金銭消費貸借取引＜銀行取引」のように形式的包含関係で考察する。
　　※2　人数が減少しても、「ＡＢからＣへの変更」は交替に相当する。
　　※3　元本確定の登記（共同申請）は設定者が登記権利者となること、根抵当権者はいつでも確定請求できること、形式的に判断できないものは原則どおり扱うこと、などを総合すると、定めた期日を繰り上げる（短縮する）ことは設定者に有利な変更と考えられる。

(注3)　この契約書を作成した日付を記載する。
(注4)　根抵当権設定者と債務者が同じ場合は、この欄に署名（記名）捺印させる。債務者以外の第三者が根抵当権設定者の場合は、この欄に署名（記名）捺印させる。
(注5)　債務者以外の第三者が根抵当権設定者の場合は、この欄に署名（記名）捺印させる。
(注6)　変更する根抵当権を、登記の受付年月日および番号で特定する。
(注7)　変更する項目にチェックし、変更前の定めおよび変更後の定めを記載する。

V　登記原因証明情報（根抵当権変更）(注1)

登記原因証明情報
（根抵当権変更）

平成　　年　　月　　日

東京法務局　○出張所　御中

住　所	東京都○区○町三丁目2番1号
登記義務者(注2)	株式会社乙野商事
	代表取締役　乙野次郎　　　㊞

　登記義務者（根抵当権設定者）は、本件登記の原因となる事実または法律行為が下記1．記載のとおりであることおよびこれに基づき現に下記2．記載の内容を登記要項とする変更が生じたことを証明します。

1．登記の原因となる事実または法律行為

(1)	契約証書名および締結年月日	平成○年○月○日付け根抵当権変更契約証書(注3)
(2)	契約当事者	根抵当権者　　　　株式会社甲野銀行
		根抵当権設定者　　株式会社乙野商事

2．登記申請情報の要項

(1)	登記の目的	根抵当権変更(注4)
(2)	変更する根抵当権	平成○年○月○日受付第○号
(3)	原因	平成○年○月○日変更(注5)
(4)	変更後の事項	債務者 　東京都○区○町三丁目2番1号 　株式会社乙野商事 　東京都○区○町三丁目2番1号 　株式会社丙野商事(注6)
(5)	登記権利者 （根抵当権者）(注7)	東京都○区○町一丁目2番3号 株式会社甲野銀行

(6)	登記義務者 （根抵当権設定者）(注2)	東京都○区○町三丁目2番1号 株式会社乙野商事
(7)	不動産の表示	後記のとおり

不動産の表示

所　　在　東京都○区○町一丁目
地　　番　1番1
地　　目　宅地
地　　積　○○○.○○㎡

所　　在　東京都○区○町一丁目1番地1
家屋番号　1番1
種　　類　居宅
構　　造　木造セメントかわらぶき平家建
床面積　　○○.○○㎡

以　上

(注1) Ⅳ根抵当権変更契約証書とは別に、Ⅴ登記原因証明情報（根抵当権変更）を作成する場合の書式である。この情報は、登記の原因となる事実または法律行為のほか、登記事項（および物件表示）を登記義務者が確認して署名（または記名捺印）したものでなくてはならない。契約証書とは異なり、登記用に作成された書面の原本還付を受けることはできないため、管轄登記所が複数となるケースでは、登記所ごとに（複数）作成する必要がある。その内容は同文面とし、すべての物件を記載する。
(注2) 登記義務者は、根抵当権設定者となる。
(注3) Ⅳ契約証書の名称および締結年月日を記載する。
(注4) 根抵当権の債務者変更の登記は、常に付記登記によるから、付記登記による申請の旨を明らかにする必要はない。
(注5) 根抵当権の債務者変更の効力発生年月日を記載する。
(注6) 変更後の事項として、変更後の債務者（全員）を記載する。
(注7) 登記権利者は、根抵当権者となる。

Ⅵ-1-1　登記用委任状（登記義務者用／Ⅳを登記原因証明情報として提供する場合）(注1)

委　任　状

平成　　年　　月　　日

　　　　　　住　所　　東京都○区○町三丁目2番1号
　　　　　　登記義務者　株式会社乙野商事
　　　　　　　　　　　代表取締役　乙野次郎　　㊞
　　　　　　（連絡先　担当部署　○○部／担当者名　○○　○○
　　　　　　　電話番号　○○－○○○○－○○○○）

私は、＿＿＿＿＿＿＿＿＿＿＿＿＿＿＿＿＿（注2）を代理人と定め、下記の事項に関する一切の権限を委任します。

記

1．次の要項による登記申請に関すること
　　(1) 登記原因証明情報：平成○年○月○日付け根抵当権変更契約証書（注3）
　　(2) 登記の目的：根抵当権変更
2．上記申請の登記識別情報の暗号化に関すること（注4）
3．上記申請の登記完了証の受領に関すること（注5）
4．上記申請に関する契約証書、資格証明情報その他の添付情報の原本還付手続に関すること（注5）
5．上記申請の登録免許税還付金の代理受領に関すること（注6）

以　上

（注1）　Ⅳ根抵当権変更契約証書を登記原因証明情報（不登法第61条）として提供する場合に、登記義務者が作成する委任状の書式である。管轄登記所が複数となるケースにおいて、委任状の原本還付を受けるときは、他の申請についても委任したことが明らかな内容とする必要がある。
（注2）　代理人の住所ならびに氏名または名称を記載する。
（注3）　登記所に提供する契約証書の締結日およびその名称を記載する。
（注4）　登記識別情報の暗号化（電子申請においてオンラインで登記識別情報を提供すること）には特別の授権が必要であるため、このように記載する。
（注5）　これらの事項には特別の授権を必要としないが、委任事項を明確にするため、このように記載する。
（注6）　登記申請の取下げ・却下・過誤納付に伴う還付金の代理受領については特別の授権が必要であるため、このように記載する。

Ⅵ－1－2　登記用委任状（登記義務者用／Ⅴを登記原因証明情報として提供する場合）（注1）

委　任　状

平成　　年　　月　　日

住　所　　東京都○区○町三丁目2番1号
登記義務者　株式会社乙野商事
　　　　　　代表取締役　乙野次郎　　㊞
連絡先　担当部署　○○部／担当者名　○○　○○
電話番号　○○－○○○○－○○○○

私は、＿＿＿＿＿＿＿＿＿＿＿＿＿＿＿＿＿（注2）を代理人と定め、下記の事項に関する一切の権限を委任します。

記

    1．次の要項による登記申請に関すること
        (1) 登記原因証明情報：平成○年○月○日付け登記原因証明情報（根抵当権変更）(注3)
        (2) 登記の目的：根抵当権変更
    2．上記申請の登記識別情報の暗号化に関すること（注4）
    3．上記申請の登記完了証の受領に関すること（注5）
    4．上記申請に関する資格証明情報その他の添付情報の原本還付手続に関すること（注5）
    5．上記申請の登録免許税還付金の代理受領に関すること（注6）

以　上

(注1)　Ⅳ根抵当権変更契約証書とは別に、Ⅴ登記原因証明情報（根抵当権変更）を作成し、これを登記原因証明情報（不登法第61条）として提供する場合に、登記義務者が作成する委任状の書式である。管轄登記所が複数となるケースにおいて、委任状の原本還付を受けるときは、他の申請についても委任したことが明らかな内容とする必要がある。
(注2)　代理人の住所ならびに氏名または名称を記載する。
(注3)　登記所に提供する登記原因証明情報の作成日およびその名称を記載する。
(注4)　登記識別情報の暗号化（電子申請においてオンラインで登記識別情報を提供すること）には特別の授権が必要であるため、このように記載する。
(注5)　これらの事項には特別の授権を必要としないが、委任事項を明確にするため、このように記載する。
(注6)　登記申請の取下げ・却下・過誤納付に伴う還付金の代理受領については特別の授権が必要であるため、このように記載する。

Ⅵ－2－1　登記用委任状（登記権利者用／Ⅳを登記原因証明情報として提供する場合）(注1)

委　任　状

平成　　年　　月　　日

住　所　　　東京都○区○町一丁目2番3号
登記権利者　株式会社甲野銀行
　　　　　　代表取締役　甲野太郎　　㊞

私は、＿＿＿＿＿＿＿＿＿＿＿＿＿＿＿＿（注2）を代理人と定め、下記の事項に関する一切の権限を委任します。

記

1．次の要項による登記申請に関すること
    (1) 登記原因証明情報：平成○年○月○日付け根抵当権変更契約証書（注3）
    (2) 登記の目的：根抵当権変更
2．上記申請の登記完了証の受領に関すること（注4）
3．上記申請に関する契約証書、資格証明情報その他の添付情報の原本還付手続に関すること（注4）
4．上記申請の登録免許税還付金の代理受領に関すること（注5）

以　上

(注1) Ⅳ根抵当権変更契約証書を登記原因証明情報（不登法第61条）として提供する場合に、登記権利者が作成する委任状の書式である。管轄登記所が複数となるケースにおいて、委任状の原本還付を受けるときは、他の申請についても委任したことが明らかな内容とする必要がある。
(注2) 代理人の住所ならびに氏名または名称を記載する。
(注3) 登記所に提供する契約証書の締結日およびその名称を記載する。
(注4) これらの事項には特別の授権を必要としないが、委任事項を明確にするため、このように記載する。
(注5) 登記申請の取下げ・却下・過誤納付に伴う還付金の代理受領については特別の授権が必要であるため、このように記載する。

Ⅵ－2－2　登記用委任状（登記権利者用／Ⅴを登記原因証明情報として提供する場合）(注1)

委　任　状

平成　年　月　日

住　所　　東京都〇区〇町一丁目2番3号
登記権利者　株式会社甲野銀行
　　　　　　代表取締役　甲野太郎　㊞

私は、＿＿＿＿＿＿＿＿＿＿＿＿＿＿＿(注2)を代理人と定め、下記の事項に関する一切の権限を委任します。

記

1．次の要項による登記申請に関すること
　(1) 登記原因証明情報：平成〇年〇月〇日付け登記原因証明情報（根抵当権変更）(注3)
　(2) 登記の目的：根抵当権変更
2．上記申請の登記完了証の受領に関すること (注4)
3．上記申請に関する資格証明情報その他の添付情報の原本還付手続に関すること (注4)
4．上記申請の登録免許税還付金の代理受領に関すること (注5)

以　上

(注1) Ⅳ根抵当権変更契約証書とは別に、Ⅴ登記原因証明情報（根抵当権変更）を作成し、これを登記原因証明情報（不登法第61条）として提出する場合に、登記権利者が作成する委任状の書式である。管轄登記所が複数となるケースにおいて、委任状の原本還付を受けるときは、他の申請についても委任したことが明らかな内容とする必要がある。
(注2) 代理人の住所ならびに氏名または名称を記載する。
(注3) 登記所に提供する登記原因証明情報の作成日およびその名称を記載する。
(注4) これらの事項には特別の授権を必要としないが、委任事項を明確にするため、このように記載する。
(注5) 登記申請の取下げ・却下・過誤納付に伴う還付金の代理受領については特別の授権が必要であるため、このように記載する。

66 債務者・債権の範囲の変更（債務者を追加し特定債権を債権の範囲に追加する場合）

I ケース概要

　甲野銀行は、乙野商事との取引の担保として、乙野商事所有の土地および建物に共同根抵当権の設定を受けているが、今般、関連会社である丙野商事との取引も担保するため、根抵当権の債務者に丙野商事を追加する変更を行うこととなった。また、丙野商事が乙野商事から引き受けた甲野銀行の融資金について、この根抵当権の債権の範囲に加えることとなった。

II 書式作成上の留意点

① 　根抵当権の債務者を追加し、銀行取引によらないで生じた特定債権を債権の範囲に追加する場合の書式である。この書式は、「極度額・被担保債権の範囲・債務者・確定期日」の変更のうち、根抵当権者に有利な内容の変更（差入型でよい）について対応している。根抵当権者および根抵当権設定者がこの変更を合意することにより、債務者および債権の範囲を変更する根抵当権変更の登記原因が生じる。根抵当権の債務者、債権の範囲の変更は、元本の確定前に限りすることができる（民法第398条の4）。

② 　本ケースは、債務者兼根抵当権設定者の例で記載しているが、書式としては、第三者担保提供の場合にも使えるよう、根抵当権設定者の欄を設けている。
　会社がその取締役個人またはその取締役が代表取締役である別会社の債務につき担保提供するなど、取締役の債務を保証することとなる場合は会社法所定の承認が必要となり、登記申請に際して署名者全員の印鑑証明書付きで議事録等を提供することとなるので注意を要する（会社法第356条・第365条、不登令第7条第1項第5号ハ）。

③ 　債権の範囲・債務者の変更については、後順位の抵当権者その他の第三者の承諾を得ることを要しない（民法第398条の4第2項）。

④ 　債権の範囲・債務者の変更については、元本の確定前に登記をしなかったときは、その変更をしなかったものとみなされる（民法第398条の4第3項）。また、変更する根抵当権が共同担保である場合、根抵当権が設定されているすべての不動産について変更登記をしないと変更の効力が生じない（民法第398条の17第1項）。

⑤ 　この根抵当権変更契約証書とは別にⅤ登記原因証明情報（根抵当権変更）を作成し、登記原因証明情報（不登法第61条）として登記所に提供することができる。

⑥ 　債務者を追加し、特定債権を債権の範囲に追加する根抵当権変更登記は、根抵当権者が登記権利者となり、根抵当権設定者が登記義務者となって行い、登記原因および変更後の債務者（全員）ならびに債権の範囲（全部）をその登記事項とする。

⑦ 　根抵当権設定者につき、所有権の取得に係る登記識別情報（登記済証）および印鑑証明書が必要となる。なお、登記完了後は、双方に登記完了証が交付される（この変更登記につ

き、登記識別情報は通知されない)。
⑧ 管轄登記所が複数となるケースでは、印鑑証明書およびⅤ登記原因証明情報(根抵当権変更)は、登記所ごとに(複数)必要となる。当該申請のためにのみ作成したⅥ登記用委任状も同様であり、これらは原本還付を受けることができないとされている。

Ⅲ 必要書類・費用一覧

書　　類	書類上の関係者
☐ 根抵当権変更契約証書	根抵当権者、債務者、根抵当権設定者
☐ 登記原因証明情報	根抵当権設定者
☐ 委任状(登記義務者用)	根抵当権設定者
☐ 委任状(登記権利者用)	根抵当権者
☐ 登記識別情報(登記済証)	根抵当権設定者
☐ 印鑑証明書	根抵当権設定者
☐ 会社法人等番号(注)	根抵当権者、根抵当権設定者
☐ 登録免許税	不動産1個につき1,000円

(注) 不登令等の改正により、平成27年11月2日から、会社・法人の代表者等の資格を証する情報の提供(添付)に代え、登記申請情報に商業登記法第7条の会社法人等番号を記録または記載することとなった。ただし、法人登記手続中となるなどの場合を考慮し、例外的に、作成後1か月以内の資格証明情報(登記事項証明書)を提供(添付)することも認められている。

Ⅳ 根抵当権変更契約証書

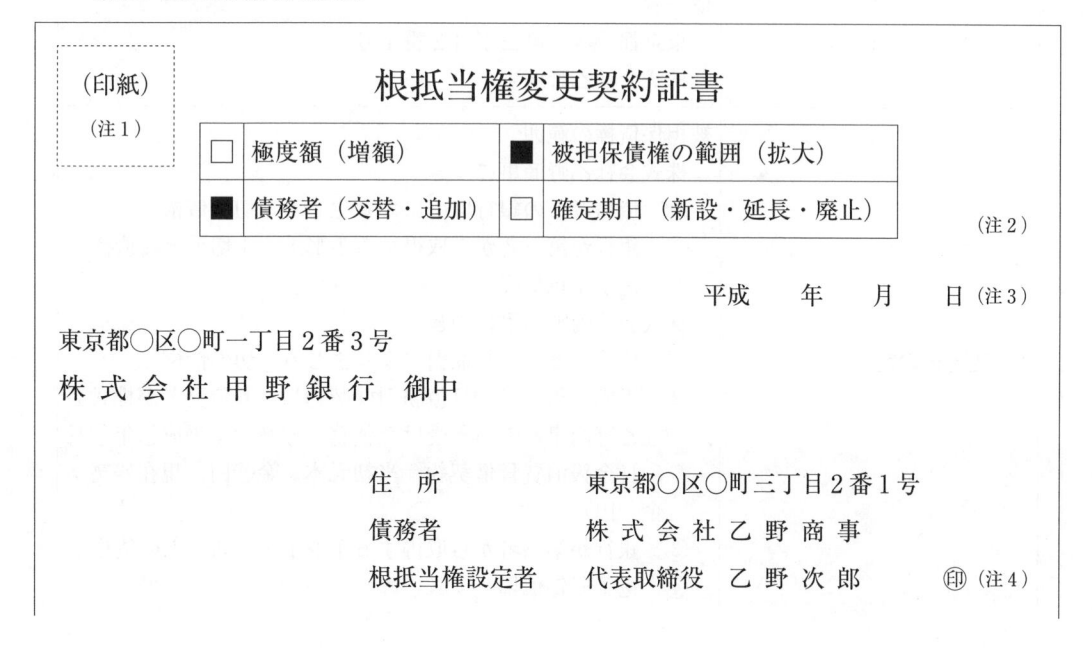

```
┌─────┐          根抵当権変更契約証書
│(印紙)│
│(注1)│    ┌──────────────────────────────────┐
└─────┘    │ ☐ 極度額(増額)      ■ 被担保債権の範囲(拡大) │
            │ ■ 債務者(交替・追加) ☐ 確定期日(新設・延長・廃止) │(注2)
            └──────────────────────────────────┘

                                      平成　　年　　月　　日 (注3)

東京都○区○町一丁目2番3号
株式会社甲野銀行　御中

                        住　所　　　　東京都○区○町三丁目2番1号
                        債務者　　　　株式会社乙野商事
                        根抵当権設定者　代表取締役　乙野次郎　㊞(注4)
```

住　所	東京都〇区〇町三丁目2番1号
債務者	株式会社丙野商事
	代表取締役　丙野次郎　　　㊞（注4）

住　所
根抵当権設定者

（注5）

　株式会社甲野銀行（以下「銀行」といいます。）、債務者、および根抵当権設定者は、次のとおり根抵当権変更契約を締結しました。

[根抵当権の表示] （注6）

1．登記	平成〇年〇月〇日東京法務局〇出張所受付第〇号
2．物件	後記物件の表示記載のとおり

[根抵当権変更の要項] （注7）

1．変更する項目（□にチェックしたもの）	□極度額　■被担保債権の範囲　■債務者　□確定期日
2．変更前の定め	被担保債権の範囲 　① 債務者との銀行取引により生じる一切の債権 　② 銀行が第三者から取得する手形上・小切手上の債権 　③ 電子記録債権 債務者 　東京都〇区〇町三丁目2番1号 　株式会社乙野商事
3．変更後の定め	被担保債権の範囲 　株式会社乙野商事につき 　① 債務者との銀行取引により生じる一切の債権 　② 銀行が第三者から取得する手形上・小切手上の債権 　③ 電子記録債権 　株式会社丙野商事につき 　① 債務者との銀行取引により生じる一切の債権 　② 平成〇年〇月〇日債務引受契約により債務者が株式会社乙野商事から引き受けた債務（原契約：平成〇年〇月〇日金銭消費貸借契約、当初元本：金〇円、現在残高：金〇円） 　③ 銀行が第三者から取得する手形上・小切手上の債権 　④ 電子記録債権

| | 債務者
東京都○区○町三丁目2番1号
株式会社乙野商事
東京都○区○町三丁目2番1号
株式会社丙野商事 | | |

物件の表示	順位	所有者
所　　在　東京都○区○町一丁目 地　　番　1番1 地　　目　宅地 地　　積　○○○.○○㎡	1	株式会社乙野商事
所　　在　東京都○区○町一丁目1番地1 家屋番号　1番1 種　　類　居宅 構　　造　木造セメントかわらぶき平家建 床面積　○○.○○㎡	1	株式会社乙野商事

第1条（根抵当権の変更）

　　根抵当権設定者は、下記条項を承認のうえ、前記「根抵当権の表示」記載の確定前の根抵当権について、銀行のため、前記「根抵当権変更の要項」記載のとおり変更しました。

第2条（登記義務）

　　根抵当権設定者は、前条による根抵当権変更の登記手続を遅滞なく行い、その登記事項証明書を銀行に提出します。

第3条（適用条項）

　　根抵当権設定者は、この契約により変更された事項以外の事項について、前記「根抵当権の表示」記載の根抵当権の成立・変更等に係る約定書記載の各条項の適用があることを承認します。

第4条（債務者の承諾）

　　債務者は、この契約により変更された事項について、異議なく承諾しました。

以　上

(注1)　この文書は、印紙税法上の課税文書ではない。
(注2)　この書式は、「極度額・被担保債権の範囲・債務者・確定期日」の変更のうち、根抵当権者に有利な内容の変更（差入型でよい）について対応するものである。本例では、被担保債権の範囲・債務者にチェックし、変更する項目を明らかにする。
　　　特定債権を被担保債権の範囲に追加することができ、本例では、債務者との銀行取引によらないで生じた債権として、根抵当債務者の債務引受に係る債権を追加している。銀行が他行から譲り受けた債権なども、債務者との銀行取引によって生じた債権ではないので、そのような債権を被担保債権の範囲に追加する場合は、次のように記載する。
　　　「平成○年○月○日債権譲渡契約により銀行が○○○○から譲り受けた債権（原契約：平成

○年○月○日金銭消費貸借契約、当初元本：金○円、現在残高：金○円）」
　なお、根抵当権の極度額の変更は、利害関係を有する者の承諾を得なければすることができないが、被担保債権の範囲・債務者の変更、確定期日の定め・変更については、後順位の抵当権者その他の第三者の承諾を得ることを要しない（民法第398条の5・第398条の4・第398条の6）。これらは、第三者関係についての規律であり、当事者関係内の有利・不利（いずれが登記権利者となるか）については、登記実務に従うこととなるので注意を要する。ただし、形式的に判断できないものは、原則どおりに扱われる（根抵当権者が登記権利者となる）。

変更する項目	根抵当権者が登記権利者となるもの	設定者が登記権利者となるもの	第三者の承諾を要するもの
極度額	増額	減額	増額・減額
債権の範囲 ※1	拡大	縮小	―
債務者 ※2	交替・追加	一部削除	―
確定期日 ※3	新設・延長・廃止	短縮	―

　※1　項目数ではなく、「金銭消費貸借取引＜銀行取引」のように形式的包含関係で考察する。
　※2　人数が減少しても、「ＡＢからＣへの変更」は交替に相当する。
　※3　元本確定の登記（共同申請）は設定者が登記権利者となること、根抵当権者はいつでも確定請求できること、形式的に判断できないものは原則どおり扱うこと、などを総合すると、定めた期日を繰り上げる（短縮する）ことは設定者に有利な変更と考えられる。

（注3）　この契約書を作成した日付を記載する。
（注4）　根抵当権設定者と債務者が同じ場合は、この欄に署名（記名）捺印させる。
（注5）　債務者以外の第三者が根抵当権設定者の場合は、この欄に署名（記名）捺印させる。
（注6）　変更する根抵当権を、登記の受付年月日および番号で特定する。
（注7）　変更する項目にチェックし、変更前の定めおよび変更後の定めを記載する。なお、債権の範囲が債務者ごとに異なる場合は、例のように分別して記載する。

V　登記原因証明情報（根抵当権変更）(注1)

登記原因証明情報
（根抵当権変更）

平成　年　月　日

東京法務局　○出張所　御中

　　　　住　所　　　東京都○区○町三丁目２番１号
　　　　登記義務者（注2）　株式会社乙野商事
　　　　　　　　　　　代表取締役　乙野次郎　　㊞

　登記義務者（根抵当権設定者）は、本件登記の原因となる事実または法律行為が下記１.記載のとおりであることおよびこれに基づき現に下記２.記載の内容を登記要項とする変更が生じたことを証明します。

1．登記の原因となる事実または法律行為

(1)	契約証書名および締結年月日	平成○年○月○日付け根抵当権変更契約証書（注3）
(2)	契約当事者	根抵当権者　株式会社甲野銀行
		根抵当権設定者　株式会社乙野商事

2．登記申請情報の要項

(1)	登記の目的	根抵当権変更（注4）
(2)	変更する根抵当権	平成○年○月○日受付第○号
(3)	原因	平成○年○月○日変更（注5）
(4)	変更後の事項	債権の範囲 　株式会社乙野商事につき 　　銀行取引 　　手形債権・小切手債権、電子記録債権 　株式会社丙野商事につき 　　銀行取引 　　平成○年○月○日債務引受契約（原契約平成○年○月○日金銭消費貸借・旧債務者株式会社乙野商事）に係る債権 　　手形債権・小切手債権、電子記録債権 債務者 　東京都○区○町三丁目2番1号 　株式会社乙野商事 　東京都○区○町三丁目2番1号 　株式会社丙野商事（注6）
(5)	登記権利者 （根抵当権者）（注7）	東京都○区○町一丁目2番3号 株式会社甲野銀行
(6)	登記義務者 （根抵当権設定者）（注2）	東京都○区○町三丁目2番1号 株式会社乙野商事
(7)	不動産の表示	後記のとおり

不動産の表示

所　　在　東京都○区○町一丁目
地　　番　1番1
地　　目　宅地
地　　積　○○○.00㎡

```
所　　在　東京都〇区〇町一丁目1番地1
家屋番号　1番1
種　　類　居宅
構　　造　木造セメントかわらぶき平家建
床 面 積　〇〇.〇〇㎡
```

以　上

(注1) Ⅳ根抵当権変更契約証書とは別に、Ⅴ登記原因証明情報（根抵当権変更）を作成する場合の書式である。この情報は、登記の原因となる事実または法律行為のほか、登記事項（および物件表示）を登記義務者が確認して署名（または記名捺印）したものでなくてはならない。契約証書とは異なり、登記用に作成された書面の原本還付を受けることはできないため、管轄登記所が複数となるケースでは、登記所ごとに（複数）作成する必要がある。その内容は同文面とし、すべての物件を記載する。
(注2) 登記義務者は、根抵当権設定者となる。
(注3) Ⅳ契約証書の名称および締結年月日を記載する。
(注4) 根抵当権の債権の範囲・債務者変更の登記は、常に付記登記によるから、付記登記による申請の旨を明らかにする必要はない。
(注5) 根抵当権の債権の範囲・債務者変更の効力発生年月日を記載する。
(注6) 変更後の事項として、変更後の債権の範囲（全部）・債務者（全員）を記載する。債権の範囲が債務者ごとに異なる場合は、例のように分別して記載する。
(注7) 登記権利者は、根抵当権者となる。

Ⅵ－1－1　登記用委任状（登記義務者用／Ⅳを登記原因証明情報として提供する場合）(注1)

委　任　状

平成　　年　　月　　日

住　所　　東京都〇区〇町三丁目2番1号
登記義務者　株式会社乙野商事
　　　　　　　代表取締役　乙野次郎　㊞
連絡先　担当部署　〇〇部／担当者名　〇〇　〇〇
電話番号　〇〇－〇〇〇〇－〇〇〇〇

私は、＿＿＿＿＿＿＿＿＿＿＿＿＿＿＿(注2)を代理人と定め、下記の事項に関する一切の権限を委任します。

記

1．次の要項による登記申請に関すること
　　(1) 登記原因証明情報：平成〇年〇月〇日付け根抵当権変更契約証書 (注3)
　　(2) 登記の目的：根抵当権変更
2．上記申請の登記識別情報の暗号化に関すること (注4)
3．上記申請の登記完了証の受領に関すること (注5)

4．上記申請に関する契約証書、資格証明情報その他の添付情報の原本還付手続に関すること（注5）
　　5．上記申請の登録免許税還付金の代理受領に関すること（注6）
　　　　　　　　　　　　　　　　　　　　　　　　　　　　　　　　　　　　　以　上

（注1）　Ⅳ根抵当権変更契約証書を登記原因証明情報（不登法第61条）として提供する場合に、登記義務者が作成する委任状の書式である。管轄登記所が複数となるケースにおいて、委任状の原本還付を受けるときは、他の申請についても委任したことが明らかな内容とする必要がある。
（注2）　代理人の住所ならびに氏名または名称を記載する。
（注3）　登記所に提供する契約証書の締結日およびその名称を記載する。
（注4）　登記識別情報の暗号化（電子申請においてオンラインで登記識別情報を提供すること）には特別の授権が必要であるため、このように記載する。
（注5）　これらの事項には特別の授権を必要としないが、委任事項を明確にするため、このように記載する。
（注6）　登記申請の取下げ・却下・過誤納付に伴う還付金の代理受領については特別の授権が必要であるため、このように記載する。

Ⅵ－1－2　登記用委任状（登記義務者用／Ⅴを登記原因証明情報として提供する場合）（注1）

委　任　状

平成　　年　　月　　日

　　住　所　　　東京都○区○町三丁目2番1号
　　登記義務者　株式会社乙野商事
　　　　　　　　代表取締役　乙野次郎　　㊞
　　（連絡先　担当部署　○○部／担当者名　○○　○○）
　　（電話番号　○○－○○○○－○○○○）

私は、＿＿＿＿＿＿＿＿＿＿＿＿＿＿＿（注2）を代理人と定め、下記の事項に関する一切の権限を委任します。

記

1．次の要項による登記申請に関すること
　　(1) 登記原因証明情報：平成○年○月○日付け登記原因証明情報（根抵当権変更）（注3）
　　(2) 登記の目的：根抵当権変更
2．上記申請の登記識別情報の暗号化に関すること（注4）
3．上記申請の登記完了証の受領に関すること（注5）
4．上記申請に関する資格証明情報その他の添付情報の原本還付手続に関すること（注5）
5．上記申請の登録免許税還付金の代理受領に関すること（注6）
　　　　　　　　　　　　　　　　　　　　　　　　　　　　　　　　　　　　　以　上

（注1）　Ⅳ根抵当権変更契約証書とは別に、Ⅴ登記原因証明情報（根抵当権変更）を作成し、これを登記原因証明情報（不登法第61条）として提供する場合に、登記義務者が作成する委任状

第3節　変　更　665

の書式である。管轄登記所が複数となるケースにおいて、委任状の原本還付を受けるときは、他の申請についても委任したことが明らかな内容とする必要がある。
(注2) 代理人の住所ならびに氏名または名称を記載する。
(注3) 登記所に提供する登記原因証明情報の作成日およびその名称を記載する。
(注4) 登記識別情報の暗号化（電子申請においてオンラインで登記識別情報を提供すること）には特別の授権が必要であるため、このように記載する。
(注5) これらの事項には特別の授権を必要としないが、委任事項を明確にするため、このように記載する。
(注6) 登記申請の取下げ・却下・過誤納付に伴う還付金の代理受領については特別の授権が必要であるため、このように記載する。

Ⅵ－2－1　登記用委任状（登記権利者用／Ⅳを登記原因証明情報として提供する場合）(注1)

委　任　状

平成　年　月　日

住　所　　　東京都〇区〇町一丁目2番3号
登記権利者　株式会社甲野銀行
　　　　　　代表取締役　甲野太郎　　　　㊞

私は、＿＿＿＿＿＿＿＿＿＿＿＿＿＿＿(注2)を代理人と定め、下記の事項に関する一切の権限を委任します。

記

1．次の要項による登記申請に関すること
　　(1)登記原因証明情報：平成〇年〇月〇日付け根抵当権変更契約証書(注3)
　　(2)登記の目的：根抵当権変更
2．上記申請の登記完了証の受領に関すること(注4)
3．上記申請に関する契約証書、資格証明情報その他の添付情報の原本還付手続に関すること(注4)
4．上記申請の登録免許税還付金の代理受領に関すること(注5)

以　上

(注1) Ⅳ根抵当権変更契約証書を登記原因証明情報（不登法第61条）として提供する場合に、登記権利者が作成する委任状の書式である。管轄登記所が複数となるケースにおいて、委任状の原本還付を受けるときは、他の申請についても委任したことが明らかな内容とする必要がある。
(注2) 代理人の住所ならびに氏名または名称を記載する。
(注3) 登記所に提供する契約証書の締結日およびその名称を記載する。
(注4) これらの事項には特別の授権を必要としないが、委任事項を明確にするため、このように記載する。
(注5) 登記申請の取下げ・却下・過誤納付に伴う還付金の代理受領については特別の授権が必要であるため、このように記載する。

Ⅵ-2-2　登記用委任状（登記権利者用／Ⅴを登記原因証明情報として提供する場合）(注1)

委任状

平成　年　月　日

住　所　　東京都○区○町一丁目2番3号
登記権利者　株式会社甲野銀行
　　　　　　代表取締役　甲野太郎　　㊞

私は、＿＿＿＿＿＿＿＿＿＿＿＿＿＿＿(注2)を代理人と定め、下記の事項に関する一切の権限を委任します。

記

1．次の要項による登記申請に関すること
　　(1) 登記原因証明情報：平成○年○月○日付け登記原因証明情報（根抵当権変更）(注3)
　　(2) 登記の目的：根抵当権変更
2．上記申請の登記完了証の受領に関すること（注4）
3．上記申請に関する資格証明情報その他の添付情報の原本還付手続に関すること（注4）
4．上記申請の登録免許税還付金の代理受領に関すること（注5）

以　上

(注1)　Ⅳ根抵当権変更契約証書とは別に、Ⅴ登記原因証明情報（根抵当権変更）を作成し、これを登記原因証明情報（不登法第61条）として提出する場合に、登記権利者が作成する委任状の書式である。管轄登記所が複数となるケースにおいて、委任状の原本還付を受けるときは、他の申請についても委任したことが明らかな内容とする必要がある。
(注2)　代理人の住所ならびに氏名または名称を記載する。
(注3)　登記所に提供する登記原因証明情報の作成日およびその名称を記載する。
(注4)　これらの事項には特別の授権を必要としないが、委任事項を明確にするため、このように記載する。
(注5)　登記申請の取下げ・却下・過誤納付に伴う還付金の代理受領については特別の授権が必要であるため、このように記載する。

4 指定債務者の合意

67 債務者の相続（指定債務者の合意）

I ケース概要

　甲野銀行は、乙野次郎との取引の担保として、乙野次郎所有の土地および建物に共同根抵当権の設定を受けていたが、乙野次郎の相続開始に伴い、相続人乙野三郎が相続開始時の債務を免責的に引き受け、また当該根抵当権により相続人乙野三郎との取引により生じる債務も担保することとした。なお、抵当物件の所有権は乙野三郎が相続取得し、その旨の登記がなされている。

II 書式作成上の留意点

① 元本の確定前、根抵当債務者に相続が開始した場合において、被相続人が設定していた根抵当権をもって相続開始時の債務のほか、特定の相続人との取引により生じる債務も担保するための書式である。根抵当権および根抵当権設定者の合意により、指定債務者の合意に伴う根抵当権変更の登記原因が生じる。

　なお、指定債務者の合意に伴う根抵当権変更登記をするには、その前提として根抵当債務者について相続が開始した旨の変更登記を要するところ、本書式では、この根抵当権変更契約をもって、債務者に相続が開始したこと、および相続開始時の債務を負担する者（相続人全員）ならびに当該債務につき免責的債務引受があった旨の登記原因についても確認することとしている。

② 元本の確定前、根抵当債務者に相続が開始した場合、根抵当権は相続開始時の債務のほか、根抵当権者と根抵当権設定者との合意により定めた相続人（指定債務者）が相続開始後に負担する債務を担保するが、この合意について相続開始後6カ月以内に登記をしないと、担保すべき元本は相続開始時に確定したものとみなされる（民法第398条の8第2項・第4項）。なお、この合意について、後順位の抵当権者その他の第三者の承諾を得ることは要しない（民法第398条の8第3項・第398条の4第2項）。

③ 本ケースは、債務者兼根抵当権設定者の例で記載しているが、書式としては、第三者担保提供の場合にも使えるよう、根抵当権設定者の欄を設けている。

④ この合意は債務者の変更にほかならないから、根抵当権が共同担保である場合、根抵当権が設定されているすべての不動産について変更登記をしないとその効力が生じない（民法第398条の17第1項）。

⑤ この根抵当権変更契約証書とは別にV登記原因証明情報（根抵当権変更）を作成し、登記原因証明情報（不登法第61条）として登記所に提供することができる。

⑥ 指定債務者の合意に伴う根抵当権変更登記は、根抵当権者が登記権利者となり、根抵当権

設定者が登記義務者となって行い、登記原因および指定債務者をその登記事項とする。本書式では、債務者に相続が開始したこと、および相続開始時の債務を負担する者（相続人全員）ならびに当該債務につき免責的債務引受があった旨についても、同時に登記手続を行うこととしている。

⑦　根抵当権設定者につき、所有権の取得に係る登記識別情報（登記済証）および印鑑証明書が必要となる。なお、登記完了後は、双方に登記完了証が交付される（この変更登記につき、登記識別情報は通知されない）。

⑧　管轄登記所が複数となるケースでは、印鑑証明書およびⅤ登記原因証明情報（根抵当権変更）は、登記所ごとに（複数）必要となる。当該申請のためにのみ作成したⅥ登記用委任状も同様であり、これらは原本還付を受けることができないとされている。

Ⅲ　必要書類・費用一覧

書　類	書類上の関係者
☐ 根抵当権変更契約証書	根抵当権者、債務者、根抵当権設定者
☐ 登記原因証明情報	根抵当権設定者
☐ 委任状（登記義務者用）	根抵当権設定者
☐ 委任状（登記権利者用）	根抵当権者
☐ 登記識別情報（登記済証）	根抵当権設定者
☐ 印鑑証明書	根抵当権設定者
☐ 会社法人等番号（注）	根抵当権者、根抵当権設定者
☐ 登録免許税	登記1件当り不動産1個につき1,000円（本件では、3件の登記を想定している）

（注）　不登令等の改正により、平成27年11月2日から、会社・法人の代表者等の資格を証する情報の提供（添付）に代え、登記申請情報に商業登記法第7条の会社法人等番号を記録または記載することとなった。ただし、法人登記手続中となるなどの場合を考慮し、例外的に、作成後1か月以内の資格証明情報（登記事項証明書）を提供（添付）することも認められている。

Ⅳ 根抵当権変更契約証書

根抵当権変更契約証書
（債務者の相続・相続債務の引受け・指定債務者の合意）(注2)

（印紙）(注1)

平成　年　月　日(注3)

東京都○区○町一丁目2番3号
株式会社甲野銀行　御中

　　　　　住　所　　　東京都○区○町一丁目1番1号
　　　　　債務者
　　　　　根抵当権設定者　　乙野三郎　　　　　㊞(注4)

　　　　　住　所
　　　　　根抵当権設定者
　　　　　(注5)

　株式会社甲野銀行（以下「銀行」といいます。）、債務者、および根抵当権設定者は、次のとおり根抵当権変更契約を締結しました。

[根抵当権の表示]（注6）

1．登記	平成○年○月○日東京法務局○出張所受付第○号
2．物件	後記物件の表示記載のとおり

[債務者の相続の要項]（注7）

1．相続が開始した債務者	東京都○区○町一丁目1番1号 乙野次郎
2．相続年月日	平成○年○月○日
3．相続人	東京都○区○町一丁目1番1号 乙野花子 東京都○区○町一丁目1番1号 乙野三郎 東京都○区○町三丁目3番3号 乙野四郎

［相続開始時の債務の引受けの要項］（注8）

1．債務引受に係る原契約	平成○年○月○日免責的債務引受契約
2．免責的債務引受人	東京都○区○町一丁目1番1号 乙野三郎

［相続開始後の債務者の要項］（注9）

指定債務者	東京都○区○町一丁目1番1号 乙野三郎

物件の表示	順位	所有者
所　　在　東京都○区○町一丁目 地　　番　1番1 地　　目　宅地 地　　積　○○○.○○㎡	1	乙野三郎
所　　在　東京都○区○町一丁目1番地1 家屋番号　1番1 種　　類　居宅 構　　造　木造セメントかわらぶき平家建 床 面 積　○○.○○㎡	1	乙野三郎

第1条（債務者の相続）

　　根抵当権設定者は、前記「根抵当権の表示」記載の確定前の根抵当権の債務者の相続について、前記「債務者の相続の要項」記載のとおり確認しました。

第2条（相続開始時の債務の引受け）

　　根抵当権設定者は、前条の根抵当権の債務者の相続開始時の債務の引受けについて、前記「相続開始時の債務の引受けの要項」記載のとおり確認しました。

第3条（相続開始後の債務者の合意）

　　根抵当権設定者および銀行は、第1条の根抵当権が担保する債務者の相続開始後の債務者について、前記「相続開始後の債務者の要項」記載のとおり合意しました。

第4条（登記義務）

　　根抵当権設定者は、第1条から第3条までによる根抵当権変更の登記手続を遅滞なく行い、その登記事項証明書を銀行に提出します。

第5条（適用条項）

　　根抵当権設定者は、この契約により変更された事項以外の事項について、前記「変更する根抵当権」記載の根抵当権の成立・変更等に係る約定書記載の各条項の適用があることを承認します。

第6条（債務者の承諾）
　　債務者は、この契約により変更された事項について、異議なく承諾しました。
　　　　　　　　　　　　　　　　　　　　　　　　　　　　　　　　　　以　上

（注1）　この文書は、印紙税法上の課税文書ではない。
（注2）　この書式は、指定債務者を合意するほか、根抵当権設定者との間で、根抵当債務者の相続開始および相続債務の債務引受について事実確認を行うものである。相続開始の事実内容は、債務者等から戸籍等の提供を受けて確認し、債務引受の事実内容は、根抵当権者が別に徴求した証書と照合すべきである。これらの事実内容について根抵当権設定者が確認のうえ署名した契約証書は、債務者の相続・相続債務の引受けに関し、根抵当権変更の登記原因証明情報（不登法第61条）として要件を満たすこととなる。
（注3）　この契約書を作成した日付を記載する。
（注4）　根抵当権設定者と債務者が同じ場合は、この欄に署名（記名）捺印させる。
（注5）　債務者以外の第三者が根抵当権設定者の場合は、この欄に署名（記名）捺印させる。
（注6）　変更する根抵当権を、登記の受付年月日および番号で特定する。
（注7）　根抵当債務者の相続開始について、相続開始の年月日および相続人（全員）の住所・氏名を記載する。
（注8）　相続債務の引受けについて、引受けに係る原契約および引受人の住所・氏名で特定する。
（注9）　合意する指定債務者の住所・氏名を記載する。

V　登記原因証明情報（根抵当権変更）（注1）

登記原因証明情報
（根抵当権変更）

　　　　　　　　　　　　　　　　　　　　　　　　　　　平成　　年　　月　　日
東京法務局　〇出張所　御中

　　　　　　　　　　住　所　　　　東京都〇区〇町一丁目1番1号
　　　　　　　　登記義務者（注2）　乙野三郎　　　　　　　　　　　　　　㊞

　登記義務者（根抵当権設定者）は、本件登記の原因となる事実または法律行為が下記1．記載のとおりであることおよびこれに基づき現に下記2．記載の内容を登記要項とする変更が生じたことを証明します。

I　［根抵当債務者の相続］（注3）
1．登記の原因となる事実または法律行為

(1) 相続が開始した債務者	東京都〇区〇町一丁目1番1号 乙野次郎
(2) 相続年月日	平成〇年〇月〇日

| (3) 相続人 | 東京都○区○町一丁目1番1号
乙野花子
東京都○区○町一丁目1番1号
乙野三郎
東京都○区○町三丁目3番3号
乙野四郎 |

2．登記申請情報の要項（注4）

(1) 登記の目的	根抵当権変更
(2) 変更する根抵当権	平成○年○月○日受付第○号
(3) 原因	平成○年○月○日相続
(4) 変更後の事項	債務者 　東京都○区○町一丁目1番1号 　乙野花子 　東京都○区○町一丁目1番1号 　乙野三郎 　東京都○区○町三丁目3番3号 　乙野四郎
(5) 登記権利者 （根抵当権者）	東京都○区○町一丁目2番3号 株式会社甲野銀行
(6) 登記義務者 （根抵当権設定者）	東京都○区○町一丁目1番1号 乙野三郎
(7) 不動産の表示	後記のとおり

Ⅱ ［相続債務の債務引受］（注5）

1．登記の原因となる事実または法律行為

(1) 契約証書名および締結年月日	平成○年○月○日付け免責的債務引受契約	
(2) 契約当事者	根抵当権者	株式会社甲野銀行
	債務者	乙野花子・乙野三郎・乙野四郎

2．登記申請情報の要項（注6）

(1) 登記の目的	根抵当権変更
(2) 変更する根抵当権	平成○年○月○日受付第○号
(3) 原因	平成○年○月○日乙野花子および乙野四郎の債務引受

(4) 変更後の事項	債務者 　東京都○区○町一丁目1番1号 　乙野三郎
(5) 登記権利者 （根抵当権者）	東京都○区○町一丁目2番3号 株式会社甲野銀行
(6) 登記義務者 （根抵当権設定者）	東京都○区○町一丁目1番1号 乙野三郎
(7) 不動産の表示	後記のとおり

Ⅲ　[指定債務者の合意]（注7）

1．登記の原因となる事実または法律行為

(1) 契約証書名および締結年月日	平成○年○月○日付け根抵当権変更契約証書	
(2) 契約当事者	根抵当権者	株式会社甲野銀行
	根抵当権設定者	乙野三郎

2．登記申請情報の要項（注8）

(1) 登記の目的	根抵当権変更
(2) 変更する根抵当権	平成○年○月○日受付第○号
(3) 原因	平成○年○月○日合意
(4) 変更後の事項	指定債務者 　東京都○区○町一丁目1番1号 　乙野三郎
(5) 登記権利者 （根抵当権者）	東京都○区○町一丁目2番3号 株式会社甲野銀行
(6) 登記義務者 （根抵当権設定者）	東京都○区○町一丁目1番1号 乙野三郎
(7) 不動産の表示	後記のとおり

不動産の表示

所　　在　東京都○区○町一丁目
地　　番　1番1
地　　目　宅地
地　　積　○○○.○○㎡

```
所　　在　東京都○区○町一丁目1番地1
家屋番号　1番1
種　　類　居宅
構　　造　木造セメントかわらぶき平家建
床 面 積　○○.○○㎡
```

以　上

(注1)　Ⅳ根抵当権変更契約証書とは別に、Ⅴ登記原因証明情報（根抵当権変更）を作成する場合の書式である。この情報は、登記の原因となる事実または法律行為のほか、登記事項（および物件表示）を登記義務者が確認して署名（または記名捺印）したものでなくてはならない。契約証書とは異なり、登記用に作成された書面の原本還付を受けることはできないため、管轄登記所が複数となるケースでは、登記所ごとに（複数）作成する必要がある。その内容は同文面とし、すべての物件を記載する。
(注2)　登記義務者は、根抵当権設定者となる。
(注3)　相続を原因とする権利移転の登記を単独申請する場合は、相続を証する書面は戸籍等の公文書でなくてはならないが、権利変更の登記を根抵当権者と共同申請する場合であるから、権利変更の登記原因である事実（相続）を登記義務者が確認のうえ署名した証明情報で足りる。なお、Ⅳ根抵当権変更契約証書においても根抵当債務者の相続開始の事実を確認しているが、これをもって登記原因が生じた契約証書と考えることはできない。
(注4)　登記原因は相続であり、変更後の事項は、債務者（相続人全員の住所・氏名）となる。
(注5)　Ⅳ根抵当権変更契約証書においても、相続債務の債務引受の事実を確認しているが、登記原因が生じた契約証書としては、債務引受契約証書が該当する。
(注6)　登記原因は免責的債務引受であり、変更後の事項は、債務者（免責的債務引受をした相続人の住所・氏名）となる。
(注7)　指定債務者の合意は、Ⅳ根抵当権変更契約証書によって行われている。
(注8)　登記原因はⅣ根抵当権変更契約証書の締結日の合意であり、指定債務者（相続開始後の債務を負担する相続人）の住所・氏名を記載する。

Ⅵ－1－1　登記用委任状（登記義務者用／Ⅳを登記原因証明情報として提供する場合）(注1)

委　任　状

平成　年　月　日

住　所　　東京都○区○町一丁目1番1号
登記義務者　乙　野　三　郎　　　　　㊞
（電話番号 ○○ － ○○○○ － ○○○○）

私は、＿＿＿＿＿＿＿＿＿＿＿＿＿＿＿(注2)を代理人と定め、下記の事項に関する一切の権限を委任します。

記

1．次の要項による登記申請に関すること
　(1) 登記原因証明情報：平成○年○月○日付け根抵当権変更契約証書(注3)

第3節　変　更　　675

(2)登記の目的:根抵当権変更（根抵当債務者の相続、相続債務の引受け、指定債務者の合意）
２．上記申請の登記識別情報の暗号化に関すること（注4）
３．上記申請の登記完了証の受領に関すること（注5）
４．上記申請に関する契約証書、資格証明情報その他の添付情報の原本還付手続に関すること（注5）
５．上記申請の登録免許税還付金の代理受領に関すること（注6）

以　上

(注1)　Ⅳ根抵当権変更契約証書を登記原因証明情報（不登法第61条）として提供する場合に、登記義務者が作成する委任状の書式である。管轄登記所が複数となるケースにおいて、委任状の原本還付を受けるときは、他の申請についても委任したことが明らかな内容とする必要がある。
(注2)　代理人の住所ならびに氏名または名称を記載する。
(注3)　登記所に提供する契約証書の締結日およびその名称を記載する。
(注4)　登記識別情報の暗号化（電子申請においてオンラインで登記識別情報を提供すること）には特別の授権が必要であるため、このように記載する。
(注5)　これらの事項には特別の授権を必要としないが、委任事項を明確にするため、このように記載する。
(注6)　登記申請の取下げ・却下・過誤納付に伴う還付金の代理受領については特別の授権が必要であるため、このように記載する。

Ⅵ－1－2　登記用委任状（登記義務者用／Ⅴを登記原因証明情報として提供する場合）(注1)

委　任　状

平成　年　月　日

住　所　　東京都○区○町一丁目1番1号
登記義務者　乙野三郎　　　　　　　㊞
〔電話番号 ○○－○○○○－○○○○〕

私は、＿＿＿＿＿＿＿＿＿＿＿＿＿＿＿(注2)を代理人と定め、下記の事項に関する一切の権限を委任します。

記

１．次の要項による登記申請に関すること
　　(1)登記原因証明情報：平成○年○月○日付け登記原因証明情報（根抵当権変更）(注3)
　　(2)登記の目的:根抵当権変更（根抵当債務者の相続、相続債務の引受け、指定債務者の合意）
２．上記申請の登記識別情報の暗号化に関すること（注4）
３．上記申請の登記完了証の受領に関すること（注5）
４．上記申請に関する資格証明情報その他の添付情報の原本還付手続に関すること（注5）
５．上記申請の登録免許税還付金の代理受領に関すること（注6）

以　上

(注1) Ⅳ根抵当権変更契約証書とは別に、Ⅴ登記原因証明情報（根抵当権変更）を作成し、これを登記原因証明情報（不登法第61条）として提供する場合に、登記義務者が作成する委任状の書式である。管轄登記所が複数となるケースにおいて、委任状の原本還付を受けるときは、他の申請についても委任したことが明らかな内容とする必要がある。
(注2) 代理人の住所ならびに氏名または名称を記載する。
(注3) 登記所に提供する登記原因証明情報の作成日およびその名称を記載する。
(注4) 登記識別情報の暗号化（電子申請においてオンラインで登記識別情報を提供すること）には特別の授権が必要であるため、このように記載する。
(注5) これらの事項には特別の授権を必要としないが、委任事項を明確にするため、このように記載する。
(注6) 登記申請の取下げ・却下・過誤納付に伴う還付金の代理受領については特別の授権が必要であるため、このように記載する。

Ⅵ－2－1　登記用委任状（登記権利者用／Ⅳを登記原因証明情報として提供する場合）(注1)

委　任　状

平成　　年　　月　　日

住　所　　東京都〇区〇町一丁目2番3号
登記権利者　株式会社甲野銀行
　　　　　　代表取締役　甲野太郎　　　㊞

私は、＿＿＿＿＿＿＿＿＿＿＿＿＿＿(注2)を代理人と定め、下記の事項に関する一切の権限を委任します。

記

1．次の要項による登記申請に関すること
　　(1) 登記原因証明情報：平成〇年〇月〇日付け根抵当権変更契約証書(注3)
　　(2) 登記の目的：根抵当権変更（根抵当債務者の相続、相続債務の引受け、指定債務者の合意）
2．上記申請の登記完了証の受領に関すること(注4)
3．上記申請に関する契約証書、資格証明情報その他の添付情報の原本還付手続に関すること(注4)
4．上記申請の登録免許税還付金の代理受領に関すること(注5)

以　上

(注1) Ⅳ根抵当権変更契約証書を登記原因証明情報（不登法第61条）として提供する場合に、登記権利者が作成する委任状の書式である。管轄登記所が複数となるケースにおいて、委任状の原本還付を受けるときは、他の申請についても委任したことが明らかな内容とする必要がある。
(注2) 代理人の住所ならびに氏名または名称を記載する。
(注3) 登記所に提供する契約証書の締結日およびその名称を記載する。
(注4) これらの事項には特別の授権を必要としないが、委任事項を明確にするため、このように記載する。
(注5) 登記申請の取下げ・却下・過誤納付に伴う還付金の代理受領については特別の授権が必要であるため、このように記載する。

Ⅵ-2-2　登記用委任状（登記権利者用／Ⅴを登記原因証明情報として提供する場合）(注1)

委　任　状

平成　年　月　日

住　所　　　東京都○区○町一丁目2番3号
登記権利者　株式会社甲野銀行
　　　　　　代表取締役　甲野太郎　　㊞

私は、＿＿＿＿＿＿＿＿＿＿＿＿＿＿＿＿(注2)を代理人と定め、下記の事項に関する一切の権限を委任します。

記

1．次の要項による登記申請に関すること
　　(1) 登記原因証明情報：平成○年○月○日付け登記原因証明情報（根抵当権変更）(注3)
　　(2) 登記の目的：根抵当権変更（根抵当債務者の相続、相続債務の引受け、指定債務者の合意）
2．上記申請の登記完了証の受領に関すること (注4)
3．上記申請に関する資格証明情報その他の添付情報の原本還付手続に関すること (注4)
4．上記申請の登録免許税還付金の代理受領に関すること (注5)

以　上

(注1)　Ⅳ根抵当権変更契約証書とは別に、Ⅴ登記原因証明情報（根抵当権変更）を作成し、これを登記原因証明情報（不登法第61条）として提出する場合に、登記権利者が作成する委任状の書式である。管轄登記所が複数となるケースにおいて、委任状の原本還付を受けるときは、他の申請についても委任したことが明らかな内容とする必要がある。
(注2)　代理人の住所ならびに氏名または名称を記載する。
(注3)　登記所に提供する登記原因証明情報の作成日およびその名称を記載する。
(注4)　これらの事項には特別の授権を必要としないが、委任事項を明確にするため、このように記載する。
(注5)　登記申請の取下げ・却下・過誤納付に伴う還付金の代理受領については特別の授権が必要であるため、このように記載する。

5　債務者の合併

68　債務者の合併

I　ケース概要

　甲野銀行は、乙野商事に対し融資を行い、乙野商事所有の土地および建物に根抵当権の設定を受けていたが、その後、根抵当権の確定前に、乙野商事を吸収合併消滅会社、丁野商事を吸収合併存続会社とする合併が行われ、当該融資に係る債務は、土地および建物の所有権と共に包括的に丁野商事に承継された。

II　書式作成上の留意点

① 元本の確定前に債務者が合併消滅会社となって合併し、融資にかかる債務が包括的に合併存続会社に承継された場合に、根抵当権の債務者の変更登記を行うための書式である。合併の効力発生により根抵当権の債務者を吸収合併存続会社（新設分割の場合は新設合併設立会社）とする根抵当権の債務者変更の登記原因が生じる。

② 元本確定前に債務者について合併があったときは、当然に、根抵当権は、合併の時に存する債務のほか、合併後存続する法人または合併によって設立された法人が合併後に負担する債務を担保する（民法第398条の9第2項）。

③ 債務者の合併による債務者変更の登記は、不動産担保権の実行手続においては必須ではなく、合併を証する文書（登記事項証明書）により債務者の承継の事実を立証する方法でもよい。追加設定をする場合は、既存登記物件について債務者の変更登記が必要となる。また、極度額や債権の範囲等の他の変更登記をする場合には、同時に行うことが一般的であろう。本ケースでは、抵当物件についても権利承継が生じており、この移転登記の機会を捉えて行うことが便宜であろう。

④ 合併前に発生した合併存続会社の債務も根抵当権により担保する被担保債権の範囲に含めたい場合には、別途、被担保債権の範囲の変更登記を要する。

⑤ 合併事項が記載された登記事項証明書を登記原因証明情報（不登法第61条）として提出する。なお、本書式では示していないが、根抵当権設定者が合併による債権者変更について確認して署名した登記用の登記原因証明情報を作成して登記所に提出することもできる。

⑥ 合併による根抵当権の債務者の変更登記は、根抵当権が登記権利者となり、根抵当権設定者が登記義務者となって行う。

⑦ 根抵当権設定者は、抵当物件の所有権の取得に係る登記識別情報（登記済証）および印鑑証明書を提供する。なお、登記完了後は、根抵当権設定者および根抵当権者双方に登記完了証が交付される（この変更登記につき、登記識別情報は通知されない）。

⑧ 管轄登記所が複数となるケースでは、印鑑証明書は、登記所ごとに（複数）必要となる。当該申請のためにのみ作成したⅥ登記用委任状も同様であり、これらは原本還付を受けることができないとされている。

Ⅲ 必要書類・費用一覧

書　類	書類上の関係者
☐ 登記事項証明書（注1）	債務者（吸収合併存続会社、または新設合併設立会社）
☐ 委任状（登記義務者用）	根抵当権設定者
☐ 委任状（登記権利者用）	根抵当権者
☐ 登記識別情報（登記済証）	根抵当権設定者
☐ 印鑑証明書	根抵当権設定者
☐ 会社法人等番号（注2）	根抵当権者、根抵当権設定者
☐ 登録免許税	不動産1個につき1,000円

（注1） 不登令等の改正に伴い、現在の会社法人等番号によって登記所が合併事項を確認できる場合、この番号を提供すれば証明書の添付は省略できることとなった。
（注2） 不登令等の改正により、平成27年11月2日から、会社・法人の代表者等の資格を証する情報の提供（添付）に代え、登記申請情報に商業登記法第7条の会社法人等番号を記録または記載することとなった。ただし、法人登記手続中となるなどの場合を考慮し、例外的に、作成後1か月以内の資格証明情報（登記事項証明書）を提供（添付）することも認められている。

Ⅳ-1　登記用委任状（登記義務者用）（注1）

```
                    委　任　状

                            平成　年　月　日

        住　所　　東京都○区○町四丁目5番6号
        登記義務者　株式会社丁野商事
                代表取締役　丁野四郎　　㊞
       ⎛連絡先　担当部署　○○部／担当者名　○○　○○⎞
       ⎝電話番号　○○－○○○○－○○○○　　　　　⎠

私は、＿＿＿＿＿＿＿＿＿＿＿＿＿＿＿＿（注2）を代理人と定め、下記の事項に関する一切の権限を委任します。

                    記

1．次の要項による登記申請に関すること（注3）
```

(1) 登記の目的：根抵当権変更（合併による債務者の変更）
　　　(2) 変更する登記：平成○年○月○日東京法務局○出張所受付第○号
　　　(3) 物件：後記物件の表示記載のとおり
２．上記申請の登記識別情報の暗号化に関すること（注4）
３．上記申請の登記完了証の受領に関すること（注5）
４．上記申請に関する資格証明情報その他の添付情報の原本還付手続に関すること（注5）
５．上記申請の登録免許税還付金の代理受領に関すること（注6）

物件の表示（注7）
所　　在　　東京都○区○町一丁目 地　　番　　1番1 地　　目　　宅地 地　　積　　○○○.00㎡ 所　　在　　東京都○区○町一丁目1番地1 家屋番号　　1番1号 種　　類　　居宅 構　　造　　木造セメントかわらぶき平家建 床 面 積　　○○.00㎡

以　上

(注1)　登記事項証明書を登記原因証明情報として提供する場合に登記義務者が作成する委任状の書式である。管轄登記所が複数となるケースにおいて、委任状の原本還付を受けるときは、他の申請についても委任したことが明らかな内容とする必要がある。
(注2)　代理人の住所ならびに氏名または名称を記載する。
(注3)　登記事項証明書を登記原因証明書として提供する場合、委任する登記手続を明確にするため、このように記載する。
(注4)　登記識別情報の暗号化（電子申請においてオンラインで登記識別情報を提供すること）には特別の授権が必要であるため、このように記載する。
(注5)　これらの事項には特別の授権を必要としないが、委任事項を明確にするため、このように記載する。
(注6)　登記申請の取下げ・却下・過誤納付に伴う還付金の代理受領については特別の授権が必要であるため、このように記載する。
(注7)　土地については所在・地番、建物については所在・家屋番号を記載することでも足りる。

Ⅳ－2　登記用委任状（登記権利者用）(注1)

委　任　状

平成　　年　　月　　日

　　　　　住　　所　　東京都○区○町一丁目2番3号
　　　　　登記権利者　株式会社甲野銀行
　　　　　　　　　　　代表取締役　甲野太郎　　㊞

私は、＿＿＿＿＿＿＿＿＿＿＿＿＿＿＿＿＿＿＿（注2）を代理人と定め、下記の事項に関する一切の権限を委任します。

記

1．次の要項による登記申請に関すること（注3）
　　(1) 登記の目的：根抵当権変更（合併による債務者の変更）
　　(2) 変更する登記：平成○年○月○日東京法務局○出張所受付第○号
　　(3) 物件：後記物件の表示記載のとおり
2．上記申請の登記完了証の受領に関すること（注4）
3．上記申請に関する資格証明情報その他の添付情報の原本還付手続に関すること（注4）
4．上記申請の取下げ、ならびに登録免許税還付金の代理受領に関すること（注5）

物件の表示（注6）
所　　在　東京都○区○町一丁目
地　　番　1番1
地　　目　宅地
地　　積　○○○.○○㎡
所　　在　東京都○区○町一丁目1番地1
家屋番号　1番1号
種　　類　居宅
構　　造　木造セメントかわらぶき平家建
床　面　積　○○.○○㎡

以　上

(注1)　登記事項証明書を登記原因証明情報として提供する場合に登記権利者が作成する委任状の書式である。管轄登記所が複数となるケースにおいて、委任状の原本還付を受けるときは、他の申請についても委任したことが明らかな内容とする必要がある。
(注2)　代理人の住所ならびに氏名または名称を記載する。
(注3)　登記事項証明書を登記原因証明書として提供する場合、委任する登記手続を明確にするため、このように記載する。
(注4)　これらの事項には特別の授権を必要としないが、委任事項を明確にするため、このように記載する。
(注5)　登記申請の撤回としての取下げ、および取下げ・却下・過誤納付に伴う還付金の代理受領については特別の授権が必要であるため、このように記載する。
(注6)　土地については所在・地番、建物については所在・家屋番号を記載することでも足りる。

6　債務者の会社分割

69　債務者の会社分割

Ⅰ　ケース概要

　甲野銀行は、乙野商事に対し融資を行い、乙野商事所有の土地および建物に根抵当権の設定を受けていたが、根抵当権の確定前に乙野商事を吸収分割会社、丁野商事を吸収分割承継会社とする会社分割が行われ、当該融資に係る債務は免責的債務引受の方法によって丁野商事に承継された。なお、土地および建物の所有権は乙野商事のままである。

Ⅱ　書式作成上の留意点

① 元本の確定前に債務者について会社分割があった場合に、根抵当権の変更登記を行うときの書式である。会社分割の効力発生により、根抵当権の債務者に承継会社（新設分割の場合は設立会社）を追加する根抵当権変更の登記原因が生じる。

② 元本確定前に債務者を分割会社とする会社分割があった場合には、当然に、根抵当権は、分割のときに存する債務のほか、分割会社および承継会社（または設立会社）が分割後に負担する債務を担保する共用根抵当権となる（民法第398条の10第2項）。

③ 債務者の会社分割による債務者変更の登記は、不動産担保権の実行手続においては必須ではなく、承継を証する文書（登記事項証明書等）により債務者の承継の事実を立証する方法でもよい。追加設定をする場合は、既存登記物件について債務者変更の登記が必要となる。また、極度額や債権の範囲等の他の変更登記をする場合には、同時に行うことが一般的であろう。

④ 登記原因証明情報（不登法第61条）は根抵当権設定者が作成した会社分割の効力が生じた事実を内容とするⅣ登記原因証明情報（根抵当権変更）、もしくは分割事項が記載された登記事項証明書のいずれでもよい。

⑤ 会社分割による根抵当権の債務者の変更登記は、根抵当権者が登記権利者となり、根抵当権設定者が登記義務者となって行う。

⑥ 根抵当権設定者は、所有権の取得に係る登記識別情報（登記済証）および印鑑証明書を提供する。なお、登記完了後は、双方に登記完了証が交付される（この変更登記につき、登記識別情報は通知されない）。

⑦ 管轄登記所が複数となるケースでは、印鑑証明書およびⅣ登記原因証明情報（根抵当権変更）は、登記所ごとに（複数）必要となる。当該申請のためにのみ作成したⅤ登記用委任状も同様であり、これらは原本還付を受けることができないとされている。

III 必要書類・費用一覧

書類	書類上の関係者
☐ 登記事項証明書（注1）	新債務者（吸収分割承継会社、または新設分割設定会社）
☐ 登記原因証明情報	根抵当権設定者
☐ 委任状（登記義務者用）	根抵当権設定者
☐ 委任状（登記権利者用）	根抵当権者
☐ 登記識別情報（登記済証）	根抵当権設定者
☐ 印鑑証明書	根抵当権設定者
☐ 会社法人等番号（注2）	根抵当権者、根抵当権設定者
☐ 登録免許税	不動産1個につき1,000円

（注1）不登令等の改正に伴い、現在の会社法人等番号によって登記所が会社分割事項を確認できる場合、この番号を提供すれば証明書の添付は省略できることとなった。

（注2）不登令等の改正により、平成27年11月2日から、会社・法人の代表者等の資格を証する情報の提供（添付）に代え、登記申請情報に商業登記法第7条の会社法人等番号を記録または記載することとなった。ただし、法人登記手続中となるなどの場合を考慮し、例外的に、作成後1か月以内の資格証明情報（登記事項証明書）を提供（添付）することも認められている。

IV 登記原因証明情報（根抵当権変更）（注1）

登記原因証明情報
（根抵当権変更）

平成　年　月　日

東京法務局　○出張所 御中

　　　　　　住　所　　　東京都○区○町四丁目5番6号
　　　　　　登記義務者（注2）　株式会社乙野商事
　　　　　　　　　　　　代表取締役　乙野次郎　　㊞

　登記義務者（根抵当権設定者）は、本件登記の原因となる事実または法律行為が下記1．記載のとおりであること、およびこれに基づき現に下記2．記載の内容を登記要項とする変更が生じたことを証明します。

1．登記の原因となる事実または法律行為

(1) 契約名および作成年月日	平成○年○月○日吸収分割契約（注3）
(2) 作成当事者	吸収分割会社（注4）　株式会社乙野商事
	吸収分割承継会社（注5）　株式会社丁野商事

2．登記申請情報の要項

(1) 登記の目的	根抵当権変更（注6）
(2) 変更する根抵当権	平成○年○月○日受付第○号
(3) 原因	平成○年○月○日会社分割（注7）
(4) 変更後の事項	債務者　東京都○区○町四丁目5番6号 　　　　株式会社乙野商事 　　　　東京都○区○町四丁目5番6号 　　　　株式会社丁野商事
(5) 登記権利者 （根抵当権者）（注8）	東京都○区○町一丁目2番3号 株式会社甲野銀行
(6) 登記義務者 （根抵当権設定者）（注2）	東京都○区○町四丁目5番6号 株式会社乙野商事
(7) 不動産の表示	後記のとおり

不動産の表示
所　　在　東京都○区○町一丁目 地　　番　1番1 地　　目　宅地 地　　積　○○○.○○㎡ 所　　在　東京都○区○町一丁目1番地1 家屋番号　1番1 種　　類　居宅 構　　造　木造セメントかわらぶき平家建 床 面 積　○○.○○㎡

以　上

(注1) 登記原因証明情報（根抵当権変更）を作成して登記原因証明情報（不登法第61条）とする場合の書式である。登記用に作成された書面は原本還付を受けることができないため、管轄登記所が複数となるケースでは、登記所ごとに（複数）作成する必要がある。その内容は同文面とし、すべての物件を記載する。
(注2) 登記義務者は、所有権登記名義人（債務者または物上保証人）となる。
(注3) 吸収分割契約の作成年月日を記載する。新設分割の場合は、新設分割計画の作成年月日と

「新設分割計画」と記載する。
(注4) 新設分割の場合は「新設分割会社」と記載する。
(注5) 新設分割の場合は「新設分割設立会社」と記載する。
(注6) 会社分割による根抵当権の変更の登記は、常に付記登記によるから、付記登記による申請の旨を明らかにする必要はない。
(注7) 会社分割の効力発生日を記載する。
(注8) 登記権利者は、根抵当権者となる。

Ⅴ-1-1　登記用委任状（登記義務者用／登記事項証明書を登記原因証明情報として提供する場合）(注1)

委　任　状

平成　　年　　月　　日

　　　　　住　　所　　　東京都○区○町四丁目5番6号
　　　　　登記義務者　　株式会社乙野商事
　　　　　　　　　　　　代表取締役　乙野次郎　　　　㊞
　　　　　｛連絡先　担当部署　○○部／担当者名　○○　○○
　　　　　　電話番号　○○－○○○○－○○○○｝

私は、＿＿＿＿＿＿＿＿＿＿＿＿＿＿＿＿(注2)を代理人と定め、下記の事項に関する一切の権限を委任します。

記

1．次の要項による登記申請に関すること（注3）
　　(1) 登記の目的：根抵当権変更（会社分割による債務者の変更）
　　(2) 変更する登記：平成○年○月○日東京法務局○出張所受付第○号
　　(3) 物件：後記物件の表示記載のとおり
2．上記申請の登記識別情報の暗号化に関すること（注4）
3．上記申請の登記完了証の受領に関すること（注5）
4．上記申請に関する資格証明情報その他の添付情報の原本還付手続に関すること（注5）
5．上記申請の登録免許税還付金の代理受領に関すること（注6）

物件の表示（注7）

所　　在　　東京都○区○町一丁目
地　　番　　1番1
地　　目　　宅地
地　　積　　○○○.○○㎡

所　　在　　東京都○区○町一丁目1番地1
家屋番号　　1番1
種　　類　　居宅

```
構　　造　木造セメントかわらぶき平家建
床 面 積　○○.○○㎡
```

　　　　　　　　　　　　　　　　　　　　　　　　　　　　　　　以　上

(注1)　登記事項証明書を登記原因証明書情報として提供する場合に登記義務者が作成する委任状の書式である。管轄登記所が複数となるケースにおいて、委任状の原本還付を受けるときは、他の申請についても委任したことが明らかな内容とする必要がある。
(注2)　代理人の住所ならびに氏名または名称を記載する。
(注3)　登記事項証明書を登記原因証明書として提供する場合、委任する登記手続を明確にするため、このように記載する。
(注4)　登記識別情報の暗号化（電子申請においてオンラインで登記識別情報を提供すること）には特別の授権が必要であるため、このように記載する。
(注5)　これらの事項には特別の授権を必要としないが、委任事項を明確にするため、このように記載する。
(注6)　登記申請の取下げ・却下・過誤納付に伴う還付金の代理受領については特別の授権が必要であるため、このように記載する。
(注7)　土地については所在・地番、建物については所在・家屋番号を記載することでも足りる。

Ｖ－１－２　登記用委任状（登記義務者用／Ⅳを登記原因証明情報として提供する場合）(注1)

```
　　　　　　　　　　　　　　委　任　状

　　　　　　　　　　　　　　　　　　　　　平成　　年　　月　　日

　　　　　　　　　住　所　　東京都○区○町四丁目５番６号
　　　　　　　　　登記義務者　株 式 会 社 乙 野 商 事
　　　　　　　　　　　　　　　代表取締役　乙 野 次 郎　　㊞
　　　　　　　　　⎛連絡先　担当部署 ○○部／担当者名 ○○ ○○⎞
　　　　　　　　　⎝電話番号 ○○－○○○○－○○○○　　　　　⎠

私は、＿＿＿＿＿＿＿＿＿＿＿＿＿＿(注2)を代理人と定め、下記の事項に関する一切の権限を
委任します。

　　　　　　　　　　　　　　　　記

１．次の要項による登記申請に関すること
　　(1) 登記原因証明情報：平成○年○月○日付け登記原因証明情報（根抵当権変更）(注3)
　　(2) 登記の目的：根抵当権変更
２．上記申請の登記識別情報の暗号化に関すること(注4)
３．上記申請の登記完了証の受領に関すること(注5)
４．上記申請に関する資格証明情報その他の添付情報の原本還付手続に関すること(注5)
５．上記申請の登録免許税還付金の代理受領に関すること(注6)
　　　　　　　　　　　　　　　　　　　　　　　　　　　　　　　以　上
```

(注1) 登記事項証明書を登記原因証明書情報として提供する場合に登記義務者が作成する委任状の書式である。管轄登記所が複数となるケースにおいて、委任状の原本還付を受けるときは、他の申請についても委任したことが明らかな内容とする必要がある。
(注2) 代理人の住所ならびに氏名または名称を記載する。
(注3) 登記所に提供する登記原因証明情報の作成日およびその名称を記載する。
(注4) 登記識別情報の暗号化（電子申請においてオンラインで登記識別情報を提供すること）には特別の授権が必要であるため、このように記載する。
(注5) これらの事項には特別の授権を必要としないが、委任事項を明確にするため、このように記載する。
(注6) 登記申請の取下げ・却下・過誤納付に伴う還付金の代理受領については特別の授権が必要であるため、このように記載する。

Ⅴ－2－1　登記用委任状（登記権利者用／登記事項証明書を登記原因証明情報として提供する場合）(注1)

委　任　状

平成　年　月　日

住　所　　東京都○区○町一丁目2番3号
登記権利者　株式会社甲野銀行
　　　　　　代表取締役　甲野太郎　㊞

私は、＿＿＿＿＿＿＿＿＿＿＿＿＿＿＿＿(注2)を代理人と定め、下記の事項に関する一切の権限を委任します。

記

1．次の要項による登記申請に関すること
　　(1) 登記の目的：根抵当権変更（会社分割による債務者の変更）
　　(2) 変更する登記：平成○年○月○日東京法務局○出張所受付第○号
　　(3) 物件：後記物件の表示記載のとおり
2．上記申請の登記完了証の受領に関すること（注4）
3．上記申請に関する資格証明情報その他の添付情報の原本還付手続に関すること（注4）
4．上記申請の登録免許税還付金の代理受領に関すること（注5）

物件の表示（注6）

所　　在	東京都○区○町一丁目
地　　番	1番1
地　　目	宅地
地　　積	○○○.○○㎡

所　　在	東京都○区○町一丁目1番地1
家屋番号	1番1
種　　類	居宅

```
構　　造　木造セメントかわらぶき平家建
床 面 積　○○.○○㎡
```
　　　　　　　　　　　　　　　　　　　　　　　　　　　　　　　　　　　以　　上

(注１)　登記事項証明書を登記原因証明書情報として提供する場合に登記権利者が作成する委任状の書式である。管轄登記所が複数となるケースにおいて、委任状の原本還付を受けるときは、他の申請についても委任したことが明らかな内容とする必要がある。
(注２)　代理人の住所ならびに氏名または名称を記載する。
(注３)　登記事項証明書を登記原因証明書として提供する場合、委任する登記手続を明確にするために、このように記載する。
(注４)　これらの事項には特別の授権を必要としないが、委任事項を明確にするため、このように記載する。
(注５)　登記申請の取下げ・却下・過誤納付に伴う還付金の代理受領については特別の授権が必要であるため、このように記載する。
(注６)　土地については所在・地番、建物については所在・家屋番号を記載することでも足りる。

Ⅴ－２－２　登記用委任状（登記権利者用／Ⅳを登記原因証明情報として提供する場合）(注１)

```
　　　　　　　　　　　　　　委　任　状

　　　　　　　　　　　　　　　　　　　　　　　　平成　　年　　月　　日

　　　　　　　住　　所　　東京都○区○町一丁目２番３号
　　　　　　　登記権利者　株式会社甲野銀行
　　　　　　　　　　　　　代表取締役　甲野太郎　　　　　㊞

私は、＿＿＿＿＿＿＿＿＿＿＿＿＿＿＿＿(注２)を代理人と定め、下記の事項に関する一切の権限を委任します。

　　　　　　　　　　　　　　　　記

１．次の要項による登記申請に関すること
　　(1)　登記原因証明情報：平成○年○月○日付け登記原因証明情報（根抵当権変更）(注３)
　　(2)　登記の目的：根抵当権変更
２．上記申請の登記完了証の受領に関すること (注４)
３．上記申請に関する資格証明情報その他の添付情報の原本還付手続に関すること (注４)
４．上記申請の登録免許税還付金の代理受領に関すること (注５)
　　　　　　　　　　　　　　　　　　　　　　　　　　　　　　　　以　上
```

(注１)　Ⅳ登記原因証明書情報を提供する場合に登記権利者が作成する委任状の書式である。管轄登記所が複数となるケースにおいて、委任状の原本還付を受けるときは、他の申請についても委任したことが明らかな内容とする必要がある。
(注２)　代理人の住所ならびに氏名または名称を記載する。
(注３)　登記所に提供する登記原因証明情報の作成日およびその名称を記載する。
(注４)　これらの事項には特別の授権を必要としないが、委任事項を明確にするため、このように

記載する。
（注５）　登記申請の取下げ・却下・過誤納付に伴う還付金の代理受領については特別の授権が必要であるため、このように記載する。

7　債務者の名称または住所の変更

70　債務者の名称または住所の変更

Ⅰ　ケース概要

甲野銀行は、乙野商事に対する融資につき乙野商事所有の土地および建物に根抵当権の設定を受けていたが、乙野商事から、商号を「丁川商事」に変更し、住所も変更する旨の告知を受けた。

Ⅱ　書式作成上の留意点

① 根抵当権の債務者の名称（商号）や住所の変更を登記する場合の書式である。債務者の名称（商号）や住所の変更登記は、不動産担保権の実行手続においては必須ではないが、追加設定をする場合、既登記物件について必要な登記となる。また、極度額や債権の範囲等の他の変更登記をする際には、同時に行うことが一般的であろう。

　本ケースでは抵当物件の所有権登記名義人の表示に異動が生じており、この変更登記の機会をとらえて行うことが便宜であろう。

② 名称（商号）や住所の変更を証する登記事項証明書を登記原因証明情報（不登法第61条）として登記所に提供することができる。個人の場合、戸籍（氏名）や住民票（住所）等が相当する。なお、本書式では示していないが、根抵当権設定者が債務者の名称（商号）および住所の変更について確認して署名した登記用の登記原因証明情報を作成して登記所に提供することもできる。

③ 債務者の名称や住所の変更登記は、根抵当権者が登記権利者となり、根抵当権設定者が登記義務者となって行う。

④ 根抵当権設定者につき、所有権に係る登記識別情報（登記済証）および印鑑証明書が必要となる。なお、登記完了後は、双方に登記完了証が交付される（この変更登記につき登記識別情報は通知されない）。

⑤ 管轄登記所が複数となるケースでは、印鑑証明書および登記用に作成した登記原因証明情報は、登記所ごとに（複数）必要となる。当該申請のためにのみ作成したⅥ登記用委任状も同様であり、これらは原本還付を受けることができないとされている。

Ⅲ 必要書類・費用一覧

書　　類	書類上の関係者
☐ 登記事項証明書（注1）、戸籍謄本等	債務者
☐ 登記原因証明情報	根抵当権設定者
☐ 委任状（登記義務者用）	根抵当権設定者
☐ 委任状（登記権利者用）	根抵当権者
☐ 登記識別情報（登記済証）	根抵当権設定者
☐ 印鑑証明書	根抵当権設定者
☐ 会社法人等番号（注2）	根抵当権者、根抵当権設定者
☐ 登録免許税	不動産1個につき1,000円

（注1）　不登令等の改正に伴い、現在の会社法人等番号によって登記所が住所・名称の変更事項を確認できる場合、この番号を提供すれば証明書の添付は省略できることとなった。
（注2）　不登令等の改正により、平成27年11月2日から、会社・法人の代表者等の資格を証する情報の提供（添付）に代え、登記申請情報に商業登記法第7条の会社法人等番号を記録または記載することとなった。ただし、法人登記手続中となるなどの場合を考慮し、例外的に、作成後1か月以内の資格証明情報（登記事項証明書）を提供（添付）することも認められている。

Ⅳ-1　登記用委任状（登記義務者用）（注1）

委　任　状

平成　　年　　月　　日

住　所　　　東京都○区○町七丁目8番9号
登記義務者　株式会社丁川商事
　　　　　　代表取締役　丁川四郎　　㊞
（連絡先　担当部署　○○部／担当者名　○○　○○
　電話番号　○○－○○○○－○○○○　　　　　　）

私は、＿＿＿＿＿＿＿＿＿＿＿＿＿＿＿＿（注2）を代理人と定め、下記の事項に関する一切の権限を委任します。

記

1．次の登記申請に関すること（注3）
　(1) 登記の目的：根抵当権変更（債務者の名称および住所の変更）
　(2) 変更する登記：平成○年○月○日東京法務局○出張所受付第○号
　(3) 物件：後記物件の表示記載のとおり

2．上記申請の登記識別情報の暗号化に関すること（注4）
3．上記申請の登記完了証の受領に関すること（注5）
4．上記申請に関する登記原因証明情報、資格証明情報その他の添付情報の原本還付手続に関すること（注5）
5．上記申請の登録免許税還付金の代理受領に関すること（注6）

物件の表示（注7）
所　　　在　　東京都○区○町一丁目
地　　　番　　1番1
地　　　目　　宅地
地　　　積　　○○○.○○㎡
所　　　在　　東京都○区○町一丁目1番地1
家屋番号　　1番1
種　　　類　　居宅
構　　　造　　木造セメントかわらぶき平家建
床 面 積　　○○.○○㎡
以　上

（注1）　登記事項証明書を登記原因証明書情報として提供する場合に登記義務者（所有権登記名義人）が作成する委任状の書式である。管轄登記所が複数となるケースにおいて、委任状の原本還付を受けるときは、他の申請についても委任したことが明らかな内容とする必要がある。
（注2）　代理人の住所ならびに氏名または名称を記載する。
（注3）　戸籍・住民票・登記事項証明書などの公文書を登記原因証明情報（不登法第61条）として提供する場合、委任する登記手続を明確にするため、このように記載する。
（注4）　登記識別情報の暗号化（電子申請においてオンラインで登記識別情報を提供すること）には特別の授権が必要であるため、このように記載する。
（注5）　これらの事項には特別の授権を必要としないが、委任事項を明確にするため、このように記載する。
（注6）　登記申請の取下げ・却下・過誤納付に伴う還付金の代理受領については特別の授権が必要であるため、このように記載する。
（注7）　土地については所在・地番、建物については所在・家屋番号を記載することでも足りる。

Ⅳ－2　登記用委任状（登記権利者用）（注1）

委　任　状

平成　　年　　月　　日

住　　所　　東京都○区○町一丁目2番3号
登記権利者　　株式会社甲野銀行
　　　　　　　代表取締役　甲野太郎　　㊞

私は、＿＿＿＿＿＿＿＿＿＿＿＿＿＿＿＿（注2）を代理人と定め、下記の事項に関する一切の権限を

第3節　変　更　　693

委任します。

記

1．次の登記申請に関すること（注3）
　　(1) 登記の目的：根抵当権変更（債務者の名称および住所変更）
　　(2) 変更する登記：平成○年○月○日東京法務局○出張所受付第○号
　　(3) 物件：後記物件の表示記載のとおり
2．上記申請の登記完了証の受領に関すること（注4）
3．上記申請に関する資格証明情報その他の添付情報の原本還付手続に関すること（注4）
4．上記申請の登録免許税還付金の代理受領に関すること（注5）

<div align="center">物件の表示（注6）</div>
所　　在　東京都○区○町一丁目 地　　番　1番1 地　　目　宅地 地　　積　○○○.00㎡ 所　　在　東京都○区○町一丁目1番地1 家屋番号　1番1 種　　類　居宅 構　　造　木造セメントかわらぶき平家建 床 面 積　○○.00㎡

以　上

（注1）　登記事項証明書を登記原因証明書情報として提供する場合に登記権利者（根抵当権者）が作成する委任状の書式である。管轄登記所が複数となるケースにおいて、委任状の原本還付を受けるときは、他の申請についても委任したことが明らかな内容とする必要がある。
（注2）　代理人の住所ならびに氏名または名称を記載する。
（注3）　戸籍・住民票・登記事項証明書などの公文書を登記原因証明情報（不登法第61条）として提供する場合、委任する登記手続を明確にするため、このように記載する。
（注4）　これらの事項には特別の授権を必要としないが、委任事項を明確にするため、このように記載する。
（注5）　登記申請の取下げ・却下・過誤納付に伴う還付金の代理受領については特別の授権が必要であるため、このように記載する。
（注6）　土地については所在・地番、建物については所在・家屋番号を記載することでも足りる。

8 取扱店

71 取扱店の変更

Ⅰ ケース概要

甲野銀行は、乙野商事に対する融資につき乙野商事所有の土地および建物に根抵当権の設定を受け、取扱店をＡ支店として登記していたが、その融資の取扱店をＢ支店に変更した。

Ⅱ 書式作成上の留意点

① 根抵当権者の表示の一部として登記を受けた取扱店の表示を変更する場合の書式である。
② 全国各地に支店を有する銀行等の金融機関に限り、本店宛ての通知を受領したときの事務処理を考慮して認められている登記事項であり、登記した取扱店の変更のほか、設定後に表示することや、抵当権移転の際に表示することもできる。
③ 取扱店の変更は、登記名義人の表示変更の一種として、根抵当権登記名義人の単独申請により行うことが可能である。
④ この変更登記には、いわゆる登記原因がないが、その申請人は、取扱店変更の事実を記載した登記原因証明情報（不登法第61条）を作成すべきものとされる。
⑤ 登記完了後は、申請人に登記完了証が交付される（この変更登記につき登記識別情報は通知されない）。
⑥ 管轄登記所が複数となるケースでは、Ⅴ登記原因証明情報（登記用）は、登記所ごとに（複数）必要となる。当該申請のためにのみ作成したⅥ登記用委任状も同様であり、これらは原本還付を受けることができないとされている。

Ⅲ 必要書類・費用一覧

書　　類	書類上の関係者
☐ 登記原因証明情報	根抵当権者
☐ 委任状	根抵当権者
☐ 会社法人等番号（注）	根抵当権者
☐ 登録免許税	不動産１個につき1,000円

（注）　不登令等の改正により、平成27年11月２日から、会社・法人の代表者等の資格を証する情報の提供（添付）に代え、登記申請情報に商業登記法第７条の会社法人等番号を記録または記載することとなった。ただし、法人登記手続中となるなどの場合を考慮し、例外的に、作成後１か月以内の資格証明情報（登記事項証明書）を提供（添付）することも認められている。

Ⅳ 登記原因証明情報（根抵当権変更）(注1)

登記原因証明情報
（根抵当権変更）

平成　年　月　日

東京法務局　○出張所　御中

　　　　　　住　所　　　東京都○区○町一丁目２番３号
　　　　　　申請人(注2)　株式会社甲野銀行
　　　　　　　　　　　　代表取締役　甲野太郎　　㊞

　申請人は、本件登記の原因となる事実または法律行為が下記１.記載のとおりであること、およびこれに基づき現に下記２.記載の内容を登記要項とする変更が生じたことを証明します。

1．登記の原因となる事実または法律行為

(1) 取扱店の変更	変更前	A支店
	変更後	B支店

2．登記申請情報の要項

(1) 登記の目的	根抵当権変更
(2) 変更する抵当権	平成○年○月○日受付第○号
(3) 変更後の事項	取扱店　B支店
(4) 不動産の表示	後記のとおり

不動産の表示

所　　在　東京都○区○町一丁目
地　　番　１番１
地　　目　宅地
地　　積　○○○.○○㎡

所　　在　東京都○区○町一丁目１番地１
家屋番号　１番１
種　　類　居宅

```
構　　造　木造セメントかわらぶき平家建
床 面 積　○○.○○㎡
```

以　上

(注1)　取扱店を変更した場合に、申請人が作成する登記原因証明情報の例である。
(注2)　申請人は、根抵当権者となる。

V　登記用委任状

委　任　状

平成　　年　　月　　日

住　所　　東京都○区○町一丁目2番3号
登記申請人　株式会社甲野銀行
　　　　　　代表取締役　甲野太郎　　㊞

私は、＿＿＿＿＿＿＿＿＿＿＿＿＿＿＿＿(注1)を代理人と定め、下記の事項に関する一切の権限を委任します。

記

1．次の要項による登記申請に関すること
　　(1) 登記原因証明情報：平成○年○月○日付け登記原因証明情報（根抵当権変更）(注2)
　　(2) 登記の目的：根抵当権変更
2．上記申請の登記完了証の受領に関すること (注3)
3．上記申請に関する資格証明情報その他の添付情報の原本還付手続に関すること (注3)
4．上記申請の登録免許税還付金の代理受領に関すること (注4)

以　上

(注1)　代理人の住所ならびに氏名または名称を記載する。管轄登記所が複数となるケースにおいて、委任状の原本還付を受けるときは、他の申請についても委任したことが明らかな内容とする必要がある。
(注2)　登記所に提供する登記原因証明情報の作成日およびその名称を記載する。
(注3)　これらの事項には特別の授権を必要としないが、委任事項を明確にするため、このように記載する。
(注4)　登記申請の取下げ・却下・過誤納付に伴う還付金の代理受領については特別の授権が必要であるため、このように記載する。

第4節 処　　分

1　転抵当

72　確定前根抵当権の転抵当（根抵当権をもって特定債権の担保とする場合）

I　ケース概要

　甲野銀行は、丙川ファイナンス宛て融資を担保するため、丙川ファイナンスが有する元本確定前の根抵当権（乙野商事所有の土地に対するもの）について、第1順位の転抵当権の設定を受けたい。

II　書式作成上の留意点

① 　元本確定前の根抵当権をもって債権の担保とする場合の書式である。転抵当権者と転抵当権設定者との間において転抵当権設定契約が締結されることにより、転抵当設定の登記原因が生じる。なお、本書式は、第三債務者に対して特別な約定を求めないケースを想定しているので、第三債務者の署名捺印を要しないものとしているが、実務上、この署名捺印を求める書式もみられるところである（No.37参照）。

② 　民法第376条に定める抵当権の処分のうち、根抵当権については他の債権の担保とすることのみ許容されている（民法第398条の11第1項但書）。

③ 　根抵当権設定者の承諾は、根抵当権の転抵当権設定契約の成立要件としては不要である。

④ 　根抵当権債務者の承諾も、根抵当権の転抵当権設定契約の成立要件としては不要である。

⑤ 　根抵当権について転抵当権を設定した場合、根抵当権債務者は、根抵当権者に対する元本の確定前の弁済について転抵当権者に対抗することができることから（民法第398条の11第2項）、必要に応じて根抵当権の被担保債権に対する質権設定を検討する必要があろう（No.74参照）。なお、この点に関しては、第三債務者に署名押印を求める書式においても同様に弁済を対抗されることから留意が必要である。

⑥ 　債権の一部を担保する場合は、転抵当により担保する被担保債権の債権額の記載を「うち金○円」などと修正する。

⑦ 　転抵当権設定契約とは別にV登記原因証明情報（根抵当権転抵当）を作成し、登記原因証明情報（不登法第61条）として登記所に提供することができる。

⑧ 　根抵当権転抵当の登記は、転抵当権者が登記権利者となり、転抵当権設定者が登記義務者となって行い、登記原因のほか債権額・利息・損害金・債務者、転抵当権者などをその登記事項とする。

⑨ 　転抵当権設定者につき、根抵当権の取得に係る登記識別情報（登記済証）が必要となる。

なお、登記完了後は、双方に登記完了証が交付され、転抵当権者には登記識別情報が通知される。
⑩ 管轄登記所が複数となるケースでは、Ⅴ登記原因証明情報（根抵当権転抵当）は、登記所ごとに（複数）必要となる。当該申請のためにのみ作成したⅥ登記用委任状も同様であり、これらは原本還付を受けることができないとされている。

Ⅲ 必要書類・費用一覧

書　　類	書類上の関係者
□ 転抵当権設定契約証書	転抵当権者、債務者、転抵当権設定者
□ 登記原因証明情報	転抵当権設定者
□ 委任状（登記義務者用）	転抵当権設定者
□ 委任状（登記権利者用）	転抵当権者
□ 登記識別情報（登記済証）	転抵当権設定者
□ 会社法人等番号（注）	転抵当権者、転抵当権設定者
□ 登録免許税	不動産1個につき1,000円

（注）不登令等の改正により、平成27年11月2日から、会社・法人の代表者等の資格を証する情報の提供（添付）に代え、登記申請情報に商業登記法第7条の会社法人等番号を記録または記載することとなった。ただし、法人登記手続中となるなどの場合を考慮し、例外的に、作成後1か月以内の資格証明情報（登記事項証明書）を提供（添付）することも認められている。

Ⅳ 転抵当権設定契約証書

```
┌─────────┐
│ （印紙） │              転抵当権設定契約証書
│ （注1）  │
└─────────┘
                                    平成　　年　　月　　日（注2）

東京都○区○町一丁目2番3号
株式会社甲野銀行　御中
（取扱店　　　　　　　　　）

              住　所     東京都○区○町三丁目2番6号
              転抵当権設定者  株式会社丙川ファイナンス
              債務者         代表取締役　丙川三郎　　㊞（注3）

              住　所
```

第4節　処　分　699

転抵当権設定者
（注4）（注5）

　株式会社甲野銀行（以下「銀行」といいます。）、債務者および転抵当権設定者は、次のとおり転抵当権設定契約を締結しました。

[転抵当権の要項]（注6）

1．被担保債権	平成○年○月○日付け金銭消費貸借契約に基づく債権
2．債権額	拾億　　　百万　　　千　　　円 （算用数字／頭部に￥マーク）
3．利息	年○％（年365日日割計算）
4．損害金	年○％（年365日日割計算）
5．債務者	住所　東京都○区○町三丁目2番6号 氏名　株式会社丙川ファイナンス（注7）
6．順位	1（注8）
7．転抵当権の目的となる原根抵当権	後記原根抵当権の表示記載のとおり

[原根抵当権の表示]

1．登記	平成○年○月○日東京法務局○出張所受付第○号
2．物件	後記物件の表示記載のとおり

物件の表示	所有者
所　　在　東京都○区○町一丁目 地　　番　1番1 地　　目　宅地 地　　積　○○○.○○㎡	株式会社乙野商事
所　　在　東京都○区○町一丁目1番地1 家屋番号　1番1 種　　類　居宅 構　　造　木造セメントかわらぶき平家建 床面積　○○.○○㎡	株式会社乙野商事

第1条（転抵当権の設定）

　①　転抵当権設定者は、下記条項を承認のうえ、前記「原根抵当権の表示」記載の元本確

定前の根抵当権のうえに、銀行が有する前記被担保債権を担保するため、前記「転抵当権の要項」記載の転抵当権を設定しました。
② 転抵当権設定者は、この契約について、下記条項のほか、債務者が銀行に差し入れた銀行取引約定書および被担保債権の成立・変更等に係る約定書ならびに債務者が銀行に今後差し入れるこれらの約定書記載の各条項の適用があることを承認します。

第2条（転抵当権設定者の義務）（注9）
① 次に掲げるいずれかの行為をする場合、転抵当権設定者は、あらかじめ銀行の承諾を得るものとします。
　(1) 原根抵当権の被担保債権に係る契約および原根抵当権に係る設定契約（以下「原根抵当権設定契約」といいます。）の変更、原根抵当権の処分もしくは順位変更
　(2) 原根抵当権の被担保債権の免除・相殺、または原根抵当権の放棄
　(3) 原根抵当権に基づく担保権実行の申立て
② 次に掲げるいずれかの事由が生じた場合、転抵当権設定者は、ただちに銀行に通知します。
　(1) 抵当物件が滅失・毀損しもしくはその価格が低落したとき
　(2) 抵当物件について譲渡、明渡し、引渡し、収用その他の原因により譲渡代金・立退料・補償金・清算金などの債権が生じたとき
　(3) 原根抵当権の設定者が、原根抵当権設定契約の定めに違反したとき
③ 転抵当権設定者は、前項の場合において、銀行の請求があったときは、原根抵当権の被担保債権に係る契約および原根抵当権設定契約に基づく権利の全部または一部を、銀行に無償で譲渡する手続をとります。この場合、銀行の指示に従い、登記・通知を行うものとします。
④ 債務者は、第2項の場合において、銀行の請求があったときは、ただちに銀行の承認する担保を差し入れ、または保証人をたてもしくはこれを追加し、あるいは転抵当権の被担保債務の全部または一部を期限のいかんにかかわらず弁済します。

第3条（対抗要因の具備）
　転抵当権設定者は、転抵当権設定者名義の根抵当権の登記について、第1条に係る転抵当の登記手続を遅滞なく行い、その登記事項証明書を銀行に提出します。今後、この転抵当権について各種の変更等の合意がなされたときも同様とします。

第4条（費用の負担）
　この転抵当権に関する登記・通知に要する費用は、転抵当権設定者が負担し、銀行が支払った金額についてはただちに支払います。

以　上

（注1）　抵当権設定契約書は、平成元年4月1日以降、印紙税法上の課税文書には該当しないこと

とされていることから、この文書も課税文書には該当しない。ただし、第2条第3項を修正して（権利の譲渡手続ではなく）権利を譲渡する旨の定めをした場合は、債権譲渡に関する契約書（第15号文書）として課税文書となるおそれがあるので、留意が必要である。
(注2) この契約書を作成した日付を記載する。
(注3) 転抵当権設定者と債務者が同じ場合は、この欄に署名（記名）捺印させる。
(注4) 債務者以外の第三者が転抵当権設定者の場合は、この欄に署名（記名）捺印させる。連帯保証も求める場合には、この欄に「連帯保証人」の記載を追加するのではなく、保証人徴求の際に法令等によって求められる手続を履践する必要がある。
(注5) 第三債務者（原根抵当権の債務者）が当事者となる書式ではないことから、第三債務者（原根抵当権の債務者）については署名欄を設けない。
(注6) 被担保債権を特定するに足りる事項として、発生原因とその日付、債権額、利息および遅延損害金の定め等を記載する。
(注7) 住所、氏名を記載する（法人の場合は本店所在地と商号を記載）。
(注8) 第1順位の転抵当権を設定することを念頭に置いている。第1順位ではない場合には、当該順位を記載することとなる。
(注9) 確定前の根抵当権に係る転抵当権であることから、被担保債権に関する承諾義務等の規定を規定することは必須ではないものの、転抵当権者が原根抵当権の被担保債権について関心が高いケース（バックファイナンス等）を想定して、被担保債権に関する承諾義務等を規定している。かかる承諾義務等は、確定前の根抵当権を対象とする転抵当権のケースにおいては規定しないことも可能である。

V 登記原因証明情報（根抵当権転抵当）(注1)

登記原因証明情報
（根抵当権転抵当）

平成　年　月　日

東京法務局　○出張所 御中

　　　　　　住　所　　　　東京都○区○町三丁目2番6号
　　　　　　登記義務者(注2)　株式会社丙川ファイナンス
　　　　　　　　　　　　　　代表取締役　丙川三郎　　　㊞

　登記義務者（転抵当権設定者）は、本件登記の原因となる事実または法律行為が下記1.記載のとおりであることおよびこれに基づき現に下記2.記載の内容を登記要項とする物権変動が生じたことを証明します。

1．登記の原因となる事実または法律行為

(1) 契約証書名および締結年月日	平成○年○月○日付け転抵当権設定契約証書(注3)	
(2) 契約当事者	転抵当権者	株式会社甲野銀行

	転抵当権設定者	株式会社丙川ファイナンス

2．登記申請情報の要項

(1)	登記の目的	根抵当権転抵当（注4）
(2)	転抵当権の目的となる原根抵当権	平成○年○月○日受付第○号
(3)	原因	平成○年○月○日金銭消費貸借平成○年○月○日設定（注5）
(4)	債権額（注6）	拾億　　百万　　千　　円 （算用数字／頭部に¥マーク）
(5)	利息（注7）	年○％（年365日日割計算）
(6)	損害金	年○％（年365日日割計算）
(7)	債務者	東京都○区○町三丁目2番6号 株式会社丙川ファイナンス
(8)	登記権利者 （転抵当権者）（注8）	東京都○区○町一丁目2番3号 株式会社甲野銀行（取扱店○支店）
(9)	登記義務者 （転抵当権設定者）（注2）	東京都○区○町三丁目2番6号 株式会社丙川ファイナンス
(10)	不動産の表示	後記のとおり

不動産の表示

所　　在　東京都○区○町一丁目
地　　番　1番1
地　　目　宅地
地　　積　○○○.00㎡

所　　在　東京都○区○町一丁目1番地1
家屋番号　1番1
種　　類　居宅
構　　造　木造セメントかわらぶき平家建
床　面　積　○○.00㎡

以　上

（注1）　Ⅳ転抵当権設定契約証書とは別に、Ⅴ登記原因証明情報（根抵当権転抵当）を作成する場合の書式である。この情報は、登記の原因となる事実または法律行為のほか、登記事項（および物件表示）を登記義務者が確認して署名（または記名捺印）したものでなくてはならない。契約証書とは異なり、登記用に作成された書面の原本還付を受けることはできないため、管轄登記所が複数となるケースでは、登記所ごとに（複数）作成する必要がある。その

内容は同文面とし、すべての物件を記載する。
(注2) 登記義務者は、既に設定を受けている根抵当権の根抵当権者となる。
(注3) Ⅳ契約証書の名称および締結年月日を記載する。
(注4) 転抵当権設定の登記は、常に付記登記によるから、付記登記による申請の旨を明らかにする必要はない。
(注5) 転抵当権設定の「登記原因およびその日付」は、まず契約名称および日付をもって被担保債権を記載し、次に設定契約の日付を記載する。
(注6) 転抵当権の被担保債権の債権額を記載する。登記申請までに弁済により債権額が減少していても当初の金額をもって登記することができるが、登記申請時の残高をもって登記することもできる。
(注7) 変動計算式や変動する旨を登記することはできない。
(注8) 登記権利者は、転抵当権者となる。

Ⅵ-1-1　登記用委任状（登記義務者用／Ⅳを登記原因証明情報として提供する場合）(注1)

委　任　状

平成　年　月　日

住　所　　　東京都○区○町三丁目2番6号
登記義務者　株式会社丙川ファイナンス
　　　　　　代表取締役　丙川三郎　　㊞
〔連絡先　担当部署　○○部／担当者名○○　○○〕
〔電話番号　○○－○○○○－○○○○　　　　〕

私は、＿＿＿＿＿＿＿＿＿＿＿＿＿＿＿＿（注2）を代理人と定め、下記の事項に関する一切の権限を委任します。

記

1．次の要項による登記申請に関すること
　　(1) 登記原因証明情報：平成○年○月○日付け転抵当権設定契約証書 (注3)
　　(2) 登記の目的：根抵当権転抵当
2．上記申請の登記識別情報の暗号化に関すること (注4)
3．上記申請の登記完了証の受領に関すること (注5)
4．上記申請に関する契約証書、資格証明情報その他の添付情報の原本還付手続に関すること (注5)
5．上記申請の登録免許税還付金の代理受領に関すること (注6)

以　上

(注1) Ⅳ転抵当権設定契約証書を登記原因証明情報（不登法第61条）として提供する場合に、登記義務者が作成する委任状の書式である。管轄登記所が複数となるケースにおいて、委任状の原本還付を受けるときは、他の申請についても委任したことが明らかな内容とする必要がある。
(注2) 代理人の住所ならびに氏名または名称を記載する。
(注3) 登記所に提供する契約証書の締結日およびその名称を記載する。
(注4) 登記識別情報の暗号化（電子申請においてオンラインで登記識別情報を提供すること）に

は特別の授権が必要であるため、このように記載する。
- (注5) これらの事項には特別の授権を必要としないが、委任事項を明確にするため、このように記載する。
- (注6) 登記申請の取下げ・却下・過誤納付に伴う還付金の代理受領については特別の授権が必要であるため、このように記載する。

Ⅵ－1－2　登記用委任状（登記義務者用／Ⅴを登記原因証明情報として提供する場合）(注1)

委　任　状

平成　　年　　月　　日

住　所　　　東京都○区○三丁目2番6号
登記義務者　株式会社丙川ファイナンス
　　　　　　代表取締役　丙川三郎　　　㊞
　連絡先　担当部署　○○部／担当者名○○　○○
　電話番号　○○－○○○○－○○○○

私は、＿＿＿＿＿＿＿＿＿＿＿＿＿＿＿(注2)を代理人と定め、下記の事項に関する一切の権限を委任します。

記

1. 次の要項による登記申請に関すること
　(1) 登記原因証明情報：平成○年○月○日付け登記原因証明情報（根抵当権転抵当）(注3)
　(2) 登記の目的：根抵当権転抵当
2. 上記申請の登記識別情報の暗号化に関すること (注4)
3. 上記申請の登記完了証の受領に関すること (注5)
4. 上記申請に関する資格証明情報その他の添付情報の原本還付手続に関すること (注5)
5. 上記申請の登録免許税還付金の代理受領に関すること (注6)

以　上

- (注1) Ⅳ転抵当権設定契約証書とは別に、Ⅴ登記原因証明情報（転抵当権設定）を作成し、これを登記原因証明情報（不登法第61条）として提供する場合に、登記義務者が作成する委任状の書式である。管轄登記所が複数となるケースにおいて、委任状の原本還付を受けるときは、他の申請についても委任したことが明らかな内容とする必要がある。
- (注2) 代理人の住所ならびに氏名または名称を記載する。
- (注3) 登記所に提供する登記原因証明情報の作成日およびその名称を記載する。
- (注4) 登記識別情報の暗号化（電子申請においてオンラインで登記識別情報を提供すること）には特別の授権が必要であるため、このように記載する。
- (注5) これらの事項には特別の授権を必要としないが、委任事項を明確にするため、このように記載する。
- (注6) 登記申請の取下げ・却下・過誤納付に伴う還付金の代理受領については特別の授権が必要であるため、このように記載する。

Ⅵ-2-1　登記用委任状（登記権利者用／Ⅳを登記原因証明情報として提供する場合）（注1）

委 任 状

平成　年　月　日

住　所　　　東京都○区○町一丁目2番3号
登記権利者　株式会社甲野銀行
　　　　　　代表取締役　甲野太郎　　㊞
　　　　　　（取扱店　○支店）

私は、＿＿＿＿＿＿＿＿＿＿＿＿＿＿＿（注2）を代理人と定め、下記の事項に関する一切の権限を委任します。

記

1．次の要項による登記申請に関すること
　(1) 登記原因証明情報：平成○年○月○日付け転抵当権設定契約証書（注3）
　(2) 登記の目的：根抵当権転抵当
2．上記申請の登記識別情報の受領に関すること（注4）
3．上記申請の登記完了証の受領に関すること（注5）
4．上記申請に関する契約証書、資格証明情報その他の添付情報の原本還付手続に関すること（注5）
5．上記申請の登録免許税還付金の代理受領に関すること（注6）

以　上

(注1)　Ⅳ転抵当権設定契約証書を登記原因証明情報（不登法第61条）として提供する場合に、登記権利者が作成する委任状の書式である。管轄登記所が複数となるケースにおいて、委任状の原本還付を受けるときは、他の申請についても委任したことが明らかな内容とする必要がある。
(注2)　代理人の住所ならびに氏名または名称を記載する。
(注3)　登記所に提供する契約証書の締結日およびその名称を記載する。
(注4)　登記識別情報の受領には特別の授権が必要であるため、このように記載する。なお、電子申請においてオンラインで登記識別情報を受領することを「復号」といい、この方法による受領には特別の授権が必要であるため、これについても委任する場合は、「上記申請の登記識別情報の受領・復号に関すること」のように記載する。
(注5)　これらの事項には特別の授権を必要としないが、委任事項を明確にするため、このように記載する。
(注6)　登記申請の取下げ・却下・過誤納付に伴う還付金の代理受領については特別の授権が必要であるため、このように記載する。

Ⅵ－2－2　登記用委任状（登記権利者用／Ⅴを登記原因証明情報として提供する場合）(注1)

委　任　状

平成　年　月　日

　　　　住　所　　　東京都○区○町一丁目2番3号
　　　　登記権利者　株式会社甲野銀行
　　　　　　　　　　代表取締役　甲野太郎　　　　㊞
　　　　　　　　　　（取扱店　○支店）

私は、＿＿＿＿＿＿＿＿＿＿＿＿＿＿＿＿＿（注2）を代理人と定め、下記の事項に関する一切の権限を委任します。

記

1．次の要項による登記申請に関すること
　　(1) 登記原因証明情報：平成○年○月○日付け登記原因証明情報（根抵当権転抵当）(注3)
　　(2) 登記の目的：根抵当権転抵当
2．上記申請の登記識別情報の受領に関すること（注4）
3．上記申請の登記完了証の受領に関すること（注5）
4．上記申請に関する資格証明情報その他の添付情報の原本還付手続に関すること（注5）
5．上記申請の登録免許税還付金の代理受領に関すること（注6）

以　上

(注1)　Ⅳ転抵当権設定契約証書とは別に、Ⅴ登記原因証明情報（転抵当権設定）を作成し、これを登記原因証明情報（不登法第61条）として提供する場合に、登記権利者が作成する委任状の書式である。管轄登記所が複数となるケースにおいて、委任状の原本還付を受けるときは、他の申請についても委任したことが明らかな内容とする必要がある。
(注2)　代理人の住所ならびに氏名または名称を記載する。
(注3)　登記所に提供する登記原因証明情報の作成日およびその名称を記載する。
(注4)　登記識別情報の受領には特別の授権が必要であるため、このように記載する。なお、電子申請においてオンラインで登記識別情報を受領することを「復号」といい、この方法による受領には特別の授権が必要であるため、これについても委任する場合は、「上記申請の登記識別情報の受領・復号に関すること」のように記載する。
(注5)　これらの事項には特別の授権を必要としないが、委任事項を明確にするため、このように記載する。
(注6)　登記申請の取下げ・却下・過誤納付に伴う還付金の代理受領については特別の授権が必要であるため、このように記載する。

2　転根抵当

73　確定前根抵当権の転根抵当（根抵当権をもって不特定債権の担保とする場合）

I　ケース概要

　甲野銀行は、丙川ファイナンス宛て融資取引を担保するため、丙川ファイナンスが有する元本確定前の根抵当権（乙野商事所有の土地に対するもの）について、第1順位の転根抵当権の設定を受けたい。

II　書式作成上の留意点

① 　根抵当権をもって継続的に発生する不特定債権の担保とする場合の書式である。転根抵当権者と転根抵当権設定者との間において転根抵当権設定契約が締結されることにより、転根抵当設定の登記原因が発生する。なお、本書式は、第三債務者に対して特別な約定を求めないケースを想定しているので、第三債務者の署名捺印を要しないものとしているが、実務上、この署名捺印を求める書式もみられるところである（No.37参照）。

② 　民法第376条に定める抵当権の処分のうち、根抵当権については他の債権の担保とすることのみ許容されている（民法第398条の11第1項但書）ところ、転根抵当権を設定することができると考えられている。

③ 　根抵当権設定者の承諾は、根抵当権の転根抵当権設定契約の成立要件としては不要である。

④ 　根抵当権の債務者の承諾も、根抵当権の転根抵当権設定契約の成立要件としては不要である。

⑤ 　根抵当権について転根抵当権を設定した場合、根抵当権債務者は、根抵当権者に対する元本の確定前の弁済について転根抵当権者に対抗することができることから（民法第398条の11第2項）、必要に応じて根抵当権の被担保債権に対する質権設定を検討する必要があろう（No.74参照）。なお、この点に関しては、第三債務者に署名押印を求める書式においても同様に弁済を対抗されることから留意が必要である。

⑥ 　転根抵当権設定契約とは別にV登記原因証明情報（根抵当権転根抵当）を作成し、登記原因証明情報（不登法第61条）として登記所に提供することができる。

⑦ 　根抵当権転根抵当の登記は、転根抵当権者が登記権利者となり、転根抵当権設定者が登記義務者となって行い、登記原因のほか極度額・被担保債権の範囲・債務者・転根抵当権者などをその登記事項とする。

⑧ 　転根抵当権設定者につき、根抵当権の取得に係る登記識別情報（登記済証）が必要となる。なお、登記完了後は、双方に登記完了証が交付され、転根抵当権者には登記識別情報が

通知される。
⑨ 管轄登記所が複数となるケースでは、Ⅴ登記原因証明情報（根抵当権転根抵当）は、登記所ごとに（複数）必要となる。当該申請のためにのみ作成したⅥ登記用委任状も同様であり、これらは原本還付を受けることができないとされている。

Ⅲ 必要書類・費用一覧

書　　類	書類上の関係者
☐ 転根抵当権設定契約証書	転根抵当権者、債務者、転根抵当権設定者
☐ 登記原因証明情報	転根抵当権設定者
☐ 委任状（登記義務者用）	転根抵当権設定者
☐ 委任状（登記権利者用）	転根抵当権者
☐ 登記識別情報（登記済証）	転根抵当権設定者
☐ 会社法人等番号（注）	転根抵当権者、転根抵当権設定者
☐ 登録免許税	不動産1個につき1,000円

（注） 不登令等の改正により、平成27年11月2日から、会社・法人の代表者等の資格を証する情報の提供（添付）に代え、登記申請情報に商業登記法第7条の会社法人等番号を記録または記載することとなった。ただし、法人登記手続中となるなどの場合を考慮し、例外的に、作成後1か月以内の資格証明情報（登記事項証明書）を提供（添付）することも認められている。

Ⅳ 転根抵当権設定契約証書

```
（印紙）
（注1）              転根抵当権設定契約証書

                               平成　　年　　月　　日（注2）

東京都○区○町一丁目2番3号
株式会社甲野銀行　御中
（取扱店　　　　　　　　　　）


           住　所　　　　東京都○区○町三丁目2番6号
           転根抵当権設定者　株式会社丙川ファイナンス
           債務者　　　　代表取締役　丙川三郎　　㊞（注3）

           住　所
           転根抵当権設定者
           （注4）（注5）
```

株式会社甲野銀行（以下「銀行」といいます。）、債務者および転根抵当権設定者は、次のとおり転根抵当権設定契約を締結しました。

[転根抵当権の要項]

1．極度額（注6）	（算用数字／頭部に¥マーク）　拾億　百万　千　円
2．被担保債権の範囲	①　債務者との銀行取引により生じる一切の債権（注7） ②　銀行が第三者から取得する手形上・小切手上の債権 ③　電子記録債権（注8）
3．債務者	住所　東京都○区○町三丁目2番6号 氏名　株式会社丙川ファイナンス（注9）
4．確定期日	定めない（注10）
5．順位	後記のとおり
6．転根抵当権の目的となる原根抵当	後記原根抵当権の表示記載のとおり

[原根抵当権の表示]

1．登記	平成○年○月○日東京法務局○出張所受付第○号
2．物件	後記物件の表示記載のとおり

物件の表示	順位	所有者
所　在　東京都○区○町一丁目 地　番　1番1 地　目　宅地 地　積　○○○.○○㎡	1	株式会社乙野商事
所　在　東京都○区○町一丁目1番地1 家屋番号　1番1 種　類　居宅 構　造　木造セメントかわらぶき平家建 床面積　○○.○○㎡	1	株式会社乙野商事

第1条（転抵当権の設定）
　①　転抵当権設定者は、下記条項を承認のうえ、前記「原根抵当権の表示」記載の元本確定前の根抵当権のうえに、銀行が有する前記被担保債権を担保するため、前記「転抵当権の要項」記載の転抵当権を設定しました。（注11）

② 転抵当権設定者は、この契約について、下記条項のほか、債務者が銀行に差し入れた銀行取引約定書および被担保債権の成立・変更等に係る約定書ならびに債務者が銀行に今後差し入れるこれらの約定書記載の各条項の適用があることを承認します。

第2条（転抵当権設定者の義務）（注12）

① 次に掲げるいずれかの行為をする場合、転抵当権設定者は、あらかじめ銀行の承諾を得るものとします。

(1) 原根抵当権の被担保債権に係る契約および原根抵当権に係る設定契約（以下「原根抵当権設定契約」といいます。）の変更、原根抵当権の処分もしくは順位変更

(2) 原根抵当権の被担保債権の免除・相殺、または原根抵当権の放棄

(3) 原根抵当権に基づく担保権実行の申立て

② 次に掲げるいずれかの事由が生じた場合、転抵当権設定者は、ただちに銀行に通知します。

(1) 抵当物件が滅失・毀損しもしくはその価格が低落したとき

(2) 抵当物件について譲渡、明渡し、引渡し、収用その他の原因により譲渡代金・立退料・補償金・清算金などの債権が生じたとき

(3) 原根抵当権の設定者が、原根抵当権設定契約の定めに違反したとき

③ 転抵当権設定者は、前項の場合において、銀行の請求があったときは、原根抵当権の被担保債権に係る契約および原根抵当権設定契約に基づく権利の全部または一部を、銀行に無償で譲渡する手続をとります。この場合、銀行の指示に従い、登記・通知を行うものとします。

④ 債務者は、第2項の場合において、銀行の請求があったときは、ただちに銀行の承認する担保を差し入れ、または保証人をたてもしくはこれを追加し、あるいは転抵当権の被担保債務の全部または一部を期限のいかんにかかわらず弁済します。

第3条（対抗要因の具備）

転抵当権設定者は、転抵当権設定者名義の抵当権の登記について、第1条に係る転抵当の登記手続を遅滞なく行い、その登記事項証明書を銀行に提出します。今後、この転抵当権について各種の変更等の合意がなされたときも同様とします。

第4条（費用の負担）

この転抵当権に関する登記・通知に要する費用は、転抵当権設定者が負担し、銀行が支払った金額についてはただちに支払います。

以　上

（注1）抵当権設定契約書は、平成元年4月1日以降、印紙税法上の課税文書には該当しないこととされていることから、この文書も課税文書には該当しない。ただし、第2条第3項を修正して（権利の譲渡手続ではなく）権利を譲渡する旨の定めをした場合は、債権譲渡に関する契約書（第15号文書）として課税文書となるおそれがあるので、留意が必要である。

（注2）この契約書を作成した日付を記載する。

(注3)　転抵当権設定者と債務者が同じ場合は、この欄に署名（記名）捺印させる。
(注4)　債務者以外の第三者が転抵当権設定者の場合は、この欄に署名（記名）捺印させる。連帯保証も求める場合には、この欄に「連帯保証人」の記載を追加するのではなく、保証人徴求の際に法令等によって求められる手続を履践する必要がある。
(注5)　第三債務者（原根抵当権の債務者）が当事者となる書式ではないことから、第三債務者（原根抵当権の債務者）については署名欄を設けない。
(注6)　極度額を記載する。
(注7)　根抵当権の被担保債権の範囲は、「特定の継続的取引契約」、または「一定の種類の取引」をもって定めるほか、「特定の原因に基づき継続して発生する債権」「手形上・小切手上の請求権」についても被担保債権とすることができる。（民法第398条の2第2項・第3項）。
　　　　この契約では、「一定の種類の取引」として「銀行取引」を定め、また「手形上・小切手上の請求権」および「電子記録債権」についても被担保債権としている。
　　　　以上のほか、特定債権を被担保債権の範囲に追加することができ、例を示すと次のとおりである。
　　　　イ　平成○年○月○日債権譲渡契約により銀行が○○○○から譲り受けた債権（原契約：平成○年○月○日金銭消費貸借契約、当初元本：金○円、現在残高：金○円）
　　　　ロ　平成○年○月○日債務引受契約により債務者が○○○○から引き受けた債権（原契約：平成○年○月○日金銭消費貸借契約、当初元本：金○円、現在残高：金○円）
(注8)　手形や小切手上の請求権のほか、電子記録債権についても被担保債権とすることが認められている。
(注9)　住所、氏名を記載する（法人の場合は本店所在地と商号を記載）。
(注10)　確定期日を定める場合は、「定めない」を削除し、「平成○年○月○日」と所定の日付を記載する。確定期日を定めると、元本の確定請求をすることはできない（民法第398条の19第3項）。
(注11)　第1順位の転抵当権を設定することを念頭に置いている。第1順位ではない場合には、当該順位を記載することとなる。
(注12)　確定前の根抵当権に係る転抵当権であることから、被担保債権に関する承諾義務等の規定を規定することは必須ではないものの、転抵当権者が原根抵当権の被担保債権について関心が高いケース（バックファイナンス等）を想定して、被担保債権に関する承諾義務等を規定している。かかる承諾義務等は、確定前の根抵当権を対象とする転根抵当権のケースにおいては規定しないことも可能である。

V　登記原因証明情報（根抵当権転根抵当）(注1)

登記原因証明情報
（根抵当権転根抵当）

平成　　年　　月　　日

東京法務局　○出張所 御中

　　　　　　　　　住　所　　　　東京都○区○町三丁目2番6号
　　　　　　　　　登記義務者(注2)　株式会社丙川ファイナンス
　　　　　　　　　　　　　　　　代表取締役　丙川三郎　　　　㊞

　登記義務者（転根抵当権設定者）は、本件登記の原因となる事実または法律行為が下記

1．記載のとおりであることおよびこれに基づき現に下記2．記載の内容を登記要項とする物権変動が生じたことを証明します。

1．登記の原因となる事実または法律行為

(1)	契約証書名および締結年月日	平成〇年〇月〇日付け転根抵当権設定契約証書(注3)	
(2)	契約当事者	転根抵当権者	株式会社甲野銀行
		転根抵当権設定者	株式会社丙川ファイナンス

2．登記申請情報の要項

(1)	登記の目的	根抵当権転根抵当(注4)
(2)	転根抵当権の目的となる原根抵当権	平成〇年〇月〇日受付第〇号
(3)	原因	平成〇年〇月〇日設定(注5)
(4)	極度額	拾億　百万　千　円 （算用数字／頭部に¥マーク）
(5)	被担保債権の範囲	①　銀行取引 ②　手形債権、小切手債権、電子記録債権
(6)	登記権利者 （転根抵当権者）(注6)	東京都〇区〇町一丁目2番3号 株式会社甲野銀行（取扱店〇支店）
(7)	登記義務者 （転根抵当権設定者） (注2)	東京都〇区〇町三丁目2番6号 株式会社丙川ファイナンス
(8)	不動産の表示	後記のとおり

不動産の表示

所　　在　東京都〇区〇町一丁目
地　　番　1番1
地　　目　宅地
地　　積　〇〇〇.〇〇㎡

所　　在　東京都〇区〇町一丁目1番地1
家屋番号　1番1
種　　類　居宅
構　　造　木造セメントかわらぶき平家建

```
┌─────────────────────────────────────────────────────────────┐
│  床 面 積   ○○.○○㎡                                        │
│                                                              │
│                                                      以  上  │
└─────────────────────────────────────────────────────────────┘

(注1)　Ⅳ根抵当権設定契約証書とは別に、Ⅴ登記原因証明情報（根抵当権転根抵当）を作成する場合の書式である。この情報は、登記の原因となる事実または法律行為のほか、登記事項（および物件表示）を登記義務者が確認して署名（または記名捺印）したものでなくてはならない。契約証書とは異なり、登記用に作成された書面の原本還付を受けることはできないため、管轄登記所が複数となるケースでは、登記所ごとに（複数）作成する必要がある。その内容は同文面とし、すべての物件を記載する。
(注2)　登記義務者は、既に設定を受けている根抵当権の根抵当権者となる。
(注3)　Ⅳ契約証書の名称および締結年月日を記載する。
(注4)　転根抵当権設定の登記は、常に付記登記によるから、付記登記による申請の旨を明らかにする必要はない。
(注5)　転根抵当権設定の効力発生年月日を記載する。
(注6)　登記権利者は、転根抵当権者となる。

## Ⅵ－1－1　登記用委任状（登記義務者用／Ⅳを登記原因証明情報として提供する場合）(注1)

┌─────────────────────────────────────────────────────────────┐
│                         委　任　状                           │
│                                                              │
│                                   平成　　年　　月　　日     │
│                                                              │
│            住　所　　東京都○区○町三丁目2番6号              │
│            登記義務者　株式会社丙川ファイナンス              │
│                       代表取締役　丙　川　三　郎    ㊞       │
│         ┌連絡先　担当部署　○○部／担当者名○○　○○      ┐│
│         └電話番号　○○－○○○○－○○○○              ┘│
│                                                              │
│ 私は、＿＿＿＿＿＿＿＿＿＿＿＿＿＿(注2)を代理人と定め、下記の事項に関する一切の権限を│
│ 委任します。                                                 │
│                         記                                   │
│                                                              │
│ 1．次の要項による登記申請に関すること                        │
│     (1) 登記原因証明情報：平成○年○月○日付け転根抵当権設定契約証書(注3)│
│     (2) 登記の目的：根抵当権転根抵当                         │
│ 2．上記申請の登記識別情報の暗号化に関すること(注4)           │
│ 3．上記申請の登記完了証の受領に関すること(注5)               │
│ 4．上記申請に関する契約証書、資格証明情報その他の添付情報の原本還付手続に関すること(注5)│
│ 5．上記申請の登録免許税還付金の代理受領に関すること(注6)     │
│                                                      以  上  │
└─────────────────────────────────────────────────────────────┘

(注1)　Ⅳ転根抵当権設定契約証書を登記原因証明情報（不登法第61条）として提供する場合に、登記義務者が作成する委任状の書式である。管轄登記所が複数となるケースにおいて、委任
```

　　　　　　状の原本還付を受けるときは、他の申請についても委任したことが明らかな内容とする必要
　　　　　　がある。
（注2）　代理人の住所ならびに氏名または名称を記載する。
（注3）　登記所に提供する契約証書の締結日およびその名称を記載する。
（注4）　登記識別情報の暗号化（電子申請においてオンラインで登記識別情報を提供すること）には特別の授権が必要であるため、このように記載する。
（注5）　これらの事項には特別の授権を必要としないが、委任事項を明確にするため、このように記載する。
（注6）　登記申請の取下げ・却下・過誤納付に伴う還付金の代理受領については特別の授権が必要であるため、このように記載する。

Ⅵ－1－2　登記用委任状（登記義務者用／Ⅴを登記原因証明情報として提供する場合）（注1）

委　任　状

平成　　年　　月　　日

住　所　　東京都○区○町三丁目2番6号
登記義務者　株式会社丙川ファイナンス
　　　　　　代表取締役　丙川三郎　　　　㊞
（連絡先　担当部署　○○部／担当者名○○　○○　）
（電話番号　○○－○○○○－○○○○　　　　　　）

私は、＿＿＿＿＿＿＿＿＿＿＿＿＿＿＿＿（注2）を代理人と定め、下記の事項に関する一切の権限を委任します。

記

1．次の要項による登記申請に関すること
　　(1) 登記原因証明情報：平成○年○月○日付け登記原因証明情報（根抵当権転根抵当）（注3）
　　(2) 登記の目的：根抵当権転根抵当
2．上記申請の登記識別情報の暗号化に関すること（注4）
3．上記申請の登記完了証の受領に関すること（注5）
4．上記申請に関する資格証明情報その他の添付情報の原本還付手続に関すること（注5）
5．上記申請の登録免許税還付金の代理受領に関すること（注6）

以　上

（注1）　Ⅳ転根抵当権設定契約証書とは別に、Ⅴ登記原因証明情報（転根抵当権設定）を作成し、これを登記原因証明情報（不登法第61条）として提供する場合に、登記義務者が作成する委任状の書式である。管轄登記所が複数となるケースにおいて、委任状の原本還付を受けるときは、他の申請についても委任したことが明らかな内容とする必要がある。
（注2）　代理人の住所ならびに氏名または名称を記載する。
（注3）　登記所に提供する登記原因証明情報の作成日およびその名称を記載する。
（注4）　登記識別情報の暗号化（電子申請においてオンラインで登記識別情報を提供すること）には特別の授権が必要であるため、このように記載する。
（注5）　これらの事項には特別の授権を必要としないが、委任事項を明確にするため、このように

記載する。
(注6) 登記申請の取下げ・却下・過誤納付に伴う還付金の代理受領については特別の授権が必要であるため、このように記載する。

Ⅵ−2−1 登記用委任状（登記権利者用／Ⅳを登記原因証明情報として提供する場合）(注1)

委　任　状

平成　　年　　月　　日

住　所　　　東京都○区○町一丁目2番3号
登記権利者　株式会社甲野銀行
　　　　　　代表取締役　甲野太郎　　㊞
　　　　　　（取扱店　○支店）

私は、＿＿＿＿＿＿＿＿＿＿＿＿＿＿＿（注2）を代理人と定め、下記の事項に関する一切の権限を委任します。

記

1．次の要項による登記申請に関すること
　　(1) 登記原因証明情報：平成○年○月○日付け転根抵当権設定契約証書 (注3)
　　(2) 登記の目的：根抵当権転根抵当
2．上記申請の登記識別情報の受領に関すること (注4)
3．上記申請の登記完了証の受領に関すること (注5)
4．上記申請に関する契約証書、資格証明情報その他の添付情報の原本還付手続に関すること (注5)
5．上記申請の登録免許税還付金の代理受領に関すること (注6)

以　上

(注1) Ⅳ転根抵当権設定契約証書を登記原因証明情報（不登法第61条）として提供する場合に、登記権利者が作成する委任状の書式である。管轄登記所が複数となるケースにおいて、委任状の原本還付を受けるときは、他の申請についても委任したことが明らかな内容とする必要がある。
(注2) 代理人の住所ならびに氏名または名称を記載する。
(注3) 登記所に提供する契約証書の締結日およびその名称を記載する。
(注4) 登記識別情報の受領には特別の授権が必要であるため、このように記載する。なお、電子申請においてオンラインで登記識別情報を受領することを「復号」といい、この方法による受領には特別の授権が必要であるため、これについても委任する場合は、「上記申請の登記識別情報の受領・復号に関すること」のように記載する。
(注5) これらの事項には特別の授権を必要としないが、委任事項を明確にするため、このように記載する。
(注6) 登記申請の取下げ・却下・過誤納付に伴う還付金の代理受領については特別の授権が必要であるため、このように記載する。

Ⅵ－2－2　登記用委任状（登記権利者用／Ⅴを登記原因証明情報として提供する場合）(注1)

委　任　状

平成　　年　　月　　日

住　所　　東京都〇区〇町一丁目2番3号
登記権利者　株式会社甲野銀行
　　　　　　代表取締役　甲野太郎　　㊞
　　　　　　（取扱店〇支店）

私は、＿＿＿＿＿＿＿＿＿＿＿＿＿＿＿(注2)を代理人と定め、下記の事項に関する一切の権限を委任します。

記

1．次の要項による登記申請に関すること
　(1) 登記原因証明情報：平成〇年〇月〇日付け登記原因証明情報（根抵当権転根抵当）(注3)
　(2) 登記の目的：根抵当権転根抵当
2．上記申請の登記識別情報の受領に関すること (注4)
3．上記申請の登記完了証の受領に関すること (注5)
4．上記申請に関する資格証明情報その他の添付情報の原本還付手続に関すること (注5)
5．上記申請の登録免許税還付金の代理受領に関すること (注6)

以　上

(注1)　Ⅳ転根抵当権設定契約証書とは別に、Ⅴ登記原因証明情報（転根抵当権設定）を作成し、これを登記原因証明情報（不登法第61条）として提供する場合に、登記権利者が作成する委任状の書式である。管轄登記所が複数となるケースにおいて、委任状の原本還付を受けるときは、他の申請についても委任したことが明らかな内容とする必要がある。
(注2)　代理人の住所ならびに氏名または名称を記載する。
(注3)　登記所に提供する登記原因証明情報の作成日およびその名称を記載する。
(注4)　登記識別情報の受領には特別の授権が必要であるため、このように記載する。なお、電子申請においてオンラインで登記識別情報を受領することを「復号」といい、この方法による受領には特別の授権が必要であるため、これについても委任する場合は、「上記申請の登記識別情報の受領・復号に関すること」のように記載する。
(注5)　これらの事項には特別の授権を必要としないが、委任事項を明確にするため、このように記載する。
(注6)　登記申請の取下げ・却下・過誤納付に伴う還付金の代理受領については特別の授権が必要であるため、このように記載する。

3 債権の質入れ

74 確定前根抵当権付債権の質入れ

I ケース概要

　丙川商事は、乙野商事所有の土地建物に共同根抵当権の設定を受けているが、今般、甲野銀行は、丙川商事宛て融資の担保として、丙川商事が有する根抵当権の被担保債権について質権の設定を受けることとなった。

II 書式作成上の留意点

① 確定前根抵当権の被担保債権である特定の債権について、債務者の承諾を得たうえで質権を設定する場合の書式である。元本確定前の根抵当権の被担保債権が質入れされた場合、その効力は根抵当権に及ぶと解釈されており、登記実務においても、債権質入登記が認められている（法務省昭55・12・24民三第7175号民事局長通達）ことから、質権設定契約の締結により、根抵当権の債権質入登記の原因が発生する。

② 債権質の第三者対抗要件は、確定日付の付された質入債権の債権者による通知または質入債権の債務者（以下「第三債務者」）による承諾のいずれによっても具備することが可能である（民法第364条）から、質権設定にあたり債務者を当事者とする証書を作成することが必須となるものではない。もっとも、債務者の承諾が得られれば確定日付を付すことにより質権設定の第三者対抗要件を具備することができるため、債務者の承諾を得ることができる事案においては、債務者の捺印を得て作成する本書式によることが望ましい。

③ 根抵当権に対する普通転抵当権の設定（No.36）だけでは第三債務者から転抵当権設定者に対する弁済が禁止されないこと（民法第398条の11第2項）から、第三債務者の弁済を普通抵当権者が直接受領できるようにする目的で、当該転抵当権の設定時に本項の確定前根抵当権付債権の質入れが併用されることがある。

④ この書式をもって登記原因証明情報（不登法第61条）として提供することができるが、これとは別にⅤ登記原因証明情報（根抵当権の債務質入れ）を作成し、登記原因証明情報（不登法第61条）として登記所に提供することができる。

⑤ 根抵当権の債権質入れの登記は、質権者が登記権利者となり、質権設定者が登記義務者となって行い、質入債権のほか、質権の被担保債権もその登記事項となる。

⑥ 登記義務者は、根抵当権の取得に係る登記識別情報（登記済証）を提供する。なお、登記完了後は、双方に登記完了証が交付され、登記権利者には登記識別情報が通知される。

⑦ 管轄登記所が複数となるケースでは、Ⅴ登記原因証明情報（根抵当権の債権質入れ）は、登記所ごとに（複数）必要となる。当該申請のためにのみ作成したⅥ登記用委任状も同様で

あり、これらは原本還付を受けることができないとされている。

Ⅲ 必要書類・費用一覧

書　　類	書類上の関係者
☐ 質権設定契約証書	債務者、質権設定者、質権者、第三債務者
☐ 登記原因証明情報	質権設定者
☐ 委任状（登記義務者用）	質権設定者
☐ 委任状（登記権利者用）	質権者
☐ 登記識別情報（登記済証）	質権設定者
☐ 会社法人等番号（注）	質権設定者、質権者
☐ 登録免許税	不動産1個につき1,000円

（注）　不登令等の改正により、平成27年11月2日から、会社・法人の代表者等の資格を証する情報の提供（添付）に代え、登記申請情報に商業登記法第7条の会社法人等番号を記録または記載することとなった。ただし、法人登記手続中となるなどの場合を考慮し、例外的に、作成後1か月以内の資格証明情報（登記事項証明書）を提供（添付）することも認められている。

Ⅳ－1　質権設定契約証書

|（印紙）|
|（注1）|

質権設定契約証書

平成　　年　　月　　日（注2）

住　所　　東京都○区○町一丁目2番3号
債権者
質権者　　株式会社甲野銀行　御中

　　　　　（取扱店　　　　　　　　　　）

　　　　　　　　　住　所　　東京都○区○町三丁目2番1号
　　　　　　　　　債務者　　株式会社丙川商事
　　　　　　　　　質権設定者　代表取締役　丙川三郎　㊞（注3）

確定日付欄（注5）

　　　　　　　　　住　所　　東京都○区○町四丁目5番6号
　　　　　　　　　第三債務者　株式会社乙野商事
　　　　　　　　　（根抵当権設定者）代表取締役　乙野次郎　㊞（注4）

第4節　処　分　　719

株式会社甲野銀行（以下「銀行」といいます。）および債務者、質権設定者ならびに第三債務者は、次のとおり質権設定契約を締結しました。

[質権の要項]（注6）

1．被担保債権	平成○年○月○日付け金銭消費貸借契約に基づく債権
2．債権額	拾億　　　百万　　　千　　　円 （算用数字／頭部に￥マーク）
3．利息	年○％（年365日日割計算）
4．損害金	年○％（年365日日割計算）
5．債務者	住所　東京都○区○町三丁目2番1号 氏名　株式会社丙川商事（注7）
6．順位	第1順位

[質入債権の表示]

1．債権者	上記質権設定者に同じ
2．債務者	上記第三債務者に同じ
3．原契約	契約名および契約年月日：平成　年　月　日金銭消費貸借契約 当初元本金額（注8）：拾億　　　百万　　　千　　　円（算用数字／頭部に￥マーク）
4．残元本金額（注9）	拾億　　　百万　　　千　　　円 （算用数字／頭部に￥マーク）

[根抵当権の表示]

1．登記	平成○年○月○日東京法務局○出張所受付第○号
2．物件	後記物件の表示記載のとおり

物件の表示	所有者
所　在　東京都○区○町一丁目 地　番　1番1 地　目　宅地 地　積　○○○.00㎡	株式会社乙野商事

所　　　在　東京都○区○町一丁目１番地１ 家屋番号　　１番１ 種　　　類　居宅 構　　　造　木造セメントかわらぶき平家建 床　面　積　○○.○○㎡	株式会社乙野商事

第１条（質権の設定）

① 質権設定者は、下記条項を承認のうえ、前記「質入債権の表示」記載の債権（前記の残元本金額、経過利息および発生済み遅延損害金等の付帯債権を含み、以下「質入債権」といいます。）（注10）のうえに、債権者が債務者に対して有する前記被担保債権を担保するために、前記「質権の要項」記載の質権を設定しました。

② 質権者設定者は、前項に定める質権の効力が前記根抵当権にも及ぶことを確認します。

③ 質権設定者は、この契約について、下記条項のほか、債務者が銀行に差し入れた銀行取引約定書および被担保債権の成立・変更等に係る約定書ならびに債務者が銀行に今後差し入れるこれらの約定書記載の各条項の適用があることを承認します。

第２条（登記義務）

質権設定者は、質権設定者名義の根抵当権の登記について、前条に係る債権質入れの登記手続を遅滞なく行い、その登記事項証明書を銀行に提出します。今後、この質権について各種の変更等の合意がなされたときも同様とします。

第３条（第三債務者の承諾）（注11）

第三債務者は、この質権設定契約を異議なく承諾しました。

第４条（原契約証書の交付）

質権設定者は、質入債権の原契約証書その他質権者の権利行使および保全に必要な一切の書類を、銀行の指示に従って銀行に交付します。（注12）

第５条（費用の負担）

この質権に関する設定・解除または変更の登記および債権質入物件の調査または処分に関する費用は、質権設定者が負担し、銀行が支払った金額についてはただちに支払います。

以　上

（注１）　質権設定および第三債務者による承諾に関する契約書は、印紙税法上の課税文書には該当しないこととされている。
（注２）　この契約書を作成した日付を記載する。
（注３）　質権設定者と債務者が同じ場合は、この欄に署名（記名）捺印させる。債務者以外の第三者が質権設定者の場合は、質権設定者がこの欄に署名（記名）捺印し、債務者の文字を抹消する。なお、住所および商号、氏名は、会社法人等番号または住民票により確認する。
（注４）　根抵当権の被担保債権の債務者（第三債務者）は、この欄に署名（記名）捺印させる。
（注５）　債権の質入れの第三者対抗要件は、確定日付のある証書による債務者への通知または承諾である（民法第364条）ことから、本書式において債務者の承諾により第三者対抗要件を具備するには、確定日付を付す必要がある。確定日付を付す方法としては、本書式に債務者の署

名（記名）捺印を取得した後、公証役場において確定日付印の付与を受けるのが一般的である。
(注6) 被担保債権を特定するに足りる事項として、発生原因とその日付、債権額、利息および遅延損害金の定め等を記載する。
(注7) 住所、氏名を記載する（法人の場合は本店所在地と商号を記載）。
(注8) 原契約に記載される貸付元本金額を記載する。
(注9) 残元本金額のほか、既発生の経過利息および遅延損害金の金額を具体的に表示することも考えられるが、これらを含めて質入対象債権とする旨の文言を第1条第1項に設けておけば具体的な金額の特定がなくても特定に欠ける点はなく、また簡易な事務ではない可能性を考慮し、本書では残元本のみを表示する書式を示すこととした。
(注10) 残元本だけでなく、発生済みの利息（経過利息）および遅延損害金等の付帯債権も質入れの対象とする場合は、その旨を明記する必要がある。
(注11) 第三債務者の承諾も契約の成立要件としては不要であるが、当該債務者に対する対抗要件としての承諾（民法第364条）を兼ねる意味で承諾条項を置いている。なお、被担保債権に譲渡禁止特約が付されている場合には、債務者が譲渡を承諾しない限り質権設定の効力が生じない（民法第466条第2項）ため、被担保債権の発生原因の特約として譲渡禁止特約が付されている場合には、債権譲渡の対抗要件としての承諾および譲渡禁止特約の解除についての承諾の両方を行ったことを明確にする文言に改めることが望ましい。
(注12) 平成15年の民法改正により債権証書の交付が質権の効力発生要件ではなくなったが、債権証書は質権者が直接取立権を行使する場合等に重要な証拠書類となることから、銀行が質入れを受けた際に債権証書の交付を受ける例が多いと思われる。

Ⅳ-2　債権質入れ承諾書

債権質入れ承諾書

平成　　年　　月　　日（注1）

（質権者）
東京都○区○町一丁目2番3号
株式会社甲野銀行　御中

（質権設定者）
東京都○区○町三丁目2番1号
株式会社丙川商事　御中（注1）

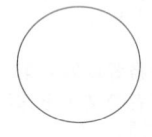

確定日付欄（注3）　　　　　　　　（第三債務者）
　　　　　　　　　　　　　　　　東京都○区○町四丁目5番6号
　　　　　　　　　　　　　　　　株式会社乙野商事
　　　　　　　　　　　　　　　　代表取締役　乙野次郎　　㊞（注2）

　当社は、下記「質入債権の表示」記載の債権（下記残元本金額、経過利息および発生済み遅延損害金等の付帯債権を含みます。）のうえに、質権者が質権設定者に対して有する債権

を担保するために質権を設定することについて、異議なく承諾しました。

[質入債権の表示]

1．債権者	上記質権設定者に同じ
2．債務者	上記第三債務者に同じ
3．原契約	契約名および契約年月日　　平成　　年　　月　　日金銭消費貸借契約 当初元本金額　　拾億　　　百万　　　千　　　円 （算用数字／頭部に¥マーク）
4．残元本金額	拾億　　　百万　　　千　　　円 （算用数字／頭部に¥マーク）

以　上

(注1)　債権質入れの承諾は債権者が特定されている必要はあるが（最判昭58.6.30民集37巻835頁）、質権者または質権設定者のいずれに対するものであっても有効であると解されている。本書式は、質入に関わる当事者の名称の一覧性の観点から、質権者および質権設定者の両名宛てとした。

(注2)　第三債務者にはこの欄に署名（記名）捺印させる。第三債務者以外の者が根抵当権設定者である場合であっても、第三債務者の署名（記名）捺印があれば足り、根抵当権設定者を契約当事者として署名（記名）捺印させる必要はない。

(注3)　第三債務者の承諾により第三者対抗要件を具備するには、確定日付を付す必要がある。確定日付を付す方法としては、本書式に第三債務者の署名（記名）捺印を取得した後、公証役場において確定日付印の付与を受けるのが一般的である。

V　登記原因証明情報（根抵当権の債権質入れ）(注1)

登記原因証明情報
（根抵当権の債権質入れ）

平成　　年　　月　　日

東京法務局　〇出張所 御中

　　　　　住　所　　　東京都〇区〇町三丁目2番1号
　　　　　登記義務者(注2)　株式会社丙川商事
　　　　　　　　　　　代表取締役　丙川三郎　　　　㊞

　登記義務者（質権設定者）は、本件登記の原因となる事実または法律行為が下記1．記載

第4節　処　分　　723

のとおりであることおよびこれに基づき現に下記２．記載の内容を登記要項とする物権変動が生じたことを証明します。

１．登記の原因となる事実または法律行為

(1)	契約証書名および締結年月日	平成○年○月○日付け質権設定契約証書（注3）	
(2)	契約当事者	債権者（質権者）	株式会社甲野銀行
		債務者（質権設定者）	株式会社丙川商事

２．登記申請情報の要項

(1)	登記の目的	根抵当権の債権質入れ（注4）
(2)	質入れの目的となる債権に付された根抵当権	平成○年○月○日受付第○号
(3)	原因	平成○年○月○日金銭消費貸借平成○年○月○日設定（注5）
(4)	質入債権	平成○年○月○日金銭消費貸借による債権金○円（注6）
(5)	債権額（注7）	［拾億　百万　千　円］（算用数字／頭部に￥マーク）
(6)	利息（注8）	年○％（年365日日割計算）
(7)	損害金	年○％（年365日日割計算）
(8)	債務者	東京都○区○町三丁目２番１号 株式会社丙川商事
(9)	登記権利者（質権者）（注9）	東京都○区○町一丁目２番３号 株式会社甲野銀行（取扱店○支店）
(10)	登記義務者（質権設定者）（注2）	東京都○区○町三丁目２番１号 株式会社丙川商事
(11)	不動産の表示	後記のとおり

不動産の表示

所　　在　東京都○区○町一丁目
地　　番　１番１
地　　目　宅地
地　　積　○○○.○○㎡

所　　在　東京都○区○町一丁目１番地１

```
家屋番号　1番1
種　　類　居宅
構　　造　木造セメントかわらぶき平家建
床 面 積　○○.○○㎡
```

以　　上

(注1)　Ⅳ質権設定契約証書とは別に、Ⅴ登記原因証明情報（根抵当権の債権質入れ）を作成する場合の書式である。この情報は、登記の原因となる事実または法律行為のほか、登記事項（および物件表示）を登記義務者が確認して署名（または記名捺印）したものでなくてはならない。契約証書とは異なり、登記用に作成された書面の原本還付を受けることはできないため、管轄登記所が複数となるケースでは、登記所ごとに（複数）作成する必要がある。その内容は同文面とし、すべての物件を記載する。
(注2)　登記義務者は、質権設定者となる。
(注3)　Ⅳ契約証書の名称および締結年月日を記載する。
(注4)　債権質入れの登記は、常に付記登記によるから、付記登記による申請の旨を明らかにする必要はない。
(注5)　債権質入の「登記原因およびその日付」は、まず契約名称および日付をもって被担保債権を記載し、次に設定契約の日付を記載する。
(注6)　質権設定の対象とされる債権の発生原因、日付および債権額を記載する。
(注7)　質権の被担保債権の債権額を記載する。登記申請までに弁済により債権額が減少していても当初の金額をもって登記することができるが、登記申請時の残高をもって登記することもできる。
(注8)　変動計算式や変動する旨を登記することはできない。
(注9)　登記権利者は、質権者となる。取扱店支店を登記すべきときは、例のように表示する。

Ⅵ－1－1　登記用委任状（登記義務者用／Ⅳ－1を登記原因証明情報として提供する場合）(注1)

```
　　　　　　　　　　　委　任　状

                                          平成　　年　　月　　日

              住　所　　東京都○区○町三丁目2番6号
              登記義務者　株式会社丙川商事
                        代表取締役　丙川三郎　　　㊞
             ┌連絡先　担当部署　○○部／担当者名　○○　○○┐
             └電話番号　○○－○○○○－○○○○　　　　　　┘

私は、_____(注2)を代理人と定め、下記の事項に関する一切の権限を
委任します。

                                記

1．次の要項による登記申請に関すること
    (1) 登記原因証明情報：平成○年○月○日付け質権設定契約証書 (注3)
    (2) 登記の目的：根抵当権の債権質入れ
```

第4節　処　分　　725

2．上記申請の登記識別情報の暗号化に関すること（注4）
3．上記申請の登記完了証の受領に関すること（注5）
4．上記申請に関する契約証書、資格証明情報その他の添付情報の原本還付手続に関すること（注5）
5．上記申請の登録免許税還付金の代理受領に関すること（注6）

以　上

（注1）　Ⅳ質権設定契約証書を登記原因証明情報（不登法第61条）として提供する場合に、登記義務者が作成する委任状の書式である。管轄登記所が複数となるケースにおいて、委任状の原本還付を受けるときは、他の申請についても委任したことが明らかな内容とする必要がある。
（注2）　代理人の住所ならびに氏名または名称を記載する。
（注3）　登記所に提供する契約証書の締結日およびその名称を記載する。
（注4）　登記識別情報の暗号化（電子申請においてオンラインで登記識別情報を提供すること）には特別の授権が必要であるため、このように記載する。
（注5）　これらの事項には特別の授権を必要としないが、委任事項を明確にするため、このように記載する。
（注6）　登記申請の取下げ・却下・過誤納付に伴う還付金の代理受領については特別の授権が必要であるため、このように記載する。

Ⅵ－1－2　登記用委任状（登記義務者用／Ⅴを登記原因証明情報として提供する場合）（注1）

委　任　状

平成　　年　　月　　日

住　所　　　　東京都○区○町三丁目2番6号
登記義務者　　株式会社丙川商事
　　　　　　　代表取締役　丙川三郎　　　㊞
連絡先　担当部署　○○部／担当者名　○○　○○
電話番号　○○－○○○○－○○○○

私は、＿＿＿＿＿＿＿＿＿＿＿＿＿＿＿＿（注2）を代理人と定め、下記の事項に関する一切の権限を委任します。

記

1．次の要項による登記申請に関すること
　　(1) 登記原因証明情報：平成○年○月○日付け登記原因証明情報（根抵当権の債権質入れ）（注3）
　　(2) 登記の目的：根抵当権の債権質入れ
2．上記申請の登記識別情報の暗号化に関すること（注4）
3．上記申請の登記完了証の受領に関すること（注5）
4．上記申請に関する資格証明情報その他の添付情報の原本還付手続に関すること（注5）
5．上記申請の登録免許税還付金の代理受領に関すること（注6）

以　上

(注1) Ⅳ質権設定契約証書とは別に、Ⅴ登記原因証明情報（債権質入れ）を作成し、これを登記原因証明情報（不登法第61条）として提供する場合に、登記義務者が作成する委任状の書式である。管轄登記所が複数となるケースにおいて、委任状の原本還付を受けるときは、他の申請についても委任したことが明らかな内容とする必要がある。
(注2) 代理人の住所ならびに氏名または名称を記載する。
(注3) 登記所に提供する登記原因証明情報の作成日およびその名称を記載する。
(注4) 登記識別情報の暗号化（電子申請においてオンラインで登記識別情報を提供すること）には特別の授権が必要であるため、このように記載する。
(注5) これらの事項には特別の授権を必要としないが、委任事項を明確にするため、このように記載する。
(注6) 登記申請の取下げ・却下・過誤納付に伴う還付金の代理受領については特別の授権が必要であるため、このように記載する。

Ⅵ－2－1　登記用委任状（登記権利者用／Ⅳ－1を登記原因証明情報として提供する場合）(注1)

委　任　状

平成　　年　　月　　日

　　　　住　所　　東京都○区○町一丁目2番3号
　　　　登記権利者　株式会社甲野銀行
　　　　　　　　　　代表取締役　甲野太郎　　㊞
　　　　　　　　　　（取扱店　○支店）

私は、＿＿＿＿＿＿＿＿＿＿＿＿＿＿＿＿(注2)を代理人と定め、下記の事項に関する一切の権限を委任します。

記

1. 次の要項による登記申請に関すること
　　(1) 登記原因証明情報：平成○年○月○日付け質権設定契約証書 (注3)
　　(2) 登記の目的：根抵当権の債権質入れ
2. 上記申請の登記識別情報の受領に関すること (注4)
3. 上記申請の登記完了証の受領に関すること (注5)
4. 上記申請に関する契約証書、資格証明情報その他の添付情報の原本還付手続に関すること (注5)
5. 上記申請の登録免許税還付金の代理受領に関すること (注6)

以　上

(注1) Ⅳ質権設定契約証書を登記原因証明情報（不登法第61条）として提供する場合に、登記権利者が作成する委任状の書式である。管轄登記所が複数となるケースにおいて、委任状の原本還付を受けるときは、他の申請についても委任したことが明らかな内容とする必要がある。
(注2) 代理人の住所ならびに氏名または名称を記載する。
(注3) 登記所に提供する契約証書の締結日およびその名称を記載する。
(注4) 登記識別情報の受領には特別の授権が必要であるため、このように記載する。なお、電子申請においてオンラインで登記識別情報を受領することを「復号」といい、この方法による受領には特別の授権が必要であるため、これについても委任する場合は、「上記申請の登記識

別情報の受領・復号に関すること」のように記載する。
(注5) これらの事項には特別の授権を必要としないが、委任事項を明確にするため、このように記載する。
(注6) 登記申請の取下げ・却下・過誤納付に伴う還付金の代理受領については特別の授権が必要であるため、このように記載する。

Ⅵ－2－2　登記用委任状（登記権利者用／Ⅴを登記原因証明情報として提供する場合）(注1)

委　任　状

平成　　年　　月　　日

住　所　　　東京都〇区〇町一丁目2番3号
登記権利者　株式会社甲野銀行
　　　　　　代表取締役　甲野太郎　　㊞
　　　　　　（取扱店　〇支店）

私は、＿＿＿＿＿＿＿＿＿＿＿＿＿＿＿＿（注2）を代理人と定め、下記の事項に関する一切の権限を委任します。

記

1．次の要項による登記申請に関すること
　(1) 登記原因証明情報：平成〇年〇月〇日付け登記原因証明情報（根抵当権の債権質入れ）(注3)
　(2) 登記の目的：根抵当権の債権質入れ
2．上記申請の登記識別情報の受領に関すること（注4）
3．上記申請の登記完了証の受領に関すること（注5）
4．上記申請に関する資格証明情報その他の添付情報の原本還付手続に関すること（注5）
5．上記申請の登録免許税還付金の代理受領に関すること（注6）

以　上

(注1) Ⅳ質権設定契約証書とは別に、Ⅴ登記原因証明情報（債権質入れ）を作成し、これを登記原因証明情報（不登法第61条）として提供する場合に、登記権利者が作成する委任状の書式である。管轄登記所が複数となるケースにおいて、委任状の原本還付を受けるときは、他の申請についても委任したことが明らかな内容とする必要がある。
(注2) 代理人の住所ならびに氏名または名称を記載する。
(注3) 登記所に提供する登記原因証明情報の作成日およびその名称を記載する。
(注4) 登記識別情報の受領には特別の授権が必要であるため、このように記載する。なお、電子申請においてオンラインで登記識別情報を受領することを「復号」といい、この方法による受領には特別の授権が必要であるため、これについても委任する場合は、「上記申請の登記識別情報の受領・復号に関すること」のように記載する。
(注5) これらの事項には特別の授権を必要としないが、委任事項を明確にするため、このように記載する。
(注6) 登記申請の取下げ・却下・過誤納付に伴う還付金の代理受領については特別の授権が必要であるため、このように記載する。

第3章
確定根抵当権

第1節 確　　定

1　確定請求

75　根抵当権者からの確定請求

Ⅰ　ケース概要

　甲野銀行は、債務者乙野商事宛て融資の担保として乙野商事所有の土地および建物につき共同根抵当権の設定を受けていたところ、被担保債権を譲渡する（または代位弁済を受ける）にあたって根抵当権の元本を確定する必要が生じた。ところが、乙野商事の協力が得られないため、根抵当権設定者である乙野商事に対し、元本確定請求をすることを検討している。

Ⅱ　書式作成上の留意点

① 　根抵当権の元本を根抵当権者の請求により確定させる場合の書式である。
② 　根抵当権者は、元本確定期日の定めのある場合を除き、いつでも元本の確定を請求することができる（民法第398条の19第2項、同第3項）。
③ 　根抵当権者による元本確定請求を登記原因として元本確定登記を行うためには、確定請求を行ったことを証明する書面を添付する必要があるため、根抵当権設定者に対し、確定請求書を配達証明付内容証明郵便で送付し、これを添付書類とする。なお、受領拒否により到達しない場合は、受領拒否の旨が記載された内容証明郵便を提供すれば足りるが、宛先不明により到達しない場合は、公示による意思表示を行う必要がある（この場合は、官報等の写しを提供することとなる。）。
④ 　元本の確定時期は、確定請求書が根抵当権設定者に到達した時（公示送達の場合は、官報掲載等から2週間を経過した日）である。
⑤ 　この書式による登記申請は、根抵当権者が単独で申請することができる（不登法第93条）。なお、根抵当権者が抵当不動産に対する競売手続の開始または滞納処分による差押えがあったことを知った時から2週間を経過したときや、債務者または根抵当権設定者が破産手続開始の決定を受けたときにも根抵当権は確定し（民法第398条の20第1項第3号、同条項第4号）、これらの場合において確定後の根抵当権の被担保債権の譲渡または代位弁済による根抵当権の移転登記と同時に申請するときは、根抵当権者が単独で元本確定の登記を申請することができる（不登法第93条但書）。
⑥ 　根抵当権者からの確定請求は、根抵当権設定者からの確定請求と異なり、根抵当権設定時から3年が経過することは必要ない（民法第398条の19第1項参照）。
⑦ 　根抵当権者が単独で申請する元本確定登記において、根抵当権の取得に係る登記識別情報

（登記済証）を提供する必要はない。なお、上記⑤後段の場合の登記原因証明情報は、民執法第49条第2項の催告または国税徴収法第55条の通知を受けたことを証する書面、破産手続開始の決定があったことを証する書面がそれぞれ該当する。

⑧ 登記完了後は、登記完了証が交付される（この登記につき、登記識別情報は通知されない。）。

Ⅲ 必要書類・費用一覧

書　　類	書類上の関係者
☐ 根抵当権元本確定請求書	根抵当権者
☐ 委任状（登記申請人用）	根抵当権者
☐ 会社法人等番号（注）	根抵当権者
☐ 登録免許税	不動産1個につき1,000円

（注）不登令等の改正により、平成27年11月2日から、会社・法人の代表者等の資格を証する情報の提供（添付）に代え、登記申請情報に商業登記法第7条の会社法人等番号を記録または記載することとなった。ただし、法人登記手続中となるなどの場合を考慮し、例外的に、作成後1か月以内の資格証明情報（登記事項証明書）を提供（添付）することも認められている。

Ⅳ 根抵当権元本確定請求書

根抵当権元本確定請求書（注1）

平成　年　月　日

（被通知人）
東京都〇区〇町三丁目2番1号
株式会社乙野商事（注2）
代表取締役　乙野次郎　殿

（通知人）
東京都〇区〇町一丁目2番3号
株式会社甲野銀行
代表取締役　甲野太郎　㊞

当行は、本書面により、貴社を根抵当権設定者とする下記「根抵当権の表示」記載の根抵当権につき、民法第398条の19第2項の規定に基づき根抵当権の担保すべき元本の確定を請求いたします。

［根抵当権の表示］

1　当事者（注3）

　　　　根抵当権者　　　株式会社甲野銀行

　　　　根抵当権設定者　株式会社乙野商事

2　根抵当権に係る登記の表示（注4）

　　　　平成○年○月○日東京法務局○出張所受付第○号

3　物件の表示（注4）

　　　　所　　在　東京都○区○町一丁目
　　　　地　　番　1番1
　　　　地　　目　宅地
　　　　地　　積　○○○.○○㎡

　　　　所　　在　東京都○区○町一丁目1番地1
　　　　家屋番号　1番1
　　　　種　　類　居宅
　　　　構　　造　木造セメントかわらぶき平家建
　　　　床 面 積　○○.○○㎡

（注1）　内容証明郵便物の謄本は、1行20字（記号は1個で1字、以下同じ）以内、1枚26行以内で作成するものとされている。ただし、横書きの場合は、1行13字以内、1枚40行以内とするか、または1行26字以内、1枚20行以内で作成することもできる。
（注2）　宛先は債務者ではなく、根抵当権設定者となる。
（注3）　元本確定の対象となる根抵当権を特定するためには、根抵当権に係る登記の表示と物件の表示で足りるものの、根抵当権元本確定請求書を受け取った根抵当権設定者が根抵当権の内容をより理解しやすいように、当事者名も掲げている。
（注4）　請求したことを証する情報は、元本の確定を請求する旨のほか、当該請求に係る根抵当権の設定登記がされた物件の表示、当該設定登記の受付年月日・受付番号が記載されたものでなければならない。

V　登記用委任状（登記申請人用）（注1）

委　任　状

　　　　　　　　　　　　　　　　　　　　　平成　　年　　月　　日

　　　　　　　住　所　　東京都○区○町一丁目2番3号
　　　　　　　登記申請人　株式会社甲野銀行
　　　　　　　　　　　代表取締役　甲野太郎　　　㊞

私は、＿＿＿＿＿＿＿＿＿＿＿＿＿＿＿（注2）を代理人と定め、下記の事項に関する一切の権限を

委任します。

記

1．次の要項による登記申請に関すること
　　(1) 登記原因証明情報：根抵当権元本確定請求書（配達証明付内容証明郵便）（注3）
　　(2) 登記の目的：根抵当権元本確定
2．上記申請の登記完了証の受領に関すること（注4）
3．上記申請に関する登記原因証明情報、資格証明情報その他の添付情報の原本還付手続に関すること（注4）
4．上記申請の登録免許税還付金の代理受領に関すること（注5）

以　上

(注1)　Ⅳ根抵当権元本確定請求書(配達証明付内容証明郵便)を登記原因証明情報(不登法第61条)として提供する場合に、登記申請人が作成する委任状の書式である。管轄登記所が複数となるケースにおいて、委任状の原本還付を受けるときは、他の申請についても委任したことが明らかな内容とする必要がある。
(注2)　代理人の住所ならびに氏名または名称を記載する。
(注3)　登記所に提供する登記原因証明情報を例のように記載する。
(注4)　これらの事項には特別の授権を必要としないが、委任事項を明確にするため、このように記載する。
(注5)　登記申請の取下げ・却下・過誤納付に伴う還付金の代理受領については特別の授権が必要であるため、このように記載する。

2　確定合意

76　元本確定の合意

I　ケース概要

　甲野銀行は、債務者乙野商事宛て融資の担保として乙野商事所有の土地および建物につき共同根抵当権の設定を受けていたところ、被担保債権を譲渡する（または代位弁済を受ける）にあたって根抵当権の元本を確定する必要が生じたため、根抵当権設定者である乙野商事との間で元本の確定に関する合意を行いたい。

II　書式作成上の留意点

① 根抵当権の元本を根抵当権者と根抵当権設定者との合意で確定させる場合の書式である。
② 根抵当権者・根抵当権設定者間の合意により根抵当権の元本が確定する旨の明文の規定はないが、登記実務では認められている類型である。なお、債務者についても契約当事者とし、また根抵当権設定者に対して確定後の被担保債権の内容を確認させることとしている。
③ 共同担保物件の一つについて元本確定事由が生じたときは、他の共同担保物件全部についても元本が確定する（民法第398条の17第2項）。
④ この根抵当権元本確定契約証書とは別にV登記原因証明情報（根抵当権元本確定）を作成し、登記原因証明情報（不登法第61条）として登記所に提供することができる。
⑤ 根抵当権者・根抵当権設定者間の合意による根抵当権の元本確定の登記は、根抵当権設定者が登記権利者となり、根抵当権者が登記義務者となって行い、元本確定した旨および確定日がその登記事項となる。
⑥ 根抵当権者につき、根抵当権の取得に係る登記識別情報（登記済証）が必要となる。なお、登記完了後は、双方に登記完了証が交付される（この登記につき、登記識別情報は通知されない）。
⑦ 管轄登記所が複数となるケースでは、V登記原因証明情報（根抵当権元本確定）は、登記所ごとに（複数）必要となる。当該申請のためにのみ作成したVI登記用委任状も同様であり、これらは原本還付を受けることができないとされている。

III　必要書類・費用一覧

書　類	書類上の関係者
□ 根抵当権元本確定契約証書	根抵当権者、根抵当権設定者
□ 委任状（登記義務者用）	根抵当権者

☐ 委任状（登記権利者用）	根抵当権設定者
☐ 登記識別情報（登記済証）	根抵当権者
☐ 会社法人等番号（注）	根抵当権者、根抵当権設定者
☐ 登録免許税	不動産1個につき1,000円

（注）　不登令等の改正により、平成27年11月2日から、会社・法人の代表者等の資格を証する情報の提供（添付）に代え、登記申請情報に商業登記法第7条の会社法人等番号を記録または記載することとなった。ただし、法人登記手続中となるなどの場合を考慮し、例外的に、作成後1か月以内の資格証明情報（登記事項証明書）を提供（添付）することも認められている。

Ⅳ　根抵当権元本確定契約証書

```
（印紙）
（注1）
```

　　　　　　　　　　　　根抵当権元本確定契約証書

　　　　　　　　　　　　　　　　　　　　　平成　　年　　月　　日（注2）

　　　　　住　　所　　　東京都〇区〇町一丁目2番3号
　　　　　根抵当権者　　株式会社甲野銀行（注3）
　　　　　　　　　　　　代表取締役　甲野太郎　　　　㊞

　　　　　住　　所　　　東京都〇区〇町三丁目2番1号
　　　　　債務者　　　　株式会社乙野商事（注4）
　　　　　根抵当権設定者　代表取締役　乙野次郎　　　㊞

　　　　　住　　所
　　　　　根抵当権設定者
　　　　　（注5）

　株式会社甲野銀行（以下「銀行」といいます。）、債務者および根抵当権設定者は、次のとおり根抵当権元本確定契約を締結しました。

［根抵当権の表示］（注6）

1．登記	平成〇年〇月〇日東京法務局〇出張所受付第〇号
2．物件	後記物件の表示記載のとおり

[被担保債権の表示] （注7）

1．原契約	平成○年○月○日付け金銭消費貸借契約
2．残元本金額	拾億　百万　千　円 （算用数字／頭部に￥マーク）

物件の表示	順位	所有者
所　　在　東京都○区○町一丁目 地　　番　1番1 地　　目　宅地 地　　積　○○○.○○㎡	1	株式会社乙野商事
所　　在　東京都○区○町一丁目1番地1 家屋番号　1番1 種　　類　居宅 構　　造　木造セメントかわらぶき平家建 床 面 積　○○.○○㎡	1	株式会社乙野商事

第1条（元本確定の合意）

　　銀行および根抵当権設定者は、この契約の締結日をもって、前記「根抵当権の表示」記載の根抵当権の担保すべき元本を確定させることを合意しました。

第2条（被担保債権の確認）

　　債務者および根抵当権設定者は、前条の確定後の根抵当権の被担保債権は、前記「被担保債権の表示」記載のとおり（残元本金額のほか、経過利息および発生済み遅延損害金を含む。）であることを確認しました。（注8）

第3条（登記義務）

　　根抵当権設定者は、第1条による根抵当権元本確定の登記手続を遅滞なく行い、その登記事項証明書を銀行に提出します。

第4条（債務者の承諾）

　　債務者は、この契約について、異議なく承諾しました。（注9）

　　　　　　　　　　　　　　　　　　　　　　　　　　　　　　　　　　以　　上

(注1) この文書は、印紙税法上の課税文書ではない。
(注2) この契約書を作成した日付を記載する（作成日に元本が確定する。）。
(注3) 根抵当権者は、この欄に署名（記名）捺印する。
(注4) 債務者と根抵当権設定者が同じ場合は、この欄に署名（記名）捺印させる。
(注5) 債権者以外の第三者が根抵当権設定者の場合は、この欄に署名（記名）捺印させる。
(注6) 元本確定の対象となる根抵当権を特定するために、根抵当権に係る登記の表示と物件の表示を記載する。
(注7) 原契約の成立年月日および契約名称ならびに残元本金額を記載する。経過利息および発生済遅延損害金をも明記することが考えられるが、簡易な事務でない可能性を考慮し、本書で

は明記しないこととしている。
(注8) 元本確定の合意の際に、債務者および根抵当権設定者との間で根抵当権の被担保債権を確認する。債務者が被担保債権を確認することにより、債務承認による時効中断の効果が生じる（民法第147条第3号）。
(注9) 根抵当権の担保すべき元本は根抵当権者と根抵当権設定者との合意により確定し、債務者はその合意当事者ではないが、元本確定の合意について承諾させることとしている。

V 登記原因証明情報（根抵当権元本確定）(注1)

登記原因証明情報
（根抵当権元本確定）

平成　年　月　日

東京法務局　○出張所 御中

　　　　　　　住　所　　　　東京都○区○町一丁目2番3号
　　　　　　　登記義務者(注2)　株式会社甲野銀行
　　　　　　　　　　　　　　　代表取締役　甲野太郎　　㊞

登記義務者（根抵当権者）は、本件登記の原因となる事実または法律行為が下記1．記載のとおりであることおよびこれに基づき現に下記2．記載の内容を登記要項とする変更が生じたことを証明します。

1．登記の原因となる事実または法律行為

(1)	契約証書名および締結年月日	平成○年○月○日付け根抵当権元本確定契約証書(注3)
(2)	契約当事者	根抵当権者	株式会社甲野銀行
		根抵当権設定者	株式会社乙野商事

2．登記申請情報の要項

(1)	登記の目的	根抵当権元本確定(注4)
(2)	元本確定に係る根抵当権	平成○年○月○日受付第○号
(3)	原因	平成○年○月○日元本確定(注5)
(4)	登記権利者（根抵当権設定者）(注6)	東京都○区○町三丁目2番1号　株式会社乙野商事

(5)	登記義務者 （根抵当権者）（注2）	東京都○区○町一丁目2番3号 株式会社甲野銀行
(6)	不動産の表示	後記のとおり

```
                    不動産の表示

所    在   東京都○区○町一丁目
地    番   1番1
地    目   宅地
地    積   ○○○.○○㎡

所    在   東京都○区○町一丁目1番地1
家屋番号   1番1
種    類   居宅
構    造   木造セメントかわらぶき平家建
床 面 積   ○○.○○㎡

                                              以  上
```

(注1) Ⅳ根抵当権元本確定契約証書とは別に、Ⅴ登記原因証明情報（根抵当権元本確定）を作成する場合の書式である。この情報は、登記の原因となる事実または法律行為のほか、登記事項（および物件表示）を登記義務者が確認して署名（または記名捺印）したものでなくてはならない。契約証書とは異なり、登記用に作成された書面の原本還付を受けることはできないため、管轄登記所が複数となるケースでは、登記所ごとに（複数）作成する必要がある。その内容は同文面とし、すべての物件を記載する。
(注2) 登記義務者は、根抵当権者となる。
(注3) Ⅳ契約証書の名称および締結年月日を記載する。
(注4) 根抵当権の元本確定の登記は、常に付記登記によるから、付記登記による申請の旨を明らかにする必要はない。
(注5) 根抵当権の元本確定の効力発生年月日を記載する。
(注6) 登記権利者は、根抵当権設定者（債務者または物上保証人）となる。

Ⅵ－1－1　登記用委任状（登記義務者用／Ⅳを登記原因証明情報として提供する場合）(注1)

```
                    委  任  状

                                        平成   年   月   日

              住  所    東京都○区○町一丁目2番3号
              登記義務者  株式会社甲野銀行
                        代表取締役　甲野太郎          ㊞

 私は、＿＿＿＿＿＿＿＿＿＿＿＿＿（注2）を代理人と定め、下記の事項に関する一切の権限を
委任します。
```

738　第3章　確定根抵当権

記

1．次の要項による登記申請に関すること
　　(1) 登記原因証明情報：平成〇年〇月〇日付け根抵当権元本確定契約証書（注3）
　　(2) 登記の目的：根抵当権元本確定
2．上記申請の登記識別情報の暗号化に関すること（注4）
3．上記申請の登記完了証の受領に関すること（注5）
4．上記申請に関する契約証書、資格証明情報その他の添付情報の原本還付手続に関すること（注5）
5．上記申請の登録免許税還付金の代理受領に関すること（注6）

以　上

（注1）　Ⅳ根抵当権元本確定契約証書を登記原因証明情報（不登法第61条）として提供する場合に、登記義務者が作成する委任状の書式である。管轄登記所が複数となるケースにおいて、委任状の原本還付を受けるときは、他の申請についても委任したことが明らかな内容とする必要がある。
（注2）　代理人の住所ならびに氏名または名称を記載する。
（注3）　登記所に提供する契約証書の締結日およびその名称を記載する。
（注4）　登記識別情報の暗号化（電子申請においてオンラインで登記識別情報を提供すること）には特別の授権が必要であるため、このように記載する。
（注5）　これらの事項には特別の授権を必要としないが、委任事項を明確にするため、このように記載する。
（注6）　登記申請の取下げ・却下・過誤納付に伴う還付金の代理受領については特別の授権が必要であるため、このように記載する。

Ⅵ－1－2　登記用委任状（登記義務者用／Ⅴを登記原因証明情報として提供する場合）（注1）

委　任　状

平成　　年　　月　　日

住　所　　　東京都〇区〇町一丁目2番3号
登記義務者　株式会社甲野銀行
　　　　　　代表取締役　甲野太郎　　　㊞

私は、＿＿＿＿＿＿＿＿＿＿＿＿＿＿＿＿（注2）を代理人と定め、下記の事項に関する一切の権限を委任します。

記

1．次の要項による登記申請に関すること
　　(1) 登記原因証明情報：平成〇年〇月〇日付け登記原因証明情報（根抵当権元本確定）（注3）
　　(2) 登記の目的：根抵当権元本確定
2．上記申請の登記識別情報の暗号化に関すること（注4）
3．上記申請の登記完了証の受領に関すること（注5）
4．上記申請に関する資格証明情報その他の添付情報の原本還付手続に関すること（注5）

5．上記申請の登録免許税還付金の代理受領に関すること（注6）

　　　　　　　　　　　　　　　　　　　　　　　　　　　　　　　以　上

（注1）　Ⅳ根抵当権元本確定契約証書とは別に、Ⅴ登記原因証明情報（根抵当権元本確定）を作成し、これを登記原因証明情報（不登法61条）として提供する場合に、登記義務者が作成する委任状の書式である。管轄登記所が複数となるケースにおいて、委任状の原本還付を受けるときは、他の申請についても委任したことが明らかな内容とする必要がある。
（注2）　代理人の住所ならびに氏名または名称を記載する。
（注3）　登記所に提供する登記原因証明情報の作成日およびその名称を記載する。
（注4）　登記識別情報の暗号化（電子申請においてオンラインで登記識別情報を提供すること）には特別の授権が必要であるため、このように記載する。
（注5）　これらの事項には特別の授権を必要としないが、委任事項を明確にするため、このように記載する。
（注6）　登記申請の取下げ・却下・過誤納付に伴う還付金の代理受領については特別の授権が必要であるため、このように記載する。

Ⅵ－2－1　登記用委任状（登記権利者用／Ⅳを登記原因証明情報として提供する場合）（注1）

委　任　状

　　　　　　　　　　　　　　　　　　　　　平成　　年　　月　　日

　　　　　　　住　所　　　東京都〇区〇町三丁目2番1号
　　　　　　　登記権利者　株式会社乙野商事
　　　　　　　　　　　　　　　代表取締役　乙野次郎　　㊞
　　　　　　（連絡先　担当部署　〇〇部／担当者名　〇〇　〇〇）
　　　　　　（電話番号　〇〇－〇〇〇〇－〇〇〇〇　　　　　　）

私は、＿＿＿＿＿＿＿＿＿＿＿＿＿＿（注2）を代理人と定め、下記の事項に関する一切の権限を委任します。

記

1．次の要項による登記申請に関すること
　　(1) 登記原因証明情報：平成〇年〇月〇日付け根抵当権元本確定契約証書（注3）
　　(2) 登記の目的：根抵当権元本確定
2．上記申請の登記完了証の受領に関すること（注4）
3．上記申請に関する契約証書、資格証明情報その他の添付情報の原本還付手続に関すること（注4）
4．上記申請の登録免許税還付金の代理受領に関すること（注5）

　　　　　　　　　　　　　　　　　　　　　　　　　　　　　　　以　上

（注1）　Ⅳ根抵当権元本確定契約証書を登記原因証明情報（不登法第61条）として提供する場合に、登記権利者が作成する委任状の書式である。管轄登記所が複数となるケースにおいて、委任状の原本還付を受けるときは、他の申請についても委任したことが明らかな内容とする必要がある。
（注2）　代理人の住所ならびに氏名または名称を記載する。

(注3)　登記所に提供する契約証書の締結日およびその名称を記載する。
(注4)　これらの事項には特別の授権を必要としないが、委任事項を明確にするため、このように記載する。
(注5)　登記申請の取下げ・却下・過誤納付に伴う還付金の代理受領については特別の授権が必要であるため、このように記載する。

Ⅵ－2－2　登記用委任状（登記権利者用／Ⅴを登記原因証明情報として提供する場合）(注1)

委　任　状

平成　　年　　月　　日

住　　所　　　東京都○区○町三丁目2番1号
登記権利者　　株式会社乙野商事
　　　　　　　代表取締役　乙野次郎　　　　㊞
連絡先　担当部署　○○部／担当者名　○○ ○○
電話番号　○○－○○○○－○○○○

私は、＿＿＿＿＿＿＿＿＿＿＿＿＿＿(注2)を代理人と定め、下記の事項に関する一切の権限を委任します。

記

1．次の要項による登記申請に関すること
　　(1) 登記原因証明情報：平成○年○月○日付け登記原因証明情報（根抵当権元本確定）(注3)
　　(2) 登記の目的：根抵当権元本確定
2．上記申請の登記完了証の受領に関すること (注4)
3．上記申請に関する資格証明情報その他の添付情報の原本還付手続に関すること (注4)
4．上記申請の登録免許税還付金の代理受領に関すること (注5)

以　上

(注1)　Ⅳ根抵当権元本確定契約証書とは別に、Ⅴ登記原因証明情報（根抵当権元本確定）を作成し、これを登記原因証明情報（不登法61条）として提供する場合に、登記権利者が作成する委任状の書式である。管轄登記所が複数となるケースにおいて、委任状の原本還付を受けるときは、他の申請についても委任したことが明らかな内容とする必要がある。
(注2)　代理人の住所ならびに氏名または名称を記載する。
(注3)　登記所に提供する登記原因証明情報の作成日およびその名称を記載する。
(注4)　これらの事項には特別の授権を必要としないが、委任事項を明確にするため、このように記載する。
(注5)　登記申請の取下げ・却下・過誤納付に伴う還付金の代理受領については特別の授権が必要であるため、このように記載する。

第2節 移　　転

1　債権譲渡

77　確定根抵当権付債権の全部譲渡

I　ケース概要

　甲野銀行は、乙野商事に対し融資を行い、その担保として乙野商事所有の土地建物につき共同根抵当権の設定を受けていたが、確定請求により元本確定となった。

　今般、融資金の回収が滞るようになったことから、この確定根抵当権付債権を丙川サービサーに譲渡することになった。なお、債務者との関係では、この譲渡について、証書上においては承諾を取得しないこととする。

II　書式作成上の留意点

① 　確定根抵当権の被担保債権である融資金債権の全部を譲渡するが、証書上において債務者の承諾を取得しない場合の書式である。譲渡される債権が確定根抵当権付きである場合は、確定根抵当権の随伴性により確定根抵当権が債権譲受人に移転するから、確定根抵当権移転の登記原因が生じる。

② 　債権譲渡の第三者対抗要件は、確定日付の付された譲渡人による通知または債務者による承諾のいずれによっても具備することが可能である（民法第467条第2項）から、債権譲渡にあたり債務者を当事者とする証書を作成することが必須となるものではなく、債務者の捺印欄のない本書式により債権譲渡を有効に行い、その対抗要件となる確定日付ある証書による通知または承諾は、Ⅳ－2およびⅣ－3の書式により別に備える方法とすることができる。なお、譲渡人、譲受人および債務者の三者により証書を作成する場合は、No.16の書式を確定根抵当権を前提とした文言に修正する。

③ 　登記上元本確定が明らかな場合を除き、根抵当権の移転登記の前提として元本確定の登記が必要となる。なお、極度額が10億円で残債務が1億円といったケースでは登録免許税を考慮して極度額の減額を検討することがある。また、一部譲渡の場合の登記事項となる譲渡額は普通抵当と異なり元本金額に限定されないため、極度額を上回るケースも生じるが、この場合の登録免許税は、登記された極度額で計算する。

④ 　確定根抵当権（不動産の表示を含む）の記載がある債権譲渡契約証書は、確定根抵当権移転の登記原因証明情報（不登法第61条）として登記所に提供することができる。なお、債権譲渡の効力が代金支払時に発生するものとされている場合には、代金の支払により債権譲渡の効力が発生したことを証明するため、譲渡代金の領収書もあわせて登記所に提供する必要

がある。

⑤ 上記の債権譲渡契約証書を締結した場合であっても、これとは別にⅤの登記原因証明情報（確定根抵当権移転）を作成し、登記原因証明情報（不登法第61条）として登記所に提供することができる。この方法によった場合には、作成した登記原因証明情報のみによって債権譲渡の効力が発生したことが証明できるから、④の場合とは異なり、譲渡代金の領収書を提供する必要はない。

⑥ 確定根抵当権移転登記は、債権譲受人（新確定根抵当権者）が登記権利者となり、債権譲渡人（現確定根抵当権者）が登記義務者となって行う。

⑦ 登記義務者は、根抵当権の取得に係る登記識別情報（登記済証）を提供する。なお、登記完了後は、双方に登記完了証が交付され、登記権利者には登記識別情報が通知される。

Ⅲ 必要書類・費用一覧

書　類	書類上の関係者
□ 確定根抵当権付債権譲渡契約証書	債権譲渡人（現確定根抵当権者）、債権譲受人（新確定根抵当権者）
□ 債権譲渡通知書または債権譲渡承諾書	債権譲渡通知書：債権譲渡人（現確定根抵当権者） 債権譲渡承諾書：債務者（確定根抵当権設定者）
□ 登記原因証明情報	債権譲渡人（現確定根抵当権者）
□ 委任状（登記義務者用）	債権譲渡人（現確定根抵当権者）
□ 委任状（登記権利者用）	債権譲受人（新確定根抵当権者）
□ 登記識別情報（登記済証）	債権譲渡人（現確定根抵当権者）
□ 会社法人等番号（注）	債権譲渡人（現確定根抵当権者）、債権譲受人（新確定根抵当権者）
□ 登録免許税	確定根抵当権の極度額の1,000分の2

（注）不登令等の改正により、平成27年11月2日から、会社・法人の代表者等の資格を証する情報の提供（添付）に代え、登記申請情報に商業登記法第7条の会社法人等番号を記録または記載することとなった。ただし、法人登記手続中となるなどの場合を考慮し、例外的に、作成後1か月以内の資格証明情報（登記事項証明書）を提供（添付）することも認められている。

Ⅳ－1　確定根抵当権付債権譲渡契約証書

（印紙）（注1）

確定根抵当権付債権譲渡契約証書

平成　　年　　月　　日（注2）

住　所　　　　　東京都○区○町一丁目2番3号
債権譲渡人　　　株式会社甲野銀行
（現根抵当権者）　代表取締役　甲野太郎　　㊞（注3）

住　所　　　　　東京都○区○町三丁目2番1号
債権譲受人　　　株式会社丙川サービサー
（現根抵当権者）　代表取締役　丙野三郎　　㊞（注4）

債権譲渡人および債権譲受人は、次のとおり確定根抵当権付債権譲渡契約を締結しました。

[譲渡債権の表示]

1．債権者	上記債権譲渡人に同じ
2．債務者	住所　東京都○区○町四丁目5番6号 氏名　株式会社乙野商事
3．原契約	契約名および契約年月日：平成　年　月　日金銭消費貸借契約 当初元本金額（注5）：拾億／百万／千／円（算用数字／頭部に¥マーク）
4．残元本金額（注6）	拾億／百万／千／円（算用数字／頭部に¥マーク）

[債権譲渡の要項]

1．譲渡代金額	拾億／百万／千／円（算用数字／頭部に¥マーク）
2．譲渡代金の支払方法	平成○年○月○日に一括支払（注7）

[確定根抵当権の表示]

１．登記	平成○年○月○日東京法務局○出張所受付第○号
２．物件	後記物件の表示記載のとおり
３．確定日および確定事由	平成○年○月○日確定請求

物件の表示	所有者
所　　　在　東京都○区○町一丁目 地　　　番　１番１ 地　　　目　宅地 地　　　積　○○○.００㎡	株式会社乙野商事
所　　　在　東京都○区○町一丁目１番地１ 家屋番号　１番１ 種　　　類　居宅 構　　　造　木造セメントかわらぶき平家建 床面積　○○.００㎡	株式会社乙野商事

第１条（債権譲渡）

①　債権譲渡人は、債権譲受人に対し、前記原契約（その後の変更を含む。以下同じ。）に基づき債権譲渡人が債務者に対して有する一切の債権（前記の残元本金額、経過利息および発生済み遅延損害金等の付帯債権を含み、以下「譲渡対象債権」といいます。）(注8)を前記「債権譲渡の要項」記載の内容により譲渡しました。(注9)

②　債権譲渡人は、前記譲渡代金額を前記「譲渡代金の支払方法」記載のとおり支払います。(注10)

第２条（対抗要件）

　債権譲渡人は、前条第１項に定める債権譲渡について、民法第467条第２項に従って、ただちに、確定日付ある証書により債務者に対する通知を行い、または確定日付ある証書により債務者の承諾を取得します。(注11)

第３条（原契約証書の交付）

　債権譲渡人は、譲渡代金全額の支払と引換に、前記原契約の証書その他債権譲受人の権利行使および保全に必要な一切の書類を、債権譲受人の指示に従って債権譲受人に交付します。

第４条（登記義務）

　債権譲渡人は、譲渡対象債権を担保するために設定された前記「確定根抵当権の表示」記載の確定根抵当権について、第１条に基づく債権譲渡を原因とする根抵当権移転登記手続を遅滞なく行い、その登記事項証明書を債権譲受人に提出します。また、根抵当権元本確定の登記手続を併せて行うものとします（ただし、すでに根抵当権元本確定の登記がさ

れている場合、または登記上根抵当権の元本確定が明らかな場合を除きます。)。(注12)

第5条（費用の負担）

　本契約締結に係る費用および本契約に基づく登記費用その他関連する費用は、債権譲渡人が負担し、債権譲受人が支払った金額についてはただちに支払います。(注13)(注14)

以　上

(注1)　この文書は印紙税法上の債権譲渡に関する契約書（第15号文書）に該当する。印紙税額は200円である。なお、債権譲渡証書記載の契約金額が10,000円未満の場合は、非課税となる。
(注2)　この契約書を作成した日付を記載する。
(注3)　債権譲渡人にはこの欄に署名（記名）捺印させる。なお、住所および商号、氏名は、資格証明または住民票により確認する。
(注4)　債権譲受人にはこの欄に署名（記名）捺印させる。なお、住所および商号、氏名は、資格証明または住民票により確認する。
(注5)　原契約に記載される貸付元本金額を記載する。
(注6)　残元本金額のほか、既発生の経過利息および遅延損害金の金額を具体的に表示することも考えられるが、簡易な実務でない可能性を考慮し、これらを含めて譲渡対象債権とする旨の文言を第1条第1項に設けることとした。
(注7)　分割払となる場合には、「平成〇年〇月〇日までに〇円、平成〇年〇月〇日までに残額全額を支払」などと記載する。
(注8)　既発生の利息（経過利息）および遅延損害金は、基本権となる元本債権とは別の債権（支分権）であり、元本債権の移転により当然に移転するものではないから、このような文言を設けることによって移転の対象であることを示す必要がある。
(注9)　本書式では、期限を定めて代金を支払うこととしているか否かにかかわらず、債権譲渡契約時に債権譲渡による抵当権移転の効果が生じることを前提としている。代金支払完了時に債権譲渡による抵当権移転の効果が生じる構成にすることも考えられるが、次条による債務者の承諾または債務者に対する通知が債権譲渡の効力発生前に行われることとなり対抗要件としての効力に疑義を生じさせるおそれがあることや、抵当権移転登記手続の登記原因証明情報としてこの契約証書のほかに譲渡代金の領収書など追加資料の提供が必要となることから、上記の構成は採用しなかった。
(注10)　契約締結と同時に代金が支払われる場合、本項の文末を「支払い、債権譲受人はこれを受領しました」と改めることも考えられる。もっとも、このような文言による場合、この契約書が印紙税法上の売上代金の受取書（第17号文書）となり、代金額に応じた印紙税が課税されることとなるので、注意を要する。
(注11)　債務者対抗要件および第三者対抗要件の具備は、確定日付の付された通知または承諾（民法第467条第2項）によるものとした。一般的には、債権譲渡を行った旨を記した通知書を内容証明郵便により発信するか、債務者の署名（記名）捺印のある承諾書を作成した後、公証役場において確定日付印の付与を受けることになる。
　　　　譲渡人が登記された法人である場合、動産・債権譲渡特例法第4条第1項の登記手続により第三者対抗要件を具備し、同条第2項の通知により債務者対抗要件を具備するという方法も検討されるが、ただちに債務者には通知しない（譲渡人が債権回収をして譲受人に引き渡す）ことが望ましいケースでの利用が適しており、本証書においては、同法による対抗要件具備は採用しないこととしている。
(注12)　本ケースは、確定請求により元本確定しているところ、根抵当権者による請求の場合は、根抵当権者が単独で元本確定の登記を申請することができ、この場合には、次条の費用負担を適用させる意義のみとなる。根抵当権設定者による請求の場合は（双方の合意の場合も）、両者が共同して登記を申請することとなり、この手続への協力を定める趣旨となる。
(注13)　本契約における各種費用について債権譲渡人が負担する例を記載している。
(注14)　本書式は、債権譲渡および抵当権移転に最低限必要な条項を内容とするものである。内容をさらに充実させるには、譲渡対象債権を債権譲受人以外の第三者に譲渡していない旨の表明保証条項を追加することなどが考えられる。

Ⅳ−2　債権譲渡通知書(注1)

債権譲渡通知書

平成　年　月　日

東京都○区○町四丁目5番6号

株式会社乙野商事　御中

東京都○区○町一丁目2番3号

株式会社甲野銀行

代表取締役　甲野太郎

　当行は、下記原契約（その後の変更を含む。以下同じ。）に基づき当行が貴社に対して有する一切の債権（下記残元本金額、経過利息および発生済み遅延損害金等の付帯債権を含み、以下「譲渡対象債権」といいます。）について、平成○年○月○日付けで下記譲受人に譲渡しましたので、民法第467条によりその旨ご通知申し上げます。譲渡対象債権の弁済方法につきましては、下記譲受人の指示に従ってください。

記

【譲受人】　東京都○区○町三丁目2番1号

　　　　　　株式会社丙川サービサー

　　　　　　担当：○部○○

　　　　　　電話番号：○○−○○○○−○○○○

【原契約】　平成○年○月○日付け金銭消費貸借契約

【当初元本金額】　○円

【残元本金額】　○円

以　上

（注1）　債権譲渡の第三者対抗要件具備を証する書面となる通知書は、確定日付ある証書で行う必要がある（民法第467条第2項）ことから、確定日付ある証書の一つとされ内容証明郵便にて送付すべきであろう（民法施行法第5条第1項第5号）。内容証明郵便物の謄本は、1行20字（記号は、1個で1字、以下同じ）以内、1枚26行以内で作成するものとされている。ただし、横書きの場合は、1行13字以内、1枚40行以内とするか、または1行26字以内、1枚20行以内で作成することができる。

Ⅳ−3　債権譲渡承諾書

債権譲渡承諾書

　　　　　　　　　　　　　　　　　　　　　　平成　　年　　月　　日（注1）

（債権譲渡人）
東京都○区○町一丁目2番3号
株式会社甲野銀行　御中
（債権譲受人）
東京都○区○町三丁目2番1号
株式会社丙川サービサー　御中（注1）

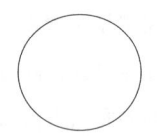

　確定日付欄（注3）　　　　　　　　　（債務者）
　　　　　　　　　　　　　　　　　　東京都○区○町四丁目5番6号
　　　　　　　　　　　　　　　　　　株 式 会 社 乙 野 商 事
　　　　　　　　　　　　　　　　　　代表取締役　乙野次郎　　　㊞（注2）

　当社は、下記原契約（その後の変更を含む。以下同じ。）に基づき債権譲渡人が当社に対して有する一切の債権（下記残元本金額、経過利息および発生済み遅延損害金等の付帯債権を含みます。）を債権譲渡人が債権譲受人に対して譲渡したことについて、異議なく承諾しました。

［債権譲渡の表示］

1．債権者	上記債権譲渡人に同じ
2．債務者	上記債務者に同じ
3．原契約	契約名および契約年月日　平成　年　月　日金銭消費貸借契約 当初元本金額　拾億／百万／千／円（算用数字／頭部に¥マーク）
4．残元本金額	拾億／百万／千／円（算用数字／頭部に¥マーク）

　　　　　　　　　　　　　　　　　　　　　　　　　　　　　　　　以　上

(注1) 債権譲渡の承諾は、債権譲渡人または債権譲受人のいずれに対するものであっても有効であると解されている。本書式は、譲渡に関わる当事者の名称の一覧性の観点から、債権譲渡人および債権譲受人の両名宛てとした。
(注2) 債務者にはこの欄に署名（記名）捺印させる。債務者以外の者が抵当権設定者である場合であっても、債務者の署名（記名）捺印があれば足り、抵当権設定者を契約当事者として署名（記名）捺印させる必要はない。
(注3) 債務者の承諾により第三者対抗要件を具備するには、確定日付を付す必要がある。確定日付を付す方法としては、本書式に債務者の署名（記名）捺印を取得した後、公証役場において確定日付印の付与を受けるのが一般的である。

V 登記原因証明情報（確定根抵当権移転）(注1)

登記原因証明情報
（確定根抵当権移転）

平成　年　月　日

東京法務局　〇出張所　御中

　　　　　住　所　　　東京都〇区〇町一丁目2番3号
　　　　　登記義務者(注2)　株式会社甲野銀行
　　　　　　　　　　　代表取締役　甲野太郎　　　㊞

登記義務者（現確定根抵当権者）は、本件登記の原因となる事実または法律行為が下記1．記載のとおりであること、およびこれに基づき現に下記2．記載の内容を登記要項とする物権変動が生じたことを証明します。

1．登記の原因となる事実または法律行為

(1)	契約証書名および締結年月日	平成〇年〇月〇日付け確定根抵当権付き債権譲渡契約証書(注3)
(2)	契約当事者	債権譲渡人（現確定根抵当権者）　株式会社甲野銀行
		債権譲受人（新確定根抵当権者）　株式会社丙川サービサー

2．登記申請情報の要項

(1) 登記の目的	根抵当権移転(注4)
(2) 移転する根抵当権	平成〇年〇月〇日受付第〇号
(3) 原因	平成〇年〇月〇日債権譲渡(注5)

(4)	登記権利者 （新確定根抵当権者） （注6）	東京都○区○町三丁目2番1号 株式会社丙川サービサー
(5)	登記義務者 （現確定根抵当権者） （注2）	東京都○区○町一丁目2番3号 株式会社甲野銀行
(6)	不動産の表示	後記不動産の表示記載のとおり

不動産の表示

所　　在　東京都○区○町一丁目
地　　番　1番1
地　　目　宅地
地　　積　○○○.○○㎡

所　　在　東京都○区○町一丁目1番地1
家屋番号　1番1
種　　類　居宅
構　　造　木造セメントかわらぶき平家建
床 面 積　○○.○○㎡

以　上

(注1)　Ⅳ－1確定根抵当権付債権譲渡契約証書とは別に、Ⅴ登記原因証明情報（確定根抵当権移転）を作成する場合の書式である。この情報は、登記の原因となる事実または法律行為のほか、登記事項（および物件表示）を登記義務者が確認して署名（または記名捺印）したものでなくてはならない。契約証書とは異なり、登記用に作成された書面の原本還付を受けることはできないため、管轄登記所が複数となるケースでは、登記所ごとに（複数）作成する必要がある。その内容は同文面とし、すべての物件を記載する。
(注2)　登記義務者は、現確定根抵当権者（債権譲渡人）となる。
(注3)　Ⅳ契約証書の名称および締結年月日を記載する。
(注4)　確定根抵当権の被担保債権についての債権譲渡による根抵当権の移転の登記は、常に付記登記によるから、付記登記による申請の旨を明らかにする必要はない。
(注5)　債権譲渡の効力が発生した日を記載する。
(注6)　登記権利者は、新確定根抵当権者（債権譲受人）となる。

Ⅵ－1－1　登記用委任状（登記義務者用／Ⅳ－1を登記原因証明情報として提供する場合）（注1）

委　任　状

平成　年　月　日

　　　住　　所　　東京都○区○町一丁目2番3号
　　　登記義務者　株式会社甲野銀行
　　　　　　　　　代表取締役　甲野太郎　　　　㊞

私は、_____（注2）を代理人と定め、下記の事項に関する一切の権限を委任します。

記

1．次の要項による登記申請に関すること
　　(1) 登記原因証明情報：平成○年○月○日付け確定根抵当権付債権譲渡契約証書（注3）
　　(2) 登記の目的：根抵当権移転
2．上記申請の登記識別情報の暗号化に関すること（注4）
3．上記申請の登記完了証の受領に関すること（注5）
4．上記申請に関する契約証書、資格証明情報その他の添付情報の原本還付手続に関すること（注5）
5．上記申請の登録免許税還付金の代理受領に関すること（注6）

以　上

（注1）　Ⅳ－1確定根抵当権付債権譲渡契約証書を登記原因証明情報（不登法第61条）として提供する場合に、登記義務者が作成する委任状の書式である。管轄登記所が複数となるケースにおいて、委任状の原本還付を受けるときは、他の申請についても委任したことが明らかな内容とする必要がある。
（注2）　代理人の住所ならびに氏名または名称を記載する。
（注3）　登記所に提供する契約証書の締結日およびその名称を記載する。
（注4）　登記識別情報の暗号化（電子申請においてオンラインで登記識別情報を提供すること）には特別の授権が必要であるため、このように記載する。
（注5）　これらの事項には特別の授権を必要としないが、委任事項を明確にするため、このように記載する。
（注6）　登記申請の取下げ・却下・過誤納付に伴う還付金の代理受領については特別の授権が必要であるため、このように記載する。

Ⅵ－1－2　登記用委任状（登記義務者用／Ｖを登記原因証明情報として提供する場合）(注1)

委　任　状

平成　　年　　月　　日

　　　　　住　所　　　東京都○区○町一丁目2番3号
　　　　　登記義務者　株式会社甲野銀行
　　　　　　　　　　　代表取締役　甲野太郎　　㊞

私は、＿＿＿＿＿＿＿＿＿＿＿＿＿＿＿＿＿（注2）を代理人と定め、下記の事項に関する一切の権限を委任します。

記

1．次の要項による登記申請に関すること
　　(1) 登記原因証明情報：平成○年○月○日付け登記原因証明情報（確定根抵当権移転）(注3)
　　(2) 登記の目的：根抵当権移転
2．上記申請の登記識別情報の暗号化に関すること (注4)
3．上記申請の登記完了証の受領に関すること (注5)
4．上記申請に関する資格証明情報その他の添付情報の原本還付手続に関すること (注5)
5．上記申請の登録免許税還付金の代理受領に関すること (注6)

以　上

(注1)　Ⅳ－1確定根抵当権付債権譲渡契約証書とは別に、Ｖの登記原因証明情報（確定根抵当権移転）を作成し、これを登記原因証明情報（不登法第61条）として提供する場合に、登記義務者が作成する委任状の書式である。管轄登記所が複数となるケースにおいて、委任状の原本還付を受けるときは、他の申請についても委任したことが明らかな内容とする必要がある。
(注2)　代理人の住所ならびに氏名または名称を記載する。
(注3)　登記所に提供する登記原因証明情報の作成日およびその名称を記載する。
(注4)　登記識別情報の暗号化（電子申請においてオンラインで登記識別情報を提供すること）には特別の授権が必要であるため、このように記載する。
(注5)　これらの事項には特別の授権を必要としないが、委任事項を明確にするため、このように記載する。
(注6)　登記申請の取下げ・却下・過誤納付に伴う還付金の代理受領については特別の授権が必要であるため、このように記載する。

Ⅵ-2-1　登記用委任状（登記権利者用／Ⅳ-1を登記原因証明情報として提供する場合）（注1）

委　任　状

平成　　年　　月　　日

　　　　住　　所　　東京都○区○町三丁目2番1号
　　　　登記権利者　株式会社丙川サービサー
　　　　　　　　　　代表取締役　丙川三郎　　　　㊞
　　　（連絡先　担当部署　○○部／担当者名　○○　○○
　　　　電話番号　○○-○○○○-○○○○　　　　　　）

私は、＿＿＿＿＿＿＿＿＿＿＿＿＿＿＿＿（注2）を代理人と定め、下記の事項に関する一切の権限を委任します。

記

1．次の要項による登記申請に関すること
　　(1) 登記原因証明情報：平成○年○月○日付け確定根抵当権付債権譲渡契約証書（注3）
　　(2) 登記の目的：根抵当権移転
2．上記申請の登記識別情報の受領に関すること（注4）
3．上記申請の登記完了証の受領に関すること（注5）
4．上記申請に関する契約証書、資格証明情報その他の添付情報の原本還付手続に関すること（注5）
5．上記申請の登録免許税還付金の代理受領に関すること（注6）

以　上

（注1）　Ⅳ-1確定根抵当権付債権譲渡契約証書を登記原因証明情報（不登法第61条）として提供する場合に、登記権利者が作成する委任状の書式である。管轄登記所が複数となるケースにおいて、委任状の原本還付を受けるときは、他の申請についても委任したことが明らかな内容とする必要がある。
（注2）　代理人の住所ならびに氏名または名称を記載する。
（注3）　登記所に提供する契約証書の締結日およびその名称を記載する。
（注4）　登記識別情報の受領には特別の授権が必要であるため、このように記載する。なお、電子申請においてオンラインで登記識別情報を受領することを「復号」といい、この方法による受領には特別の授権が必要であるため、これについても委任する場合は、「上記申請の登記識別情報の受領・復号に関すること」のように記載する。
（注5）　これらの事項には特別の授権を必要としないが、委任事項を明確にするため、このように記載する。
（注6）　登記申請の取下げ・却下・過誤納付に伴う還付金の代理受領については特別の授権が必要であるため、このように記載する。

Ⅵ−2−2 登記用委任状（登記権利者用／Ⅴを登記原因証明情報として提供する場合）(注1)

委 任 状

平成　年　月　日

住　所　　東京都○区○町三丁目2番1号
登記権利者　株式会社丙川サービサー
　　　　　　代表取締役　丙川三郎　　㊞
連絡先　担当部署　○○部／担当者名　○○　○○
電話番号　○○−○○○○−○○○○

私は、＿＿＿＿＿＿＿＿＿＿＿＿＿＿＿＿(注2)を代理人と定め、下記の事項に関する一切の権限を委任します。

記

1. 次の要項による登記申請に関すること
　(1) 登記原因証明情報：平成○年○月○日付け登記原因証明情報（確定根抵当権移転）(注3)
　(2) 登記の目的：根抵当権移転
2. 上記申請の登記識別情報の受領に関すること (注4)
3. 上記申請の登記完了証の受領に関すること (注5)
4. 上記申請に関する資格証明情報その他の添付情報の原本還付手続に関すること (注5)
5. 上記申請の登録免許税還付金の代理受領に関すること (注6)

以　上

(注1) Ⅳ−1確定根抵当権付債権譲渡契約証書とは別に、Ⅴ登記原因証明情報（確定根抵当権移転）を作成し、これを登記原因証明情報（不登法第61条）として提供する場合に、登記権利者が作成する委任状の書式である。管轄登記所が複数となるケースにおいて、委任状の原本還付を受けるときは、他の申請についても委任したことが明らかな内容とする必要がある。
(注2) 代理人の住所ならびに氏名または名称を記載する。
(注3) 登記所に提供する登記原因証明情報の作成日およびその名称を記載する。
(注4) 登記識別情報の受領には特別の授権が必要であるため、このように記載する。なお、電子申請においてオンラインで登記識別情報を受領することを「復号」といい、この方法による受領には特別の授権が必要であるため、これについても委任する場合は、「上記申請の登記識別情報の受領・復号に関すること」のように記載する。
(注5) これらの事項には特別の授権を必要としないが、委任事項を明確にするため、このように記載する。
(注6) 登記申請の取下げ・却下・過誤納付に伴う還付金の代理受領については特別の授権が必要であるため、このように記載する。

2　代位弁済

78　保証人による確定根抵当権付債権の全部弁済

I　ケース概要

　甲野銀行は、乙野商事に対し融資を行い、その担保として乙野商事所有の土地建物につき根抵当権の設定を受けていたが、確定請求により元本確定となった。
　今般、この貸付債権の保証人である丙川信用保証協会が融資金債権の全部について代位弁済を行うこととなった。

II　書式作成上の留意点

① 　確定根抵当権の被担保債権である融資金債権について、債権者が保証人から債権全部の代位弁済を受ける場合の書式である。保証人の代位弁済により当然代位（民法第500条）が発生し、融資金債権の担保である確定根抵当権を保証人が行使することが可能となることから、根抵当権移転の登記原因が生じる。なお、根抵当権移転の付記登記は、抵当不動産の第三取得者に対して確定根抵当権の代位行使を行うための要件となる（民法第501条第1号）。

② 　信用保証協会以外にも、（連帯）保証人、連帯債務者、担保目的物の第三取得者、後順位抵当権者等「弁済をするについて正当な利益を有する者」（法定代位権者）による第三者弁済がなされる場合には、同様に民法第500条に基づいて法定代位が発生することから、「保証人」欄を法定代位権者の地位に応じた文言に修正した同様の書式により対応することとなる。なお、法定代位権者が代位権を放棄した場合には、法定代位は発生せず、本項の書式も使用されないこととなる。なお、任意代位による根抵当権移転の場合は、No.21の書式を確定根抵当権を前提とした文言に修正する。

③ 　当然代位であることから、No.21の任意代位の場合と異なり、対抗要件として債務者に対する通知または承諾を行う必要はない。しかし、債務者との返済交渉の便宜上、債権者または保証人から何らかの通知が行われることが多いと思われる。

④ 　登記上元本確定が明らかな場合を除き、根抵当権の移転登記の前提として元本確定の登記が必要となる。なお、極度額が10億で残債務が1億といったケースでは登録免許税を考慮して極度額の減額を検討することがある。また、一部代位弁済の登記事項となる弁済額は普通抵当と異なり元本金額に限定されないため、極度額を上回るケースも生じるが、この場合の登録免許税は、登記された極度額で計算する。

⑤ 　この代位弁済証書とは別に登記原因証明情報（不登法第61条）を作成することも考えられるが、簡明な書式であるので、代位弁済証書をそのまま登記原因証明情報とするのが一般的であろう。ただし、この場合の代位弁済証書には根抵当権（不動産の表示を含む）の記載が

必要である。
⑥ 根抵当権移転登記は、代位弁済をした保証人（新確定根抵当権者）が登記権利者となり、債権者（現確定根抵当権者）が登記義務者となって行う。
⑦ 登記義務者は、根抵当権の取得に係る登記識別情報（登記済証）を提供する。なお、登記完了後は、双方に登記完了証が交付され、登記権利者には登記識別情報が通知される。

Ⅲ　必要書類・費用一覧

書　　　類	書類上の関係者
□ 代位弁済証書	債権者（現確定根抵当権者）
□ 法定代位通知書	債権者（現確定根抵当権者）または保証人（新確定根抵当権者）
□ 委任状（登記義務者用）	債権者（現確定根抵当権者）
□ 委任状（登記権利者用）	保証人（新確定根抵当権者）
□ 登記識別情報（登記済証）	債権者（現確定根抵当権者）
□ 会社法人等番号（注）	債権者（現確定根抵当権者）、保証人（新確定根抵当権者）
□ 登録免許税	確定根抵当権の極度額の1,000分の2

（注）　不登令等の改正により、平成27年11月2日から、会社・法人の代表者等の資格を証する情報の提供（添付）に代え、登記申請情報に商業登記法第7条の会社法人等番号を記録または記載することとなった。ただし、法人登記手続中となるなどの場合を考慮し、例外的に、作成後1か月以内の資格証明情報（登記事項証明書）を提供（添付）することも認められている。

Ⅳ　代位弁済証書

（印紙）（注1）

代位弁済証書

平成　　年　　月　　日（注2）

東京都○区○町三丁目2番1号
丙　川　信　用　保　証　協　会　御中

住　　所　　　東京都○区○町一丁目2番3号
債権者　　　　株　式　会　社　甲　野　銀　行
（現確定根抵当権者）代表取締役　甲　野　太　郎　　㊞（注3）

貴信用保証協会は、後記確定根抵当権が付された後記原契約に基づいて発生している債権の全部である後記代位弁済額（残元本金額、経過利息および発生済遅延損害金を含みます。）

について、当行に対する代位弁済額を行い、当行は、これを受領しました。(注4)

[代位弁済額の表示]

1．代位弁済額	拾億　　百万　　千　　円 （算用数字／頭部に¥マーク）
2．代位弁済額の内訳 （注5）	元本充当額	拾億　　百万　　千　　円 （算用数字／頭部に¥マーク）
	利息充当額	拾億　　百万　　千　　円 （算用数字／頭部に¥マーク）
	損害金充当額	拾億　　百万　　千　　円 （算用数字／頭部に¥マーク）

[代位弁済を受けた債権の表示]

1．債権者	上記債権者に同じ
2．債務者	住所　東京都○区○町四丁目2番1号 氏名　株式会社乙野商事
3．原契約	契約名および契約年月日	平成　　年　　月　　日金銭消費貸借契約
	当初元本金額 （注6）	拾億　　百万　　千　　円 （算用数字／頭部に¥マーク）

[確定根抵当権の表示]

1．登記	平成○年○月○日東京法務局○出張所受付第○号
2．物件	後記物件の表示記載のとおり
3．確定日および確定事由	平成○年○月○日確定請求

物件の表示	所有者
所　　在　東京都○区○町一丁目 地　　番　1番1 地　　目　宅地 地　　積　○○○.○○㎡	株式会社乙野商事

```
所　　在　東京都○区○町一丁目１番地１　　　株式会社乙野商事
家屋番号　１番１
種　　類　居宅
構　　造　木造セメントかわらぶき平家建
床 面 積　○○.○○㎡

　　　　　　　　　　　　　　　　　　　　　　　　　　　　以　　上
```

（注１）　この文書は印紙税法上の受取証（第17号の１文書）に該当する。印紙税額は、売上代金額、すなわち利息充当額に応じて算定される。代位弁済額が50,000円未満の場合は、非課税となる。なお、非課税文書かどうかの判定が売上代金以外の金銭の受取額との合計によって行われるため、利息充当額が50,000円未満であっても、代位弁済額の合計が50,000円以上である場合には課税文書となるので、注意が必要である。
（注２）　この契約書を作成した日付を記載する。
（注３）　代位弁済を受けた債権者がこの欄に署名（記名）捺印する。
（注４）　信用保証協会から代位弁済を受ける場合には、登記義務および費用負担は信用保証協会との約定に従うことが通例であり、登記義務および費用負担を独立の条項として設けることが少ないことから、他の章における契約書式と異なり、本書式には登記義務および費用負担を独立の条項を設けていない。なお、確認の趣旨で、登記義務および費用負担を独立の条項として設けることは可能である。
（注５）　全部弁済を受ける場合、弁済充当の内訳については登記事項ではなく、これを示すことが本書式を登記原因証明情報とするにあたり必須となるものでもない。しかし、利息充当額に応じて印紙税額が課される（前掲注１参照）ところ、利息充当額の内訳が明らかでない書式を用いると、利息を含む項目の金額全額を売上代金額として印紙税額が算定されることとなり、印紙税の負担が増えるから、元本、利息および損害金への各充当額の内訳を記す欄を設けた。
（注６）　原契約に記載される貸付元本金額を記載する。

Ｖ－１　登記用委任状（登記義務者用）（注１）

```
　　　　　　　　　　　　　委　任　状

　　　　　　　　　　　　　　　　　　　　　　　平成　　年　　月　　日

　　　　　　　　　　　住　所　　東京都○区○町一丁目２番３号
　　　　　　　　　　　登記義務者　株式会社甲野銀行
　　　　　　　　　　　　　　　　　代表取締役　甲野太郎　　　㊞

私は、＿＿＿＿＿＿＿＿＿＿＿＿＿＿（注２）を代理人と定め、下記の事項に関する一切の権限を委任します。

　　　　　　　　　　　　　　　記

１．次の要項による登記申請に関すること
　　(1)登記原因証明情報：平成○年○月○日付け代位弁済証書（注３）
　　(2)登記の目的：根抵当権移転
２．上記申請の登記識別情報の暗号化に関すること（注４）
３．上記申請の登記完了証の受領に関すること（注５）
```

758　第３章　確定根抵当権

4．上記申請に関する契約証書、資格証明情報その他の添付情報の原本還付手続に関すること（注5）
 5．上記申請の登録免許税還付金の代理受領に関すること（注6）

以　上

（注1）　Ⅳ代位弁済証書を登記原因証明情報（不登法第61条）として提供する場合に、登記義務者が作成する委任状の書式である。管轄登記所が複数となるケースにおいて、委任状の原本還付を受けるときは、他の申請についても委任したことが明らかな内容とする必要がある。
（注2）　代理人の住所ならびに氏名または名称を記載する。
（注3）　登記所に提供する弁済証書の作成日およびその名称を記載する。
（注4）　登記識別情報の暗号化（電子申請においてオンラインで登記識別情報を提供すること）には特別の授権が必要であるため、このように記載する。
（注5）　これらの事項には特別の授権を必要としないが、委任事項を明確にするため、このように記載する。
（注6）　登記申請の取下げ・却下・過誤納付に伴う還付金の代理受領については特別の授権が必要であるため、このように記載する。

Ⅴ－2　登記用委任状（登記権利者用）（注1）

委　任　状

平成　　年　　月　　日

住　所　　　東京都〇区〇町三丁目2番1号
登記権利者　丙　川　信　用　保　証　協　会
　　　　　　理事長　丙　川　三　郎　　　　　㊞
（連絡先　担当部署　〇〇部／担当者名〇〇　〇〇
　電話番号　〇〇－〇〇〇〇－〇〇〇〇）

私は、＿＿＿＿＿＿＿＿＿＿＿＿＿＿＿（注2）を代理人と定め、下記の事項に関する一切の権限を委任します。

記

 1．次の要項による登記申請に関すること
　　(1)登記原因証明情報：平成〇年〇月〇日付け代位弁済証書（注3）
　　(2)登記の目的：根抵当権移転
 2．上記申請の登記識別情報の受領に関すること（注4）
 3．上記申請の登記完了証の受領に関すること（注5）
 4．上記申請に関する契約証書、資格証明情報その他の添付情報の原本還付手続に関すること（注5）
 5．上記申請の登録免許税還付金の代理受領に関すること（注6）

以　上

（注1）　Ⅳ代位弁済証書を登記原因証明情報（不登法第61条）として提供する場合に、登記権利者が作成する委任状の書式である。管轄登記所が複数となるケースにおいて、委任状の原本還付を受けるときは、他の申請についても委任したことが明らかな内容とする必要がある。
（注2）　代理人の住所ならびに氏名または名称を記載する。
（注3）　登記所に提供する弁済証書の作成日およびその名称を記載する。

(注4) 登記識別情報の受領には特別の授権が必要であるため、このように記載する。なお、電子申請においてオンラインで登記識別情報を受領することを「復号」といい、この方法による受領には特別の授権が必要であるため、これについても委任する場合は、「上記申請の登記識別情報の受領・復号に関すること」のように記載する。
(注5) これらの事項には特別の授権を必要としないが、委任事項を明確にするため、このように記載する。
(注6) 登記申請の取下げ・却下・過誤納付に伴う還付金の代理受領については特別の授権が必要であるため、このように記載する。

3　根抵当権者の合併

79　確定根抵当権者の合併

I　ケース概要

　甲野銀行は、乙野商事に対する融資取引の担保として乙野商事所有の土地につき根抵当権の設定を受けていたが、確定請求により元本確定となった。その後、丙川銀行を存続会社とする吸収合併が行われ、当該融資に係る債権は、土地の抵当権と共に丙川銀行に承継された。
　今般、丙川銀行が承継した確定根抵当権について、他の事由により登記を行うこととなったため、当該登記の前提として、上記合併についても登記手続を行う。

II　書類作成上の留意点

① 　元本の確定後に根抵当権者について合併があった場合に、確定根抵当権が存続会社（新設合併の場合は設立会社。以下同じ）に承継されたことを公示する場合の書式である。合併の効力発生により根抵当権移転の登記原因が生じる。

② 　存続会社は、合併の効力発生日（新設合併の場合は成立日）に消滅会社の権利義務を包括的に承継する（会社法第750条第1項、第754条第1項）。合併による権利承継（一般承継）は、登記を要する物権変動ではないから、対抗要件具備目的で根抵当権移転の登記を行う必要はない。

③ 　不動産担保権の実行手続との関係においても、民事執行法第181条第3項の承継を証する文書として、合併の記載がある存続会社または設立会社の登記事項証明書を執行裁判所に提出することにより、合併による根抵当権移転の付記登記を行わないで担保不動産競売の申立てを行うことが可能であるし、開始決定後に合併の効力が発生した場合も、民事執行法上の明文規定はないものの、同様に承継を証する文書が提出されれば競売手続はそのまま進行することとされているから、競売手続の進行の観点からも、根抵当権の移転登記を行う必要性はない。

④ 　合併による根抵当権移転の登記は、確定根抵当権の抹消、変更等の必要が生じた際に、同時に行うことが多い。合併により消滅会社は解散し、これらの登記の際には、その前提として、合併による根抵当権移転の登記が必要となるからである。

⑤ 　登記原因証明情報（不登法第61条）として登記所に提供するのは、合併の記載がある存続会社または設立会社の登記事項証明書である。登記手続にあたり、合併契約書を提供する必要はなく、また別に登記原因証明情報を作成する必要はない。

⑥ 　合併による根抵当権移転登記は、存続会社が登記申請人となって行う。登記完了後は、登記完了証が交付され登記識別情報が通知される。

III　必要書類・費用一覧

書類	書類上の関係者
□　登記事項証明書（注1）	存続会社（または設立会社）
□　委任状（登記申請人用）	存続会社（または設立会社）
□　会社法人等番号（注2）	存続会社（または設立会社）
□　登録免許税	極度額の1,000分の1

（注1）　不登令等の改正に伴い、現在の会社法人等番号によって登記所が合併事項を確認できる場合、この番号を提供すれば証明書の添付は省略できることとなった。

（注2）　不登令等の改正により、平成27年11月2日から、会社・法人の代表者等の資格を証する情報の提供（添付）に代え、登記申請情報に商業登記法第7条の会社法人等番号を記録または記載することとなった。ただし、法人登記手続中となるなどの場合を考慮し、例外的に、作成後1か月以内の資格証明情報（登記事項証明書）を提供（添付）することも認められている。

IV－1　登記用委任状（登記申請人用）（注1）

```
                    委　任　状

                                        平成　　年　　月　　日

                    住所　　　東京都○区○町三丁目2番1号
                    登記申請人　株式会社丙川銀行
                              代表取締役　丙野三郎　　　㊞
                              （取扱店　○支店）
                  ⎛連絡先　担当部署　○○部／担当者名　○○　○○⎞
                  ⎝電話番号　○○－○○○○－○○○○　　　　　　⎠

私は、＿＿＿＿＿＿＿＿＿＿＿＿＿＿（注2）を代理人と定め、下記の事項に関する一切の権限を委任します。

                        記

1．次の登記申請に関すること（注3）
    (1) 登記の目的：根抵当権移転（合併による確定根抵当権の移転）
    (2) 移転する登記：平成○年○月○日東京法務局○出張所受付第○号
    (3) 物件：後記物件の表示記載のとおり
2．上記申請の登記識別情報の受領に関すること（注4）
3．上記申請の登記完了証の受領に関すること（注5）
4．上記申請に関する登記原因証明情報、資格証明情報その他の添付情報の原本還付手続に関すること（注5）
5．上記申請の登録免許税還付金の代理受領に関すること（注6）
```

	物件の表示（注7）
所　　在	東京都〇区〇町一丁目
地　　番	1番1
地　　目	宅地
地　　積	〇〇〇.00㎡

以　上

(注1)　登記申請人が作成する委任状の書式である。管轄登記所が複数となるケースにおいて、委任状の原本還付を受けるときは、他の申請についても委任したことが明らかな内容とする必要がある。
(注2)　代理人の住所ならびに氏名または名称を記載する。
(注3)　戸籍・住民票・登記事項証明書などの官公署発行の証明書を登記原因証明情報（不登法第61条）として提供する場合、当該証明書には確定根抵当権や不動産の表示がないことから、委任する登記手続を明確にするため、このように記載する。
(注4)　登記識別情報の受領には特別の授権が必要であるため、このように記載する。なお、電子申請においてオンラインで登記識別情報を受領することを「復号」といい、この方法による受領には特別の授権が必要であるため、これについても委任する場合は、「上記申請の登記識別情報の受領・復号に関すること」のように記載する。
(注5)　これらの事項には特別の授権を必要としないが、委任事項を明確にするため、このように記載する。
(注6)　登記申請の取下げ・却下・過誤納付に伴う還付金の代理受領については特別の授権が必要であるため、このように記載する。
(注7)　土地については所在・地番を記載することでも足りる。

4　根抵当権者の会社分割

80　確定根抵当権者の会社分割

I　ケース概要

　甲野銀行は、乙野商事に対する融資取引の担保として乙野商事所有の土地につき根抵当権の設定を受けていたが、確定請求により元本確定となった。その後、丙川銀行を承継会社とする吸収分割が行われ、当該融資に係る債権は、土地の根抵当権と共に丙川銀行に承継された。
　今般、丙川銀行が承継した確定根抵当権について、他の事由により登記を行うこととなったため、当該登記の前提として、上記会社分割についても登記手続を行う。

II　書類作成上の留意点

① 　元本の確定後に根抵当権者について会社分割があった場合に、確定根抵当権が承継会社（新設合併の場合は設立会社。以下同じ）に承継されたことを公示するときの書式である。会社分割の効力発生により根抵当権移転の登記原因が生じる。

② 　承継会社は、会社分割の効力発生日（新設合併の場合は成立の日）に吸収分割契約（新設分割の場合は新設分割計画）の定めに従い分割会社の権利義務を包括的に承継する（会社法第759条第1項、第764条第1項）。対抗要件具備目的で根抵当権移転の登記を行う意義が乏しいことから、会社分割後ただちに根抵当権の移転登記を行うものとはせず、不動産担保権の実行や確定根抵当権の変更が生じた際に根抵当権移転の登記を行うことが多い。

③ 　不動産担保権の実行手続との関係では、民事執行法第181条第3項の承継を証する文書として、会社分割契約書および承継会社の登記事項証明書を執行裁判所に提出することにより、会社分割による根抵当権移転の登記を行わないで担保不動産競売の申立てを行うことも考えられる。しかし、会社分割契約書からは融資に係る債権および確定根抵当権が会社分割により承継されているか判然とせず、別途承継を証する文書を分割会社および承継会社の名義で作成する手間が生じることが多い。

④ 　吸収分割会社名義の根抵当権を吸収分割後の原因により抹消するときであっても、吸収分割による根抵当権移転登記は必要的でないとされている。

⑤ 　元本の確定前に根抵当権者について会社分割があったときは、根抵当権は当然に分割会社と承継会社の共有となり、本ケースとは異なる（確定前についてはNo.61参照）。
　　本ケースの登記をするためには、登記上元本確定が明らかな場合を除き、元本確定の登記を要する。

⑥ 　登記原因証明情報（不登法第61条）として登記所に提供するのは、IVの登記原因証明情報とするのが適当であろう。会社分割契約書（新設分割の場合は会社分割計画書）および登記事

項証明書を登記原因証明情報とすることも考えられるが、融資に係る債権および抵当権が承継対象であることが明らかとならず登記原因証明情報としての適格を欠くことが多い。
⑥　会社分割による根抵当権移転登記は、承継会社が登記権利者となり、分割会社が登記義務者となって行う。登記完了後は、双方に登記完了証が交付され、承継会社には登記識別情報が通知される。

Ⅲ　必要書類・費用一覧

書　類	書類上の関係者
☐ 登記事項証明書（注1）	吸収分割承継会社
☐ 登記原因証明情報	吸収分割会社
☐ 委任状（登記義務者用）	吸収分割会社
☐ 委任状（登記権利者用）	吸収分割承継会社
☐ 登記識別情報（登記済証）	吸収分割会社
☐ 会社法人等番号（注2）	吸収分割会社、吸収分割承継会社
☐ 登録免許税	極度額の1,000分の2

（注1）　不登令等の改正に伴い、現在の会社法人等番号によって登記所が会社分割事項を確認できる場合、この番号を提供すれば証明書の添付は省略できることとなった。
（注2）　不登令等の改正により、平成27年11月2日から、会社・法人の代表者等の資格を証する情報の提供（添付）に代え、登記申請情報に商業登記法第7条の会社法人等番号を記録または記載することとなった。ただし、法人登記手続中となるなどの場合を考慮し、例外的に、作成後1か月以内の資格証明情報（登記事項証明書）を提供（添付）することも認められている。

Ⅳ　登記原因証明情報（確定根抵当権移転）（注1）

登記原因証明情報
（確定根抵当権移転）

平成　　年　　月　　日

東京法務局　〇出張所　御中

　　　　　住　所　　　　東京都〇区〇町一丁目2番3号
　　　　　登記義務者（注2）　株式会社甲野銀行
　　　　　　　　　　　　代表取締役　甲野太郎　　㊞

登記義務者（吸収分割会社）は、本件登記の原因となる事実または法律行為が下記１．記載のとおりであることおよびこれに基づき現に下記２．記載の内容を登記要項とする物権変動が生じたことを証明します。

１．登記の原因となる事実または法律行為

(1) 契約名および締結年月日	平成〇年〇月〇日付け吸収分割契約（注3）
(2) 契約当事者	吸収分割会社　　　　　株式会社甲野銀行
	吸収分割承継会社　　　株式会社丙川銀行

２．登記申請情報の要項

(1) 登記の目的	根抵当権移転（注4）
(2) 移転する根抵当権	平成〇年〇月〇日受付第〇号
(3) 原因	平成〇年〇月〇日会社分割（注5）
(4) 登記権利者（吸収分割承継会社）（注6）	東京都〇区〇町三丁目２番１号 株式会社丙川銀行（取扱店〇支店）
(5) 登記義務者（吸収分割会社）	東京都〇区〇町一丁目２番３号 株式会社甲野銀行
(6) 不動産の表示	後記のとおり

不動産の表示

所　　在　東京都〇区〇町一丁目
地　　番　１番１
地　　目　宅地
地　　積　〇〇〇.〇〇㎡

以　上

- （注1）　吸収分割契約証書等とは別に、登記原因証明情報を作成する場合の書式である。この情報は、登記の原因となる事実または法律行為のほか、登記事項（および物件表示）を登記義務者が確認して署名（または記名捺印）したものでなくてはならない。証書とは異なり、登記用に作成された書面の原本還付を受けることはできないため、管轄登記所が複数となるケースでは、登記所ごとに（複数）作成する必要がある。その内容は同文面とし、すべての物件を記載する。
- （注2）　登記義務者は、吸収分割会社となる。
- （注3）　吸収分割契約の締結年月日を記載する。
- （注4）　会社分割による抵当権の移転の登記は、常に付記登記によるから、付記登記による申請の旨を明らかにする必要はない。
- （注5）　会社分割の効力発生日を記載する。
- （注6）　登記権利者は、吸収分割承継会社となる。取扱店支店を登記すべきときは、例のように表示する。

Ⅴ－1　登記用委任状（登記義務者用）（注1）

委　任　状

平成　年　月　日

　　　　　住　所　　　東京都○区○町一丁目2番3号
　　　　　登記義務者　株式会社甲野銀行
　　　　　　　　　　　代表取締役　甲野太郎　　　　㊞

私は、＿＿＿＿＿＿＿＿＿＿＿＿＿＿＿（注2）を代理人と定め、下記の事項に関する一切の権限を委任します。

記

1．次の要項による登記申請に関すること
　　(1) 登記原因証明情報：平成○年○月○日付け登記原因証明情報（確定抵当権移転）（注3）
　　(2) 登記の目的：根抵当権移転
2．上記申請の登記識別情報の暗号化に関すること（注4）
3．上記申請の登記完了証の受領に関すること（注5）
4．上記申請に関する資格証明情報その他の添付情報の原本還付手続に関すること（注5）
5．上記申請の登録免許税還付金の代理受領に関すること（注6）

以　上

（注1）　Ⅳ登記原因証明情報（確定根抵当権移転）を登記原因証明情報（不登法第61条）として提供する場合に、登記義務者が作成する委任状の書式である。管轄登記所が複数となるケースにおいて、委任状の原本還付を受けるときは、他の申請についても委任したことが明らかな内容とする必要がある。
（注2）　代理人の住所ならびに氏名または名称を記載する。
（注3）　登記所に提供する登記原因証明情報の作成日およびその名称を記載する。
（注4）　登記識別情報の暗号化（電子申請においてオンラインで登記識別情報を提供すること）には特別の授権が必要であるため、このように記載する。
（注5）　これらの事項には特別の授権を必要としないが、委任事項を明確にするため、このように記載する。
（注6）　登記申請の取下げ・却下・過誤納付に伴う還付金の代理受領については特別の授権が必要であるため、このように記載する。

V－2　登記用委任状（登記権利者用）(注1)

委　任　状

平成　年　月　日

　　　住　所　　東京都○区○町三丁目2番1号
　　　登記権利者　株式会社丙川銀行
　　　　　　　　　代表取締役　丙川三郎　　㊞
　　　　　　　　　（取扱店　○支店）

私は、＿＿＿＿＿＿＿＿＿＿＿＿＿＿＿(注2)を代理人と定め、下記の事項に関する一切の権限を委任します。

記

1．次の要項による登記申請に関すること
　　(1) 登記原因証明情報：平成○年○月○日付け登記原因証明情報（確定抵当権移転）(注3)
　　(2) 登記の目的：根抵当権移転
2．上記申請の登記識別情報の受領に関すること (注4)
3．上記申請の登記完了証の受領に関すること (注5)
4．上記申請に関する資格証明情報その他の添付情報の原本還付手続に関すること (注5)
5．上記申請の登録免許税還付金の代理受領に関すること (注6)

以　上

(注1)　Ⅳ登記原因証明情報（確定根抵当権移転）を登記原因証明情報（不登法第61条）として提供する場合に、登記権利者が作成する委任状の書式である。管轄登記所が複数となるケースにおいて、委任状の原本還付を受けるときは、他の申請についても委任したことが明らかな内容とする必要がある。
(注2)　代理人の住所ならびに氏名または名称を記載する。
(注3)　登記所に提供する登記原因証明情報の作成日およびその名称を記載する。
(注4)　登記識別情報の受領には特別の授権が必要であるため、このように記載する。なお、電子申請においてオンラインで登記識別情報を受領することを「復号」といい、この方法による受領には特別の授権が必要であるため、これについても委任する場合は、「上記申請の登記識別情報の受領・復号に関すること」のように記載する。
(注5)　これらの事項には特別の授権を必要としないが、委任事項を明確にするため、このように記載する。
(注6)　登記申請の取下げ・却下・過誤納付に伴う還付金の代理受領については特別の授権が必要であるため、このように記載する。

第3節 処　分

1　転抵当

81　確定根抵当権の転抵当

Ⅰ　ケース概要

　丙川ファイナンスは、乙野商事所有の土地および建物に、共同根抵当権の設定を受けていたところ、その元本が確定した。甲野銀行は、債務者丙川ファイナンス宛て融資取引を担保するため、その根抵当権について第1順位の転抵当権の設定を受けたい。

Ⅱ　書式作成上の留意点

① 本書式は、元本が確定した根抵当権をもって他の債権の全額の担保とする場合の書式である。なお、本書式は原根抵当権の債務者（以下「第三債務者」）に対して特別な約定を求めないケースを想定しているので、第三債務者の署名捺印を要しないものとしているが、実務上、この署名押印を求める書式もみられるところである（No.37参照）。

② たとえば、債権者が第三債務者に対して元本が確定した1,000万円の根抵当権付債権を有する場合に、債権者が銀行から800万円を借りるに際して、この根抵当権をもってその担保とする場合の書式である。

③ 転抵当権者と転抵当権設定者との間において転抵当権設定契約が締結されることにより、転抵当権設定の登記原因が発生する。

④ 原根抵当権設定者の承諾は、転抵当権設定契約の成立要件としては不要である。

⑤ 第三債務者の承諾も、転抵当権設定契約の成立要件としては不要である。しかし、転抵当権設定者による転抵当権の設定に関する通知、または第三債務者の承諾がない限り、第三債務者の転抵当権設定者に対する弁済を対抗されてしまう（民法第377条）。そこで、第三債務者に対する対抗要件を取得するために、転抵当権設定契約において、転抵当権設定者が第三債務者宛ての通知を行うこととしている。なお、第三債務者に署名捺印をさせる場合には、民法第377条の承諾の意義も持たせることができる。また、第三債務者以外の第三者との優劣関係については、登記によって決せられることから、転抵当権に関する通知または承諾は確定日付のある証書（民法第467条第2項参照）による必要はない。

　他方で、元本確定前の根抵当権について転抵当権を設定した場合には、第三債務者は、転抵当権設定者に対する弁済について転抵当権者に対抗することができる（民法第398条の11第2項）。本ケースは、根抵当権の元本確定後であるため、転抵当権設定者が第三債務者に対して通知をし、またはその承諾を得ることにより転抵当権設定者に対する弁済の効力を否定

することができるのである。

⑥　転抵当権設定契約とは別にⅤ登記原因証明情報（根抵当権転抵当）を作成し、登記原因証明情報（不登法第61条）として登記所に提供することができる。

⑦　確定後の根抵当権につき転抵当権を設定する登記は、転抵当権者が登記権利者となり、転抵当権設定者が登記義務者となって行い、登記原因のほか、被担保債権の債権額・利息・損害金・債務者・転抵当権者などをその登記事項とする。なお、根抵当権をもって他の債権の担保とすることは、根抵当権の元本確定の前後を問わず行うことができるが、原根抵当権者自らの申立てに係る差押えの登記がされているなど登記上対象根抵当権の元本確定が明らかな場合を除き、この際に根抵当権の元本確定の登記をしておくことが考えられる。

⑧　転抵当権設定者につき、根抵当権の取得に係る登記識別情報（登記済証）が必要となる。なお、登記完了後は、双方に登記完了証が交付され、登記権利者には登記識別情報が通知される。

⑨　管轄登記所が複数となるケースでは、Ⅴ登記原因証明情報（根抵当権転抵当）は、登記所ごとに（複数）必要となる。当該申請のためにのみ作成したⅥ登記用委任状も同様であり、これらは原本還付を受けることができないとされている。

Ⅲ　必要書類・費用一覧

書　　類	書類上の関係者
□　転抵当権設定契約証書	転抵当権者、債務者、転抵当権設定者
□　登記原因証明情報	転抵当権設定者
□　委任状（登記義務者用）	転抵当権設定者
□　委任状（登記権利者用）	転抵当権者
□　登記識別情報（登記済証）	転抵当権設定者
□　会社法人等番号（注）	転抵当権者、転抵当権設定者
□　登録免許税	不動産1個につき1,000円

（注）　不登令等の改正により、平成27年11月2日から、会社・法人の代表者等の資格を証する情報の提供（添付）に代え、登記申請情報に商業登記法第7条の会社法人等番号を記録または記載することとなった。ただし、法人登記手続中となるなどの場合を考慮し、例外的に、作成後1か月以内の資格証明情報（登記事項証明書）を提供（添付）することも認められている。

Ⅳ　転抵当権設定契約証書

（印紙）
（注1）

転抵当権設定契約証書

平成　　年　　月　　日（注2）

東京都〇区〇町一丁目2番3号
株式会社甲野銀行　御中
（取扱店　　　　　　　　　　　）

　　　　　　　住　所　　東京都〇区〇町三丁目2番6号
　　　　　　　債務者　　株式会社丙川ファイナンス
　　　　　　　転抵当権設定者　代表取締役　丙川三郎　㊞（注3）

　　　　　　　住　所
　　　　　　　転抵当権設定者

　　　　　　　（注4）（注5）

記

　株式会社甲野銀行（以下「銀行」といいます。）、債務者および転抵当権設定者は、次のとおり転抵当権設定契約を締結しました。

[転抵当権の要項]（注6）

1．被担保債権	平成〇年〇月〇日付け金銭消費貸借契約に基づく債権
2．債権額	拾億　　　百万　　　千　　　円 （算用数字／頭部に¥マーク）
3．利息	年〇％（年365日日割計算）
4．損害金	年〇％（年365日日割計算）
5．債務者	住所　東京都〇区〇町三丁目2番6号 氏名　株式会社丙川ファイナンス（注7）
6．順位	1（注8）
7．転抵当権の目的となる原根抵当権	後記原根抵当権の表示記載のとおり

[原根抵当権の表示]

1．登記	平成○年○月○日東京法務局○出張所受付第○号
2．物件	後記物件の表示記載のとおり
3．確定日および確定事由	平成○年○月○日確定請求

物件の表示	順位	所有者
所　　在　東京都○区○町一丁目 地　　番　１番１ 地　　目　宅地 地　　積　○○○.○○㎡	1	株式会社乙野商事
所　　在　東京都○区○町一丁目１番地１ 家屋番号　１番１ 種　　類　居宅 構　　造　木造セメントかわらぶき平家建 床 面 積　○○.○○㎡	1	株式会社乙野商事

第１条（転抵当権の設定）

① 転抵当権設定者は、下記条項を承認のうえ、前記「原根抵当権の表示」記載の元本確定後の根抵当権のうえに、銀行が有する前記被担保債権を担保するため、前記「転抵当権の要項」記載の転抵当権を設定しました。

② 転抵当権設定者は、この契約について、下記条項のほか、債務者が銀行に差し入れた銀行取引約定書および被担保債権の成立・変更等に係る約定書ならびに債務者が銀行に今後差し入れるこれらの約定書記載の各条項の適用があることを承認します。

第２条（転抵当権設定者・債務者の義務）

① 次に掲げるいずれかの行為をする場合、転抵当権設定者は、あらかじめ銀行の承諾を得るものとします。

(1) 原抵当権の被担保債権に係る契約および原根抵当権に係る設定契約（以下「原根抵当権設定契約」といいます。）の変更、原根抵当権の処分もしくは順位変更

(2) 原根抵当権の被担保債権の免除・相殺、または原根抵当権の放棄

(3) 原根抵当権に基づく担保権実行の申立て

② 次に掲げるいずれかの事由が生じた場合、転抵当権設定者は、ただちに銀行に通知します。

(1) 抵当物件が滅失・毀損しもしくはその価格が低落したとき

(2) 抵当物件について譲渡、明渡し、引渡し、収用その他の原因により譲渡代金・立退料・補償金・清算金などの債権が生じたとき

(3) 原根抵当権の設定者が、原根抵当権設定契約の定めに違反したとき

③　転抵当権設定者は、前項の場合において、銀行の請求があったときは、原根抵当権の被担保債権に係る契約および原根抵当権設定契約に基づく権利の全部または一部を、銀行に無償で譲渡する手続をとります。この場合、銀行の指示に従い、登記・通知を行うものとします。

④　債務者は、第2項の場合において、銀行の請求があったときは、ただちに銀行の承認する担保を差し入れ、または保証人をたてもしくはこれを追加し、あるいは転抵当権の被担保債務の全部または一部を期限のいかんにかかわらず弁済します。

第3条（対抗要件の具備）

①　転抵当権設定者は、転抵当権設定者名義の根抵当権の登記について、第1条に係る転抵当の登記手続を遅滞なく行い、その登記事項証明書を銀行に提出します。今後、この転抵当権について各種の変更等の合意がなされたときも同様とします。

②　転抵当権設定者は、原根抵当権の債務者に対し、第1条に係る転抵当の通知を遅滞なく行い、その証憑を銀行に提出します。今後、この転抵当権について各種の変更等の合意がなされたときも同様とします。(注9)

第4条（費用の負担）

　この転抵当権に関する登記・通知に要する費用は、債務者および転抵当権設定者が連帯して負担し、銀行が支払った金額についてはただちに支払います。

以　上

(注1)　抵当権設定契約書は、平成元年4月1日以降、印紙税法上の課税文書には該当しないこととされていることから、この文書も課税文書には該当しない。ただし、第2条第3項を修正して（権利の譲渡手続ではなく）権利を譲渡する旨の定めをした場合は、債権譲渡に関する契約書（第15号文書）として課税文書となるおそれがあるので、留意が必要である。
(注2)　この契約書を作成した日付を記載する。
(注3)　転抵当権設定者と債務者が同じ場合は、この欄に署名（記名）捺印させる。
(注4)　債務者以外の第三者が転抵当権設定者の場合は、この欄に署名（記名）捺印させる。連帯保証も求める場合には、この欄に「連帯保証人」の記載を追加するのではなく、保証人徴求の際に法令等によって求められる手続を履践する必要がある。
(注5)　第三債務者（原根抵当権の債務者）が当事者となる書式ではないことから、第三債務者（原根抵当権の債務者）については署名欄を設けない。
(注6)　被担保債権を特定するに足りる事項として、発生原因とその日付、債権額、利息および遅延損害金の定め等を記載する。
(注7)　住所、氏名を記載する（法人の場合は本店所在地と商号を記載）。
(注8)　第1順位の転抵当権を設定することを念頭に置いている。第1順位ではない場合には、当該順位を記載することとなる。
(注9)　第三債務者（原根抵当権の債務者）に対する対抗要件を具備するために（民法第377条）、転抵当権設定者から第三債務者（原抵当権の債務者）に対する通知を義務付けている。場合によっては、第三債務者（原抵当権の債務者）への通知または抵当権転抵当の登記を留保するケースもあるが、原則として、これらの準備はしておくべきであろう。

V 登記原因証明情報（根抵当権転抵当）(注1)

登記原因証明情報
（根抵当権転抵当）

平成　　年　　月　　日

東京法務局　○出張所　御中

　　　　　　　　住　所　　　東京都○区○町三丁目2番6号
　　　　　　登記義務者(注2)　株式会社丙川ファイナンス
　　　　　　　　　　　　　　代表取締役　丙川三郎　　　㊞

　登記義務者（転抵当権設定者）は、本件登記の原因となる事実または法律行為が下記1．記載のとおりであることおよびこれに基づき現に下記2．記載の内容を登記要項とする物権変動が生じたことを証明します。

1．登記の原因となる事実または法律行為

(1)	契約証書名および締結年月日	平成○年○月○日付け転抵当権設定契約証書(注3)	
(2)	契約当事者	転抵当権者	株式会社甲野銀行
		転抵当権設定者	株式会社丙川ファイナンス

2．登記申請情報の要項

(1)	登記の目的	根抵当権転抵当(注4)
(2)	転抵当権の目的となる原根抵当権	平成○年○月○日受付第○号
(3)	原因	平成○年○月○日金銭消費貸借平成○年○月○日設定(注5)
(4)	債権額(注6)	拾億　　　百万　　　千　　　円 （算用数字／頭部に¥マーク）
(5)	利息(注7)	年○％（年365日日割計算）
(6)	損害金	年○％（年365日日割計算）
(7)	債務者	東京都○区○町三丁目2番6号

(8)	登記権利者 （転抵当権者）（注8）	株式会社丙川ファイナンス 東京都○区○町一丁目2番3号 株式会社甲野銀行（取扱店○支店）
(9)	登記義務者 （転抵当権設定者）（注2）	東京都○区○町三丁目2番6号 株式会社丙川ファイナンス
(10)	不動産の表示	後記のとおり

不動産の表示

所　　在　東京都○区○町一丁目
地　　番　1番1
地　　目　宅地
地　　積　○○○.○○㎡

所　　在　東京都○区○町一丁目1番地1
家屋番号　1番1
種　　類　居宅
構　　造　木造セメントかわらぶき平家建
床　面　積　○○.○○㎡

以　上

(注1)　Ⅳ転抵当権設定契約証書とは別に、Ⅴ登記原因証明情報（根抵当権転抵当）を作成する場合の書式である。この情報は、登記の原因となる事実または法律行為のほか、登記事項（および物件表示）を登記義務者が確認して署名（または記名捺印）したものでなくてはならない。契約証書とは異なり、登記用に作成された書面の原本還付を受けることはできないため、管轄登記所が複数となるケースでは、登記所ごとに（複数）作成する必要がある。その内容は同文面とし、すべての物件を記載する。
(注2)　登記義務者は、既に設定を受けている根抵当権の根抵当権者となる。
(注3)　Ⅳ契約証書の名称および締結年月日を記載する。
(注4)　転抵当権設定の登記は、常に付記登記によるから、付記登記による申請の旨を明らかにする必要はない。
(注5)　まず契約名称および日付をもって被担保債権を記載し、次に設定契約の日付を記載する。
(注6)　転抵当権の被担保債権の債権額を記載する。登記申請までに弁済により債権額が減少していても当初の金額をもって登記することができるが、登記申請時の残高をもって登記することもできる。
(注7)　変動計算式や変動する旨を登記することはできない。
(注8)　登記権利者は、転抵当権者となる。

Ⅵ－1－1　登記用委任状（登記義務者用／Ⅳを登記原因証明情報として提供する場合）(注1)

委　任　状

平成　　年　　月　　日

住　所　　東京都○区○町三丁目2番6号
登記義務者　株式会社丙川ファイナンス
　　　　　　代表取締役　丙川三郎　　　㊞
｢連絡先　担当部署　○○部／担当者名　○○　○○
｡電話番号　○○－○○○○－○○○○

私は、＿＿＿＿＿＿＿＿＿＿＿＿＿＿＿＿(注2)を代理人と定め、下記の事項に関する一切の権限を委任します。

記

1．次の要項による登記申請に関すること
　(1) 登記原因証明情報：平成○年○月○日付け転抵当権設定契約証書 (注3)
　(2) 登記の目的：根抵当権転抵当
2．上記申請の登記識別情報の暗号化に関すること (注4)
3．上記申請の登記完了証の受領に関すること (注5)
4．上記申請に関する契約証書、資格証明情報その他の添付情報の原本還付手続に関すること (注5)
5．上記申請の登録免許税還付金の代理受領に関すること (注6)

以　上

(注1)　Ⅳ転抵当権設定契約証書を登記原因証明情報（不登法第61条）として提供する場合に、登記義務者が作成する委任状の書式である。管轄登記所が複数となるケースにおいて、委任状の原本還付を受けるときは、他の申請についても委任したことが明らかな内容とする必要がある。
(注2)　代理人の住所ならびに氏名または名称を記載する。
(注3)　登記所に提供する契約証書の締結日およびその名称を記載する。
(注4)　登記識別情報の暗号化（電子申請においてオンラインで登記識別情報を提供すること）には特別の授権が必要であるため、このように記載する。
(注5)　これらの事項には特別の授権を必要としないが、委任事項を明確にするため、このように記載する。
(注6)　登記申請の取下げ・却下・過誤納付に伴う還付金の代理受領については特別の授権が必要であるため、このように記載する。

Ⅵ－1－2　登記用委任状（登記義務者用／Ⅴを登記原因証明情報として提供する場合）(注1)

委　任　状

平成　　年　　月　　日

住　所　　東京都○区○町三丁目2番6号
登記義務者　株式会社丙川ファイナンス
　　　　　　代表取締役　丙川三郎　　　㊞
〔連絡先　担当部署　○○部／担当者名　○○　○○〕
〔電話番号　○○－○○○○－○○○○〕

私は、＿＿＿＿＿＿＿＿＿＿＿＿＿＿＿(注2)を代理人と定め、下記の事項に関する一切の権限を委任します。

記

1．次の要項による登記申請に関すること
　　(1) 登記原因証明情報：平成○年○月○日付け登記原因証明情報（根抵当権転抵当）(注3)
　　(2) 登記の目的：根抵当権転抵当
2．上記申請の登記識別情報の暗号化に関すること (注4)
3．上記申請の登記完了証の受領に関すること (注5)
4．上記申請に関する資格証明情報その他の添付情報の原本還付手続に関すること (注5)
5．上記申請の登録免許税還付金の代理受領に関すること (注6)

以　上

(注1) Ⅳ転抵当権設定契約証書とは別に、Ⅴ登記原因証明情報（根抵当権転抵当）を作成し、これを登記原因証明情報（不登法第61条）として提供する場合に、登記義務者が作成する委任状の書式である。管轄登記所が複数となるケースにおいて、委任状の原本還付を受けるときは、他の申請についても委任したことが明らかな内容とする必要がある。
(注2) 代理人の住所ならびに氏名または名称を記載する。
(注3) 登記所に提供する登記原因証明情報の作成日およびその名称を記載する。
(注4) 登記識別情報の暗号化（電子申請においてオンラインで登記識別情報を提供すること）には特別の授権が必要であるため、このように記載する。
(注5) これらの事項には特別の授権を必要としないが、委任事項を明確にするため、このように記載する。
(注6) 登記申請の取下げ・却下・過誤納付に伴う還付金の代理受領については特別の授権が必要であるため、このように記載する。

Ⅵ－2－1　登記用委任状（登記権利者用／Ⅳを登記原因証明情報として提供する場合）(注1)

委　任　状

平成　年　月　日

　　　　　住　所　　　東京都○区○町一丁目2番3号
　　　　　登記権利者　株式会社甲野銀行
　　　　　　　　　　　代表取締役　甲野太郎　　　㊞
　　　　　　　　　　　（取扱店　○支店）

私は、＿＿＿＿＿＿＿＿＿＿＿＿＿＿(注2)を代理人と定め、下記の事項に関する一切の権限を委任します。

記

1．次の要項による登記申請に関すること
　　(1) 登記原因証明情報：平成○年○月○日付け転抵当権設定契約証書(注3)
　　(2) 登記の目的：根抵当権転抵当
2．上記申請の登記識別情報の受領に関すること（注4）
3．上記申請の登記完了証の受領に関すること（注5）
4．上記申請に関する契約証書、資格証明情報その他の添付情報の原本還付手続に関すること（注5）
5．上記申請の登録免許税還付金の代理受領に関すること（注6）

以　上

(注1)　Ⅳ転抵当権設定契約証書を登記原因証明情報（不登法第61条）として提供する場合に、登記権利者が作成する委任状の書式である。管轄登記所が複数となるケースにおいて、委任状の原本還付を受けるときは、他の申請についても委任したことが明らかな内容とする必要がある。
(注2)　代理人の住所ならびに氏名または名称を記載する。
(注3)　登記所に提供する契約証書の締結日およびその名称を記載する。
(注4)　登記識別情報の受領には特別の授権が必要であるため、このように記載する。なお、電子申請においてオンラインで登記識別情報を受領することを「復号」といい、この方法による受領には特別の授権が必要であるため、これについても委任する場合は、「上記申請の登記識別情報の受領・復号に関すること」のように記載する。
(注5)　これらの事項には特別の授権を必要としないが、委任事項を明確にするため、このように記載する。
(注6)　登記申請の取下げ・却下・過誤納付に伴う還付金の代理受領については特別の授権が必要であるため、このように記載する。

Ⅵ－２－２　登記用委任状（登記権利者用／Ｖを登記原因証明情報として提供する場合）(注１)

委　任　状

平成　年　月　日

　　住　所　　　東京都○区○町一丁目２番３号
　　登記権利者　株式会社甲野銀行
　　　　　　　　代表取締役　甲野太郎　　　　　㊞
　　　　　　　　（取扱店　○支店）

私は、＿＿＿＿＿＿＿＿＿＿＿＿＿＿＿＿(注２)を代理人と定め、下記の事項に関する一切の権限を委任します。

記

１．次の要項による登記申請に関すること
　　(1) 登記原因証明情報：平成○年○月○日付け登記原因証明情報（根抵当権転抵当）(注３)
　　(2) 登記の目的：根抵当権転抵当
２．上記申請の登記識別情報の受領に関すること (注４)
３．上記申請の登記完了証の受領に関すること (注５)
４．上記申請に関する資格証明情報その他の添付情報の原本還付手続に関すること (注５)
５．上記申請の登録免許税還付金の代理受領に関すること (注６)

以　上

(注１)　Ⅳ転抵当権設定契約証書とは別に、Ｖの登記原因証明情報（根抵当権転抵当）を作成し、これを登記原因証明情報（不登則第61条）として提供する場合に、登記権利者が作成する委任状の書式である。管轄登記所が複数となるケースにおいて、委任状の原本還付を受けるときは、他の申請についても委任したことが明らかな内容とする必要がある。
(注２)　代理人の住所ならびに氏名または名称を記載する。
(注３)　登記所に提供する登記原因証明情報の作成日およびその名称を記載する。
(注４)　登記識別情報の受領には特別の授権が必要であるため、このように記載する。なお、電子申請においてオンラインで登記識別情報を受領することを「復号」といい、この方法による受領には特別の授権が必要であるため、これについても委任する場合は、「上記申請の登記識別情報の受領・復号に関すること」のように記載する。
(注５)　これらの事項には特別の授権を必要としないが、委任事項を明確にするため、このように記載する。
(注６)　登記申請の取下げ・却下・過誤納付に伴う還付金の代理受領については特別の授権が必要であるため、このように記載する。

2　転根抵当

82　確定根抵当権の転根抵当

I　ケース概要

　丙川ファイナンスは、乙野商事所有の土地および建物に、共同根抵当権の設定を受けていたところ、その元本が確定した。甲野銀行は、債務者丙川ファイナンス宛て融資取引を担保するため、その根抵当権について第1順位の転根抵当権の設定を受けたい。

II　書式作成上の留意点

① 本書式は、元本が確定した根抵当権をもって他の継続的に発生する融資金債権等の担保とする場合の書式である。なお、本書式は原根抵当権の債務者（以下「第三債務者」）に対して特別な約定を求めないケースを想定しているので、第三債務者の署名捺印を要しないものとしているが、実務上、この署名押印を求める書式もみられるところである（No.37参照）。

② たとえば、債権者が債務者に対して元本が確定した根抵当権付債権を有する場合に、債権者が銀行との間で継続的に銀行取引を行うに際して、この根抵当権をもってその担保とする場合の書式である。

③ 転根抵当権者と転根抵当権設定者との間において転根抵当権設定契約が締結されることにより、転根抵当権設定の登記原因が発生する。

④ 原根抵当権設定者の承諾は、転根抵当権設定契約の成立要件としては不要である。

⑤ 第三債務者の承諾も、転根抵当権設定契約の成立要件としては不要である。しかし、転根抵当権設定者による転根抵当権の設定に関する通知、または第三債務者の承諾がない限り、第三債務者の転根抵当権設定者に対する弁済を対抗されてしまう（民法第377条）。そこで、第三債務者に対する対抗要件を取得するために、転根抵当権設定契約において、転根抵当権設定者が債務者宛ての通知を行うこととしている。なお、第三債務者に署名捺印をさせる場合には、民法第377条の承諾の意義も持たせることができる。また、第三債務者以外の第三者との優劣関係については、登記によって決せられることから、転根抵当権に関する通知または承諾は確定日付のある証書（民法第467条第2項参照）による必要はない。

　他方で、元本確定前の根抵当権について転根抵当権を設定した場合には、第三債務者は、転抵当権設定者に対する弁済について転根抵当権者に対抗することができる（民法第398条の11第2項）。本ケースは、根抵当権の元本確定後であるため、転根抵当権設定者が第三債務者に対して通知をし、またはその承諾を得ることにより転抵当権設定者に対する弁済の効力を否定することができるのである。

⑥ 転根抵当権設定契約とは別にV登記原因証明情報（根抵当権転根抵当）を作成し、登記原

因証明情報（不登法第61条）として登記所に提供することができる。
⑦　確定後の根抵当権につき根抵当権転根抵当を設定する登記は、転根抵当権者が登記権利者となり、転根抵当権設定者が登記義務者となって行い、登記原因のほか、極度額・被担保債権の範囲・債務者・転根抵当権者などをその登記事項とする。なお、根抵当権をもって他の債権の担保とすることは、根抵当権の元本確定の前後を問わず行うことができるが、原根抵当権者自らの申立てに係る差押えの登記がされているなど登記上対象根抵当権の元本確定が明らかな場合を除き、この際に根抵当権の元本確定の登記をしておくことが考えられる。
⑧　転根抵当権設定者につき、根抵当権の取得に係る登記識別情報（登記済証）が必要となる。なお、登記完了後は、双方に登記完了証が交付され、登記権利者には登記識別情報が通知される。
⑨　管轄登記所が複数となるケースでは、Ⅴ登記原因証明情報（根抵当権転根抵当）は、登記所ごとに（複数）必要となる。当該申請のためにのみ作成したⅥ登記用委任状も同様であり、これらは原本還付を受けることができないとされている。

Ⅲ　必要書類・費用一覧

書　類	書類上の関係者
□　転根抵当権設定契約証書	転根抵当権者、債務者、転根抵当権設定者
□　登記原因証明情報	転根抵当権設定者
□　委任状（登記義務者用）	転根抵当権設定者
□　委任状（登記権利者用）	転根抵当権者
□　登記識別情報（登記済証）	転根抵当権設定者
□　会社法人等番号（注）	転根抵当権者、転根抵当権設定者
□　登録免許税	不動産1個につき1,000円

（注）　不登令等の改正により、平成27年11月2日から、会社・法人の代表者等の資格を証する情報の提供（添付）に代え、登記申請情報に商業登記法第7条の会社法人等番号を記録または記載することとなった。ただし、法人登記手続中となるなどの場合を考慮し、例外的に、作成後1か月以内の資格証明情報（登記事項証明書）を提供（添付）することも認められている。

Ⅳ 転根抵当権設定契約証書

(印紙)(注1)　　　　　　　　　　転根抵当権設定契約証書

　　　　　　　　　　　　　　　　　　　　　　　平成　　年　　月　　日（注2）

東京都○区○町一丁目2番3号
株式会社甲野銀行御中
（取扱店　　　　　　　　　　）

　　　　　　　　　住　所　　　東京都○区○町三丁目2番6号
　　　　　　　　　債務者　　　株式会社丙川ファイナンス
　　　　　　　　　転根抵当権設定者　代表取締役　丙川三郎　㊞（注3）

　　　　　　　　　住　所
　　　　　　　　　転根抵当権設定者

　　　　　　　　　（注4）（注5）

　株式会社甲野銀行（以下「銀行」といいます。）、債務者および転根抵当権設定者は、次のとおり転根抵当権設定契約を締結しました。

[転根抵当権の要項]

1．極度額（注6）	拾億　　　百万　　　千　　　円 （算用数字／頭部に¥マーク）
2．被担保債権の範囲	① 債務者との銀行取引により生じる一切の債権（注7） ② 銀行が第三者から取得する手形上、小切手上の債権 ③ 電子記録債権（注8）
3．債務者	住所　東京都○区○町三丁目2番6号 氏名　株式会社丙川ファイナンス（注9）
4．確定期日	定めない（注10）
5．順位	後記のとおり
6．転根抵当権の目的となる原根抵当権	後記原根抵当権の表示記載のとおり

[原根抵当権の表示]

1．登記	平成○年○月○日東京法務局○出張所受付第○号
2．物件	後記物件の表示記載のとおり
3．確定日および確定事由	平成○年○月○日確定請求

物件の表示	順位	所有者
所　　在　東京都○区○町一丁目 地　　番　1番1 地　　目　宅地 地　　積　○○○.○○㎡	1	株式会社乙野商事
所　　在　東京都○区○町一丁目1番地1 家屋番号　1番1 種　　類　居宅 構　　造　木造セメントかわらぶき平家建 床 面 積　○○.○○㎡	1	株式会社乙野商事

第1条（転根抵当権の設定）

① 転根抵当権設定者は、下記条項を承認のうえ、前記「原根抵当権の表示」記載の元本確定後の根抵当権のうえに、銀行が有する前記被担保債権を担保するため、前記「転根抵当権の要項」記載の転根抵当権を設定しました。(注11)

② 転根抵当権設定者は、この契約について、下記条項のほか、債務者が銀行に差し入れた銀行取引約定書および被担保債権の成立・変更等に係る約定書ならびに債務者が銀行に今後差し入れるこれらの約定書記載の各条項の適用があることを承認します。

第2条（転根抵当権設定者・債務者の義務）

② 次に掲げるいずれかの行為をする場合、転根抵当権設定者は、あらかじめ銀行の承諾を得るものとします。

　(1) 原根抵当権の被担保債権に係る契約および原根抵当権に係る設定契約（以下「原根抵当権設定契約」といいます。）の変更、原根抵当権の処分もしくは順位変更

　(2) 原根抵当権の被担保債権の免除・相殺、または原根抵当権の放棄

　(3) 原根抵当権に基づく担保権実行の申立て

② 次に掲げるいずれかの事由が生じた場合、転根抵当権設定者は、ただちに銀行に通知します。

　(1) 抵当物件が滅失・毀損しもしくはその価格が低落したとき

　(2) 抵当物件について譲渡、明渡し、引渡し、収用その他の原因により譲渡代金・立退料・補償金・清算金などの債権が生じたとき

　(3) 原根抵当権の設定者が、原根抵当権設定契約の定めに違反したとき

③　転根抵当権設定者は、前項の場合において、銀行の請求があったときは、原根抵当権の被担保債権に係る契約および原根抵当権設定契約に基づく権利の全部または一部を、銀行に無償で譲渡する手続をとります。この場合、銀行の指示に従い、登記・通知を行うものとします。

④　債務者は、第2項の場合において、銀行の請求があったときは、ただちに銀行の承認する担保を差し入れ、または保証人をたてもしくはこれを追加し、あるいは転根抵当権の被担保債務の全部または一部を期限のいかんにかかわらず弁済します。

第3条（対抗要件の具備）

①　転根抵当権設定者は、転根抵当権設定者名義の根抵当権の登記について、第1条に係る転根抵当の登記手続を遅滞なく行い、その登記事項証明書を銀行に提出します。今後、この転根抵当権について各種の変更等の合意がなされたときも同様とします。

②　転根抵当権設定者は、原根抵当権の債務者に対し、第1条に係る転根抵当の通知を遅滞なく行い、その証憑を銀行に提出します。今後、この転根抵当権について各種の変更等の合意がなされたときも同様とします。(注12)

第4条（費用の負担）

この転根抵当権に関する登記・通知に要する費用は、債務者および転根抵当権設定者が連帯して負担し、銀行が支払った金額についてはただちに支払います。

以　上

(注1)　根抵当権設定契約書は、平成元年4月1日以降、印紙税法上の課税文書には該当しないこととされていることから、この文書も課税文書には該当しない。ただし、第2条第3項を修正して（権利の譲渡手続ではなく）権利を譲渡する旨の定めをした場合は、債権譲渡に関する契約書（第15号文書）として課税文書となるおそれがあるので、留意が必要である。
(注2)　この契約書を作成した日付を記載する。
(注3)　転根抵当権設定者と債務者が同じ場合は、この欄に署名（記名）捺印させる。
(注4)　債務者以外の第三者が転根抵当権設定者の場合は、この欄に署名（記名）捺印させる。連帯保証も求める場合には、この欄に「連帯保証人」の記載を追加するのではなく、保証人徴求の際に法令等によって求められる手続を履践する必要がある。
(注5)　第三債務者（原根抵当権の債務者）が当事者となる書式ではないことから、第三債務者（原根抵当権の債務者）については署名欄を設けない。
(注6)　極度額を記載する。
(注7)　根抵当権の被担保債権の範囲は、「特定の継続的取引契約」、または「一定の種類の取引」をもって定めるほか、「特定の原因に基づき継続して発生する債権」「手形上・小切手上の請求権」についても被担保債権とすることができる（民法第398条の2第2項・第3項）。
　　　　この契約では、「一定の種類の取引」として「銀行取引」を定め、また「手形上・小切手上の請求権」および「電子記録債権」についても被担保債権としている。
　　　　以上のほか、特定債権を被担保債権の範囲に追加することができ、例を示すと次のとおりである。
　　　イ　平成○年○月○日債権譲渡契約により銀行が○○○○から譲り受けた債権（原契約：平成○年○月○日金銭消費貸借契約、当初元本：金○円、現在残高：金○円）
　　　ロ　平成○年○月○日債務引受契約により債務者が○○○○から引き受けた債権（原契約：平成○年○月○日金銭消費貸借契約、当初元本：金○円、現在残高：金○円）
(注8)　手形や小切手上の請求権のほか、電子記録債権についても被担保債権とすることが認められている。

(注9) 住所、氏名を記載する（法人の場合は本店所在地と商号を記載）。
(注10) 確定期日を定める場合は、「定めない」を削除し、「平成○年○月○日」と所定の日付を記載する。確定期日を定めると、元本の確定請求をすることはできない（民法第398条の19第3項）。
(注11) 第1順位の転根抵当権を設定することを念頭に置いている。第1順位ではない場合には、当該順位を記載することとなる。
(注12) 第三債務者（原根抵当権の債務者）に対する対抗要件を具備するために（民法第377条）、転根抵当権設定者から第三債務者（原根抵当権の債務者）に対する通知を義務付けている。場合によっては、第三債務者（原根抵当権の債務者）への通知または根抵当権転根抵当の登記を留保するケースもあるが、原則として、これらの準備はしておくべきであろう。

Ⅴ 登記原因証明情報（根抵当権転根抵当）(注1)

登記原因証明情報
（根抵当権転根抵当）

平成　年　月　日

東京法務局　○出張所　御中

住　所　　　　東京都○区○町三丁目2番6号
登記義務者(注2)　株式会社丙川ファイナンス
　　　　　　　代表取締役　丙川三郎　　　㊞

　登記義務者（転根抵当権設定者）は、本件登記の原因となる事実または法律行為が下記1．記載のとおりであることおよびこれに基づき現に下記2．記載の内容を登記要項とする物権変動が生じたことを証明します。

1．登記の原因となる事実または法律行為

(1)	契約証書名および締結年月日	平成○年○月○日付け転根抵当権設定契約証書(注3)
(2)	契約当事者	転根抵当権者	株式会社甲野銀行
		転根抵当権設定者	株式会社丙川ファイナンス

2．登記申請情報の要項

(1)	登記の目的	根抵当権転根抵当(注4)
(2)	転根抵当権の目的となる原根抵当権	平成○年○月○日受付第○号

(3) 原因	平成○年○月○日設定（注5）
(4) 極度額	［拾億］［　　　］［百万］［　　　］［千］［　　　］［円］ （算用数字／頭部に¥マーク）
(5) 債権の範囲	① 　銀行取引 ② 　手形債権、小切手債権、電子記録債権
(6) 債務者	東京都○区○町三丁目2番6号 株式会社丙川ファイナンス
(7) 登記権利者 （転根抵当権者）（注6）	東京都○区○町一丁目2番3号 株式会社甲野銀行（取扱店○支店）
(8) 登記義務者 （転根抵当権設定者） （注2）	東京都○区○町三丁目2番6号 株式会社丙川ファイナンス
(9) 不動産の表示	後記のとおり

不動産の表示

所　　在　東京都○区○町一丁目
地　　番　1番1
地　　目　宅地
地　　積　○○○.○○㎡

所　　在　東京都○区○町一丁目1番地1
家屋番号　1番1
種　　類　居宅
構　　造　木造セメントかわらぶき平家建
床　面　積　○○.○○㎡

以　上

（注1）　Ⅳ転根抵当権設定契約証書とは別に、Ⅴ登記原因証明情報（根抵当権転根抵当）を作成する場合の書式である。この情報は、登記の原因となる事実または法律行為のほか、登記事項（および物件表示）を登記義務者が確認して署名（または記名捺印）したものでなくてはならない契約証書とは異なり、登記用に作成された書面の原本還付を受けることはできないため、管轄登記所が複数となるケースでは、登記所ごとに（複数）作成する必要がある。その内容は同文面とし、すべての物件を記載する。
（注2）　登記義務者は、既に設定を受けている根抵当権の根抵当権者となる。
（注3）　契約書式Ⅳの契約証書の名称および締結年月日を記載する。
（注4）　転根抵当権設定の登記は、常に付記登記によるから、付記登記による申請の旨を明らかにする必要はない。
（注5）　転根抵当権設定の効力発生年月日を記載する。
（注6）　登記権利者は、転根抵当権者となる。

Ⅵ-1-1 登記用委任状（登記義務者用／Ⅳを登記原因証明情報として提供する場合）(注1)

委　任　状

平成　年　月　日

住　所　　東京都〇区〇町三丁目2番6号
登記義務者　株式会社丙川ファイナンス
　　　　　　代表取締役　丙川三郎　　㊞
（連絡先　担当部署　〇〇部／担当者名〇〇　〇〇
　電話番号　〇〇－〇〇〇〇－〇〇〇〇）

私は、＿＿＿＿＿＿＿＿＿＿＿＿＿＿(注2)を代理人と定め、下記の事項に関する一切の権限を委任します。

記

1. 次の要項による登記申請に関すること
　(1) 登記原因証明情報：平成〇年〇月〇日付け転根抵当権設定契約証書(注3)
　(2) 登記の目的：根抵当権転根抵当
2. 上記申請の登記識別情報の暗号化に関すること(注4)
3. 上記申請の登記完了証の受領に関すること(注5)
4. 上記申請に関する契約証書、資格証明情報その他の添付情報の原本還付手続に関すること(注5)
5. 上記申請の登録免許税還付金の代理受領に関すること(注6)

以　上

(注1)　Ⅳ転根抵当権設定契約証書を登記原因証明情報（不登法第61条）として提供する場合に、登記義務者が作成する委任状の書式である。管轄登記所が複数となるケースにおいて、委任状の原本還付を受けるときは、他の申請についても委任したことが明らかな内容とする必要がある。
(注2)　代理人の住所ならびに氏名または名称を記載する。
(注3)　登記所に提供する契約証書の締結日およびその名称を記載する。
(注4)　登記識別情報の暗号化（電子申請においてオンラインで登記識別情報を提供すること）には特別の授権が必要であるため、このように記載する。
(注5)　これらの事項には特別の授権を必要としないが、委任事項を明確にするため、このように記載する。
(注6)　登記申請の取下げ・却下・過誤納付に伴う還付金の代理受領については特別の授権が必要であるため、このように記載する。

Ⅵ－1－2　登記用委任状（登記義務者用／Ⅴを登記原因証明情報として提供する場合）(注1)

委　任　状

平成　　年　　月　　日

住　所　　　東京都〇区〇町三丁目2番6号
登記義務者　株式会社丙川ファイナンス
　　　　　　代表取締役　丙川三郎　　　㊞
連絡先　担当部署　〇〇部／担当者名〇〇　〇〇
電話番号　〇〇－〇〇〇〇－〇〇〇〇

私は、＿＿＿＿＿＿＿＿＿＿＿＿＿＿＿＿＿(注2)を代理人と定め、下記の事項に関する一切の権限を委任します。

記

1．次の要項による登記申請に関すること
　　(1) 登記原因証明情報：平成〇年〇月〇日付け登記原因証明情報（根抵当権転根抵当）(注3)
　　(2) 登記の目的：根抵当権転根抵当
2．上記申請の登記識別情報の暗号化に関すること（注4）
3．上記申請の登記完了証の受領に関すること（注5）
4．上記申請に関する資格証明情報その他の添付情報の原本還付手続に関すること（注5）
5．上記申請の登録免許税還付金の代理受領に関すること（注6）

以　上

(注1)　Ⅳ転根抵当権設定契約証書とは別に、Ⅴ登記原因証明情報（根抵当権転根抵当）を作成し、これを登記原因証明情報（不登法第61条）として提供する場合に、登記義務者が作成する委任状の書式である。管轄登記所が複数となるケースにおいて、委任状の原本還付を受けるときは、他の申請についても委任したことが明らかな内容とする必要がある。
(注2)　代理人の住所ならびに氏名または名称を記載する。
(注3)　登記所に提供する登記原因証明情報の作成日およびその名称を記載する。
(注4)　登記識別情報の暗号化（電子申請においてオンラインで登記識別情報を提供すること）には特別の授権が必要であるため、このように記載する。
(注5)　これらの事項には特別の授権を必要としないが、委任事項を明確にするため、このように記載する。
(注6)　登記申請の取下げ・却下・過誤納付に伴う還付金の代理受領については特別の授権が必要であるため、このように記載する。

Ⅵ－2－1　登記用委任状（登記権利者用／Ⅳを登記原因証明情報として提供する場合）（注1）

委　任　状

　　　　　　　　　　　　　　　　　　　　　　　平成　　年　　月　　日

　　　　　　住　所　　東京都○区○町一丁目2番3号
　　　　　　登記権利者　株式会社甲野銀行
　　　　　　　　　　　　代表取締役　甲野太郎　　　　㊞
　　　　　　　　　　　　（取扱店　○支店）

私は、＿＿＿＿＿＿＿＿＿＿＿＿＿＿＿（注2）を代理人と定め、下記の事項に関する一切の権限を委任します。

記

1．次の要項による登記申請に関すること
　　(1) 登記原因証明情報：平成○年○月○日付け転根抵当権設定契約証書（注3）
　　(2) 登記の目的：根抵当権転根抵当
2．上記申請の登記識別情報の受領に関すること（注4）
3．上記申請の登記完了証の受領に関すること（注5）
4．上記申請に関する契約証書、資格証明情報その他の添付情報の原本還付手続に関すること（注5）
5．上記申請の登録免許税還付金の代理受領に関すること（注6）

以　上

(注1)　Ⅳ転根抵当権設定契約証書を登記原因証明情報（不登法第61条）として提供する場合に、登記権利者が作成する委任状の書式である。管轄登記所が複数となるケースにおいて、委任状の原本還付を受けるときは、他の申請についても委任したことが明らかな内容とする必要がある。
(注2)　代理人の住所ならびに氏名または名称を記載する。
(注3)　登記所に提供する契約証書の締結日およびその名称を記載する。
(注4)　登記識別情報の受領には特別の授権が必要であるため、このように記載する。なお、電子申請においてオンラインで登記識別情報を受領することを「復号」といい、この方法による受領には特別の授権が必要であるため、これについても委任する場合は、「上記申請の登記識別情報の受領・復号に関すること」のように記載する。
(注5)　これらの事項には特別の授権を必要としないが、委任事項を明確にするため、このように記載する。
(注6)　登記申請の取下げ・却下・過誤納付に伴う還付金の代理受領については特別の授権が必要であるため、このように記載する。

Ⅵ－2－2　登記用委任状（登記権利者用／Ⅴを登記原因証明情報として提供する場合）（注1）

委　任　状

平成　　年　　月　　日

　　　　住　所　　　東京都○区○町一丁目2番3号
　　　　登記権利者　株式会社甲野銀行
　　　　　　　　　　代表取締役　甲野太郎　　㊞
　　　　　　　　　　（取扱店　○支店）

私は、＿＿＿＿＿＿＿＿＿＿＿＿＿＿＿（注2）を代理人と定め、下記の事項に関する一切の権限を委任します。

記

1．次の要項による登記申請に関すること
　　(1) 登記原因証明情報：平成○年○月○日付け登記原因証明情報（根抵当権転根抵当）（注3）
　　(2) 登記の目的：根抵当権転根抵当
2．上記申請の登記識別情報の受領に関すること（注4）
3．上記申請の登記完了証の受領に関すること（注5）
4．上記申請に関する資格証明情報その他の添付情報の原本還付手続に関すること（注5）
5．上記申請の登録免許税還付金の代理受領に関すること（注6）

以　上

(注1)　Ⅳ転根抵当権設定契約証書とは別に、Ⅴ登記原因証明情報（根抵当権転根抵当）を作成し、これを登記原因証明情報（不登法第61条）として提供する場合に、登記権利者が作成する委任状の書式である。管轄登記所が複数となるケースにおいて、委任状の原本還付を受けるときは、他の申請についても委任したことが明らかな内容とする必要がある。
(注2)　代理人の住所ならびに氏名または名称を記載する。
(注3)　登記所に提供する登記原因証明情報の作成日およびその名称を記載する。
(注4)　登記識別情報の受領には特別の授権が必要であるため、このように記載する。なお、電子申請においてオンラインで登記識別情報を受領することを「復号」といい、この方法による受領には特別の授権が必要であるため、これについても委任する場合は、「上記申請の登記識別情報の受領・復号に関すること」のように記載する。
(注5)　これらの事項には特別の授権を必要としないが、委任事項を明確にするため、このように記載する。
(注6)　登記申請の取下げ・却下・過誤納付に伴う還付金の代理受領については特別の授権が必要であるため、このように記載する。

3　債権質入れ

83　債権全部の質入れ

I　ケース概要

丙川商事は、乙野商事に対する融資取引の担保として乙野商事所有の土地建物につき根抵当権の設定を受けていたが、確定請求により元本確定となった。今般、甲野銀行は、丙川商事宛て融資の担保として、丙川商事が有する確定根抵当権付債権について質権の設定を受けることとなった。

II　書式作成上の留意点

① 確定根抵当権付債権の全部について、債務者の承諾を得たうえで質権を設定する場合の書式である。質権設定契約の締結により、根抵当権の債権質入登記の登記原因が生じる。

② 債権質の第三者対抗要件は、確定日付の付された質入債権の債権者による通知または質入債権の債務者（以下「第三債務者」）による承諾のいずれによっても具備することが可能である（民法第364条）から、質権設定にあたり第三債務者を当事者とする証書を作成することが必須となるものではない。もっとも、第三債務者の承諾が得られれば確定日付を付すことにより質権設定の第三者対抗要件を具備することができるため、第三債務者の承諾を得ることができる事案においては、第三債務者の捺印を得て作成する本書式によることが望ましい。

③ 根抵当権の被担保債権の質入れについては、元本の確定前後を問わずすることができるが、その意義は異なる（確定前についてはNo.74参照）。

　本ケースの登記をするには、登記上元本確定が明らかな場合を除き元本確定の登記をすることが考えられる。

④ この書式をもって登記原因証明情報（不登法第61条）として提供することができるが、これとは別にV登記原因証明情報（確定根抵当権の債権質入れ）を作成し、登記原因証明情報（不登法第61条）として登記所に提供することができる。

⑤ 根抵当権の債権質入れの登記は、質権者が登記権利者となり、質権設定者が登記義務者となって行い、質権の被担保債権もその登記事項となる。

⑥ 登記義務者は、根抵当権の取得に係る登記識別情報（登記済証）を提供する。なお、登記完了後は、双方に登記完了証が交付され、登記権利者には登記識別情報が通知される。

⑦ 管轄登記所が複数となるケースでは、V登記原因証明情報（確定根抵当権の債権質入れ）は、登記所ごとに（複数）必要となる。当該申請のためにのみ作成したVI登記用委任状も同様であり、これらは原本還付を受けることができないとされている。

Ⅲ 必要書類・費用一覧

書　　　　類	書類上の関係者
☐ 質権設定契約証書	債務者、質権設定者、質権者、第三債務者
☐ 登記原因証明情報	質権設定者
☐ 委任状（登記義務者用）	質権設定者
☐ 委任状（登記権利者用）	質権者
☐ 登記識別情報（登記済証）	質権設定者
☐ 会社法人等番号（注）	質権設定者、質権者
☐ 登録免許税	不動産1個につき1,000円

（注）　不登令等の改正により、平成27年11月2日から、会社・法人の代表者等の資格を証する情報の提供（添付）に代え、登記申請情報に商業登記法第7条の会社法人等番号を記録または記載することとなった。ただし、法人登記手続中となるなどの場合を考慮し、例外的に、作成後1か月以内の資格証明情報（登記事項証明書）を提供（添付）することも認められている。

Ⅳ 質権設定契約証書

```
（印紙）                    質権設定契約証書
（注1）
                                     平成　　年　　月　　日（注2）
住　所　　東京都○区○町一丁目2番3号
債権者　　株式会社甲野銀行　御中
質権者
        （取扱店　　　　　　　　　　　）

              住　所　　　　東京都○区○町三丁目2番1号
              債務者　　　　株式会社丙川商事
              質権設定者　　代表取締役　丙川三郎　　㊞（注3）

確定日付欄（注5）
              住　所　　　　東京都○区○町四丁目5番6号
              第三債務者　　株式会社乙野商事
              （根抵当権設定者）代表取締役　乙野次郎　㊞（注4）

株式会社甲野銀行（以下「銀行」といいます。）および債務者、質権設定者ならびに第三債務者は、次のとおり質権設定契約を締結しました。
```

[質権の要項]（注6）

1．被担保債権	平成○年○月○日付け金銭消費貸借契約に基づく債権
2．債権額	（拾億　百万　千　円） （算用数字／頭部に￥マーク）
3．利息	年○％（年365日日割計算）
4．損害金	年○％（年365日日割計算）
5．債務者	住所　東京都○区○町三丁目2番1号 氏名　株式会社丙川商事（注7）
6．順位	第1順位

[質入債権の表示]

1．債権者	上記質権設定者に同じ
2．債務者	上記第三債務者に同じ
3．原契約	契約名および契約年月日：平成　年　月　日金銭消費貸借契約 当初元本金額（注8）：（拾億　百万　千　円）（算用数字／頭部に￥マーク）
4．残元本金額（注9）	（拾億　百万　千　円）（算用数字／頭部に￥マーク）

[根抵当権の表示]

1．登記	平成○年○月○日東京法務局○出張所受付第○号
2．物件	後記物件の表示記載のとおり
3．確定日および確定事由	平成○年○月○日確定請求

物件の表示	所有者
所　在　東京都○区○町一丁目 地　番　1番1 地　目　宅地 地　積　○○○.○○㎡	株式会社乙野商事
所　在　東京都○区○町一丁目1番地1	株式会社乙野商事

家屋番号　1番1
種　　類　居宅
構　　造　木造セメントかわらぶき平家建
床面積　○○.○○㎡

第1条（質権の設定）

① 質権設定者は、下記条項を承認のうえ、前記「質入債権の表示」記載の債権（前記の残元本金額、経過利息および発生済み遅延損害金等の付帯債権を含み、以下「質入債権」といいます。）(注10) のうえに、債権者が債務者に対して有する前記被担保債権を担保するために、前記「質権の要項」記載の質権を設定しました。

② 質権設定者は、前項に定める質権の効力が前記確定後根抵当権にも及ぶことを確認します。

③ 質権設定者は、この契約について、下記条項のほか、債務者が銀行に差し入れた銀行取引約定書および被担保債権の成立・変更等に係る約定書ならびに債務者が銀行に今後差し入れるこれらの約定書記載の各条項の適用があることを承認します。

第2条（登記義務）

質権設定者は、質権設定者名義の根抵当権の登記について、前条に係る債権質入の登記手続を遅滞なく行い、その登記事項証明書を銀行に提出します。今後、この質権について各種の変更等の合意がなされたときも同様とします。

第3条（第三債務者の承諾）(注11)

第三債務者は、この質権設定契約を異議無く承諾しました。

第4条（原契約証書の交付）

質権設定者は、質入債権の原契約証書その他質権者の権利行使および保全に必要な一切の書類を、銀行の指示に従って銀行に交付します。(注12)

第5条（費用の負担）

この質権に関する設定・解除または変更の登記および債権質入物件の調査または処分に関する費用は、質権設定者が負担し、銀行が支払った金額についてはただちに支払います。

以　上

(注1)　質権設定および第三債務者による承諾に関する契約書は、印紙税法上の課税文書には該当しないこととされている。
(注2)　この契約書を作成した日付を記載する。
(注3)　質権設定者と債務者が同じ場合は、この欄に署名（記名）捺印させる。債務者以外の第三者が質権設定者の場合は、質権設定者がこの欄に署名（記名）捺印し、債務者の文字を抹消する。なお、住所および商号、氏名は、資格証明または住民票により確認する。
(注4)　抵当権の被担保債権の債務者（第三債務者）は、この欄に署名（記名）捺印させる。
(注5)　債権の質入れの第三者対抗要件は、確定日付のある証書による債務者への通知または承諾である（民法第364条）ことから、本書式において債務者の承諾により第三者対抗要件を具備するには、確定日付を付す必要がある。確定日付を付す方法としては、本書式に債務者の署名(記名)捺印を取得した後、公証役場において確定日付印の付与を受けるのが一般的である。

(注6)　被担保債権を特定するに足りる事項として、発生原因とその日付、債権額、利息および遅延損害金の定め等を記載する。
(注7)　住所、氏名を記載する（法人の場合は本店所在地と商号を記載する）。
(注8)　原契約に記載される貸付元本金額を記載する。
(注9)　残元本金額のほか、既発生の経過利息および遅延損害金の金額を具体的に表示することも考えられるが、これらを含めて質入対象債権とする旨の文言を第1条第1項に設けておけば具体的な金額の特定がなくても特定に欠ける点はなく、また簡易な事務でない可能性を考慮し、本書では残元本のみを表示する書式を示すこととした。
(注10)　残元本だけでなく、発生済みの利息（経過利息）および遅延損害金等の付帯債権も質入れの対象とする場合は、その旨を明記する必要がある。
(注11)　第三債務者の承諾も契約の成立要件としては不要であるが、当該債務者に対する対抗要件としての承諾（民法第364条）を兼ねる意味で承諾条項を置いている。なお、被担保債権に譲渡禁止特約が付されている場合には、債務者が譲渡を承諾しない限り質権設定の効力が生じない（民法第466条第2項）ため、被担保債権の発生原因の特約として譲渡禁止特約が付されている場合には、債権譲渡の対抗要件としての承諾および譲渡禁止特約の解除についての承諾の両方を行ったことを明確にする文言に改めることが望ましい。
(注12)　平成15年の民法改正により債権証書の交付が質権の効力発生要件ではなくなったが、債権証書は質権者が直接取立権を行使する場合等に重要な証拠書類となることから、銀行が質入れを受けた際に債権証書の交付を受ける例が多いと思われる。

V　登記原因証明情報（確定根抵当権の債権質入れ）(注1)

登記原因証明情報
（確定根抵当権の債権質入れ）

平成　　年　　月　　日

東京法務局　○出張所　御中

　　　　　　　住　所　　　東京都○区○町三丁目2番1号
　　　　　　　登記義務者(注2)　株式会社丙川商事
　　　　　　　　　　　　　　代表取締役　丙川三郎　　㊞

　登記義務者（質権設定者）は、本件登記の原因となる事実または法律行為が下記1．記載のとおりであることおよびこれに基づき現に下記2．記載の内容を登記要項とする物権変動が生じたことを証明します。

1．登記の原因となる事実または法律行為

(1) 契約証書名および締結年月日	平成○年○月○日付け質権設定契約証書(注3)
(2) 契約当事者	債権者（質権者）　　株式会社甲野銀行
	債務者（質権設定者）　株式会社丙川商事

2．登記申請情報の要項

(1)	登記の目的	根抵当権の債権質入れ（注4）
(2)	質入れの目的となる債権に付された根抵当権	平成〇年〇月〇日受付第〇号
(3)	原因	平成〇年〇月〇日金銭消費貸借平成〇年〇月〇日設定（注5）
(4)	質入債権	平成〇年〇月〇日金銭消費貸借による債権金〇円（注6）
(5)	債権額（注7）	拾億　　　百万　　　千　　　円 （算用数字／頭部に￥マーク）
(6)	利息（注8）	年〇％（年365日日割計算）
(7)	損害金	年〇％（年365日日割計算）
(8)	債務者	東京都〇区〇町三丁目2番1号 株式会社丙川商事
(9)	登記権利者 （質権者）（注9）	東京都〇区〇町一丁目2番3号 株式会社甲野銀行（取扱店〇支店）
(10)	登記義務者 （質権設定者）（注2）	東京都〇区〇町三丁目2番1号 株式会社丙川商事
(11)	不動産の表示	後記のとおり

不動産の表示

所　　在　東京都〇区〇町一丁目
地　　番　1番1
地　　目　宅地
地　　積　〇〇〇.〇〇㎡

所　　在　東京都〇区〇町一丁目1番地1
家屋番号　1番1
種　　類　居宅
構　　造　木造セメントかわらぶき平家建
床 面 積　〇〇.〇〇㎡

以　上

（注1）　Ⅳ質権設定契約証書とは別に、Ⅴ登記原因証明情報（確定根抵当権の債権質入れ）を作成する場合の書式である。この情報は、登記の原因となる事実または法律行為のほか、登記事項（および物件表示）を登記義務者が確認して署名（または記名捺印）したものでなくてはならない。証書とは異なり、登記用に作成された書面の原本還付を受けることはできないため、管轄登記所が複数となるケースでは、登記所ごとに（複数）作成する必要がある。その内容は同文面とし、すべての物件を記載する。
（注2）　登記義務者は、質権設定者となる。

(注3)　Ⅳ契約証書の名称および締結年月日を記載する。
(注4)　債権質入れの登記は、常に付記登記によるから、付記登記による申請の旨を明らかにする必要はない。
(注5)　債権質入れの「登記原因およびその日付」は、まず契約名称および日付をもって被担保債権を記載し、次に設定契約の日付を記載する。
(注6)　質権設定の対象とされる債権の発生原因、日付および債権額を記載する。
(注7)　質権の被担保債権の債権額を記載する。登記申請までに弁済により債権額が減少していても当初の金額をもって登記することができるが、登記申請時の残高をもって登記することもできる。
(注8)　変動計算式や変動する旨を登記することはできない。
(注9)　登記権利者は、質権者となる。取扱店支店を登記すべきときは、例のように表示する。

Ⅵ－1－1　登記用委任状（登記義務者用／Ⅳを登記原因証明情報として提供する場合）(注1)

委　任　状

平成　　年　　月　　日

住　所　　東京都○区○町三丁目2番6号
登記義務者　株式会社　丙川商事
　　　　　　代表取締役　丙川三郎　　㊞
連絡先　担当部署　○○部／担当者名　○○　○○
電話番号　○○－○○○○－○○○○

私は、＿＿＿＿＿＿＿＿＿＿＿＿＿＿＿＿(注2)を代理人と定め、下記の事項に関する一切の権限を委任します。

記

1．次の要項による登記申請に関すること
　(1) 登記原因証明情報：平成○年○月○日付け質権設定契約証書 (注3)
　(2) 登記の目的：根抵当権の債権質入れ
2．上記申請の登記識別情報の暗号化に関すること (注4)
3．上記申請の登記完了証の受領に関すること (注5)
4．上記申請に関する契約証書、資格証明情報その他の添付情報の原本還付手続に関すること (注5)
5．上記申請の登録免許税還付金の代理受領に関すること (注6)

以　上

(注1)　Ⅳ質権設定契約証書を登記原因証明情報（不登法第61条）として提供する場合に、登記義務者が作成する委任状の書式である。管轄登記所が複数となるケースにおいて、委任状の原本還付を受けるときは、他の申請についても委任したことが明らかな内容とする必要がある。
(注2)　代理人の住所ならびに氏名または名称を記載する。
(注3)　登記所に提供する契約証書の締結日およびその名称を記載する。
(注4)　登記識別情報の暗号化（電子申請においてオンラインで登記識別情報を提供すること）には特別の授権が必要であるため、このように記載する。
(注5)　これらの事項には特別の授権を必要としないが、委任事項を明確にするため、このように

記載する。
（注6） 登記申請の取下げ・却下・過誤納付に伴う還付金の代理受領については特別の授権が必要であるため、このように記載する。

Ⅵ－1－2　登記用委任状（登記義務者用／Ⅴを登記原因証明情報として提供する場合）（注1）

```
　　　　　　　　　　　　　　委　任　状

　　　　　　　　　　　　　　　　　　　　　平成　　年　　月　　日

　　　　　　　　　　　住　所　　東京都○区○町三丁目2番6号
　　　　　　　　　　　登記義務者　株式会社　丙川商事
　　　　　　　　　　　　　　　　　代表取締役　丙川　三郎　　　　㊞
　　　　　　　　　　⎰連絡先　担当部署　○○部／担当者名　○○　○○⎱
　　　　　　　　　　⎱電話番号　○○－○○○○－○○○○　　　　　　　⎰

私は、＿＿＿＿＿＿＿＿＿＿＿＿＿＿（注2）を代理人と定め、下記の事項に関する一切の権限を委任します。

　　　　　　　　　　　　　　　　記

1．次の要項による登記申請に関すること
　　(1)登記原因証明情報：平成○年○月○日付け登記原因証明情報（確定根抵当権の債権質入れ）
　　　　　　　　　　　　（注3）
　　(2)登記の目的：根抵当権の債権質入れ
2．上記申請の登記識別情報の暗号化に関すること（注4）
3．上記申請の登記完了証の受領に関すること（注5）
4．上記申請に関する資格証明情報その他の添付情報の原本還付手続に関すること（注5）
5．上記申請の登録免許税還付金の代理受領に関すること（注6）
　　　　　　　　　　　　　　　　　　　　　　　　　　　　　以　上
```

（注1）　Ⅳ質権設定契約証書とは別に、Ⅴ登記原因証明情報（確定根抵当権の債権質入れ）を作成し、これを登記原因証明情報（不登法第61条）として提供する場合に、登記義務者が作成する委任状の書式である。管轄登記所が複数となるケースにおいて、委任状の原本還付を受けるときは、他の申請についても委任したことが明らかな内容とする必要がある。
（注2）　代理人の住所ならびに氏名または名称を記載する。
（注3）　登記所に提供する登記原因証明情報の作成日およびその名称を記載する。
（注4）　登記識別情報の暗号化（電子申請においてオンラインで登記識別情報を提供すること）には特別の授権が必要であるため、このように記載する。
（注5）　これらの事項には特別の授権を必要としないが、委任事項を明確にするため、このように記載する。
（注6）　登記申請の取下げ・却下・過誤納付に伴う還付金の代理受領については特別の授権が必要であるため、このように記載する。

Ⅵ-2-1　登記用委任状（登記権利者用／Ⅳを登記原因証明情報として提供する場合）(注1)

委　任　状

平成　年　月　日

　　　　住　所　　　東京都○区○町一丁目２番３号
　　　　登記権利者　 株式会社甲野銀行
　　　　　　　　　　 代表取締役　甲野太郎　　　　㊞
　　　　　　　　　　（取扱店　○支店）

私は、＿＿＿＿＿＿＿＿＿＿＿＿＿＿＿＿(注2)を代理人と定め、下記の事項に関する一切の権限を委任します。

記

1．次の要項による登記申請に関すること
　　(1) 登記原因証明情報：平成○年○月○日付け質権設定契約証書（注3）
　　(2) 登記の目的：根抵当権の債権質入れ
2．上記申請の登記識別情報の受領に関すること（注4）
3．上記申請の登記完了証の受領に関すること（注5）
4．上記申請に関する契約証書、資格証明情報その他の添付情報の原本還付手続に関すること（注5）
5．上記申請の登録免許税還付金の代理受領に関すること（注6）

以　上

（注1）　Ⅳ質権設定契約証書を登記原因証明情報（不登法第61条）として提供する場合に、登記権利者が作成する委任状の書式である。管轄登記所が複数となるケースにおいて、委任状の原本還付を受けるときは、他の申請についても委任したことが明らかな内容とする必要がある。
（注2）　代理人の住所ならびに氏名または名称を記載する。
（注3）　登記所に提供する契約証書の締結日およびその名称を記載する。
（注4）　登記識別情報の受領には特別の授権が必要であるため、このように記載する。なお、電子申請においてオンラインで登記識別情報を受領することを「復号」といい、この方法による受領には特別の授権が必要であるため、これについても委任する場合は、「上記申請の登記識別情報の受領・復号に関すること」のように記載する。
（注5）　これらの事項には特別の授権を必要としないが、委任事項を明確にするため、このように記載する。
（注6）　登記申請の取下げ・却下・過誤納付に伴う還付金の代理受領については特別の授権が必要であるため、このように記載する。

Ⅵ－2－2　登記用委任状（登記権利者用／Ⅴを登記原因証明情報として提供する場合）（注1）

委　任　状

平成　　年　　月　　日

　　　　　住　所　　　東京都○区○町一丁目2番3号
　　　　　登記権利者　株式会社甲野銀行
　　　　　　　　　　　代表取締役　甲野太郎　　㊞
　　　　　　　　　　　（取扱店　○支店）

私は、＿＿＿＿＿＿＿＿＿＿＿＿＿＿＿（注2）を代理人と定め、下記の事項に関する一切の権限を委任します。

記

1．次の要項による登記申請に関すること
　　(1) 登記原因証明情報：平成○年○月○日付け登記原因証明情報(確定根抵当権の債権質入れ)
　　　　　　　　　　　　　（注3）
　　(2) 登記の目的：根抵当権の債権質入れ
2．上記申請の登記識別情報の受領に関すること（注4）
3．上記申請の登記完了証の受領に関すること（注5）
4．上記申請に関する資格証明情報その他の添付情報の原本還付手続に関すること（注5）
5．上記申請の登録免許税還付金の代理受領に関すること（注6）

以　上

(注1)　Ⅳ質権設定契約証書とは別に、Ⅴ登記原因証明情報(確定根抵当権の債権質入れ)を作成し、これを登記原因証明情報（不登法第61条）として提供する場合に、登記権利者が作成する委任状の書式である。管轄登記所が複数となるケースにおいて、委任状の原本還付を受けるときは、他の申請についても委任したことが明らかな内容とする必要がある。
(注2)　代理人の住所ならびに氏名または名称を記載する。
(注3)　登記所に提供する登記原因証明情報の作成日およびその名称を記載する。
(注4)　登記識別情報の受領には特別の授権が必要であるため、このように記載する。なお、電子申請においてオンラインで登記識別情報を受領することを「復号」といい、この方法による受領には特別の授権が必要であるため、これについても委任する場合は、「上記申請の登記識別情報の受領・復号に関すること」のように記載する。
(注5)　これらの事項には特別の授権を必要としないが、委任事項を明確にするため、このように記載する。
(注6)　登記申請の取下げ・却下・過誤納付に伴う還付金の代理受領については特別の授権が必要であるため、このように記載する。

4 譲　　渡

84　確定根抵当権のみの譲渡（全部譲渡の場合）

Ⅰ　ケース概要

　甲野銀行は乙野商事から融資の申し込みを受けたが、乙野商所有の土地および建物には商取引上の債権を担保するための丙川興業の第1順位の共同根抵当権のほかに、丁川ファイナンスが有する融資債権を担保するための第2順位の共同根抵当権が設定されていたところ、第1順位の根抵当権の元本が確定した。甲野銀行は、抵当権設定を受けて第1順位の根抵当権と順位変更することを画策したが丁川ファイナンスが応じなかった。甲野銀行としては、丙川興業が甲野銀行の融資による乙野商事の資金繰り等の改善に理解を示していることに鑑み、第1順位の確定根抵当権を譲り受けたい。

Ⅱ　書式作成上の留意点

① 　本書式は、同一債務者に対する債権者間において、根抵当権を有する者から有しない者に対して、元本が確定した根抵当権のみその全部を譲渡する場合の書式である（金額を定めてその一部を譲渡することもできる）。根抵当権譲渡人と受益者（根抵当権譲受人）の間で根抵当権譲渡の合意をすることにより、根抵当権譲渡の登記原因が生じる。これは、根抵当権者から一般債権者に対する相対的な処分であり、元本確定後の被担保債権の譲渡に随伴して根抵当権が移転すること（No.53）とは異なる。

② 　根抵当権者は、元本確定前の根抵当権については譲渡を行うことができないが（民法第398条の11第1項）、本件は元本確定後であるため根抵当権を譲渡することができる。根抵当権の譲渡が行われると、根抵当権譲渡人が受けるべき優先配当額（一部譲渡の場合は譲渡額）の範囲で受益者が根抵当権譲渡人に優先して配当を受けることができるが、根抵当権譲渡人の優先配当権が消滅すれば受益者もその配当を受けることができなくなる。なお、根抵当権譲渡にあたり後順位（根）抵当権者の承諾は不要である。

③ 　上記に対し、順位変更（民法第374条）の場合は、債務者が異なっていても、また根抵当権者であっても合意することができ、さらに変更後（根）抵当権の一部が消滅しても順位変更の効力には影響がない。したがって、順位変更制度が創設された昭和47年以降は、中間の（根）抵当権者が順位変更に応じないときや、新規に（根）抵当権設定を受けるコストが問題となるときなどにその利用が検討される。

④ 　根抵当権譲渡については、債務者に対して通知するか、その承諾を得ておかないと、根抵当権譲渡人に対する弁済をもって対抗されることになる（民法第377条）。本ケースは、債務者宛て融資の際に取り組まれるものであるため、債務者に対して特別な約定を求めることが

可能であることを前提にして、確定根抵当権譲渡契約において債務者が承諾することにより民法第377条の対抗要件を具備することとしている。他方、受益者に対して優先的に弁済させる必要があれば、確定根抵当権譲渡契約において弁済ルールを約定することが考えられるが、不測の内入れ等をけん制する趣旨であれば、承諾を得ない弁済は受益者に対抗できない旨を明記して、根抵当権譲渡人から債務者に対して通知することでも足りるであろう。なお、債務者以外の第三者との優劣関係については、登記によって決せられることから、根抵当権譲渡に関する通知または承諾は確定日付のある証書（民法第467条第2項参照）による必要はない。

⑤　確定根抵当権譲渡契約とは別にⅤ登記原因証明情報（根抵当権譲渡）を作成し、登記原因証明情報（不登法第61条）として登記所に提供することができる。

⑥　確定根抵当権のみの譲渡の登記は、受益者が登記権利者となり、根抵当権譲渡人が登記義務者となって行い、登記原因のほか、受益債権の債権額・利息・損害金・債務者などがその登記事項となる。なお、この登記は、原根抵当権者自らの申立てに係る差押えが登記されているなど、登記上対象根抵当権の元本確定が明らかな場合を除き、根抵当権元本確定の登記後でないと申請することができない。

⑦　根抵当権譲渡人につき、根抵当権の取得に係る登記識別情報（登記済証）が必要となる。なお、登記完了後は、双方に登記完了証が交付され、受益者には登記識別情報が通知される。

⑧　管轄登記所が複数となるケースでは、Ⅴ登記原因証明情報（根抵当権譲渡）は、登記所ごとに（複数）必要となる。当該申請のためにのみ作成したⅥ登記用委任状も同様であり、これらは原本還付を受けることができないとされている。

Ⅲ　必要書類・費用一覧

書　　類	書類上の関係者
□　確定根抵当権譲渡契約証書	受益者、根抵当権譲渡人、債務者
□　登記原因証明情報	根抵当権譲渡人
□　委任状（登記義務者用）	根抵当権譲渡人
□　委任状（登記権利者用）	根抵当権譲受人
□　登記識別情報（登記済証）	根抵当権譲渡人
□　会社法人等番号（注）	受益者、根抵当権譲渡人
□　登録免許税	不動産1個につき1,000円

（注）　不登令等の改正により、平成27年11月2日から、会社・法人の代表者等の資格を証する情報の提供（添付）に代え、登記申請情報に商業登記法第7条の会社法人等番号を記録または記載することとなった。ただし、法人登記手続中となるなどの場合を考慮し、例外的に、作成後1

か月以内の資格証明情報（登記事項証明書）を提供（添付）することも認められている。

Ⅳ　確定根抵当権譲渡契約証書

(注1)
確定根抵当権譲渡契約証書

平成　　年　　月　　日(注2)

　　　住　　所　　　　東京都○区○町一丁目2番3号
　　　受益者　　　　　株式会社甲野銀行
　　　　　　　　　　　代表取締役　甲野太郎　㊞
　　　　　　　　　　　（取扱店　　　　　　　　　　）

　　　住　　所　　　　東京都○区○町三丁目2番6号
　　　根抵当権譲渡人　株式会社丙川興業
　　　　　　　　　　　代表取締役　丙川三郎　㊞(注3)

　　　住　　所　　　　東京都○区○町三丁目2番1号
　　　債務者　　　　　株式会社乙野商事(注4)
　　　　　　　　　　　代表取締役　乙野次郎　㊞

　受益者、根抵当権譲渡人および債務者は、次のとおり確定根抵当権譲渡契約を締結しました。

［受益者が有する債権の要項］(注5)

1. 債権発生原因	平成○年○月○日付け金銭消費貸借契約
2. 債権額	拾億　　　百万　　　千　　　円 （算用数字／頭部に¥マーク）
3. 利息	年○％（年365日日割計算）
4. 損害金	年○％（年365日日割計算）
5. 債務者	住所　東京都○区○町三丁目2番1号 氏名　株式会社乙野商事(注6)

第3節　処　分　803

[根抵当権の表示]

1．登記	平成○年○月○日東京法務局○出張所受付第○号
2．物件	後記物件の表示記載のとおり
3．確定日および確定事由	平成○年○月○日確定請求

物件の表示	所有者
所　　在　東京都○区○町一丁目 地　　番　1番1 地　　目　宅地 地　　積　○○○.00㎡	株式会社乙野商事
所　　在　東京都○区○町一丁目1番地1 家屋番号　1番1 種　　類　居宅 構　　造　木造セメントかわらぶき平家建 床 面 積　○○.00㎡	株式会社乙野商事

第1条（確定根抵当権の譲渡）

① 根抵当権譲渡人は、下記条項を承認のうえ、受益者が有する前記「受益者が有する債権の表示」記載の債権（以下「受益債権」といいます。）のために、受益者に対し、前記「根抵当権の表示」記載の元本確定後の根抵当権（以下「原根抵当権」といいます。）を譲渡しました。

② 債務者は、この契約を異議なく承諾し、下記条項のほか、債務者が受益者に差し入れた銀行取引約定書および被担保債権の成立・変更等に係る約定書ならびに債務者が受益者に今後差し入れるこれらの約定書記載の各条項の適用があることを承認します。(注6)

第2条（根抵当権譲渡人・債務者の義務）

① 次に掲げるいずれかの行為をする場合、根抵当権譲渡人および債務者は、あらかじめ受益者の承諾を得るものとします。

(1) 原根抵当権の被担保債権に係る契約および原根抵当権に係る設定契約（以下「原根抵当権設定契約」といいます。）の変更、原根抵当権の処分もしくは順位変更

(2) 原根抵当権の被担保債権の免除・相殺、または原根抵当権の放棄

(3) 原根抵当権に基づく担保権実行の申立て

② 次に掲げるいずれかの事由が生じた場合、根抵当権譲渡人および債務者は、ただちに受益者に通知し、その指示に従うものとします。

(1) 抵当物件が滅失・毀損しもしくはその価格が低落したとき

(2) 抵当物件について譲渡、明渡し、引渡し、収用その他の原因により譲渡代金・立退

　　　　料・補償金・清算金などの債権が生じたとき
　　(3)　原根抵当権の設定者が、原根抵当権設定契約の定めに違反したとき
　③　債務者は、前項の場合において、受益者の請求があったときは、ただちに受益者の承認する担保を差し入れ、または保証人をたてもしくはこれを追加し、あるいは受益債権の被担保債務の全部または一部を期限のいかんにかかわらず弁済します。

第3条（債務者による弁済）(注7)
　①　債務者は、根抵当権譲渡人および受益者との間で別に締結する約定書に従い、原根抵当権の被担保債権を弁済するものとします。
　②　あらかじめ受益者の承諾を得た場合を除き、前項に反して根抵当権譲渡人にした弁済は、受益者に対して効力を有しないものとします。

第4条（対抗要件の具備）(注8)
　　根抵当権譲渡人は、原根抵当権について、第1条に係る根抵当権譲渡の登記手続を遅滞なく行い、その登記事項証明書を受益者に提出します。今後、この根抵当権譲渡について各種の変更等の合意がなされたときも同様とします。

第5条（費用の負担）
　　この根抵当権譲渡に関する登記に要する費用は、債務者が負担し、受益者が支払った金額についてはただちに支払います。

　　　　　　　　　　　　　　　　　　　　　　　　　　　　　　　　　　　　以　上

(注1)　この文書は、印紙税法上の課税文書には該当しないこととされている。
(注2)　この契約書を作成した日付を記載する。
(注3)　根抵当権者（根抵当権譲渡人）は、この欄に署名（記名）捺印させる。なお、住所および商号、氏名は、資格証明または住民票により確認する。
(注4)　根抵当権の債務者は、この欄に署名（記名）捺印させる。
(注5)　いかなる無担保債権のための根抵当権譲渡であるかを明らかにするため、利益を受けるべき無担保債権の内容（発生原因およびその日付、債権額、利息および遅延損害金の定め等）を記載する。
(注6)　根抵当権設定者の承諾は確定根抵当権譲渡契約の成立要件としては不要である。また、債務者の承諾も契約の成立要件としては不要であるが、当該債務者に対する対抗要件を具備するために（民法第377条）、承諾条項を置いている（確定日付は不要）。
(注7)　債務者と根抵当権譲渡人および受益者との間で別に弁済に関する約定書を締結し、不測の内入れ等によって受益者の権利が侵害されないようにしている。
(注8)　この契約書に基づく根抵当権譲渡の登記をすることにより、第三者対抗要件は具備される。

V 登記原因証明情報（根抵当権譲渡）(注1)

登記原因証明情報
（根抵当権譲渡）

平成　年　月　日

東京法務局　○出張所　御中

　　　　　　　　　　住　所　　　　東京都○区○町三丁目2番6号
　　　　　　　　　登記義務者(注2)　株式会社丙川興業
　　　　　　　　　　　　　　　　　　代表取締役　丙　川　三　郎　　㊞

　登記義務者（根抵当権譲渡人）は、本件登記の原因となる事実または法律行為が下記1．記載のとおりであることおよびこれに基づき現に下記2．記載の内容を登記要項とする物権変動が生じたことを証明します。

1．登記の原因となる事実または法律行為

(1) 契約証書名および締結年月日	平成○年○月○日付け確定根抵当権譲渡契約証書(注3)	
(2) 契約当事者	根抵当権譲受人	株式会社甲野銀行
	根抵当権譲渡人	株式会社丙川興業

2．登記申請情報の要項

(1) 登記の目的	根抵当権譲渡(注4)
(2) 譲渡する根抵当権	平成○年○月○日受付第○号
(3) 原因(注5)	平成○年○月○日金銭消費貸借平成○年○月○日譲渡
(4) 債権額(注6)	［拾億　　百万　　千　　円］ （算用数字／頭部に¥マーク）
(5) 利息(注7)	年○％（年365日日割計算）
(6) 損害金	年○％（年365日日割計算）
(7) 債務者	東京都○区○町三丁目2番1号 株式会社乙野商事

(8)	登記権利者 （受益者）（注8）	東京都○区○町一丁目2番3号 株式会社甲野銀行（取扱店○店）
(9)	登記義務者 （根抵当権譲渡人）（注2）	東京都○区○町三丁目2番6号 株式会社丙川興業
(10)	不動産の表示	後記のとおり

不動産の表示

所　　在　東京都○区○町一丁目
地　　番　1番1
地　　目　宅地
地　　積　○○○.○○㎡

所　　在　東京都○区○町一丁目1番地1
家屋番号　1番1
種　　類　居宅
構　　造　木造セメントかわらぶき平家建
床 面 積　○○.○○㎡

以　上

(注1)　Ⅳ確定根抵当権譲渡契約証書とは別に、Ⅴ登記原因証明情報（根抵当権譲渡）を作成する場合の書式である。この情報は、登記の原因となる事実または法律行為のほか、登記事項（および物件表示）を登記義務者が確認して署名（または記名捺印）したものでなくてはならない契約証書とは異なり、登記用に作成された書面の原本還付を受けることはできないため、管轄登記所が複数となるケースでは、登記所ごとに（複数）作成する必要がある。その内容は同文面とし、すべての物件を記載する。
(注2)　登記義務者は、既に設定を受けている根抵当権の根抵当権者となる。
(注3)　Ⅳ契約証書の名称および締結年月日を記載する。
(注4)　根抵当権譲渡の登記は、常に付記登記によるから、付記登記による申請の旨を明らかにする必要はない。
(注5)　根抵当権譲渡の「登記原因およびその日付」は、まず契約名称および日付をもって受益者の有する債権を記載し、次に譲渡契約の日付を記載する。
(注6)　登記申請までに弁済により債権額が減少していても当初の金額をもって登記することができるが、登記申請時の残高をもって登記することもできる
(注7)　変動計算式や変動する旨を登記することはできない。
(注8)　登記権利者は、根抵当権譲受人（受益者）となる。

Ⅵ－1－1　登記用委任状（登記義務者用／Ⅳを登記原因証明情報として提供する場合）(注1)

委　任　状

平成　年　月　日

　　　　住　所　　　東京都○区○町三丁目2番6号
　　　　登記義務者　株式会社　丙川興業
　　　　　　　　　　代表取締役　丙川三郎　　　　㊞
　　　　⎛連絡先　担当部署　○○部／担当者名　○○　○○⎞
　　　　⎝電話番号　○○－○○○○－○○○○　　　　　　⎠

私は、＿＿＿＿＿＿＿＿＿＿＿＿＿＿＿(注2)を代理人と定め、下記の事項に関する一切の権限を委任します。

記

1．次の要項による登記申請に関すること
　　(1) 登記原因証明情報：平成○年○月○日付け確定根抵当権譲渡契約証書(注3)
　　(2) 登記の目的：根抵当権譲渡
2．上記申請の登記識別情報の暗号化に関すること(注4)
3．上記申請の登記完了証の受領に関すること(注5)
4．上記申請に関する契約証書、資格証明情報その他の添付情報の原本還付手続に関すること(注5)
5．上記申請の登録免許税還付金の代理受領に関すること(注6)

以　上

(注1)　Ⅳ確定根抵当権譲渡契約証書を登記原因証明情報（不登法第61条）として提供する場合に、登記義務者が作成する委任状の書式である。管轄登記所が複数となるケースにおいて、委任状の原本還付を受けるときは、他の申請についても委任したことが明らかな内容とする必要がある。
(注2)　代理人の住所ならびに氏名または名称を記載する。
(注3)　登記所に提供する契約証書の締結日およびその名称を記載する。
(注4)　登記識別情報の暗号化（電子申請においてオンラインで登記識別情報を提供すること）には特別の授権が必要であるため、このように記載する。
(注5)　これらの事項には特別の授権を必要としないが、委任事項を明確にするため、このように記載する。
(注6)　登記申請の取下げ・却下・過誤納付に伴う還付金の代理受領については特別の授権が必要であるため、このように記載する。

Ⅵ－1－2　登記用委任状（登記義務者用／Ⅴを登記原因証明情報として提供する場合）(注1)

委　任　状

　　　　　　　　　　　　　　　　　　　　　　　　　平成　　年　　月　　日

　　　　　　　住　　所　　東京都○区○町三丁目2番6号
　　　　　　　登記義務者　株式会社丙川興業
　　　　　　　　　　　　　代表取締役　丙川三郎　　　　㊞
　　　　　　（連絡先　担当部署　○○部／担当者名　○○　○○）
　　　　　　（電話番号　○○－○○○○－○○○○　　　　　　　）

私は、＿＿＿＿＿＿＿＿＿＿＿＿＿＿＿＿(注2)を代理人と定め、下記の事項に関する一切の権限を委任します。

記

1．次の要項による登記申請に関すること
　　(1) 登記原因証明情報：平成○年○月○日付け登記原因証明情報（根抵当権譲渡）(注3)
　　(2) 登記の目的：根抵当権譲渡
2．上記申請の登記識別情報の暗号化に関すること (注4)
3．上記申請の登記完了証の受領に関すること (注5)
4．上記申請に関する資格証明情報その他の添付情報の原本還付手続に関すること (注5)
5．上記申請の登録免許税還付金の代理受領に関すること (注6)

　　　　　　　　　　　　　　　　　　　　　　　　　　　　　　以　上

(注1)　Ⅳ確定根抵当権譲渡契約証書とは別に、Ⅴ登記原因証明情報（根抵当権譲渡）を作成し、これを登記原因証明情報（不登法第61条）として提供する場合に、登記義務者が作成する委任状の書式である。管轄登記所が複数となるケースにおいて、委任状の原本還付を受けるときは、他の申請についても委任したことが明らかな内容とする必要がある。
(注2)　代理人の住所ならびに氏名または名称を記載する。
(注3)　登記所に提供する登記原因証明情報の作成日およびその名称を記載する。
(注4)　登記識別情報の暗号化（電子申請においてオンラインで登記識別情報を提供すること）には特別の授権が必要であるため、このように記載する。
(注5)　これらの事項には特別の授権を必要としないが、委任事項を明確にするため、このように記載する。
(注6)　登記申請の取下げ・却下・過誤納付に伴う還付金の代理受領については特別の授権が必要であるため、このように記載する。

Ⅵ−2−1 登記用委任状（登記権利者用／Ⅳを登記原因証明情報として提供する場合）(注1)

委　任　状

平成　年　月　日

　　　　　住　所　　　東京都○区○町一丁目2番3号
　　　　　登記権利者　株式会社甲野銀行
　　　　　　　　　　　代表取締役　甲野太郎　　㊞
　　　　　　　　　　　（取扱店　○支店）

私は、＿＿＿＿＿＿＿＿＿＿＿＿＿＿＿＿（注2）を代理人と定め、下記の事項に関する一切の権限を委任します。

記

1．次の要項による登記申請に関すること
　　(1) 登記原因証明情報：平成○年○月○日付け確定根抵当権譲渡契約証書（注3）
　　(2) 登記の目的：根抵当権譲渡
2．上記申請の登記識別情報の受領に関すること（注4）
3．上記申請の登記完了証の受領に関すること（注5）
4．上記申請に関する契約証書、資格証明情報その他の添付情報の原本還付手続に関すること（注5）
5．上記申請の登録免許税還付金の代理受領に関すること（注6）

以　上

(注1)　Ⅳ確定根抵当権譲渡契約証書を登記原因証明情報（不登法第61条）として提供する場合に、登記権利者が作成する委任状の書式である。管轄登記所が複数となるケースにおいて、委任状の原本還付を受けるときは、他の申請についても委任したことが明らかな内容とする必要がある。
(注2)　代理人の住所ならびに氏名または名称を記載する。
(注3)　登記所に提供する契約証書の締結日およびその名称を記載する。
(注4)　登記識別情報の受領には特別の授権が必要であるため、このように記載する。なお、電子申請においてオンラインで登記識別情報を受領することを「復号」といい、この方法による受領には特別の授権が必要であるため、これについても委任する場合は、「上記申請の登記識別情報の受領・復号に関すること」のように記載する。
(注5)　これらの事項には特別の授権を必要としないが、委任事項を明確にするため、このように記載する。
(注6)　登記申請の取下げ・却下・過誤納付に伴う還付金の代理受領については特別の授権が必要であるため、このように記載する。

Ⅵ-2-2　登記用委任状（登記権利者用／Ⅴを登記原因証明情報として提供する場合）(注1)

委 任 状

平成　年　月　日

住　所　　東京都○区○町一丁目2番3号
登記権利者　株式会社甲野銀行
　　　　　　代表取締役　甲野太郎　　㊞
　　　　　　（取扱店　○支店）

私は、＿＿＿＿＿＿＿＿＿＿＿＿＿＿＿＿(注2)を代理人と定め、下記の事項に関する一切の権限を委任します。

記

1．次の要項による登記申請に関すること
　(1) 登記原因証明情報：平成○年○月○日付け登記原因証明情報（根抵当権譲渡）(注3)
　(2) 登記の目的：根抵当権譲渡
2．上記申請の登記識別情報の受領に関すること (注4)
3．上記申請の登記完了証の受領に関すること (注5)
4．上記申請に関する資格証明情報その他の添付情報の原本還付手続に関すること (注5)
5．上記申請の登録免許税還付金の代理受領に関すること (注6)

以　上

（注1）　Ⅳ確定根抵当権譲渡契約証書とは別に、Ⅴ登記原因証明情報（根抵当権譲渡）を作成し、これを登記原因証明情報（不登法第61条）として提供する場合に、登記権利者が作成する委任状の書式である。管轄登記所が複数となるケースにおいて、委任状の原本還付を受けるときは、他の申請についても委任したことが明らかな内容とする必要がある。
（注2）　代理人の住所ならびに氏名または名称を記載する。
（注3）　登記所に提供する登記原因証明情報の作成日およびその名称を記載する。
（注4）　登記識別情報の受領には特別の授権が必要であるため、このように記載する。なお、電子申請においてオンラインで登記識別情報を受領することを「復号」といい、この方法による受領には特別の授権が必要であるため、これについても委任する場合は、「上記申請の登記識別情報の受領・復号に関すること」のように記載する。
（注5）　これらの事項には特別の授権を必要としないが、委任事項を明確にするため、このように記載する。
（注6）　登記申請の取下げ・却下・過誤納付に伴う還付金の代理受領については特別の授権が必要であるため、このように記載する。

5　放　　棄

85　確定根抵当権のみの放棄

Ⅰ　ケース概要

　甲野銀行は乙野商事から融資の申し込みを受けたが、乙野商事所有の土地および建物には商取引上の債権を担保するための丙川興業の第1順位の共同根抵当権のほかに、丁川ファイナンスが有する融資債権を担保するための第2順位の共同根抵当権が設定されていたところ、第1順位の根抵当権の元本が確定した。甲野銀行は、抵当権設定を受けて第1順位の根抵当権と順位変更することを画策したが丁川ファイナンスが応じなかった。甲野銀行としては、丙川興業が甲野銀行の融資による乙野商事の資金繰り等の改善に理解を示していることに鑑み、第1順位の確定根抵当権の放棄を受けたい。

Ⅱ　書式作成上の留意点

① 　本書式は、同一債務者に対する債権者間において、根抵当権を有する者から有しない者に対して、元本が確定した根抵当権のみその全部を放棄する場合の書式である（金額を定めてその一部を放棄することもできる）。根抵当権放棄者が受益者に対して根抵当権放棄の意思表示をすることにより、根抵当権放棄の登記原因が生じる。これは、根抵当権者から一般債権者に対する相対的な処分であり、根抵当権設定者との関係において、根抵当権者たる地位を失うことになる根抵当権の絶対的放棄（No.99）とは異なる。

② 　根抵当権者は、元本確定前の根抵当権については放棄を行うことができないが（民法第398条の11第1項）、本件は元本確定後であるため根抵当権を放棄することができる。根抵当権の放棄が行われると、根抵当権放棄者が受けるべき優先配当額（一部放棄の場合は放棄額）の範囲で根抵当権放棄者と受益者が平等に扱われ、債権額と比例した額で配当を受けることができるが、根抵当権放棄者の優先配当権が消滅すれば受益者もその配当を受けることができなくなる。なお、根抵当権放棄にあたり後順位（根）抵当権者の承諾は不要である。

③ 　上記に対し、順位変更（民法第374条）の場合は、債務者が異なっていても、また根抵当権者であっても合意することができ、さらに変更後（根）抵当権の一部が消滅しても順位変更の効力には影響がない。したがって、順位変更制度が創設された昭和47年以降は、中間の（根）抵当権者が順位変更に応じないときや、新規に（根）抵当権設定を受けるコストが問題となるときなどにその利用が検討される。

④ 　根抵当権放棄については、債務者に対して通知するか、その承諾を得ておかないと、根抵当権放棄者に対する弁済をもって対抗されることになる（民法第377条）。本ケースは、債務者宛て融資の際に取り組まれるものであるため、債務者に対して特別な約定を求めることが

可能であることを前提にして、確定根抵当放棄証書において債務者が承諾することにより民法第377条の対抗要件を具備することとしている。他方、受益者に対して優先的に弁済させる必要があれば、確定根抵当権放棄証書において弁済ルールを約定することが考えられるが、不測の内入れ等をけん制する趣旨であれば、承諾を得ない弁済は受益者に対抗できない旨を明記して、根抵当権放棄者から債務者に対して通知することでも足りるであろう。なお、債務者以外の第三者との優劣関係については、登記によって決せられることから、根抵当権放棄に関する通知または承諾は確定日付のある証書（民法第467条第2項参照）による必要はない。

⑤　確定根抵当権放棄証書とは別にⅤ登記原因証明情報（根抵当権放棄）を作成し、登記原因証明情報（不登法第61条）として登記所に提供することができる。

⑥　根抵当権のみの放棄の登記は、受益者が登記権利者となり、根抵当権放棄者が登記義務者となって行い、登記原因のほか受益債権の債権額・利息・損害金・債務者などがその登記事項となる。なお、この登記は、原根抵当権者自らの申立てに係る差押えが登記されているなど、登記上対象根抵当権の元本確定が明らかな場合を除き、根抵当権元本確定の登記後でないと申請することができない。

⑦　根抵当権放棄者につき、根抵当権の取得に係る登記識別情報（登記済証）が必要となる。なお、登記完了後は、双方に登記完了証が交付され、受益者には登記識別情報が通知される。

⑧　管轄登記所が複数となるケースでは、Ⅴ登記原因証明情報（根抵当権放棄）は、登記所ごとに（複数）必要となる。当該申請のためにのみ作成したⅥ登記用委任状も同様であり、これらは原本還付を受けることができないとされている。

Ⅲ　必要書類・費用一覧

書　類	書類上の関係者
☐ 確定根抵当権放棄証書	受益者、根抵当権放棄者、債務者
☐ 登記原因証明情報	根抵当権放棄者
☐ 委任状（登記義務者用）	根抵当権放棄者
☐ 委任状（登記権利者用）	受益者
☐ 登記識別情報（登記済証）	根抵当権放棄者
☐ 会社法人等番号（注）	受益者、根抵当権放棄者
☐ 登録免許税	不動産1個につき1,000円

（注）　不登令等の改正により、平成27年11月2日から、会社・法人の代表者等の資格を証する情報の提供（添付）に代え、登記申請情報に商業登記法第7条の会社法人等番号を記録または記載することとなった。ただし、法人登記手続中となるなどの場合を考慮し、例外的に、作成後1

か月以内の資格証明情報（登記事項証明書）を提供（添付）することも認められている。

IV　確定根抵当権放棄証書

(注1)　　　　　　　　　　　確定根抵当権放棄証書

　　　　　　　　　　　　　　　　　　　　　平成　　年　　月　　日（注2）

　　　　　　住　所　　　　東京都○区○町一丁目２番３号
　　　　　　受益者　　　　株式会社甲野銀行
　　　　　　　　　　　　　代表取締役　甲野太郎　　　　　㊞
　　　　　　　　　　　　　（取扱店　　　　　　　　　　）

　　　　　　住　所　　　　東京都○区○町三丁目２番６号
　　　　　　根抵当権放棄者　株式会社丙川興業
　　　　　　　　　　　　　代表取締役　丙川三郎　㊞（注3）

　　　　　　住　所　　　　東京都○区○町三丁目２番１号
　　　　　　債務者　　　　株式会社乙野商事（注4）
　　　　　　　　　　　　　代表取締役　乙野次郎　　　　　㊞

受益者、根抵当権放棄者および債務者は、次のとおり合意しました。

[受益者が有する債権の要項]（注5）

1．債権発生原因	平成○年○月○日付け金銭消費貸借契約
2．債権額	拾億　　百万　　　　千　　　　円 （算用数字／頭部に¥マーク）
3．利息	年○％（年365日日割計算）
4．損害金	年○％（年365日日割計算）
5．債務者	住所　東京都○区○町三丁目２番１号 氏名　株式会社乙野商事（注6）

[根抵当権の表示]

| 1．登記 | 平成○年○月○日東京法務局○出張所受付第○号 |

2．物件	後記物件の表示記載のとおり
3．確定日および確定事由	平成○年○月○日確定請求

物件の表示	所有者
所　　在　東京都○区○町一丁目 地　　番　1番1 地　　目　宅地 地　　積　○○○.○○㎡	株式会社乙野商事
所　　在　東京都○区○町一丁目1番地1 家屋番号　1番1 種　　類　居宅 構　　造　木造セメントかわらぶき平家建 床 面 積　○○.○○㎡	株式会社乙野商事

第1条（確定根抵当権の放棄）

① 根抵当権放棄者は、下記条項を承認のうえ、受益者が有する前記「受益者が有する債権の表示」記載の債権（以下「受益債権」といいます。）のために、受益者に対し、前記「根抵当権の表示」記載の元本確定後の根抵当権（以下「原根抵当権」といいます。）を放棄しました。

② 債務者は、この証書の内容を異議なく承諾し、下記条項のほか、債務者が受益者に差し入れた銀行取引約定書および被担保債権の成立・変更等に係る約定書ならびに債務者が受益者に今後差し入れるこれらの約定書記載の各条項の適用があることを承認します。（注6）

第2条（根抵当権放棄者・債務者の義務）

① 次に掲げるいずれかの行為をする場合、根抵当権放棄者および債務者は、あらかじめ受益者の承諾を得るものとします。

(1) 原根抵当権の被担保債権に係る契約および原根抵当権に係る設定契約（以下「原根抵当権設定契約」といいます。）の変更、原根抵当権の処分もしくは順位変更

(2) 原根抵当権の被担保債権の免除・相殺、または原根抵当権の放棄

(3) 原根抵当権に基づく担保権実行の申立て

② 次に掲げるいずれかの事由が生じた場合、根抵当放棄者および債務者は、ただちに受益者に通知し、その指示に従うものとします。

(1) 抵当物件が滅失・毀損しもしくはその価格が低落したとき

(2) 抵当物件について譲渡、明渡し、引渡し、収用その他の原因により譲渡代金・立退料・補償金・清算金などの債権が生じたとき

(3) 原根抵当権設定者が、原根抵当権設定契約の定めに違反したとき

③　債務者は、前項の場合において、受益者の請求があったときは、ただちに受益者の承認する担保を差し入れ、または保証人をたてもしくはこれを追加し、あるいは受益債権の被担保債務の全部または一部を期限のいかんにかかわらず弁済します。

第3条（債務者による弁済）(注7)

①　債務者は、根抵当権放棄者および受益者との間で別に締結する約定書に従い、原根抵当権の被担保債権を弁済するものとします。

②　あらかじめ受益者の承諾を得た場合を除き、前項に反して根抵当権放棄者にした弁済は、受益者に対して効力を有しないものとします。

第4条（対抗要件の具備）(注8)

根抵当権放棄者は、原根抵当権について、第1条に係る根抵当権放棄の登記手続を遅滞なく行い、その登記事項証明書を受益者に提出します。今後、この根抵当権放棄について各種の変更等の合意がなされたときも同様とします。

第5条（費用の負担）

この根抵当権放棄に関する登記に要する費用は、債務者が負担し、受益者が支払った金額についてはただちに支払います。

以　上

(注1)　この文書は、印紙税法上の課税文書には該当しないこととされている。
(注2)　この文書を作成した日付を記載する。
(注3)　根抵当権者（根抵当権放棄者）は、この欄に署名（記名）捺印させる。なお、住所および商号、氏名は、資格証明または住民票により確認する。
(注4)　根抵当権の債務者は、この欄に署名（記名）捺印させる。
(注5)　いかなる無担保債権のための根抵当権放棄であるかを明らかにするため、利益を受けるべき無担保債権の内容（発生原因およびその日付、債権額、利息および遅延損害金の定め等）を記載する。
(注6)　根抵当権設定者の承諾は確定根抵当権放棄の効力要件としては不要である。また、債務者の承諾も確定根抵当権放棄の効力要件としては不要であるが、当該債務者に対する対抗要件を具備するために（民法第377条）、承諾条項を置いている（確定日付は不要）。
(注7)　債務者と根抵当権放棄者および受益者との間で別に弁済に関する約定書を締結し、不測の内入れ等によって受益者の権利が侵害されないようにしている。
(注8)　この文書に基づく根抵当権放棄の登記をすることにより、第三者対抗要件は具備される。

V 登記原因証明情報（根抵当権放棄）(注1)

登記原因証明情報
（根　抵　当　権　放　棄）

平成　　年　　月　　日

東京法務局　〇出張所 御中

　　　　　　　　　　住　　所　　　　東京都〇区〇町三丁目2番6号
　　　　　　　　　　登記義務者(注2)　株式会社丙川興業
　　　　　　　　　　　　　　　　　　代表取締役　丙川三郎　　　　　㊞

　登記義務者（根抵当権放棄者）は、本件登記の原因となる事実または法律行為が下記1. 記載のとおりであることおよびこれに基づき現に下記2. 記載の内容を登記要項とする物権変動が生じたことを証明します。

1．登記の原因となる事実または法律行為

(1) 証書名および作成年月日	平成〇年〇月〇日付け確定根抵当権放棄証書(注3)	
(2) 作成当事者	受益者	株式会社甲野銀行
	根抵当権放棄者	株式会社丙川興業

2．登記申請情報の要項

(1) 登記の目的	根抵当権放棄(注4)
(2) 放棄する根抵当権	平成〇年〇月〇日受付第〇号
(3) 原因(注5)	平成〇年〇月〇日金銭消費貸借平成〇年〇月〇日放棄
(4) 債権額(注6)	（拾億　　百万　　千　　円） （算用数字／頭部に¥マーク）
(5) 利息(注7)	年〇％（年365日日割計算）
(6) 損害金	年〇％（年365日日割計算）
(7) 債務者	東京都〇区〇町三丁目2番1号 株式会社乙野商事
(8) 登記権利者 （受益者）(注8)	東京都〇区〇町一丁目2番3号 株式会社甲野銀行（取扱店〇支店）

(9)	登記義務者 （根抵当権放棄者）(注2)	東京都〇区〇町三丁目2番6号 株式会社丙川興業
(10)	不動産の表示	後記のとおり

物件の表示

所　　在　東京都〇区〇町一丁目
地　　番　1番1
地　　目　宅地
地　　積　〇〇〇.〇〇㎡

所　　在　東京都〇区〇町一丁目1番地1
家屋番号　1番1
種　　類　居宅
構　　造　木造セメントかわらぶき平家建
床 面 積　〇〇.〇〇㎡

以　上

(注1) Ⅳ確定根抵当権放棄証書とは別に、Ⅴ登記原因証明情報（根抵当権放棄）を作成する場合の書式である。この情報は、登記の原因となる事実または法律行為のほか、登記事項（および物件表示）を登記義務者が確認して署名（または記名捺印）したものでなくてはならない。証書とは異なり、登記用に作成された書面の原本還付を受けることはできないため、管轄登記所が複数となるケースでは、登記所ごとに（複数）作成する必要がある。その内容は同文面とし、すべての物件を記載する。
(注2) 登記義務者は、既に設定を受けている根抵当権の根抵当権者となる。この記載は、登記記録と合致するものでなければならない。
(注3) 確定根抵当権放棄証書の作成年月日を記載する。
(注4) 根抵当権放棄の登記は、常に付記登記によるから、付記登記による申請の旨を明らかにする必要はない。
(注5) 根抵当権放棄の「登記原因およびその日付」は、まず契約名称および日付をもって受益者の有する債権を記載し、次に放棄の日付を記載する。
(注6) 登記申請までに弁済により債権額が減少していても当初の金額をもって登記することができるが、登記申請時の残高をもって登記することもできる。
(注7) 変動計算式や変動する旨を登記することはできない。
(注8) 登記権利者は、受益者となる。

Ⅵ－1－1　登記用委任状（登記義務者用／Ⅳを登記原因証明情報として提供する場合）(注1)

委　任　状

平成　　年　　月　　日

　　　　住　　所　　　東京都〇区〇町三丁目2番6号
　　　　登記義務者　　株式会社　丙川興業
　　　　　　　　　　　代表取締役　丙川三郎　　　　㊞
　　　　⎛連絡先　担当部署　〇〇部／担当者名　〇〇　〇〇⎞
　　　　⎝電話番号　〇〇－〇〇〇〇－〇〇〇〇　　　　　　　⎠

私は、_____(注2)を代理人と定め、下記の事項に関する一切の権限を委任します。

記

1．次の要項による登記申請に関すること
　　(1) 登記原因証明情報：平成〇年〇月〇日付け確定根抵当権放棄証書(注3)
　　(2) 登記の目的：根抵当権放棄
2．上記申請の登記識別情報の暗号化に関すること(注4)
3．上記申請の登記完了証の受領に関すること(注5)
4．上記申請に関する契約証書、資格証明情報その他の添付情報の原本還付手続に関すること(注5)
5．上記申請の登録免許税還付金の代理受領に関すること(注6)

以　上

(注1)　Ⅳ確定根抵当権放棄証書を登記原因証明情報（不登法第61条）として提供する場合に、登記義務者が作成する委任状の書式である。管轄登記所が複数となるケースにおいて、委任状の原本還付を受けるときは、他の申請についても委任したことが明らかな内容とする必要がある。
(注2)　代理人の住所ならびに氏名または名称を記載する。
(注3)　登記所に提供する証書の作成日およびその名称を記載する。
(注4)　登記識別情報の暗号化（電子申請においてオンラインで登記識別情報を提供すること）には特別の授権が必要であるため、このように記載する。
(注5)　これらの事項には特別の授権を必要としないが、委任事項を明確にするため、このように記載する。
(注6)　登記申請の取下げ・却下・過誤納付に伴う還付金の代理受領については特別の授権が必要であるため、このように記載する。

Ⅵ－1－2　登記用委任状（登記義務者用／Ⅴを登記原因証明情報として提供する場合）(注1)

委　任　状

平成　　年　　月　　日

住　所　　東京都〇区〇町三丁目2番6号
登記義務者　株式会社　丙川興業
　　　　　　代表取締役　丙川　三郎　　㊞
（連絡先　担当部署　〇〇部／担当者名　〇〇　〇〇）
（電話番号　〇〇－〇〇〇〇－〇〇〇〇）

私は、＿＿＿＿＿＿＿＿＿＿＿＿＿＿＿＿＿(注2)を代理人と定め、下記の事項に関する一切の権限を委任します。

記

1．次の要項による登記申請に関すること
　　(1) 登記原因証明情報：平成〇年〇月〇日付け登記原因証明情報（根抵当権放棄）(注3)
　　(2) 登記の目的：根抵当権放棄
2．上記申請の登記識別情報の暗号化に関すること(注4)
3．上記申請の登記完了証の受領に関すること(注5)
4．上記申請に関する資格証明情報その他の添付情報の原本還付手続に関すること(注5)
5．上記申請の登録免許税還付金の代理受領に関すること(注6)

以　上

(注1)　Ⅳ確定根抵当権放棄証書とは別に、Ⅴ登記原因証明情報（根抵当権放棄）を作成し、これを登記原因証明情報（不登法第61条）として提供する場合に、登記義務者が作成する委任状の書式である。管轄登記所が複数となるケースにおいて、委任状の原本還付を受けるときは、他の申請についても委任したことが明らかな内容とする必要がある。
(注2)　代理人の住所ならびに氏名または名称を記載する。
(注3)　登記所に提供する登記原因証明情報の作成日およびその名称を記載する。
(注4)　登記識別情報の暗号化（電子申請においてオンラインで登記識別情報を提供すること）には特別の授権が必要であるため、このように記載する。
(注5)　これらの事項には特別の授権を必要としないが、委任事項を明確にするため、このように記載する。
(注6)　登記申請の取下げ・却下・過誤納付に伴う還付金の代理受領については特別の授権が必要であるため、このように記載する。

Ⅵ－2－1　登記用委任状（登記権利者用／Ⅳを登記原因証明情報として提供する場合）(注1)

委　任　状

平成　　年　　月　　日

　　　　　住　所　　　東京都○区○町一丁目2番3号
　　　　　登記権利者　株式会社甲野銀行
　　　　　　　　　　　代表取締役　甲野太郎　　　　㊞
　　　　　　　　　　　（取扱店　○支店）

私は、＿＿＿＿＿＿＿＿＿＿＿＿＿＿＿＿(注2)を代理人と定め、下記の事項に関する一切の権限を委任します。

記

1．次の要項による登記申請に関すること
　　(1) 登記原因証明情報：平成○年○月○日付け確定根抵当権放棄証書(注3)
　　(2) 登記の目的：根抵当権放棄
2．上記申請の登記識別情報の受領に関すること(注4)
3．上記申請の登記完了証の受領に関すること(注5)
4．上記申請に関する契約証書、資格証明情報その他の添付情報の原本還付手続に関すること(注5)
5．上記申請の登録免許税還付金の代理受領に関すること(注6)

以　上

(注1)　Ⅳ確定根抵当権放棄証書を登記原因証明情報（不登法第61条）として提供する場合に、登記権利者が作成する委任状の書式である。管轄登記所が複数となるケースにおいて、委任状の原本還付を受けるときは、他の申請についても委任したことが明らかな内容とする必要がある。
(注2)　代理人の住所ならびに氏名または名称を記載する。
(注3)　登記所に提供する証書の作成日およびその名称を記載する。
(注4)　登記識別情報の受領には特別の授権が必要であるため、このように記載する。なお、電子申請においてオンラインで登記識別情報を受領することを「復号」といい、この方法による受領には特別の授権が必要であるため、これについても委任する場合は、「上記申請の登記識別情報の受領・復号に関すること」のように記載する。
(注5)　これらの事項には特別の授権を必要としないが、委任事項を明確にするため、このように記載する。
(注6)　登記申請の取下げ・却下・過誤納付に伴う還付金の代理受領については特別の授権が必要であるため、このように記載する。

Ⅵ－2－2　登記用委任状（登記権利者用／Ⅴを登記原因証明情報として提供する場合）(注1)

委　任　状

平成　年　月　日

住　所　　　東京都○区○町一丁目2番3号
登記権利者　株式会社甲野銀行
　　　　　　代表取締役　甲野太郎　　　　㊞
　　　　　　（取扱店　○支店）

私は、＿＿＿＿＿＿＿＿＿＿＿＿＿＿(注2)を代理人と定め、下記の事項に関する一切の権限を委任します。

記

1．次の要項による登記申請に関すること
　　(1) 登記原因証明情報：平成○年○月○日付け登記原因証明情報（根抵当権放棄）(注3)
　　(2) 登記の目的：根抵当権放棄
2．上記申請の登記識別情報の受領に関すること (注4)
3．上記申請の登記完了証の受領に関すること (注5)
4．上記申請に関する資格証明情報その他の添付情報の原本還付手続に関すること (注5)
5．上記申請の登録免許税還付金の代理受領に関すること (注6)

以　上

(注1)　Ⅳ確定根抵当権放棄証書とは別に、Ⅴ登記原因証明情報（根抵当権放棄）を作成し、これを登記原因証明情報（不登法第61条）として提供する場合に、登記権利者が作成する委任状の書式である。管轄登記所が複数となるケースにおいて、委任状の原本還付を受けるときは、他の申請についても委任したことが明らかな内容とする必要がある。
(注2)　代理人の住所ならびに氏名または名称を記載する。
(注3)　登記所に提供する登記原因証明情報の作成日およびその名称を記載する。
(注4)　登記識別情報の受領には特別の授権が必要であるため、このように記載する。なお、電子申請においてオンラインで登記識別情報を受領することを「復号」といい、この方法による受領には特別の授権が必要であるため、これについても委任する場合は、「上記申請の登記識別情報の受領・復号に関すること」のように記載する。
(注5)　これらの事項には特別の授権を必要としないが、委任事項を明確にするため、このように記載する。
(注6)　登記申請の取下げ・却下・過誤納付に伴う還付金の代理受領については特別の授権が必要であるため、このように記載する。

6　順位譲渡

86　確定根抵当権の順位譲渡

I　ケース概要

　甲野銀行は乙野商事から融資の申し込みを受けたが、乙野商事所有の土地および建物には商取引上の債権を担保するための丙川興業の第1順位の共同根抵当権のほかに、丁川ファイナンスが有する融資債権を担保するための第2順位の共同根抵当権が設定されていたところ、第1順位の根抵当権の元本が確定した。甲野銀行は、抵当権設定を受けて第1順位の根抵当権と順位変更することを画策したが丁川ファイナンスが応じなかった。甲野銀行としては、丙川興業が甲野銀行の融資による乙野商事の資金繰り等の改善に理解を示していることに鑑み、自らも抵当権者となるべく第3順位の抵当権設定を受けたうえで第1順位の根抵当権の順位を譲り受けたい。

II　書式作成上の留意点

① 本書式は、同一債務者に対する（根）抵当権者間において、先順位の根抵当権者から後順位の抵当権者に対して根抵当権の順位を譲渡する場合の書式である（金額を定めてその一部について順位を譲渡することもできる）。根抵当権順位譲渡人と受益者（根抵当権順位譲受人）の間で根抵当権順位譲渡の合意をすることにより、根抵当権順位譲渡の登記原因が生じる。これは、根抵当権者から一般債権者に対する確定根抵当権の譲渡（No.84）とは異なり、既存の根抵当権者および（根）抵当権者間における処分である。また、根抵当権の順位譲渡は相対的な処分であるため、対世的な効力を有する抵当権の順位変更（No.88）とも異なる。

② 根抵当権者は、元本確定前の根抵当権については順位譲渡を行うことができないが（民法第398条の11第1項）、本件は元本確定後であるため根抵当権を順位譲渡することができる。根抵当権の順位譲渡が行われると、根抵当権順位譲渡人が受けるべき優先配当額（一部順位譲渡の場合は譲渡額）および受益者が受けるべき配当額の合計の範囲で受益者が根抵当権順位譲渡人に優先して配当を受けることができるが、根抵当権順位譲渡人の優先配当権が消滅すれば受益者もその配当を受けることができなくなる。なお、根抵当権順位譲渡にあたり後順位（根）抵当権者の承諾は不要である。

③ 上記に対し、順位変更（民法第374条）の場合は、債務者が異なっていても、また根抵当権者であっても合意することができ、さらに変更後（根）抵当権の一部が消滅しても順位変更の効力には影響がない。したがって、順位変更制度が創設された昭和47年以降は、中間の（根）抵当権者が順位変更に応じないときや、（根）抵当権移転等を受けるコストが問題となるときなどにその利用が検討される。

④ 根抵当権順位譲渡については、債務者に対して通知するか、その承諾を得ておかないと、

根抵当権順位譲渡人に対する弁済をもって対抗されることになる（民法第377条）。本ケースは、債務者宛て融資の際に取り組まれるものであるため、債務者に対して特別な約定を求めることが可能であることを前提にして、確定根抵当権順位譲渡契約において債務者が承諾することにより民法第377条の対抗要件を具備することとしている。他方、受益者に対して優先的に弁済させる必要があれば、確定根抵当権順位譲渡契約において弁済ルールを約定することが考えられるが、不測の内入れ等をけん制する趣旨であれば、承諾を得ない弁済は受益者に対抗できない旨を明記して、根抵当権順位譲渡人から債務者に対して通知することでも足りるであろう。なお、債務者以外の第三者との優劣関係については、登記によって決せられることから、根抵当権順位譲渡に関する通知または承諾は確定日付のある証書（民法第467条第2項参照）による必要はない。

⑤　確定根抵当権順位譲渡契約とは別にⅤ登記原因証明情報（根抵当権順位譲渡）を作成し、登記原因証明情報（不登法第61条）として登記所に提供することができる。

⑥　根抵当権順位譲渡の登記は、受益者が登記権利者となり、根抵当権順位譲渡人が登記義務者となって行う。なお、この登記は、原根抵当権者自らの申立てに係る差押えが登記されているなど、登記上対象根抵当権の元本確定が明らかな場合を除き、根抵当権元本確定の登記後でないと申請することができない。

⑦　根抵当権順位譲渡人につき、根抵当権の取得に係る登記識別情報（登記済証）が必要となる。なお、登記完了後は、双方に登記完了証が交付される（この登記により受益者に登記識別情報は通知されない）。

⑧　管轄登記所が複数となるケースでは、Ⅴ登記原因証明情報（根抵当権順位譲渡）は、登記所ごとに（複数）必要となる。当該申請のためにのみ作成したⅥ登記用委任状も同様であり、これらは原本還付を受けることができないとされている。

Ⅲ　必要書類・費用一覧

書類	書類上の関係者
☐ 確定根抵当権順位譲渡契約証書	受益者、根抵当権順位譲渡人、債務者
☐ 登記原因証明情報	根抵当権順位譲渡人
☐ 委任状（登記義務者用）	根抵当権順位譲渡人
☐ 委任状（登記権利者用）	受益者
☐ 登記識別情報（登記済証）	根抵当権順位譲渡人
☐ 会社法人等番号（注）	受益者、根抵当権順位譲渡人
☐ 登録免許税	不動産1個につき1,000円

（注）　不登令等の改正により、平成27年11月2日から、会社・法人の代表者等の資格を証する情報

の提供（添付）に代え、登記申請情報に商業登記法第7条の会社法人等番号を記録または記載することとなった。ただし、法人登記手続中となるなどの場合を考慮し、例外的に、作成後1か月以内の資格証明情報（登記事項証明書）を提供（添付）することも認められている。

Ⅳ 確定根抵当権順位譲渡契約証書

(注1) 　　　　　　　確定根抵当権順位譲渡契約証書

　　　　　　　　　　　　　　　　　　　　　　平成　　年　　月　　日（注2）

　　　　　住　所　　　　東京都○区○町一丁目2番3号
　　　　　受益者　　　　株式会社甲野銀行
　　　　　　　　　　　　代表取締役　甲野太郎　　　　㊞

　　　　　住　所　　　　東京都○区○町三丁目2番6号
　　　　　根抵当権順位譲渡人　株式会社丙川興業
　　　　　　　　　　　　代表取締役　丙川三郎　　㊞（注3）

　　　　　住　所　　　　東京都○区○町三丁目2番1号
　　　　　債務者　　　　株式会社乙野商事（注4）
　　　　　　　　　　　　代表取締役　乙野次郎　　　　㊞

　受益者、根抵当権順位譲渡人および債務者は、次のとおり根抵当権順位譲渡契約を締結しました。

[根抵当権順位譲渡人の根抵当権の表示] (注5)

1．登記	平成○年○月○日東京法務局○出張所受付第○号
2．物件	後記物件の表示記載のとおり
3．確定日および確定事由	平成○年○月○日確定請求

[受益者の抵当権の表示] (注5)

1．登記	平成○年○月○日東京法務局○出張所受付第○号
2．物件	後記物件の表示記載のとおり

物件の表示	所有者
所　在　東京都○区○町一丁目	株式会社乙野商事

地　　番　　1番1 地　　目　　宅地 地　　積　　○○○.○○㎡ 所　　在　　東京都○区○町一丁目1番地1 家屋番号　　1番1 種　　類　　居宅 構　　造　　木造セメントかわらぶき平家建 床 面 積　　○○.○○㎡	株式会社乙野商事

第1条（根抵当権の順位譲渡）

① 根抵当権順位譲渡人は、下記条項を承認のうえ、受益者のために、受益者が有する前記「受益者の抵当権の表示」記載の抵当権（以下「受益抵当権」といいます。）に対し、前記「根抵当権の表示」記載の元本確定後の根抵当権（以下「原根抵当権」といいます。）の順位を譲渡しました。

② 債務者は、この契約を異議なく承諾し、下記条項のほか、債務者が受益者に差し入れた銀行取引約定書および被担保債権の成立・変更等に係る約定書ならびに債務者が受益者に今後差し入れるこれらの約定書記載の各条項の適用があることを承認します。(注6)

第2条（根抵当権順位譲渡人・債務者の義務）

① 次に掲げるいずれかの行為をする場合、根抵当権順位譲渡人および債務者は、あらかじめ受益者の承諾を得るものとします。

　(1) 原根抵当権の被担保債権に係る契約および原根抵当権に係る設定契約（以下「原根抵当権設定契約」といいます。）の変更、原根抵当権の処分もしくは順位変更

　(2) 原根抵当権の被担保債権の免除・相殺、または原根抵当権の放棄

　(3) 原根抵当権に基づく担保権実行の申立て

② 次に掲げるいずれかの事由が生じた場合、根抵当権順位譲渡人および債務者は、ただちに受益者に通知し、その指示に従うものとします。

　(1) 抵当物件が滅失・毀損しもしくはその価格が低落したとき

　(2) 抵当物件について譲渡、明渡し、引渡し、収用その他の原因により譲渡代金・立退料・補償金・清算金などの債権が生じたとき

　(3) 原根抵当権の設定者が、原根抵当権設定契約の定めに違反したとき

③ 債務者は、前項の場合において、受益者の請求があったときは、ただちに受益者の承認する担保を差し入れ、または保証人をたてもしくはこれを追加し、あるいは受益抵当権の被担保債務の全部または一部を期限のいかんにかかわらず弁済します。

第3条（債務者による弁済）(注7)

① 債務者は、根抵当権順位譲渡人および受益者との間で別に締結する約定書に従い、原

抵当権の被担保債権を弁済するものとします。
　②　あらかじめ受益者の承諾を得た場合を除き、前項に反して根抵当権順位譲渡人にした弁済は、受益者に対して効力を有しないものとします。
第4条（対抗要件の具備）(注8)
　　　根抵当権順位譲渡人は、原根抵当権について、第1条に係る根抵当権順位譲渡の登記手続を遅滞なく行い、その登記事項証明書を受益者に提出します。今後、この根抵当権順位譲渡について各種の変更等の合意がなされたときも同様とします。
第5条（費用の負担）
　　　この根抵当権順位譲渡に関する登記に要する費用は、債務者が負担し、受益者が支払った金額についてはただちに支払います。

　　　　　　　　　　　　　　　　　　　　　　　　　　　　　以　　上

（注1）　この文書は、印紙税法上の課税文書には該当しないこととされている。
（注2）　この契約書を作成した日付を記載する。
（注3）　根抵当権者（根抵当権順位譲渡人）は、この欄に署名（記名）捺印させる。なお、住所および商号、氏名は、資格証明または住民票により確認する。
（注4）　根抵当権の債務者は、この欄に署名（記名）捺印させる。
（注5）　（根）抵当権を特定するに足りる事項として、受付年月日および番号を記載する。
（注6）　根抵当権設定者の承諾は確定根抵当権順位譲渡契約の成立要件としては不要である。また、債務者の承諾も契約の成立要件としては不要であるが、当該債務者に対する対抗要件を具備するために（民法第377条）、承諾条項を置いている（確定日付は不要）。
（注7）　債務者と根抵当権順位譲渡人および受益者との間で別に弁済に関する約定書を締結し、不測の内入れ等によって受益者の権利が侵害されないようにしている。
（注8）　この契約書に基づく根抵当権順位譲渡の登記をすることにより、第三者対抗要件は具備される。

V　登記原因証明情報（根抵当権順位譲渡）(注1)

登記原因証明情報
（根抵当権順位譲渡）

　　　　　　　　　　　　　　　　　　　　　　　平成　　年　　月　　日

東京法務局　○出張所　御中

　　　　　　　　住　　所　　　東京都○区○町三丁目2番6号
　　　　　　　　登記義務者(注2)　株式会社丙川興業
　　　　　　　　　　　　　　　代表取締役　丙川三郎　　　㊞

　登記義務者（根抵当権順位譲渡人）は、本件登記の原因となる事実または法律行為が下記1．記載のとおりであることおよびこれに基づき現に下記2．記載の内容を登記要項とする

変動が生じたことを証明します。

1．登記の原因となる事実または法律行為

(1)	契約証書名および締結年月日	平成〇年〇月〇日付け確定根抵当権順位譲渡契約証書（注3）	
(2)	契約当事者	根抵当権順位譲受人	株式会社甲野銀行
		根抵当権順位譲渡人	株式会社丙川興業

2．登記申請情報の要項

(1)	登記の目的	後記のとおり（注4）
(2)	原因	平成〇年〇月〇日順位譲渡
(3)	登記権利者 （受益者）（注5）	東京都〇区〇町一丁目2番3号 株式会社甲野銀行
(4)	登記義務者 (根抵当権順位譲渡人) （注2）	東京都〇区〇町三丁目2番6号 株式会社丙川興業
(5)	不動産の表示	後記のとおり

不動産の表示

```
所   在   東京都〇区〇町一丁目
地   番   1番1（登記の目的：〇番根抵当権の〇番抵当権への順位譲渡）
地   目   宅地
地   積   〇〇〇.〇〇㎡

所   在   東京都〇区〇町一丁目1番地1
家屋番号   1番1（登記の目的：〇番根抵当権の〇番抵当権への順位譲渡）
種   類   居宅
構   造   木造セメントかわらぶき平家建
床 面 積   〇〇.〇〇㎡
```

以　上

(注1) Ⅳ確定根抵当権順位譲渡契約証書とは別に、Ⅴ登記原因証明情報（根抵当権順位譲渡）を作成する場合の書式である。この情報は、登記の原因となる事実または法律行為のほか、登記事項（および物件表示）を登記義務者が確認して署名（または記名捺印）したものでなくてはならない。契約証書とは異なり、登記用に作成された書面の原本還付を受けることはできないため、管轄登記所が複数となるケースでは、登記所ごとに（複数）作成する必要がある。その内容は同文面とし、すべての物件を記載する。
(注2) 登記義務者は、根抵当権の順位を譲渡した先順位の根抵当権者となる。
(注3) Ⅳ契約証書の名称および締結年月日を記載する。

（注４）　登記簿上の順位番号をもって順位譲渡する根抵当権と受益する抵当権をこのように記載する。
（注５）　登記権利者は、受益者（根抵当権順位譲受人）となる。

Ⅵ－１－１　登記用委任状（登記義務者用／Ⅳを登記原因証明情報として提供する場合）（注１）

委　任　状

平成　　年　　月　　日

住　所　　　東京都○区○町三丁目２番６号
登記義務者　株式会社丙川興業
　　　　　　代表取締役　丙川三郎　　　　㊞
連絡先　担当部署　○○部／担当者名　○○　○○
電話番号　○○－○○○○－○○○○

私は、＿＿＿＿＿＿＿＿＿＿＿＿＿＿＿（注２）を代理人と定め、下記の事項に関する一切の権限を委任します。

記

1．次の要項による登記申請に関すること
　　(1) 登記原因証明情報：平成○年○月○日付け確定根抵当権順位譲渡契約証書（注３）
　　(2) 登記の目的：根抵当権の順位譲渡
2．上記申請の登記識別情報の暗号化に関すること（注４）
3．上記申請の登記完了証の受領に関すること（注５）
4．上記申請に関する契約証書、資格証明情報その他の添付情報の原本還付手続に関すること（注５）
5．上記申請の登録免許税還付金の代理受領に関すること（注６）

以　上

（注１）　Ⅳ確定根抵当権順位譲渡契約証書を登記原因証明情報（不登法第61条）として提供する場合に、登記義務者が作成する委任状の書式である。管轄登記所が複数となるケースにおいて、委任状の原本還付を受けるときは、他の申請についても委任したことが明らかな内容とする必要がある。
（注２）　代理人の住所ならびに氏名または名称を記載する。
（注３）　登記所に提供する契約証書の締結日およびその名称を記載する。
（注４）　登記識別情報の暗号化（電子申請においてオンラインで登記識別情報を提供すること）には特別の授権が必要であるため、このように記載する。
（注５）　これらの事項には特別の授権を必要としないが、委任事項を明確にするため、このように記載する。
（注６）　登記申請の取下げ・却下・過誤納付に伴う還付金の代理受領については特別の授権が必要であるため、このように記載する。

Ⅵ－1－2　登記用委任状（登記義務者用／Ⅴを登記原因証明情報として提供する場合）(注1)

委　任　状

平成　　年　　月　　日

住　所　　東京都○区○町三丁目2番6号
登記義務者　株式会社丙川興業
　　　　　　代表取締役　丙川三郎　　　㊞
〔連絡先　担当部署　○○部／担当者名　○○　○○〕
〔電話番号　○○－○○○○－○○○○〕

私は、＿＿＿＿＿＿＿＿＿＿＿＿＿＿＿（注2）を代理人と定め、下記の事項に関する一切の権限を委任します。

記

1．次の要項による登記申請に関すること
　　(1) 登記原因証明情報：平成○年○月○日付け登記原因証明情報（根抵当権順位譲渡）(注3)
　　(2) 登記の目的：根抵当権の順位譲渡
2．上記申請の登記識別情報の暗号化に関すること（注4）
3．上記申請の登記完了証の受領に関すること（注5）
4．上記申請に関する資格証明情報その他の添付情報の原本還付手続に関すること（注5）
5．上記申請の登録免許税還付金の代理受領に関すること（注6）

以　上

(注1)　Ⅳ確定根抵当権順位譲渡契約証書とは別に、Ⅴ登記原因証明情報（根抵当権順位譲渡）を作成し、これを登記原因証明情報（不登法第61条）として提供する場合に、登記義務者が作成する委任状の書式である。管轄登記所が複数となるケースにおいて、委任状の原本還付を受けるときは、他の申請についても委任したことが明らかな内容とする必要がある。
(注2)　代理人の住所ならびに氏名または名称を記載する。
(注3)　登記所に提供する登記原因証明情報の作成日およびその名称を記載する。
(注4)　登記識別情報の暗号化（電子申請においてオンラインで登記識別情報を提供すること）には特別の授権が必要であるため、このように記載する。
(注5)　これらの事項には特別の授権を必要としないが、委任事項を明確にするため、このように記載する。
(注6)　登記申請の取下げ・却下・過誤納付に伴う還付金の代理受領については特別の授権が必要であるため、このように記載する。

Ⅵ-2-1 登記用委任状（登記権利者用／Ⅳを登記原因証明情報として提供する場合）(注1)

委 任 状

平成　年　月　日

　　　　　住　所　　東京都○区○町一丁目2番3号
　　　　　登記権利者　株式会社甲野銀行
　　　　　　　　　　　代表取締役　甲野太郎　　　　㊞

私は、＿＿＿＿＿＿＿＿＿＿＿＿＿＿＿＿＿(注2)を代理人と定め、下記の事項に関する一切の権限を委任します。

記

1．次の要項による登記申請に関すること
　　(1) 登記原因証明情報：平成○年○月○日付け確定根抵当権順位譲渡契約証書 (注3)
　　(2) 登記の目的：根抵当権の順位譲渡
2．上記申請の登記完了証の受領に関すること (注4)
3．上記申請に関する契約証書、資格証明情報その他の添付情報の原本還付手続に関すること (注4)
4．上記申請の登録免許税還付金の代理受領に関すること (注5)

以　上

(注1)　Ⅳ確定根抵当権順位譲渡契約証書を登記原因証明情報（不登法第61条）として提供する場合に、登記権利者が作成する委任状の書式である。管轄登記所が複数となるケースにおいて、委任状の原本還付を受けるときは、他の申請についても委任したことが明らかな内容とする必要がある。
(注2)　代理人の住所ならびに氏名または名称を記載する。
(注3)　登記所に提供する契約証書の締結日およびその名称を記載する。
(注4)　これらの事項には特別の授権を必要としないが、委任事項を明確にするため、このように記載する。
(注5)　登記申請の取下げ・却下・過誤納付に伴う還付金の代理受領については特別の授権が必要であるため、このように記載する。

Ⅵ－2－2　登記用委任状（登記権利者用／Ⅴを登記原因証明情報として提供する場合）(注1)

委　任　状

平成　　年　　月　　日

　　　　　住　所　　　東京都○区○町一丁目2番3号
　　　　　登記権利者　株式会社甲野銀行
　　　　　　　　　　　代表取締役　甲野太郎　　㊞

私は、＿＿＿＿＿＿＿＿＿＿＿＿＿＿＿＿（注2）を代理人と定め、下記の事項に関する一切の権限を委任します。

記

1．次の要項による登記申請に関すること
　　(1) 登記原因証明情報：平成○年○月○日付け登記原因証明情報（根抵当権順位譲渡）(注3)
　　(2) 登記の目的：根抵当権の順位譲渡
2．上記申請の登記完了証の受領に関すること（注4）
3．上記申請に関する資格証明情報その他の添付情報の原本還付手続に関すること（注4）
4．上記申請の登録免許税還付金の代理受領に関すること（注5）

以　上

(注1)　Ⅳ確定根抵当権順位譲渡契約証書とは別に、Ⅴ登記原因証明情報（根抵当権順位譲渡）を作成し、これを登記原因証明情報（不登法第61条）として提供する場合に、登記権利者が作成する委任状の書式である。管轄登記所が複数となるケースにおいて、委任状の原本還付を受けるときは、他の申請についても委任したことが明らかな内容とする必要がある。
(注2)　代理人の住所ならびに氏名または名称を記載する。
(注3)　登記所に提供する登記原因証明情報の作成日およびその名称を記載する。
(注4)　これらの事項には特別の授権を必要としないが、委任事項を明確にするため、このように記載する。
(注5)　登記申請の取下げ・却下・過誤納付に伴う還付金の代理受領については特別の授権が必要であるため、このように記載する。

7　順位放棄

87　確定根抵当権の順位放棄

Ⅰ　ケース概要

　甲野銀行は乙野商事から融資の申し込みを受けたが、乙野商事所有の土地および建物には商取引上の債権を担保するための丙川興業の第1順位の共同根抵当権のほかに、丁川ファイナンスが有する融資債権を担保するための第2順位の共同根抵当権が設定されていたところ、第1順位の根抵当権の元本が確定した。甲野銀行は、抵当権設定を受けて第1順位の根抵当権と順位変更することを画策したが丁川ファイナンスが応じなかった。甲野銀行としては、丙川興業が甲野銀行の融資による乙野商事の資金繰り等の改善に理解を示していることに鑑み、自らも抵当権者となるべく第3順位の抵当権設定を受けたうえで第1順位の根抵当権について順位の放棄を受けたい。

Ⅱ　書式作成上の留意点

① 　本書式は、同一債務者に対する（根）抵当権者間において、先順位の根抵当権者から後順位の抵当権者に対して根抵当権の順位を放棄する場合の書式である（金額を定めてその一部について順位を放棄することもできる）。根抵当権順位放棄者が受益者に対して根抵当権順位放棄の意思表示をすることにより、根抵当権順位放棄の登記原因が生じる。これは、根抵当権者から一般債権者に対する確定根抵当権の放棄（No.85）とは異なり、既存の根抵当権者および（根）抵当権者間における処分である。また、確定根抵当権の順位を同順位とすること（No.89）と経済的機能として近接するものの、順位変更は対世的な効力を有するのに対して、根抵当権の順位放棄は相対的な処分である点で異なる。

② 　根抵当権者は、元本確定前の根抵当権については順位放棄を行うことができないが（民法第398条の11第1項）、本件は元本確定後であるため根抵当権を順位放棄することができる。根抵当権の順位放棄が行われると、根抵当権順位放棄者が受けるべき優先配当額（一部順位放棄の場合は放棄額）および受益者が受けるべき配当額の合計の範囲で根抵当権順位放棄者と受益者が平等に扱われ債権額と比例した額で配当を受けることができるが、根抵当権順位放棄者の優先配当権が消滅すれば受益者もその配当を受けることができなくなる。なお、根抵当権順位放棄にあたり後順位（根）抵当権者の承諾は不要である。

③ 　上記に対し、順位変更（民法第374条）の場合は、債務者が異なっていても、また根抵当権者であっても合意することができ、さらに変更後（根）抵当権の一部が消滅しても順位変更の効力には影響がない。したがって、順位変更制度が創設された昭和47年以降は、中間の（根）抵当権者が順位変更に応じないときや、（根）抵当権移転等を受けるコストが問題とな

るときなどにその利用が検討される。

④　根抵当権順位放棄については、債務者に対して通知するか、その承諾を得ておかないと、根抵当権順位放棄者に対する弁済をもって対抗されることになる（民法第377条）。本ケースは、債務者宛て融資の際に取り組まれるものであるため、債務者に対して特別な約定を求めることが可能であることを前提にして、確定根抵当権順位放棄証書において債務者が承諾することにより民法第377条の対抗要件を具備することとしている。他方、受益者に対して優先的に弁済させる必要があれば、確定根抵当権順位放棄証書において弁済ルールを約定することが考えられるが、不測の内入れ等をけん制する趣旨であれば、承諾を得ない弁済は受益者に対抗できない旨を明記して、根抵当権順位放棄者から債務者に対して通知することでも足りるであろう。なお、債務者以外の第三者との優劣関係については、登記によって決せられることから、根抵当権順位放棄に関する通知または承諾は確定日付のある証書（民法第467条第2項参照）による必要はない。

⑤　確定根抵当権順位放棄証書とは別にⅤ登記原因証明情報（根抵当権順位放棄）を作成し、登記原因証明情報（不登法第61条）として登記所に提供することができる。

⑥　根抵当権順位放棄の登記は、受益者が登記権利者となり、根抵当権順位放棄者が登記義務者となって行う。なお、この登記は、原根抵当権者自らの申立てに係る差押えが登記されているなど、登記上対象根抵当権の元本確定が明らかな場合を除き、根抵当権元本確定の登記後でないと申請することができない。

⑦　根抵当権順位放棄者につき、根抵当権の取得に係る登記識別情報（登記済証）が必要となる。なお、登記完了後は、双方に登記完了証が交付される（この登記により受益者に登記識別情報は通知されない）。

⑧　管轄登記所が複数となるケースでは、Ⅴ登記原因証明情報（根抵当権順位放棄）は、登記所ごとに（複数）必要となる。当該申請のためにのみ作成したⅥ登記用委任状も同様であり、これらは原本還付を受けることができないとされている。

Ⅲ　必要書類・費用一覧

書　類	書類上の関係者
☐ 確定根抵当権順位放棄証書	受益者、根抵当権順位放棄者、債務者
☐ 登記原因証明情報	根抵当権順位放棄者
☐ 委任状（登記義務者用）	根抵当権順位放棄者
☐ 委任状（登記権利者用）	受益者
☐ 登記識別情報（登記済証）	根抵当権順位放棄者
☐ 会社法人等番号（注）	受益者、根抵当権順位放棄者

☐ 登録免許税	不動産1個につき1,000円

（注）　不登令等の改正により、平成27年11月2日から、会社・法人の代表者等の資格を証する情報の提供（添付）に代え、登記申請情報に商業登記法第7条の会社法人等番号を記録または記載することとなった。ただし、法人登記手続中となるなどの場合を考慮し、例外的に、作成後1か月以内の資格証明情報（登記事項証明書）を提供（添付）することも認められている。

Ⅳ　確定根抵当権順位放棄証書

（注1）
確定根抵当権順位放棄証書

平成　　年　　月　　日（注2）

　　住　　所　　　　東京都○区○町一丁目2番3号
　　受益者　　　　　株式会社甲野銀行
　　　　　　　　　　代表取締役　甲野太郎　　　　㊞

　　住　　所　　　　東京都○区○町三丁目2番6号
　　根抵当権順位放棄者　株式会社丙川興業
　　　　　　　　　　代表取締役　丙川三郎　　　　㊞（注3）

　　住　　所　　　　東京都○区○町三丁目2番1号
　　債務者　　　　　株式会社乙野商事　（注4）
　　　　　　　　　　代表取締役　乙野次郎　　　　㊞

　受益者、根抵当権順位放棄者および債務者は、次のとおり合意しました。

［根抵当権順位放棄者の根抵当権の表示］（注5）

1．登記	平成○年○月○日東京法務局○出張所受付第○号
2．物件	後記物件の表示記載のとおり
3．確定日および確定事由	平成○年○月○日確定請求

［受益者の抵当権の表示］（注5）

1．登記	平成○年○月○日東京法務局○出張所受付第○号
2．物件	後記物件の表示記載のとおり

物件の表示	所有者
所　　在　東京都○区○町一丁目 地　　番　1番1 地　　目　宅地 地　　積　○○○.○○㎡	株式会社乙野商事
所　　在　東京都○区○町一丁目1番地1 家屋番号　1番1 種　　類　居宅 構　　造　木造セメントかわらぶき平家建 床 面 積　○○.○○㎡	株式会社乙野商事

第1条（確定根抵当権の順位放棄）

　　根抵当権順位放棄者は、下記条項を承認のうえ、受益者のために、受益者が有する前記「受益者の抵当権の表示」記載の抵当権（以下「受益抵当権」といいます。）に対し、前記「根抵当権の表示」記載の元本確定後の根抵当権（以下「原根抵当権」といいます。）の順位を放棄しました。

②　債務者は、この文書の内容を異議なく承諾し、下記条項のほか、債務者が受益者に差し入れた銀行取引約定書および被担保債権の成立・変更等に係る約定書ならびに債務者が受益者に今後差し入れるこれらの約定書記載の各条項の適用があることを承認します。（注6）

第2条（根抵当権順位放棄者・債務者の義務）

①　次に掲げるいずれかの行為をする場合、根抵当権順位放棄者および債務者は、あらかじめ受益者の承諾を得るものとします。

　（1）原根抵当権の被担保債権に係る契約および原根抵当権に係る設定契約（以下「原根抵当権設定契約」といいます。）の変更、原根抵当権の処分もしくは順位変更

　（2）原根抵当権の被担保債権の免除・相殺、または原根抵当権の放棄

　（3）原根抵当権に基づく担保権実行の申立て

②　次に掲げるいずれかの事由が生じた場合、根抵当権順位放棄者および債務者は、ただちに受益者に通知し、その指示に従うものとします。

　（1）抵当物件が滅失・毀損しもしくはその価格が低落したとき

　（2）抵当物件について譲渡、明渡し、引渡し、収用その他の原因により譲渡代金・立退料・補償金・清算金などの債権が生じたとき

　（3）原根抵当権の設定者が、原根抵当権設定契約の定めに違反したとき

③　債務者は、前項の場合において、受益者の請求があったときは、ただちに受益者の承認する担保を差し入れ、または保証人をたてもしくはこれを追加し、あるいは受益抵当権の被担保債務の全部または一部を期限のいかんにかかわらず弁済します。

第3条（債務者による弁済）(注7)
　① 前項の規定にかかわらず、債務者は、根抵当権順位放棄者および受益者との間で別に締結する約定書に従い、原抵当権の被担保債権を弁済するものとします。
　② あらかじめ受益者の承諾を得た場合を除き、前項に反して抵当権放棄者にした弁済は、受益者に対して効力を有しないものとします。

第4条（対抗要件の具備）(注8)
　根抵当権順位放棄者は、原根抵当権について、第1条に係る根抵当権順位放棄の登記手続を遅滞なく行い、その登記事項証明書を受益者に提出します。今後、この根抵当権順位放棄について各種の変更等の合意がなされたときも同様とします。

第5条（費用の負担）
　この根抵当権順位放棄に関する登記に要する費用は、債務者が負担し、受益者が支払った金額についてはただちに支払います。

　　　　　　　　　　　　　　　　　　　　　　　　　　　　　　　　　以　上

(注1)　この文書は、印紙税法上の課税文書には該当しないこととされている。
(注2)　この文書を作成した日付を記載する。
(注3)　根抵当権者（根抵当権順位放棄者）は、この欄に署名（記名）捺印させる。なお、住所および商号、氏名は、会社法人等番号または住民票により確認する。
(注4)　根抵当権の債務者は、この欄に署名（記名）捺印させる。
(注5)　（根）抵当権を特定するに足りる事項として、受付年月日および番号を記載する。
(注6)　根抵当権設定者の承諾は確定根抵当権順位放棄の効力要件としては不要である。また、債務者の承諾も確定根抵当権順位放棄の効力要件としては不要であるが、債務者に対する対抗要件を具備するために（民法第377条）、承諾条項を置いている。
(注7)　債務者と根抵当権順位放棄者および受益者との間で別に弁済に関する約定書を締結し、不測の内入れ等によって受益者の権利が侵害されないようにしている。
(注8)　この文書に基づく根抵当権順位放棄の登記をすることにより、第三者対抗要件は具備される。

V　登記原因証明情報（根抵当権順位放棄）(注1)

　　　　　　　　　　　　　　　登記原因証明情報
　　　　　　　　　　　　　　（根 抵 当 権 順 位 放 棄）

　　　　　　　　　　　　　　　　　　　　　　　　　　平成　　年　　月　　日

東京法務局　○出張所 御中

　　　　　　　　　　　住　所　　　　　東京都○区○町三丁目2番6号
　　　　　　　　　　　登記義務者 (注2)　株 式 会 社 丙 川 興 業
　　　　　　　　　　　　　　　　　　　　代表取締役　丙 川 三 郎　　　　　㊞

登記義務者（根抵当権順位放棄者）は、本件登記の原因となる事実または法律行為が下記1．記載のとおりであることおよびこれに基づき現に下記2．記載の内容を登記要項とする変動が生じたことを証明します。

1．登記の原因となる事実または法律行為

(1) 証書名および作成年月日	平成〇年〇月〇日付け確定根抵当権順位放棄証書(注3)	
(2) 作成当事者	受益者	株式会社甲野銀行
	順位放棄者	株式会社丙川興業

2．登記申請情報の要項

(1) 登記の目的	後記のとおり（注4）
(2) 原因	平成〇年〇月〇日順位放棄
(3) 登記権利者 （受益者）(注5)	東京都〇区〇町一丁目2番3号 株式会社甲野銀行
(4) 登記義務者 （根抵当権順位放棄者）(注2)	東京都〇区〇町三丁目2番6号 株式会社丙川興業
(5) 不動産の表示	後記のとおり

不動産の表示

所　　在　東京都〇区〇町一丁目
地　　番　1番1　（登記の目的：〇番根抵当権の〇番抵当権への順位放棄）
地　　目　宅地
地　　積　〇〇〇.〇〇㎡

所　　在　東京都〇区〇町一丁目1番地1
家屋番号　1番1　（登記の目的：〇番根抵当権の〇番抵当権への順位放棄）
種　　類　居宅
構　　造　木造セメントかわらぶき平家建
床 面 積　〇〇.〇〇㎡

以　上

(注1)　Ⅳ確定根抵当権順位放棄証書とは別に、Ⅴ登記原因証明情報（根抵当権順位放棄）を作成する場合の書式である。この情報は、登記の原因となる事実または法律行為のほか、登記事項（および物件表示）を登記義務者が確認して署名（または記名捺印）したものでなくてはならない。証書とは異なり、登記用に作成された書面の原本還付を受けることはできないため、管轄登記所が複数となるケースでは、登記所ごとに（複数）作成する必要がある。その内容は同文面とし、すべての物件を記載する。

(注2) 登記義務者は、根抵当権の順位を放棄した先順位の根抵当権者となる。
(注3) Ⅳ確定根抵当権順位放棄証書の作成年月日を記載する。
(注4) 登記簿上の順位番号をもって順位放棄する根抵当権と受益する抵当権をこのように記載する。
(注5) 登記権利者は、受益者となる。

Ⅵ－1－1　登記用委任状（登記義務者用／Ⅳを登記原因証明情報として提供する場合）(注1)

委　任　状

平成　　年　　月　　日

　　　住　所　　　東京都○区○町三丁目2番6号
　　　登記義務者　株式会社丙川興業
　　　　　　　　　代表取締役　丙川三郎　　㊞
　　　（連絡先　担当部署　○○部／担当者名　○○　○○
　　　　電話番号　○○－○○○○－○○○○）

私は、＿＿＿＿＿＿＿＿＿＿＿＿＿＿＿(注2)を代理人と定め、下記の事項に関する一切の権限を委任します。

記

1．次の要項による登記申請に関すること
　　(1) 登記原因証明情報：平成○年○月○日付け確定根抵当権順位放棄証書 (注3)
　　(2) 登記の目的：根抵当権の順位放棄
2．上記申請の登記識別情報の暗号化に関すること (注4)
3．上記申請の登記完了証の受領に関すること (注5)
4．上記申請に関する契約証書、資格証明情報その他の添付情報の原本還付手続に関すること (注5)
5．上記申請の登録免許税還付金の代理受領に関すること (注6)

以　上

(注1) Ⅳ確定根抵当権順位放棄証書を登記原因証明情報（不登法第61条）として提供する場合に、登記義務者が作成する委任状の書式である。管轄登記所が複数となるケースにおいて、委任状の原本還付を受けるときは、他の申請についても委任したことが明らかな内容とする必要がある。
(注2) 代理人の住所ならびに氏名または名称を記載する。
(注3) 登記所に提供する証書の作成日およびその名称を記載する。
(注4) 登記識別情報の暗号化（電子申請においてオンラインで登記識別情報を提供すること）には特別の授権が必要であるため、このように記載する。
(注5) これらの事項には特別の授権を必要としないが、委任事項を明確にするため、このように記載する。
(注6) 登記申請の取下げ・却下・過誤納付に伴う還付金の代理受領については特別の授権が必要であるため、このように記載する。

Ⅵ－１－２　登記用委任状（登記義務者用／Ⅴを登記原因証明情報として提供する場合）(注1)

委 任 状

平成　年　月　日

住　所　　　東京都○区○町三丁目２番６号
登記義務者　株式会社丙川興業
　　　　　　　代表取締役　丙川三郎　　　㊞
連絡先　担当部署　○○部／担当者名　○○　○○
電話番号　○○－○○○○－○○○○

私は、＿＿＿＿＿＿＿＿＿＿＿＿＿＿＿＿＿（注2）を代理人と定め、下記の事項に関する一切の権限を委任します。

記

１．次の要項による登記申請に関すること
　　(1) 登記原因証明情報：平成○年○月○日付け登記原因証明情報（根抵当権順位放棄）(注3)
　　(2) 登記の目的：根抵当権の順位放棄
２．上記申請の登記識別情報の暗号化に関すること（注4）
３．上記申請の登記完了証の受領に関すること（注5）
４．上記申請に関する資格証明情報その他の添付情報の原本還付手続に関すること（注5）
５．上記申請の登録免許税還付金の代理受領に関すること（注6）

以　上

（注1）　Ⅳ確定根抵当権順位放棄証書とは別に、Ⅴ登記原因証明情報（根抵当権順位放棄）を作成し、これを登記原因証明情報（不登法第61条）として提供する場合に、登記義務者が作成する委任状の書式である。管轄登記所が複数となるケースにおいて、委任状の原本還付を受けるときは、他の申請についても委任したことが明らかな内容とする必要がある。
（注2）　代理人の住所ならびに氏名または名称を記載する。
（注3）　登記所に提供する登記原因証明情報の作成日およびその名称を記載する。
（注4）　登記識別情報の暗号化（電子申請においてオンラインで登記識別情報を提供すること）には特別の授権が必要であるため、このように記載する。
（注5）　これらの事項には特別の授権を必要としないが、委任事項を明確にするため、このように記載する。
（注6）　登記申請の取下げ・却下・過誤納付に伴う還付金の代理受領については特別の授権が必要であるため、このように記載する。

Ⅵ－2－1　登記用委任状（登記権利者用／Ⅳを登記原因証明情報として提供する場合）(注1)

委　任　状

平成　年　月　日

　　　　　住　所　　東京都〇区〇町一丁目2番3号
　　　　　登記権利者　株式会社甲野銀行
　　　　　　　　　　　代表取締役　甲野太郎　㊞

私は、＿＿＿＿＿＿＿＿＿＿＿＿＿＿＿＿（注2）を代理人と定め、下記の事項に関する一切の権限を委任します。

記

1．次の要項による登記申請に関すること
　　(1) 登記原因証明情報：平成〇年〇月〇日付け確定根抵当権順位放棄証書（注3）
　　(2) 登記の目的：根抵当権の順位放棄
2．上記申請の登記完了証の受領に関すること（注4）
3．上記申請に関する契約証書、資格証明情報その他の添付情報の原本還付手続に関すること（注4）
4．上記申請の登録免許税還付金の代理受領に関すること（注5）

以　上

(注1)　Ⅳ確定根抵当権順位放棄証書を登記原因証明情報（不登法第61条）として提供する場合に、登記権利者が作成する委任状の書式である。管轄登記所が複数となるケースにおいて、委任状の原本還付を受けるときは、他の申請についても委任したことが明らかな内容とする必要がある。
(注2)　代理人の住所ならびに氏名または名称を記載する。
(注3)　登記所に提供する証書の作成日およびその名称を記載する。
(注4)　これらの事項には特別の授権を必要としないが、委任事項を明確にするため、このように記載する。
(注5)　登記申請の取下げ・却下・過誤納付に伴う還付金の代理受領については特別の授権が必要であるため、このように記載する。

Ⅵ－2－2　登記用委任状（登記権利者用／Ⅴを登記原因証明情報として提供する場合）（注1）

委　任　状

平成　年　月　日

　　　　住　所　　　東京都○区○町一丁目2番3号
　　　　登記権利者　　株式会社甲野銀行
　　　　　　　　　　　代表取締役　甲野太郎　　　㊞

私は、＿＿＿＿＿＿＿＿＿＿＿＿＿＿＿＿＿（注2）を代理人と定め、下記の事項に関する一切の権限を委任します。

記

1．次の要項による登記申請に関すること
　　(1) 登記原因証明情報：平成○年○月○日付け登記原因証明情報（根抵当権順位放棄）（注3）
　　(2) 登記の目的：根抵当権の順位放棄
2．上記申請の登記完了証の受領に関すること（注4）
3．上記申請に関する資格証明情報その他の添付情報の原本還付手続に関すること（注4）
4．上記申請の登録免許税還付金の代理受領に関すること（注5）

以　上

(注1)　Ⅳ確定根抵当権順位放棄証書とは別に、Ⅴ登記原因証明情報（根抵当権順位放棄）を作成し、これを登記原因証明情報（不登法第61条）として提供する場合に、登記権利者が作成する委任状の書式である。管轄登記所が複数となるケースにおいて、委任状の原本還付を受けるときは、他の申請についても委任したことが明らかな内容とする必要がある。
(注2)　代理人の住所ならびに氏名または名称を記載する。
(注3)　登記所に提供する登記原因証明情報の作成日およびその名称を記載する。
(注4)　これらの事項には特別の授権を必要としないが、委任事項を明確にするため、このように記載する。
(注5)　登記申請の取下げ・却下・過誤納付に伴う還付金の代理受領については特別の授権が必要であるため、このように記載する。

第4章

順位変更等

1　順位変更の合意

88　抵当権の順位変更

I　ケース概要

　甲野銀行は乙野商事から融資の申し込みを受けたが、乙野商事所有の土地および建物には商取引上の債権を担保する丙川興業の1番根抵当が設定され、担保余力が不足していた。あらたに抵当権設定を受け、その優先順位を1番根抵当と入れ替えたい。

II　書式作成上の留意点

① 既登記の（根）抵当権間でその優先順位を変更する場合の書式である。（根）抵当権者間で順位の変更を合意し、かつ利害関係人がある場合はその承諾を得ることにより、（根）抵当権順位変更の登記原因が生じる。

② 同一の不動産について数個の抵当権が設定されたとき、その抵当権の順位は登記の前後によるが（民法第373条）、各抵当権者の合意によってその順位を変更することができる（民法第374条第1項）。ただし、利害関係を有する者があるときは、その承諾を得なければならず、また順位の変更は、その登記をしなければ効力が生じない（民法第374条第1項・第2項）。

③ 1番3,000万円、2番2,000万円、3番1,000万円の順に（根）抵当権が登記されている場合において、1番と3番の優先順位を入れ替えるとき、2番（根）抵当権者は順位変更の合意当事者となるが、2番（根）抵当権を目的する権利名義人は実質的不利益がないので利害関係人とならない。

④ 抵当権の順位変更は、抵当権の順位の譲渡・放棄（民法第376条第1項）と異なり、債務者が異なっても、また根抵当権であっても合意することができ、さらに変更後（根）抵当権の一部が消滅しても順位変更の効力には影響がない。ただし、③のとおり、常に中間の（根）抵当権者を合意当事者とする必要がある。なお、利害関係人の承諾書の書式はIV－2を参照されたい。

⑤ 順位を変更することによって不利益となる抵当債務の保証人等、法定代位権者がいる場合は、これらの者との約定において担保保存義務が免責されていることを確認し、免責されていないときは法定代位権者の承諾を得ることを検討する。

⑥ この（根）抵当権順位変更合意証書は簡明な書式であるので、これを登記原因証明情報（不登法第61条）として登記所に提供するのが一般的であろう。

⑦ 順位変更登記は、順位変更合意をした（根）抵当権者全員が共同登記申請人となって行い、登記原因および変更後の順位をその登記事項とする。

⑧ 各（根）抵当権者につき、（根）抵当権の取得に係る登記識別情報（登記済証）が必要となる。なお、登記完了後は、双方に登記完了証が交付される（この変更登記につき、登記識別情報は通知されない）。

Ⅲ 必要書類・費用一覧

書　　類	書類上の関係者
□ （根）抵当権順位変更合意証書	各（根）抵当権者
□ 委任状（登記申請人用）	各（根）抵当権者
□ 登記識別情報（登記済証）	各（根）抵当権者
□ 会社法人等番号（注）	各（根）抵当権者
□ 登録免許税	順位変更に係る（根）抵当権1個につき1,000円（不動産ごとに計算）

（注） 不登令等の改正により、平成27年11月2日から、会社・法人の代表者等の資格を証する情報の提供（添付）に代え、登記申請情報に商業登記法第7条の会社法人等番号を記録または記載することとなった。ただし、法人登記手続中となるなどの場合を考慮し、例外的に、作成後1か月以内の資格証明情報（登記事項証明書）を提供（添付）することも認められている。

Ⅳ−1 （根）抵当権順位変更合意証書

（印紙）
（注1）

（根）抵当権順位変更合意証書

平成　　年　　月　　日（注2）

住　所　　　東京都○区○町三丁目2番1号
根抵当権者　株式会社丙川興業
　　　　　　代表取締役　丙野三郎　　㊞（注3）

住　所　　　東京都○区○町一丁目2番3号
抵当権者　　株式会社甲野銀行
　　　　　　代表取締役　甲野太郎　　㊞（注3）

（根）抵当権者らは、次のとおり（根）抵当権の順位変更を合意しました。（注4）

[順位変更の要項]

1．変更後の順位 (注5)(注6)	第1	平成○年○月○日東京法務局○出張所受付第○号　抵当権
	第2	平成○年○月○日東京法務局○出張所受付第○号　抵当権
2．物件	後記物件の表示記載のとおり	

物件の表示

所　　在　東京都○区○町一丁目
地　　番　1番1
地　　目　宅地
地　　積　○○○.○○㎡

所　　在　東京都○区○町一丁目1番地1
家屋番号　1番1
種　　類　居宅
構　　造　木造セメントかわらぶき平家建
床　面　積　○○.○○㎡

以　上

(注1)　この文書は、印紙税法上の課税文書には該当しない。
(注2)　この契約書を作成した日付を記載する。
(注3)　(根)抵当権者両者の合意による変更なので、双方が捺印する。中間に他の(根)抵当権者がいる場合、債権額(極度額)の状況にかかわらず中間者の合意も必要となる。
(注4)　必要に応じて、登記義務・費用負担について定めることが考えられる。
(注5)　対象(根)抵当権のなかでの順位を記載する。たとえば、当初、第1順位にA、第2順位にB、第3順位にC、第4順位にDという四つの(根)抵当権が設定されており、そのうちBとCとで順位変更しようとする場合には、「第1　C、第2　B」という記載になる。
(注6)　変更対象となる(根)抵当権を、登記の受付年月日および受付番号で特定する。新規設定と同時に登記申請を行う場合は、番号空欄のまま登記所に提供する。根抵当権である場合は「根」の文字を記載する。なお、登記簿上の順位番号が異なる場合、順位変更の登記は各別に申請する必要があるが、契約証書に登記簿上の順位番号を記載する必要はない。

Ⅳ-2　承諾書

承　諾　書

平成　　年　　月　　日(注1)

根抵当権者(注2)

東京都○区○町三丁目2番1号

株式会社丙川興業　御中

(利害関係人)
東京都〇区〇町六丁目5番4号
株式会社丁野商事
代表取締役　丁野四郎　　　　㊞

　私は、以下の根抵当権について転抵当権の設定を受けていますが、以下の根抵当権について貴社が次のとおり（根）抵当権順位変更契約を締結し、その登記を申請することについて承諾します。

[根抵当権の表示]

1．登記	平成〇年〇月〇日東京法務局〇出張所受付第〇号（注3）
2．物件	後記物件の表示記載のとおり

[順位変更の要項]

1．変更後の順位	第1	平成〇年〇月〇日東京法務局〇出張所受付第〇号＿抵当権
	第2	平成〇年〇月〇日東京法務局〇出張所受付第〇号＿抵当権
2．物件	後記物件の表示記載のとおり	

<table>
<tr><th colspan="2">物件の表示</th></tr>
<tr><td>所　　　在</td><td>東京都〇区〇町一丁目</td></tr>
<tr><td>地　　　番</td><td>1番1</td></tr>
<tr><td>地　　　目</td><td>宅地</td></tr>
<tr><td>地　　　積</td><td>〇〇〇.〇〇㎡</td></tr>
<tr><td>所　　　在</td><td>東京都〇区〇町一丁目1番地1</td></tr>
<tr><td>家屋番号</td><td>1番1</td></tr>
<tr><td>種　　　類</td><td>居宅</td></tr>
<tr><td>構　　　造</td><td>木造セメントかわらぶき平家建</td></tr>
<tr><td>床　面　積</td><td>〇〇.〇〇㎡</td></tr>
</table>

以　上

(注1)　利害関係人が承諾をした日を記載する。
(注2)　転抵当権設定者である根抵当権者を記載する。
(注3)　対象となる登記について、登記所および受付日ならびに受付番号で特定する。

Ⅴ　登記用委任状（登記申請人用）(注1)

委　任　状

平成　年　月　日

　　　　　　　住　所　　　東京都○区○町三丁目2番1号
　　　　　　　登記申請人　株式会社丙川興業
　　　　　　　　　　　　　代表取締役　丙野三郎　　　　㊞
　　　　　　⎛連絡先　担当部署　○○部／担当者名　○○　○○　⎞
　　　　　　⎝電話番号　○○－○○○○－○○○○　　　　　　⎠

私は、＿＿＿＿＿＿＿＿＿＿＿＿＿＿＿＿(注2)を代理人と定め、下記の事項に関する一切の権限を委任します。

記

1．次の要項による登記申請に関すること
　　(1)登記原因証明情報：平成○年○月○日付け（根）抵当権順位変更合意証書(注3)
　　(2)登記の目的：（根）抵当権順位変更
2．上記申請の登記識別情報の暗号化に関すること(注4)
3．上記申請の登記完了証の受領に関すること(注5)
4．上記申請に関する契約証書その他の添付情報の原本還付手続に関すること(注5)
5．上記申請の登録免許税還付金の代理受領に関すること(注6)

以　上

(注1)　順位変更の登記申請人が作成する委任状の書式である（各申請人共通）。管轄登記所が複数となるケースにおいて、委任状の原本還付を受けるときは、他の申請についても委任したことが明らかな内容とする必要がある。
(注2)　代理人の住所ならびに氏名または名称を記載する。
(注3)　登記所に提供する証書の締結日およびその名称を記載する。
(注4)　登記識別情報の暗号化（電子申請においてオンラインで登記識別情報を提供すること）には特別の授権が必要であるため、このように記載する。
(注5)　これらの事項には特別の授権を必要としないが、委任事項を明確にするため、このように記載する。
(注6)　登記申請の取下げ・却下・過誤納付に伴う還付金の代理受領については特別の授権が必要であるため、このように記載する。

89 抵当権の順位変更（同順位にする場合）

I ケース概要

甲野銀行は乙野商事から融資の申し込みを受けたが、乙野商事所有の土地および建物には商取引上の債権を担保する丙川興業の1番根抵当が設定され、担保余力が不足していた。あらたに抵当権設定を受け、その優先順位を1番根抵当と同順位にしたい。

II 書式作成上の留意点

① 既登記の（根）抵当権間でその優先順位を変更する場合の書式である。（根）抵当権者間で順位の変更を合意し、かつ利害関係人がある場合はその承諾を得ることにより、（根）抵当権順位変更の登記原因が生じる。

② 同一の不動産について数個の抵当権が設定されたとき、その抵当権の順位は登記の前後によるが（民法第373条）、各抵当権者の合意によってその順位を変更することができる（民法第374条第1項）。ただし、利害関係を有する者があるときは、その承諾を得なければならず、また順位の変更は、その登記をしなければ効力が生じない（民法第374条第1項・第2項）。

③ 1番3,000万円、2番2,000万円、3番1,000万円の順に（根）抵当権が登記されている場合において、1番と3番の優先順位を変更するとき、2番（根）抵当権者は順位変更の合意当事者となるが、2番（根）抵当権を目的する権利名義人は実質的な不利益がないので利害関係人とならない。

④ 抵当権の順位変更は、抵当権の順位の譲渡・放棄（民法第376条第1項）と異なり、債務者が異なっても、また根抵当権であっても合意することができ、さらに変更後（根）抵当権の一部が消滅しても順位変更の効力には影響がない。ただし、③のとおり、常に中間の（根）抵当権者を合意当事者とする必要がある。なお、利害関係人の承諾書の書式はIV-2を参照されたい。

⑤ 順位を変更することによって不利益となる抵当債務の保証人等、法定代位権者がいる場合は、これらの者との約定において担保保存義務が免責されていることを確認し、免責されていないときは法定代位権者の承諾を得ることを検討する。

⑥ この（根）抵当権順位変更合意証書は簡明な書式であるので、これを登記原因証明情報（不登法第61条）として登記所に提供するのが一般的であろう。

⑦ 順位変更登記は、順位変更合意をした（根）抵当権者全員が共同登記申請人となって行い、登記原因および変更後の順位をその登記事項とする。

⑧ 各（根）抵当権者につき、（根）抵当権の取得に係る登記識別情報（登記済証）が必要となる。なお、登記完了後は、双方に登記完了証が交付される（この変更登記につき、登記識別

情報は通知されない)。

III 必要書類・費用一覧

書　　類	書類上の関係者
□（根）抵当権順位変更合意証書	各（根）抵当権者
□ 委任状（登記申請人用）	各（根）抵当権者
□ 登記識別情報（登記済証）	各（根）抵当権者
□ 会社法人等番号（注）	各（根）抵当権者
□ 登録免許税	順位変更に係る（根）抵当権1個につき1,000円（不動産ごとに計算）

（注）　不登令等の改正により、平成27年11月2日から、会社・法人の代表者等の資格を証する情報の提供（添付）に代え、登記申請情報に商業登記法第7条の会社法人等番号を記録または記載することとなった。ただし、法人登記手続中となるなどの場合を考慮し、例外的に、作成後1か月以内の資格証明情報（登記事項証明書）を提供（添付）することも認められている。

IV－1　（根）抵当権順位変更合意証書

```
┌──────┐
│（印紙）│           （根）抵当権順位変更合意証書
│（注1）│
└──────┘
                                               平成　　年　　月　　日（注2）

             住　所　　　　東京都○区○町三丁目2番1号
          根抵当権者　　　　株式会社丙川興業
                          代表取締役　丙野三郎　　　㊞（注3）


             住　所　　　　東京都○区○町一丁目2番3号
           抵当権者　　　　株式会社甲野銀行
                          代表取締役　甲野太郎　　　㊞（注3）


 （根）抵当権者らは、次のとおり（根）抵当権の順位変更を合意しました。（注4）


［順位変更の要項］

┌─────────┬───┬──────────────────────────┐
│ 1．変更後の順位 │ 第1 │平成○年○月○日東京法務局○出張所受付第○号＿抵当権│
│  （注5）（注6） ├───┼──────────────────────────┤
│                 │ 第1 │平成○年○月○日東京法務局○出張所受付第○号＿抵当権│
```

2．物件	後記物件の表示記載のとおり

<table>
<tr><td colspan="2" align="center">物件の表示</td></tr>
<tr><td>所　　在</td><td>東京都○区○町一丁目</td></tr>
<tr><td>地　　番</td><td>1番1</td></tr>
<tr><td>地　　目</td><td>宅地</td></tr>
<tr><td>地　　積</td><td>○○○.○○㎡</td></tr>
<tr><td>所　　在</td><td>東京都○区○町一丁目1番地1</td></tr>
<tr><td>家屋番号</td><td>1番1</td></tr>
<tr><td>種　　類</td><td>居宅</td></tr>
<tr><td>構　　造</td><td>木造セメントかわらぶき平家建</td></tr>
<tr><td>床 面 積</td><td>○○.○○㎡</td></tr>
<tr><td colspan="2" align="right">以　上</td></tr>
</table>

（注1）　この文書は、印紙税法上の課税文書には該当しない。
（注2）　この契約書を作成した日付を記載する。
（注3）　（根）抵当権者両者の合意による変更なので、双方が捺印する。中間に他の（根）抵当権者がいる場合、債権額（極度額）の状況にかかわらず中間者の合意も必要となる。
（注4）　必要に応じて、登記義務・費用負担を定めることが考えられる。
（注5）　対象（根）抵当権のなかでの順位を記載する。たとえば、当初、第1順位にA、第2順位にB、第3順位にC、第4順位にDという四つの（根）抵当権が設定されており、そのうちBとCを同順位にしようとする場合には、「第1　B、第1　C」という記載になる。
（注6）　変更対象となる（根）抵当権を、登記の受付年月日および受付番号で特定する。新規設定と同時に登記申請を行う場合は、番号空欄のまま登記所に提供する。根抵当権である場合は「根」の文字を記載する。なお、登記簿上の順位番号が異なる場合、順位変更の登記は各別に申請する必要があるが、契約証書に登記簿上の順位番号を記載する必要はない。

Ⅳ−2　承諾書

承　諾　書

　　　　　　　　　　　　　　　　　　　　　　　　平成　　年　　月　　日（注1）

根抵当権者（注2）
東京都○区○町三丁目2番1号
株 式 会 社 丙 川 興 業　御中

　　　　　　　　　　　　　　　　　（利害関係人）
　　　　　　　　　　　　　　　　　東京都○区○町六丁目5番4号
　　　　　　　　　　　　　　　　　株 式 会 社 丁 野 商 事

　　　　　　　　　　　　　　代表取締役　丁 野 四 郎　　㊞

　私は、以下の根抵当権について転抵当権の設定を受けていますが、以下の根抵当権について貴社が次のとおり（根）抵当権順位変更契約を締結し、その登記を申請することについて承諾します。

[根抵当権の表示]

1．登記	平成○年○月○日東京法務局○出張所受付第○号（注3）
2．物件	後記物件の表示記載のとおり

[順位変更の要項]

1．変更後の順位	第1	平成○年○月○日東京法務局○出張所受付第○号＿抵当権
	第1	平成○年○月○日東京法務局○出張所受付第○号＿抵当権
2．物件		後記物件の表示記載のとおり

<table>
<tr><th colspan="2">物件の表示</th></tr>
<tr><td colspan="2">
所　　在　東京都○区○町一丁目
地　　番　1番1
地　　目　宅地
地　　積　○○○.○○㎡

所　　在　東京都○区○町一丁目1番地1
家屋番号　1番1
種　　類　居宅
構　　造　木造セメントかわらぶき平家建
床 面 積　○○.○○㎡
</td></tr>
<tr><td colspan="2" style="text-align:right">以　上</td></tr>
</table>

(注1)　利害関係人が承諾をした日を記載する。
(注2)　転抵当権設定者である根抵当権者を記載する。
(注3)　対象となる登記について、登記所および受付日ならびに受付番号で特定する。

V　登記用委任状（登記申請人用）(注1)

委　任　状

平成　年　月　日

　　　　　住　所　　　東京都○区○町三丁目2番1号
　　　　　登記申請人　株式会社 丙川興業
　　　　　　　　　　　代表取締役　丙野三郎　　　　㊞
　　　　⎛連絡先　担当部署　○○部／担当者名　○○ ○○⎞
　　　　⎝電話番号　○○－○○○○－○○○○　　　　　　⎠

私は、＿＿＿＿＿＿＿＿＿＿＿＿＿＿＿＿（注2）を代理人と定め、下記の事項に関する一切の権限を委任します。

記

1．次の要項による登記申請に関すること
　　(1) 登記原因証明情報：平成○年○月○日付け（根）抵当権順位変更合意証書（注3）
　　(2) 登記の目的：（根）抵当権順位変更
2．上記申請の登記識別情報の暗号化に関すること（注4）
3．上記申請の登記完了証の受領に関すること（注5）
4．上記申請に関する契約証書その他の添付情報の原本還付手続に関すること（注5）
5．上記申請の登録免許税還付金の代理受領に関すること（注6）

以　上

(注1)　順位変更の登記申請人が作成する委任状の書式である（各申請人共通）。管轄登記所が複数となるケースにおいて、委任状の原本還付を受けるときは、他の申請についても委任したことが明らかな内容とする必要がある。
(注2)　代理人の住所ならびに氏名または名称を記載する。
(注3)　登記所に提供する証書の締結日およびその名称を記載する。
(注4)　登記識別情報の暗号化（電子申請においてオンラインで登記識別情報を提供すること）には特別の授権が必要であるため、このように記載する。
(注5)　これらの事項には特別の授権を必要としないが、委任事項を明確にするため、このように記載する。
(注6)　登記申請の取下げ・却下・過誤納付に伴う還付金の代理受領については特別の授権が必要であるため、このように記載する。

2　賃借権優先の同意

90　総先順位抵当権者が賃借権の優先について同意する場合

I　ケース概要

　甲野銀行および甲野保証は、乙野商事所有の土地に抵当権設定を受けていたが、乙野商事から、太陽光発電事業を営む丙川エナジーとの間に発電設備の所有を目的とする賃借権設定契約を締結し、抵当権に対抗できる賃借権設定登記を提供したい旨の申し出があり、検討の結果、これに応じることとした。

II　書式作成上の留意点

① 優先する抵当権を有するすべての者（以下「総先順位抵当権者」）が、登記された賃借権に対抗力を与えることについて同意する場合の書式である。これにより、賃借権の先順位抵当権に優先する同意の登記原因が生じる。

② 平成16年4月、担保物権および民事執行制度の改善のための民法等の一部を改正する法律が施行され、不動産担保権の実行方法として「担保不動産収益執行制度」が創設された。これにより、抵当権者は、競売、賃料差押えのほか、収益執行（強制管理）による債権回収が可能となった。

　賃借権の先順位抵当権者に優先する同意の登記は、上記改正法により創設された制度であり、抵当物件の収益性を尊重すべき場合に有意である。改正前、賃借権を尊重すべき場合は、抵当権を一度抹消し、賃借権の登記後に再設定を受ける必要があったが、新制度を利用すれば、抵当権設定を維持したまま賃借権との優先順位を入れ替えることができる。

　この同意について抵当権・根抵当権の区別はないが、賃借権に優先する抵当権を有するすべての者が同意し、かつその同意につき登記をしないと効力が生じない（民法第387条第1項）。

③ この同意をする抵当権に転抵当権や質権が設定されている場合、利害関係人としてその承諾が必要となる（民法第387条第2項）。なお、承諾書についてはIV-2を参照されたい。

④ この同意をすることによって不利益となる抵当債務の保証人等、法定代位権者がいる場合は、担保保存義務の免責を確認するため、法定代位権者の承諾書を取得することを検討する。

⑤ この証書は簡明な書式であるので、これを登記原因証明情報（不登法第61条）として登記所に提供するのが一般的であろう。

⑥ 賃借権の先順位抵当権に優先する同意の登記は、賃借権者が登記権利者となり、総先順位抵当権者が登記義務者となって行う。

⑦　総先順位抵当権者につき、(根)抵当権の取得に係る登記識別情報(登記済証)が必要となる。なお、登記完了後は、双方に登記完了証が交付される(この変更登記につき、登記識別情報は通知されない)。

Ⅲ　必要書類・費用一覧

書　類	書類上の関係者
□　賃借権の抵当権に優先する同意証書	総先順位抵当権者、賃借権者
□　委任状（登記義務者用）	総先順位抵当権者
□　委任状（登記権利者用）	賃借権者
□　登記識別情報（登記済証）	総先順位抵当権者
□　会社法人等番号（注）	総先順位抵当権者、賃借権者
□　登録免許税	賃借権・抵当権の件数1件につき1,000円（不動産ごとに計算）

（注）　不登令等の改正により、平成27年11月2日から、会社・法人の代表者等の資格を証する情報の提供（添付）に代え、登記申請情報に商業登記法第7条の会社法人等番号を記録または記載することとなった。ただし、法人登記手続中となるなどの場合を考慮し、例外的に、作成後1か月以内の資格証明情報（登記事項証明書）を提供（添付）することも認められている。

Ⅳ－1　賃借権の先順位抵当権に優先する同意証書(注1)

```
(印紙)         賃借権の先順位抵当権に優先する同意証書
(注1)
                                          平成　　年　　月　　日(注2)
住　所　　東京都○区○町三丁目2番1号
賃借権者　株式会社丙川エナジー　御中

              住　所　　　　東京都○区○町一丁目2番3号
              抵当権者　　　株式会社甲野銀行
                          代表取締役　甲野太郎　　㊞(注3)

              住　所　　　　東京都○区○町一丁目2番3号
              抵当権者　　　株式会社甲野保証
                          代表取締役　甲野次郎　　㊞(注3)

　総先順位抵当権者は、貴社に対し、貴社の有する登記された賃借権に対抗力を与えること
```

について同意しました。

[賃借権の抵当権に優先する同意の要項] （注4）

優先する賃借権	平成〇年〇月〇日東京法務局〇出張所受付第〇号
同意に係る抵当権	平成〇年〇月〇日東京法務局〇出張所受付第〇号
同意に係る抵当権	平成〇年〇月〇日東京法務局〇出張所受付第〇号

物件の表示	所有者
所　　在　東京都〇区〇町一丁目 地　番　　1番1 地　目　　宅地 地　積　　〇〇〇.〇〇㎡	株式会社乙野商事

以　上

(注1) この文書は、印紙税法上の課税文書には該当しない。
(注2) この契約書を作成した日付を記載する。
(注3) 先順位の抵当権者の全員が同意する必要がある（一部の抵当権者に対してのみ対抗できるという登記をすることはできない）。
(注4) 優先する賃借権および総先順位抵当権を、登記の受付年月日および受付番号で特定する。なお、物件が複数で登記簿上の順位番号が異なる場合、賃借権の抵当権に優先する同意の登記は各別に申請する必要があるが、契約証書において登記簿上の順位番号を記載する必要はない。

Ⅳ-2　承諾書

承　諾　書

平成　年　月　日（注1）

抵当権者（注2）
東京都〇区〇町一丁目2番3号
株 式 会 社 甲 野 銀 行　御中

（利害関係人）
東京都〇区〇町六丁目5番4号
株 式 会 社 丁 野 商 事
代表取締役　丁 野 四 郎　　㊞

　当社は、貴社の有する抵当権に転抵当権の設定を受けていますが、貴社が以下のとおり賃

借権の抵当権に優先する同意をし、その登記を申請することについて承諾します。

[賃借権の先順位抵当権に優先する同意の要項] (注3)

優先する賃借権	平成○年○月○日東京法務局○出張所受付第○号
同意に係る抵当権	平成○年○月○日東京法務局○出張所受付第○号
同意に係る抵当権	平成○年○月○日東京法務局○出張所受付第○号

物件の表示	所有者
所　　在　東京都○区○町一丁目 地　　番　１番１ 地　　目　宅地 地　　積　○○○.○○㎡	株式会社乙野商事

以　上

(注1)　利害関係人が承諾をした日を記載する。
(注2)　転抵当権設定者である抵当権者を記載する。
(注3)　対象となる登記について、登記所および受付日ならびに受付番号で特定する。

V－1－1　登記用委任状（登記義務者用／Ⅳ－1を登記原因証明情報として提供する場合）(注1)

委　任　状

平成　　年　　月　　日

住　所　　東京都○区○町一丁目２番３号
登記義務者　株式会社甲野銀行
　　　　　　代表取締役　甲野太郎　　㊞

私は、＿＿＿＿＿＿＿＿＿＿＿＿＿＿＿(注2)を代理人と定め、下記の事項に関する一切の権限を委任します。

記

1．次の要項による登記申請に関すること
　　(1) 登記原因証明情報：平成○年○月○日付け賃借権の先順位抵当権に優先する同意証書 (注3)
　　(2) 登記の目的：賃借権の先順位抵当権に優先する同意
2．上記申請の登記識別情報の暗号化に関すること (注4)
3．上記申請の登記完了証の受領に関すること (注5)
4．上記申請に関する契約証書、資格証明情報その他の添付情報の原本還付手続に関すること (注5)

5．上記申請の登録免許税還付金の代理受領に関すること（注6）

　　　　　　　　　　　　　　　　　　　　　　　　　　　　　　　以　上

(注1)　Ⅳ賃借権の先順位抵当権に優先する同意証書を登記原因証明情報（不登法第61条）として提供する場合に、登記義務者が作成する委任状の書式である。管轄登記所が複数となるケースにおいて、委任状の原本還付を受けるときは、他の申請についても委任したことが明らかな内容とする必要がある。
(注2)　代理人の住所ならびに氏名または名称を記載する。
(注3)　登記所に提供する契約証書の締結日およびその名称を記載する。
(注4)　登記識別情報の暗号化（電子申請においてオンラインで登記識別情報を提供すること）には特別の授権が必要であるため、このように記載する。
(注5)　これらの事項には特別の授権を必要としないが、委任事項を明確にするため、このように記載する。
(注6)　登記申請の取下げ・却下・過誤納付に伴う還付金の代理受領については特別の授権が必要であるため、このように記載する。

Ⅴ－1－2　登記用委任状（登記義務者用／Ⅳ－1を登記原因証明情報として提供する場合）(注1)

委　任　状

平成　　年　　月　　日

住　所　　東京都○区○町一丁目2番3号
登記義務者　株式会社甲野保証
　　　　　　代表取締役　甲野次郎　　　　㊞
連絡先　担当部署　○○部／担当者名　○○　○○
電話番号　○○－○○○○－○○○○

私は、＿＿＿＿＿＿＿＿＿＿＿＿＿＿＿＿＿(注2)を代理人と定め、下記の事項に関する一切の権限を委任します。

記

1．次の要項による登記申請に関すること
　　(1) 登記原因証明情報：平成○年○月○日付け賃借権の先順位抵当権に優先する同意証書（注3）
　　(2) 登記の目的：賃借権の先順位抵当権に優先する同意
2．上記申請の登記識別情報の暗号化に関すること（注4）
3．上記申請の登記完了証の受領に関すること（注5）
4．上記申請に関する契約証書、資格証明情報その他の添付情報の原本還付手続に関すること（注5）
5．上記申請の登録免許税還付金の代理受領に関すること（注6）

　　　　　　　　　　　　　　　　　　　　　　　　　　　　　　　以　上

(注1)　Ⅳ賃借権の先順位抵当権に優先する同意証書を登記原因証明情報（不登法第61条）として提供する場合に、登記義務者が作成する委任状の書式である。管轄登記所が複数となるケースにおいて、委任状の原本還付を受けるときは、他の申請についても委任したことが明らか

な内容とする必要がある。
(注2) 代理人の住所ならびに氏名または名称を記載する。
(注3) 登記所に提供する契約証書の締結日およびその名称を記載する。
(注4) 登記識別情報の暗号化（電子申請においてオンラインで登記識別情報を提供すること）には特別の授権が必要であるため、このように記載する。
(注5) これらの事項には特別の授権を必要としないが、委任事項を明確にするため、このように記載する。
(注6) 登記申請の取下げ・却下・過誤納付に伴う還付金の代理受領については特別の授権が必要であるため、このように記載する。

V－2　登記用委任状（登記権利者用／Ⅳ－1を登記原因証明情報として提供する場合）(注1)

委　任　状

平成　　年　　月　　日

住　所　　　東京都○区○町三丁目2番1号
登記権利者　株式会社丙川エナジー
　　　　　　代表取締役　丙川太郎　　　㊞
（連絡先　担当部署　○○部／担当者名　○○　○○
　電話番号　○○－○○○○－○○○○　　　　　）

私は、＿＿＿＿＿＿＿＿＿＿＿＿＿＿＿＿＿(注2)を代理人と定め、下記の事項に関する一切の権限を委任します。

記

1．次の要項による登記申請に関すること
　(1) 登記原因証明情報：平成○年○月○日付け賃借権の先順位抵当権に優先する同意証書 (注3)
　(2) 登記の目的：賃借権の先順位抵当権に優先する同意
2．上記申請の登記完了証の受領に関すること (注4)
3．上記申請に関する契約証書、資格証明情報その他の添付情報の原本還付手続に関すること (注4)
4．上記申請の登録免許税還付金の代理受領に関すること (注5)

以　上

(注1) Ⅳ賃借権の先順位抵当権に優先する同意証書を登記原因証明情報（不登法第61条）として提供する場合に、登記権利者が作成する委任状の書式である。管轄登記所が複数となるケースにおいて、委任状の原本還付を受けるときは、他の申請についても委任したことが明らかな内容とする必要がある。
(注2) 代理人の住所ならびに氏名または名称を記載する。
(注3) 登記所に提供する契約証書の締結日およびその名称を記載する。
(注4) これらの事項には特別の授権を必要としないが、委任事項を明確にするため、このように記載する。
(注5) 登記申請の取下げ・却下・過誤納付に伴う還付金の代理受領については特別の授権が必要であるため、このように記載する。

第 5 章

更　　正

1　登記事項の更正

91　登記事項の更正

I　ケース概要

　甲野銀行は、乙野商事に対し融資を行い、その担保として乙野商事所有の土地および建物につき抵当権の設定を受けていたが、抵当権設定契約証書に誤った債権額を記載したため、被担保債権額につき実体より少ない金額をもって抵当権設定登記が行われた。

II　書式作成上の留意点

① 　債権額、利息、被担保債権発生原因、債務者住所などの登記事項について、錯誤や遺漏があった場合に、これらを更正するための書式である。

② 　債権額・利息が減少するなど、更正の前後を比較して抵当権者が直接不利益を受ける内容である場合は抵当権者が登記義務者となるが、債権額・利息が増加するなど抵当権設定者が直接不利益を受ける内容である場合、および被担保債権発生原因、債務者住所の修正などいずれの不利益ともいえない場合は、抵当権設定者が登記義務者となる。

③ 　登記義務者につき登記識別情報が（抵当権設定者が登記義務者の場合は、債務者の住所・氏名の更正を除き印鑑証明書も）必要となる。

④ 　更正により登記上の利害関係を有する第三者がいる場合は、当該第三者の承諾書（印鑑証明書付）を提供したときは付記登記により、提供しないときは主登記により更正登記が行われる（不登法第66条）。主登記により更正した場合、更正による増加部分等について当該登記上の利害関係者に対抗できない。

⑤ 　管轄登記所が複数となるケースでは、印鑑証明書およびIV登記原因証明情報（抵当権更正）は、登記所ごとに（複数）必要となる。当該申請のためにのみ作成したVI登記用委任状も同様であり、これらは原本還付を受けることができないとされている。

III　必要書類・費用一覧

書　　　類	書類上の関係者
□ 登記原因証明情報	登記義務者（抵当権者または抵当権設定者）
□ 委任状（登記義務者用）	抵当権者または抵当権設定者
□ 委任状（登記権利者用）	抵当権者または抵当権設定者
□ 登記識別情報（登記済証）	登記義務者（抵当権者または抵当権設定者）

☐ 会社法人等番号 (注)	抵当権者、抵当権設定者
☐ 印鑑証明	抵当権設定者が登記義務者となる場合
☐ 登録免許税	債権額が増加する内容の更正は、増加額の1,000分の4（計算した金額が1,000円に満たない場合は1,000円）／その他の更正は、不動産1個につき1,000円

(注) 不登令等の改正により、平成27年11月2日から、会社・法人の代表者等の資格を証する情報の提供（添付）に代え、登記申請情報に商業登記法第7条の会社法人等番号を記録または記載することとなった。ただし、法人登記手続中となるなどの場合を考慮し、例外的に、作成後1か月以内の資格証明情報（登記事項証明書）を提供（添付）することも認められている。

IV 登記原因証明情報（抵当権更正）(注1)

登記原因証明情報
（抵当権更正）

平成　　年　　月　　日

東京法務局　○出張所 御中

　　　　　　　住　所　　　東京都○区○町四丁目5番6号
　　　　　　　登記義務者 (注2)　株式会社乙野商事
　　　　　　　　　　　　　代表取締役　乙野次郎　　　　㊞

　登記義務者（抵当権設定者）は、本件登記の原因となる事実または法律行為が下記1．記載のとおりであること、およびこれに基づき現に下記2．記載の内容を登記要項とする更正の必要があることを証明します。

1．登記の原因となる事実または法律行為 (注3)

(1) 株式会社甲野銀行を抵当権者、株式会社乙野商事を抵当権設定者として、平成○年○月○日抵当権設定契約を締結した。
(2) 本件被担保債権の金額は金○円に相違ないところ、前記契約に誤って金□円と記載したため、債権額金□円とする抵当権設定登記を申請した。
(3) よって、本件抵当権の債権額を金□円から金○円に更正登記する必要がある。

2．登記申請情報の要項

(1) 登記の目的	抵当権更正（付記登記）(注4)

(2)	更正する抵当権	平成〇年〇月〇日受付第〇号
(3)	原因	錯誤（注5）
(4)	更正後の事項	債権額　金〇万円
(5)	登記権利者 （抵当権者）（注6）	東京都〇区〇町一丁目2番3号 株式会社甲野銀行
(6)	登記義務者 （抵当権設定者）（注2）	東京都〇区〇町四丁目5番6号 株式会社乙野商事
(7)	不動産の表示	後記のとおり

不動産の表示

所　　在　東京都〇区〇町一丁目
地　　番　1番1
地　　目　宅地
地　　積　〇〇〇.〇〇㎡

所　　在　東京都〇区〇町一丁目1番地1
家屋番号　1番1
種　　類　居宅
構　　造　木造セメントかわらぶき平家建
床 面 積　〇〇.〇〇㎡

以　上

(注1) この情報は、登記の原因となる事実または法律行為のほか、登記事項（および物件表示）を登記義務者が確認して署名（または記名捺印）したものでなくてはならない。登記用に作成された書面の原本還付を受けることはできないため、管轄登記所が複数となるケースでは、登記所ごとに（複数）作成する必要がある。その内容は同文面とし、すべての物件を記載する。
(注2) 登記義務者は、更正により直接不利益を受ける者となる。たとえば、更正事項が、債権額の減額の場合は抵当権の登記名義人（抵当権者）、債権額の増額その他更正により抵当権者が利益を受ける事項の場合は所有権登記名義人となる。
(注3) 更正を必要とする事実関係を記載する。
(注4) 付記登記による場合には、その旨を記載する。
(注5) 登記事項の遺漏の場合は、「遺漏」と記載する。日付の記載は要しない。
(注6) 登記権利者は、更正により直接利益を受ける者となる。たとえば、更正事項が債権額の減額の場合は所有権登記名義人、債権額の増額その他更正により抵当権者が利益を受ける事項の場合は、抵当権の登記名義人（抵当権者）となる。

Ⅴ-1　登記用委任状（登記義務者用）（注1）

委　任　状

平成　年　月　日

　　　住　所　　東京都〇区〇町四丁目5番6号
　　　登記義務者　株式会社乙野商事
　　　　　　　　　代表取締役　乙野次郎　　　㊞
　　　（連絡先　担当部署　〇〇部／担当者名　〇〇　〇〇
　　　　電話番号　〇〇－〇〇〇〇－〇〇〇〇）

私は、_____（注2）を代理人と定め、下記の事項に関する一切の権限を委任します。

記

1．次の要項による登記申請に関すること
　　(1) 登記原因証明情報：平成〇年〇月〇日付け登記原因証明情報（抵当権更正）（注3）
　　(2) 登記の目的：抵当権更正
2．上記申請の登記識別情報の暗号化に関すること（注4）
3．上記申請の登記完了証の受領に関すること（注5）
4．上記申請に関する資格証明情報その他の添付情報の原本還付手続に関すること（注5）
5．上記申請の登録免許税還付金の代理受領に関すること（注6）

以　上

(注1)　Ⅳ登記原因証明情報（抵当権更正）を提供する場合に、登記義務者が作成する委任状の書式である。管轄登記所が複数となるケースにおいて、委任状の原本還付を受けるときは、他の申請についても委任したことが明らかな内容とする必要がある。
(注2)　代理人の住所ならびに氏名または名称を記載する。
(注3)　登記所に提供する登記原因証明情報の作成日およびその名称を記載する。
(注4)　登記識別情報の暗号化（電子申請においてオンラインで登記識別情報を提供すること）には特別の授権が必要であるため、このように記載する。
(注5)　これらの事項には特別の授権を必要としないが、委任事項を明確にするため、このように記載する。
(注6)　登記申請の取下げ・却下・過誤納付に伴う還付金の代理受領については特別の授権が必要であるため、このように記載する。

V－2　登記用委任状（登記権利者用）(注1)

委　任　状

平成　年　月　日

　　　　　住　所　　　東京都○区○町一丁目2番3号
　　　　　登記権利者　株式会社甲野銀行
　　　　　　　　　　　代表取締役　甲野太郎　　　　㊞

私は、＿＿＿＿＿＿＿＿＿＿＿＿＿＿＿＿＿（注2）を代理人と定め、下記の事項に関する一切の権限を委任します。

記

1．次の要項による登記申請に関すること
　　(1)登記原因証明情報：平成○年○月○日付け登記原因証明情報（抵当権更正）(注3)
　　(2)登記の目的：抵当権更正
2．上記申請の登記完了証の受領に関すること（注4）
3．上記申請に関する資格証明情報その他の添付情報の原本還付手続に関すること（注4）
4．上記申請の登録免許税還付金の代理受領に関すること（注5）

以　上

(注1)　Ⅳ登記原因証明情報（抵当権更正）を提供する場合に、登記権利者が作成する委任状の書式である。管轄登記所が複数となるケースにおいて、委任状の原本還付を受けるときは、他の申請についても委任したことが明らかな内容とする必要がある。
(注2)　代理人の住所ならびに氏名または名称を記載する。
(注3)　登記所に提供する登記原因証明情報の作成日およびその名称を記載する。
(注4)　これらの事項には特別の授権を必要としないが、委任事項を明確にするため、このように記載する。
(注5)　登記申請の取下げ・却下・過誤納付に伴う還付金の代理受領については特別の授権が必要であるため、このように記載する。

第6章
抹　消

1 弁　　済

92　債務弁済による抵当権の抹消

I　ケース概要

甲野銀行は、債務者乙野商事宛て融資の担保として乙野商事所有の土地および建物につき抵当権の設定を受けていたが、乙野商事がこの債務を完済した。

II　書式作成上の留意点

① 抵当権の設定を受けていた融資について全額弁済が行われたことに伴い抵当権抹消登記をする場合の書式である。被担保債権の弁済によって抵当権が消滅し、抵当権抹消の登記原因が生じる。なお、完済によって抵当権が消滅する場合も、解除証書（または放棄証書）を使用する実務は少なくない。

② 抵当権の抹消により、抵当権を目的とする第三者の権利は抹消されるため、転抵当権者、被担保債権の差押債権者等の利害関係人が存する場合はその承諾書（印鑑証明書付き）が必要となる。

③ IVの書式は簡明であるので、これを登記原因証明情報（不登法第61条）として提供する実務が一般的であろう。

④ 抵当権抹消登記は、抵当権設定者が登記権利者となり、抵当権者が登記義務者となって行う。

⑤ 抵当権者につき、抵当権の取得に係る登記識別情報（登記済証）が必要となる。なお、登記完了後は、双方に登記完了証が交付される。

III　必要書類・費用一覧

書　　類	書類上の関係者
☐ 抵当権消滅証書	抵当権者、抵当権設定者
☐ 委任状（登記義務者用）	抵当権者
☐ 委任状（登記権利者用）	抵当権設定者
☐ 登記識別情報（登記済証）	抵当権者
☐ 会社法人等番号（注）	抵当権者、抵当権設定者
☐ 登録免許税	不動産1個につき1,000円

（注）不登令等の改正により、平成27年11月2日から、会社・法人の代表者等の資格を証する情報

の提供（添付）に代え、登記申請情報に商業登記法第7条の会社法人等番号を記録または記載することとなった。ただし、法人登記手続中となるなどの場合を考慮し、例外的に、作成後1か月以内の資格証明情報（登記事項証明書）を提供（添付）することも認められている。

Ⅳ 抵当権消滅証書

抵当権消滅証書

　　　　　　　　　　　　　　　　　　　　　　平成　　年　　月　　日（注1）

東京都○区○町三丁目2番1号
株式会社乙野商事　御中

　　　　　　　　　　　　　　　　　東京都○区○町一丁目2番3号
　　　　　　　　　　　　　　　　　株式会社甲野銀行
　　　　　　　　　　　　　　　　　代表取締役　甲野太郎　　　　㊞

　当行は、本日、貴社から被担保債権の全部について弁済を受けたことにより、貴社から設定を受けた以下の抵当権が消滅したことを証明します（注2）。

[抵当権の表示]

1．登記	平成○年○月○日東京法務局○出張所受付第○号（注3）
2．物件	後記物件の表示記載のとおり

物件の表示

所　　在　東京都○区○町一丁目
地　　番　1番1
地　　目　宅地
地　　積　○○○.○○㎡

所　　在　東京都○区○町一丁目1番地1
家屋番号　1番1
種　　類　居宅
構　　造　木造セメントかわらぶき平家建
床　面　積　○○.○○㎡

　　　　　　　　　　　　　　　　　　　　　　　　　　　　以　上

（注1）　弁済の日に作成することとしている。異なる日に作成する場合は、本文における「本日」

を弁済の日「平成　年　月　日」に変える。
(注2)　抵当権抹消登記の登記義務者である抵当権者から、登記権利者である抵当権設定者に差し入れる形式としている。
(注3)　消滅した抵当権について、抵当権設定登記（登記所および受付日ならびに受付番号）をもって特定している。

Ⅴ－1　登記用委任状（登記義務者用）(注1)

委　任　状

平成　年　月　日

　　　　　　　　住　所　　　　東京都○区○町一丁目2番3号
　　　　　　　　登記義務者　　株式会社甲野銀行
　　　　　　　　　　　　　　　代表取締役　甲野太郎　　　㊞

私は、＿＿＿＿＿＿＿＿＿＿＿＿＿＿＿＿(注2)を代理人と定め、下記の事項に関する一切の権限を委任します。

記

1．次の要項による登記申請に関すること
　　(1)登記原因証明情報：平成○年○月○日付け抵当権消滅証書 (注3)
　　(2)登記の目的：抵当権抹消
2．上記申請の登記識別情報の暗号化に関すること (注4)
3．上記申請の登記完了証の受領に関すること (注5)
4．上記申請に関する証書、資格証明情報その他の添付情報の原本還付手続に関すること (注5)
5．上記申請の登録免許税還付金の代理受領に関すること (注6)

以　上

(注1)　Ⅳ抵当権消滅証書を登記原因証明情報（不登法第61条）として提供する場合に、登記義務者が作成する委任状の書式である。管轄登記所が複数となるケースにおいて、委任状の原本還付を受けるときは、他の申請についても委任したことが明らかな内容とする必要がある。
(注2)　代理人の住所ならびに氏名または名称を記載する。
(注3)　登記所に提供する証書の作成日およびその名称を記載する。
(注4)　登記識別情報の暗号化（電子申請においてオンラインで登記識別情報を提供すること）には特別の授権が必要であるため、このように記載する。
(注5)　これらの事項には特別の授権を必要としないが、委任事項を明確にするため、このように記載する。
(注6)　登記申請の取下げ・却下・過誤納付に伴う還付金の代理受領については特別の授権が必要であるため、このように記載する。

Ⅴ－2　登記用委任状（登記権利者用）（注1）

委　任　状

平成　年　月　日

　　　　住　所　　東京都○区○町三丁目2番1号
　　　　登記権利者　株式会社乙野商事
　　　　　　　　　　代表取締役　乙野次郎　　　　㊞
　　　　⎛連絡先　担当部署　○○部／担当者名　○○　○○⎞
　　　　⎝電話番号　○○－○○○○－○○○○　　　　　　⎠

私は、＿＿＿＿＿＿＿＿＿＿＿＿＿＿＿＿（注2）を代理人と定め、下記の事項に関する一切の権限を委任します。

記

1．次の要項による登記申請に関すること
　　(1) 登記原因証明情報：平成○年○月○日付け抵当権消滅証書（注3）
　　(2) 登記の目的：抵当権抹消
2．上記申請の登記完了証の受領に関すること（注4）
3．上記申請に関する証書、資格証明情報その他の添付情報の原本還付手続に関すること（注4）
4．上記申請の登録免許税還付金の代理受領に関すること（注5）

以　上

(注1)　Ⅳ抵当権消滅証書を登記原因証明情報（不登法第61条）として提供する場合に、登記権利者が作成する委任状の書式である。管轄登記所が複数となるケースにおいて、委任状の原本還付を受けるときは、他の申請についても委任したことが明らかな内容とする必要がある。
(注2)　代理人の住所ならびに氏名または名称を記載する。
(注3)　登記所に提供する証書の作成日およびその名称を記載する。
(注4)　これらの事項には特別の授権を必要としないが、委任事項を明確にするため、このように記載する。
(注5)　登記申請の取下げ・却下・過誤納付に伴う還付金の代理受領については特別の授権が必要であるため、このように記載する。

93　確定債権の全部弁済

I　ケース概要

　甲野銀行は、債務者乙野商事宛て融資の担保として乙野商事所有の土地および建物につき共同根抵当権の設定を受けていたが、根抵当権の被担保債権の元本が確定した後、乙野商事がこの債務を完済した。

II　書式作成上の留意点

① 　根抵当権の設定を受けていた融資について、根抵当権の元本が確定した後に全額弁済が行われたことに伴い根抵当権抹消登記をする場合の書式である。被担保債権の弁済によって根抵当権が消滅し根抵当権抹消の登記原因が生じる。なお、元本の確定前であれば、弁済によって根抵当権は消滅しない。また、弁済を原因として根抵当権の抹消登記を申請する場合、根抵当権者自らの申立てに係る差押えの登記がされている場合を除き元本確定の登記がされている必要がある。また、完済によって根抵当権が消滅する場合においても、解除証書（または放棄証書）を使用する実務は少なくない。

② 　根抵当権の抹消により、根抵当権を目的とする第三者の権利は抹消されるため、転抵当権者、被担保債権の差押債権者等の利害関係人が存する場合はその承諾書（印鑑証明書付き）が必要となる。

③ 　IVの書式は簡明であるので、これを登記原因証明情報（不登法第61条）として提供する実務が一般的であろう。

④ 　根抵当権抹消登記は、根抵当権設定者が登記権利者となり、根抵当権者が登記義務者となって行う。

⑤ 　根抵当権者につき、根抵当権の取得に係る登記識別情報（登記済証）が必要となる。なお、登記完了後は、双方に登記完了証が交付される。

III　必要書類・費用一覧

書　類	書類上の関係者
☐ 根抵当権消滅証書	根抵当権者、根抵当権設定者
☐ 委任状（登記義務者用）	根抵当権者
☐ 委任状（登記権利者用）	根抵当権設定者
☐ 登記識別情報（登記済証）	根抵当権者
☐ 会社法人等番号（注）	根抵当権者、根抵当権設定者

☐ 登録免許税	不動産1個につき1,000円

（注） 不登令等の改正により、平成27年11月2日から、会社・法人の代表者等の資格を証する情報の提供（添付）に代え、登記申請情報に商業登記法第7条の会社法人等番号を記録または記載することとなった。ただし、法人登記手続中となるなどの場合を考慮し、例外的に、作成後1か月以内の資格証明情報（登記事項証明書）を提供（添付）することも認められている。

IV　根抵当権消滅証書

根抵当権消滅証書

平成　　年　　月　　日（注1）

東京都○区○町三丁目2番1号
株 式 会 社 乙 野 商 事　御中

東京都○区○町一丁目2番3号
株 式 会 社 甲 野 銀 行
代表取締役　甲 野 太 郎　㊞

　当行は、本日、貴社から被担保債権の全部について弁済を受けたことにより、以下の根抵当権が消滅したことを証明します（注2）。

[根抵当権の表示]

1．登記	平成○年○月○日東京法務局○出張所受付第○号（注3）
2．物件	後記物件の表示記載のとおり
3．確定日および元本確定事由	平成○年○月○日確定請求（注4）

物件の表示
所　　在　東京都○区○町一丁目 地　　番　1番1 地　　目　宅地 地　　積　○○○.○○㎡ 所　　在　東京都○区○町一丁目1番地1 家屋番号　1番1 種　　類　居宅

```
構　　造　木造セメントかわらぶき平家建
床　面　積　〇〇.〇〇㎡
```

以　上

(注1)　弁済の日に作成することとしている。異なる日に作成する場合は、本文における「本日」を弁済の日「平成〇年〇月〇日」に変える。
(注2)　根抵当権抹消登記の登記義務者である根抵当権者から、登記権利者である根抵当権設定者に差し入れる形式としている。
(注3)　消滅した根抵当権について、根抵当権設定登記（登記所および受付日ならびに受付番号）をもって特定している。
(注4)　元本確定日および元本確定事由を記載する。

V－1　登記用委任状（登記義務者用）(注1)

委　任　状

平成　　年　　月　　日

住　　所　　東京都〇区〇町一丁目2番3号
登記義務者　株式会社甲野銀行
　　　　　　代表取締役　甲野太郎　　　㊞

私は、＿＿＿＿＿＿＿＿＿＿＿＿＿＿＿＿(注2)を代理人と定め、下記の事項に関する一切の権限を委任します。

記

1．次の要項による登記申請に関すること
　　(1)登記原因証明情報：平成〇年〇月〇日付け根抵当権消滅証書(注3)
　　(2)登記の目的：根抵当権抹消
2．上記申請の登記識別情報の暗号化に関すること(注4)
3．上記申請の登記完了証の受領に関すること(注5)
4．上記申請に関する証書、資格証明情報その他の添付情報の原本還付手続に関すること(注5)
5．上記申請の登録免許税還付金の代理受領に関すること(注6)

以　上

(注1)　Ⅳ根抵当権消滅証書を登記原因証明情報（不登法第61条）として提供する場合に、登記義務者が作成する委任状の書式である。管轄登記所が複数となるケースにおいて、委任状の原本還付を受けるときは、他の申請についても委任したことが明らかな内容とする必要がある。
(注2)　代理人の住所ならびに氏名または名称を記載する。
(注3)　登記所に提供する証書の作成日およびその名称を記載する。
(注4)　登記識別情報の暗号化（電子申請においてオンラインで登記識別情報を提供すること）には特別の授権が必要であるため、このように記載する。
(注5)　これらの事項には特別の授権を必要としないが、委任事項を明確にするため、このように記載する。
(注6)　登記申請の取下げ・却下・過誤納付に伴う還付金の代理受領については特別の授権が必要

であるため、このように記載する。

V－2　登記用委任状（登記権利者用）(注1)

委 任 状

平成　年　月　日

　　　住　所　　　東京都〇区〇町三丁目2番1号
　　　登記権利者　株式会社乙野商事
　　　　　　　　　代表取締役　乙野次郎　　　　㊞
　　　⎡連絡先　担当部署 〇〇部／担当者名 〇〇 〇〇⎤
　　　⎣電話番号 〇〇－〇〇〇〇－〇〇〇〇　　　　　⎦

私は、＿＿＿＿＿＿＿＿＿＿＿＿＿＿＿＿(注2)を代理人と定め、下記の事項に関する一切の権限を委任します。

記

1．次の要項による登記申請に関すること
　　(1) 登記原因証明情報：平成〇年〇月〇日付け根抵当権消滅証書 (注3)
　　(2) 登記の目的：根抵当権抹消
2．上記申請の登記完了証の受領に関すること (注4)
3．上記申請に関する証書、資格証明情報その他の添付情報の原本還付手続に関すること (注4)
4．上記申請の登録免許税還付金の代理受領に関すること (注5)

以　上

（注1）　Ⅳ根抵当権消滅証書を登記原因証明情報（不登法第61条）として提供する場合に、登記権利者が作成する委任状の書式である。管轄登記所が複数となるケースにおいて、委任状の原本還付を受けるときは、他の申請についても委任したことが明らかな内容とする必要がある。
（注2）　代理人の住所ならびに氏名または名称を記載する。
（注3）　登記所に提供する証書の作成日およびその名称を記載する。
（注4）　これらの事項には特別の授権を必要としないが、委任事項を明確にするため、このように記載する。
（注5）　登記申請の取下げ・却下・過誤納付に伴う還付金の代理受領については特別の授権が必要であるため、このように記載する。

2　合意解除

94　抵当権の合意解除（全物件）

Ⅰ　ケース概要

　甲野銀行は、債務者乙野商事宛て融資の担保として乙野商事所有の土地および建物につき抵当権の設定を受けていたが、乙野商事から、抵当物件の全部を売却するため抵当権設定契約を合意解除したい旨の申し出があった。

Ⅱ　書式作成上の留意点

① 抵当権者と抵当権設定者との合意によって、抵当物件の全部について抵当権設定契約を合意解除する場合の書式である。この合意解除によって抵当物件の全部について抵当権が消滅し、抵当権抹消の登記原因が生じる。なお、売買代金により完済となるケースにおいても本書式（解除による消滅）を使用する実務は少なくない。

② 抵当権の抹消により、抵当権を目的とする第三者の権利は抹消されるため、転抵当権者、被担保債権の差押債権者等の利害関係人が存する場合はその承諾書（印鑑証明書付き）が必要となる。

③ Ⅳの書式は簡明であるので、これを登記原因証明情報（不登法第61条）として提供する実務が一般的であろう。

④ 抵当権抹消登記は、抵当権設定者が登記権利者となり、抵当権者が登記義務者となって行う。

⑤ 抵当権者につき、抵当権の取得に係る登記識別情報（登記済証）が必要となる。なお、登記完了後は、双方に登記完了証が交付される。

Ⅲ　必要書類・費用一覧

書　類	書類上の関係者
□ 抵当権解除証書（全部解除）	抵当権者、抵当権設定者
□ 委任状（登記義務者用）	抵当権者
□ 委任状（登記権利者用）	抵当権設定者
□ 登記識別情報（登記済証）	抵当権者
□ 会社法人等番号（注）	抵当権者、抵当権設定者
□ 登録免許税	不動産1個につき1,000円

(注) 不登令等の改正により、平成27年11月2日から、会社・法人の代表者等の資格を証する情報の提供（添付）に代え、登記申請情報に商業登記法第7条の会社法人等番号を記録または記載することとなった。ただし、法人登記手続中となるなどの場合を考慮し、例外的に、作成後1か月以内の資格証明情報（登記事項証明書）を提供（添付）することも認められている。

IV　抵当権解除証書

抵当権解除証書
（全部解除）

　　　　　　　　　　　　　　　　　　　　　　　平成　　年　　月　　日（注1）

　　　　住　所　　　　　東京都○区○町一丁目2番3号
　　　　抵当権者　　　　株式会社甲野銀行
　　　　　　　　　　　　代表取締役　甲野太郎　　　　㊞

　　　　住　所　　　　　東京都○区○町三丁目2番1号
　　　　抵当権設定者　　株式会社乙野商事
　　　　　　　　　　　　代表取締役　乙野次郎　　　　㊞

　抵当権者および抵当権設定者は、本日、以下の抵当権に係る抵当権設定契約を解除しました。(注2)(注3)

［抵当権の表示］

1．登記	平成○年○月○日東京法務局○出張所受付第○号（注4）
2．物件	後記物件の表示記載のとおり

物件の表示

所　　在　東京都○区○町一丁目
地　　番　1番1
地　　目　宅地
地　　積　○○○.○○㎡

所　　在　東京都○区○町一丁目1番地1
家屋番号　1番1
種　　類　居宅
構　　造　木造セメントかわらぶき平家建
床 面 積　○○.○○㎡

第6章　抹　消　877

	以 上

(注1)　合意解除の日を記載する。
(注2)　抵当権者と抵当権設定者との合意により抵当権設定契約を解除することから、登記義務者である抵当権者と登記権利者である抵当権設定者が連名で証書を作成することとしている。
(注3)　抵当権設定契約によって抹消登記費用の負担者が定まらない場合は、所要の規定を置くことが考えられる。
(注4)　合意解除する抵当権設定契約について、抵当権設定登記（登記所および受付日ならびに受付番号）をもって特定している。

V－1　登記用委任状（登記義務者用）(注1)

委　任　状

平成　年　月　日

住　所　　　東京都〇区〇町一丁目2番3号
登記義務者　　株式会社甲野銀行
　　　　　　　代表取締役　甲野太郎　　㊞

私は、＿＿＿＿＿＿＿＿＿＿＿＿＿＿＿＿(注2)を代理人と定め、下記の事項に関する一切の権限を委任します。

記

1．次の要項による登記申請に関すること
　　(1) 登記原因証明情報：平成〇年〇月〇日付け抵当権解除証書（全部解除）(注3)
　　(2) 登記の目的：抵当権抹消
2．上記申請の登記識別情報の暗号化に関すること（注4）
3．上記申請の登記完了証の受領に関すること（注5）
4．上記申請に関する証書、資格証明情報その他の添付情報の原本還付手続に関すること（注5）
5．上記申請の登録免許税還付金の代理受領に関すること（注6）

以　上

(注1)　Ⅳ抵当権解除証書を登記原因証明情報（不登法第61条）として提供する場合に、登記義務者が作成する委任状の書式である。管轄登記所が複数となるケースにおいて、委任状の原本還付を受けるときは、他の申請についても委任したことが明らかな内容とする必要がある。
(注2)　代理人の住所ならびに氏名または名称を記載する。
(注3)　登記所に提供する証書の作成日およびその名称を記載する。
(注4)　登記識別情報の暗号化（電子申請においてオンラインで登記識別情報を提供すること）には特別の授権が必要であるため、このように記載する。
(注5)　これらの事項には特別の授権を必要としないが、委任事項を明確にするため、このように記載する。
(注6)　登記申請の取下げ・却下・過誤納付に伴う還付金の代理受領については特別の授権が必要であるため、このように記載する。

V－2　登記用委任状（登記権利者用）(注1)

委　任　状

平成　年　月　日

住　所　　東京都○区○町三丁目2番1号
登記権利者　株式会社乙野商事
　　　　　　代表取締役　乙野次郎　　㊞
〔連絡先　担当部署　○○部／担当者名　○○　○○〕
〔電話番号　○○－○○○○－○○○○〕

私は、＿＿＿＿＿＿＿＿＿＿＿＿＿＿＿＿＿＿（注2）を代理人と定め、下記の事項に関する一切の権限を委任します。

記

1．次の要項による登記申請に関すること
　　(1) 登記原因証明情報：平成○年○月○日付け抵当権解除証書（全部解除）(注3)
　　(2) 登記の目的：抵当権抹消
2．上記申請の登記完了証の受領に関すること (注4)
3．上記申請に関する証書、資格証明情報その他の添付情報の原本還付手続に関すること (注4)
4．上記申請の登録免許税還付金の代理受領に関すること (注5)

以　上

(注1)　Ⅳ抵当権解除証書を登記原因証明情報（不登法第61条）として提供する場合に、登記権利者が作成する委任状の書式である。管轄登記所が複数となるケースにおいて、委任状の原本還付を受けるときは、他の申請についても委任したことが明らかな内容とする必要がある。
(注2)　代理人の住所ならびに氏名または名称を記載する。
(注3)　登記所に提供する証書の作成日およびその名称を記載する。
(注4)　これらの事項には特別の授権を必要としないが、委任事項を明確にするため、このように記載する。
(注5)　登記申請の取下げ・却下・過誤納付に伴う還付金の代理受領については特別の授権が必要であるため、このように記載する。

95　抵当権の合意解除（一部物件）

I　ケース概要

　甲野銀行は、債務者乙野商事宛て融資の担保として乙野商事所有の土地2筆につき抵当権の設定を受けていたが、乙野商事から、このうち1筆を売却するため、当該土地について抵当権設定契約を合意解除したい旨の申し出があった。

II　書式作成上の留意点

① 抵当権者と抵当権設定者との合意によって、抵当物件の一部について抵当権設定契約を合意解除する場合の書式である。この合意解除によって対象物件につき抵当権が消滅し、抵当権抹消の登記原因が生じる。

② 抵当権の抹消により、抵当権を目的とする第三者の権利は抹消されるため、転抵当権者、被担保債権の差押債権者等の利害関係人が存する場合はその承諾書（印鑑証明書付き）が必要となる。

③ IVの書式は簡明であるので、これを登記原因証明情報（不登法第61条）として提供する実務が一般的であろう。

④ 抵当権抹消登記は、抵当権設定者が登記権利者となり、抵当権者が登記義務者となって行う。

⑤ 抵当権者につき、抵当権の取得に係る登記識別情報（登記済証）が必要となる。なお、登記完了後は、双方に登記完了証が交付される。

III　必要書類・費用一覧

書　　類	書類上の関係者
□　抵当権解除証書（一部解除）	抵当権者、抵当権設定者
□　委任状（登記義務者用）	抵当権者
□　委任状（登記権利者用）	抵当権設定者
□　登記識別情報（登記済証）	抵当権者
□　会社法人等番号（注）	抵当権者、抵当権設定者
□　登録免許税	不動産1個につき1,000円

　（注）　不登令等の改正により、平成27年11月2日から、会社・法人の代表者等の資格を証する情報の提供（添付）に代え、登記申請情報に商業登記法第7条の会社法人等番号を記録または記載することとなった。ただし、法人登記手続中となるなどの場合を考慮し、例外的に、作成後1か月以内の資格証明情報（登記事項証明書）を提供（添付）することも認められている。

Ⅳ　抵当権解除証書

抵当権解除証書
（一　部　解　除）

　　　　　　　　　　　　　　　　　　　　　平成　　年　　月　　日（注1）

　　　住　　所　　　　東京都○区○町一丁目2番3号
　　　抵当権者　　　　株式会社甲野銀行
　　　　　　　　　　　代表取締役　甲野太郎　　　㊞

　　　住　　所　　　　東京都○区○町三丁目2番1号
　　　抵当権設定者　　株式会社乙野商事
　　　　　　　　　　　代表取締役　乙野次郎　　　㊞

　抵当権者および抵当権設定者は、本日、後記物件に限り（注2）、次の抵当権に係る抵当権設定契約を解除しました。（注3）（注4）

[抵当権の表示]

登記	平成○年○月○日東京法務局○出張所受付第○号（注5）

[解除する物件の表示]

物件の表示
所　　在　　東京都○区○町一丁目 地　　番　　1番1 地　　目　　宅地 地　　積　　○○○.○○㎡

　　　　　　　　　　　　　　　　　　　　　　　　　　以　上

(注1)　合意解除の日を記載する。
(注2)　一部解除の場合は、この文言を記載する。
(注3)　抵当権者と抵当権設定者との合意により抵当権設定契約を解除することから、登記義務者である抵当権者と登記権利者である抵当権設定者が連名で証書を作成することとしている。
(注4)　抵当権設定契約によって抹消登記費用の負担者が定まらない場合は、所要の規定を置くことが考えられる。
(注5)　合意解除する抵当権設定契約について、抵当権設定登記（登記所および受付日ならびに受付番号）をもって特定している。

Ⅴ－1　登記用委任状（登記義務者用）(注1)

委　任　状

平成　　年　　月　　日

　　　　　住　所　　　東京都〇区〇町一丁目2番3号
　　　　　登記義務者　株式会社甲野銀行
　　　　　　　　　　　代表取締役　甲野太郎　　　　　㊞

私は、＿＿＿＿＿＿＿＿＿＿＿＿＿＿＿（注2）を代理人と定め、下記の事項に関する一切の権限を委任します。

記

1．次の要項による登記申請に関すること
　　(1) 登記原因証明情報：平成〇年〇月〇日付け抵当権解除証書（一部解除）(注3)
　　(2) 登記の目的：抵当権抹消
2．上記申請の登記識別情報の暗号化に関すること（注4）
3．上記申請の登記完了証の受領に関すること（注5）
4．上記申請に関する証書、資格証明情報その他の添付情報の原本還付手続に関すること（注5）
5．上記申請の登録免許税還付金の代理受領に関すること（注6）

以　上

(注1)　Ⅳ抵当権解除証書を登記原因証明情報（不登法第61条）として提供する場合に、登記義務者が作成する委任状の書式である。管轄登記所が複数となるケースにおいて、委任状の原本還付を受けるときは、他の申請についても委任したことが明らかな内容とする必要がある。
(注2)　代理人の住所ならびに氏名または名称を記載する。
(注3)　登記所に提供する証書の作成日およびその名称を記載する。
(注4)　登記識別情報の暗号化（電子申請においてオンラインで登記識別情報を提供すること）には特別の授権が必要であるため、このように記載する。
(注5)　これらの事項には特別の授権を必要としないが、委任事項を明確にするため、このように記載する。
(注6)　登記申請の取下げ・却下・過誤納付に伴う還付金の代理受領については特別の授権が必要であるため、このように記載する。

V－2　登記用委任状（登記権利者用）（注1）

委　任　状

平成　　年　　月　　日

　　　住　所　　　東京都○区○町三丁目2番1号
　　　登記権利者　株式会社乙野商事
　　　　　　　　　代表取締役　乙野次郎　　　　㊞
　　　⎛連絡先　担当部署 ○○部／担当者名 ○○ ○○⎞
　　　⎝電話番号 ○○－○○○○－○○○○　　　　　⎠

私は、＿＿＿＿＿＿＿＿＿＿＿＿＿＿＿（注2）を代理人と定め、下記の事項に関する一切の権限を委任します。

記

1．次の要項による登記申請に関すること
　　(1) 登記原因証明情報：平成○年○月○日付け抵当権解除証書（一部解除）（注3）
　　(2) 登記の目的：抵当権抹消
2．上記申請の登記完了証の受領に関すること（注4）
3．上記申請に関する証書、資格証明情報その他の添付情報の原本還付手続に関すること（注4）
4．上記申請の登録免許税還付金の代理受領に関すること（注5）

以　上

（注1）　Ⅳ抵当権解除証書を登記原因証明情報（不登法第61条）として提供する場合に、登記権利者が作成する委任状の書式である。管轄登記所が複数となるケースにおいて、委任状の原本還付を受けるときは、他の申請についても委任したことが明らかな内容とする必要がある。
（注2）　代理人の住所ならびに氏名または名称を記載する。
（注3）　登記所に提供する証書の作成日およびその名称を記載する。
（注4）　これらの事項には特別の授権を必要としないが、委任事項を明確にするため、このように記載する。
（注5）　登記申請の取下げ・却下・過誤納付に伴う還付金の代理受領については特別の授権が必要であるため、このように記載する。

96 根抵当権の合意解除（全物件）

I ケース概要

甲野銀行は、債務者乙野商事宛て融資の担保として乙野商事所有の土地および建物につき共同根抵当権の設定を受けていたが、乙野商事から、抵当物件の全部を売却するため根抵当権の設定契約を合意解除したい旨の申し出があった。

II 書式作成上の留意点

① 根抵当権者と根抵当権設定者の合意によって、抵当物件の全部について根抵当権設定契約を合意解除するための書式である。この合意解除によって抵当物件の全部について根抵当権が消滅し、根抵当権抹消の登記原因が生じる。

② 根抵当権の元本確定の前後を問わず、根抵当権者と根抵当権設定者との合意によって根抵当権設定契約を合意解除することができるが、元本確定前の根抵当権においては、残債がなくなる場合であっても、弁済を原因とする抹消登記を申請することはできない。

③ 根抵当権の抹消により、根抵当権を目的とする第三者の権利は抹消されるため、転抵当権者、被担保債権の差押債権者等の利害関係人が存する場合はその承諾書（印鑑証明書付き）が必要となる。

④ Ⅳの書式は簡明であるので、これを登記原因証明情報（不登法第61条）として提供する実務が一般的であろう。

⑤ 根抵当権抹消登記は、根抵当権設定者が登記権利者となり、根抵当権者が登記義務者となって行う。

⑥ 根抵当権者につき、根抵当権の取得に係る登記識別情報（登記済証）が必要となる。なお、登記完了後は、双方に登記完了証が交付される。

III 必要書類・費用一覧

書　　類	書類上の関係者
☐ 根抵当権解除証書（全部解除）	根抵当権者、根抵当権設定者
☐ 委任状（登記義務者用）	根抵当権者
☐ 委任状（登記権利者用）	根抵当権設定者
☐ 登記識別情報（登記済証）	根抵当権者
☐ 会社法人等番号（注）	根抵当権者、根抵当権設定者
☐ 登録免許税	不動産１個につき1,000円

(注) 不登令等の改正により、平成27年11月2日から、会社・法人の代表者等の資格を証する情報の提供（添付）に代え、登記申請情報に商業登記法第7条の会社法人等番号を記録または記載することとなった。ただし、法人登記手続中となるなどの場合を考慮し、例外的に、作成後1か月以内の資格証明情報（登記事項証明書）を提供（添付）することも認められている。

Ⅳ 根抵当権解除証書

根抵当権解除証書
（ 全 部 解 除 ）

　　　　　　　　　　　　　　　　　　　　　　　平成　　年　　月　　日（注1）

　　　住　　所　　　　東京都○区○町一丁目2番3号
　　　根抵当権者　　　株式会社甲野銀行
　　　　　　　　　　　代表取締役　甲野太郎　　　㊞

　　　住　　所　　　　東京都○区○町三丁目2番1号
　　　根抵当権設定者　株式会社乙野商事
　　　　　　　　　　　代表取締役　乙野次郎　　　㊞

　根抵当権者および根抵当権設定者は、本日、以下の根抵当権に係る根抵当権設定契約を解除しました。（注2）（注3）

[根抵当権の表示]

1．登記	平成○年○月○日東京法務局○出張所受付第○号（注4）
2．物件	後記物件の表示記載のとおり

物件の表示

所　　在　　東京都○区○町一丁目
地　　番　　1番1
地　　目　　宅地
地　　積　　○○○.○○㎡

所　　在　　東京都○区○町一丁目1番地1
家屋番号　　1番1
種　　類　　居宅
構　　造　　木造セメントかわらぶき平家建
床面積　　　○○.○○㎡

第6章　抹　消　　885

以　上

(注１)　合意解除の日を記載する。
(注２)　根抵当権者と根抵当権設定者との合意により根抵当権設定契約を解除することから、登記義務者である根抵当権者と登記権利者である根抵当権設定者が連名で証書を作成することとしている。
(注３)　根抵当権設定契約によって抹消登記費用の負担者が定まらない場合は、所要の規定を置くことが考えられる。
(注４)　合意解除する根抵当権設定契約について、根抵当権登記（登記所および受付日ならびに受付番号）をもって特定している。

Ⅴ－１　登記用委任状（登記義務者用）(注１)

委　任　状

平成　　年　　月　　日

住　所　　　東京都〇区〇町一丁目２番３号
登記義務者　　株式会社甲野銀行
　　　　　　　代表取締役　甲野太郎　　㊞

私は、＿＿＿＿＿＿＿＿＿＿＿＿＿＿＿＿＿(注２)を代理人と定め、下記の事項に関する一切の権限を委任します。

記

１．次の要項による登記申請に関すること
　　(1) 登記原因証明情報：平成〇年〇月〇日付け根抵当権解除証書（全部解除）(注３)
　　(2) 登記の目的：根抵当権抹消
２．上記申請の登記識別情報の暗号化に関すること(注４)
３．上記申請の登記完了証の受領に関すること(注５)
４．上記申請に関する証書、資格証明情報その他の添付情報の原本還付手続に関すること(注５)
５．上記申請の登録免許税還付金の代理受領に関すること(注６)

以　上

(注１)　Ⅳ根抵当権解除証書を登記原因証明情報（不登法第61条）として提供する場合に、登記義務者が作成する委任状の書式である。管轄登記所が複数となるケースにおいて、委任状の原本還付を受けるときは、他の申請についても委任したことが明らかな内容とする必要がある。
(注２)　代理人の住所ならびに氏名または名称を記載する。
(注３)　登記所に提供する証書の作成日およびその名称を記載する。
(注４)　登記識別情報の暗号化（電子申請においてオンラインで登記識別情報を提供すること）には特別の授権が必要であるため、このように記載する。
(注５)　これらの事項には特別の授権を必要としないが、委任事項を明確にするため、このように記載する。
(注６)　登記申請の取下げ・却下・過誤納付に伴う還付金の代理受領については特別の授権が必要であるため、このように記載する。

Ⅴ−2　登記用委任状（登記権利者用）(注1)

委　任　状

平成　年　月　日

住　所　　東京都○区○町三丁目2番1号
登記権利者　株式会社乙野商事
　　　　　　代表取締役　乙野次郎　㊞
連絡先　担当部署 ○○部／担当者名 ○○ ○○
電話番号 ○○ − ○○○○ − ○○○○

私は、＿＿＿＿＿＿＿＿＿＿＿＿＿＿＿（注2）を代理人と定め、下記の事項に関する一切の権限を委任します。

記

1. 次の要項による登記申請に関すること
　(1) 登記原因証明情報：平成○年○月○日付け根抵当権解除証書（全部解除）(注3)
　(2) 登記の目的：根抵当権抹消
2. 上記申請の登記完了証の受領に関すること（注4）
3. 上記申請に関する証書、資格証明情報その他の添付情報の原本還付手続に関すること（注4）
4. 上記申請の登録免許税還付金の代理受領に関すること（注5）

以　上

(注1)　Ⅳ根抵当権解除証書を登記原因証明情報（不登法第61条）として提供する場合に、登記権利者が作成する委任状の書式である。管轄登記所が複数となるケースにおいて、委任状の原本還付を受けるときは、他の申請についても委任したことが明らかな内容とする必要がある。
(注2)　代理人の住所ならびに氏名または名称を記載する。
(注3)　登記所に提供する証書の作成日およびその名称を記載する。
(注4)　これらの事項には特別の授権を必要としないが、委任事項を明確にするため、このように記載する。
(注5)　登記申請の取下げ・却下・過誤納付に伴う還付金の代理受領については特別の授権が必要であるため、このように記載する。

97 根抵当権の合意解除（一部物件）

I　ケース概要

甲野銀行は、債務者乙野商事宛て融資の担保として乙野商事所有の土地2筆につき共同根抵当権の設定を受けていたが、乙野商事から、このうち1筆を売却するため、当該土地について根抵当権設定契約を合意解除したい旨の申し出があった。

II　書式作成上の留意点

① 根抵当権者と根抵当権設定者の合意によって、抵当物件の一部について根抵当権設定契約を合意解除する場合の書式である。この合意解除によって対象物件について根抵当権が消滅し、根抵当権抹消の登記原因が生じる。

② 根抵当権の元本確定の前後を問わず、根抵当権者と根抵当権設定者との合意によって根抵当権設定契約を合意解除することができるが、元本確定前の根抵当権においては、残債がなくなる場合であっても弁済を原因とする抹消登記を申請することはできない。

③ 根抵当権を目的とする第三者の権利は抹消されるため、転抵当権者、被担保債権の差押債権者等の利害関係人が存する場合はその承諾書（印鑑証明書付き）が必要となる。

④ Ⅳの書式は簡明であるので、これを登記原因証明情報（不登法第61条）として提供する実務が一般的であろう。

⑤ 根抵当権抹消登記は、根抵当権設定者が登記権利者となり、根抵当権者が登記義務者となって行う。

⑥ 根抵当権者につき、根抵当権取得に係る登記識別情報（登記済証）が必要となる。なお、登記完了後は、双方に登記完了証が交付される。

III　必要書類・費用一覧

書　類	書類上の関係者
□ 根抵当権解除証書（一部解除）	根抵当権者、根抵当権設定者
□ 委任状（登記義務者用）	根抵当権者
□ 委任状（登記権利者用）	根抵当権設定者
□ 登記識別情報（登記済証）	根抵当権者
□ 会社法人等番号（注）	根抵当権者、根抵当権設定者
□ 登録免許税	不動産1個につき1,000円

（注）　不登令等の改正により、平成27年11月2日から、会社・法人の代表者等の資格を証する情報

の提供（添付）に代え、登記申請情報に商業登記法第7条の会社法人等番号を記録または記載することとなった。ただし、法人登記手続中となるなどの場合を考慮し、例外的に、作成後1か月以内の資格証明情報（登記事項証明書）を提供（添付）することも認められている。

Ⅳ 根抵当権解除証書

根抵当権解除証書
（一部解除）

平成　年　月　日（注1）

住　所　　東京都○区○町一丁目2番3号
根抵当権者　株式会社甲野銀行
　　　　　　代表取締役　甲野太郎　　㊞

住　所　　東京都○区○町三丁目2番1号
根抵当権設定者　株式会社乙野商事
　　　　　　代表取締役　乙野次郎　　㊞

　根抵当権者および根抵当権設定者は、本日、後記物件に限り（注2）、以下の根抵当権に係る根抵当権設定契約を解除しました（注3）。（注4）

[根抵当権の表示]

登記	平成○年○月○日東京法務局○出張所受付第○号（注5）

[解除する物件の表示]

物件の表示
所　在　東京都○区○町一丁目 地　番　1番1 地　目　宅地 地　積　○○○.○○㎡

以　上

（注1）　合意解除の日を記載する。
（注2）　一部解除の場合は、この文言を記載する。
（注3）　根抵当権者と根抵当権設定者との合意により根抵当権設定契約を解除することから、登記義務者である根抵当権者と登記権利者である根抵当権設定者が連名で証書を作成することとしている。

（注4） 根抵当権設定契約によって抹消登記費用の負担者が定まらない場合は、所要の規定を置くことが考えられる。
（注5） 合意解除する根抵当権設定契約について、根抵当権設定登記（登記所および受付日ならびに受付番号）をもって特定している。

V－1　登記用委任状（登記義務者用）(注1)

委　任　状

平成　年　月　日

住　所　　　東京都○区○町一丁目2番3号
登記義務者　株式会社甲野銀行
　　　　　　代表取締役　甲野太郎　　　㊞

私は、＿＿＿＿＿＿＿＿＿＿＿＿＿＿＿＿（注2）を代理人と定め、下記の事項に関する一切の権限を委任します。

記

1. 次の要項による登記申請に関すること
　(1) 登記原因証明情報：平成○年○月○日付け根抵当権解除証書（一部解除）(注3)
　(2) 登記の目的：根抵当権抹消
2. 上記申請の登記識別情報の暗号化に関すること（注4）
3. 上記申請の登記完了証の受領に関すること（注5）
4. 上記申請に関する証書、資格証明情報その他の添付情報の原本還付手続に関すること（注5）
5. 上記申請の登録免許税還付金の代理受領に関すること（注6）

以　上

（注1） Ⅳ根抵当権解除証書を登記原因証明情報（不登法第61条）として提供する場合に、登記義務者が作成する委任状の書式である。管轄登記所が複数となるケースにおいて、委任状の原本還付を受けるときは、他の申請についても委任したことが明らかな内容とする必要がある。
（注2） 代理人の住所ならびに氏名または名称を記載する。
（注3） 登記所に提供する証書の作成日およびその名称を記載する。
（注4） 登記識別情報の暗号化（電子申請においてオンラインで登記識別情報を提供すること）には特別の授権が必要であるため、このように記載する。
（注5） これらの事項には特別の授権を必要としないが、委任事項を明確にするため、このように記載する。
（注6） 登記申請の取下げ・却下・過誤納付に伴う還付金の代理受領については特別の授権が必要であるため、このように記載する。

V－2　登記用委任状（登記権利者用）(注1)

委　任　状

平成　年　月　日

　　　　住　所　　東京都○区○町三丁目2番1号
　　　　登記権利者　株式会社乙野商事
　　　　　　　　　　代表取締役　乙野次郎　　㊞
　　　　⎛連絡先　担当部署 ○○部／担当者名 ○○ ○○⎞
　　　　⎝電話番号 ○○－○○○○－○○○○　　　　　⎠

私は、＿＿＿＿＿＿＿＿＿＿＿＿＿＿＿＿＿(注2)を代理人と定め、下記の事項に関する一切の権限を委任します

記

1．次の要項による登記申請に関すること
　　(1)登記原因証明情報：平成○年○月○日付け根抵当権解除証書（一部解除）(注3)
　　(2)登記の目的：根抵当権抹消
2．上記申請の登記完了証の受領に関すること(注4)
3．上記申請に関する証書、資格証明情報その他の添付情報の原本還付手続に関すること(注4)
4．上記申請の登録免許税還付金の代理受領に関すること(注5)

以　上

(注1)　Ⅳ根抵当権解除証書を登記原因証明情報（不登法第61条）として提供する場合に、登記権利者が作成する委任状の書式である。管轄登記所が複数となるケースにおいて、委任状の原本還付を受けるときは、他の申請についても委任したことが明らかな内容とする必要がある。
(注2)　代理人の住所ならびに氏名または名称を記載する。
(注3)　登記所に提供する証書の作成日およびその名称を記載する。
(注4)　これらの事項には特別の授権を必要としないが、委任事項を明確にするため、このように記載する。
(注5)　登記申請の取下げ・却下・過誤納付に伴う還付金の代理受領については特別の授権が必要であるため、このように記載する。

3 放　　棄

98　根抵当権の放棄による抹消（絶対的放棄）

I　ケース概要

　甲野銀行は、債務者乙野商事宛て融資の担保として乙野商事所有の土地および建物につき共同根抵当権の設定を受けていたが、乙野商事からこの不動産全部を売却したい旨の申し出があり、甲野銀行は根抵当権を放棄することとなった。

II　書式作成上の留意点

① 　根抵当権者から根抵当権設定者に対する一方的な意思表示により、抵当物件の全部について根抵当権を放棄する場合の書式である。この放棄によって根抵当権が消滅し、根抵当権抹消の登記原因が生じる。

② 　根抵当権の元本確定の前後を問わず、根抵当権者から根抵当権設定者に対する一方的な意思表示により根抵当権の放棄（絶対的放棄）をすることができる。なお、元本確定前の根抵当権においては、残債がなくなる場合であっても弁済を原因とする抹消登記を申請することはできない。

③ 　根抵当権の抹消により、根抵当権を目的とする第三者の権利は抹消されるため、転抵当権者、被担保債権の差押債権者等の利害関係人が存する場合はその承諾書（印鑑証明書付き）が必要になる。

④ 　Ⅳの書式は簡明であるので、これを登記原因証明情報（不登法第61条）として提供する実務が一般的であろう。

⑤ 　根抵当権抹消登記は、根抵当権設定者が登記権利者となり、根抵当権者が登記義務者となって行う。

⑥ 　根抵当権につき、根抵当権の取得に係る登記識別情報（登記済証）が必要となる。なお、登記完了後は、双方に登記完了証が交付される。

III　必要書類・費用一覧

書　　類	書類上の関係者
☐ 根抵当権放棄証書	根抵当権者、根抵当権設定者
☐ 委任状（登記義務者用）	根抵当権者
☐ 委任状（登記権利者用）	根抵当権設定者
☐ 登記識別情報（登記済証）	根抵当権者

☐ 会社法人等番号（注）	根抵当権者、根抵当権設定者
☐ 登録免許税	不動産1個につき1,000円

（注）不登令等の改正により、平成27年11月2日から、会社・法人の代表者等の資格を証する情報の提供（添付）に代え、登記申請情報に商業登記法第7条の会社法人等番号を記録または記載することとなった。ただし、法人登記手続中となるなどの場合を考慮し、例外的に、作成後1か月以内の資格証明情報（登記事項証明書）を提供（添付）することも認められている。

Ⅳ　根抵当権放棄証書

根抵当権放棄証書

平成　年　月　日（注1）

東京都○区○町三丁目2番1号
株式会社　乙野商事　御中

東京都○区○町一丁目2番3号
株式会社　甲野銀行
代表取締役　甲野太郎　　㊞

当行は、貴社から設定を受けた以下の根抵当権について、本日、これを放棄しました（注2）。

[根抵当権の表示]

1．登記	平成○年○月○日東京法務局○出張所受付第○号（注3）
2．物件	後記物件の表示記載のとおり

物件の表示

所　　在　東京都○区○町一丁目
地　　番　1番1
地　　目　宅地
地　　積　○○○.○○㎡

所　　在　東京都○区○町一丁目1番地1
家屋番号　1番1
種　　類　居宅
構　　造　木造セメントかわらぶき平家建
床 面 積　○○.○○㎡

第6章　抹　消　893

(注1) 放棄の日を記載する。
(注2) 根抵当権抹消登記の登記義務者である根抵当権者から、登記権利者である根抵当権設定者に差し入れることとしている。
(注3) 放棄する根抵当権について、根抵当権設定登記（登記所および受付日ならびに受付番号）をもって特定している。

Ⅴ－1　登記用委任状（登記義務者用）(注1)

委　任　状

平成　　年　　月　　日

住　所　　　東京都○区○町一丁目2番3号
登記義務者　株式会社甲野銀行
　　　　　　代表取締役　甲野太郎　　　㊞

私は、＿＿＿＿＿＿＿＿＿＿＿＿＿＿＿＿（注2）を代理人と定め、下記の事項に関する一切の権限を委任します。

記

1．次の要項による登記申請に関すること
　　(1)登記原因証明情報：平成○年○月○日付け根抵当権放棄証書（注3）
　　(2)登記の目的：根抵当権抹消
2．上記申請の登記識別情報の暗号化に関すること（注4）
3．上記申請の登記完了証の受領に関すること（注5）
4．上記申請に関する証書、資格証明情報その他の添付情報の原本還付手続に関すること（注5）
5．上記申請の登録免許税還付金の代理受領に関すること（注6）

以　上

(注1) Ⅳ根抵当権放棄証書を登記原因証明情報（不登法第61条）として提供する場合に、登記義務者が作成する委任状の書式である。管轄登記所が複数となるケースにおいて、委任状の原本還付を受けるときは、他の申請についても委任したことが明らかな内容とする必要がある。
(注2) 代理人の住所ならびに氏名または名称を記載する。
(注3) 登記所に提供する証書の作成日およびその名称を記載する。
(注4) 登記識別情報の暗号化（電子申請においてオンラインで登記識別情報を提供すること）には特別の授権が必要であるため、このように記載する。
(注5) これらの事項には特別の授権を必要としないが、委任事項を明確にするため、このように記載する。
(注6) 登記申請の取下げ・却下・過誤納付に伴う還付金の代理受領については特別の授権が必要であるため、このように記載する。

Ⅴ-2　登記用委任状（登記権利者用）（注1）

委　任　状

平成　年　月　日

　　　住所　　　東京都○区○町三丁目2番1号
　　　登記権利者　株式会社乙野商事
　　　　　　　　　代表取締役　乙野次郎　　　　㊞
　　　（連絡先　担当部署　○○部／担当者名○○　○○
　　　　電話番号○○－○○○○－○○○○　　　　　）

私は、＿＿＿＿＿＿＿＿＿＿＿＿＿＿＿＿（注2）を代理人と定め、下記の事項に関する一切の権限を委任します。

記

1．次の要項による登記申請に関すること
　　(1)登記原因証明情報：平成○年○月○日付け根抵当権放棄証書（注3）
　　(2)登記の目的：根抵当権抹消
2．上記申請の登記完了証の受領に関すること（注4）
3．上記申請に関する証書、資格証明情報その他の添付情報の原本還付手続に関すること（注4）
4．上記申請の登録免許税還付金の代理受領に関すること（注5）

以　上

(注1)　Ⅳ根抵当権放棄証書を登記原因証明情報（不登法第61条）として提供する場合に、登記権利者が作成する委任状の書式である。管轄登記所が複数となるケースにおいて、委任状の原本還付を受けるときは、他の申請についても委任したことが明らかな内容とする必要がある。
(注2)　代理人の住所ならびに氏名または名称を記載する。
(注3)　登記所に提供する証書の作成日およびその名称を記載する。
(注4)　これらの事項には特別の授権を必要としないが、委任事項を明確にするため、このように記載する。
(注5)　登記申請の取下げ・却下・過誤納付に伴う還付金の代理受領については特別の授権が必要であるため、このように記載する。

99 抵当権の放棄による抹消（絶対的放棄）

I　ケース概要

　甲野銀行は、債務者乙野商事宛て融資の担保として乙野商事所有の土地および建物につき抵当権の設定を受けていたが、乙野商事からこの不動産全部を売却したい旨の申し出があり、甲野銀行は抵当権を放棄することとなった。

II　書式作成上の留意点

① 抵当権者から抵当権設定者に対する一方的な意思表示により、抵当物件の全部について抵当権を放棄する場合の書式である。この放棄によって抵当権が消滅し、抵当権抹消の登記原因が生じる。なお、売買代金により完済となるケースにおいても本書式（放棄による消滅）を使用する実務は少なくない。

② 抵当権の抹消により、抵当権を目的とする第三者の権利は抹消されるため、転抵当権者、被担保債権の差押債権者等の利害関係人が存する場合はその承諾書（印鑑証明書付き）が必要となる。

③ Ⅳの書式は簡明であるので、これを登記原因証明情報（不登法第61条）として提供する実務が一般的であろう。

④ 抵当権抹消登記は、抵当権設定者が登記権利者となり、抵当権者が登記義務者となって行う。

⑤ 抵当権者につき、抵当権の権利取得に係る登記識別情報（登記済証）が必要となる。なお、登記完了後は、双方に登記完了証が交付される。

III　必要書類・費用一覧

書　　類	書類上の関係者
□ 抵当権放棄証書	抵当権者、抵当権設定者
□ 委任状（登記義務者用）	抵当権者
□ 委任状（登記権利者用）	抵当権設定者
□ 登記識別情報（登記済証）	抵当権者
□ 会社法人等番号（注）	抵当権者、抵当権設定者
□ 登録免許税	不動産1個につき1,000円

（注）　不登令等の改正により、平成27年11月2日から、会社・法人の代表者等の資格を証する情報の提供（添付）に代え、登記申請情報に商業登記法第7条の会社法人等番号を記録または記載することとなった。ただし、法人登記手続中となるなどの場合を考慮し、例外的に、作成後1

か月以内の資格証明情報（登記事項証明書）を提供（添付）することも認められている。

Ⅳ　抵当権放棄証書

抵当権放棄証書

平成　年　月　日（注1）

東京都○区○町三丁目2番1号
株式会社　乙野商事　御中

東京都○区○町一丁目2番3号
株式会社　甲野銀行
代表取締役　甲野太郎　　㊞

当行は、貴社から設定を受けた以下の抵当権について、本日、これを放棄しました（注2）。

［抵当権の表示］

1．登記	平成○年○月○日東京法務局○出張所受付第○号（注3）
2．物件	後記物件の表示記載のとおり

物件の表示

所　　在　東京都○区○町一丁目
地　　番　1番1
地　　目　宅地
地　　積　○○○.○○㎡

所　　在　東京都○区○町一丁目1番地1
家屋番号　1番1
種　　類　居宅
構　　造　木造セメントかわらぶき平家建
床　面　積　○○.○○㎡

以　上

（注1）　放棄する日を記載する。
（注2）　抵当権抹消登記の登記義務者である抵当権者から、登記権利者である抵当権設定者に差し入れることとしている。
（注3）　放棄する抵当権について、抵当権設定登記（登記所および受付日ならびに受付番号）をもって特定している。

V−1　登記用委任状（登記義務者用）(注1)

委　任　状

平成　年　月　日

　　　　　住　所　　東京都○区○町一丁目2番3号
　　　　　登記義務者　株式会社甲野銀行
　　　　　　　　　　　代表取締役　甲野太郎　　　　㊞

私は、＿＿＿＿＿＿＿＿＿＿＿＿＿＿＿（注2）を代理人と定め、下記の事項に関する一切の権限を委任します。

記

1．次の要項による登記申請に関すること
　　(1) 登記原因証明情報：平成○年○月○日付け抵当権放棄証書（注3）
　　(2) 登記の目的：抵当権抹消
2．上記申請の登記識別情報の暗号化に関すること（注4）
3．上記申請の登記完了証の受領に関すること（注5）
4．上記申請に関する証書、資格証明情報その他の添付情報の原本還付手続に関すること（注5）
5．上記申請の登録免許税還付金の代理受領に関すること（注6）

以　上

（注1）　Ⅳ抵当権放棄証書を登記原因証明情報（不登法第61条）として提供する場合に、登記義務者が作成する委任状の書式である。管轄登記所が複数となるケースにおいて、委任状の原本還付を受けるときは、他の申請についても委任したことが明らかな内容とする必要がある。
（注2）　代理人の住所ならびに氏名または名称を記載する。
（注3）　登記所に提供する証書の作成日およびその名称を記載する。
（注4）　登記識別情報の暗号化（電子申請においてオンラインで登記識別情報を提供すること）には特別の授権が必要であるため、このように記載する。
（注5）　これらの事項には特別の授権を必要としないが、委任事項を明確にするため、このように記載する。
（注6）　登記申請の取下げ・却下・過誤納付に伴う還付金の代理受領については特別の授権が必要であるため、このように記載する。

V－2　登記用委任状（登記権利者用）（注1）

委　任　状

平成　年　月　日

　　　住　所　　東京都〇区〇町三丁目2番1号
　　　登記権利者　株式会社乙野商事
　　　　　　　　　代表取締役　乙野次郎　　　　㊞
　　　｟連絡先　担当部署　〇〇部／担当者名〇〇　〇〇
　　　　電話番号　〇〇 － 〇〇〇〇 － 〇〇〇〇｠

私は、＿＿＿＿＿＿＿＿＿＿＿＿＿＿＿（注2）を代理人と定め、下記の事項に関する一切の権限を委任します。

記

1．次の要項による登記申請に関すること
　　(1) 登記原因証明情報：平成〇年〇月〇日付け抵当権放棄証書（注3）
　　(2) 登記の目的：抵当権抹消
2．上記申請の登記完了証の受領に関すること（注4）
3．上記申請に関する証書、資格証明情報その他の添付情報の原本還付手続に関すること（注4）
4．上記申請の登録免許税還付金の代理受領に関すること（注5）

以　上

（注1）　Ⅳ抵当権放棄証書を登記原因証明情報（不登法第61条）として提供する場合に、登記権利者が作成する委任状の書式である。管轄登記所が複数となるケースにおいて、委任状の原本還付を受けるときは、他の申請についても委任したことが明らかな内容とする必要がある。
（注2）　代理人の住所ならびに氏名または名称を記載する。
（注3）　登記所に提供する証書の作成日およびその名称を記載する。
（注4）　これらの事項には特別の授権を必要としないが、委任事項を明確にするため、このように記載する。
（注5）　登記申請の撤回としての取下げ、および取下げ・却下・過誤納付に伴う還付金の代理受領については特別の授権が必要であるため、このように記載する。

項目別書式一覧

第1節 設 定
1 被担保債権の種類

① 単一債権を担保する場合
- Ⅳ　　　　　抵当権設定契約証書 ……………………………………………………………3
- Ⅴ　　　　　登記原因証明情報（抵当権設定）……………………………………………7
- Ⅵ-1-1　　登記用委任状（登記義務者用／Ⅳを登記原因証明情報として提供する場合）……9
- Ⅵ-1-2　　登記用委任状（登記義務者用／Ⅴを登記原因証明情報として提供する場合）……10
- Ⅵ-2-1　　登記用委任状（登記権利者用／Ⅳを登記原因証明情報として提供する場合）……11
- Ⅵ-2-2　　登記用委任状（登記権利者用／Ⅴを登記原因証明情報として提供する場合）……12

② 同一債務者に対する複数債権を担保する場合
- Ⅳ　　　　　抵当権設定契約証書 …………………………………………………………14
- Ⅴ　　　　　登記原因証明情報（抵当権設定）…………………………………………18
- Ⅵ-1-1　　登記用委任状（登記義務者用／Ⅳを登記原因証明情報として提供する場合）……20
- Ⅵ-1-2　　登記用委任状（登記義務者用／Ⅴを登記原因証明情報として提供する場合）……21
- Ⅵ-2-1　　登記用委任状（登記権利者用／Ⅳを登記原因証明情報として提供する場合）……22
- Ⅵ-2-2　　登記用委任状（登記権利者用／Ⅴを登記原因証明情報として提供する場合）……23

③ 債務者を異にする複数債権を担保する場合
- Ⅳ　　　　　抵当権設定契約証書 …………………………………………………………25
- Ⅴ　　　　　登記原因証明情報（抵当権設定）…………………………………………29
- Ⅵ-1-1　　登記用委任状（登記義務者用／Ⅳを登記原因証明情報として提供する場合）……31
- Ⅵ-1-2　　登記用委任状（登記義務者用／Ⅴを登記原因証明情報として提供する場合）……32
- Ⅵ-2-1　　登記用委任状（登記権利者用／Ⅳを登記原因証明情報として提供する場合）……33
- Ⅵ-2-2　　登記用委任状（登記権利者用／Ⅴを登記原因証明情報として提供する場合）……34

④ 連帯債務の債権を担保する場合
- Ⅳ　　　　　抵当権設定契約証書 …………………………………………………………36
- Ⅴ　　　　　登記原因証明情報（抵当権設定）…………………………………………40
- Ⅵ-1-1　　登記用委任状（登記義務者用／Ⅳを登記原因証明情報として提供する場合）……42
- Ⅵ-1-2　　登記用委任状（登記義務者用／Ⅴを登記原因証明情報として提供する場合）……43
- Ⅵ-2-1　　登記用委任状（登記権利者用／Ⅳを登記原因証明情報として提供する場合）……44
- Ⅵ-2-2　　登記用委任状（登記権利者用／Ⅴを登記原因証明情報として提供する場合）……45

⑤ 保証人の求償権を担保する場合
- Ⅳ　　　　　抵当権設定契約証書 …………………………………………………………47
- Ⅴ　　　　　登記原因証明情報（抵当権設定）…………………………………………51
- Ⅵ-1-1　　登記用委任状（登記義務者用／Ⅳを登記原因証明情報として提供する場合）……52
- Ⅵ-1-2　　登記用委任状（登記義務者用／Ⅴを登記原因証明情報として提供する場合）……53
- Ⅵ-2-1　　登記用委任状（登記権利者用／Ⅳを登記原因証明情報として提供する場合）……54
- Ⅵ-2-2　　登記用委任状（登記権利者用／Ⅴを登記原因証明情報として提供する場合）……55

⑥ 債権額の一部を担保する場合
- Ⅳ　　　　　抵当権設定契約証書 …………………………………………………………58
- Ⅴ　　　　　登記原因証明情報（抵当権設定）…………………………………………62
- Ⅵ-1-1　　登記用委任状（登記義務者用／Ⅳを登記原因証明情報として提供する場合）……64
- Ⅵ-1-2　　登記用委任状（登記義務者用／Ⅴを登記原因証明情報として提供する場合）……65
- Ⅵ-2-1　　登記用委任状（登記権利者用／Ⅳを登記原因証明情報として提供する場合）……66
- Ⅵ-2-2　　登記用委任状（登記権利者用／Ⅴを登記原因証明情報として提供する場合）……67

第1章 抵当権

7 外貨表示の債権を担保する場合

Ⅳ	抵当権設定契約証書	69
Ⅴ	登記原因証明情報（抵当権設定）	73
Ⅵ-1-1	登記用委任状（登記義務者用／Ⅳを登記原因証明情報として提供する場合）	75
Ⅵ-1-2	登記用委任状（登記義務者用／Ⅴを登記原因証明情報として提供する場合）	76
Ⅵ-2-1	登記用委任状（登記権利者用／Ⅳを登記原因証明情報として提供する場合）	77
Ⅵ-2-2	登記用委任状（登記権利者用／Ⅴを登記原因証明情報として提供する場合）	78

8 分割貸付による債権を担保する場合

Ⅳ	抵当権設定契約証書	80
Ⅴ	登記原因証明情報（抵当権設定）	84
Ⅵ-1-1	登記用委任状（登記義務者用／Ⅳを登記原因証明情報として提供する場合）	86
Ⅵ-1-2	登記用委任状（登記義務者用／Ⅴを登記原因証明情報として提供する場合）	87
Ⅵ-2-1	登記用委任状（登記権利者用／Ⅳを登記原因証明情報として提供する場合）	88
Ⅵ-2-2	登記用委任状（登記権利者用／Ⅴを登記原因証明情報として提供する場合）	89

2 目的物件（権利）の種類

9 共同抵当の場合

Ⅳ	抵当権設定契約証書	91
Ⅴ	登記原因証明情報（抵当権設定）	95
Ⅵ-1-1	登記用委任状（登記義務者用／Ⅳを登記原因証明情報として提供する場合）	97
Ⅵ-1-2	登記用委任状（登記義務者用／Ⅴを登記原因証明情報として提供する場合）	98
Ⅵ-2-1	登記用委任状（登記権利者用／Ⅳを登記原因証明情報として提供する場合）	99
Ⅵ-2-2	登記用委任状（登記権利者用／Ⅴを登記原因証明情報として提供する場合）	100

10 物上保証人による設定の場合

Ⅳ	抵当権設定契約証書	102
Ⅴ	登記原因証明情報（抵当権設定）	106
Ⅵ-1-1	登記用委任状（登記義務者用／Ⅳを登記原因証明情報として提供する場合）	108
Ⅵ-1-2	登記用委任状（登記義務者用／Ⅴを登記原因証明情報として提供する場合）	109
Ⅵ-2-1	登記用委任状（登記権利者用／Ⅳを登記原因証明情報として提供する場合）	110
Ⅵ-2-2	登記用委任状（登記権利者用／Ⅴを登記原因証明情報として提供する場合）	111

11 共有持分を目的とする場合

Ⅳ	抵当権設定契約証書	113
Ⅴ	登記原因証明情報（抵当権設定）	117
Ⅵ-1-1	登記用委任状（登記義務者用／Ⅳを登記原因証明情報として提供する場合）	119
Ⅵ-1-2	登記用委任状（登記義務者用／Ⅴを登記原因証明情報として提供する場合）	120
Ⅵ-2-1	登記用委任状（登記権利者用／Ⅳを登記原因証明情報として提供する場合）	121
Ⅵ-2-2	登記用委任状（登記権利者用／Ⅴを登記原因証明情報として提供する場合）	122

12 地上権を目的とする場合

Ⅳ	抵当権設定契約証書	124
Ⅴ	登記原因証明情報（抵当権設定）	128
Ⅵ-1-1	登記用委任状（登記義務者用／Ⅳを登記原因証明情報として提供する場合）	130
Ⅵ-1-2	登記用委任状（登記義務者用／Ⅴを登記原因証明情報として提供する場合）	131
Ⅵ-2-1	登記用委任状（登記権利者用／Ⅳを登記原因証明情報として提供する場合）	132
Ⅵ-2-2	登記用委任状（登記権利者用／Ⅴを登記原因証明情報として提供する場合）	133

13 敷地権の表示を登記した区分所有建物を目的とする場合

Ⅳ	抵当権設定契約証書	135
Ⅴ	登記原因証明情報（抵当権設定）	139
Ⅵ-1-1	登記用委任状（登記義務者用／Ⅳを登記原因証明情報として提供する場合）	141
Ⅵ-1-2	登記用委任状（登記義務者用／Ⅴを登記原因証明情報として提供する場合）	142

	Ⅵ－2－1	登記用委任状（登記権利者用／Ⅳを登記原因証明情報として提供する場合）······143
	Ⅵ－2－2	登記用委任状（登記権利者用／Ⅴを登記原因証明情報として提供する場合）······144

3　効力範囲の制限（別段の定め）
14　民法第370条但書の定めがある場合
	Ⅳ	抵当権設定契約証書·······146
	Ⅴ	登記原因証明情報（抵当権設定）·······150
	Ⅵ－1－1	登記用委任状（登記義務者用／Ⅳを登記原因証明情報として提供する場合）······152
	Ⅵ－1－2	登記用委任状（登記義務者用／Ⅴを登記原因証明情報として提供する場合）······153
	Ⅵ－2－1	登記用委任状（登記権利者用／Ⅳを登記原因証明情報として提供する場合）······154
	Ⅵ－2－2	登記用委任状（登記権利者用／Ⅴを登記原因証明情報として提供する場合）······155

4　追加担保
15　追加担保設定の場合
	Ⅳ	抵当権追加設定契約証書·······157
	Ⅴ	登記原因証明情報（抵当権追加設定）·······161
	Ⅵ－1－1	登記用委任状（登記義務者用／Ⅳを登記原因証明情報として提供する場合）······163
	Ⅵ－1－2	登記用委任状（登記義務者用／Ⅴを登記原因証明情報として提供する場合）······164
	Ⅵ－2－1	登記用委任状（登記権利者用／Ⅳを登記原因証明情報として提供する場合）······165
	Ⅵ－2－2	登記用委任状（登記権利者用／Ⅴを登記原因証明情報として提供する場合）······166

第2節　移　　転
1　債権譲渡
16　抵当権付債権の全部譲渡（債務者の承諾を証書上で取得する場合）
	Ⅳ	抵当権付債権譲渡契約証書·······169
	Ⅴ	登記原因証明情報（抵当権移転）·······172
	Ⅵ－1－1	登記用委任状（登記義務者用／Ⅳを登記原因証明情報として提供する場合）······174
	Ⅵ－1－2	登記用委任状（登記義務者用／Ⅴを登記原因証明情報として提供する場合）······175
	Ⅵ－2－1	登記用委任状（登記権利者用／Ⅳを登記原因証明情報として提供する場合）······176
	Ⅵ－2－2	登記用委任状（登記権利者用／Ⅴを登記原因証明情報として提供する場合）······177

17　抵当権付債権の全部譲渡（債務者の承諾を証書上で取得しない場合）
	Ⅳ－1	抵当権付債権譲渡契約証書·······179
	Ⅳ－2	債権譲渡通知書·······182
	Ⅳ－3	債権譲渡承諾書·······183
	Ⅴ	登記原因証明情報（抵当権移転）·······184
	Ⅵ－1－1	登記用委任状（登記義務者用／Ⅳ－1を登記原因証明情報として提供する場合）······186
	Ⅵ－1－2	登記用委任状（登記義務者用／Ⅴを登記原因証明情報として提供する場合）······187
	Ⅵ－2－1	登記用委任状（登記権利者用／Ⅳ－1を登記原因証明情報として提供する場合）······188
	Ⅵ－2－2	登記用委任状（登記権利者用／Ⅴを登記原因証明情報として提供する場合）······189

18　抵当権付債権の一部譲渡
	Ⅳ－1	抵当権付債権一部譲渡契約証書·······191
	Ⅳ－2	債権譲渡通知書·······194
	Ⅳ－3	債権譲渡承諾書·······196
	Ⅴ	登記原因証明情報（抵当権一部移転）·······197
	Ⅵ－1－1	登記用委任状（登記義務者用／Ⅳ－1を登記原因証明情報として提供する場合）······199
	Ⅵ－1－2	登記用委任状（登記義務者用／Ⅴを登記原因証明情報として提供する場合）······200
	Ⅵ－2－1	登記用委任状（登記権利者用／Ⅳ－1を登記原因証明情報として提供する場合）······201
	Ⅵ－2－2	登記用委任状（登記権利者用／Ⅴを登記原因証明情報として提供する場合）······202

2　代位弁済
19　保証人による抵当権付債権の全部弁済
	Ⅳ	代位弁済証書·······204

	Ⅴ－1	登記用委任状（登記義務者用）	206
	Ⅴ－2	登記用委任状（登記権利者用）	207

20　保証人による抵当権付債権の一部弁済
	Ⅳ	代位弁済証書	209
	Ⅴ－1	登記用委任状（登記義務者用）	212
	Ⅴ－2	登記用委任状（登記権利者用）	213

21　第三者による抵当権付債権の全部弁済
	Ⅳ－1	代位弁済証書	215
	Ⅳ－2	承諾書	217
	Ⅴ－1	登記用委任状（登記義務者用）	219
	Ⅴ－2	登記用委任状（登記権利者用）	220

3　抵当権者の合併
22　抵当権者の合併
	Ⅳ	登記用委任状（登記申請人用）	222

4　抵当権者の会社分割
23　抵当権者の会社分割
	Ⅳ	登記原因証明情報（抵当権移転）	225
	Ⅴ－1	登記用委任状（登記義務者用／Ⅳを登記原因証明情報として提供する場合）	227
	Ⅴ－2	登記用委任状（登記権利者用／Ⅳを登記原因証明情報として提供する場合）	228

第3節　変　更
1　債　権　額
24　一部弁済による債権額の減少
	Ⅳ	登記原因証明情報（抵当権変更）	230
	Ⅴ－1	登記用委任状（登記義務者用）	232
	Ⅴ－2	登記用委任状（登記権利者用）	233

25　利息の元本組入れによる債権額の増加
	Ⅳ	利息の元本組入れ通知書	235
	Ⅴ－1	登記原因証明情報（抵当権変更）	237
	Ⅴ－2	同意書	238
	Ⅵ－1	登記用委任状（登記義務者用）	240
	Ⅵ－2	登記用委任状（登記権利者用）	241

2　利　　息
26　約定利率の変更
	Ⅳ	利率変更に関する合意書	243
	Ⅴ－1	登記原因証明情報（抵当権変更）	245
	Ⅴ－2	同意書	246
	Ⅵ－1－1	登記用委任状（登記義務者用／Ⅳを登記原因証明情報として提供する場合）	248
	Ⅵ－1－2	登記用委任状（登記義務者用／Ⅴ－1を登記原因証明情報として提供する場合）	249
	Ⅵ－2－1	登記用委任状（登記権利者用／Ⅳを登記原因証明情報として提供する場合）	250
	Ⅵ－2－2	登記用委任状（登記権利者用／Ⅴ－1を登記原因証明情報として提供する場合）	251

3　債務引受
27　免責的債務引受による債務者の変更
	Ⅳ	免責的債務引受契約証書	253
	Ⅴ	登記原因証明情報（抵当権変更）	256
	Ⅵ－1－1	登記用委任状（登記義務者用／Ⅳを登記原因証明情報として提供する場合）	257
	Ⅵ－1－2	登記用委任状（登記義務者用／Ⅴを登記原因証明情報として提供する場合）	258

| Ⅵ－2－1 | 登記用委任状（登記権利者用／Ⅳを登記原因証明情報として提供する場合） | 259 |
| Ⅵ－2－2 | 登記用委任状（登記権利者用／Ⅴを登記原因証明情報として提供する場合） | 260 |

28 重畳的債務引受による債務者の追加
Ⅳ	重畳的債務引受契約証書	262
Ⅴ	登記原因証明情報（抵当権変更）	264
Ⅵ－1－1	登記用委任状（登記義務者用／Ⅳを登記原因証明情報として提供する場合）	266
Ⅵ－1－2	登記用委任状（登記義務者用／Ⅴを登記原因証明情報として提供する場合）	267
Ⅵ－2－1	登記用委任状（登記権利者用／Ⅳを登記原因証明情報として提供する場合）	268
Ⅵ－2－2	登記用委任状（登記権利者用／Ⅴを登記原因証明情報として提供する場合）	269

4 債務者の相続
29 相続人の一人が債務を引き受けた場合
Ⅳ－1	免責的債務引受契約証書	272
Ⅳ－2	重畳的債務引受契約証書	274
Ⅴ	登記原因証明情報（抵当権変更）	276
Ⅵ－1－1	登記用委任状（登記義務者用／Ⅳを登記原因証明情報として提供する場合）	278
Ⅵ－1－2	登記用委任状（登記義務者用／Ⅴを登記原因証明情報として提供する場合）	279
Ⅵ－2－1	登記用委任状（登記権利者用／Ⅳを登記原因証明情報として提供する場合）	280
Ⅵ－2－2	登記用委任状（登記権利者用／Ⅴを登記原因証明情報として提供する場合）	281

30 相続人全員を債務者とする場合
Ⅳ	登記原因証明情報（抵当権変更）	283
Ⅴ－1－1	登記用委任状（登記義務者用／戸籍謄本等を登記原因証明情報として提供する場合）	285
Ⅴ－1－2	登記用委任状（登記義務者用／Ⅳを登記原因証明情報として提供する場合）	286
Ⅴ－2－1	登記用委任状（登記権利者用／戸籍謄本等を登記原因証明情報として提供する場合）	287
Ⅴ－2－2	登記用委任状（登記権利者用／Ⅳを登記原因証明情報として提供する場合）	288

31 相続人の一人が他の相続人の債務を引き受けた場合
Ⅳ	免責的債務引受契約証書	292
Ⅴ	登記原因証明情報（抵当権変更）	294
Ⅵ－1－1	登記用委任状（登記義務者用／Ⅳを登記原因証明情報として提供する場合）	297
Ⅵ－1－2	登記用委任状（登記義務者用／Ⅴを登記原因証明情報として提供する場合）	298
Ⅵ－2－1	登記用委任状（登記権利者用／Ⅳを登記原因証明情報として提供する場合）	299
Ⅵ－2－2	登記用委任状（登記権利者用／Ⅴを登記原因証明情報として提供する場合）	300

5 債務者の合併
32 債務者の合併
| Ⅳ－1 | 登記用委任状（登記義務者用） | 302 |
| Ⅳ－2 | 登記用委任状（登記権利者用） | 303 |

6 債務者の会社分割
33 債務者の会社分割
Ⅳ	登記原因証明情報（抵当権変更）	306
Ⅴ－1	登記用委任状（登記義務者用）	308
Ⅴ－2	登記用委任状（登記権利者用）	309

7 債務者の名称・住所等の変更
34 債務者の名称または住所の変更
| Ⅳ－1 | 登記用委任状（登記義務者用） | 311 |
| Ⅳ－2 | 登記用委任状（登記権利者用） | 312 |

第1章 抵当権

8 取扱店
35 取扱店の変更
- Ⅳ　　　登記原因証明情報（抵当権変更）……315
- Ⅴ　　　登記用委任状……316

第4節　処　分
1 転抵当
36 転抵当権の設定
- Ⅳ　　　転抵当権設定契約証書……319
- Ⅴ　　　登記原因証明情報（抵当権転抵当）……322
- Ⅵ－1－1　登記用委任状（登記義務者用／Ⅳを登記原因証明情報として提供する場合）……324
- Ⅵ－1－2　登記用委任状（登記義務者用／Ⅴを登記原因証明情報として提供する場合）……325
- Ⅵ－2－1　登記用委任状（登記権利者用／Ⅳを登記原因証明情報として提供する場合）……326
- Ⅵ－2－2　登記用委任状（登記権利者用／Ⅴを登記原因証明情報として提供する場合）……327

37 転抵当権の設定（第三債務者が契約当事者となる場合）
- Ⅳ　　　転抵当権設定契約証書……329
- Ⅴ　　　登記原因証明情報（抵当権転抵当）……332
- Ⅵ－1－1　登記用委任状（登記義務者用／Ⅳを登記原因証明情報として提供する場合）……334
- Ⅵ－1－2　登記用委任状（登記義務者用／Ⅴを登記原因証明情報として提供する場合）……335
- Ⅵ－2－1　登記用委任状（登記権利者用／Ⅳを登記原因証明情報として提供する場合）……336
- Ⅵ－2－2　登記用委任状（登記権利者用／Ⅴを登記原因証明情報として提供する場合）……337

38 転抵当権の移転
- Ⅳ　　　転抵当権付債権譲渡契約証書……339
- Ⅴ　　　登記原因証明情報（転抵当権移転）……343
- Ⅵ－1－1　登記用委任状（登記義務者用／Ⅳを登記原因証明情報として提供する場合）……344
- Ⅵ－1－2　登記用委任状（登記義務者用／Ⅴを登記原因証明情報として提供する場合）……345
- Ⅵ－2－1　登記用委任状（登記権利者用／Ⅳを登記原因証明情報として提供する場合）……346
- Ⅵ－2－2　登記用委任状（登記権利者用／Ⅴを登記原因証明情報として提供する場合）……347

2 転根抵当
39 転根抵当権の設定
- Ⅳ　　　転根抵当権設定契約証書……349
- Ⅴ　　　登記原因証明情報（抵当権転根抵当）……352
- Ⅵ－1－1　登記用委任状（登記義務者用／Ⅳを登記原因証明情報として提供する場合）……354
- Ⅵ－1－2　登記用委任状（登記義務者用／Ⅴを登記原因証明情報として提供する場合）……355
- Ⅵ－2－1　登記用委任状（登記権利者用／Ⅳを登記原因証明情報として提供する場合）……356
- Ⅵ－2－2　登記用委任状（登記権利者用／Ⅴを登記原因証明情報として提供する場合）……357

3 債権の質入れ
40 債権全部の質入れ
- Ⅳ　　　質権設定契約証書……359
- Ⅴ　　　登記原因証明情報（抵当権の債権質入れ）……362
- Ⅵ－1－1　登記用委任状（登記義務者用／Ⅳを登記原因証明情報として提供する場合）……364
- Ⅵ－1－2　登記用委任状（登記義務者用／Ⅴを登記原因証明情報として提供する場合）……365
- Ⅵ－2－1　登記用委任状（登記権利者用／Ⅳを登記原因証明情報として提供する場合）……366
- Ⅵ－2－2　登記用委任状（登記権利者用／Ⅴを登記原因証明情報として提供する場合）……367

4 譲　渡
41 抵当権の譲渡
- Ⅳ　　　抵当権譲渡契約証書……370
- Ⅴ　　　登記原因証明情報（抵当権譲渡）……372
- Ⅵ－1－1　登記用委任状（登記義務者用／Ⅳを登記原因証明情報として提供する場合）……374

	Ⅵ－1－2	登記用委任状（登記義務者用／Ⅴを登記原因証明情報として提供する場合）⋯⋯⋯⋯375
	Ⅵ－2－1	登記用委任状（登記権利者用／Ⅳを登記原因証明情報として提供する場合）⋯⋯⋯⋯376
	Ⅵ－2－2	登記用委任状（登記権利者用／Ⅴを登記原因証明情報として提供する場合）⋯⋯⋯⋯377

5 放　　棄
　42 抵当権の放棄
　　Ⅳ　　　　抵当権放棄証書⋯⋯⋯⋯⋯⋯⋯⋯⋯⋯⋯⋯⋯⋯⋯⋯⋯⋯⋯⋯⋯⋯⋯⋯⋯⋯⋯⋯⋯⋯380
　　Ⅴ　　　　登記原因証明情報（抵当権放棄）⋯⋯⋯⋯⋯⋯⋯⋯⋯⋯⋯⋯⋯⋯⋯⋯⋯⋯⋯⋯⋯382
　　Ⅵ－1－1　登記用委任状（登記義務者用／Ⅳを登記原因証明情報として提供する場合）⋯⋯⋯⋯384
　　Ⅵ－1－2　登記用委任状（登記義務者用／Ⅴを登記原因証明情報として提供する場合）⋯⋯⋯⋯385
　　Ⅵ－2－1　登記用委任状（登記権利者用／Ⅳを登記原因証明情報として提供する場合）⋯⋯⋯⋯386
　　Ⅵ－2－2　登記用委任状（登記権利者用／Ⅴを登記原因証明情報として提供する場合）⋯⋯⋯⋯387

6 順位譲渡
　43 異順位者間の順位譲渡
　　Ⅳ　　　　抵当権順位譲渡契約証書⋯⋯⋯⋯⋯⋯⋯⋯⋯⋯⋯⋯⋯⋯⋯⋯⋯⋯⋯⋯⋯⋯⋯⋯⋯⋯390
　　Ⅴ　　　　登記原因証明情報（抵当権順位譲渡）⋯⋯⋯⋯⋯⋯⋯⋯⋯⋯⋯⋯⋯⋯⋯⋯⋯⋯⋯392
　　Ⅵ－1－1　登記用委任状（登記義務者用／Ⅳを登記原因証明情報として提供する場合）⋯⋯⋯⋯394
　　Ⅵ－1－2　登記用委任状（登記義務者用／Ⅴを登記原因証明情報として提供する場合）⋯⋯⋯⋯395
　　Ⅵ－2－1　登記用委任状（登記権利者用／Ⅳを登記原因証明情報として提供する場合）⋯⋯⋯⋯396
　　Ⅵ－2－2　登記用委任状（登記権利者用／Ⅴを登記原因証明情報として提供する場合）⋯⋯⋯⋯397

7 順位放棄
　44 抵当権の順位放棄
　　Ⅳ　　　　抵当権順位放棄証書⋯⋯⋯⋯⋯⋯⋯⋯⋯⋯⋯⋯⋯⋯⋯⋯⋯⋯⋯⋯⋯⋯⋯⋯⋯⋯⋯⋯400
　　Ⅴ　　　　登記原因証明情報（抵当権順位放棄）⋯⋯⋯⋯⋯⋯⋯⋯⋯⋯⋯⋯⋯⋯⋯⋯⋯⋯⋯402
　　Ⅵ－1－1　登記用委任状（登記義務者用／Ⅳを登記原因証明情報として提供する場合）⋯⋯⋯⋯404
　　Ⅵ－1－2　登記用委任状（登記義務者用／Ⅴを登記原因証明情報として提供する場合）⋯⋯⋯⋯405
　　Ⅵ－2－1　登記用委任状（登記権利者用／Ⅳを登記原因証明情報として提供する場合）⋯⋯⋯⋯406
　　Ⅵ－2－2　登記用委任状（登記権利者用／Ⅴを登記原因証明情報として提供する場合）⋯⋯⋯⋯407

第1節　設　　定
1 単独担保
　45 単独根抵当権の設定
　　Ⅳ　　　　根抵当権設定契約証書⋯⋯⋯⋯⋯⋯⋯⋯⋯⋯⋯⋯⋯⋯⋯⋯⋯⋯⋯⋯⋯⋯⋯⋯⋯⋯411
　　Ⅴ　　　　登記原因証明情報（根抵当権設定）⋯⋯⋯⋯⋯⋯⋯⋯⋯⋯⋯⋯⋯⋯⋯⋯⋯⋯⋯⋯415
　　Ⅵ－1－1　登記用委任状（登記義務者用／Ⅳを登記原因証明情報として提供する場合）⋯⋯⋯⋯417
　　Ⅵ－1－2　登記用委任状（登記義務者用／Ⅴを登記原因証明情報として提供する場合）⋯⋯⋯⋯418
　　Ⅵ－2－1　登記用委任状（登記権利者用／Ⅳを登記原因証明情報として提供する場合）⋯⋯⋯⋯419
　　Ⅵ－2－2　登記用委任状（登記権利者用／Ⅴを登記原因証明情報として提供する場合）⋯⋯⋯⋯420

2 共同担保
　46 共同根抵当権の設定
　　Ⅳ　　　　根抵当権設定契約証書⋯⋯⋯⋯⋯⋯⋯⋯⋯⋯⋯⋯⋯⋯⋯⋯⋯⋯⋯⋯⋯⋯⋯⋯⋯⋯423
　　Ⅴ　　　　登記原因証明情報（共同根抵当権設定）⋯⋯⋯⋯⋯⋯⋯⋯⋯⋯⋯⋯⋯⋯⋯⋯⋯⋯427
　　Ⅵ－1－1　登記用委任状（登記義務者用／Ⅳを登記原因証明情報として提供する場合）⋯⋯⋯⋯429
　　Ⅵ－1－2　登記用委任状（登記義務者用／Ⅴを登記原因証明情報として提供する場合）⋯⋯⋯⋯430
　　Ⅵ－2－1　登記用委任状（登記権利者用／Ⅳを登記原因証明情報として提供する場合）⋯⋯⋯⋯431
　　Ⅵ－2－2　登記用委任状（登記権利者用／Ⅴを登記原因証明情報として提供する場合）⋯⋯⋯⋯432

3 共有担保
　47 共用根抵当権の設定（共同担保）
　　Ⅳ　　　　根抵当権設定契約証書⋯⋯⋯⋯⋯⋯⋯⋯⋯⋯⋯⋯⋯⋯⋯⋯⋯⋯⋯⋯⋯⋯⋯⋯⋯⋯434

	Ⅴ	登記原因証明情報（共同根抵当権設定）……………………………………………439
	Ⅵ－1－1	登記用委任状（登記義務者用／Ⅳを登記原因証明情報として提供する場合）…………441
	Ⅵ－1－2	登記用委任状（登記義務者用／Ⅴを登記原因証明情報として提供する場合）…………442
	Ⅵ－2－1	登記用委任状（登記権利者用／Ⅳを登記原因証明情報として提供する場合）…………443
	Ⅵ－2－2	登記用委任状（登記権利者用／Ⅴを登記原因証明情報として提供する場合）…………444

4　追加担保
48　根抵当権の追加設定

	Ⅳ	追加的共同担保………………………………………………………………………446
	Ⅴ	登記原因証明情報（共同根抵当権追加設定）……………………………………451
	Ⅵ－1－1	登記用委任状（登記義務者用／Ⅳを登記原因証明情報として提供する場合）…………453
	Ⅵ－1－2	登記用委任状（登記義務者用／Ⅴを登記原因証明情報として提供する場合）…………454
	Ⅵ－2－1	登記用委任状（登記権利者用／Ⅳを登記原因証明情報として提供する場合）…………455
	Ⅵ－2－2	登記用委任状（登記権利者用／Ⅴを登記原因証明情報として提供する場合）…………456

49　極度額の増額を伴う根抵当権の追加設定

	Ⅳ	根抵当権極度額増額ならびに追加設定契約証書……………………………………459
	Ⅴ	登記原因証明情報（極度額変更ならびに共同根抵当権追加設定）……………463
	Ⅵ－1－1	登記用委任状（登記義務者用／Ⅳを登記原因証明情報として提供する場合）…………466
	Ⅵ－1－2	登記用委任状（登記義務者用／Ⅴを登記原因証明情報として提供する場合）…………467
	Ⅵ－2－1	登記用委任状（登記権利者用／Ⅳを登記原因証明情報として提供する場合）…………468
	Ⅵ－2－2	登記用委任状（登記権利者用／Ⅴを登記原因証明情報として提供する場合）…………469

5　目的物件（権利）の種類
50　共有持分を目的とする場合

	Ⅳ	根抵当権設定契約証書…………………………………………………………………471
	Ⅴ	登記原因証明情報（根抵当権設定）……………………………………………475
	Ⅵ－1－1	登記用委任状（登記義務者用／Ⅳを登記原因証明情報として提供する場合）…………477
	Ⅵ－1－2	登記用委任状（登記義務者用／Ⅴを登記原因証明情報として提供する場合）…………478
	Ⅵ－2－1	登記用委任状（登記権利者用／Ⅳを登記原因証明情報として提供する場合）…………479
	Ⅵ－2－2	登記用委任状（登記権利者用／Ⅴを登記原因証明情報として提供する場合）…………480

51　地上権を目的とする場合

	Ⅳ	根抵当権設定契約証書…………………………………………………………………482
	Ⅴ	登記原因証明情報（根抵当権設定）……………………………………………486
	Ⅵ－1－1	登記用委任状（登記義務者用／Ⅳを登記原因証明情報として提供する場合）…………488
	Ⅵ－1－2	登記用委任状（登記義務者用／Ⅴを登記原因証明情報として提供する場合）…………489
	Ⅵ－2－1	登記用委任状（登記権利者用／Ⅳを登記原因証明情報として提供する場合）…………490
	Ⅵ－2－2	登記用委任状（登記権利者用／Ⅴを登記原因証明情報として提供する場合）…………491

52　敷地権付区分所有建物を目的とする場合

	Ⅳ	根抵当権設定契約証書…………………………………………………………………493
	Ⅴ	登記原因証明情報（根抵当権設定）……………………………………………498
	Ⅵ－1－1	登記用委任状（登記義務者用／Ⅳを登記原因証明情報として提供する場合）…………500
	Ⅵ－1－2	登記用委任状（登記義務者用／Ⅴを登記原因証明情報として提供する場合）…………501
	Ⅵ－2－1	登記用委任状（登記権利者用／Ⅳを登記原因証明情報として提供する場合）…………502
	Ⅵ－2－2	登記用委任状（登記権利者用／Ⅴを登記原因証明情報として提供する場合）…………503

第2節　移　転
1　全部譲渡
53　根抵当権の全部譲渡（変更事項のない場合）

	Ⅳ	根抵当権譲渡契約証書…………………………………………………………………505
	Ⅴ	登記原因証明情報（根抵当権移転）……………………………………………507
	Ⅵ－1－1	登記用委任状（登記義務者用／Ⅳを登記原因証明情報として提供する場合）…………509

項目別書式一覧　　907

Ⅵ-1-2	登記用委任状（登記義務者用／Ⅴを登記原因証明情報として提供する場合）	510
Ⅵ-2-1	登記用委任状（登記権利者用／Ⅳを登記原因証明情報として提供する場合）	511
Ⅵ-2-2	登記用委任状（登記権利者用／Ⅴを登記原因証明情報として提供する場合）	512

54 根抵当権の全部譲渡（変更事項のある場合）

Ⅳ	根抵当権譲渡および変更契約証書	515
Ⅴ-1	登記原因証明情報－根抵当権移転（根抵当権移転）	517
Ⅴ-2	登記原因証明情報－根抵当権変更（根抵当権変更）	519
Ⅵ-1-1	登記用委任状（全部譲渡） （登記義務者用／Ⅳを登記原因証明情報として提供する場合）	521
Ⅵ-1-2	登記用委任状（根抵当権変更） （登記義務者用／Ⅳを登記原因証明情報として提供する場合）	522
Ⅵ-1-3	登記用委任状（全部譲渡） （登記義務者用／Ⅴ-1を登記原因証明情報として提供する場合）	523
Ⅵ-1-4	登記用委任状（根抵当権変更） （登記義務者用／Ⅴ-2を登記原因証明情報として提供する場合）	524
Ⅵ-2-1	登記用委任状（全部譲渡） （登記権利者用／Ⅳを登記原因証明情報として提供する場合）	525
Ⅵ-2-2	登記用委任状（根抵当権変更） （登記権利者用／Ⅳを登記原因証明情報として提供する場合）	526
Ⅵ-2-3	登記用委任状（全部譲渡） （登記権利者用／Ⅴ-1を登記原因証明情報として提供する場合）	527
Ⅵ-2-4	登記用委任状（根抵当権変更） （登記権利者用／Ⅴ-2を登記原因証明情報として提供する場合）	528

55 根抵当権の相互譲渡（変更なし）

Ⅳ	根抵当権相互譲渡契約証書	530
Ⅴ-1	登記原因証明情報－甲から乙に対する全部譲渡（根抵当権移転）	532
Ⅴ-2	登記原因証明情報－乙から甲に対する全部譲渡（根抵当権移転）	534
Ⅵ-1-1	登記用委任状（全部譲渡） （登記義務者用／Ⅳを登記原因証明情報として提供する場合）	536
Ⅵ-1-2	登記用委任状（全部譲渡） （登記義務者用／Ⅳを登記原因証明情報として提供する場合）	537
Ⅵ-2-1	登記用委任状（全部譲渡） （登記義務者用／Ⅴ-2を登記原因証明情報として提供する場合）	538
Ⅵ-2-2	登記用委任状（全部譲渡） （登記義務者用／Ⅴ-1登記原因証明情報として提供する場合）	539
Ⅵ-3-1	登記用委任状（全部譲渡） （登記権利者用／Ⅳを登記原因証明情報として提供する場合）	540
Ⅵ-3-2	登記用委任状（全部譲渡） （登記権利者用／Ⅳを登記原因証明情報として提供する場合）	541
Ⅵ-4-1	登記用委任状（全部譲渡） （登記権利者用／Ⅴ-2登記原因証明情報として提供する場合）	542
Ⅵ-4-2	登記用委任状（全部譲渡） （登記権利者用／Ⅴ-1登記原因証明情報として提供する場合）	543

2 分割譲渡

56 根抵当権の分割譲渡（変更事項のない場合）

Ⅳ	根抵当権譲渡契約証書	545
Ⅴ	登記原因証明情報（根抵当権分割譲渡）	548
Ⅵ-1-1	登記用委任状（登記義務者用／Ⅳを登記原因証明情報として提供する場合）	550
Ⅵ-1-2	登記用委任状（登記義務者用／Ⅴを登記原因証明情報として提供する場合）	551
Ⅵ-2-1	登記用委任状（登記権利者用／Ⅳを登記原因証明情報として提供する場合）	552
Ⅵ-2-2	登記用委任状（登記権利者用／Ⅴを登記原因証明情報として提供する場合）	553

57 根抵当権の分割譲渡（変更事項のある場合）

Ⅳ－1	根抵当権譲渡および変更契約証書		556
Ⅳ－2	承諾書		559
Ⅴ－1	登記原因証明情報－分割譲渡（根抵当権分割譲渡）		560
Ⅴ－2	登記原因証明情報（根抵当権変更）		562
Ⅵ－1－1	登記用委任状（分割譲渡） （登記義務者用／Ⅳ－1を登記原因証明情報として提供する場合）		563
Ⅵ－1－2	登記用委任状（根抵当権変更） （登記義務者用／Ⅳ－1を登記原因証明情報として提供する場合）		564
Ⅵ－1－3	登記用委任状（分割譲渡） （登記義務者用／Ⅴ－1を登記原因証明情報として提供する場合）		565
Ⅵ－1－4	登記用委任状（根抵当権変更） （登記義務者用／Ⅴ－2を登記原因証明情報として提供する場合）		566
Ⅵ－2－1	登記用委任状（分割譲渡） （登記権利者用／Ⅳ－1を登記原因証明情報として提供する場合）		567
Ⅵ－2－2	登記用委任状（根抵当権変更） （登記権利者用／Ⅳ－1を登記原因証明情報として提供する場合）		568
Ⅵ－2－3	登記用委任状（分割譲渡） （登記権利者用／Ⅴ－1を登記原因証明情報として提供する場合）		569
Ⅵ－2－4	登記用委任状（根抵当権変更） （登記権利者用／Ⅴ－2を登記原因証明情報として提供する場合）		570

3 一部譲渡

58 根抵当権の一部譲渡（変更事項のない場合の優先の定め）

Ⅳ	根抵当権譲渡契約証書		573
Ⅴ－1	登記原因証明情報－一部譲渡（根抵当権一部移転）		575
Ⅴ－2	登記原因証明情報－優先の定め（根抵当権優先の定め）		577
Ⅵ－1－1	登記用委任状（一部譲渡） （登記義務者用／Ⅳを登記原因証明情報として提供する場合）		579
Ⅵ－1－2	登記用委任状（根抵当権優先の定め） （登記申請人用／Ⅳを登記原因証明情報として提供する場合）		580
Ⅵ－2－1	登記用委任状（一部譲渡） （登記義務者用／Ⅴ－1を登記原因証明情報として提供する場合）		581
Ⅵ－2－2	登記用委任状（根抵当権優先の定め） （登記申請人用／Ⅴ－2を登記原因証明情報として提供する場合）		582
Ⅵ－3－1	登記用委任状（一部譲渡） （登記権利者用／Ⅳを登記原因証明情報として提供する場合）		583
Ⅵ－3－2	登記用委任状（根抵当権優先の定め） （登記申請人用／Ⅳを登記原因証明情報として提供する場合）		584
Ⅵ－4－1	登記用委任状（一部譲渡） （登記権利者用／Ⅴ－1を登記原因証明情報として提供する場合）		585
Ⅵ－4－2	登記用委任状（根抵当権優先の定め） （登記申請人用／Ⅴ－2を登記原因証明情報として提供する場合）		586

59 根抵当権の一部譲渡（変更事項のある場合の優先の定め）

Ⅳ	根抵当権譲渡および変更契約証書		590
Ⅴ－1	登記原因証明情報－一部譲渡（根抵当権一部移転）		593
Ⅴ－2	登記原因証明情報（根抵当権優先の定め）		595
Ⅴ－3	登記原因証明情報（根抵当権変更）		597
Ⅵ－1－1	登記用委任状（一部譲渡） （登記義務者用／Ⅳを登記原因証明情報として提供する場合）		599
Ⅵ－1－2	登記用委任状（根抵当権優先の定め） （登記申請人用／Ⅳを登記原因証明情報として提供する場合）		600
Ⅵ－1－3	登記用委任状（根抵当権変更）		

項目別書式一覧　909

　　　　　　　　　　(登記義務者用／Ⅳを登記原因証明情報として提供する場合) ··601
　　　Ⅵ-2-1　登記用委任状（一部譲渡）
　　　　　　　　　　(登記義務者用／Ⅴ-1を登記原因証明情報として提供する場合) ··602
　　　Ⅵ-2-2　登記用委任状（根抵当権優先の定め）
　　　　　　　　　　(登記申請人用／Ⅴ-2を登記原因証明情報として提供する場合) ··603
　　　Ⅵ-2-3　登記用委任状（根抵当権変更）
　　　　　　　　　　(登記義務者用／Ⅴ-3を登記原因証明情報として提供する場合) ··604
　　　Ⅵ-3-1　登記用委任状（一部譲渡）
　　　　　　　　　　(登記権利者用／Ⅳを登記原因証明情報として提供する場合) ··605
　　　Ⅵ-3-2　登記用委任状（根抵当権優先の定め）
　　　　　　　　　　(登記申請人用／Ⅳを登記原因証明情報として提供する場合) ··606
　　　Ⅵ-3-3　登記用委任状（根抵当権変更）
　　　　　　　　　　(登記権利者用／Ⅳを登記原因証明情報として提供する場合) ··607
　　　Ⅵ-3-4　登記用委任状（根抵当権変更）
　　　　　　　　　　(登記権利者用／Ⅳを登記原因証明情報として提供する場合) ··608
　　　Ⅵ-4-1　登記用委任状（一部譲渡）
　　　　　　　　　　(登記権利者用／Ⅴ-1を登記原因証明情報として提供する場合) ··609
　　　Ⅵ-4-2　登記用委任状（根抵当権優先の定め）
　　　　　　　　　　(登記申請人用／Ⅴ-2を登記原因証明情報として提供する場合) ··610
　　　Ⅵ-4-3　登記用委任状（根抵当権変更）
　　　　　　　　　　(登記権利者用／Ⅴ-3を登記原因証明情報として提供する場合) ··611
　　　Ⅵ-4-4　登記用委任状（根抵当権変更）
　　　　　　　　　　(登記権利者用／Ⅴ-3を登記原因証明情報として提供する場合) ··612

　4　根抵当権者の合併
　　60　根抵当権者の合併
　　　Ⅳ　　　　登記用委任状（登記申請人用）··614

　5　根抵当権者の会社分割
　　61　根抵当権者の会社分割
　　　Ⅳ-1　登記用委任状（登記義務者用）··618
　　　Ⅳ-2　登記用委任状（登記権利者用）··619

　第3節　変　更
　1　極度額
　　62　極度額の変更（増額の場合）
　　　Ⅳ　　　　根抵当権変更契約証書··622
　　　Ⅴ　　　　登記原因証明情報（根抵当権変更）··625
　　　Ⅵ-1-1　登記用委任状（登記義務者用／Ⅳを登記原因証明情報として提供する場合）··············626
　　　Ⅵ-1-2　登記用委任状（登記義務者用／Ⅴを登記原因証明情報として提供する場合）··············627
　　　Ⅵ-2-1　登記用委任状（登記権利者用／Ⅳを登記原因証明情報として提供する場合）··············628
　　　Ⅵ-2-2　登記用委任状（登記権利者用／Ⅴを登記原因証明情報として提供する場合）··············629

　　63　極度額の変更（減額の場合）
　　　Ⅳ　　　　根抵当権変更契約証書··631
　　　Ⅴ　　　　登記原因証明情報（根抵当権変更）··633
　　　Ⅵ-1-1　登記用委任状（登記義務者用／Ⅳを登記原因証明情報として提供する場合）··············635
　　　Ⅵ-1-2　登記用委任状（登記義務者用／Ⅴを登記原因証明情報として提供する場合）··············636
　　　Ⅵ-2-1　登記用委任状（登記権利者用／Ⅳを登記原因証明情報として提供する場合）··············637
　　　Ⅵ-2-2　登記用委任状（登記権利者用／Ⅴを登記原因証明情報として提供する場合）··············638

　2　債権の範囲
　　64　債権の範囲の変更（拡大する場合）
　　　Ⅳ　　　　根抵当権変更契約証書··640

		Ⅴ　　　　　登記原因証明情報（根抵当権変更）	643
	Ⅵ－1－1	登記用委任状（登記義務者用／Ⅳを登記原因証明情報として提供する場合）	645
	Ⅵ－1－2	登記用委任状（登記義務者用／Ⅴを登記原因証明情報として提供する場合）	646
	Ⅵ－2－1	登記用委任状（登記権利者用／Ⅳを登記原因証明情報として提供する場合）	647
	Ⅵ－2－2	登記用委任状（登記権利者用／Ⅴを登記原因証明情報として提供する場合）	648

3　債務者

65　債務者の変更（追加する場合）

	Ⅳ	根抵当権変更契約証書	650
	Ⅴ	登記原因証明情報（根抵当権変更）	653
	Ⅵ－1－1	登記用委任状（登記義務者用／Ⅳを登記原因証明情報として提供する場合）	654
	Ⅵ－1－2	登記用委任状（登記義務者用／Ⅴを登記原因証明情報として提供する場合）	655
	Ⅵ－1－2	登記用委任状（登記義務者用／Ⅴを登記原因証明情報として提供する場合）	655
	Ⅵ－2－1	登記用委任状（登記権利者用／Ⅳを登記原因証明情報として提供する場合）	656
	Ⅵ－2－2	登記用委任状（登記権利者用／Ⅴを登記原因証明情報として提供する場合）	657

66　債務者・債権の範囲の変更（債務者を追加し特定債権を債権の範囲に追加する場合）

	Ⅳ	根抵当権変更契約証書	659
	Ⅴ	登記原因証明情報（根抵当権変更）	662
	Ⅵ－1－1	登記用委任状（登記義務者用／Ⅳを登記原因証明情報として提供する場合）	664
	Ⅵ－1－2	登記用委任状（登記義務者用／Ⅴを登記原因証明情報として提供する場合）	665
	Ⅵ－2－1	登記用委任状（登記権利者用／Ⅳを登記原因証明情報として提供する場合）	666
	Ⅵ－2－2	登記用委任状（登記権利者用／Ⅴを登記原因証明情報として提供する場合）	667

4　指定債務者の合意

67　債務者の相続（指定債務者の合意）

	Ⅳ	根抵当権変更契約証書	670
	Ⅴ	登記原因証明情報（根抵当権変更）	672
	Ⅵ－1－1	登記用委任状（登記義務者用／Ⅳを登記原因証明情報として提供する場合）	675
	Ⅵ－1－2	登記用委任状（登記義務者用／Ⅴを登記原因証明情報として提供する場合）	676
	Ⅵ－2－1	登記用委任状（登記権利者用／Ⅳを登記原因証明情報として提供する場合）	677
	Ⅵ－2－2	登記用委任状（登記権利者用／Ⅴを登記原因証明情報として提供する場合）	678

5　債務者の合併

68　債務者の合併

	Ⅳ－1	登記用委任状（登記義務者用）	680
	Ⅳ－2	登記用委任状（登記権利者用）	681

6　債務者の会社分割

69　債務者の会社分割

	Ⅳ	登記原因証明情報（根抵当権変更）	684
	Ⅴ－1－1	登記用委任状（登記義務者用／登記事項証明書を登記原因証明情報として提供する場合）	686
	Ⅴ－1－2	登記用委任状（登記義務者用／Ⅳを登記原因証明情報として提供する場合）	687
	Ⅴ－2－1	登記用委任状（登記権利者用／登記事項証明書を登記原因証明情報として提供する場合）	688
	Ⅴ－2－2	登記用委任状（登記権利者用／Ⅳを登記原因証明情報として提供する場合）	689

7　債務者の名称または住所の変更

70　債務者の名称または住所の変更

	Ⅳ－1	登記用委任状（登記義務者用）	692
	Ⅳ－2	登記用委任状（登記権利者用）	693

項目別書式一覧　　911

8 取扱店
71 取扱店の変更
- Ⅳ 　　　　登記原因証明情報（根抵当権変更）……………………………………………696
- Ⅴ 　　　　登記用委任状…………………………………………………………………………697

第4節 処　分
1 転抵当
72 確定前根抵当権の転抵当（根抵当権をもって特定債権の担保とする場合）
- Ⅳ 　　　　転抵当権設定契約証書……………………………………………………………699
- Ⅴ 　　　　登記原因証明情報（根抵当権転抵当）………………………………………702
- Ⅵ-1-1 　登記用委任状（登記義務者用／Ⅳを登記原因証明情報として提供する場合）………704
- Ⅵ-1-2 　登記用委任状（登記義務者用／Ⅴを登記原因証明情報として提供する場合）………705
- Ⅵ-2-1 　登記用委任状（登記権利者用／Ⅳを登記原因証明情報として提供する場合）………706
- Ⅵ-2-2 　登記用委任状（登記権利者用／Ⅴを登記原因証明情報として提供する場合）………707

2 転根抵当
73 確定前根抵当権の転根抵当（根抵当権をもって不特定債権の担保とする場合）
- Ⅳ 　　　　転根抵当権設定契約証書…………………………………………………………709
- Ⅴ 　　　　登記原因証明情報（根抵当権転根抵当）……………………………………712
- Ⅵ-1-1 　登記用委任状（登記義務者用／Ⅳを登記原因証明情報として提供する場合）………714
- Ⅵ-1-2 　登記用委任状（登記義務者用／Ⅴを登記原因証明情報として提供する場合）………715
- Ⅵ-2-1 　登記用委任状（登記権利者用／Ⅳを登記原因証明情報として提供する場合）………716
- Ⅵ-2-2 　登記用委任状（登記権利者用／Ⅴを登記原因証明情報として提供する場合）………717

3 債権の質入れ
74 確定前根抵当権付債権の質入れ
- Ⅳ-1 　　　質権設定契約証書……………………………………………………………………719
- Ⅳ-2 　　　債権質入れ承諾書……………………………………………………………………722
- Ⅴ 　　　　登記原因証明情報（根抵当権の債権質入れ）…………………………………723
- Ⅵ-1-1 　登記用委任状（登記義務者用／Ⅳ-1を登記原因証明情報として提供する場合）………725
- Ⅵ-1-2 　登記用委任状（登記義務者用／Ⅴを登記原因証明情報として提供する場合）………726
- Ⅵ-2-1 　登記用委任状（登記権利者用／Ⅳ-1を登記原因証明情報として提供する場合）………727
- Ⅵ-2-2 　登記用委任状（登記権利者用／Ⅴを登記原因証明情報として提供する場合）………728

第1節 確　定
1 確定請求
75 根抵当権者からの確定請求
- Ⅳ 　　　　根抵当権元本確定請求書……………………………………………………………731
- Ⅴ 　　　　登記用委任状（登記申請人用）…………………………………………………732

2 確定合意
76 元本確定の合意
- Ⅳ 　　　　根抵当権元本確定契約証書………………………………………………………735
- Ⅴ 　　　　登記原因証明情報（根抵当権元本確定）……………………………………737
- Ⅵ-1-1 　登記用委任状（登記義務者用／Ⅳを登記原因証明情報として提供する場合）………738
- Ⅵ-1-2 　登記用委任状（登記義務者用／Ⅴを登記原因証明情報として提供する場合）………739
- Ⅵ-2-1 　登記用委任状（登記権利者用／Ⅳを登記原因証明情報として提供する場合）………740
- Ⅵ-2-2 　登記用委任状（登記権利者用／Ⅴを登記原因証明情報として提供する場合）………741

第2節 移　転
1 債権譲渡
77 確定根抵当権付債権の全部譲渡
- Ⅳ-1 　　　確定根抵当権付債権譲渡契約証書………………………………………………744

	Ⅳ－2	債権譲渡通知書	747
	Ⅳ－3	債権譲渡承諾書	748
	Ⅴ	登記原因証明情報（確定根抵当権移転）	749
	Ⅵ－1－1	登記用委任状（登記義務者用／Ⅳ－1を登記原因証明情報として提供する場合）	751
	Ⅵ－1－2	登記用委任状（登記義務者用／Ⅴを登記原因証明情報として提供する場合）	752
	Ⅵ－2－1	登記用委任状（登記権利者用／Ⅳ－1を登記原因証明情報として提供する場合）	753
	Ⅵ－2－2	登記用委任状（登記権利者用／Ⅴを登記原因証明情報として提供する場合）	754

2 代位弁済

78 保証人による確定根抵当権付債権の全部弁済

	Ⅳ	代位弁済証書	756
	Ⅴ－1	登記用委任状（登記義務者用）	758
	Ⅴ－2	登記用委任状（登記権利者用）	759

3 根抵当権者の合併

79 確定根抵当権者の合併

	Ⅳ－1	登記用委任状（登記申請人用）	762

4 根抵当権者の会社分割

80 確定根抵当権者の会社分割

	Ⅳ	登記原因証明情報（確定根抵当権移転）	765
	Ⅴ－1	登記用委任状（登記義務者用）	767
	Ⅴ－2	登記用委任状（登記権利者用）	768

第3節 処分

1 転抵当

81 確定根抵当権の転抵当

	Ⅳ	転抵当権設定契約証書	771
	Ⅴ	登記原因証明情報（根抵当権転抵当）	774
	Ⅵ－1－1	登記用委任状（登記義務者用／Ⅳを登記原因証明情報として提供する場合）	776
	Ⅵ－1－2	登記用委任状（登記義務者用／Ⅴを登記原因証明情報として提供する場合）	777
	Ⅵ－2－1	登記用委任状（登記権利者用／Ⅳを登記原因証明情報として提供する場合）	778
	Ⅵ－2－2	登記用委任状（登記権利者用／Ⅴを登記原因証明情報として提供する場合）	779

2 転根抵当

82 確定根抵当権の転根抵当

	Ⅳ	転根抵当権設定契約証書	782
	Ⅴ	登記原因証明情報（根抵当権転根抵当）	785
	Ⅵ－1－1	登記用委任状（登記義務者用／Ⅳを登記原因証明情報として提供する場合）	787
	Ⅵ－1－2	登記用委任状（登記義務者用／Ⅴを登記原因証明情報として提供する場合）	788
	Ⅵ－2－1	登記用委任状（登記権利者用／Ⅳを登記原因証明情報として提供する場合）	789
	Ⅵ－2－2	登記用委任状（登記権利者用／Ⅴを登記原因証明情報として提供する場合）	790

3 債権質入れ

83 債権全部の質入れ

	Ⅳ	質権設定契約証書	792
	Ⅴ	登記原因証明情報（確定根抵当権の債権質入れ）	795
	Ⅵ－1－1	登記用委任状（登記義務者用／Ⅳを登記原因証明情報として提供する場合）	797
	Ⅵ－1－2	登記用委任状（登記義務者用／Ⅴを登記原因証明情報として提供する場合）	798
	Ⅵ－2－1	登記用委任状（登記権利者用／Ⅳを登記原因証明情報として提供する場合）	799
	Ⅵ－2－2	登記用委任状（登記権利者用／Ⅴを登記原因証明情報として提供する場合）	800

第3章 確定根抵当権

4 譲渡

84 確定根抵当権のみの譲渡（全部譲渡の場合）
- Ⅳ　　　確定根抵当権譲渡契約証書 …………………………………………………………… 803
- Ⅴ　　　登記原因証明情報（根抵当権譲渡）………………………………………………… 806
- Ⅵ-1-1　登記用委任状（登記義務者用／Ⅳを登記原因証明情報として提供する場合）……… 808
- Ⅵ-1-2　登記用委任状（登記義務者用／Ⅴを登記原因証明情報として提供する場合）……… 809
- Ⅵ-2-1　登記用委任状（登記権利者用／Ⅳを登記原因証明情報として提供する場合）……… 810
- Ⅵ-2-2　登記用委任状（登記権利者用／Ⅴを登記原因証明情報として提供する場合）……… 811

5 放棄

85 確定根抵当権のみの放棄
- Ⅳ　　　確定根抵当権放棄証書 ………………………………………………………………… 814
- Ⅴ　　　登記原因証明情報（根抵当権放棄）………………………………………………… 817
- Ⅵ-1-1　登記用委任状（登記義務者用／Ⅳを登記原因証明情報として提供する場合）……… 819
- Ⅵ-1-2　登記用委任状（登記義務者用／Ⅴを登記原因証明情報として提供する場合）……… 820
- Ⅵ-2-1　登記用委任状（登記権利者用／Ⅳを登記原因証明情報として提供する場合）……… 821
- Ⅵ-2-2　登記用委任状（登記権利者用／Ⅴを登記原因証明情報として提供する場合）……… 822

6 順位譲渡

86 確定根抵当権の順位譲渡
- Ⅳ　　　確定根抵当権順位譲渡契約証書 …………………………………………………… 825
- Ⅴ　　　登記原因証明情報（根抵当権順位譲渡）…………………………………………… 827
- Ⅵ-1-1　登記用委任状（登記義務者用／Ⅳを登記原因証明情報として提供する場合）……… 829
- Ⅵ-1-2　登記用委任状（登記義務者用／Ⅴを登記原因証明情報として提供する場合）……… 830
- Ⅵ-2-1　登記用委任状（登記権利者用／Ⅳを登記原因証明情報として提供する場合）……… 831
- Ⅵ-2-2　登記用委任状（登記権利者用／Ⅴを登記原因証明情報として提供する場合）……… 832

7 順位放棄

87 確定根抵当権の順位放棄
- Ⅳ　　　確定根抵当権順位放棄証書 …………………………………………………………… 835
- Ⅴ　　　登記原因証明情報（根抵当権順位放棄）…………………………………………… 837
- Ⅵ-1-1　登記用委任状（登記義務者用／Ⅳを登記原因証明情報として提供する場合）……… 839
- Ⅵ-1-2　登記用委任状（登記義務者用／Ⅴを登記原因証明情報として提供する場合）……… 840
- Ⅵ-2-1　登記用委任状（登記権利者用／Ⅳを登記原因証明情報として提供する場合）……… 841
- Ⅵ-2-2　登記用委任状（登記権利者用／Ⅴを登記原因証明情報として提供する場合）……… 842

第4章 順位変更等

1 順位変更の合意

88 抵当権の順位変更
- Ⅳ-1　（根）抵当権順位変更合意証書 ……………………………………………………… 845
- Ⅳ-2　承諾書 ……………………………………………………………………………………… 846
- Ⅴ　　登記用委任状（登記申請人用）………………………………………………………… 848

89 抵当権の順位変更（同順位にする場合）
- Ⅳ-1　（根）抵当権順位変更合意証書 ……………………………………………………… 850
- Ⅳ-2　承諾書 ……………………………………………………………………………………… 851
- Ⅴ　　登記用委任状（登記申請人用）………………………………………………………… 853

2 賃借権優先の同意

90 総先順位抵当権者が賃借権の優先について同意する場合
- Ⅳ-1　賃借権の先順位抵当権に優先する同意証書 ………………………………………… 855
- Ⅳ-2　承諾書 ……………………………………………………………………………………… 856
- Ⅴ-1-1　登記用委任状（登記義務者用／Ⅳ-1を登記原因証明情報として提供する場合）……… 857
- Ⅴ-1-2　登記用委任状（登記義務者用／Ⅳ-1を登記原因証明情報として提供する場合）……… 858

914　項目別書式一覧

第5章 更正

1 登記事項の更正

Ⅴ－2　登記用委任状（登記権利者用／Ⅳ－1を登記原因証明情報として提供する場合）··········859

91 登記事項の更正
- Ⅳ　　　　　登記原因証明情報（抵当権更正）··········863
- Ⅴ－1　　登記用委任状（登記義務者用）··········865
- Ⅴ－2　　登記用委任状（登記権利者用）··········866

第6章 抹消

1 弁済

92 債務弁済による抵当権の抹消
- Ⅳ　　　　　抵当権消滅証書··········869
- Ⅴ－1　　登記用委任状（登記義務者用）··········870
- Ⅴ－2　　登記用委任状（登記権利者用）··········871

93 確定債権の全部弁済
- Ⅳ　　　　　根抵当権消滅証書··········873
- Ⅴ－1　　登記用委任状（登記義務者用）··········874
- Ⅴ－2　　登記用委任状（登記権利者用）··········875

2 合意解除

94 抵当権の合意解除（全物件）
- Ⅳ　　　　　抵当権解除証書··········877
- Ⅴ－1　　登記用委任状（登記義務者用）··········878
- Ⅴ－2　　登記用委任状（登記権利者用）··········879

95 抵当権の合意解除（一部物件）
- Ⅳ　　　　　抵当権解除証書··········881
- Ⅴ－1　　登記用委任状（登記義務者用）··········882
- Ⅴ－2　　登記用委任状（登記権利者用）··········883

96 根抵当権の合意解除（全物件）
- Ⅳ　　　　　根抵当権解除証書··········885
- Ⅴ－1　　登記用委任状（登記義務者用）··········886
- Ⅴ－2　　登記用委任状（登記権利者用）··········887

97 根抵当権の合意解除（一部物件）
- Ⅳ　　　　　根抵当権解除証書··········889
- Ⅴ－1　　登記用委任状（登記義務者用）··········890
- Ⅴ－2　　登記用委任状（登記権利者用）··········891

3 放棄

98 根抵当権の放棄による抹消（絶対的放棄）
- Ⅳ　　　　　根抵当権放棄証書··········893
- Ⅴ－1　　登記用委任状（登記義務者用）··········894
- Ⅴ－2　　登記用委任状（登記権利者用）··········895

99 抵当権の放棄による抹消（絶対的放棄）
- Ⅳ　　　　　抵当権放棄証書··········897
- Ⅴ－1　　登記用委任状（登記義務者用）··········898
- Ⅴ－2　　登記用委任状（登記権利者用）··········899

担保書式便覧〔不動産編〕

平成28年3月9日　第1刷発行

　　　　　　　　　　編集代表　小　林　明　彦
　　　　　　　　　　　　　　　藤　本　忠　久
　　　　　　　　　　発行者　　小　田　　　徹
　　　　　　　　　　印刷所　　図書印刷株式会社

〒160-8520　東京都新宿区南元町19
発 行 所　一般社団法人 金融財政事情研究会
　　　編集部　TEL 03(3355)2251　FAX 03(3357)7416
販　　売　株式会社きんざい
　　　販売受付　TEL 03(3358)2891　FAX 03(3358)0037
　　　　　　　　URL http://www.kinzai.jp/

・本書の内容の一部あるいは全部を無断で複写・複製・転訳載すること、および磁気または光記録媒体、コンピュータネットワーク上等へ入力することは、法律で認められた場合を除き、著作者および出版社の権利の侵害となります。
・落丁・乱丁本はお取替えいたします。定価はカバーに表示してあります。

ISBN978-4-322-12601-3